0부터 시작하는

OS 자작 입문

0부터 시작하는 OS 자작 입문

내가 만드는 OS 세계의 모든 것

우치다 코타 지음 **박주항** 옮김

에이콘

에이콘출판의 기틀을 마련하신 故 정완재 선생님 (1935-2004)

지은이 소개

우치다 코타内田公太(twitter @uchan_nos)

초등학생 시절에 PIC 마이크로 컴퓨터의 어셈블리 언어와 만나 프로그래머의 길로 들어섰다. 고등학교 시절에는 『OS 구조와 원리』(한빛미디어, 2007)의 교정에 참여했다. 도쿄 공업대학교에서 계산공학을 전공한 후 (주)사이보우즈Cybozu Inc.에서 인프라 계열의 프로그래밍에 종사했으며, 도쿄 공업대학교에서 소프트웨어 계열의 수업을 담당했다. 2017년부터 2020년에 걸쳐 보안 캠프 전국대회에서 OS 개발 계열의 세미나를 맡아 진행했으며, 2020년에는 사이보우즈랩 주식회사로 전직해 OS나 언어 처리 계열의 연구 개발을 하고 있다. 저서로 『자작 에뮬레이터로 배우는 x86 아키텍처自作エミュレータで学ぶx86アーキテクチャ』(マイナビ出版, 2015)가 있다.

| 감사의 글 |

이 책이 출판될 수 있었던 것은 많은 분이 협력해 준 덕분이다. 편집의 가자아나風穴 씨, 마이나비 출판의 야마구치山口 씨, 제작 디자인 Dada House의 카이에다海江田 씨에게는 원고 완성이 초기 예정일을 훌쩍 넘겨 자꾸 지연되는 바람에 너무나 큰 폐를 끼쳤다. 인내심을 갖고 기다려 주셔서 감사하다. 이 외에도 책을 완성하는 데 큰 도움을 주신 분들이 많이 계셨는데 이 자리를 빌어 감사의 말씀을 전한다.

이 책을 쓰는 최초의 가장 큰 계기를 준 것은 OSASK 운영체제를 소개한 저서인 『OS 구조와 원리』다. OSASK 제작자이자 책의 저자이신 카와이川合 씨에게는 감사를 해도 모자를 정도다. 카와이 씨가 OSASK를 만들지 않았다면 필자는 자작 OS라는 주제와 만나지 않았을지도 모른다. 책이 출판되지 않았다면 OS를 새로운 기술로 다시 작성해 보려고 생각하지 않았을 것이다. 카와이 씨가 'OS 자작'이란 주제를 일반인도 접근 가능하도록 길을 터놓으신 덕분에 필자는 OS 자작을 취미로, 일로 즐기고 있다. 카와이 씨에게는 또한 이 책의 집필에 있어서 여러 가지 조언을 받았는데, 정확하고 귀중한 의견은 큰 도움이 됐다.

모든 검토자분 덕분에 품질이 크게 향상됐다. 도쿄 공업대학교 정보 이공학원 교수 곤도権藤 선생님, 보안 캠프 전국대회 2017의 수강생이었던 모리 마코토森真誠 씨, 같은 대회 2019의 수강생이었던 쓰쿠바 대학교의 히로세 토모유키広瀬智之 씨, 스탠포드대학교 수학과 · 물리학과의 사토 히로타카佐藤弘崇 씨, 이 책으로 공부하고 싶다고 신청한 중학생 대표 히라타 세이지平田誠治 군, kaage(@ageprocpp) 씨, 야기 에이히사八木瑛久 씨, Osmium_1008 씨. 투박한 원고임에도 불구하고 참을성 있게 읽어 주시고, 귀중한 의견을 들려주셔서 감사하다.

도쿄 공업대학교 정보 이공학원 '2020년도 시스템 개발 프로젝트 응용 2'의 수강생 여러분께도 감사의 마음을 전한다. 미완성의 원고를 읽고 수많은 기능 추가나 수정, 오탈자를 정리해줬다. 이 책이 대학원 수준의 강의에서 활용될 수 있을 것 같다는 생각이 드는 것과 동시에 교과서로서의 품질이 향상됐다.

osdev-jp의 이치카와 신이치市川真一 씨 덕분에 다양한 기종으로 MikanOS의 동작 확인을 받았을 뿐만 아니라 귀중한 테스트 머신을 무료로 빌려줬다. 감사 인사를 드린다.

osdev-jp 멤버 여러분께도 고마움을 전하고 싶다. 여러분이 이 커뮤니티를 활성화해준 덕분에 필자는 OS 자작을 계속하고 있다. 이러한 관심이 없었다면 이 책을 쓰려는 마음은 끓어 오르지 않았을 것이다. 여러분과 깊고 심층적인 논의를 한 덕분에 MikanOS를 여기까지 만들 수 있었다고 생각한다.

옮긴이 소개

박주항(juhang3@daum.net)

서강대학교에서 컴퓨터공학과 물리학을 전공했으며, JCE(현 조이시티) 온라인 게임 서버 프로그래머, 라인의 백엔드 플랫폼 프로그래머 그리고 모바일 게임 개발 회사 대표를 거쳐 현재 프리랜서로 활동 중이다.

자작 OS 개발에 관심이 많으며 현재 비리눅스 기반이자 MSVC 컴파일러를 사용한 C++ 운영체제인 YUZA OS의 후속 버전 YUZA OS 2 개발을 진행 중에 있다.

주요 저서로는 에이콘출판사에서 출간한 『C++로 나만의 운영체제 만들기』(2018), 『YUZA OS Vol.1 - 소프트웨어편』(2021) 등이 있으며, 번역서로는 『Game Programming in C++』(2019)가 있다. 이 외에도 한빛미디어에서 출간한 『CGSF를 활용한 게임 서버 제작』(2014), 『CGSF 파헤쳐 보기』(2014), 『C++ 개발자를 위한 WIN32 오픈소스 라이브러리 100』(2015), 『SDL과 C++를 이용한 크로스 플랫폼 프로그래밍』(2015) 저서와 『데이터베이스 첫걸음』(2016) 번역서가 있다.

또한 위키독스WikiDocs에 다수의 전자책을 공개하고 있다. 주요 전자문서로 『알레그로4 도스 게임 프로그래밍』, 『MSX 게임 프로그래밍』, 『도스 프로그래밍』, 『WIN32 오픈소스 라이브러리 100 Vol. 2』, 『SDL과 C++를 이용한 크로스 플랫폼 프로그래밍 Vol 2』 등이 있다.

| 옮긴이의 말 |

2000년대 초중반에는 많은 개발자가 자작 OS 개발에 관심을 갖고 있었고, 한국에서도 몇 권의 운영체제 개발 서적이 출간된 적이 있었다. 하지만 리눅스가 OS 세계를 평정하면서 그 열기는 사그라들었으며 한국의 경우에는 자작 OS를 개발하는 시도 자체가 사라졌다. 마치 언리얼 엔진이나 유니티가 3D 엔진 시장을 석권해 대부분의 자작 3D 엔진을 사장시킨 것처럼 프로그래밍 분야에서 자작 OS 개발이라는 주제는 사라지고 만 것이다.

더 이상 자작 OS를 개발하지 않는 이유는 너무나도 단순 명료하다. 개인이 아무리 잘 만든다 하더라도 상용 OS를 뛰어넘기가 불가능하기 때문이다. 다르게 말하자면 돈이 되지 않는다는 뜻이다. 학습해야 하는 정보가 너무나 넘쳐나는 작금의 시대에 있어 불필요한 부분에 시간을 낭비하는 것은 자제할 필요가 있다.

그러나 프로그래밍에 있어 하드웨어 분야를 제외한 모든 소프트웨어를 자신의 손으로 제어할 수 있다는 점은 아주 매력적으로 다가온다. 단순히 리눅스 커널 기반의 코드를 조금 수정하고 GUI로 포장해 독자적인 OS를 개발했다고 하면 그것 자체로도 큰 의미를 가질 수는 있겠지만, 비록 완벽하지 않고 기능이 부족하더라도 모든 코드를 직접 작성해 보는 작업은 그 나름대로의 가치가 있다. 애초에 기존의 OS를 개량하는 것과 자작 OS를 개발하는 것은 프로그래밍 분야가 다르다.

비록 자작 OS 개발이 당장의 실무에 직접적인 도움을 주지는 않겠지만 스스로 자신만의 OS를 개발할 수 있다면 그것은 적어도 어떤 프로그래밍 분야에서도 자신이 살아남을 수 있는 역량을 갖고 있다는 증표가 될 것이다. 그런 의미에서 이 책에서 소개하는 MikanOS는 자작 OS를 개발하는데 필요한 기초를 제공하므로 독자들에게 큰 도움이 될 것이다.

OS 개발이라는 주제 자체가 쉬운 내용이 아닌 만큼 학습해야 될 부분이 많은 건 사실이다. 하지만 이 책은 프로그래밍 경력이 오래되지 않았더라도 쉽게 적응할 수 있도록 초심자를 배려하고 있다. 또한 한국에서 출간된 적이 있는 『OS 구조와 원리』를 계승한 책이다. 후속작은 아니지만 책 전체의 흐름이나 내용 전개가 유사하며, 이 책도 30일 동안 학습을 완료하는 것을 목표로 하고 있다.

또한 이 책의 가장 큰 장점 중 하나는 OS 개발을 C++로 진행한다는 데 있다. 대부분의 OS는 C로 개발하는데, 상업적인 프로젝트가 아닌 만큼 개발 문서가 그렇게 잘 정리돼 있지 않다. 그런 상황에서 코드를 잘 이해할 수 있으려면 C보다는 C++이 코드의 맥락을 이해하는 데 더 큰 도움이 된다. 이 책과 C++로 작성된 MikanOS를 통해 독자는 한층 더 OS의 깊은 영역까지 파고들 수 있을 것이다.

끝으로 대중적이지 않은 프로그래밍 주제인 OS 개발 서적을 한국에서 출간할 수 있어 뜻깊게 생각한다. 번역제의를 했을 때 흔쾌히 받아준 에이콘출판사 관계자분께 감사의 말씀을 전하고 싶다.

| 차례 |

지은이 소개 5

감사의 글 6

옮긴이 소개 8

옮긴이의 말 9

들어가며 21

0장 OS를 개인이 만들 수 있다고? 27

0.1 OS 만드는 방법 28

0.2 도대체 OS란 뭘까? 29

칼럼 0.1 OS 사양 및 POSIX 33

0.3 OS 자작 절차 34

0.4 OS 자작의 즐거움 35

0.5 OS 자작의 구성 37

1장 PC의 구조와 HelloWorld 45

1.1 HelloWorld 46

1.2 USB 메모리의 디바이스명을 찾는 방법 51

1.3 WSL 활용하기 52

1.4 에뮬레이터 활용하기 54

1.5 결국 무엇을 한 건가? 56

1.6 어쨌든 손을 움직여보자 61

1.7 UEFI BIOS를 통한 기동 62

1.8 OS를 만드는 도구 64

1.9 C 언어로 HelloWorld 65

칼럼 1.1 PE와 COFF와 ELF 68

2장 **EDK II 입문과 메모리 맵** 71

2.1 EDK II 입문 72
2.2 EDK II로 HelloWorld(osbook_day02a) 73
칼럼 2.1 인클루드 77
2.3 메인 메모리 78
2.4 메모리 맵 79
2.5 메모리 맵의 취득(osbook_day02b) 82
2.6 메모리 맵의 파일 보존 85
2.7 메모리 맵 확인 89
2.8 포인터 입문(1): 어드레스와 포인터 90
2.9 포인터와 화살표 연산자 92
칼럼 2.2 포인터의 포인터 94

3장 **화면표시 연습과 부트로더** 97

3.1 QEMU 모니터 98
3.2 레지스터 101
3.3 최초의 커널(osbook_day03a) 104
칼럼 3.1 레드존 115
3.4 부트로더에서 픽셀 그리기(osbook_day03b) 116
3.5 커널에서 픽셀 그리기(osbook_day03c) 119
3.6 에러 처리를 해 보자(osbook_day03d) 122
칼럼 3.2 포인터 캐스트 123
3.7 포인터 입문(2): 포인터와 어셈블리 언어 126

4장 **픽셀 그리기와 make 입문** 131

4.1 make 입문(osbook_day04a) 132
4.2 픽셀을 자유자재로 그리기(osbook_day04b) 136
칼럼 4.1 ABI 142
4.3 C++의 기능을 사용해 다시 작성하자(osbook_day04c) 143
칼럼 4.2 컴파일 오류는 친구 150
4.4 vtable 151
4.5 로더를 개량하자(osbook_day04d) 153

5장 문자 표시와 콘솔 클래스 163

5.1 문자를 써보자(osbook_day05a) 164
칼럼 5.1 참조와 포인터 168
5.2 분할 컴파일(osbook_day05b) 169
5.3 폰트를 늘려보자(osbook_day05c) 172
5.4 문자열 그리기와 sprintf() (osbook_day05d) 176
5.5 콘솔 클래스(osbook_day05e) 178
5.6 printk() (osbook_day05f) 183

6장 마우스 입력과 PCI 185

6.1 마우스 커서(osbook_day06a) 186
6.2 USB 호스트 드라이버 190
6.3 PCI 디바이스 탐색(osbook_day06b) 193
6.4 폴링으로 마우스 입력(osbook_day06c) 205
칼럼 6.1 로그함수 216
칼럼 6.2 static_cast<uint64_t>(0xf)의 수수께끼 217

7장 인터럽트와 FIFO 219

7.1 인터럽트(osbook_day07a) 220
7.2 인터럽트 핸들러 221
7.3 인터럽트 벡터 223
7.4 인터럽트 디스크립터 설정 227
7.5 MSI 인터럽트 229
7.6 인터럽트 정리 231
7.7 인터럽트 핸들러의 고속화(osbook_day07b) 233
7.8 FIFO와 FILO 234
7.9 큐의 구현 235
7.10 큐를 사용해서 인터럽트 고속화 240

8장 메모리 관리 245

8.1 메모리 관리 246
8.2 UEFI 메모리 맵(osbook_day08a) 246

8.3 데이터 구조의 이동(osbook_day08b) 250
8.4 스택 영역의 이동 251
8.5 세그멘테이션 설정 253
8.6 페이징 설정 263
8.7 메모리 관리에 도전(osbook_day08c) 267

9장 중첩처리 277

9.1 중첩처리(osbook_day09a) 278
9.2 new 연산자 278
9.3 중첩처리의 원리 282
칼럼 9.1 스마트 포인터 302
9.4 중첩처리의 시간 측정(osbook_day09b) 304
9.5 중첩처리의 고속화(osbook_day09c) 309
9.6 스크롤 처리의 시간측정(osbook_day09d) 323
9.7 스크롤 처리의 고속화(osbook_day09e) 324

10장 윈도우 331

10.1 마우스 개량(osbook_day10a) 332
10.2 최초의 윈도우(osbook_day10b) 333
10.3 고속 카운터(osbook_day10c) 337
10.4 깜박거림 해소(osbook_day10d) 339
10.5 백버퍼 347
10.6 윈도우의 드래그 이동(osbook_day10f) 349
10.7 윈도우만 드래그 이동(osbook_day10g) 355

11장 타이머와 ACPI 357

11.1 소스코드 정리(osbook_day11a) 358
11.2 타이머 인터럽트(osbook_day11b) 359
11.3 세밀하게 시간을 측정하자(osbook_day11c) 362
칼럼 11.1 volatile의 필요성 366
11.4 여러 개의 타이머와 타임아웃 통지(osbook_day11d) 367
11.5 ACPI PM 타이머와 RSDP(osbook_day11e) 373

12장 키 입력 383

12.1 FADT를 찾자(osbook_day12a) 384
12.2 ACPI PM 타이머를 사용하자(osbook_day12b) 388
12.3 USB 키보드 드라이버(osbook_day12c) 391
12.4 modifier 키(osbook_day12d) 395
12.5 텍스트 포커스(osbook_day12e) 401
12.6 커서(osbook_day12f) 404

13장 멀티태스크(1) 409

13.1 멀티태스크와 콘텍스트 410
13.2 콘텍스트 전환에 도전(osbook_day13a) 412
칼럼 13.1 x86-64 아키텍처와 스택 얼라인먼트 제약 423
13.3 콘텍스트 스위치의 자동화(osbook_day13b) 424
13.4 멀티태스크의 검증(osbook_day13c) 430
13.5 태스크를 늘리자(osbook_day13d) 431

14장 멀티태스크(2) 439

14.1 슬립해 보자(osbook_day14a) 440
14.2 이벤트가 도착하면 깨어난다(osbook_day14b) 447
14.3 성능측정 453
14.4 태스크에 우선순위를 부여한다(osbook_day14c) 454
14.5 유휴 태스크(osbook_day14d) 464

15장 터미널 467

15.1 윈도우 그리기는 메인 스레드에서(osbook_day15a) 468
15.2 액티브 윈도우(osbook_day15b) 473
칼럼 15.1 타이틀에 std::string을 사용하는 이유 483
15.3 터미널 윈도우(osbook_day15c) 484
15.4 렌더링의 고속화(osbook_day15d) 491

16장 커맨드 497

16.1 터미널에서 키 입력(osbook_day16a) 498
16.2 echo 커맨드(osbook_day16b) 504
16.3 clear 커맨드(osbook_day16c) 508
16.4 lspci 커맨드(osbook_day16d) 509
16.5 커맨드 히스토리(osbook_day16e) 511
16.6 절전(osbook_day16f) 515

17장 파일 시스템 517

17.1 파일과 파일 시스템 518
17.2 BIOS 파라미터 블록 523
17.3 디렉터리 엔트리 526
17.4 볼륨을 읽어내자(osbook_day17a) 528
칼럼 17.1 볼륨 읽기는 16MiB로 충분할까? 535
17.5 ls 커맨드(osbook_day17b) 537

18장 애플리케이션 545

18.1 파일 할당 테이블(osbook_day18a) 546
18.2 최초의 애플리케이션(osbook_day18b) 554
18.3 C++로 계산기를 만들자(osbook_day18c) 562
18.4 표준 라이브러리(osbook_day18d) 570

19장 페이징 573

19.1 실행 파일과 메모리 어드레스 574
19.2 어드레스 변환 576
칼럼 19.1 사실상의 어드레스 579
19.3 애플리케이션의 로드와 실행(osbook_day19a) 580
19.4 가상 어드레스와 계층 페이징 580
19.5 애플리케이션을 후반부로 이동시키자 584
19.6 애플리케이션 로드 586
19.7 계층 페이징 구조의 설정 588

19.8 계층 페이징 구조의 정돈 ... 593
칼럼 19.2 구조화된 바인딩 ... 597

20장 시스템 콜 599

20.1 애플리케이션이 OS의 기능을 사용하는 방법(osbook_day20a) ... 600
20.2 OS를 지키자(1)(osbook_day20b) ... 602
20.3 TSS를 설정하자(osbook_day20c) ... 612
20.4 버그 발견을 도와주자(osbook_day20d) ... 623
20.5 시스템 콜(osbook_day20e) ... 627
20.6 시스템 콜의 등록처리 ... 630
20.7 시스템 콜의 본체 ... 633

21장 애플리케이션에 윈도우를 639

21.1 IST를 설정하자(osbook_day21a) ... 640
21.2 문자열 표시 시스템 콜(osbook_day21b) ... 643
21.3 시스템 콜 작성 ... 645
21.4 write()의 작성 ... 651
21.5 종료 시스템 콜(osbook_day21c) ... 653
21.6 스택 포인터의 복원 ... 658
21.7 코드 정리(osbook_day21d) ... 661
21.8 윈도우를 연다(osbook_day21e) ... 663
21.9 윈도우에 문자를 쓴다(osbook_day21f) ... 665

22장 그래픽과 이벤트(1) 669

22.1 exit()를 사용한다(osbook_day22a) ... 670
22.2 점을 그린다(osbook_day22b) ... 673
22.3 타이머 값의 취득(osbook_day22c) ... 678
22.4 윈도우 렌더링의 최적화(osbook_day22d) ... 680
22.5 선을 긋는다(osbook_day22e) ... 684
22.6 윈도우 닫기(osbook_day22f) ... 690
22.7 키 입력을 기다린다(osbook_day22g) ... 692

23장 그래픽과 이벤트(2) 703

23.1 마우스 입력(osbook_day23a) 704
23.2 그림 그리기 소프트웨어(osbook_day23b) 711
23.3 타이머 커맨드(osbook_day23c) 716
23.4 애니메이션(osbook_day23d) 722
23.5 블록 격파 게임(osbook_day23e) 726

24장 여러 개의 터미널 731

24.1 터미널을 늘린다(osbook_day24a) 732
24.2 커서 깜박임을 스스로(osbook_day24b) 733
24.3 여러 애플리케이션 동시 실행(osbook_day24c) 737
24.4 윈도우의 겹침 버그 수정(osbook_day24d) 743
24.5 터미널 없이 애플리케이션 실행(osbook_day24e) 745
24.6 OS를 멈추게 하는 애플리케이션(osbook_day24f) 751
24.7 OS를 지키자(2)(osbook_day24g) 753

25장 애플리케이션에서 파일 읽기 759

25.1 디렉터리 대응(osbook_day25a) 760
25.2 파일 읽기(osbook_day25b) 768
25.3 정규표현 검색(osbook_day25c) 780

26장 애플리케이션에서 파일 쓰기 783

26.1 표준입력(osbook_day26a) 784
26.2 파일 디스크립터의 추상화 785
26.3 키보드 입력을 받다 787
26.4 EOF와 EOT(osbook_day26b) 790
26.5 파일 쓰기(1)(osbook_day26c) 793
26.6 파일 쓰기(2)(osbook_day26d) 801

27장 애플리케이션의 메모리 관리 809

27.1 디맨드 페이징(osbook_day27a) 810
27.2 메모리 맵 파일(osbook_day27b) 818
27.3 메모리 사용량을 측정하자(osbook_day27c) 829
27.4 카피 온 라이트(osbook_day27d) 831

28장 일본어 표시와 리다이렉트 845

28.1 일본어와 문자코드(osbook_day28a) 846
28.2 일본어 폰트(osbook_day28b) 856
28.3 리다이렉트(osbook_day28c) 863

29장 애플리케이션 간 통신 871

29.1 종료 코드(osbook_day29a) 872
29.2 파이프(osbook_day29b) 876
29.3 커맨드라인의 해석과 태스크의 시작 879
29.4 파이프 처리의 본체 PipeDescriptor 880
29.5 터미널의 시작과 종료 884
29.6 태스크 종료 886
29.7 sort 커맨드(osbook_day29c) 892
29.8 터미널의 버그 수정(osbook_day29d) 894
29.9 공유 메모리 897

30장 애플리케이션 더 살펴보기 899

30.1 애플리케이션에 경로를 만든다 900
30.2 more 커맨드 902
30.3 cat을 입력에 대응시킨다 905
30.4 닫기 버튼 908
30.5 텍스트 뷰어 914
30.6 이미지 뷰어 918

31장 앞으로의 길 925

부록 929

A 개발환경의 인스톨 930
B MikanOS의 입수 936
C DK II의 파일 설명 939
D C++ 템플릿 943
E iPXE 945
F ASCII 코드표 950

참고문헌 955
찾아보기 959

이 책은 OS를 직접 만드는 책이다. OS 제작과 관련한 지식이 없는 것에서 시작해 30장에 걸친 학습을 통해 간단한 기능을 가진 OS인 'MikanOS'를 제작한다. 30장이 끝난 후에는 다음 화면을 볼 수 있다. 이 화면에 있는 기능 전부가 이 책에서 기술한 내용을 바탕으로 작성된 것이다. 물론 이런 기능은 다른 OS의 힘을 전혀 빌리지 않고 자력으로 동작한다.

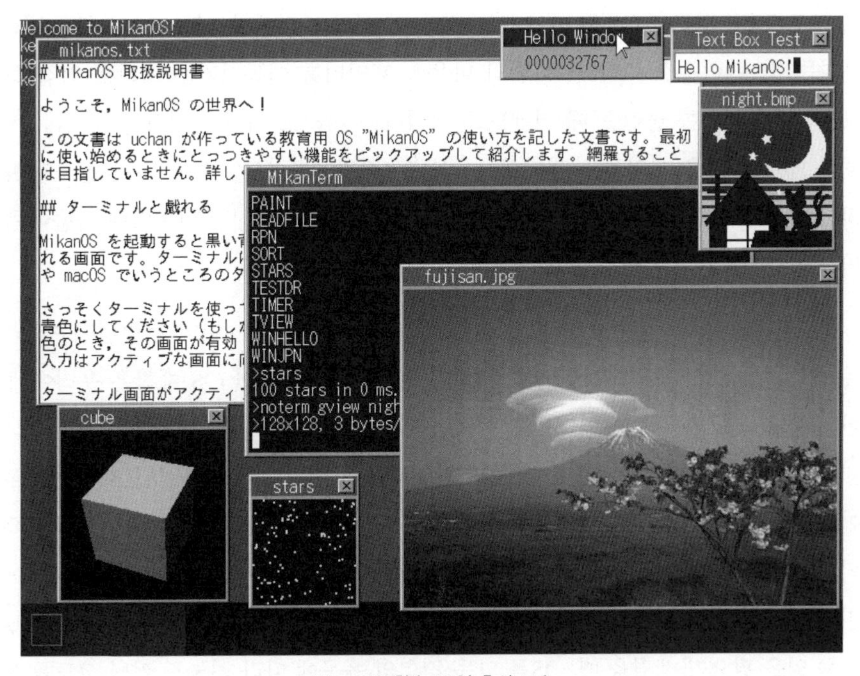

MikanOS 학습 30일 후의 모습

이 화면은 MikanOS로 몇 개의 애플리케이션을 실행시킨 모습이다. 왼쪽 상단에는 MikanOS의 취급설명서가 표시돼 있고, 왼쪽 하단에서는 컬러풀한 입방체가 빙글빙글

돌고 있다. 가운데에는 검은 배경의 터미널이 실행되고 있으며, 오른쪽 하단에는 JPEG 형식의 후지산 사진이 보인다. 이외에도 몇 개의 애플리케이션이 실행 중이다. 오른쪽 상단에는 OS 시작시간으로부터 경과시간(0.01초 단위)을 표시하는 윈도우와 그 위에 마우스 포인터가 있다. 전체적으로 보면 꽤 본격적인 외형으로 보인다.

OS란 오퍼레이팅 시스템Operating System의 줄임말로 컴퓨터에서 기본이 되는 소프트웨어를 말하며, 윈도우Windows, macOS, 리눅스Linux 등이 유명하다. OS는 인간이 컴퓨터를 사용할 때 중요한 역할을 한다. 웹 브라우저나 워드프로세서 등의 애플리케이션이 공통으로 이용하는 기능을 제공해 애플리케이션 개발을 지원하고, 계산을 위한 자원을 분배해 복수의 애플리케이션을 동시에 사용할 수 있게 한다. 또한 전체적으로 통일된 조작방법을 제공해 컴퓨터를 정교하면서도 동시에 사용하기 쉽게 해준다.

윈도우 같은 타인이 만든 OS상에서 움직이는 애플리케이션이 아닌, 기존 OS의 힘을 빌리지 않고 '직접 만드는 OS'를 제작하는 것이 이 책의 목적이다. 다른 OS의 힘을 빌리지 않는다는 것은, 마우스 조작 시 화면의 마우스 포인터를 이동시키는 처리를 직접 하고, 키보드의 Enter 키를 눌렀을 때 커맨드를 실행하는 처리도 직접 작성하는 것이다. PC에 탑재된 메모리 양을 파악하고 관리하는 기능도 직접 만들어볼 수 있다. 일반적인 모든 처리를 스스로 구현하는 것이 OS를 직접 제작한다는 것이다. 직접 만든다니 가슴이 두근거리지 않는가?

OS 제작이라는 것은 언뜻 보면 매우 쓸데없는 일처럼 보인다. 이미 검증된 우수한 OS가 존재하는데 그걸 모방하려고 만드는 것이니 말이다. 하지만 OS 제작은 우리에게 귀중한 경험을 제공한다. 컴퓨터 시스템이 어떻게 동작하는지 탐구하는 것은 지적 호기심을 자극한다. 실용적인 면에서도 PC 하드웨어나 OS 처리내용과 관련된 지식은 소프트웨어 엔지니어의 업무 폭을 넓혀준다. OS 동작에 눈길이 향하면 효율적으로 동작하는 앱의 제작방법을 탐구할 수 있게 된다. 또는 시스템의 장애원인 조사에 있어서도 OS를 디버깅한 경험을 바탕으로 깊은 곳까지 원인분석이 가능할 수 있다. 만일 리눅스 커널의 코드를 읽을 필요가 생겼을 때, OS를 만든 경험의 유무에 따라 리눅스 커널 코드를 파악하는 능력은 현격히 차이가 날 것이다.

전문용어로 MikanOS의 특징을 소개하면 MikanOS는 UEFI BIOS로부터 부팅을 시작해 64비트 모드로 동작하고, 선점형 멀티태스킹preemptive multitasking, 윈도우 시스템, 페이징을 통한 메모리 관리, 시스템 콜 등의 기능을 갖춘 OS이다. 이런 전문용어의 의미를 지금 몰라도 문제는 없다. 실제 OS를 만들어가면서 의미를 설명하는 것이 이 책의 역할이기 때문이다.

대상 독자

이제는 개인이 고급 기능을 갖춘 웹 서비스나 VR 대응 게임을 만들 수 있는 시대가 됐다. IoT를 위한 소형 컴퓨터를 사면 예전에는 상상할 수 없던 고도의 전자 작업을 즉시 시작할 수 있으며, 컴파일러나 CPU의 제작방법을 설명하는 책도 출판되고 있다.

여러 가지 기계나 소프트웨어를 간단하게 만들 수 있게 됐지만 OS는 반대로 만들기 어려운 시대가 돼 버렸다. 컴퓨터가 고도화됨에 따라 OS도 진화했기 때문이다. 이 책은 어둠 속에 숨겨진 OS 제작의 비밀에 빛을 비춰 직접 제작하는 즐거움을 이어나가기 위해 집필하게 됐다. 필자와 함께 OS를 직접 제작해보는 건 어떤가?

이 책은 2006년에 출판된 『OS 구조와 원리』[1]의 흐름을 이어받고 있다. 요즘에도 절판되지 않은 매우 멋진 책이지만, 출판 당시와는 PC 내용이 크게 진화해 내용의 일부(특히 하드웨어 관련) 정보는 너무 오래됐다. 그래서 당시의 분위기를 중요시해 나가면서도 아주 새로운 책을 쓰려는 것이다.[2] 그런 의미에서 이 책의 내용은 집필시점에서 시판되는 PC에서 시험해볼 수 있도록 고안됐다(다만 모든 기종에서 제대로 동작하는 것을 보증하지는 못한다. 이 점 양해 바란다).

이 책의 대상 독자는 간단한 프로그램을 작성한 경험이 있는 사람이다. 수백 줄 정도의 프로그래밍을 한 적이 있다면 걱정 없이 읽어나갈 수 있다고 생각하지만, 프로그램을 조금이라도 작성한 적이 없다면 고생할지도 모르겠다. 이 책이 "최초의 프로그래밍 경험이다."라고 하는 독자가 있다면 부디 필자에게 이 책을 읽은 감상을 알려주면 고맙겠다.

---

1 카와이 히데미(川合秀実), 『OS 구조와 원리』, 이영희 옮김, 한빛미디어, 2007(https://book.mynavi.jp/ec/products/detail/id=22078)

2 필자가 고교생 시절에 『OS 구조와 원리』의 교정 작업에 참가했다. 당시에는 설마 그 흐름을 이어받은 책을 쓰게 되리라고는 꿈에도 생각하지 못했다

이 책에서 만드는 MikanOS는 C++로 작성했다. C++는 C 언어를 확장해 만든 프로그래밍 언어로 OS 제작에도 활용할 기능이 풍부하다. C++을 그다지 상세히 알지 못하는 독자를 위해 본문 중에 조금씩 설명을 넣었다. C++을 좀 더 자세하게 공부하려면 이 책에서 언급한 내용을 참고해 입문서나 웹사이트를 읽어보길 바란다. 어쩌면 OS 개발을 하기 전에 C++을 완전하게 공부해두라고 분발을 촉구하는 것인지도 모르겠지만, OS를 제작하면서 필요에 따라 공부하는 것이 의욕을 유지하기 쉬울 거라고 생각한다. 그러니 너무 분발하지는 말고 일단 앞으로 나아가도록 하자.[3]

다음 사이트에서 이 책에 대한 질의응답, 정오표 제공, 독자 간 커뮤니케이션 등을 지원하고 있다.

- 『0부터 시작하는 OS 자작 입문』 일본어판 지원 사이트: https://zero.osdev.jp/

이 책에서 제작하는 MikanOS를 빌드하거나 구동하는 방법(= 개발환경을 구축하는 방법)에 대해서는 다음 GitHub 저장소에 정리돼 있다.

https://github.com/uchan-nos/mikanos-build

리눅스 배포판 중 하나인 우분투에서 개발하는 것이 표준이지만 윈도우 WSL에서 준비한 우분투를 사용해도 개발이 가능하다. 상세한 내용은 '부록 A'를 참고하기 바란다.

- 마이나비 출판사 도서 정보 사이트: https://book.mynavi.jp/supportsite/detail/9784839975869.html
- 에이콘출판사 도서 정보 사이트: http://www.acornpub.co.kr/book/operating-system

이 책은 2021년 2월까지의 정보를 기초로 집필됐다. 등장하는 제품이나 소프트웨어, 서비스 버전, 화면, 기능, 제품 스펙 등의 정보는 모두 원고 집필 시점 기준으로 작성됐다. 그 이후에 내용이 변경됐을 가능성이 있으므로 양해를 구한다.

이 책에 기재된 내용은 정보 제공만을 목적으로 하고 있다. 따라서 이 책에 근거한 응용은 모두 고객 자신의 책임과 판단으로 활용하길 바란다.

---

3 'OS 자작'에 흥미가 있다면 꼭 '0장 OS를 개인이 만들 수 있다고?'도 읽어보길 바란다.

정확한 내용을 전달할 수 있도록 노력했지만 저자나 출판사 모두 책 내용에 대한 어떠한 보증을 하지 않는다. 또한 내용과 관련된 어떠한 운용결과에 대해서도 일체 책임을 지지 않는다. 미리 양해를 구한다.

이 책에 기재된 회사명과 제품명 등은 각 회사의 등록상표 또는 상표다. 본문에서는 ©, ®, TM 등의 표시는 생략했다.

0장

OS를 개인이 만들 수 있다고?

여러분이 평소 사용하는 윈도우, macOS, 리눅스는 모두 거대한 OS다. 예를 들어 리눅스 버전 4.10(2017년 배포)은 약 2,100만 줄의 코드로 작성됐다. 다른 2개의 OS는 소스 코드를 공개하지 않아서 알 수 없지만 수천만 줄은 된다고 생각한다. 물론 이렇게 큰 소프트웨어를 개인이 만들기란 불가능하다.

언급한 OS가 처음부터 거대했냐면 그렇지도 않다. 리눅스 제작자인 리누스 토발즈Linus Torvalds가 만든 최초의 버전 0.01(1991년 출시)은 겨우 1만 239줄이었다. 버전 4.10과 비교하면 너무나 작지만 OS로써의 기본적인 기능은 갖추고 있었다.

또한 『OS 구조와 원리』에서 소개하는 '하리보테 OSHariboteOS'는 4,249줄로 컴파일 후의 크기는 40KB 정도다. 이 정도 크기라면 개인도 만들 수 있을 것 같은 기분이 들지 않을까? 그래, 한 번 만들어보자!

이 책에서 만드는 OS는 간단하지만 그래도 GUI[1]가 있어서 윈도우가 제대로 표시되고, 멀티태스크[2]로 동작하는 나름대로 제대로 갖춘 OS다. OS 본체는 최종적으로 1만 1,071줄 정도가 된다. 전문용어를 잘 아는 사람에게 말한다면 UEFI로 시작해서 Intel64 모드로 동작하고 페이징을 사용해 메모리 관리를 수행하며 USB 3.0 드라이버를 탑재, 파일 시스템을 갖춘 OS를 제작한다.

0.1 OS 만드는 방법

"OS를 만든다."라고 말한다면 크게 나눠 2가지의 제작 방법이 있다. 기존 OS를 개조하거나 전체를 자신이 직접 모두 만드는 것이다.

기존 OS, 예를 들어 리눅스를 기반으로 해 필요한 기능을 더하고 불필요한 기능을 제거하면 오리지널 OS 만들기가 가능하다. 실용적인 OS를 만들려면 이 방법이 가장 빠르다. macOS나 안드로이드는 기본으로 삼은 OS가 다르지만 이 방식으로 만들었다. 다만 이 방법으로는 OS의 전부를 보기는 어렵고 OS 제작의 극히 일부분만을 체험할 수 있다. 이왕이면 전체를 다뤄보고 싶지 않은가?

---

1 Graphical User Interface: 버튼이나 체크박스 같은 도형을 이용하는 시각적인 조작방법

2 복수의 태스크(작업)를 동시해 실행하는 것. 지금에 와서는 멀티태스크가 당연하지만 예전 OS에서는 멀티태스크가 불가능했던 OS도 있었다.

이 책에서는 OS를 전부 자신이 직접 만들어 보기로 한다. PC의 전원을 켜서 OS 본체를 불러내는 것으로부터 시작해 여러 가지 애플리케이션을 동작시키게 될 때까지 OS 만들기를 대략적으로 체험한다. 읽을수록 지금까지 블랙박스였다고 생각했던 PC의 내용물, OS 구조를 알게 될 것이다.

OS를 만드는 데는 요령이 있다. 그것은 처음부터 완벽히 만들려고 하지 않는 것이다. 처음부터 완벽을 목표로 하면 손이 멈춰버려서 전혀 앞으로 나아갈 수 없게 된다. 그래서 처음부터 완벽하게 만들려고 하지 말고, 처음에는 OS처럼 보이는 장난감을 만들어보기로 하는 것이다. 장난감을 만들다 보면 처음에는 장난감이었던 것이 점점 진짜에 가까워지게 된다.

막상 OS를 만든다고 하면 모놀리식monolithic으로 할지, 마이크로 커널microkernel로 할지, 메모리 관리는 어떻게 할지, 리얼타임성은 담보하는지 등 OS 개발을 잘 아는 사람으로부터 여러 질문을 받게 될지도 모른다. 그런 질문에 제대로 대답하려면 나름대로 공부를 해야 한다. OS 이론을 배우는 것, 그것이 중요한 일이다.

하지만 여러 가지를 공부하지 않았더라도 OS를 작성하지 말라는 법은 없다. 오히려 이론을 모른 채로 OS를 만들기 시작하는 쪽이 좋다고 필자는 생각한다. 왜냐하면 잘못 공부해버리면 선인들이 남긴 대단한 이론에 압도돼 OS 제작을 즐길 수 없게 되기 때문이다(이 때문에 즐길 수 있는 사람도 있다고 생각하지만). OS 제작은 매우 흥미진진한 창조활동이다. 처음 시작에서는 마음대로 만들고 즐기는 편이 그 후의 공부의욕도 북돋울 수 있을 것이다.

0.2 도대체 OS란 뭘까?

지금까지 OS란 단어를 사용했는데 애초에 OS란 무엇일까? 무엇을 구현하면 OS라고 말할 수 있을까?

사실은 사람에 따라 무엇을 OS로 부를지는 차이가 있어서 딱 무엇이라고 정의하기는 어렵다. 『OS 구조와 원리』에서는 이렇게 알려준다. "다양한 OS를 비교해 본 바 이 기능이 공통점이라고 말할 수 있는 것을 발견할 수는 없었다. 결국 각각의 작가가 '이것이 OS다.'라고 주장할 때 주변의 사람들도 '음 그런 건가?'라고 생각하면 어떠한 소프트웨어도 OS다." 확실히 그런 기분도 든다. 왜냐하면 세계에는 매우 단순한 기능만을 가졌지만 'OS'라고 불리는 소프트웨어가 많이 있기 때문이다. 모두가 공통으로 갖는 기능을 찾기는 힘들다.

다만 여기서 생각을 멈추지 말고, 자주 사용하는 OS에는 어떤 기능이 있는가를 생각해 보는 것은 의미가 있다고 생각한다. 모든 OS는 아니지만 윈도우, macOS, 리눅스 등 독자 모두가 보통 사용하는 OS를 관찰해 보면 다음 3가지 측면이 보인다(그림 0.1).

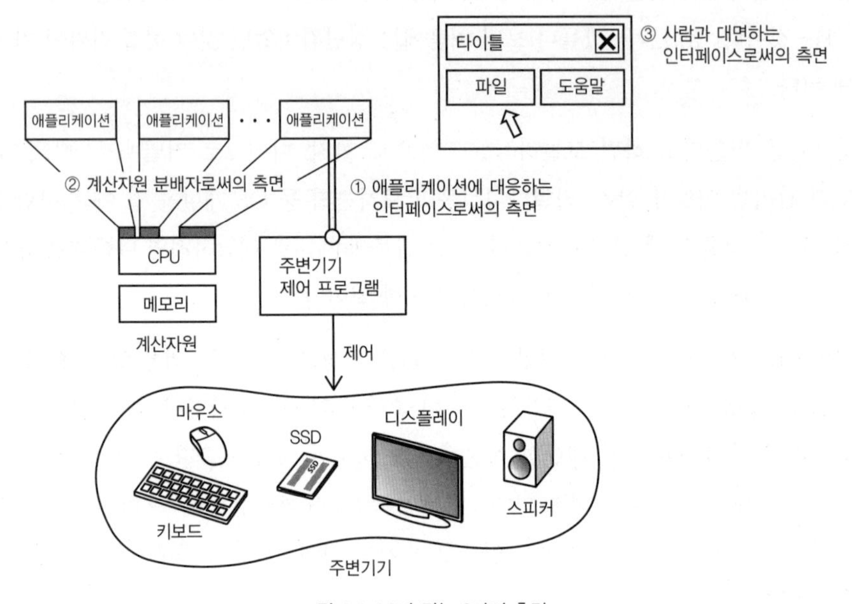

그림 0.1 OS가 갖는 3가지 측면

이 그림에 등장하는 인터페이스란 두 가지 개체의 접합점을 의미하는데, 애플리케이션과 OS가 만나는 지점 또는 인간과 컴퓨터가 만나는 지점이다. 일상생활에 비유하자면 전자렌지나 세탁기 버튼은 인간과 기기가 만나는 지점이라서 인터페이스다. 또는 가정용 게임기 콘트롤러는 인간과 게임을 연결하는 인터페이스다. 자세히 보면 컨트롤러 버튼은 인간에 대한 인터페이스, 게임기에 있는 컨트롤러 접속구는 컨트롤러에 대한 인터페이스라 할 수 있다.

인터페이스는 조작을 위한 창구라 할 수 있다. 인터페이스의 좋고 나쁨은 제품의 편의성과 직결된다. OS에 한정해서 본다면 애플리케이션이 OS의 기능을 사용할 때나 인간이 컴퓨터를 사용할 때 OS가 제공하는 인터페이스를 이용한다. 편의성이 높고 사용하기 쉬운 인터페이스를 제공할 수 있는지가 OS 개발자의 역량을 볼 수 있는 부분이다.

컴퓨터에는 HDD나 SSD 등의 2차 기억장치, 마우스나 키보드, 디스플레이, NIC[3], 카메라, 스피커 등 다양한 주변기기가 연결돼 있다. OS가 없던 시대는 각각의 애플리케이션이 각각의 주변기기를 제어했다. OS는 각 애플리케이션이 해왔던 주변기기의 제어를 대신 떠맡는다. 일반적으로 주변기기(하드웨어)의 제어는 복잡하지만, 그 복잡성을 OS가 흡수해주기 때문에 애플리케이션은 단순화된 인터페이스를 통해 주변기기를 활용할 수 있다.

OS가 제공하는 단순화된 인터페이스를 사용하면 애플리케이션은 쉽게 주변기기를 사용할 수 있게 된다. 또한 애플리케이션으로부터 주변기기의 세부사항을 숨김으로써 다른(동종의) 주변기기를 똑같은 인터페이스로 사용할 수 있다. 예를 들어 스토리지(HDD나 SDD 등)는 제품에 따라 연결규격이나 속도가 다르지만 OS가 그 차이점을 흡수해 애플리케이션은 파일에 대해서 read/write 같은 단순화된 인터페이스를 사용하기만 하면 아무 문제가 없다. 이처럼 세부사항을 숨기고 간단한 인터페이스를 제공하는 것을 **추상화**라고 한다. 추상화는 본래 복잡한 컴퓨터의 세계를 인간이 감당할 수 있을 정도로 단순하게 유지하기 위해 필요한 구조다.

추상화는 주변기기의 제어뿐만 아니라 네트워크 통신 등에서도 응용된다. 인터넷 통신에서는 TCP나 UDP가 자주 사용되지만, 일반적으로 그 아래에 존재하는 전송방법은 OS에 숨겨져 있어서 애플리케이션에서는 안 보인다. 전송방법은 어쩌면 메인보드에 연결된 LAN 케이블의 이더넷Ethernet일지도 모르고, USB에 꽂혀 있는 와이파이 안테나일지도 모른다. 각각은 물리적으로 다른 전송방식이지만 OS가 추상화된 인터페이스를 제공하기 때문에 애플리케이션은 신경 쓰지 않아도 된다.

지금까지 살펴본 것처럼 '애플리케이션에 대한 인터페이스로써의 측면'은 프로그래머가 애플리케이션을 작성할 때 신세를 지는 경우가 많은 부분이다. 이에 반해 지금부터 설명하는 '계산자원 분배자로써의 측면'은 애플리케이션을 사용하는 측면에서의 이야기다.

3 Network Interface Card: 네트워크의 송수신을 하는 주변기기. 원래는 확장카드로 판매됐기 때문에 카드로 불리지만 현재는 PC용 마더보드에 표준으로 포함돼 있다.

계산자원이라는 것은 CPU가 가진 계산능력, 메모리 기억, 스토리지의 읽기 쓰기, NIC의 송수신 등 애플리케이션 처리에 필요한 모든 자원(리소스)을 뜻한다. 이런 자원은 유한하기 때문에 하나의 애플리케이션이 독점해 버리면 다른 애플리케이션을 실행할 수 없다. 게다가 이러한 자원이 필요한 것은 애플리케이션뿐만이 아니다. 마우스 커서의 이동처리 등 OS가 동작하기 위해서도 자원이 필요하다. 복잡한 애플리케이션이나 OS를 병행해서 동작시키기 위해 적당하게 계산자원을 분배하는 것이 OS의 역할이다. 각 자원을 어떻게 분할하고 분배할지는 OS 개발자의 솜씨를 보여줄 부분이다.

자원분배 주제는 파고든다면 매우 심도 있는 주제다. 예를 들어 동영상 인코딩 같이 CPU를 격렬히 사용하는 앱을 실행하는 도중에 마우스를 조금 움직인다고 가정해 보자. 동영상 인코딩이 끝날 때까지 해당 앱이 CPU를 독점하는 단순하게 제작한 OS라면 동영상 인코딩이 끝날 때까지 마우스는 멈춰 있다. 이 정도면 작업하는 사람은 PC가 멈춰서 고장났다고 생각할 것이다. 동영상 인코딩은 CPU를 대량으로 사용하지만 한순간이라면 처리를 잠시 중단해도 문제는 없다. 한편으로 마우스의 이동 처리는 평균적으로 본다면 CPU를 거의 사용하지 않지만, 마우스를 움직인 순간에는 가급적 빨리 처리해야 한다. 대중적인 OS는 이런 경우에도 제대로 동작할 수 있도록 제작됐다.

지금까지 살펴본 2가지 단면은 주로 프로그램적인 이야기였다. 프로그램을 만들기 쉽게 하거나 복수의 프로그램이 서로 잘 협조해서 동작할 수 있도록 하는 것이다. 마지막으로 '인간에 대한 인터페이스로써의 측면'은 인간이 컴퓨터를 다루는 것을 OS가 지원하는 데 대한 이야기다.

PC를 사용할 때 각 애플리케이션에 통일화된 메뉴가 있으면 조작하기 쉬울 것이다. 어떤 애플리케이션에도 동일하게 보이는 외형의 메인 메뉴가 있어서 '파일' 메뉴를 클릭하면 '저장' 또는 '다른 이름으로 저장'을 선택하는 방식이 좋은 사례다. 또한 Ctrl-C로 복사해서 Ctrl-V로 붙여넣기 한다든지 등의 키보드 단축키도 애플리케이션 간에 공통적으로 적용할 수 있으면 좋다. 이처럼 애플리케이션 전반에 걸쳐 공통으로 인터페이스를 제공하는 것도 OS[4]의 역할이다.

3가지 단면에서 OS의 역할을 살펴봤다. 이 3가지 단면이 전부 갖춰지지 않으면 OS라고

4 아니 그건 OS(커널)가 아니고 GUI 프레임워크의 역할이라는 지적이 있을 수 있다. 그건 그것대로 맞다. 여기서는 OS를 커널로 한정하지 않고 좀 더 넓은 의미로 받아들여 설명한다.

부를 수 없는 것은 아니지만 대중적인 OS는 이 기능을 갖추고 있다. 이 책에서도 기존 OS를 따라서 많든 적든 그런 기능을 갖춰 제작하려고 한다.

칼럼 0.1 OS 사양 및 POSIX

인터페이스라는 키워드가 나왔다. OS와 애플리케이션 또는 인간은 인터페이스를 통해 상호작용을 한다. 그래서 인터페이스의 이용방법이나 동작이 어떤지, 즉 인터페이스의 사양이 중요하다. 애플리케이션에서 본 인터페이스 사양이라고 한다면 예를 들어 함수명이나 파라미터 형식, 함수의 동작, 반환 값 등이 이에 해당한다. 인간이 보는 인터페이스 사양은 마우스를 클릭할 때 무엇이 일어나는지, 애플리케이션의 기동방법, 애플리케이션 결과를 파일로 저장하는 방법, 윈도우를 '닫는' 버튼 위치 등이 해당된다. OS의 인터페이스가 포함하는 범위는 매우 넓다.

OS에 한정된 이야기는 아니지만 인터페이스가 동일하면 구현체가 다르다 하더라도 동일하게 이용할 수 있다. 동일한 인터페이스에 대응하는 복수의 OS가 있다고 한다면 하나의 애플리케이션을 어떤 OS에서도 동작시킬 수 있어서 애플리케이션 제작자나 이용자는 매우 편해진다. OS 제작자에 있어서도 이것은 기쁜 일이다. OS가 지원하는 하드웨어가 최초에는 x86 PC 하나뿐이었다 하더라도 이후 ARM 스마트폰을 지원하거나 자작 CPU를 채용한 컴퓨터의 지원이 추가됐을 때, 공통 인터페이스만 일관되게 유지했다면 기존 애플리케이션을 다양한 하드웨어에서 정상적으로 동작시킬 수 있다.

OS 인터페이스로는 POSIX(Portable Operating System Interface)가 유명하다. 이것은 유닉스(UNIX) 계열의 OS가 널리 채용하고 있는 인터페이스로, C 언어의 함수나 파일 시스템, 프로세스 등 넓은 범위를 포함한다. 이 책에서 채용한 표준 C 라이브러리인 NewLib는 POSIX를 전제로 제작됐기 때문에 MikanOS를 만들 때도 POSIX와 관련한 이야기가 가끔 등장한다.

다만 MikanOS 자체는 기존의 어떤 인터페이스 사양도 준수하지 않는다. 기존 인터페이스 구조를 소개하는 것이 이 책의 목적이 아니기 때문이다. 오히려 기존 OS 사양에 얽매이지 않고 만들고 싶은 것을 만들기 쉬운 방법으로 실현해 나가자고 생각한다. POSIX 및 기타 기존 인터페이스 사양과 호환되는 OS를 직접 제작하는 것도 매우 재미있다고 생각하기 때문에 독자 여러분이 멈추지 않고 기존 인터페이스 사양과의 호환성에 도전하는 것을 응원하겠다!

0.3 OS 자작 절차

일반적인 애플리케이션이라면 PC에서 소스코드를 작성해 컴파일하면 실행 가능한 파일이 완성된다. 해당 파일을 실행시키려면 더블클릭을 한다든지 터미널에서 파일 이름을 입력하면 실행된다. 파이썬Python 같은 인터프리터 언어라면 소스코드를 그대로 실행시키는 것도 가능하다.

하지만 그렇게 실행 가능한 것도 OS 덕분이다. 우리가 만들려는 것은 OS 그 자체라서 다른 OS에 의존하지 않고 동작하는 특수한 프로그램을 만들어야 한다. 다음 순서에 따라 만들어 갈 것이다.

1. 개발용 PC에서 OS 소스코드를 작성하고 컴파일한다.
2. 생성된 실행 파일을 USB 메모리에 복사한다.
3. 테스트용 PC에 USB를 연결하고 전원을 넣어 실행한다.

개발용 PC와 테스트용 PC는 똑같아도 상관없지만 이 경우에는 일일이 다시 컴퓨터를 재시작을 해야 해서 번거롭다. 그래서 필자는 테스트용 PC로 GPD MicroPC라는 소형 PC를 사용하고 있다. 50만 원 정도로 살 수 있으며 기능이 충실해서 자작 OS를 테스트하기에는 안성맞춤이다. 그 외에 AMD의 FX 8800P CPU가 탑재된 A10N-8800E 마더보드로 조립한 자작 PC도 테스트용 기기로 가끔 사용하고 있다. 중고 PC를 사는 것도 괜찮은 방법인데, 2012년 이후에 발매된 기종이라면 보장할 수는 없지만 이 책의 내용이 그대로 동작할 것이다.

테스트용 컴퓨터 대신에 에뮬레이터를 사용해 자작 OS를 테스트하는 방법도 가능하다. 에뮬레이터는 PC 안에서 가상으로 PC를 재현하는 소프트웨어다. 에뮬레이터를 사용하면 테스트용 PC를 준비할 수 없는 경우에도 안심하고 이 책의 내용을 테스트할 수 있다. 에뮬레이터를 사용하면 USB 메모리 준비 등을 하지 않고도 간편하게 테스트해 볼 수 있기 때문에 테스트용 PC가 있다 해도 에뮬레이터는 활약할 것이다. 필자는 MikanOS의 개발을 위해 QEMU라는 에뮬레이터를 자주 사용한다. '1.9 C 언어로 HelloWorld'에서 QEMU를 사용하는 방법을 설명한다.

이 책은 리눅스에서 개발한다고 가정하고 쓴 책이다. 『OS 구조와 원리』는 윈도우에서 개발하는 것으로 가정했지만 그때와 비교해 본다면 리눅스도 이제 충분히 사용하기 쉽게 됐고, WSL[5]이라는 기능 덕분에 윈도우 상에서도 리눅스가 동작한다. 윈도우보다 리눅스 쪽이 개발환경을 구축하기가 쉽기 때문에[6] 만약 아직 리눅스를 사용한 적이 없는 독자라면 이번 기회에 리눅스로 입문해 보는 것이 어떨까? 정확히 말하자면 리눅스 배포판의 종류 중 하나인 우분투Ubuntu 18.04로 동작을 확인하고 있다. WSL 상의 우분투와 조작 등에서 차이가 있는 경우는 본문에서 설명하기 때문에 윈도우를 주로 사용하는 독자도 함께 만들 수 있다!

순서 1에서 소스코드를 작성하는 텍스트 에디터는 좋아하는 것을 사용해도 상관없다. 필자는 Vim을 좋아하지만 어쨌든 최종적으로 목적 실행 파일을 얻을 수 있다면 도구는 무엇이든 좋다. 소스코드를 실행 파일로 변환하려면 컴파일러라는 소프트웨어를 사용한다. 컴파일러도 다양하게 존재하지만 여기서는 Clang(+LLVM)을 사용한다.[7] Clang 외에 GCC라는 유명한 컴파일러가 있어서 GCC로 도전해 보는 것 또한 재미있을지도 모르겠다.

순서 2에서 사용하는 USB 메모리는 고장이 나도 괜찮은 값싼 USB 메모리 구입을 추천한다. 용량은 작아도 괜찮다. 또한 테스트용 PC의 펌웨어가 지원하는 미디어라면 반드시 USB 메모리일 필요는 없다. 내장이나 외장 HDD, 네트워크 경유의 기동도 가능하다. 필자는 일일이 USB 메모리를 빼고 다시 장착하는 것이 싫었기 때문에 USB 메모리에는 네트워크로 OS를 읽어 들이는 소프트웨어(iPXE)만을 넣어뒀으며, OS 본체 파일은 개발용 PC에 놓아둔다는 방식으로 OS 개발을 진행하고 있다. 이렇게 해두면 USB 메모리는 쭉 꽂아둔 채로 개발을 진행할 수 있어서 번거로움이 사라진다.

0.4 OS 자작의 즐거움

OS 자작에 정답은 없다. '0.5 OS 자작의 구성'에서는 이 책의 흐름을 전반적으로 소개하지만 단순한 예에 불과하다. 독자 여러분은 절대 헤매는 것을 두려워하지 말고 다른

5 Windows Subsystem for Linux: 윈도우10에 탑재된 기능으로, 윈도우와 우분투 등의 각종 리눅스 배포판이 공존하는 것이 가능하다.

6 대부분의 리눅스 배포판에는 개발 툴이 제공되며, 간단하게 인스톨할 수 있게 돼 있다. 이 책의 범위를 넘어서 예를 들어 Git을 사용해서 소스코드의 버전 관리를 해보려고 하든가 다른 컴파일러를 시험해 보고 싶다면 리눅스 쪽이 편리할 것이다.

7 Clang을 선택한 데는 GCC보다 경고 메시지를 읽기가 쉬운 것, 옵션으로 빌드 타깃을 지정할 수 있다는 것 등의 이유가 있다. 다만 이건 취향의 문제이기 때문에 GCC를 선호하는 사람은 GCC를 사용해도 문제없다.

길로 걸어가 보길 바란다. 독자적으로 개조하거나 이 책에서 다루지 않은 기능을 구현해 보라. 이 책의 흐름을 그대로 재현하는 것만으로도 OS나 저수준 계층에 대해 나름대로의 지식을 얻을 수 있다고 생각하지만 다른 길을 모색하는 것으로 더욱더 깊이가 있는 경험을 얻을 수 있다.

책의 내용을 깊게 이해하고 싶다면 '사경寫經'을 추천한다. 사경이란 원래 불교의 경전을 베껴 쓰는 것을 말하는데, 이 책에서 말하는 사경은 샘플코드를 복사하지 않고 자신이 입력하는 것을 의미한다. 자신이 직접 입력하는 것이 무슨 의미가 있는가라고 생각할지도 모르겠다. 복사-붙여넣기 하는 쪽이 압도적으로 빠르게 학습을 진행할 수 있다.

필자의 경험으로는 사경을 하면 세부사항을 이해하면서 코드를 읽을 수 있다는 이점이 있다. 복사-붙여넣기한 코드를 단지 보는 것보다 1문자씩 자신이 입력하는 쪽이 세세한 부분을 깨달을 수 있기 때문이다. 실제 필자는 『OS 구조와 원리』를 사경으로 해나가면서 읽었으며, 더 깊게 이해하는 것이 가능했다고 느끼고 있다. 물론 사경에는 그 나름의 시간이 걸리지만 만약 시간에 여유가 있는 학습자라면 사경에 한 번 도전해 보는 것이 어떨까?

이 책을 읽어나가는 도중에 내용과 관련해서 의문점이 생길지도 모른다. 또는 독자적으로 OS를 개조하는데 도전해 보려고 하지만 조사를 해도 잘 모르는 부분이 분명 나올 것이다. 그런 경우에는 필자나 OS를 자작하는 사람들의 커뮤니티에 질문해 보자. 이 책의 내용과 직접 관련이 있다면 이 책의 지원사이트(http://zero.osdev.jp)에 질문하는 게 가장 좋겠다. 지원사이트에 있는 GitHub Issues에 질문을 올리면 필자나 다른 독자분이 질문에 대답할 것이다. 또한 이 책을 공부한 메모를 기록하거나 독자적인 개조를 발표하는 장소로 GitHub Wiki를 활용해주길 바란다. 지원사이트는 이 책의 독자가 모이는 곳이기 때문에 독서 동료를 찾는 것도 가능하다. 그러나 GitHub의 이용규정에 따라 13세 미만의 독자분은 Issues나 Wiki를 사용할 수 없기 때문에 osdev-jp의 메일링 리스트에 가입하면 좋을 것이다.

이 책에서 설명하지 않는 고급 내용(예를 들면 자작 OS가 USB 메모리를 직접 읽고 쓰는 방법 등)에 관련한 질문이나 논의는 필자가 운영하는 자작 OS 커뮤니티(osdev-jp)에 올려주기 바란다. osdev-jp에는 PC용 OS뿐만 아니라 임베디드용 OS를 만드는 회원도 있다.

osdev-jp에 가입하는 방법은 https://osdev.jp/joinus.html을 참조하길 바란다. osdev-jp의 메일링 리스트라면 13세 미만의 독자도 가입 가능하다.

이 책에서 만드는 MikanOS가 모든 PC에서 정상적으로 동작한다고는 할 수 없다. 필자가 다양한 PC에서 테스트를 해서 문제없이 실행된다는 것을 확인하고는 있지만, 독자 여러분이 사용하는 PC에서는 실행되지 않을 가능성이 다분히 존재한다. 그 부분이 OS 개발의 어려운 점이며 또한 즐거운 부분이기도 하다. 애플리케이션이라면 하드웨어의 사소한 차이 때문에 동작하지 않는 경우는 생각하기 어렵지만, OS는 하드웨어를 직접 다루기 때문에 개별 하드웨어의 차이에 크게 좌우된다. 만약 MikanOS가 동작하지 않는 기종이 있다면 왜 동작하지 않는가를 규명해 동작하도록 수정을 추가하는 것은 여러분에게 맡기겠다.

0.5 OS 자작의 구성

1장에서는 구체적으로 OS의 자작을 진행한다. 매우 세세한 내용을 다루기 때문에 마치 숲을 탐색하는 듯한 감각을 느낄 거라고 생각한다. 자칫하면 숲속에서 헤매게 될지도 모른다. 가급적 헤매지 않기 위해 본편에 들어가기 전에 전체를 조망해 보자. 다만 본편이 지나치게 농밀해서 전체상을 살펴보는 것도 매우 길어져 버렸다. 미안하다. 이후 되돌아올 때는 목차가 조감도[8]의 역할을 할 것이다.

1장에서 3장에 걸쳐 부트로더boot loader를 제작한다. 부트로더란 OS를 메인 메모리에 읽어 들여 실행시키는 프로그램이다. PC 구조에서 오는 제약 때문에 실행할 프로그램은 메인 메모리에 배치돼야 한다. 하지만 일반적으로 메인 메모리(DDR-SDRAM)는 PC의 전원을 끄면 내용이 사라져 버린다. 그래서 전원을 꺼도 내용이 지워지지 않는 스토리지(HDD나 SSD 등)에 OS를 기록해두고 부트로더를 사용해 스토리지로부터 메인 메모리로 프로그램을 읽어 들인다.

이 책에서는 UEFI BIOS로 동작하는 부트로더를 만든다. UEFI에는 부트로더를 제작하기 위한 지원기능이 많이 있다. 예를 들면 UEFI는 스토리지를 읽고 쓰는 기능을 갖고 있어서 부트로더 제작자가 스스로 스토리지 장치의 제어 프로그램(디바이스 드라이버)을 제

8 조감이란 새의 시점을 의미한다. 높은 곳에서는 전체를 바라볼 수 있기 때문에 숲속에서 자신이 있는 곳을 파악하기 쉽다.

작할 필요가 없다. UEFI의 기능을 호출하는 것만으로 충분하다. 그래서 매우 즐겁게 부트로더를 제작하는 것이 가능하다.

부트로더 이후에는 드디어 OS 작성을 시작한다. 우선 도형이나 문자를 화면에 표시하는 것이 목표다. PC 화면(디스플레이 또는 모니터라고 부름)을 잘 보면 작은 사각형(픽셀)이 가로 세로로 나열된 구조로 돼 있어서 각각의 작은 사각형에 임의의 색을 칠하면 도형이나 문자를 표시할 수 있다. 사각형이나 직선이라면 계산해서 칠해야 하는 픽셀의 위치를 결정할 수 있다. 문자의 경우는 폰트라는 문자 형태를 데이터화한 것을 사용해 어느 픽셀을 칠할지를 결정한다. 여기까지 오면 그림 0.2처럼 선호하는 색상으로 사각형을 그리거나 문자열을 표시하는 것이 가능해진다.

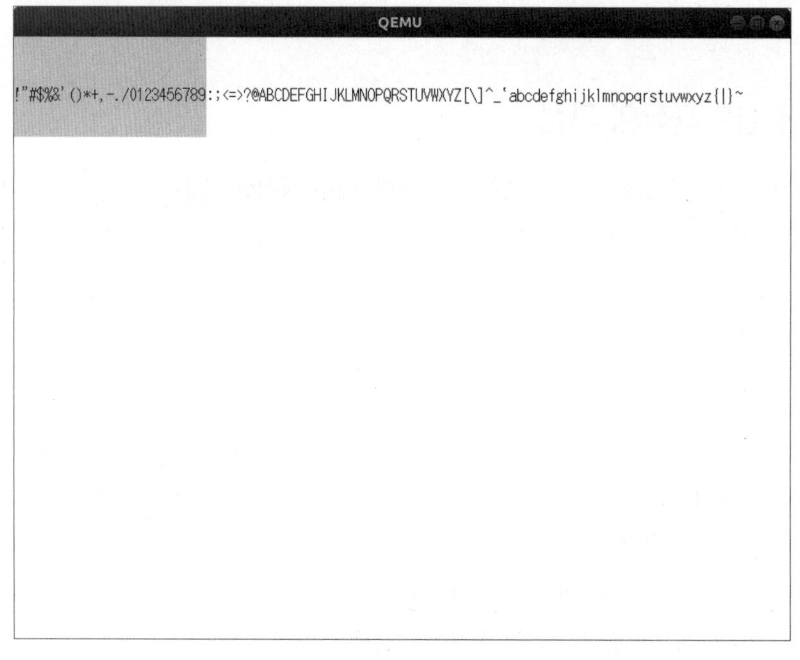

그림 0.2 폰트 모음

6장과 7장에서는 마우스를 사용할 수 있게 한다. 마우스를 사용할 수 있게 되면 마우스 커서가 화면 내부를 이동할 수 있다. 여기에는 인터럽트interrupt라는 구조를 사용한다. 인터럽트는 일반적인 처리에 끼어들어 처리를 수행하는 체계다. 인터럽트를 사용하지 않고 마우스를 제어하려면 일정 간격(예를 들면 0.01초 정도)으로 "마우스를 움직였는가?"를 마우스에 물어볼 필요가 있다. 평균적으로 살펴보면 마우스는 거의 멈춰 있어서 마우스에 대한 질의는 허사로 끝난다. 그렇다고 해서 질의 빈도를 낮추면 "마우스가 딱딱하게 움직이는구나"라고 느껴버린다. 인터럽트를 사용하면 마우스를 움직였을 때 인터럽트 처리가 자동적으로 동작해 마우스 커서가 움직인다. 마우스를 움직이는 처리는 인터럽트에 맡기는 것이 효율적이다.

8장에서는 메모리 관리 구조를 제작한다. 메모리 관리란 PC에 탑재된 메인 메모리에서 어디가 사용 중이며 어디가 비어있는지를 파악해 메모리가 필요한 애플리케이션에 메모리 영역을 지원하는 것이다. 이를 위해서는 우선 메모리 용량과 초기 상태를 알 필요가 있다. 메모리가 4GB인지 32GB인지를 알아야 하며, OS 이외의 프로그램(UEFI BIOS 자체나 부트로더 등)이 사용하는 메모리 영역을 파악하지 않으면 올바른 메모리 관리는 불가능하다.

그 이후 계속되는 9장과 10장에서는 윈도우를 볼 수 있게 한다. 윈도우 표시는 문자 표현과 같아서 기본적으로는 픽셀에 그림을 그리는 것이 전부지만 윈도우의 중첩 또는 겹침을 처리하는 것이 조금 어렵다. 배경, 윈도우, 마우스 커서 등의 중첩을 고려해 렌더링해야 한다. 기본적으로는 중첩되는 것 중 가장 아래에 있는 그림부터 차례로 그리는 것으로 중첩을 표현하면 좋다. 하지만 렌더링 처리는 대량의 픽셀에 색상을 그리기 때문에 단순한 방법으로는 쓸데없는 처리가 너무 많아지게 된다. 마우스 커서나 윈도우를 부드럽게 움직일 수 있도록 고속화에도 도전한다.

11장에서는 타이머를 설명한다. 타이머는 PC에 내장된 시간을 측정하는 하드웨어다. 시간을 측정할 수 있다는 것은 일정 시간마다 어떠한 처리를 할 수 있는 구조를 구현할 수 있다는 의미다. 여러 태스크를 일정 시간마다 전환하고, 여러 태스크를 병행으로 동작시키는 선점형 멀티태스킹 구현에는 타이머가 필요하다. 그 외 게임이나 동영상 등 시간을 제대로 가늠할 필요가 있는 애플리케이션의 구현에도 타이머가 활약한다.

12장은 키보드에 대해 설명하며 문자입력을 할 수 있게 한다. 키보드의 각 키에는 키코드라 불리는 수치가 정해져 있어서 어떤 키를 누를 때마다 키코드가 전송된다. 이 키코드를 인터럽트 처리에서 받는다. 키를 잘 보면 복수의 문자가 찍혀 있다. 예를 들면 키보드 'W' 위에 있는 '2' 키에는 '2' 외에도 '@'도 찍혀 있다. 키코드는 키에 대응해서 정해진 수치라서 2를 의도해서 눌러도, @를 의도해서 눌러도 같은 수치가 전송된다. OS는

Shift 키를 동시에 눌렀는지를 고려해서 키코드를 적절한 문자로 변환한다.

13장과 14장에서는 멀티태스킹이라는 복수의 태스크를 병행으로 동작시키는 구조에 도전한다. 애플리케이션은 태스크의 한 종류다. PC로 작업할 때 음악 프로그램으로 BGM을 틀면서 웹 브라우저로 문헌을 조사하고, 워드프로세서로 보고서를 작성하는 등 여러 애플리케이션을 동시에 사용한다. 이런 작업이 가능한 것은 멀티태스킹의 구조 덕분이다. 멀티태스킹 기능이 없는 OS에서는 한 개의 애플리케이션을 닫을 때까지 다른 애플리케이션을 사용할 수 없다.

멀티태스크 구조는 PC의 처리능력을 최대한 살리기 위해서도 중요하다. 예를 들어 초당 10프레임으로 동작하는 게임을 만들려고 한다. 프레임과 프레임 사이에는 0.1초 간의 시간 간격이 있고, 1프레임 차례의 처리는 0.02초 만에 끝났다고 해 보자. 2번째 프레임까지 0.08초의 여유 시간을 다른 태스크에 배정하는 것이 가능하면 그 여유분만큼 많은 처리를 할 수 있다. 인간은 0.08초의 시간이 주어져도 아무것도 할 수 없지만 CPU는 매우 빠르기 때문에 그 정도 짧은 시간에도 유효하게 활용할 수 있다. 멀티태스킹 구조가 없다면 다른 해야 할 처리가 있음에도 PC는 한가한 상태가 돼 버릴 것이다.

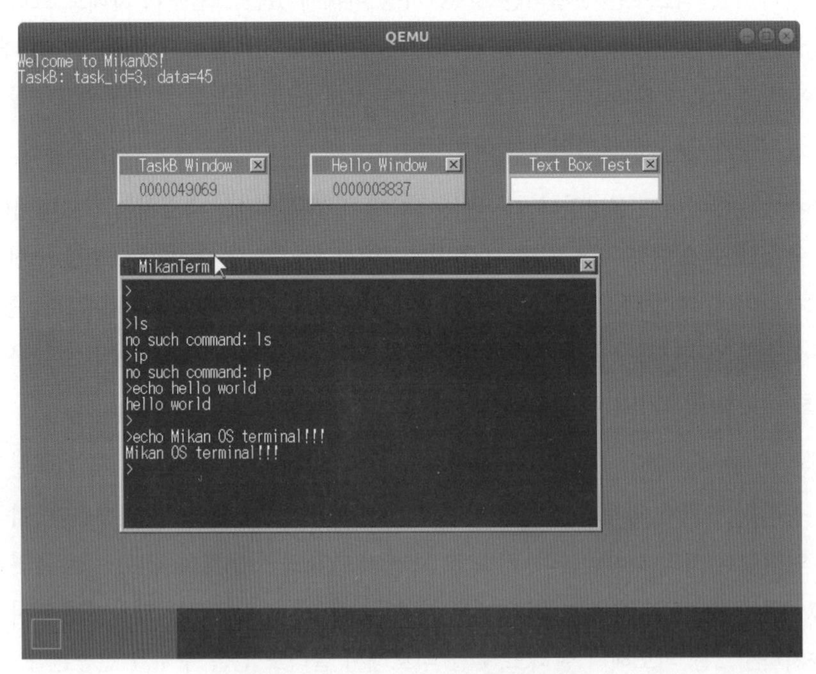

그림 0.3 터미널의 echo 커맨드로 노는 모습

15장과 16장에서는 터미널과 명령어를 구현한다. 터미널은 검은 배경에 흰 문자를 출력하는 바로 그 화면이다. 터미널은 문자를 사용해 명령을 내리고 결과를 표시하기 위한 구조이며, 일반적으로 CLI[9]라고 한다. CLI에서 애플리케이션은 문자열만 다루면 되므로, 윈도우에 버튼을 배치하거나 이벤트 지향 프로그래밍을 필요로 하는 GUI 애플리케이션에 비해 매우 쉽게 만들 수 있다. 그래서 특히 OS 개발 초기에는 터미널이 딱 맞다. 게다가 터미널에 명령을 입력하고 엔터 키로 실행하는 것은 해커 같아서 멋지다! 16장 중간 정도까지 가면 그림 0.3 같은 외형이 된다.

17장에서는 파일 시스템을 만든다. 현대 컴퓨터는 바이트를 기본으로 해서 데이터를 처리한다. 바이트는 0에서부터 255의 수치를 표현할 수 있는[10] 작은 기억 단위다. 영숫자라면 1바이트로 1문자를 표현할 수 있다. HDD나 SDD 등의 스토리지는 매우 큰 바이트의 배열이라고 생각할 수 있다. 어느 정도로 큰가 하면 1TB로 코우지엔(일본의 대표적인 출판사 이와나미 서점岩波書店이 발행한 중형 일본어 사전) 약 2만 권 분량[11]의 문자를 수록할 수 있다. 2만 권의 코우지엔을 쌓은 모습을 떠올려보라. 특정 페이지를 찾기조차 힘들며, 다루기가 아주 어려울 것이다.

파일 시스템은 스토리지의 광대한 바이트열을 작게 잘라내 '파일'로 이름을 붙이는 기능이다. 파일 시스템은 파일명과 바이트열의 위치를 매핑 테이블로 관리하며, 이름으로 지정된 파일이 바이트열의 어디에 있는지를 반환하거나 신규로 파일을 만들 때 바이트열의 빈 공간을 찾아서 파일 이름과 매핑 테이블을 갱신하거나 한다. 바이트열의 관리 방법에 따라 다양한 파일 시스템이 존재하지만 이 책에서는 FAT를 채용했다.

18장부터 20장에 걸쳐서는 애플리케이션을 만들 수 있게 한다. 지금까지는 OS 본체의 기능을 만들었지만 여기서는 OS상에서 동작하는 애플리케이션을 만들어간다. 앞에서 소개한 OS의 3가지 단면에서는 어느 단면에서나 애플리케이션이 존재했다. 애초에 '애플리케이션'은 '응용'이라는 의미의 영단어로 현실세계로의 응용, 사용자에게 어떤 가치를 제공한다는 의미다. 애플리케이션이 없는 OS는 아무런 역할을 할 수 없다. 애플리케

9 Command Line Interface: 커맨드라인이란 터미널에 입력하는 명령. CLI 애플리케이션이란 문자로 명령하고 문자로 결과를 표시하는 애플리케이션을 의미한다.

10 1바이트가 몇 비트인지는 정해져 있지 않지만 여기서 다루는 x86-64 아키텍처에서는 1바이트=8비트다. 8비트로 0에서 255까지의 수치를 다룰 수 있다.

11 코우지엔 한 권은 약 1,500만 자라고 한다. 1문자당 평균 3바이트라고 한다면 1,500만 자로 45MB. 1TB/45MB ≒ 22222가 된다. 덧붙여 원고집필 시기에 가전 전자제품 매장에서 SSD를 봤을 때는 500GB에서 1TB 정도의 제품이 많이 팔리고 있었다.

이션을 동작시키는 것은 OS 자작에 있어서 매우 큰 고비다.

특히 20장에서 만드는 **시스템 콜** system call의 구조는 첫 번째 단면이었던 '애플리케이션에 대한 인터페이스로써의 측면'을 구현하는 매우 중요한 구조다. 시스템 콜이란 OS 기능을 호출하는 창구다. 애플리케이션은 OS의 다양한 기능을 활용해 처리를 진행해 나가지만 OS에 포함된 프로그램을 자유롭게 호출해서는 보안을 유지할 수 없다. 자신이 만든 애플리케이션만을 동작시킨다면 좋겠지만 보통은 제 3자가 만든 애플리케이션도 같이 사용한다. 만약 악의를 가진 사람이 만든 애플리케이션이었다면 시스템 전체를 빼앗겨서 다른 애플리케이션이 가진 중요한 데이터가 누출될 수도 있다. 하지만 애플리케이션과 OS의 접점을 시스템 콜로 한정하면 보안을 유지하면서 OS 기능을 애플리케이션에 제공할 수 있다. OS를 자작하는 대부분의 사람은 다른 사람의 애플리케이션을 자신의 OS에서 작동시키는 일은 안 할 것이기(해준다면 필자는 매우 기쁘겠지만!) 때문에 시스템 콜은 없어도 된다. 하지만 시스템 콜은 일반적인 OS에는 반드시 갖추고 있는 구조이므로 이 책에서도 만들어 본다.

21장부터 23장은 윈도우를 열거나 그림을 그리거나 시간을 측정하거나 키 입력을 하는 등 시스템 콜을 구축해 나간다. 시스템 콜이 늘어나면서 만들 수 있는 애플리케이션의 폭이 넓어진다. 애플리케이션을 많이 만드는 이 기간은 매우 즐거울 거라고 생각한다. OS의 기초적인 구조를 만드는 것도 재밌지만 애플리케이션이 늘어나는 것은 눈에 보여서 동기 부여가 된다.

24장에서는 터미널을 복수 구동할 수 있게 한다. 이 책에서 만드는 OS 설계에서는 1 터미널=1 애플리케이션이라서 복수의 터미널을 여는 것은 복수의 애플리케이션을 동시에 사용할 수 있다는 의미다. 여기까지 오면 그림 0.4 같은 모습이 된다. 매우 본격적인 느낌이 들지 않는가?

25장과 26장에서는 애플리케이션이 파일을 읽고 쓰는 구조를 만든다. 애플리케이션은 파일 디스크립터 번호라는 정수 값을 사용해 파일을 조작한다. 파일을 열면 새로운 파일 디스크립터 번호가 OS에 의해 할당돼 이후 애플리케이션은 해당 번호를 사용해 파일의 읽고 쓰기 등을 수행한다. OS는 번호와 파일 디스크립터 매핑 테이블(대응표)를 갖고 애플리케이션이 오픈한 파일 목록, 각 파일의 읽기, 쓰기 위치를 관리한다. 정수 값으로 파일을 지정하는 방식은 필수적인 것은 아니지만 널리 사용하는 방법이기에 여기서도 따랐다. 같은 구조로 제작하면 다른 기술자와 대화할 때 이야기가 쉽게 통할 수 있다. 애플리케이션에서 파일을 읽고 쓸 수 있게 되면 만들 수 있는 애플리케이션의 폭이 단숨에 넓어진다.

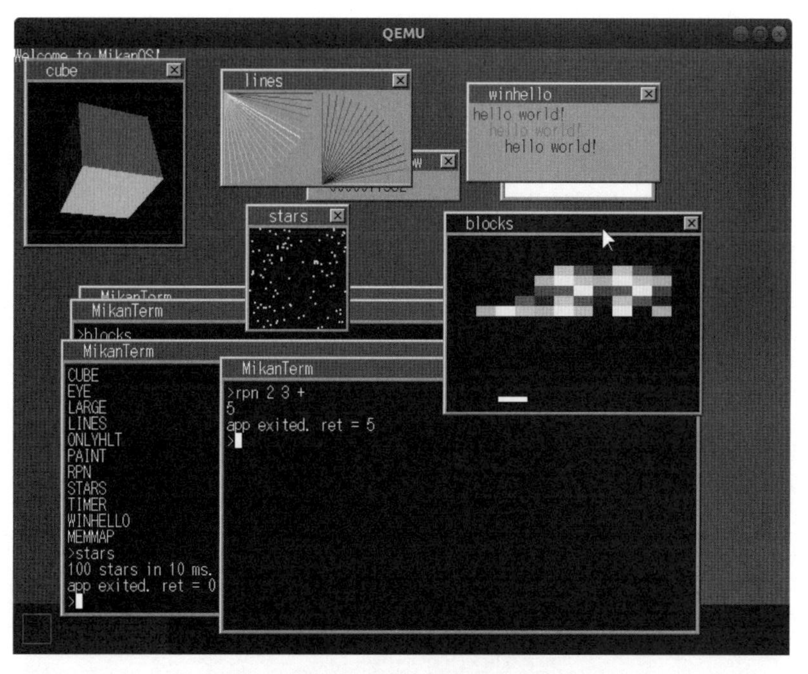

그림 0.4 복수의 애플리케이션을 실행시킨 화면

27장에서는 애플리케이션이 대량의 메모리를 확보하거나 파일을 메모리로 가장하는 구조를 만든다. 여기서 만드는 구조는 수수하지만 고도로 "OS를 뒤에서 지탱하는 구조를 만들고 있어!"라는 느낌이 들 것이다. 만들 수 있는 애플리케이션의 폭이 그렇게 넓어지지는 않지만 기술적으로는 매우 흥미로운 내용이라 할 수 있다.

28장의 일본어 표시는 OS의 교과서에 있어서는 덤이지만 그래도 역시 일본어를 지원하면 외형이 화려해져서 재미있기에 여기서 도전하기로 했다. 일본어 글꼴은 본질적으로는 영숫자의 글꼴과 동일하다. 문자수가 많은 일본어를 표시하기 위해 많은 문자 외형이 수록돼 있는 점만 차이가 있을 뿐이다. FreeType이라는 라이브러리의 힘을 빌려 TrueType 글꼴을 사용할 수 있다. 독자 여러분이 선호하는 글꼴로 바꿔 즐기길 바란다.

29장에서 도전하는 애플리케이션 간의 통신(파이프)[12]은 복수의 애플리케이션이 상호 간 정보교환을 하기 위한 구조다. 지금까지는 각 애플리케이션이 단독으로 실행해서 어떠한 처리를 하고 종료를 했다. 애플리케이션 간 통신이 가능하면 어떤 애플리케이션의 출력 결과를 다른 애플리케이션에 입력으로 처리시키는 것이 가능하다. 작은 애플리케이션을 조합해 복잡한 작업을 시킬 수 있게 돼 한층 애플리케이션의 응용 범위가 넓어지게 된다.

30장은 덤으로 추가 기능이나 애플리케이션을 만들어 본다. 텍스트 파일을 큰 화면으로 볼 수 있는 텍스트 뷰어, 이미지 파일을 표시하는 이미지 뷰어를 만들면 화면이 단숨에 화려해진다. 그림 0.5는 3장의 이미지를 표시한 화면을 보여준다. 멋지다!

그림 0.5 이미지 뷰어로 3장의 이미지를 표시

12 일반적으로 프로세스 간 통신이라고 한다.

1장

PC의 구조와 HelloWorld

1장에서는 OS 제작의 한걸음을 내딛기 위해 OS가 없는 상태에서 컴퓨터 화면에 메시지를 표시해 보겠다. OS의 힘을 빌리지 않는다는 것은 컴퓨터의 기본 기능을 사용한다는 의미다. 컴퓨터는 디지털 회로로 만들어져 있어서 2진수만을 다룰 수 있는데 어째서 문자를 표시할 수 있을까? 바이너리 에디터를 사용한 프로그래밍을 통해 구조를 간단히 설명한다. 1장의 마지막 부분에서 C 언어를 사용해 메시지 표시를 다시 고쳐 써보겠다.

1.1 HelloWorld

그럼 이제 OS 만들기를 시작해 보자. 우선 다른 OS의 힘을 빌리지 않고 시작해서 화면에 메시지를 표시하는 간단한 프로그램을 작성해 본다. 보통은 이런 경우 프로그래밍 언어를 사용해 프로그램을 작성하지만 이 책에서는 최초의 한걸음으로써 프로그래밍 언어를 사용하지 않고 해 보겠다. 우선은 보통 (WSL은 아닌) 우분투로 하는 방법을 소개하고, 그 이후에 WSL로 하면서 차이점을 살펴본다.

작성한 프로그램의 실행은 만약 테스트용 PC가 있다면 그걸로 테스트해 보면 된다. 테스트용 PC가 없어도 에뮬레이터로 실행방법을 소개하기 때문에 걱정하지 않아도 된다.

여기서는 프로그램 작성에 바이너리 에디터를 사용한다. 바이너리 에디터는 어떠한 파일도 만들 수 있는 만능 툴이다. 지금부터 만드는 것은 화면에 메시지를 표시하는 프로그램이지만 이것도 일종의 파일이다. 물론 바이너리 에디터로 만들 것이다.

다양한 바이너리 에디터가 있지만 바이너리 에디터라면 아무래도 기본 기능은 모두 갖추고 있다. 선호하는 바에 따라 선택해도 좋지만 무엇이 있는지를 잘 모르는 사람도 많을 것이다. 리눅스라면 'Okteta'가 완성도가 높고 사용하기 쉽다고 생각한다. 이것은 무료 툴이기 때문에 부담없이 사용할 수 있다. 우분투에서는 '우분투 소프트웨어'를 사용하든지 다음의 명령줄을 사용하면 설치할 수 있다.

```
$ sudo apt install okteta
```

맨 앞의 `$` 기호는 이 행이 명령줄임을 나타내는데, 여러분이 입력할 필요는 없다. 입력할 것은 `sudo` 이후의 문자열이다.

이 명령 실행이 성공하면 Oktera 설치는 완료됐다. 다음으로 Okteta를 실행시켜보자. 우분투에서 Windows 키[1]를 누르면 나오는 화면으로 '`okteta`'를 입력하고 Okteta를 찾는다. 나온 아이콘을 클릭하면 Okteta가 실행된다(그림1.1).

1 Windows 마크가 적힌 키. 맥에서는 커맨드 키, 리눅스에서는 슈퍼 키로 불린다.

그림 1.1 'okteta'를 찾고 Okteta를 실행

그럼 바이너리 에디터를 실행하고 그림 1.2에서 보이는 대로 수치를 입력해 보자. 수치라고 하지만 대부분이 '0'이다. 1행 전부가 0인 구간은 '*'로 생략하고 있다. 여기서 입력한 수치가 무엇을 의미하는지는 이후에 설명하겠다.

```
00000000  4d 5a 00 00 00 00 00 00  00 00 00 00 00 00 00 00  |MZ..............|
*
00000030  00 00 00 00 00 00 00 00  00 00 00 00 80 00 00 00  |................|
*
00000080  50 45 00 00 64 86 02 00  00 00 00 00 00 00 00 00  |PE..d...........|
00000090  00 00 00 00 f0 00 22 02  0b 02 00 00 00 02 00 00  |......".........|
000000a0  00 02 00 00 00 00 00 00  00 10 00 00 00 10 00 00  |................|
000000b0  00 00 00 40 01 00 00 00  00 10 00 00 00 02 00 00  |...@............|
000000c0  00 00 00 00 00 00 00 00  06 00 00 00 00 00 00 00  |................|
000000d0  00 30 00 00 00 02 00 00  00 00 00 00 0a 00 60 81  |.0............`.|
000000e0  00 00 10 00 00 00 00 00  00 10 00 00 00 00 00 00  |................|
000000f0  00 00 10 00 00 00 00 00  00 10 00 00 00 00 00 00  |................|
00000100  00 00 00 00 10 00 00 00  00 00 00 00 00 00 00 00  |................|
*
00000180  00 00 00 00 00 00 00 00  2e 74 65 78 74 00 00 00  |.........text...|
00000190  14 00 00 00 00 10 00 00  00 02 00 00 00 02 00 00  |................|
000001a0  00 00 00 00 00 00 00 00  00 00 00 00 20 00 50 60  |............ .P`|
000001b0  2e 72 64 61 74 61 00 00  1c 00 00 00 00 20 00 00  |.rdata....... ..|
000001c0  00 02 00 00 00 04 00 00  00 00 00 00 00 00 00 00  |................|
000001d0  00 00 00 00 40 00 50 40  00 00 00 00 00 00 00 00  |....@.P@........|
*
00000200  48 83 ec 28 48 8b 4a 40  48 8d 15 f1 0f 00 00 ff  |H..(H.J@H.......|
00000210  51 08 eb fe 00 00 00 00  00 00 00 00 00 00 00 00  |Q...............|
*
00000400  48 00 65 00 6c 00 6c 00  6f 00 2c 00 20 00 77 00  |H.e.l.l.o.,. .w.|
00000410  6f 00 72 00 6c 00 64 00  21 00 00 00 00 00 00 00  |o.r.l.d.!.......|
*
00000600
```

그림 1.2 바이너리 에디터로 입력하는 수수께끼의 수치열

필자가 Okteta로 이 수치열을 입력하는 모습을 그림 1.3에서 볼 수 있다.

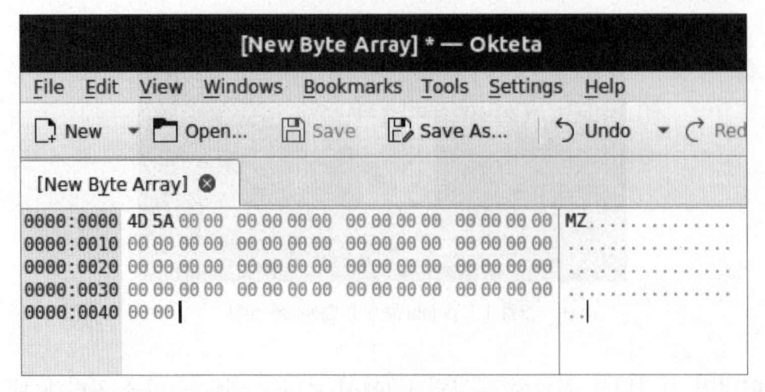

그림 1.3 Okteta로 수치열을 입력하는 모습

Okteta의 초기설정에서는 조금 다르게 표시될지도 모르겠다. '보기' 메뉴의 '1행당 바이트 수 설정'에서 '16'을 설정하면 필자와 똑같은 화면이 나타날 것이다(그림 1.4).

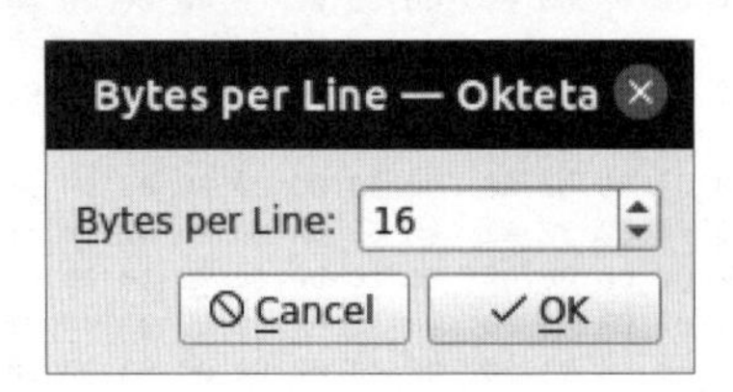

그림 1.4 Okteta의 화면 표시를 조정하는 모습

입력하는 값이 수치라고 했는데 '4D' 같은 문자가 섞여 있다. 이건 이 수치가 16진수로 쓰여져 있기 때문이다. 16진수에 대해서는 나중에 설명하며, 지금은 그림처럼 입력하길 바란다. 입력이 끝났다면 그걸 'BOOTX64.EFI'란 파일명으로 저장한다. 저장할 장소는 어디인지 알기 쉬운 곳으로 지정한다.

BOOTX64.EFI의 내용이 올바른지 위 수치열을 뚫어지게 쳐다본 뒤 차이점을 발견하기는 매우 어렵다. 그래서 체크섬checksum이라는 기술을 소개한다. 체크섬은 전문용어로 말하자면 오류 검출 부호란 뜻으로 체크섬 값을 비교하는 것만으로 파일 내용이 같은지 또는 다른지를 (높은 확률로) 판정할 수 있다. 체크섬을 계산하려면 sum 명령을 사용한다.

```
$ sum BOOTX64.EFI
12430     2
```

바이너리 에디터에서 똑같이 입력했다면 BOOTX64.EFI의 체크섬은 '`12430`'이 될 것이다. 입력 실수가 있다면 체크섬 값이 달라지게 된다. 다만 체크섬만으로는 오류의 위치까지는 알 수 없기 때문에 최종적으로는 육안으로 살펴보고 오류를 찾아야 한다. 이게 귀찮다면 이 책의 지원사이트에 있는 파일[2]을 이용해도 좋다.

지금부터는 만든 프로그램을 PC에서 실행하는 방법을 설명한다. 실기가 아닌 에뮬레이터에서 실행하는 방법은 '1.4 에뮬레이터 활용하기'에서 소개한다.

실기에서 실행하는 경우는 만든 프로그램이 들어있는 USB 메모리를 준비할 필요가 있다. 우선 USB 메모리를 FAT 형식으로 포맷하고, 다음으로 좀 전에 만든 BOOTX64.EFI를 USB 메모리의 /EFI/BOOT 디렉터리[3]에 복사한다. USB 메모리를 PC에 꽂았을 때의 디바이스명을 /dev/sdb로 가정하면 구체적인 명령줄은 다음과 같다. 실제 디바이스명을 찾는 방법은 '1.2 USB 메모리의 디바이스명을 찾는 방법'에서 설명한다.

```
$ sudo umount /dev/sdb1
$ sudo mkfs.fat /dev/sdb1
$ sudo mkdir -p /mnt/usbmem
$ sudo mount /dev/sdb1 /mnt/usbmem
$ sudo mkdir -p /mnt/usbmem/EFI/BOOT
$ sudo cp BOOTX64.EFI /mnt/usbmem/EFI/BOOT
$ sudo umount /mnt/usbmem
```

BOOTX64.EFI를 복사한 후 USB 메모리를 테스트용 PC에 꽂아 테스트용 PC의 전원을 켠다. 그러면 화면에 'Hello, world!'가 표시된다(개발용 PC에서도 동작을 확인하고 싶다면 USB를 꽂아둔 채로 재부팅하면 된다).

그림 1.5는 필자가 MikanOS의 실험에 사용하는 소형 PC 'GPD Micro PC'에 USB 메모리를 꽂아 기동한 화면이다. 매우 작지만 'Hello, world!' 문자열이 표시돼 있다.

---

2 https://github.com/uchan-nos/mikanos-build/blob/master/day01/bin/hello.efi

3 디렉터리는 복수의 파일을 보관해 두는 장소. 자세한 내용은 '25.1 디렉터리 대응'을 참조하자.

그림 1.5 GPD Micro PC에 USB 메모리를 꽂아 부팅한 화면

혹시나 여러분의 PC에서는 BOOTX64.EFI가 구동하지 않을지도 모른다. 일반적인 원인 중 한 가지는 시큐어 부트secure boot라 불리는 기능이 활성화돼 있는 경우를 들 수 있다. 본래는 변조된 악성 OS를 기동시키지 않기 위한 기능이었으나 자작 OS의 기동도 방해하기 때문에 비활성화해야 한다. BIOS 설정화면에서 시큐어 부트를 비활성화한다(그림 1.6).

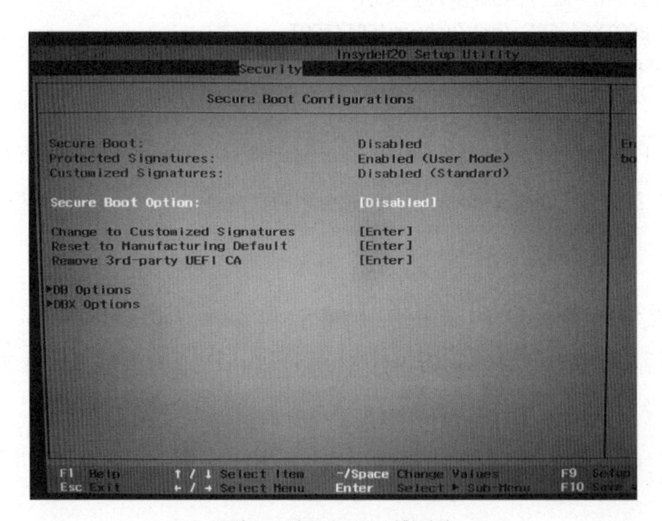

그림 1.6 시큐어 부트 비활성화

BIOS 설정 화면을 띄우는 방법은 PC 기종에 따라 다르다. 예를 들어 Delete 키나 F2 키를 누르면서 PC 전원을 켜는 것으로 띄울 수 있다(PC 매뉴얼을 확인해 보자).

시큐어 부트의 설정 항목이 있는 장소도 기종에 따라 달라진다. 필자의 PC에서는 'Security' 메뉴 중에 'Secure Boot Option'이라는 항목이 있다. 이것을 'Disabled(비활성화)'로 설정한다. 설정을 변경했다면 저장을 하고 재부팅한다. 저장하고 재부팅하려면 'Save Changes and Reset' 같은 메뉴를 실행한다.

BIOS 설정변경은 익숙하지 않으면 이렵다. 자칫 실수히면 PC가 작동하지 않을 수도 있는 위험이 따르는 작업이다. 테스트에 사용하려는 PC가 가족과 공유하는 PC라서 구동되지 않아서 곤란하다면 BIOS의 설정변경은 매우 신중히 실행해야 한다. 1.4에서 소개하는 에뮬레이터를 사용한 테스트 방법에서는 BIOS 설정변경이 불필요하기 때문에 걱정된다면 이 방법으로 테스트하면 된다. 그렇다고 해도 BIOS 설정변경이나 실기에서의 테스트는 좋은 경험이 되기 때문에 고장이 나도 괜찮은 PC를 반드시 구해서 해 보기를 바란다.

1.2 USB 메모리의 디바이스명을 찾는 방법

49페이지 명령줄에서는 USB 메모리가 /dev/sdb로 인식된다고 가정했다. 실제로 어떤 이름일지는 USB 메모리를 꽂은 후에 dmesg 명령을 실행하면 알 수 있다. 필자의 PC에서 BUFFALO의 USB 메모리를 꽂은 직후 dmesg의 출력은 다음과 같았다.

```
$ dmesg
…
[573264.472481] usb 2-2: new SuperSpeed Gen 1 USB device number 5 using
xhci_hcd
[573264.493232] usb 2-2: New USB device found, idVendor=0411,
idProduct=01dd, bcdDevice= a.00
[573264.493233] usb 2-2: New USB device strings: Mfr=1, Product=2,
SerialNumber=3
[573264.493234] usb 2-2: Product: USB Flash Disk
[573264.493235] usb 2-2: Manufacturer: BUFFALO
[573264.493236] usb 2-2: SerialNumber: 0902000000CE30204B00009026
[573264.494355] usb-storage 2-2:1.0: USB Mass Storage device detected
[573264.494589] scsi host0: usb-storage 2-2:1.0
[573265.516972] scsi 0:0:0:0: Direct-Access BUFFALO USB Flash Disk
1.00 PQ: 0 ANSI: 5
[573265.517314] sd 0:0:0:0: Attached scsi generic sg0 type 0
```

```
[573265.517608] sd 0:0:0:0: [sda] 30162944 512-byte logical blocks:
(15.4 GB/14.4 GiB)
[573265.517722] sd 0:0:0:0: [sda] Write Protect is off
[573265.517724] sd 0:0:0:0: [sda] Mode Sense: 23 00 00 00
[573265.517841] sd 0:0:0:0: [sda] Write cache: disabled,
read cache: disabled,
doesn't support DPO or FUA
[573265.519160] sda: sda1
[573265.520001] sd 0:0:0:0: [sda] Attached SCSI removable disk
$
```

이 출력에서는 BUFFALO의 USB 메모리(USB Flash Disk)가 삽입돼 있으며, sda란 이름으로 인식됐음을 알 수 있다. 이 경우 명령줄의 /dev/sdb를 /dev/sda로 바꿔서 실행한다.

1.3 WSL 활용하기

WSL상의 우분투에서 실행하는 경우 작업의 흐름은 일반 우분투와 거의 동일하지만 몇 가지 다른 점이 있다.

우선은 바이너리 에디터다. 일반적으로 우분투에서는 Okteta를 사용했지만 WSL에서 작업하는 경우에는 윈도우용의 바이너리 에디터를 사용하는 쪽이 좋겠다. 필자가 생각하기에 윈도우용 바이너리 에디터 쪽이 완성도가 높은 것이 많다. 추천하는 에디터는 'Binary Editor Bz'로, 이 에디터는 『OS 구조와 원리』에서도 소개한 적이 있는 유서 깊은 에디터로 오리지널 제작자 c.mos 씨의 뒤를 이어 tamachan 씨가 계승해서 개발을 지속하는 것 같다.[4]

그럼 이제는 WSL을 기반으로 해 USB의 포맷과 BOOTX64.EFI의 쓰기 방법을 설명하겠다. 보통의 우분투에서는 모두 커맨드 조작으로 실행하지만 WSL에서는 커맨드로 USB 메모리 포맷이 불가능하다. 그래서 포맷은 윈도우 측에서 실행하고 그 후 WSL의 커맨드로 파일을 복사하도록 한다.

USB 메모리를 윈도우 PC에 꽂으면 자동으로 인식돼 하나의 드라이브 문자가 부여된다.

4 공식사이트: https://gitlab.com/devill.tamachan/binaryeditorbz/(2022년 4월 기준)

필자의 환경에서는 'G'로 부여된다. 이 USB 메모리를 포맷하려면 탐색기상에서 USB 메모리의 아이콘을 오른쪽 클릭하고 '포맷'을 선택하면 된다(그림 1.7).

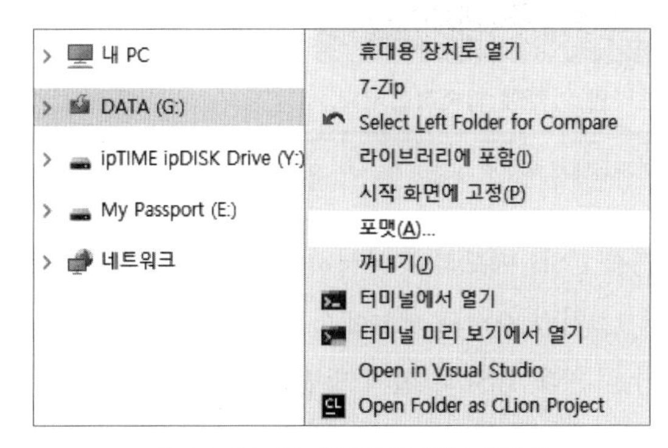

그림 1.7 USB 메모리를 윈도우에서 포맷하기

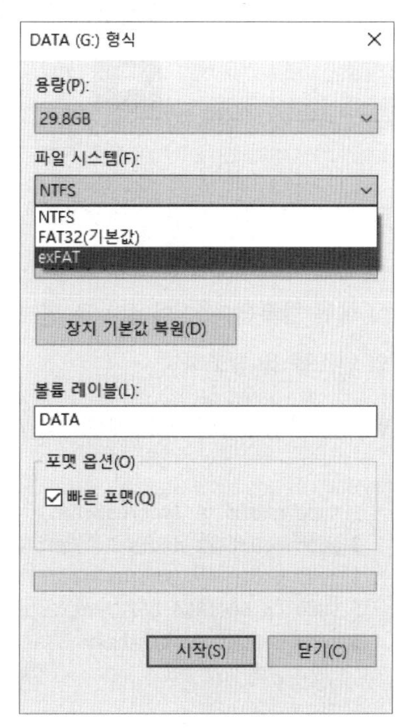

그림 1.8 파일 시스템은 exFAT를 선택

그러면 그림 1.8 같은 화면이 나온다. 파일 시스템을 'exFAT'으로 설정하고 포맷한다. BOOTX64.EFI를 동작시키기 위해서는 NTFS로 해서는 안 된다.[5] 볼륨 레이블은 영문자로 11문자 이내의 적당한 이름으로 입력한다. 여기서 했던 포맷 작업은 `mkfs.fat` 명령을 대신한 것이다.

5 UEFI의 구조가 그렇게 돼 있기 때문이다. BOOTX64.EFI를 배치하는 EFI 시스템 파티션의 포맷은 FAT가 돼야 한다.

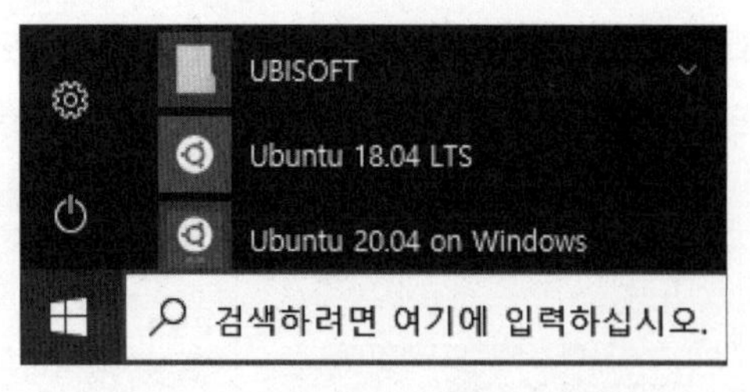

그림 1.9 스타트 메뉴에서 우분투 실행하기

포맷이 끝났다면 다음은 BOOTX64.EFI를 USB 메모리에 복사하는데, 이 작업은 WSL의 우분투상에서 수행한다. WSL은 그림 1.9처럼 스타트 메뉴에서 구동할 수 있다. 또한 이 메뉴 항목은 WSL의 설치를 완료해야 나온다. WSL의 설치 방법은 '부록 A 개발환경의 인스톨'을 참조하자.

WSL을 실행했다면 USB 메모리를 `/mnt/usbmem`으로 마운트하고 파일을 복사한다.

```
$ sudo mkdir -p /mnt/usbmem
$ sudo mount -t drvfs F: /mnt/usbmem
$ sudo mkdir -p /mnt/usbmem/EFI/BOOT
$ sudo cp BOOTX64.EFI /mnt/usbmem/EFI/BOOT
$ sudo umount /mnt/usbmem
```

WSL과 일반 우분투의 차이는 `mount` 행뿐이다. WSL에서는 `mount` 명령의 옵션으로 `/dev/sdb1` 대신에 '`-t drvfs F:`'로 지정한다. 물론 '`F:`' 부분은 여러분의 환경에 맞춰 적당한 드라이브 문자로 변경한다. 이 방법은 WSL1이나 WSL2에서도 동일하다.

1.4 에뮬레이터 활용하기

PC 대신에 소프트웨어로 가상 PC를 재현할 수 있는 'QEMU'라는 에뮬레이터를 사용하는 방법을 설명한다. 여기서 설명하는 절차를 따르려면 '개발환경'을 설치해둘 필요가 있다. '부록 A 개발환경의 인스톨'을 참조해서 설치한다. WSL상의 우분투에서 QEMU를 사용하기 위해서는 추가 준비가 필요하므로 'A.02 WSL에서 QEMU 사용 준비'를 참조해 X 서버도 설치한다.

QEMU로 BOOTX64.EFI를 구동하려면 2단계 처리가 필요하다. 우선 BOOTX64.EFI를 포함한 디스크 이미지를 만들고, 그 다음으로 QEMU에 해당 디스크 이미지를 읽어들여 구동한다. 디스크 이미지를 생성하는 명령은 다음과 같다.

```
$ qemu-img create -f raw disk.img 200M
$ mkfs.fat -n 'MIKAN OS' -s 2 -f 2 -R 32 -F 32 disk.img
$ mkdir -p mnt
$ sudo mount -o loop disk.img mnt
$ sudo mkdir -p mnt/EFI/BOOT
$ sudo cp BOOTX64.EFI mnt/EFI/BOOT/BOOTX64.EFI
$ sudo umount mnt
```

`qemu-img` 명령으로 200MB의 빈 파일을 만들고, FAT 형식으로 포맷한 다음 거기에 BOOTX64.EFI 파일을 복사하는 흐름이다. 그 결과 BOOTX64.EFI를 포함한 disk.img라는 파일이 생성된다.

sudo를 실행하기 위해서는 권한이 필요하기 때문에 패스워드를 물어본다. WSL를 설치했을 때 설정한 패스워드를 입력한다. 한 번 패스워드를 입력하면 잠시 동안은 패스워드 없이 sudo를 실행할 수 있게 된다.

만든 디스크 이미지를 QEMU로 구동하는 명령은 다음과 같다.

```
$ qemu-system-x86_64 \
    -drive if=pflash,file=$HOME/osbook/devenv/OVMF_CODE.fd \
    -drive if=pflash,file=$HOME/osbook/devenv/OVMF_VARS.fd \
    -hda disk.img
```

2번째 줄과 3번째의 긴 옵션은 QEMU를 UEFI 모드로 구동시키기 위해 필요하다. 이 옵션을 지정하지 않으면 QEMU는 레거시 BIOS 모드로 구동하게 된다. 우리가 만든 BOOTX64.EFI는 UEFI 모드를 전제로 한 프로그램이기에 레거시 BIOS 모드로는 잘 동작하지 않는다. UEFI에 대해서는 '1.7 UEFI BIOS를 통한 시작'에서 자세히 설명한다.

디스크 이미지를 만들어서 QEMU를 구동하는 조작은 자주 사용하기 때문에 명령을 정리해서 한번에 실행하는 스크립트 '`run_qemu.sh`'를 개발환경에 포함시켰다. 해당 스크립트를 사용하면 위 코드의 긴 절차는 한 줄이 된다.

```
$ $HOME/osbook/devenv/run_qemu.sh BOOTX64.EFI
```

꽤 유용하다.

1.5 결국 무엇을 한 건가?

지금까지는 잘 알지 못하는 파일을 만들었다. 그걸 USB 메모리 속에 특정한 이름으로 배치했고 PC의 전원을 켰다. 그렇게 하니 화면에 메시지가 표시됐다. 이 일련의 흐름은 컴퓨터가 부팅돼 동작하는 모습을 단적으로 보여준다. OS 제작의 한걸음이 되는 중요한 내용이니 순서대로 설명해 본다.

우선은 바이너리 에디터로 작성한 BOOTX64.EFI 파일에 대해 설명하면 이 파일은 실행 가능 파일이다. 실행 가능 파일이란 CPU가 실행 가능한 **기계어**를 포함한 파일을 의미한다.

그림 1.10에서 볼 수 있듯이 여러분이 사용하는 컴퓨터는 명령을 실행하는 CPU, CPU가 처리하는 명령이나 데이터를 일시적으로 보관해두는 메인 메모리, 이들을 영구적으로 저장하는 스토리지(HDD나 SSD), 인간과 컴퓨터를 이어주기 위한 입출력 장치(마우스, 키보드, 디스플레이) 등으로 구성된다. CPU는 메인 메모리에서 명령이나 데이터를 얻어와 실행하고, 결과를 메인 메모리에 써서 반환하는 처리를 계속 반복한다.

CPU는 디지털 회로로 구성돼 있으며, 디지털 회로는 전압이 높다/낮다 이렇게 2가지 값으로 동작하는 회로다. 2종류 값으로밖에 다룰 수 없다면 거의 아무것도 할 수 없는 것처럼 보이겠지만 그렇지는 않다. 가령 전압이 높은 곳을 1, 낮은 곳을 0으로 표현한다면 0과 1로 그림 그리기도 가능하다(그림 1.11).

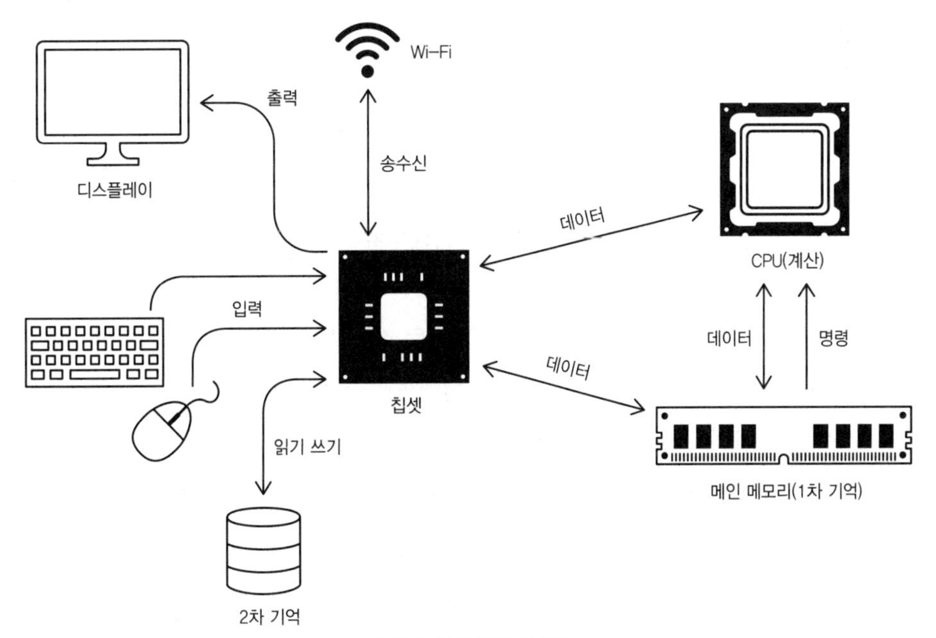

그림 1.10 컴퓨터 구성도

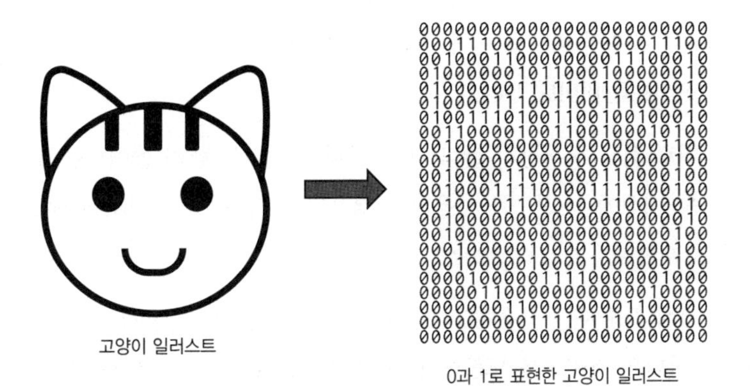

그림 1.11 두 가지 값으로 그림 그리기

또한 0과 1을 다룰 수 있는 디지털 회로를 몇 개 조합하면 복수의 0과 1을 다룰 수 있게 된다. 예를 들면 00, 01, 10, 11 같은 두 자리 숫자를 다룰 수 있는 디지털 회로를 만들 수 있다. 00을 0, 01을 1, 10을 2, 11을 3이라고 생각한다면 0부터 3까지의 수치를 다룰 수 있는 회로라고 생각할 수 있다. 자릿수를 점점 늘려나가면 아주 큰 정수를 다룰 수 있게 된다.

우리가 평소에 사용하는 숫자 표기법은 **10진수**라고 한다. 10진수의 세계에서는 한자리의 자릿수는 0에서 9까지 10종류의 수치로 표현하는데, 9 다음은 자릿수가 올라 10이 된다.

한편 앞에서 나온 00, 01, 11과 같은 숫자의 표현법을 2진수라 하며, 2진수의 세계에서는 한자리의 자릿수는 0과 1로 표현하고 1 다음은 자릿수가 올라 10이 된다. 0부터 순차적으로 더하면 0, 1, 10, 11, 100, ……. 이렇게 된다. 참고로 본래 2진수에서는 선두의 0은 쓰지 않는다. 10진수의 세계에서 42를 042로 쓰지 않는 것과 같다. 하지만 디지털 회로의 세계에서는 다룰 수 있는 자릿수를 명시하기 위해 001처럼 쓰는 경우도 있다. 이 경우 3자릿수까지 다룰 수 있는 회로임을 알 수 있다.

곤란한 것은 '100'으로 쓸 때 이게 10진수인지 2진수인지를 구별할 방법이 없다는 것이다. 그래서 C++에서는 10진수는 그대로, 2진수는 0b100 등으로 선두에 '0b'를 쓰는 것으로 양쪽을 구별하고 있다. 이 책에서도 어느 쪽인지 헷갈릴 때는 이 표현법을 사용한다.

디지털 회로의 세계에서는 2진수의 한 자릿수를 **비트**bit라고 부른다. 1비트는 0 또는 1의 상태를 취하며, 복수의 비트를 함께 다룸으로써 커다란 자릿수 값을 표현할 수 있다. 일반적으로는 8비트를 **바이트**byte라고 부른다.

2진수는 디지털 회로와 굉장히 잘 맞지만, 자릿수가 너무 빨리 늘어나는 불편함이 있다. 그래서 2진수 대신에 16진수를 사용하는 경우가 많다. 이 책에서도 때때로 등장하므로 이 기회에 소개한다.

10진수가 10개의 숫자를 사용하고 2진수가 2개의 숫자를 사용하는 것과 동일하게 16진수에서는 하나의 자릿수를 **16종류**의 '숫자'로 표시한다. 그렇다고는 하지만 우리가 알고 있는 숫자는 0에서 9까지의 10종류뿐이므로 16종류를 표현하기에는 부족하다. 그래서 0부터 9에다 A부터 F까지의 6가지 문자를 추가해서 사용한다. 결국 0, 1, ……, 9, A, B, …, F가 되며 그 다음은 자릿수가 올라 10이 된다. 10진수와 16진수를 구별하고 싶을 때는 16진수의 선두에 '0x'를 쓴다. 16진수는 2진수와 궁합이 잘 맞아서 편리한데 어떻게 좋은지는 조금 후에 설명한다.

2진수, 10진수, 16진수의 대응관계를 표 1.1에 정리했다.

표 1.1 2진수, 10진수, 16진수의 대응관계

10진수	16진수	2진수	10진수	16진수	2진수
0	0x0	0b0000	16	0x10	0b10000
1	0x1	0b0001	17	0x11	0b10001
2	0x2	0b0010	18	0x12	0b10010
3	0x3	0b0011	19	0x13	0b10011
4	0x4	0b0100	20	0x14	0b10100
5	0x5	0b0101	21	0x15	0b10101
6	0x6	0b0110	22	0x16	0b10110
7	0x7	0b0111	23	0x17	0b10111
8	0x8	0b1000	24	0x18	0b11000
9	0x9	0b1001	25	0x19	0b11001
10	0xA	0b1010	26	0x1A	0b11010
11	0xB	0b1011	27	0x1B	0b11011
12	0xC	0b1100	28	0x1C	0b11100
13	0xD	0b1101	29	0x1D	0b11101
14	0xE	0b1110	30	0x1E	0b11110
15	0xF	0b1111	31	0x1F	0b11111

이 표를 보면 '16진수 한자리'와 '2진수 4자리'가 1:1로 대응하고 있음을 알 수 있다. 2진수를 4자리씩 구분해서 16진수로 표현하면 아무리 자릿수가 크다 해도 2진수와 16진수를 간단하게 변환할 수 있는 것이다. 10진수와 2진수 또는 10진수와 16진수의 변환은 이렇게는 쉽지 않다. 0b1111101011001110을 16진수로 변환하는 예를 살펴보자.

```
0b1111101011001110
= 1111 1010 1100 1110
= F  A  C  E
= 0xFACE
```

이야기가 딴 길로 샜는데 다시 말하면 CPU는 디지털 회로이며 디지털 회로는 전압의 높낮이, 즉 "2진수를 다룬다."고 말하고 싶었다. "2진수로 나타내지 않으면 CPU에서는 다룰 수 없다."라고도 말할 수 있다. 현재 주류 PC는 64비트 CPU를 탑재하고 있다는 이야기를 들어봤겠지만, 이 64비트 PC는 한 번의 계산에서 64자리의 2진수를 다룰 수 있다. CPU는 10진수 계산은 할 수 없지만 10진수를 2진수로 표현해서 계산함으로써 10진수 세계에서 가능한 계산이라면 어떤 것이라도 계산 가능하다. 즉 CPU는 임의의 수치를 다룰 수 있는 것이다.

컴퓨터에서 다루는 수치는 크게 2가지로 나눌 수 있는데, CPU를 실행하기 위한 명령 '기계어 명령'과 그 이외의 것으로 나뉜다. 여러분이 바이너리 에디터로 입력한 BOOTX64.EFI의 내부에는 이 둘 모두가 포함돼 있다. 기계어 명령으로써는 문자열을 화면에 표시하는 명령이 해당된다. 기계어 명령 이외로는 화면에 표시하기 위한 문자열 'Hello world!'란 메타데이터metadata[6]가 있다.

화면에 표시하기 위한 문자열의 위치는 BOOTX64.EFI의 0x400부터 0x041b 근처에 포함돼 있다. 바이너리 에디터에 'Hello, world!'로 표시됐기 때문에 보고 바로 알 수 있을 것이다. 여기서 주목하고 싶은 것은 각각의 문자를 수치로 표현하는 방법이다. 문자는 숫자가 아니기에 그냥 그대로 숫자로 표현하기에는 어려운 감이 있다. 그래서 컴퓨터 세계에서는 문자와 수치를 대응시켜서 다룬다. 예를 들어 A부터 Z를 0x41부터 0x5A, a부터 z를 0x61부터 0x7A에 대응시킨다고 한다면 H는 0x48, o는 0x6f가 된다.

이렇게 문자와 수치(바이트 값)의 대응 규칙을 '문자코드'라 한다. 문자코드는 많은 종류가 있으며 유명한 문자코드로 'ASCII 코드'나 'Unicode', 'Shift-JIS' 등이 있다. ASCII 코드는 영어의 알파벳을 표현하기 위한 문자코드로 매우 유명하다. '부록 F ASCII 코드표'에 ASCII 코드로 정해진 전체 문자와 바이트 대응을 실었다. 문자코드는 일반적으로 문자를 바이트열에 대응 또는 매핑하기 위한 것이지만 ASCII 코드는 매우 간단해서 1문자가 1바이트를 차지한다.

BOOTX64.EFI에서는 문자를 나타내기 위해 Unicode의 한 종류인 UCS-2를 사용한다.[7] UCS-2는 한 문자를 2바이트(16비트)로 표현하는 문자코드다. ASCII 코드와는 다

6 파일의 포맷과 크기, 어떤 CPU용의 기계어가 들어 있는지 등 데이터 본체를 설명하기 위한 부가정보를 메타데이터라고 부른다.

7 왜냐하면 BOOTX64.EFI를 작성하는 UEFI의 세계에서는 UCS-2를 사용하는 것으로 결정돼 있기 때문이다.

른 문자코드가 있지만 영문자의 범위에서는 ASCII 코드와 동일한 값에 1바이트 0을 추가해 2바이트를 만든다. BOOTX64.EFI를 바이너리 에디터로 보면 문자 간 0x00이 끼워져 있다. 이게 추가된 1바이트다. 예를 들어 H는 ASCII에서 0x48이니까 UCS-2로는 0x0048이다. 바이트 단위로 표현하면 '0x48 0x00'이 된다.

다시 말하면 멀티바이트 수치를 어떻게 나열해야 되는지에 대해 복수의 방법을 생각해 볼 수 있다. 0x0102란 2바이트의 수치를 하위 바이트로부터 '0x02 0x01'로 나열하는 방법을 리틀 엔디언little-endian, 상위 바이트에서 '0x01 0x02'로 나열하는 방법을 빅 엔디언big-endian이라고 한다. 이 책에서 대상으로 하는 x86-64 아키텍처는 리틀 엔디언을 채용하기 때문에 바이너리 에디터에서 입력할 때는 하위 바이트를 먼저 입력한다.

다시 본 화제로 돌아와서, 화면에 표시하기 위한 문자열의 위치는 BOOTX64.EFI의 0x0400부터 0x041b 근처에 있음을 알게 됐다. 한편 기계어 명령은 0x0200에서 0x022f 근처에 있다. CPU가 읽기 위한 명령이라서 인간은 조금 이해하기 어렵다. 이런 식으로 실행 가능 파일은 CPU가 실행하기 위한 **명령열**(이번은 문자열을 화면에 출력하는 명령)과 그 명령열에서 이용하는 **데이터**(이번 경우는 'Hello, world!'란 문자열), **그리고 메타데이터**를 포함하고 있다.

이렇게 해서 만든 실행 가능 파일을 USB 메모리에 지정된 이름으로 저장해 PC에 내장된 UEFI BIOS가 해당 파일을 읽어 들여 실행한다. UEFI BIOS에 대해서는 나중에 다시 설명한다.

1.6 어쨌든 손을 움직여보자

여기까지의 설명은 OS 자작 초심자에게 있어서는 매우 어려울 수 있다. 쉽게 전달되지 않는다면 그건 저자의 능력 부족이라는 면도 있겠지만 본질적으로 어려운 화제라는 것은 확실하다고 생각하고 있다.

독자 여러분은 분명 제대로 이해하기 위해 앞에서부터 차근차근 나아가고 싶다고 생각할 것이다. 하지만 좌절하지 않고 이 책을 읽고 나아가기 위해서는 설명을 이해하지 못해도 우선 손을 움직이면서 앞으로 나아가길 바란다. 손을 움직여서 프로그램을 작성하거나 실행해 보는 것만으로 본문만 단순히 읽는 것에 비해 이해도가 더 깊어진다. 또한 조금 앞으로 나아갔다가 이전을 되돌아보면 이해 못한 내용을 이해할 수 있게 됐을지도 모른다.

이 책의 컨셉은 필자가 OS를 만드는 과정을 상세하게 소개하는 것이다. OS에 대한 이론을 체계적으로 설명하는 것은 목표가 아니다. 이론적인 교과서의 장 마지막에 있는 연습문제만을 뽑아 만든 듯한 책이라고 말할 수 있다. 이런 사정도 있으니 직접 손을 움직여 실행해 보며 이해하기를 추천한다. 필자의 OS 만들기를 독자의 체험으로 재현해 보자.

이 책에서 소개하는 수정뿐만 아니라 반드시 독자적인 수정에도 도전해 보자. 독자적인 개조를 하기 위해서는 내용에 대한 깊이 있는 이해가 필요하다. 이를 위해서는 지면을 돌아와서 다시 글을 읽을 필요가 있다. 결국 독자적으로 수정할 수 있을 때, 그게 내용을 깊이 이해한 증거가 된다.

프로그램의 소스코드를 똑같이 베끼는 '사경'은 권장하는 학습방법이다. 필자의 경험에서는 제공된 샘플코드를 단지 복사해서 실행하는 경우와 비교하면 세세한 부분까지 주의를 기울이기 때문에 이해가 좀 더 순조롭다. 다만 본문에서는 완전한 내용이 실려 있지는 않기 때문에 주의하자. 본문에 소개한 내용을 모두 사경했다고 해도 수정이 불충분할 가능성이 있다. 샘플코드와의 차이를 '`git diff`' 명령으로 표시하면 지면에서 소개하지 않은 부분을 포함해 완전한 차이를 알 수 있다. 자세한 내용은 '부록 B.01 MikanOS 버전 간의 차이 확인'을 참조하기 바란다.

1.7 UEFI BIOS를 통한 기동

BOOTX64.EFI를 USB 메모리에 저장한 다음 PC에 꽂아 전원을 켜면 화면에 'Hello, world!'가 표시된다. CPU가 BOOTX64.EFI 안에 있는 기계어를 실행했기 때문이다. 다만 CPU가 USB 메모리 내용을 직접 읽어 실행하느냐면 사실 그렇지 않다. PC에 내장된 BIOS가 그 역할을 담당하고 있는 것이다.

BIOS는 컴퓨터의 전원을 켰을 때 처음으로 실행되는 펌웨어firmware라는 프로그램이다. 'Basic Input Output System'의 줄임말로 기본적인 입출력 기능, 특히 OS 기동 전에 컴퓨터 내부를 초기화하고 OS(부트로더)를 스토리지로부터 읽어 들이는 기능을 제공한다. PC 기동 시에 Delete 키 또는 F2 키를 누르면 설정화면에 진입하는 것이 가능하다.

UEFI[8]란 표준사양에 따라 제작된 BIOS로 'UEFI BIOS'라고 부른다. 역사적으로는 레거시 BIOS라는 오래된 펌웨어가 사용돼 왔는데, 최근에는 완전히 UEFI BIOS로 대체됐다. 『OS 구조와 원리』[9]가 출판된 2006년은 레거시 BIOS에서 UEFI BIOS로 막 전환되는 시기였다. 이 책에서 BIOS라고 말하는 경우는 특별히 알리지 않는 이상은 UEFI BIOS를 의미한다고 보면 된다.

USB 메모리에 저장된 실행 가능 파일이 실행되기까지의 대략적인 흐름은 다음과 같다.

우선 컴퓨터 전원을 켜면 CPU는 BIOS의 실행을 개시한다. BIOS를 실행한다는 것은 CPU가 BIOS에 포함된 기계어 프로그램을 실행한다는 의미다. BIOS에 내장된 기계어 프로그램은 컴퓨터를 초기화시킨 다음, 연결된 스토리지를 찾도록 구현돼 있다. 스토리지 안에 실행 가능 파일을 발견하면 BIOS는 해당 파일을 메인 메모리로 읽어 들인다. 그 후 CPU는 BIOS의 실행을 중단하고 읽어 들인 파일의 실행을 개시한다. 각 단계를 좀 더 상세하게 살펴보자.

PC 전원을 끄면 메인 메모리의 내용은 사라지기 때문에[10] 다음에 PC 전원을 켰을 때 메인 메모리에는 아무런 데이터도 없다. CPU는 메인 메모리에 있는 프로그램밖에 실행할 수 없기 때문에[11] 그래서는 곤란하다. 그래서 메인 메모리와 동일하게 다룰 수 있고 전원을 꺼도 사라지지 않는 메모리(ROM)에 BIOS를 기록해 두고 CPU가 그대로 BIOS를 실행할 수 있는 구조를 PC에서 갖추고 있다.

그런 식으로 실행을 개시하는 BIOS는 우선 PC 본체나 주변기기를 초기화한다. 구체적으로는 CPU의 동작 모드를 설정하거나 PCI 디바이스를 검색해서 설정하거나 한다. 그

---

8 Unified Extensible Firmware Interface: 직역하면 '단일화됐으며 확장 가능한 펌웨어 인터페이스'로 해석할 수 있다. 단일화와 확장 가능의 뉘앙스를 추측해 보면 "각각의 회사가 제각기 개발하지 않고 하나의 구조를 준수한다."는 의미로 통일됐으며 "PC가 갖는 기능이 증가해도 유연하게 대응할 수 있다."라는 의미로 확장 가능하다는 뜻이라고 생각된다.

9 카와이 히데미(川合秀実), 『OS 구조와 원리』, 이영희 옮김, 한빛미디어, 2007(https://book.mynavi.jp/ec/products/detail/id=22078)

10 최근에는 DIMM 슬롯에 꽂을 수 있는 비휘발성 메모리 NVDIMM(Non-Volatile DIMM)가 실용화돼 있어서 전원을 꺼도 메인 메모리의 내용이 사라지지 않는 PC를 만들려고 생각한다면 제작이 가능하다. 조만간 NVDIMM을 전제로 한 새로운 구조의 PC가 보급될지도 모른다.

11 CPU는 메모리 어드레스 공간에 매핑된 영역에서만 명령을 읽어 들일 수 있다.

후 PC에 연결된 스토리지(HDD, SSD, USB 메모리, DVD 등)를 검색해 실행 가능 파일을 탐색한다. BOOTX64.EFI 같은 파일이 특정 디렉터리에서 존재하는 것을 발견하면 해당 파일을 메인 메모리로 읽어 들인다. 다음으로 BIOS는 자신의 실행을 중단하고 읽어 들인 프로그램의 실행을 개시한다.

UEFI BIOS가 실행시켜주는 프로그램(이번 예에서는 BOOTX64.EFI)을 UEFI 애플리케이션이라고 부른다. 결국 여러분은 바이너리 에디터로 UEFI 어플리케이션을 제작한 것이다. UEFI 애플리케이션은 UEFI BIOS의 기능을 사용하는 것이 가능하다. 예를 들어 화면에 문자열을 표시하거나 스토리지로부터 파일을 읽어 들이는 기능을 사용할 수 있다. UEFI 애플리케이션으로써 제작할 수 있는 것은 그 폭이 넓지만 이 책에서는 오로지 OS를 메인 메모리로 읽어 들여 기동시키기 위한 부트로더로 제작한다.

1.8 OS를 만드는 도구

바이너리 에디터는 2진수로 표현할 수 있는 것은 무엇이든지 작성할 수 있는 만능 툴이다. 심금을 울리는 문장이나 음악이라 하더라도 결국은 2진수 덩어리이므로 바이너리 에디터로 만들 수 있다(작사 작곡 능력이 있는지 여부라는 별개의 문제가 있지만). 또는 BOOTX64.EFI나 컴퓨터 게임 같은 프로그램도 2진수로 만들어졌기 때문에 바이너리 에디터로 작성할 수 있다.

다만 바이너리 에디터로 무엇이든지 만들 수 있다고 해도 결코 '만들기가 쉽다'는 것은 아니다. 각각의 파일을 만들기 위해 전용 도구를 사용하는 쪽이 단연 만들기 쉽다. 바이너리 에디터는 이른바 사용하지 않은 종이다. 만능이지만 최적이라는 개념이 없다. 문장 작성이라면 원고용지, 작곡이라면 오선지 등 전용용지를 사용하는 쪽이 편리하다. OS 자작에 있어서 원고용지나 오선지에 해당하는 것은 특정 프로그래밍 언어와 텍스트 에디터다.

그래서 이 책에서는 OS를 프로그래밍 언어를 사용해 만들 것이다. 바이너리 에디터로 전부 만들 거라고 생각한 독자에게는 미안하다. 프로그래밍 언어는 여러 가지 있지만 여기서는 C와 C++을 사용한다. C와 C++을 사용해 실행 가능 파일을 만드는 방법은 그림 1.12와 같다.

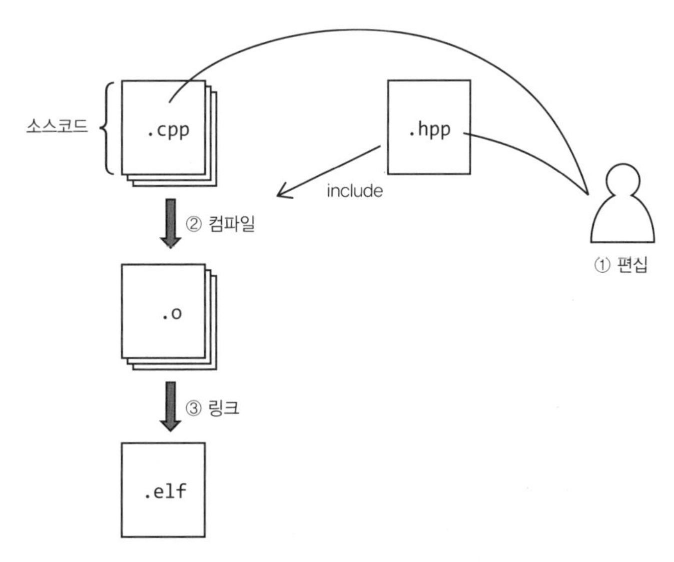

그림 1.12 실행 가능 파일을 작성하는 흐름

이 흐름의 시작점에 있는 소스코드는 프로그래밍 언어를 사용해 작성한 텍스트 파일이다. 텍스트 파일의 실체는 문자코드에 따라 변환된 바이트열이다. HDD나 SSD도 CPU와 동일한 수치(2진수)만 다룰 수 있기 때문에 문자코드열로만 기록할 수 있다.

컴파일 처리를 수행하는 소프트웨어를 컴파일러compiler라고 한다. 컴파일을 하면 소스코드에서 오브젝트 파일을 생성한다. 오브젝트 파일은 CPU가 직접 실행할 수 있는 기계어 명령어나 그 기계어 명령이 이용하는 데이터 등을 포함한 파일이다. 하나의 소스코드는 하나의 오브젝트 파일에 대응한다. 마지막에 있는 링크란 작업을 수행해 모든 오브젝트 파일을 정리해서 실행 가능 파일을 생성한다.

1.9 C 언어로 HelloWorld

여러분이 바이너리 에디터로 입력한 바이너리 데이터는 원래 C 언어 프로그램을 기본으로 해서 만든 것이다. C 언어로 메시지를 표시하는 프로그램을 작성하고, 컴파일&링크한 파일을 참고해서 가급적 작은 사이즈에서 메시지를 표시하도록 구성된 데이터다.

지금부터 OS 개발을 진행함에 있어 바이너리 데이터로 작업을 계속 진행하기는 힘들기 때문에 C 언어로 프로그램을 만들어가려고 한다. 그래서 바이너리 에디터로 입력한 기계어 프로그램과 동일한 기능을 수행하는 C 언어 프로그램을 살펴본다. 이미 개발환경을 설치했다면 $HOME/osbook/day01/c/hello.c에 소스코드가 있을 것이다. 개발환경 설치에 대해서는 '부록 A 개발환경의 인스톨'을 참조하자.

이 파일의 내용은 조금 어수선하지만 프로그램의 본체라고 말할 수 있는 부분은 마지막에 있는 EfiMain() 함수뿐이다(리스트 1.1).

이 함수는 일반적인 프로그래밍에 등장하는 main() 함수처럼 프로그램이 실행될 때 최초에 실행되는 함수다. UEFI 애플리케이션이라는 점을 알기 쉽도록 이름을 붙였다.

리스트 1.1 EfiMain()의 구현(hello.c)

```
EFI_STATUS EfiMain(EFI_HANDLE        ImageHandle,
                   EFI_SYSTEM_TABLE *SystemTable) {
  SystemTable->ConOut->OutputString(SystemTable->ConOut, L"Hello, world!\n");
  while (1);
  return 0;
}
```

이 함수 중에서도 'SystemTable->ConOut...' 1행이 'Hello world!'로 화면에 출력하기 위한 핵심이다. 특히 'OutputString()'이 중요한데 이 함수로부터 메시지가 화면에 출력된다. EfiMain()이 받아들이는 두 개의 파라미터 ImageHandle과 SystemTable은 UEFI BIOS가 값을 설정해서 보내준 것이다.

이 프로그램은 1장에서밖에 등장하지 않기 때문에 프로그램 전체에 대한 설명은 하지 않는다. 일단 이 프로그램을 컴파일&링크하는 순서는 간단하게 설명하겠다. 앞의 C 언어 프로그램을 Clang과 LLD를 사용해 컴파일&링크하는 순서는 다음과 같다. 이 순서는 이미 개발환경이 설치돼 있다는 것을 전제로 한다.

```
$ cd $HOME/osbook/day01/c
$ clang -target x86_64-pc-win32-coff \
    -mno-red-zone -fno-stack-protector -fshort-wchar -Wall -c hello.c
$ lld-link /subsystem:efi_application /entry:EfiMain /out:hello.efi hello.o
```

UEFI 애플리케이션의 실체는 윈도우의 표준 실행 가능 파일 형식인 PE 형식(자세한 내용은 '칼럼 1.1: PE와 COFF와 ELF'를 참조)이다. 그래서 윈도우 애플리케이션을 만드는 방법을 활용해 UEFI 애플리케이션을 만드는 것도 가능하다.

두 번째 줄의 clang은 리눅스용 컴파일러다. 이 컴파일러는 일반적으로 ELF 형식으로 파일을 출력하지만 -target x86_64-pc-win32-coff를 지정하면 윈도우용 COFF 형식으로 출력한다. 다음으로 실행하는 lld-link가 COFF 형식을 요구하기 때문에 이 옵션을 지정할 필요가 있다. 김파일을 완료하면 hello.o라는 COFF 형식의 파일이 생성된다.

lld-link는 PE 형식의 실행 가능 파일을 만들기 위한 링커다. 여기서는 hello.o를 링크해 hello.efi를 얻기 위해 사용한다. 이 링커의 주목적은 윈도우용 PE 파일을 생성하는 것이지만 다행히도 /subsystem:efi_application이란 옵션을 지정하면 UEFI용 PE 파일을 생성해 준다. 이 옵션은 윈도우용 PE 파일과 UEFI용 PE 파일에서 약간 차이가 나는 부분을 고려해 파일을 생성해 준다.

hello.efi는 C 언어판의 HelloWorld 애플리케이션이다. 이 파일을 USB 메모리의 /EFI/BOOT 디렉터리에 BOOTX64.EFI 이름으로 복사해 그 USB 메모리를 PC에 꽂아 구동시키면 화면에 'Hello, world!'가 표시될 것이다.

아무래도 PC를 제어하기 위한 OS이므로 실제 PC로 동작시키는 것이 즐거울 거라고 생각하지만 개발 중에 몇 번이나 USB 메모리에 기록하고 PC를 재부팅하는 것은 귀찮다. C 언어로 작성한 BOOTX64.EFI도 바이너리 에디터에서 만든 것과 동일하게 실행할 수 있다.

```
$ $HOME/osbook/devenv/run_qemu.sh hello.efi
```

이렇게 하면 QEMU가 실행돼 잠시 후 hello.efi가 실행된다(그림 1.13). run_qemu.sh의 실행 중에 패스워드를 묻는다면 표시에 따라 패스워드를 입력한다. run_qemu.sh 내부에서 하는 일에 대해서는 '1.4 에뮬레이터 활용하기'에서 설명했다.

그림 1.13 hello.efi를 QEMU로 실행

칼럼 1.1 PE와 COFF와 ELF

여러분은 PC상에서 웹 브라우저, 화상 회의, 워드프로세서 등 다양한 애플리케이션을 사용한다고 생각한다. 1장에서 사용한 바이너리 에디터나 컴파일러, 링커 등도 모두 애플리케이션이다. 각각의 애플리케이션은 실행 가능 파일이나 설정 파일 등을 조합해 구성돼 있다.

그런 파일에서 실행 가능 파일은 PC에 지시하기 위한 프로그램과 프로그램이 동작하는데 필요한 데이터를 포함한다. CPU는 기계어만을 실행할 수 있다고 말했다. 실행 가능 파일에는 몇 가지 종류가 있다. 한 가지는 스크립트라는 타입의 실행 가능 파일이다. 이것은 일반적으로는 프로그래밍 언어를 사용해 작성되며, 인터프리터(interpreter)라는 프로그램이 스크립트 내용을 읽어 들여 실행한다. 예를 들어 셸 스크립트는 다음과 같은 파일이다.

```
#!/bin/bash
echo "hello, world"
```

첫 번째 줄의 '#!/bin/bash'는 /bin/bash로 지정된 인터프리터(여기서는 Bash)가 이 스크립트 파일을 읽어 들여서 시행한다는 것을 의미한다. 이 줄을 셔뱅(shebang)이라고 부른다. 2번째 이후에는 Bash가 해석할 수 있는 형식으로 프로그램을 작성한다. 이 스크립트를 실행하도록 명령받은 OS(셸)는 Bash를 구동하고 2번째 이후의 내용을 Bash에 입력한다.

또 하나의 실행 가능 파일 종류는 기계어 프로그램을 중심으로 하는 것이다. 스크립트와는 달리 이쪽은 CPU가 직접 실행할 수 있는 기계어를 파일 안에 포함하고 있다. 이 종류의 파일을 실행하도록 명령받은 OS는 해당 기계어를 CPU가 직접 실행할 수 있도록 여러 가지 설정을 수행한다. '18장 애플리케이션'에서는 그러한 기계어 프로그램인 실행 가능 파일을 구동하는 기능을 MikanOS에 추가한다.

칼럼의 주제인 PE 형식은 기계어 프로그램으로 구성된 실행 가능 파일의 형식으로 윈도우의 표준 형식이다. 일반적으로 PE 형식의 파일 확장자를 '.exe'로 표현한다. 이에 비해 리눅스에서는 ELF 형식이 표준으로 사용된다.

COFF 형식은 오브젝트 파일 형식의 일종이다. PE 형식의 파일을 만드는 과정의 중간 파일 형식으로 COFF 형식을 사용하는 경우가 많다. COFF 형식의 오브젝트 파일을 링크해 PE 형식의 실행 가능 파일을 만드는 흐름이 일반적이다. hello.c에서 hello.efi를 생성하는 때에도 그런 단계를 밟았다.

사실 ELF 형식은 오브젝트 파일 형식으로 사용할 수 있다. PE/COFF가 실행 가능 파일과 오브젝트 파일의 형식으로 나눠져 있는데 반해, ELF는 모두 표현할 수 있다는 의미다. ELF는 Executable and Linkable Format(실행 가능하고 링크 가능한 오브젝트)의 줄임말로, 그 이름 그대로 실행 가능 파일도 링크 가능 파일(=오브젝트 파일)도 표현할 수 있는 뛰어난 형식이다.

PE, COFF, ELF는 모두 기계어를 저장하는 파일 형식이라는 점에서 공통점이 있다. 이러한 형식의 관계는 Word, PDF, HTML의 차이와 유사하다. 모두 문장이나 문자수식 정보, 이미지 등을 포함하는 것이 가능하다는 점에서 공통점이 있지만 파일 내부의 표현방법은 다르다. PE, COFF, ELF는 모두 x86-64 CPU용의 기계어를 포함하지만 파일 내부의 표현(메타데이터를 추가하는 방법이나 데이터의 배치방법 등)이 다르다.

역사적으로는 a.out이나 COM 형식 등 다양한 실행 가능 파일 형식이 있었지만 지금은 PE와 ELF가 대부분이다. 덧붙여 '하리보테 OS'[12]는 HRB라는 독자적인 실행 가능 파일 형식을 사용했다. HRB는 PE나 ELF와는 호환성이 없다.

12 카와이 히데미(川合秀実), 『OS 구조와 원리』, 이영희 옮김, 한빛미디어, 2007(https://book.mynavi.jp/ec/products/detail/id=22078)

2장

EDK II 입문과 메모리 맵

지금부터는 본격적으로 개발을 진행하기 위해 EDK II라는 UEFI용 개발 키트를 사용하는데, 우선 1일차에 만든 HelloWorld 프로그램을 EDK II를 사용해 재구현한다. 다음으로 EDK II의 기능을 활용해 PC 메모리 맵(memory map)을 획득해 파일에 저장한다.

2.1 EDK II 입문

EDK II[1]는 원래 Intel이 UEFI와 그 관련 프로그램을 구현했으며 나중에 오픈소스로 공개한 것이다. EDK II는 UEFI BIOS 자체 개발에도, UEFI BIOS상에서 동작하는 애플리케이션 개발에도 사용할 수 있는 개발 키트다.

어쨌든 우선은 EDK II를 입수해 보자. 하지만 개발환경 설치를 완료했다면 이미 $HOME/edk2에 다운로드돼 있을 것이다. EDK II의 공식 리파지터리repository는 https://github.com/tianocore/edk2이다.

EDK II에는 어떤 파일이 있는지 살펴보겠다. ls 명령어를 사용해 파일 배치를 보면 다음과 같이 구성돼 있음을 알 수 있다.

```
edk2/
  edksetup.sh         환경변수 설정용 스크립트
  Conf/
    target.txt        빌드 설정
    tools_def.txt     툴 체인 설정
  MdePkg/             EDK의 핵심 라이브러리의 패키지 디렉터리
  ...Pkg/             기타 패키지 디렉터리
```

edksetup.sh은 EDK II의 빌드 명령을 수행하기 위한 준비용 스크립트다. 빌드 전에 사용한다는 점만 알고 있으면 되고 내용을 알 필요는 없다. 신경 쓰이는 사람은 내용을 읽어봐도 괜찮다.

Conf 디렉터리에는 무엇을 빌드할지를 설정하는 target.txt와 빌드에 사용하는 컴파일러를 설정하는 tools_def.txt를 배치한다. 초기상태에서는 이 2개의 파일은 존재하지 않지만 edksetup.sh를 처음으로 실행할 때 파일이 생성된다.

HogePkg 디렉터리[2]에는 각종 프로그램이 패키지 단위로 포함돼 있다. 대표적인 패키지를 몇 가지 소개한다.

---

1 EDK는 EFI Development Kit에서 유래됐다고 생각하지만 공식 페이지에서는 EDK밖에 쓰여 있지 않기 때문에 이 EDK가 정식 명칭이다.

2 'hoge'는 '어떤 임의의 이름'을 표현하기 위한 의미 없는 이름이다. 'HogePkg'로 쓰면 그런 경우에는 'AppPkg'라든지 'MdePkg' 등을 나타낸다. 이런 의미 없는 이름으로는 'fuga'나 'piyo'가 있고, 영어권에서는 'foo'나 'bar'를 사용한다. 이들은 메타 구문 변수라고 한다.

MdePkg는 다른 프로그램에서 자주 사용하는 기본 라이브러리다. '라이브러리'는 도서관이란 의미가 있지만 프로그램 세계에서는 '프로그램의 부품을 모아둔 것'을 의미한다. 라이브러리를 이용하면 자신이 개발할 프로그램의 양을 줄이는 것이 가능하기 때문에 목적 프로그램을 빨리 완성시키는 게 가능하다. MdePkg 이외의 패키지는 전부 MdePkg에 포함된 부품을 이용해 제작됐다.

AppPkg는 UEFI 애플리케이션을 몇 가지 포함하고 있으며, 오리지널 UEFI 애플리케이션을 작성할 때 참고하면 되겠다.

OvmfPkg는 UEFI BIOS의 오픈소스 구현인 OVMF가 포함돼 있다. EDK II는 UEFI BIOS 상에서 동작하는 애플리케이션뿐만 아니라 UEFI BIOS 그 자체를 개발하기 위해서도 사용된다.

2.2 EDK II로 HelloWorld(osbook_day02a)

EDK II의 파일 구성을 이제 알았으니 바로 애플리케이션을 제작해 보자. 먼저 1장에서 작성한 C 언어 HelloWorld를 EDK II의 라이브러리를 사용해 고쳐 써보겠다.

우선 이 애플리케이션의 이름을 결정하자. 이후 이 애플리케이션을 점점 확장해 USB 메모리에서 메인 메모리로 OS를 읽어 들이는데 사용하는 **부트로더**로 진화시키려는 마음을 담아서 'MikanLoader'란 이름으로 정하겠다. 본격적으로 사용하기에는 기능이 미완성이라서 '미완Mikan', OS를 읽어 들이기 때문에 '로더Loader'로 이름을 붙였다. 소스코드는 MikanOS 리파지터리의 osbook_day02a 태그다. 파일 구성은 다음과 같다.

```
$HOME/workspace/mikanos/MikanLoaderPkg/ (Git 태그:osbook_day02a)
  MikanLoader.dec     패키지 선언 파일
  MikanLoader.dsc     패키지 기술 파일
  Loader.inf          컴포넌트 정의 파일
  Main.c              소스코드
```

패키지 선언 파일, 패키지 기술 파일, 컴포넌트 정의 파일은 EDK II로 프로그램을 작성할 때 반드시 필요한 파일이지만 내용은 어느 정도 복사&붙여넣기로 만드는 단순한 작

업이다. 전체적인 설명은 '부록 C EDK II의 파일 설명'을 참조하고, 여기서는 주목해야 하는 부분만 골라서 설명한다.

리스트 2.1 Loader.inf의 엔트리 포인트 설정(Loader.inf)

```
[Defines]
  <중략>
ENTRY_POINT = UefiMain
```

특별히 살펴볼 부분은 'Loader.inf'의 ENTRY_POINT 설정이다(리스트 2.1). ENTRY_POINT에는 이 UEFI 애플리케이션의 엔트리 포인트명을 쓴다. **엔트리 포인트**(진입점)는 생소한 단어일지 모르겠지만 일반적인 C/C++ 프로그램에서 main()에 해당하는 구동 시에 최초에 실행되는 함수다. 일반적인 C/C++ 프로그램에서는 main()이란 이름으로 고정하지만, EDK II에서는 UEFI 애플리케이션에 대해 자유롭게 엔트리 포인트 이름을 지정할 수 있다.

리스트 2.2 EDK II를 사용한 HelloWorld 애플리케이션(Main.c)

```
#include <Uefi.h>
#include <Library/UefiLib.h>

EFI_STATUS EFIAPI UefiMain(
    EFI_HANDLE image_handle,
    EFI_SYSTEM_TABLE *system_table) {
  Print(L"Hello, Mikan World!\n");
  while (1);
  return EFI_SUCCESS;
}
```

HelloWorld 프로그램 본체는 Main.c 파일이다. 리스트 2.2에서 프로그램 전체를 보여주는데, 언뜻 보면 '1장 PC의 구조와 HelloWorld'에서 작성한 hello.c보다 깔끔하다는 생각이 들 것이다. 왜냐하면 hello.c로 작성한 내용의 대부분은 EDK II 라이브러리가 제공하고 있기 때문에 Main.c에서는 #include로 그것을 걷어들인 것만으로 깔끔해졌기 때문이다.

#include란 지정한 파일의 내용을 거기에 읽어 들이는(포함하는) 것을 컴파일러에 지시한다. '#include <Uefi.h>'라고 쓰면 'Uefi.h'란 파일 내용을 해당 위치에 전개하게 된다. Uefi.h는 EDK II에 포함된 헤더 파일로 실체는 $HOME/edk2/MdePkg/Include/Uefi.h에 있다.

어쨌든 두 줄의 #include를 작성하는 것으로 EFI_STATUS나 EFI_SYSTEM_TABLE, Print() 등의 C 언어 표준이 아닌 형태나 함수를 사용할 수 있게 됐다고 이해하면 충분하다. 다만 흥미가 좀 더 있는 독자를 위해 그것을 사용할 수 있게 해주는 구조를 '칼럼 2.1 인클루드'에서 상세히 설명한다.

Print() 함수는 C 언어 표준의 printf()와 유사한 문자열 표시 함수다. HelloWorld의 예에는 등장하지 않지만 %d나 %s 등을 사용한 서식지정도 가능하다. printf()와의 차이점은 파라미터로 와이드 문자를 넘겨야 한다는 점이다. 문자열 앞에 L이라고 쓰여 있는 것을 눈치챘는가? 이건 와이드 문자로 구성된 문자열을 표시하기 위한 방법이다. UEFI로 문자를 표시할 때는 와이드 문자로 한다는 것을 기억해 둔다면 그걸로 충분하다.[3]

그럼 소스코드의 내용을 알았으니 이걸 빌드해 실행시켜 보자. 빌드에 앞서 몇 가지 설정이 필요한데, MikanOS의 리파지터리에서 빌드하고 싶은 버전을 불러내기, MikanLoaderPkg로 심볼릭 링크를 확장하기, edksetup.sh 읽어 들이기를 순서대로 해 보겠다.

```
$ cd $HOME/workspace/mikanos
$ git checkout osbook_day02a
```

git checkout은 지정한 버전(태그)의 소스코드를 불러내어 파일로 배치시키는 명령이다. 이걸로 $HOME/workspace/mikanos 하위로 day02a 버전의 소스코드가 배치된다.

```
$ cd $HOME/edk2
$ ln -s $HOME/workspace/mikanos/MikanLoaderPkg ./
```

3 UEFI에서는 표시하는 문자가 UCS2(16비트 크기의 Unicode 표현)로 인코딩할 것을 요구한다. C 언어의 규격에서 와이드 문자는 char와 동등하거나 그 이상의 비트 폭으로 결정할 수 있지만 UEFI 애플리케이션을 작성할 때는 와이드 문자를 UCS2로 다룰 수 있는 컴파일러가 필요하다.

'`ln -s`'는 심볼릭 링크, 윈도우에서 말한다면 단축 키 같은 것을 만드는 명령이다. 이 명령으로부터 `$HOME/edk2` 안에 `$HOME/workspace/mikanos/MikanLoaderPkg`를 지정하는 심볼릭 링크가 작성된다.[4]

```
$ source edksetup.sh
```

`source` 명령으로 edksetup.sh 파일을 읽어 들이면 Conf/target.txt 파일이 (존재하지 않는 경우에) 자동적으로 생성된다. 그리고 작성한 HelloWorld 프로그램을 빌드하기 위해서는 생성된 `Conf/target.txt`로 `MikanLoaderPkg`를 빌드 대상으로 지정할 필요가 있다. 여기서는 표 2.1처럼 설정한다.

표 2.1 EDK II에서 MikanLoaderPkg를 빌드하기 위한 설정

설정항목	설정 값
ACTIVE_PLATFORM	MikanLoaderPkg/MikanLoaderPkg.dsc
TARGET	DEBUG
TARGET_ARCH	X64
TOOL_CHAIN_TAG	CLANG38

설정을 완료했으면 EDK II가 제공하는 명령을 사용해서 빌드한다.[5]

```
$ cd $HOME/edk2
$ build
```

빌드를 완료하면 `$HOME/edk2/Build/MikanLoaderX64/DEBUG_CLANG38/X64/Loader.efi`로 목적 파일이 출력된다. 이전의 예처럼 이 파일을 USB 메모리의 `/EFI/BOOT/BOOTX64.EFI`로 복사해 실행시키면 화면에 'Hello, Mikan World!'로 표시될 것이다.

---

4 심볼릭 링크가 제대로 작성됐는지 여부는 $HOME/edk2에서 ls -l을 실행해 보면 확인할 수 있다.

5 build 명령은 겉으로 보기에는 경로를 전달하는 보통의 명령으로 보이지만 edksetup.sh을 읽어 들여 사용할 수 있게 한다.

칼럼 2.1 인클루드

이 칼럼에서는 리스트 2.2의 Uefi.h를 포함하는 부분과 EFI_STATUS형을 사용하는 구조를 설명한다. Uefi.h의 내용은 코멘트 부분을 전반적으로 생략하면 리스트 2.3처럼 돼 있다.

리스트 2.3 EDK II의 Uefi.h 내용

```
#ifndef __PI_UEFI_H__
#define __PI_UEFI_H__

#include <Uefi/UefiBaseType.h>
#include <Uefi/UefiSpec.h>

#endif
```

이 중에서 #ifndef와 #define, 마지막 #endif 3행은 인클루드 가드(include guard)라는 기법인데, 동일한 파일이 여러 번 포함되는 걸 막기 위해 존재한다. 이 책에서는 자세히 다루지는 않지만 의도하지 않은 컴파일러 에러를 막기 위해 헤더 파일에는 인클루드 가드를 쓰고 있다고 생각하면 된다.

인클루드 가드를 제외하면 두 줄의 #include가 있다. #include 명령은 해당 위치에 지정된 파일을 읽어 들여서 전개하라고 컴파일러에게 지시하는 명령이다. 예를 들어 첫 번째 라인은 Uefi/UefiBaseType.h를 그 위치로 읽어 들이게 된다. 이 파일의 본체는 $HOME/edk2/MdePkg/Include/Uefi/UefiBaseType.h에 있다. 내용의 일부분은 리스트 2.4처럼 돼 있다.

리스트 2.4 EDK II의 UefiBaseType.h

```
#ifndef __UEFI_BASETYPE_H__
#define __UEFI_BASETYPE_H__

#include <Base.h>
...
typedef RETURN_STATUS                 EFI_STATUS;
...
#endif
```

EFI_STATUS 형식이 여기에 정의돼 있음을 알 수 있다. 덧붙여 RETURN_STATUS는 Base.h 내부에 부호 없는 정수형으로 정의돼 있다. 지금까지 '#include ⟨Uefi.h⟩'를 사용하는 것으로 EFI_STATUS형을 사용할 수 있게 되는 일련의 흐름을 살펴봤다. EFI_SYSTEM_TABLE 형이나 Print() 함수도 이처럼 인클루드 체인을 인내심 있게 쫓아가면 찾아낼 수 있으므로 흥미가 있다면 한번 시도해 보자.

2.3 메인 메모리

PC를 구성하는 중요한 요소 중 하나인 **메인 메모리**는 데스크톱 PC용으로는 그림 2.1 같은 형태의 부품으로 판매되고 있다. 1개의 메모리 기반에는 보통 여러 개의 메모리 칩(사진 속에서 규칙적으로 나열된 사각형의 검은색 부품)이 탑재돼 있고, 이들이 전체적으로 묶여 대용량을 실현하고 있다. 노트북 PC에서는 소형화를 위해 메모리 칩이 마더보드에 직접 장착된 경우도 많다.

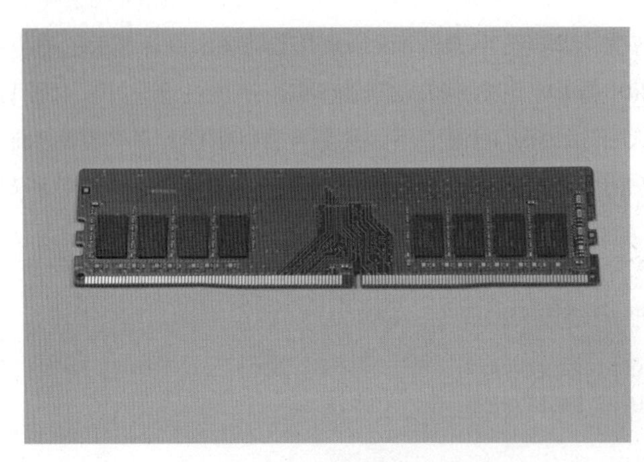

그림 2.1 DDR4-SDRAM 메모리 부품

하드웨어 관점에서 보면 여러 개의 메모리 칩으로 구성된 메인 메모리이지만 소프트웨어 시점에서는 그림 2.2처럼 다수의 바이트가 빈 곳이 없는 직선 형태로 정렬된 것처럼 보인다. 소프트웨어 시점에서 이렇게 보이는 이유는 CPU에 탑재된 메모리 컨트롤러 덕분이다. 각각의 바이트에는 0부터 시작하는 일련번호가 정해져 있으며, CPU는 이 일련 번호를 사용해 메인 메모리의 데이터를 바이트 단위로 읽고 쓸 수 있다.

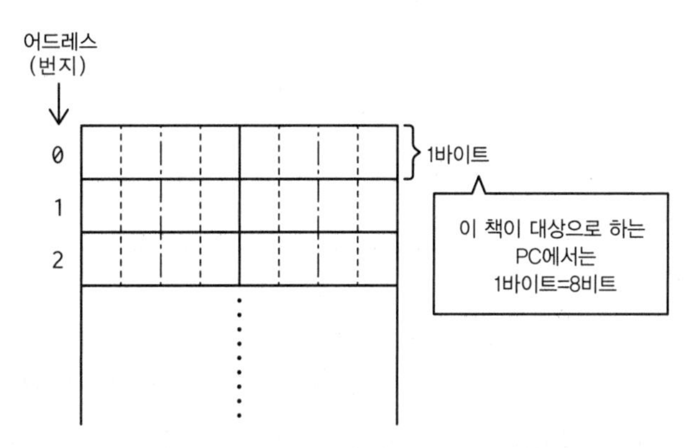

그림 2.2 메인 메모리는 수많은 바이트가 나열된 것이다.

각 바이트에 붙여진 일련번호를 번지 또는 어드레스address라고 부른다. 일반적으로는 '어드레스' 쪽이 자주 사용된다. CPU는 어드레스를 사용해 기계어 명령을 읽거나 데이터 읽기 쓰기를 한다.

2.4 메모리 맵

도로, 건물, 지명 등이 실린 지도map는 낯선 도시에서 목적 장소에 가기 위해서는 꼭 필요한 도구다. 지도 없이 거리를 걷는다면 어딘가에 무엇이 있을지 모른다. 필자는 역에 도착하면 우선 안내도를 보고 어디로 걸을지를 자주 결정하는 편이다.

컴퓨터 세계에서도 메모리 맵memory map이라는 지도가 있다. 메모리 맵은 메인 메모리의 특정 부분이 어떤 용도로 사용되는지를 실은 지도다. 거리의 지도는 2차원 형태로 넓어지지만 메모리 맵은 표 2.2처럼 돼 있어서 1차원 방향으로만 확장된다. 그런 의미에서 볼 때 메모리 맵은 지도보다는 수직선이라고 표현하는 편이 의미를 좀 더 쉽게 전달할 수 있을지도 모르겠다.

표 2.2 메모리 맵의 예

PhysicalStart	Type	NumberOfPages
0x00000000	EfiBootServicesCode	0x1
0x00001000	EfiConventionalMemory	0x9F
0x00100000	EfiConventionalMemory	0x700
0x00800000	EfiACPIMemoryNVS	0x8
...	...	...

일본에서는 주소가 대부분 'X번가 Y번지 Z' 같은 구조로 돼 있지만, 미국에서는 'X번지 Y거리'란 느낌의 주소가 일반적이다. 예를 들어 산타클라라에 있는 인텔 뮤지엄[6] 주소는 '2200 Mission College Blvd'이다. 이 주소의 2200이 번지, 'Mission College Blvd'가 도로명이다. 일본식 주소는 숫자 규칙이 애매하지만 미국식 주소에서는 해당 도로를 따라 연속적으로 번호를 매겼기 때문에 도로만 발견할 수 있으면 바로 목적지 주소에 도착할 수 있다.

미국 이야기를 하는 이유는 메모리 맵이 미국식 주소 표기 방법을 사용하기 때문이다. 주소(영어로 address)에 해당하는 부분은 표의 'PhysicalStart' 열에 있는 숫자다. 만약 세계에 도로가 1개밖에 없는 도시가 있고, 해당 도시의 지도를 미국인이 만들었다고 한다면 분명 표와 같은 느낌이 되리라 생각한다. 현실세계와의 차이점은 번지의 범위가 매우 크다(32비트 CPU에서는 0에서부터 43억 정도까지 존재)는 점이다.

메모리 맵의 번지, 즉 PhysicalStart 열의 숫자는 바이트 단위 값이다. 표의 첫 번째 행은 가장 선두에 있는 메모리 영역을, 표의 두 번째 행은 0x00001000=4096 바이트째부터 존재하는 메모리 영역을 의미한다. Type 열은 그 영역이 어떻게 사용되는지를 (또는 사용되지 않은 빈 영역인지)를 나타내며, 각각의 의미는 표 2.3과 같다.

6 인텔 CPU의 역사를 알 수 있는 박물관. 실리콘 잉곳의 실물이나 마이크로프로세서 4004 마스크가 전시돼 있어서 CPU를 좋아한다면 매우 즐겁게 관람할 수 있다.

표 2.3 메모리 맵의 예

Type 값	Type 명	의미
1	EfiLoaderCode	UEFI 애플리케이션 실행코드
2	EfiLoaderData	UEFI 애플리케이션이 사용하는 데이터 영역
3	EfiBootServicesCode	부트 서비스 드라이버의 실행코드
4	EfiBootServicesCode	부트 서비스 드라이버가 사용하는 데이터 영역
7	EfiConventionalMemory	빈 영역

현실의 도시에서는 건물의 크기가 차이가 있듯이 각각의 메모리 영역의 크기도 제각각이다. 메모리 맵의 NumberOfPages는 메모리 영역의 크기를 페이지 단위로 나타낸 수치다. 1페이지의 크기는 상황에 따라 다르지만[7] UEFI 메모리 맵에서 1페이지의 크기는 4KiB[8]다. UEFI 메모리 맵에서 메모리 영역의 크기는 전부 페이지 단위로 표현할 수 있는데 이유는 모르겠지만 번지는 바이트 단위로 기록돼 있다. 완전히 뒤죽박죽인데 한쪽으로 통일되면 좋겠다.

앞서 나온 메모리 맵 예에서는 각각의 메모리 영역이 인접해 있지만 실제로는 영역 간 빠진 부분이 있다. 즉 PhysicalStart에 NumberOfPages×4KiB를 더해도 다음의 PhysicalStart가 되지 않는 경우가 있다. 메모리 맵을 읽는 프로그램을 제작할 때는 이 부분에 주의가 필요하다.

한편 OS가 올바르게 동작하기 위해서는 메인 메모리의 모습을 제대로 파악해야 한다. 예를 들어 CPU의 설정정보가 쓰인 메모리 영역을 덮어써 버리면 CPU가 오동작할 수 있다. UEFI가 사용 중인 메모리를 파괴하는 것도 피해야 한다. 메모리를 사용한다면 빈 지역을 찾을 필요가 있는 것이다.

그래서 OS 제작에 앞서서 UEFI의 기능을 사용해 메모리 맵을 취득하는 프로그램을 만들어 본다. 결국에는 취득한 메모리 맵은 OS로 건네지지만 지금은 우선 파일로 저장하는 것을 목표로 한다.

---

7 예를 들어 x86_64 아키텍처 CPU에서는 페이징이라는 기능이 있으며 페이지 사이즈는 4KiB, 2MiB, 4MiB, 1GiB 중 하나로 설정할 수 있다.

8 KiB는 키비바이트로 읽는다. 1KiB는 1024 바이트. 컴퓨터 분야에서는 2의 10승=1024를 단위로 수를 세는 경우가 많기 때문에 "킬로"가 1000배 인지 1024배인지 헷갈릴 수 있다. "키비"로 하면 1024배로 표현한다는 것을 명확히 한다. 또한 1024배씩 증가하면 MiB(메비바이트), GiB(기비바이트), TiB(테비바이트)가 된다.

2.5 메모리 맵의 취득(osbook_day02b)

UEFI의 기능을 사용해 메모리 맵을 취득하는 프로그램은 $HOME/workspace/mikanos/MikanLoaderPkg/Main.c(Git 태그: osbook_day02b)에 있다. 리스트 2.5의 Main.c는 메모리 맵을 취득하는 부분을 실제로 보여준다.

리스트 2.5 GetMemoryMap()은 메모리 맵을 취득(Main.c)

```
EFI_STATUS GetMemoryMap(struct MemoryMap* map) {
  if  (map->buffer == NULL) {
    return EFI_BUFFER_TOO_SMALL;
  }

  map->map_size = map->buffer_size;
  return gBS->GetMemoryMap(
      &map->map_size,
      (EFI_MEMORY_DESCRIPTOR*)map->buffer,
      &map->map_key,
      &map->descriptor_size,
      &map->descriptor_version);
}
```

UEFI는 크게 OS를 기동하기 위해 필요한 기능을 제공하는 부트 서비스와 OS 기동 전, 기동 후 어디에서도 사용할 수 있는 기능을 제공하는 런타임 서비스로 구성된다. 메모리 관리관련 기능은 부트 서비스에 포함돼 있기 때문에 부트 서비스를 나타내는 글로벌 변수 gBS[9]를 사용하고 있다. 런타임 서비스에 포함된 기능을 사용하는 경우에는 gRT라는 글로벌 변수를 사용하지만 이 책에서는 등장하지 않는다.

UEFI 규격문서[10]에 따르면 gBS->GetMemoryMap()의 파라미터와 반환 값 형태(함수 프로토타입)는 리스트 2.6과 같다.

9 EDK II에서는 전역 변수의 이름 선두에 g를 붙이도록 코딩 컨벤션을 정했다.

10 「Unified Extensible Firmware Interface Specification Version 2.8」, Unified EFI Forum, Inc.(https://www.uefi.org/specifications), 2019

리스트 2.6 gBS->GetMemoryMap() 구조

```
EFI_STATUS GetMemoryMap(
    IN OUT UINTN *MemoryMapSize,
    IN OUT EFI_MEMORY_DESCRIPTOR *MemoryMap,
    OUT UINTN *MapKey,
    OUT UINTN *DescriptorSize,
    OUT UINT32 *DescriptorVersion);
```

파라미터 리스트에 있는 IN이나 OUT은 C 언어에서 보면 이상한 표기법이다. 이들은 EDK II의 독자적인 매크로로써 파라미터가 어떻게 사용되는지를 프로그램에 전달하기 위한 용도로만 사용한다. 컴파일할 때는 빈 문자열로 대체되기 때문에 컴파일 결과에는 아무런 영향도 주지 않는다. IN, OUT은 각각 함수로의 입력용, 함수로부터의 출력용임을 의미한다. 입력용 파라미터에는 함수를 호출하기 전에 유효한 값을 써둘 필요가 있다. 출력용 파라미터는 함수가 그 내용을 고쳐 쓴다. 값을 고쳐 쓰기 위해 포인터로 파라미터를 넘기도록 한다.[11] IN OUT의 지정은 해당 파라미터 값이 입력 값으로 사용된 후 출력에도 사용된다는 것을 나타낸다.

gBS->GetMemoryMap()은 함수 호출 시점의 메모리 맵을 취득하고, 파라미터 MemoryMap으로 지정된 메모리 영역에 값을 쓴다. 정상적으로 메모리 맵을 취득했다면 EFI_SUCCESS를 반환한다. 메모리 영역이 작아서 메모리 맵을 전부 담기가 불가능한 경우는 EFI_BUFFER_TOO_SMALL을 반환한다. 기타 다른 에러를 반환하는 경우도 있다.

첫 번째 파라미터 MemoryMapSize에는 입력으로 메모리 맵 쓰기용 메모리 영역의 크기(바이트 값)를 설정한다. 출력으로는 실제 메모리 맵의 크기가 설정된다.

두 번째 파라미터 MemoryMap에는 메모리 맵 쓰기용 메모리 영역의 시작 포인터를 설정한다. 메모리 영역의 시작 포인터를 입력한다는 의미로 IN이, 메모리 맵이 쓰여진다는 의미로 OUT이 지정됐다. 기록된 메모리 맵의 데이터 구조는 나중에 자세히 소개한다.

세 번째 파라미터 MapKey에는 메모리 맵을 식별하기 위한 값을 쓰는 변수를 지정한다. 메모리 맵은 프로그램 처리나 UEFI 자체의 처리에 따라 변해간다. 두 처리의 시점에서

11 C 언어에서 반환 값은 하나밖에 지정할 수 없으므로 여러 개 값을 함수로부터 반환받고 싶을 때에는 포인터를 사용하는 것이 일반적 수단이다. EDK II의 수많은 함수는 반환 값이 EFI_STATUS이기 때문에 다른 출력 값이 존재하는 경우는 포인터 파라미터를 사용하게 된다.

취득한 MapKey의 값이 같다면 그 시간 내에서는 메모리 맵에 변화가 없음을 의미한다. 이 값은 이후에 gBS->ExitBootServices()를 호출할 때 필요하다.

네 번째 파라미터 DescriptorSize는 메모리 맵 각 행을 나타내는 메모리 디스크립터의 바이트 수를 표현한다. 메모리 디스크립터의 크기는 sizeof(EFI_MEMORY_DESCRIPTOR)로 계산 가능하다고 생각할 수 있지만, UEFI의 구현에 따라 구조체가 확장되거나 해서 바이트 수가 상이한 가능성도 있기 때문에 여기서 취득한 값을 사용하는 것이 정확하다.

다섯 번째 파라미터 DescriptorVersion은 메모리 디스크립터의 구조체 버전번호를 나타낸다. 이 책에서는 이 값을 사용하지 않는다.

MemoryMap이 가리키는 메모리 영역에 쓰이는 데이터 구조는 그림 2.3 같이 EFI_MEMORY_DESCRIPTOR 구조체의 배열로 구성된다. 메모리 맵의 전체 크기는 MemoryMapSize 바이트이며, 요소는 DescriptorSize 바이트 간격으로 배치된다.

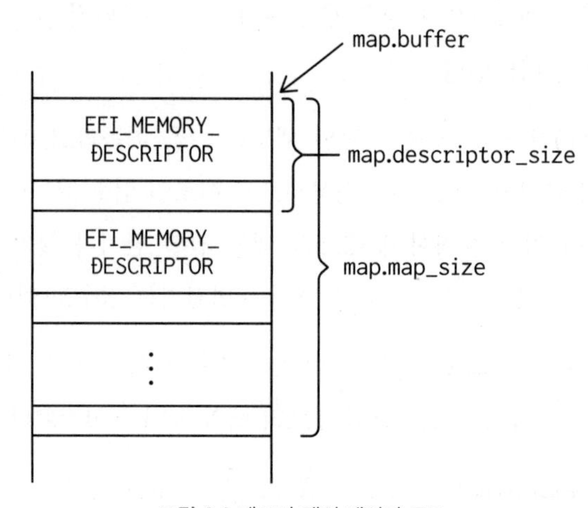

그림 2.3 메모리 맵의 데이터 구조

표 2.4 EFI_MEMORY_DESCRIPTOR 구조체 정의를 보여준다. 이 정의는 UEFI 규격문서[12]에서 가져온 것이다. EDK II의 MdePkg/Include/Uefi/UefiSpec.h 헤더 파일 안에 규격에 따라 작성된 구조체 정의가 있다.

12 「Unified Extensible Firmware Interface Specification Version 2.8」, Unified EFI Forum, Inc.(https://www.uefi.org/specifications), 2019

표 2.4 메모리 디스크립터의 구조

파일명	타입	설명
Type	UINT32	메모리 영역의 종류
PhysicalStart	EFI_PHYSICAL_ADDRESS	메모리 영역 시작주소의 물리 메모리 어드레스
VirtualStart	EFI_VIRTUAL_ADDRESS	메모리 영역 시작주소의 가상 메모리 어드레스
NumberOfPages	UINT64	메모리 영역의 크기(4KiB 단위)
Attribute	UINT64	메모리 영역을 사용할 수 있는 용도를 가리키는 비트 플래그 집합

지금까지 UEFI의 규격으로 정해진 `gBS->GetMemoryMap()`과 메모리 디스크립터의 구조를 설명했다. 여기에 추가해 샘플 프로그램에서는 `MemoryMap` 구조체를 독자적으로 정의해서 사용하고 있다. 이 구조체의 정의는 리스트 2.7과 같으며, 메모리 디스크립터를 쓰기 위한 버퍼 전체의 사이즈나 `gBS->GetMemoryMap()`으로 취득한 디스크립터 사이즈 등을 기록할 수 있다.

리스트 2.7 메모리 맵 구조체(Main.c)

```
struct MemoryMap {
  UINTN buffer_size;
  VOID* buffer;
  UINTN map_size;
  UINTN map_key;
  UINTN descriptor_size;
  UINT32 descriptor_version;
};
```

2.6 메모리 맵의 파일 보존

`GetMemoryMap()`으로 취득한 메모리 맵을 파일에 저장하는 프로그램은 `UefiMain()`에 있다. 해당 부분을 추린 내용이 리스트 2.8이다.

리스트 2.8 메인 함수의 갱신 부분(Main.c)

```
CHAR8 memmap_buf[4096 * 4];
struct MemoryMap memmap = {sizeof(memmap_buf), memmap_buf, 0, 0, 0, 0};
GetMemoryMap(&memmap);

EFI_FILE_PROTOCOL* root_dir;
OpenRootDir(image_handle, &root_dir);

EFI_FILE_PROTOCOL* memmap_file;
root_dir->Open(
    root_dir, &memmap_file, L"\\memmap",
    EFI_FILE_MODE_READ | EFI_FILE_MODE_WRITE | EFI_FILE_MODE_CREATE, 0);

SaveMemoryMap(&memmap, memmap_file);
memmap_file->Close(memmap_file);
```

이 프로그램에서 나온 OpenRootDir()나 root_dir->Open() 두 함수는 깊이 설명하지 않지만 간단히 말하자면 쓰기 대상 파일을 여는 함수다. 이 두 개의 함수를 실행하면 memmap이라는 파일이 쓰기 모드로 열린다(없었다면 신규로 작성된다). 열린 파일을 SaveMemoryMap()에 전달하고 거기에 이 함수가 방금 전에 취득한 메모리 맵을 저장한다.

OpenRootDir()와 root_dir->Open()에서는 '포인터의 포인터'라는 테크닉이 사용된다. 구체적으로는 &root_dir나 &memmap_file처럼 포인터 변수에 대해 어드레스 연산자 &을 적용하는 것이다. UEFI 애플리케이션을 작성할 때 많이 사용하는 방법이라서 '칼럼 2.2 포인터의 포인터'에서 상세히 설명한다.

메모리 맵은 상당히 커지는 경우가 있다. 필자의 환경에서는 8KiB로는 부족한 경우가 있어서 memmap_buf는 16KiB로 했다. 독자 여러분의 환경에서 잘 안 되는 경우가 있다면 좀 더 여유 있는 크기로 늘려서 해 보면 잘 될지도 모른다.

리스트 2.9 SaveMemoryMap()은 메모리 맵을 파일에 저장한다(Main.c)

```
EFI_STATUS SaveMemoryMap(struct MemoryMap* map, EFI_FILE_PROTOCOL* file) {
  CHAR8 buf[256];
  UINTN len;

  CHAR8* header =
    "Index, Type, Type(name), PhysicalStart, NumberOfPages, Attribute\n";
```

```
  len = AsciiStrLen(header);
  file->Write(file, &len, header);

  Print(L"map->buffer = %08lx, map->map_size = %08lx\n",
      map->buffer, map->map_size);

  EFI_PHYSICAL_ADDRESS iter;
  int i;
  for (iter = (EFI_PHYSICAL_ADDRESS)map->buffer, i = 0;
       iter < (EFI_PHYSICAL_ADDRESS)map->buffer + map->map_size;
       iter += map->descriptor_size, i++) {
    EFI_MEMORY_DESCRIPTOR* desc = (EFI_MEMORY_DESCRIPTOR*)iter;
    len = AsciiSPrint(
        buf, sizeof(buf),
        "%u, %x, %-ls, %08lx, %lx, %lx\n",
        i, desc->Type, GetMemoryTypeUnicode(desc->Type),
        desc->PhysicalStart, desc->NumberOfPages,
        desc->Attribute & 0xffffflu);
    file->Write(file, &len, buf);
  }

  return EFI_SUCCESS;
}
```

SaveMemoryMap()의 구현을 리스트 2.9에서 볼 수 있다. 이 함수는 파라미터로 주어진 메모리 맵 정보를 CSV[13] 형식으로 파일에 기록한다. 처리과정 초반부에 보이는 file->Write()가 헤더 라인을 출력한다. 헤더 라인을 기록해 두면 CSV 파일을 열었을 때 열의 의미를 알기 쉽다(일일이 소스코드를 읽고 "아아 이 열은 이 값이었군."이라고 떠올릴 필요가 없다). 뒷부분에 있는 for 문에서는 메모리 맵의 각 행을 쉼표로 구별해 출력한다.

이 for 문을 조금 자세히 설명해 보겠다. 반복처리에 관련된 변수는 2가지로 i와 iter이다. i는 메모리 맵의 행 번호를 나타내는 카운터다. iter는 메모리 맵의 각 요소(메모리 디스크립터) 어드레스를 나타낸다.

iter는 iterator이터레이터란 영단어의 축약형이다. 이터레이터는 배열이나 리스트 같은 복수의 요소를 가진 데이터 구조에서 요소 하나씩에 대응해 처리할 때 각 요소를 가리

13 Comma Separated Values. 표 형식의 데이터를 표현하는 방법의 한 가지로 쉼표(,)를 사용하여 한 줄에서 값을 구별한다.

킨다. 일본어로는 반복자로 부르기도 하지만 이터레이터로 부르는 것이 일반적이다. iter의 초기화는 메모리 맵의 시작 즉 첫 번째 메모리 디스크립터를 가리키며, 갱신에 따라 인접한 메모리 디스크립터를 차례차례 가리킨다.

리스트 2.10 이터레이터 변수의 캐스트

```
EFI_MEMORY_DESCRIPTOR* desc = (EFI_MEMORY_DESCRIPTOR*)iter;
```

for 문에서 처음으로 하는 것은 정수로부터 포인터로 캐스트(형 변환)하는 것이다(리스트 2.10). 정수형인 iter를 포인터형 EFI_MEMORY_DESCRIPTOR*로 변환하고 있다. 정수를 포인터로 캐스트하면 그 정수를 주소로 하는 포인터로 변환된다. 포인터 부분은 조금 어렵기 때문에 당장 이해되지 않아도 너무 걱정하지 않아도 된다. '2.8 포인터 입문(1): 어드레스와 포인터'를 읽어보기 바란다. .

리스트 2.11 메모리 디스크립터 내용을 문자열로 변환

```
len = AsciiSPrint(
    buf, sizeof(buf),
    "%u, %x, %-ls, %08lx, %lx, %lx\n",
    i, desc->Type, GetMemoryTypeUnicode(desc->Type),
    desc->PhysicalStart, desc->NumberOfPages,
    desc->Attribute & 0xffffflu);
```

캐스트한 desc를 사용해 메모리 디스크립터 값을 문자열로 변환한다(리스트 2.11). AsciiSPrint()는 EDK II에서 준비한 라이브러리 함수로 지정한 char 배열에 가공한 문자열을 기록한다. C 언어 표준함수인 sprintf()와 거의 사용법이 동일하다. GetMemoryTypeUnicode()는 Main.c에서 정의한 함수로 메모리 디스크립터의 타입 값에서 타입 이름을 취득해서 반환한다.

리스트 2.12 문자열을 파일에 기록

```
file->Write(file, &len, buf);
```

마지막으로 EFI_FILE_PROTOCOL이 제공하는 Write()를 사용해 파일에 문자열을 쓴다. Write()의 두 번째 파라미터는 입력으로 문자열 바이트 수를 지정한다. 출력으로는 실

제로 파일에 쓰인 바이트를 반환받는다. 사실 지정한 문자열을 전부 출력하지 못했을 경우에는 남은 문자열을 출력하는 프로그램을 작성해야 되지만 이번에는 생략한다.

2.7 메모리 맵 확인

실제로 메모리 맵을 취득한 프로그램을 동작시켜서 메모리 맵을 확인해 보자. 우선은 MikanLoaderPkg를 빌드한다.

```
cd $HOME/workspace/mikanos
$ git checkout osbook_day02b
$ cd $HOME/edk2
$ source edksetup.sh
$ build
```

HelloWorld 프로그램 빌드와 방법이 같다. 빌드해서 생성한 Loader.efi 파일을 USB 메모리에 복사해 실기에서 실행할 수도 있겠지만 우선은 QEMU에서 실행하는 방법을 소개한다.

다음 명령을 실행하면 QEMU에서 Loader.efi를 구동할 수 있다.

```
$ $HOME/osbook/devenv/run_qemu.sh Build/MikanLoaderX64/DEBUG_CLANG38/X64/
Loader.efi
```

run_qemu.sh 스크립트를 사용해 QEMU를 구동시키면 현재 디렉터리에 disk.img란 파일이 생성된다. 이 파일은 USB의 내용을 하나의 파일로 만든 디스크 이미지로, 마운트[14]를 하면 내용을 볼 수 있다.

```
$ mkdir -p mnt # -p를 붙이면 이미 mnt가 있어도 에러가 발생하지 않는다
$ sudo mount -o loop disk.img mnt
$ ls mnt
```

14 마운트(mount)는 리눅스의 기본조작 중 하나로 파일 시스템을 열어서 사용할 수 있게 하는 조작이다. USB 메모리나 CD-ROM, 네트워크 드라이브 등 외부기억장치를 리눅스에서 사용할 때 자주 사용하는 조작이지만 이번 경우처럼 디스크 이미지를 열어서 읽고 쓰는 용도로도 사용할 수 있다.

ls mnt를 입력하면 디스크 이미지의 내용이 표시된다. EFI 디렉터리 외에 memmap이라는 파일이 있는데 이 파일은 Loader.efi로부터 파일로 저장된 메모리 맵 파일이다. 내용을 살펴보자.

```
$ cat mnt/memmap
```

cat은 파일 내용을 터미널에 표시하는 명령이다. memmap는 CSV 형식의 파일이라 스프레드 시트 등으로 열면 예쁘게 보이지만 간단하게 확인하고 싶다면 cat쪽이 간단하다. 이 명령을 실행하면 메모리 맵이 몇 개의 줄로 표시된다. 대충 확인이 끝났다면 디스크 이미지를 언마운트해두자.

```
$ sudo umount mnt
```

QEMU를 사용하지 않고 테스트용 PC로도 테스트 가능하다. HelloWorld의 경우와 동일하게 Loader.efi를 USB 메모리에 복사해 테스트용 PC에 꽂아서 실행한다. 그 후 USB 메모리를 개발용 PC에 꽂아 USB를 살펴보면 memmap이란 파일이 저장돼 있다. 이걸 cat 명령이나 스프레드 시트로 열어보면 테스트용 PC의 메모리 맵을 볼 수 있다.

2.8 포인터 입문(1): 어드레스와 포인터

포인터Pointer는 가리키는 사람 또는 가리키는 봉이라는 의미를 가진 단어다. 사냥감의 위치를 인간에게 알려주는 견종의 이름이기도 하다. '마우스 포인터'는 화면상의 한 부분을 가리키는 화살표다. 포인터를 C++ 문맥에서 해석한다면 '변수를 가리키는 것'이란 의미가 된다. 다음은 포인터의 기본이 되는 예시다.

```
int i = 42;
int* p = &i;
```

첫 번째 줄에서 int형 변수를 정의하고 초기 값을 42로 한다. 두 번째 줄에서 포인터 변수를 정의하고 초기 값을 i로의 포인터로 선언한다. 이걸로 p는 i를 가리키는 포인터 변수가 된다.

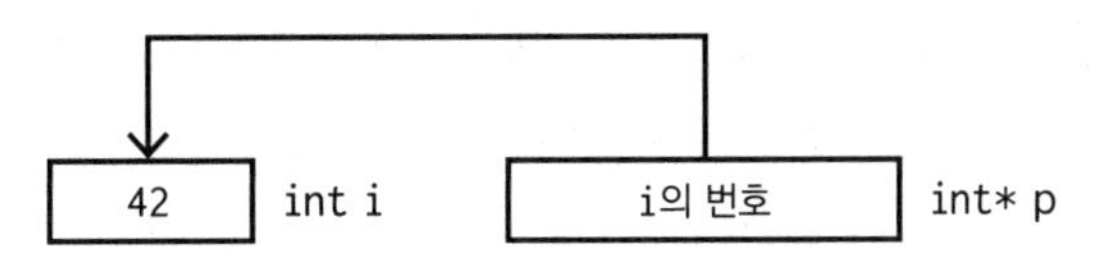

그림 2.4 포인터 변수 p가 변수 i를 가리키는 모습

이후 p를 사용해 i 값을 읽거나 변경할 수 있다. 앞의 두 줄에 이어 다음 코드를 실행하면 r1 값은 42, r2 값은 1이 된다.

```
int r1 = *p;
*p = 1;
int r2 = i;
```

'*p = 1;'의 *는 포인터가 가리키는 곳을 가져오기(참조하기) 위한 연산자다. 이것을 간접연산자라고 부르기도 한다. 이 라인 시점에서는 p는 i를 가리키고 있으니까 *p는 i와 동일하다.

C++ 표준에서는 포인터를 어떻게 구현할지에 대한 규정이 거의 없다. 다만 포인터와 정수는 서로 간에 변환 가능하다는 것은 결정돼 있다. 그리고 다른 변수로의 포인터를 정수로 변환할 때는 서로 다른 정수가 돼야 한다. 바꿔 말하자면 포인터는 각각의 변수에 할당된 고유번호(어드레스)를 내포한다. 포인터란 변수 고유번호와 타입 정보를 조합한 것이라고 말할 수 있다.

```
uintptr_t addr = reinterpret_cast<uintptr_t>(p);
int* q = reinterpret_cast<int*>(addr);
```

이 코드의 첫 번째 줄은 포인터를 정수로 변환한다. 모든 포인터 정보를 손실 없이 변환 가능한 정수형으로 uintptr_t (또는 intptr_t)이 표준으로 준비돼 있기에 이걸 사용한다. 포인터에서 정수로의 변환은 포인터에서 형(타입) 정보를 제거한다. 변환해서 얻은 값 addr은 변수 i에 할당된 고유번호다.

두 번째 줄은 정수를 포인터로 변환한다. 이 변환은 변수 번호에 변수의 타입 정보를 추가한다. 결과적으로 얻은 q는 변수 i를 가리키는 포인터가 된다.

변수에 할당된 고유번호 값을 구체적으로 어떤 값으로 할지는 C++ 표준에서는 규정돼 있지 않으며, 처리하는 시스템에 위임돼 있다. 이 책에서 사용하는 Clang을 포함한 수많은 컴파일러는 변수가 배치된 메모리 어드레스를 사용한다. 메모리 어드레스는 바이트 단위의 일련번호로 구성됐기 때문에 변수의 고유번호여야 한다는 제약을 만족시킨다.

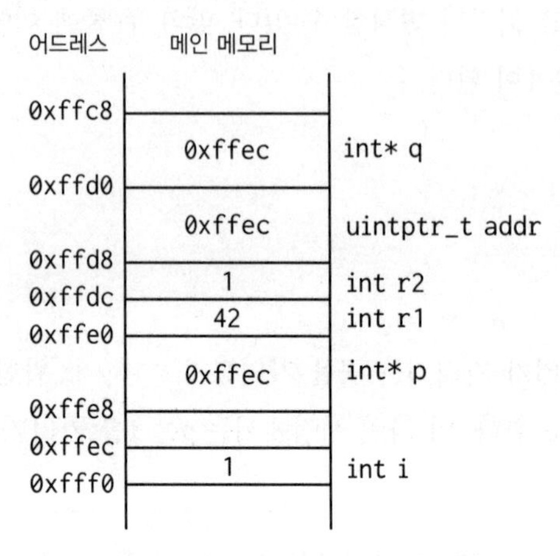

그림 2.5 x86-64 아키텍처에 기반한 포인터의 구체적인 예

이 프로그램을 x86-64 아키텍처에서 실행한 결과 예시를 그림 2.5에서 보여준다. 이건 하나의 예에 지나지 않지만 포인터가 어떻게 구현되는지를 이해하는 데 도움이 된다.

그림 왼쪽에 나타낸 메모리 어드레스의 절댓값은 큰 의미가 없으며 상대적인 값이 의미가 있다. 예로 "0xffec는 0xfff0로부터 4바이트 떨어진 곳에 있다."를 들 수 있다.

그리고 이 그림에서 보이는 변수의 개수나 배치는 최적화를 수행하지 않고 컴파일했을 때 나타날 수 있는 배치를 표현했다. 최적화를 활성화해 컴파일하게 되면 다른 변수가 배치될 수도 있고, 아무런 변수도 생성되지 않을 수도 있다.

2.9 포인터와 화살표 연산자

C 언어의 구조체는 멤버를 선언한 순으로 나열된 메모리 구조다. 예를 들어 `MemoryMap` 구조체의 멤버 `buffer_size`는 구조체의 선두에 있으며, 멤버 `buffer`는 그 다음에 배치돼 있다. 구조체의 선두에서 해당 멤버까지의 거리(바이트 수)를 오프셋offset이라고 부

른다. buffer_size의 오프셋은 0바이트 buffer, buffer의 오프셋은 8바이트(64비트 환경에서 UINTN은 8바이트)가 된다.

```
struct MemoryMap m;
struct MemoryMap* pm = &m;
```

구조체형 변수를 정의하면 메모리상에 구조체의 크기만큼의 메모리 영역이 확보된다. 앞의 예시에서 m이란 이름의 변수를 하나 정의하면 이 변수는 sizeof(struct MemoryMap)만큼의 메모리 영역을 갖게 된다. 또한 포인터형 변수 pm도 정의한다. 이 두 변수의 관계를 그림으로 표현하면 다음과 같다(그림 2.6). 이 그림은 포인터가 메모리 어드레스를 사용한다고 전제하고 그렸다.

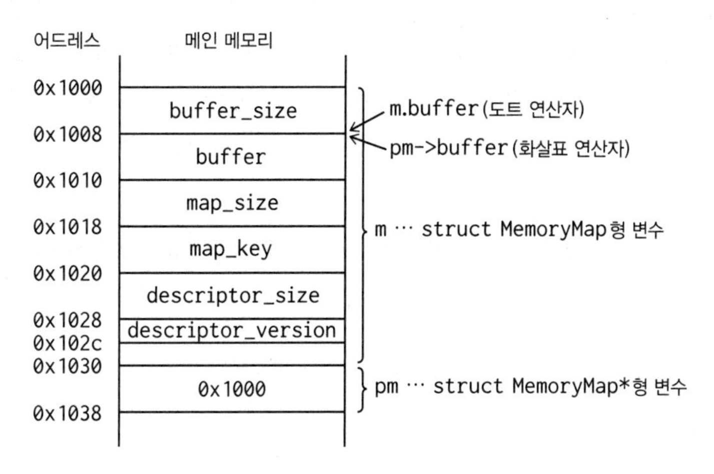

그림 2.6 두 개의 변수 m과 pm의 관계

이 예와 마찬가지로 포인터는 변수 고유번호와 형 정보를 갖고 있다. 여기서 주목하고 싶은 점은 가리키는 형이 int(4바이트)든 MemoryMap(48 바이트)이든 포인터 변수는 같은 크기(8바이트)라는 것이다. 이건 포인터 변수가 어디까지나 변수의 어드레스를 유지하는 변수이기 때문이다. 어드레스를 표현하는 데 필요한 크기는 가리키는 변수의 타입에 의존하지 않고 일정하다.

pm을 통해서 m의 각 멤버를 읽고 쓸 때는 '->(화살표 연산자)'를 사용하거나 '*(간접 연산자)'와 '.(도트 연산자)'를 사용하는 방법이 있다. m.map_size에 0을 대입하는 예를 살펴보자.

```
pm->map_size = 0;
(*pm).map_size = 0;
```

이 두 줄은 완벽히 동일하게 처리되는 구문이다. 하지만 화살표 연산자를 사용하는 쪽이 편하게 쓸 수 있으므로 구조체형의 포인터를 통해 멤버에 액세스할 때는 화살표 연산자를 사용하는 것이 일반적이다. 이렇게 의미를 유지하면서 더 간단하게 쓸 수 있도록 준비된 문법을 'syntactic sugar'[15]라고 한다.

칼럼 2.2 포인터의 포인터

'포인터의 포인터'는 포인터 변수에 어드레스 연산자&을 적용한 것이다. UEFI 애플리케이션 작성에서는 자주 등장하는 기술이다. 변수가 메모리상에 어떻게 배치되는지를 안다면 포인터의 포인터를 이해할 수 있다. 이 칼럼에 등장하는 수치나 메모리 배치는 특정 CPU 아키텍처 컴파일러에 의존하는 내용이지만 구체적인 이미지를 통해 일반론의 이해에도 도움이 될 것이다.

우선 일반 포인터를 간단히 복습해 보자. 포인터는 변수 값을 호출한 함수 내부에서 쓸 때 사용할 수 있다.

```
void f(int* p) {
  *p = 42;
}
int g() {
  int x = 1;
  int* p = &x;
  f(p);
  return x;
}
```

15 사람이 이해하기 쉽도록 디자인한 프로그래밍 언어 문법. 원문에서는 일본어로 糖衣構文(당의구문, 토우이코우분)이라는 용어를 사용했다. - 옮긴이

이 코드에서 함수 g()를 실행하면 반환 값은 42가 된다. 변수 x의 초기 값은 1이지만 함수 f() 내부에서 변수 x의 내용을 42로 덮어쓰기 때문이다(그림 2.7). 이것이 포인터의 효과다.

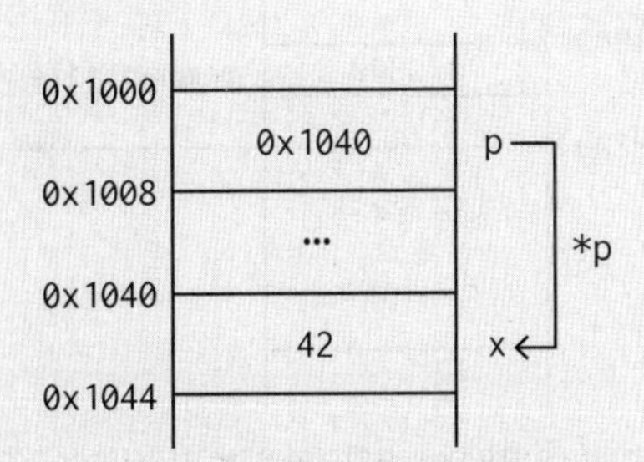

p가 x를 가리킨다(p points to x)

그림 2.7 변수와 포인터의 관계

포인터의 포인터는 UEFI 프로그래밍에서 자주 사용되는 기술이다. 본문 중에서는 OpenRootDir()나 root_dir->Open()을 사용했을 때 나왔다. root_dir->Open()을 사용하는 코드를 다음에서 보여준다(설명을 위해 포인터의 포인터를 변수로 넣도록 수정했다).

포인터의 포인터는 언뜻 보면 어렵다고 생각할지도 모르지만 포인터 변수는 "어드레스라는 정수 값을 저장하기 위한 변수다."라는 사실만 안다면 이해하기 어렵지 않다. 포인터 변수 memmap_file과 그 포인터 ptr_ptr의 관계를 그림으로 표현하면 그림 2.8과 같다.

```
EFI_FILE_PROTOCOL* memmap_file;
EFI_FILE_PROTOCOL** ptr_ptr = &memmap_file;
root_dir->Open(
    root_dir, ptr_ptr, L"\\memmap",
    EFI_FILE_MODE_READ | EFI_FILE_MODE_WRITE | EFI_FILE_MODE_
CREATE, 0);
```

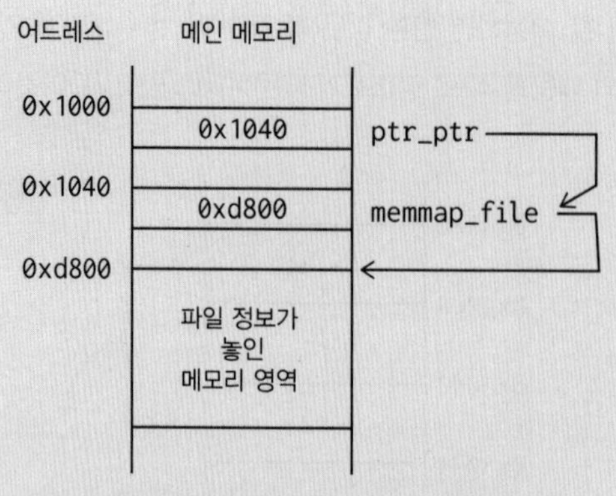

그림 2.8 포인터의 포인터와 일반 포인터와의 관계

root_dir->Open()에 memmap_file이 아니고 ptr_ptr를 넘기는 이유는 root_dir->Open()이 memmap_file의 내용(0xd800)을 덮어 쓸 수 있게 하기 위해서다. root_dir->Open()은 지정된 파일을 열어 그 파일에 관련된 정보의 포인터를 돌려주는 함수다. 원래는 "memmap_file = root_dir->Open(...);" 형태로 반환 값으로 포인터를 반환하면 좋겠지만 반환 값은 EFI_STATUS를 표현하기 위해 사용했다. 어쩔 수 없이 파라미터로서 포인터의 포인터를 받아 그것이 가리키는 변수를 바꿔씀으로써 파일 정보에 대한 포인터를 함수 호출자에게 돌려주고 있는 것이다.

여러 반환 값을 갖는 함수를 만드는 경우 포인터를 파라미터로 받는 것은 C 언어에서 일반적인 수단이다. 포인터의 포인터는 반환 값의 타입이 포인터라면 어쩔 수 없이 사용할 수밖에 없으며, 일반 포인터와 생각하는 방식은 동일하다는 점을 알아주길 바란다.

3장

화면표시 연습과 부트로더

EDK II로 개발하는데 익숙해졌으므로 이제 OS 본체를 구동하기 위한 부트로더 개발을 시작한다. 3장에서는 화면 전체를 빈틈없이 전부 채우는 간단한 OS 본체를 만들고, 이 기능이 로더에서 동작할 때까지 작업한다.

3.1 QEMU 모니터

만든 프로그램에 문제가 있다면 여러분은 어떻게 디버깅하는가? 우선은 소스코드의 적당한 위치에 `Print()` 함수 호출을 추가해 변숫값을 확인해 보거나 파일에 값을 쓰는 방법으로 디버깅할 것으로 생각한다.

이 작업은 반드시 해야 하지만 때로는 그 방법으로는 문제를 특정하지 못할 수도 있으며, 디버그 코드를 넣음에 따라 문제의 환경에 영향을 미쳐 문제가 재현되지 않는 등 상황이 달라지는 경우가 있다. OS상에서 동작하는 애플리케이션과 비교해 부트로더나 OS의 개발 중에는 그런 경우가 비일비재하다.

예를 들어 메모리 침범을 일으켰거나 CPU 설정이 의도한 것이 아니거나 하면 프로그램을 조금 바꾸는 것만으로 증상이 변화하는 경우도 자주 있다. '`Print()` 호출을 코멘트 주석 처리하면 이유는 모르겠지만 움직인다.'는 이상한 일이 로우레벨 개발에서는 종종 발생한다.

그래서 부트로더 만들기를 시작하기 전에 QEMU 모니터를 사용해 디버깅하는 방법을 소개한다. QEMU 모니터는 QEMU 표준 기능으로 CPU의 설정을 보거나 메모리의 내용을 읽고 쓰는 것이 가능하다. 자작 OS를 실제 기기에서 동작시킨다면 그런 작업은 할 수 없지만 에뮬레이터라면 간단하다. 메모리 맵 취득 프로그램을 예제로 모니터 사용방법을 소개한다.

QEMU 모니터를 사용하기 위해 먼저 QEMU가 구동한 후에 `run_qemu.sh`를 실행한 터미널로 돌아온다. `run_qemu.sh`에 QEMU 모니터를 터미널에서 사용할 수 있도록 해놓았기 때문에[1] 그림 3.1 같은 상태가 된다. `(qemu)`가 QEMU 모니터의 프롬프트[2]다.

---

1 QEMU 구동 옵션에 지정한 '–monitor stdio' 효과에 따라 터미널에서 QEMU 모니터를 사용할 수 있다.

2 프롬프트(prompt)는 사용자로부터 입력 대기를 표시하는 문자열이다. Bash라면 표준은 $, 윈도우 명령 프롬프트는 >이다.

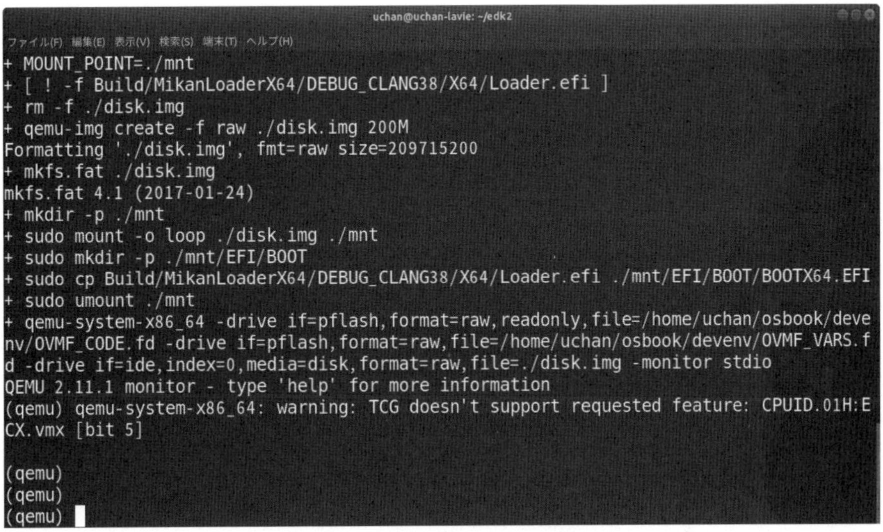

```
uchan@uchan-lavie: ~/edk2
ファイル(F) 編集(E) 表示(V) 検索(S) 端末(T) ヘルプ(H)
+ MOUNT_POINT=./mnt
+ [ ! -f Build/MikanLoaderX64/DEBUG_CLANG38/X64/Loader.efi ]
+ rm -f ./disk.img
+ qemu-img create -f raw ./disk.img 200M
Formatting './disk.img', fmt=raw size=209715200
+ mkfs.fat ./disk.img
mkfs.fat 4.1 (2017-01-24)
+ mkdir -p ./mnt
+ sudo mount -o loop ./disk.img ./mnt
+ sudo mkdir -p ./mnt/EFI/BOOT
+ sudo cp Build/MikanLoaderX64/DEBUG_CLANG38/X64/Loader.efi ./mnt/EFI/BOOT/BOOTX64.EFI
+ sudo umount ./mnt
+ qemu-system-x86_64 -drive if=pflash,format=raw,readonly,file=/home/uchan/osbook/deve
nv/OVMF_CODE.fd -drive if=pflash,format=raw,file=/home/uchan/osbook/devenv/OVMF_VARS.f
d -drive if=ide,index=0,media=disk,format=raw,file=./disk.img -monitor stdio
QEMU 2.11.1 monitor - type 'help' for more information
(qemu) qemu-system-x86_64: warning: TCG doesn't support requested feature: CPUID.01H:E
CX.vmx [bit 5]

(qemu)
(qemu)
(qemu)
```

그림 3.1 QEMU 모니터의 초기화면

우선 CPU 레지스터 값을 확인해 보자. QEMU 모니터로 `info registers` 명령을 실행한다. 실행하면 다음과 같이 CPU의 각종 레지스터의 현재 값이 표시된다.

```
(qemu) info registers
RAX=0000000000000000 RBX=0000000000000001 RCX=000000007b7b1c0
RDX=0000000000000002
RSI=0000000000000400 RDI=000000007eab2d0 RBP=000000000000002e
RSP=000000007eaa8a0
R8 =00000000000000af R9 =0000000000000288 R10=0000000000000050
R11=0000000000000000
R12=000000067ae8d0 R13=00000000000ffff R14=000000007eaa930
R15=00000000722a920
RIP=000000067ae4c4 RFL=00000202 [-------] CPL=0 II=0 A20=1 SMM=0 HLT=0
ES =0030 0000000000000000 ffffffff 00cf9300 DPL=0 DS [-WA]
CS =0038 0000000000000000 ffffffff 00af9a00 DPL=0 CS64 [-R-]
```

레지스터register는 '등록'이라는 의미다. CPU 레지스터는 이름 그대로 값을 등록해두는 기억 저장공간이다. 값을 기억해 둔다는 점에서는 메인 메모리와 동일하지만 레지스터는 CPU 내부에 있고, 메인 메모리는 CPU 외부에 있는 점이 큰 차이점이다. 레지스터에 대해서는 '3.2 레지스터'에서 상세하게 설명하는데, 우선 간단히 설명하면 앞의 출력 예시에서 `RAX`나 `ES` 등이 전부 레지스터다. 특히 `RIP` 레지스터는 디버깅할 때 자주 사용하는 레지스터로 다음에 실행될 예정의 기계어 명령의 위치를 나타낸다. 이 정보와 다음에 소개하는 메모리 덤프memory dump를 조합하면 현재 실행 중인 기계어 명령을 확인할 수 있다.

다음으로 메인 메모리에 지정한 어드레스 근처의 값을 표시(메모리 덤프)해 보자. 메모리 덤프를 하기 위해 x 명령을 사용한다. 명령어 지정방법은 QEMU 모니터에서 help 명령어 이름으로 확인 가능하다. x 명령의 사용 형식은 다음과 같다.

```
x /fmt addr
```

/fmt으로 지정한 형식에 따라 addr를 선두로 하는 메모리 영역의 값을 표시한다. /fmt는 '개수', '포맷', '사이즈'로 분해할 수 있다. '개수'는 몇 개를 표시할지를 지정한다. '포맷'은 16진수 표시의 x, 10진수 표시의 d, 기계어 명령을 디스어셈블해 표시하는 i 중 어느 하나를 지정할 수 있다. '사이즈'는 몇 바이트를 한 단위로 해서 해석할지를 지정한다. 1바이트는 b, 2바이트는 h, 4바이트는 w, 8바이트는 g를 지정한다. 연습으로 0x067ae4c4에서 4바이트를 16진수로 표시해 본다.

```
(qemu) x /4xb 0x067ae4c4
00000000067ae4c4: 0xeb 0xfe 0x66 0x90
```

아마도 이 부분은 기계어 명령으로 추측된다.[3] 연습 삼아 2개의 명령분을 디스어셈블링해서 표시해 보자.

```
(qemu) x /2i 0x067ae4c4
0x00000000067ae4c4: jmp 0x67ae4c4
0x00000000067ae4c6: xchg %ax,%ax
```

jmp 0x67ae4c4 '0x67ae4c4로 점프하라'란 명령이지만 0x67ae4c4는 그 명령이 있는 위치 그 자체이기 때문에 결국 같은 위치를 계속 돌게 된다. 사실 이 어셈블리 명령은 while (1);을 컴파일한 결과다.

3 다음에 실행할 기계어 명령을 가리키는 RIP 근처를 표시하고 있다는 것과 0xeb는 점프 명령이라는 필자의 지식으로 이 부분이 기계어 명령이라고 추측했다.

아주 간단했지만 QEMU 모니터의 사용법을 설명했다. 좀 더 자세한 사용법은 위키북스 Wikibooks의 QEMU 모니터 페이지[4]에 있다. QEMU 모니터에 대한 지식과 실행 파일(EFI 파일이나 ELF 파일)에 대한 지식, 어셈블리 언어 관련 지식을 결합하면 깊고 효율적으로 디버깅할 수 있다(이 책에서는 어셈블러 언어 이야기는 별로 등장하지 않는다).

3.2 레지스터

여기서는 CPU에 내장된 기억장치인 레지스터를 조금 더 자세히 설명한다. CPU에는 일반적으로 범용 레지스터와 특수 레지스터가 탑재돼 있다. 범용 레지스터는 일반연산에 사용할 수 있는 레지스터이며, 특수 레지스터에는 CPU 설정을 하기 위한 것이나 타이머 등의 CPU에 내장된 기능을 제어하기 위한 것이 있다.

범용 레지스터의 주목적은 값을 기억하기 위함이다. 그런 점에서 CPU 외부에 있는 메모리와 역할은 유사하다. 하지만 용량과 읽고 쓰기의 속도 면에서 크게 다르다. 메인 메모리와는 대조적으로 레지스터는 용량이 작고 읽고 쓰기가 빠른 것이 특징이다. 메인 메모리는 예를 들어 16GB(2^{34}바이트) 정도인 반면 x86-64 아키텍처의 범용 레지스터는 128B(2^{7}바이트) 밖에 없다. 메인 메모리(DDR4-SDRAM)은 읽고 쓰는데 대체적으로 100나노초 정도 걸리지만 레지스터는 대기시간 없이 읽고 쓰기가 가능하다. 2GHz로 동작하는 CPU라면 0.5나노초 정도밖에 걸리지 않는다.

x86-64의 범용 레지스터는 `RAX`, `RBX`, `RCX`, `RDX`, `RBP`, `RSI`, `RDI`, `RSP`, `R8` ~ `R15`로 16개다. 이런 범용 레지스터는 CPU의 연산대상으로 지정할 수 있다. 예를 들어 가산명령 `add`에는 다음과 같이 2개의 레지스터를 지정할 수 있다.

```
add rax, rbx
; 오퍼레이션 코드 오퍼랜드 1, 오퍼랜드 2
```

일반적으로 x86-64의 연산명령은 2개의 오퍼랜드(인수)를 가지며 왼쪽이 쓰기용, 오른쪽이 읽기용으로 사용된다. 예시의 명령에서는 `RAX`에 `RBX`의 값을 더하란 의미다. C++ 스타일로 써보면 `rax += rbx;`가 되겠다. 읽고 쓰기가 빠른 범용 레지스터는 CPU가 계

4 QEMU/Monitor, Wikibooks(https://en.wikibooks.org/wiki/QEMU/Monitor), 2018

산을 수행할 때 없어서는 안 되는 존재다. 덧붙여 add 부분의 어셈블리 명령 이름을 오퍼레이션 코드OPCODE라고 부른다.

x86-64 범용 레지스터는 전부 8바이트(=64비트)다. 하지만 경우에 따라서는 이 크기보다 작은 레지스터가 필요한 경우도 있다. C++에서 char나 uint16_t 같이 8 바이트보다 작은 크기를 사용하는 경우는 자주 있다. 그런 작은 유형의 변수(변수는 메인 메모리에 배치됨)를 레지스터로 읽고 연산한 다음 결과를 다시 메모리로 쓰고 싶다. 이를 위해 범용 레지스터의 일부를 작은 레지스터로 액세스할 수 있게 돼 있다(그림 3.2). 예를 들어 AX 레지스터는 RAX 레지스터의 하위 16비트를 나타내는 이름으로 돼 있고, AX를 읽고 쓰는 것으로 RAX의 하위 16비트를 읽고 쓸 수 있다.[5]

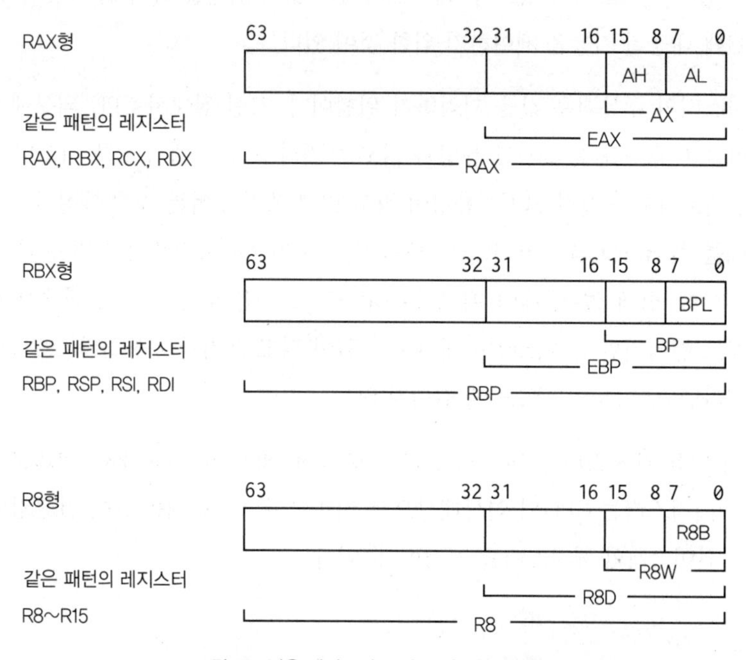

그림 3.2 범용 레지스터와 하위 바이트의 별명

특수 레지스터는 범용 레지스터와 비교하면 매우 종류가 많다. 특수 레지스터는 범용 레지스터와 마찬가지로 값을 저장하는 기능은 물론 있지만, 범용 레지스터에는 없는 특징

5 Intel SDM(「Intel 64 and IA-32 Architectures Software Developer's Manual」, Intel Corporation(https://software.intel.com/en-us/articles/intel-sdm), 2019)에서는 R8B는 R8L란 이름으로 돼 있는데, Nasm 어셈블러는 R8L란 이름을 인식 못하는 것 같다.

도 갖고 있다. 그런 특징에는 값을 읽고 쓴다는 조작 자체에 의미가 있다든지 각 비트의 역할이 다른 경우를 들 수 있다. 대표적인 특수 레지스터를 몇 가지 소개한다.

- RIP: CPU가 다음에 실행할 메모리 어드레스를 유지하는 레지스터
- RFLAGS : 명령 실행결과에 따라 변화하는 플래그를 모은 레지스터
- CR0 : CPU의 중요한 설정을 모은 레지스터

RIP는 다음에 실행할 명령 메모리 주소를 갖고 있으며 명령 실행에 따라 변화한다. IP는 Instruction Pointer(명령을 가리키는 것)의 줄임말이다. 연산 계열의 명령을 실행한 경우에는 단순히 다음 명령을 가리키도록 값이 증가하지만 `jmp`나 `call` 같은 분기명령의 경우에는 오퍼랜드에 지정된 주소가 RIP에 기록된다. 예를 들어 `jmp label`은 `label`이 나타내는 어드레스로 점프하는 명령이지만 내부적으로는 `mov rip, label`이라는 처리가 수행된다는 느낌이 있다.

RFLAGS는 이름 그대로 플래그를 모은 레지스터로 비트마다 다른 역할이 있다. 예를 들어 비트 0은 캐리 플래그CF, 비트 6이 제로 플래그ZF다. 이런 플래그는 다양한 명령을 실행함에 따라 변화한다. 예를 들어 명령 실행결과가 0이 되면 ZF가 1이 된다. 덧셈이 오버플로우overflow되면 CF가 1이 된다. RIP가 CPU에 의해 자동 갱신되는 것처럼 RFLAGS도 명령실행에 따라 내용이 자동 갱신되는 것이다.

플래그 레지스터는 연산 계열 명령이나 `cmp` 등의 플래그 레지스터에 영향을 주는 명령을 수행한 직후, `jz`나 `cmovz` 등 플래그 레지스터의 내용에 따라 다르게 동작하는 명령에서 활용된다. 예를 들어 다음 프로그램은 RAX에서 1을 뺀 결과가 0이 아니면 루프를 반복한다.

```
loop:
    dec rax
    jnz loop
```

`dec` 명령은 레지스터 값을 1만큼 줄인다. 명령 실행 결과 RAX가 정확히 0이 되면 ZF가 1이 된다. 다음 명령인 `jnz`는 Jump if Not Zero란 의미로 ZF가 0인 아닌 경우에만 점프하라는 명령이다. RFLAGS 레지스터는 예시 프로그램에 명시적으로 등장하지는 않지만 2개 명령 내부에서 암묵적으로 이용되고 있다.

CR0의 비트 0PE에 1을 쓰면 CPU는 보호 모드로 전환한다. 비트 31PG에 1을 쓰면 페이징이 활성화된다.

이처럼 특수 레지스터는 단순히 값을 기록하는 것만이 아니라 값을 쓰는 행위에 의해 어떠한 동작이 일어나는 장치가 될 수 있다. 마찬가지로 값을 읽는 것이 동작의 발단이 되는 레지스터도 존재한다. 또한 1을 쓰는 것으로 0으로 초기화되는 비트를 가진 레지스터 등도 있어 레지스터의 세계는 파고들수록 깊이가 있다.

3.3 최초의 커널(osbook_day03a)

부트로더와 OS 본체(커널)의 개발방법은 여러 가지를 생각할 수 있지만 이 책에서 부트로더는 UEFI 애플리케이션으로, 커널은 ELF 바이너리로 별도의 파일로 개발해 부트로더에서 커널을 호출하는 형식으로 만들려고 한다. UEFI 애플리케이션은 UEFI 규격으로 정해진 대로 만들어야 한다. 파일을 분리하면 커널은 그 제약을 신경 쓰지 않고 자유롭게 만들 수 있다. 우선 커널의 기초가 되는 작은 실행 파일을 만들어 보자.

기념할 만한 첫 번째 커널은 어떤 걸로 할까?

여기서는 우선 리스트 3.1 같이 아무것도 하지 않고 영구적으로 루프를 도는 프로그램으로 한다. 지금 단계에서는 커널에서 문자표시 등을 할 수 없기 때문에 간신히 동작하는 프로그램이라면 제자리에서 영구적으로 루프를 도는 프로그램 정도일 것이다. 여기서 정의하는 함수 KernelMain()이 부트로더로부터 호출된 함수이며, 이런 함수를 엔트리 포인트(진입점)라 한다.

리스트 3.1 첫 번째 커널(main.cpp)

```
extern "C" void KernelMain() {
  while (1) __asm__("hlt");
}
```

함수 정의에서 주목할 부분은 extern "C"이다. 이것은 C 언어 형식으로 함수를 정의한다는 것을 의미한다. C++의 일반적인 함수 정의에서는 파라미터의 개수나 형이 다른 동명의 함수를 정의할 수 있게[6] 함수명에 파라미터의 정보가 결합된 이름을 만든다. 이 변환을 네임 맹글링name mangling이라 한다. 예를 들어 `int foo()`는 `_Z3foov`로, `int foo(int, int)`는 `_Z3fooii`로 변환된다. C 언어 프로그램에서 C++로 정의한 함수를 부르려면 맹글링된 이름을 사용할 필요가 있는데, C++로 맹글링된 이름은 난해해서 비현실적이다. 그럴 때 `extern "C"`를 함수정의 앞에 붙여 이름 수정을 방지하는 것[7]이 자주 사용하는 방법이다.

함수 `KernelMain()`이 호출되면 바로 무한 루프에 진입한다. 무한루프 내부에는 `__asm__("hlt");`란 낯선 문장이 있으므로 설명한다. `__asm__()`은 인라인 어셈블러를 위한 기법으로 C 언어 프로그램에서 어셈블리 언어 명령을 포함하고 싶을 때 사용한다. 어셈블리 언어는 기계어에 매우 가까운 언어로 기계어와 기본적으로는 1대1로 대응하며, C 언어에서는 표현하는 것이 불가능한 명령도 어셈블리 언어라면 표현할 수 있다. 어셈블리 언어로밖에 표현할 수 없는 명령을 특정 위치에 포함시키고 싶을 때 인라인 어셈블러를 사용하면 편리하다.[8]

이번 프로그램에서는 `hlt` 명령을 포함해서 사용한다. `hlt` 명령은 CPU를 정지시키는 명령으로 이 명령을 실행하면 CPU가 절전상태로 된다. `hlt`를 하지 않고 무한루프를 돌면 CPU를 100% 사용해 버려 전기를 헛되이 낭비해 버리고 발열도 심해지므로 적극적으로 `hlt`를 사용하기로 한다. `hlt`로 인해 CPU는 절전상태가 돼 동작을 멈추지만 인터럽트가 발생하면 동작을 재개한다. 인터럽트로는 키보드를 눌렀다든지 네트워크로부터 데이터를 수신했다든지 등을 예로 들 수 있다. 다만 현재는 어떤 인터럽트 설정도 하지 않았기 때문에 인터럽트는 일절 발생하지 않아서 CPU는 쭉 멈춘 상태를 유지하게 된다.

이 소스코드에서 커널 파일을 생성하려면 다음과 같이 컴파일하고 링크를 수행한다.

```
$ cd $HOME/workspace/mikanos
$ git checkout osbook_day03a
$ cd kernel
```

6 함수의 오버라이드(override)라는 기능. 파라미터 개수와 타입이 다른 함수를 다수 정의할 수 있다

7 부작용으로 파라미터 개수나 타입이 다른 동일한 이름의 함수를 정의할 수 없게 된다. 어디까지나 함수 이름에 관한 것이라서 함수 본체에서 C++ 고유의 기능을 사용하는 것은 제한되지 않는다.

8 『OS 구조와 원리』에서는 인라인 어셈블러는 사용하지 않고 어셈블러로 만든 함수를 C 언어에서 호출하는 방법을 사용한다. 이 책에서는 필자의 취향으로 인라인 어셈블러를 활용한다.

```
$ clang++ -O2 -Wall -g --target=x86_64-elf -ffreestanding -mno-red-zone \
  -fno-exceptions -fno-rtti -std=c++17 -c main.cpp
$ ld.lld --entry KernelMain -z norelro --image-base 0x100000 --static \
  -o kernel.elf main.o
```

첫 번째 줄에서는 clang++ 명령으로 소스코드를 컴파일하고 오브젝트 파일 main.o를 만든다. 오브젝트 파일object file이란 소스코드를 컴파일한 결과로 기계어 명령을 포함한 파일이다. 컴파일러에 있어서는 기계 명령어를 출력하는 것이 '오브젝트(목적)'이다. 컴파일러에 지정한 옵션의 의미를 표 3.1에서 간단히 설명한다.

표 3.1 컴파일러 옵션

-O2	레벨 2의 최적화 수행
-Wall	경고를 전부 출력한다.
-g	디버그 정보를 포함해 컴파일한다.
--target=x86_64-elf	x86_64용 기계어 명령을 생성한다. 출력 파일의 형식을 ELF로 한다.
-ffreestanding	프리스탠딩 환경용으로 컴파일한다.
-mno-red-zone	Red Zone 기능을 비활성화한다.
-fno-exceptions	C++ 예외 기능을 사용하지 않는다.
-fno-rtti	C++의 RTTI(동적타입 정보)를 사용하지 않는다.
-std=c++17	C++의 버전을 C++17로 한다.
-c	컴파일만 한다. 링크는 하지 않는다.

-ffreestanding은 프리스탠딩 환경용으로 컴파일하기 위한 지정이다. C++ 동작환경은 크게 2종류로 **호스트 환경**hosted environment과 **프리스탠딩 환경**freestanding environment이 규정돼 있다. 호스트 환경은 OS상에서 동작하는 프로그램을 위한 환경이며 프리스탠딩 환경은 OS가 없는 환경을 의미한다. OS 자체는 OS가 없는 환경에서 동작하는 프로그램이라서 이 옵션을 지정한다. -mno-red-zone, -fno-exceptions, fno-rtti는 OS를 만들 때 우선 지정해두면 좋은 옵션이다. -mno-red-zone은 '칼럼 3.1 레드존'에서 설명한다. 다른 2가지 옵션은 OS 지원이 필요한 C++ 언어 기능을 비활성화하는 옵션이다. OS를 만들 때는 OS 지원이 필요한 언어기능은 사용할 수 없기 때문이다.

다음으로는 `ld.lld`로 오브젝트 파일을 실행 가능 파일로 만든다. 오브젝트 파일은 기계어 명령을 포함하기 때문에 그걸 CPU가 그대로 실행하면 되지 않느냐 생각할 수도 있겠지만 그렇게 할 수는 없다. 왜냐하면 오브젝트 파일은 다른 오브젝트 파일과 링크(결합)한다는 것을 전제로 한 중간형식물이어서 단독 실행을 고려하지 않았기 때문이다. 이번에는 우연히 오브젝트 파일이 1개였지만 이후에는 늘어날 예정이다. 링커에 지정한 옵션의 의미를 표 3.2에 간단히 정리했다.

표 3.2 링커 옵션

--entry KernelMain	KernelMain()을 엔트리 포인트로 선언
-z norelro	재배치 정보를 읽기 전용으로 하는 기능을 사용하지 않는다.
--image-base 0x100000	출력된 바이너리의 베이스 어드레스를 0x100000번지로 한다.
-o kernel.elf	출력 파일 이름을 kernel.elf로 한다.
--static	정적 링크를 수행한다.

이제 컴파일과 링크를 수행하면 kernel.elf란 파일이 생성된다. 이게 커널 파일이다. 매우 작지만 부트로더가 아닌 진짜 OS 본체를 만든 것이다. 해냈다!

기쁨도 잠시 이 파일을 부트로더에서 실행하기 위해서는 부트로더가 어떻게든 이 파일을 메인 메모리로 읽어 들이는 기능이 있어야 한다. 여러 가지 방법을 생각할 수 있지만 이 책에서는 부트로더 실행 파일 Loader.efi와 커널 실행 파일 kernel.elf를 모두 USB에 복사해 두고 UEFI의 기능을 사용해 부트로더에서 커널을 읽어 들여 실행하도록 한다.[9]

다음은 부트로더에서 커널 파일을 읽어 들일 부분을 만든다. 파일 읽기는 파일을 열고 파일 전체를 저장할 수 있는 충분한 메모리 공간을 확보해 파일 내용을 읽는 흐름으로 진행된다. 부트로더의 `UefiMain()`에서 커널 파일을 읽어 들이는 부분을 리스트 3.2에 나타냈다.

9 한편 리눅스에는 커널 파일의 시작부분을 수정해 EFI 파일로 인식되게 해서 부트로더 없이 기동시키기 위한 'EFI boot stub'이라 부르는 구조가 있다. 이 방법은 EFI 파일의 헤더 구조에 대한 지식이 필요하기 때문에 이 책에서는 채용하지 않았다.

리스트 3.2 메인 함수에서 커널 파일을 읽는 부분(Main.c)

```
EFI_FILE_PROTOCOL* kernel_file;
root_dir->Open(
    root_dir, &kernel_file, L"\\kernel.elf",
    EFI_FILE_MODE_READ, 0);

UINTN file_info_size = sizeof(EFI_FILE_INFO) + sizeof(CHAR16) * 12;
UINT8 file_info_buffer[file_info_size];
kernel_file->GetInfo(
    kernel_file, &gEfiFileInfoGuid,
    &file_info_size, file_info_buffer);

EFI_FILE_INFO* file_info = (EFI_FILE_INFO*)file_info_buffer;
UINTN kernel_file_size = file_info->FileSize;

EFI_PHYSICAL_ADDRESS kernel_base_addr = 0x100000;
gBS->AllocatePages(
    AllocateAddress, EfiLoaderData,
    (kernel_file_size + 0xfff) / 0x1000, &kernel_base_addr);
kernel_file->Read(kernel_file, &kernel_file_size, (VOID*)kernel_base_addr);
Print(L"Kernel: 0x%0lx (%lu bytes)\n", kernel_base_addr, kernel_file_size);
```

커널 파일을 여는 처리는 메모리 맵을 쓰기 위해 파일을 여는 것과 비슷하다. 최상위 디렉터리에 있는 kernel.elf란 이름의 파일을 읽기 전용(EFI_FILE_MODE_READ)으로 연다.

다음으로 연 파일 전체를 읽기 위한 메모리 공간을 확보한다. 이를 위해 파일의 크기를 알 필요가 있기 때문에 kernel_file->GetInfo()를 사용해 파일 정보를 얻는다. 이 함수의 네 번째 파라미터에는 EFI_FILE_INFO 타입을 충분히 저장할 수 있는 크기의 메모리 영역을 지정할 필요가 있다. 여기서는 sizeof(CHAR16)*12바이트 정도로 크게 확보한 메모리 영역을 지정하고 있는데 그 이유를 설명한다.

리스트 3.3 파일 정보 구조체

```
typedef struct {
  UINT64 Size, FileSize, PhysicalSize;
  EFI_TIME CreateTime, LastAccessTime, ModificationTime;
  UINT64 Attribute;
  CHAR16 FileName[];
} EFI_FILE_INFO;
```

EFI_FILE_INFO형의 정의를 리스트 3.3에 나타냈다. 마지막 멤버 FileName의 정의를 보면 배열의 요소 수가 써있지 않음을 알 수 있다. 이건 문자 수가 달라질 수 있는 문자열을 다루기 위한 기법 중 하나로 C 언어에서는 종종 사용된다. 요소 수를 지정하지 않은 경우 그 멤버의 크기는 0으로 계산되기 때문에 sizeof(EFI_FILE_INFO)는 멤버 Attribute까지의 크기와 동일하다. 그림 3.3 같은 메모리 레이아웃이 된다.

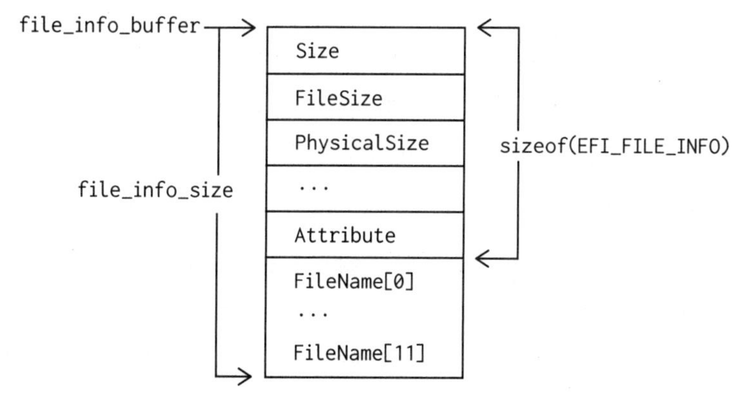

그림 3.3 EFI_FILE_INFO의 메모리 아웃

FileName의 요소 수를 생략했기 때문에 파일 이름을 저장할 수 있는 추가 공간이 필요하다. 이를 위해 file_info_buffer의 바이트 수를 증가시켜 임의의 문자 수를 저장시킬 수 있는 공간을 마련한다. 이번에는 \kernel.elf라는 12문자(널 문자null character 포함)를 저장하기 위해 EFI_FILE_INFO 크기보다 sizeof(CHAR16)*12바이트만큼 더 큰 영역을 확보했음을 알 수 있다.

kernel_file->GetInfo()의 실행이 끝나면 file_info_buffer에는 EFI_FILE_INFO형의 데이터가 쓰여진 상태가 된다. UINT8형 포인터인 file_info_buffer를 EFI_FILE_INFO 포인터로 다루기 위해 타입 캐스트를 수행한 다음 FileSize를 읽는다. 캐스트에 대한 자세한 내용은 '칼럼 3.2 포인터 캐스트'에서 설명한다.

커널 파일의 크기를 알았다면 이제 gBS->AllocatePages()를 사용해 파일을 저장할 수 있는 충분한 크기의 메모리 영역을 확보한다. 이 함수는 첫 번째 파라미터에 메모리 확보 방법을, 두 번째 파라미터에는 확보할 메모리 영역의 유형을, 세 번째 파라미터에는 크기를, 네 번째 파라미터에는 확보한 메모리 공간의 어드레스를 저장하기 위한 변수를 지정한다.

메모리 확보 방법은 3가지 중 하나를 선택한다. 어디라도 좋으니까 비어있는 공간에서 확보(AllocateAnyPages), 지정한 어드레스 이후에 비어있는 공간에서 확보(AllocateMaxAddress), 지정한 주소에서 확보(AllocateAddress) 등 세 가지 방법이 있다. 커널 파일은 0x100000번지에 배치돼 동작시키는 것을 전제로 만들었기 때문에(ld.lld 옵션 --image-base로 지정하고 있다) 그 이외의 위치에 배치시키면 정상 동작하지 않는다. 그 때문에 AllocateAddress를 지정해 확실하게 0x100000번지의 메모리 영역을 확보하게 한다.

또한 실행하는 기종에 따라서는 0x100000번지의 메모리가 빈 영역이 아닐 수도 있다. 그런 때는 메모리 맵을 확인해 EfiConventionalMemory로 돼 있는 충분한 크기의 영역을 찾고, 그 선두 어드레스를 kernel_base_addr 변수로 설정한다.

메모리 영역의 유형은 부트로더가 사용하기 위한 영역이라면 보통은 EfiLoaderData를 지정하면 문제없다. 네 번째 파라미터는 kernel_base_addr 변수 포인터를 넘기고 있다. 포인터를 넘기는 이유는 메모리 확보 모드가 AllocateAnyPages 또는 AllocateMaxAddress의 경우 gBS->AllocatePages()는 함수를 호출한 쪽에 실제로 확보된 메모리 영역의 선두 어드레스를 알려줄 필요가 있기 때문이다. 포인터로써 넘기지 않으면 변숫값을 함수내부에서 고쳐 쓸 수가 없다.[10] 하지만 이번에는 AllocateAddress 모드로 했기 때문에 변숫값이 바뀌는 경우는 없다.

gBS->AllocatePages()에 전달하는 메모리 영역의 크기는 페이지 단위로 지정하기 때문에 kernel_file_size가 나타내는 바이트 단위의 값을 페이지 단위의 값으로 변환할 필요가 있다. UEFI에서 1페이지의 크기는 4KiB = 0×1000바이트이므로 변환식은 다음과 같다.

```
페이지 수 = (kernel_file_size + 0xfff) / 0x1000
```

0xfff를 더하는 이유는 페이지 사이즈 값을 올리기 위해서다. kernel_file_size가 페이지 사이즈의 배수였다면 0x1000으로 나누는 것으로 정확한 값이 될 것이다. 하지만 대부분의 경우에는 일부분이 남기 때문에 단순히 0x1000으로 나누면 남은 부분이 잘려 버려

10 gBS->AllocatePages()의 반환 값은 메모리 확보가 성공했는지 또는 실패했는지를 나타내는 상태 코드로 사용했기 때문에 확보한 메모리 영역의 어드레스를 반환하기 위한 포인터를 파라미터로써 받는다. 이처럼 C 언어에서는 2개 이상의 값을 호출자에게 반환하기 위해 포인터를 파라미터로 받는 것은 자주 사용되는 방법이다.

지게 된다(C 언어의 정수 간 나눗셈은 소숫점 이하를 잘라낸다). 이러면 확보된 메모리 영역은 버려진 부분만큼 부족해져 파일 전체를 읽어 들일 수 없다. 왜 0xfff를 더하면 잘 되는지는 설명하지 않지만 신경 쓰이는 사람은 직접 계산해 보자.

메모리 공간을 확보했다면 kernel_file->Read()를 사용해 파일 전체를 읽어 들인다. 여기서 특별히 어려운 부분은 없다.

그럼 커널을 메모리상에 읽어 들였으면 그 다음에는 커널을 구동시키는 일만 남았다고 생각할 수 있지만 그 전에 해야 할 처리가 있다. 그건 지금까지 동작하고 있었던 UEFI BIOS의 부트 서비스를 중지시키는 것이다. 부트 서비스는 뒤에서 조용히 움직이면서 다양한 처리를 해줬지만 OS에 있어서는 방해가 되는 존재이기 때문에 중지시켜야 한다. 리스트 3.4에서 처리를 위한 코드를 확인할 수 있다.

리스트 3.4 커널 기동 전에 부트 서비스 정지시키기(Main.c)

```
EFI_STATUS status;
status = gBS->ExitBootServices(image_handle, memmap.map_key);
if (EFI_ERROR(status)) {
  status = GetMemoryMap(&memmap);
  if (EFI_ERROR(status)) {
    Print(L"failed to get memory map: %r\n", status);
    while (1);
  }
  status = gBS->ExitBootServices(image_handle, memmap.map_key);
  if (EFI_ERROR(status)) {
    Print(L"Could not exit boot service: %r\n", status);
    while (1);
  }
}
```

조금 길지만 우선은 2번째 줄의 gBS->ExitBootServices()를 호출하는 부분부터 살펴보자. 이 함수가 바로 부트 서비스를 중지시키기 위한 함수다. 이 함수를 실행해 성공하면 그 이후에는 부트 서비스의 기능(Print()나 파일이나 메모리 관련 기능 등)을 사용할 수 없게 된다.

gBS->ExitBootServices()는 그 호출시점에서 최신 메모리 맵의 맵 키를 요구한다. 맵 키란 함수의 파라미터로 지정되는 memmap.map_key이며 메모리 맵을 식별하기 위한 값이다.

메모리 맵의 내용은 부트서비스의 이용 등에 따라 시시각각 변화해간다. 맵 키는 메모리 맵과 붙어 있어서 메모리 맵이 변화하면 맵 키도 변화한다. `gBS->ExitBootServices()`는 지정된 맵 키가 최신의 메모리 맵과 연결된 맵 키가 아닌 경우 실행에 실패한다.

`gBS->ExitBootServices()`가 실패한 것은 반환 값으로 알 수 있다. 실패했다면 다시 메모리 맵을 얻고 해당 맵 키를 사용해 재실행한다. 초기 메모리 맵을 취득했을 때부터 이 함수를 호출하는 사이에 부트서비스 기능을 여러 가지 사용하고 있기 때문에 아마도 첫 번째 실행은 반드시 실패할 것이다. 2번째 실행에 실패한다는 것은 생각하기 어렵지만 만약 2번째에도 실패하면 중대한 에러이므로 우선은 무한루프 처리로 정지시킨다.

부트서비스를 중지할 수 있었으면 이제 마지막으로 커널을 기동하는 부분을 살펴보자.

리스트 3.5 메인 함수에서 커널을 기동하는 부분(Main.c)

```
UINT64 entry_addr = *(UINT64*)(kernel_base_addr + 24);

typedef void EntryPointType(void);
EntryPointType* entry_point = (EntryPointType*)entry_addr;
entry_point();
```

읽어 들인 커널을 기동하는 부분을 리스트 3.5에서 볼 수 있다. 이 코드는 메모리상의 엔트리 포인트가 놓인 위치를 계산해서 엔트리 포인트를 호출한다. 엔트리 포인트란 어떤 프로그램의 진입점(엔트리)이 되는 위치로 일반적인 C 언어 프로그램에서는 `main()`, 이번에는 `KernelMain()`이 진입점이다. 메모리상의 어디에 `KernelMain()`이 있는지를 특정하고 그걸 호출하는 것이야말로 부트로더의 가장 큰 목적이다. 코드를 이해하려면 커널 파일의 내부구조에 대한 지식이 중요하므로 여기서 조금 더 설명하겠다.

커널 파일 kernel.elf는 ELF 형식의 파일이다. 다음 `readelf` 명령을 사용하면 상세한 정보가 나온다.

```
$ cd $HOME/workspace/mikanos/kernel
$ readelf -h kernel.elf
ELF 헤더:
  매직 :     7f 45 4c 46 02 01 01 00 00 00 00 00 00 00 00 00
  클래스 :                            ELF64
   ...
```

```
타입 :                                    EXEC (실행 가능 파일)
  ...
엔트리 포인트 어드레스 :            0x101000
  ...
```

readelf의 옵션 -h는 지정된 ELF 파일의 헤더[11]를 표시하는 옵션이다. kernel.elf가 64비트용 ELF 파일임을, 종류가 EXEC인 것을, 엔트리 포인트 어드레스 값이 0x101000인 것을 알 수 있다. 다른 헤더정보도 쭉 표시되지만 지금은 별로 중요하지 않다.

ELF 형식의 사양[12]에 따르면 64비트용의 ELF 엔트리 포인트 어드레스는 오프셋 24바이트의 위치에서 8바이트 정수로 쓰게 돼 있다. 그래서 앞 코드의 첫 번째 줄에서 그 값을 읽고 변수 entry_addr에 설정해 놓았다. 종류가 EXEC인 경우 읽어낸 엔트리 포인트 어드레스 값은 KernelMain()의 구현부가 놓인 어드레스가 된다(그림 3.4).

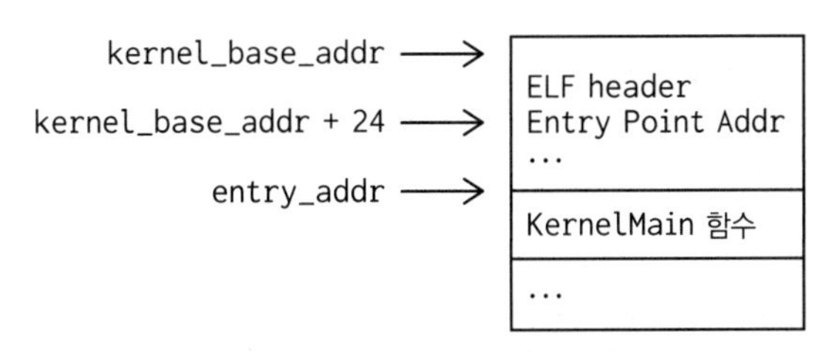

그림 3.4 엔트리 포인트 어드레스와 파일 위치와의 관계

메모리상의 엔트리 포인트 위치가 entry_addr 변수에 설정됐기 때문에 마지막으로 그 값을 함수 포인터로 캐스트하고 호출한다. 이 부분이 조금 복잡한 것은 엔트리 포인트를 C 언어의 함수로 호출하기 위한 준비가 필요하기 때문이다. entry_addr에 설정된 값은 엔트리 포인트가 존재하는 위치의 어드레스를 나타내는 정숫값이다. 함수의 위치를 알면 이후에는 호출하기만 하면 된다고 생각할지도 모르겠다. 하지만 함수 정의 측면에서는 메모리상의 위치 정보만으로는 C 언어의 함수라고 부르기에 충분하지 않으며 나아가 파라미터나 반환 값의 유형 정보(함수 프로토타입)가 더 필요하다.

---

11 Header. 구조화된 데이터를 포함한 파일에 추가되는 것으로, 파일의 특정부분이 어떤 구조로 어떤 데이터가 기록되어 있는지를 설명한다. 파일의 선두(헤더)에 쓰여진 그러한 정보를 헤더라고 부른다.

12 「System V Application Binary Interface – DRAFT」, The Santa Cruz Operation, Inc.(https://refspecs.linuxfoundation.org/elf/gabi4+/contents.html), 2001

typedef void EntryPointType(void);는 익숙치 않은 서식일지도 모르지만 '파라미터와 반환 값 모두 void형인 함수'를 나타내는 EntryPointType이라는 타입을 새롭게 정의하고 있다. 새롭게 만든 타입을 사용해 EntryPointType* entry_point 같이 포인터 변수 entry_point를 정의하고 있다. 초기 값은 entry_addr로 했다. 이런 식으로 함수의 시작 어드레스에 파라미터와 반환 값 정보를 조합함으로써 C 언어 함수로 호출(entry_point()) 하는 것이 가능해진다.

덧붙여 포인터 변수를 새롭게 만들지 않고도 ((EntryPointType*)entry_addr)(); 같이 호출하는 것도 가능하다. 앞의 코드는 알기 쉽게 하기 위해 포인터 변수를 경유하는 방법을 사용했다.

이제 부트로더를 빌드하고 커널을 시작해 보자. 다음 명령을 실행하면 QEMU로 시작할 수 있다.

```
$ cd $HOME/workspace/mikanos
$ git checkout osbook_day03a
$ cd $HOME/edk2
$ build
$ $HOME/osbook/devenv/run_qemu.sh
Build/MikanLoaderX64/DEBUG_CLANG38/X64/
Loader.efi $HOME/workspace/mikanos/kernel/kernel.elf
```

시작하면 커널의 동작이 무한 루프를 돌면서 멈추기 때문에 마지막의 Print(L"All done\n");은 실행되지 않을 것이다. All done이라고 표시되기 전에 동작이 멈추면 성공이다.

근데 정말 성공했을까? 어쩌면 이상한 위치로 점프해 버려 CPU가 폭주하고 있을 가능성도 있지 않을까? 이럴 때 도움이 되는 것이 QEMU 모니터다. info registers 명령을 사용해 RIP 값을 확인한다(그림 3.5). 여러 번 실행하고 값이 변경되지 않으면 무한루프를 돌고 있다고 생각할 수 있다. 또한 그 RIP 값 부근의 메인 메모리 내용을 확인해 hlt 명령이 있는지를 살펴보는 것도 좋다. 실제로 메인 메모리 내용을 확인한 모습을 그림 3.6에서 볼 수 있다. 우선은 RIP가 가리키는 메모리 영역을 표시했더니 jmp 명령이 있었다. 다음으로 그 점프 어드레스 0x101010이 가리키는 메모리 영역을 표시해 봤더니 거기에 hlt 명령이 쓰였음을 알 수 있었다.

```
(qemu) info registers
RAX=0000000000100000 RBX=
RSI=000000003feaca08 RDI=
R8 =000000003fea87c4 R9 =
R12=000000003effe920 R13=
RIP=0000000000101011 RFL=
```

그림 3.5 RIP 값 확인

```
(qemu) x /2i 0x101011
0x0000000000101011:  jmp    0x101010
0x0000000000101013:  int3
(qemu) x /2i 0x101010
0x0000000000101010:  hlt
0x0000000000101011:  jmp    0x101010
(qemu)
```

그림 3.6 메인 메모리 내용 확인

USB 메모리에 복사해 테스트용 PC에서 실행하려면 다음과 같이 디렉터리 구성을 한다.

```
/kernel.elf
/EFI/BOOT/BOOTX64.EFI <--Loader.efi
```

칼럼 3.1 레드존

커널 컴파일에서는 -mno-red-zone이라는 옵션을 지정했다. 레드존이란 무엇이며 이 옵션을 사용하면 어떻게 되는지를 소개한다. 현시점에서는 조금 어려운 이야기라서 처음에는 이 부분을 건너뛰고 이후에 돌아와서 읽어보기를 권장한다.

레드존(red zone)은 스택 포인터가 갖는 값을 조금 넘은 스택 영역을 의미한다. System V AMD64 ABI[13]에서는 RSP의 앞쪽 128바이트 영역을 레드존으로 규정한다. 이 영역은 실행 중인 함수에 의해 예약돼 있어 인터럽트가 멋대로 변경해서는 안 된다고 정해져 있다.

즉 다른 함수를 호출하지 않는 함수(leaf function)는 RSP 값을 변경하지 않고 레드존을 사용해도 좋다는 의미가 된다. 일반적으로 스택을 임시 공간으로 사용하려면 RSP에서 사용하고 싶은 크기만큼 수치를 빼지만, 원하는 영역의 크기가 128바이트 이하면 RSP를 수정하지 않고 레드존을 이용할 수 있다.

레드존 기능이 기계어에 어떻게 영향을 미치는지를 소개한다. 다음의 C++ 프로그램을 레드존이 활성화된 채로 컴파일해 보겠다.

13 Jan Hubicka. et al., 「System V Application Binary Interface AMD64 Architecture Processor Supplement」, https://software.intel.com/sites/default/files/article/402129/mpx-linux64-abi.pdf, 2013

```
int g(int index) {
  int a[16] = {1, 1};
  for (int i = 2; i < 16; ++i) {
    a[i] = a[i - 2] + a[i - 1];
  }
  return a[index];
}
```

이 프로그램을 clang++ -O1 -mno-sse -c g.cpp로 해서 컴파일했다. 결과를 디스어셈블하면 다음과 같은 기계어를 얻을 수 있다.

```
0000000000000000 <g(int)>:
   0: 48 c7 44 24 f0 00 00 00 00     mov     QWORD PTR [rsp-0x10],0x0
   9: 48 c7 44 24 e8 00 00 00 00     mov     QWORD PTR [rsp-0x18],0x0
...
```

rsp-0x10나 rsp-0x18 등의 스택 포인터를 넘은 곳에 있는 메모리 영역에 값을 쓰고 있다. 이게 레드존을 활성화한 효과다. RSP 값을 수정하지 않음으로써 약간의 속도 향상을 바랄 수 있다.

레드존을 이용한 함수의 실행 중에 인터럽트가 발생하면 데이터가 손상된다. 어떤 때라도 인터럽트가 발생해도 데이터가 손상되지 않게 하려면 인터럽트 핸들러에 제대로 IST를 설정해야 한다. OS 개발 중에는 레드존을 비활성화해두는 편이 좋겠다.

3.4 부트로더에서 픽셀 그리기(osbook_day03b)

아무것도 하지 않는 커널은 시시하기 때문에 커널에서 뭔가 보이는 처리를 해 보려고 한다. 우선은 화면을 다양한 색으로 칠하는 것을 최초의 목표로 삼아보자.

지금까지 화면표시라고 한다면 `Print()`를 사용한 문자열 표시뿐이었다. 앞으로 만들어 갈 OS에서는 문자열뿐만 아니라 윈도우나 마우스 커서 등 문자열 이외의 것도 표시하려고 한다. 그를 위해 픽셀 단위[14]로 그리는 방법을 알 필요가 있다. UEFI에 있는 GOP^Grahphics Output Protocol^란 기능을 사용하면 픽셀 단위로 그리는데 필요한 정보를 얻을 수 있다.

픽셀 렌더링(그리기)에 필요한 정보(핵심 부분)는 다음과 같다.

- **프레임 버퍼 시작 어드레스**: 프레임 버퍼^Frame Buffer^란 픽셀(에 그리기 위한 값)을 펼쳐 깔아놓은 메모리 영역이다. 프레임 버퍼의 각 지점에 값을 쓰면 그게 디스플레이 픽셀에 반영되는 구조로 돼 있다.
- **프레임 버퍼 표시영역의 폭과 높이**: 해상도라고도 한다.
- **프레임 버퍼의 표시되지 않는 영역을 포함한 폭**: 프레임 버퍼에는 표시영역 오른쪽에 표시되지 않는 여분의 너비가 존재하는 경우가 있다.
- **1픽셀의 데이터 형식**: 프레임 버퍼에서 1픽셀이 몇 바이트로 표현되는지, RGB 3가지 색이 몇 비트씩 어떤 순서로 나열되는지에 대한 정보다. 1픽셀이 8비트라면 256색, 각각의 색이 8비트라면 1677만 색의 표시가 가능하다.

이러한 정보를 취득하고 그 정보를 기본으로 해서 적당하게 모양을 그리는 프로그램을 리스트 3.6에서 보여준다.

리스트 3.6 GOP를 취득해 화면 렌더링하기(Main.c)

```
EFI_GRAPHICS_OUTPUT_PROTOCOL* gop;
OpenGOP(image_handle, &gop);
Print(L"Resolution: %ux%u, Pixel Format: %s, %u pixels/line\n",
    gop->Mode->Info->HorizontalResolution,
    gop->Mode->Info->VerticalResolution,
    GetPixelFormatUnicode(gop->Mode->Info->PixelFormat),
    gop->Mode->Info->PixelsPerScanLine);
Print(L"Frame Buffer: 0x%0lx - 0x%0lx, Size: %lu bytes\n",
    gop->Mode->FrameBufferBase,
    gop->Mode->FrameBufferBase + gop->Mode->FrameBufferSize,
    gop->Mode->FrameBufferSize);

UINT8* frame_buffer = (UINT8*)gop->Mode->FrameBufferBase;
for (UINTN i = 0; i < gop->Mode->FrameBufferSize; ++i) {
```

14 Pixel: 화면을 구성하는 각 점을 뜻함. 일반적인 디스플레이에서는 RGB(빨강, 녹색, 청색)를 조합해서 한 개의 픽셀을 구성한다.

```
  frame_buffer[i] = 255;
}
```

이 프로그램에서는 우선 OpenGOP()를 사용해서 GOP^Graphics Output Protocol^를 취득한다. 이 함수의 내용은 본질적인 것이 아니기 때문에 설명을 생략하지만 함수 실행이 성공하면 포인터 변수 gop에 값이 설정된다. 그 후 취득한 gop의 주요한 항목에 대한 값을 화면에 출력하고 있다.

다음으로 프레임 버퍼의 시작 어드레스(gop->Mode->FrameBufferBase)와 전체 사이즈(gop->Mode->FrameBufferSize)를 사용해 화면을 채운다. 자신이 선호하는 색을 그리기 위해서는 픽셀 데이터 형식(gop->Mode->Info->PixelFormat)을 잘 분석해 올바른 RGB 값을 써넣을 필요가 있지만 지금은 귀찮아서 흰색으로 칠한다.

이 프로그램을 QEMU에서 실행하면 그림 3.7 같이 화면이 흰색으로 채워진다. 픽셀 데이터 형식을 고려하지 않고 값을 쓰고 있지만 모든 바이트에 255를 쓰니까, 즉 모든 비트를 1로 하면[15] 흰색이 되는 것은 어떤 데이터 형식에서도 마찬가지다.

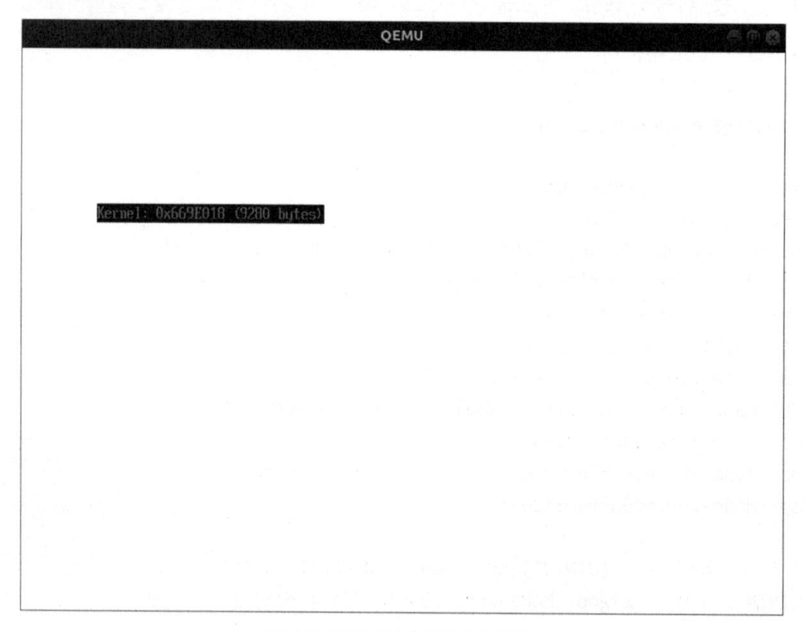

그림 3.7 프레임 버퍼 흰색으로 칠하기

15 255=0xff=0b11111111, 8비트 전체가 1이 된다.

3.5 커널에서 픽셀 그리기(osbook_day03c)

어쨌든 부트로더에서 픽셀을 그리는데 성공했다. 이제는 똑같이 커널에서 픽셀 그리기를 해 보겠다. 그를 위해서는 렌더링에 필요한 정보를 부트로더로부터 커널에 넘길 필요가 있다. 방법은 여러 가지가 있지만 이번에는 KernelMain()의 파라미터로 지정하는 방법을 사용한다. 수정 후의 커널 측 프로그램을 리스트 3.7에 나타냈다.

리스트 3.7 프레임 버퍼의 정보를 받아 픽셀 그리기(main.cpp)

```
#include <cstdint>

extern "C" void KernelMain(uint64_t frame_buffer_base,
                           uint64_t frame_buffer_size) {
  uint8_t* frame_buffer = reinterpret_cast<uint8_t*>(frame_buffer_base);
  for (uint64_t i = 0; i < frame_buffer_size; ++i) {
    frame_buffer[i] = i % 256;
  }
  while (1) __asm__("hlt");
}
```

KernelMain()의 파라미터로 2개의 64비트 정수가 추가된 점에 주목하자. 각각의 파라미터에는 부트로더부터 프레임 버퍼의 시작 어드레스와 사이즈가 전달될 예정이다. 전달받은 파라미터를 사용해서 프레임 버퍼를 칠하는 프로그램이다.

함수 내부에서 선두부분에 쓰인 reinterpret_cast는 처음으로 볼지도 모르겠다. 이것은 C 언어가 아닌 C++ 특유의 기법으로 캐스트의 일종이다. C 언어로 (uint8_t*)frame_buffer_base라고 쓰는 것과 효과는 같으며 단순히 어드레스를 나타내는 정숫값을 포인터로 변환해줄 뿐이지만 reinterpret_cast를 사용하는 것으로 "정수와 포인터의 변환이기 때문에 신중하게 접근해야 한다."는 것을 쉽게 알 수 있게 된다. 다른 부분은 부트로더에서 칠했을 때와 거의 동일한 프로그램이다. 화면 전체가 부트로더와 동일한 색이라 재미없기 때문에 칠할 색을 조금 고민해서 픽셀의 위치에 따라 색을 바꿔 외형을 바꿔봤다.

<cstdint>를 포함해 uintX_t라는 정수형(X는 비트 수)을 사용할 수 있게 했다. C나 C++ 규격에서는 short나 int의 비트 수는 결정돼 있지 않기 때문에 비트 수가 중요한 경우

는 이런 비트 수 고정의 정수형을 사용하는 것이 편리하다. 프레임 버퍼의 시작 어드레스는 64비트 값이라서 64비트(이상의) 변수로 받을 때 버그를 발생시키지 않도록 사용한다. 자작 OS에서 `<cstdint>`를 사용하려면 `<cstdint>`가 존재하는 곳을 Clang에게 알려야 할 필요가 있다. 그걸 쉽게 할 수 있도록 buildenv.sh란 파일을 준비했다. 이 파일은 `source` 명령으로 읽어 들인다.

```
$ source $HOME/osbook/devenv/buildenv.sh
```

buildenv.sh는 빌드 시 환경변수를 정리하기 위한 파일이다. CPPFLAGS와 LDFLAGS란 환경 변수에 표준 라이브러리 경로나 다른 필요한 값을 설정해준다. 내용을 확인해 보자.

```
$ echo $CPPFLAGS
-I/home/uchan/osbook/devenv/x86_64-elf/include/c++/v1 -I/home/uchan/osbook/
devenv/
x86_64-elf/include -nostdlibinc -D__ELF__ -D_LDBL_EQ_DBL -D_GNU_SOURCE -D_
POSIX_TIMERS
```

CPPFLAGS란 변수에 여러 가지 옵션이 설정돼 있음을 알 수 있다. `<cstdint>`를 사용하기 위해 중요한 것은 첫 번째 줄의 옵션 `-I<생략>/include/c++/v1`이다. `-I` 옵션은 `#include <...>`에서 읽어 들일 파일의 검색대상에 지정한 디렉터리를 추가하라는 의미가 있다. `<cstdint>`는 실제로 `<생략>/include/c++/v1/cstdint`에 있으므로, 해당 디렉터리 부분을 `-I`로 지정하면 컴파일러가 적절하게 파일을 찾을 수 있게 된다.

CPPFLAGS와 LDFLAGS를 사용해 컴파일러와 링크를 하면 에러 없이 완료될 것이다.

```
$ clang++ $CPPFLAGS -O2 --target=x86_64-elf -fno-exceptions -ffreestanding
-c main.cpp
$ ld.lld $LDFLAGS --entry KernelMain -z norelro --image-base 0x100000
--static -o
kernel.elf main.o
```

이제 커널 측의 수정은 끝났으므로 부트로더 측의 프로그램을 살펴본다. 변경사항을 리스트 3.8에 표시했다.

리스트 3.8 프레임 버퍼 정보를 커널에 전달(Main.c)

```
typedef void EntryPointType(UINT64, UINT64);
EntryPointType* entry_point = (EntryPointType*)entry_addr;
entry_point(gop->Mode->FrameBufferBase, gop->Mode->FrameBufferSize);
```

KernelMain()의 변경에 맞춰 entry_point에 2개의 파라미터를 전달하도록 했다. EntryPointType 타입 정의에서는 파라미터 타입만 있고 파라미터 이름(frame_buffer_base 등)은 쓰여 있지 않지만 함수 프로토타입에는 이름이 없어도 괜찮다.

수정을 마친 부트로더에서 새로운 커널을 실행하면 그림 3.8처럼 된다. 픽셀 데이터 형식을 고려하지 않고 값을 썼기 때문에 기종에 따라서는 다른 모양과 색깔이 될지도 모른다.

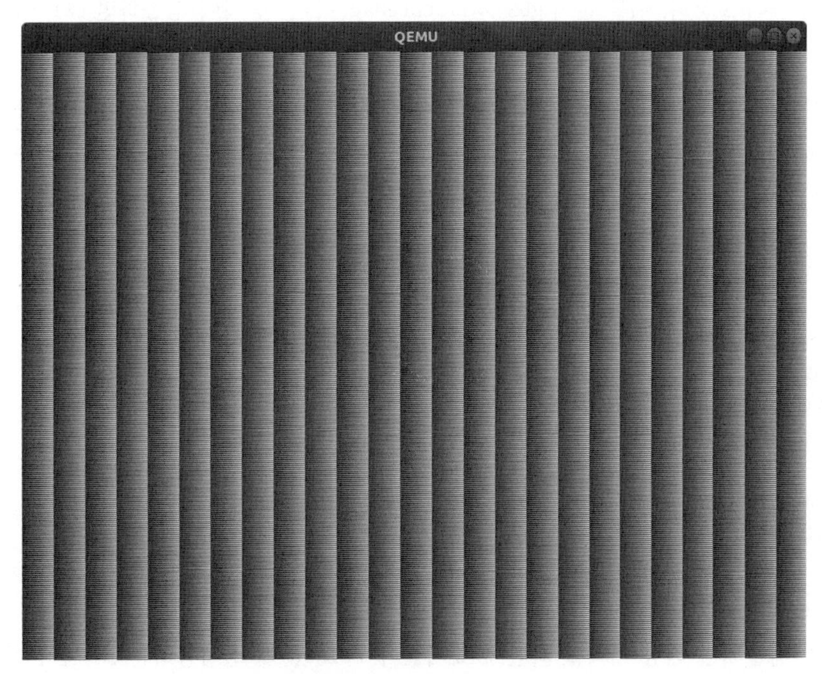

그림 3.8 적당한 모양을 프레임 버퍼에 그리기

3.6 에러 처리를 해 보자(osbook_day03d)

에러 처리는 호출했던 함수나 어떤 기능이 실패했을 때를 검출하고 대처하는 것이다. 에러 처리를 하지 않아도 정상적으로 동작하는 범위에서는 아무런 문제가 없는 듯이 행동하지만 정상 범위를 벗어난 예외 상태(메모리가 부족하다든지 디스크로 쓰기가 실패한다든지, 입력된 문자열이 예상보다 훨씬 길다든지 어쨌든 간에 다양한 에러 상태)에 빠지면 프로그램은 아주 간단하게 망가져 버린다. 크게 신경 쓰지 않아도 되는 앱이라면 에러 처리는 필요 없을지도 모르지만, 안정적으로 동작하길 원하는 프로그램(OS가 바로 그 부류)에서 에러 처리는 필수다. 또한 에러 처리를 하지 않아 정의되지 않은 동작(널 포인터 액세스라든지 버퍼 오버플로우 등)이 발생하면 그것은 그대로 취약점이 돼 보안을 위협하는 존재가 된다.

지금까지는 부트로더에서 에러 처리를 거의 하지 않았지만 여기서는 연습으로 에러 처리를 추가해 보겠다. 예를 들어 gBS->AllocatePages()는 동작이 성공하면 EFI_SUCCESS를, 실패하면 그 이외의 값(예를 들어 요구된 크기의 메모리 영역을 확보 못 한 경우에는 EFI_OUT_OF_RESOURCES)을 반환하게 돼 있다. 그래서 반환 값 실패를 나타내는 값이었다면 커널의 구동 처리를 중단하는 프로그램으로 만든다.[16] 추가한 에러 처리와 그 전후는 리스트 3.9에 나와 있다.

리스트 3.9 gBS->AllocatePages()의 에러 처리(Main.c)

```
EFI_PHYSICAL_ADDRESS kernel_base_addr = 0x100000;
status = gBS->AllocatePages(
    AllocateAddress, EfiLoaderData,
    (kernel_file_size + 0xfff) / 0x1000, &kernel_base_addr);
if (EFI_ERROR(status)) {
  Print(L"failed to allocate pages: %r", status);
  Halt();
}
```

에러가 검출되면 해당 에러를 화면에 표시한다. Print()에서 사용하는 %r 서식 지정자는 EFI_STATUS 값을 에러 메시지로 변환해 출력해준다. EFI_STATUS는 단순한 정숫값이라서 수치 그대로는 표시해도 알아보기가 힘들다. UEFI의 기능 대부분이 EFI_STATUS를

16 에러 처리 방침은 처리를 중단하든지, 에러상태를 복구하고 처리를 계속하든지 하는 2가지 방법이 있다. 일반적으로 에러 상태를 복구시키는 것은 중단하는 것보다 어렵다. 부트로더의 에러 처리는 처리를 중단하는 방침을 일관적으로 채택했다.

반환하도록 돼 있기 때문에 어디에도 동일하게 에러 처리를 작성할 수 있다.

리스트 3.10 Halt()는 프로그램 실행을 무한루프를 돌면서 멈춤(Main.c)

```
void Halt(void) {
  while (1) __asm__("hlt");
}
```

에러 처리에서 호출하는 `Halt()`는 리스트 3.10에서 보는 대로 단순하게 `hlt`하면서 무한루프를 돈다. 이 함수를 부르지 않고 `UefiMain`에서 `return`하는 것도 좋지만 그렇게 하면 UEFI는 이 부트로더의 실행을 포기하고 구동처리를 계속 이어가려고 하기 때문에 화면이 갱신돼 에러 메시지가 사라질 염려가 있다. 이게 싫은 경우 이처럼 무한루프를 돌면서 실행을 멈추는 것이 좋다.

칼럼 3.2 포인터 캐스트

C/C++ 캐스트란 값의 형태를 변환하는 조작이다. 정수와 부동소수점 숫자를 상호간에 변환하거나 값의 정밀도를 변환(예를 들어 int와 long의 변환 등)할 수 있다. 포인터와 정수 또는 포인터와 포인터 상호변환도 가능하다. OS 제작에서는 포인터가 얽힌 캐스트를 많이 하기 때문에 이 칼럼에서 상세하게 설명한다.

예를 들어 0x1000에 있는 int 타입의 변수를 가리키는 포인터를 만들려면 다음과 같이 한다. 이 예에서 등장하는 '(int*)'가 캐스트다.

```
(int*)0x1000
```

포인터는 '가리키는 시작 어드레스와 타입을 조합한 것'이라고 할 수 있다. 정수에서 포인터로의 캐스트는 '입력된 정수(0x1000)에 가리키는 대상의 타입 정보(int)를 부여하는 조작'이다. 메모리의 0x1000에 놓인 것이 8비트 정수인지 32비트 정수인지, 부동소수점 숫자인지 구조체인지를 알고 있는 것은 프로그래머뿐이다. 캐스트를 통해 메모리에 놓인 정보를 컴파일러에 지시하면 컴퓨터가 올바르게 값을 읽고 쓸 수 있다.

포인터끼리 캐스트하는 것도 가능하다. 연습 삼아 unsigned long을 가리키는 포인터에서 float를 가리키는 포인터로 캐스트해 보자.

```
#include <iostream>
int main() {
  unsigned long long_var = 0x40200000;
  float* float_ptr = (float*)&long_var;
  std::cout << *float_ptr << std::endl;

  *float_ptr = 1.0;
  std::cout << std::hex << long_var << std::endl;
  return 0;
}
```

이 프로그램을 컴파일해 실행하면 다음과 같이 출력된다. 또한 이 프로그램은 C++의 사양을 위반하고 있기 때문에[17] 최적화 처리에 따라서는 다른 결과가 나올 가능성이 있다. 이후의 설명은 컴파일러에 의한 최적화가 되지 않았음을 전제로 설명하고 있다.

```
$ clang++ main.cpp && ./a.out
2.5
3f800000
```

포인터 &long_var가 가리키는 메모리 어드레스(변수 long_var가 할당된 주소)와 캐스트 후의 포인터가 가리키는 메모리 어드레스는 동일하며, 가리키는 타입만 unsigned long에서 float로 변경된다. 캐스트 전후로 양쪽 포인터를 사용해서 읽고 쓰기를 한 결과의 차이는 단순하게 메모리상의 비트열을 어떤 타입의 값이라고 생각해서 읽고 쓰기를 한 차이다. 앞의 예에서는 정수 0x40200000과 부동소수점 숫자 2.5의 비트 표현, 정수 0x3f800000과 부동소수점 1.0의 비트표현이 서로 동일함을 알 수 있다.

'3.3 최초의 커널'에서는 '8비트 부호 없는 정수를 가리키는 포인터'에서 'EFI_FILE_INFO를 가리키는 포인터'로의 캐스트가 등장했다. 캐스트 후의 포인터를 이용해 FileSize를 읽어낸다.

17 float로 캐스트한 포인터를 경유해 long_var를 읽고 쓰는 부분이 Strict aliasing rule이란 사양을 위반한다.

```
UINT8 file_info_buffer[file_info_size];
...
EFI_FILE_INFO* file_info = (EFI_FILE_INFO*)file_info_buffer;
UINTN kernel_file_size = file_info->FileSize;
```

file_info_buffer는 비트 정수 배열이지만 캐스트 후의 포인터를 사용해 같은 위치에 마치 EFI_FILE_INFO 구조체가 있는 것처럼 읽고 쓸 수 있다. 이처럼 8비트 정수형(UINT8이라든지)의 배열로 적당한 크기의 메모리 영역을 확보해 두고, 이후 그걸 다른 타입의 포인터로 캐스트해서 사용하는 것은 OS 자작에서 자주 사용하는 방법이다.

이 방법을 사용할 때는 캐스트 전후의 타입 정렬(alignment)에 주의를 기울일 필요가 있다. 정렬은 변수를 배치하는 메모리 어드레스의 제약이며 'N 바이트 정렬'은 N 바이트의 배수 어드레스로 변수를 놓은 것을 의미한다. int나 구조체 등의 1바이트보다 큰 타입은 정렬 제약을 갖고 있는 반면, UINT8 등의 1바이트 타입은 일반적으로 정렬 제약을 갖고 있지 않다(1바이트 정렬도 제약이라고 말할 수 있겠다). 따라서 file_info_buffer가 EFI_FILE_INFO 타입의 정렬 제약을 만족시키지 않는 어드레스에 할당됐다면 캐스트 후의 포인터를 사용한 읽기 쓰기는 정상 동작하지 않을 수(이상한 값을 읽는다든지, CPU가 예외를 발생시킨다든지) 있다. 본래라면 다음처럼 정렬 제약을 제대로 지정하는 쪽이 좋다. alignas와 alignof는 C 언어에서는 <stdalign.h>를 포함하면 사용할 수 있다.

```
alignas(alignof(EFI_FILE_INFO)) UINT8 file_info_buffer[file_info_
size];
```

또한 포인터나 어드레스, 캐스트 등의 화제는 C++ 표준으로 엄격하게 정해져 있지 않고 처리 시스템에 매우 의존적이다. 이 칼럼의 내용(에 한정하지 않고 이 책의 내용 전체에 걸쳐)은 이 책에서 대상으로 하는 x86-64용의 컴파일러를 전제로 한다. 다른 처리 시스템에서는 다르게 동작할지 모르므로 주의하자.

3.7 포인터 입문(2): 포인터와 어셈블리 언어

포인터가 어떻게 동작하는지를 어셈블리 언어의 세계에서 보면 이해가 깊어진다. 어셈블리 언어의 세계에서는 포인터의 구현에 어드레스가 직접적으로 사용돼 포인터의 동작을 상세하게 관찰할 수 있기 때문이다.

```
void foo() {
  int i = 42;
  int* p = &i;
  int r1 = *p;
  *p = 1;
  int r2 = i;
  uintptr_t addr = reinterpret_cast<uintptr_t>(p);
  int* q = reinterpret_cast<int*>(addr);
}
```

이 C++ 프로그램을 Clang으로 (최적화하지 않고) 컴파일하면 다음과 같이 된다. 우선은 함수의 전반부부터 살펴보자.

```
_Z3foov:
    push rbp
    mov rbp, rsp

    ; int i = 42; (;로 시작하는 행은 코멘트(주석)임)
    mov dword ptr [rbp - 4], 42
```

첫 번째 줄의 '_Z3foov'는 foo 함수의 어셈블리 언어 세계에서의 이름이다. C++의 이름을 수정해 이렇게 다른 이름으로 변환된다. 이름 수정(네임 맹글링)에 대한 자세한 내용은 '3.3 최초의 커널'을 참조하자.

2번째 줄, 3번째 줄은 함수의 최초 시작 시 전형적인 처리 부분이다. 2번째 줄의 push 명령은 RSP 레지스터 값에서 8을 줄인 다음 RSP 레지스터가 가리키는 메모리 영역에 지정한 값을 써넣는다. 즉 RBP 레지스터 값이 스택 끝에 저장된다. C++의 포인터와는 다르지만 RSP는 스택 포인터라고 부르는 일종의 포인터다. 스택 끝에 해당하는 메인 메모리 상의 위치를 가리킨다.

세 번째 줄의 mov 명령은 오른쪽에서 왼쪽 방향으로 값을 복사한다. C++ 스타일로 써보면 rbp = rsp;와 같은 처리다. RSP 값은 일반적으로 점점 변화해가기 때문에 이후에 기준점으로 사용하기 위해서는 한순간의 값을 복사해두는 것이 필요하다. 3번째 줄까지 끝나면 메모리와 레지스터 상태는 그림 3.9 같이 된다.

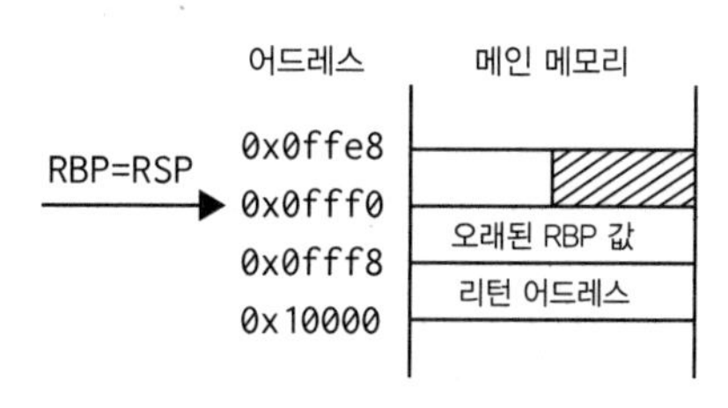

그림 3.9 함수 시작부 처리가 끝난 시점에서의 스택

이 상태에서 6번째 줄의 mov 명령이 실행되면 어떻게 될지 자세하게 살펴보자. 이 mov도 오른쪽에서 왼쪽으로의 복사인데 좀 전과 다른 것은 왼쪽 값이 [와]로 둘러싸여 있다는 점이다. x86 어셈블러는 [xxx]를 어드레스 xxx로의 메모리 액세스라고 인식한다.[18] 이번에는 메모리 어드레스가 RBP-4, 즉 그림의 사선 부분에 대한 메모리 접근이 된다. 이 부분에 42가 들어간다.

[ ] 앞에 써있는 dword는 메모리 액세스가 dword의 크기(4바이트)라는 것을 의미한다. 이번에 사용한 컴파일러의 int 타입이 4바이트인 것에 대응한다. 그 다음에 있는 ptr은 [ ]가 메모리 액세스라는 것을 명시하는 표현이지만 이번에는 생략해도 상관없다.

이 mov 명령을 C++에 대응시켜 해석하면 RBP-4를 시작주소로 하는 4바이트 메모리 영역을 변수 i에 대응시키고 거기에 42를 쓴다는 뜻이 된다. 함수 내부에서 선언한 로컬 변수는 이렇게 스택 영역에 놓인다.

그럼 이제 C++에서의 포인터가 어셈블리 언어로는 어떨지를 살펴본다. 여러분은 이미 다음 어셈블리 언어 코드를 이해하는 데 필요한 지식 대부분을 갖추고 있다.

```
; int* p = &i;
lea    rax, [rbp - 4]
mov    qword ptr [rbp - 16], rax
```

18 [ ]가 메모리 액세스를 나타내는 것은 인텔 표기법의 문법이다. AT&T 표기법은 다른 문법 체계를 갖는다.

```
; int r1 = *p;
mov   rax, qword ptr [rbp - 16]
mov   ecx, dword ptr [rax]
mov   dword ptr [rbp - 20], ecx

; *p = 1;
mov   rax, qword ptr [rbp - 16]
mov   dword ptr [rax], 1

; int r2 = i;
mov   ecx, dword ptr [rbp - 4]
mov   dword ptr [rbp - 24], ecx

; uintptr_t addr = reinterpret_cast<uintptr_t>(p);
mov   rax, qword ptr [rbp - 16]
mov   qword ptr [rbp - 32], rax

; int* q = reinterpret_cast<int*>(addr);
mov   rax, qword ptr [rbp - 32]
mov   qword ptr [rbp - 40], rax

pop   rbp
ret
```

2번째 줄의 lea[19]는 처음으로 나오지만 이해하기 어렵지 않다. lea 명령은 실제 메모리 액세스는 하지 않고 메모리 어드레스를 계산한 결과를 레지스터에 기록하는 명령이다. 즉 rax = rbp - 4란 의미다. 여기서는 변수 i의 어드레스를 취득하는 것 외의 다른 액션은 없다. 즉 &i를 계산한다. 3번째 줄에서는 그 어드레스 값을 RBP-16의 메모리 영역에 쓴다. qword는 8바이트란 의미다. RBP-16을 시작주소로 하는 8바이트 메모리 영역은 변수 p에 대응하며, 거기에 변수 i의 어드레스를 쓴다.

변수 i에 42를 쓰는 처리와 변수 p에 어드레스를 쓰는 처리가 매우 유사하다고 생각하지 않는가? 쓰는 사이즈는 dword, qword로 차이가 있지만 양쪽 모두 mov 명령이 있으며 첫 번째 파라미터에 [ ]를 공통적으로 사용하고 있다. 이건 단순한 우연이 아니다. i도 p도 메모리상에 확보된 변수에 지나지 않기 때문이다.

19 Load Effective Address: Effective address란 세그멘테이션(segmentation)에 의한 어드레스 변환이나 스케일링(scaling), 디스플레이스먼트(displacement) 합산을 끝낸 후의 선형 어드레스(linear address)를 의미한다.

좀 더 진행해 보자. 6번째 줄에서는 변수 p가 가리키는 곳의 값을 읽고 변수 r1에 값을 쓴다. 6번째 줄은 변수 p에 쓰여진 값을 읽고 RAX에 기억해 둔다. 여기서 읽는 값은 3번째 줄에서 기록한 값, 즉 변수 i의 메모리 어드레스다. 7번째 줄은 RAX가 가리키는 메모리 영역(변수 i)에서 4바이트를 읽는다. 8번째 줄에서는 그 값을 변수 r1에 기록한다.

어떤가? int r1 = *p;라는 포인터 변수를 사용한 메모리 읽기 동작을 어셈블리 언어 시점에서 살펴봤는데 아주 간단하지 않은가? 어셈블리 언어의 시점에서는 **포인터 변수와 일반 변수를 다루는 데 있어서의 차이점은 없으며** 양쪽 모두 mov 명령으로 읽고 쓸 뿐이다. [ ]를 사용한 메모리 액세스를 2회로 할지 또는 1회로 할지가 다를 뿐이다.

포인터 변수에 '다른 변수를 가리키는 어드레스'가 저장돼 있음을 알고 있는 것은 C++ 컴파일러다. C++ 컴파일러의 입장이 돼 int r1 = *p;란 간접 연산자에 의한 메모리 액세스에 대응하는 어셈블리 명령을 생각해 본다.

- p는 int형 포인터네. 그렇다는 건 *p는 포인터가 가리키는 곳에서 int 타입 값을 하나 읽으면 되겠네.
- 우선 p가 가진 값을 레지스터에 읽어 들여야겠어. p는 포인터니까 qword 타입이면 문제없지. → mov rax, qword ptr [rbp - 16]
- 읽은 값은 주소 값이니까 해당 주소 값이 가리키는 값을 읽자. 가리키는 곳의 타입은 int니까 dword야. → mov ecx, dword ptr [rax]
- 마지막으로 읽은 값을 r1에 써두면 끝이다! r1은 int니까 dword이다. → mov dword ptr [rbp - 20], ecx

여기까지 이해했다면 나머지 내용의 이해도 두렵지 않다. 독자 여러분에게 숙제로 남기겠으며 코드 이해에 도전해 보자.

마지막 두 줄은 함수 종료 시의 처리다. 함수 시작부에 있었던 처리(push와 mov)와 대응하는 일반적인 처리다. pop으로 RBP 값을 함수 호출 이전 값으로 복원하고, ret로 함수 호출자 측으로 돌아간다.

4장

픽셀 그리기와 make 입문

4장에서는 OS 본체에서 화면에 그림을 그리는 방법을 배운다. 화면 표시를 자유자재로 다루는 것은 컴퓨터를 사용자가 조작할 수 있게 하기 위해서도 매우 중요하다. 후반부에서는 프로그램을 제대로 동작시키는 데 중요한 ELF 파일의 로드 방법을 알려준다.

4.1 make 입문(osbook_day04a)

make는 컴파일러나 링크 등의 작업을 자동화하는 툴이다. 지금까지는 커널을 컴파일할 때 clang++이나 ld.lld를 하나씩 직접 입력했지만 make를 사용하면 이런 부분을 자동화할 수 있다. 기억해두면 편리한 툴이기에 여기서 설명하겠다. 또한 더 상세하게 알고 싶은 사람은 『GNU Make 제3판』[1]을 참조하자.

make를 구성하는 부분은 make 명령과 지시서인 MakeFile이다. 우선은 '3장 화면표시 연습과 부트로더'에서 나온 커널 컴파일과 링크를 Makefile로 표현해 본다(리스트 4.1). 명령줄이 써있는 3개의 행(rm, ld.lld, clang++)의 선행 공백 부분은 스페이스가 아닌 탭 문자다.

리스트 4.1 최초의 Makefile

```
TARGET = kernel.elf
OBJS = main.o

CXXFLAGS += -O2 -Wall -g --target=x86_64-elf -ffreestanding -mno-red-zone \
            -fno-exceptions -fno-rtti -std=c++17
LDFLAGS += --entry KernelMain -z norelro --image-base 0x100000 --static

.PHONY: all
all: $(TARGET)

.PHONY: clean
clean:
	rm -rf *.o

kernel.elf: $(OBJS) Makefile
	ld.lld $(LDFLAGS) -o kernel.elf $(OBJS)

%.o: %.cpp Makefile
	clang++ $(CPPFLAGS) $(CXXFLAGS) -c $<
```

이 Makefile 내용을 설명하기 전에 우선 make를 사용한 빌드가 어떻게 동작하는지를 살펴보자. Makefile이 있는 디렉터리에 cd 명령으로 이동해서 make를 실행한다.

1 Robert Mecklenburg, 『GNU Make 제3판(Managing Projects with GNU Make, 3rd Edition)』, 오라일리 재팬(https://www.oreilly.co.jp/library/4873112699/), 2005년, PDF는 무료공개 중이다.

```
$ cd $HOME/workspace/mikanos/kernel
$ git checkout osbook_day04a
$ make
clang++ -I/home/uchan/osbook/devenv/x86_64-elf/include/c++/v1 -I/home/uchan/
osbook/devenv/x86_64-elf/include -nostdlibinc -D__ELF__ -D_LDBL_EQ_DBL -D_
GNU_SOURCE -D_POSIX_TIMERS -O2 --target=x86_64-elf -fno-exceptions
-ffreestanding -c main.cpp
ld.lld -L/home/uchan/osbook/devenv/x86_64-elf/lib --entry KernelMain -z
norelro --imagebase 0x100000 --static -o kernel.elf main.o
```

make 출력을 보면 clang++과 ld.lld가 차례로 실행되고 있음을 알 수 있다. 이것은 Makefile에 기술한 의존관계 규칙이 올바르게 동작한다는 증거다. 다음으로 파일 내용을 자세히 살펴보겠다.

Makefile은 전반부가 변수 정의, 후반부가 규칙 정의로 구성된다. 변수는 자유롭게 정의해 사용할 수 있으며 여기서는 표 4.1에 보는 4개의 변수를 정의했다.

표 4.1 최초의 Makefile에서의 변수

변수명	의미
TARGET	이 Makefile이 만들어내는 최종 생성물
OBJS	TARGET을 만드는 데 필요한 오브젝트 파일
CXXFLAGS	컴파일 옵션
LDFLAGS	링크 옵션

변수 정의 후에는 규칙이 이어진다. Makefile에 있어 '규칙'이란 대상과 그 전제가 되는 필수항목, 그리고 필수항목에서 대상을 생성하는 레시피(명령열)를 모아놓은 것이다. 하나의 규칙은 다음과 같이 작성한다. '대상'을 만들기 위해 필요한 파일이 '필수항목'이다. 필수항목에서 대상을 만드는 실제 단계가 레시피다. 레시피 행은 반드시 탭 문자로 시작해야 한다.

```
대상 : 필수항목
	레시피
```

리스트 4.1의 Makefile에는 all, clean, kernel.elf, %.o이라는 4개의 대상이 있다. 대상 이름은 make 명령의 인수로 지정할 수 있다. 시험 삼아 make clean으로 입력하면 main.o가 삭제될 것이다. make를 인수 없이 실행하는 경우는 Makefile에서 최초로 나오는 대상, 즉 all이 지정된 것과 동일한 동작을 하게 된다.

대상 중에서 all과 clean은 실제 파일명이 아닌 단순히 규칙을 나타내는 이름으로 사용한다. 디폴트 빌드를 수행하는 all, 빌드 중간 파일을 삭제하는 clean은 규칙을 나타내는 이름으로 사용하고 있다. 이런 대상을 실제 파일명이 아니라는 의미에서 가짜 대상phony target이라 하며 .PHONY 선언을 수행한다.[2]

어쨌든 Makefile의 중심이 되는 각각의 '규칙'은 다음과 같이 재귀적으로 처리된다.

- 먼저 전체 필수항목에 대해 각각을 대상으로 하는 규칙을 실행한다.
- 그 후 다음의 규칙에 따라 레시피를 처리한다.
  - 대상이 필수항목보다 최신인 경우 아무것도 하지 않는다.
  - 그 이외(대상이 존재하지 않거나 필수항목보다 오래된)의 경우라면 레시피를 실행한다.

all에서 시작해서 재귀적으로 규칙을 검색하고 실행하는 모습을 나타내면 다음과 같다.

```
all: kernel.elf
--> 필수항목(kernel.elf)의 규칙(kernel.elf: main.o Makefile)을 실행
    --> 필수항목(main.o)의 규칙(main.o: main.cpp Makefile)을 실행
        --> 필수항목(main.cpp)의 규칙을 실행해 보려 했지만 없기에 아무것도 하지 않음
        --> 필수항목(Makefile)의 규칙을 실행해 보려 했지만 없기에 아무것도 하지 않음
        --> 레시피를 실행. clang++로 main.o를 생성
    --> 필수항목(Makefile)의 규칙을 실행해 보려 했지만 없기에 아무것도 하지 않음
    --> 레시피를 실행. ld.lld로 kernel.elf을 생성
--> 레시피 없음. 아무것도 하지 않음
```

동작이 재귀적으로 수행되기 때문에 이해하기 어려울지도 모른다. 정확하게 이해를 못해도 이 책의 나머지 부분을 읽는 데 지장은 없기 때문에 만약 몰라도 멈추지 말고 읽어나가기를 바란다. 만약 어째서인지 레시피가 스킵돼 필요한 명령이 실행되지 않는 경우

---

2 Phony 선언은 all이나 clean 같은 파일이 존재하는 경우에 효과를 발휘한다. 그런 파일이 없다면 Phony 선언을 하지 않아도 문제가 생기지 않는다.

가 있다면 마법의 명령어 `make -B`를 실행한다. `-B` 옵션은 파일의 최신인지 또는 오래된 것인지를 무시하고 전체 레시피를 재실행시키는 옵션이다.

`%.o`나 `%.cpp`는 구체적인 파일 이름이 아닌 파일 이름의 패턴이다. 패턴을 이용한 규칙은 대상이 되는 파일이 많은 경우에 편리하다. OBJS에 포함된 오브젝트 파일은 나중에 늘어나지만 각 파일에 대한 규칙을 `main.o: main.cpp Makefile` 등으로 구체적으로 기술하는 것보다 패턴 규칙으로 통일하는 쪽이 편하다. `%`에 해당하는 부분을 '줄기[stem]'라고 부른다.

그런데 `%.o`의 레시피에는 특수한 변수 `$<`가 있다. 이 변수는 `make`가 자동적으로 정의해주는 것으로 값은 필수 항목의 제일 앞에 있는 파일의 이름이 되는데, 이번 경우에는 `main.cpp`다. 이 밖에도 자동적으로 정의되는 변수가 있다. 주요 항목을 표 4.2에 정리했다.

표 4.2 make가 자동적으로 정의하는 변수

변수명	설명
`$<`	필수항목 중 제일 앞의 하나
`$^`	필수항목 전부를 스페이스로 구별해 나열
`$@`	대상(확장자 포함)
`$*`	패턴 규칙의 줄기(stem)

`$*`의 설명이 이해하기 어려울지도 모르겠다. 몇 개의 실제 예를 표 4.3에서 보여준다.

표 4.3 줄기의 예

대상 패턴	실제 대상	`$*`의 값(줄기)
%.o	foo.o	foo
a.%.b	dir/a.foo.b	dir/foo

그런데 `%.o`나 `kernel.elf` 규칙의 필수 항목에는 `Makefile`을 지정하고 있지만 레시피에서는 사용하지 않고 있다. 레시피에서 사용하는 파일만을 필수 항목에 쓰는 것이 기본인데 여기서는 예외다. 그 이유는 `Makefile`의 내용이 갱신되는 경우에는 다시 빌드해야할

필요가 있기 때문이다. Makefile을 필수 항목으로 등록해 두면 업데이트에 맞춰 레시피가 재실행된다.

4.2 픽셀을 자유자재로 그리기(osbook_day04b)

3장에서는 커널에서 픽셀을 그릴 수 있게 됐지만 픽셀 데이터 형식을 전혀 고려하지 않아 기종에 따라 어떤 색이 될지를 모른다. 또한 화면상의 위치를 지정해서 특정 픽셀만 칠하는 것도 할 수 없다. 윈도우를 그리거나 문자를 표시할 때도 선호하는 위치에 선호하는 색을 그릴 수 있어야 한다. 이번에는 그런 기능을 개발해 본다.

리스트 4.2 프레임 버퍼의 구성정보를 나타내는 구조체(frame_buffer_config.hpp)

```
#pragma once

#include <stdint.h>

enum PixelFormat {
  kPixelRGBResv8BitPerColor,
  kPixelBGRResv8BitPerColor,
};

struct FrameBufferConfig {
  uint8_t* frame_buffer;
  uint32_t pixels_per_scan_line;
  uint32_t horizontal_resolution;
  uint32_t vertical_resolution;
  enum PixelFormat pixel_format;
};
```

픽셀 렌더링에 필요한 정보를 정리하기 위한 FrameBufferConfig 구조체의 정의를 리스트 4.2에 정리했다. 프레임 버퍼 영역으로의 포인터, 프레임 버퍼의 여백을 포함한 가로 방향 픽셀 수, 수평 및 수직 해상도, 픽셀 데이터 형식을 유지할 수 있다.

UEFI 규격에서는 픽셀 데이터 형식이 다음과 같은 4종류가 있다(EFI_GRAPHICS_PIXEL_FORMAT 열거형에서 정의된 값이다).

- PixelRedGreenBlueReserved8BitPerColor
- PixelBlueGreenRedReserved8BitPerColor
- PixelBitMask
- PixelBltOnly

빛의 3원색은 빨강, 녹색, 청색을 혼합해 다양한 색을 표현할 수 있다는 개념이다. 빨강, 녹색, 청색의 영어 첫 글자를 따서 RGB로 부르기도 한다. 이 원리는 PC 화면에도 이용되고 있어서 화면상의 무수히 나열된 픽셀 하나하나가 3원색의 빛을 낼 수 있게 돼 있다. 멀리서 보면 색이 섞여 보이기 때문에 다양한 색의 그림을 그릴 수 있는 것이다.

그러므로 화면에 그림을 그리려면 각 픽셀의 각 색상을 어느 정도의 강도로 빛나게 할지를 지정해야 한다. 빛나는 강도를 **계조**階調, gradation라고 하며, 각 색상의 계조에 의해 표현할 수 있는 색의 수가 결정된다. 예를 들어 빨강을 8계조(3비트), 녹색을 4계조(2비트), 청색을 8계조(3비트)로 색을 표현했다고 한다면 총 256색을 표현할 수 있다. 프레임 버퍼는 3원색의 빛의 강도를 정숫값으로 나열한 것이라고 할 수 있다. 프레임 버퍼에 어떤 색상의 순서로, 각각 몇 비트로 나열했는지를 표현한 것이 PixelFormat이다.

이 책에서는 4종류 중 처음 2종류만을 지원한다. 많은 PC에서 2종류 중 하나는 지원한다고 생각하기 때문에 렌더링 프로그래밍을 복잡하게 하는 PixelBitMask의 구현은 빼고 싶었다. 또한 PixelBltOnly는 픽셀 단위로 그릴 수 없으며, 메모리에 그린 그림을 단번에 복사해 화면을 그리는 방식이다. 또한 렌더링 프로그램이 복잡해져 버리기 때문에 이 책의 대상에서 제외한다.

리스트 4.3 부트로더는 OS 본체의 렌더링에 필요한 정보를 전달한다(Main.c)

```
struct FrameBufferConfig config = {
  (UINT8*)gop->Mode->FrameBufferBase,
  gop->Mode->Info->PixelsPerScanLine,
  gop->Mode->Info->HorizontalResolution,
  gop->Mode->Info->VerticalResolution,
  0
};
switch (gop->Mode->Info->PixelFormat) {
  case PixelRedGreenBlueReserved8BitPerColor:
    config.pixel_format = kPixelRGBResv8BitPerColor;
    break;
```

```
  case PixelBlueGreenRedReserved8BitPerColor:
    config.pixel_format = kPixelBGRResv8BitPerColor;
    break;
  default:
    Print(L"Unimplemented pixel format: %d\n", gop->Mode->Info->PixelFormat);
    Halt();
}

typedef void EntryPointType(const struct FrameBufferConfig*);
EntryPointType* entry_point = (EntryPointType*)entry_addr;
entry_point(&config);
```

부트로더 측은 리스트 4.3처럼 수정했다. UEFI의 GOP에서 취득한 정보를 방금 만든 구조체에 복사한다. 그리고 그 구조체에 대한 포인터를 `KernelMain()`의 첫 번째 파라미터에 전달한다.

리스트 4.4. WritePixel()를 사용해 화면을 그린다(main.cpp)

```
extern "C" void KernelMain(const FrameBufferConfig& frame_buffer_config) {
  for (int x = 0; x < frame_buffer_config.horizontal_resolution; ++x) {
    for (int y = 0; y < frame_buffer_config.vertical_resolution; ++y) {
      WritePixel(frame_buffer_config, x, y, {255, 255, 255});
    }
  }
  for (int x = 0; x < 200; ++x) {
    for (int y = 0; y < 100; ++y) {
      WritePixel(frame_buffer_config, 100 + x, 100 + y, {0, 255, 0});
    }
  }
  while (1) __asm__("hlt");
}
```

`KernelMain()` 측의 수정을 리스트 4.4에 정리했다. 주목해야 될 2가지 부분은 구조체 포인터를 참조(`const FrameBufferConfig&`)로 받는 부분과 함수 본체에서 `WritePixel()` 함수를 호출하는 부분이다.

참조형은 C++ 고유의 문법으로 C 언어에는 없다. 참조형의 파라미터를 가진 함수를 C 언어에서 호출하려면 참조 대신에 포인터를 지정하면 괜찮다. 이건 C++ 자체의 사양은 아니지만 우리가 사용하는 컴파일러의 사양인 System V AMD64 ABI[3]에 정해져 있다. ABI에 대해서는 칼럼 4.1에서 조금 더 자세하게 설명한다.

리스트 4.5 WritePixel()의 구현(main.cpp)

```
struct PixelColor {
  uint8_t r, g, b;
};

/** WritePixel은 한 개의 점을 그린다.
* @retval 0 성공
* @retval 0이 아니면 실패
*/
int WritePixel(const FrameBufferConfig& config,
               int x, int y, const PixelColor& c) {
  const int pixel_position = config.pixels_per_scan_line * y + x;
  if (config.pixel_format == kPixelRGBResv8BitPerColor) {
    uint8_t* p = &config.frame_buffer[4 * pixel_position];
    p[0] = c.r;
    p[1] = c.g;
    p[2] = c.b;
  } else if (config.pixel_format == kPixelBGRResv8BitPerColor) {
    uint8_t* p = &config.frame_buffer[4 * pixel_position];
    p[0] = c.b;
    p[1] = c.g;
    p[2] = c.r;
  } else {
    return -1;
  }
  return 0;
}
```

두 번째로 주목할 포인트인 `WritePixel()`의 구현을 리스트 4.5에 소개한다. 이 함수는 지정한 픽셀 좌표(x와 y)에 지정한 색(c)을 그리는 함수다. 픽셀 데이터 형식(`config.pixel_format`)을 바탕으로 빛의 3원색을 프레임 버퍼에 써넣는다.

3 Jan Hubicka, et al., 「System V Application Binary Interface AMD64 Architecture Processor Supplement」, https://software.intel.com/sites/default/files/article/402129/mpx-linux64-abi.pdf, 2013

pixel_position에는 픽셀의 좌표를 프레임 버퍼 시작 위치에서 상대적으로 변환한 값이 설정된다.[4] 좌표를 프레임 버퍼 시작 위치로부터 변환하려면 '여백을 포함한 가로 방향 픽셀 수*y + x' 식을 사용한다. 픽셀 좌표와 프레임 버퍼 시작부로부터의 위치 관계는 그림 4.1과 같다.

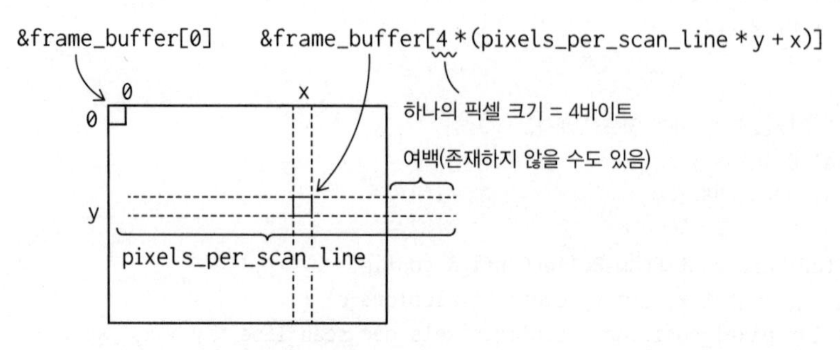

그림 4.1 픽셀 좌표와 프레임 버퍼 시작부로부터의 위치 관계

2개의 데이터 형식 PixelRGBResv8BitPerColor와 PixelBGRResv8BitPerColor는 모두 각 색상을 8비트로 표현하지만 그 나열순이 다르다. 각각의 이름대로 전자는 빨강, 녹색, 청색과 더불어 마지막에 8비트의 예약 영역이 이어진다. 후자는 청색, 녹색, 빨강, 예약 영역 순이다. 예약 영역은 기본색인 3색뿐이라면 24비트가 돼 어중간하기 때문에 8비트를 추가해서 32비트로 정렬하는 역할을 한다. 1픽셀은 32비트, 즉 4바이트니까 어떤 픽셀의 프레임 버퍼 시작에서부터 바이트 위치를 계산하려면 픽셀의 위치(pixel_position)에 4를 곱한다.

KernelMain()에서는 WritePixel()을 사용해 우선 화면전체를 흰색(255,255,255)으로 칠하고 그 위에 200 × 100의 녹색 사각형을 그리고 있다. 이 프로그램을 실행하면 그림 4.2 같은 도형이 나타난다.

4 const는 해당 변수를 상수화한다. const 선언된 변수는 초기화 시에만 값을 설정할 수 있고 그 후에는 대입하려고 하면 컴파일 에러가 발생한다.

그림 4.2 WritePixel()을 사용해 녹색 사각형을 그렸다

지금까지 구현한 방법으로 우선 픽셀 렌더링은 자유롭게 할 수 있게 됐다. 하지만 위 프로그램에는 동작 효율성 측면에서 좋지 않은 점이 있다. 그건 `WritePixel()` 내부에서 픽셀 데이터 형식의 판단과 분기를 하는 부분이다. 픽셀 데이터 형식은 화면 렌더링 중에 변화하는 것이 아닌데 `WritePixel()`이 호출될 때마다 판정하는 것은 쓸데없는 처리다. `WritePixel()`은 for 문에서 호출되므로 화면 해상도가 800×600이라고 하면 800×600 + 200×100 = 50만 회 이상이 호출된다. 50만 회 이상의 쓸데없는 판정을 내리고 싶지는 않다.[5] 다음 절에서는 C++의 언어기능을 이용해 픽셀 렌더링 프로그램을 개량해 본다.

5 CPU에는 투기적 실행이라는 구조가 있어서 실제로는 50만 회 중 대부분은 판정 비용이 들지 않는 가능성도 있다. 다만 루프 외부에서 할 수 있는 처리는 가급적 루프 외부에서 하는 것이 빠른 프로그램을 작성하기 위한 좋은 마음가짐이라고 할 수 있다.

칼럼 4.1 ABI

ABI(Application Binary Interface)는 프로그램과 CPU의 상호작용을 기계어 수준에서 규정한다. 프로그램이 동작하는 데 있어 필요한 레지스터나 메모리 사용법이 ABI에 의해 결정되는 것이다. 컴파일러는 ABI에 따라 기계어를 생성하므로 OS 내부 구조에도 ABI를 고려해야 한다.

이 책에서는 전체적으로 System V AMD64 ABI를 전제로 프로그래밍한다. 이 ABI는 x86-64용을 위한 것으로 리눅스에서 표준으로 사용한다. x86-64용 ABI에서도 가장 유명한 하나는 마이크로소프트 x64 ABI다. 이 ABI는 윈도우에서 사용되고 있다. 두 가지 ABI는 함수 호출 규약 등이 달라서 서로 호환성이 없다. 다른 ABI를 사용해 컴파일된 함수를 링크하면 정상적으로 동작하지 않을 것이다.

ABI 중에서도 중요한 항목 중 하나가 **호출규약**(Calling Convention)이다. 호출규약은 함수를 호출할 때 결정된 사양으로 파라미터를 어떻게 전달할지, 반환 값을 어떻게 돌려줄지, 함수 내부에서 변경해도 좋은 레지스터는 무엇인가 등을 정하고 있다. '칼럼 3.1 레드존'에서 소개했던 레드존도 ABI에 규정된 규칙 중의 하나다.

우선은 파라미터다. System V AMD64 ABI에서는 64비트까지의 정수나 포인터를 파라미터로 하는 경우 시작에서 RDI, RSI, RDX, RCX, R8, R9순으로 레지스터를 할당한다. x86의 32비트 모드에서 표준으로 사용하는 ABI에서는 파라미터가 레지스터가 아닌 스택에 쌓도록 돼 있었다. 레지스터를 사용하면 함수호출이 빨라진다.

반환 값은 RAX, RDX순으로 사용한다. 64비트까지의 정수나 포인터를 반환 값으로 사용하는 경우는 RAX만을 사용한다. RAX로 반환 값을 설정한 상태에서 ret를 하면 함수의 호출자 측으로 값을 반환할 수 있다.

함수 호출 전후로 RSP, RBP, RBX, R12에서 R15의 총 7개 레지스터 값은 원래대로 유지해야 한다. 즉 호출된 측의 함수가 이러한 레지스터를 사용한다면 레지스터를 변경하기 전에 스택 등에 값을 저장하고 함수에서 빠지기 전에 레지스터 값을 복원시킨다. 이 7개 이외의 레지스터는 호출된 함수가 자유롭게 활용해도 좋다는 것을 보장한다.

이 외의 상황, 예를 들어 부동소수점이나 64비트를 넘어서는 데이터를 파라미터나 반환 값으로 하는 규칙이나 범용 레지스터 이외의 저장이나 복원 규칙 등은 System V AMD64 ABI[6]를 참조하자. 다만 이 책에서 등장하는 프로그램을 이해하는데는 이 칼럼에서 소개한 지식만으로도 충분하다.

C++로 함수를 작성하면 컴파일러가 자동으로 ABI 제약을 지켜 기계어를 만든다. 어셈블리 언어로 함수를 작성한다면 ABI 제약을 지키는 것은 프로그래머의 책임이다. 이 문서에서는 몇 가지 함수를 어셈블리 언어로 구현하기 때문에 그때마다 ABI의 이야기가 등장한다.

4.3 C++의 기능을 사용해 다시 작성하자(osbook_day04c)

앞 절에서 만든 `WritePixel()`에는 함수 내부에서 픽셀의 데이터 형식을 판정해 버리는 문제가 있었다. 그래서 여기에서는 C++의 언어기능인 가상함수를 사용해 `WritePixel()` 함수의 본래 기능을 유지하면서 함수 외부에서 데이터 형식을 판정하도록 작성해 본다.

우선 기본적인 설계로 클래스를 사용하기로 한다. C++의 클래스는 데이터와 그 조작을 일괄 정리한 것으로 대략적으로 말하면 C 언어의 구조체에 조작용 함수를 추가한 것이다. C++의 클래스처럼 데이터와 데이터를 조작하는 절차를 조합한 것을 추상 데이터형이라고 부른다. 추상 데이터형은 외부 사용자로부터 데이터 내용(구조나 내용)의 세부 사항을 은폐하고 외부에 공개된 인터페이스 조작만을 강제하는 것으로, 인터페이스와 구현을 분리할 수 있다는 특징이 있다. 이 특징은 볼륨이 큰 프로그램을 구현하기 쉽도록 모듈 단위로 분할을 하기 위한 기본 개념 중 하나다.

너무 깊게 설명해 버렸지만 여기서는 클래스를 픽셀 데이터 형식에 의존하지 않는 '픽셀 렌더링 인터페이스'와 '픽셀 데이터 형식에 따라 실제 렌더링의 구현'을 분리하는 데 사용하고 있다. 우선은 인터페이스 부분을, 다음으로 구현 부분을 설명한다.

---

6 「System V Application Binary Interface – DRAFT」, The Santa Cruz Operation, Inc.(https://refspecs.linuxfoundation.org/elf/gabi4+/contents.html), 2001

리스트 4.6 PixelWriter 클래스의 구현(main.cpp)

```
class PixelWriter {
 public:
  PixelWriter(const FrameBufferConfig& config) : config_{config} {
  }
  virtual ~PixelWriter() = default;
  virtual void Write(int x, int y, const PixelColor& c) = 0;

 protected:
  uint8_t* PixelAt(int x, int y) {
    return config_.frame_buffer + 4 * (config_.pixels_per_scan_line * y + x);
  }

 private:
  const FrameBufferConfig& config_;
};
```

리스트 4.6은 인터페이스에 해당하는 부분의 소스코드다. PixelWriter 클래스를 하나 정의하고 있다. 이 클래스는 픽셀을 그리기 위한 Write() 함수를 포함한다. 이 함수 프로토타입 선언의 뒤에 있는 = 0은 이 함수가 순수 가상함수임을 나타낸다. 순수 가상함수는 구현부가 없는 것이 특징이며 이후에 여러 가지로 구현해 동적으로 구현부를 변환해서 사용할 수 있다. 순수 가상함수는 실제 처리 내용은 정해져 있지 않지만 반환 값이나 파라미터 사양 그리고 함수 이름은 결정된 함수, 즉 인터페이스를 표현할 수 있다.

반환형식이 없는 클래스명과 동일한 이름의 PixelWriter() 함수는 생성자constructor라고 하며, 선두에 물결 표시가 있는 ~PixelWriter() 함수는 소멸자destructor라 한다. 클래스는 구조체와 거의 동일하므로 클래스 자체가 메모리상에 존재하는 것은 아니다. 클래스 유형의 변수를 정의해야 비로소 클래스 정의에 따라 인스턴스가 메모리상에 생성된다.[7] 인스턴스를 메모리상에 구축construct하기 위해 호출되는 것이 생성자, 인스턴스를 제거destruct하기 위해 호출되는 것이 소멸자다.

생성자 PixelWriter::PixelWriter는 프레임 버퍼의 구성정보를 받아 클래스 멤버 변수 config_에 복사한다(복사라고 해도 참조형의 복사이므로 FrameBufferConfig 구조체 내용이 복사

7 클래스가 설계도라고 한다면 인스턴스는 설계도를 기반으로 해서 만든 제작물이라고 보면 된다. C/C++에서 설계도는 메모리상에 놓인 것이 아니고 컴파일러가 컴파일할 때 사용하는 것이지만 프로그래밍 언어에 따라 설계도를 메모리상에 배치하는 경우도 있다.

되는 것이 아닌 그 참조(실체는 포인터)를 복사할 뿐이지만). 구성정보를 생성자로 받아두면 이후에 `PixelWriter::Write()`를 호출할 때 구성정보를 전달할 필요가 없게 된다. 클래스를 사용하지 않는 경우는 `WritePixel()`처럼 1픽셀을 그릴 때마다 구성정보를 전달할 필요가 있지만 클래스를 사용하면 그 부분을 깔끔하게 쓸 수 있다.

리스트 4.7 PixelWriter 클래스를 계승한 클래스(main.cpp)

```
class RGBResv8BitPerColorPixelWriter : public PixelWriter {
 public:
  using PixelWriter::PixelWriter;

  virtual void Write(int x, int y, const PixelColor& c) override {
    auto p = PixelAt(x, y);
    p[0] = c.r;
    p[1] = c.g;
    p[2] = c.b;
  }
};

class BGRResv8BitPerColorPixelWriter : public PixelWriter {
 public:
  using PixelWriter::PixelWriter;

  virtual void Write(int x, int y, const PixelColor& c) override {
    auto p = PixelAt(x, y);
    p[0] = c.b;
    p[1] = c.g;
    p[2] = c.r;
  }
};
```

리스트 4.7은 인터페이스의 구현에 해당하는 부분의 소스코드다. 인터페이스인 `PixelWriter`를 계승해서 2종류의 픽셀 형식 각각에 해당하는 구현을 한 `RGBResv8BitPerColorPixelWriter` 클래스와 `BGRResv8BitPerColorPixelWriter` 클래스를 정의하고 있다. 상속이란 어떤 클래스를 기반으로 해서 기능의 차이를 구현하는 방법 중의 하나다. 이번에는 기본이 되는 `PixelWriter` 클래스의 `Write()` 구현을 위해 상속했다. 상속의 기본이 되는 클래스를 부모 클래스 또는 베이스 클래스라 하며 상속한 새로운 클래스를 자식 클래스, 또는 서브 클래스라고 부른다. 이 부분의 지식은 C++ 교과서에 자세하게 실려 있으므로 필요에 따라 참조하자.

부모 클래스의 함수를 자식 클래스에서 재정의하는 것을 **오버라이드**override라고 한다. 순수 가상함수에 대응하는 함수를 구현하는 것도 오버라이드의 일종이다(앞의 예시는 이 경우임). 오버라이드할 때는 같은 이름, 같은 파라미터, 같은 반환 값을 갖는 함수를 정의해야 하지만 어느 한 가지라도 다르다면 오버라이드되지 않고 새로운 함수가 만들어지므로 주의한다. override 키워드를 사용하면 오버라이드한다고 생각했는데 신규의 함수정의가 돼 버렸을 때 컴파일러가 에러를 출력한다(칼럼 4.2 컴파일 오류는 친구).

두 개의 자식 클래스에는 언뜻 보기에는 생성자 정의가 없지만 실제는 using PixelWriter::PixelWriter;가 생성자 정의를 대신하고 있다. 이 using 선언에 따라 부모 클래스 생성자를 그대로 자식 클래스의 생성자로 사용할 수 있다. 이 효과는 자식 클래스의 인스턴스를 생성할 때 확인할 수 있다.

리스트 4.8 PixelWrite 클래스의 사용법(main.cpp)

```
extern "C" void KernelMain(const FrameBufferConfig& frame_buffer_config) {
  switch (frame_buffer_config.pixel_format) {
    case kPixelRGBResv8BitPerColor:
      pixel_writer = new(pixel_writer_buf)
        RGBResv8BitPerColorPixelWriter{frame_buffer_config};
      break;
    case kPixelBGRResv8BitPerColor:
      pixel_writer = new(pixel_writer_buf)
        BGRResv8BitPerColorPixelWriter{frame_buffer_config};
      break;
  }

  for (int x = 0; x < frame_buffer_config.horizontal_resolution; ++x) {
    for (int y = 0; y < frame_buffer_config.vertical_resolution; ++y) {
      pixel_writer->Write(x, y, {255, 255, 255});
    }
  }
  for (int x = 0; x < 200; ++x) {
    for (int y = 0; y < 100; ++y) {
      pixel_writer->Write(x, y, {0, 255, 0});
    }
  }
  while (1) __asm__("hlt");
}
```

리스트 4.9 pixel_writer 포인터 변수의 정의(main.cpp)

```
char pixel_writer_buf[sizeof(RGBResv8BitPerColorPixelWriter)];
PixelWriter* pixel_writer;

extern "C" void KernelMain(const FrameBufferConfig& frame_buffer_config) {
  ...
```

리스트 4.8은 정의된 클래스를 실제로 사용하는 부분이다. 여기서 등장하는 pixel_writer와 pixel_writer_buf는 리스트 4.9처럼 정의된 글로벌 변수다. 이 프로그램의 전반부에서는 픽셀의 데이터 형식 frame_buffer_config.pixel_format에 따라 2개의 자식 클래스 중 하나를 인스턴스로 생성하고, 해당 인스턴스로의 포인터를 pixel_writer 변수에 설정한다. 후반부에서는 pixel_writer를 사용해 실제로 화면을 채운 다음, 200 × 100의 녹색 사각형을 그리고 있다.

여기서 displacement new에 대한 이야기를 해야겠다. 두 개의 인스턴스를 생성하는데 사용하는 new 연산자를 보면 일반적인 사용법과는 달리 new가 파라미터를 취하고 있다. 이런 형태를 displacement new라고 한다. 일반적인 new를 먼저 설명한 다음에 displacement new를 설명한다.

일반적인 new의 사용법은 new 클래스명이다. 파라미터는 갖고 있지 않다. 일반적인 new는 지정한 클래스의 인스턴스를 **힙**heap **영역**에 생성한다. 힙 영역이란 함수의 실행이 종료돼도 제거되지 않는 영역이며, 함수를 빠져나와도 유지할 필요가 있는 데이터는 new 연산자(C 언어에서는 malloc())로 확보하면 된다. 덧붙여 new 연산자나 malloc()을 사용하지 않고 정의된 보통의 변수는 스택 영역에 배치된다. 스택 영역에 배치된 변수는 그 변수가 정의된 블록을 빠져나오면 파기된다.

new 연산자와 malloc() 함수의 큰 차이는 클래스 생성자가 호출되는지 여부다. malloc()으로 메모리를 확보한 경우는 생성자가 호출되지 않으며, 내용에는 초기화되지 않은 데이터가 들어있는 상대로 메모리 영역을 반환한다. 이에 반해 new 연산자는 메모리 영역을 확보한 후에 생성자를 호출한다. 정확하게 말하자면 컴파일러가 new 연산자를 발견하면 그 부분에 생성자를 호출하기 위한 명령을 자동적으로 삽입하는 구조다. 클래스 생성자를 프로그래머가 명시적으로 호출하는 방법은 없기 때문에 클래스 인스턴스를 만들 때는 new 연산자를 사용할 수밖에 없다.

일반적인 new는 변수를 힙 영역에 확보한다고 말했는데 실제로 이것은 OS가 메모리를 관리할 수 있어야 비로소 가능하다. new 연산자가 메모리를 확보할 때는 OS에 메모리 확보 요청을 하지만 우리가 만든 OS는 아직 메모리 관리를 할 수 없기 때문에 해당 요구에 응할 수 없다. 하지만 앞서 서술했듯이 클래스 생성자를 호출하려면 new 연산자를 사용할 수 밖에 없다. 그럼 메모리 관리가 가능할 때까지 C++의 클래스는 사용할 수 없을까? 아니 그렇지는 않다.

메모리 관리가 없어도 클래스 인스턴스를 꼭 만들고 사람에게는 강한 아군이 있는데 그게 displacement new이다. displacement new는 일반적인 new와는 달라서 메모리 영역을 확보하지 않는다. 그 대신에 파라미터로 지정한 메모리 영역상에 인스턴스를 생성한다. 그 메모리 영역에 대해서 생성자를 호출하는 것이다. OS에 메모리 관리기능이 없어도 프로그래밍 언어에서 기본적으로 제공하는 '배열'을 사용하면 원하는 크기의 메모리 영역을 확보하는 것이 가능하기 때문에 배열과 displacement new를 조합하면 클래스의 인스턴스 생성이 가능하게 된다.

리스트 4.10 displacement new의 연산자 정의(main.cpp)

```
void* operator new(size_t size, void* buf) {
  return buf;
}

void operator delete(void* obj) noexcept {
}
```

displacement new는 <new>를 포함하거나 자신이 정의할 필요가 있다. displacement new의 구현이 얼마나 간단한지 알리고 싶었기에 리스트 4.10에 정의를 나타냈다. C++에서는 operator 키워드를 사용하면 연산자를 정의할 수 있다. 일반적인 new 파라미터는 size뿐이지만 displacement new에서는 추가 파라미터가 있으며 거기에 메모리 영역 포인터가 전달된다. displacement new는 메모리 영역 자체를 확보할 필요가 없으므로 전달받은 메모리 영역에 포인터 buf를 그대로 반환해주면 완료다.

operator delete는 displacement new와는 관계없는 일반적인 delete 연산자이지만 이것을 구현하지 않으면 링크 시에 에러가 발생하기 때문에 어쩔 수 없이 정의하고 있다. ~PixelWriter()가 이 연산자를 요구하는 것 같다. pixel_writer_buf에 대해 new를 만들면 delete는 하지 않으므로 정의가 불필요하다고 생각했다. C++은 어렵다.

그럼 이제 이런 편리한 displacement new를 사용해 생성한 자식 클래스 인스턴스의 포인터를 부모 클래스 PixelWriter를 가리키는 포인터 타입인 pixel_writer 변수에 대입한다. 상속관계가 있는 두 클래스에서는 자식 클래스의 포인터를 부모 클래스의 포인터에 대입해 마치 부모 클래스인 것처럼 자식 클래스를 조작할 수가 있다. 이번 예에서는 부모 클래스로 정의된 인터페이스 PixelWriter::Write()가 자식 클래스에서 구현한 기능을 호출한다. 이 구조를 구현하는 vtable이라는 구조는 '4.4 vtable'에서 소개한다.

후반부에서는 pixel_writer를 사용해 화면을 채운다. 우선은 흰색으로 전체를 칠하고 그 다음에는 녹색으로 사각형을 그린다. WritePixel()의 경우와는 달리 pixel_writer->Write()의 내부에는 조건분기가 없는 것에 주목하자. 50만 회의 조건분기는 KernelMain() 내부에 있는 단 1회의 switch 문으로 그 모습을 바꿨다. 소스코드 라인은 증가했지만 필자는 의미론적으로 깨끗한 프로그램을 선호하기 때문에 일부러 페이지를 할애해 지금의 방법을 소개했다.

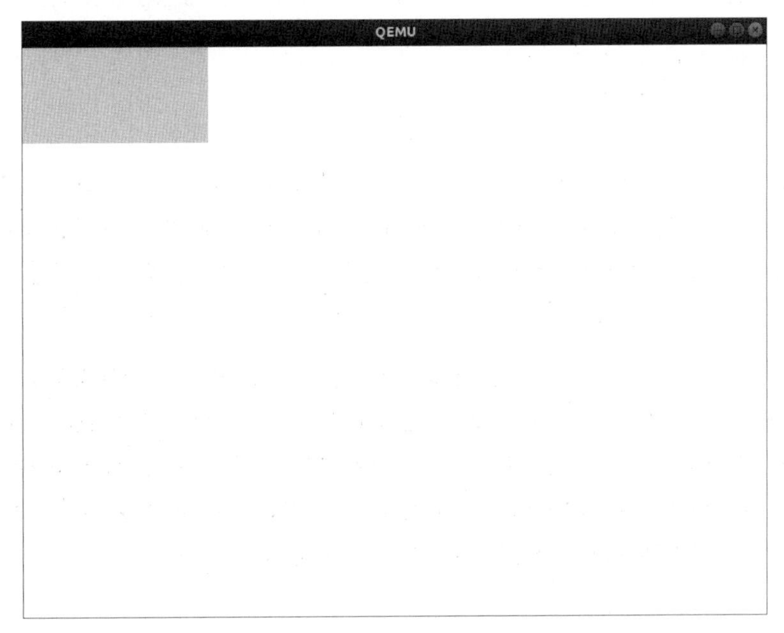

그림 4.3 PixelWriter 클래스를 사용해 녹색의 사각형을 그렸다.

수정한 프로그램을 실행해 보자. 언제나처럼 QEMU로 실행하면 화면에 녹색 사각형이 표시될 것이다(그림 4.3).

칼럼 4.2 컴파일 오류는 친구

컴파일러가 오류나 경고(warning)을 내면 여러분은 어떤 생각이 드는가? 무섭거나 기쁘다라고 말한다면 무섭다고 느끼는 사람도 있을 것이다. 이유는 잘 모르겠지만 컴파일러를 화나게 하는 것은 기분 좋은 일은 아니다. 오류 메시지가 영어이므로 그것도 의미를 알기 어렵게 하는 원인일지도 모르겠다.

하지만 필자는 컴파일러 오류나 경고와는 사이좋게 지내야한다고 생각한다. 왜냐하면 그들은 프로그램 실수를 알려주는 고마운 존재이기 때문이다. 컴파일 타임에 실수를 알아차리는 게 막상 실행했을 때 오류가 나서 잘 되지 않는 것보다 기쁘다. 버그는 가급적 빠른 단계에서 발견해 고치는 편이 간단하다.

```
$ clang++-10 compiler_error.cpp
compiler_error.cpp:3:9: error: cannot initialize a variable of type
'char *' with an lvalue of type 'char'
  char* p = arr[7];
        ^   ~~~~~~
```

이 오류 메시지의 첫 번째 줄은 char* 타입의 변수를 char 타입 값으로 초기화할 수 없다는 의미다. 첫 번째 줄 앞부분에 있는 compiler_error.cpp:3:9:는 에러가 검출된 파일의 이름, 행 번호, 열 번호가 나열돼 있다. 두 번째 줄의 에러가 검출된 행의 실제 내용을 나타낸다.

컴파일러 오류나 경고에 익숙해 지려면 그 내용을 잘 읽고 이해하려는 노력이 중요하다. 그렇다고는 해도 "영어라서 읽을 수 없어!"라는 분도 많을 거라 생각한다. 유감이지만 프로그래밍 세계에서는 영어가 표준이므로 기본적으로는 영어로 읽을 수 밖에 없다(일부 컴파일러의 특정 버전에서는 일본어 메시지에 대응하는 것도 있다). 다행히도 파일 이름, 행 번호 열 번호만 알면 영어를 이해하지 못해도 가리키는 부분을 찾기는 간단하다.

문제의 부분을 바라봐도 오류의 원인을 파악할 수 없으면 더욱더 영문을 독해할 필요가 있다. 이건 괴로운 작업이지만 오류 메시지는 일반적인 영문과는 달라서 패턴화돼 있기 때문에 일반적인 영어 학습과 비교해서 어렵지 않다. 앞의 오류 예시에서는 'char *'와 'char' 부분만 변경하고 다른 부분은 고정한다는 의미다. 또한 평소 자주 만나는 오류는 한정돼 있으니 만나는 에러는 하나씩 의미를 기억해두자. 의미를 모르는 오류를 만났다면 인터넷으로 검색하거나 지인이나 이 책의 지원사이트인 osdev-jp에 질문하면 좋을 것이다.

오류나 경고를 '잘 모르는 무서운 것'이 아닌 '실수를 논리정연하게 보고하는 친절한 녀석'이라고 생각하게 되면 개발에 있어 강력한 아군이 된다. 컴파일러가 말하는 것을 잘 듣고 이해해서 즐거운 개발생활을 하길 바란다.

4.4 vtable

앞의 예에서는 2개의 자식 클래스 중 하나의 인스턴스를 부모 클래스의 포인터에 대입하고, 부모 클래스 포인터를 통해 자식 클래스의 기능을 호출했다. 이 부모 클래스의 포인터를 통해 자식 클래스의 기능을 호출하는 구조의 구현방법은 컴파일러에게 달려 있지만 우리가 사용하는 Clang에서는 vtable이라는 것을 구현한다(vtable 방식이 가장 자주 사용하는 방식이라고 생각한다). vtable은 한마디로 표현하면 가상함수virtual function의 포인터 표table라고 할 수 있다. vtable은 클래스마다 존재하는 것으로 인스턴스별로 존재하는 것이 아니다.

리스트 4.11 클래스 상속

```
class Base {
 public:
  virtual ~Base();
  void Func();
  virtual void VFunc1();
  virtual void VFunc2();
};

class Sub : public Base {
```

```
public:
  ~Sub();
  void Func(); // override 키워드를 붙이면 에러
  void VFunc1() override;
private:
  int x;
};
```

리스트 4.11은 vtable을 설명하기 위한 예가 되는 클래스 상속을 보여준다. 멤버 함수의 정의를 싣지는 않았지만 적당히 정의돼 있다고 생각하자.

클래스의 멤버 함수를 정의할 때 virtual 키워드를 붙이면 그 함수는 가상함수라는 것이 돼 vtable에 추가된다. 한번 vtable에 추가되면 그 자식 클래스에서는 특별히 virtual 키워드를 붙이지 않아도 해당 함수는 가상함수로 취급된다(오버라이드했어도). 따라서 Base 클래스와 그 자식 클래스 Sub의 vtable은 표 4.4, 표 4.5처럼 된다. virtual 키워드를 부모 클래스에 추가하지 않은 Base::Func은 가상함수가 되지 않는다. 따라서 자식 클래스에 같은 이름으로 같은 파라미터의 함수를 정의해도 그 함수는 부모 함수를 오버라이드하지는 않는다. 오버라이드는 어디까지나 가상함수 전용 기능이기 때문이다. 따라서 Sub::Func에 override 키워드를 붙이면 오류가 발생한다.

표 4.4 Base 클래스의 vtable

함수명	값
~Base	Base::~Base
VFunc1	Base::VFunc1
VFunc2	Base::VFunc2

표 4.5 Sub 클래스의 vtable

함수명	값
~Sub	Sub::~Sub
VFunc1	Sub::VFunc1
VFunc2	Base::VFunc2

가상함수를 하나 이상 포함한 클래스의 인스턴스 시작에는 vtable로의 포인터가 포함된다. 즉 Base 클래스의 인스턴스에는 Base::vtable로의 포인터가, sub 클래스의 인스턴스에는 Sub::vtable로의 포인터가 포함된다. 포함된 포인터는 프로그래머가 이용할 수 없고 컴파일러가 함수를 호출할 때 참조한다. 다음과 같이 Sub 인스턴스를 Base로 다루는 경우에도 vtable 자체는 Sub::vtable을 사용하기 때문에 의도한 함수를 호출할 수 있다.

리스트 4.12 vtable을 경유해서 함수 호출

```
Base* base_ptr = new Sub;
base_ptr->Func();     // vtable을 사용하지 않는 호출. Base::Func이 호출된다.
base_ptr->VFunc1();   // vtable을 경유한 호출. Sub::VFunc1이 호출된다.
base_ptr->VFunc2();   // vtable을 경유한 호출. Base::VFunc2이 호출된다.
delete base_ptr;      // vtable을 경유한 호출. Sub::~Sub가 호출된다.
```

4.5 로더를 개량하자(osbook_day04d)

가상함수를 사용한 렌더링 프로그램은 언뜻 보면 잘 동작하는 것 같지만 실제로는 커널의 읽기 처리에 버그가 있다. 커널을 읽기 위해 메모리를 확보하는 부분에서 메모리 크기를 계산하는 처리에 버그가 있다.

본래 로더는 커널 파일에 기록된 정보를 바탕으로 메모리 크기를 결정할 필요가 있다. kernel.elf의 포맷인 ELF 형식에는 메모리로 읽어 들이는데 관련된 정보가 프로그램 헤더라는 부분에 기재돼 있다. 프로그램 헤더를 확인하기 위해 `readelf -I` 명령을 사용한다.

```
$ cd $HOME/workspace/mikanos/kernel
$ readelf -l kernel.elf

Elf 파일 타입은 EXEC(실행 가능 파일)입니다.
Entry point 0x101020
There are 5 program headers, starting at offset 64

프로그램 헤더:
  타입           오프셋             가상 Addr           물리 Addr
                 파일 사이즈         메모리 사이즈        플래그 정렬
  PHDR           0x0000000000000040 0x0000000000100040 0x0000000000100040
                 0x0000000000000118 0x0000000000000118 R    0x8
  LOAD           0x0000000000000000 0x0000000000100000 0x0000000000100000
                 0x00000000000001b0 0x00000000000001b0 R    0x1000
  LOAD           0x0000000000001000 0x0000000000101000 0x0000000000101000
                 0x0000000000000199 0x0000000000000199 R  E 0x1000
  LOAD           0x0000000000002000 0x0000000000102000 0x0000000000102000
                 0x0000000000000000 0x0000000000000018 RW   0x1000
```

```
  GNU_STACK        0x0000000000000000  0x0000000000000000  0x0000000000000000
                   0x0000000000000000  0x0000000000000000  RW    0x0

세그먼트 매핑에 대한
  세그먼트 섹션...
   00
   01  .rodata
   02  .text
   03  .bss
   04
```

프로그램 헤더에 기술돼 있는 PHDR이나 LOAD, GNU_STACK 등은 세그먼트segment라고 한다. 세그먼트는 ELF 형식 파일의 일부분으로 세그먼트마다 파일상에서의 오프셋offset과 크기, 메모리상에서의 오프셋과 크기, 추가로 메모리 속성을 가진다. 이런 세그먼트 정보를 바탕으로 로더는 파일을 메모리상에 읽어들인다.

로더가 주요하게 살펴봐야 하는 세그먼트는 LOAD 세그먼트다. LOAD 세그먼트는 이름 그대로 로더가 읽기 처리를 위해 참조하는 세그먼트다. 로더는 LOAD 세그먼트에 기재된 정보에 따라 파일 데이터를 메모리로 복사한다. 이 같은 처리를 로드load라고 한다.

표 4.6 3개의 LOAD 세그먼트 정보

오프셋	가상 Addr	파일 사이즈	메모리 사이즈	플래그
0x0000	0x100000	0x01b0	0x01b0	R
0x1000	0x101000	0x0199	0x0199	R E
0x2000	0x102000	0x0000	0x0018	RW

3개의 LOAD 세그먼트 정보를 표 4.6에 정리했다. 표의 '가상 Addr'는 단순한 메모리 어드레스라고 생각하자. '19장 페이징'에서 페이징을 학습할 때 '가상'의 의미 그리고 가상과 물리의 차이를 알 수 있게 된다. 각 플래그는 R=Readable(읽기 가능), W=Writable(쓰기 가능), E=Executable(실행 가능)의 의미다. 보안을 향상시키기 위해 메모리에 속성을 붙여 관리하기 위한 정보로 사용한다. 지금은 무시해도 괜찮다.

이 표를 보면 가상 Addr는 0x100000에서 시작하고 있고, 3번째의 LOAD 세그먼트만 파일상의 사이즈와 메모리상의 사이즈가 다르다는 것을 알 수 있다. 가상 Addr가

0x100000에서 시작하는 것은 당연하지만 `ld.lld`의 옵션으로 `--image-base 0x100000`을 지정했기 때문이다. 그럼 3번째의 LOAD 세그먼트만 파일과 메모리 사이즈가 왜 다를까?

그것은 3번째의 LOAD 세그먼트가 .bss 섹션을 포함하고 있기 때문이다. .bss 섹션이란 통상 초기 값 없는 글로벌 변수가 배치되는 섹션이다. 예를 들어 `main.cpp`에서 정의한 글로벌 변수 `pixel_writer_buf`나 `pixel_writer`는 초기 값이 없으므로 .bss 섹션에 배치된다. 초기 값이 없다는 것은 초기 값을 파일에 기록해 둘 필요가 없다는 의미다. 그 때문에 파일상에서의 크기는 0이며 메모리상에서는 크기를 갖는 변수가 된다. 이게 LOAD 세그먼트의 파일 사이즈보다 메모리 사이즈가 커지는 이유다.

3가지의 LOAD 세그먼트 정보를 조합해서 생각하면 그림 4.4 같이 메모리로 읽어들이면 좋을 것이다.

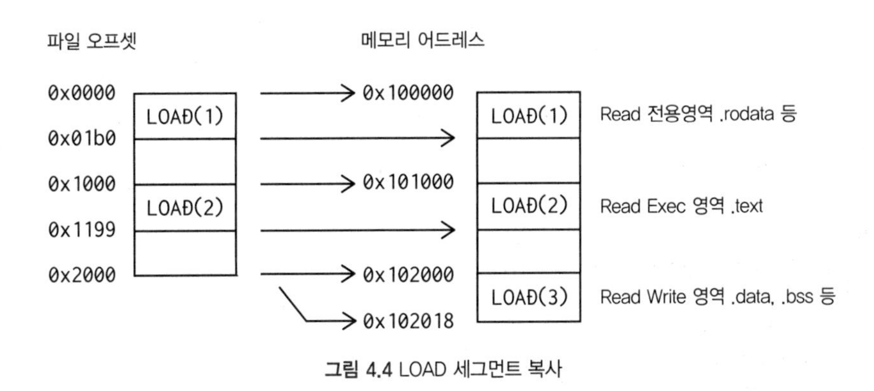

그림 4.4 LOAD 세그먼트 복사

이제 지금까지 프로그램 헤더에 기재된 LOAD 세그먼트에 대한 수치의 의미를 알게 됐다. 다음으로 로더가 kernel.elf 파일에 쓰인 프로그램 헤더를 찾아내는 방법을 설명한다. 이를 위해 ELF 형식에 대해 조금 더 설명한다. 자세하게 알고 싶다면 『링커, 로더 실전 개발 테크닉リンカ・ローダ実践開発テクニック』[8]이 도움이 될 것이다.

8 사카이 히로아키(坂井弘亮), 「リンカ・ローダ実践開発テクニック」, CQ 出版(https://shop.cqpub.co.jp/hanbai/books/38/38071.html), 2010

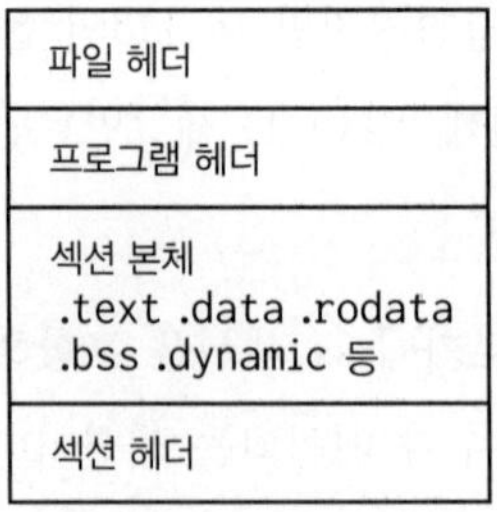

파일 헤더

프로그램 헤더

섹션 본체
.text .data .rodata
.bss .dynamic 등

섹션 헤더

그림 4.5 ELF 파일 구조

ELF 형식 파일은 크게 나눠 파일 헤더, 프로그램 헤더, 섹션 본체, 섹션 헤더로 나눌 수 있다(그림 4.5). 많은 ELF에서는 이 순서대로 나열된 경우가 대부분이다. 파일 헤더는 파일 전체의 정보, 예를 들어 ELF 파일의 비트 수, 대상 아키텍처, 프로그램 헤더나 섹션 헤더의 시작 위치나 사이즈 등이 기재돼 있다. 프로그램 헤더는 앞서 살펴본 대로 로더용 정보가 써 있다. 섹션 헤더는 링커용 정보로 각 섹션의 파일상의 위치와 사이즈, 섹션의 속성 등을 기록하고 있다.

리스트 4.13 64비트 ELF의 파일 헤더(elf.hpp)

```
#define EI_NIDENT 16

typedef struct {
  unsigned char e_ident[EI_NIDENT];
  Elf64_Half e_type;
  Elf64_Half e_machine;
  Elf64_Word e_version;
  Elf64_Addr e_entry;
  Elf64_Off  e_phoff;
  Elf64_Off  e_shoff;
  Elf64_Word e_flags;
  Elf64_Half e_ehsize;
  Elf64_Half e_phentsize;
  Elf64_Half e_phnum;
  Elf64_Half e_shentsize;
  Elf64_Half e_shnum;
  Elf64_Half e_shstrndx;
} Elf64_Ehdr
```

64비트용 ELF 파일 헤더는 리스트 4.13에서 보는 구조로 돼 있다. 이 중에서 `e_phoff`이 프로그램 헤더의 파일 오프셋을 나타내는 항목이다. 여기에 기록된 파일 영역을 읽으면 프로그램 헤더를 얻을 수 있다. 프로그램 헤더는 배열로 돼 있으며, `e_phentsize`는 요소 1개의 크기를, `e_phnum`는 요소의 수를 나타낸다.

리스트 4.14 64비트 ELF의 프로그램 헤더 요소(elf.hpp)

```
typedef struct {
  Elf64_Word  p_type;     // PHDR, LOAD 등의 세그먼트 종류
  Elf64_Word  p_flags;    // 플래그
  Elf64_Off   p_offset;   // 오프셋
  Elf64_Addr  p_vaddr;    // 가상 Addr
  Elf64_Addr  p_paddr;
  Elf64_Xword p_filesz;   // 파일 사이즈
  Elf64_Xword p_memsz;    // 메모리 사이즈
  Elf64_Xword p_align;
} Elf64_Phdr;
```

프로그램 헤더의 각 요소는 리스트 4.14에서 나타낸 구조체로 돼 있다. 표 4.6의 항목명과의 대응을 코멘트로 적어뒀다.

여기까지 정보를 모으면 실제 로더의 개량을 시작할 수 있다. 수정 방침은 다음과 같다.

1. 커널 파일 kernel.elf를 단번에 최종목적지로 읽어들이지 않고 임시 영역에 우선 읽어 들인다.
2. 임시 영역에 읽어 들인 커널 파일의 프로그램 헤더를 읽고 최종목적지의 주소 범위를 취득한다.
3. 임시 영역으로부터 최종목적지로 LOAD 세그먼트를 복사하고 임시 영역을 제거한다.

최종 목적지는 `ld.lld`의 `--image-base` 옵션에서 지정한 값으로 이 책에서는 일관되게 `0x100000`이다. 그러므로 2번째 처리는 불필요하다고 생각할 수 있겠지만 실제로는 의미가 있는 처리다. 한 가지는 복사해야 하는 바이트를 계산하기 위해, 또 한 가지는 `--image-base`의 값을 바꿔도 제대로 동작하도록 하기 위해 필요하다.

그럼 이 방침에 따라서 실제로 코드를 작성한다. 우선 커널 파일을 임시 영역에 읽어 들이는 처리를 리스트 4.15에 정리했다.

리스트 4.15 커널 파일 읽기(Main.c)

```
EFI_FILE_INFO* file_info = (EFI_FILE_INFO*)file_info_buffer;
UINTN kernel_file_size = file_info->FileSize;

VOID* kernel_buffer;
status = gBS->AllocatePool(EfiLoaderData, kernel_file_size, &kernel_buffer);
if (EFI_ERROR(status)) {
  Print(L"failed to allocate pool: %r\n", status);
  Halt();
}
status = kernel_file->Read(kernel_file, &kernel_file_size, kernel_buffer);
if (EFI_ERROR(status)) {
  Print(L"error: %r", status);
  Halt();
}
```

gBS->AllocatePool()은 처음 등장하는 함수로 여기서는 커널 파일을 읽기 위한 임시 영역을 확보하는 데 사용한다. 이 함수는 gBS->AllocatePages()와 마찬가지로 메모리 영역을 확보하는 함수이지만 페이지 단위가 아닌 바이트 단위로 메모리를 확보할 수 있다. 그 대신 확보할 위치를 지정하는 기능은 없다. 일시적인 영역에 커널 파일을 읽는 것이기 때문에 위치 지정 기능은 불필요하다.

gBS->AllocatePool()이 성공하면 kernel_buffer에는 확보된 메모리 영역의 시작 어드레스가 저장된다. 그 어드레스를 kernel_file->Read 호출 시 지정해서 지정해서 커널 파일 내용 전부를 임시 영역에 읽어 들인다.

리스트 4.16 : 복사 대상 메모리 영역의 확보(Main.c)

```
Elf64_Ehdr* kernel_ehdr = (Elf64_Ehdr*)kernel_buffer;
UINT64 kernel_first_addr, kernel_last_addr;
CalcLoadAddressRange(kernel_ehdr, &kernel_first_addr, &kernel_last_addr);

UINTN num_pages = (kernel_last_addr - kernel_first_addr + 0xfff) / 0x1000;
status = gBS->AllocatePages(AllocateAddress, EfiLoaderData,
                            num_pages, &kernel_first_addr);
```

```
if (EFI_ERROR(status)) {
  Print(L"failed to allocate pages: %r\n", status);
  Halt();
}
```

다음으로 최종 목적지의 주소 범위를 취득해 그에 따라 최종 목적지의 메모리 영역을 확보하는 처리를 리스트 4.16에서 보여준다. 최종 목적지의 주소 범위는 구체적으로는 `0x100000`에서 시작하는 어드레스 범위다. `CalcLoadAddressRange()`는 범위를 계산해서 `kernel_first_addr` 변수에 시작 어드레스를, `kernel_last_addr` 변수에 종료 어드레스를 설정한다. 이를 사용해서 필요한 메모리 영역의 크기(num_pages)를 계산해서 메모리를 확보한다.

리스트 4.17 CalcLoadAddressRange()의 구현 (Main.c)

```
void CalcLoadAddressRange(Elf64_Ehdr* ehdr, UINT64* first, UINT64* last) {
  Elf64_Phdr* phdr = (Elf64_Phdr*)((UINT64)ehdr + ehdr->e_phoff);
  *first = MAX_UINT64;
  *last = 0;
  for (Elf64_Half i = 0; i < ehdr->e_phnum; ++i) {
    if (phdr[i].p_type != PT_LOAD) continue;
    *first = MIN(*first, phdr[i].p_vaddr);
    *last = MAX(*last, phdr[i].p_vaddr + phdr[i].p_memsz);
  }
}
```

리스트 4.17은 `CalcLoadAddressRange()`의 구현을 보여준다. 이 함수는 커널 파일 내의 모든 LOAD 섹션(`p_type`이 `PT_LOAD`인 세그먼트)를 순서대로 돌면서 어드레스 범위(`first`, `last`)를 갱신해 간다.

`first`의 계산은 요컨대 여러 값 중에서 최소 값을 찾는 계산이다. 여러 값(a1, a2, ……, aN이라고 하면)에서 최소 값을 찾는 데는 다음과 같은 방법이 있다. 최대 값을 찾는 것도 거의 방법이 동일하다.

1. 계산용 변수(x로 한다)를 준비하고 a1……aN에는 절대 존재할 수 없는 큰 값으로 초기화한다.
2. a1……aN을 하나씩 보면서(ai로 한다) ai와 x 값을 비교한다.

3. ai와 x 값 중 작은 값을 x에 대입한다.

phdr은 프로그램의 헤더 배열을 가리키는 포인터다. phdr[i]는 i번째의 프로그램 헤더를 나타낸다. p_type은 그 세그먼트의 종류를 나타내므로 그게 LOAD 세그먼트가 아니면 처리를 건너뛴다.

이 함수의 처리가 끝나면 *first의 값은 제일 앞에 있는 LOAD 세그먼트의 p_vaddr의 값이 된다. *last의 값은 마지막에 있는 LOAD 세그먼트의 p_vaddr+p_memsz 값이 된다. 모든 LOAD 세그먼트를 하나의 덩어리로 간주하고 그 시작과 마지막 어드레스를 찾는 함수라고 말할 수 있다.

리스트 4.18 LOAD 세그먼트 복사(Main.c)

```
CopyLoadSegments(kernel_ehdr);
Print(L"Kernel: 0x%0lx - 0x%0lx\n", kernel_first_addr, kernel_last_addr);

status = gBS->FreePool(kernel_buffer);
if (EFI_ERROR(status)) {
  Print(L"failed to free pool: %r\n", status);
  Halt();
}
```

여기까지의 설명으로 최종 목적지의 번지 범위를 계산하고 실제로 메모리 영역을 확보하는 것이 가능했다. 다음은 임시 영역에서 최종 목적지로 LOAD 세그먼트를 복사하는 것이다. 리스트 4.18이 그 처리를 하는 부분이다. 그렇다고는 해도 단지 CopyLoadSegments()를 호출하는 것뿐이다. 그 후에 실행하는 gBS->FreePool()은 확보했던 임시 영역을 해제하기 위한 호출이다.

리스트 4.19 CopyLoadSegments()의 구현 (Main.c)

```
void CopyLoadSegments(Elf64_Ehdr* ehdr) {
  Elf64_Phdr* phdr = (Elf64_Phdr*)((UINT64)ehdr + ehdr->e_phoff);
  for (Elf64_Half i = 0; i < ehdr->e_phnum; ++i) {
    if (phdr[i].p_type != PT_LOAD) continue;

    UINT64 segm_in_file = (UINT64)ehdr + phdr[i].p_offset;
    CopyMem((VOID*)phdr[i].p_vaddr, (VOID*)segm_in_file, phdr[i].p_filesz);
```

```
    UINTN remain_bytes = phdr[i].p_memsz - phdr[i].p_filesz;
    SetMem((VOID*)(phdr[i].p_vaddr + phdr[i].p_filesz), remain_bytes, 0);
  }
}
```

CopyLoadSegments()의 내용을 리스트 4.19에 정리했다. 이 함수는 p_type == PT_LOAD인 세그먼트에 대해 다음 2가지 처리를 수행한다.

1. segm_in_file이 가리키는 임시 영역에서 p_vaddr이 가리키는 최종 목적지로 데이터를 복사한다(CopyMem()).
2. 세그먼트의 메모리상 크기가 파일상의 크기보다 큰 경우(remain_bytes > 0) 남은 부분을 0으로 채운다(SetMem()).

최종 목적지에 모든 LOAD 세그먼트를 복사하는 것이 끝났다면 최종 목적지에서 엔트리 포인트를 취득한다(리스트 4.20). 이걸로 로더 개량은 완료다.

리스트 4.20 엔트리 포인트의 취득(Main.c)

```
UINT64 entry_addr = *(UINT64*)(kernel_first_addr + 24);
```

5장

문자 표시와 콘솔 클래스

5장에서는 OS 본체에서 화면에 문자를 출력하는 방법을 배운다. 화면에 문자 표현이 가능해지면 다양한 정보를 표시할 수 있게 돼 OS 개발이 한층 더 쉬워진다.

5.1 문자를 써보자(osbook_day05a)

리눅스는 시작 시 콘솔에 수많은 메시지를 출력한다(그림 5.1). 필자는 이 메시지를 바라는 걸 좋아하는 편이다. 바라보고 있으면 OS가 많은 부품으로 구성돼 있는 느낌이 들기 때문이다. 화면 가득 큰 이미지(스플래시라고 부름)를 표시해 시작 메시지를 숨기는 것이 최근의 유행이지만 그래도 역시 OS 시작에서 메시지를 흘려 보내는 것을 필자는 동경한다. 여러분 생각은 어떤가?

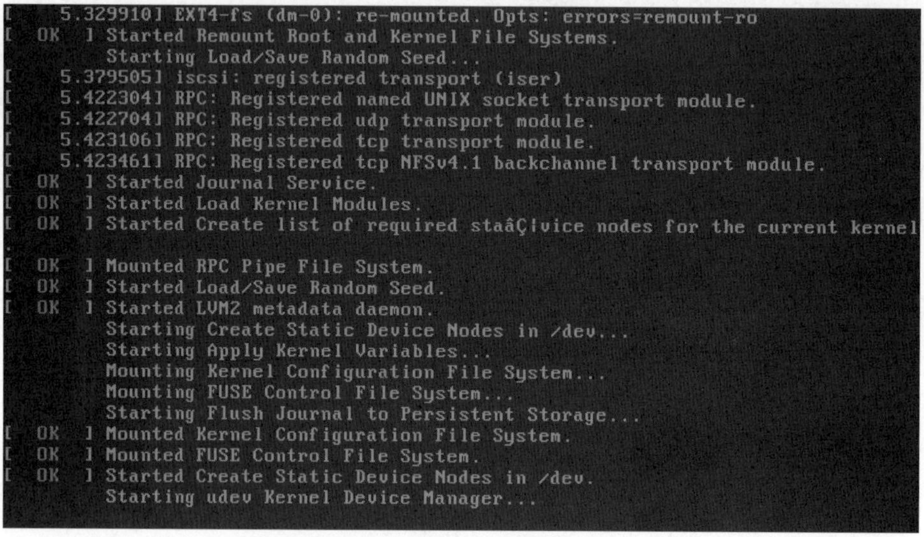

```
[    5.329910] EXT4-fs (dm-0): re-mounted. Opts: errors=remount-ro
[  OK  ] Started Remount Root and Kernel File Systems.
         Starting Load/Save Random Seed...
[    5.379505] iscsi: registered transport (iser)
[    5.422304] RPC: Registered named UNIX socket transport module.
[    5.422704] RPC: Registered udp transport module.
[    5.423106] RPC: Registered tcp transport module.
[    5.423461] RPC: Registered tcp NFSv4.1 backchannel transport module.
[  OK  ] Started Journal Service.
[  OK  ] Started Load Kernel Modules.
[  OK  ] Started Create list of required staâÇ|vice nodes for the current kernel
.
[  OK  ] Mounted RPC Pipe File System.
[  OK  ] Started Load/Save Random Seed.
[  OK  ] Started LVM2 metadata daemon.
         Starting Create Static Device Nodes in /dev...
         Starting Apply Kernel Variables...
         Mounting Kernel Configuration File System...
         Mounting FUSE Control File System...
         Starting Flush Journal to Persistent Storage...
[  OK  ] Mounted Kernel Configuration File System.
[  OK  ] Mounted FUSE Control File System.
[  OK  ] Started Create Static Device Nodes in /dev.
         Starting udev Kernel Device Manager...
```

그림 5.1 우분투의 시작 메시지

픽셀에 색을 그리는 방법은 4장에서 배웠다. 지금은 적당히 칠해서 채우고 있을 뿐이지만 조금 노력하면 문자 모양을 한 그림 그리기도 가능할 것이다. 문자를 화면에 표시하려면 문자의 선 부분만을 칠하고 그 이외를 칠하지 않는(또는 배경색으로 칠하는) 처리를 한다. 이건 간단하게 할 수 있기 때문에 실제로 해 보자. 우선 'A'를 그리기 위해 검게 칠하는 부분을 1, 칠하지 않는 부분을 0으로 한 데이터를 준비한다(리스트 5.1).

리스트 5.1 A의 폰트 데이터(main.cpp)

```
const uint8_t kFontA[16] = {
  0b00000000, //
  0b00011000, //    **
```

```
  0b00011000, //    **
  0b00011000, //    **
  0b00011000, //    **
  0b00100100, //   *  *
  0b00100100, //   *  *
  0b00100100, //   *  *
  0b00100100, //   *  *
  0b01111110, //  ******
  0b01000010, //  *    *
  0b01000010, //  *    *
  0b01000010, //  *    *
  0b11100111, // ***  ***
  0b00000000, //
  0b00000000, //
};
```

이런 글자 타입을 나타내는 데이터를 **폰트**라고 부른다. 프로그래밍적으로는 폰트 크기가 22이면 다루기 편하기 때문에 가로 8픽셀, 세로 16픽셀로 폰트를 준비한다. 1픽셀에 3바이트가 필요한 색 정보와는 다르게 폰트는 칠하거나 칠하지 않는가를 표현하면 충분하기 때문에 1픽셀은 1비트로 나타낼 수 있다. 즉 16개의 8비트 정수로 1문자를 표현할 수 있으므로 폰트는 1문자당 `uint8_t` 16개 요소의 배열로 구성했다. 덧붙여 `0b11100111` 등의 선두에 0b가 붙어있는 수치는 2진수를 의미한다('1.5 결국 무엇을 한 건가?'를 참조).

리스트 5.2 폰트 렌더링 함수(main.cpp)

```
void WriteAscii(PixelWriter& writer, int x, int y, char c, const PixelColor&
color) {
  if (c != 'A') {
    return;
  }
  for (int dy = 0; dy < 16; ++dy) {
    for (int dx = 0; dx < 8; ++dx) {
      if ((kFontA[dy] << dx) & 0x80u) {
        writer.Write(x + dx, y + dy, color);
      }
    }
  }
}
```

리스트 5.2는 작성한 폰트 데이터를 이용해 1문자를 렌더링하기 위한 `WriteAscii()` 함수를 보여준다. 이 함수는 파라미터로 ASCII 코드를 받아 그 문자에 대응하는 폰트를 지정한 위치에 렌더링한다.

외부 for 문에서는 우선 수직 방향으로 돌고, 내부 for 문에서는 가로 방향으로 돌고 있다. 따라서 최초에는 맨 위에 있는 픽셀을 가로 방향으로 그리고, 다음에는 두 번째 픽셀을 가로 방향으로 그리고, 다음에는 3번째 …… 같이 가로 방향으로 8픽셀 그리기를 16회 반복해 폰트를 렌더링한다.

폰트(글꼴) 데이터의 가로 1행분의 데이터는 8비트 정수다. 8비트 정수의 최대 비트(비트 7)는 문자의 가장 왼쪽에, 최소 비트(비트 0)는 문자의 가장 오른쪽에 해당한다. 루프 변수 `dx`가 0일 때를 맨 왼쪽, 7일 때를 맨 오른쪽에 대응시키기로 해서 폰트 데이터에 해당하는 비트가 1인지 여부를 검사하는 식(1일 때 참이 되는 식)은 `(kFontA[dy] << dx) & 0x80u`가 된다. 비트 연산이 조금 알기 어려울지도 모르기 때문에 `kFontA[dy]`가 만일 `0b11000001=0xc1`인 경우의 비트 연산 동작을 표 5.1에 정리했다.

표 5.1 0xc1에 대응하는 비트 연산

dx	0xc1u << dx	(0xc1u << dx) & 0x80u	진위
0	00000000 11000001	0x80	참(칠한다)
1	00000001 10000010	0x80	참(칠한다)
2	00000011 00000100	0	거짓(칠하지 않는다)
…	…	…	…
7	01100000 10000000	0x80	참(칠한다)

C++에서는 0이 거짓이고 0이 아닌 것이 참을 나타내기 때문에 표의 `(0xc1u << dx) & 0x80u` 값이 0이 되면 `writer.Write()`는 실행하지 않고(=픽셀은 칠하지 않고), `0x80`이 될 때 실행하게(=픽셀을 그린다) 된다. 파라미터 `color`에 칠할 색을 지정할 수 있다.

리스트 5.3 폰트 렌더링 함수를 사용한다(main.cpp)

```
WriteAscii(*pixel_writer, 50, 50, 'A', {0, 0, 0});
WriteAscii(*pixel_writer, 58, 50, 'A', {0, 0, 0});
```

이 폰트 렌더링 함수를 사용하는 코드를 KernelMain()에 추가했다(리스트 5.3). WriteAscii()는 내부에서 픽셀을 그릴 필요가 있기 때문에 파라미터로써 PixelWriter 클래스의 참조가 필요하다. 여기서는 포인터를 받아도 상관없지만 그러지 않고 참조로 한 데는 이유가 있다. 참조와 포인터의 적절한 사용은 '칼럼 5.1 참조와 포인터'에 정리했다.

WriteAscii()는 RGBResv8BitPerColorPixelWriter 등의 구현체가 아니라 PixelWriter 인터페이스에 의존한다. 인터페이스와 구현을 분리시켜 인터페이스를 통해 모듈을 상호 결합시키는 방법은 규모가 큰 프로그램을 만들기 위한 모듈 분할의 기본이다. WriteAscii()의 구현은 픽셀의 구체적인 렌더링 방법과는 분리됐기 때문에 픽셀의 렌더링 방법을 변경해도 WriteAscii() 측을 변경할 필요가 없다.

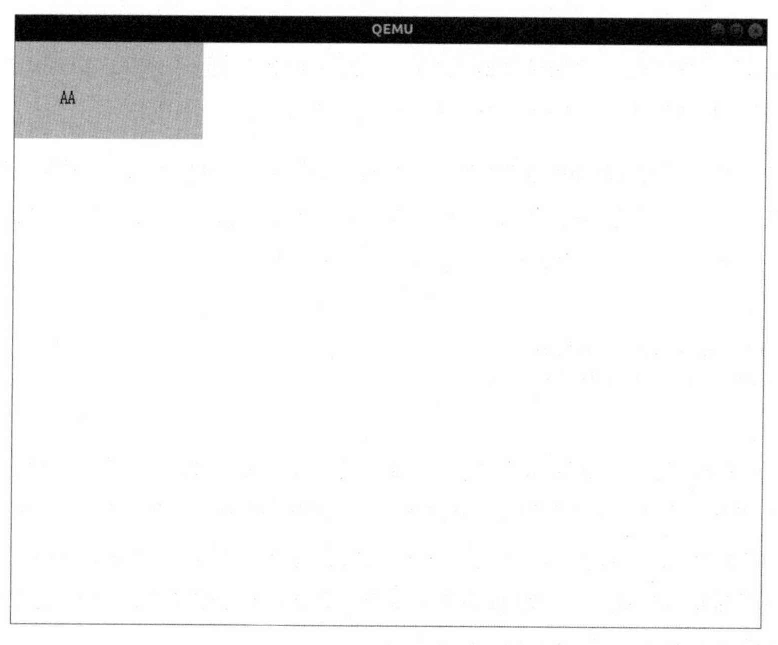

그림 5.2 폰트 렌더링해 보기

그래서 폰트 렌더링 기능을 추가한 커널을 QEMU로 기동하면 그림 5.2처럼 된다. 문자가 늘어나면 좀 더 즐거워질 것 같다.

칼럼 5.1 참조와 포인터

C의 시대부터 존재했던 포인터와 C++에 도입했던 참조는 다른 객체(변수 등)을 가리킨다는 점에서는 본질적으로 기능이 동일하다. 예를 들어 다음 프로그램에서 변수 a와 b의 최종 값은 양쪽 모두 42가 된다.

```
int a = 1, b = 2;
int& ra = a;  // ra는 a를 가리키는 참조
int* pb = &b; // pb는 b를 가리키는 포인터
ra = 42;
*pb = 42;
```

컴파일러가 출력하는 기계어로 봐도 참조와 포인터는 대부분의 경우 동일하다. 결국 참조도 포인터도 메모리 어드레스를 사용한 표현임에는 변함이 없다는 뜻이다.

다른 것은 널 포인터의 사용 용이성이다. 포인터의 경우에는 단순히 nullptr이라든지 0이라고 쓰는 것만으로 널 포인터를 표현할 수 있다. 한편 참조의 경우는 널 포인터(널 참조)를 만드는 것은 꽤 번거롭다. 억지로 만들어 보면 다음과 같다.

```
int* null_ptr = nullptr;
int& null_ref = *null_ptr;
```

널 포인터의 사용 용이성과 비교하면 널 참조는 만들기가 매우 어렵다. 만들기 어려운 걸 넘어 만들 수 없는 것이라고 말해도 괜찮다. 왜냐하면 널 참조를 만들려면 이번 예처럼 널 포인터를 역참조(*null_ptr처럼 간접연산자로 참조를 없애는 것)하는 정의되지 않은 동작을 사용해야 되기 때문이다. 정의되지 않은 동작은 중대한 버그이므로 버그 없는 프로그램을 만들기 위해서 널 참조는 있어서는 안 된다.

널 참조를 만들기가 어렵다는 점은 "널을 넘기고 싶지 않아."라는 의사 표현으로 활용할 수 있다. 포인터의 경우에는 널 포인터를 포함해서 정상 값으로 다룰 수도 있고 또는 널 포인터는 비정상 값으로 다룰 수도 있다. 한편 참조의 경우 널 참조는 반드시 비정상 값이며 널 참조를 넘기는 경우는 없다는 가정을 하고 있기에 문제가 없다. WriteAscii()는 Pixel

Writer로의 포인터가 아닌 참조를 받고 있는데, 이에 따라 PixelWriter는 반드시 존재하는 것을 넘겨주길 원한다는 의사를 명시하고 있는 것이다.

5.2 분할 컴파일(osbook_day05b)

개발이 계속 진행돼 어느새 main.cpp가 130줄이 됐다. 아직 지나치게 크다라고는 할 수 없지만 화면 렌더링에 관련된 코드, 폰트에 관계된 코드, 메인 함수 등 복잡한 내용이 하나의 파일에 포함돼 조금 혼란스럽다는 느낌이 든다.

규모가 큰 프로그램을 개발할 때 하나의 파일은 가급적 하나의 관심사에 특화시키면 개발하기가 편해진다. 파일을 분할해 관심사를 각각 정리해서 파악하기 쉽다는 효과 외에, 변경이 있던 파일만을 다시 컴파일해서 컴파일 시간을 감소시킬 수 있다는 이점도 있기 때문이다. 프로그램 덩치가 커짐에 비례해 컴파일 시간은 길어지게 때문에 파일 분할의 효과는 그만큼 쉽게 확인할 수 있다. 파일 분할 방법을 배우기에 아주 좋은 시점이므로 이번 절에서 설명한다.

C++에서는 함수나 클래스 등 단위로 파일을 분할할 수 있다. 분할한 파일은 개별적으로 컴파일해 오브젝트 파일로 변환[1]한 다음 오브젝트 파일 전체를 링크해서 하나의 실행 가능 파일(또는 공유 오브젝트 파일)을 만든다. 컴파일은 .cpp 파일 단위로 수행되므로 파일을 분할해 두면 변경이 있었던 파일만을 컴파일한 후에 전체를 링크하면 완료된다. 일반적으로 컴파일하는 쪽이 링크할 때보다 시간이 더 걸리기 때문에 파일을 분할해 두면 전체 빌드에 걸리는 시간이 줄어든다.

파일 분할 방법에는 .cpp를 나누는 것 외에도 헤더 파일로 분할해 놓고 .cpp에서 포함하는 방법도 있는데, elf.hpp나 frame_buffer_config.hpp를 예로 들 수 있겠다. 다만 이 방법으로는 1회 컴파일 시에 모든 파일이 포함돼 정리된 다음 컴파일된다. 따라서 분할 컴파일에 따른 전체 컴파일 시간을 줄이는 목적은 만족시킬 수 없다.

1 각각의 컴파일 처리를 번역 단위(translation unit)라 한다. 보통의 번역 단위는 하나의 .cpp 파일과 거기에 포함된 헤더 파일로 구성된다.

이런 이유로 여러 .cpp로 파일을 분할하는 것을 목표로 한다. 현재 main.cpp에 작성된 코드를 다음과 같이 분할하기로 했다.

graphics.cpp: 이미지 처리에 관련된 코드를 쓴 파일이다. `PixelWriter` 클래스 등이 여기에 포함된다.

font.cpp: 폰트에 관련한 코드를 쓴 파일이다. `WriteAscii()` 등이 여기에 포함된다.

main.cpp: 메인 함수를 포함한 파일이다.

파일 분할은 장점뿐만 아니라 불행히도 단점도 있다. 단점은 클래스명이나 함수명 등이 보이는 범위가 나눠져 버리는 것에 기인하는 문제다. 파일을 분할하면 다른 파일에서 쓴 클래스명이나 함수명 등이 보이지 않아서 그걸 사용할 수 없게 된다. 그래서 일반적으로는 헤더 파일에 선언을 써두고 필요한 .cpp 파일에서 헤더 파일을 포함시키는 방법을 사용한다. 이 방법을 사용하면 정의를 각각의 .cpp 파일에 분할시키면서도 전 파일에 걸쳐 기능을 이용할 수 있게 된다. 구체적인 예를 보는 편이 이해하기 쉽다고 생각하기 때문에 graphics.cpp를 통해 파일 분할 예를 소개한다.

리스트 5.4 graphics.hpp에는 구조체나 클래스 정의를 쓴다

```
#include "frame_buffer_config.hpp"

struct PixelColor {
  uint8_t r, g, b;
};

class PixelWriter {
  ...
};

class RGBResv8BitPerColorPixelWriter : public PixelWriter {
 public:
  using PixelWriter::PixelWriter;
  virtual void Write(int x, int y, const PixelColor& c) override;
};

class BGRResv8BitPerColorPixelWriter : public PixelWriter {
 public:
  using PixelWriter::PixelWriter;
```

```
  virtual void Write(int x, int y, const PixelColor& c) override;
};
```

리스트 5.4에서는 새롭게 만든 헤더 파일을 보여준다. 원래 main.cpp에 있었던 PixelColor 구조체나 PixelWriter 클래스 및 그 하위 클래스를 여기로 이동시켰다. 이처럼 다수의 .cpp에서 사용 가능성이 있는 프로그램 부품은 헤더 파일에 써 둔다.

RGBResv8BitPerColorPixelWriter처럼 멤버 함수를 가진 클래스[2]의 경우에는 헤더 파일에 멤버 함수를 포함한 클래스 정의 전체를 쓴다. 다만 멤버 함수 본체는 헤더 파일에는 작성하지 않았으며 프로토타입 선언만 있는 것에 주목하자. 멤버 함수의 본체는 graphics.cpp에 있다. 멤버 함수 본체를 헤더 파일에 쓰는 것이 좋을지, 이번처럼 .cpp 파일에 쓰면 좋을지는 경우에 따라 다르겠지만 분할 컴파일의 이점을 최대한 살리기 위해서는 함수 본체는 가급적 .cpp 파일에 작성하는 것이 좋다. 헤더 파일에 함수 본체를 작성해 버리면 함수 본체를 수정할 때마다 해당 헤더 파일을 포함하는 모든 .cpp 파일을 다시 컴파일할 필요가 있기 때문이다.

리스트 5.5 graphics.cpp로 이동시킨 멤버 함수 정의

```
#include "graphics.hpp"

void RGBResv8BitPerColorPixelWriter::Write(int x, int y, const PixelColor& c) {
  auto p = PixelAt(x, y);
  p[0] = c.r;
  p[1] = c.g;
  p[2] = c.b;
}
```

리스트 5.5는 graphics.cpp 파일의 내용 일부를 보여준다. 이해하기 쉽다는 관점에서 헤더 파일과 .cpp 파일은 한 조를 이룬다. 파일 내용에서 알 수 있듯이 클래스 정의의 외부에서 함수 정의를 작성하려면 클래스명::멤버 이름 같이 클래스명을 앞에 놓아두면 된다. 클래스명을 쓰지 않고 void Write(...) {라고 써 버리면 멤버 함수가 아닌 글로벌 함수 정의가 돼 버린다.

2 C++에서 구조체와 클래스는 디폴트 가시속성(public과 private)이 다른 것을 제외하고 동일하다. 하지만 필자는 멤버 함수를 가진 경우에 클래스, 그 이외의 경우에는 구조체로 구분해 사용한다.

리스트 5.6 main.cpp에 분할한 헤더 파일을 읽어들이는 모습

```
#include "frame_buffer_config.hpp"
#include "graphics.hpp"
#include "font.hpp"
```

리스트 5.6은 main.cpp에서 FrameBufferConfig와 PixelWriter, WriteAscii()를 사용하기 위해 3개의 헤더 파일을 읽는 것을 보여준다. 파일 분할의 결과 각각의 정의가 각 파일에 분산됐으므로 개별적으로 #include할 필요가 생겼다.

이 때문에 Makefile도 수정했지만 본 주제와는 벗어나기 때문에 본문에서는 설명하지 않는다. 궁금하면 샘플코드 $HOME/workspace/mikanos/kernel/Makefile(Git 태그: osbook_day05b)를 읽어보자.

5.3 폰트를 늘려보자(osbook_day05c)

지금까지는 A라는 문자의 표시를 할 수 있었다. 이제 폰트를 늘려가면 어떤 문자라도 동일하게 그릴 수 있다. 다만 영숫자와 기호만 해도 100문자 정도 있기 때문에 전체를 자신이 만드는 것은 큰 일이다. OS를 만들고 싶은 것이지 폰트를 만들고 싶은 것은 아니기 때문에 여기서는 기존의 폰트를 사용하기로 한다. 자유롭게 사용할 수 있는 폰트 중 하나로 '새벽 폰트'[3]가 있는데 운 좋게도 8 × 16 영숫자 폰트가 포함돼 있으므로 그걸 사용하겠다. 새벽 폰트 데이터를 가공해서 다루기 쉽도록 hankaku.txt로 추가했다. 이 파일에는 리스트 5.7 같은 데이터가 256문자 포함돼 있다.

리스트 5.7 hankaku.txt의 내용 일부

```
0x41 'A'
........
...@....
...@....
..@.@...
..@.@...
..@.@...
```

3 http://openlab.ring.gr.jp/efont/shinonome/

```
.@...@..
.@...@..
.@...@..
.@@@@@..
@.....@.
@.....@.
@.....@.
@.....@.
........
........
```

이제 hankaku.txt 폰트 파일이 준비됐으니 이 파일을 OS에서 사용할 수 있도록 해 보겠다. 방법은 여러 가지가 있는데, 예를 들면 OS에 파일 읽기 기능을 붙여서 폰트 파일을 읽어 들이는 방법을 생각해 볼 수 있다. 다만 이것은 현 시점에서는 매우 어렵다. 우선 파일 로드 기능을 만들려면 필요로 하는 전제기능이 너무 부족하기 때문에 이런 전제기능 구현을 포함한 대규모 개발이 필요하다. 만약 파일 읽기가 가능해졌다고 해도 폰트 파일을 읽을 수 없는 경우가 발생하면 폰트가 없으므로 에러 메시지를 표시 못할 수 있다. 이런 이유로 커널 파일에 직접 통합한다. 함수 기계어나 변수 초기 값이 kernel.elf에 포함돼 있는 것과 마찬가지로 폰트 데이터도 커널에 포함시킨다. 그렇게 하면 OS의 구동 직후부터 폰트 데이터를 사용할 수 있다.

hankaku.txt 그대로는 프로그램에서 다루기 어렵기 때문에 이전에 준비한 kFontA 배열과 같은 형식으로 사전에 변환해서 포함시킨다. 즉 1문자당 16바이트의 바이너리 데이터가 된다. 전부 256 문자의 폰트가 있기 때문에 16 × 256 = 4096바이트 데이터가 된다. 데이터를 변환하기 위한 툴은 필자가 만들어 $HOME/workspace/mikanos/tools/makefont.py에 올려뒀다. 이걸 사용하면 hankaku.txt를 변환해 4096바이트의 바이너리 파일을 얻을 수 있다.

```
$ ../tools/makefont.py -o hankaku.bin hankaku.txt
```

생성된 hankaku.bin 파일은 링크하기 위한 '접착제 역할'을 담당하는 정보가 일체 없는 바이너리(베타 바이너리 또는 플래그 바이너리라고 함)이므로 커널 파일에 통합하려면 좀 더 연구가 필요하다. objcopy란 명령을 사용하면 베타 바이너리에 필요한 추가 정보를 붙일 수 있다.

```
$ objcopy -I binary -O elf64-x86-64 -B i386:x86-64 hankaku.bin hankaku.o
```

이걸로 hankaku.o라는 링크에 필요한 정보가 추가된 오브젝트 파일을 제작했다. 이 파일을 main.o 등과 함께 링크하면 프로그램상에서 변수로 보이게 된다.

리스트 5.8 hankaku.o의 데이터를 변수로 참조한다(font.cpp)

```
extern const uint8_t _binary_hankaku_bin_start;
extern const uint8_t _binary_hankaku_bin_end;
extern const uint8_t _binary_hankaku_bin_size;

const uint8_t* GetFont(char c) {
  auto index = 16 * static_cast<unsigned int>(c);
  if (index >= reinterpret_cast<uintptr_t>(&_binary_hankaku_bin_size)) {
    return nullptr;
  }
  return &_binary_hankaku_bin_start + index;
}
```

리스트 5.8에서는 커널 파일에 통합된 폰트 데이터를 프로그램에서 참조하는 방법을 보여준다. _binary로 시작하는 3개의 변수명은 objcopy 명령을 통해 결정된 이름이므로 자유롭게 명명할 수는 없다. 여기서 정의한 GetFont()는 ASCII 코드에 대응한 폰트 데이터(1문자당 16바이트)의 시작 주소를 반환한다.

3개의 변수 선언에 extern이 붙는 것에 주목하자. extern은 어딘가 다른 오브젝트 파일에 있는 변수를 참조하겠다고 컴파일러에 전달하는 효과가 있다. 3개의 변수를 font.o 안에서 생성하려는 것이 아니고 hankaku.o에 있는 걸 참조하고 싶은 것뿐이므로 extern을 붙인다(extern 관련 이야기는 잘 몰라도 큰 문제가 아니므로 신경 쓰지 말고 계속 진행하자.)

리스트 5.9 hankaku.o 데이터를 사용하도록 수정(font.cpp)

```
void WriteAscii(PixelWriter& writer, int x, int y, char c, const PixelColor&
color) {
  const uint8_t* font = GetFont(c);
  if (font == nullptr) {
    return;
  }
```

```
  for (int dy = 0; dy < 16; ++dy) {
    for (int dx = 0; dx < 8; ++dx) {
      if ((font[dy] << dx) & 0x80u) {
        writer.Write(x + dx, y + dy, color);
      }
    }
  }
}
```

리스트 5.9에서는 통합한 폰트 데이터를 사용하도록 수정한 `WriteAscii()`를 보여준다. `GetFont()`로부터 문자 `c`에 대응하는 폰트를 얻어 렌더링한다. 수정한 부분은 폰트의 취득 방법뿐이라서 for 문의 내용은 `kFontA`를 `font`로 변경한 부분 외에는 이전과 동일하다.

ASCII 코드의 문자를 대강 출력할 수 있게 됐으므로 기념촬영을 해봤다(그림 5.3).

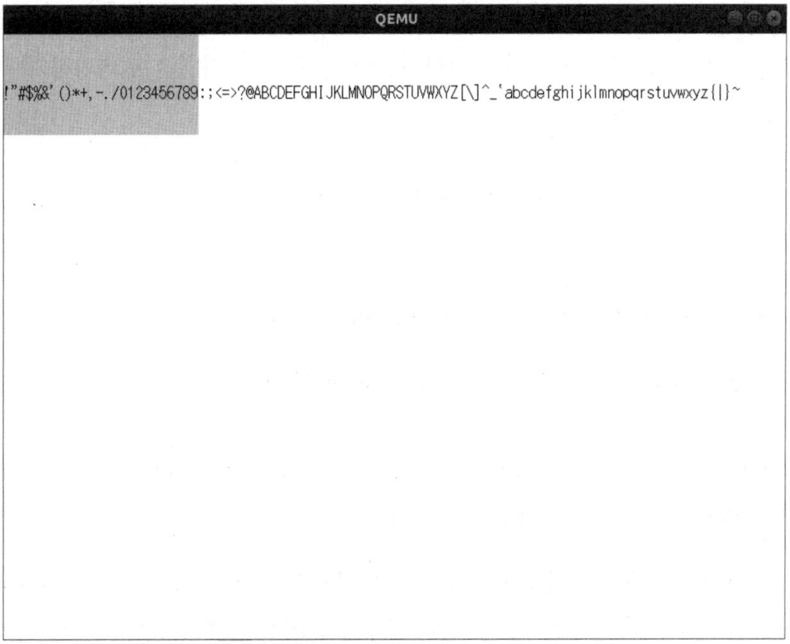

그림 5.3 폰트 대집합

5.4 문자열 그리기와 sprintf() (osbook_day05d)

여기까지 왔으면 1문자씩이 아니라 문자열로, 욕심을 낸다면 printf 같은 서식이 지정된 문자열로 표시하고 싶은 마음이 들 것이다. 그렇게 힘들지는 않으므로 순서대로 구현해 보겠다.

리스트 5.10 문자열 렌더링 함수(font.cpp)

```
void WriteString(PixelWriter& writer, int x, int y, const char* s, const
PixelColor& color) {
  for (int i = 0; s[i] != '\0'; ++i) {
    WriteAscii(writer, x + 8 * i, y, s[i], color);
  }
}
```

우선은 서식 없는 문자열 표시에 대응해 보겠다. 이건 정말 간단한데 단순히 for 문으로 반복해서 WriteAscii()를 호출하면 된다. 리스트 5.10에 문자열을 렌더링하기 위한 함수 WriteString()을 정리했다.

리스트 5.11 문자열 렌더링 함수를 사용해 Hello, world! 출력(main.cpp)

```
int i = 0;
for (char c = '!'; c <= '~'; ++c, ++i) {
  WriteAscii(*pixel_writer, 8 * i, 50, c, {0, 0, 0});
}
WriteString(*pixel_writer, 0, 66, "Hello, world!", {0, 0, 255});
```

리스트 5.11은 메인 함수에서 WriteString()을 사용하는 예를 보여준다. 이 코드를 실행하면 화면에 푸른색으로 'Hello, world!' 문자열이 표시된다.

다음으로 서식을 통해 가공된 문자열 표시에 도전해 보겠다. 서식 지정 문자열을 구현하려면 printf 같이 %d 등을 해석할 수 있는 함수를 준비할 필요가 있다. 간단한 것이라면 스스로 만들어도 좋을지 모르겠지만 역시 표준 라이브러리에 포함된 함수를 사용하는 것이 편하다.

이 책에서는 Newlib라는 표준 C 라이브러리를 사용한다. Newlib는 OS가 없는 임베디드 기기에서도 간단하게 사용할 수 있도록 이식성이 높게 제작됐으므로 지금 제작하는

OS에서도 간단하게 도입할 수 있다. 라이브러리는 이 책에서 준비한 개발환경에 포함돼 있으므로 이미 여러분 PC의 $HOME/osbook/devenv/x86_64-elf 이하 부분에 배치돼 있을 것이다. include 디렉터리에 각종 헤더 파일이, lib 디렉터리에 각종 라이브러리 파일이 있다.

표준 C 라이브러리에 포함된 sprintf()를 사용해 서식 있는 문자열을 출력해 보겠다. 매우 간단한데 <cstdio>를 포함시킨 다음 리스트 5.12 같이 작성하면 된다.

리스트 5.12 sprintf()로 서식 있는 문자열 가공(main.cpp)

```
char buf[128];
sprintf(buf, "1 + 2 = %d", 1 + 2);
WriteString(*pixel_writer, 0, 82, buf, {0, 0, 0});
```

Newlib는 가능한 한 OS에 의존하지 않도록 구현돼 있다. 하지만 일부 라이브러리 함수, 예를 들어 malloc이나 printf 등은 아무래도 OS의 기능을 사용할 필요가 있다. 동적 메모리 관리나 입출력 등이 OS 기능의 대표적인 사례다. Newlib에서는 OS에 의존하는 부분에 해당하는 malloc이나 printf 등을 표준 함수에서 별도의 함수로 분리해 Newlib를 사용하는 사람이 독자적으로 구현하게끔 구조화돼 있다. 따라서 Newlib를 사용하기 위해서는 별도로 분리된 함수를 구현할 필요가 있다. 현단계에서는 OS가 거의 기능을 갖고 있지 않기 때문에 그런 함수 대부분은 내용이 빈 채로 정의할 수 밖에 없지만 그래도 strlen나 sprintf 등 메모리상의 조작만으로 처리가 가능한 함수는 문제없이 사용할 수 있다.[4]

그래서 sprintf를 사용할 때에 정의를 해야 되는 함수를 newlib_support.c에 정리해서 정의했다. 대부분의 함수 정의는 비어 있어서 재미없기 때문에 본문에서는 소개하지 않지만 흥미가 있는 독자는 소스코드를 읽어보길 바란다. OS에 기능이 강화돼 감에 따라 이런 함수의 구현을 더해가면 더 많은 표준 라이브러리 함수를 사용할 수 있게 된다.

그래서 newlib_support.c에 함수를 구현했으면 sprintf를 사용할 수 있으므로 빌드해서 구동해 보자.

4 엄밀하게는 sprintf가 내부적으로 동적 메모리 할당을 수행하는 부분이 있지만 %d 등의 단순한 서식지정자를 사용하는 한에서는 동적 메모리 할당이 수행되는 경우는 없다.

```
$ source $HOME/osbook/devenv/buildenv.sh
$ make
```

빌드가 완료되면 QEMU로 구동해 본다. 그림 5.4 같이 %d에 값이 채워져서 표시되면 성공이다.

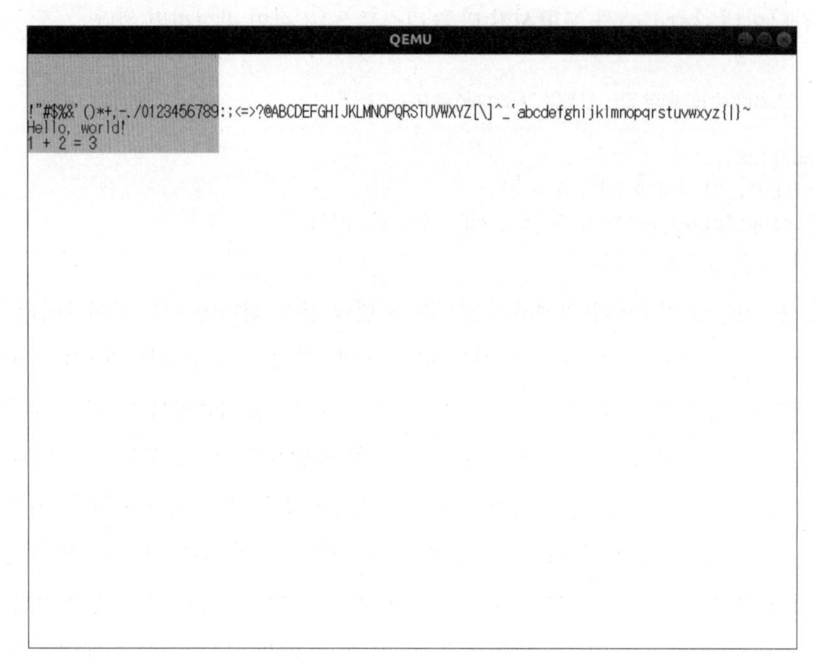

그림 5.4 sprintf()로 계산결과를 표시

5.5 콘솔 클래스(osbook_day05e)

문자열이 표시 가능하게 됐다면 반드시 구현하고 싶은 기능으로써 **콘솔**console이 있다. 콘솔은 원래 컴퓨터의 제어 테이블을 의미한다. 일반적으로는 화면과 입력장치가 붙어 있으며 키보드를 눌러서 컴퓨터를 제어하는 장치다. 하지만 여기서는 '화면에 메시지를 표시하는 기능' 정도의 의미로 사용한다. 아직 키보드로 입력하는 기능 등을 구현하지 않았기 때문에 출력전용 콘솔이 된다.

다량으로 출력되는 메시지를 표시하기 위해서는 줄바꿈 문자로 줄바꿈 하는 기능과 줄이 화면의 하단에 도달할 때 한 줄씩 스크롤하는 기능이 필요하다. 줄바꿈 문자로 줄바꿈 하는 것은 간단하다. 문자열을 처음부터 살펴보다가 줄바꿈 문자와 만나면 X 좌표를 0으로 돌리고 Y 좌표를 16만큼 증가시키면 된다. 반면에 스크롤은 조금 복잡하다. 스크롤하려면 화면을 한번 채워서 메시지를 지우고 다시 한 줄씩 내린 다음 메시지를 렌더링할 필요가 있다. 이 때문에 스크롤되기 전까지 표시됐던 메시지를 최소한 한 화면을 기억해둬야 한다.

리스트 5.13 콘솔 클래스의 정의(console.hpp)

```
#pragma once

#include "graphics.hpp"

class Console {
 public:
  static const int kRows = 25, kColumns = 80;

  Console(PixelWriter& writer,
      const PixelColor& fg_color, const PixelColor& bg_color);
  void PutString(const char* s);

 private:
  void Newline();

  PixelWriter& writer_;
  const PixelColor fg_color_, bg_color_;
  char buffer_[kRows][kColumns + 1];
  int cursor_row_, cursor_column_;
};
```

이를 고려해 작성한 콘솔 클래스의 정의를 리스트 5.13에 정리했다. 요점을 간단히 설명하면 kRow와 kColumns는 콘솔 표시영역의 크기를 문자수로 나타낸 것이다. 세로 방향의 행수가 kRows, 가로 방향의 열수가 kColumns이다. 클래스 내부에 static으로 정의한 변수는 정석 변수이며 OS가 메모리에 로드돼 종료할 때까지 계속해서 존재하는 변수다. static const는 C++에서 정수를 정의하는 일반적인 구문이다.

PutString()은 클래스의 유저 인터페이스로 공개된 유일한 인터페이스로(생성자를 제외하고), 주어진 문자열을 콘솔에 출력하는 콘솔 클래스의 주목적이 되는 기능을 제공한다.

일반적인 콘솔은 커서라는 것이 있어서 해당 커서 위치에 문자열이 렌더링된다. 이 클래스에도 cursor_row_와 cursor_column_이 있으며, 각각 커서의 수직 및 수평 방향의 위치를 표현한다. 문자열은 기본적으로 커서 위치에서 오른쪽 방향으로 렌더링되기 때문에 만약 문자열 중에 줄바꿈 문자가 있다면 줄바꿈 처리를 한다. 문자열을 렌더링하는 색은 fg_color_를 사용한다(fg는 foreground = 전경(前景)).

Newline()은 줄바꿈 처리를 수행한다. 줄바꿈 처리에서는 반드시 cursor_column_을 0으로 돌린다. cursor_row_의 경우에는 1을 증가시키는데 만약 콘솔 표시영역의 최하위 줄에 도달했다면 줄바꿈 처리가 아닌 스크롤 처리를 실시한다.

buffer_는 콘솔 표시영역에 있는 문자열을 저장하는 버퍼다. 줄 끝에 널 문자('\0')를 쓰기 때문에 열 수보다 1만큼 큰 크기를 할당하고 있다. 이 버퍼의 데이터는 스크롤 처리 시에 표시영역 전체를 다시 렌더링하기 위한 용도로 사용된다. 스크롤 처리 시 표시영역을 채우는 색은 bg_color_를 사용한다(bg는 background=배경).

리스트 5.14 콘솔 클래스의 생성자 정의(console.cpp)

```
Console::Console(PixelWriter& writer,
    const PixelColor& fg_color, const PixelColor& bg_color)
    : writer_{writer}, fg_color_{fg_color}, bg_color_{bg_color},
      buffer_{}, cursor_row_{0}, cursor_column_{0} {
}
```

리스트 5.14는 특별히 색다를 것이 없는 생성자다. 클래스 동작에 필요한 정보를 받아 멤버 변수에 저장한다. 표시영역의 문자열을 저장하기 위한 buffer는 일단 널 문자로 초기화해 두고 문자열이 비어있는 상태로 둔다.

리스트 5.15 유일한 공개 인터페이스인 PutString() 정의(console.cpp)

```
void Console::PutString(const char* s) {
  while (*s) {
    if (*s == '\n') {
      Newline();
    } else if (cursor_column_ < kColumns - 1) {
      WriteAscii(writer_, 8 * cursor_column_, 16 * cursor_row_, *s, fg_color_);
      buffer_[cursor_row_][cursor_column_] = *s;
      ++cursor_column_;
```

```
    }
    ++s;
  }
}
```

리스트 5.15는 PutString() 정의다. 주어진 문자열을 처음부터 한 문자씩 처리한다. 줄바꿈 문자라면 Newline()으로 처리를 위임하고, 그 이외 보통의 문자라면 그대로 렌더링한다.

지금 시점에서는 줄바꿈 문자만 대응하고 있지만 ASCII 코드에서는 그 이외의 제어 문자도 많이 정의돼 있다. 예를 들어 탭 문자('\t')는 줄바꿈 문자와 더불어 자주 사용되지만 지금까지는 탭이 일반적인 하나의 문자로 취급돼 버린다. 본래라면 8자리씩 공백을 만들어야 한다. 또한 마이너한 벨 문자('\a')란 것도 있다. 벨 문자를 본격적으로 구현하려면 소리를 내거나 아이콘을 점멸시킬 수 있어야 한다.

리스트 5.16 줄바꿈 처리를 수행하는 Newline() 정의(console.cpp)

```
void Console::Newline() {
  cursor_column_ = 0;
  if (cursor_row_ < kRows - 1) {
    ++cursor_row_;
  } else {
    for (int y = 0; y < 16 * kRows; ++y) {
      for (int x = 0; x < 8 * kColumns; ++x) {
        writer_.Write(x, y, bg_color_);
      }
    }
    for (int row = 0; row < kRows - 1; ++row) {
      memcpy(buffer_[row], buffer_[row + 1], kColumns + 1);
      WriteString(writer_, 0, 16 * row, buffer_[row], fg_color_);
    }
    memset(buffer_[kRows - 1], 0, kColumns + 1);
  }
}
```

리스트 5.16은 Newline() 정의를 보여준다. 이 함수는 줄바꿈 문자열에 대응하는 처리를 수행한다. 현재 커서 위치가 아직 최하위 줄에 도달하지 않았다면 단순히 커서 값을 1씩 증가시킨다.

커서가 최하단에 있을 때에는 커서를 전진시키는 대신에 표시영역 전체를 한 줄씩 올려 스크롤 처리를 한다. 최초의 2중 for 문에서 표시영역을 배경색으로 채운 후, 다음 for 문에서 한 줄씩 buffer_의 내용을 갱신하면서 렌더링해 나간다.

memcpy()는 표준 C 라이브러리의 함수로써 memcpy(dest, src, size)라고 쓰면 src의 시작 위치로부터 size 바이트를 dest에 복사한다. 지금은 row + 1 라인을 row 라인에 복사하는데 사용한다.

memset()도 표준 C 라이브러리 함수로 지정한 배열을 지정한 값으로 채운다. 최하단 줄을 널 문자로 채우는데 사용한다.

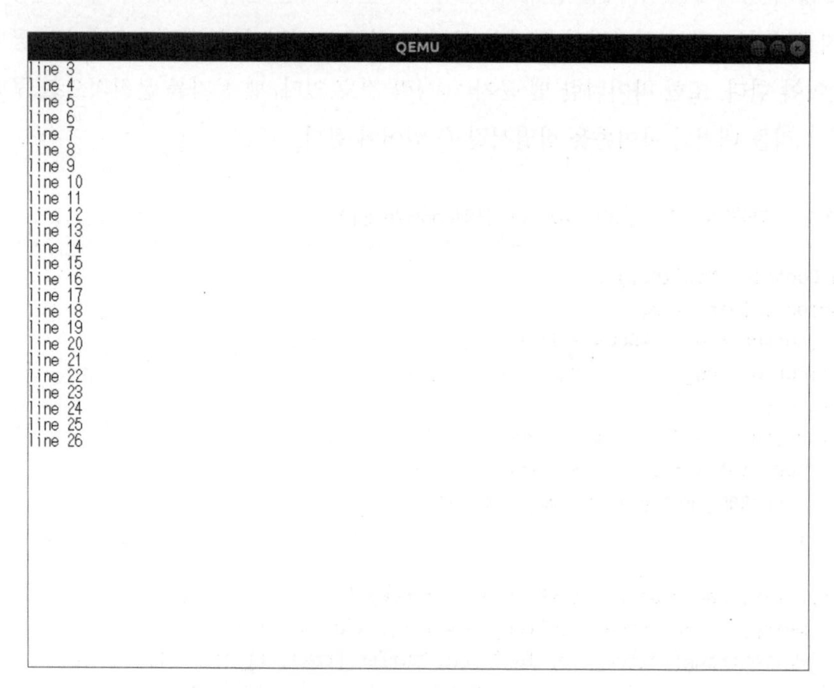

그림 5.5 콘솔에 27행을 출력한 모습

콘솔 클래스를 구현했으므로 여기에 25행을 조금 넘는 행을 써봐서 스크롤되는지를 확인해 보겠다(그림 5.5). 선두의 행이 보이지 않게 되는 것으로 봐서 제대로 스크롤되는 것 같다. 그런 의미로 콘솔은 일단 완성이다. 이후의 개발에서는 여기로 메시지를 흘려 보낸다.

5.6 printk() (osbook_day05f)

리눅스에서는 커널 내부에서 메시지를 출력하기 위해 printk()란 함수를 준비하고 있다. 이 함수는 커널 내의 어디서든지 사용할 수 있으며 printf() 같은 서식 지정 기능을 갖고 있기 때문에 커널을 개조할 때 매우 편리하게 사용할 수 있다. 그런 기능을 반드시 MikanOS에서도 탑재하고 싶었다. 개조 방침은 우선 콘솔 클래스를 글로벌 변수로써 참조할 수 있게 해 해당 콘솔을 출력지로 하는 printk()를 만들기로 했다.

리스트 5.17 콘솔 클래스 버퍼를 글로벌 변수로써 정의(main.cpp)

```
char console_buf[sizeof(Console)];
Console* console;
...
extern "C" void KernelMain(const FrameBufferConfig& frame_buffer_config) {
  ...
  console = new(console_buf) Console{*pixel_writer, {0, 0, 0}, {255, 255, 255}};
  ...
}
```

콘솔 클래스를 글로벌 변수로 하려면 pixel_writer 같은 방법을 사용하면 좋겠다. 즉 글로벌 영역에 Console 크기 분의 메모리 영역을 char 배열로써 할당해 두고, displacement new로 인스턴스를 생성하는 것이다. 실제 printk 구현 코드는 리스트 5.17과 같다.

리스트 5.18 printk()의 정의(main.cpp)

```
int printk(const char* format, ...) {
  va_list ap;
  int result;
  char s[1024];

  va_start(ap, format);
  result = vsprintf(s, format, ap);
  va_end(ap);

  console->PutString(s);
  return result;
}
```

리스트 5.19 printk()의 사용방법(main.cpp)

```
for (int i = 0; i < 27; ++i) {
  printk("printk: %d\n", i);
}
```

리스트 5.18은 printk()의 구현을, 리스트 5.19는 사용방법을 보여준다. 무엇보다 이 함수는 가변인수를 받는다는 것이 최대 특징이다. 가변인수를 받으려면 가변인수를 ...(도트 3개)로 선언하고, 함수 내부에서 va_list를 사용하면 된다. 실제의 서식 지정 처리는 vsprintf()에서 처리한다. vsprintf()는 sprintf()의 친척으로 가변인수 대신에 va_list 타입의 변수를 받을 수 있기 때문에 서식 지정 처리를 이양하는 데 있어 편리하다. 작성한 printk()는 내부에서 1024바이트의 고정배열을 사용하기 때문에 최대 문자수가 제한되지만 그 이외에는 printf()와 동일하게 사용할 수 있다.

그림 5.6은 리스트 5.19의 실행결과를 보여준다. printk()에 의해 서식 처리된 결과를 확인할 수 있다. 일일이 sprintf()와 console->PutString()을 조합하지 않아도 콘솔에 서식 지정 메시지를 표시할 수 있어 이후의 OS 개발이 순조로울 것으로 생각한다.

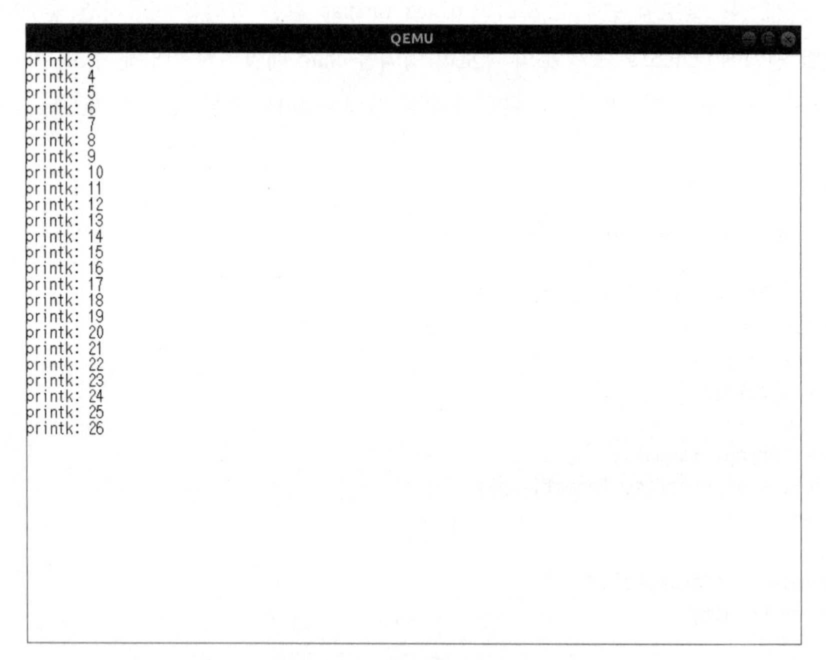

그림 5.6 printk()를 사용해 콘솔에 출력

6장

마우스 입력과 PCI

이제 줄바꿈 기능이 있는 메시지 표현이 가능하게 돼 외형만은 점점 OS다워졌다. 다만 아직 사용자로부터 입력은 일체 받지 않아서 컴파일 시에 포함한 메시지만을 표시하는 기능만 있다. 6장에서는 마우스 입력을 허용해 사용자가 컴퓨터를 조작할 수 있도록 한다.

6.1 마우스 커서(osbook_day06a)

문자표시도 가능해져 조금씩 OS다워진다는 느낌이 든다. 한층 더 외형을 강화해서 OS답게 만들고 싶다. 어떻게 하면 좀 더 'OS답게' 될까? 우선 화면 디자인을 변경하고 마우스 커서를 렌더링해 보려고 한다. 우선은 마우스 커서의 작성부터 시작한다. 리스트 6.1 같이 커서의 외형을 정의했다.

리스트 6.1 마우스 커서의 외형(main.cpp)

```
const int kMouseCursorWidth = 15;
const int kMouseCursorHeight = 24;
const char mouse_cursor_shape[kMouseCursorHeight][kMouseCursorWidth + 1] = {
  "@              ",
  "@@             ",
  "@.@            ",
  "@..@           ",
  "@...@          ",
  "@....@         ",
  "@.....@        ",
  "@......@       ",
  "@.......@      ",
  "@........@     ",
  "@.........@    ",
  "@..........@   ",
  "@...........@  ",
  "@............@ ",
  "@......@@@@@@@@",
  "@......@       ",
  "@....@@.@      ",
  "@...@ @.@      ",
  "@..@   @.@     ",
  "@.@    @.@     ",
  "@@      @.@    ",
  "@       @.@    ",
  "         @.@   ",
  "         @@@   ",
};
```

'@'가 마우스 커서의 선이다. 실제로 화면에 출력할 때는 검게 그려진다. '.'이 마우스 커서 안쪽에 흰색으로 칠해질 부분이다. 2차원 배열의 가로 방향 길이를 마우스 커서의 폭보다 1만큼 크게 정의하는 이유는 문자열 끝에 널 문자('\0')를 저장할 수 없다는 오류를 피하기 위해서다.

리스트 6.2 마우스 커서의 렌더링(main.cpp)

```
for (int dy = 0; dy < kMouseCursorHeight; ++dy) {
  for (int dx = 0; dx < kMouseCursorWidth; ++dx) {
    if (mouse_cursor_shape[dy][dx] == '@') {
      pixel_writer->Write(200 + dx, 100 + dy, {0, 0, 0});
    } else if (mouse_cursor_shape[dy][dx] == '.') {
      pixel_writer->Write(200 + dx, 100 + dy, {255, 255, 255});
    }
  }
}
```

리스트 6.2는 마우스 커서의 렌더링 프로그램을 보여준다. 하는 일은 단순하다. 방금 정의한 커서 모양의 정의를 따라 픽셀을 칠할 뿐이다. '@'는 선이라서 검은색{0, 0, 0}, '.'은 흰색{255, 255, 255}으로 칠한다.

좀 더 OS 같은 외형으로 보이기 위해 데스크톱 화면의 그림을 그려보겠다. 필자의 이미지로는 배경은 푸른색으로, 화면 아래쪽에는 태스크 바 같은 영역이 있으면 좋겠다고 생각했다. 이를 위해서 사각형rectangle을 몇 개 그리고 싶다. 마우스 커서와 마찬가지로 2중 for 루프로 렌더링해도 좋겠지만 여러 번 사용할 처리이므로 함수로 만든다.

리스트 6.3 FillRectangle()의 구현(graphics.cpp)

```
void FillRectangle(PixelWriter& writer, const Vector2D<int>& pos,
                   const Vector2D<int>& size, const PixelColor& c) {
  for (int dy = 0; dy < size.y; ++dy) {
    for (int dx = 0; dx < size.x; ++dx) {
      writer.Write(pos.x + dx, pos.y + dy, c);
    }
  }
}
```

리스트 6.3에서 보는 `FillRectangle()`은 사각형을 칠하는 함수다. 두 번째 파라미터로 사각형 왼쪽 상단의 좌표, 세 번째 파라미터로 사각형의 크기, 네 번째 파라미터로 렌더링하는 색상을 지정한다. 파라미터로 사용하는 Vector2D는 2차원 벡터(X, Y 좌표쌍)를 표현하는 구조체로 리스트 6.4 같이 정의했다.

리스트 6.4 2차원 벡터 Vector2D(graphics.hpp)

```
template <typename T>
struct Vector2D {
  T x, y;

  template <typename U>
  Vector2D<T>& operator +=(const Vector2D<U>& rhs) {
    x += rhs.x;
    y += rhs.y;
    return *this;
  }
};
```

이 구조체는 템플릿을 사용해 구현했기 때문에 다양한 타입에 대한 2차원 벡터를 표현할 수 있다. 1행째의 template <typename T>가 템플릿 구문으로 이 다음의 구조체 정의에서 T를 타입으로써 사용한다는 의미다. 구조체 정의에 나타나는 T는 구조체를 사용할 때 구체적인 타입으로 바뀐다. 자세한 내용은 '부록 D C++ 템플릿'을 읽어보기 바란다.

Vector2D는 2개의 멤버 변수 이외에 연산자 operator +=를 갖고 있다. 이 연산자 덕분에 Vector2D 타입 2개의 변수 a, b에 대해 a += b 같이 벡터에 다른 벡터를 더하는 조작이 가능해진다. 이 조작은 조금 후에 사용할 예정이다. 이처럼 연산자를 독자적으로 정의하는 것을 C++ 용어로 연산자 오버로드라고 한다.

리스트 6.5 DrawRectangle()의 구현(graphics.cpp)

```
void DrawRectangle(PixelWriter& writer, const Vector2D<int>& pos,
                   const Vector2D<int>& size, const PixelColor& c) {
  for (int dx = 0; dx < size.x; ++dx) {
    writer.Write(pos.x + dx, pos.y, c);
    writer.Write(pos.x + dx, pos.y + size.y - 1, c);
  }
  for (int dy = 1; dy < size.y - 1; ++dy) {
    writer.Write(pos.x, pos.y + dy, c);
    writer.Write(pos.x + size.x - 1, pos.y + dy, c);
```

```
    }
  }
```

또 한 가지, 사각형의 프레임만을 그리는 함수 DrawRectangle()을 만들었다(리스트 6.5). FillRectangle()과 파라미터는 동일하지만 사각형 내부는 칠하지 않는다.

리스트 6.6 데스크톱 화면(main.cpp)

```
FillRectangle(*pixel_writer,
              {0, 0},
              {kFrameWidth, kFrameHeight - 50},
              kDesktopBGColor);
FillRectangle(*pixel_writer,
              {0, kFrameHeight - 50},
              {kFrameWidth, 50},
              {1, 8, 17});
FillRectangle(*pixel_writer,
              {0, kFrameHeight - 50},
              {kFrameWidth / 5, 50},
              {80, 80, 80});
DrawRectangle(*pixel_writer,
              {10, kFrameHeight - 40},
              {30, 30},
              {160, 160, 160});

console = new(console_buf) Console{
  *pixel_writer, kDesktopFGColor, kDesktopBGColor
};
printk("Welcome to MikanOS!\n");
```

작성한 2개의 함수를 사용해 데스크톱 배경을 그리는 프로그램을 리스트 6.6에 정리했다. 우선 데스크톱 대부분의 화면을 푸르스름한 색(kDesktopBGColor)으로 칠하고 그 후 검은색({1, 8, 17})과 회색({80, 80, 80})으로 작은 직사각형을 그린다. 마지막으로 밝은 회색으로 30×30의 작은 프레임을 그린다.

구동해서 수정결과를 확인해 보자. 수정 후 디자인은 그림 6.1과 같다. 왠지 단번에 OS다운 외형이 된 것 같지 않은가? 독자 여러분은 반드시 독자적인 디자인에 도전해 보길 바란다.

그림 6.1 데스크톱 디자인을 정리해봤다.

6.2 USB 호스트 드라이버

마우스 커서를 렌더링하는 것이 가능해졌다. 그러면 이제는 그걸 움직이고 싶은 마음이 들 것이다. 6장에서는 최종적으로 마우스 커서를 실제 마우스의 움직임과 연동해서 움직이는 것을 목표로 한다. 여러분은 어떤 마우스를 사용하고 있는가? USB로 연결하는 외장 마우스인가? 노트북의 터치패드인가? Bluetooth로 무선 연결하는 마우스를 사용하는 분도 있을 것이다.

USB가 보급될 때까지는 마우스(및 키보드)의 연결규격이라고 한다면 PS/2가 주류였다. 데스크톱 PC에서도, 노트북에서도 PS/2 포트가 있는 것이 일반적이었다. USB 마우스가 주류가 된 후에도 BIOS가 USB 마우스를 PS/2 마우스로 인식시켜 주는 에뮬레이션 기능이 있었기 때문에 PS/2에만 지원하는 OS에서도 USB 마우스를 사용할 수 있었다. 이미 USB가 보급됐을 때 출판됐지만 당시에는 USB보다 PS/2쪽이 압도적으로 제어가 편했기 때문에 『OS 구조와 원리』에서도 PS/2 마우스를 전제로 설명했다.

그러나 현대의 UEFI BIOS에는 PS/2의 에뮬레이션 기능이 없는 BIOS도 많이 있다. 필자가 자작 OS의 동작 확인에 사용하는 보드 컴퓨터도 PS/2 에뮬레이션 기능이 없는 기종이다. 그래서 이 책에서는 USB 마우스를 에뮬레이션 없이 다루기로 했다. 즉 PS/2가 아니라 제대로 된 USB 규격에 준거해서 통신할 수 있도록 결정한 것이다.[1]

USB란 Universal Serial Bus의 줄임말로 이름 그대로 시리얼 버스의 규격이다. **버스**는 컴퓨터 분야의 일반적인 용어로 어원은 차량의 버스와 동일하다. 거리를 달리는 교통 버스에 다양한 사람이 탑승하는 것과 비슷하며, 컴퓨터 버스에는 다양한 기기에서 오는 신호가 탑승한다. 컴퓨터 버스는 구리로 만들어진 전기신호를 위한 것도 있고 광신호를 싣는 유리로 된 버스도 있다. 1:1로 연결하는 전용선이 아니라 다양한 기기가 타는 것이 버스의 특징이다. USB도 버스의 일종으로 키보드나 마우스, 스피커, USB 메모리, 웹 카메라 등 다양한 기기가 합승한다.

시리얼serial의 의미는 OS를 만들 때는 알 필요가 없지만 신경 쓰이는 분을 위해 일단 설명해 보겠다. 시리얼(통신)이란 하나의 신호선을 사용해 신호를 1비트씩 전송한다는 의미다. 대비되는 용어로 패럴렐parallel이란 용어가 있다. 패럴렐(병렬) 통신은 복수의 신호선을 사용해 복수의 비트를 한 번에 송수신한다. 시리얼 쪽은 신호선을 작게 만들 수 있어서 얇은 케이블로 기기를 연결할 수 있는 특징이 있다. 하지만 패럴렐보다 시리얼 쪽이(케이블이 길어지는 경우) 고속 통신이 쉬워 주변기기 연결은 시리얼이 주류를 이룬다. 나중에 나오는 PCIe도 시리얼 통신 규격의 한 종류다.

PC에는 USB 기기와 소프트웨어OS를 연결하기 위한 **USB 호스트 컨트롤러**USB host controller라는 제어 칩이 탑재돼 있다. OS는 그 컨트롤러를 제어해 USB 기기와 통신할 수 있게 된다. 이처럼 주로 제어 칩 같은 하드웨어를 다루기 위한 소프트웨어를 **드라이버**driver라 한다.[2] 차량의 운전기사도 드라이버라 부르는 것과 동일하다. 인간 운전기사는 차량을 조작하고 컴퓨터 드라이버는 대상 하드웨어를 조작한다. 드라이버는 OS의 일부분이다.

USB 관련 드라이버는 각각 USB 기기(USB 타깃)에 탑재하는 타깃 드라이버와 중심이 되는 컴퓨터(USB 호스트)에 탑재하는 호스트 드라이버로 나뉜다. 물론 이 책에서 다루는 것

1 USB 디바이스에 제대로 대응하는 것이 이 책의 최대 포인트라고 해도 과언이 아닐지 모르겠다.

2 원래 드라이버는 하드웨어를 조작하기 위한 것이지만 드라이버에는 하드웨어를 조작하지 않는 가상 드라이버라 불리는 것도 있다. 예를 들어 실제 프린터가 아닌 PDF로 저장하기 위한 가상 프린트 드라이버 등이 그 대표적인 사례다.

은 호스트 드라이버 쪽이다. 호스트 드라이버를 만드는 방법은 여러 가지 생각해 볼 수 있지만 필자는 그림 6.2 같은 3계층(과 PCI 버스 드라이버 계층)으로 나눠서 만들었다. 3계층은 호스트 컨트롤러를 제어하는 호스트 컨트롤러 드라이버, 호스트 컨트롤러의 세부 사항을 숨기고 USB 규격으로 결정된 API를 제공하는 USB 버스 드라이버, USB 타깃의 종류별로 제공하는 클래스 드라이버다.

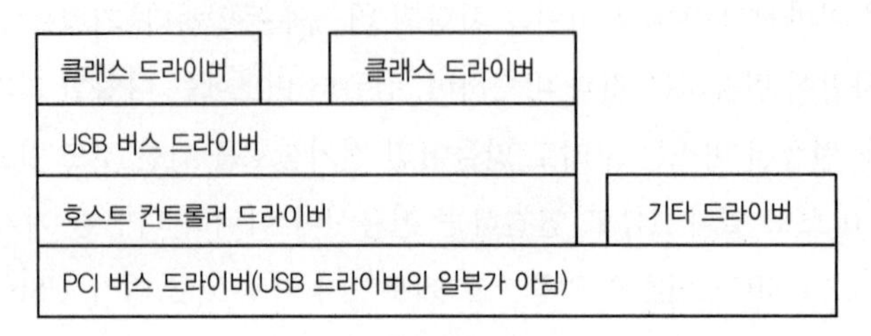

그림 6.2 USB 드라이버 계층

호스트 컨트롤러 드라이버는 호스트 컨트롤러의 규격별로 만들 필요가 있다. 이 책을 쓰는 시점 기준 PC용 주된 컨트롤러 규격으로 USB 1.1용의 **OHCI**와 **UHCI**, USB 2.0용의 **EHCI**, USB 3.x용의 **xHCI**가 있다. 4가지에 모두 대응하기는 매우 힘들기 때문에 이 책에서는 xHCI만을 생각하기로 한다. 최근의 PC는 거의 모두 USB 3.x 포트를 탑재하고 있어 xHCI 규격에 준거한 컨트롤러가 탑재돼 있지만 xHCI에 대응하지 못하는 PC만 갖고 있는 분은 죄송하지만 새 PC를 구입하거나[3] QEMU를 사용하길 바란다. 덧붙여 xHCI는 eXtended Host Controller Interface의 줄임말로 호스트 컨트롤러의 인터페이스를 정한 규격[4]이다. xHCI에 준거한 호스트 컨트롤러를 **xHC**라고 한다.

버스 드라이버는 호스트 컨트롤러 드라이버의 기능을 이용해 USB 규격으로 정해진 API를 제공한다. **API**Application Programming Interface란 소프트웨어가 다른 소프트웨어와 상호작용하기 위해 사용하는 인터페이스로, 여기서는 USB 규격으로 결정된 각종 함수나 정수 등을 의미한다. 예를 들어 타깃이 어떤 기기인지를 식별하기 위해 발행하는 `GET_DESCRIPTOR` 메시지와 그 인수로써 지정하는 `DEVICE`와 `CONFIGURATION` 같은 정수 등이 API에 포함된다. 클래스 드라이버에 그런 API를 제공하는 것이 USB 드라이버의 임무다.

3 필자가 동작 확인에 사용한 GPD MicroPC나 MinnowBoard Turbot는 xHCI 규격에 대응한다.

4 이런 곳에서도 인터페이스와 구현이 분리돼 있다. 드라이버를 만드는 사람은 xHCI 규격에만 의존하고 구현 고유의 동작에는 의존하지 않아야 한다.

클래스 드라이버는 USB 타깃의 종류마다 만든다. 여기서 말하는 클래스란 '종류'란 의미가 있으며, USB 규격에서 정해진 표준 클래스로써 키보드나 마우스가 속한 HID[5] 클래스, 오디오 기능이 속하는 오디오 클래스, 기억장치가 속하는 매스 스토리지 클래스 등이 있다. 클래스마다 동작이 매우 다르기 때문에 클래스 드라이버는 아무래도 클래스별로 만들 필요가 있다. 버스 드라이버가 제공하는 USB 규격을 따른 API를 사용해 클래스 드라이버를 구현하게 된다.

곧바로 USB 호스트 컨트롤러를 제어하기 위한 USB 호스트 컨트롤러 드라이버와 이 드라이버를 이용해 마우스를 제어하는 클래스 드라이버를 개발하겠다고 말하고 싶지만 USB 관련 드라이버는 이 책에서 설명하기에는 너무 지나칠 정도로 복잡하기 때문에 필자가 개발한 드라이버를 사용하는 방법만을 설명하겠다. 만드는 방법을 배운다고 생각했던 분들에게는 죄송하다. 제작방법은 설명하지 않지만 소스코드를 읽는 것은 가능하다. $HOME/workspace/mikanos/kernel/usb 이하 부분을 살펴보자.

6.3 PCI 디바이스 탐색(osbook_day06b)

6장의 나머지 부분에서는 USB 드라이버를 사용해 마우스로부터 데이터를 입력하는 방법을 설명한다. 대략적인 흐름은 다음과 같다.

- PCI 버스에 연결된 PCI 디바이스를 전체 열거한다.
- 열거된 디바이스 목록에서 xHC를 찾는다.
- xHC를 초기화한다.
- USB 버스상에서 마우스를 찾는다.
- 마우스를 초기화한다.
- 마우스로부터 데이터를 수신한다.

이 책이 대상으로 하는 xHCI 규격에서 xHC는 PCI 디바이스로 정해져 있다. PCI[Peripheral Component Interconnect]란 부품과 메인 보드를 연결하기 위한 규격으로 현대 PC의 중심 기술이다. xHC 외에도 NVMe SSD, 초정밀 타이머, 네트워크 카드, GPU 등 PC를 구성하는

5 Human Interface Device: 인간과 컴퓨터를 연결해주는 기기. 일반적으로는 키보드와 마우스가 HID 클래스에 속한다.

주요한 부품이 PCI 및 그 후속 규격인 PCIe에 연결돼 있다. 그러므로 PCI 및 PCIe를 다루는 것은 현대 PC용 OS를 만드는 데 있어서 필수불가결하다. 다행히도 PCI와 PCIe는 소프트웨어 호환성이 있으므로 PCI를 다룰 수 있는 것만으로 충분하다.

여기서는 먼저 PCI 디바이스를 탐색하는 방법부터 설명한다. 나중도 고려해 xHC뿐만 아니라 PCI 버스(PCI 디바이스가 복수 연결되는 버스)에 연결된 PCI 디바이스를 전부 열거한다. 그런 다음 열거한 목록에서 xHC를 다시 찾는다.

PCI 규격에 준거한 기기는 각각 256 바이트의 **PCI 설정**Configuration **공간**을 갖고 있다. 이 공간에는 PCI 디바이스의 벤더 ID(제작회사마다 할당된 ID)나 클래스 코드(PCI 디바이스 종류를 나타내는 수치) 등 PCI 디바이스와 관련한 기초적인 정보가 쓰여져 있다. PCI 디바이스의 열거는 요컨대 모든 PCI 디바이스의 PCI 설정 공간을 차례대로 읽고 벤더 ID나 클래스 코드 등을 조사해 가는 작업이다.

31 – 24	23 – 16	15 – 8	7 – 0	
Device ID		Vendor ID		03-00h
Status		Command		07-04h
Base Class	Sub Class	Interface	Revision ID	0B-08h
BIST	Header Type	Latency Timer	Cacheline Size	0F-0Ch
Base Address Register 0				13-10h
Base Address Register 1				17-14h
Base Address Register 2				1B-18h
Base Address Register 3				1F-1Ch
Base Address Register 4				23-20h
Base Address Register 5				27-24h
Cardbus CIS Pointer				2B-28h
Subsystem ID		Subsystem Vendor ID		2F-2Ch
Expansion ROM Base Address				33-30h
Reserved			Capabilities Pointer	37-34h
Reserved				3B-38h
Max_lat	Min_Gnt	Interrupt Pin	Interrupt Line	3F-3Ch
Device dependent region				40h … FFh

그림 6.3 PCI 설정 공간

그림 6.3은 PCI 설정 공간의 구조를 나타낸다. PCI 설정 공간은 256바이트(`0x00`에서 `0xff`)이며 시작의 `0x40` 바이트는 어떤 디바이스에서도 동일하다. 각 항목의 상세한 의미는 나중에 설명하기로 하고 지금은 이 공간을 어떻게 읽는지를 설명한다.

PCI 설정 공간을 읽으려면 `CONFIG_ADDRESS` 레지스터와 `CONFIG_DATA` 레지스터를 사용해야 한다. 각각 IO 어드레스 공간의 `0x0cf8`와 `0x0cfc`에 있는 32비트 레지스터다(구체적인 읽기 쓰기 방법은 나중에 설명한다). `CONFIG_ADDRESS` 레지스터에 읽기 쓰기를 하고 싶은 PCI 설정 공간의 위치를 설정하고, `CONFIG_DATA`를 읽고 쓰는 것으로 PCI 설정 공간을 읽고 쓸 수 있다(그림 6.4).

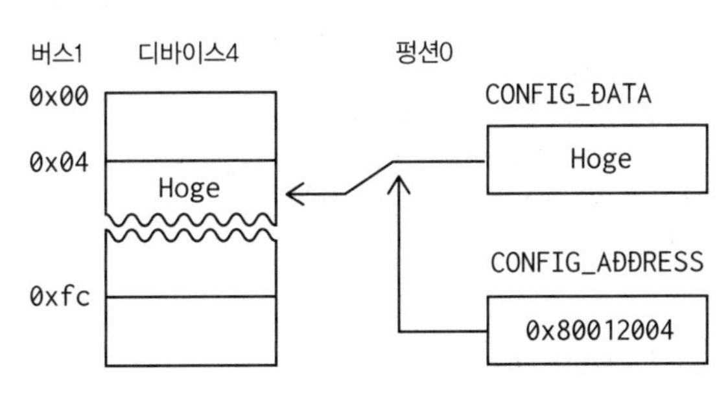

그림 6.4 CONFIG_ADDRESS 레지스터로부터 설정 공간을 엿본다.

`CONFIG_ADDRESS` 레지스터는 표 6.1에서 보듯이 비트 구조로 돼 있다.

표 6.1 CONFIG_ADDRESS 레지스터 구조

비트 위치	내용
31	Enable 비트, 1로 하면 CONFIG_DATA의 읽고 쓰기가 **PCI 설정공간**에 전송된다.
30:24	예약 영역, 0으로 둔다.
23:16	버스번호(0–255)
15:11	디바이스 번호(0–31)
10:8	펑션 번호(0–31)
7:0	레지스터 오프셋(0–255), 4바이트 단위의 오프셋을 지정한다.

PCI 버스는 여러 개 있으며 하나의 버스에 최대 32개의 PCI 디바이스가 연결된다. 하나의 PCI 디바이스는 최대 8개까지 펑션(기능)을 가질 수 있다. 디바이스는 반드시 펑션 0을 갖지만 다른 펑션은 없을지도 모른다. 펑션이 여러 개 있는 경우에도 1부터 순서대로 번호가 매겨지지는 않는다. 다만 펑션번호가 연속적이지 않다 하더라도 문제없도록 돼 있다. 구현되지 않은 펑션 번호인지는 해당 펑션 번호에 대한 벤더 ID를 읽어 그 값이

0xffff(잘못된 벤더 ID) 여부로 판별할 수 있다.

Enable 비트를 1로 한 상태에서 CONFIG_DATA 레지스터를 읽고 쓰는 것으로 임의의 레지스터를 읽고 쓰는 것이 가능하다. 각종 번호를 사용해서 CONFIG_ADDRESS 레지스터에 쓰기 위한 32비트 값을 생성하는 함수를 리스트 6.7에서 보여준다.

리스트 6.7 MakeAddress 구현(pci.cpp)

```
/** @요약 CONFIG_ADDRESS용 32비트 정수를 생성한다 */
uint32_t MakeAddress(uint8_t bus, uint8_t device,
                     uint8_t function, uint8_t reg_addr) {
  auto shl = [](uint32_t x, unsigned int bits) {
      return x << bits;
  };

  return shl(1, 31) // enable bit
      | shl(bus, 16)
      | shl(device, 11)
      | shl(function, 8)
      | (reg_addr & 0xfcu);
}
```

MakeAddress()는 지정된 버스 번호, 디바이스 번호, 펑션 번호, 레지스터 오프셋을 적절히 조합해 Enable 비트를 1로 한 32비트 값을 생성한다. 함수정의가 조금 생소한 형태를 하고 있다고 생각하기 때문에 상세하게 설명한다.

4번째 줄에서 시작하는 [](uint32_t x, unsigned int bits) {......}는 람다식을 만드는 구문이다. 람다식은 익명 함수라고도 하는데, 즉 일반 함수에서 이름을 잃어버린 것이다. 람다식의 전형적인 구문은 [캡처](파라미터 리스트){본체\}로 돼 있으며 이번에는 캡처가 빈 형태다. 캡처가 있는 람다식은 '9장 중첩처리'에서 등장한다.

여기서는 2개의 파라미터 x와 bits를 인수로 받아 x를 왼쪽으로 자릿수만큼 비트 시프트한 값을 반환하는 람다식을 만들고 있다. 네 번째 줄에서는 추가로 만든 람다식을 나중에 이용하기 위해 변수 shl에 설정하고 있다. 다시 말하자면 람다식에 shl이라는 이름을 붙인 건데(익명 함수인데!) 왜 일부러 일반 함수가 아니라 람다식으로 작성했을까? 그 이유는 일반 함수는 다른 함수 내부에서는 정의할 수 없지만, 람다식은 함수 내부에서 정의할 수 있기 때문이다. 어떤 함수를 구현할 때 필요한 작은 부품을 람다식으로 그 자리에 정의하면 부품을 구현하는 위치와 부품을 이용하는 위치가 가까워져 소스코드를 이해하기가 쉬워진다(남용하면 오히려 읽기 어렵게 되니까 적당히).

람다식은 일반 함수와 동일하게 호출할 수 있다. 예를 들어 `shl(1, 31)`은 람다식의 호출이며 결과는 1을 31자리만큼 왼쪽으로 이동시킨 값이 된다. 정확히 Enable 비트의 위치에 1이 설정되는 것이다. 똑같이 `bus`, `device`, `function`의 위치를 `CONFIG_ADDRESS` 레지스터의 구조에 맞게 이동시키고, 그들을 |로 OR 결합(연산)을 한다. 레지스터 오프셋은 이동시킬 필요가 없기 때문에 그대로 결합시킨다(다만 하위 2비트가 0이어야 하기 때문에 비트 마스크 연산을 한다).

리스트 6.8 IO 포트 어드레스 정의(pci.hpp)

```
/** @brief CONFIG_ADDRESS 레지스터의 IO 포트 어드레스 */
const uint16_t kConfigAddress = 0x0cf8;
/** @brief CONFIG_DATA 레지스터의 IO 포트 어드레스 */
const uint16_t kConfigData = 0x0cfc;
```

다음으로 `CONFIG_ADDRESS` 레지스터와 `CONFIG_DATA` 레지스터를 읽고 쓰는 방법을 설명한다. 이 2개의 레지스터는 IO 어드레스 공간의 `0xcf8`과 `0xcfc`에 존재하게 돼 있다. 그러므로 이들을 상수로 정의해 두겠다(리스트 6.8).

리스트 6.9 IO 포트를 읽고 쓰는 어셈블러 함수(asmfunc.asm)

```
; asmfunc.asm
;
; System V AMD64 Calling Convention
; Registers: RDI, RSI, RDX, RCX, R8, R9

bits 64
section .text
global IoOut32 ; void IoOut32(uint16_t addr, uint32_t data);
IoOut32:
    mov dx, di ; dx = addr
    mov eax, esi ; eax = data
    out dx, eax
    ret

global IoIn32 ; uint32_t IoIn32(uint16_t addr);
```

```
IoIn32:
    mov dx, di ; dx = addr
    in eax, dx
    ret
```

IO 어드레스 공간은 메모리 어드레스 공간과는 완전히 다른 어드레스 공간이다. 이름 그대로 메모리 어드레스 공간은 메인 메모리용, IO 어드레스 공간은 주변기기용으로 사용 구분돼 있으며 PCI 설정 공간은 주변기기이므로 IO 어드레스 공간에 연결돼 있다. 2개의 어드레스 공간을 구별하기 위해 IO 어드레스 공간의 읽고 쓰기에는 전용 IO 명령(in 과 out)을 사용한다. 이런 IO 명령은 특수한 것이라 순수한 C++ 프로그램에서는 표현할 수 없다. 방법이 없으므로 이 부분만은 어셈블리 언어로 쓰고 그것을 C++에서 호출해 사용한다. 리스트 6.9는 C++ 프로그램에서 호출할 수 있도록 구현한 2개의 함수 `IoOut32()`와 `IoIn32()`를 보여준다.

`IoOut32()`는 파라미터로 지정된 IO 포트 어드레스 `addr`에 32비트 정수 `data`를 쓴다. System V AMD64 ABI 사양[6]에 따라 파라미터 `addr`은 `RDI` 레지스터에, `data`는 `RSI` 레지스터에 설정된 상태에서 함수 처리가 시작된다. `IoOut32()` 함수에서 중심이 되는 부분은 다음 한 줄이다.

```
out dx, eax
```

이 한 줄은 `DX`에 설정된 IO 포트 어드레스로 `EAX`에 설정된 32비트 정수를 쓴다. `DX`와 `EAX`의 값 설정은 이 줄의 앞 두 줄에서 수행한다.

```
mov dx, di      ; dx = addr
mov eax, esi    ; eax = data
```

이 두 줄은 `DX`에 `DI` 값을, `EAX`에 `ESI` 값을 할당한다. '3.2 레지스터'에 따르면 `DI`는 `RDI`의 하위 16비트, `ESI`는 `RSI`의 하위 32비트이므로 결국 `DX`에는 파라미터 `addr`의 값이, `EAX`에는 파라미터 `DATA`의 값이 쓰여지게 된다. 어셈블리 언어에서는 세미콜론 이후에 코멘트를 쓸 수 있기 때문에 알기 쉽도록 코멘트를 써 뒀다.

6 '칼럼 4.1 ABI' 참조. 파라미터는 RDI, RSI, RDX, RCX, R8, R9순으로 할당된다.

IoIn32()는 지정한 IO 포트 어드레스에서 32비트 정수를 읽어 그 값을 반환하는 함수다. 중심이 되는 부분은 다음 한 줄이다.

```
in eax, dx
```

이 한 줄은 DX에 설정된 IO 포트 어드레스로부터 32비트 정수를 읽어 EAX에 저장한다. System V AMD64 ABI 사양에 의하면 RAX 레지스터에 설정한 값이 함수의 반환 값이 된다. 따라서 in을 실행한 직후에 그대로 ret하면 IO 포트에서 읽은 값은 적절히 함수 호출자 측으로 반환된다.

리스트 6.10 PCI 레지스터 조작용 함수(pci.cpp)

```
void WriteAddress(uint32_t address) {
  IoOut32(kConfigAddress, address);
}

void WriteData(uint32_t value) {
  IoOut32(kConfigData, value);
}

uint32_t ReadData() {
  return IoIn32(kConfigData);
}

uint16_t ReadVendorId(uint8_t bus, uint8_t device, uint8_t function) {
  WriteAddress(MakeAddress(bus, device, function, 0x00));
  return ReadData() & 0xffffu;
}
```

리스트 6.10은 어셈블리 언어로 만든 함수를 사용해 CONFIG_ADDRESS와 CONFIG_DATA를 읽고 쓰는 함수와 그걸 사용해 실제로 설정 공간에서 벤더 ID를 읽는 ReadVendorId()의 구현을 보여준다. WriteAddress()에서 버스 번호, 디바이스 번호, 펑션 번호, 레지스터 오프셋을 CONFIG_ADDRESS에 설정하고, WriteData() 및 ReadData()를 사용해 CONFIG_DATA를 읽고 쓰는 것이 일반적인 사용방법이다. 벤더 ID는 설정 공간의 선두에 있으므로 레지스터 오프셋은 0을 지정한다. ReadVendorId() 이외에도 비슷한 함수를 몇 개 만들었지만 거의 동일한 형태이기 때문에 본문에서는 소개하지 않는다.

리스트 6.11 PCI 디바이스를 등록하는 배열을 글로벌 변수로써 정의(pci.hpp)

```
/** @brief ScanAllBus() 로 발견된 PCI 디바이스 일람 */
inline std::array<Device, 32> devices;
/** @brief devices의 유효한 요소 수 */
inline int num_device;
/** @brief PCI 디바이스를 전부 탐색해서 devices에 저장한다 */
 *
 * 버스 0에서부터 재귀적으로 PCI 디바이스를 탐색하고 devices의 선두에 채워 써넣는다
 * 발견한 디바이스 수를 num_devices에 저장한다
 */
Error ScanAllBus();
```

필요한 사전지식은 대강 갖췄기 때문에 이제 PCI 디바이스를 탐색하는 함수를 살펴본다(여기까지 오는데 길고 긴 여정이었다……). 우선 탐색하면서 발견한 PCI 디바이스를 등록하기 위한 2개의 글로벌 변수 `pci::devices`, `pci::num_device`의 정의를 리스트 6.11에서 확인할 수 있다. 이 변수가 어떻게 사용되는지는 이후 자세히 살펴보겠다.

글로벌 변수를 헤더 파일(이번 경우는 pci.hpp)에 정의할 때는 `inline`을 사용해 인라인 변수로 만든다. 오래된 C++ 컴파일러에서는 헤더 파일에 `extern`을 붙여 별도의 .cpp에 구현을 정의하는 것이 일반적인 방법이었다.[7]

리스트 6.12 PCI 버스에 연결된 디바이스를 재귀적으로 탐색하는 함수(pci.cpp)

```
Error ScanAllBus() {
  num_device = 0;

  auto header_type = ReadHeaderType(0, 0, 0);
  if (IsSingleFunctionDevice(header_type)) {
    return ScanBus(0);
  }

  for (uint8_t function = 1; function < 8; ++function) {
    if (ReadVendorId(0, 0, function) == 0xffffu) {
      continue;
    }
    if (auto err = ScanBus(function)) {
```

7 이 책에서는 기존의 방법을 사용해 글로벌 변수를 정의한 부분이 남아 있다. 대부분의 경우는 집필 사정에 의해 남게 됐다.

```
      return err;
    }
  }
  return Error::kSuccess;
}
```

리스트 6.12는 탐색 시작점이 되는 pci::ScanAllBus()를 보여준다. 이 함수는 PCI 버스를 빠짐없이 탐색하고 발견한 PCI 디바이스를 devices 배열의 선두에 쓴다. 그리고 발견한 PCI 디바이스의 총수를 num_device에 기록한다.

ScanAllBus()를 조금 자세히 보면 처음에는 버스0, 디바이스0, 펑션0의 PCI 설정 공간으로부터 헤더 타입을 읽는 것을 알 수 있다. 버스0의 디바이스0은 무조건 **호스트 브리지** host bridge이므로 여기서는 호스트 브리지의 헤더 타입을 읽게 된다. 호스트 브리지는 호스트 측과 PCI 버스 측을 중개하는 부품으로 CPU와 PCI 디바이스 간 통신은 여기를 반드시 통과한다.

헤더 타입은 8비트 정수이며 비트 7이 1인 경우는 멀티 펑션 디바이스, 즉 펑션0 이외의 기능을 가진 PCI 디바이스라는 것을 의미한다. 펑션0의 호스트 브리지가 멀티 펑션 디바이스가 아닌(하나의 기능만 수행하는 디바이스인) 경우, 그 호스트 브리지는 버스0을 담당하는 호스트 브리지다. 멀티 펑션 디바이스인 경우는 호스트 브리지가 여러 개 존재한다는 것을 의미한다. 그 경우는 펑션0의 호스트 브리지는 버스0을 담당하고, 펑션1의 호스트 브리지는 버스1을 담당하는 식으로 펑션 번호가 담당 버스 번호를 나타낸다. 각 버스의 탐색은 ScanBus()에 맡긴다.

리스트 6.13 지정된 버스상의 디바이스를 탐색하는 함수(pci.cpp)

```
/** @brief 지정된 버스 번호의 각 디바이스를 스캔한다
* 유효한 디바이스를 찾았다면 ScanDevice를 실행한다
*/
Error ScanBus(uint8_t bus) {
  for (uint8_t device = 0; device < 32; ++device) {
    if (ReadVendorId(bus, device, 0) == 0xffffu) {
      continue;
    }
    if (auto err = ScanDevice(bus, device)) {
      return err;
    }
```

```
  }
  return Error::kSuccess;
}
```

리스트 6.13은 pci::ScanBus()를 보여준다. ScanAllBus()로부터 호출된 ScanBus()는 그 버스상의 모든 디바이스를 탐색한다. 어떤 디바이스 번호의 위치에 실제 디바이스가 있는지 여부는 각 디바이스의 펑션0 벤더 ID를 조사해 보면 알 수 있다. 벤더 ID가 0xffff(유효하지 않은 값) 이외의 값이라면 실제로 디바이스가 있음을 의미한다. 벤더 ID가 유효한 디바이스를 찾았다면 ScanDevice()가 처리를 이어받아 계속 진행한다.

리스트 6.14 지정된 디바이스의 펑션을 탐색하는 함수(pci.cpp)

```
/** @brief 지정된 디바이스 번호의 각 펑션을 스캔한다
* 유효한 펑션을 찾았다면 ScanFunction을 실행한다
*/
Error ScanDevice(uint8_t bus, uint8_t device) {
  if (auto err = ScanFunction(bus, device, 0)) {
    return err;
  }
  if (IsSingleFunctionDevice(ReadHeaderType(bus, device, 0))) {
    return Error::kSuccess;
  }

  for (uint8_t function = 1; function < 8; ++function) {
    if (ReadVendorId(bus, device, function) == 0xffffu) {
      continue;
    }
    if (auto err = ScanFunction(bus, device, function)) {
      return err;
    }
  }
  return Error::kSuccess;
}
```

리스트 6.14는 pci::ScanDevice()를 보여준다. 지정된 PCI 디바이스가 멀티 펑션인지 여부에 따라 처리를 전환할 필요가 있기 때문에 ScanBus()보다 복잡하지만 위에서부터 읽어 내려가면 무엇을 하는지를 알 수 있을 것이다. 유효한 펑션을 탐색하고, 찾았다면 ScanFunction()이 처리를 이어받아 진행한다.

리스트 6.15 지정된 펑션을 조사하는 함수(pci.cpp)

```
/** @brief 지정된 펑션을 devices에 추가한다
* 만약 PCI-PCI 브리지라면 세컨더리 버스에 대한 ScanBus를 실행한다
*/
Error ScanFunction(uint8_t bus, uint8_t device, uint8_t function) {
  auto header_type = ReadHeaderType(bus, device, function);
  if (auto err = AddDevice(bus, device, function, header_type)) {
    return err;
  }

  auto class_code = ReadClassCode(bus, device, function);
  uint8_t base = (class_code >> 24) & 0xffu;
  uint8_t sub = (class_code >> 16) & 0xffu;

  if (base == 0x06u && sub == 0x04u) {
    // standard PCI-PCI bridge
    auto bus_numbers = ReadBusNumbers(bus, device, function);
    uint8_t secondary_bus = (bus_numbers >> 8) & 0xffu;
    return ScanBus(secondary_bus);
  }

  return Error::kSuccess;
}
```

리스트 6.15는 `pci::ScanFunction()`을 보여준다. 이 함수의 전반부에서는 지정된 버스 번호, 디바이스 번호, 펑션 번호의 조합을 `devices`에 추가하는 작업을 수행한다. `AddDevice()`는 `devices` 배열의 마지막에 디바이스를 지정하는 번호쌍을 추가하는 함수다(구현은 잠시 후에 소개한다). 만약 PCI 디바이스의 수가 너무 많아서 `devicecs`에 넣을 수 없는 경우 `AddDevice()`는 `Error::kFull`을 반환해 에러를 알린다. 이 상황에서는 PCI 디바이스의 탐색을 계속하는 것이 의미가 없기 때문에 `return err;`를 실행해 탐색을 중지한다.

리스트 6.15에서 나오는 2가지 함수를 설명한다. `pci::ReadHeaderType()`은 PCI 설정 공간(그림 6.3)으로부터 Header Type을 읽는다. PCI 설정 공간은 선두 16바이트가 공통이며 그 이후의 구조는 Header Type에 따라 다르다. 일반적인 PCI 디바이스는 전부 Header Type=0x00이므로 이 책에서는 헤더를 특별히 신경 쓰지 않는다. 다만 Header Type의 비트 7은 이 PCI 디바이스가 멀티 펑션 디바이스인지 여부를 가리키는 비트이므로 확인해야 한다.

pci::ReadClassCode()는 PCI 설정 공간으로부터 클래스 코드(0Bh-08h의 4바이트)를 읽는다. 클래스 코드는 8비트 단위로 의미가 나뉘어져 있다. 비트 31:24는 베이스 클래스라고 하며 대략적인 디바이스 종류를 나타내며, 비트 23:16은 서브 클래스라고 해서 세부적인 디바이스 종류를 나타낸다. 예를 들어 베이스 클래스 0x0c는 시리얼 통신을 위한 콘트롤러이며 그중 서브 클래스 0x03은 USB인 것을 나타낸다. 비트 15:8은 Programming Interface이며 레지스터 레벨의 사양을 나타낸다. 예를 들어 0x20은 USB 2.0(EHCI), 0x30은 USB 3.0(xHCI)을 의미한다. API는 소프트웨어 간 인터페이스에서, Programming Interface는 하드웨어와 관련한 인터페이스에서 사용하는 용어다.

함수의 후반부에서는 이 펑션이 PCI-to-PCI 브리지일 때의 처리를 수행한다. PCI-to-PCI 브리지는 PCI 디바이스의 한 종류이며 2개의 PCI 버스를 연결한다. 베이스 클래스가 0x06, 서브 클래스가 0x04이면 PCI-to-PCI 브리지다. 브리지의 상류 측을 프라이머리 버스primary bus, 하류 측을 세컨더리 버스secondary bus라고 하며 PCI 설정 공간의 0x18에 각각의 해당 버스 번호가 기록돼 있다. 브리지를 발견했다면 세컨더리 버스의 번호를 얻은 다음 ScanBus()를 호출해 세컨더리 버스에 연결된 PCI 디바이스도 탐색하도록 한다.

리스트 6.16 발견한 PCI 디바이스를 devices에 추가하는 함수(pci.cpp)

```
/** @brief devices[num_device]에 정보를 쓰고 num_device를 증가시킨다 */
Error AddDevice(uint8_t bus, uint8_t device,
                uint8_t function, uint8_t header_type) {
  if (num_device == devices.size()) {
    return Error::kFull;
  }

  devices[num_device] = Device{bus, device, function, header_type};
  ++num_device;
  return Error::kSuccess;
}
```

리스트 6.16은 AddDevice()의 구현을 보여준다. 함수 시작 부분에서는 num_device 값을 체크한다. num_device는 devices 배열에 현재 등록된 요소 수를 가리키고 있으며 이 변수가 devices 배열의 용량(devices.size())과 같을 때는 더 이상 배열에 빈 공간이 없음을 의미한다. 그 경우에는 Error::kFull을 반환해 에러를 전달한다. 아직 배열에 빈 공간이 있다면 배열 마지막에 기록하고 num_device를 증가시킨다.

리스트 6.17 PCI 디바이스를 열거한다(main.cpp)

```
auto err = pci::ScanAllBus();
printk("ScanAllBus: %s\n", err.Name());

for (int i = 0; i < pci::num_device; ++i) {
  const auto& dev = pci::devices[i];
  auto vendor_id = pci::ReadVendorId(dev.bus, dev.device, dev.function);
  auto class_code = pci::ReadClassCode(dev.bus, dev.device, dev.function);
  printk("%d.%d.%d: vend %04x, class %08x, head %02x\n",
      dev.bus, dev.device, dev.function,
      vendor_id, class_code, dev.header_type);
}
```

만든 함수를 호출하기 위해 메인 함수에 추가로 작성한 코드를 리스트 6.17에서 보여준다. 우선은 `ScanAllBus()`를 호출해 PCI 디바이스 전부를 검색한 다음 검색된 PCI 디바이스 목록을 표시한다. 이전에 만든 `printk`가 맹활약을 한다. 필자가 갖고 있는 보드 컴퓨터 'MinnowBoard Turbot'에서 실행하면 그림 6.5 같이 된다. QEMU나 여러분이 소유한 컴퓨터에서 실행하면 결과가 다를 것이다.

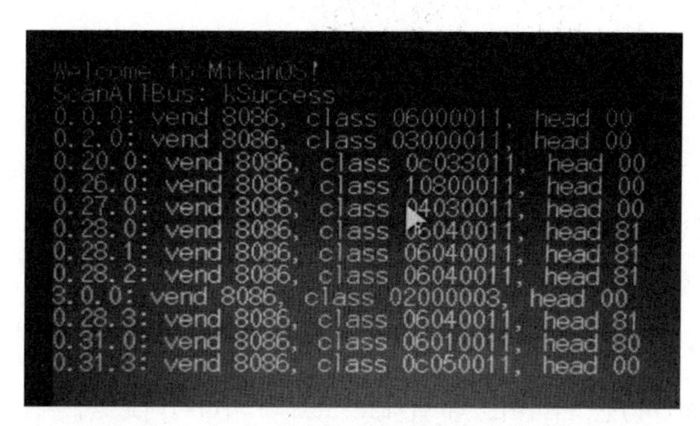

그림 6.5 MinnowBoard Turbot에서 PCI 디바이스 목록을 표시한 모습

6.4 폴링으로 마우스 입력(osbook_day06c)

이번에는 열거한 PCI 디바이스 장치에서 xHC를 찾아 초기화하고 USB 마우스를 사용할 수 있도록 구현한다. 6장의 마지막에서는 마우스 움직임에 따라 마우스 커서가 이동하는 것을 확인할 수 있다.

우선은 xHC를 탐색한다. 이 작업은 간단해서 pci::devices에서 클래스 코드가 0x0c, 0x03, 0x30인 것을 찾으면 된다. 베이스 클래스 0x0c는 USB뿐만 아니라 시리얼 버스 콘트롤러 전체를 나타낸다.[8] 그 중에서 서브 클래스 0x03은 USB 컨트롤러를, 인터페이스 0x30은 xHCI를 나타낸다.

리스트 6.18 PCI 버스로부터 xHC를 찾는다(main.cpp)

```
// Intel 제품을 우선으로 해서 xHC를 찾는다
pci::Device* xhc_dev = nullptr;
for (int i = 0; i < pci::num_device; ++i) {
  if (pci::devices[i].class_code.Match(0x0cu, 0x03u, 0x30u)) {
    xhc_dev = &pci::devices[i];

    if (0x8086 == pci::ReadVendorId(*xhc_dev)) {
      break;
    }
  }
}

if (xhc_dev) {
  Log(kInfo, "xHC has been found: %d.%d.%d\n",
      xhc_dev->bus, xhc_dev->device, xhc_dev->function);
}
```

리스트 6.18은 탐색 프로그램을 보여준다. 이 프로그램은 PC에 여러 개의 xHC가 탑재된 경우라도 하나만 선택한다. 하나의 xHC만으로 제한하면 USB 드라이버 전체의 구조를 단순하게 유지할 수 있기 때문이다. 여러 xHC 중 하나를 선택할 때는 Intel 제품을 우선해서 채용한다. 필자의 경험상 Intel 제품 쪽이 메인 컨트롤러인 가능성이 높다.

ClassCode::Match()는 디바이스의 클래스 코드와 파라미터로 지정된 코드를 비교해 3가지가 모두 일치하면 참을 반환한다. xHC를 발견하면 포인터를 xhc_dev에 기록한다. for 문을 빠져나올 때 xhc_dev가 널이 아니면 xHC가 존재한다는 것을 뜻한다. Intel 제품의 PCI 디바이스는 공통 값으로 0x8086이란 벤더 ID를 갖고 있기 때문에 그 값을 찾았다면 즉시 break한다. 이 처리로 Intel 제품을 우선시할 수 있다.

8 베이스 클래스 0x0c에는 USB외에 IEEE 1394 FireWire나 InfiniBand 등이 속한다. PCI 클래스 코드 목록은 「The PCI ID Repository」(Albert Pool, 2019, https://pci-ids.ucw.cz/) 같은 클래스 코드 수집 사이트를 참고하자.

벤더 ID의 취득은 자주 쓰는 처리다. 그 때문에 리스트 6.10에서 만든 버스 번호, 디바이스 번호, 펑션 번호 3개의 파라미터로 취하는 ReadVendorId()를 사용해서 Device 구조체를 직접 넘길 수 있는 파라미터가 하나인 ReadVendorId()를 만들었다. 리스트 6.18의 탐색 프로그램에서는 새롭게 만든 함수를 사용하고 있다.

Log()가 처음으로 나왔다. 이건 printk의 개량판이라고 볼 수 있다. 필자가 USB 드라이버를 개발하는 과정에서 메시지 표시를 개량하기 위해 만든 함수다. 자세한 설명은 '칼럼 6.1 로그함수'를 참조하자.

xHC를 찾았다면 다음은 xHC의 레지스터가 배치된 메모리 어드레스를 취득한다. 사실 메모리 어드레스 공간에는 메인 메모리뿐만 아니라 메모리처럼 다룰 수 있는, 메모리는 아닌 부품이 다양하게 연결돼 있다. 그 대표적인 것이 MMIO[메모리 맵 IO]이다. MMIO는 메모리와 동일한 방식으로 읽고 쓰기가 가능한 레지스터다. '3.2 레지스터'에서 소개한 CPU 내장 레지스터는 메모리 어드레스가 아닌 RAX와 같은 이름으로 읽고 쓴다. 한편 MMIO에서는 메모리 어드레스가 부여돼 있어 그 어드레스를 사용해서 읽고 쓸 수 있다. 다만 MMIO는 어디까지나 레지스터이므로 그 밖의 특징(값을 기억하는 것뿐만 아니라 읽고 쓰기 그 자체에 의미가 있는 것)은 CPU 내장 레지스터와 동일하다.

xHCI의 사양에서는 xHC를 제어하는 레지스터는 MMIO로 돼 있다. MMIO이므로 메모리 어드레스 공간의 어딘가에 레지스터가 존재하겠지만 이 경우에는 기기나 탑재된 메인 메모리 양 등에 따라 변한다. MMIO 어드레스는 PCI 설정 공간에 있는 BAR0(Base Address Register 0)에 기재돼 있기 때문에 그 값을 읽어내 사용한다.

리스트 6.19 BAR0 레지스터 읽기(main.cpp)

```
const WithError<uint64_t> xhc_bar = pci::ReadBar(*xhc_dev, 0);
Log(kDebug, "ReadBar: %s\n", xhc_bar.error.Name());
const uint64_t xhc_mmio_base = xhc_bar.value & ~static_cast<uint64_t>(0xf);
Log(kDebug, "xHC mmio_base = %08lx\n", xhc_mmio_base);
```

리스트 6.19는 pci::ReadBar()를 사용해 BAR0를 읽는 프로그램을 보여준다. pci::ReadBar()는 pci.cpp에 정의돼 있다. 내용이 궁금하면 소스코드를 참조하자.

PCI 설정 공간(그림 6.3)에는 BAR0에서 BAR5까지 6개의 BAR가 있다. 각각의 BAR는 32비트 폭이므로 64비트 어드레스를 표현할 때는 연속한 2개의 BAR를 사용하도록 돼 있다. pci::ReadBar()는 지정된 BAR와 후속 BAR를 읽어 그들을 결합한 어드레스를 반환한다. 최종적으로 변수 xhc_bar에는 xHC의 MMIO를 지정하는 64비트 어드레스가 설정된다.

xhc_bar.value는 xHC의 레지스터의 시작을 가리키는 어드레스를 나타낸다. 그런데 이 값의 하위 4비트는 BAR의 플래그 값이다. 그러므로 하위 4비트를 마스크해서 플래그 값을 제거한 MMIO 베이스 어드레스를 구하고 나서 xhc_mmio_base에 저장한다. 여기서 나오는 ~static_cast<uint64_t>(0xf)란 표현에 대해서는 '칼럼 6.2 static_cast<uint64_t>(0xf)의 수수께끼'에서 설명한다.

리스트 6.20 오류를 반환할 가능성이 있는 반환 값을 나타낸다(error.hpp)

```
template <class T>
struct WithError {
  T value;
  Error error;
};
```

pci::ReadBar()는 WithError<uint64_t>란 구조체를 반환한다. 이 구조체의 기본이 되는 구조체 템플릿은 error.hpp에 리스트 6.20 같이 정의돼 있다. 이 구조체 템플릿에는 value와 error 두 개의 멤버가 포함돼 있어 어떤 값과 오류 코드를 조합해 표현할 수 있다. C++에서는 함수 반환 값이 하나뿐이므로 복수의 값을 반환하고 싶은 경우[9]에는 이처럼 구조체로 감싸는 테크닉을 잘 사용한다.

리스트 6.21 xHC의 초기화와 기동(main.cpp)

```
usb::xhci::Controller xhc{xhc_mmio_base};

if (0x8086 == pci::ReadVendorId(*xhc_dev)) {
  SwitchEhci2Xhci(*xhc_dev);
}
```

9 'return'의 의미에는 '반환하다'와 '돌려주다' 두 가지가 있다. 명확한 구분이 있는 것은 아니지만 필자의 취향에 따라 명사로는 반환 값, 동사로는 '값을 돌려준다'로 표현한다.

```
{
  auto err = xhc.Initialize();
  Log(kDebug, "xhc.Initialize: %s\n", err.Name());
}

Log(kInfo, "xHC starting\n");
xhc.Run();
```

BAR0 값을 사용해 xHC를 초기화한다(리스트 6.21). usb::xhci::Controller는 필자가 제작한 USB 드라이버 프로그램의 일부분으로 xHCI 규격에 따라 호스트 컨트롤러를 제어하기 위한 클래스다. 이 클래스의 생성자에 BAR0 값을 지정해 인스턴스를 생성한다. 그 인스턴스에서 Initialize() 멤버를 실행하면 xHC를 리셋한 다음, 동작에 필요한 설정이 수행된다(Initialize는 초기화란 의미).

Intel 제품의 xHC인 경우에만 xHC 초기화를 하기 전에 SwitchEhci2Xhci()를 호출한다. 이 함수는 2012년에 출시된 Intel Panther Point 칩셋에 내장된 USB 호스트 컨트롤러를 위해 특별 대응을 한다. Panther Point 칩셋에는 USB 2.0용 규격인 EHCI 컨트롤러와 USB 3.0용 규격인 xHCI 컨트롤러 양쪽이 모두 탑재돼 있으며, 초기 상태에서는 USB 포트를 EHCI로 제어하는 설정으로 돼 있다.[10] SwitchEhci2Xhci()는 특별한 설정을 수행해 xHCI로 제어하는 설정으로 전환한다.

리스트 6.22 SwitchEhci2Xhci()는 USB 포트의 제어모드를 전환한다(main.cpp)

```
void SwitchEhci2Xhci(const pci::Device& xhc_dev) {
  bool intel_ehc_exist = false;
  for (int i = 0; i < pci::num_device; ++i) {
    if (pci::devices[i].class_code.Match(0x0cu, 0x03u, 0x20u) /* EHCI */ &&
        0x8086 == pci::ReadVendorId(pci::devices[i])) {
      intel_ehc_exist = true;
      break;
    }
  }
```

10 불편하게 된 이유를 추측해 보자면 2012년에는 USB 3.0 대응 칩셋이 보급되기 시작한 시기로 아직 xHCI에 대응하지 못하는 OS도 많이 사용되고 있었다. 그런 오래된 OS에서는 EHCI만 인식할 수 있었기 때문에 초기상태를 EHCI 모드로 둬서 호환성을 높이려고 한 것이다. xHCI를 인식할 수 있는 새로운 OS는 당연히 EHCI에도 대응할 수 있을 것이라고 생각했기에 초기상태가 EHCI이라도 문제 없을 거라는 판단은 당연히 납득이 된다. 필자는 MicanOS에서 USB 마우스를 사용할 수 없는 기종이 있다는 신고를 받고 버그를 열심히 조사해 결국 리눅스 디바이스 드라이버를 살펴보다가 Panther Point의 특수한 사양을 알게 됐다.

```
  if (!intel_ehc_exist) {
    return;
  }

  uint32_t superspeed_ports = pci::ReadConfReg(xhc_dev, 0xdc); // USB3PRM
  pci::WriteConfReg(xhc_dev, 0xd8, superspeed_ports); // USB3_PSSEN
  uint32_t ehci2xhci_ports = pci::ReadConfReg(xhc_dev, 0xd4); // XUSB2PRM
  pci::WriteConfReg(xhc_dev, 0xd0, ehci2xhci_ports); // XUSB2PR
  Log(kDebug, "SwitchEhci2Xhci: SS = %02, xHCI = %02x\n",
      superspeed_ports, ehci2xhci_ports);
}
```

SwitchEhci2Xhci()의 내용을 자세히 알고 싶은 독자를 위해 구현부를 설명하겠다(리스트 6.22). 흥미가 없다면 건너뛰어도 좋다. 이 함수는 우선 PC에 EHCI에 준거한 Intel 제품의 컨트롤러가 존재하는지를 확인한다. 그런 EHC가 탑재돼 있다면 EHCI에서 xHCI로의 모드 변경을 수행한다. 그 처리에는 4종류의 레지스터가 관계돼 있다. 그들 레지스터의 사용은 Intel 7 시리즈 칩셋의 데이터 시트[11](참고문헌 9)의 17.1.33에서 17.1.36에 실려 있다.

XUSB2PR(xHC USB 2.0 Port Routing) 레지스터의 각 비트는 USB 포트 하나에 대응하며, 비트 1을 쓰면 그 포트가 xHCI 모드가 된다. USB3_PSSEN(USB 3.0 Port SuperSpeed Enable) 레지스터의 각 비트도 USB 포트에 대응하며 1을 쓰면 해당 포트에 SuperSpeed가 유효하게 된다. 이 설정 자체는 EHCI로부터 xHCI로의 모드 전환에는 관계가 없지만 xHCI 모드로 전환한 후에 USB 3.0 본래의 스피드를 발휘하기 위해서 필요한 설정이다. 이 두 개 레지스터 내부의 전체 비트는 유효하다고 말할 수 없다. 2개의 마스크 레지스터 USB3PRM과 XUSB2PRM이 유효한 비트를 나타낸다. 따라서 마스크 레지스터에 기재된 값을 그대로 XUSB2PR 및 USB3_PSSEN에 쓰도록 한다.

USB 포트의 xHCI 모드 설정과 xHC의 초기화가 끝났다면 다음은 xHC의 Run() 메소드를 호출해 xHC의 동작을 개시시킨다. 동작을 개시한 xHC는 PC에 연결된 USB의 기기 인식 등을 순차적으로 진행한다.

11 「Intel 7 Series / C216 Chipset Family Platform Controller Hub Datasheet」, Intel Corporation(https://www.intel.com/content/dam/www/public/us/en/documents/datasheets/7-series-chipset-pch-datasheet.pdf), 2012

리스트 6.23 USB 포트를 조사해서 연결된 포트의 설정을 수행한다(main.cpp)

```
usb::HIDMouseDriver::default_observer = MouseObserver;

for (int i = 1; i <= xhc.MaxPorts(); ++i) {
  auto port = xhc.PortAt(i);
  Log(kDebug, "Port %d: IsConnected=%d\n", i, port.IsConnected());

  if (port.IsConnected()) {
    if (auto err = ConfigurePort(xhc, port)) {
      Log(kError, "failed to configure port: %s at %s:%d\n",
          err.Name(), err.File(), err.Line());
      continue;
    }
  }
}
```

xHC를 실행시켰다면 이제 연결된 USB 기기 중에서 마우스를 찾는 작업을 수행한다. 리스트 6.23에서는 모든 USB 포트를 탐색하면서 연결된 포트의 설정을 수행하는 프로그램을 보여주고 있다. `port.IsConnected()`가 참인 포트에는 어떤 기기가 연결돼 있다는 뜻이므로 그런 포트를 찾았다면 `usb::xhci::ConfigurePort()`를 호출한다. 이 함수도 필자가 만든 드라이버의 일부로 포트 리셋이나 xHC의 내부 설정, 클래스 드라이버의 생성 등을 수행한다. 특정 포트에 USB 마우스가 연결돼 있다면 `usb::HIDMouseDriver::default_observer`로 설정한 함수가 그 USB 마우스로부터 데이터를 수신하는 함수가 돼 USB 마우스용 클래스 드라이버로 등록된다. `MouseObserver()`는 나중에 설명한다.

`ConfigurePort()`는 `usb::xhci`란 이름 공간[name space]에 정의돼 있는데 메인 함수에서는 이름 공간을 붙이지 않고 호출할 수 있다. 어째서일까? 그건 ADL[Argument Dependent Lookup](실인수 의존 이름 탐색)이라는 C++ 기능 덕분이다. 인수로 지정한 xhc의 타입이 `usb::xhci::Controller`이므로 `usb::xhci`에 정의된 함수도 자동적으로 탐색한다.

리스트 6.24 xHC에 쌓인 이벤트를 처리한다(main.cpp)

```
while (1) {
  if (auto err = ProcessEvent(xhc)) {
    Log(kError, "Error while ProcessEvent: %s at %s:%d\n",
        err.Name(), err.File(), err.Line());
```

```
  }
}
```

실제 마우스를 움직였을 때의 이벤트를 처리하는 부분을 리스트 6.24에 정리했다. 마우스 등의 USB 기기 동작에 따라 처리해야 하는 데이터가 발생한다. 마우스가 움직이면 "상하, 좌우로 어느 정도로 움직였는가?"란 데이터가 발생하며 키보드라면 누른 키에 관계된 데이터가 발생한다. 그런 데이터는 이벤트란 형태로 xHC에 쌓여간다. 이 프로그램에서는 while 문에서 반복되는 `ProcessEvent()`를 호출해 xHC에 쌓여있는 이벤트를 처리하도록 명령한다.

이처럼 이벤트의 유무를 능동적으로 조사하는 방법을 **폴링**Polling이라 한다. USB 호스트 컨트롤러에 "처리해야 할 이벤트가 있습니까?"라고 문의하고(Poll), 있다면 처리, 없다면 아무것도 하지 않는 방법이다. 폴링 방식은 요청할 때마다 높은 확률로 이벤트가 존재(즉 이벤트의 발생 빈도가 높은)하는 경우에는 효율이 좋은 방법이다. 하지만 마우스 입력이나 키보드 입력은 이벤트 발생이 산발적이라서[12] 이벤트 발생 여부를 확인하면 이벤트가 없는 경우가 많다. 그렇지만 폴링을 10초에 1회라는 현저히 낮은 빈도로 해 버리면 최악의 경우에는 키를 누른 후 OS가 인식할 때까지 10초가 걸릴 수 있어서 매우 사용하기 괴로운 OS가 돼 버린다.

이벤트가 산발적으로 발생하는 경우에 대해서는 폴링보다는 인터럽트 방식이 적합하다. 여기에서는 간단한 폴링 방식을 소개하지만 7장에서는 인터럽트를 사용해 마우스 처리를 해 보려고 한다.

리스트 6.25 MouseObserver()의 정의(main.cpp)

```
char mouse_cursor_buf[sizeof(MouseCursor)];
MouseCursor* mouse_cursor;

void MouseObserver(int8_t displacement_x, int8_t displacement_y) {
  mouse_cursor->MoveRelative({displacement_x, displacement_y});
}
```

12 마우스나 기타 입력기기는 항상 일정 간격으로 사용되지는 않고 대부분의 시간 동안 멈춰 있다. 가끔식 사용하는 경우가 대부분을 차지한다.

리스트 6.25는 설명을 뒤로 미뤘던 MouseObserver()의 구현을 보여주고 있다. 구현이라고는 하지만 간단한 함수라서 단지 한 줄 mouse_cursor->MoveRelative()를 호출한다. 구체적인 처리 내용을 알기 위해 MouseCursor 클래스의 구현을 살펴보자.

리스트 6.26 MouseCursor 클래스의 정의(mouse.hpp)

```
#include "graphics.hpp"

class MouseCursor {
 public:
  MouseCursor(PixelWriter* writer, PixelColor erase_color,
              Vector2D<int> initial_position);
  void MoveRelative(Vector2D<int> displacement);

 private:
  PixelWriter* pixel_writer_ = nullptr;
  PixelColor erase_color_;
  Vector2D<int> position_;
};
```

리스트 6.26은 MouseCursor 클래스의 정의 중 헤더 파일(mouse.hpp)을 보여준다. 이 클래스는 마우스 렌더링과 이동에 대한 책임을 가진 클래스다. 3개의 파라미터를 취하는 생성자와 하나의 파라미터를 취하는 멤버 함수를 갖고 있는 것을 알 수 있다.

리스트 6.27 MouseCursor 클래스의 인스턴스 생성(main.cpp)

```
  mouse_cursor = new(mouse_cursor_buf) MouseCursor{
    pixel_writer, kDesktopBGColor, {300, 200}
  };
```

MouseCursor 클래스의 인스턴스를 생성하는 부분을 리스트 6.27에서 보여준다. displacement new를 통해 생성자를 호출한다. 생성자에 픽셀 렌더링 클래스 writer, 마우스 커서를 지울 때 사용하는 색상 erase_color, 초기 위치 initial_position을 전달하면 지정한 초기 위치에 마우스 커서가 렌더링된다. 여기에서는 초기 위치를 300, 200으로 하고 있다. 화면의 왼쪽 위에서 오른쪽으로 300픽셀, 아래로 200픽셀 위치에 커서가 그려질 것이다.

리스트 6.28 MouseCursor 클래스의 생성자와 멤버 함수(mouse.cpp)

```
MouseCursor::MouseCursor(PixelWriter* writer, PixelColor erase_color,
                         Vector2D<int> initial_position)
    : pixel_writer_{writer},
      erase_color_{erase_color},
      position_{initial_position} {
  DrawMouseCursor(pixel_writer_, position_);
}

void MouseCursor::MoveRelative(Vector2D<int> displacement) {
  EraseMouseCursor(pixel_writer_, position_, erase_color_);
  position_ += displacement;
  DrawMouseCursor(pixel_writer_, position_);
}
```

그럼 `MouseCursor` 클래스의 생성자와 멤버 함수의 구체적인 구현을 살펴보자. 리스트 6.28은 구체적인 구현을 보여준다. 멤버 함수는 헤더 파일에 프로토타입 선언만을 쓰고 대응하는 .cpp 파일에 정의를 쓰기로 했다. 그 방침으로 멤버 함수의 구현은 mouse.cpp에 작성했다.

생성자는 3개의 멤버 변수를 초기화한 후 1회 마우스 커서를 렌더링한다. 렌더링하는 위치는 파라미터로 주어진 `initial_position`을 사용한다. `DrawMouseCursor()`는 '6.1 마우스 커서'에서 소개한 마우스 커서 렌더링 프로그램(리스트 6.2)을 조금 수정해서 함수화한 것이다. '6.1 마우스 커서' 버전에서는 위치를 200, 100으로 고정했지만 `DrawMouseCursor()`는 파라미터로 위치를 지정할 수 있도록 수정했다.

`MoveRelative()` 멤버 함수는 마우스 커서를 지정된 방향으로 이동시킨다. 이동 기준점은 현재 위치이므로 Relative[상대]라는 이름을 사용했다. 인수명에 사용하는 Displacement란 영단어는 '변위'나 '차이'란 의미가 있으며 소프트웨어 세계에서 자주 사용한다. 여기서는 '마우스 커서 위치의 차이'를 의미한다. 예를 들어 `displacement`에 `Vector2D<int>{3, -4}`를 지정하면 마우스 커서가 오른쪽으로 3픽셀, 위로 4픽셀만큼 이동한다.

`MoveRelative()`에서 호출하는 `EraseMouseCursor()`는 마우스 커서를 지우기[Erase] 위한 함수다. 화면 배경색을 사용해 마우스 커서 모양을 칠하면 마우스 커서를 지울 수 있다는 발상으로 구현돼 있다. 내용은 `DrawMouseCursor()`와 거의 같지만 `DrawMouseCursor()`는

흰색과 검은색을 고정적으로 사용하는 반면 EraseMouseCursor()는 지정한 색을 렌더링에 사용하는 것이 다르다.

설명이 길어졌지만 여기까지 왔다면 실제 마우스의 움직임에 반응해서 화면상의 마우스 커서가 움직일 것이다. 마우스를 바로 움직인 결과를 그림 6.6에서 확인하자.

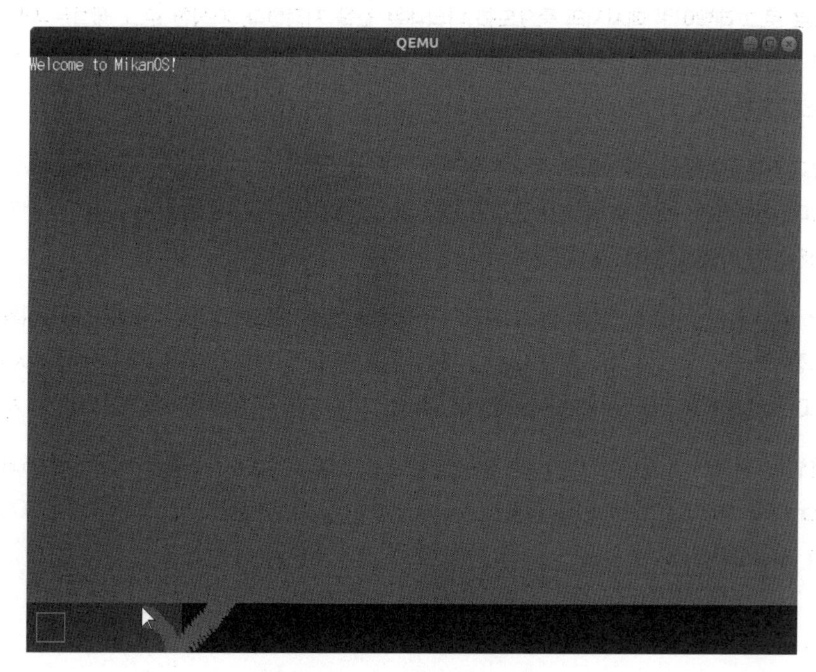

그림 6.6 마우스 커서를 둥글게 움직이다

마우스 커서를 화면 아래 방향으로 이동시켰더니 모처럼 멋지게 그렸던 상태 바를 망가뜨리고 말았다. 이건 마우스가 어디에 있어도 EraseMouseCursor()가 같은 색으로 칠해버리는 것이 원인이다. 이 문제를 해결하려면 약간 힘들기 때문에 당분간은 이 상태 그대로 둔다. 일단은 마우스 커서가 움직여서 정말 좋다.

칼럼 6.1 로그함수

Log()는 화면에 메시지를 표시하기 위한 함수다. printk()와 비슷하지만 최대 차이점은 조건에 따라 메시지를 표시하거나 표시하지 않을 수 있다는 데 있다. Log()의 첫 번째 파라미터로 로그 레벨이란 메시지의 중요도를 나타내는 값을 지정한다. 지정한 로그 레벨은 사전에 SetLogLevel()로 설정한 값(임계치)과 비교해서 임계치 이상이면 화면에 표시하는 구조로 된 함수다.

로그 레벨은 우선 순위가 높은 순으로 kError, kWarn, kInfo, kDebug의 4종류가 정의돼 있다. 예를 들어 kInfo로 로그를 쓴다면 SetLogLevel()에 kInfo 또는 kDebug로 설정된 경우에만 화면에 메시지가 출력된다.

printk()에서는 무조건 전체 디버그 메시지가 출력돼 버리지만, Log()를 사용하면 임계치를 조정하는 것만으로 로그의 출력 내용을 조정할 수 있다. 또한 특정 부분을 SetLogLevel(kDebug)와 SetLogLevel(kWarn)으로 감싸서 그 부분만 로그를 상세하게 표시하는 사용법도 가능하다. 점점 기능이 증가하면서 메시지 양이 많아지기 때문에 day06b과 day06c 사이에서 printk()를 사용했던 대부분을 Log()로 대체했다. 그 덕분에 화면표시가 매우 깔끔해졌다.

칼럼 6.2 static_cast<uint64_t>(0xf)의 수수께끼

본문 중에서 다음과 같은 프로그램이 등장했었다.

```
const uint64_t xhc_mmio_base = xhc_bar.value & ~static_cast<uint64_
t>(0xf);
```

이 코드 중 식 ~static_cast<uint64_t>(0xf)가 하려는 것은 하위 4비트만을 0으로 하는 64비트 정수를 만드는 것이다. 즉 0xfffffffffffffff0인 정수를 만든다. 이 정수와 xhc_bar.value와 비트 AND 연산을 해서 xhc_bar.value의 하위 4비트를 제거한(0으로 만든) 값을 얻고 있다. 덧붙여 이러한 '특정 값만을 0으로 만드는 정수와의 비트 AND를 연산하는 조작'을 비트 마스크(bitmask)라고 한다.

프로그램 중에 0xfffffffffffffff0 값을 그대로 사용해도 괜찮지만 f가 너무 많아서 읽기 어렵고 쓰다가 실수할 여지가 있다. 어디까지나 하고 싶은 것은 '하위 4비트의 마스크'이며 f의 수를 신경 쓰고 싶지는 않다. 그래서 ~0xf 또는 ~0b1111 같이 하위 4비트가 전부 1인 정수를 비트 반전시키는 전략을 쓰자고 생각했다. 이 전략을 사용하면 하위 4비트만이 0이고 그 이외는 1이 되는 정수를 실수 없이 만들 수 있다.

하지만 이 전략에는 함정이 있다. 0xf가 int로 해석돼 버리기 때문이다. 우리가 사용하는 컴파일러는 int를 32비트 정수로 다루기 때문에 ~0xf는 32비트 0xfffffff0이란 값이 돼 버려 f가 충분하지 않게 된다. 이걸 방지하기 위해 미리 0xf를 64비트로 확장시킨 다음에 비트 반전할 필요가 있다. 그래서 최종적으로 ~static_cast<uint64_t>(0xf)란 코드에 도달하게 된 것이다.

또한 다른 해결책으로 ~0xful이나 ~UINT64_C(0xf)도 생각해 볼 수 있다. 이쪽이 길이가 짧긴 하지만 얼핏 봤을 때 알기 쉽다는 점 때문에 static_cast를 사용한 방법을 채용했다.

7장

인터럽트와 FIFO

6장에서는 USB 마우스에 대응하는, 처음으로 사용자로부터 입력을 받아 동작을 변화시키는 것이 가능하게 됐다. 단지 메시지만 표시하는 기능에서 탈피해 사용자와 상호작용이 가능하게 됐다는 점에서 커다란 한걸음을 내디뎠다. 하지만 마우스 입력을 폴링하는 것은 비효율적이다. 7장에서는 인터럽트를 사용해 마우스 입력을 처리할 수 있게 해 본다.

▌7.1 인터럽트(osbook_day07a)

폴링 방식은 이벤트가 오고 있는지를 문의하는 방식을 말한다. 이에 반해 인터럽트 방식은 이벤트가 도착했을 때에 하드웨어가 OS에 통지하는 방식이다. 인터럽트를 사용하면 어떤 이벤트가 발생했을 때 알림을 받아 처리할 수 있으며 마우스나 키보드 입력 등에 대해 매우 효율적인 처리가 가능하다. OS는 평소 마우스나 키보드 같은 것은 전혀 신경쓰지 않고 다른 처리를 해도 좋다. 인터럽트는 움직임이 있을 때까지 지켜봐 주는 믿음직스러운 로봇과 같다(그림 7.1).

그림 7.1 마우스가 움직였는지 감시를 인터럽트에 맡긴다.

7장에서는 x86-64 아키텍처에서 인터럽트를 처리하는 방법을 설명한다. 조금 설명이 길지만 힘내 주길 바란다. 인터럽트 처리를 할 수 있게 되면 마우스 입력 이외에도 다양한 처리를 작성하는 것이 쉬워지기 때문이다. 예를 들어 리스트 6.24에서 소개한 무한 루프에서는 현재 마우스 처리만 하고 있는데 그 외 다른 처리를 여기에 추가하려고 한다면 매우 어렵다. 이후 장에서 나오는 타이머 처리에서는 타이머가 일정시간으로 쪼개진 주기마다 처리를 수행해야 하지만, 무한 루프에서 "일정시간마다 특정 처리를 수행한다."는 기능을 추가하기란 매우 어려운 일이다. 반면 인터럽트 방식을 사용하면 일정시간마다 인터럽트를 발생시키는 것으로 주기적인 처리를 쉽게 구현할 수 있다.

이 책에서 대상으로 삼고 있는 x86-64 아키텍처의 인터럽트는 다음과 같이 구현된다(x86-64에 한정되지 않고 어떠한 CPU에서도 기본적으로는 동일한 처리 흐름을 보인다).

사전준비

- 이벤트 발생 시에 실행할 인터럽트 핸들러를 준비한다.
- 인터럽트 핸들러를 IDT(인터럽트 디스크립터(기술자) 테이블)에 등록한다.

이벤트 발생 시

- 하드웨어(경우에 따라서는 소프트웨어)가 이벤트를 CPU에 통지한다.
- CPU는 현재의 처리를 중단하고 이벤트의 종류에 대응해 등록된 인터럽트 핸들러로 처리를 이동한다.
- 인터럽트 핸들러 처리가 끝나면 중단했던 처리를 재개한다.

여기서 주역이 되는 것은 **인터럽트 핸들러**Interrupt Handler다. 핸들러란 뭔가를 핸들링하는(다루는) 자者라는 의미가 있는 단어로 컴퓨터 분야에서 자주 사용한다. 인터럽트 핸들러는 인터럽트 발생 시 실행되는 함수를 의미한다. 감시 역할을 하는 로봇이 뭔가 변화를 감지할 때 실행하는 처리, 그것이 인터럽트 핸들러다.

7.2 인터럽트 핸들러

인터럽트 핸들러의 내용을 살펴보자. USB 호스트 컨트롤러(xHCI) 드라이버용 인터럽트 핸들러의 구현을 리스트 7.1에 정리했다.

리스트 7.1 xHCI용 인터럽트 핸들러의 정의(main.c)

```
usb::xhci::Controller* xhc;

__attribute__((interrupt))
void IntHandlerXHCI(InterruptFrame* frame) {
  while (xhc->PrimaryEventRing()->HasFront()) {
    if (auto err = ProcessEvent(*xhc)) {
      Log(kError, "Error while ProcessEvent: %s at %s:%d\n",
          err.Name(), err.File(), err.Line());
    }
  }
  NotifyEndOfInterrupt();
}
```

우선 눈에 띄는 것은 `__attribute__((interrupt))`이다. 이 지시어는 정의된 함수가 순수한 C++ 함수가 아니라 인터럽트 핸들러라는 점을 컴파일러에게 알리는 역할을 한다. 이 한 줄을 써두면 컴파일러가 인터럽트 핸들러에 필요한 전처리와 후처리를 자동적으로 삽입해준다.[1]

핸들러 내용은 `NotifyEndOfInterrupt()`의 호출을 제외하고 지금까지 구현한 `KernelMain()`의 마지막 부분에 작성했던 처리를 이동시킨 것에 불과하다. USB 호스트 드라이버에 쌓여 있었던 이벤트를 처리하도록 지시하고 있다. 처리해야 하는 이벤트가 도착하면 인터럽트가 발생하고, 인터럽트 핸들러에서 그 처리를 드라이버에 지시한다는 흐름이다.

리스트 7.2 NotifyEndOfInterrupt()의 정의(interrupt.cpp)

```
void NotifyEndOfInterrupt() {
  volatile auto end_of_interrupt = reinterpret_cast<uint32_t*>(0xfee000b0);
  *end_of_interrupt = 0;
}
```

인터럽트 핸들러의 마지막에서 `NotifyEndOfInterrupt()`를 호출한다. 이 함수의 구현이 리스트 7.2에 나와 있다. 하는 작업은 간단해서 `0xfee000b0` 번지(End of Interrupt 레지스터)에 0을 쓰는 것뿐이다. 쓸 값은 뭐든지 좋지만 어쨌든 이 번지에 값을 쓰면 인터럽트 종료를 CPU에 알릴 수 있게끔 돼 있다. 인터럽트 종료를 알려주지 않으면 다음에 동일한 인터럽트가 발생해도 인터럽트 핸들러가 호출되지 않게 돼 버려 마우스를 계속해서 둥글둥글하게 움직일 수 없게 된다.

어째서 메인 메모리에 값을 쓰는 것만으로 CPU에 전달되는 구조로 돼 있는지 의문이 들지도 모르겠다. 보통은 메인 메모리에 값을 쓰는 처리는 단순히 값을 쓰는 것뿐이고 그 이외의 효과는 없기 때문이다. 그 이유는 사실 `0xfee00000`에서 `0xfee00400`까지의 1024바이트의 범위에는 메인 메모리는 배치돼 있지 않고 CPU의 레지스터가 놓여있기

1 삽입되는 전처리와 후처리는 콘텍스트(Context) 저장과 복귀 처리다. 콘텍스트의 저장과 복귀의 개념은 '13.2 콘텍스트 전환에 도전'을 참조하자.

때문이다.[2] 메인 메모리와는 달리 레지스터의 경우는 '쓰기 동작' 자체를 뭔가의 처리를 위한 방아쇠로 사용하는 것이 가능해서[3], 이번 경우에는 인터럽트 처리 종료를 CPU에 전달하는 처리가 실시된다.

end_of_interrupt에 volatile 수식자를 붙여서 이 변수는 휘발성이라는 점을 C++ 컴파일러에 전달하고 있다. 이 수식자가 필요한 이유는 0xfee000b0 번지에 쓰기를 확실하게 수행하기 위해서다. volatile을 붙인 변수의 읽기 쓰기는 최적화 대상이 되지 않는다. volatile을 붙이지 않은 경우 C++ 컴파일러는 *end_of_interrupt = 0;에 의해 쓰여진 값이 다른 곳에서 이용되지 않기 때문에 이 쓰기는 헛된 것이라고 생각해서 메모리 쓰기 명령을 빼지도 모른다. 분명 썼던 값을 읽어내는 코드는 없지만 쓰기 자체가 중요하므로 쓰기 명령이 빠져서는 곤란하다. 좀 더 상세한 설명은 '칼럼 11.1 volatile의 필요성'을 참조하자.

7.3 인터럽트 벡터

마우스나 키보드가 움직여서 USB 호스트 드라이버가 이벤트를 감지했을 때 발생하는 인터럽트, 타이머가 일정간격으로 신호를 보낼 때 발생하는 인터럽트, 디스크 장치와 메인 메모리 간 데이터 전송이 완료될 때의 인터럽트, 0으로 나눗셈을 실행하려고 했을 때의 인터럽트 등 인터럽트에는 다양한 종류가 있다. 모든 인터럽트가 같은 인터럽트로 취급되면 매우 불편하기 때문에 이들 인터럽트의 종류마다 다른 **인터럽트 번호**, 일명 **인터럽트 벡터**interrupt vector라는 것을 할당해 관리하는 구조를 구축해야 한다.

인터럽트 벡터는 고정으로 번호가 할당돼 있는 것도 있고 OS 개발자가 마음대로 번호를 결정해도 좋은 것도 있다. x86-64 아키텍처에서는 0에서 255 사이의 수치가 해당된다. 예를 들어 0으로 나누기 인터럽트는 CPU 사양에 따라 0번으로 결정돼 있다. USB에 관계하는 인터럽트 번호는 OS 개발자가 자유롭게 할당한다. 어딘가에서 인터럽트가 발생했을 때 CPU는 현재 실행 중의 처리를 중단하고, 인터럽트 벡터에 대응하는 인터럽

2 메모리 어드레스를 해석해 메인 메모리를 읽고 쓰는 것은 CPU 자신이므로 메모리 어드레스의 일부를 가로채 자신의 레지스터 전용으로 사용하는 것은 간단한 일이다.

3 CPU의 EOI 레지스터는 그런 식으로 동작하도록 제작됐기 때문에 값을 쓴다는 동작자체에 의미가 있다.

트 핸들러로 처리를 전환한다는 흐름이다. 그래서 CPU는 각각의 인터럽트 벡터 N에 대해 'N번 인터럽트가 발생했을 때 실행해야 하는 인터럽트 핸들러'를 알아야 한다. 지금부터는 이 인터럽트 핸들러를 설정하는 테이블에 대해 설명한다.

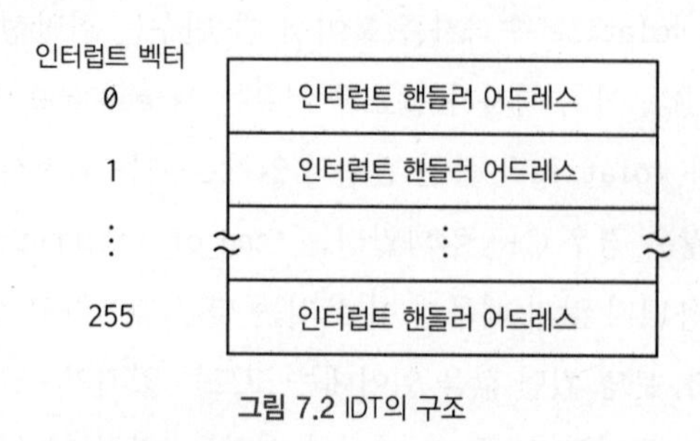

그림 7.2 IDT의 구조

IDT Interrupt Descriptor Table 란 인터럽트 번호와 인터럽트 핸들러를 매핑하기 위한 테이블(표)이다. 그림 7.2에서 보는 구조이며 메인 메모리상에 배치한다. 0에서 255의 인터럽트 번호에 대해 각각의 다른 인터럽트 핸들러를 매핑할 수 있다. 인터럽트 핸들러를 IDT에 등록하면 실제 인터럽트가 발생했을 때 등록된 핸들러가 호출된다.

리스트 7.3 IDT의 정의(interrupt.cpp)

```
std::array<InterruptDescriptor, 256> idt;
```

IDT 전체 정의를 리스트 7.3에서 보여준다. 인터럽트 디스크립터를 256개 나열한 배열로 돼 있으며 0부터 255까지 임의의 인터럽트를 다룰 수 있다. `std::array`는 C++에서 고정길이 배열을 만들기 위한 클래스로 C의 고정길이 배열과 다르지 않다. 이제는 요소의 타입인 `InterruptDescriptor`를 자세히 설명하겠다.

리스트 7.4 InterruptDescriptor 구조체의 정의(interrupt.hpp)

```
union InterruptDescriptorAttribute {
  uint16_t data;
  struct {
    uint16_t interrupt_stack_table : 3;
    uint16_t : 5;
    DescriptorType type : 4;
    uint16_t : 1;
    uint16_t descriptor_privilege_level : 2;
```

```
    uint16_t present : 1;
  } __attribute__((packed)) bits;
} __attribute__((packed));

struct InterruptDescriptor {
  uint16_t offset_low;
  uint16_t segment_selector;
  InterruptDescriptorAttribute attr;
  uint16_t offset_middle;
  uint32_t offset_high;
  uint32_t reserved;
} __attribute__((packed));
```

IDT의 각 요소, 즉 인터럽트 디스크립터의 속성을 나타내는 공용체 `InterruptDescriptorAttribute`와 인터럽트 디스크립터 그 자체를 나타내는 구조체 `InterruptDescriptor`를 리스트 7.4에 정리했다. 이 구조체를 그림으로 표현하면 그림 7.3과 같다.

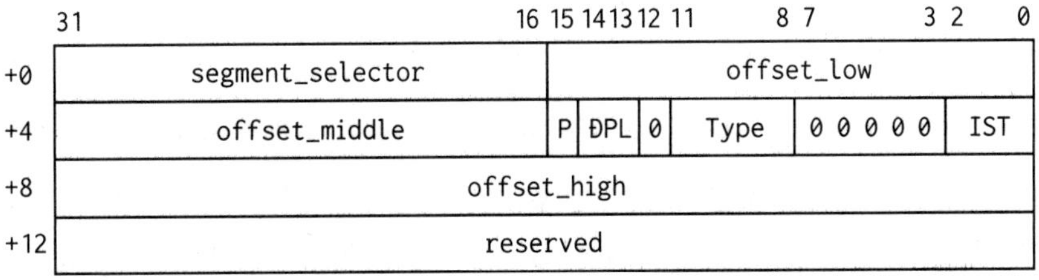

	31 … 16	15	14 13	12	11 … 8	7 … 3	2 … 0
+0	segment_selector	offset_low					
+4	offset_middle	P	DPL	0	Type	0 0 0 0 0	IST
+8	offset_high						
+12	reserved						

그림 7.3 인터럽트 디스크립터의 구조

그림의 P, DPL, Type, IST 등의 값 변경은 비트 필드라는 C++의 기능을 사용하기 때문에 간단히 설명한다. 이런 필드는 `attr.bits`에 포함돼 있다. 이 타입의 정의는 `InterruptDescriptorAttribute` 내부에 있으며 익명 구조체다. 각 행이 '타입 필드명 : 비트 폭'으로 돼 있는데 이것이 비트 필드를 기술하는 방법이다. 구조체의 일반적인 필드는 1바이트 단위로만 이름을 붙일 수 있지만 비트 필드를 사용하면 비트 단위로 이름을 붙일 수 있다. 각 행에 사용한 타입은 별로 중요하지 않으며 1비트 이상의 비트 폭을 가진 부호 없는 정수를 지정하면 OK다.

비트 필드를 사용할 때는 '`idt[...].attr.bits.type = 14;`'처럼 작성한다. 이 예는 `type` 필드(오프셋 4비트 11:8)에 정수 14를 대입한다. C++ 컴파일러는 비트 `AND`나 `OR` 명령을 사용해 다른 비트를 변경하지 않고 `type`에 14를 대입하는 기계어를 생성한다.

인터럽트 디스크립터의 각 필드의 의미를 설명하겠다. offset_low, offset_middle, offset_high는 인터럽트 핸들러의 어드레스를 설정하는 필드로 3개를 조합해서 64비트 어드레스를 지정한다. x86 아키텍처는 호환성을 유지하면서 16비트, 32비트, 64비트로 진화해 왔기 때문에 이렇게 필드가 나뉘어져 버렸다. segment_selector는 이 인터럽트 핸들러를 실행할 때의 코드 세그먼트를 지정한다.

코드 세그먼트는 실행 가능 코드가 놓인 메모리 구역(세그먼트)을 뜻한다. 메모리를 구역으로 나눠서 관리하기 위한 세그멘테이션은 메모리 관리를 위한 기능으로, 메모리 어드레스 공간의 구역(세그먼트)에 대해 실행 가능, 읽고 쓰기 가능 등의 속성을 설정할 수 있다. 능숙하게 사용하면 편리하지만 현대에 폭넓게 사용되는 OS에서는 세그멘테이션 기능은 사용하고 있지 않다. 그래서인지는 모르겠지만 x86-64 아키텍처에서는 세그멘테이션 기능이 크게 축소됐다. 이 책이 대상으로 하는 x86-64의 64비트 모드에서는 코드 세그먼트라고 하면서 메모리를 구역으로 나누는 기능은 이미 비활성화돼 있어서 단순히 메모리 전체의 속성을 지정하는 기능이 돼 버렸다. 세그멘테이션에 대해서는 '8장 메모리 관리'에서 다시 설명할 것이다.

attr는 인터럽트 디스크립터의 속성을 설정한다. 속성 중에서 중요한 것은 type과 descriptor_privilege_level(DPL)이다. type은 디스크립터의 종류를 설정한다. 설정 가능한 값은 14(Interrupt Gate) 또는 15(Trap Gate)뿐이다. 일반적인 인터럽트라면 14를 설정하고, DPL은 인터럽트 핸들러의 실행 권한을 설정한다. 자세한 내용은 '20.2 OS를 지키자(1)'에서 설명하겠지만 인터럽트 디스크립터의 DPL에는 대부분의 경우에 0으로 설정하면 괜찮다. interrupt_stack_table은 이 책에서는 항상 0이다. present는 디스크립터가 유효하다는 것을 나타내는 플래그라서 항상 1을 설정한다.

인터럽트 디스크립터 구조체 설명의 마지막으로 3개의 위치에서 사용되는 __attribute__((packed))를 소개한다. 이 지시어는 구조체의 각 필드를 채우고 배치시키기 위한 컴파일러 확장 명령이다. 컴파일러는 아무것도 지정하지 않으면 변수 정렬alignment을 지키기 위해 필드 간에 틈새Padding를 삽입한다. 하지만 하드웨어 사양으로 정해진 데이터 구조를 구조체로써 표현하려면 컴파일러가 마음대로 틈새를 삽입해서는 곤란하다. 그 때문에 이 컴파일러 확장 명령을 지정해서 틈새 삽입을 방지한다.

7.4 인터럽트 디스크립터 설정

이제 인터럽트 디스크립터는 16바이트 구조체이며 그 자세한 내용의 구조를 알게 됐다. 다음으로 이 구조체에 값을 설정하는 함수 SetIDTEntry()를 소개한다. 함수의 구현을 리스트 7.5에 정리했다.

리스트 7.5 SetIDTEntry()의 구현(interrupt.cpp)

```
void SetIDTEntry(InterruptDescriptor& desc,
                 InterruptDescriptorAttribute attr,
                 uint64_t offset,
                 uint16_t segment_selector) {
  desc.attr = attr;
  desc.offset_low = offset & 0xffffu;
  desc.offset_middle = (offset >> 16) & 0xffffu;
  desc.offset_high = offset >> 32;
  desc.segment_selector = segment_selector;
}
```

SetIDTEntry()는 파라미터 desc로 지정한 인터럽트 디스크립터에 각종 설정을 기록하는 함수다. 디스크립터 속성, 인터럽트 핸들러 어드레스 및 인터럽트 핸들러가 놓여 있는 코드 세그먼트 셀렉터 값을 설정한다. 인터럽트 핸들러 어드레스는 3개로 분할해 설정해야 하기 때문에 귀찮긴 하지만 방법은 단순하다.

리스트 7.6 인터럽트 벡터 0x40을 설정해서 IDT를 CPU에 등록한다(main.cpp)

```
const uint16_t cs = GetCS();
SetIDTEntry(idt[InterruptVector::kXHCI], MakeIDTAttr(DescriptorType::
kInterruptGate, 0),
            reinterpret_cast<uint64_t>(IntHandlerXHCI), cs);
LoadIDT(sizeof(idt) - 1, reinterpret_cast<uintptr_t>(&idt[0]));
```

SetIDTEntry()의 사용방법은 리스트 7.6에서 확인할 수 있다. IDT의 xHCI용 인터럽트 벡터[4]로 xHCI용 인터럽트 핸들러(IntHandlerXHCI())를 등록하고 있다. 인터럽트 디스크립터의 종류로 Interrupt Gate를, DPL은 0을 지정하고 있다. 세그먼트 셀렉터에

4 InterruptVector::kXHCI는 interrupt.hpp에서 0x40으로 정의돼 있다.

는 GetCS()로 취득한 현재의 코드 세그먼트의 세그먼트 값을 지정한다. 필자가 직접 GetCS()를 호출했을 때의 반환 값은 0x38이었다.

리스트 7.7 LoadIDT()의 정의(asmfunc.asm)

```
global LoadIDT ; void LoadIDT(uint16_t limit, uint64_t offset);
LoadIDT:
    push rbp
    mov rbp, rsp
    sub rsp, 10
    mov [rsp], di ; limit
    mov [rsp + 2], rsi ; offset
    lidt [rsp]
    mov rsp, rbp
    pop rbp
    ret
```

IDT 설정이 끝났으면 IDT의 위치를 CPU에 알려줄 필요가 있다. 이를 위한 함수가 LoadIDT()이다. 이 함수는 IDT 크기와 IDT가 배치된 메인 메모리의 주소를 받아 lidt 명령으로 CPU에 등록한다. 이 명령은 IDT 크기와 어드레스를 직접 지정하지 않고 2개의 값을 기록한 10바이트 메모리 영역을 지정해야 한다. 이 메모리 영역의 구조체를 표 7.1에 정리했다.

표 7.1 lidt 명령에 지정하는 메모리 영역의 구조

오프셋	타입	의미
0	uint16_t	IDT 사이즈 – 1
2	uint64_t	IDT의 시작 어드레스

LoadIDT()는 어셈블리 언어로 만든 함수다. 함수의 파라미터는 RDI, RSI, RDX, RCX, R8, R9 순으로 저장됐다('칼럼 4.1 ABI' 참조). 그래서 첫 번째 파라미터 limit는 RDI, 두 번째 파라미터 offset은 RSI와 대응관계를 이룬다. limit는 16비트 값이므로 실제로는 RDI의 하위 16비트를 나타내는 DI 레지스터를 사용한다. RSP로부터 10바이트를 빼서 스택상에 확보한 10바이트 메모리 영역에 이 두 개의 값을 쓴다. lidt 명령을 실행하기 직전의 스택 영역의 모습은 그림 7.4와 같다.

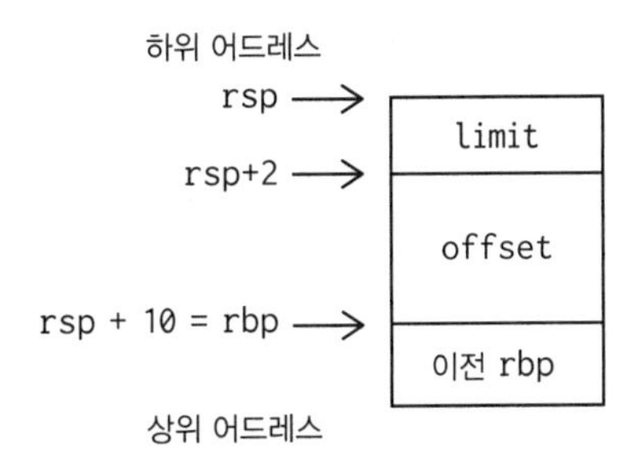

그림 7.4 lidt 명령을 실행할 때의 스택 영역 상태

7.5 MSI 인터럽트

지금까지 인터럽트가 발생한 이후 인터럽트 핸들러가 실행되도록 설정하는 과정을 설명했다. 남은 설명은 인터럽트를 발생시키는 부분의 설정이다. 인터럽트 핸들러의 설정을 완료해도 가장 중요한 인터럽트가 발생하지 않으면 의미가 없기 때문이다. xHCI에서는 인터럽트 발생 방법으로 PCI 규격이 정한 MSI를 채용하고 있다. 이번 절에서는 MSI 인터럽트 구조의 개략적인 내용과 설정방법을 설명한다.

PCI 기기에서 CPU에 인터럽트를 통지하는 방법에는 몇 가지 있으며 가장 원시적인 방법은 인터럽트 신호의 전압 레벨을 변화시키는 방법이다. 이 방식에서는 PCI 기기 수만큼 신호선이 필요하지만 PCI 규격에서는 INT#A에서 INT#D의 4개 인터럽트 신호선만 규정해 놓았기 때문에 여러 PCI 기기는 하나의 인터럽트 신호선을 공유할 수 밖에 없었다. 2000년경에 PCI 디바이스를 사용했던 분은 IRQ의 공유 문제로 고생을 많이 했을 거라 생각한다.

MSI(및 확장규격인 MSI-X)는 Message Signaled Interrupts의 줄임말로 PCI 규격으로 정해진 비교적 새로운 인터럽트 방식이다. 신호선은 사용하지 않으며 메모리 버스로의 쓰기 동작에 의해 인터럽트를 발생시킨다. `End of Interrupt` 레지스터로 어떤 값을 써두면 인터럽트 종료가 전해지는 구조와 유사하며, 특정 메모리 어드레스에 값을 써서 인터럽트를 CPU에 통지하는 것이 가능하다. 그러므로 인터럽트 신호선이 PCI 기기 간에 공유되는 것이 아니며, 또한 동일한 PCI 기기로부터 여러 종류의 인터럽트를 CPU에 통지할 수 있게 돼 인터럽트 사정이 큰 폭으로 개선됐다.

MSI 및 MSI-X 인터럽트에서는 특정 메모리 어드레스(Message Address라고 한다)에 대해 32비트 값을 써서 인터럽트를 발생시킨다. 메모리 어드레스와 값의 포맷은 PCI 규격의 외부, 즉 CPU 측의 사양으로 규정돼 있다. x86-64의 경우에는 그림 7.5와 그림 7.6에 나타낸 포맷으로 돼 있다.

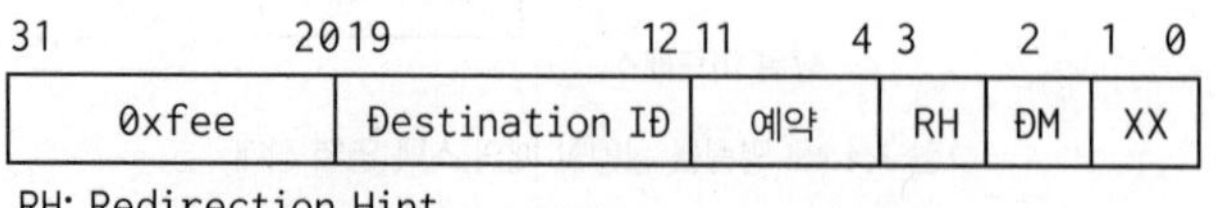

그림 7.5 Message Address 레지스터 포맷

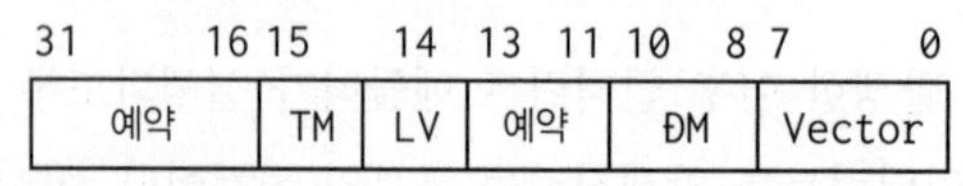

그림 7.6 Message Data 레지스터 포맷

Message Address의 각 필드 중에서 중요한 필드는 Destination ID이다. 여기에는 인터럽트를 통지하는 CPU 코어 번호(Local APIC ID. 자세한 내용은 나중에 설명)를 설정한다. 현대 CPU는 일반적으로 코어가 여러 개 탑재되므로 어떤 코어에 인터럽트를 전달해야 하는지를 설정할 수 있게 돼 있다. Redirection Hint는 이 책에서는 0으로 사용한다. 여기를 1로 설정하면 Destination Mode와의 조합으로 유연한 인터럽트 전달을 할 수 있게 된다.

Message Data의 각 필드 중에서 중요한 필드는 Vector이다. 여기에는 인터럽트 벡터번호를 설정한다. 마우스를 움직이거나 해서 인터럽트가 발생하는 상태가 되면 여기에 설정한 인터럽트 벡터에 대한 인터럽트 처리가 발생한다. 인터럽트 핸들러 `IntHandlerXHCI()`를 설정한 인터럽트 디스크립터 번호(`InterruptVector::kXHCI`)와 같은 번호를 Vector 필드에 설정해 마우스 등이 움직였을 때 `IntHandlerXHCI()`를 호출한다.

리스트 7.8 MSI 인터럽트를 활성화한다(main.cpp)

```
const uint8_t bsp_local_apic_id =
  *reinterpret_cast<const uint32_t*>(0xfee00020) >> 24;
```

```
pci::ConfigureMSIFixedDestination(
    *xhc_dev, bsp_local_apic_id,
    pci::MSITriggerMode::kLevel, pci::MSIDeliveryMode::kFixed,
    InterruptVector::kXHCI, 0);
```

xHC에 MSI 인터럽트를 설정하는 프로그램을 리스트 7.8에 정리했다. 핵심이 되는 부분은 `pci::ConfigureMSIFixedDestination()`이다. 이 함수가 xHC에 MSI 인터럽트를 활성화하기 위한 설정을 수행한다. 이 함수의 두 번째 파라미터로 전달하는 `bsp_local_apic_id`가 Destination ID 필드이며, 다섯 번째 파라미터로 전달하는 `InterruptVector::kXHCI`가 Vector 필드에 설정하는 값이다. 즉 `bsp_local_apic_id`로 지정된 CPU 코어에 대해 `InterruptVector::kXHCI`로 지정한 인터럽트를 발생시키라는 설정이 된다.

멀티코어 CPU에서는 코어마다 고유의 번호(Local APIC ID)가 발급돼 있다. Local APIC ID는 인터럽트를 어느 CPU 코어로 통지할지를 결정하기 위해 필요한 ID이다. `0xfee00020`번지의 비트 31:24[5]를 읽으면 그 프로그램이 동작하고 있는 코어의 Local APIC ID를 취득할 수 있다.

멀티코어 CPU에서는 전원을 최초로 켰을 때는 하나의 코어만 시작하고 다른 코어는 명시적으로 시작되기 전까지는 정지상태에 놓인다. 최초로 동작하는 코어를 BSPBootstrap Processor로 부른다. 리스트 7.8의 시점에서는 BSP만이 동작하는 상태에 있으므로 `0xfee00020`을 읽어 얻을 수 있는 Local APIC ID는 BSP의 ID가 된다. 즉 변수 `bsp_local_apic_id`는 BSP의 Local APIC ID를 나타낸다. 유감이지만 이 책에서는 BSP 이외의 코어는 비활성화한 채 OS를 작성해 간다. 따라서 BSP 이외의 코어에 인터럽트를 발생시키는 일은 없다.

7.6 인터럽트 정리

지금까지 x86-64 아키텍처의 인터럽트 구조와 그 중심이 되는 인터럽트 디스크립터, IDT의 구체적인 설정 방법, MSI 인터럽트 개요를 설명했다. 인터럽트 발생으로부터 인터럽트 핸들러가 실행되기까지의 흐름을 정리해 본다.

5 N:M으로 쓰며 비트 N에서 비트 M까지의 범위를 표현한다. 일반적으로 왼쪽(N)에 큰 숫자를 쓴다.

- 인터럽트를 다루기 위해서는 인터럽트 핸들러, 인터럽트 디스크립터 및 인터럽트 발생 근원지의 설정이 필요하다.
- 인터럽트 핸들러는 `__attribute__((interrupt))`를 붙이고 처리 마지막에 `End Of Interrupt` 레지스터에 값을 쓴다.
- 인터럽트 디스크립터는 메인 메모리상에 작성하는 IDT라는 배열구조에서 배열구조의 한 요소에 해당하며, 인터럽트 핸들러의 어드레스나 각종 속성을 담고 있다.
- IDT(인터럽트 디스크립터 테이블)는 최대 256개의 요소를 갖는 배열로 각각의 요소는 0에서 255의 인터럽트 벡터에 대응한다.
- IDT의 시작 어드레스 및 크기를 `lidt` 명령으로 CPU에 등록한다.
- xHCI에서는 MSI(또는 MSI-X)란 방식으로 인터럽트를 발생시키게 돼 있으므로 Message Address 및 Message Data 레지스터 설정을 해야 한다.

인터럽트 방식으로 마우스를 움직여 봤다(그림 7.7). 그렇다곤 해도 외형은 아무것도 바뀐 게 없다.

그림 7.7 인터럽트의 힘으로 마우스를 움직인다

7.7 인터럽트 핸들러의 고속화(osbook_day07b)

7.6절에서 인터럽트 처리가 가능하게 됐지만 한 가지 커다란 문제가 있다. 그건 인터럽트 핸들러의 처리에 시간이 걸린다는 문제다. 인터럽트 핸들러의 구현을 다시 살펴보자(리스트 7.9).

리스트 7.9 xHCI용 인터럽트 핸들러의 정의(다시 게시)(main.cpp)

```
usb::xhci::Controller* xhc;

__attribute__((interrupt))
void IntHandlerXHCI(InterruptFrame* frame) {
  while (xhc->PrimaryEventRing()->HasFront()) {
    if (auto err = ProcessEvent(*xhc)) {
      Log(kError, "Error while ProcessEvent: %s at %s:%d\n",
          err.Name(), err.File(), err.Line());
    }
  }
  NotifyEndOfInterrupt();
}
```

마우스가 움직여서 인터럽트가 발생하면 이 인터럽트 핸들러의 처리가 시작되는데, 그러면 xHC에 처리해야 할 이벤트가 쌓여 있는 동안은 쭉 ProcessEvent()를 호출한다. ProcessEvent()는 단 1회를 실행해도 많은 처리를 수행한다. USB 기기로부터 수신한 데이터를 해석하며 마우스의 입력이었다면 MouseObserver()를 호출한다. 이 함수 내부에서는 기존 마우스 커서를 배경색으로 채우고 새로운 위치에 다시 마우스 커서를 렌더링한다. 마우스 커서의 투명하지 않은 부분은 173픽셀이므로 매회 173 × 2회의 메모리(VRAM) 쓰기가 발생한다. 이 작업은 (CPU에서 본다면) 많은 시간이 걸리는 처리다.

인터럽트 핸들러의 처리에 시간이 걸린다면 무엇에 좋지 않을까? 그건 인터럽트 처리를 하고 있는 동안에는 다른 인터럽트를 받아들일 수가 없다는 것이다. 인터럽트 처리 중에 새로운 인터럽트가 집중적으로 발생하면 새로운 인터럽트는 버려야 한다는 것이다. 마우스의 경우에는 일부 인터럽트를 놓쳐도 크게 문제는 안 되지만 네트워크 패킷을 놓쳐버리거나 하면 큰일이다. 그런 이유로 이번 절에서는 인터럽트 핸들러의 처리를 고속화하는 방법을 생각해 본다.

인터럽트 핸들러의 처리를 짧게 하는 기본 전략은 인터럽트가 온 것을 기록만 해두고 본격적인 처리는 이후에 천천히 수행하는 것이다. 인터럽트가 온 것을 기록하는 방법은 몇 가지 있지만 여기서는 FIFO라는 데이터 구조를 사용한 방법을 소개한다.

7.8 FIFO와 FILO

FIFO는 First In First Out의 줄임말로, 우리말로는 선입선출先入先出로 변역된다. FIFO는 그림 7.8 같이 (개념적으로는) 원통형의 데이터 구조로 돼 있으며 한쪽이 데이터를 넣는 쪽, 다른 한쪽이 데이터를 꺼내는 구조로 돼 있다.

그림 7.8 FIFO 구조

원통에 넣는 작업을 **푸시**push, 원통에서 꺼내는 조작을 **팝**pop이라 한다.[6] 원통 내부에는 데이터 순서가 바뀌지 않도록 구현됐기 때문에 최초에 푸시한 데이터가 최초에 팝된다. 여기서는 아직 개념적인 이야기만 하고 있고 구체적인 내용을 아무것도 쓰지 않았다. 예를 들어 '데이터'는 4바이트의 정수일지도 모르고, 메일의 내용일 수도 있고 동영상 데이터일지도 모른다. 어쨌든 어떤 데이터를 여러 개 모아 두는 것이 가능하고 푸시한 순서로 팝되는 데이터 구조를 FIFO라고 한다.

인터럽트의 고속화에는 관계가 없지만 나온 김에 FILO 타입의 데이터 구조에 대해서도 소개한다. **FILO**는 First In Last Out의 줄임말인데, 우리말로는 선입후출先入後出로 변역된다. LIFOLast In First Out 즉 후입선출後入先出로 말하는 경우도 있지만 같은 의미다. FILO는 그림 7.9처럼 책을 쌓은 것 같은 데이터 구조로 돼 있어서 위에서부터 쌓고 위에서부터 꺼낸다.

6 FIFO에서의 푸시를 인큐(enqueue), 팝을 디큐(dequeue)로 부르기도 한다.

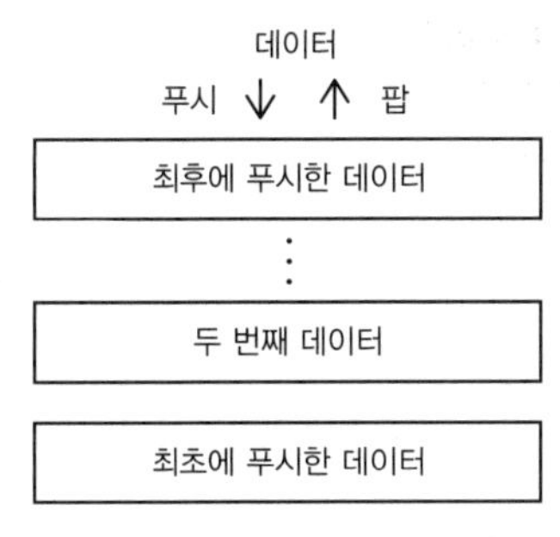

그림 7.9 FILO 구조

FIFO와 FILO는 각각 별명이 붙어 있다. FIFO는 큐queue, FILO는 스택stack이다. 컴퓨터 교과서에서는 별명 쪽을 더 자주 보게 될 것이다.

그래서 여기서는 자작 OS용으로 FIFO 타입의 데이터 구조를 구현할 것이다. 사실 큐나 스택은 매우 자주 사용하기 때문에 C++의 표준 라이브러리에 포함돼[7] 있지만 이 표준 라이브러리에 포함된 자료구조를 사용하려면 동적 메모리 관리가 필요하기 때문에 메모리 관리를 구현하지 않은 현 단계의 OS로는 이용할 수 없다. 방법이 없기 때문에 큐를 자작하기로 한다.

7.9 큐의 구현

여기서는 C++의 템플릿 기능을 사용해 큐를 구현한다. 조금 복잡하게 보일지도 모르지만 C++의 연습에 딱 좋은 과제라고 생각하기 때문에 자세하게 설명하겠다.

우선 큐 클래스 `ArrayQueue`의 전체 형태를 리스트 7.10에 정리했다. 멤버 함수의 프로토타입 선언과 데이터 멤버가 정의돼 있음을 알 수 있다.

리스트 7.10 ArrayQueue의 전체 모습(queue.hpp)

```
template <typename T>
class ArrayQueue {
 public:
  template <size_t N>
```

7 std::deque와 std::list는 FIFO, FILO 어디서도 사용할 수 있다. std::vector는 FILO로 사용할 수 있다. 또한 기존의 컨테이너 클래스를 래핑해서 push와 pop 메소드를 이용할 수 있는 컨테이너 어댑터로 std::queue와 std::stack이 있다.

```
  ArrayQueue(std::array<T, N>& buf);
  ArrayQueue(T* buf, size_t size);
  Error Push(const T& value);
  Error Pop();
  size_t Count() const;
  size_t Capacity() const;
  const T& Front() const;

 private:
  T* data_;
  size_t read_pos_, write_pos_, count_;
  /*
   * read_pos_ points to an element to be read.
   * write_pos_ points to a blank position.
   * count_ is the number of elements available.
   */
  const size_t capacity_;
};
```

클래스 이름인 ArrayQueue는 이 클래스가 배열[array]을 사용해서 구현한 큐[queue]이므로 이렇게 명명했다.

첫 번째 줄의 template <typename T>는 아래에서 계속되는 ArrayQueue 클래스를 **템플릿 클래스**로 만들기 위한 문장이다. 이 문장 덕분에 클래스 내부에서는 T를 어떤 데이터 타입을 나타내는 문자로 다룰 수 있다. T는 이 클래스를 실제로 사용할 때 int 등의 구체적인 타입으로 대체된다.

우선 멤버 변수를 설명한다. 각각의 멤버 변수가 어떤 값을 나타내는지를 그림 7.10에서 보여준다.

그림 7.10 ArrayQueue 클래스의 멤버 변수 관련

data_는 큐에 저장되는 데이터를 실제로 보관하기 위한 배열을 가리킨다. capacity_는 그 배열의 요소 수를 나타낸다. capacity_가 const로 선언됐기 때문에 알 수 있듯이 이 큐는 고정길이의 큐다. 푸시를 계속해 버퍼가 가득 차도 용량이 자동적으로 확장되지 않는 것을 의미한다.

read_pos_는 큐에 저장된 선두 데이터를 가리킨다. 이 데이터는 다음에 팝되는 대상 데이터이며 Front()로 취득할 수 있는 데이터다. write_pos_는 큐에 저장된 마지막 데이터의 바로 다음, 즉 빈 영역의 선두를 가리킨다. 여기는 다음에 푸시할 데이터가 쓰여지는 위치다.

여기까지 멤버 변수의 값이 어떻게 변화하는지, 무엇을 나타내는지를 설명했다. 당연하지만 변수 값이 알아서 변화하지는 않는다. 설명한 내용대로 동작하도록 프로그램을 작성해야 한다. 지금부터 프로그램을 설명할 테니 변수 값의 변화에 주목해서 읽기를 바란다.

리스트 7.11 ArrayQuueue 클래스 생성자(queue.hpp)

```
template <typename T>
template <size_t N>
ArrayQueue<T>::ArrayQueue(std::array<T, N>& buf) : ArrayQueue(buf.data(), N) {}

template <typename T>
ArrayQueue<T>::ArrayQueue(T* buf, size_t size)
  : data_{buf}, read_pos_{0}, write_pos_{0}, count_{0}, capacity_{size}
{}
```

리스트 7.11은 ArrayQueue 클래스의 생성자를 보여준다. 생성자는 클래스 타입의 변수를 정의할(=실체화하는, 인스턴스화하는) 때 호출되는 초기화용의 함수다. 2개의 생성자 중에서 파라미터가 2개인 쪽을 우선 살펴본다. 파라미터 buf에는 큐의 데이터를 저장하는 위치가 되는 배열을 지정한다. 파라미터 size는 그 배열의 요소 수를 지정한다. 받은 2개의 피라미터를 사용해서 data_와 capacity_를 초기화하고 있음을 알 수 있다. 다른 멤버 변수의 초기화는 0으로 하고 있다.

파라미터가 하나인 생성자는 파라미터 2개를 받는 생성자에 처리를 이양하고 있다. 파라미터가 하나인 생성자는 유일한 파라미터 buf에서 배열의 시작 포인터와 요소 수 2개

정보를 얻어 파라미터가 2개인 생성자에 전달하고 있다. std::array는 타입 그 자체에 요소 수를 포함하고 있기 때문에 파라미터로 요소의 수를 전달할 필요가 없다.

리스트 7.12 요소를 끝에 추가하는 Push()(queue.hpp)

```
template <typename T>
Error ArrayQueue<T>::Push(const T& value) {
  if (count_ == capacity_) {
    return MAKE_ERROR(Error::kFull);
  }

  data_[write_pos_] = value;
  ++count_;
  ++write_pos_;
  if (write_pos_ == capacity_) {
    write_pos_ = 0;
  }
  return MAKE_ERROR(Error::kSuccess);
}
```

큐에 데이터를 푸시하는 함수 Push()를 리스트 7.12에 정리했다. 이 함수는 큐가 가득 차면 에러 Error::kFull을 반환하고 종료한다. 비어 있다면 파라미터로 주어진 값 value를 write_pos_가 가리키는 위치에 쓰고 write_pos_를 증가시킨다. 그리고 이 부분이 최대의 핵심인데, write_pos_가 배열의 끝을 초과하면 0으로 리셋한다. 이 동작에 의해 배열의 끝과 시작이 연결돼 고리처럼 다룰 수 있게 된다(그림 7.11).

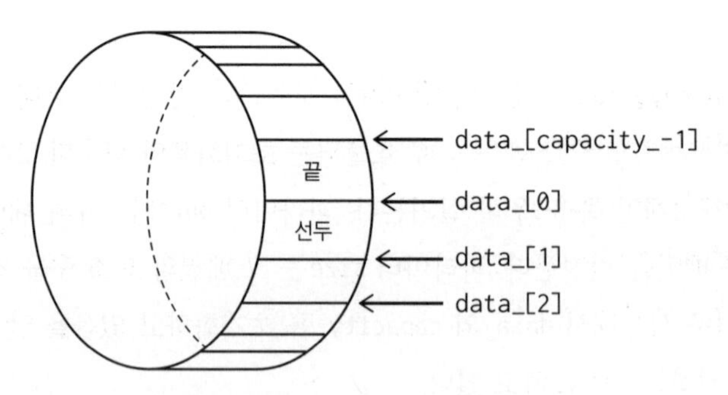

그림 7.11 배열 끝과 시작이 연결돼 있는 모습

리스트 7.13 선두 요소를 제거하는 Pop()(queue.hpp)

```
template <typename T>
Error ArrayQueue<T>::Pop() {
  if (count_ == 0) {
    return MAKE_ERROR(Error::kEmpty);
  }

  --count_;
  ++read_pos_;
  if (read_pos_ == capacity_) {
    read_pos_ = 0;
  }
  return MAKE_ERROR(Error::kSuccess);
}
```

리스트 7.13은 큐에서 데이터를 팝하는 함수 Pop()을 보여준다. 이 함수는 큐가 비어 있으면 에러 Error::kEmpty를 반환하고 종료한다. 큐에 데이터가 있다면 선두 요소를 제거한다. 제거라고는 하지만 read_pos_를 증가시킬 뿐이다. 증가시킨 결과 배열의 끝을 초과한다면 0으로 리셋한다. write_pos_와 같다.

리스트 7.14 선두 요소를 취득하는 Front()(queue.hpp)

```
template <typename T>
const T& ArrayQueue<T>::Front() const {
  return data_[read_pos_];
}
```

Pop()은 팝된 값을 반환하지 않는다. 큐의 선두 데이터를 얻기 위해서는 Front()를 사용한다(리스트 7.14). Front()는 단순히 read_pos_가 가리키는 데이터의 참조를 반환한다. 왜 Pop()이 값을 반환하지 않는지는 C++ 특유의 사정이 있기 때문이지만 OS 자작에서는 별로 관계없는 주제이기 때문에 여기서는 설명하지 않는다.

함수명과 중괄호 {의 사이에 있는 const는 이 함수(여기서는 Front())가 멤버 변수의 값을 변화시키지 않는다는 것을 나타낸다. Push()와 Pop()과는 달라서 Front()를 호출하는 것만으로는 큐의 내용이 변화하지 않는다는 것이다. ArrayQueue가 사용되는 경우에 따라서는 이 const가 효과를 발휘한다.

7.10 큐를 사용해서 인터럽트 고속화

구현한 큐를 사용해서 인터럽트 핸들러의 고속화를 해 보겠다. 큐를 사용하도록 개조한 인터럽트 핸들러를 리스트 7.15에 정리했다.

리스트 7.15 인터럽트 핸들러에서 메시지를 푸시한다(main.cpp)

```
struct Message {
  enum Type {
    kInterruptXHCI,
  } type;
};

ArrayQueue<Message>* main_queue;

__attribute__((interrupt))
void IntHandlerXHCI(InterruptFrame* frame) {
  main_queue->Push(Message{Message::kInterruptXHCI});
  NotifyEndOfInterrupt();
}
```

큐가 다루는 전용 데이터 타입으로 Message 구조체를 정의하기로 했다. 인터럽트 핸들러에서 메인 함수로 송신하는 메시지란 의미를 담고 있다. 이 구조체는 메시지의 종류를 판별하는 type 값을 갖는다. 지금은 아직 xHCI 인터럽트밖에 사용하지 않기 때문에 type의 종류는 1종류이지만 이후 증가할 예정이다.

인터럽트 핸들러에서는 Message 구조체 값을 생성해 큐에 푸시하기만 하면 된다. 지금까지는 마우스 커서를 움직이는 처리까지 했기 때문에 극적으로 처리가 가벼워졌다.[8] 이상적인 인터럽트 핸들러다.

리스트 7.16 메시지를 반복 처리하는 이벤트 루프 구조(main.cpp)

```
while (true) {
  __asm__("cli");
  if (main_queue.Count() == 0) {
    __asm__("sti\n\thlt");
```

8 원래는 처리에 걸리는 시간을 측정해서 개선 정도를 봐야 하지만 아직은 시간을 측정할 수 있는 수단이 없기 때문에 여기서는 측정하지 않고 넘어간다.

```
    continue;
  }

  Message msg = main_queue.Front();
  main_queue.Pop();
  __asm__("sti");

  switch (msg.type) {
  case Message::kInterruptXHCI:
    while (xhc.PrimaryEventRing()->HasFront()) {
      if (auto err = ProcessEvent(xhc)) {
        Log(kError, "Error while ProcessEvent: %s at %s:%d\n",
            err.Name(), err.File(), err.Line());
      }
    }
    break;
  default:
    Log(kError, "Unknown message type: %d\n", msg.type);
  }
}
```

큐에 메시지를 추가하는 것만으로는 마우스 커서는 움직이지 않는다. 큐에서 메시지를 꺼내 처리할 필요가 있다. KernelMain()에 구현된 처리를 리스트 7.16에서 보여준다. 조금 복잡하지만 큰 틀에서는 큐에서 메시지를 하나씩 꺼내 내용에 따라 처리하는 구조로 돼 있다. 지금은 아직 xHCI의 처리밖에는 없다.

리스트 7.17 메시지를 큐에서 꺼내는 처리(main.cpp)

```
__asm__("cli");
if (main_queue.Count() == 0) {
  __asm__("sti\n\thlt");
  continue;
}

Message msg = main_queue.Front();
main_queue.Pop();
__asm__("sti");
```

큐에서 메시지를 꺼내는 부분만을 추려서 리스트 7.17에 정리했다. 전반 부분에서 큐의 요소 수를 확인하고 비어 있다면 continue를 한다. 비어 있지 않으면 선두 요소를 취득해 msg 변수에 저장하고 그 후 선두 요소를 팝한다.

첫 번째 줄에서는 '3.3 최초의 커널'에서 소개했던 인라인 어셈블러 작성법을 이용해 cli 명령[9]을 삽입하고 있다. cli 명령은 CPU의 인터럽트 플래그IF, Interrupt Flag를 0으로 하는 명령이다. 인터럽트 플래그는 CPU 내의 RFLAGS 레지스터에 있는 플래그로, 이 플래그가 0일 때 CPU는 외부 인터럽트(xHCI로부터의 인터럽트라든지)를 받아들이지 않게 된다. 즉 인터럽트 핸들러 IntHandlerXHCI()는 실행되지 않는다.

왜 cli 명령을 실행하는가 하면 큐의 조작 중에 인터럽트가 있으면 곤란해지기 때문이다. 전문용어로 '데이터 경합race condition' 또는 '동시성 버그'라고 한다. 인터럽트는 어떤 타이밍에서 올지 모른다. 예를 들어 Pop()의 실행 중에 인터럽트가 발생해 인터럽트 핸들러에서 Push()가 호출되는 상황이 발생할 수 있다. 이런 상황이 오면 왜 안 되는지를 조금 자세하게 설명한다.

Pop()에서는 count_ 변수를 감소시킨다. 감소시키는 처리가 다음과 같이 진행되는 경우를 생각해 보자(실제로 어떻게 될지는 컴파일러가 출력하는 어셈블리 코드에 달려 있다).

1. count_ 변수를 RAX에 읽는다.
2. RAX에서 1을 뺀다.
3. RAX의 값을 count_ 변수에 쓴다.

처리 1과 처리 2의 사이에서 인터럽트가 발생했다고 가정해 보자. 인터럽트 발생 시점에서 count_의 값은 변화가 없다. 다음으로 인터럽트 핸들러에서 Push()가 실행돼 count_가 증가된다. 인터럽트에서 복귀하면 CPU는 중단했던 처리를 재개한다. 즉 처리 2와 처리 3이 실행된다. RAX 레지스터에는 **증가되기 전**의 count_ 값이 저장돼 있으므로 처리 2에서는 결과적으로 인터럽트 핸들러가 증가시킨 count_의 증가분이 무시된다. 결국 count_에는 본래 기대했던 값보다 1만큼 작은 값이 기록된다.

여기까지의 시나리오는 발생할 수 있는 데이터 경합의 극히 일부분에 지나지 않는다. 고도로 복잡한 현대의 CPU나 컴파일러 최적화에서는 생각할 수도 없는 데이터 경합이 발생할 가능성이 있다. 샘플 코드에서는 cli 명령으로 인터럽트를 금지시켜 큐 조작에 관

9 Clear Interrupt Flag.

련된 데이터 경합을 방지하고 있지만 그것으로 충분하다고는 할 수 없다. 다만 이 책에서는 데이터 경합을 완벽히 방지하는 기술이 주제가 아니므로 간단히 효과가 높다고 생각되는 방법만을 소개한다. 데이터 경합에 대한 자세한 내용은 『C++ Concurrency in Action』[10] 등을 참조하기 바란다.

이제 cli 명령으로 인터럽트를 받지 않도록 설정한 후의 작업을 설명한다. 먼저 큐가 비어 있지 않은 경우의 처리를 따라가보자. 큐가 비어 있지 않은(Count()가 0이 아닌) 경우, 큐의 선두 요소를 취득해 `msg` 변수에 저장한다. 그런 다음 큐의 선두요소를 팝한다. 주목할 부분은 그 직후의 `sti` 명령[11]이다. 이 명령은 `cli`와 대응하는 명령으로 인터럽트 플래그IF를 1로 설정하는 효과가 있다. 인터럽트 플래그가 1일 때 CPU는 외부 인터럽트를 받을 수 있게 된다. 큐의 조작이 끝났다면 잊지 말고 `sti`를 실행해두지 않으면 영원히 인터럽트가 발생하지 않아서 마우스 커서가 움직이지 않게 돼 버린다.

큐가 비어 있을 때 실행되는 `__asm__("sti\n\thlt")`는 `sti` 명령과 `hlt` 명령을 나열한 것이다.[12] 인라인 어셈블러에서는 '`\n\t`'로 구분해서 복수의 명령을 나열할 수 있다. `hlt`는 CPU를 저전력 모드로 전환하는 명령이었다. `hlt`를 실행하면 CPU가 저전력 모드가 돼 다음 인터럽트가 발생할 때까지 명령의 실행이 중지된다. 만약 IF가 0일 때 `hlt`해 버리면 저전력 모드에서 복귀할 수 없게 되기 때문에 `hlt` 전에 `sti`를 실행할 필요가 있다.

인터럽트가 발생하면 CPU는 저전력 모드에서 복귀하고 해당 인터럽트에 대응하는 인터럽트 핸들러를 실행한다. 인터럽트 핸들러의 처리를 완료하면 `hlt`의 다음 명령부터 처리가 재개된다. `hlt`의 다음에 있는 명령은 `continue;`이므로 while 루프의 시작부분으로 돌아간다. 이때는 인터럽트 때문에 큐에는 하나 이상의 메시지가 들어있을 것이므로 이번에는 `hlt`하는 것 없이 처리가 계속된다. 이런 식으로 큐에서 메시지를 하나씩 끄집어 내고 그 내용에 따른 처리를 수행하는 루프를 계속해서 돈다. 이런 반복 처리를 이벤트 루프라고 한다.

---

10 Anthony Williams, 『C++ Concurrency in Action, Second Edition』, Manning Publications (https://www.manning.com/books/c-plus-plus-concurrency-in-action-second-edition), 2019

11 Set Interrupt Flag

12 sti 명령과 직후 하나의 명령 사이에서는 인터럽트가 발생하지 않는다는 사양을 활용하기 위해서는 불필요한 명령을 그 사이에 집어넣지 않고 나열하는 것이 중요하다.

조금 벗어나는 이야기지만 OS의 메인 함수가 호출될 때의 IF 플래그 상태는 어떨까? UEFI의 사양에서는 부트 서비스 실행 중, 즉 부트로더가 개시해서 `gBS->ExitBootServices()`를 호출할 때까지 인터럽트가 허용 가능상태에 있다고 규정하고 있다. 그렇다고 해도 `gBS->ExitBootServices()`가 인터럽트를 금지하지는 않기 때문에 OS의 메인 함수가 호출될 때에는 IF=1이 돼 있다고 생각할 수 있다. 실제 필자가 갖고 있는 PC는 IF=1로 돼 있었다. 메인 함수의 시작에서 이벤트 루프로 진입하기 전에 `sti` 명령을 실행하지 않고도 처음부터 인터럽트는 유효한 상태로 돼 있었기 때문에 문제없이 마우스가 움직인 것이다.

7장에서는 인터럽트 소개와 큐를 사용한 인터럽트 핸들러의 고속화를 설명했다. 고속화만 했을 뿐 기능은 바뀌지 않았기에 지루한 장이었다고 생각하지만 이후의 개발을 위해 중요한 내용이 너무도 많았다. 내일부터는 새로운 기능의 개발을 재개하고 싶다.

8장

메모리 관리

PC에 탑재된 메모리의 빈 공간을 파악하고 애플리케이션의 요구에 응해 할당하는 메모리 관리 기능은 OS의 기본적인 기능의 하나다. 8장에서는 물리 메모리에서 빈 영역을 찾는 방법과 빈 영역과 할당된 영역을 관리하는 방법을 소개한다. 8장의 마지막에는 malloc 함수처럼 동적으로 메모리를 확보할 수 있는 구조를 정리한다.

8.1 메모리 관리

OS가 동작함에 따라 메모리가 필요해지거나 필요하지 않게 되는 경우는 자주 있다. 예를 들어 애플리케이션을 실행하거나 파일을 여는 등 다양한 처리에서 일시적인 메모리 영역이 필요하다. 이런 임시 영역은 계속해서 필요한 것이 아니라 애플리케이션이 종료하거나 파일을 닫거나 하면 그 메모리 영역은 불필요하게 된다. 실행하는 애플리케이션의 수나 열어본 파일의 수는 사전에 알 수 없기 때문에 필요할 때 필요한 만큼의 메모리를 확보하고 해제하는 기능이 필요하다.

이러한 기능을 **메모리 관리**라고 하며 OS가 갖춰야 하는 기본적인 기능 중의 하나다. 메모리 관리의 주요한 기능(의 하나)은 메모리 영역의 확보와 해제다. 메모리가 필요한 애플리케이션에 필요한 양만큼의 전용 메모리 영역을 확보해 할당해 주고, 불필요하게 된 메모리 영역이 반환되면 해제를 수행한다. 이를 구현하기 위해서는 PC에 탑재된 메인 메모리에서 어떤 영역을 사용하지 않고 있고 어떤 영역이 사용 중인지를 관리하는 작업이 필요하다. 관리하지 않으면 같은 메모리 영역을 복수의 애플리케이션이 읽고 쓰기를 해서 데이터가 망가져버릴 수 있다.

8장에서는 우선 OS 시작 직후의 메인 메모리의 미사용 영역을 파악하는 방법을 소개한다. 이를 위해 UEFI에서 취득한 메모리 맵을 사용한다. 그 후에 간단한 메모리 관리 방법을 소개하고 구현한다.

8.2 UEFI 메모리 맵(osbook_day08a)

메모리 관리를 하려면 먼저 PC에 탑재된 메인 메모리의 상태를 파악해야 한다. 메인 메모리에서 어느 영역이 사용 중이고 어디가 비어 있는지를 모르면 메모리 관리는 할 수 없다. 그럼 메인 메모리의 상태는 어떻게 하면 알 수 있을까? 사실 '2장 EDK II 입문과 메모리 맵'에서 등장했던 메모리 맵이 바로 그 정보를 포함하고 있다. 그러므로 UEFI BIOS 기능으로 취득한 메모리 맵을 `KernelMain()`에 전달하도록 수정한다.

리스트 8.1 메모리 맵 구조체의 포인터를 KernelMain()에 전달한다(main.c)

```
typedef void EntryPointType(const struct FrameBufferConfig*,
                            const struct MemoryMap*);
EntryPointType* entry_point = (EntryPointType*)entry_addr;
entry_point(&config, &memmap);
```

사실 우리가 만든 부트로더는 이미 UEFI BIOS 측이 갖고 있는 일부 정보를 KernelMain()의 파라미터로 전달하고 있다. 그와 유사하게 파라미터를 추가하면 작업완료다. 수정 부분의 코드를 리스트 8.1에서 볼 수 있다.

리스트 8.2 메모리 맵 구조체의 포인터를 받는다(main.cpp)

```
extern "C" void KernelMain(const FrameBufferConfig& frame_buffer_config,
                           const MemoryMap& memory_map) {
```

리스트 8.2는 파라미터를 전달받는 수신 측의 변경을 보여준다. 부트로더 측의 변경에 맞춰 파라미터를 하나 더 추가했다. MemoryMap 구조체는 원래 MikanLoaderPkg/Main.c에서 정의했다. 다만 kernel/main.cpp에서도 같은 구조체 정의를 사용할 필요가 있다. 그래서 구조체 정의를 통째로 memory_map.hpp로 빼서 Main.c와 main.c에서 포함할 수 있도록 수정했다.

리스트 8.3 MemoryMap 구조체와 관련 타입의 정의(memory_map.hpp)

```
#pragma once

#include <stdint.h>

struct MemoryMap {
  unsigned long long buffer_size;
  void* buffer;
  unsigned long long map_size;
  unsigned long long map_key;
  unsigned long long descriptor_size;
  uint32_t descriptor_version;
};

struct MemoryDescriptor {
  uint32_t type;
```

```
  uintptr_t physical_start;
  uintptr_t virtual_start;
  uint64_t number_of_pages;
  uint64_t attribute;
};

#ifdef __cplusplus
enum class MemoryType {
  kEfiReservedMemoryType,
  kEfiLoaderCode,
  kEfiLoaderData,
  kEfiBootServicesCode,
  kEfiBootServicesData,
  kEfiRuntimeServicesCode,
  kEfiRuntimeServicesData,
  kEfiConventionalMemory,
  kEfiUnusableMemory,
  kEfiACPIReclaimMemory,
  kEfiACPIMemoryNVS,
  kEfiMemoryMappedIO,
  kEfiMemoryMappedIOPortSpace,
  kEfiPalCode,
  kEfiPersistentMemory,
  kEfiMaxMemoryType
};

inline bool operator==(uint32_t lhs, MemoryType rhs) {
  return lhs == static_cast<uint32_t>(rhs);
}

inline bool operator==(MemoryType lhs, uint32_t rhs) {
  return rhs == lhs;
}
```

리스트 8.3에 memory_map.hpp의 내용을 정리했다. 이 파일은 Main.c와 main.cpp가 사용하므로 C에서도 C++에서도 사용할 수 있게 해둘 필요가 있다. `enum class`는 C++ 특유의 기능으로 C에서는 컴파일할 수 없다. 그 때문에 C++ 특유의 기능은 `#ifdef __cplusplus`로 감싸 Main.c에서 읽을 때는 그 부분을 비활성화시킨다. 조건에 따른 활성화, 비활성화 전환을 조건 컴파일이라 한다.

`KernelMain()`에서 취득한 메모리 맵의 내용을 정리해 보자.

리스트 8.4 메모리 맵 구조체의 포인터를 받는다(main.cpp)

```
extern "C" void KernelMain(const FrameBufferConfig& frame_buffer_config,
                           const MemoryMap& memory_map) {

  ≪중략≫

  printk("memory_map: %p\n", &memory_map);
  for (uintptr_t iter = reinterpret_cast<uintptr_t>(memory_map.buffer);
       iter < reinterpret_cast<uintptr_t>(memory_map.buffer) + memory_map.map_size;
       iter += memory_map.descriptor_size) {
    auto desc = reinterpret_cast<MemoryDescriptor*>(iter);
    for (int i = 0; i < available_memory_types.size(); ++i) {
      if (desc->type == available_memory_types[i]) {
        printk("type = %u, phys = %08lx - %08lx, pages = %lu, attr = %08lx\n",
            desc->type,
            desc->physical_start,
            desc->physical_start + desc->number_of_pages * 4096 - 1,
            desc->number_of_pages,
            desc->attribute);
      }
    }
  }
}
```

리스트 8.4는 메모리 맵을 표시하는 프로그램을 나타낸다. 메모리 맵은 메모리 디스크립터의 배열로 구성됐으며 프로그램은 메모리 디스크립터를 순차적으로 표시해서 보여준다. 주의할 것은 PC에 탑재된 UEFI BIOS의 버전에 따라서는 `MemoryDescriptor` 정의와 실제 취득된 메모리 디스크립터 구조가 다를 가능성이 있다는 점이다. 최신 UEFI 버전에서는 어쩌면 메모리 맵 디스크립터에 멤버 변수가 더 추가돼 있을 가능성이 있다.

그런 가능성에 대비해 UEFI에서는 메모리 맵 자체 외에도 요소의 크기(바이트 수)도 취득할 수 있도록 돼 있다. 그 크기를 기록한 변수가 `memory_map.descriptor_size`이다. 변수 `iter`는 메모리 맵의 시작 어드레스에서 시작해서 `memory_map.descriptor_size`씩 이동하면서 메모리 맵을 대략적으로 탐색해 간다. `iter`란 변수명은 iterator(반복자)로부터 따왔다. 기억하고 있을지도 모르지만 이 프로그램은 2장에서 등장했던 프로그램과 거의 동일하다.

`iter`는 배열 요소의 시작 어드레스를 나타내므로 `iter`의 값을 `MemoryDescriptor` 포인터로 캐스트하면 배열 요소를 구조체로써 참조할 수 있게 된다.

8.3 데이터 구조의 이동(osbook_day08b)

우리가 하고 싶은 작업은 UEFI에서 전달받은 메모리 맵을 참조해 비어있는 메모리 영역을 찾고, 메모리 할당 요청에 따라 필요한 메모리 영역을 제공하는 것이다. 빈 메모리 영역은 메모리 맵 type으로 간단하게 판별할 수 있으므로 그 정보를 사용해 빈 영역과 사용 중인 영역을 제대로 관리하면 된다. 지정된 메모리 타입(리스트 8.4의 desc->type)이 빈 영역인지 여부를 판정하는 IsAvailable()의 구현을 리스트 8.5에 정리했다.

리스트 8.5 IsAvailable()은 빈 영역을 판정한다(memory_map.hpp)

```
inline bool IsAvailable(MemoryType memory_type) {
  return
    memory_type == MemoryType::kEfiBootServicesCode ||
    memory_type == MemoryType::kEfiBootServicesData ||
    memory_type == MemoryType::kEfiConventionalMemory;
}

const int kUEFIPageSize = 4096;
```

UEFI 규격에서는 메모리 구역의 용도에 따라 메모리 타입을 몇 가지 정의한다. UEFI를 벗어난 후[1] 빈 영역으로 다뤄도 좋은 메모리 타입은 리스트 8.5에서 보는 세 가지 종류다. IsAvailable()이 참을 반환하는 메모리 영역은 OS가 자유롭게 사용해도 좋기 때문에 이후 소개하는 메모리 관리 클래스 BitmapMemoryManager에서도 그대로 빈 영역으로 다룬다.

그럼 빨리 메모리 맵을 참조해 메모리를 관리해 보자고 말하고 싶은 심정이지만 그전에 약간의 준비가 필요하다. 그 작업이란 몇 가지 데이터 구조를 OS가 소유한 메모리 영역(IsAvailable()이 미사용으로 판별하지 않은 메모리 영역)으로 이동하는 것이다. UEFI는 시작 시에 x86-64의 64비트 모드로 동작하기 위해 필요한 데이터 구조를 작성한다. 작성 위치는 부트로더 전용 데이터 영역(kEfiBootServicesData)이다. 이 영역은 IsAvailable()이 사용하지 않은 영역으로 판정해 버리는 영역이기 때문에 향후 메모리 할당 요청이 발생하면 이 영역을 제공할 가능성이 있다. UEFI가 작성한 데이터 구조를 별도의 위치로 이

1 정확하게는 ExitBootServices()를 호출한 직후

동시켜두지 않으면 다른 데이터가 덮어 씌워져 CPU가 오동작하는 원인이 될 수 있다.

이동할 데이터 구조는 3가지다. 첫 번째는 스택 영역으로 프로그램 실행에서 빠질 수 없는 중요한 영역이며, UEFI에서 OS로 처리가 이동한 직후에는 UEFI가 준비한 스택 영역을 사용하지 말아야 하므로 이동 대상이다. 두 번째는 GDT[2]라는 세그멘테이션 segmentation 설정을 모아놓은 영역이다. 세그멘테이션은 메모리를 구역으로 나눈다는 의미가 담긴 단어지만 x86-64의 64비트 모드에서는 더 이상 구역으로 나누는 기능은 유명무실해져 사실상 없다고 봐도 무방하다. 다만 최소한의 설정은 해둬야 한다. 세 번째는 페이지 테이블로써 페이징이란 기능을 위한 설정 정보를 모아놓은 것이다. 페이징은 메모리를 고정 길이 구획(페이지)으로 분할해서 관리하는 기능으로 세그멘테이션을 대신해 현대의 메모리 관리 주역이 됐다. '19장 페이징'에서 자세하게 다루기 때문에 8장에서는 최소한의 설정만을 소개한다.

8.4 스택 영역의 이동

첫 시작으로 스택 영역을 UEFI가 관리하는 것에서 OS가 관리하도록 이동시킨다. 스택 영역의 구조를 이해하면 이후 작업이 간단해지므로 우선은 스택 영역을 설명한다.

스택은 일반적으로 선입후출의 데이터 구조이지만 여기서 다루는 스택은 CPU가 프로그램을 실행할 때 사용하는 메모리 영역이다. CPU는 `call` 명령으로 함수를 호출할 때 암묵적으로 스택에 반환 어드레스를 저장한다. 또한 C++ 컴파일러는 임시 변수를 스택에 할당한다. 이 스택의 실체는 RSP 레지스터다.

CPU의 레지스터 중 하나인 RSP는 메모리 어드레스를 담고 있다. 그림 8.1의 a에는 예로 RSP에 `0x7fff1000`이 설정돼 있다고 가정한다. 이 상태에서 `call rax` 명령을 실행하면 CPU는 RSP 값을 8만큼 감소시키고 그 메모리 영역에 현시점의 RIP 값을 기록한다(그림 8.1의 b). 그후 RAX에 저장된 어드레스로 점프하고 다음에 `ret` 명령을 실행하게 되면 CPU는 `call`과는 반대의 조작을 수행한다. 즉 RSP가 가리키는 메모리 영역에서 8바이트를 읽고 RSP를 8만큼 증가시킨다. 그런 다음 읽어 들인 어드레스로 점프한다.

2 Global Descriptor Table

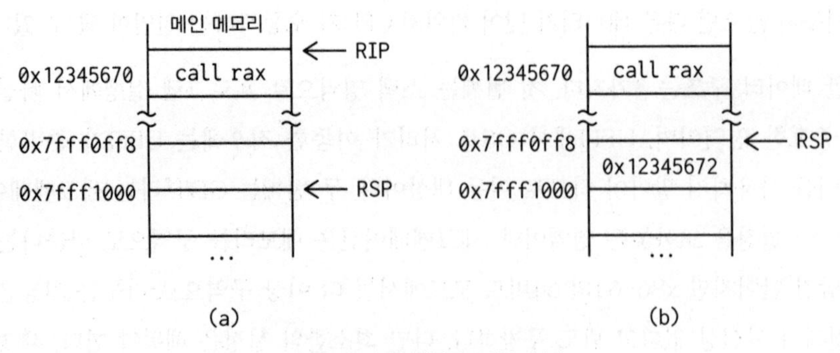

그림 8.1 스택 영역과 스택 포인터

스택 영역을 이동시킨다는 것은 즉 RSP 값을 고쳐 쓰는 것이다. 주의할 점은 그림 8.1 같이 스택은 어드레스 0의 방향으로 커 가기 때문에 RSP 초기 값은 메모리 영역의 끝에 둘 필요가 있다는 것이다.

리스트 8.6 KernelMainNewStack()으로 이름을 바꾼 이전 엔트리 포인트

```
alignas(16) uint8_t kernel_main_stack[1024 * 1024];

extern "C" void KernelMainNewStack(
    const FrameBufferConfig& frame_buffer_config_ref,
    const MemoryMap& memory_map_ref) {
  FrameBufferConfig frame_buffer_config{frame_buffer_config_ref};
  MemoryMap memory_map{memory_map_ref};
```

리스트 8.6은 main.cpp의 변경 사항을 보여준다. 주요 변경 사항으로 새로운 스택 영역이 되는 메모리 영역 `kernel_main_stack`을 정의하고 `KernelMain()` 이름을 `KernelMainNewStack()`이란 이름으로 변경했다. 또한 파라미터로 넘겨받은 2개의 데이터 구조를 새로운 스택 영역으로 복사하기 위해 두 줄을 추가했다.

리스트 8.7 새로운 엔트리 포인트(asmfunc.asm)

```
extern kernel_main_stack
extern KernelMainNewStack

global KernelMain
KernelMain:
    mov rsp, kernel_main_stack + 1024 * 1024
```

```
    call KernelMainNewStack
.fin:
    hlt
    jmp .fin
```

리스트 8.7은 스택을 전환하면서 KernelMainNewStack()을 호출하는 프로그램을 보여준다. 함수명이 KernelMain()로 돼 있는 점에 주목하자. 이렇게 함으로써 UEFI는 이제 C++의 함수가 아닌 새롭게 어셈블리 언어로 작성한 함수를 호출하게 된다.

새로운 함수 KernelMain()에서는 첫 번째 줄에서 RSP를 설정하고 있다. 설정하는 값은 main.cpp에서 준비했던 메모리 영역 kernel_main_stack의 마지막 어드레스다. RSP를 설정한 후 원래 메인 함수였던 KernelMainNewStack()을 호출한다. .fin:에서부터 3줄은 만약을 위해 준비한 프로그램이다. KernelMainNewStack()을 실행하고 나서는 돌아올 리가 없지만 만약 돌아올 경우에 대비해 무한 루프를 돌게 하고 있다. .fin: 부분으로 돌아올 수 없는 이유는 새로운 스택 영역에는 KernelMain()이 돌아가야 하는 복귀 주소가 써 있지 않기 때문이다.

8.5 세그멘테이션 설정

다음은 세그멘테이션에 관련된 데이터 이동을 다뤄보자. 해야 할 작업은 GDT를 OS 측의 영역에서 재구축하는 것이다.

이 책의 대상인 x86-64의 64비트 모드에서 세그멘테이션은 CPU의 동작 권한을 결정하기 위한 기능이라고 할 수 있다. CPU는 현재 실행 권한(0부터 3중에 하나)을 갖고 있으며 그 권한으로 명령을 실행한다. 0을 특권 모드 또는 커널 모드, 3을 사용자 모드 등으로 부른다. 세그멘테이션 구조를 사용하면 CPU의 실행 권한을 설정하는 것이 가능해져 다양한 액세스 제어에 활용할 수 있다. 특권 모드로만 실행할 수 있는 기계어 명령(특권 명령)이라든지 페이징과 조합해서 특권 모드에서만 액세스할 수 있는 메모리 영역을 설정할 수 있게 되는 것이다.

세그멘테이션 설정에 필요한 데이터 구조는 GDT이다. 디스크립터라는 8바이트 데이터 구조를 여러 개 나열한 배열로 구성된다(그림 8.2). 디스크립터는 '기술자'란 의미의 일반적인 단어이지만[3] 여기서는 특별히 언급하지 않는 한 GDT의 요소로써 등장하는 데이터 구조를 디스크립터라고 부른다.

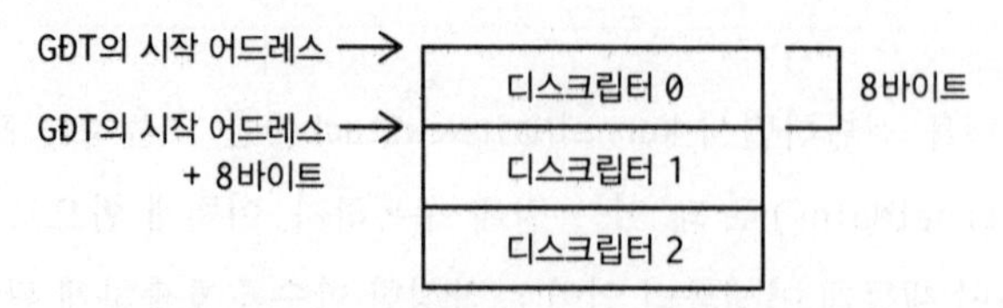

그림 8.2 3개의 디스크립터를 가진 GDT 외관

리스트 8.8 글로벌 디스크립터 테이블 정의(segment.cpp)

```
namespace {
  std::array<SegmentDescriptor, 3> gdt;
}
```

GDT의 인스턴스는 segment.cpp 안에서 정의된 글로벌 변수 `gdt`이다. 리스트 8.8은 변수 정의 부분을 보여준다. `SegmentDescriptor` 요소 3개를 갖는 배열임을 알 수 있다. 변수 `gdt`는 segment.cpp 내부에서만 참조하면 되기 때문에 익명 이름 공간이라는 C++의 기능을 사용해 정의하고 있다. 익명 이름 공간 내부에서 정의한 식별자는 해당 파일 외부에서는 보이지 않는다.

리스트 8.9 세그먼트 디스크립터의 타입 정의(segment.hpp)

```
union SegmentDescriptor {
  uint64_t data;
  struct {
    uint64_t limit_low : 16;
    uint64_t base_low : 16;
    uint64_t base_middle : 8;
    DescriptorType type : 4;
    uint64_t system_segment : 1;
    uint64_t descriptor_privilege_level : 2;
    uint64_t present : 1;
    uint64_t limit_high : 4;
    uint64_t available : 1;
```

3 POSIX에 등장하는 파일 디스크립터나 USB 디바이스에 구비된 디바이스 디스크립터 등도 디스크립터의 일종이다.

```
    uint64_t long_mode : 1;
    uint64_t default_operation_size : 1;
    uint64_t granularity : 1;
    uint64_t base_high : 8;
  } __attribute__((packed)) bits;
} __attribute__((packed));
```

리스트 8.9에 GDT의 개별 요소인 SegmentDescriptor 구조체의 정의를 나타냈다. 비트 필드로 8바이트의 데이터 구조를 정의하고 있다. 각각의 필드 의미는 나중에 소개한다.

리스트 8.10 세그멘테이션 설정(main.cpp)

```
SetupSegments();

const uint16_t kernel_cs = 1 << 3;
const uint16_t kernel_ss = 2 << 3;
SetDSAll(0);
SetCSSS(kernel_cs, kernel_ss);

SetupIdentityPageTable();
```

GDT를 재구축(변수 gdt에 값을 설정)하고 재구축한 GDT의 내용을 CPU에 반영하는 프로그램을 리스트 8.10에 정리했다. 이 프로그램은 KernelMain()의 앞쪽에 추가했지만 실제 메모리를 할당하는 처리를 하기 전이라면 어디에 추가해도 괜찮다고 생각한다. SetupSegments()가 GDT를 재구축하는 처리다. 그런 다음 SetDSAll()과 SetCSSS() 호출로 재구축한 GDT 내용이 CPU(의 세그먼트 레지스터)에 반영된다. 마지막의 SetupIdentityPageTable()에 대해서는 '8.6 페이징 설정'에서 설명한다. 차례대로 살펴보자.

리스트 8.11 GDT를 재구축하는 프로그램(segment.cpp)

```
void SetCodeSegment(SegmentDescriptor& desc,
                    DescriptorType type,
                    unsigned int descriptor_privilege_level,
                    uint32_t base,
                    uint32_t limit) {
  desc.data = 0;

  desc.bits.base_low = base & 0xffffu;
  desc.bits.base_middle = (base >> 16) & 0xffu;
```

```
  desc.bits.base_high = (base >> 24) & 0xffu;

  desc.bits.limit_low = limit & 0xffffu;
  desc.bits.limit_high = (limit >> 16) & 0xfu;

  desc.bits.type = type;
  desc.bits.system_segment = 1; // 1: code & data segment
  desc.bits.descriptor_privilege_level = descriptor_privilege_level;
  desc.bits.present = 1;
  desc.bits.available = 0;
  desc.bits.long_mode = 1;
  desc.bits.default_operation_size = 0; // should be 0 when long_mode == 1
  desc.bits.granularity = 1;
}

void SetDataSegment(SegmentDescriptor& desc,
                    DescriptorType type,
                    unsigned int descriptor_privilege_level,
                    uint32_t base,
                    uint32_t limit) {
  SetCodeSegment(desc, type, descriptor_privilege_level, base, limit);
  desc.bits.long_mode = 0;
  desc.bits.default_operation_size = 1; // 32-bit stack segment
}

void SetupSegments() {
  gdt[0].data = 0;
  SetCodeSegment(gdt[1], DescriptorType::kExecuteRead, 0, 0, 0xfffff);
  SetDataSegment(gdt[2], DescriptorType::kReadWrite, 0, 0, 0xfffff);
  LoadGDT(sizeof(gdt) - 1, reinterpret_cast<uintptr_t>(&gdt[0]));
}
```

리스트 8.11은 GDT를 재구축하는 함수 SetupSegments()와 이 함수에서 사용하는 2개의 함수 SetCodeSegment()와 SetDataSegment()의 구현을 보여준다.

SetupSegments()에서는 GDT에 있는 3개의 디스크립터에 값을 설정하고 있다. 디스크립터 0에는 8바이트 전부를 0으로 하고 있다. 디스크립터 1은 코드 세그먼트 디스크립터로, 디스크립터 2는 데이터 디스크립터로 설정하고 있다. 3개의 디스크립터를 설정한 후 마지막에 LoadGDT()를 호출해 변수 gdt를 정식 GDT로 CPU에 등록한다. 이 처리가 끝나면 CPU는 UEFI가 작성한 오래된 GDT는 보지 않게 된다. LoadGDT()는 C++에서는 작성할 수 없는 명령이 필요하기 때문에 어셈블리 언어로 작성했다. 나중에 구현부를 소개하겠다.

GDT의 0번째에 있는 디스크립터를 널 디스크립터null descriptor라고 한다. GDT의 0번째는 사용하지 않기 때문에 8바이트 전부를 0으로 채워둔다.

GDT의 요소로 설정할 수 있는 디스크립터에는 다양한 종류가 있지만 지금 시점에서는 널 디스크립터 이외에는 **세그먼트 디스크립터**만을 다룬다. 지정된 디스크립터를 세그먼트 디스크립터로 설정하기 위한 함수가 `SetCodeSegment()` 및 `SetDataSegment()`이다.

이 처리를 이해하기 위해 디스크립터의 각 필드의 의미를 설명한다(표 8.1).

표 8.1 세그먼트 디스크립터 필드

필드	의미
base_...	세그먼트 시작 어드레스
limit_...	세그먼트의 바이트 수 – 1
type	디스크립터 타입
system_segment	1이라면 코드 또는 데이터 세그먼트
descriptor_privilege_level	디스크립터의 권한 레벨
present	1이라면 디스크립터가 유효
available	OS가 자유롭게 사용해도 좋을 비트
long_mode	1이라면 64비트 모드용의 코드 세그먼트
default_operation_size	long_mode가 1이라면 반드시 0으로 설정
granularity	1이라면 리미트를 4KiB 단위로 해석한다.

세그멘테이션은 메모리를 구역으로 나눠서 관리하는 기능이기 때문에 메모리 구역의 시작 어드레스(base)와 구역의 크기(limit)라는 속성을 갖는다. base는 32비트, limit는 20비트로 설정하지만 역사적인 경위가 있어서 설정해야 하는 필드가 흩어져 있다. 64비트 모드에서는 애초에 base와 limit는 무시되기 때문에 값을 설정할 필요가 없지만 값을 설정할 수 있도록 구현했다.

system_segment 필드와 type 필드를 조합해 디스크립터 타입을 결정한다. system_segment를 1, type을 10으로 하면 읽기 가능, 실행 가능한 세그먼트라는 의미가 된다. 실행 가능한 세그먼트를 코드 세그먼트라 한다. system_segment를 1, type을 2로 하면 읽기 쓰기 가능, 실행불가능한 세그먼트란 의미가 된다. 실행불가능한 세그먼트를 데이터 세그먼트라 부른다. x86_descriptor.hpp에서 DescriptorType::kExecuteRead는 10, DescriptorType::kReadWrite는 2로 정의돼 있다.

사실 이 type 필드는 '7장 인터럽트와 FIFO'에서 등장한 인터럽트 디스크립터(InterruptDescriptor 구조체)에서도 공통되는 항목이다. 인터럽트 디스크립터에는 system_segment 필드가 없지만 구조체 정의를 살펴보면 system_segment가 있어야 하는 위치가 1비트인 이름 없는 필드로 돼 있음을 알 수 있다.[4] 이 이름 없는 필드의 값은 구조체의 초기화 시에 0이 되기 때문에 CPU에서 보면 system_segment가 0, type이 14, 즉 인터럽트 게이트interrupt gate 디스크립터가 된다는 것을 알 수 있다.

descriptor_privilege_level은 줄여서 DPL이라 하며, CPU 동작 권한 레벨을 0에서 3의 수치로 지정한다. DPL 값의 의미는 디스크립터 종류에 따라 조금 달라진다. 이번과 같은 코드 세그먼트 디스크립터에 대한 DPL의 경우는 CPU의 현재 권한 레벨(CPL[5])을 설정하는 역할이다. 뒤에서 설명할 SetCSSS()에서 CPU가 참조하는 코드 세그먼트를 전환하는데 그때 DPL 값이 CPU의 권한 레벨로 설정된다. CPU의 권한 레벨은 특권 명령의 사용 여부나 페이징 액세스를 제어할 때 등에 영향을 미친다. 지금은 권한 레벨 0(가장 높은 권한) 밖에 사용하지 않는다.

present는 유효한 디스크립터에서는 반드시 1로 한다. 이 값이 0인 디스크립터를 사용하려고 한다면 CPU가 예외를 발생시킨다. available은 CPU에서는 이용하지 않는 필드다. OS가 마음대로 사용할 수 있지만 이 책에서는 특별히 사용하지 않는다.

long_mode는 코드 세그먼트 특유의 필드로 64비트용 코드인지 여부를 나타낸다. 1이면 64비트 코드란 의미다. 이 책에서 대상으로 삼는 CPU의 동작모드는 IA-32e 모드[6]이지만 실제 이 모드는 서브 모드로 64비트 모드와 호환 모드compatibility mode가 있다. 64

4 uint16_t : 1;의 행

5 Current Privilege Level

6 AMD에서는 롱 모드로 부른다.

비트 모드에서는 64비트 코드가 동작하고 호환 모드에서는 32비트 및 16비트 코드가 동작한다. long_mode를 0으로 하면 호환 모드용의 세그먼트임을 의미하지만 이 책에서는 호환 모드를 사용하지 않기 때문에 long_mode는 1로 설정한다. long_mode가 1일 때는 default_operation_size를 0으로 해야 한다.

데이터 세그먼트에서 long_mode 필드는 예약 필드이기 때문에 반드시 0으로 설정해 둔다. CPU가 64비트 모드로 동작하면 데이터 세그먼트의 default_operation_size 설정은 무시되지만 '20장 시스템 콜'에서 나오는 syscall 명령과 일관성을 유지하기 위해 1로 설정해 둔다.

granularity를 1로 하면 limit가 4KiB 단위로 해석되다. 하지만 64비트 모드에서는 애초에 limit가 무시되므로 이 비트는 의미가 없다(샘플 코드에서는 그래도 1로 설정하고 있다).

지금까지 SetCodeSegment() 및 SetDataSegment() 처리의 의미를 간단히 설명했다. 결국 GDT는 한 개의 널 디스크립터와 2개의 세그먼트 디스크립터를 나열한 상태가 된다. 여기까지 왔으면 GDT 데이터 구조를 완성한 것이다. 마지막으로 LoadGDT()를 호출해 GDT 위치와 사이즈를 CPU에 등록하는 작업을 수행한다.

리스트 8.12 LoadGDT()는 GDT를 GDTR에 등록한다(asmfunc.asm)

```
global LoadGDT ; void LoadGDT(uint16_t limit, uint64_t offset);
LoadGDT:
    push rbp
    mov rbp, rsp
    sub rsp, 10
    mov [rsp], di ; limit
    mov [rsp + 2], rsi ; offset
    lgdt [rsp]
    mov rsp, rbp
    pop rbp
    ret
```

리스트 8.12에 LoadGDT()의 구현을 정리했다. C++에서는 표현할 수 없는 lgdt 명령을 사용하기 위해 어셈블리 언어를 사용한다. 이 함수는 2개의 파라미터 limit와 offset을 받는다. limit는 GDT의 바이트 수(에서 1을 뺀 수), offset은 GDT의 시작 어드레스다. lgdt 명령은 그 두 개의 값을 GDTR이라는 레지스터에 설정한다. GDTR은 GDT Register

의 줄임말로 GDT의 크기와 위치를 기억하는 CPU 내에 존재하는 80비트(10바이트) 폭의 레지스터다.

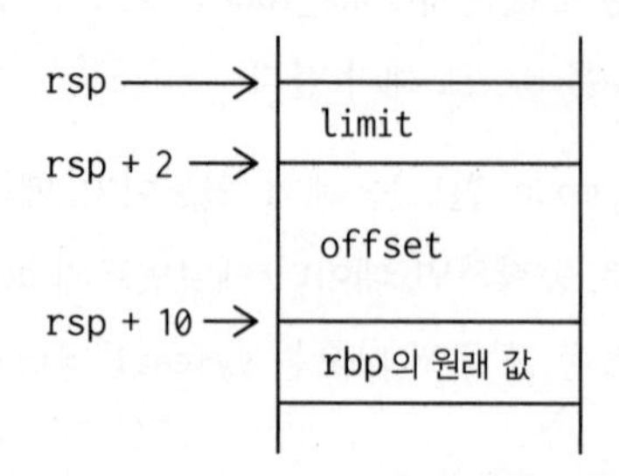

그림 8.3 lgdt 명령에 건네는 10 바이트 메모리 영역의 구조

lgdt 명령은 limit와 offset을 2개의 레지스터에서 받는 것이 아니라 limit와 offset을 기록한 10바이트 메모리 영역을 받는 사양이다. 따라서 LoadGDT()에서는 스택에 10바이트의 빈 영역을 확보하고 거기에 limit와 offset을 기록, 그것을 lgdt 명령에 전달하고 있다. 10바이트 영역의 구조는 그림 8.3과 같다. 물론 x86-64는 리틀 엔디언이므로 limit도 offset도 리틀 엔디언으로 작성해야 한다. 그냥 mov 명령을 사용하면 자연스럽게 그렇게 된다.

sub rsp, 10이 스택에 빈 영역을 확보하는 명령이다. 이렇게 하면 스택 포인터가 10만큼 움직여 스택 위에 10바이트 빈 영역이 확보된다.

mov [rsp], di는 스택 포인터가 가리키는 어드레스 2바이트 영역에 DI 레지스터의 내용을 복사하는 명령이다. LoadGDT()의 첫 번째 파라미터인 limit는 RDI 레지스터에 전달되기 때문에 이 레지스터의 하위 16비트인 DI 레지스터에 원하는 값이 들어 있다. 마찬가지로 mov [rsp + 2], rsi는 limit 직후의 8바이트 영역에 RSI 레지스터의 내용을 복사한다. 두 번째 파라미터 offset은 RSI 레지스터에 전달되므로 이 코드는 잘 동작할 것이다.

지금까지의 진행으로 GDT 설정과 GDTR 레지스터로의 등록을 완료했다. 리스트 8.10에서 SetupSegments() 이후의 처리를 보니 SetDSAll()과 SetCSSS()라는 함수를 호출하고 있다. 이 두 함수의 구현을 살펴보는데, 우선은 SetDSAll() 함수부터 보자.

리스트 8.13 SetDSAll()은 DS나 SS 등의 레지스터를 설정한다(asmfunc.asm)

```
global SetDSAll ; void SetDSAll(uint16_t value);
SetDSAll:
    mov ds, di
    mov es, di
    mov fs, di
    mov gs, di
    ret
```

리스트 8.13은 `SetDSAll()`의 구현을 보여준다. 4개의 세그먼트 레지스터에 파라미터를 복사하는 단순한 처리다.

`mov` 명령의 첫 번째 오퍼랜드에 쓰인 `ds` 등은 세그먼트 레지스터라고 하는 16비트 레지스터다. 세그먼트 레지스터는 GDT의 인덱스 번호를 유지하며 메모리를 읽고 쓸 때 해당 번호의 디스크립터 속성을 기반으로 해서 메모리 보호를 수행한다. 다만 x86-64의 64비트 모드에서는 DS, ES는 사용되지 않으며, FS와 GS도 명시적으로 프로그래머가 지정하지 않는 한 사용되지 않는다. 또한 C++ 컴파일러 모르게 FS나 GS를 사용하는 코드를 생성할 수 없다. 그래서 `SetDSAll()`에서는 파라미터로 0을 전달해 4개의 세그먼트 레지스터가 널 디스크립터를 가리키도록 해 둔다.

SS(Stack Segment register)도 실질적으로는 전혀 사용되지 않지만 '20장 시스템 콜'에 나오는 `syscall` 명령과 호환성을 생각해 적당한 데이터 세그먼트를 설정해 두게 했다. 실제 설정은 다음에 소개하는 `SetCSSS()`에서 하고 있다.

예외는 CS(Code Segment register)다. CS 레지스터는 64비트 모드에서도 유효하게 작용한다(다만 limit와 base는 무시된다). 모든 명령은 실행 시에 CS가 가리키는 디스크립터의 설정 내용에 따라 액세스 권한 검사가 수행된다. 예를 들어 `SetDSAll()` 4개의 `mov` 명령이나 `ret` 명령도 그 실행 시에 CS의 설정 값의 영향을 받는다.

뭔가 좀 이상하다. `SetDSAll()`을 호출하는 시점에서는 이미 `GDTR`은 새로운 GDT를 가리키도록 대체된 상태이기 때문이다. 하지만 CS의 내용은 `SetDSAll()` 이후에 갱신하고 있다. CS에는 UEFI가 설정한 값이 들어 있으므로 `GDTR`의 재설정에서부터 CS를 갱신하기까지의 사이에는 CS가 의도하지 않은 디스크립터를 가리킬 수도, 어쩌면 GDT의 범위를 벗어난 곳을 가리키고 있을지도 모른다.

실제로는 모든 세그먼트 디스크립터에는 프로그래머가 액세스할 수 없는 숨겨진 영역[7]이 있어서 앞의 문제를 해결하고 있다. 숨겨진 영역은 세그먼트 디스크립터와 동일한 내용(limit, base, 속성)을 유지할 수 있도록 돼 있다. mov 명령 등으로 세그먼트 레지스터를 갱신하면 GDT에서 대응하는 디스크립터를 읽어서 숨겨진 영역에 설정한다. 이후 세그먼트 레지스터가 갱신되기 전까지는 이 숨겨진 영역의 정보를 이용하기 때문에 GDT의 내용을 고쳐 쓰거나 GDTR을 재설정해도 그 영향이 직접 나타나는 것을 막는다. GDTR을 재설정한 후 CS를 갱신할 때까지 프로그램이 계속해 동작할 수 있는 것은 숨겨진 영역의 덕분이다.

리스트 8.14 SetCSSS()는 CS 레지스터를 설정한다(asmfunc.asm)

```
global SetCSSS ; void SetCSSS(uint16_t cs, uint16_t ss);
SetCSSS:
    push rbp
    mov rbp, rsp
    mov ss, si
    mov rax, .next
    push rdi ; CS
    push rax ; RIP
    o64 retf
.next:
    mov rsp, rbp
    pop rbp
    ret
```

이런 이유로 안심하고 SetCSSS() 설명으로 이동한다(리스트 8.14). 이 함수는 CS와 SS에 값을 설정하기 위한 함수다. SS는 DS 등과 똑같이 mov 명령으로 설정할 수 있지만 CS만은 mov 명령으로 쓸 수 없다. 대신에 retf 명령을 사용해야 한다.

retf는 far return이란 의미로, 원래는 far call로 호출된 함수에서 복귀할 때 사용하는 명령이다. far call은 세그먼트 간 점프의 일종으로 다른 코드 세그먼트에 있는 함수로 점프할 때 사용한다. far가 아닌 call 명령에 의한 일반 함수 호출에서는 스택에 복귀 어드레스만을 저장한다. 한편 far call에서는 복귀 어드레스 이외에 현재 CS의 값도 스택

7 디스크립터 캐시(descriptor cash)나 섀도 레지스터(shadow register)라고 불리기도 한다.

에 저장한다. 그리고 far return으로 복귀할 때는 그 반대의 조작, 즉 스택에서 값을 얻어와 CS와 RIP에 설정한다.

그래서 CS를 갱신하기 위해 retf의 동작을 응용한다. 마치 far call로 함수가 호출된 직후처럼 스택의 상태를 재현해서 retf를 호출함으로써 CS를 희망하는 값으로 변경하고 있는 것이다. retf는 디폴트로 32비트 값을 스택에서 가져온다. 64비트 값을 가져와야 하기 때문에 오퍼랜드 사이즈를 변경하기 위해 o64를 지정한다.[8]

스택에 저장한 RIP 값은 retf에 있어서는 복귀 어드레스에 해당한다. 이 부분에는 SetCSSS() 내부의 라벨 .next 값을 설정했기 때문에 retf를 실행하면 .next로 점프하게 된다. .next로 점프한 후에는 함수 정리를 하고 일반 ret 명령으로 함수를 종료해 SetCSSS()를 호출했던 원래 위치로 돌아간다.

SetCSSS() 함수 호출로 CS에는 1 << 3이, SS에는 2 << 3이 설정된다. 즉 CS는 gdt[1]을, SS는 gdt[2]를 가리키게 된다. 이로써 UEFI가 설정한 GDT에서 완전히 벗어나게 됐다.

8.6 페이징 설정

페이징이란 메모리 어드레스 공간을 페이지 단위로 관리하는 구조다. 페이지는 메모리 공간을 고정길이로 구분한 것으로 x86-64에서는 4KiB, 2MiB, 1GiB의 페이지 사이즈가 규정돼 있다. 가장 잘 사용되는 크기는 4KiB 페이지다. x86-64의 64비트 모드에서는 페이징의 사용이 필수(비활성화할 수 없음)라서 페이징에 관련한 설정도 OS용의 영역으로 이동할 필요가 있다.

8 o64은 NASM의 독자적인 쓰기 방법이다.

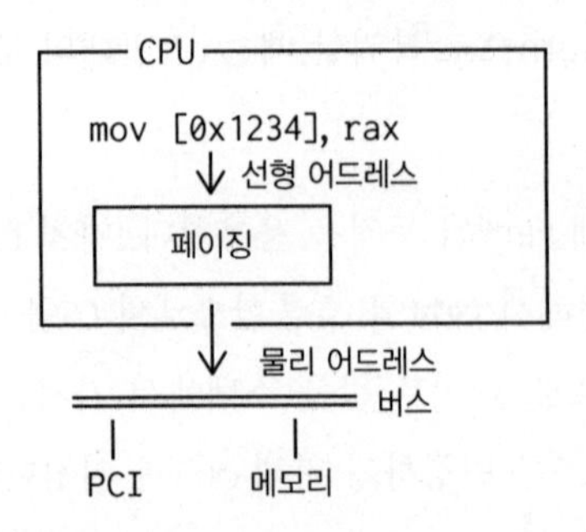

그림 8.4 선형 어드레스(linear address)로부터 물리 어드레스로의 변환

페이징은 '19장 페이징'에서 자세하게 다룰 예정이지만 페이징의 기능을 한마디로 말하자면 **선형 어드레스**linear address를 물리 어드레스physical address로 변환하는 기능이다. 선형 어드레스는 소프트웨어가 지정하는 어드레스, 물리 어드레스는 CPU가 메모리[9]를 읽고 쓸 때 사용하는 어드레스다. C++나 어셈블리 언어의 프로그램에서 메모리 읽기 쓰기를 할 (예를 들어 CPU가 mov 명령을 실행할 때) 때 지정하는 어드레스는 선형 어드레스[10]다. CPU는 페이지 테이블을 참조해 선형 어드레스를 물리 어드레스로 변환해서 메모리 읽기 쓰기를 수행한다(그림 8.4).

페이징을 사용하면 페이지 단위로 어드레스 변환을 설정할 수 있다. 따라서 복잡한 변환을 처리하는 것도 가능하지만 현시점에서는 특별히 그렇게 하는 게 의미가 없기 때문에 선형 어드레스와 물리 어드레스를 일치시켜 둔다. 프로그램상에서 어드레스 표기와 실제 액세스하는 어드레스를 같게 하는 설정을 **아이덴티티 매핑**identity mapping이라 한다. 8장에서는 페이징에 대한 자세한 설명은 생략하고 우선은 아이덴티티 매핑이 가능한 최소한의 설정 방법만을 설명한다.

리스트 8.15 아이덴티티 매핑용 계층 페이징 구조의 작성(paging.cpp)

```
namespace {
  const uint64_t kPageSize4K = 4096;
  const uint64_t kPageSize2M = 512 * kPageSize4K;
```

9 메인 메모리는 물론이며 이 외에도 PCI 버스 등의 메모리 어드레스 공간에 연결된 각종 디바이스의 액세스에도 물리 어드레스가 사용된다.

10 정확히 말하면 소프트웨어가 지정하는 어드레스는 논리 어드레스(logical address)이며 세그멘테이션에 의해 논리 어드레스가 변환돼 선형 어드레스가 된다. 하지만 64비트 모드에서는 세그멘테이션에 의한 어드레스 변환을 수행하지 않기 때문에 논리 어드레스=선형 어드레스가 된다.

```
  const uint64_t kPageSize1G = 512 * kPageSize2M;

  alignas(kPageSize4K) std::array<uint64_t, 512> pml4_table;
  alignas(kPageSize4K) std::array<uint64_t, 512> pdp_table;
  alignas(kPageSize4K)
    std::array<std::array<uint64_t, 512>, kPageDirectoryCount> page_directory;
}

void SetupIdentityPageTable() {
  pml4_table[0] = reinterpret_cast<uint64_t>(&pdp_table[0]) | 0x003;
  for (int i_pdpt = 0; i_pdpt < page_directory.size(); ++i_pdpt) {
    pdp_table[i_pdpt] = reinterpret_cast<uint64_t>(&page_directory[i_pdpt]) |
    0x003;
    for (int i_pd = 0; i_pd < 512; ++i_pd) {
      page_directory[i_pdpt][i_pd] = i_pdpt * kPageSize1G + i_pd * kPageSize2M |
      0x083;
    }
  }

  SetCR3(reinterpret_cast<uint64_t>(&pml4_table[0]));
}
```

리스트 8.15는 아이덴티티 매핑 설정을 수행하는 함수 SetupIdentityPageTable()의 구현부를 보여준다. 64비트 모드에서의 페이징 설정은 다음과 같이 4계층 구조로 돼 있다.

- 페이지 맵 레벨4 테이블(PML4 table)
- 페이지 디렉터리 포인터 테이블(PDP table)
- 페이지 디렉터리
- 페이지 테이블

페이징이 처음 등장했을 때는 페이지 디렉터리와 페이지 테이블 2계층만이 있었다. 페이지 디렉터리는 페이지 테이블로의 포인터 배열이다. 이 함수는 파일 시스템의 디렉터리가 파일 리스트로 돼 있는 것과 비슷하다. 매우 알기 쉽게 붙인 이름이라고 생각한다. 하지만 x86-64의 64비트 모드에서는 4레벨 페이징[11]으로 확장돼 디렉터리보다 상위 계층이 등장했기 때문에 알기 어려운 이름이 돼 버렸다. 4레벨 페이징에서는 페이지 매핑 레벨4 테이블이 최상위 계층이다.

11 여기서 말하는 레벨이란 계층이라는 뜻이다.

페이지 테이블이란 단어는 협소한 의미로는 최하층 구조를 가리키지만 넓은 의미에서는 계층적인 구조 전체를 가리킨다. 좀 혼란스럽다. 참조문헌 3[12]에는 계층구조 전체를 가리키는 용어로 계층 페이징 구조hierarchical paging structure라고 쓰여져 있기 때문에 이 책에서는 그렇게 부르기로 한다.

`SetupIdentityPageTable()`에서는 이 4계층의 변환 테이블을 각각 설정한다. 함수의 첫 번째 줄에서는 PML4 테이블의 시작요소 `pml4_table[0]`에 PDP 테이블의 시작 어드레스를 설정하고 있다. 두 번째 줄의 for 문에서는 PDP 테이블의 각 요소 `pdp_table[i_pdpt]`에 페이지 디렉터리의 선두 어드레스를 설정하고 있다. 안쪽 for 문에서는 페이지 디렉터리의 각 요소를 설정하고 있다.

`kPageDirectoryCount`는 상수이며 값은 64다. 작성하는 페이지 디렉터리의 개수를 나타낸다. 1개의 페이지 디렉터리로 나타낼 수 있는 메모리 영역은 2MiB × 512 = 1GiB이다. 따라서 64GiB까지 영역을 아이덴티티 매핑하게 된다.

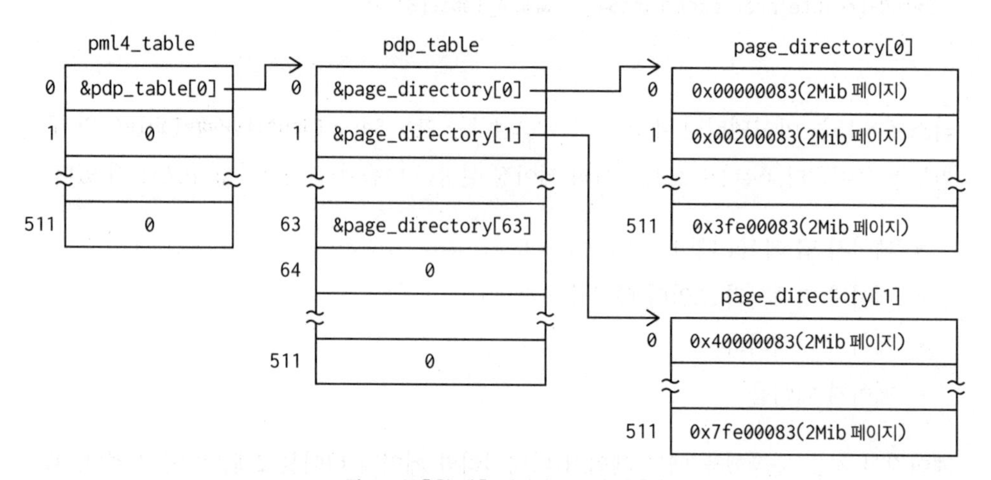

그림 8.5 구축한 계층 페이징 구조의 전체상

`SetupIdentityPageTable()`이 최종적으로 만드는 계층 페이징 구조는 그림 8.5와 같다. 4레벨 페이징이라고 했지만 지금은 모든 페이지가 2MiB 크기이며 3계층으로 됐다. 페이지 디렉터리의 각 요소에 `| 0x083` 비트 연산을 수행하고 있는데 이 연산을 통해 페이

12 「Intel 64 and IA-32 Architectures Software Developer' s Manual」, Intel Corporation(https://software.intel.com/en-us/articles/intel-sdm), 2019

지 디렉터리 각 요소의 비트 7이 1로 설정되면 2MiB 페이지가 된다. 아이덴티티 매핑에서는 작은 단위로 페이지를 다룰 필요가 없기 때문에 가급적 큰 페이지를 사용해야 작성할 데이터 구조를 줄일 수 있다. 큰 페이지를 사용한다면 최대 페이지인 1GiB 페이지를 사용하는 것이 좋겠지만 1GiB 페이지를 서포트하지 않는 CPU가 있는 것 같아서 호환성을 생각해 2MiB 페이지를 사용했다.

리스트 8.16 SetCR3()는 레지스터에 값을 쓴다(asmfunc.asm)

```
global SetCR3 ; void SetCR3(uint64_t value);
SetCR3:
    mov cr3, rdi
    ret
```

SetupIdentityPageTable()이 마지막으로 실행하고 있는 SetCR3()의 구현을 리스트 8.16에 정리했다. 이 함수는 PML4 테이블의 물리 어드레스를 CR3 레지스터에 설정한다. CR3를 다시 쓴 직후부터 CPU는 새로운 계층 페이징 구조를 사용해 어드레스 변환을 하게 된다. SetCR3()의 직전까지는 UEFI가 준비한 계층 페이징 구조가 사용됐지만 지금부터는 우리가 준비한 것이 사용된다. 해냈다!

8.7 메모리 관리에 도전(osbook_day08c)

3개의 데이터 구조를 kEfiBootServicesData에서 OS 관리 하의 영역으로 이동시킬 수 있었다. 이제야 원래 하고 싶었던 메모리 관리를 할 수 있을 것 같다. 이 절에서는 비트맵을 사용해 간단한 메모리 매니저 BitmapMemoryManager를 작성하고 UEFI에서 전달받은 메모리 맵을 사용해 메모리 매니저를 초기화한다. 메모리 매니저memory manager란 메모리를 관리manager하는 사람이란 의미다.

지금부터 작성하는 BitmapMemoryManager는 메모리 영역을 4KiB 페이지 프레임 단위로 관리하는 메모리 매니저로 제작하려고 한다. 이렇게 해두면 나중에 페이징과 상성이 좋기 때문이다. 페이지 프레임 단위로 어떤 페이지 프레임은 사용 중, 어떤 페이지 프레임은 미사용이란 걸 알 수 있게 만들면 목표달성이다.

또한 페이지가 아니고 페이지 프레임이라고 쓴 것은 의미가 있다. 페이지는 선형 어드레스상의 구역(4KiB 페이지라면 4KiB)을 나타내고, 페이지 프레임은 물리 어드레스상의 구역을 나타내는 것이다. 즉 지금부터 작성하려는 메모리 매니저는 물리 어드레스의 사용 상황을 관리하는 기능이며 선형 어드레스의 사용 상황은 관리하지 않는다. 지금 하는 이야기는 페이징을 제대로 배우지 않으면 이해하기 어렵고, 지금은 선형 어드레스와 물리 어드레스를 일치시켰기 때문에 페이지와 페이지 프레임의 차이는 의식하지 않아도 괜찮다. 이후에 소개하는 프로그램에 frame이라는 단어가 등장하는데 당황하지 않길 바란다.

페이지 프레임 단위로 관리하는 방법에는 몇 가지를 생각할 수 있다. 이번에 사용하는 방법은 1페이지 프레임마다 1비트를 사용해 비트가 1이라면 사용 중, 0이라면 미사용이라는 것으로 해서 관리하는 방법이다. 이 같이 비트에 따라 상태를 나타내는 것을 비트맵이라 한다. 이 방법의 좋은 점은 페이지 프레임 번호와 비트 단위가 1:1로 대응하므로 처리를 매우 알기 쉽다는 데 있다. 준비를 위해 페이지 프레임 번호를 나타내는 데이터 타입을 만들었다.

리스트 8.17 단위연산자와 페이지 프레임 ID를 나타내는 타입의 정의(memory_manager.hpp)

```
namespace {
  constexpr unsigned long long operator""_KiB(unsigned long long kib) {
    return kib * 1024;
  }

  constexpr unsigned long long operator""_MiB(unsigned long long mib) {
    return mib * 1024_KiB;
  }

  constexpr unsigned long long operator""_GiB(unsigned long long gib) {
    return gib * 1024_MiB;
  }
}

/** @brief 물리 메모리 프레임 하나의 크기(바이트) */
static const auto kBytesPerFrame{4_KiB};

class FrameID {
 public:
  explicit FrameID(size_t id) : id_{id} {}
```

```
  size_t ID() const { return id_; }
  void* Frame() const { return reinterpret_cast<void*>(id_ * kBytesPerFrame); }

 private:
  size_t id_;
};

static const FrameID kNullFrame{std::numeric_limits<size_t>::max()};
```

리스트 8.17은 페이지 프레임 번호를 나타내는 FrameID와 보조 함수의 정의를 보여준다. 우선 FrameID의 정의를 보면 이 정의는 내부에 size_t 타입의 변수를 하나 가진 클래스임을 알 수 있다. 페이지 프레임 번호는 단순한 정숫값이지만 그렇다고 해서 size_t를 그대로 사용한다면 "이게 페이지 번호인가? 페이지 프레임 번호인가? 혹시 페이지의 크기일지도?"처럼 헷갈릴 수 있다. 단순한 정숫값이라 해도 클래스(또는 구조체)로 래핑하면 혼란을 피하는 것이 가능하다.

FrameID의 정의에서 kBytesPerFrame이란 상수가 등장한다. 이 상수는 FrameID의 정의 직전에 선언돼 있으며 초기 값은 4_KiB이다. 이 쓰기법은 본 적이 없는 분도 많을지 모르겠다. 선두가 숫자이므로 식별자[13]는 아닌 것 같고, 뒤에는 _KiB가 이어지기 때문에 단순한 정수 리터럴literal [14]로도 보이지 않는다.

실은 이 작성법은 C++11에서 도입된 사용자 정의 리터럴이란 것이다. 사용자 정의 리터럴은 operator"" 서픽스suffix란 타입 연산자 정의를 오버로드해 작성한다. 리스트 8.17의 코드 예에서는 서픽스로 _KiB, _MiB, _GiB 세 개의 버전을 정의하고 있다. 이렇게 정의한 연산자를 사용해 4_KiB를 쓰면 operator""_KiB의 파라미터 kib에 4가 전달돼 그 실행결과인 4096이 반환된다. 즉 kBytesPerFrame은 unsigned long long 타입의 4096을 값으로 가진 정수가 된다.

마지막으로 '정의되지 않은 프레임 번호'를 나타내는 상수로 kNullFrame을 정의하고 있다. 이 상수는 예를 들어 특정 페이지 프레임을 찾는 함수에서 페이지 프레임을 발견하지 못할 때의 반환 값 등으로 사용하자고 생각했다.

---

13 식별자(identifier)란 변수명이나 함수명을 의미. 식별자의 선두에 숫자를 사용할 수 없다.

14 리터럴이란 소스코드 내에 포함된 숫자 값이나 문자열을 뜻함. 예를 들어 char c = "abc"[1];란 코드의 "abc"는 문자열 리터럴, 1은 정수 리터럴이다.

리스트 8.18 메모리 매니저에 UEFI의 메모리 맵을 전달한다(main.cpp)

```
::memory_manager = new(memory_manager_buf) BitmapMemoryManager;

const auto memory_map_base = reinterpret_cast<uintptr_t>(memory_map.buffer);
uintptr_t available_end = 0;
for (uintptr_t iter = memory_map_base;
     iter < memory_map_base + memory_map.map_size;
     iter += memory_map.descriptor_size) {
  auto desc = reinterpret_cast<const MemoryDescriptor*>(iter);
  if (available_end < desc->physical_start) {
    memory_manager->MarkAllocated(
        FrameID{available_end / kBytesPerFrame},
        (desc->physical_start - available_end) / kBytesPerFrame);
  }

  const auto physical_end =
    desc->physical_start + desc->number_of_pages * kUEFIPageSize;
  if (IsAvailable(static_cast<MemoryType>(desc->type))) {
    available_end = physical_end;
  } else {
    memory_manager->MarkAllocated(
        FrameID{desc->physical_start / kBytesPerFrame},
        desc->number_of_pages * kUEFIPageSize / kBytesPerFrame);
  }
}
memory_manager->SetMemoryRange(FrameID{1}, FrameID{available_end /
kBytesPerFrame});
```

메모리 매니저의 구현을 소개하기 전에 그 이용방법을 먼저 살펴보자. 리스트 8.18에 메모리 매니저에 사용 중인 영역을 설정하는 프로그램을 정리했다. 초기 상태에서 메모리 매니저는 메모리 영역 전체를 미사용이라고 가정하기 때문에 MarkAllocated() 메소드를 사용해 사용 중인 영역을 지정해야 한다. IsAvailable()이 거짓으로 반환하는 영역 및 메모리 맵상에서 빠져 있는 영역은 사용 중인 영역이다. 그런 영역을 발견하면 해당 영역의 선두 페이지 프레임 번호와 영역의 크기(페이지 프레임 단위)를 계산해 MarkAllocated() 메소드로 전달한다.

desc->physical_start에는 메모리 영역의 선두 어드레스가 쓰여 있기 때문에 물리 어드레스를 페이지 프레임의 크기로 나누면 페이지 프레임 번호가 된다. 어드레스 0부터

4095가 페이지 프레임 0, 어드레스 4096부터 8192가 페이지 프레임 1이 된다.

영역의 크기 계산은 조금 복잡하다. 왜냐하면 UEFI 규격에 따른 페이지 사이즈와 지금부터 작성하려는 메모리 매니저가 관리대상으로 하는 페이지 프레임의 사이즈가 일치한다고 확신할 수 없기 때문이다. desc->number_of_pages는 UEFI 규격의 페이지 사이즈를 기준으로 한 페이지 수가 쓰여 있으므로 메모리 매니저에서 다룰 수 있기 위해서는 단위변환이 필요하다. kUEFIPageSize를 곱해서 바이트 단위로 변환하고, kBytesPerFrame으로 나눠 페이지 프레임 단위로 변환한다.[15]

사용 중인 영역의 마킹이 끝나면 마지막으로 메모리 매니저의 SetMemoryRange() 메소드를 사용해 물리 메모리의 크기를 설정한다. 이 메소드를 사용하지 않으면 메모리 매니저는 무한히 큰 물리 메모리가 있다고 착각해 버리게 된다. available_end 변수는 '미사용 영역의 마지막 어드레스'를 기록하고 있다. 일반적으로 이 값은 PC의 메인 메모리 용량과 거의 일치할 것이다.

리스트 8.19 비트맵 방식으로 메모리를 관리하는 BitmapMemoryManager 클래스(memory_manager.hpp)

```
class BitmapMemoryManager {
 public:
  /** @brief 이 메모리 관리 클래스에서 다룰 수 있는 최대 물리 메모리 용량(바이트) */
  static const auto kMaxPhysicalMemoryBytes{128_GiB};
  /** @brief kMaxPhysicalMemoryBytes 까지 물리 메모리를 다루기 위해 필요한 프레임 수 */
  static const auto kFrameCount{kMaxPhysicalMemoryBytes / kBytesPerFrame};

  /** @brief 비트맵 배열의 요소 타입 */
  using MapLineType = unsigned long;
  /** @brief 비트맵 배열 한개의 요소 비트 수 == 프레임 수 */
  static const size_t kBitsPerMapLine{8 * sizeof(MapLineType)};

  /** @brief 인스턴스를 초기화한다. */
  BitmapMemoryManager();

  /** @brief 요구된 프레임 수의 영역을 확보해 시작 어드레스 ID를 반환한다. */
  WithError<FrameID> Allocate(size_t num_frames);
  Error Free(FrameID start_frame, size_t num_frames);
```

15 실은 UEFI 페이지는 4KiB로 정해져 있기 때문에 kBytesPerFrame이 4KiB이라면 단위 변환은 불필요하다. 미래에 페이지 프레임의 크기를 바꿔서 OS를 다룰 때 버그를 발생시키지 않도록 만약을 위해 단위 변환을 하고 있다.

```
  void MarkAllocated(FrameID start_frame, size_t num_frames);

  /** @brief 이 메모리 매니저에서 다루는 메모리 범위를 설정한다.
   * 이 메소드 호출 이후에는 Allocate에 의한 메모리 할당은 설정된 범위 내에서만 수행된다.
   *
   * @param range_begin_ 메모리 범위의 시작점
   * @param range_end_ 메모리 범위의 끝점. 마지막 프레임의 다음 프레임
   */
  void SetMemoryRange(FrameID range_begin, FrameID range_end);

 private:
  std::array<MapLineType, kFrameCount / kBitsPerMapLine> alloc_map_;
  /** @brief 이 메모리 매니저에서 다루는 메모리 범위의 시작점 */
  FrameID range_begin_;
  /** @brief 이 메모리 매니저에서 다루는 메모리 범위의 끝점. 마지막 프레임의 다음 프레임 */
  FrameID range_end_;

  bool GetBit(FrameID frame) const;
  void SetBit(FrameID frame, bool allocated);
};
```

리스트 8.19는 메모리 매니저를 나타내는 클래스 BitmapMemoryManager의 전체 모습을 보여준다. 이 클래스의 가장 핵심이 되는 구조는 alloc_map이다. alloc_map_은 1페이지 프레임을 1비트로 나타내는 비트맵이다. alloc_map_이 필요로 하는 비트 수, 즉 프레임 수는 물리 어드레스의 최대값/프레임 사이즈가 되며 이 값은 kFrameCount란 상수에 지정된다.

관리영역의 낭비를 없애기 위해 1바이트에 8비트를 담아 관리하기로 결정했다. alloc_map_의 요소 타입을 unsigned long으로 하고, kFrameCount를 unsigned long의 비트 수로 나누면 필요로 하는 배열의 요소 수를 구할 수 있다.

2개의 멤버 변수 range_begin_과 range_end_는 이 메모리 매니저가 메모리 할당을 수행하는 메모리 범위를 나타낸다. SetMemoryRange()가 이 변수를 설정한다.

리스트 8.20 MarkAllocated()는 사용 중인 영역을 설정한다(memory_manager.cpp)

```
void BitmapMemoryManager::MarkAllocated(FrameID start_frame, size_t num_frames) {
  for (size_t i = 0; i < num_frames; ++i) {
    SetBit(FrameID{start_frame.ID() + i}, true);
```

```
  }
}
```

이제 클래스 정의의 큰 틀을 알았으니 개별 메소드의 정의를 살펴본다. 리스트 8.20에 MarkAllocated()의 구현을 정리했다. 이 메소드는 파라미터에 사용 중인 영역의 시작 페이지 프레임 번호와 영역의 크기(페이지 프레임 단위)를 받는다. 처리는 매우 단순해서 비트맵에 파라미터로 지정한 범위에 대응하는 비트를 true로 설정한다. SetBit()는 나중에 소개하겠지만 alloc_map_의 지정된 비트에 지정된 값을 쓰는 함수다.

리스트 8.21 SetMemoryRange()는 메모리 매니저가 다루는 어드레스 범위를 설정한다(memory_manager.cpp)

```
void BitmapMemoryManager::SetMemoryRange(FrameID range_begin, FrameID range_end) {
  range_begin_ = range_begin;
  range_end_ = range_end;
}
```

리스트 8.21는 SetMemoryRange()의 구현을 보여준다. 파라미터로 지정된 물리 어드레스의 범위를 멤버 변수에 설정만 하는 아주 간단한 메소드다.

리스트 8.22 비트를 읽고 쓰는 2개 메소드 정의(memory_manager.cpp)

```
bool BitmapMemoryManager::GetBit(FrameID frame) const {
  auto line_index = frame.ID() / kBitsPerMapLine;
  auto bit_index = frame.ID() % kBitsPerMapLine;

  return (alloc_map_[line_index] & (static_cast<MapLineType>(1) << bit_index)) != 0;
}

void BitmapMemoryManager::SetBit(FrameID frame, bool allocated) {
  auto line_index = frame.ID() / kBitsPerMapLine;
  auto bit_index = frame.ID() % kBitsPerMapLine;

  if (allocated) {
    alloc_map_[line_index] |= (static_cast<MapLineType>(1) << bit_index);
  } else {
    alloc_map_[line_index] &= ~(static_cast<MapLineType>(1) << bit_index);
  }
}
```

리스트 8.22는 GetBit()와 SetBit()의 정의를 보여준다. 두 메소드 모두 처음에 frame으로 지정된 페이지 프레임 번호를 비트맵 alloc_map_상의 비트 위치로 변환하고 있다. line_index가 alloc_map_의 인덱스, bit_index가 line_index 인덱스로 지정된 요소상에서의 비트 위치를 나타낸다.

```
             6 6 6    ...    2 1 0
             3 2 1
alloc_map_[0] | 0 0 0        0 0 x | ← 프레임 0: line_index=0, bit_index=0
alloc_map_[1] | 0 0 0        y 0 0 | ← 프레임 66: line_index=1, bit_index=2
```

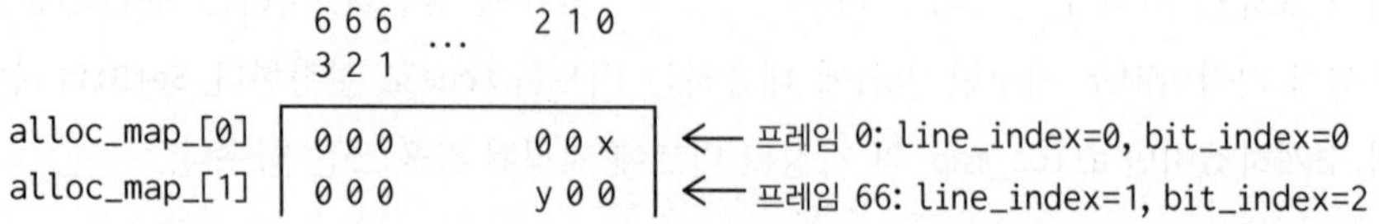

그림 8.6 비트맵에서 비트 위치를 계산

line_index와 bit_index의 관계를 그림 8.6에 정리했다. 비트 번호를 alloc_map_의 한 요소당 비트 수 kBitsPerMapLine로 나누면 alloc_map_의 인덱스를 얻을 수 있다. 또한 나눗셈의 나머지가 하나의 요소에서의 비트 위치를 나타낸다.

지금까지 메모리 매니저에 사용 중인 영역을 알려주고 물리 메모리의 범위를 설정하는 기능을 설명했다. 이 기능은 메모리 매니저를 사용하기 위한 준비단계였다. 지금부터는 메모리 매니저의 가장 중요한 기능인 메모리 할당과 해제의 처리를 살펴본다.

메모리 할당의 기본은 지정된 크기 이상의 미사용 영역을 찾고, 그런 영역이 있다면 사용 중이라고 마크를 표시하고 해당 영역 위치를 반환하는 것이다. 미사용 영역을 탐색하는 방법이나 여러 개의 미사용 영역 후보가 있는 경우의 할당 방법 등에 따라 다양한 메모리 할당 방법이 있다. 여기서는 가급적 단순한 방법을 사용하려고 한다. 여기서 소개하는 알고리즘은 전문용어로는 퍼스트 피트first fit라고 불리는 알고리즘이다.

리스트 8.23 Allocate()는 지정한 프레임 수의 메모리 영역을 확보한다(memory_manager.cpp)

```
WithError<FrameID> BitmapMemoryManager::Allocate(size_t num_frames) {
  size_t start_frame_id = range_begin_.ID();
  while (true) {
    size_t i = 0;
    for (; i < num_frames; ++i) {
      if (start_frame_id + i >= range_end_.ID()) {
        return {kNullFrame, MAKE_ERROR(Error::kNoEnoughMemory)};
      }
      if (GetBit(FrameID{start_frame_id + i})) {
```

```
        // "start_frame_id + i" 에 있는 프레임은 할당을 건너 뜀
        break;
      }
    }
    if (i == num_frames) {
      // num_frames 분의 프레임을 발견했다.
      MarkAllocated(FrameID{start_frame_id}, num_frames);
      return {
        FrameID{start_frame_id},
        MAKE_ERROR(Error::kSuccess),
      };
    }
    // 다음 프레임부터 재탐색
    start_frame_id += i + 1;
  }
}
```

리스트 8.23은 지정한 사이즈의 메모리 영역을 할당하는 Allocate() 메소드를 보여준다. 파라미터에 할당하고 싶은 페이지 프레임 수를 전달하면 연속으로 그 크기 이상의 빈 영역을 찾아 할당한다.

찾는 방법은 다음과 같다. 이 메모리 매니저가 담당하는 메모리 영역의 시작(range_begin_)에서부터 탐색을 개시한다. 먼저 연속으로 num_frames 분의 미사용 프레임이 있는지를 검사한다. for 문 안쪽에 있는 GetBit(FrameID{start_frame_id + i})가 한번이라도 참이 되지 않는다면, 즉 num_frames 개의 프레임이 연속해서 미사용이라면 break;는 실행되지 않는다. 그 경우에만 for 문 다음에 있는 if (i == num_frames)를 만족하며, 미사용 프레임이 num_frames개 연속한 경우인 것이다. 다음으로 지금 발견한 num_frame 개의 미사용 페이지에 사용 중이라는 마크를 붙인다. 마지막으로 영역 선두 어드레스 번호(start_frame_id)를 반환하고 함수를 종료한다.

리스트 8.24 Free()는 지정된 메모리 영역을 미사용 상태로 만든다(memoy_manager.cpp)

```
Error BitmapMemoryManager::Free(FrameID start_frame, size_t num_frames) {
  for (size_t i = 0; i < num_frames; ++i) {
    SetBit(FrameID{start_frame.ID() + i}, false);
  }
  return MAKE_ERROR(Error::kSuccess);
}
```

확보한 영역이 불필요하게 되면 반환할 필요가 있다. 리스트 8.24는 메모리 영역을 반환하기 위한 Free() 메소드를 보여준다. 메모리 확보와 비교하면 매우 단순해서 파라미터로 지정된 프레임의 범위에 대해 미사용 상태로 지정하기만 하면 된다.

malloc과 free를 알고 있는 분은 "free는 포인터(영역의 시작 어드레스)만 전달하면 문제없는데 Free()는 선두 프레임 번호와 영역의 크기를 지정하게 돼 있는 것은 왜일까?"라고 생각할지도 모르겠다. 그 이유는 메모리 매니저의 제작을 쉽게 하기 위해서다. 선두 프레임 번호만 넘기면 처리하도록 만들기 위해서는 메모리 확보 시에 사이즈를 어딘가에 기억해 둘 필요가 있지만 지금은 그 작업을 하고 싶지 않았기 때문이다.

여기까지 메모리 매니저의 설명을 끝냈기 때문에 8장을 마무리한다.

9장

중첩처리

마우스 커서를 시작 메뉴에 겹쳐 놓으면 배경색으로 채워져 시작 메뉴가 망가지고 만다. 9장에서는 마우스 커서를 겹쳐 놓아도 뒤에 있는 화상이 망가지지 않도록 중첩처리를 만들어 간다. 처음에는 간단한 알고리즘으로 구현하고, 그 다음 고속화를 시도한다. 9장이 끝나면 마우스를 움직여도 시작메뉴나 문자표시가 망가지지 않게 된다.

9.1 중첩처리(osbook_day09a)

마우스 커서를 이동하는 처리는 기존 위치를 데스크톱의 배경색으로 채운 다음 새로운 위치에 마우스 커서를 렌더링하는 흐름으로 돼 있었다. 그 때문에 배경색이 아닌 곳을 마우스 커서가 통과해 버리면 화면이 망가져 버린다. 이번 절에서는 화면이 망가지지 않도록 중첩처리를 구현해 본다. PC에서 이미지 가공을 하거나 그림을 제작하는 분들에게는 레이어layer라고 말하면 쉽게 이해할 것이다.

중첩처리를 구현할 때 new에 의한 메모리 할당이 가능하면 편하므로 먼저 new를 사용할 수 있도록 구현한 다음 중첩처리를 구현하겠다.

9.2 new 연산자

애써 메모리 관리를 구현했으므로 이제는 C++의 `new` 연산자를 사용할 수 있게 하고 싶다. 지금까지 등장한 `new` 연산자는 오로지 displacement new로 사용해 왔다. displacement new는 동적으로 메모리를 할당하는 대신에 프로그래머가 지정한 메모리 영역에 클래스의 인스턴스를 구축할 수 있는 기능이었다. 동적으로 메모리를 확보하는 기능이 없는 동안 displacement new를 사용할 수 밖에 없었지만 지금은 동적 메모리 관리기능이 있으므로 displacement new에서 벗어나고 싶다.

이 책에서 사용하는 C++ 라이브러리인 libc++에서 `new` 연산자는 메모리를 확보할 때 `malloc()`을 호출하는 구현으로 돼 있다. 따라서 일반적인 new 기능을 사용하려면 `malloc()`을 먼저 사용할 수 있어야 한다. 이 책에서 사용하는 C 라이브러리인 `Newlib`는 `malloc()`를 제공하기 때문에 스스로 정의할 필요는 없다. 다만 `Newlib`의 `malloc()`이 적절하게 동작하기 위해서는 `sbrk()`라는 함수를 프로그래머가 구현할 필요가 있기 때문에 이후에 `sbrk()`의 구현을 설명한다. 그림 9.1은 의존관계를 정리한 것이다.

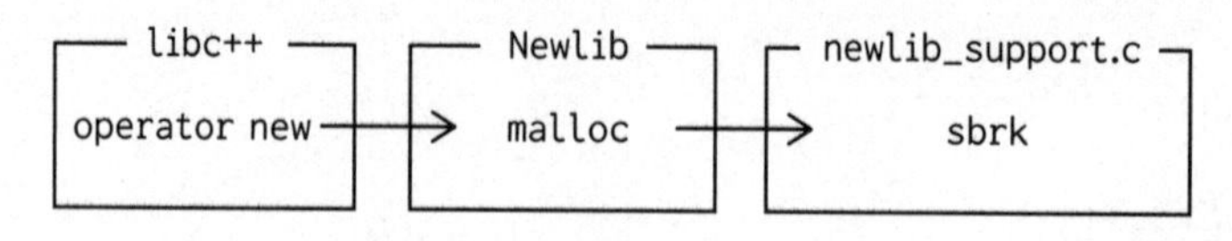

그림 9.1 new와 malloc()과 sbrk()의 관계

일반적인 new를 사용하기 위해서 우리가 해야 하는 작업은 sbrk()를 적절하게 구현하는 것이다. sbrk()는 프로그램 브레이크program break를 설정하는 함수다. 프로그램 브레이크는 원래 유닉스 시스템에 있어 각 프로세스가 사용할 수 있는 메모리 영역의 마지막을 가리키는 어드레스를 의미한다. 프로세스는 프로그램 브레이크를 뒤로 이동시키는 것으로 새로운 메모리를 확보하는 것이다. 이 책에서는 malloc()이 사용하는 메모리 영역을 확보하기 위해 프로그램 브레이크를 사용한다(그림 9.2).

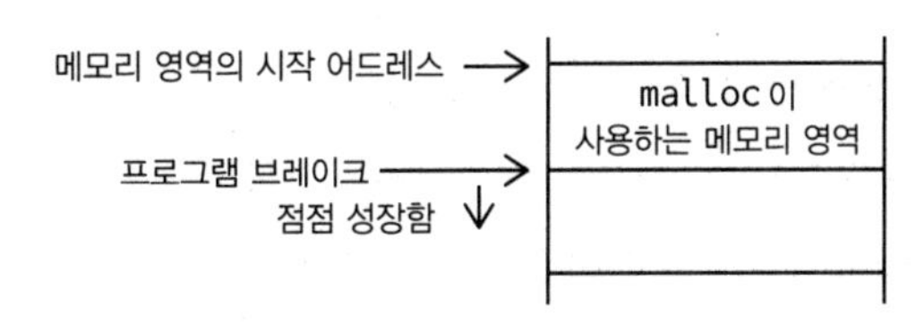

그림 9.2 프로그램 브레이크는 프로그램이 사용할 수 있는 메모리 영역의 끝을 가리킨다.

그럼 sbrk()를 구현해 보자. 우선 sbrk()를 만족해야 하는 사양을 확인해 보면[1] 다음과 같아야 한다.

- 함수 프로토타입은 caddr_t sbrk(int incr);
- sbrk()는 프로그램 브레이크를 incr 바이트만큼 증감시킨다.
- 처리가 성공하면 증가시키기 전의 프로그램 브레이크를 반환한다.
- 처리가 실패하면 errno를 ENOMEM로 설정하고 (caddr_t)-1을 반환한다.

이제 이 사양을 만족하는 함수를 작성하고 싶지만 아직 정보가 부족하다. 부족한 정보는 최초에 프로그램 브레이크의 초기 값(=malloc()이 사용할 수 있는 영역의 시작)과 상한 값(=malloc이 사용할 수 있는 영역의 마지막)을 어떻게 해야 하는 것이다. 이 값은 sbrk를 구현하는 사람이 결정해야 한다. 그래서 '8장 메모리 관리'에서 만든 메모리 매니저를 사용해서 할당한 메모리 영역을 사용하기로 결정했다.

리스트 9.1 sbrk는 지정된 바이트 수만큼 프로그램 브레이크를 증감시킨다(newlib_support.c)

```
caddr_t program_break, program_break_end;

caddr_t sbrk(int incr) {
```

1 sbrk() 사양은 Newlib의 도큐먼트(https://sourceware.org/newlib/libc.html#index-sbrk)나 man sbrk 등을 참조하자.

```
  if (program_break == 0 || program_break + incr >= program_break_end) {
    errno = ENOMEM;
    return (caddr_t)-1;
  }

  caddr_t prev_break = program_break;
  program_break += incr;
  return prev_break;
}
```

리스트 9.1에 사양에 맞게 구현해 본 것을 정리했다. 우선 눈에 띄는 점은 글로벌 변수로 정의하는 program_break와 program_break_end이다. 이들은 각각 프로그램 브레이크 초기 값과 끝을 나타내는 변수다. 정의 시점에서는 값이 설정돼 있지 않지만 sbrk는 이 값이 적절하게 설정돼 있다는 것을 전제로 동작한다. 따라서 sbrk를 처음에 사용하기 전에 이 두 개의 변수를 초기화할 필요가 있다.

다음으로 함수 본체를 살펴보자. 처음에는 program_break 변수가 제대로 설정돼 있는 것과 메모리 영역이 충분히 비어 있는지를 확인한다. program_break에 값이 설정돼 있지 않은 경우는 암묵적인 초기 값인 0으로 돼 있기 때문에 0일 때는 에러로 다룬다. 또한 파라미터 incr에서 지정한 바이트 수만큼 프로그램 브레이크를 증가시켰는데 프로그램 브레이크의 상한선을 넘어가 버리면 메모리가 부족하다는 뜻이다. 그 경우도 에러로 다룬다. sbrk의 처리가 실패했다면 사양 그대로 errno 변수에 ENOMEM을 설정하고 (caddr_t)-1을 반환한다.

program_break 변수가 제대로 설정돼 있고 메모리가 충분히 비어 있다면 메모리 확보 처리를 수행한다. 프로그램 브레이크를 incr 바이트만큼 증감시키고 변화시키기 전의 값(prev_break)을 반환한다.

이것으로 sbrk의 구현을 완료했다. 다음으로 program_break와 program_break_end의 초기 값을 설정하는 프로그램을 작성한다.

리스트 9.2 InitializeHeap()은 프로그램 브레이크의 초기 값을 설정한다(memory_manager.cpp)

```
extern "C" caddr_t program_break, program_break_end;

Error InitializeHeap(BitmapMemoryManager& memory_manager) {
```

```
  const int kHeapFrames = 64 * 512;
  const auto heap_start = memory_manager.Allocate(kHeapFrames);
  if (heap_start.error) {
    return heap_start.error;
  }

  program_break = reinterpret_cast<caddr_t>(heap_start.value.ID() *
  kBytesPerFrame);
  program_break_end = program_break + kHeapFrames * kBytesPerFrame;
  return MAKE_ERROR(Error::kSuccess);
}
```

리스트 9.2는 2개의 글로벌 변수에 값을 설정하는 함수 `InitializeHeap()`의 구현을 보여준다. 이 함수는 우선 메모리 매니저로부터 64 × 512 프레임 메모리를 할당받는다. 64 × 512 프레임(128MiB) 정도라면 당장은 충분하다고 생각하지만 만약 이후에 `new`나 `malloc`이 실패한다면 이 수를 증가시키도록 하자. `memory_manager.Allocate`는 메모리 부족 등의 경우에 에러를 반환할 가능성이 있기 때문에 에러 체크를 수행하고 있다.

정상적으로 프레임을 확보했다면 프레임 번호로부터 어드레스를 계산한다. 프레임 번호에 `kBytesPerFrame`을 곱하면 프레임의 선두 어드레스가 된다. 확보한 메모리 영역의 선두 프레임 번호는 `heap_start.value.ID()`이므로 그 값을 어드레스로 변환하면 프로그램 브레이크의 초기 값이 된다. 메모리 영역의 마지막 어드레스는 `program_break` 값에 메모리 영역의 바이트 수를 더한 어드레스가 된다.

리스트 9.3 InitializeHeap()을 호출한다(main.cpp)

```
memory_manager->SetMemoryRange(FrameID{1}, FrameID{available_end /
kBytesPerFrame});

if (auto err = InitializeHeap(*memory_manager)) {
  Log(kError, "failed to allocate pages: %s at %s:%d\n",
      err.Name(), err.File(), err.Line());
  exit(1);
}
```

방금 정의한 `InitializeHeap()`을 호출하는 처리를 메인 함수에 추가하자. 리스트 9.3은 메인 함수에 추가해 호출하는 처리를 보여준다. 메모리 매니저의 `SetMemoryRange()`를 호출해 메모리 매니저를 사용 가능하게 된 직후에 추가했다.

9.3 중첩처리의 원리

중첩처리를 구현하려면 '데스크톱'과 '마우스 커서'에 대응하는 2개의 레이어를 데스크톱과 마우스 커서의 도형으로 사전에 준비해 두고, 마우스를 움직일 때마다 마우스 레이어 아래에 있는 레이어를 순서대로 렌더링하면 된다. 그림 9.3에서 확인해 보자.

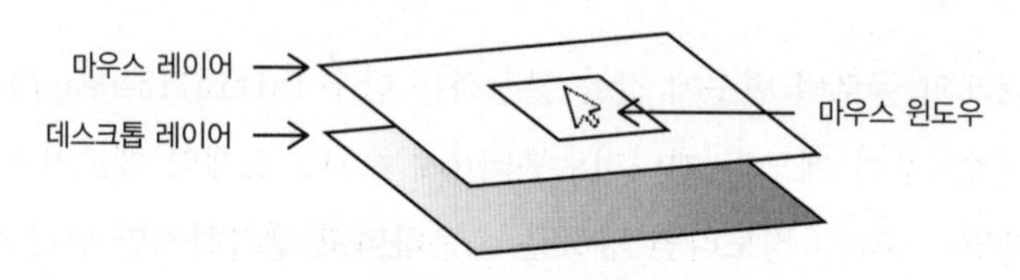

그림 9.3 레이어에 따른 화면 렌더링

레이어는 무한히 넓어지는 평면이라고 생각할 수 있다. 레이어는 원점 좌표와 중첩순서 값만을 속성으로 가진다. 레이어는 가로와 세로의 크기를 갖고 있지 않다. 한편 마우스 커서나 데스크톱의 배경은 모두 유한한 크기를 갖는 렌더링 영역이다. 마우스 커서는 사각형이 아닌 복잡한 형태이지만 틈새를 투과색으로 채운 사각형이라고 생각해도 좋을 것이다. 마우스 커서도 데스크톱 배경도 가로와 세로 크기를 가진 사각형으로써 다룰 수 있다. 이런 임의의 크기의 사각형 렌더링 영역을 **윈도우**라고 부르기로 한다.

레이어와 윈도우가 필요하기에 조속히 레이어와 윈도우를 만들어 보겠다. 레이어 내부에 윈도우가 존재하는 구조이므로 먼저 윈도우를 만들어 본다.

리스트 9.4 Window 클래스의 정의(window.hpp)

```
class Window {
 public:
  /** @brief WindowWriter는 Window와 관련 있는 PixelWriter를 제공한다.
   */
  class WindowWriter : public PixelWriter {
   <중략>
  };

  /** @brief 지정된 픽셀 수의 평면 렌더링 영역을 작성한다. */
```

```
  Window(int width, int height);
  ~Window() = default;
  Window(const Window& rhs) = delete;
  Window& operator=(const Window& rhs) = delete;

  /** @brief 주어진 PixelWriter에 이 윈도우의 표시영역을 렌더링한다.
   *
   * @param writer 렌더링 타깃
   * @param position writer의 왼쪽 상단을 기준으로 한 렌더링 위치  */
   */
  void DrawTo(PixelWriter& writer, Vector2D<int> position);
  /** @brief 투과색(투명색)을 설정한다. */
  void SetTransparentColor(std::optional<PixelColor> c);
  /** @brief 이 인스턴스와 연결된 WindowWriter를 취득한다. */
  WindowWriter* Writer();

  /** @brief 지정한 위치의 픽셀을 반환한다. */
  PixelColor& At(int x, int y);
  /** @brief 지정한 위치의 픽셀을 반환한다. */
  const PixelColor& At(int x, int y) const;

  /** @brief 평면 렌더링 영역의 가로폭을 픽셀 단위로 반환한다. */
  int Width() const;
  /** @brief 평면 렌더링 영역의 높이를 픽셀 단위로 반환한다. */
  int Height() const;

 private:
  int width_, height_;
  std::vector<std::vector<PixelColor>> data_{};
  WindowWriter writer_{*this};
  std::optional<PixelColor> transparent_color_{std::nullopt};
};
```

리스트 9.4는 윈도우 클래스 Window의 정의를 나타낸다. 이 클래스의 멤버 변수는 폭과 높이를 갖는 width_와 height_, 픽셀 배열의 data_, 픽셀에 쓰기 기능을 제공하는 writer_, 투과색을 갖는 transparent_color_가 있다. std::optional을 처음 보는 분도 있을 것이다. 이건 '값을 갖지 않는' 상태를 명시적으로 표현할 수 있는 타입을 만드는 래퍼 클래스[2]다. transparent_color_는 "PixelColor 타입의 값을 가진다."나 "값을 아

2 Wrapper, 감싼 것. 여기서는 PixelColor 클래스를 감싼 새로운 클래스를 생성한다.

무것도 갖지 않는다."는 양쪽 모두를 나타낼 수 있다. 초기 값은 std::nullopt라는 특수한 값이 설정됐으며 값을 갖지 않는다, 즉 어떤 색도 투과색으로 지정하지 않은 상태가 된다.

윈도우 클래스의 시작 부분에는 WindowWriter 클래스의 정의가 있다. 이 클래스는 윈도우 클래스 전용의 쓰기 기능을 제공한다. WindowWriter는 PixelWriter를 상속했기 때문에 PixelWriter가 필요한 곳에서 대신 사용할 수 있다. 클래스 정의의 세부 내용은 뒤에서 설명한다.

윈도우 클래스의 생성자를 살펴보겠다. 지정한 크기를 가진 윈도우를 생성하는 생성자 Window(int width, int height)를 갖고 있음을 알 수 있다. 리스트 9.5에 생성자의 정의를 정리했다.

리스트 9.5 지정한 크기의 윈도우를 생성하는 생성자(window.cpp)

```
Window::Window(int width, int height) : width_{width}, height_{height} {
  data_.resize(height);
  for (int y = 0; y < height; ++y) {
    data_[y].resize(width);
  }
}
```

생성자에서는 지정된 폭과 높이를 가진 2차원 배열을 생성한다. data_ 타입을 보면 std::vector<std::vector<PixelColor>>로 돼 있고 배열의 배열로 돼 있다. 생성자의 첫 번째 줄에서는 resize 멤버를 사용해 1차원 배열의 요소 수를 height개로 늘린다. 첫 번째 줄이 실행되면 data_는 그림 9.4와 같은 형태의 배열이 된다.

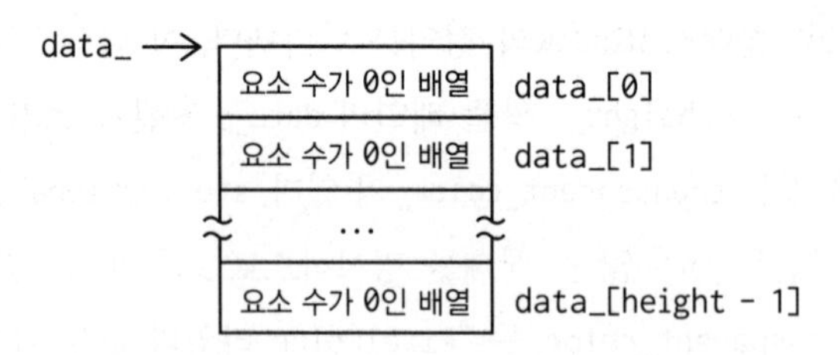

그림 9.4 data_.resize(height)을 실행한 후의 모습

요소가 0개인(즉 비어 있는) 배열이 height개 나열되는 형태가 될 것이다. 생성자의 두 번째 줄 이후에서는 for 문을 사용해 각각의 배열의 요소 수를 width개로 확대하고 있다. 결국 생성자 실행이 끝나면 data_는 그림 9.5에 나타낸 형태가 된다.[3]

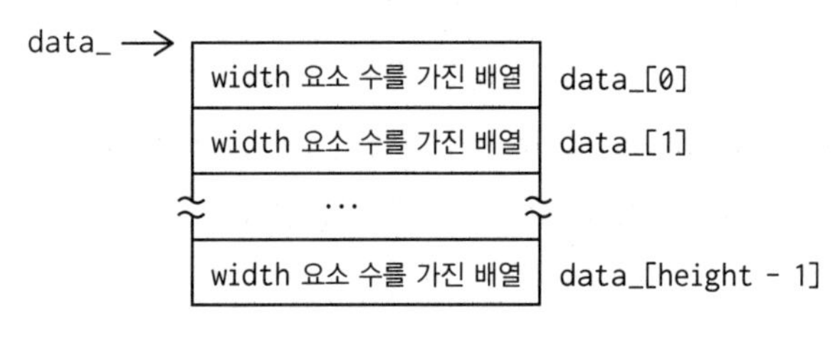

그림 9.5 생성자를 실행한 후의 모습

DrawTo()는 지정된 PixelWriter를 사용해 윈도우의 내용을 렌더링하는 메소드다. 윈도우의 내용을 화면에 렌더링하기 위한 메소드로 만들었다. 파라미터 writer에는 화면과 관련된 PixelWriter를 전달받을 예정이다. 파라미터 position에는 화면 속에서 해당 윈도우를 표시할 좌표를 넘겨받을 예정이다.

리스트 9.6 DrawTo()는 윈도우의 내용을 지정된 그리기 위치로 렌더링한다(window.cpp)

```
void Window::DrawTo(PixelWriter& writer, Vector2D<int> position) {
  if (!transparent_color_) {
    for (int y = 0; y < Height(); ++y) {
      for (int x = 0; x < Width(); ++x) {
        writer.Write(position.x + x, position.y + y, At(x, y));
      }
    }
    return;
  }

  const auto tc = transparent_color_.value();
  for (int y = 0; y < Height(); ++y) {
    for (int x = 0; x < Width(); ++x) {
      const auto c = At(x, y);
      if (c != tc) {
        writer.Write(position.x + x, position.y + y, c);
      }
```

3 생성자의 초기화 시에 data_(height, std::vector<PixelColor>(width, PixelColor{}))로 쓰면 2차원 배열을 만들 수 있지만 설명을 알기 쉽도록 일부러 for 문을 사용한 방법을 사용했다.

```
    }
  }
}
```

리스트 9.6은 `DrawTo()` 메소드의 구현을 보여준다. 투과색의 설정여부에 따라 처리가 2가지로 나뉜다. 투과색이 설정되지 않은 경우 `!transparent_color_`는 참이 돼 if 문의 내용이 실행된다. `transparent_color_`의 타입인 `std::optional`은 if 문 등의 참 또는 거짓 값을 요구하는 곳에서 유효한 값이 설정돼 있으면 참을, 그렇지 않은 경우(`std::nullopt`가 설정된 경우)에는 거짓을 반환한다. 이 값이 참인 경우에는 `transparent_color_.value()`로 설정된 값을 취득할 수 있다.

양쪽 처리에서 하는 작업은 거의 똑같다. 이 윈도우의 모든 픽셀 데이터를 파라미터로 지정된 `writer`를 사용해 렌더링한다. 렌더링하는 위치는 `position`으로 지정된다. 렌더링하는 모습을 그림으로 표현하면 그림 9.6과 같다.

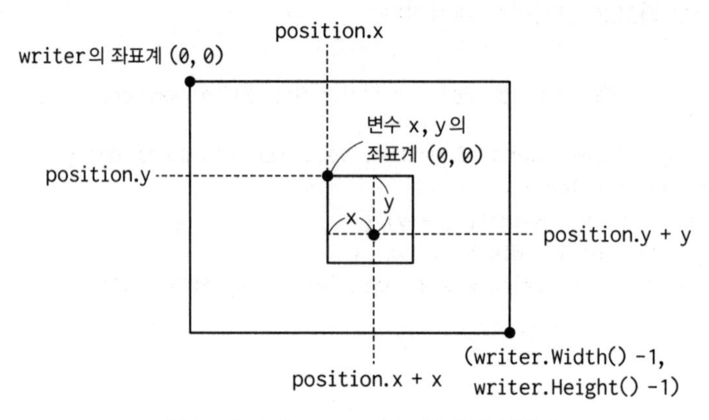

그림 9.6 윈도우를 PixelWriter를 사용해 렌더링한다.

`DrawTo()`로 프레임 버퍼와 관련된 `PixelWriter`, 즉 main.cpp에 정의된 `pixel_writer`를 전달해 이 윈도우의 내용을 프레임 버퍼로 렌더링할 수 있다. `Window::DrawTo()`[4]는 이후 소개하는 `Layer` 클래스의 `DrawTo()` 메소드가 호출하는 메소드다.

4 ::는 네임 스페이스나 클래스의 내부를 참조하는 쓰기법으로 여기서는 Window 클래스 안에 정의된 DrawTo() 메소드를 참조한다.

리스트 9.7 SetTransparentColor()는 윈도우의 투과색을 설정한다(window.cpp)

```
void Window::SetTransparentColor(std::optional<PixelColor> c) {
  transparent_color_ = c;
}
```

리스트 9.7은 transparent_color_에 값을 설정하는 함수 SetTransparentColor()를 보여준다. 하고 있는 작업은 아주 단순하다. 이 함수에 PixelColor 타입의 값을 전달, 예를 들어 window.SetTransparentColor(PixelColor{1,1,1}); 등으로 전달하면 그 색을 투과색으로 설정할 수 있다. 또한 이 함수에 std::nullopt을 전달하면 투과색 설정을 무효화할 수 있다.

리스트 9.8 WindowWriter 클래스의 정의 (window.hpp)

```
class WindowWriter : public PixelWriter {
 public:
  WindowWriter(Window& window) : window_{window} {}
  /** @brief 지정된 위치에 지정된 색을 그린다. */
  virtual void Write(int x, int y, const PixelColor& c) override {
    window_.At(x, y) = c;
  }
  /** @brief Width는 관련된 Window의 가로 폭을 픽셀 단위에서 반환한다. */
  virtual int Width() const override { return window_.Width(); }
  /** @brief Height는 관련된 Window의 높이를 반환한다. */
  virtual int Height() const override { return window_.Height(); }

 private:
  Window& window_;
};
```

이제 Window 클래스 본체의 설명은 대략적으로 했으므로 나머지 WindowWriter 클래스의 설명을 계속한다(리스트 9.8). 이 클래스는 윈도우와 관련된 쓰기 기능을 제공한다.

이 클래스의 특징은 멤버 변수로 Window의 참조를 갖고 있다는 점이다. 이 덕분에 WindowWriter::Write()에서 윈도우에 렌더링할 수 있게 됐다. 이 Window의 참조가 초기화되는 과정은 조금 난해할 수도 있어 자세하게 설명한다.

window_는 WindowWriter의 생성자에서 초기화된다. 리스트 9.8의 window_{window}가

초기화 부분이다. 초기 값은 생성자의 파라미터로 전달된 Window 클래스의 인스턴스가 지정되고 있다.

WindowWriter 생성자는 Window 클래스의 멤버 변수 초기화 시 호출된다. 즉 리스트 9.4의 WindowWriter writer_{*this};다. 여기서 멤버 변수 writer_의 초기화를 하고 있고, 그 초기 값으로 *this를 지정하고 있다. this는 이 키워드가 사용된 위치에 따라 다른 값을 가리키는 특수한 변수이며, 여기서는 Window 클래스의 인스턴스를 가리키고 있다. 즉 Window 타입의 변수를 생성할 때 그 변수의 시작 포인터가 this가 되며, writer_ 생성자의 파라미터로 그 포인터를 전달하고 있는 것이다.

정리하면 Window 클래스 인스턴스의 멤버 변수 writer_는 그 Window 인스턴스로의 참조를 갖게 된다. 그림 9.7은 이 관계를 도식화해서 보여준다.

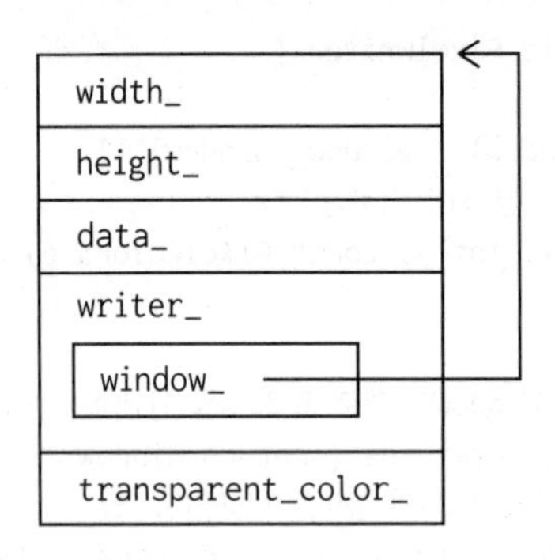

그림 9.7 Window 클래스와 WindowWriter 클래스의 관계

클래스나 구조체에 포함된 멤버 변수가 부모 클래스나 구조체를 참조하는 상황은 생각보다 자주 있다. 해결법 중 하나는 이번의 경우처럼 내부 클래스에서 부모 클래스로의 포인터 또는 참조를 갖는 것이다. 리눅스 커널에서는 다른 방법을 사용하고 있으며 이 방법보다 약간 더 메모리 용량을 절약할 수 있는 방법을 사용한다. 흥미가 있는 분은 container_of 매크로를 살펴보자.

리스트 9.9 중첩을 구현하는 Layer 클래스(layer.hpp)

```
class Layer {
 public:
  /** @brief 지정된 ID를 가진 레이어를 생성한다. */
  Layer(unsigned int id = 0);
```

```
  /** @brief 이 인스턴스의 ID를 반환한다. */
  unsigned int ID() const;

  /** @brief 윈도우를 설정한다. 기존 윈도우는 이 레이어에서 제외된다. */
  Layer& SetWindow(const std::shared_ptr<Window>& window);
  /** @brief 설정된 윈도우를 반환한다. */
  std::shared_ptr<Window> GetWindow() const;

  /** @brief 레이어의 위치정보를 지정된 절대좌표로 갱신한다. 다시 그리지는 않는다. */
  Layer& Move(Vector2D<int> pos);
  /** @brief 레이어의 위치 정보를 지정된 상대좌표로 갱신한다. 다시 그리지는 않는다. */
  Layer& MoveRelative(Vector2D<int> pos_diff);

  /** @brief writer에 현재 설정돼 있는 윈도우의 내용을 렌더링한다. */
  void DrawTo(PixelWriter& writer) const;

 private:
  unsigned int id_;
  Vector2D<int> pos_;
  std::shared_ptr<Window> window_;
};
```

다음으로 레이어를 제작한다. 레이어를 나타내는 Layer 클래스의 정의를 리스트 9.9에 정리했다. 멤버 변수에는 레이어를 식별하기 위한 ID, 원점좌표, 윈도우로의 포인터를 갖고 있다. std::shared_ptr은 스마트 포인터의 일종이다. 자세한 내용은 '칼럼 9.1 스마트 포인터'에서 설명한다. 우선은 window_는 Window* 타입의 포인터 변수라고 생각하자. 레이어 클래스에서 중요한 것은 이동과 렌더링을 위한 메소드다. 내용을 살펴보자.

리스트 9.10 Move()는 레이어를 지정한 위치로 이동시킨다(layer.cpp)

```
Layer& Layer::Move(Vector2D<int> pos) {
  pos_ = pos;
  return *this;
}

Layer& Layer::MoveRelative(Vector2D<int> pos_diff) {
  pos_ += pos_diff;
  return *this;
}
```

리스트 9.10은 레이어를 이동시키기 위한 메소드를 보여준다. Move()는 절대좌표, MoveRelative()는 상대좌표를 사용해 이동을 수행한다. MoveRelative()에서 pos_ += pos_diff; 같은 코드를 쓸 수 있는 이유는 Vector2D 클래스에 operator += 연산자를 구현했기 때문이다.

리스트 9.11 레이어를 pos_에 설정된 위치로 렌더링한다(layer.cpp)

```
void Layer::DrawTo(PixelWriter& writer) const {
  if (window_) {
    window_->DrawTo(writer, pos_);
  }
}
```

리스트 9.11에 레이어를 렌더링하기 위한 메소드 DrawTo()를 정리했다. 이 메소드는 윈도우 포인터 window_가 설정돼 있으면 그 윈도우의 DrawTo() 메소드를 호출한다. 윈도우 자신은 평면상에서의 위치를 기억하지 않고, 레이어가 위치를 관리하는 구조를 취하고 있다. 개념적으로는 중첩을 관리하는 레이어와 표시영역을 나타내는 윈도우는 별개의 존재라서 양자를 나눴지만 합쳐서 관리해도 프로그램의 가독성은 큰 차이가 없을지도 모르겠다.

그런데 레이어는 단독으로는 의미가 없다. 중첩을 처리하는 용도이기 때문에 다수의 레이어 중첩을 표현할 수 있어야 한다. 그를 위해 클래스로 LayerManager를 작성한다.

리스트 9.12 LayerManager 클래스는 레이어를 여러 개 관리한다(layer.hpp)

```
class LayerManager {
 public:
  /** @brief Draw 메소드 등으로 렌더링할 때의 렌더링 목적지를 설정한다. */
  void SetWriter(PixelWriter* writer);
  /** @brief 새로운 레이어를 생성하고 참조를 반환한다.
   *
   * 새롭게 생성된 레이어의 실체는 LayerManager 내부의 컨테이너에서 유지한다.
   */
  Layer& NewLayer();

  /** @brief 현재 표시상태에 있는 레이어를 그린다. */
  void Draw() const;
```

```
  /** @brief 레이어의 위치정보를 지정된 절대좌표로 갱신한다. 다시 그리지는 않는다. */
  void Move(unsigned int id, Vector2D<int> new_position);
  /** @brief 레이어의 위치정보를 지정된 상대위치로 갱신한다. 다시 그리지는 않는다. */
  void MoveRelative(unsigned int id, Vector2D<int> pos_diff);

  /** @brief 레이어의 높이방향 위치를 지정된 위치로 이동한다.
   *
   * new_height 에 음수 높이를 지정하면 레이어는 표시되지 않으며,
   * 0 이상을 지정하면 그 높이가 된다.
   * 현재 레이어 수 이상의 수치를 지정하는 경우는 최전면의 레이어가 된다.
   * */
  void UpDown(unsigned int id, int new_height);
  /** @brief 레이어를 숨긴다. */
  void Hide(unsigned int id);

 private:
  PixelWriter* writer_{nullptr};
  std::vector<std::unique_ptr<Layer>> layers_{};
  std::vector<Layer*> layer_stack_{};
  unsigned int latest_id_{0};

  Layer* FindLayer(unsigned int id);
};

extern LayerManager* layer_manager;
```

리스트 9.12는 LayerManager의 정의를 보여준다. 먼저 멤버 변수 layers_에 주목하자. 이 변수는 동적 배열 std::vector로 돼 있으며 생성한 레이어의 인스턴스를 생성한 순으로 저장한다. 레이어는 화면에 표시되지 않는 상태가 되는 경우도 있지만 표시되지 않는 것도 포함해 존재하는 모든 레이어를 저장한다.

layers_의 요소 타입 std::unique_ptr은 익숙하지 않을지도 모르겠다. 이 타입은 std::shared_ptr 같은 스마트 포인터의 일종이지만 std::shared_ptr이 포인터의 공유를 허락하는 한편, std::unique_ptr은 포인터의 공유가 불가능한 특징이 있다. 이 특징 덕분에 어떤 오브젝트를 누가 '소유'하고 있는지에 대한 관계를 명확히 나타내는 것이 가능하다. 레이어는 레이어 매니저가 소유하고 있다는 설계를 하고 싶기에 바로 이 특징이 안성맞춤이었다.

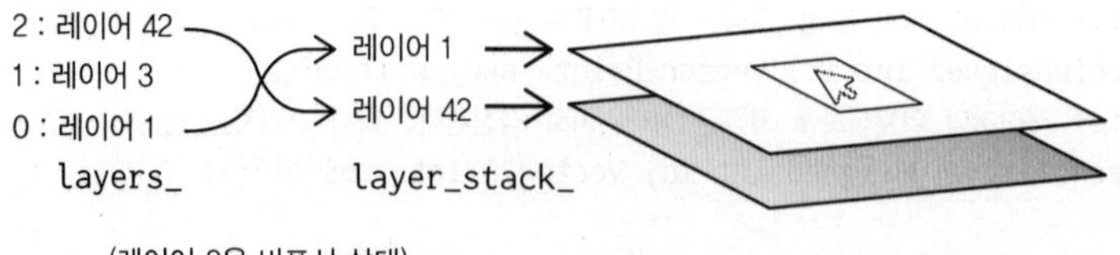

그림 9.8 레이어 스택과 레이어 맵의 관계

그런데 또 하나 중요한 멤버 변수가 있는데 바로 layer_stack_이다. 레이어를 쌓는다는 의미에서 stack[쌓다]이란 이름을 붙였다. 이 변수는 레이어 더미를 표현한 것으로, 배열 선두의 요소를 가장 아래쪽 레이어로 하고 거기서부터 차례대로 쌓아서 마지막을 가장 윗쪽 레이어로 하려는 의도를 갖고 있다. 그림 9.8은 layers_와 layer_stack_의 관계를 보여준다. 현시점에서 레이어는 마우스 커서용과 배경용 2가지뿐이라서 레이어의 순서를 바꾸는 경우는 없지만 나중에는 애플리케이션 윈도우 등을 위한 레이어가 증가하면 순서가 변경될 것이다.

주요한 데이터 구조를 결정했으므로 각 메소드의 구현에 돌입한다.

리스트 9.13 NewLayer()는 새로운 레이어를 생성한다(layer.cpp)

```
Layer& LayerManager::NewLayer() {
  ++latest_id_;
  return *layers_.emplace_back(new Layer{latest_id_});
}
```

리스트 9.13은 NewLayer()의 구현을 보여준다. 이 메소드는 고유 ID를 가진 레이어 인스턴스를 한 개 생성하고 layers_에 저장한다. 첫 번째 줄에서는 멤버 변수 latest_id_의 값을 1만큼 증가시켜 ID를 생성한다는 것을 바로 알 수 있다. 두 번째 줄은 조금 어렵다는 생각이 들기 때문에 자세하게 설명한다.

layers_.emplace_back()은 지정한 값을 배열의 끝에 추가하는 메소드다. 여기서는 값으로 new Layer{latest_id_}를 전달하고 있다. 그러므로 두 번째 줄의 실행이 끝난 시점의 layers_는 그 시점의 latest_id_를 ID로 가진 레이어 인스턴스가 추가된 상태에 있다.

NewLayer()를 호출하는 측에서는 새롭게 생성된 레이어 인스턴스에 몇 가지 설정을 할 필요가 있기 때문에 NewLayer()는 생성한 레이어 인스턴스로의 참조(Layer&)를 반환하게 한다. 이렇게 해두면 호출한 측에서는 NewLayer().SetWindow(...) 같이 손쉽게 설정을 추가할 수 있다.

layers_.emplace_back()은 추가된 요소의 참조를 반환 값으로 돌려준다. 즉 std::unique_ptr<Layer>&란 타입 값을 반환한다. 이 반환 값은 포인터 타입이라 이것을 그대로 반환 값으로 하면 괜찮겠다는 느낌이 들 것이다. 하지만 std::unique_ptr은 공유가 불가능한 포인터라서 그대로 반환할 수는 없다. 그래서 * 연산자를 사용해 Layer& 타입으로 반환 값을 만들어내고 있다.

리스트 9.14 FindLayer()는 지정한 ID의 레이어를 찾는다(layer.cpp)

```
Layer* LayerManager::FindLayer(unsigned int id) {
  auto pred = [id](const std::unique_ptr<Layer>& elem) {
    return elem->ID() == id;
  };
  auto it = std::find_if(layers_.begin(), layers_.end(), pred);
  if (it == layers_.end()) {
    return nullptr;
  }
  return it->get();
}
```

리스트 9.14는 layers_로부터 지정한 ID를 가진 레이어 인스턴스를 찾는 FindLayer() 메소드의 구현을 보여준다. 이 메소드는 지정된 ID의 레이어가 있다면 그 인스턴스로의 포인터를 반환하고, 발견할 수 없으면 nullptr을 반환한다.

이 구현에서 사용하는 std::find_if()는 std::find_if(begin, end, pred) 같이 세 개의 파라미터를 취한다. begin에서 end까지를 차례대로 조사하면서 최초로 pred가 참을 반환하는 요소를 찾아낸다. 이 pred는 일반적으로는 술어predicate[5]라 한다. 리스트 9.14에서는 술어를 람다식으로 정의하고 있다.

람다 표현식은 '6.3 PCI 디바이스 탐색'에서 나왔는데 이번에는 [id] 같이 캡처에 변수명이 써 있는 것이 큰 차이다. 캡처는 람다식 외부에 있는 로컬 변수를 람다식 내부에서 사용하기 위한 구조다. 여기서는 변수 id를 내부에서 사용하기 위해 캡처하고 있다.

5 한국에서는 predicate가 조건자 또는 서술자로 번역되는 경우가 있으나 여기서는 술어란 단어를 채택했다. – 옮긴이

이 람다식은 layers_의 요소를 한 개 받아서 id와 동일한 레이어 ID를 갖고 있는지를 검사한다. id와 동일한 ID를 가진 레이어라면 참을 반환한다. 이처럼 술어란 '참 또는 거짓으로 판정할 수 있는 구문'을 말한다. 예를 들어 정수 x에 대해 "x는 짝수다."란 구문은 술어다. x가 주어졌을 때에 참 또는 거짓을 판정할 수 있기 때문이다.

std::find_if()에 제공하는 술어는 파라미터가 하나인 함수(또는 함수처럼 부를 수 있는 뭔가)여야 한다. 또한 그 파라미터의 타입은 컨테이너의 요소를 받을 수 있는 타입이어야 한다. 술어는 begin에서부터 end까지 요소마다 호출되며 해당 요소에 대해 어떤 조건이 성립하는지, 성립하지 않는지를 불리언boolean 값으로 반환한다. std::find_if()은 최초로 술어가 참을 만족하는(조건을 만족한) 요소를 반환한다.

요소를 반환한다고 썼지만 std::find_if()가 실제로 반환하는 것은 요소를 가리키는 이터레이터이다. 요소를 찾지 못하는 경우 이터레이터의 값은 layers_.end()가 되므로 그 경우는 nullptr을 반환한다. 요소를 찾은 경우 이터레이터 it은 std::unique_ptr<Layer>를 가리킨다. 거기에서 raw 포인터 Layer*를 꺼내려면 it->get()을 사용하면 된다.

FindLayer()를 정의했으므로 이를 사용해 다른 메소드를 구현해 본다.

리스트 9.15 Move()는 레이어를 지정위치까지 이동시킨다(layer.cpp)

```
void LayerManager::Move(unsigned int id, Vector2D<int> new_position) {
  FindLayer(id)->Move(new_position);
}

void LayerManager::MoveRelative(unsigned int id, Vector2D<int> pos_diff) {
  FindLayer(id)->MoveRelative(pos_diff);
}
```

리스트 9.15는 레이어를 이동시키는 2개 메소드의 구현을 나타낸다. Move()를 살펴보면 첫 번째 줄에서 지정된 ID의 레이어를 찾아 그 레이어의 Move()를 호출한다. 레이어의 Move()는 절대좌표를 지정하는 메소드였다. 이 메소드는 다시 그리기를 하지 않기 때문에 이동을 화면에 반영하기 위해서는 이후에 구현하는 Draw() 메소드를 호출할 필요가 있다. MoveRelative()는 상대좌표 버전이다.

2개의 메소드 구현에서 FindLayer()가 아주 빠르게 도움이 되고 있다. 만약 지정한 ID를 가진 레이어가 없는 경우에는 FindLayer()는 검색에서 실패하지만 유효한 ID를 지정하는 책임을 호출 측의 책임으로 돌리게 한다. ID의 유효성 확인을 호출 측의 책임으로 위임하는 것으로 Move() 내의 널 체크를 생략할 수 있다.

리스트 9.16 Draw()는 레이어를 화면에 렌더링한다(layer.cpp)

```
void LayerManager::Draw() const {
  for (auto layer : layer_stack_) {
    layer->DrawTo(*writer_);
  }
}
```

리스트 9.16은 Draw()의 구현을 보여준다. 이 메소드는 가장 아래에 있는 레이어에서 위로 올라가면서 렌더링한다. layer_stack_은 배열 선두가 가장 아래쪽, 배열의 끝이 가장 위쪽으로 돼 있기 때문에 선두에서 순서대로 렌더링하면 자연히 그렇게 된다. 아래서부터 차례대로 렌더링하는 것으로 레이어의 겹침을 표현할 수 있다. 렌더러 writer_는 SetWriter()로 설정할 수 있다. 일반적으로는 프레임 버퍼와 관련된 PixelWriter를 렌더러로 하는 경우가 대부분이다.

여기서 나온 for 문은 범위기반 for 문이라 불리는 구문이다. 범위기반 for 문은 std::vector 등의 컨테이너의 각 요소를 처리하는 루프를 간결하게 쓸 수 있다. for(타입 변수 : 컨테이너)로 쓰면 컨테이너의 .begin에서부터 차례대로 변수에 설정된 상태에서 for의 본체가 실행된다.

리스트 9.17 Hide()는 지정한 레이어를 표시하지 않게 해준다(layer.cpp)

```
void LayerManager::Hide(unsigned int id) {
  auto layer = FindLayer(id);
  auto pos = std::find(layer_stack_.begin(), layer_stack_.end(), layer);
  if (pos != layer_stack_.end()) {
    layer_stack_.erase(pos);
  }
}
```

지정한 레이어를 숨기는 메소드를 구현했다(리스트 9.17). 이 메소드는 표시 중인 레이어를 겹침 순서로 유지하는 layer_stack_에서 레이어를 제거해서 해당 레이어를 숨길 수 있다.

std::find()는 지정한 값을 가진 요소를 찾는 함수다. 세 번째 파라미터로 술어를 전달하는 std::find_if()와는 다르게 술어가 아닌 목적 값을 그대로 지정한다. 목적 값의 위치를 이터레이터로 반환하는 것은 std::find()도 std::find_if()도 같다. 목적 레이어를 찾았다면 layer_stack_.erase()를 사용해 해당 요소를 제거한다.

리스트 9.18 UpDown()은 레이어를 지정 높이로 이동한다(layer.cpp)

```
void LayerManager::UpDown(unsigned int id, int new_height) {
  if (new_height < 0) {
    Hide(id);
    return;
  }
  if (new_height > layer_stack_.size()) {
    new_height = layer_stack_.size();
  }

  auto layer = FindLayer(id);
  auto old_pos = std::find(layer_stack_.begin(), layer_stack_.end(), layer);
  auto new_pos = layer_stack_.begin() + new_height;

  if (old_pos == layer_stack_.end()) {
    layer_stack_.insert(new_pos, layer);
    return;
  }

  if (new_pos == layer_stack_.end()) {
    --new_pos;
  }
  layer_stack_.erase(old_pos);
  layer_stack_.insert(new_pos, layer);
}
```

리스트 9.18은 지정한 레이어의 겹침 순서를 변경하는 UpDown()의 정의를 보여준다. 이 메소드는 지정한 레이어 ID를 지정한 높이로 변경한다. new_height에는 layer_stack_ 속에서의 위치를 지정한다. 0을 지정하면 맨 뒤에, layer_stack_.size() 이상의 값을 지정하면 맨 앞으로 이동한다는 의미다. 음수 값을 지정하면 해당 레이어를 숨긴다.

처리가 복잡하므로 자세히 살펴보자. 처음 if 문에서는 new_height가 음수인 경우의 처리를 하고 함수를 빠져나간다. 다음 if 문에서는 new_height의 값이 너무 큰 경우에 layer_stack_.size()를 상한으로 조정한다. 이 두 개의 if 문을 벗어나면 new_height의 값이 0에서부터 layer_stack_.size()의 범위 내에 있음을 보장한다.

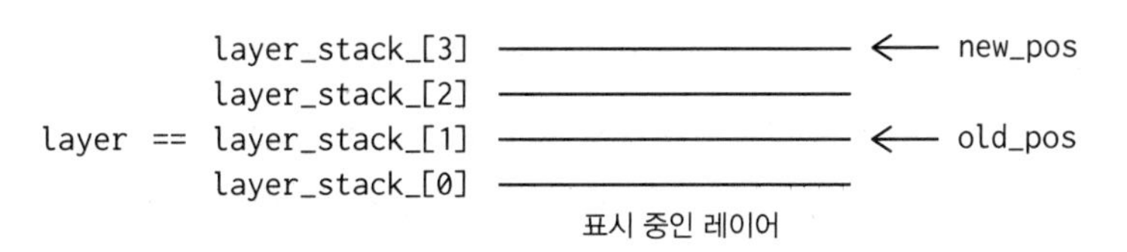

그림 9.9 UpDown() 메소드에서 정의된 변수의 관계

new_height 값의 조정이 끝났다면 필요한 변수를 몇 개 정의한다. 지정된 ID를 가진 레이어 인스턴스 layer, 그 레이어의 현재 위치를 가리키는 old_pos, new_height의 위치를 가리키는 이터레이터 new_pos 이렇게 3개를 정의한다. 이 변수들의 관계를 그림 9.9에서 보여준다. 그림에서는 지정된 레이어가 '높이=1'로 표시 중이며 또한 새롭게 '높이=3'으로 설정하려고 한다.

변수 정의가 끝났다면 그들을 사용해서 처리를 수행한다. 처리의 기본전략은 old_pos에서 레이어를 제거하고 나서 new_pos에 레이어를 삽입하는 것이다. 우선 지정된 레이어가 숨겨져 있었던 경우(old_pos == layer_stack_.end())의 처리다. 이때는 레이어를 제거할 필요가 없으므로 new_pos가 가리키는 위치에 레이어를 삽입하고 완료한다.

남은 부분은 레이어가 현재 표시 중인 경우의 처리다. 이 경우에는 layer_stack_에서 일단 레이어를 제거할 때 layer_stack_의 요소가 하나 줄어든다. new_pos가 끝을 가리키는 경우(new_pos == layer_stack_.end()) 요소가 하나 부족하면 끝을 넘어서게 되므로 곤란하게 된다. 그래서 new_pos를 1만큼 앞으로 이동시켜 둔다. 모든 조정이 끝났다면 현재 표시위치에서 레이어를 제거하고 새로운 위치로 레이어를 삽입한다.

여기까지의 진행으로 윈도우와 레이어 준비가 끝났다. 겨우 원래 하고 싶었던 작업에 착수할 수 있게 됐다. 마우스 커서를 움직여도 배경이 망가지지 않게 하고 싶었던 것이다.

리스트 9.19 마우스 이벤트 핸들러에서 레이어를 사용한다(main.cpp)

```
unsigned int mouse_layer_id;

void MouseObserver(int8_t displacement_x, int8_t displacement_y) {
  layer_manager->MoveRelative(mouse_layer_id, {displacement_x, displacement_y});
  layer_manager->Draw();
}
```

리스트 9.19는 마우스를 움직일 때 호출되는 함수 MouseObserver()의 새로운 구현을 보여준다. 지금까지는 mouse_cursor->MoveRelative()를 사용해 마우스를 움직이고 있었지만 레이어의 구조를 사용하도록 변경했다. 글로벌 변수 mouse_layer_id는 마우스 커서와 관련된 레이어 ID를 나타낸다. 메인 함수에서 값이 설정된다(리스트 9.20).

리스트 9.20 2개의 레이어를 생성한다 (main.cpp)

```
const int kFrameWidth = frame_buffer_config.horizontal_resolution;
const int kFrameHeight = frame_buffer_config.vertical_resolution;

auto bgwindow = std::make_shared<Window>(kFrameWidth, kFrameHeight);
auto bgwriter = bgwindow->Writer();

DrawDesktop(*bgwriter);
console->SetWriter(bgwriter);

auto mouse_window = std::make_shared<Window>(
    kMouseCursorWidth, kMouseCursorHeight);
mouse_window->SetTransparentColor(kMouseTransparentColor);
DrawMouseCursor(mouse_window->Writer(), {0, 0});

layer_manager = new LayerManager;
layer_manager->SetWriter(pixel_writer);

auto bglayer_id = layer_manager->NewLayer()
   .SetWindow(bgwindow)
   .Move({0, 0})
   .ID();
mouse_layer_id = layer_manager->NewLayer()
   .SetWindow(mouse_window)
   .Move({200, 200})
   .ID();
```

```
layer_manager->UpDown(bglayer_id, 0);
layer_manager->UpDown(mouse_layer_id, 1);
layer_manager->Draw();
```

리스트 9.20은 메인 함수의 개조 위치를 나타낸다. 위에서부터 간략히 설명하면 우선 화면의 가로와 세로 크기를 가진 Window 인스턴스 bgwindow를 작성한다. 변수명은 background배경를 나타내는 윈도우란 의미다. 다음으로 DrawDesktop()을 사용해 bgwindow에 배경 그림을 렌더링한다. 그런 다음 console의 렌더러 대상을 bgwindow 윈도우로 전환한다(자세한 내용은 잠시 후에 설명한다). 이것으로 배경용 윈도우 준비가 끝났다.

다음으로 마우스 커서용 Window 인스턴스를 생성한다. 마우스는 직사각형이 아닌 복잡한 행태를 하기 때문에 투과색 설정이 필요하다. 투과색은 kMouseTransparentColor란 값으로 한다. 이 상수는 mouse.hpp에서 const PixelColor kMouseTransparentColor{0, 0, 1};로 정의돼 있다. 이 색은 마우스 커서 본체에는 사용되지 않는 색상이므로 투과색으로 설정해도 문제없다. 다음으로 DrawMouseCursor()를 사용해 마우스 윈도우에 마우스 커서 그림을 그린다.

중반에서는 레이어 매니저를 생성하고, 레이어 매니저가 사용하는 PixelWriter로 pixel_writer를 설정한다. 이후 레이어 매니저의 Draw()를 호출하면 설정된 레이어가 pixel_writer에 의해 그려진다.

후반에서는 레이어 매니저를 사용해 배경용과 마우스용 2개의 레이어를 생성한다. 레이어 생성, 윈도우 설정, 레이어 이동, ID 취득이 전부 이어진 이 쓰기법은 메소드 체인이라 부른다. Layer() 클래스의 일부 메소드는 반환 값으로 자신의 참조(Layer&)를 반환하기 때문에 이렇게 줄을 이은 작성법이 가능한 것이다. 생성한 레이어의 ID를 각각 bglayer_id와 mouse_layer_id란 변수에 기록한다. mouse_layer_id는 MouseObserver()에서 사용하기 위한 글로벌 변수로 정의했다(리스트 9.19).

생성한 레이어의 초기상태는 숨겨신(layer_stack_에 등록하지 않은) 상태이므로 UpDown() 메소드를 사용해서 표시상태로 할 필요가 있다. 마지막으로 Draw()를 호출해 화면에 렌더링한다. Draw()는 레이어 매니저에 사전 설정한 pixel_writer로 렌더링을 수행한다. pixel_writer는 프레임 버퍼와 연관돼 있기 때문에 Draw()의 쓰기는 결국 프레임 버퍼로의 쓰기가 돼 화면에 출력되는 구조다.

지금까지 진행으로 중첩처리는 대략 끝났지만 남은 것이 한 가지 있다. 그건 디버그용 메시지를 표시하기 위한 콘솔 클래스의 수정이다. 콘솔 클래스는 메모리 매니저나 레이어 매니저 등보다 이전에 준비해야 하는 클래스다. 왜냐하면 메모리 매니저나 레이어 매니저 등을 준비할 때의 디버그 정보도 콘솔에 표시하고 싶기 때문이다. 필연적으로 콘솔 클래스는 레이어 구조가 갖춰지기 전에 사용되며, 레이어 구조가 갖춰지면 그 구조로 옮길 수 있어야 한다.

리스트 9.21 콘솔의 SetWriter()를 호출한다(main.cpp)

```
DrawDesktop(*pixel_writer);

console = new(console_buf) Console{
  kDesktopFGColor, kDesktopBGColor
};
console->SetWriter(pixel_writer);
printk("Welcome to MikanOS!\n");
SetLogLevel(kWarn);
```

리스트 9.21은 콘솔 클래스의 생성 과정을 보여준다. 수정을 통해 `console->SetWriter (pixel_writer);` 줄이 추가됐음을 알 수 있다. 지금까지는 콘솔 클래스의 생성자에 `PixelWriter`를 전달했지만 나중에도 재설정할 수 있도록 설정용 메소드를 추가했다.

리스트 9.22 SetWriter()는 콘솔 문자열의 쓰기 목적지를 설정한다(console.cpp)

```
void Console::SetWriter(PixelWriter* writer) {
  if (writer == writer_) {
    return;
  }
  writer_ = writer;
  Refresh();
}
```

리스트 9.22는 추가한 `SetWriter()` 메소드의 구현을 보여준다. 이 메소드는 콘솔 클래스의 쓰기 목적지가 되는 `PixelWriter`의 인스턴스를 설정한다. 그런 다음 버퍼에 쌓여 있는 문자열을 새로운 쓰기 목적지에 쓰도록 `Refresh()`를 실행한다. 쓰기 목적지를 전환할 때는 그때까지 출력된 문자열이 보이지 않게 된다.

리스트 9.23 Refresh()는 버퍼를 활용해서 렌더링한다(console.hpp)

```
void Console::Refresh() {
  for (int row = 0; row < kRows; ++row) {
    WriteString(*writer_, 0, 16 * row, buffer_[row], fg_color_);
  }
}
```

리스트 9.23은 `Refresh()` 메소드의 구현을 보여준다. 실행 내용은 단순해서 콘솔 클래스가 가진 버퍼 `buffer_`의 내용을 현재 설정된 쓰기 목적지 `writer_`로 그저 렌더링한다.

리스트 9.24 PutString()이 화면을 다시 그리게 한다(console.cpp)

```
void Console::PutString(const char* s) {
  while (*s) {
    if (*s == '\n') {
      Newline();
    } else if (cursor_column_ < kColumns - 1) {
      WriteAscii(*writer_, 8 * cursor_column_, 16 * cursor_row_, *s, fg_color_);
      buffer_[cursor_row_][cursor_column_] = *s;
      ++cursor_column_;
    }
    ++s;
  }
  if (layer_manager) {
    layer_manager->Draw();
  }
}
```

마지막으로 문자열을 표시할 때마다 화면을 다시 렌더링하도록 수정하자(리스트 9.24). 렌더링 타깃을 프레임 버퍼 본체에서 콘솔 윈도우로 전환한 후에는 명시적으로 `layer_manager->Draw()`를 호출하지 않으면 화면이 갱신되지 않는다.

레이어 기능을 만들었으니 실제로 마우스를 중첩해도 그림이 망가지지 않는가를 시험해 보자(그림 9.10).

그림 9.10 마우스 커서를 중첩해도 배경이 망가지지 않는다.

마우스를 이리저리 움직여도 배경화면이 망가지지 않아 매우 기쁘다. 하지만 마우스 커서를 움직이면 매우 느리고 화면이 깜빡이게 돼 버렸다. 사진으로는 알 수 없지만 이 문제는 다음 절에서 대응하겠다.

칼럼 9.1 스마트 포인터

스마트 포인터는 일반 포인터에 여러 기능을 추가한 포인터의 총칭이다. 일반 포인터는 다른 변수를 가리키는 기능이 있다. 물론 스마트 포인터도 다른 변수를 가리키는 기능은 기본으로 갖고 있지만 거기에 더해 스마트 포인터의 종류에 따라 변수가 불필요하게 됐을 때 자동적으로 제거하거나 같은 변수를 가리키는 포인터를 여러 개 만드는 등의 기능을 갖고 있다.

본문에서 나오는 std::shared_ptr은 가리키는 대상의 변수가 불필요하게 되면 자동적으로 제거할 수 있는 포인터다. 여기에는 참조 카운터라는 기술을 사용한다. std::shared_ptr은 그 내부에서 참조 카운터를 유지하고, 포인터가 복사될 때마다 참조 카운터를 증가시킨다.

역으로 포인터가 제거될 때는 참조 카운터를 줄여가고, 참조 카운터가 0이 되는 시점에서 가리키는 대상의 변수를 파기한다.

```
#include <iostream>
#include <memory>

struct A {
  A(int a, int b) : a{a}, b{b} {}
  int a, b;
};

void Test() {
  std::shared_ptr<A> p = std::make_shared<A>(3, 7); // 포인터를 생성
  (참조 카운트 = 1)
  {
    std::shared_ptr<A> p2 = p;                       // 포인터를 복사
    (참조 카운트 → 2)
    std::cout << p2->a << "," << p2->b << std::endl;
  }                                                  // 포인터 파기
    (참조 카운트 → 1)
  std::cout << p->a << "," << p->b << std::endl;
}
```

Test() 함수의 시작부에서 std::shared_ptr〈A〉의 인스턴스를 하나 생성한다. A 타입의 변수를 가리키는 스마트 포인터란 의미다. std::make_shared〈A〉()는 내부에서 new 연산자를 사용해 변수를 생성하고 받은 파라미터를 사용해 초기화한다. 그런 다음 생성한 변수에 대한 포인터를 반환한다. 일반 포인터를 사용한다면 A* p = new A(3, 7); 같이 된다. 블록 내부에서는 p를 복사해 p2를 생성하고 있다. std::shared_ptr의 복사 생성자는 참조 카운트를 1만큼 증가시키기 때문에 이 시점에서 p와 p2는 모두 참조 카운트 2를 가진 상태가 된다.

블록 마지막에서는 p2가 삭제된다. std::shared_ptr의 소멸자는 참조 카운트를 1만큼 감소시키기 때문에 이 시점에서 p와 p2의 참조 카운트는 모두 1이 된다. 아직 참조카운트가 0보다 크기 때문에 포인터가 가리키는 변수(new로 생성된 변수)는 삭제되지 않는다.

Test()의 마지막에서는 p가 삭제된다. 소멸자에 의해 p의 참조 카운트가 1이 줄어 0이 된다. 그렇게 되면 p가 가리키는 변수가 delete 연산자에 의해 파기된다.

스마트 포인터를 사용하면 적절히 변수의 생성과 삭제가 수행된다. 손으로 new/delete를 쓸 필요가 없게 돼 삭제를 잊어 버리거나 이미 삭제된 변수를 사용해 버리거나 여러 번 삭제하는 실수를 미연에 방지한다. 그런 이유로 MikanOS에서는 여러 곳에서 포인터를 복사할 가능성이 있는 윈도우를 스마트 포인터를 사용해 관리하기로 한 것이다.

9.4 중첩처리의 시간 측정(osbook_day09b)

마우스 커서를 움직이는 처리가 매우 느려진 것을 확인했다. 따라서 이 처리의 고속화를 목표로 삼고 다음 작업을 진행한다.

이 작업은 OS 자작에 국한된 이야기가 아니라서 무언가의 처리를 고속화(최적화)할 때는 개선작업의 효과를 확인할 수 있는 수치를 측정하기를 권한다. 측정은 자동이든 수동이든 좋지만 측정 없이 개선하려고 하면 효과를 잘 알 수 없으며, 결국 거의 좋아지지 않았는데 소스코드만 쓸데없이 복잡하게 돼 버리는 나쁜 결과를 초래할지도 모른다.

이 절에서는 마우스 커서의 이동 처리를 고속화하기 위해 처리에 걸리는 시간을 측정할 것이다. 시간측정에는 타이머를 사용한다. 타이머는 일반적으로 수치를 기억하기 위한 '카운터'라는 레지스터를 갖고 있으며 일정시간마다 카운터 수치를 늘리거나 줄여나간다. 처리의 전후에서 카운터 값을 읽고 그 차이를 계산하면 처리에 걸리는 시간을 알 수 있는 구조다.

여러 종류의 타이머가 PC에 탑재돼 있다. 이번에는 그중에서도 간단히 사용할 수 있는 Local APIC 타이머를 사용한다. Local APIC 타이머는 카운터 값을 초로 변환하는 것이 귀찮지만 이번에는 고속화의 정도를 측정하고 싶을 뿐이므로 초 단위로 변환시킬 필요는 없다.

리스트 9.25 Local APIC 타이머 조작용 함수(timer.cpp)

```
#include "timer.hpp"

namespace {
  const uint32_t kCountMax = 0xffffffffu;
```

```
  volatile uint32_t& lvt_timer = *reinterpret_cast<uint32_t*>(0xfee00320);
  volatile uint32_t& initial_count = *reinterpret_cast<uint32_t*>(0xfee00380);
  volatile uint32_t& current_count = *reinterpret_cast<uint32_t*>(0xfee00390);
  volatile uint32_t& divide_config = *reinterpret_cast<uint32_t*>(0xfee003e0);
}

void InitializeLAPICTimer() {
  divide_config = 0b1011; // divide 1:1
  lvt_timer = (0b001 << 16) | 32; // masked, one-shot
}

void StartLAPICTimer() {
  initial_count = kCountMax;
}

uint32_t LAPICTimerElapsed() {
  return kCountMax - current_count;
}

void StopLAPICTimer() {
  initial_count = 0;
}
```

리스트 9.25는 Local APIC 타이머를 조작하기 위한 함수를 정의한 timer.cpp 파일을 보여준다. 파일 시작부분에서는 하나의 상수와 Local APIC와 관련된 4개의 레지스터를 정의하고 있다. 레지스터의 의미를 표 9.1에 정리했다(참고문헌 3 Vol.3 '10.5.4 APIC Timer' 참조).

표 9.1 Local APIC 타이머 레지스터

레지스터명	메모리 어드레스	의미
LVT Timer	0xfee00320	인터럽트 발생방법의 설정 등
Initial Count	0xfee00380	카운터의 초기 값
Current Count	0xfee00390	카운터의 현재 값
Divide Configuration	0xfee003e0	카운터의 감소 스피드 설정

`InitializeLAPICTimer()`의 구현을 살펴보자. 이 함수는 타이머를 설정한다. Local APIC 타이머는 특정 주기의 클럭에 따라 카운터 값을 하나씩 줄인다. Local APIC 타이머에는

해당 클럭을 분주demultiply하는 회로가 있으며 `Divide Configuration` 레지스터에서 분주 비율을 설정할 수 있다. 분주란 클럭을 n분의 1로 하는 것이다. 분주회로 덕분에 카운터가 줄어드는 스피드를 억제해 오랜 기간 시간을 측정할 수 있게 된다.

표 9.2 Local APIC 타이머의 분주비 설정

Divide Configuration 비트 3,1,0	분주비
000	2
001	3
...	...
110	128
111	1

`Divide Configuration` 레지스터에 의한 분주비 설정을 표 9.2에서 보여준다. 분주비를 크게 할수록 카운터 감소는 느려지게 된다. 이번에는 짧은 시간 동안의 측정이라서 분주는 필요 없다고 판단해 `InitializeLAPICTimer()`에서는 분주비를 1로 설정한다(0b1011는 2진수 문법으로 비트 3, 1, 0이 1인 수치를 표시한다).

`LVT Timer`Local Vector Table Timer 레지스터 필드 구조를 표 9.3에 정리했다. 이 레지스터에서는 주로 인터럽트와 관련된 설정을 수행한다. Local APIC 타이머는 설정한 시간이 경과할 때 인터럽트를 발생시킬 수 있다. `LVT Timer` 레지스터에서는 인터럽트를 허용, 비허용과 인터럽트 벡터 번호를 설정할 수 있다. 이번에는 인터럽트를 사용하지 않기 때문에 Mask에 1을 설정해 인터럽트를 발생시키지 않게 해 둔다.

표 9.3 LVT Timer 레지스터 필드

비트 위치	필드명	의미
0:7	Vector	인터럽트 벡터 번호
12	Delivery Status	인터럽트의 delivery status(0 = idle, 1 = send pending)
16	Mask	인터럽트 마스크(1 = 인터럽트 비허용)
17:18	Timer Mode	타이머 동작 모드(0 = 단발, 1= 주기)

타이머의 동작 모드를 선택하는 것도 이 LVT Timer 레지스터다. 타이머 동작 모드는 다음 2가지를[6] 선택할 수 있다. 이번에는 한 번만 시간을 측정할 수 있으면 충분하기 때문에 단발 모드를 선택한다.

- 0: 단발oneshot 모드, 1회 타임아웃이 되면 타이머 동작을 종료한다.
- 1: 주기periodic 모드, 타임아웃 시에 초기 값을 다시 읽어서 동작을 계속한다.

단발 모드의 경우 Initial Count 레지스터에 값을 쓰는 것으로 Local APIC 타이머의 동작이 시작된다. 동작이 시작되면 우선 Initial Count 레지스터 값이 Current Count 레지스터로 복사되고, 그 후 1씩 값을 감소시켜 0에 도달하면 동작을 멈춘다. 이때 Mask=0이라면 Vector에 설정한 번호에 대응하는 인터럽트가 발생한다.

그러므로 Initial Count 레지스터에 큰 값을 써두고, 어떤 처리를 실행한 직후에 Current Count 레지스터 값을 읽으면 경과시간을 측정할 수 있다. StartLAPICTimer()에서는 가능한 긴 시간을 측정할 수 있도록 32비트 폭의 Initial Count 레지스터의 최대 값인 0xffffffff를 기록한다. 그리고 LAPICTimerElapsed()에서는 초기 값 0xffffffff와 현재 값의 차를 계산해 처리에 걸린 시간을 계산한다.

단발 모드에서도 주기 모드에서도 타이머의 동작 중에 Initial Count 레지스터에 0을 쓰면 타이머의 동작을 정지시킬 수 있다.

리스트 9.26 timer.hpp

```
#pragma once

#include <cstdint>

void InitializeLAPICTimer();
void StartLAPICTimer();
uint32_t LAPICTimerElapsed();
void StopLAPICTimer();
```

Local APIC 타이머의 조작용 함수를 다른 파일에서 호출할 수 있도록 헤더 파일도 만들었다(리스트 9.26).

6 CPUID.01H:ECX.TSC_Deadline이 1인 경우 Timer Mode=2로 해서 TSC 데드라인 모드를 선택할 수 있다(이 모드의 설명은 생략).

리스트 9.27 timer.hpp를 포함한다(main.cpp)

```
#include "timer.hpp"
```

이 함수를 사용해 마우스 커서의 이동 처리 시간을 측정해 보자 우선은 main.cpp에서 함수를 사용하기 위해 timer.hpp 파일을 인클루드한다(리스트 9.27).

리스트 9.28 Local APIC 타이머를 초기화한다(main.cpp)

```
printk("Welcome to MikanOS!\n");
SetLogLevel(kWarn);

InitializeLAPICTimer();
```

시간을 측정하기 전에 Local APIC 타이머 설정을 해야 한다. 리스트 9.28 같이 메인 함수 코드상에서 초기화 함수의 호출처리를 추가했다. 마우스를 활성화하기 전 단계라면 어디서든 초기화를 해도 문제가 없지만 타이머를 마우스 이외의 시간 측정에도 사용하고 싶을 수도 있으므로 빠른 단계에서 초기화하기로 했다.

리스트 9.29 마우스의 이동 처리 시간을 측정한다(main.cpp)

```
void MouseObserver(int8_t displacement_x, int8_t displacement_y) {
  layer_manager->MoveRelative(mouse_layer_id, {displacement_x, displacement_y});
  StartLAPICTimer();
  layer_manager->Draw();
  auto elapsed = LAPICTimerElapsed();
  StopLAPICTimer();
  printk("MouseObserver: elapsed = %u\n", elapsed);
}
```

초기화가 끝나면 이제 시간을 측정한다. 리스트 9.29에 시간을 측정하도록 수정한 MouseObserver()를 정리했다. 이번에 고속화하려고 생각하는 것은 마우스 이동에 따른 화면 다시 그리기 처리이므로 layer_manager->Draw()의 시간을 측정해 본다. 이 행의 직전에 타이머를 개시(StartLAPICTimer())하고 직후에 경과시간을 취득(LAPICTimerElapsed())한다. 마지막으로 처리에 걸린 시간을 표시한다.

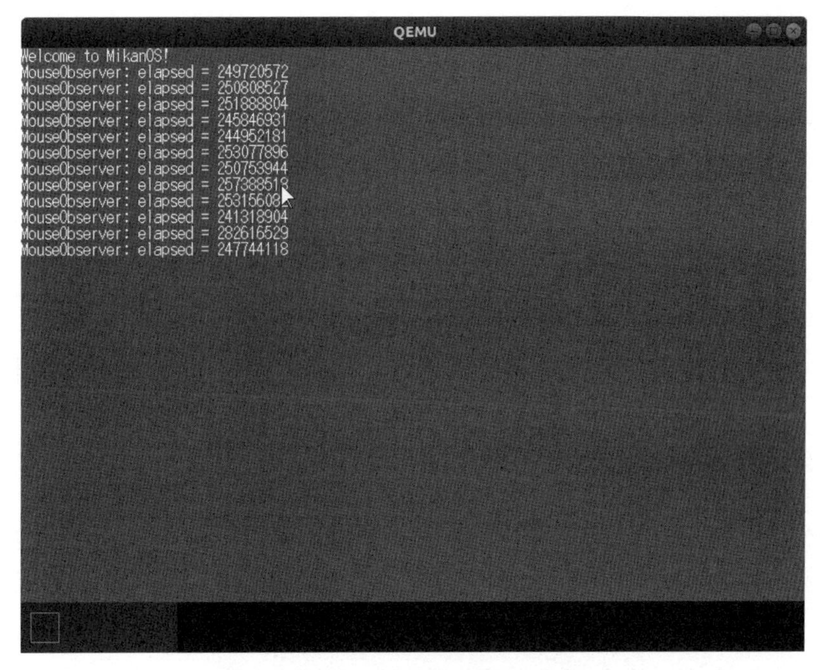

그림 9.11 마우스 커서의 이동시간을 측정하는 모습

그런데 제대로 시간을 측정할 수 있을까? 실행해서 확인해 보자(그림 9.11). 제대로 측정하고 있는 것 같다. 마우스를 움직일 때마다 대략 2.5억 정도의 수치가 표시된다. 단위는 모르겠지만 이 수치를 줄여 고속화하면 될 것이다. 수치는 실행하는 환경, 배터리 등이 전원에 연결돼 있는지 등의 여부, QEMU에서 실행하는 경우는 동시에 실행하고 있는 다른 소프트웨어의 부하 상황 등에 따라 변하므로 측정할 때는 가급적 환경을 정비하도록 하자.

9.5 중첩처리의 고속화(osbook_day09c)

마우스 커서의 이동 처리 시간을 측정할 수 있게 됐다. 이제 효과를 제대로 살펴보면서 고속화를 달성해 보겠다.

고속화를 위해 개조해야 할 위치를 찾기 위해 우선 마우스 커서의 이동 처리에서 실행되는 주요한 처리를 작성한다.

1. 마우스를 움직이면 xHC에 데이터가 도착, 최종적으로 MouseObserver()에 도달한다.
2. MouseObserver()는 마우스 레이어의 좌표를 갱신하고, LayerManager::Draw()를 호출한다.
3. LayerManager::Draw()는 가장 밑에 있는 레이어부터 차례로 Layer::DrawTo()를 호출한다.
4. Layer::DrawTo()는 Window::DrawTo()를 호출한다.
5. Window::DrawTo()는 투과색을 고려하면서 PixelWriter::Write()를 사용해 윈도우 내용을 렌더링한다.
6. PixelWriter::Write()는 지정된 색을 지정된 좌표로 그린다.

이 중에서 가장 시간이 걸리는 부분은 5번과 6번이다. PixelWriter::Write()가 윈도우의 픽셀 수만큼 반복해서 호출되기 때문이다. 가장 큰 윈도우인 '배경 윈도우'의 경우 화면 해상도가 1920×1080이라고 하면 약 207만 픽셀이 존재한다. 함수 호출 1회 시간은 그렇게 오래 걸리지는 않지만 그게 208만 회 반복된다면 상당한 시간이 될 것이다.

5번과 6번의 고속화 방침은 다음 두 가지를 생각할 수 있겠다.

- 윈도우 화면을 프레임 버퍼에 쓰는 처리의 고속화
- 기록해야 할 픽셀 수 줄이기

첫 번째는 매회 207만 픽셀을 프레임 버퍼에 쓰는 처리를 고속화한다. 207만 픽셀을 쓰는 것 자체는 변하지 않지만, 이 과정을 전체적으로 빠르게 한다. 두 번째는 애초에 프레임 버퍼로 전송하는 픽셀 수를 줄인다. 마우스를 이동할 때 갱신하는 화면 영역은 일부분이므로 다시 그리는 영역을 한정하면 다시 그리기가 빨라질 것이다. 우선 첫 번째 방법을 살펴본다.

PixelWriter::Write()의 역할을 떠올려 보자. 그 역할은 파라미터로 지정된 PixelColor 타입 값을 실제 프레임 버퍼의 데이터 형식으로 변환해서 프레임 버퍼로 기록하는 것이었다. 프레임 버퍼의 데이터 형식이 어떠하든 프로그래머는 PixelColor라는 공통 타입을 사용하면 문제없는 매우 편리한 구조다. 한편 일일이 데이터 형식의 변환을 하기 때문에 단순히 값을 메모리에 쓰는 것보다는 무거운 처리가 돼 버렸다.

그리기를 다시할 때마다 PixelWriter::Write()를 픽셀 수만큼 호출하는 것은 낭비다. 왜냐하면 마우스가 이동하는 동안 배경 윈도우나 마우스 윈도우 화면이 변화한다고는 볼 수 없기 때문이다. 지금은 마우스를 이동할 때마다 이동 처리 시간을 표시하므로 배경 윈도우의 내용은 변화하지만 그래도 배경전체에서 본다면 작은 부분이 변화할 뿐이다. 또한 시간 측정을 하지 않는 경우는 마우스를 움직이는 것만으로는 배경이 아무것도 변화하지 않는다. 그런데도 마우스를 조금 움직일 때마다 배경전체를 프레임 버퍼로 다시 쓰는 처리는 불필요한 작업이다. 지금의 렌더링 처리의 흐름을 도식화해서 나타내면 그림 9.12와 같다.

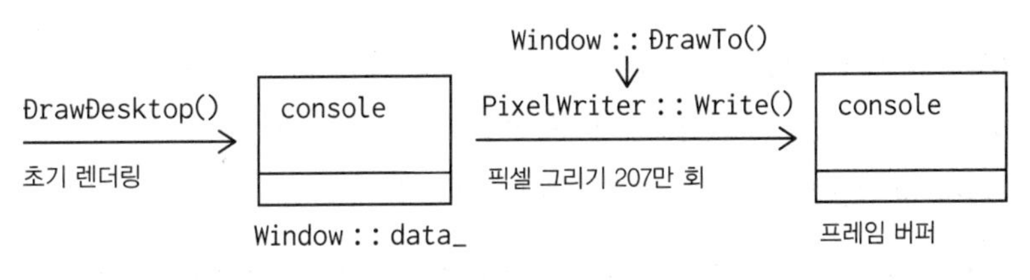

그림 9.12 윈도우를 프레임 버퍼로 렌더링하는 처리 흐름

PixelWriter::Write()를 매번 호출하지 않고, memcpy로 메모리 영역을 한번에 전송하고 싶다. Window::data_의 내용을 memcpy를 통해 직접 프레임 버퍼에 복사할 수 있다면 상당한 고속화를 달성할 수 있을 것이다. 왜냐하면 함수호출 횟수를 큰 폭으로 줄일 수 있으며, 일반적으로 memcpy는 고도로 최적화된 복사 명령을 사용해 매우 빠르기 때문이다. 하지만 Window::data_는 PixelColor 타입의 배열이므로 그것을 프레임 버퍼에 그대로 전송할 수는 없다. 우연히 프레임 버퍼의 데이터 형식이 PixelColor와 같은 메모리 배열이라면 가능하지만 어느 기종도 그렇지는 않다.

고속화 방법으로 그림 9.13 같은 섀도우 버퍼라는 것을 생각해 봤다. 섀도우 버퍼는 화면의 크기가 Window::data_와 같지만 픽셀 데이터 형식은 프레임 버퍼에 맞춘 메모리 영역이다. 프로그램으로부터는 그 존재가 드러나지 않기 때문에 섀도우(shadow=그림자) 버퍼라고 이름 붙였다. 프로그램이 Window::data_로 픽셀을 쓸 때 자동적으로 섀도우 버퍼에도 데이터 형식을 변환해서 쓴다.

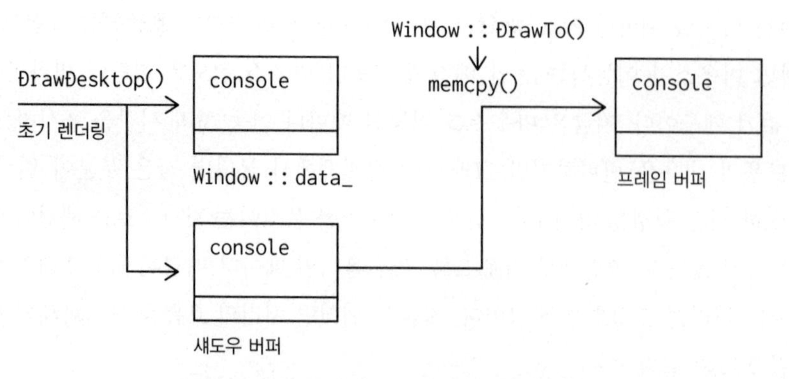

그림 9.13 섀도우 버퍼를 사용한 렌더링 처리의 흐름

섀도우 버퍼의 데이터 형식은 프레임 버퍼에 맞췄기 때문에 화면을 다시 그릴 때에는 섀도우 버퍼의 내용을 memcpy에서 프레임 버퍼로 복사할 수 있다. 이것으로 매회 PixelWriter::Write()를 호출할 필요가 없어졌다.

이 방식의 단점은 섀도우 버퍼분의 메모리 영역이 필요하다는 것이다. 프레임 버퍼의 픽셀이 4바이트라고 한다면 1920×1080의 섀도우 버퍼는 약 8MiB이다. 최근의 PC는 수 GB 이상의 메인 메모리를 탑재하고 있기 때문에 고속화를 위해서라면 이 정도의 메모리는 아깝지 않다고 필자는 판단했다.

리스트 9.30 Window 클래스에 섀도우 버퍼를 추가한다(window.hpp)

```
private:
  int width_, height_;
  std::vector<std::vector<PixelColor>> data_{};
  WindowWriter writer_{*this};
  std::optional<PixelColor> transparent_color_{std::nullopt};

  FrameBuffer shadow_buffer_{};
```

리스트 9.30 같이 Window 클래스에 섀도우 버퍼를 추가했다. FrameBuffer의 구현은 나중에 보기로 하고 우선은 이 클래스의 사용법을 살펴보겠다.

리스트 9.31 섀도우 버퍼의 초기화(window.cpp)

```
Window::Window(int width, int height, PixelFormat shadow_format) : width_{width},
height_
```

```
{height} {
  data_.resize(height);
  for (int y = 0; y < height; ++y) {
    data_[y].resize(width);
  }

  FrameBufferConfig config{};
  config.frame_buffer = nullptr;
  config.horizontal_resolution = width;
  config.vertical_resolution = height;
  config.pixel_format = shadow_format;

  if (auto err = shadow_buffer_.Initialize(config)) {
    Log(kError, "failed to initialize shadow buffer: %s at %s:%d\n",
        err.Name(), err.File(), err.Line());
  }
}
```

리스트 9.31에 섀도우 버퍼를 초기화하는 처리를 작성했다. Window 클래스를 생성할 때 자동적으로 섀도우 버퍼를 초기화한다. 섀도우 버퍼에는 화면의 크기와 픽셀의 데이터 형식을 전달할 필요가 있어 FrameBufferConfig 구조체를 사용한다. config.frame_buffer에 nullptr을 넣어 두고, shadow_buffer_.Initialize가 내부에서 자동적으로 메모리 영역을 확보하는 구조로 만들었다.

shadow_buffer_.Initialize()가 오류를 반환할 시에 로그를 출력하는 부분이 이상하게 보일지도 모르겠다. OS를 빌드할 때는 C++의 **예외** 기능을 비활성화해야 하므로 Window 클래스의 생성자에서 호출자에게 오류를 반환할 방법이 없다. 그래서 오류를 보고하는 방법이 로그를 출력하는 정도밖에 없다. 일반적인 함수 호출이면 오류를 반환 값으로 돌려줄 수 있지만 생성자에는 반환 값이 없기 때문이다. 그래서 여기서는 로그를 사용해서 오류를 남기도록 했다.[7]

리스트 9.32 Write() 메소드는 섀도우 버퍼에도 기록한다(window.cpp)

```
const PixelColor& Window::At(Vector2D<int> pos) const{
  return data_[pos.y][pos.x];
```

7 C++ OS에서 예외 처리 기능을 추가하려면 많은 작업이 필요하다. 또한 예외 처리 기능은 컴파일러에 종속된 부분이 많기 때문에 구현하기가 쉽지 않다. 그래서 일반적으로는 C++로 운영체제를 개발할 때는 RTTI와 더불어 예외 처리 기능은 비활성화해서 개발한다. – 옮긴이

```
}

void Window::Write(Vector2D<int> pos, PixelColor c) {
  data_[pos.y][pos.x] = c;
  shadow_buffer_.Writer().Write(pos, c);
}
```

데스크톱이나 마우스 커서의 그림을 Window에 그릴 때 지금까지는 Window::data_에만 그리면 됐지만 이제는 섀도우 버퍼에도 같은 내용을 그려야 한다. 그래서 리스트 9.32 같이 Write() 메소드를 새롭게 만들었다. 지금까지는 window_.At(x, y) = c;처럼 const 버전이 아닌 At() 메소드의 반환 값에 대입하는 방법으로 픽셀을 그렸지만 그렇게 하면 Window::data_에 그리는 것과 동시에 **자동적**으로 Window::shadow_buffer_에도 그린다는 동작을 구현할 수 없다.

리스트 9.33 WindowWriter는 새롭게 구현한 Write()로 픽셀을 그린다(window.hpp)

```
  /** @brief 지정된 위치에 지정된 색상을 그린다. */
  virtual void Write(Vector2D<int> pos, const PixelColor& c) override {
    window_.Write(pos, c);
  }
```

리스트 9.33은 새롭게 설계한 Write()를 사용하도록 수정한 WindowWriter의 구현을 보여준다. PixelWriter::Write()가 Window::Write()를 같은 파라미터로 호출하니 어쩐지 쓸데없는 느낌이 든다. 이런 코드를 작성한다면 Window 클래스 자체를 PixelWriter로 사용하는 편이 좋을지도 모른다. 이 부분의 수정은 독자 여러분에게 맡기겠다.

리스트 9.34 DrawTo()는 윈도우의 내용을 지정된 프레임 버퍼에 전송한다(window.cpp)

```
void Window::DrawTo(FrameBuffer& dst, Vector2D<int> position) {
  if (!transparent_color_) {
    dst.Copy(position, shadow_buffer_);
    return;
  }

  const auto tc = transparent_color_.value();
  auto& writer = dst.Writer();
  for (int y = 0; y < Height(); ++y) {
    for (int x = 0; x < Width(); ++x) {
```

```
      const auto c = At(Vector2D<int>{x, y});
      if (c != tc) {
        writer.Write(position + Vector2D<int>{x, y}, c);
      }
    }
  }
}
```

리스트 9.34는 개조한 DrawTo() 메소드의 구현을 나타낸다. 개조한 부분은 투과색이 설정돼 있지 않은 경우의 처리다. 투과색이 없는 경우는 섀도우 버퍼의 내용을 단순히 목적 프레임 버퍼로 복사만 하면 된다. 투과색이 설정돼 있는 경우는 섀도우 버퍼를 복사해 버리면 투과색도 함께 복사돼 투명하지 않게 된다. 이 경우는 어쩔 수 없기 때문에 꾸준히 writer.Write()를 호출해 렌더링한다. 지금 시점에서 투과색을 사용하는 윈도우는 마우스 커서뿐이며, 면적이 매우 작아서 큰 영향은 없을 것이다.

리스트 9.35 섀도우 버퍼를 구현하는 FrameBuffer 클래스(frame_buffer.hpp)

```
#pragma once

#include <vector>
#include <memory>

#include "frame_buffer_config.hpp"
#include "graphics.hpp"
#include "error.hpp"

class FrameBuffer {
 public:
  Error Initialize(const FrameBufferConfig& config);
  Error Copy(Vector2D<int> pos, const FrameBuffer& src);

  FrameBufferWriter& Writer() { return *writer_; }

 private:
  FrameBufferConfig config_{};
  std::vector<uint8_t> buffer_{};
  std::unique_ptr<FrameBufferWriter> writer_{};
};

int BitsPerPixel(PixelFormat format);
```

섀도우 버퍼를 사용하는 쪽을 완성했으므로 이제는 섀도우 버퍼 클래스 FrameBuffer를 구현해 보자. 우선은 작성할 클래스의 전체상을 리스트 9.35에 정의했다.

'프레임 버퍼'라고 하면 보통은 디스플레이와 연결된(거기에 그린 내용이 디스플레이에 표시되는 특징을 가진) 메모리 영역을 의미하는데, VRAM^Video RAM^이라 부르기도 한다. 이에 비해 섀도우 버퍼는 단순한 메모리 영역이며 거기에 그린 그림은 자동적으로 디스플레이에 표시되지 않지만 일부러 FrameBuffer란 이름을 붙였다. 그 이유는 프레임 버퍼와 같은 화면 사이즈를 가지며 프레임 버퍼와 동일한 픽셀 데이터 형식으로 결정된 메모리 영역을 표현하고 싶었기 때문이다.

FrameBuffer 클래스의 멤버 변수를 소개하겠다. config_는 렌더링 영역의 가로 세로 사이즈, 픽셀 데이터 형식 등 렌더링 영역에 관련한 구성정보를 가진다. buffer_는 픽셀의 배열로 렌더링 영역의 본체다. Window::data_가 PixelColor의 배열인 것과는 달리 buffer_는 uint8_t의 배열이다. 픽셀의 데이터 형식은 기종에 따라 다양하므로 무엇이든지 저장할 수 있는 타입으로 해둘 필요가 있다. writer_는 이 렌더링 영역과 관련 있는 PixelWriter의 인스턴스를 저장한다. std::shared_ptr이 아니고 std::unique_ptr을 사용하는 이유는 writer_가 가리키는 인스턴스 소유권이 FrameBuffer에 있기 때문이다.

지금부터 각 메소드를 구현해 보겠다.

리스트 9.36 Initialize()는 지정된 설정으로 버퍼를 유지한다(frame_buffer.cpp)

```
Error FrameBuffer::Initialize(const FrameBufferConfig& config) {
  config_ = config;

  const auto bits_per_pixel = BitsPerPixel(config_.pixel_format);
  if (bits_per_pixel <= 0) {
    return MAKE_ERROR(Error::kUnknownPixelFormat);
  }

  if (config_.frame_buffer) {
    buffer_.resize(0);
  } else {
    buffer_.resize(
        ((bits_per_pixel + 7) / 8)
        * config_.horizontal_resolution * config_.vertical_resolution);
    config_.frame_buffer = buffer_.data();
    config_.pixels_per_scan_line = config_.horizontal_resolution;
```

```
  }

  switch (config_.pixel_format) {
    case kPixelRGBResv8BitPerColor:
      writer_ = std::make_unique<RGBResv8BitPerColorPixelWriter>(config_);
      break;
    case kPixelBGRResv8BitPerColor:
      writer_ = std::make_unique<BGRResv8BitPerColorPixelWriter>(config_);
      break;
    default:
      return MAKE_ERROR(Error::kUnknownPixelFormat);
  }

  return MAKE_ERROR(Error::kSuccess);
}
```

리스트 9.36은 초기화 메소드 `Initialize()`를 보여준다. 이 메소드는 파라미터 `config` 설정에 따라 화면 영역을 준비한다. 메소드의 시작에서는 1픽셀이 차지하는 비트 수를 `BitsPerPixel()`을 사용해 계산한다.[8] 지금 시점에서는 있을 수 없지만 `BitsPerPixel()`은 대응하지 못하는 데이터 형식의 경우에 오류를 반환하도록 돼 있다.

리스트 9.37 BitsPerPixel()은 1픽셀의 비트 수를 반환한다(frame_buffer.cpp)

```
int BitsPerPixel(PixelFormat format) {
  switch (format) {
    case kPixelRGBResv8BitPerColor: return 32;
    case kPixelBGRResv8BitPerColor: return 32;
  }
  return -1;
}
```

참고로 리스트 9.37에서 `BitsPerPixel()`의 구현을 소개한다. 지금은 2종류만 데이터 형식을 정의하고 있기 때문에 별로 의미가 없는 구현이다.

1픽셀당 비트 수를 취득한 후에는 `config_.frame_buffer`가 `nullptr`인지 여부에 따라 처리를 나눈다. 특별한 경우를 제외하고 `config_.frame_buffer`는 `nullptr`로 돼 있어서

8 현재는 픽셀 형식이 모두 32비트이므로 일부러 계산할 필요는 없다. 기종이나 설정에 따라서는 비트 수가 변경될 가능성이 있음을 명시하기 위해 함수에서 계산하고 있다.

else 절이 대부분 실행될 것이다. else 절에서는 동적으로 메모리 영역을 할당한다. 계산으로 얻은 비트 수를 사용해 렌더링 영역에 필요한 바이트 수, 즉 '1픽셀의 바이트 수×가로 사이즈×세로 사이즈'를 요청한다. buffer_.resize() 메소드에 요소 수를 지정하면 그 요소 수를 저장하는데 충분한 크기까지 배열이 확대된다.[9] 동적으로 할당한 메모리 영역 선두 포인터를 config_.frame_buffer에 설정해 둔다.

config_.frame_buffer가 nullptr이 아닌 경우, 즉 어떠한 포인터가 설정돼 있는 경우는 해당 포인터가 가리키는 메모리 영역을 렌더링 영역으로 해서 사용한다. UEFI에서 취득한 프레임 버퍼(최초의 프레임 버퍼)를 FrameBuffer 클래스로 다룰 수 있도록 고안한 것이다. 이 경우에는 동적인 메모리 확보는 불필요하므로 buffer_.resize(0)로 해서 내부 버퍼를 0개의 요소로 축소한다.

Initialize() 메소드 후반부에서는 writer_의 설정을 수행한다. config_.pixel_format에 따라 적절한 PixelWriter를 생성해 writer_에 설정한다. 덧붙여 std::make_unique는 초기화가 끝난 std::unique_ptr을 생성하기 위한 함수이며 다음 두 줄은 같은 의미가 된다.

```
std::unique_ptr<A>(new A(config_))
std::make_unique<A>(config_)
```

리스트 9.38 Copy()는 지정된 버퍼를 자신의 버퍼로 복사한다(frame_buffer.cpp)

```
Error FrameBuffer::Copy(Vector2D<int> pos, const FrameBuffer& src) {
  if (config_.pixel_format != src.config_.pixel_format) {
    return MAKE_ERROR(Error::kUnknownPixelFormat);
  }

  const auto bits_per_pixel = BitsPerPixel(config_.pixel_format);
  if (bits_per_pixel <= 0) {
    return MAKE_ERROR(Error::kUnknownPixelFormat);
  }
  const auto dst_width = config_.horizontal_resolution;
  const auto dst_height = config_.vertical_resolution;
  const auto src_width = src.config_.horizontal_resolution;
```

9 std::vector::resize()는 new 연산자를 사용해 메모리를 할당한다. 좀 전에 구현한 sbrk 덕분이다.

```
  const auto src_height = src.config_.vertical_resolution;

  const int copy_start_dst_x = std::max(pos.x, 0);
  const int copy_start_dst_y = std::max(pos.y, 0);
  const int copy_end_dst_x = std::min(pos.x + src_width, dst_width);
  const int copy_end_dst_y = std::min(pos.y + src_height, dst_height);

  const auto bytes_per_pixel = (bits_per_pixel + 7) / 8;
  const auto bytes_per_copy_line =
    bytes_per_pixel * (copy_end_dst_x - copy_start_dst_x);

  uint8_t* dst_buf = config_.frame_buffer + bytes_per_pixel *
    (config_.pixels_per_scan_line * copy_start_dst_y + copy_start_dst_x);
  const uint8_t* src_buf = src.config_.frame_buffer;

  for (int dy = 0; dy < copy_end_dst_y - copy_start_dst_y; ++dy) {
    memcpy(dst_buf, src_buf, bytes_per_copy_line);
    dst_buf += bytes_per_pixel * config_.pixels_per_scan_line;
    src_buf += bytes_per_pixel * src.config_.pixels_per_scan_line;
  }

  return MAKE_ERROR(Error::kSuccess);
}
```

리스트 9.38은 FrameBuffer 클래스의 가장 주요한 기능인 버퍼 간 복사를 하기 위한 Copy() 메소드를 보여준다. PixelWriter()에서 1픽셀마다 데이터 변환을 반복하지 않고 버퍼를 memcpy로 렌더링하기 위한 핵심 메소드가 이 Copy()다. 이 메소드는 그림 9.14에서 보는 것처럼 파라미터 src로 지정된 버퍼의 내용을 파라미터 pos에서 지정된 위치로 복사한다.

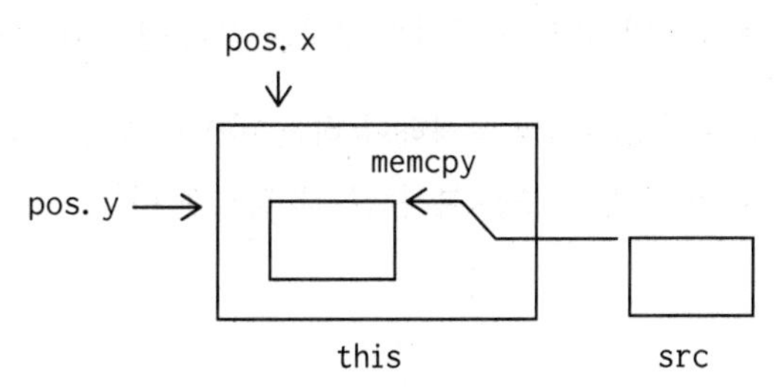

그림 9.14 FrameBuffer::Copy()의 동작 모습

조금 길긴 하지만 위에서부터 살펴보겠다.

메소드의 시작 부분에서는 복사 대상(src)과 복사 목적지(this)의 픽셀 데이터 형식이 같은지를 조사한다. 데이터 형식이 다른 버퍼를 memcpy해 버리면 색이 변화해 버리기 때문에 금지한다.

다음으로 1 픽셀당 비트 수를 계산하는 부분은 Initialize()와 같다.

그 다음에 네 줄의 변수 정의가 있는데, 다양한 값을 dst_width 등의 짧은 이름 변수로 설정하고 있다. 변수 이름을 짧게 설정한 이유는 후반부의 프로그램을 읽기 쉽도록 하기 위해서다.

그 다음 네 줄에서는 copy_start_dst_x 등의 변수를 정의하고 있는데 조금 난해할지도 모르겠다. 이 4행은 pos에서 지정한 위치가 범위를 벗어나거나 src의 사이즈가 커서 범위를 초과하는 경우에 대응하기 위한 계산이다.

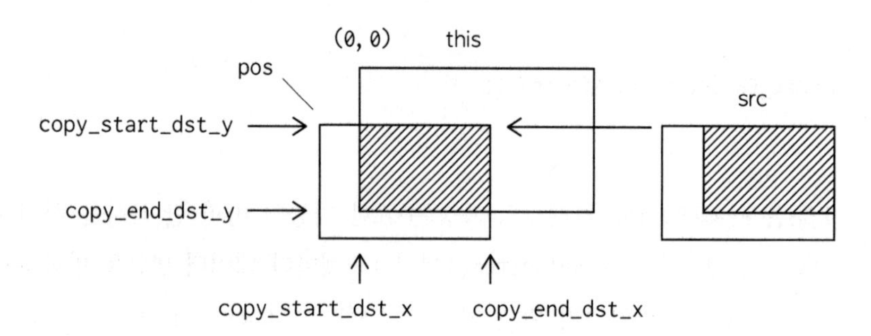

그림 9.15 FrameBuffer::Copy()에서 범위를 벗어나는 경우의 동작

pos.x가 범위 밖에 있는 패턴을 그림 9.15에서 보여준다. 이 경우 복사해야 하는 것은 그림에서 사선으로 표시한 범위다. 그 범위를 구하는 것이 앞의 네 줄에 나온 계산이다.

bytes_per_copy_line 변수는 1회당 복사해야 하는 바이트 수를 나타낸다. 그림 9.15에서 말한다면 사선 부분의 가로 한 줄을 복사하는데 필요한 바이트 수라고 말할 수 있다.

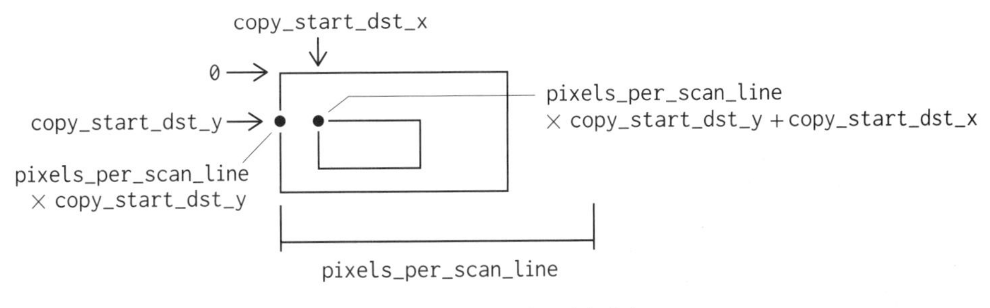

그림 9.16 dst_buf의 초기화 의미

dst_buf 변수의 초기 값은 복사 목적지 어드레스가 된다(그림 9.16). 상당히 복잡한 식이지만 실은 '4.2 픽셀을 자유자재로 그리기'에서도 같은 계산이 등장했었다. '여백을 포함한 가로방향의 픽셀 수×y + x'라는 식이다. y=copy_start_dst_y, x=copy_start_dst_x로 하면 괄호 안은 이 식과 같다. 여기에 1픽셀당 바이트 수를 곱하고 선두 어드레스 config_.frame_buffer를 더하면 그게 구하고 싶었던 어드레스가 된다.

src_buf 변수의 초기 값은 복사할 데이터의 어드레스다. 이 부분은 간단하다.

마지막에 있는 for 문에서 마침내 데이터 복사를 수행한다. src_buf에서 dst_buf로의 복사를 행 수만큼 반복한다. 복사할 때마다 src_buf와 dst_buf를 1행만큼 증가시키고 다음 복사를 준비한다.

리스트 9.39 LayerManager가 FrameBuffer를 사용하도록 변경(layer.hpp)

```
private:
  FrameBuffer* screen_{nullptr};
  std::vector<std::unique_ptr<Layer>> layers_{};
  std::vector<Layer*> layer_stack_{};
  unsigned int latest_id_{0};
```

리스트 9.39에서는 LayerManager의 주요한 개조 부분을 소개한다. 지금까지는 PixelWriter* writer_{nullptr};이었던 것을 FrameBuffer* screen_{nullptr};로 변경했다. 회면 렌더링에 FrameBuffer를 사용한다는 뜻이다. 이에 수반해 몇 가지 PixelWriter를 사용한 부분을 FrameBuffer를 사용하도록 고쳐 썼다.

리스트 9.40 실제 프레임 버퍼를 나타내는 FrameBuffer의 인스턴스를 생성(main.cpp)

```
FrameBuffer screen;
if (auto err = screen.Initialize(frame_buffer_config)) {
  Log(kError, "failed to initialize frame buffer: %s at %s:%d\n",
      err.Name(), err.File(), err.Line());
}

layer_manager = new LayerManager;
layer_manager->SetWriter(&screen);
```

메인 함수 내에서는 리스트 9.14 같이 `FrameBuffer`의 인스턴스를 만들고 있다 이 `Initialize()`에 전달하는 `frame_buffer_config`은 실제 디스플레이에 연결된 프레임 버퍼를 나타내는 구조체다. `frame_buffer_config.frame_buffer`에는 프레임 버퍼로의 선두 어드레스가 설정돼 있다. 그렇다. 여기가 `Initialize()` 메소드 내부의 if 문(`config_.frame_buffer`)이 참이 되는 유일한 경우다.

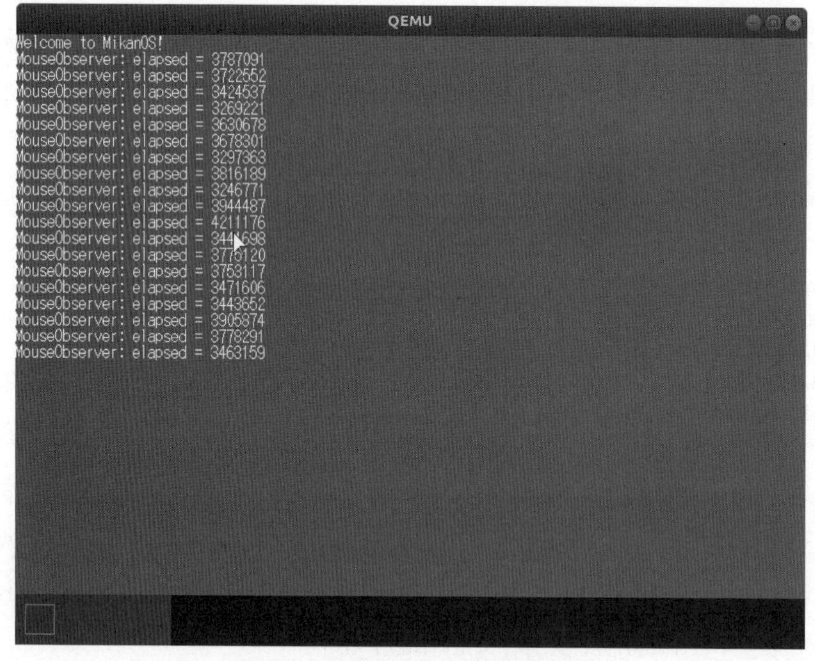

그림 9.17 memcpy판 마우스 커서의 이동 시간

수정이 끝났으니 마우스를 움직여 시간을 측정해 본다(그림 9.17). 대략 370만 정도의 값으로 돼 있다. 수정 전이 2.5억 정도였으므로 약 67배의 고속화를 달성했다. 정말 대단하다!

9.6 스크롤 처리의 시간측정(osbook_day09d)

고속화는 올바른 측정에서부터 시작되므로 콘솔의 스크롤 처리에 걸리는 시간을 측정한다. 리스트 9.41 같이 printk 내부에 시간 측정 프로그램을 추가하고, 1행을 표시하는데 걸리는 시간을 측정해 보자.

리스트 9.41 1행의 표시에 걸리는 시간을 측정한다(main.cpp)

```
int printk(const char* format, ...) {
  va_list ap;
  int result;
  char s[1024];

  va_start(ap, format);
  result = vsprintf(s, format, ap);
  va_end(ap);

  StartLAPICTimer();
  console->PutString(s);
  auto elapsed = LAPICTimerElapsed();
  StopLAPICTimer();

  sprintf(s, "[%9d]", elapsed);
  console->PutString(s);
  return result;
}
```

실제로 측정한 결과(그림 9.18) 역시 스크롤 처리가 발생하면 처리시간이 증가한다. 스크롤이 발생하지 않을 때는 300만 정도, 스크롤이 발생하면 1억 정도가 된다. 33배 정도 느려지는 것 같다.

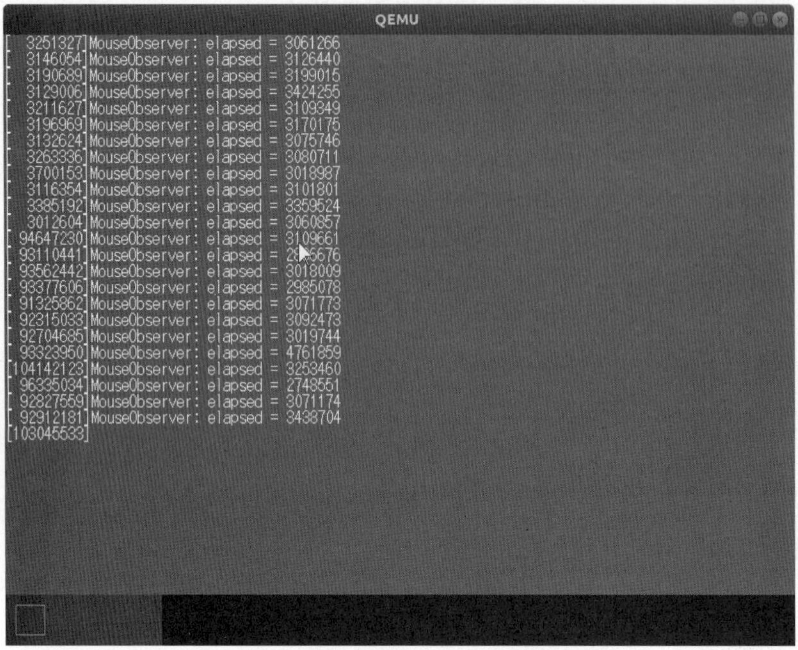

그림 9.18 스크롤이 발생하면 처리시간이 증가한다.

9.7 스크롤 처리의 고속화(osbook_day09e)

스크롤 처리에 시간이 걸리는 이유를 생각해 보자. 스크롤 처리를 담당하는 `Console::Newline()`의 처리를 리스트 9.42에 다시 나타냈다. 이 소스코드가 처음 나온 곳은 리스트 5.16이다.

리스트 9.42 줄바꿈 처리를 수행하는 Newline()의 정의(수정 전)

```
void Console::Newline() {
  cursor_column_ = 0;
  if (cursor_row_ < kRows - 1) {
    ++cursor_row_;
  } else {
    for (int y = 0; y < 16 * kRows; ++y) {
      for (int x = 0; x < 8 * kColumns; ++x) {
        writer_.Write(x, y, bg_color_);
      }
```

```
    }
    for (int row = 0; row < kRows - 1; ++row) {
      memcpy(buffer_[row], buffer_[row + 1], kColumns + 1);
      WriteString(writer_, 0, 16 * row, buffer_[row], fg_color_);
    }
    memset(buffer_[kRows - 1], 0, kColumns + 1);
  }
}
```

스크롤 처리가 발생하는 곳은 if 문이 거짓이 될 때(cursor_row_가 마지막 줄에 도달했을 때)다. if 문이 거짓이 될 때의 처리에서는 우선 콘솔 전체를 배경색으로 칠하고 있다. 색칠하는 작업은 콘솔의 크기만큼 writer_.Write()를 호출하고 있는데, 아마도 이 부분이 느릴 것이다. 화면을 다시 그리기에서도 PixelWriter::Write()를 호출하는 것이 느려지는 원인이었다. WriteString()도 내부에서 PixelWriter::Write()를 사용해 폰트 렌더링을 수행하므로 이 부분이 느려지는 원인일 가능성이 매우 높다.

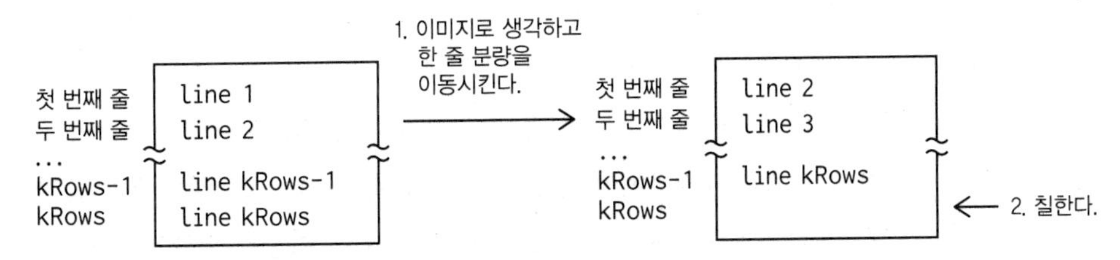

그림 9.19 프레임 버퍼의 픽셀 이동을 사용한 스크롤 처리의 상상도

스크롤 처리를 고속화하기 위해 필자가 생각한 방법은 프레임 버퍼 내에서의 픽셀 이동을 사용한 방법이었다. 스크롤 처리는 지금 시점에서는 "콘솔 전체를 색칠하고, 첫 번째 줄부터 kRows-1 줄까지의 문자열을 다시 그린다."는 방법이었다. 이것을 "두 번째 줄부터 마지막 줄까지를 **이미지로 생각해** 한 줄 분량을 이동시키고, 마지막 줄만 배경색으로 칠해 문자열을 렌더링한다."는 방법으로 바꿀 것이다(그림 9.19). 이것으로 PixelWriter::Write()의 호출 횟수를 크게 줄일 수 있을 것이다.

리스트 9.43 콘솔의 줄바꿈에 Window::Move()를 사용한다(console.cpp)

```
void Console::Newline() {
  cursor_column_ = 0;
```

```
  if (cursor_row_ < kRows - 1) {
    ++cursor_row_;
    return;
  }

  if (window_) {
    Rectangle<int> move_src{{0, 16}, {8 * kColumns, 16 * (kRows - 1)}};
    window_->Move({0, 0}, move_src);
    FillRectangle(*writer_, {0, 16 * (kRows - 1)}, {8 * kColumns, 16}, bg_color_);
  } else {
    FillRectangle(*writer_, {0, 0}, {8 * kColumns, 16 * kRows}, bg_color_);
    for (int row = 0; row < kRows - 1; ++row) {
      memcpy(buffer_[row], buffer_[row + 1], kColumns + 1);
      WriteString(*writer_, Vector2D<int>{0, 16 * row}, buffer_[row], fg_color_);
    }
    memset(buffer_[kRows - 1], 0, kColumns + 1);
  }
}
```

리스트 9.43은 픽셀 이동(Window::Move())을 사용한 스크롤 처리의 구현을 보여준다. 픽셀 이동 메소드는 이후에 구현하겠지만 일단 사양은 Window::Move(이동될 좌표, 이동시킬 사각형)로 작성하고, 이동시킬 사각형으로 지정한 직사각형을 지정한 좌표로 이동하는 것으로 한다. 콘솔을 스크롤하려면 2번째 줄부터 마지막 줄까지의 직사각형 영역을 한 줄 위로 이동시키면 되며, 이동시킬 원본의 기준좌표가 (0, 16), 이동될 좌표가 (0,0), 직사각형 크기가 (8*kColumns, 16*(kRows - 1))이라고 보면 된다. 이동시키고 비게 된 마지막 줄은 FillRectangle()로 채워둔다.

Rectangle 클래스는 graphics.hpp에 새롭게 만든 타입으로, 하나의 사각형(직사각형)을 나타낸다. 왼쪽 상단의 좌표(Vector2D pos)와 가로 세로의 크기(Vector2D size)를 갖고 있다.

픽셀 이동에 따른 스크롤 처리가 가능해지면 이제 문자열을 저장하기 위한 buffer_는 필요 없다. 그래서 스크롤 시에 buffer_의 1행 이동 처리를 없앴다. 또한 소스코드는 게재하지 않았지만 이 수정에 맞춰 Console 클래스의 멤버 변수로 std::shared_ptr<Window> window_;를 추가했다.

리스트 9.44 SetWindow()의 구현(console.cpp)

```
void Console::SetWindow(const std::shared_ptr<Window>& window) {
  if (window == window_) {
    return;
}
  window_ = window;
  writer_ = window->Writer();
  Refresh();
}
```

콘솔이 PixelWriter 대신에 Window를 사용하게 되는 타이밍에 적절히 전환 가능하도록 SetWindow() 메소드를 만들었다(리스트 9.44). 특별히 어려운 부분은 없다고 생각한다. 마지막에 Refresh()를 호출해 콘솔 전체를 다시 그리는 것이 포인트다.

리스트 9.45 화면 내 이동 처리는 섀도우 버퍼에 위임한다(window.cpp)

```
void Window::Move(Vector2D<int> dst_pos, const Rectangle<int>& src) {
  shadow_buffer_.Move(dst_pos, src);
}
```

리스트 9.45은 이 절의 핵심 주제인 Window::Move()의 구현을 보여준다. 그렇다고는 하지만 FrameBuffer::Move()에 처리를 위임하는 코드뿐이다.

리스트 9.46 지정된 범위를 이동시킨다(frame_buffer.cpp)

```
void FrameBuffer::Move(Vector2D<int> dst_pos, const Rectangle<int>& src) {
  const auto bytes_per_pixel = BytesPerPixel(config_.pixel_format);
  const auto bytes_per_scan_line = BytesPerScanLine(config_);

  if (dst_pos.y < src.pos.y) { // move up
    uint8_t* dst_buf = FrameAddrAt(dst_pos, config_);
    const uint8_t* src_buf = FrameAddrAt(src.pos, config_);
    for (int y = 0; y < src.size.y; ++y) {
      memcpy(dst_buf, src_buf, bytes_per_pixel * src.size.x);
      dst_buf += bytes_per_scan_line;
      src_buf += bytes_per_scan_line;
    }
  } else { // move down
    uint8_t* dst_buf = FrameAddrAt(dst_pos + Vector2D<int>{0, src.size.y - 1},
    config_);
```

```
    const uint8_t* src_buf = FrameAddrAt(src.pos + Vector2D<int>{0, src.size.y - 1},
                                         config_);
    for (int y = 0; y < src.size.y; ++y) {
      memcpy(dst_buf, src_buf, bytes_per_pixel * src.size.x);
      dst_buf -= bytes_per_scan_line;
      src_buf -= bytes_per_scan_line;
    }
  }
}
```

리스트 9.46은 FrameBuffer::Move()의 본체다. 이 메소드에서는 이동 방향이 위 또는 아래인지에 따라 처리를 나누고 있다. 이동할 때는 가로 방향의 한 줄씩 픽셀 복사를 해가기 때문에 이동시키는 원본 데이터를 덮어 씌우지 않도록 상황을 나눌 필요가 있다.

리스트 9.47 유틸리티 함수(frame_buffer.cpp)

```
namespace {
  int BytesPerPixel(PixelFormat format) {
    switch (format) {
      case kPixelRGBResv8BitPerColor: return 4;
      case kPixelBGRResv8BitPerColor: return 4;
    }
    return -1;
}

  uint8_t* FrameAddrAt(Vector2D<int> pos, const FrameBufferConfig& config) {
    return config.frame_buffer + BytesPerPixel(config.pixel_format) *
      (config.pixels_per_scan_line * pos.y + pos.x);
  }

  int BytesPerScanLine(const FrameBufferConfig& config) {
    return BytesPerPixel(config.pixel_format) * config.pixels_per_scan_line;
  }

  Vector2D<int> FrameBufferSize(const FrameBufferConfig& config) {
    return {static_cast<int>(config.horizontal_resolution),
            static_cast<int>(config.vertical_resolution)};
  }
}
```

이동 처리는 memcpy를 사용하고 있으며, 기타 몇 개의 편리한 유틸리티 함수를 정의해 사용하고 있다. 주요한 유틸리티 함수의 정의를 리스트 9.47에 정리했다. BytesPerPixel()은 1픽셀당 바이트 수를 구하는 함수다. 지금까지 BitsPerPixel()을 사용했지만 바이트 단위로 값을 구하는 것이 편리하므로 다시 만들었다. FrameAddrAt()은 지정된 좌표에 대응하는 메모리 어드레스를 구한다. 나머지 2개의 함수는 구현을 보면 의미를 알 수 있다고 생각한다. 이 유틸리티 함수를 사용해 몇 가지 함수의 구현을 개선했다. 개선된 부분은 이 유틸리티 함수가 추가된 소스코드를 살펴보자.

리스트 9.48 콘솔의 렌더링 타깃 윈도우를 설정한다(main.cpp)

```
DrawDesktop(*bgwriter);
console->SetWindow(bgwindow);
```

마지막으로 윈도우의 준비가 끝났다면 리스트 9.48 같이 콘솔에 설정한다. 이걸로 콘솔은 윈도우를 사용한 렌더링 및 스크롤 처리를 할 수 있게 된다.

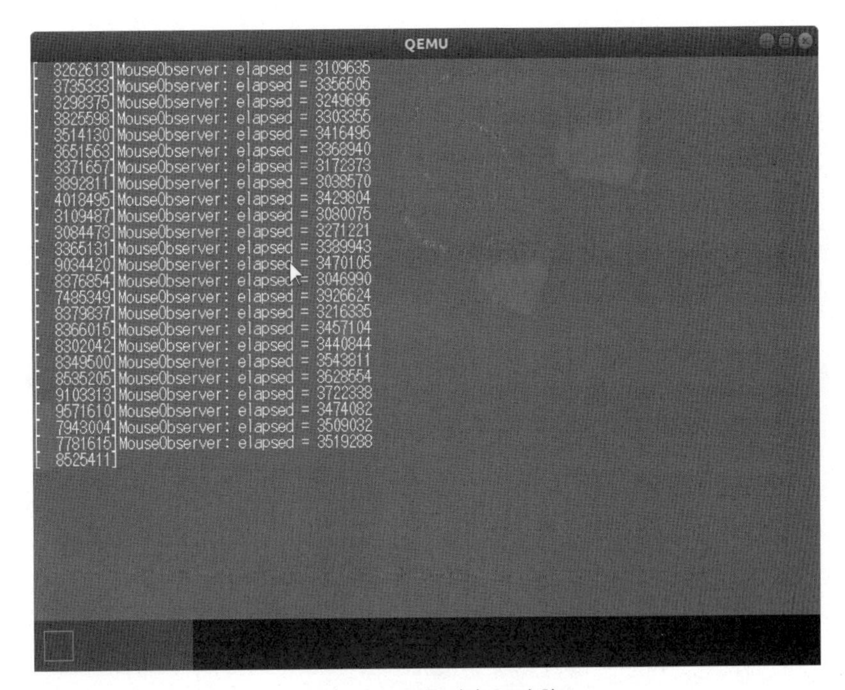

그림 9.20 스크롤 처리도 고속화

수정 효과를 살펴보자(그림 9.20). 스크롤이 발생하기 전의 처리시간은 거의 변하지 않은 반면 스크롤 처리가 발생하면 850만 정도의 카운터 값이 된다. 느려진다고 해도 3배 미만의 증가로 끝난다. `Window::Move()`의 구현 이전과 비교하면 11배 고속화된 것이다. 필자의 환경에서는 마우스를 움직일 때 전혀 랙lag이 없었다. 충분한 고속화를 달성한 건 아닐까?

10장

윈도우

10장에서는 그럴듯해 보이는 외형의 윈도우를 만들어 보겠다. 윈도우가 나오면 OS 외관이 GUI를 탑재한 OS에 가까워진다. 윈도우만 만드는 것은 조금 따분하기 때문에 윈도우에 타이머 카운터 값을 표시하게 만들어 본다.

10.1 마우스 개량(osbook_day10a)

마우스를 화면의 좌우 끝으로 이동시키면 반대쪽에서 마우스 커서가 나와버리는 것을 혹시 눈치챘는가? 일반적인 OS에서는 마우스를 화면 밖으로 이동시키려고 해도 화면 끝에서 멈추도록 돼 있기 때문에 우리도 그걸 따르도록 하자.

리스트 10.1 Window::DrawTo()에서의 좌표계산 버그 수정(windows.cpp)

```
  for (int y = std::max(0, 0 - position.y);
       y < std::min(Height(), writer.Height() - position.y);
       ++y) {
    for (int x = std::max(0, 0 - position.x);
         x < std::min(Width(), writer.Width() - position.x);
         ++x) {
```

먼저 마우스가 화면 끝을 벗어났을 때 반대편에서 나와버리는 버그를 수정한다. `Window::DrawTo()` 메소드의 투과색이 있는 경우의 처리에 버그가 있다. 리스트 10.1 같이 렌더링 범위를 화면 가장자리에서 중단하도록 수정한다.

이 수정에 의해 마우스 커서가 화면 가장자리를 넘어서 반대편으로 나오는 버그는 고쳐지지만 화면 가장자리를 넘어 어딘가 이동해 버리고 마는 문제는 해결되지 않는다. 마우스 커서가 미아가 되지 않도록 화면 가장자리에서 멈추도록 수정해 보겠다.

리스트 10.2 마우스 좌표를 화면에서만 보이도록 조정한다(main.cpp)

```
unsigned int mouse_layer_id;
Vector2D<int> screen_size;
Vector2D<int> mouse_position;

void MouseObserver(int8_t displacement_x, int8_t displacement_y) {
  auto newpos = mouse_position + Vector2D<int>{displacement_x, displacement_y};
  newpos = ElementMin(newpos, screen_size + Vector2D<int>{-1, -1});
  mouse_position = ElementMax(newpos, {0, 0});

  layer_manager->Move(mouse_layer_id, mouse_position);
  layer_manager->Draw();
}
```

리스트 10.2는 수정한 MouseObserver()를 보여준다. 우선 마우스 커서의 좌표를 움직여 보고, 그 결과 마우스 커서가 화면 내에 있도록 수정한다. ElementMin()은 2개의 벡터를 요소마다 비교해 각각 작은 값을 사용하는 함수다.

```
newpos = ElementMin(newpos, screen_size + Vector2D<int>{-1, -1});
```

이 한 줄은 다음의 if 문과 같은 효과를 갖는다.

```
if (newpos.x > screen_size.x - 1) { newpos.x = screen_size.x - 1; }
if (newpos.y > screen_size.y - 1) { newpos.y = screen_size.y - 1; }
```

즉 좌표의 상한을 (screen_size.x-1,screen_size.y-1)로 제한하는 것이다. 동일하게 ElementMax()는 2개의 벡터를 요소마다 비교해 각각 큰 쪽을 사용한다. 좌표의 하한을 (0,0)으로 제한한다.

리스트 10.3 screen_size에 화면 크기를 설정한다(main.cpp)

```
screen_size.x = frame_buffer_config.horizontal_resolution;
screen_size.y = frame_buffer_config.vertical_resolution;
```

screen_size의 값은 main.cpp에서 설정한다(리스트 10.3). 이제 이것으로 마우스 커서는 화면에서 벗어나지 않게 된 것일까? 그림으로 표시하면 잘 알 수 없기 때문에 실제로 시험해 보자. 덧붙여 day10a의 코드에서는 시간측정 코드가 지금은 불필요하므로 제거했다.

10.2 최초의 윈도우(osbook_day10b)

마우스 커서만으로는 지루하므로 슬슬 윈도우 같은 화면을 만들고 싶다. 지금까지 만들어온 중첩처리를 활용해 만들어 보자.

리스트 10.4 작은 표시영역을 생성해서 윈도우 그림을 그린다(main.cpp)

```
auto main_window = std::make_shared<Window>(
    160, 68, frame_buffer_config.pixel_format);
```

```
  DrawWindow(*main_window->Writer(), "Hello Window");
  WriteString(*main_window->Writer(), {24, 28}, "Welcome to", {0, 0, 0});
  WriteString(*main_window->Writer(), {24, 44}, " MikanOS world!", {0, 0, 0});
```

리스트 10.4는 표시영역을 생성해 윈도우 그림을 그리는 처리를 보여준다. Window 클래스는 '표시영역'을 나타내는 한편, 여기서 말하는 '윈도우'는 닫기 버튼 등이 붙어 있는 부품을 뜻하므로 조금 헷갈리지만, 좋은 단어가 떠오르지 않아서 이대로 진행한다. 여기서는 160×68 크기를 가진 표시영역을 생성하고 거기에 DrawWindow()를 사용해 윈도우의 외형을 그리고 있다. 이 함수는 나중에 구현한다. 다음으로 WriteString()을 사용해 윈도우 내부에 표시할 메시지를 쓴다.

리스트 10.5 표시영역과 관련 있는 레이어를 생성하고 등록한다(main.cpp)

```
  auto main_window_layer_id = layer_manager->NewLayer()
    .SetWindow(main_window)
    .Move({300, 100})
    .ID();

  layer_manager->UpDown(bglayer_id, 0);
  layer_manager->UpDown(mouse_layer_id, 1);
  layer_manager->UpDown(main_window_layer_id, 1);
  layer_manager->Draw();
```

작성한 윈도우를 표시하기 위해 레이어를 생성하는 처리를 리스트 10.5에 표시했다. 레이어는 마우스보다 아래의 높이 값으로 설정해 둔다.

리스트 10.6 DrawWindow()는 윈도우의 타이틀 바와 배경을 렌더링한다(window.cpp)

```
void DrawWindow(PixelWriter& writer, const char* title) {
  auto fill_rect = [&writer](Vector2D<int> pos, Vector2D<int> size, uint32_t c) {
    FillRectangle(writer, pos, size, ToColor(c));
  };
  const auto win_w = writer.Width();
  const auto win_h = writer.Height();

  fill_rect({0, 0},         {win_w, 1},             0xc6c6c6);
  fill_rect({1, 1},         {win_w - 2, 1},         0xffffff);
  fill_rect({0, 0},         {1, win_h},             0xc6c6c6);
  fill_rect({1, 1},         {1, win_h - 2},         0xffffff);
```

```
  fill_rect({win_w - 2, 1}, {1, win_h - 2},          0x848484);
  fill_rect({win_w - 1, 0}, {1, win_h},              0x000000);
  fill_rect({2, 2},         {win_w - 4, win_h - 4}, 0xc6c6c6);
  fill_rect({3, 3},         {win_w - 6, 18},         0x000084);
  fill_rect({1, win_h - 2}, {win_w - 2, 1},          0x848484);
  fill_rect({0, win_h - 1}, {win_w, 1},              0x000000);

  WriteString(writer, {24, 4}, title, ToColor(0xffffff));

  for (int y = 0; y < kCloseButtonHeight; ++y) {
    for (int x = 0; x < kCloseButtonWidth; ++x) {
      PixelColor c = ToColor(0xffffff);
      if (close_button[y][x] == '@') {
        c = ToColor(0x000000);
      } else if (close_button[y][x] == '$') {
        c = ToColor(0x848484);
      } else if (close_button[y][x] == ':') {
        c = ToColor(0xc6c6c6);
      }
      writer.Write({win_w - 5 - kCloseButtonWidth + x, 5 + y}, c);
    }
  }
}
```

DrawWindow()의 구현을 리스트 10.6에 정리했다. 이 함수에서는 윈도우의 타이틀 바(타이틀을 표시하는 가로 영역)와 닫기 버튼 그리고 윈도우의 배경 그림을 그리고 있다.

함수의 첫 번째 줄인 람다식 fill_rect는 단순히 FillRectangle()을 호출하는 함수다. FillRectangle()이란 이름보다 조금 짧고 매번 writer를 지정할 필요가 없게 돼 편리하다. 캡처에는 &writer로 지정하고 있다. 선두의 &은 이 변수를 참조 타입으로 캡처한다는 의미가 있다. PixelWriter 클래스는 추상 클래스이므로 값의 복사로는 받을 수 없고 참조 캡처하는 수밖에 없다.

함수 내의 중간쯤에서는 좀 전에 만든 람다식 fill_rect를 사용해 타이틀 바와 배경을 렌더링한다. fill_rect에 왼쪽 상단의 좌표, 사각형의 사이즈와 색을 전달하면 그 형태의 사각형을 지정한 색으로 렌더링한다. 렌더링에 사용하는 색은 16진수 6자리 컬러 코드로 표현하며, 그것을 fill_rect 내부에서 PixelColor로 변환해 사용하고 있다. 색상 코드는 왼쪽에서부터 빨강, 녹색, 청색순으로 해서 두 자리씩 지정한다. 웹 분야에서는 자주 #848484 같은 쓰기법이 등장하는데 그것과 동일하다.

DrawWindow() 후반부에서는 '닫기 버튼'을 렌더링하고 있다. 닫기 버튼의 외형은 close_button이라는 2차원 배열로 표현하고 있다. 배열의 정의는 바로 소개한다. 배열의 첫 번째 요소가 1픽셀에 대응하며, 요소의 문자에 따라 픽셀의 색상을 전환해 닫기 버튼을 렌더링한다. writer.Write()를 호출하는 행을 보면 알 수 있지만 닫기 버튼의 왼쪽 상단 좌표는 (win_w-5-kCloseButtonWidth,5)이다.

리스트 10.7 윈도우 렌더링용 보조 정의(window.cpp)

```
namespace {
  const int kCloseButtonWidth = 16;
  const int kCloseButtonHeight = 14;
  const char close_button[kCloseButtonHeight][kCloseButtonWidth + 1] = {
    "...............@",
    ".:::::::::::::$@",
    ".:::::::::::::$@",
    ".:::@@::::@@::$@",
    ".::::@@::@@:::$@",
    ".:::::@@@@::::$@",
    ".::::::@@:::::$@",
    ".:::::@@@@::::$@",
    ".::::@@::@@:::$@",
    ".:::@@::::@@::$@",
    ".:::::::::::::$@",
    ".:::::::::::::$@",
    ".$$$$$$$$$$$$$$@",
    "@@@@@@@@@@@@@@@@",
  };

  constexpr PixelColor ToColor(uint32_t c) {
    return {
      static_cast<uint8_t>((c >> 16) & 0xff),
      static_cast<uint8_t>((c >> 8) & 0xff),
      static_cast<uint8_t>(c & 0xff)
    };
  }
}
```

리스트 10.7은 윈도우 렌더링에 필요한 close_button 배열과 ToColor()의 정의를 보여주는데 특별히 어렵지는 않다.

ToColor()에 지정하는 constexpr은 **상수식**[1]을 정의하기 위한 예약어다. 상수식으로 정의된 함수는 파라미터로 상수를 지정하면 컴파일 타임 때 계산을 실행해준다. ToColor(0x848484)라고 소스코드를 작성했을 때 PixelColor로의 변환은 컴파일 타임 때 끝내고 싶었기 때문에 사용했다.

그럼 어떤 느낌의 윈도우가 됐을까? 한번 실행해 보자(그림 10.1). 단숨에 OS다워졌다는 생각이 들지 않는가? 필자는 윈도우가 나오게 됐을 때 매우 흥분했다.

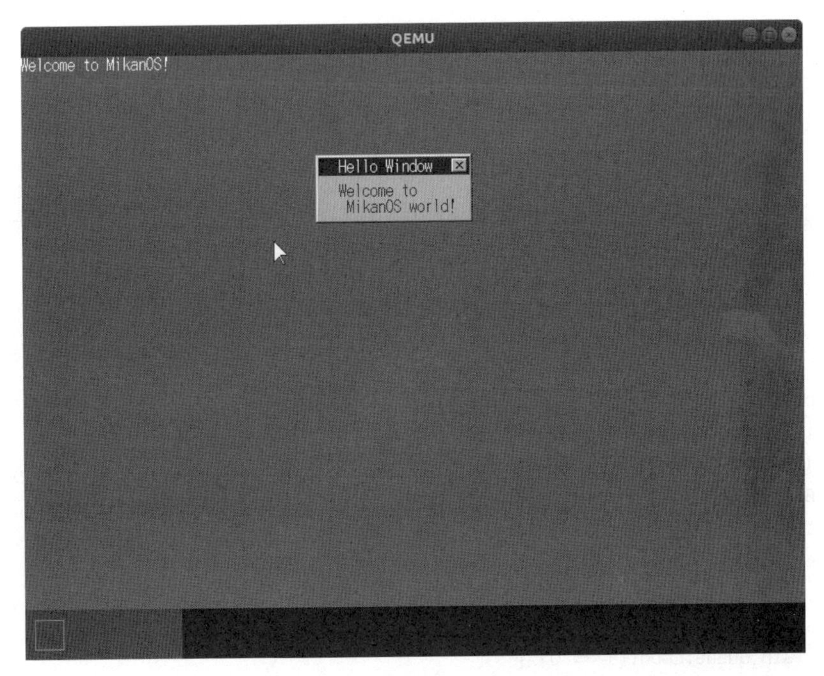

그림 10.1 윈도우를 하나 표시해 본 모습

10.3 고속 카운터(osbook_day10c)

윈도우에 고정된 메시지가 아닌 뭔가 움직임이 있는 것을 표시하고 싶은데 무엇이 좋을까? 메인 함수의 루프 횟수를 세어 표시해 보자.

1 Constant Expression, C++11에서부터 도입된 사양

리스트 10.8 윈도우를 작은 사이즈로 만든다(main.cpp)

```
auto main_window = std::make_shared<Window>(
    160, 52, frame_buffer_config.pixel_format);
DrawWindow(*main_window->Writer(), "Hello Window");
```

루프의 횟수는 1줄에 표시할 수 있으므로 우선은 윈도우 사이즈를 1줄 분(16픽셀)으로 최소화했다(리스트 10.8). 표시했던 문자열도 제거했다.

리스트 10.9 카운터 변수를 만든다(main.cpp)

```
char str[128];
unsigned int count = 0;
```

숫자를 계산하기 위해 카운터 변수 count를 초기화한다(리스트 10.9). 카운터 값을 표시할 때 사용하는 문자열 버퍼 str도 정의한다.

리스트 10.10 카운터 변수의 값을 표시한다(main.cpp)

```
  ++count
  sprintf(str, "%010u", count);
  FillRectangle(*main_window->Writer(), {24, 28}, {8 * 10, 16}, {0xc6, 0xc6,
  0xc6});
  WriteString(*main_window->Writer(), {24, 28}, str, {0, 0, 0});
  layer_manager->Draw();

  __asm__("cli");
  if (main_queue.Count() == 0) {
    __asm__("sti");
    continue;
}
```

리스트 10.10은 카운터 변수로 루프 횟수를 세는 처리와 그 값을 윈도우에 표시하는 처리를 보여준다. 세는 방법은 매우 간단한데 count를 단지 증가시킬 뿐이다. 그 값을 sprintf()를 사용해 문자열로 변환하고 WriteString()을 사용해 윈도우에 렌더링한다.

main_queue.Count() == 0이 참일 때 지금까지는 sti에 이어 hlt를 실행했다. hlt를 하면 인터럽트가 올 때까지 CPU를 대기시켜 소비전력을 낮췄다. 하지만 이번에는 인터럽트가 오지 않을 때도 전속력으로 루프를 돌려서 카운터를 증가시키고 싶었기 때문에 hlt를 뺐다.

그림 10.2 카운터 값을 표시하고 있는 모습

이제 실행하면 그림 10.2 같이 된다. 카운터가 빠른 속도로 증가함을 알 수 있다. 사진에서는 전달되지 않지만 화면이 매우 깜박이는 것이 신경 쓰인다. 이것은 1씩 증가할 때마다 layer_manager->Draw()를 호출해 화면 전체를 다시 그리기 때문이다. 다음 절에서 대처해 보겠다.

10.4 깜박거림 해소(osbook_day10d)

고속 카운터가 깜박이는 것은 화면을 다시 그릴 때 전체를 다시 렌더링하기 때문이다. 배경을 그린 후 윈도우를 그리기 때문에 윈도우가 표시되지 않는 시간대가 존재한다. 존재하기보다는 윈도우가 표시되지 않는 시간 쪽이 더 길지도 모르겠다. 이런 상황에서는 깜박이는 것이 당연하다.

이 문제를 해결하면서 화면 렌더링의 고속화도 가능한 제대로 된 방법이 있다. 그것은 화면 범위를 제한하는 방법이다. 윈도우만을 다시 그리도록 한다면 윈도우가 항상 화면에 표시돼 깜박이지 않게 될 것이다. 게다가 렌더링하는 픽셀 수도 큰 폭으로 줄어들기 때문에 렌더링 처리도 매우 빨라질 것이다. 바로 수정해 보겠다.

리스트 10.11 범위 또는 레이어를 지정해 렌더링한다(layer.cpp)

```
void LayerManager::Draw(const Rectangle<int>& area) const {
  for (auto layer : layer_stack_) {
    layer->DrawTo(*screen_, area);
  }
```

```
}

void LayerManager::Draw(unsigned int id) const {
  bool draw = false;
  Rectangle<int> window_area;
  for (auto layer : layer_stack_) {
    if (layer->ID() == id) {
      window_area.size = layer->GetWindow()->Size();
      window_area.pos = layer->GetPosition();
      draw = true;
    }
    if (draw) {
      layer->DrawTo(*screen_, window_area);
    }
  }
}
```

먼저 LayerManager::Draw()의 수정을 시작한다(리스트 10.11). 지금까지 이 메소드는 어떤 파라미터도 받지 않고 화면 전체를 다시 렌더링했다. 이번 수정에서는 렌더링하는 범위 또는 레이어 ID를 지정해 특정 범위만을 다시 그리도록 했다. 파라미터가 다르지만 같은 이름의 함수, 메소드를 여러 개 만들 수 있는 것은 C++의 함수 오버로드라는 사양 덕분이다.

렌더링 범위를 파라미터로 받는 함수인 Draw(const Rectangle<int>& area)는 제일 아래쪽의 레이어부터 순서대로 그 범위에 한정해서 렌더링한다.

레이어 ID를 파라미터로 받는 Draw(unsigned int id)는 지정된 레이어와 그 레이어보다 위에 있는 레이어만을 렌더링한다. 지정된 레이어보다 아래에 있는 레이어는 어차피 덮어 씌워지기 때문에 다시 그리는 의미가 없다. layer_stack_을 제일 아래쪽에서부터 탐색해가면서 지정된 레이어를 찾으면 렌더링 범위를 결정하고, draw 플래그를 설정한다. 이후 draw 플래그는 계속해서 true가 되므로 for 문에서 렌더링 처리가 계속해서 실행된다.

리스트 10.12 콘솔은 자신의 레이어를 지정해서 다시 그린다(console.cpp)

```
  if (layer_manager) {
    layer_manager->Draw(layer_id_);
  }
```

LayerManager::Draw()의 파라미터가 바뀌었기 때문에 호출부분을 수정해야 한다. 먼저 콘솔의 렌더링 처리 수정부분을 리스트 10.12에 정리했다. layer_id_란 멤버 변수에 콘솔용 레이어 ID를 설정해 그 값을 렌더링에 사용하도록 했다.

리스트 10.13 처음 렌더링은 화면 전체를 대상으로 한다(main.cpp)

```
  layer_manager->UpDown(bglayer_id, 0);
  layer_manager->UpDown(console->LayerID(), 1);
  layer_manager->UpDown(main_window_layer_id, 2);
  layer_manager->UpDown(mouse_layer_id, 3);
  layer_manager->Draw({{0, 0}, screen_size});
```

리스트 10.14 카운터 표시는 메인 윈도우만을 다시 그린다(main.cpp)

```
    ++count;
    sprintf(str, "%010u", count);
    FillRectangle(*main_window->Writer(), {24, 28}, {8 * 10, 16}, {0xc6, 0xc6,
    0xc6});
    WriteString(*main_window->Writer(), {24, 28}, str, {0, 0, 0});
    layer_manager->Draw(main_window_layer_id);
```

메인 함수에서 레이어를 생성한 후의 1회차 렌더링 처리(리스트 10.13)와 카운터의 표시 처리(리스트 10.14)도 수정해야 한다. 1회차 렌더링 처리에서는 화면 전체를 다시 쓸 필요가 있기 때문에 레이어 ID가 아니라 렌더링 범위를 지정하는 Draw()를 호출하도록 했다. 하지만 잘 생각해 보면 레이어 ID를 지정하는 쪽을 사용해 layer_manager->Draw(bglayer_id)로 해도 동일하다. 카운터 표시처리에서는 메인 윈도우의 ID를 지정해 다시 그리기를 수행한다. 이렇게 하면 윈도우를 제외한 나머지 부분을 다시 그리지 않게 돼 깜박거리지 않게 될 것이다.

리스트 10.15 Layer::DrawTo()가 렌더링 범위를 받게 한다(layer.cpp)

```
void Layer::DrawTo(FrameBuffer& screen, const Rectangle<int>& area) const {
  if (window_) {
    window_->DrawTo(screen, pos_, area);
  }
}
```

리스트 10.16 Window::DrawTo()가 렌더링 범위를 받게 한다(window.cpp)

```
void Window::DrawTo(FrameBuffer& dst, Vector2D<int> pos, const Rectangle<int>&
area) {
  if (!transparent_color_) {
    Rectangle<int> window_area{pos, Size()};
    Rectangle<int> intersection = area & window_area;
    dst.Copy(intersection.pos, shadow_buffer_, {intersection.pos - pos,
    intersection.size});
    return;
}
```

LayerManager::Draw()는 내부에서 Layer::DrawTo()를 호출해 렌더링 범위를 지정하므로 Layer::DrawTo()를 수정해야 한다. 그래서 리스트 10.15, 리스트 10.16에 수정 위치를 표시했다. Layer::DrawTo()는 윈도우에 처리를 위임하므로 본질적인 변경은 Window::DrawTo()뿐이다.

Window::DrawTo() 파라미터의 의미를 재확인해 보자. dst는 윈도우 그림을 그려야 하는 백버퍼, pos는 그 백버퍼의 왼쪽 상단을 기준으로 하는 윈도우의 왼쪽 상단의 좌표다. 그리고 이번에 추가한 파라미터 area는 **버퍼의 왼쪽 상단을 기준**으로 하는 렌더링 범위다. 윈도우 내에서의 좌표가 아니라 버퍼를 기준으로 한 좌표임을 기억하자.

이 메소드 안에서 구현하고 있는 area & window_area가 특징적이다. 사각형끼리의 & 연산은 공통 부분을 나타낸다(그렇게 되도록 나중에 구현한다). 공통 부분은 수학 용어이지만 여기서는 사각형의 겹치는 부분을 의미한다. 이 코드는 area와 window_area의 겹치는 부분을 계산한다.

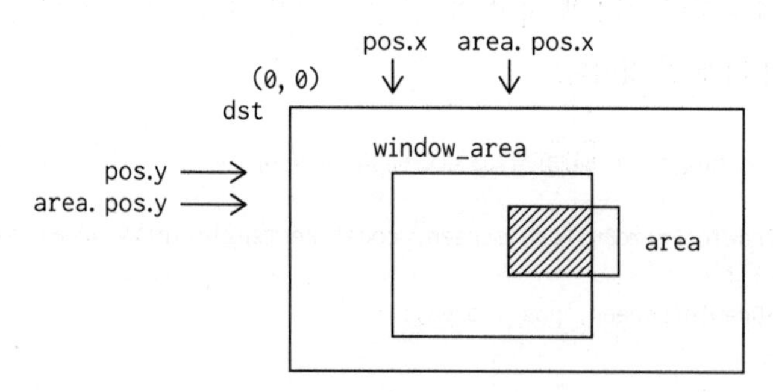

그림 10.3 윈도우와 렌더링 범위의 공통 분모

예를 들어 그림 10.3에서 사선 부분이 area와 window_area의 공통 부분이 된다. 공통 부분을 구하기는 매우 간단하다. 실제 이 공통 부분을 계산하는 & 연산자를 구현해 본다.

리스트 10.17 사각형에 대한 operator&()은 공통 부분을 계산한다(graphics.hpp)

```
template <typename T, typename U>
Rectangle<T> operator&(const Rectangle<T>& lhs, const Rectangle<U>& rhs) {
  const auto lhs_end = lhs.pos + lhs.size;
  const auto rhs_end = rhs.pos + rhs.size;
  if (lhs_end.x < rhs.pos.x || lhs_end.y < rhs.pos.y ||
      rhs_end.x < lhs.pos.x || rhs_end.y < lhs.pos.y) {
    return {{0, 0}, {0, 0}};
  }

  auto new_pos = ElementMax(lhs.pos, rhs.pos);
  auto new_size = ElementMin(lhs_end, rhs_end) - new_pos;
  return {new_pos, new_size};
}
```

리스트 10.17 같이 & 연산자를 오버로드했다. 파라미터 lhs와 rhs는 각각 왼쪽, 오른쪽을 뜻하는 영어 Left Hand Side, Right Hand Side의 앞 글자를 딴 약어다. lhs & rhs로 쓸 때 lhs는 왼쪽에, rhs는 오른쪽에 온다.

연산자 구현의 전반부에서는 사각형 lhs와 rhs가 겹치지 않는 경우의 처리를 하고 있다. lhs_end와 rhs_end는 각각 사각형의 오른쪽 하단 좌표를 의미한다. 따라서 lhs_end.x < rhs.pos.x라는 식은 사각형 rhs의 왼쪽 끝보다 사각형 lhs의 오른쪽 끝이 작을 때(=왼쪽에 있다) 참이 된다. 그때는 어떻게 해도 두 개의 사각형은 겹치지 않는다(그림 10.4).

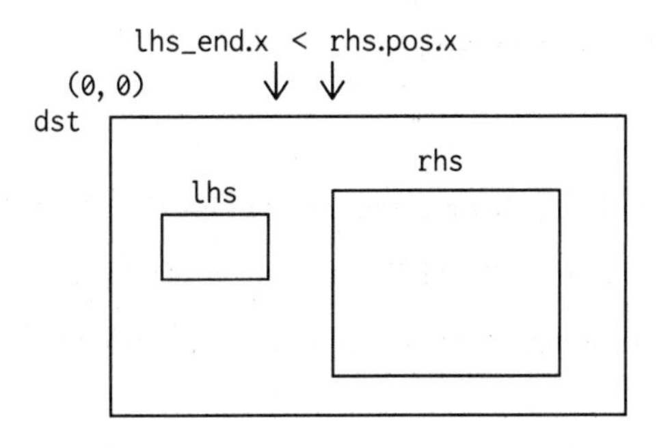

그림 10.4 lhs_end.x < rhs.pos.x가 참이 될 때의 위치 관계

마찬가지로 Y축에 대해서도 조사해 두 개의 사각형이 좌우상하로 바뀐 패턴을 확인한다. 2개의 사각형이 겹치지 않는 경우 operator&()은 면적이 0인 사각형을 반환한다.

리스트 10.18 Copy()에 복사할 영역의 범위를 지정할 수 있게 한다(frame_buffer.cpp)

```
Error FrameBuffer::Copy(Vector2D<int> dst_pos, const FrameBuffer& src,
                        const Rectangle<int>& src_area) {
  if (config_.pixel_format != src.config_.pixel_format) {
    return MAKE_ERROR(Error::kUnknownPixelFormat);
  }

  const auto bytes_per_pixel = BytesPerPixel(config_.pixel_format);
  if (bytes_per_pixel <= 0) {
    return MAKE_ERROR(Error::kUnknownPixelFormat);
  }

  const Rectangle<int> src_area_shifted{dst_pos, src_area.size};
  const Rectangle<int> src_outline{dst_pos - src_area.pos, FrameBufferSize(src.
  config_)};
  const Rectangle<int> dst_outline{{0, 0}, FrameBufferSize(config_)};
  const auto copy_area = dst_outline & src_outline & src_area_shifted;
  const auto src_start_pos = copy_area.pos - (dst_pos - src_area.pos);

  uint8_t* dst_buf = FrameAddrAt(copy_area.pos, config_);
  const uint8_t* src_buf = FrameAddrAt(src_start_pos, src.config_);

  for (int y = 0; y < copy_area.size.y; ++y) {
    memcpy(dst_buf, src_buf, bytes_per_pixel * copy_area.size.x);
    dst_buf += BytesPerScanLine(config_);
    src_buf += BytesPerScanLine(src.config_);
  }

  return MAKE_ERROR(Error::kSuccess);
}
```

Window::DrawTo()가 호출하는 FrameBuffer::Copy()에도 복사할 영역을 지정하는 파라미터를 추가했다(리스트 10.18). 지금까지는 src로 지정한 버퍼 전체를 복사했지만 이번 수정에 따라 사각형 src_area로 복사 범위를 지정할 수 있게 됐다.

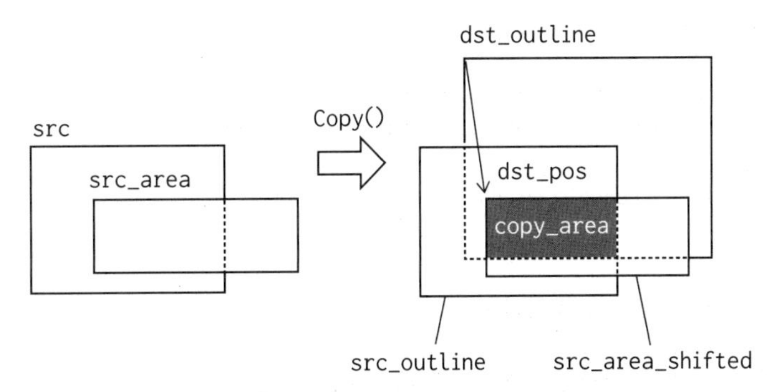

그림 10.5 FrameBuffer::Copy()에 등장하는 사각형의 관계

3개의 사각형 src_area_shifted, src_outline, dst_outline이 등장해 조금 복잡해 보여서 그림으로 표현해봤다(그림 10.5). 이 복잡한 계산의 목적은 copy_area를 구하기 위함이다. copy_area는 실제로 픽셀을 복사하는 범위로, 복사 범위는 복사 원본 영역의 범위나 복사 대상의 범위를 벗어나지 않도록 신중하게 계산해야 한다. 어느 하나라도 벗어나 버리면 메모리 파괴로 이어진다.

리스트 10.19 Move()는 레이어를 이동시켜 다시 렌더링한다(layer.cpp)

```
void LayerManager::Move(unsigned int id, Vector2D<int> new_pos) {
  auto layer = FindLayer(id);
  const auto window_size = layer->GetWindow()->Size();
  const auto old_pos = layer->GetPosition();
  layer->Move(new_pos);
  Draw({old_pos, window_size});
  Draw(id);
}
```

이번에 주요 변경사항 중 하나는 LayerManager::Draw()가 범위 또는 레이어를 지정해 렌더링하는 것이었다. 또 하나의 큰 변경사항이 있는데, 그것은 LayerManager::Move()가 자동적으로 화면을 다시 그리게 한 점이다. 변경한 LayerManager::Move()의 구현은 리스트 10.19에서 보여준다. 이 메소드는 지정된 레이어를 지정한 위치로 이동시킨 다음 그 레이어의 이동 전후 범위를 렌더링한다.

리스트 10.20 콘솔용 윈도우를 생성한다(main.cpp)

```
  auto console_window = std::make_shared<Window>(
      Console::kColumns * 8, Console::kRows * 16, frame_buffer_config.pixel_
      format);
  console->SetWindow(console_window);
```

리스트 10.21 콘솔용 레이어를 생성한다(main.cpp)

```
  console->SetLayerID(layer_manager->NewLayer()
    .SetWindow(console_window)
    .Move({0, 0})
    .ID());
```

리스트 10.22 SetLayerID()는 콘솔에 레이어 ID를 설정한다(console.cpp)

```
void Console::SetLayerID(unsigned int layer_id) {
  layer_id_ = layer_id;
}

unsigned int Console::LayerID() const {
  return layer_id_;
}
```

특정 레이어(가 가진 윈도우)만을 한정해서 렌더링함으로써 화면 다시 그리기는 빨라졌을 것이다. 그렇다는 것은 콘솔도 레이어로 나누어 두면 스크롤이 효율적으로 될 것이다. 그 작업을 훅 해 버렸다(리스트 10.20, 리스트 10.21, 리스트 10.22).

그럼 여기까지 수정한 결과를 실행해 보겠다. 마우스가 깜빡이지 않아 매우 편안하게 느껴진다. 마우스도 이리저리 움직여본다. 마우스 커서를 윈도우 위에 겹치게 하니 아직 깜빡이는 느낌이 든다. 스크린샷을 몇 장 찍었는데 운 좋게 그림 10.6 같이 찍을 수 있었다. 마우스 커서를 다시 그릴 때의 순간 이미지다.

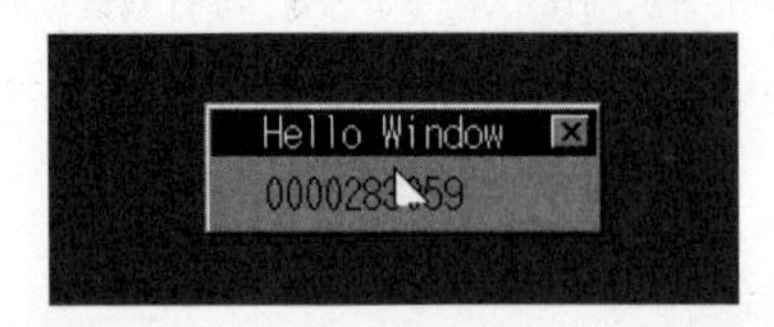

그림 10.6 윈도우 카운터에 겹치게 하자 깜박거린다.

이 깜박이는 문제는 다음 절에서 대응하겠다. 일단 깜박거리는 문제를 무시하고 루프의 시간을 측정해 본다. 프로그램은 소개하지 않지만 Local APIC 타이머를 사용해 루프가 일정 수(예를 들어 100회라든지)를 도는데 걸리는 시간을 측정해 보면 '10.3 고속 카운터'에서 만든 것에 비해 여기서 만든 것은 7배 정도 더 고속화됐다. 드디어 해냈다!

10.5 백버퍼

마우스 커서를 카운터 위에 겹치면 깜박이는 이유는 카운터를 렌더링한 후에 마우스를 그리기 때문에 마우스 커서가 표시되지 않는 기간이 있기 때문이다. 이 현상은 화면 전체를 렌더링했을 때도 발생했었다. 지금은 렌더링 범위를 좁혔지만, 그 좁혀진 렌더링 범위에 마우스 커서가 들어와 버리면 같은 현상이 일어난다.

이 문제를 완전히 해결하려면 **백버퍼**back buffer라는 구조를 사용하면 된다. 백버퍼란 프레임 버퍼와 동일한 크기를 가진 버퍼다. 백버퍼에 렌더링한 다음, 백버퍼를 프레임 버퍼로 전송하면 마우스 커서가 표시되지 않는 기간을 완전히 없앨 수 있다.

리스트 10.23 백버퍼를 LayerManager의 멤버 변수로 추가한다(layer.hpp)

```
private:
  FrameBuffer* screen_{nullptr};
  mutable FrameBuffer back_buffer_{};
```

그러니 빨리 백버퍼를 구현해 보겠다. 우선은 리스트 10.23 같이 백버퍼용 멤버 변수 back_buffer_를 추가한다. mutable은 처음 등장하는 키워드다. mutable로 선언한 멤버 변수는 const 메소드 내에서도 변경하는 것이 가능하다. LayerManager::Draw()는 const로 선언됐으므로 그 안에서 back_buffer_를 수정하기 위해서는 메소드에서 const를 제거하든지, back_buffer_를 mutable로 하는 수밖에 없다.

mutable의 남용은 좋지 않지만 이번과 같은 경우라면 오히려 mutable을 사용하는 편이 자연스럽다고 생각한다. back_buffer_는 Draw() 메소드의 로컬 변수로 선언할 수도 있지만, 이 경우에는 메모리를 할당 및 해제해 버려 느려지게 된다. 이를 최적화하기 위해 멤버 변수로 정의했다. back_buffer_의 변경은 다른 메소드에 영향을 미치지 않으므로

mutable 선언이 타당하다고 본다.

리스트 10.24 백버퍼를 초기화한다(layer.cpp)

```
void LayerManager::SetWriter(FrameBuffer* screen) {
  screen_ = screen;

  FrameBufferConfig back_config = screen->Config();
  back_config.frame_buffer = nullptr;
  back_buffer_.Initialize(back_config);
}
```

리스트 10.24는 개조한 LayerManager::SetWriter()를 보여준다.[2] 지금까지는 한 줄뿐이었지만 그 다음에 백버퍼의 초기화 처리를 추가했다. 백버퍼는 주어진 screen과 같은 사이즈, 같은 데이터 형식으로 만들어야 하므로 back_config.frame_buffer 이외의 파라미터는 screen->Config()에서 복사한 것을 사용한다.

리스트 10.25 범위를 지정해 모든 레이어를 렌더링한다(layer.cpp)

```
void LayerManager::Draw(const Rectangle<int>& area) const {
  for (auto layer : layer_stack_) {
    layer->DrawTo(back_buffer_, area);
  }
  screen_->Copy(area.pos, back_buffer_, area);
}
```

back_buffer_를 사용해 렌더링하도록 수정한 LayerManager::Draw()의 구현을 리스트 10.25에 정리했다. 지금까지는 layer->DrawTo에서 직접 screen_으로 렌더링한 것을 back_buffer_로 렌더링하도록 변경하고, 모든 레이어의 렌더링이 끝난 다음에 back_buffer_를 screen_으로 복사한다.

리스트 10.26 지정한 레이어에서부터 그 상위 레이어를 렌더링한다(layer.cpp)

```
void LayerManager::Draw(unsigned int id) const {
  bool draw = false;
```

2 파라미터 타입을 FrameBuffer로 변경했을 때 메소드 이름도 SetScreen() 등으로 바꿨다면 좋았겠지만 게을러서 바꾸지 않고 그대로 뒀다.

```
  Rectangle<int> window_area;
  for (auto layer : layer_stack_) {
    if (layer->ID() == id) {
      window_area.size = layer->GetWindow()->Size();
      window_area.pos = layer->GetPosition();
      draw = true;
    }
    if (draw) {
      layer->DrawTo(back_buffer_, window_area);
    }
  }
  screen_->Copy(window_area.pos, back_buffer_, window_area);
}
```

레이어를 지정하는 쪽의 Draw()도 유사하게 수정했다(리스트 10.26). back_buffer_로 렌더링이 끝난 후에 screen_으로 복사한다는 흐름은 앞선 리스트와 같다.

꼭 직접 실행해 보길 바란다. 스크린샷은 변화를 보여줄 수 없기에 싣지 않았지만 마우스 커서를 카운터로 겹치게 해도 전혀 깜박거리지 않음을 알 수 있다. 아주 보기가 좋아졌다! 덧붙여 필자가 성능을 측정했을 때 약 0.7배의 고속화, 즉 30% 정도 느려졌다. 백버퍼에서 프레임 버퍼로의 복사가 매번 발생하기 때문에 당연하다고 생각하지만 조금 아쉽다. 그래도 깜박거림이 사라졌기 때문에 괜찮다고 생각한다.

10.6 윈도우의 드래그 이동(osbook_day10f)

윈도우 렌더링에 꽤 공을 들여서 좋은 느낌이 됐지만 기능에 있어서는 거의 진전이 없어서 지루한 감이 있다. 이미 눈치챘을지 모르겠지만 모처럼 마우스가 움직이게 됐는데 아무런 도움을 받지 못했다. 윈도우의 깜박거림의 원인이 되는 등 오히려 방해가 됐다고 본다. 마우스로부터 도움을 받기 위해 이 절에서는 마우스로 윈도우를 이동할 수 있게 하고 싶다.

윈도우의 드래그 이동이란 윈도우상에서 마우스의 왼쪽 버튼을 클릭해 버튼을 누른 채로 마우스를 움직여 윈도우를 이동시키는 것이다. 이걸 구현하기 위해서는 무엇보다 마우스의 버튼 클릭을 취득할 수 있도록 USB 드라이버를 개량할 필요가 있다. 지금 시점에서 USB 드라이버는 마우스를 움직였을 때 MouseObserver()를 호출하지만 이때 취득할 수 있는 정보는 좌표의 차분뿐이다. 그래서 MouseObserver()의 파라미터로써 버튼의 누름 상태를 전달받고 싶다.

이런 이유로 USB 드라이버에서 마우스 정보를 다루는 부분을 수정한다. USB 드라이버는 필자가 만든 것을 여러분은 사용만 하고 있을 뿐이라서 그 구현은 잘 알지 못할 것이다. 수정사항을 대략적으로 설명하고 있지만 잘 모르더라도 신경 쓰지 않고 읽어도 괜찮다.

리스트 10.27 마우스로부터 수신한 데이터를 해석한다(usb/classsdriver/mouse.cpp)

```
Error HIDMouseDriver::OnDataReceived() {
  uint8_t buttons = Buffer()[0];
  int8_t displacement_x = Buffer()[1];
  int8_t displacement_y = Buffer()[2];
  NotifyMouseMove(buttons, displacement_x, displacement_y);
  Log(kDebug, "%02x,(%3d,%3d)\n", buttons, displacement_x, displacement_y);
  return MAKE_ERROR(Error::kSuccess);
}
```

리스트 10.27은 USB의 마우스 드라이버가 마우스로부터 데이터를 수신했을 때 호출되는 함수 OnDataReceived()를 보여준다. 이 함수의 주목적은 단순히 바이트 배열인 수신 데이터를 해석해서 의미를 부여하고, 분석이 끝난 값을 파라미터로 하는 NotifyMouseMove()를 호출하는 것이다. 지금까지 NotifyMouseMove()에는 좌표의 차분밖에 전달하지 않았지만 이번 수정에서는 그 시점의 버튼 누름 상태 buttons도 전달하게 했다.

리스트 10.28 등록된 옵저버를 호출한다(usb/classdriver/mouse.cpp)

```
void HIDMouseDriver::NotifyMouseMove(
    uint8_t buttons, int8_t displacement_x, int8_t displacement_y) {
  for (int i = 0; i < num_observers_; ++i) {
    observers_[i](buttons, displacement_x, displacement_y);
  }
}
```

리스트 10.28은 NotifyMouseMove()의 구현을 보여준다. 이 함수는 observers_에 등록된 모든 함수를 호출한다. 함수를 호출할 시 파라미터에 buttons을 추가한 것이 주요한 변경점이다.

리스트 10.29 마우스의 이동량에 따라 커서를 움직인다(main.cpp)

```
void MouseObserver(uint8_t buttons, int8_t displacement_x, int8_t displacement_y) {
  static unsigned int mouse_drag_layer_id = 0;
  static uint8_t previous_buttons = 0;

  const auto oldpos = mouse_position;
  auto newpos = mouse_position + Vector2D<int>{displacement_x, displacement_y};
  newpos = ElementMin(newpos, screen_size + Vector2D<int>{-1, -1});
  mouse_position = ElementMax(newpos, {0, 0});

  const auto posdiff = mouse_position - oldpos;

  layer_manager->Move(mouse_layer_id, mouse_position);

  const bool previous_left_pressed = (previous_buttons & 0x01);
  const bool left_pressed = (buttons & 0x01);
  if (!previous_left_pressed && left_pressed) {
    auto layer = layer_manager->FindLayerByPosition(mouse_position, mouse_layer_
    id);
    if (layer) {
      mouse_drag_layer_id = layer->ID();
    }
  } else if (previous_left_pressed && left_pressed) {
    if (mouse_drag_layer_id > 0) {
      layer_manager->MoveRelative(mouse_drag_layer_id, posdiff);
    }
  } else if (previous_left_pressed && !left_pressed) {
    mouse_drag_layer_id = 0;
  }

  previous_buttons = buttons;
}
```

NotifyMouseMove()의 변경에 맞춰 MouseObserver()를 수정한다(리스트 10.29). 첫 번째 파라미터로 buttons를 받도록 했다. buttons 파라미터는 비트마다 마우스의 버튼 누름 상태를 나타낸다. 버튼을 뗐다면 0, 눌렀다면 1이 된다. 일반적인 마우스에서는 왼쪽 버튼이 비트 0, 오른쪽 버튼이 비트 1, 중앙 버튼이 비트 2가 될 것이다.

함수 초반에 정의한 2개의 정적 변수를 설명하겠다. mouse_drag_layer_id는 마우스로 드래그 이동하는 레이어를 기억한다. 어떤 레이어도 이동하고 있지 않은 경우에는

0으로 설정한다(레이어 ID는 1 이상의 정수이므로 0을 무효 값으로 해도 문제없다). previous_buttons는 1회 전의 버튼 누름 상태를 기억한다. USB 드라이버에서는 "현재 눌렀는가 누르지 않았는가?" 정보밖에 보내지 않는다. 이 변수를 사용해 '지금 막 눌렀는지, 또는 이전부터 계속 누르고 있었는지'에 대해서 판별한다.

MouseObserver() 함수의 전반부에서는 지금까지 했던 것처럼 마우스 커서의 이동 처리를 수행한다. 변수 posdiff가 중요한데, 마우스 커서의 이동량을 나타낸다. 이동량은 displacement_x, displacement_y이 아닌가라고 생각할지도 모르겠지만 화면 가장자리에서는 이동량이 수정될 필요가 있기 때문에 수정 후의 이동량을 다시 계산하는 것이다.

MouseObserver()의 후반부에서는 윈도우의 이동 처리를 수행한다. if 문에서 차례대로 왼쪽 버튼을 누른 순간, 왼쪽 버튼을 누르는 동안, 왼쪽 버튼을 뗀 순간으로 조건분기하고 있다. 왼쪽 버튼을 눌렀을 때 layer_manager->FindLayerByPosition()을 사용해 마우스 커서의 좌표에 있는 윈도우를 가진 레이어를 취득한다. 레이어가 발견됐다면 mouse_drag_layer_id에 해당 레이어의 ID를 설정해 둔다. 이후 이 레이어가 드래그 이동의 대상이 된다.

왼쪽 버튼을 누르는 동안은 layer_manager->MoveRelative()를 사용해 레이어를 이동시킨다. 이때 먼저 계산해 둔 posdiff가 활약한다. 왼쪽 버튼을 뗐다면 mouse_drag_layer_id를 0으로 리셋한다.

리스트 10.30 지정한 좌표에 있는 최전면의 레이어를 찾는다(layer.cpp)

```
Layer* LayerManager::FindLayerByPosition(Vector2D<int> pos, unsigned int exclude_
id) const {
  auto pred = [pos, exclude_id](Layer* layer) {
    if (layer->ID() == exclude_id) {
      return false;
    }
    const auto& win = layer->GetWindow();
    if (!win) {
      return false;
    }
    const auto win_pos = layer->GetPosition();
    const auto win_end_pos = win_pos + win->Size();
    return win_pos.x <= pos.x && pos.x < win_end_pos.x &&
           win_pos.y <= pos.y && pos.y < win_end_pos.y;
```

```
    };
    auto it = std::find_if(layer_stack_.rbegin(), layer_stack_.rend(), pred);
    if (it == layer_stack_.rend()) {
      return nullptr;
  }
  return *it;
}
```

리스트 10.30은 LayerManager::FindLayerByPosition()의 구현을 보여주다. 이 함수는 지정된 좌표 pos에 윈도우를 가진 레이어를 표시 순서대로 찾는다. 다만 단순하게 찾는다면 항상 마우스 커서가 그 조건에 들어맞기 때문에 exclude_id에서 검색대상에서 제외할 레이어를 지정할 수 있게 했다.

조건 pred는 레이어를 하나 받고, 그 레이어가 가진 윈도우의 표시범위 내에 pos를 포함하면 참을 반환한다. 그 레이어가 exclude_id로 지정된 레이어 또는 윈도우가 없는 레이어라면 거짓을 반환한다.

std::find_if()에 전달하는 개시와 종료 범위는 layer_stack_.rbegin()과 layer_stack_.rend()이다. 순서가 정의돼 있는 데이터 구조에서 begin()은 그 데이터 구조의 선두에서 뒤를 향해 진행하는 이터레이터를, rbegin()은 끝에서부터 앞쪽을 향해서 진행하는 이터레이터를 생성한다. Reverse의 r이라고 기억하면 되겠다. layer_stack_은 표시할 레이어를 아래에서부터 순서대로 저장한 자료구조라서 역순으로 찾아가면 목적 레이어를 찾을 수 있는 것이다.

그럼 실행해 보자(그림 10.7). 마우스로 윈도우를 잡고 이리저리 움직일 수 있다. 윈도우가 화면 밖으로 나가도 오동작하지 않는다. 공통부분의 계산 처리가 제대로 동작하고 있다는 증거다. 굉장하다!

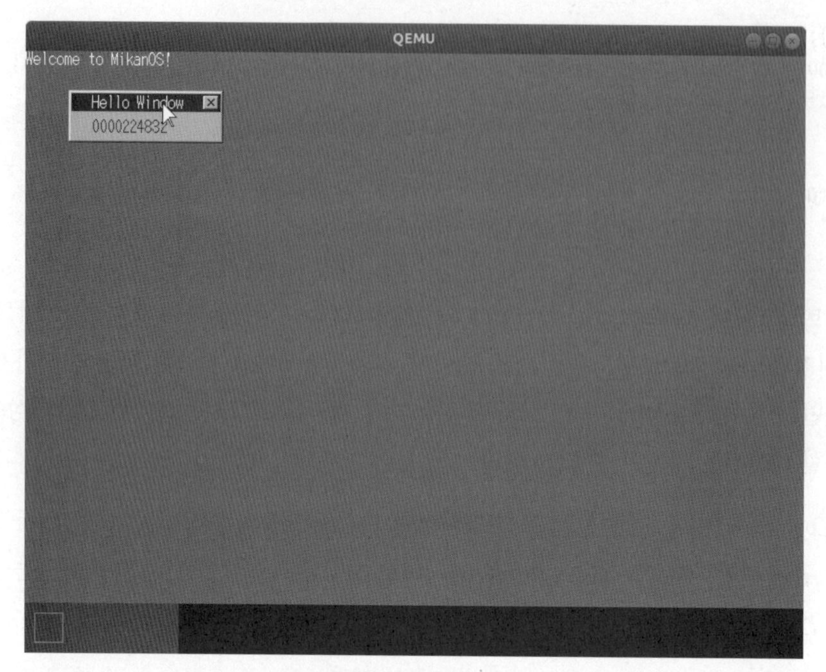

그림 10.7 윈도우를 움직이는 모습

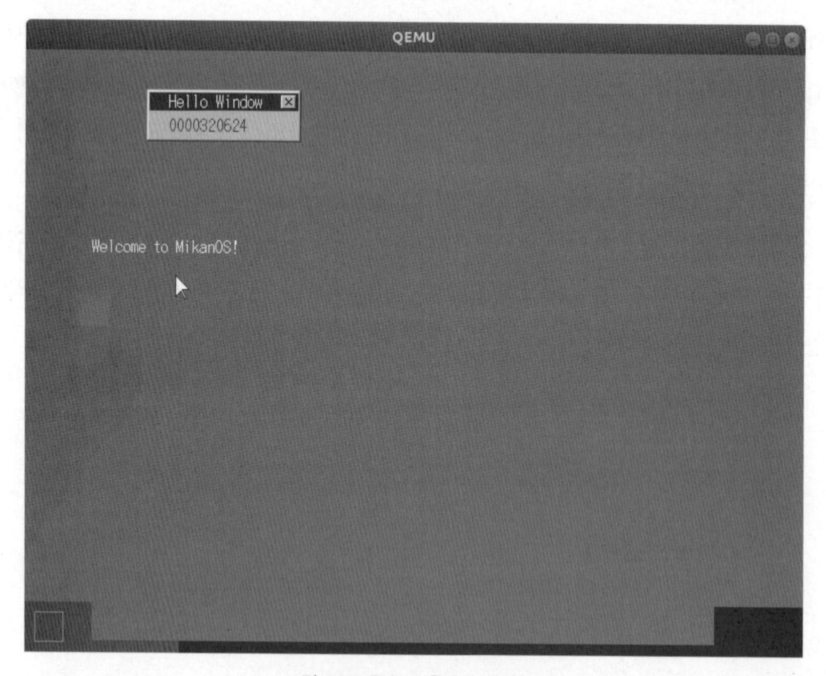

그림 10.8 콘솔도 움직여 버렸다.

윈도우를 움직이며 놀고 있는데 갑자기 콘솔이 어긋나 버렸다!(그림 10.8). 그렇다. 콘솔도 윈도우의 한 종류이므로 움직여버린 것이다. 그렇다는 것은 배경화면도 움직일 수 있다는 뜻일까? 맞다. 움직일 수 있다. 이건 조금 어설프지만 10장의 마무리로 마우스로 움직일 수 있는 것과 움직일 수 없는 것을 구별하는 구조를 만들어 보자.

10.7 윈도우만 드래그 이동(osbook_day10g)

윈도우가 드래그 조작에 의해 쓸데없이 이동하지 않으려면 드래그의 가능 여부를 나타내는 속성을 레이어에 갖게 하고, 해당 속성을 MouseObserver() 안에서 체크하면 된다. 한 번 구현해 보자.

리스트 10.31 드래그 가능을 표시하는 draggable_ 플래그 추가(layer.hpp)

```
 private:
  unsigned int id_;
  Vector2D<int> pos_{};
  std::shared_ptr<Window> window_{};
  bool draggable_{false};
```

리스트 10.31은 Layer 클래스의 멤버 변수 변경점을 보여준다. draggable_이라는 bool 타입의 멤버 변수를 추가했다. 그 초기 값을 false로 지정한다. 초기 값이 false든 true든 상관은 없지만 지금 시점에서 드래그 불가능한 레이어쪽이 많기에 초기 값을 false로 하는 편이 코드 변경을 줄일 수 있다. 그러고 보니 pos_와 window_의 초기 값을 지정하지 않은 것이 신경 쓰였기에 만약을 위해 초기화했다.

리스트 10.32 draggable_ 플래그를 설정, 취득하는 메소드(layer.cpp)

```
Layer& Layer::SetDraggable(bool draggable) {
  draggable_ = draggable;
  return *this;
}

bool Layer::IsDraggable() const {
  return draggable_;
}
```

리스트 10.32는 Layer 클래스에 추가한 2개의 메소드를 보여준다. 추가한 draggable_에 값을 설정하거나 취득하는 메소드로 간단하다.

리스트 10.33 MouseObserver()에서 드래그 가능 플래그를 체크한다(main.cpp)

```
  if (!previous_left_pressed && left_pressed) {
    auto layer = layer_manager->FindLayerByPosition(mouse_position, mouse_layer_
    id);
    if (layer && layer->IsDraggable()) {
      mouse_drag_layer_id = layer->ID();
    }
```

MouseObserver()에서는 방금 추가한 Layer::IsDraggable()을 사용해 드래그 가능성을 확인한다(리스트 10.33). 왼쪽 버튼을 눌렀을 때 취득한 레이어가 드래그 가능한 경우에만 mouse_drag_layer_id에 값을 설정한다. 드래그 불가능한 레이어상에서 왼쪽 버튼을 눌렀다면 mouse_drag_layer_id는 0 그대로를 유지한다.

리스트 10.34 메인 윈도우만을 드래그 가능하게 한다(main.cpp)

```
auto main_window_layer_id = layer_manager->NewLayer()
    .SetWindow(main_window)
    .SetDraggable(true)
    .Move({300, 100})
    .ID();
```

Layer::SetDraggable() 메소드를 사용해 메인 윈도우를 포함한 레이어만을 드래그 가능하게 설정했다(리스트 10.34). 이제 실행하면 콘솔이나 배경 레이어는 드래그 이동을 할 수 없을 것이다.

11장

타이머와 ACPI

OS의 기본 기능에 시간을 측정하는 기능이 있다. 10장까지는 Local APIC 타이머를 폴링해 값을 읽고 고속화를 위한 시간측정을 했다. 11장에서는 여러 개의 타이머를 사용해 편하게 시간을 측정할 수 있는 구조를 만들려고 한다. 왜냐하면 시간을 측정하는 처리는 앞으로 많이 필요하기 때문이다.

11.1 소스코드 정리(osbook_day11a)

타이머 이야기를 하려고 다시 main.cpp를 보니 메인 함수가 뒤죽박죽이라 끔찍하다. 하나의 함수는 한 화면에 들어갈 정도로 짧게 만드는 것이 이상적인데, 필자의 PC에서는 다섯 화면 정도가 된 긴 함수가 돼 버렸다. 또한 인터럽트 핸들러나 마우스 이벤트 핸들러 같은 이름으로 볼 때 interrupt.cpp나 mouse.cpp에 있을 것 같은 기능이 main.cpp에 있는 것도 마음에 들지 않는다. 그런 이유로 main.cpp를 정리하기로 했다.

리스트 11.1 KernelMainNewStack()를 정리한 모습(main.cpp)

```
extern "C" void KernelMainNewStack(
    const FrameBufferConfig& frame_buffer_config_ref,
    const MemoryMap& memory_map_ref) {
  MemoryMap memory_map{memory_map_ref};

  InitializeGraphics(frame_buffer_config_ref);
  InitializeConsole();

  printk("Welcome to MikanOS!\n");
  SetLogLevel(kWarn);

  InitializeSegmentation();
  InitializePaging();
  InitializeMemoryManager(memory_map);
  ::main_queue = new std::deque<Message>(32);
  InitializeInterrupt(main_queue);

  InitializePCI();
  usb::xhci::Initialize();

  InitializeLayer();
  InitializeMainWindow();
  InitializeMouse();
  layer_manager->Draw({{0, 0}, ScreenSize()});
```

여러 가지 정리를 했다. 리스트 11.1은 메인 함수에서 루프보다 앞쪽에 있는 부분을 추려서 보여준다. 이전에 비해 상당히 깔끔한 외형이 됐다. 기본적으로는 메인 함수에 있던 코드를 다른 파일의 InitializeXXX()라는 함수로 이동시켰을 뿐이지만 약간의 변경도 있다. 예를 들어 main_queue는 지금까지 ArrayQueue라고 하는 자체 제작 큐였는데 표준 라이브러리 큐로 전환했다. ArrayQueue는 메모리 관리를 사용할 수 있게 된 지금은 더 이상 필요하지 않다.

그 외 변경사항이 너무 많긴 하지만 코드의 이동이 대부분이라서 전부를 설명할 수는 없다. 흥미 있는 분은 제공된 소스코드에서 확인하기 바란다.

11.2 타이머 인터럽트(osbook_day11b)

'9장 중첩처리'와 '10장 윈도우'에서는 Local APIC 타이머를 폴링으로 데이터를 읽어와 함수의 실행시간을 측정하고 있었다. 하지만 이 방법으로는 한 번에 하나의 시간만 측정할 수 있어서 불편하다. 앞으로는 콘솔에 입력 기능을 추가하고 입력 커서를 점멸시키기 위해 타이머를 사용하면서 동시에 함수 실행시간을 측정한다. 또한 애플리케이션을 만들게 되면 지정한 초수만큼 슬립하는 기능도 구현하고 싶다. 이 기능을 만들기 위해서는 여러 개의 타이머를 동시에 작동시켜야 한다.

Local APIC 타이머는 한 개의 CPU 코어에 하나만 탑재돼 있다. 여러 개의 타이머를 동시 병행해서 작동시키려면 어떻게 해야 할까? 예를 들어 짧은 시간에 Local APIC를 주기적으로 동작시켜 그 횟수를 세어서 시간을 측정하면 좋을 것이다. 빨리 이 아이디어를 구현해 보자.

우선 Local APIC 타이머를 주기 모드로 실행시키고 시간이 올 때마다 인터럽트를 발생시켜본다. 이 작업은 매우 간단하다.

리스트 11.2 타이머를 주기 모드로 설정해 인터럽트를 허용한다(timer.cpp)

```
void InitializeLAPICTimer() {
  divide_config = 0b1011; // divide 1:1
  lvt_timer = (0b010 << 16) | InterruptVector::kLAPICTimer; // not-masked, periodic
  initial_count = kCountMax;
}
```

우선 리스트 11.2에 나타낸 것처럼 InitializeLAPICTimer()가 LocalAPIC 타이머를 주기 모드로 설정하게 한다. 여기에 인터럽트를 허용하고 인터럽트 벡터번호는 Interrupt

Vector::kLAPICTimer로 설정했다. 이것으로 Current Count 레지스터 값이 0이 될 때마다 지정한 벡터번호로 인터럽트가 생성된다. 여기서 설정하는 LVT Timer 레지스터 필드의 정의는 표 9.3을 참조하자.

리스트 11.3 인터럽트 벡터 번호의 정의를 추가한다(interrupt.hpp)

```
class InterruptVector {
 public:
  enum Number {
    kXHCI = 0x40,
    kLAPICTimer = 0x41,
  };
};
```

인터럽트 벡터번호 InterruptVector::kLAPICTimer는 interrupt.hpp에 정의했다(리스트 11.3). 0x21 이상 0xff 이하 외에는 받지 않는 값으로 해둘 필요가 있다.

리스트 11.4 메인 함수에서 InitializeLAPICTimer()를 호출한다(main.cpp)

```
InitializeLAPICTimer();
```

수정한 InitializeLAPICTimer()를 메인 함수에서 호출하게 한다(리스트 11.4).

리스트 11.5 Local APIC 타이머용 인터럽트를 등록한다(interrupt.cpp)

```
void InitializeInterrupt(std::deque<Message>* msg_queue) {
  ::msg_queue = msg_queue;

  SetIDTEntry(idt[InterruptVector::kXHCI],
              MakeIDTAttr(DescriptorType::kInterruptGate, 0),
              reinterpret_cast<uint64_t>(IntHandlerXHCI),
              kKernelCS);
  SetIDTEntry(idt[InterruptVector::kLAPICTimer],
              MakeIDTAttr(DescriptorType::kInterruptGate, 0),
              reinterpret_cast<uint64_t>(IntHandlerLAPICTimer),
              kKernelCS);
  LoadIDT(sizeof(idt) - 1, reinterpret_cast<uintptr_t>(&idt[0]));
}
```

인터럽트를 생성하는 측(Local APIC 타이머)의 설정을 완료했으면 인터럽트를 받는 측의 설정을 수행한다. 리스트 11.5는 인터럽트 핸들러의 등록 처리를 보여준다. `InitializeInterrupt()`는 메인 함수가 호출하며, IDT로 핸들러를 등록하고 IDT를 `IDTR` 레지스터에 등록한다. 파라미터 `msg_queue`에는 메인 함수에서 생성한 `main_queue`가 전달된다.

리스트 11.6 인터럽트 핸들러 본체(interrupt.cpp)

```
namespace {
  std::deque<Message>* msg_queue;

  __attribute__((interrupt))
  void IntHandlerXHCI(InterruptFrame* frame) {
    msg_queue->push_back(Message{Message::kInterruptXHCI});
    NotifyEndOfInterrupt();
  }

  __attribute__((interrupt))
  void IntHandlerLAPICTimer(InterruptFrame* frame) {
    msg_queue->push_back(Message{Message::kInterruptLAPICTimer});
    NotifyEndOfInterrupt();
  }
}
```

리스트 11.6은 인터럽트 핸들러의 정의를 보여준다. `msg_queue`에는 메인 함수에서 생성된 `main_queue`가 설정돼 있기 때문에 거기로 인터럽트가 발생한 걸 알리는 메시지를 추가(push_back)한다. 인터럽트 마지막에 `NotifyEndOfInterrupt()`를 잊으면 두 번째 이후의 인터럽트가 도착하지 않게 돼 버린다.

리스트 11.7 메인 함수 내에서 타이머를 처리한다(main.cpp)

```
    switch (msg.type) {
    case Message::kInterruptXHCI:
      usb::xhci::ProcessEvents();
      break;
    case Message::kInterruptLAPICTimer:
      printk("Timer interrupt\n");
      break;
```

이번에는 우선 타이머 인터럽트를 발생시키는 것이 목적이므로 리스트 11.7처럼 인터럽트가 도착한 것을 단순히 출력해 보겠다. 일정 주기로 'Timer interrupt'라고 표시되면 성공이다. 한 번 실행해 보자(그림 11.1). 시작한 후 잠시 기다리면 타이머 인터럽트가 제대로 발생한다.

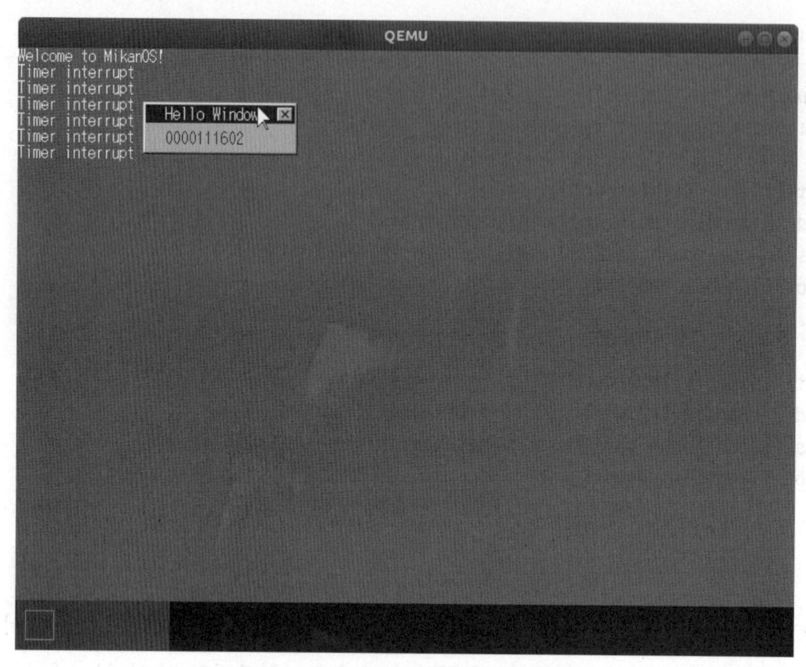

그림 11.1 타이머 인터럽트를 발생시킨 모습

11.3 세밀하게 시간을 측정하자(osbook_day11c)

지금의 타이머 인터럽트는 필자의 환경에서 초당 한 번 페이스로 발생하는 것 같다(기종에 따라 좀 더 빠르거나 느릴 수 있다). 지금의 상태에서도 인터럽트 횟수를 세어서 초 단위의 시간측정이 가능하므로 부엌의 타이머 같은 용도로는 충분히 실용적일 수 있다. 하지만 OS 기능으로 타이머를 사용하고 싶기 때문에 초 단위로는 너무 느리다. 1밀리초 정도의 분해능력이 필요한 시점이다.

그런 이유로 Local APIC 타이머를 좀 더 짧은 주기로 동작시키면서 그 인터럽트 횟수를 세어, 짧은 시간도 긴 시간도 측정할 수 있게 해 보려고 한다. 해야 할 작업은 `Initial`

Count 레지스터에 쓰는 값의 크기를 줄이고 인터럽트 횟수를 세는 구조를 만드는 것이다. 바로 구현해 보자.

리스트 11.8 TimerManager 클래스는 타이머 인터럽트 횟수를 센다(timer.hpp)

```
class TimerManager {
 public:
  void Tick();
  unsigned long CurrentTick() const { return tick_; }

 private:
  volatile unsigned long tick_{0};
};

extern TimerManager* timer_manager;
```

인터럽트 횟수를 세기 위해 TimerManager 클래스를 제작하기로 한다(리스트 11.8). tikck_이란 멤버 변수가 인터럽트 횟수를 기억한다. Tick() 메소드는 인터럽트 횟수를 1만큼 증가시키며 CurrentTick() 메소드는 현재의 인터럽트 횟수를 반환한다.

tick_에는 volatile 키워드를 붙여서 tick_과 관련된 최적화를 제한한다. volatile 키워드를 사용하는 이유는 tick_은 인터럽트 핸들러에서 변경되며 인터럽트 핸들러 외부에서 참조하기 때문이다. C++ 컴파일러는 인터럽트 핸들러가 실제로 호출되는 것을 인식 못하기 때문에 최적화에 의해 CurrentTick()이 반환하는 값을 고정시켜 버릴 수 있는 우려가 있다. 자세한 내용은 칼럼 11.1에서 설명한다.

리스트 11.9 인터럽트 발생 시마다 Tick()을 호출한다(timer.cpp)

```
void TimerManager::Tick() {
  ++tick_;
}

TimerManager* timer_manager;

void LAPICTimerOnInterrupt() {
  timer_manager->Tick();
}
```

리스트 11.9는 TimerManager::Tick()의 구현과 이 메소드를 호출하는 함수 LAPICTimerOnInterrupt()을 보여준다. 이 함수는 이후 타이머 인터럽트 핸들러에서 호출할 예정이다.

리스트 11.10 타이머 인터럽트의 주기를 설정한다(timer.cpp)

```
void InitializeLAPICTimer() {
  timer_manager = new TimerManager;

  divide_config = 0b1011; // divide 1:1
  lvt_timer = (0b010 << 16) | InterruptVector::kLAPICTimer; // not-masked, periodic
  initial_count = 0x1000000u;
}
```

리스트 11.10은 수정한 InitializeLAPICTimer()를 나타낸다. 시작 부분에서 TimerManager 클래스의 인스턴스를 생성하는 부분과 Initial Count 레지스터에 설정한 값을 줄인 부분이 주요 변경사항이다.

리스트 11.11 타이머 인터럽트 핸들러(interrupt.cpp)

```
__attribute__((interrupt))
void IntHandlerLAPICTimer(InterruptFrame* frame) {
  LAPICTimerOnInterrupt();
  NotifyEndOfInterrupt();
}
```

작성한 타이머 인터럽트 핸들러를 리스트 11.11에 정리했다. 하는 작업은 단순하다. LAPICTimerOnInterrupt()을 호출하고, 마지막으로 인터럽트 완료를 Local APIC에 통지한다.

지금까지의 구현으로 타이머 인터럽트가 호출될 때마다 timer_manager->Tick()이 호출돼 tick_이 1씩 증가해 가는 상태가 됐다. 메인 루프에서는 지금까지 hlt를 하지 않고 전속력으로 루프 횟수를 세었다. 그걸 변경해 인터럽트가 발생할 때마다 현재의 tick_ 값을 표시하도록 수정했다.

리스트 11.12 메인 루프에서 타이머 값을 표시한다(main.cpp)

```
    __asm__("cli");
    const auto tick = timer_manager->CurrentTick();
    __asm__("sti");

    sprintf(str, "%010lu", tick);
    FillRectangle(*main_window->Writer(), {24, 28}, {8 * 10, 16}, {0xc6, 0xc6,
    0xc6});
    WriteString(*main_window->Writer(), {24, 28}, str, {0, 0, 0});
    layer_manager->Draw(main_window_layer_id);

    __asm__("cli");
    if (main_queue->size() == 0) {
      __asm__("sti\n\thlt");
      continue;
}
```

리스트 11.12에 메인 루프의 수정 부분을 정리했다. 주요 변경사항은 count 변수를 제거한 것과 메인 윈도우에 timer_manager->CurrentTick() 값을 표시하도록 한 것, sti 다음에 hlt하도록 되돌린 부분이다.

timer_manager->CurrentTick()을 실행하는 전후를 cli와 sti로 감싼 이유는 여기서 읽어 들이는 tick_ 변수는 인터럽트 핸들러에서 변경될 가능성이 있기 때문이다. 인터럽트는 어떠한 타이밍에서도 발생할 수 있기 때문에 tick_ 변수를 읽으려고 했던 바로 그 시점에 인터럽트가 발생해 tick_ 변수를 고쳐 써버릴 가능성이 있다. 이 상황은 예상치 못한 오동작의 원인이 되므로 피하고 싶다. 그래서 전후를 cli와 sti로 감싸서 인터럽트를 발생시키지 않게 했다. 이 부분(비동기 환경의 동기 처리)은 매우 어려운 주제이기 때문에 이 책에서는 자세히 다루지 않지만 어쨌든 인터럽트 핸들러에서 고쳐 쓸 가능성이 있는 변수를 인터럽트 핸들러 외부에서 읽을 때는 그 순간에 인터럽트가 발생하지 않도록 보호해 두는 것이 좋다고 기억하자.

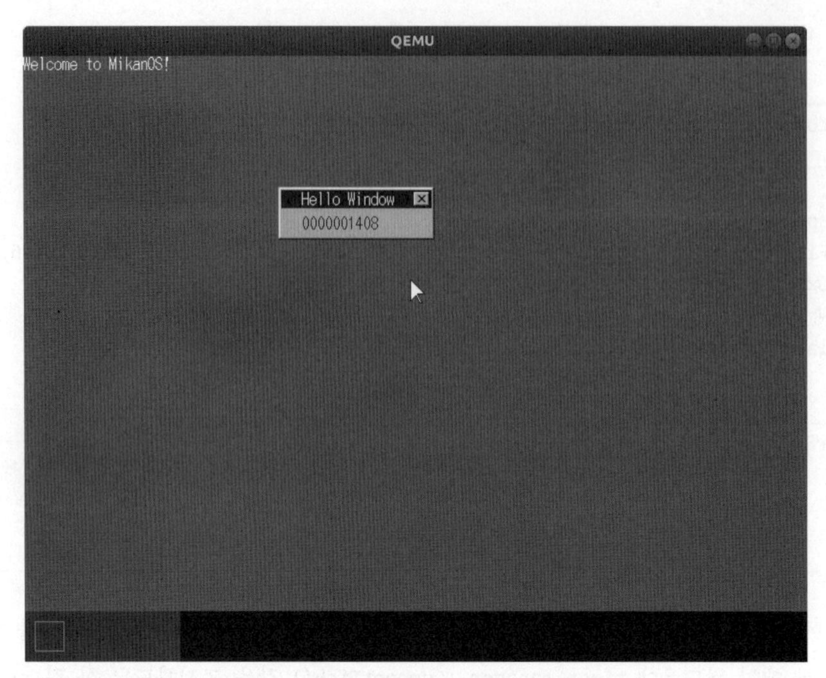

그림 11.2 타이머 인터럽트의 횟수를 표시한다.

지금까지 구현한 내용을 실행해 보면 그림 11.2 같이 나온다. 사진에서는 별로 차이를 알 수 없지만 필자의 QEMU상에서 실행시켜보면 카운터가 천천히 움직이게 됐다. 그리고 전속력으로 루프를 돌리지 않기 때문에 CPU 사용률이 큰 폭으로 감소했다. 성공이다!

칼럼 11.1 volatile의 필요성

다음과 같이 루프에서 CurrentTick()을 반복 호출해 시간경과를 기다리는 프로그램을 작성한다.

```
const auto begin = timer_manager->CurrentTick();
while (begin + 10 > timer_manager->CurrentTick());
```

CurrentTick()은 tick_ 값을 읽는다. 루프에 들어가기 전에 현재 값을 읽어두고 10카운트할 때까지 기다리는 것을 의도하는 프로그램이다. CurrentTick()의 값이 점점 증가해 begin + 10에 도달하면 루프를 벗어난다. 특별한 문제는 없는 것으로 보인다.

이 루프 내에는 Tick()의 호출 등이 없기 때문에 C++ 컴파일러는 tick_ 변수 값이 루프상에서는 변하지 않는다고 판단할 가능성이 있다. 그 경우 tick_이 변하지 않는데 CurrentTick()을 매번 호출하는 것은 쓸데없으므로 대신 고정 값으로 채우게 된다. 그렇게 되면 이 while 루프는 실질적으로 무한 루프가 돼 버린다. C++ 컴파일러는 현재의 콘텍스트에서만 프로그램이 동작한다고 가정해 최적화를 수행하기 때문에 타이머 인터럽트로 tick_ 값이 변화한다는 사실은 무시된다.

tick_에 volatile 키워드를 추가하면 이 변수는 휘발성이라고 컴파일러에게 의미를 전달할 수 있다. 휘발성이란 값이 언제라도 변화할 가능성이 있다는 성질이란 뜻으로, 하드웨어 레지스터가 대표적인 휘발성 변수다. 컴파일러는 휘발성 변수의 읽기 쓰기는 최적화하지 않기 때문에 이 프로그램의 while 루프가 무한 루프가 되지 않도록 해서 의도한 대로 동작할 수 있게 해준다.

11.4 여러 개의 타이머와 타임아웃 통지(osbook_day11d)

타임아웃이란 용어는 타이머에 설정한 시간이 경과한 것을 의미하는 용어다. Local APIC 타이머의 `Current Count` 레지스터가 0이 되는 것도 타임아웃이라고 할 수 있다. Local APIC 타이머는 타임아웃하면 인터럽트로 CPU에 통지한다.

이 절에서는 `TimerManager::tick_`을 기준으로 동작하는 논리적인 타이머를 생성하고, 타임아웃했을 때 통지하는 기능을 구현해 본다. Local APIC 타이머는 1카운트가 몇 초인지는 명확하지 않기 때문에 초를 측정하는 데는 사용할 수 없지만 'Local APIC 타이머 시간'이라고 할까, Local APIC 타이머의 1카운트를 기준으로 한 시간 측정은 할 수 있다.

리스트 11.13 논리 타이머를 나타내는 Timer 클래스(timer.hpp)

```
class Timer {
 public:
  Timer(unsigned long timeout, int value);
  unsigned long Timeout() const { return timeout_; }
  int Value() const { return value_; }

 private:
  unsigned long timeout_;
  int value_;
};
```

논리적인 타이머를 나타내는 Timer 클래스를 작성했다(리스트 11.13). 이 클래스는 타임아웃 시간을 나타내는 timeout_ 변수와 타임아웃 시 송신할 값을 저장하는 value_ 변수를 갖는 매우 단순한 클래스다. 타임아웃 시각이 TimerManager::tick_을 초과하면 타임아웃시키려고 한다.

리스트 11.14 TimerManager가 복수의 논리 타이머를 갖도록 했다(timer.hpp)

```
class TimerManager {
 public:
  TimerManager(std::deque<Message>& msg_queue);
  void AddTimer(const Timer& timer);
  void Tick();
  unsigned long CurrentTick() const { return tick_; }

 private:
  volatile unsigned long tick_{0};
  std::priority_queue<Timer> timers_{};
  std::deque<Message>& msg_queue_;
};
```

리스트 11.14는 수정한 TimerManager 클래스의 정의를 나타낸다. 여러 개의 논리 타이머를 유지하기 위해 timers_ 변수와 타이머의 타임아웃을 통지하기 위한 메시지 큐를 가리키는 msg_queue_ 참조 변수를 만들었다. std::priority_queue는 처음으로 등장하는 자료구조이므로 설명하겠다.

std::priority_queue는 우선순위가 있는 큐라는 데이터 구조다. 일반적인 큐는 FIFO라고 불리는 것처럼 최초에 넣은 데이터가 처음으로 꺼내지는 데이터 구조였다. 우선순위 큐는 '큐'라고 명명하고 있지만 FIFO가 아니다. 입력한 순서와는 관계없이 그 순간에 저장된 데이터 중에서 가장 우선도가 높은 데이터를 꺼내는 구조다.

std::priority_queue의 경우 우선도는 less 연산자(<)를 사용해 결정한다. 즉 less 연산자로 비교해서 큰 쪽이 우선도가 높다는 의미다. 예를 들어 정수 2와 3의 경우 2<3이므로 3의 우선도가 2보다 높다고 판단한다. timers_의 요소는 Timer이므로 2개의 타이머 t1과 t2가 있을 때 t1<t2라면 타이머 t2의 우선도가 높다는 의미가 된다. 다만 표준으로는 Timer끼리 비교할 수 있는 less 연산자는 제공하지 않으므로 스스로 만들어야 한다.

리스트 11.15 타이머의 우선순위를 비교하기 위한 less 연산자(timer.hpp)

```
/** @brief 타이머 우선도를 비교한다. 타임아웃이 길수록 우선도 낮음 */
inline bool operator<(const Timer& lhs, const Timer& rhs) {
  return lhs.Timeout() > rhs.Timeout();
}
```

그래서 less 연산자를 만들었다(리스트 11.15). 이 less 연산자는 2개의 타이머 우선도를 비교해서 우선도가 lhs<rhs인 경우에 참을 반환한다. 그런데 타이머의 '우선도'란 무엇일까? 다양한 결정방법이 있겠지만 지금은 타임아웃의 처리에 적합한 우선도를 생각한다.

타임아웃 처리는 대략적으로 말하면 timers_에서 타임아웃한 타이머를 찾아서 timers_로부터 제거하는 처리다. 즉 각각의 타이머에 대해 timeout_ 변수가 timer_manager->tick_의 값 이하인지를 조사하고, 만약 그렇다면 timer_manager->timers_에서 제거한다. 타이머에는 3 카운트 후에 타임아웃하거나 1만 카운트 후에 타임아웃하는 것도 있을지 모르지만 가장 먼저 타임아웃 처리를 해야 하는 것은 3 카운트 후에 타임아웃하는 타이머다. 그렇단 것은 타이머의 우선도를 "타임아웃이 가까운 쪽을 우선도가 높게 한다."로 해두면 좋을 것이다. 우선도를 그렇게 결정해 두면 timer_manager->timers_에서 타임아웃이 가까운 순서로 타이머를 꺼내는 구조로 만들 수 있다. 그것을 코드로 표현한 것이 리스트 11.15다.

리스트 11.16 AddTimer()는 타이머를 우선순위 큐에 삽입한다(timer.cpp)

```
TimerManager::TimerManager(std::deque<Message>& msg_queue)
  : msg_queue_{msg_queue} {
  timers_.push(Timer{std::numeric_limits<unsigned long>::max(), -1});
}

void TimerManager::AddTimer(const Timer& timer) {
  timers_.push(timer);
}
```

리스트 11.16은 TimerManager 클래스의 생성자와 AddTimer() 메소드의 구현을 보여준다. 생성자의 파라미터 msg_queue에는 메인 함수에서 생성한 main_queue가 전달된다. msg_queue_는 그 메세지 큐를 가리키는 참조다. 생성자의 본문에서는 timers_ 변수에 타이머를 1개 삽입하고 있다. 이 타이머는 타임아웃 값(unsigned long)으로 나타낼 수 있는 최대 값을 가지며 다른 타이머보다 우선도가 낮게 된다. 파수꾼sentinel이라는 테크닉을 활용하기 위해 이 타이머를 삽입하는데, 나중에 자세히 설명하겠다.

AddTimer()는 지정된 타이머를 timers_에 추가한다. timers_는 우선순위 큐이므로 당연히 타이머는 끝에 추가되지 않고 타임아웃 값이 작은 순으로 정렬된다.

리스트 11.17 Tick()할 때마다 타임아웃 처리를 수행한다(timer.cpp)

```
void TimerManager::Tick() {
  ++tick_;
  while (true) {
    const auto& t = timers_.top();
    if (t.Timeout() > tick_) {
      break;
    }

    Message m{Message::kTimerTimeout};
    m.arg.timer.timeout = t.Timeout();
    m.arg.timer.value = t.Value();
    msg_queue_.push_back(m);

    timers_.pop();
  }
}
```

리스트 11.17은 `TimerManager::Tick()`의 구현을 보여준다. 이전까지는 `++tick_;`만 하는 메소드였지만 이번에는 타임아웃 처리를 추가했기 때문에 외형이 뭔가 그럴 듯해 보인다. 기억을 상기시키기 위해 써보자면 이 `Tick()`은 Local APIC 타이머의 인터럽트 핸들러에서 실행한 `LAPICTimerOnInterrupt()`에서 호출되는 메소드였다.

while 루프 시작부분에서는 `timers_`에서 가장 우선도가 높은 타이머를 얻어서 그걸 참조 변수 `t`로 설정한다. 다음 줄에서는 획득한 타이머 t의 타임아웃 시각을 조사하고, 아직 `tick_`값보다 크다면 while 루프를 빠져 나온다. t는 그 시점에서 가장 우선도가 높은 타이머, 즉 타임아웃이 가장 가까워진 타이머이므로 해당 타이머가 아직 타임아웃되지 않았다면 그 이상의 `timer_`에 남아있는 타이머를 조사할 필요는 없다.

타이머 t가 타임아웃하면 while 루프를 빠져 나오지 않고 그 다음의 처리로 이동한다. 타이머의 타임아웃 시각(`t.Timeout()`)과 통지용 값(`t.Value()`)을 사용해 통지용 메시지 m을 생성하고, 이 메시지를 메시지 큐 `msg_queue_`에 추가한다. 이렇게 하면 타이머가 만료됐음을 메인 함수 측에서 감지할 수 있다.

리스트 11.18 Message 구조체의 정의(messge.hpp)

```
#pragma once

struct Message {
  enum Type {
    kInterruptXHCI,
    kTimerTimeout,
  } type;

  union {
    struct {
      unsigned long timeout;
      int value;
    } timer;
  } arg;
};
```

메시지 큐의 요소 타입인 `Message` 구조체를 리스트 11.18처럼 수정했다. 지금까지는 통지 메시지 종류를 나타내는 멤버 변수 `type`밖에는 없었지만, 지금은 타임아웃 시각과 통지용 값을 나타내기 위해 arg 멤버 변수를 추가했다. 이 메시지 구조체를 이후에도 다양한 통지에서 사용하려면 arg는 여러 종류의 데이터를 다룰 수 있어야 한다. 그래서 arg를 공용체로 정의했다. type이 kTimerTimeout인 메시지에서는 arg.timer를 사용한다.

리스트 11.19 메인 함수 내에서 타이머를 2개 생성한다(main.cpp)

```
  InitializeLAPICTimer(*main_queue);

  timer_manager->AddTimer(Timer(200, 2));
  timer_manager->AddTimer(Timer(600, -1));
```

타이머를 구현했으니 실제 몇 개의 타이머를 생성해 한 번 활용해 보자. 리스트 11.19는 타이머를 생성하고 등록하는 예를 보여준다. 각각 200카운트와 600카운트 후에 타임아웃하는 2개의 타이머를 생성해 timer_manager에 등록한다.

리스트 11.20 타임아웃 통지를 표시하고 타이머를 추가 등록한다(main.cpp)

```
    case Message::kTimerTimeout:
      printk("Timer: timeout = %lu, value = %d\n",
          msg.arg.timer.timeout, msg.arg.timer.value);
      if (msg.arg.timer.value > 0) {
        timer_manager->AddTimer(Timer(
            msg.arg.timer.timeout + 100, msg.arg.timer.value + 1));
      }
      break;
```

타이머가 타임아웃(만료)했을 때 main_queue에 들어오는 통지 메시지를 처리하는 부분을 작성했다(리스트 11.20). 타이머의 타임아웃 시각과 통지용 값을 콘솔에 표시한다. 정보를 표시한 후 통지용 값이 양수라면 100 카운트 후에 타임아웃하는 타이머를 추가 등록한다. 이렇게 하면 100 카운트 주기로 타임아웃하는 타이머를 표현할 수 있다. 추가 등록할 때 통지용 값을 1만큼 증가시키는 것에 큰 뜻은 없다. 1씩 값이 증가하면 보고 있을 때 이해하기 쉬울 것 같다는 정도의 의미가 있다. 같은 값으로 유지해도 문제는 없다.

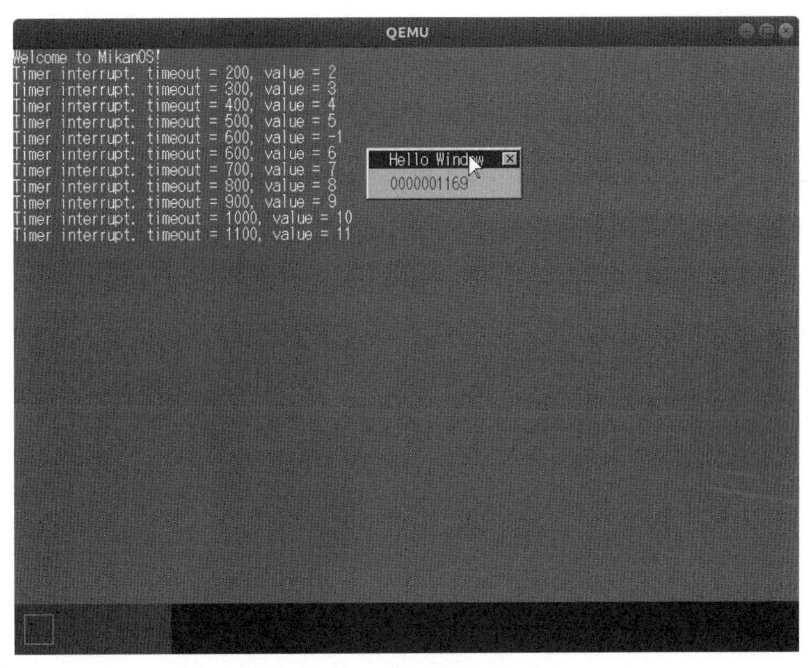

그림 11.3 두 개의 타이머를 동작시키는 모습

그림 11.3은 두 개의 타이머를 실행하는 모습을 보여준다. 100 카운트 주기의 타이머와 600 카운트의 단발 타이머가 동작하는 모습을 확인할 수 있다. 제대로 동작하고 있으니 대성공이다.

11.5 ACPI PM 타이머와 RSDP(osbook_day11e)

지금까지 다룬 Local APIC 타이머는 1카운트가 몇 초인지 모르는 타이머다. 게다가 기종에 따라 동작속도에 커다란 차이(필자의 환경에서는 QEMU에서 100카운트가 수초, 실기에서는 수십 초)가 있으므로 지금 이 상태로는 사용하기가 편하지 않다. timer.cpp에서 `initial_count`에 대입하는 값을 조정하면 `tick_`이 증가하는 시간을 변화시키는 것이 가능하므로 어떻게든 이 `tick_`이 증가하는 시간을 자동 조정하는 방법을 생각해 본다.

동작 주파수를 알고 있는 타이머를 사용해 Local APIC 타이머의 주기를 측정하면 좋을 것 같다. 실제 현대 PC에서는 Local APIC 타이머 외에도 몇 개의 타이머가 탑재돼 있다.

그중에서 동작 주파수를 아는 타이머를 사용하면 Local APIC 타이머의 1카운트가 몇 초인지를 계산할 수 있다. 이 절에서는 ACPI PM 타이머를 사용해 Local APIC 타이머의 주기를 측정하는 기능을 만든다.

ACPI Advanced Configuration and Power Interface는 컴퓨터의 구성과 전원을 관리하기 위한 규격이다. 현대의 PC는 이 ACPI 규격에 따라 제작되며, PC에 탑재된 부품의 구성정보를 여기서 취득할 수 있다. ACPI PM Power Management 타이머는 이름 그대로 ACPI의 전원관리를 위해 탑재된 타이머이지만 전원관리 이외의 목적으로도 사용할 수 있다. 필자의 경험상 ACPI PM 타이머는 거의 모든 기종에 탑재돼 있다. ACPI PM 타이머가 없는 기종을 사용하는 경우는 이후 소개하는 프로그램에서는 동작하지 않는 점 양해 바란다.

먼저 ACPI PM 타이머를 사용하기 위해 필요한 것은 타이머를 제어하기 위한 레지스터의 IO 포트 번호와 레지스터의 내용에 대한 지식이다. 그래서 IO 포트 번호를 얻는 것부터 시작하겠다. ACPI PM 타이머의 레지스터 포트 번호는 메모리 어드레스 공간에 있는 FADT Fixed ACPI Description Table라는 테이블에 기재돼 있다. 이 FADT의 위치(메모리 어드레스)를 알고 있는 것은 XSDT Extended System Descriptor Table이며, 이 또한 메모리 어드레스 공간에 있는 테이블을 살펴봐야 한다. 그리고 XSDT의 위치는 RSDP Root System Description Pointer에 기재돼 있다. 그러므로 우선은 RSDP를 취득하는 것에서부터 시작한다.

RSDP는 포인터라는 이름이 붙어있는데, C++의 포인터 같은 단순한 것이 아닌 구조체로 돼 있다. RSDP 구조체도 메모리 어드레스 공간에 놓여 있으며 그 위치는 UEFI BIOS가 알고 있다. 그래서 부트로더를 수정해 UEFI BIOS로부터 그 정보를 취득하고 OS 측에 전달하게 한다.

리스트 11.21 UEFI 메인 함수

```
EFI_STATUS EFIAPI UefiMain(
    EFI_HANDLE image_handle,
    EFI_SYSTEM_TABLE* system_table) {
  ...
}
```

부트로더의 메인 함수 `UefiMain()`의 정의는 리스트 11.21 같이 돼 있다. 보다시피 메인 함수의 두 번째 파라미터에는 `EFI_SYSTEM_TABLE` 구조체 포인터가 전달된다. 지금까지는 system_table을 전혀 사용하지 않았지만 RSDP 위치를 알려면 system_table을 알아봐야 한다. EFI_SYSTEM_TABLE 구조체의 멤버 변수 중에서 RSDP 취득에 필요한 부분은 표 11.1에 나와 있다.

표 11.1 EFI_SYSTEM_TABLE 구조체의 멤버 변수(발췌)

멤버 이름	타입
NumberOfTableEntries	UINTN
ConfigurationTable	EFI_CONFIGURATION_TABLE*

ConfigurationTable은 구성정보의 배열을 가리키는 포인터로, 배열의 요소 수는 NumberOfTableEntries에서 알 수 있다. 배열의 요소는 EFI_CONFIGURATION_TABLE 구조체로 표 11.2와 같은 멤버를 가진다. EFI_SYSTEM_TABLE과 EFI_CONFIGURATION_TABLE 구조체의 정의는 UEFI 사양서[1]에 쓰여 있다.

표 11.2 EFI_CONFIGURATION_TABLE 구조체의 멤버

멤버 이름	타입	설명
VendorGuid	EFI_GUID	시스템 설정 테이블을 식별하는 GUID.
VendorTable	VOID*	시스템 설정 테이블로의 포인터

이 테이블에서 VendorGuid가 ACPI를 나타내는 요소를 찾는다. 그 때의 VendorTable이 가리키는 값이 RSDP 구조체에 대한 포인터다.

리스트 11.22 RSDP 구조체에 대한 포인터를 취득하는 UEFI 프로그램(main.c)

```
VOID* acpi_table = NULL;
for (UINTN i = 0; i < system_table->NumberOfTableEntries; ++i) {
  if (CompareGuid(&gEfiAcpiTableGuid,
                  &system_table->ConfigurationTable[i].VendorGuid)) {
    acpi_table = system_table->ConfigurationTable[i].VendorTable;
    break;
  }
```

1 「Unified Extensible Firmware Interface Specification Version 2.8」, Unified EFI Forum, Inc.(https://www.uefi.org/specifications), 2019

```
}

typedef void EntryPointType(const struct FrameBufferConfig*,
                            const struct MemoryMap*,
                            const VOID*);
EntryPointType* entry_point = (EntryPointType*)entry_addr;
entry_point(&config, &memmap, acpi_table);
```

RSDP 포인터를 취득하는 프로그램은 리스트 11.22에서 확인할 수 있다.

프로그램에서 사용하는 CompareGuid()는 2개의 GUID가 같을 때 참을 반환하는 함수이며, 〈Library/BaseMemoryLib.h〉를 포함시키면 사용할 수 있다. 비교대상인 gEfiAcpiTableGuid는 EDK II에 정의된 GUID로 ACPI 2.0 이상을 나타내는 상수다. 루프를 빠져나가면 변수 acpi_table에 RSDP로의 포인터가 설정된 상태로 돼 있을 것이다. 이걸 메인 함수에 전달하도록 파라미터에 const VOID*를 추가했다.

리스트 11.23 gEfiAcpiTableGuid을 Guids 리스트에 추가한다(Loader.inf)

```
[Guids]
  gEfiFileInfoGuid
  gEfiAcpiTableGuid
```

gEfiAcpiTableGuid을 사용하려면 리스트 11.23처럼 Loader.inf의 Guids에 GUID를 추가해야 한다.

리스트 11.24 메인 함수의 파라미터로 RSDP의 참조를 받는다(main.cpp)

```
extern "C" void KernelMainNewStack(
    const FrameBufferConfig& frame_buffer_config_ref,
    const MemoryMap& memory_map_ref,
    const acpi::RSDP& acpi_table) {
```

부트로더 쪽에서 메인 함수의 파라미터를 추가했으므로 본체 측에서도 똑같이 변경한다(리스트 11.24). 부트로더 측에서는 const VOID*로 했지만 본체 측에서는 const acpi::RSDP&로 했다. 타입이 다른 이유는 C++ 프로그램으로써는 코드 측면에서 볼 때 좋은 행위는 아니지만, 결론적으로는 메모리 어드레스를 전달받을 뿐이므로 동작에는 문제없다. acpi::RSDP는 acpi.hpp에 새롭게 정의한 구조체로 이후에 소개할 것이다.

리스트 11.25 ACPI 라이브러리의 초기화 함수를 호출한다(main.cpp)

```
  acpi::Initialize(acpi_table);
  InitializeLAPICTimer(*main_queue);
```

acpi::RSDP 구조체를 받아 여러 처리를 수행하는 acpi::Initialize()를 메인 함수에서 호출하게 했다(리스트 11.25).

리스트 11.26 ACPI의 초기화 함수에서는 RSDP의 무결성 검사를 실시한다(acpi.cpp)

```
void Initialize(const RSDP& rsdp) {
  if (!rsdp.IsValid()) {
    Log(kError, "RSDP is not valid\n");
    exit(1);
  }
}
```

acpi::Initialize()의 구현을 리스트 11.26에 정리했다. rsdp.IsValid()는 파라미터로 지정한 RSDP 구조체가 올바른지를 검증하는 메소드다. acpi::Initialize()는 현 시점에서는 에러 체크만 하는 크게 도움되지 않는 함수이지만 앞으로 확충해 나갈 예정이다.

리스트 11.27 RSDP 데이터를 나타내는 RSDP 구조체의 정의(acpi.hpp)

```
/**
 * @file acpi.hpp
 *
 * ACPI 테이블 정의와 조작용 프로그램을 모은 파일
 */

#pragma once

#include <cstdint>

namespace acpi {

struct RSDP {
```

```
  char signature[8];
  uint8_t checksum;
  char oem_id[6];
  uint8_t revision;
  uint32_t rsdt_address;
  uint32_t length;
  uint64_t xsdt_address;
  uint8_t extended_checksum;
  char reserved[3];

  bool IsValid() const;
} __attribute__((packed));

void Initialize(const RSDP& rsdp);

} // namespace acpi
```

리스트 11.27은 RSDP 구조체 정의를 포함한 acpi.hpp 파일의 내용이다. 이 구조체의 멤버 변수의 의미는 ACPI의 사양[2]에 정해져 있으며 그 의미는 표 11.3과 같다.

표 11.3 RSDP 구조체 멤버 변수의 의미

멤버 이름	타입	offset	설명
signature	char[8]	0	RSDP의 시그니처, 'RSD_PTR_' 8문자
checksum	uint8_t	8	전반부 20바이트의 체크섬
oem_id	char[6]	9	OEM 이름
revision	uint8_t	15	RSDP 구조체의 버전 번호, ACPI 1.0의 경우는 0, 6.2에서는 2
rsdt_address	uint32_t	16	RSDP를 가리키는 32비트 물리 어드레스
length	uint32_t	20	RSDP 전체의 바이트 수
xsdt_address	uint64_t	24	XSDT를 가리키는 64비트 물리 어드레스
extended_checksum	uint8_t	32	확장 영역을 포함한 RSDP 전체의 체크섬
reserved	char[3]	33	예약 영역

2 「Advanced Configuration and Power Interface Specification Version 6.3」, UEFI Forum, Inc.(https://www.uefi.org/specifications), 2019

RSDP의 구조가 손상되지 않았음을 확인하려면 signature가 올바른 값인지 여부, checksum과 extended_checksum을 사용한 체크섬 계산이 올바른지를 확인해야 한다. 체크섬이란 오류검출 방법의 한 종류로, 데이터를 일정 비트 수로 구분하고 모두 더해 0이 되는 것을 확인하는 방법이다. RSDP의 경우는 1바이트씩의 합계가 0이 되는지를 확인한다.

리스트 11.28 IsValid()는 RSDP의 무결성을 검사한다(acpi.cpp)

```
bool RSDP::IsValid() const {
  if (strncmp(this->signature, "RSD PTR ", 8) != 0) {
    Log(kDebug, "invalid signature: %.8s\n", this->signature);
    return false;
  }
  if (this->revision != 2) {
    Log(kDebug, "ACPI revision must be 2: %d\n", this->revision);
    return false;
  }
  if (auto sum = SumBytes(this, 20); sum != 0) {
    Log(kDebug, "sum of 20 bytes must be 0: %d\n", sum);
    return false;
  }
  if (auto sum = SumBytes(this, 36); sum != 0) {
    Log(kDebug, "sum of 36 bytes must be 0: %d\n", sum);
    return false;
  }
  return true;
}
```

리스트 11.28은 RSDP::IsValid()의 구현을 보여준다. 우선 시그니처가 올바른 값인지를 확인한다. signature는 NUL 문자로 끝나지 않으므로 strcmp로 비교해서는 안 된다. 반드시 문자 수를 지정할 수 있는 비교함수를 사용하자.

시그니처 다음은 리비전 검사다. 리비전이 0의 경우는 ACPI 1.0로 결정된 구조체임을 의미하며, 구조체 전반부 20바이트만 존재한다. 리비전이 2(집필시점에서 최신 리비전)인 경우는 36바이트의 크기 구조체임을 의미한다. 우리가 최종적으로 원하는 값은 XSDT 어드레스(xsdt_address)이므로 이 값을 읽으려면 리비전 2가 돼야 한다.

다음으로 구조체 전반부의 20바이트 및 36바이트 체크섬을 계산한다. 전반부 20바이트의 체크섬 계산에는 checksum을 사용한다. 사용한다고는 하지만 명시적으로 뭔가를 하지는 않고 총합에 포함만 할 뿐이다. `SumBytes()`는 리스트 11.29와 같이 정의하고 있다. 이 함수는 주어진 메모리 영역을 1바이트씩 모두 더한다. 20바이트 영역을 1바이트씩 더하면 결과는 1바이트에 들어가지 않고 오버플로우되지만 그래도 괜찮다. 체크섬의 계산은 1바이트씩 모두 더할 때마다 하위 1바이트만 남기는 방법이기 때문이다. 전반부 20바이트의 합계를 얻으면 checksum도 자동적으로 계산에 포함되며, 결과적으로 올바른 체크섬을 계산할 수 있다.

리스트 11.29 SumBytes()는 주어진 메모리 영역을 바이트 단위로 합계한다(acpi.cpp)

```
namespace {

template <typename T>
uint8_t SumBytes(const T* data, size_t bytes) {
  return SumBytes(reinterpret_cast<const uint8_t*>(data), bytes);
}

template <>
uint8_t SumBytes<uint8_t>(const uint8_t* data, size_t bytes) {
  uint8_t sum = 0;
  for (size_t i = 0; i < bytes; ++i) {
    sum += data[i];
  }
  return sum;
}

} // namespace
```

리스트 11.29에서는 C++의 템플릿 기능인 템플릿 특수화를 사용한다. 구현하고 싶은 것은 "바이트 배열과 그 사이즈를 갖고 바이트 단위의 총합을 계산한다."는 기능이다. 그러므로 바이트 배열과 사이즈를 얻는 함수를 정의하면 되겠지만 그 함수를 사용하면 바이트 배열 이외의 변수, 이번 경우라면 RSDP 구조체의 총계를 얻기 위해서는 캐스트가 필요해진다. 템플릿의 특수화를 사용하면 캐스트를 함수 사용자로부터 은폐할 수 있다.

2개의 SumBytes() 정의 중 전자는 일반적인 정의로, 템플릿 파라미터 T에 따라 어떤 타입에도 대응한다. 한편 후자는 uint8_t 특수화된 정의다. 전자에서 T가 uint8_t인 경우에는 전자의 정의 대신에 후자의 정의가 사용된다. 다시 말하면 uint8_t 이외의 타입이 오면 uint8_t로 캐스트해서 특수화된 정의를 사용하는 구조가 된다. 이 구조 덕분에 함수를 사용하는 측에서는 캐스트할 필요 없이 SumBytes(&rsdp, 20)이라고 호출해 체크섬을 계산할 수 있다. 멋지다.

본론으로 돌아와 전반 20바이트의 체크섬 계산까지 설명했다. 다음은 RSDP 본체, 36바이트의 체크섬을 계산한다. 이 체크섬의 계산에는 extended_checksum이 관여한다. 관여한다고 해도 역시 총합에 포함만 할 뿐이다. 36바이트의 총합이 0이라면 체크섬은 올바른 값이 된다.

여기까지의 검사에 모두 문제가 없으면 RSDP의 데이터 구조가 손상되지 않았다고 생각해도 좋다. 검사를 통과했음을 IsValid()는 true를 반환해서 알려준다.

이걸로 RSDP의 취득은 끝났다. 다음으로 XSDT의 취득을 하고 싶지만 많이 지쳤으므로 12장에서 계속 진행하겠다.

12장

키 입력

이제 마우스와 타이머를 사용할 수 있게 돼 OS다워졌다. 다음으로 무엇을 하면 더 OS다울지 생각했으며 12장에서는 키보드 입력을 가능하게 하고 싶다. 실은 키보드도 마우스와 같이 USB HID 종류의 기기이므로 거의 동일하게 제어할 수 있다. 12장을 끝내면 키보드에서 문자열을 입력받아 텍스트 박스에 표시할 수 있게 된다.

12.1 FADT를 찾자(osbook_day12a)

USB 키보드에 들어가기에 앞서 11장에서 남겨둔 작업을 계속 진행한다. ACPI PM 타이머를 사용해 Local APIC 타이머의 1카운트 초수를 계산하는 작업이다. 이를 위해서는 FADT가 필요하며 그 위치를 알기 위해서는 XSDT가 필요했다. 그리고 XSDT의 위치를 알아내기 위해 RSDP를 취득했던 작업을 11장의 마지막에서 수행했다. 이들 관계를 그림으로 표현하면 그림 12.1과 같다.

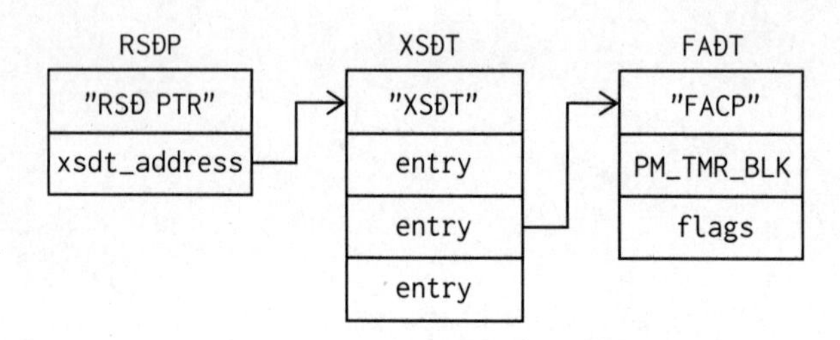

그림 12.1 RSDP, XSDT, FADT의 관계

XSDT는 ACPI의 핵심이 되는 데이터 구조이므로 우선 XSDT를 나타내는 구조체를 정의해 본다.

리스트 12.1 디스크립션 헤더와 XSDT를 나타내는 구조체 정의(acpi.hpp)

```
struct DescriptionHeader {
  char signature[4];
  uint32_t length;
  uint8_t revision;
  uint8_t checksum;
  char oem_id[6];
  char oem_table_id[8];
  uint32_t oem_revision;
  uint32_t creator_id;
  uint32_t creator_revision;

  bool IsValid(const char* expected_signature) const;
} __attribute__((packed));

struct XSDT {
```

```
  DescriptionHeader header;

  const DescriptionHeader& operator[](size_t i) const;
  size_t Count() const;
} __attribute__((packed));
```

리스트 12.1은 acpi::XSDT 구조체와 그 내부에서 사용하는 acpi::DescriptionHeader 구조체의 정의를 보여준다. ACPI에 등장하는 구조체의 특징적인 부분은 XSDT 그 자신과 XSDT에서 지정하는 다른 데이터 구조의 선두에는 공통 헤더인 **디스크립션 헤더**가 있다는 것이다. DescriptionHeader는 그 헤더를 나타내는 구조체다. XSDT는 공통 디스크립션 헤더 다음에 각 데이터 구조의 어드레스를 나열하는 구조로 돼 있다.

리스트 12.2 디스크립션 헤더의 IsValid()는 데이터 구조 전체의 무결성을 확인한다(acpi.cpp)

```
bool DescriptionHeader::IsValid(const char* expected_signature) const {
  if (strncmp(this->signature, expected_signature, 4) != 0) {
    Log(kDebug, "invalid signature: %.4s\n", this->signature);
    return false;
  }
  if (auto sum = SumBytes(this, this->length); sum != 0) {
    Log(kDebug, "sum of %u bytes must be 0: %d\n", this->length, sum);
    return false;
  }
  return true;
}
```

리스트 12.2는 디스크립션 헤더를 사용해 그 데이터 구조의 무결성을 확인하는 IsValid() 메소드를 보여준다. 디스크립션 헤더에 있는 4바이트 시그니처를 확인하고 체크섬을 계산한다. 디스크립션 헤더뿐만 아니라 데이터 구조전체(length에 쓰여진 크기)에 대한 합을 계산한다.

리스트 12.3 XSDT 엔트리에 액세스하는 첨자 연산자(acpi.cpp)

```
const DescriptionHeader& XSDT::operator[](size_t i) const {
  auto entries = reinterpret_cast<const uint64_t*>(&this->header + 1);
  return *reinterpret_cast<const DescriptionHeader*>(entries[i]);
}

size_t XSDT::Count() const {
```

```
  return (this->header.length - sizeof(DescriptionHeader)) / sizeof(uint64_t);
}
```

XSDT는 디스크립션 헤더 뒤에 각 데이터 구조에 대한 어드레스를 나열한 구조로 돼 있다. 이러한 어드레스를 얻기 위해서 리스트 12.3 같이 첨자 연산자(`operator[]`)를 정의했다. 첨자 연산자에서는 [] 안에 지정된 수치를 파라미터 `i`로 전달한 다음 지정한 첨자에 대응하는 어드레스를 얻어서 그 어드레스를 `const DescriptionHeader&` 타입으로 변환해 되돌려준다. `Count()`는 XSDT가 유지하는 데이터 구조의 어드레스 수를 나타낸다.

리스트 12.4 XSDT가 가진 어드레스 배열에서 FADT를 검색한다(acpi.cpp)

```
void Initialize(const RSDP& rsdp) {
  if (!rsdp.IsValid()) {
    Log(kError, "RSDP is not valid\n");
    exit(1);
  }

  const XSDT& xsdt = *reinterpret_cast<const XSDT*>(rsdp.xsdt_address);
  if (!xsdt.header.IsValid("XSDT")) {
    Log(kError, "XSDT is not valid\n");
    exit(1);
  }

  fadt = nullptr;
  for (int i = 0; i < xsdt.Count(); ++i) {
    const auto& entry = xsdt[i];
    if (entry.IsValid("FACP")) { // FACP is the signature of FADT
      fadt = reinterpret_cast<const FADT*>(&entry);
      break;
    }
  }

  if (fadt == nullptr) {
    Log(kError, "FADT is not found\n");
    exit(1);
  }
}
```

좀 전에 만든 XSDT::operator[]()와 XSDT::Count()를 사용해 FADT를 찾는 프로그램을 리스트 12.4에 정리했다. XSDT 데이터 구조는 rsdp.xsdt_address에 기록된 물리 어드레스에 놓여 있다. 그 어드레스를 XSDT 구조체의 포인터로 변환해서 사용한다. 참조 변수 xsdt는 메모리상에 있는 XSDT 데이터 구조체를 가리키게 된다.

for 문에서 FADT를 검색한다. XSDT의 디스크립션 헤더 뒤에 나열된 어드레스 배열을 선두에서부터 살펴가면서 시그니처가 'FACP'인 것을 찾는다. 역사적인 사정으로 FADT의 시그니처는 데이터 구조의 이름과 다르다. 그래서 'FACP'는 틀린 게 아니고 FADT를 가리키는 것이 맞다.

xsdt[i]로 지정하면 XSDT의 디스크립터 헤더 다음에 나열된 어드레스의 i번째를 취득할 수 있다. 그렇다고는 해도 어드레스를 나타내는 정수 값은 아니고 DescriptionHeader 구조체로의 참조를 반환한다. 그걸 entry 참조 변수에서 받아 사용한다. 무사히 FADT를 찾았다면 FADT의 포인터를 acpi::fadt라는 글로벌 변수에 설정하고 for 루프를 빠져나온다.

리스트 12.5 FADT를 나타내는 구조체의 정의(acpi.hpp)

```
struct FADT {
  DescriptionHeader header;

  char reserved1[76 - sizeof(header)];
  uint32_t pm_tmr_blk;
  char reserved2[112 - 80];
  uint32_t flags;
  char reserved3[276 - 116];
} __attribute__((packed));

extern const FADT* fadt;
```

FADT를 나타내는 FADT 구조체의 정의를 리스트 12.5에서 볼 수 있다. FADT는 전체 276바이트인 커다란 구조체이지만 ACPI PM 타이머의 제어에 필요한 멤버 변수는 2개밖에 없다. 불필요한 부분은 reserved1과 같이 해서 건너뛰도록 정의를 간략화했다.

▌12.2 ACPI PM 타이머를 사용하자(osbook_day12b)

FADT를 얻었다면 ACPI PM 타이머를 사용할 준비는 갖췄다. 이번에는 ACPI PM 타이머를 사용해 Local APIC 타이머의 1카운트가 몇 초인지를 측정한다.

ACPI PM 타이머는 3.579545MHz로 항상 동작하는 타이머다. 카운터는 24비트이며 환경에 따라 32비트도 있다. 24비트 카운터라면 약 4.7초를 1주기로 0에 돌아온다. 이 타이머를 사용해 어떻게 하면 Local APIC 타이머의 1카운트를 측정할까? 필자가 생각한 방법은 ACPI PM 타이머가 1초 진행하기를 기다리고, 그 전후로 Local APIC 타이머의 카운터를 읽는 방법이다. 이걸로 현실 세계의 1초와 Local APIC 타이머 주기와의 대응관계를 알 수 있다. 1초 기다리는 처리와 Local APIC 타이머의 카운터를 읽는 처리에 약간 시간이 걸리기 때문에 조금 오차가 나오지만 그건 넘어가도록 하자.

리스트 12.6 WaitMilliseconds()는 지정한 밀리초가 경과하기를 기다린다(acpi.cpp)

```
void WaitMilliseconds(unsigned long msec) {
  const bool pm_timer_32 = (fadt->flags >> 8) & 1;
  const uint32_t start = IoIn32(fadt->pm_tmr_blk);
  uint32_t end = start + kPMTimerFreq * msec / 1000;
  if (!pm_timer_32) {
    end &= 0x00ffffffu;
  }

  if (end < start) { // overflow
    while (IoIn32(fadt->pm_tmr_blk) >= start);
  }
  while (IoIn32(fadt->pm_tmr_blk) < end);
}
```

리스트 12.6 같이 지정한 밀리초를 기다리는 `WaitMilliseconds()`를 구현했다. 첫 번째 줄에서 정의한 변수 `pm_timer_32`는 `fadt->flags`의 8번째 비트를 끄집어낸 것으로, ACPI PM 타이머의 카운터가 32비트 폭이라면 참, 24바이트 폭의 경우에는 거짓이 된다.

ACPI PM 타이머는 특별히 뭔가를 하지 않아도 항상 카운트를 계속한다. 카운트는 `fadt->pm_tmr_blk`가 나타내는 IO 포트에 존재하므로 `IoIn32(fadt->pm_tmr_blk)`로 하면 해당 시점의 카운트 값을 읽을 수 있다. 함수의 2번째 줄에서 그때의 카운트 값을 읽어 start 변수에 기억해 두고 그 값을 사용해 지정된 밀리초 후의 카운트 값을 계산해 end 변수에 설정한다. kPMTimerFreq는 acpi.hpp에 3579545 값의 상수로 정의했다.

네 번째 줄의 if 문에서 카운터 비트의 폭을 확인하고, 24비트 카운터의 경우(pm_timer_32가 0인 경우)에 end 값을 24비트로 제한한다. 이 처리를 하면 카운터 폭이 24비트든 32비트든 간에 이후의 처리를 공통화할 수 있다.

후반부의 if 문은 대부분의 경우에는 실행되지 않고 그대로 마지막 while 문이 실행된다. 이 while 문은 ACPI PM 타이머가 지정한 밀리초만을 경과하길 기다린다. 타이머의 카운트 값이 end가 될 때까지 기다리는 매우 단순한 처리다.

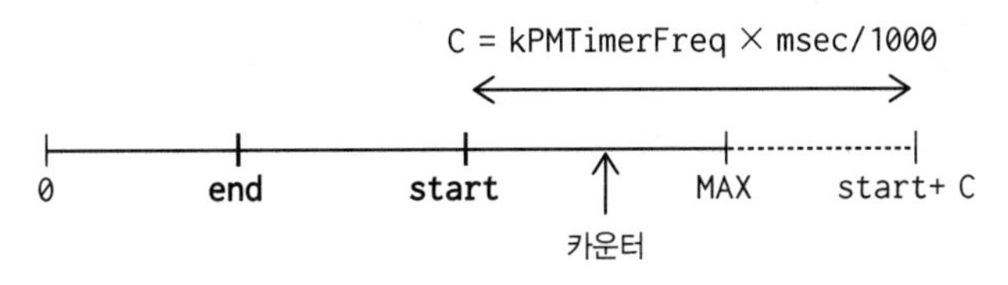

그림 12.2 end가 오버플로우한 모습

그럼 후반부의 if 문은 어떤 때 실행되는가 하면 end가 오버플로우해서 start보다 작아진 경우에 실행된다(그림 12.2). 이때 바로 마지막의 while 문을 실행해 버리면 전혀 기다리지 않고 루프를 빠져 나와 버린다. 그래서 카운터가 오버플로우해서 0으로 돌아올 때까지 기다린다는 것을 if 문 안에 있는 while 문이 수행하는 것이다.

리스트 12.7 Local APIC 타이머의 주파수와 논리 타이머의 주파수(timer.hpp)

```
extern TimerManager* timer_manager;
extern unsigned long lapic_timer_freq;
const int kTimerFreq = 100;
```

WaitMilliseconds()를 사용해 Local APIC 타이머의 1카운트 시간을 계산하고, 그 결과를 기억해두는 글로벌 변수를 정의하고 싶다. 다만 1카운트 정도의 초수는 매우 작은 값이기 때문에 정수 변수로는 다루기 힘들다. 그래서 대신에 1초 정도의 카운트 수(타이머 주파수)를 기억해두도록 한다. 이 값이라면 꽤 큰 값이 되기 때문에 정수 변수에서도 높은 정밀도로 표현이 가능하다. 그래서 lapic_timer_freq라는 글로벌 변수를 준비했다(리스트 12.7).

그 아래에 정의한 kTimerFreq는 1초당 TimerManager::Tick()이 호출되는 횟수를 나타낸다. 100으로 해두면 1초에 100회, 즉 10밀리초마다 tick_이 증가해간다. 이 정도의 정밀도가 있다면 우선은 충분하다. kTimerFreq를 증가시킬수록 세밀하게 시간을 측정할 수 있겠지만 그렇게 하는 만큼 타임아웃 처리에 걸리는 시간이 증가해 OS 전체의 처리 성능이 떨어져 버리게 된다. 균형이 중요하다.

리스트 12.8 LAPIC 타이머의 주파수를 측정한다(timer.cpp)

```
void InitializeLAPICTimer(std::deque<Message>& msg_queue) {
  timer_manager = new TimerManager{msg_queue};

  divide_config = 0b1011; // divide 1:1
  lvt_timer = 0b001 << 16; // masked, one-shot

  StartLAPICTimer();
  acpi::WaitMilliseconds(100);
  const auto elapsed = LAPICTimerElapsed();
  StopLAPICTimer();

  lapic_timer_freq = static_cast<unsigned long>(elapsed) * 10;

  divide_config = 0b1011; // divide 1:1
  lvt_timer = (0b010 << 16) | InterruptVector::kLAPICTimer; // not-masked, periodic
  initial_count = lapic_timer_freq / kTimerFreq;
}
```

리스트 12.8은 WaitMilliseconds()를 사용해 Local APIC 타이머의 주파수를 측정하는 프로그램을 보여준다. 100밀리초(0.1초)를 기다리며 그 전후로 Local APIC 타이머의 카운터 변화량을 확인한다. 그 변화량을 10배로 하면 Local APIC 타이머의 1초당 카운트, 즉 주파수를 얻을 수 있다. 처음에는 1초간 시간 측정을 하려고 생각했지만 조금 지나치게 기다리는 건 아닐까 싶어 0.1초로 단축했다. OS의 시작 처리가 0.1초 늘어나는 정도라면 허용 가능한 범위에 들 것이다.

측정한 주파수를 기준으로 initial_count 변수 값을 계산하겠다. 이후에는 여기에 설정한 시간간격으로 인터럽트가 발생하게 된다. 어떤 기종에서 실행해도 너무 빠르거나 느림 없이, 약 10밀리초마다 인터럽트가 발생될 것이다.

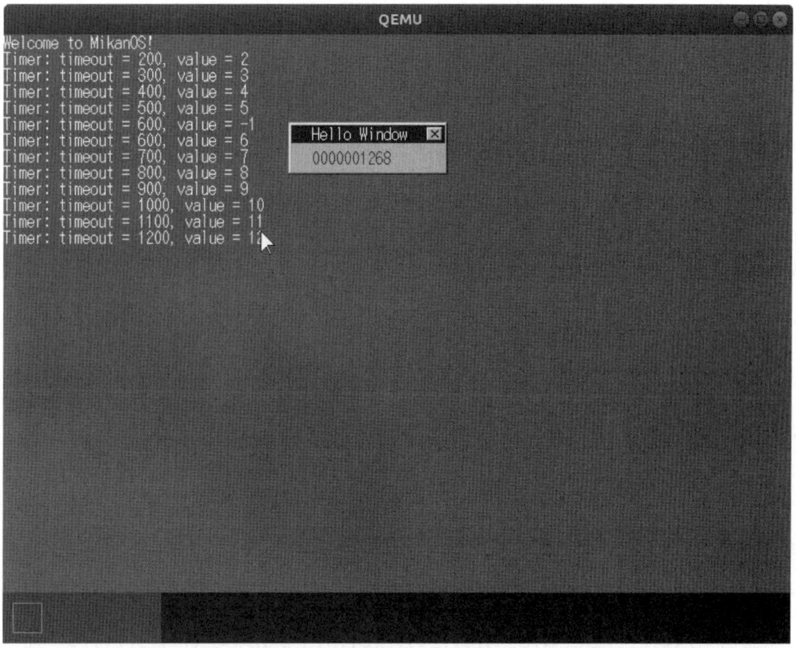

그림 12.3 1초마다 논리 타이머의 타임아웃이 제대로 발생하고 있다.

빌드해서 실행해 보면 그림 12.3 같이 될 것이다. 이번에도 사진이라서 생생하게 전해지지 않지만 100카운트에서 타임아웃되도록 한 주기 타이머가 제대로 1초 간격으로 타임아웃하고 있는 것 같다. QEMU에서도 실기에서도 타임아웃 간격이 일정하니 대성공이다.

12.3 USB 키보드 드라이버(osbook_day12c)

지금까지 타이머를 만들어 OS에 추가했다. 타이머가 일단락됐기 때문에 이제부터는 본 주제인 키 입력을 설명한다. 키보드를 치면 문자나 알파벳이나 기호종류가 입력되는 상태를 목표로 한다.

이 책에서는 키 입력 장비로 USB 키보드를 대상으로 한다. 키보드 연결 방식에는 몇 가지가 있지만 가장 접근하기 쉬운 연결방식은 USB 키보드다. USB 키보드는 마우스와 똑같이 HID라는 클래스 장비로, 마우스와 거의 동일하게 제어할 수 있다. 사실 필자가 제작한 USB 드라이버에 키보드용 드라이버가 포함돼 있기 때문에 간단히 키보드에 대응할 수 있다(직접 키보드 드라이버를 작성하는 방법을 공부할 수 있다고 생각했다면 미안하다).

리스트 12.9 키 누르기 핸들러를 USB 드라이버에 등록한다(keyboard.cpp)

```
void InitializeKeyboard(std::deque<Message>& msg_queue) {
  usb::HIDKeyboardDriver::default_observer =
    [&msg_queue](uint8_t keycode) {
      Message msg{Message::kKeyPush};
      msg.arg.keyboard.keycode = keycode;
      msg.arg.keyboard.ascii = keycode_map[keycode];
      msg_queue.push_back(msg);
    };
}
```

리스트 12.9는 키 누르기 이벤트를 처리하는 핸들러를 람다식으로 작성해 USB에 등록하는 함수 InitializeKeyboard()의 정의를 보여준다. 이 핸들러(람다식)는 하나의 키를 누를 때마다 호출된다. 누른 키의 키코드가 파라미터 keycode에 전달되므로 해당 값과 그 값을 ASCII 코드로 변환한 값을 msg_queue에 등록한다.

키코드란 각 키에 할당된 수치 값이다. 알파벳이나 기호종류에는 물론 ESC나 F1, 백스페이스, 엔터 키 등에도 키코드가 할당돼 있어 어떤 키가 눌러졌는지를 판별하는데 사용할 수 있다. 각 키의 키코드는 HID Usage Table[1] 규격의 '10 Keyboard/Keypad Page (0x07)'에 게재돼 있다.

리스트 12.10 키코드를 ASCII 코드로 변환하는 표(keyboard.cpp)

```
const char keycode_map[256] = {
  0,    0,    0,    0,    'a',  'b', 'c', 'd', // 0
  'e',  'f',  'g',  'h',  'i',  'j', 'k', 'l', // 8
  'm',  'n',  'o',  'p',  'q',  'r', 's', 't', // 16
  'u',  'v',  'w',  'x',  'y',  'z', '1', '2', // 24
  '3',  '4',  '5',  '6',  '7',  '8', '9', '0', // 32
  '\n', '\b', 0x08, '\t', ' ',  '-', '=', '[', // 40
  ']',  '\\', '#',  ';',  '\'', '`', ',', '.', // 48
  '/',  0,    0,    0,    0,    0,   0,   0,   // 56
```

1 「Universal Serial Bus HID Usage Tables Version 1.12」, USB Implementers' Forum(https://www.usb.org/sites/default/files/hut1_21_0.pdf), 2004

```
  0,    0,    0,    0,    0,    0,    0,    0,    // 64
  0,    0,    0,    0,    0,    0,    0,    0,    // 72
  0,    0,    0,    0,    '/',  '*',  '-',  '+',  // 80
  '\n', '1',  '2',  '3',  '4',  '5',  '6',  '7',  // 88
  '8',  '9',  '0',  '.',  '\\', 0,    0,    '=',  // 96
};
```

키코드에서 영숫자나 기호로 변환하기 위해서는 키코드를 ASCII 코드로 변환해야 한다. 리스트 12.10은 변환표의 정의를 보여준다. 이러한 변환표를 일반적으로 맵이라 지칭하므로 키코드를 ASCII로 매핑한다는 의미로 키코드 맵이라고 명명했다. 배열 keycode_map의 인덱스로 키코드를 주면 대응하는 ASCII 코드를 얻을 수 있다. 예를 들어 키코드 4에 대응하는 ASCII 코드는 keycode_map[4]로 키코드 4는 영문자 'a'의 ASCII 코드에 대응한다.

이런 변환이 필요한 이유 중 하나로는 같은 문자가 찍혀 있는 키에서도 Shift 키를 눌렀는지 여부에 따라 입력문자가 달라진다는 것을 들 수 있다. 예를 들어 'a' 키를 Shift를 누르면서 입력하면 'A'가 입력되게 하고 싶지만 'a' 키 자체는 Shift와 관계없는 키라서 키코드는 변하지 않는다. Shift 상태를 고려해 키보드 측에서 ASCII로 변환해 전송해주면 좋겠다고 생각할 수도 있지만, 여러 가지 이유로 인해(신경 쓰이는 사람은 한 번 생각해 보자) 키보드는 ASCII가 아닌 키코드를 전송하기 때문에 우리가 변환하는 수밖에 없다.

리스트 12.11 메인 함수에서 초기화 함수를 호출한다(main.cpp)

```
InitializeKeyboard(*main_queue);
```

메인 함수의 루프에 들어가기 전에 초기화 함수를 호출한다(리스트 12.11). 키 누르기 이벤트 핸들러가 USB 키보드 드라이버에 등록된다.

리스트 12.12 Message 구조체에 키 누르기 이벤트용 필드를 추가(message.hpp)

```
#pragma once

struct Message {
  enum Type {
    kInterruptXHCI,
    kTimerTimeout,
```

```
    kKeyPush,
  } type;

  union {
    struct {
      unsigned long timeout;
      int value;
    } timer;

    struct {
      uint8_t keycode;
      char ascii;
    } keyboard;
  } arg;
};
```

키 누르기 이벤트를 메인 함수에 통지하기 위해 Message 구조체를 수정했다(리스트 12.12). type의 종류로 키 누르기 이벤트를 나타내는 kKeyPush를 추가하고 arg에 keyboard를 추가했다. 키가 눌린 시점의 키코드와 그걸 ASCII로 변환한 값(변환할 수 없으면 0)을 설정할 수 있다. 덧붙여 arg.timer와 arg.keyboard는 공용체 안에 들어 있기 때문에 메모리 영역을 공유한다. 따라서 Message 구조체의 크기가 증가하지는 않는다.

리스트 12.13 메인 함수에서 키 누르기 이벤트에 대응한다(main.cpp)

```
case Message::kKeyPush:
  if (msg.arg.keyboard.ascii != 0) {
    printk("%c", msg.arg.keyboard.ascii);
  }
  break;
```

메인 함수의 루프에 키 누르기 이벤트에 반응하는 case를 추가했다(리스트 12.13). USB 키보드의 키를 누를 때마다 이 case가 실행되며, 콘솔에 입력된 키에 대응하는 문자가 표시될 것이다. 한 번 실행시켜보자(그림 12.4). 그러고 보니 타이머는 이제 충분하다고 생각해 메인 함수에서 타이머를 생성하거나 타임아웃하는 처리는 제거했다.

마지막에 느낌표 '!!'를 입력하려고 했는데 아직 Shift 키를 지원하지 않기 때문에 '11'로 입력돼 버렸다. 다음 절에서는 이 부분을 개선해 본다.

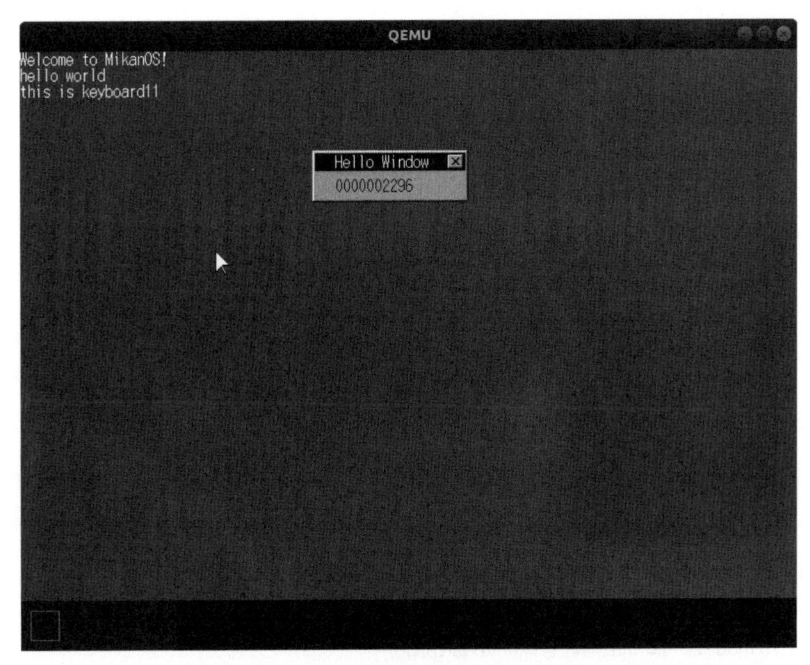

그림 12.4 키보드로부터 입력을 테스트하는 모습

12.4 modifier 키(osbook_day12d)

현재로서는 키를 눌렀을 때 호출되는 이벤트 핸들러(InitializeKeyboard()에서 제작된 람다식)가 한 개의 키코드 밖에 받지 않기 때문에 modifier 키의 상태를 알 수 없다. 어떻게 하면 modifier 키의 누름 상태를 얻을 수 있을까? 필자는 이벤트 핸들러에 1개의 파라미터를 추가해 그 시점의 modifier 키의 상태도 보내면 좋겠다고 생각했다. modifier 키 하나만 눌렀을 때는 통지하지 않고, modifier 키 이외의 키를 눌렀을 때 modifier 키의 상태를 세트로 해서 통지하면 좋겠다고 생각했다.

리스트 12.14 키 누르기 이벤트 핸들러에 파라미터를 추가한다(keyboard.cpp)

```
void InitializeKeyboard(std::deque<Message>& msg_queue) {
  usb::HIDKeyboardDriver::default_observer =
    [&msg_queue](uint8_t modifier, uint8_t keycode) {
      const bool shift = (modifier & (kLShiftBitMask | kRShiftBitMask)) != 0;
      char ascii = keycode_map[keycode];
      if (shift) {
```

```
      ascii = keycode_map_shifted[keycode];
    }
    Message msg{Message::kKeyPush};
    msg.arg.keyboard.modifier = modifier;
    msg.arg.keyboard.keycode = keycode;
    msg.arg.keyboard.ascii = ascii;
    msg_queue.push_back(msg);
  };
}
```

리스트 12.14는 수정한 이벤트 핸들러를 보여준다. modifier란 파라미터를 추가하고, 이 파라미터로부터 Shift 키의 누름 상태를 판정해 키코드 맵을 변경하는 것이 주요한 변경사항이다. keycode에는 한 개의 키코드가 들어오지만 modifier는 8개의 modifier 키의 누름 상태를 비트마다 표현하고 있다. 어떤 비트가 어떤 키인지는 HID 규격[2]의 '8.3 Report Format for Array Items'에 나와 있으며 리스트 12.15 같이 돼 있다.

리스트 12.15 modifier 키의 비트 위치 정의(keyboard.cpp)

```
const int kLControlBitMask = 0b00000001u;
const int kLShiftBitMask   = 0b00000010u;
const int kLAltBitMask     = 0b00000100u;
const int kLGUIBitMask     = 0b00001000u;
const int kRControlBitMask = 0b00010000u;
const int kRShiftBitMask   = 0b00100000u;
const int kRAltBitMask     = 0b01000000u;
const int kRGUIBitMask     = 0b10000000u;
```

modifier 키는 여러 개 조합해서 눌러질 수도 있다. 예를 들어 Control과 왼쪽 Shift를 동시에 누른 상태에서 'a' 키를 누르면 modifier는 0x41, keycode는 4가 된다. 이번에는 Shift를 누른 상태에서 키코드 맵을 전환하고 싶었기 때문에 왼쪽 Shift 또는 오른쪽 Shift 중 하나를 눌렀다면 keycode_map_shifted(리스트 12.16)를 사용하는 프로그램으로 만들었다.

2 「Universal Serial Bus Device Class Definition for Human Interface Devices Version 1.11」, USB Implementers' Forum(https://www.usb.org/sites/default/files/hid1_11.pdf), 2001

리스트 12.16 Shift를 누른 상태의 키코드 맵(keyboard.cpp)

```
const char keycode_map_shifted[256] = {
  0,    0,    0,    0,    'A',  'B', 'C', 'D', // 0
  'E',  'F',  'G',  'H',  'I',  'J', 'K', 'L', // 8
  'M',  'N',  'O',  'P',  'Q',  'R', 'S', 'T', // 16
  'U',  'V',  'W',  'X',  'Y',  'Z', '!', '@', // 24
  '#',  '$',  '%',  '^',  '&',  '*', '(', ')', // 32
  '\n', '\b', 0x08, '\t', ' ',  '_', '+', '{', // 40
  '}',  '|',  '~',  ':',  '"',  '~', '<', '>', // 48
  '?',  0,    0,    0,    0,    0,   0,   0,   // 56
  0,    0,    0,    0,    0,    0,   0,   0,   // 64
  0,    0,    0,    0,    0,    0,   0,   0,   // 72
  0,    0,    0,    0,    '/',  '*', '-', '+', // 80
  '\n', '1',  '2',  '3',  '4',  '5', '6', '7', // 88
  '8',  '9',  '0',  '.',  '\\', 0,   0,   '=', // 96
};
```

이벤트 핸들러가 modifier 키를 받도록 수정했기 때문에 이에 맞춰서 USB 드라이버 측의 수정도 필요하다. modifier 키를 취득해 이벤트 핸들러에 전달하도록 수정해야 한다. 그를 위해 우선은 USB 키보드가 어떤 형식으로 데이터를 보내는지를 알아보자.

키보드나 마우스 등의 HID 클래스에 속하는 기기는 일반적으로 구별 없이 통일돼 취급된다. 키보드와 마우스는 완전히 다른 기기이지만 많은 버튼이 붙어 있는 마우스나 터치패드가 붙어 있는 키보드 등 그 중간에 위치하는 기기도 있다. 또한 스피커에 붙어 있는 볼륨조절 노브knob 등의 키보드와 마우스와는 어울리지 않는 HID 기기도 있다. 어쨌든 인간과 컴퓨터를 연결하기 위한 기기는 HID로 구현되는 경우가 많으며, HID 규격은 모든 장비를 일괄해서 다룰 수 있는 표준이 되고 있다. 일반적으로는 키보드도 마우스도 구별되지 않고 HID 기기로만 인식된다. 그런 여러 기기에 대응하기 위해 송수신되는 데이터 구조를 기재한 리포트 디스크립터Report Descriptor[3]를 HID 기기 자체에 내장시켜 두고, OS는 그걸 읽어서 적절하게 데이터를 송수신하는 구조로 돼 있다.

필자가 만든 USB 드라이버에서는 키보드와 마우스의 **부트 인터페이스**를 사용하도록 돼 있다. 부트 인터페이스는 키보드와 마우스에만 존재한다. 부트 인터페이스에서는 표준 데이터 구조가 정해져 있어 리포트 디스크립터를 읽지 않고 기기를 제어하는 것이 가능

3 리포트 디스크립터를 해석하면 버튼 수와 데이터 구조 등을 알 수 있다.

하다. 부트 인터페이스는 주로 부트로더나 UEFI BIOS 등 그다지 고도화된 작업을 하고 싶지 않은 소프트웨어에서도 최소한 키보드와 마우스를 사용할 수 있게 준비돼 있다. 가급적 간단한 USB 드라이버를 만들기 위해 필자의 USB 드라이버에는 리포트 디스크립터를 해석하는 프로그램을 넣지 않고, 부트 인터페이스를 사용하기로 했다.

표 12.1 USB 키보드의 데이터 구조

바이트 위치	값의 의미
0	modifier 키
1	예약
2	키코드 1
3	키코드 2
4	키코드 3
5	키코드 4
6	키코드 5
7	키코드 6

부트 인터페이스의 경우에 키보드에서 전송하는 데이터 구조가 표 12.1에 나와 있다. 이에 따르면 바이트 0에 modifier 키의 정보가 오는 것을 알 수 있다. 키코드 1에서부터 6까지는 그 시점에 누르고 있는 모든 키가 열거된다. 그 시점에 누른 키뿐만 아니라 누르고 있었던 키 모두를 의미하기 때문에 주의하자.

표 12.2 abc 키를 순서대로 눌렀을 때의 데이터열 변화 모습

modifier 바이트	키코드 1	키코드 2	키코드 3	키보드 조작
0b00000000	0x00	0x00	0x00	초기상태(아무것도 누르고 있지 않음)
0b00000000	**0x04**	0x00	0x00	A 키를 누름
0b00000010	0x04	0x00	0x00	Shift 키를 누름
0b00000010	0x04	**0x1b**	0x00	X 키를 누름
0b00000010	0x04	**0x05**	0x1b	B 키를 누름
0b00000010	0x05	0x1b	0x00	A 키를 뗌

키를 누르거나 뗀 경우에 키보드에서 전송되는 데이터열의 예가 표 12.2에 나와 있다. 누른 키는 굵게 표시했다. 표에서 B 키를 눌렀을 때를 주목하자. 표에서는 키코드가 작은 순으로 표시하고 있지만 HID 규격에서는 키코드 1부터 6의 순서는 특별히 정해져 있지 않으므로 주의가 필요하다.

리스트 12.17 modifier 바이트를 취득해서 핸들러에 전달한다(sb/classdriver/keyboard.cpp)

```
Error HIDKeyboardDriver::OnDataReceived() {
  for (int i = 2; i < 8; ++i) {
    const uint8_t key = Buffer()[i];
    if (key == 0) {
      continue;
    }
    const auto& prev_buf = PreviousBuffer();
    if (std::find(prev_buf.begin() + 2, prev_buf.end(), key) != prev_buf.end()) {
      continue;
    }
    NotifyKeyPush(Buffer()[0], key);
  }
  return MAKE_ERROR(Error::kSuccess);
}
```

지금까지 학습한 지식을 사용해 USB 키보드 드라이버를 수정한다. 리스트 12.17은 키보드에서 데이터가 전송됐을 때 호출되는 함수 `OnDataReceived()`를 수정한 소스코드를 보여준다. 수정한 주요 부분은 `NotifyKeyPush(Buffer()[0], key);` 같이 첫 번째 파라미터로 modifier 키의 바이트 `Buffer()[0]`를 전달하는 부분이다.

그리고 사소한 버그 수정을 한 가지 했다. 수정사항은 `std::find()`의 첫 번째 파라미터를 `prev_buf.begin()`에서 `prev_buf.begin() + 2`로 바꾼 부분이다. 이 줄에서 하는 작업은 이전에 키보드에서 전송된 8바이트 데이터와 이번에 전송된 데이터를 비교해서 새롭게 눌러진 키를 찾는 작업이다. 비교해야 할 키코드는 키코드 1에서부터 6까지이며, 바이트 0과 1은 건너뛰어야 했는데 건너뛰지 않았다. 그래서 이전에 modifier 키를 누른 상태였다면 불행하게도 지금 누른 키의 키코드와 일치하는 상황이 발생해 키를 눌러도 입력되지 않는 버그가 있었다(예를 들어 수정을 하기 전에는 왼쪽 Alt를 누른 상태였다면 A 키를 입력할 수 없었다).

리스트 12.18 등록된 옵저버를 호출한다(usb/classdriver/keyboard.cpp)

```
void HIDKeyboardDriver::NotifyKeyPush(uint8_t modifier, uint8_t keycode) {
  for (int i = 0; i < num_observers_; ++i) {
    observers_[i](modifier, keycode);
  }
}
```

NotifyKeyPush()가 2개의 파라미터를 받도록 수정했다(리스트 12.18). 특별히 어려운 부분은 없다.

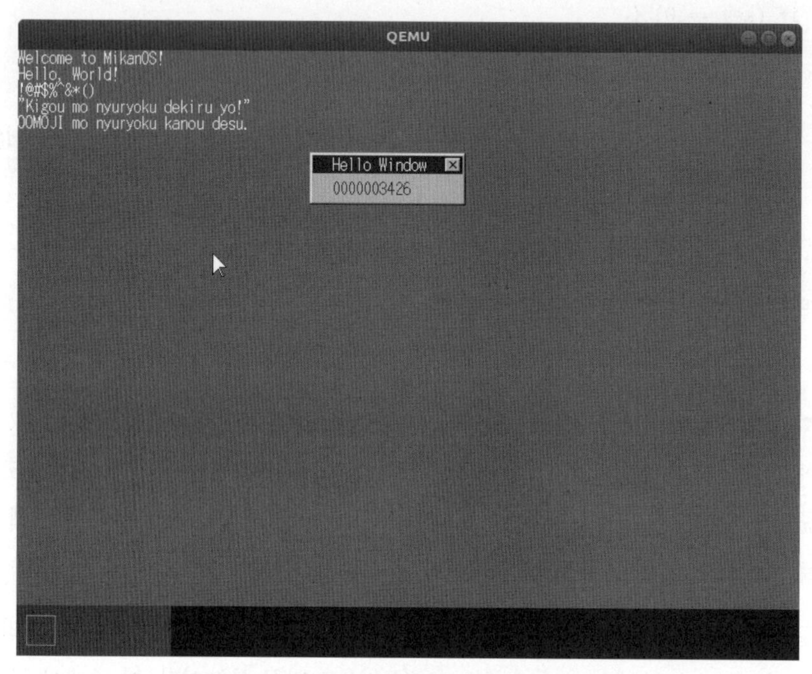

그림 12.5 Shift 키를 사용해 대문자나 기호를 입력하는 모습

이제 수정이 끝났으니 한번 실행해 보자(그림 12.5). Shift가 제대로 동작하고, 대문자나 기호를 입력할 수 있게 됐다.

12.5 텍스트 포커스(osbook_day12e)

키 입력을 할 수 있게 됐으니 좀 더 만들어보기로 하자. 지금은 단순히 콘솔에 문자를 출력할 뿐이지만 더욱 OS답게 하기 위해 윈도우 내에 설정한 텍스트 박스에 문자를 입력할 수 있다면 멋질 거라는 기분이 든다. 한 번 구현해 보자.

리스트 12.19 텍스트 박스가 붙은 윈도우를 제작한다(main.cpp)

```
std::shared_ptr<Window> text_window;
unsigned int text_window_layer_id;
void InitializeTextWindow() {
  const int win_w = 160;
  const int win_h = 52;

  text_window = std::make_shared<Window>(
      win_w, win_h, screen_config.pixel_format);
  DrawWindow(*text_window->Writer(), "Text Box Test");
  DrawTextbox(*text_window->Writer(), {4, 24}, {win_w - 8, win_h - 24 - 4});

  text_window_layer_id = layer_manager->NewLayer()
    .SetWindow(text_window)
    .SetDraggable(true)
    .Move({350, 200})
    .ID();

  layer_manager->UpDown(text_window_layer_id, std::numeric_limits<int>::max());
}
```

우선 텍스트 박스를 갖춘 윈도우를 작성해 보자. 리스트 12.19는 새로운 윈도우를 작성하는 코드를 보여준다. `main_window`를 만들 때와 거의 같은데 이번에는 `DrawTextbox()`를 호출하는 부분이 다르다. 이 함수는 이름 그대로 텍스트 박스 그림을 그리기 위한 함수다.

리스트 12.20 DrawTextbox()는 텍스트박스를 렌더링한다(window.cpp)

```
void DrawTextbox(PixelWriter& writer, Vector2D<int> pos, Vector2D<int> size) {
  auto fill_rect =
    [&writer](Vector2D<int> pos, Vector2D<int> size, uint32_t c) {
      FillRectangle(writer, pos, size, ToColor(c));
    };
```

```
  // fill main box
  fill_rect(pos + Vector2D<int>{1, 1}, size - Vector2D<int>{2, 2}, 0xffffff);

  // draw border lines
  fill_rect(pos,                            {size.x, 1}, 0x848484);
  fill_rect(pos,                            {1, size.y}, 0x848484);
  fill_rect(pos + Vector2D<int>{0, size.y}, {size.x, 1}, 0xc6c6c6);
  fill_rect(pos + Vector2D<int>{size.x, 0}, {1, size.y}, 0xc6c6c6);
}
```

리스트 12.20은 DrawTextbox()의 구현을 보여준다. 이 함수에서는 텍스트 박스의 배경을 흰색으로 칠하고, 여기에다 외곽을 그린다. 함수의 첫 번째 파라미터 pos는 텍스트 박스의 왼쪽 상단 좌표(윈도우의 왼쪽 상단을 기준으로 한 좌표), 두 번째 파라미터 size는 텍스트 박스의 픽셀단위의 외형 사이즈다.

리스트 12.21 윈도우를 표시한다(main.cpp)

```
  InitializeLayer();
  InitializeMainWindow();
  InitializeTextWindow();
  InitializeMouse();
  layer_manager->Draw({{0, 0}, ScreenSize()});
```

리스트 12.21에서 보는 바와 같이 좀 전에 정의한 InitializeTextWindow()를 호출한다. 이것으로 실제로 윈도우가 생성돼 화면에 표시된다.

리스트 12.22 키 누르기 이벤트가 오면 문자를 입력(main.cpp)

```
    case Message::kKeyPush:
      InputTextWindow(msg.arg.keyboard.ascii);
      break;
```

텍스트 박스가 붙은 윈도우가 표시 가능하게 됐으므로 다음은 키 누르기 이벤트가 발생하면 그 텍스트 박스에 문자열을 표시하는 프로그램을 만들 차례다. 리스트 12.22는 키 누르기 이벤트를 처리하는 위치를 보여준다. 이전에는 printk()로 콘솔에 입력된 문자를 보내고 있었지만 지금은 InputTextWindow()로 보내도록 했다. 이 함수는 처음 사용하므로 지금부터 만들어본다.

리스트 12.23 받은 문자를 텍스트 박스 끝에 추가(main.cpp)

```
int text_window_index;
void InputTextWindow(char c) {
  if (c == 0) {
    return;
  }

  auto pos = []() { return Vector2D<int>{8 + 8*text_window_index, 24 + 6}; };

  const int max_chars = (text_window->Width() - 16) / 8;
  if (c == '\b' && text_window_index > 0) {
    --text_window_index;
    FillRectangle(*text_window->Writer(), pos(), {8, 16}, ToColor(0xffffff));
  } else if (c >= ' ' && text_window_index < max_chars) {
    WriteAscii(*text_window->Writer(), pos(), c, ToColor(0));
    ++text_window_index;
  }
  layer_manager->Draw(text_window_layer_id);
}
```

리스트 12.23은 `InputTextWindow()`의 구현을 보여준다. 이 함수는 한 개의 문자를 받아서 그것을 텍스트 박스에 표시한다. 일반 문자라면 텍스트 박스의 선두부터 점점 추가돼 간다. 입력문자가 백스페이스(`'\b'`)라면 문자를 추가하지 않고 삭제한다.

글로벌 변수 `text_window_index`는 텍스트 박스에 현재 표시된 문자 수를 기록한다. 백스페이스가 입력될 때는 표시돼 있는 문자가 한 문자 이상이라면 제거 처리를 수행한다. 제거 처리라고는 해도 마지막 문자를 흰색으로 칠할 뿐이다. 백스페이스 이외가 입력되면 표시된 문자 수가 텍스트 박스에 표시할 수 있는 최대문자 `max_chars` 미만인지를 확인한다. 한 문자 이상의 여유가 있다면 끝에 입력문자를 추가한다.

리스트 12.24 32비트 정수로부터 PixelColor 구조체를 만든다(graphics.hpp)

```
constexpr PixelColor ToColor(uint32_t c) {
  return {
    static_cast<uint8_t>((c >> 16) & 0xff),
    static_cast<uint8_t>((c >> 8) & 0xff),
    static_cast<uint8_t>(c & 0xff)
  };
}
```

`ToColor()`를 main.cpp에서 사용할 수 있도록 함수 정의를 window.cpp에서 graphics.hpp로 이동했다(리스트 12.24). 일반 함수라면 헤더 파일에 프로토타입 선언만을 쓰고 .cpp 파일에 본체의 정의를 구현하지만, `constexpr` 지정을 한 함수의 경우에는 헤더 파일에 본체의 정의까지 작성해야 한다.

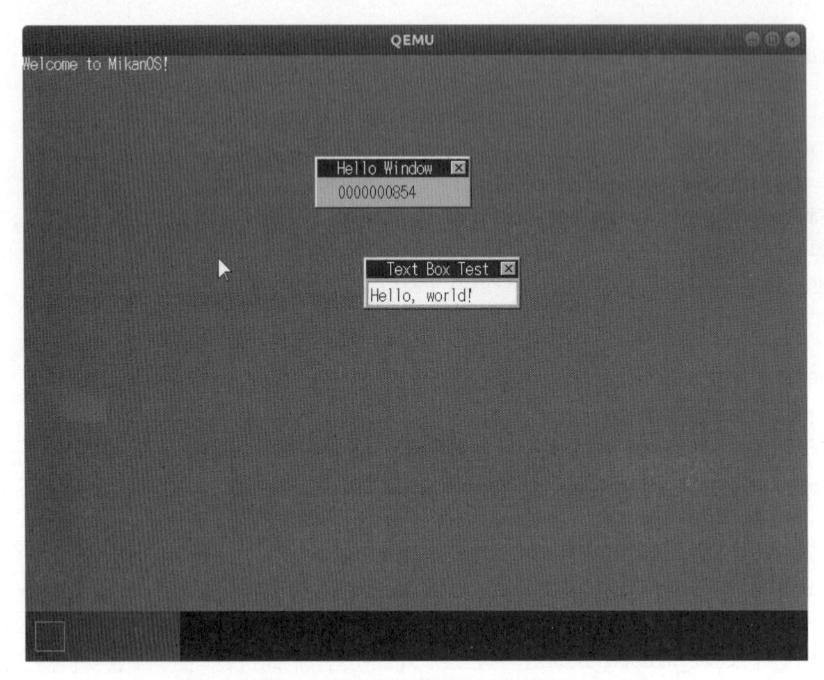

그림 12.6 텍스트 박스가 붙은 윈도우에 문자입력을 하는 모습

수정한 OS를 동작시킨 모습을 그림 12.6에서 볼 수 있다. 텍스트 박스에 문자열이 제대로 표시되고 있다. 18문자를 초과해 입력하려고 해도 입력할 수 없는 점, 백스페이스로 제대로 지울 수 있는 것도 확인할 수 있다. 완벽하다!

12.6 커서(osbook_day12f)

오늘의 마무리로 텍스트 박스에 커서를 표시해 보려고 한다. 커서란 텍스트 에디터 등에서 점멸해 표시되는 사각형 또는 막대 모양의 마크다. 예를 들어 Visual Studio Code의 커서는 그림 12.7 같은 형태를 하고 있다(OS 오른쪽에 있는 세로형 막대가 커서다).

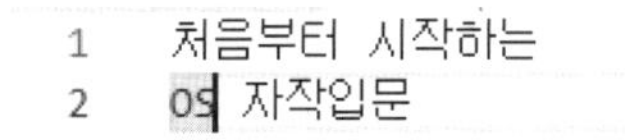

```
1    처음부터 시작하는
2    OS 자작입문
```

그림 12.7 Visual Studio Code의 커서

텍스트 박스에 커서를 표시함으로써 거기에 입력할 수 있다는 것을 확실하게 사용자에게 전달한다. 지금과 같은 커서 표시가 없는 텍스트 박스라면 "정말로 거기에 입력되는 걸까?"라고 불안해질 수 있다. 키보드로 문자열을 입력했을 때 조금 위화감을 느끼지 않았는가? 필자는 위화감을 느꼈다. 이런 이유로 입력하는 문자열 뒤에 커서를 표시하도록 한다.

리스트 12.25 커서를 문자입력과 동시에 움직인다(main.cpp)

```
void InputTextWindow(char c) {
  if (c == 0) {
    return;
  }

  auto pos = []() { return Vector2D<int>{8 + 8*text_window_index, 24 + 6}; };

  const int max_chars = (text_window->Width() - 16) / 8 - 1;
  if (c == '\b' && text_window_index > 0) {
    DrawTextCursor(false);
    --text_window_index;
    FillRectangle(*text_window->Writer(), pos(), {8, 16}, ToColor(0xffffff));
    DrawTextCursor(true);
  } else if (c >= ' ' && text_window_index < max_chars) {
    DrawTextCursor(false);
    WriteAscii(*text_window->Writer(), pos(), c, ToColor(0));
    ++text_window_index;
    DrawTextCursor(true);
  }

  layer_manager->Draw(text_window_layer_id);
}
```

리스트 12.25는 커서를 표시하도록 수정한 `InputTextWindow()`를 보여준다. `DrawTextCursor()`는 바로 후에 구현할 함수로 파라미터로 참을 전달하면 커서를 표시하고, 거짓을 전달하면 커서를 삭제한다. 커서를 그리거나 삭제하는 위치는 `text_window_index` 변수로 결정된다. 이 함수를 사용해 백스페이스가 입력됐을 때는 커서를 왼쪽으로 이동시키고 그 외의 문자가 입력될 때는 오른쪽으로 이동시킨다.

리스트 12.26 DrawTextCursor()는 커서를 그리거나 지우거나 한다(main.cpp)

```
void DrawTextCursor(bool visible) {
  const auto color = visible ? ToColor(0) : ToColor(0xffffff);
  const auto pos = Vector2D<int>{8 + 8*text_window_index, 24 + 5};
  FillRectangle(*text_window->Writer(), pos, {7, 15}, color);
}
```

리스트 12.26에서 보는 `DrawTextCursor()`는 `text_window_index` 변수로 지정된 위치에 커서를 표시하거나 지우거나 한다. 지운다고 해도 흰색으로 칠하는 것뿐이다. 파라미터 `visible`을 참으로 하면 커서를 표시하고 거짓으로 하면 지운다.

자, 이제는 커서가 표시 가능하게 됐다. 하지만 커서는 역시 깜빡거려야 한다. 지금대로라면 단지 쭉 검은 사각형이 표시될 뿐이라 커서다운 모습이 부족하다. 그러니 점멸기능도 구현하기로 했다. 방법으로써는 0.5초 정도로 타임아웃하는 주기 타이머를 만들고, 타임아웃할 때마다 커서를 그리거나 지우거나 한다면 좋을 것이다. 빨리 만들어 보자. 열심히 타이머를 구현한 덕분에 0.5초의 주기 타이머는 매우 간단히 구현 가능하게 됐다.

리스트 12.27 0.5초마다 타임아웃하는 타이머를 제작한다(main.cpp)

```
  const int kTextboxCursorTimer = 1;
  const int kTimer05Sec = static_cast<int>(kTimerFreq * 0.5);
  __asm__("cli");
  timer_manager->AddTimer(Timer{kTimer05Sec, kTextboxCursorTimer});
  __asm__("sti");
  bool textbox_cursor_visible = false;
```

리스트 12.27 같이 타이머를 만들고 초기 타임아웃 시각을 0.5초로 한다. `kTimerFreq`는 timer.hpp에 정의한 상수로 1초마다 `tick_`이 증가하는 수를 나타낸다. `kTimerFreq`에 원하는 초수를 곱하는 것으로 그 초수에 대응하는 `tick_`의 변화량을 계산할 수 있게 된다.

timer_manager->AddTimer() 전후로 인터럽트를 금지, 허용하는 이유는 '11.3 세밀하게 시간을 측정하자'에서 설명한 내용과 같다. timer_manager는 타이머 인터럽트 핸들러에서 사용되기 때문에 인터럽트 핸들러 외부에서 조작할 때는 일시적으로 인터럽트를 금지할 필요가 있다.

인터럽트를 금지하지 않으면 무슨 일이 일어날지 복습을 겸해 자세히 살펴보자. timer_manager->AddTimer()가 timers_ 변수에 타이머를 추가하려는 바로 그때 타이머 인터럽트가 발생한 경우를 상상해 보자. 타이머 인터럽트 핸들러는 timer_manager->Tick()을 호출하고 이 메소드 안에서 timers_를 읽어낸다. 그렇게 되면 중간에 변경 중인 timers_를 읽게 돼 정의되지 않은 동작을 일으킨다. 더욱 좋지 않은 상황은 타임아웃한 타이머를 발견했다면 timers_ 변수를 고쳐 쓰는 경우다. 완전히 갱신되지 않은 timers_ 변수를 고쳐 쓰려고 한다면 내용이 엉망이 된다. 이런 상황은 무섭다.

리스트 12.28 커서용 타이머가 타임아웃할 때의 처리(main.cpp)

```
case Message::kTimerTimeout:
  if (msg.arg.timer.value == kTextboxCursorTimer) {
    __asm__("cli");
    timer_manager->AddTimer(
        Timer{msg.arg.timer.timeout + kTimer05Sec, kTextboxCursorTimer});
    __asm__("sti");
    textbox_cursor_visible = !textbox_cursor_visible;
    DrawTextCursor(textbox_cursor_visible);
    layer_manager->Draw(text_window_layer_id);
  }
  break;
```

타임아웃 이벤트를 처리하는 프로그램을 만들었다(리스트 12.28). msg.arg.timer.value가 기대했던 값이 맞는지를 확인하고, 그렇다면 새롭게 0.5초 후에 타임아웃하는 타이머를 추가해 커서의 점멸 처리를 수행한다. 점멸 처리는 textbox_cursor_visible의 이진 값을 반전시키면서 그 값을 사용해 커서의 표시, 비표시를 전환한다. 이것으로 0.5초마다 커서의 상태가 전환돼 점멸하는 것처럼 보이게 된다. 여기서도 timer_manager->AddTimer()를 실행할 때는 인터럽트를 금지해 둔다.

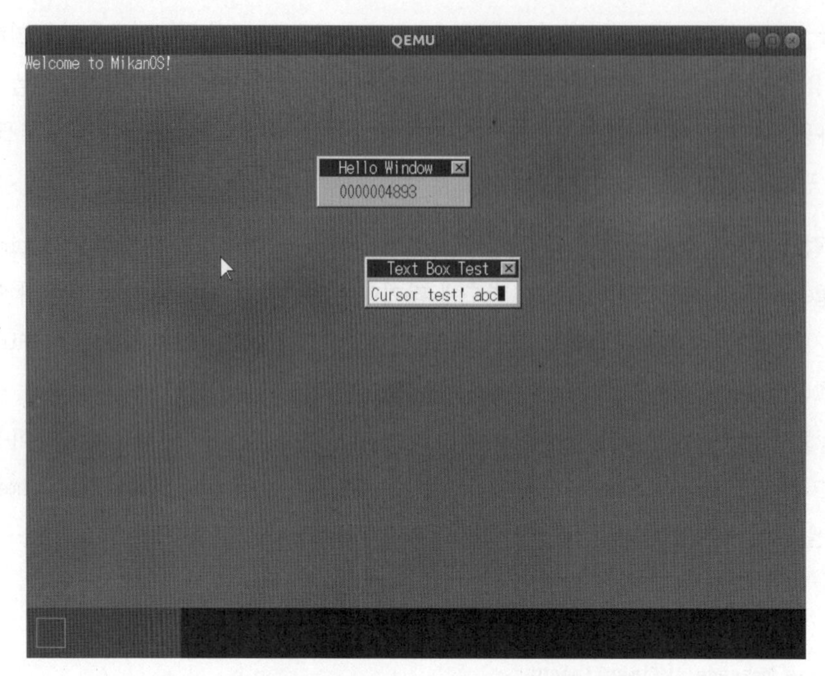

그림 12.8 문자의 입력과 동시에 커서가 이동하며 점멸도 한다.

문자를 입력해 움직여보니 그림 12.8처럼 됐다. 사진이라서 점멸여부를 알 수는 없지만 필자의 환경에서는 제대로 점멸하고 있다. 물론 문자를 입력하면 커서가 좌우로 이동한다. 텍스트 박스로 전혀 위화감이 없다. 대성공이다!

13장

멀티태스크(1)

키 입력도 가능해지면서 더욱더 OS 같은 외형이 됐다. 하지만 OS로써 중요한 부분인 '애플리케이션을 이동시킨다'는 기능은 아직 구현되지 않았다. 13장에서는 그 기능의 첫 걸음이 되는 커널 공간에서 멀티태스크를 구현해 나간다. 커널 공간에서 멀티태스크를 구현하게 되면 이를 응용해 애플리케이션 이동이 가능하게 된다. 13장을 마칠 즈음에는 여러 작업을 순차적으로 전환해 실행할 수 있다.

13.1 멀티태스크와 콘텍스트

멀티태스크Multi Task란 이름 그대로 여러 일을 '동시에' 하는 것을 뜻한다. 정말로 동시는 아니더라도 어떤 일을 하다가 가끔 다른 하나의 작업을 어느 정도 진행하고, 다시 원래 작업으로 돌아오는 경우도 멀티태스크라 한다. 여러분은 백그라운드에서 음악을 재생하면서 브라우저로 문서를 열고, 그걸 보면서 편집기로 프로그래밍 작업을 한 경험이 있을 것이다. 이 경우 브라우저나 편집기, 음악재생 프로그램이 동시에 동작하고 있는데, 이런 형태를 멀티태스크라고 한다.

현재의 MikanOS도 어떤 의미에서는 멀티태스크로 동작하고 있다. USB 기기나 타이머로부터 이벤트를 하나씩 처리함으로써 마우스의 이동, 키 입력, 커서의 점멸 같은 처리가 동시에 동작한다고 말할 수 있다.

하지만 애플리케이션을 다수 실행시켜 동시에 동작시키는 멀티태스크는 이벤트에 의해 구현된 멀티태스크와는 성격이 상당히 다르다(그림 13.1). 전자의 경우는 각 애플리케이션이 자신의 처리만을 고려하면 충분하다. 편집기는 사용자 입력을 받아서 화면에 표시하거나 파일에 저장하는 처리를 하면 되며, 문서를 보거나 음악의 재생 방법은 고려하지 않아도 괜찮다. 한편 후자는 마우스 이동, 커서 점멸 등 모든 처리를 혼자서 도맡아 한다.

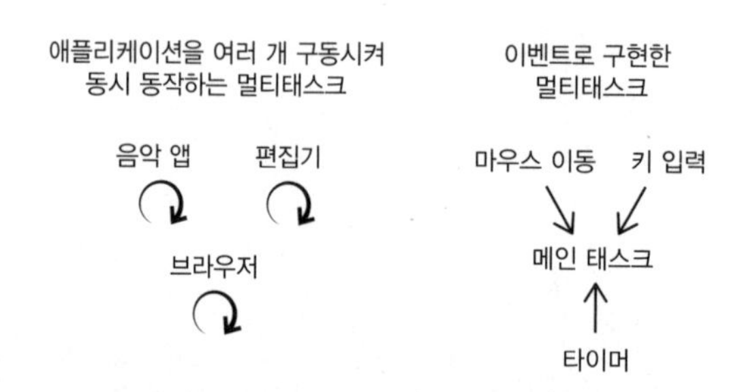

그림 13.1 이벤트 구동의 멀티태스크에서는 이벤트 종류에 따라 처리를 나눈다.

또한 후자에서는 각 처리에 시간이 걸리면 다른 처리가 지연되는 특징도 있다. 예를 들어 A 키를 누르면 어떤 파일을 암호화하는 처리를 이벤트 형태로 수행한다고 가정한다. 암호화 대상 파일이 작을 때는 괜찮을지 모르겠지만 조금 덩치가 크다면 암호화 처리에 시간이 걸리게 되고, 처리하는 동안에는 마우스 커서가 움직이지 않아 텍스트 박스에 어떤 문자도 입력할 수 없는 상황에 처할 수 있다. 그런 상황이 발생하지 않도록 각 이벤트의 처리는 단시간에 끝낼 수 있도록 해둘 필요가 있다. 애플리케이션을 여러 개 실행하는 멀티태스크에서는 한 개의 애플리케이션을 잠깐 실행하다가 강제적으로 다른 애플리케이션으로 전환해 특정 애플리케이션이 무거운 처리를 하고 있어도 다른 애플리케이션이 실행되지 못하는 경우는 없다.[1]

이런 차이는 **콘텍스트**Context라는 단어로 설명할 수 있는데, 우리말로는 '문맥'으로 변역하는 경우가 많다. 콘텍스트는 어떤 작업을 수행하기 위해 필요한 데이터나 변수를 한곳에 정리한 것이라고 말할 수 있다. 예를 들어 OS상에서 실행되는 C 언어 애플리케이션을 생각해 보자. 이 애플리케이션의 콘텍스트란 해당 애플리케이션의 실행 바이너리, 커맨드라인 파라미터, 환경 변수, 스택 메모리, 각 레지스터 값 등을 정리한 것이다. 동일한 애플리케이션을 여러 번 같은 방식으로 구동시키면 실행 바이너리나 커맨드라인 파라미터, 환경 변수가 동일해도 스택 메모리나 레지스터 값은 다르다. 따라서 동일한 애플리케이션을 구동시켰다 하더라도 각각 별개의 콘텍스트를 갖게 되는 것이다.

애플리케이션을 다수 구동하는 타입의 멀티태스크에서는 각각의 애플리케이션이 독자적인 콘텍스트를 갖고 동작한다. 특정 콘텍스트에서는 다른 콘텍스트를 고려하는 것 없이 프로그램이 동작한다. 따라서 각 애플리케이션은 독립적으로 동작할 수 있다. 한편 이벤트 구동의 멀티태스크에서는 이벤트 처리 부분이 하나의 콘텍스트로 구성될 수밖에 없고, 하나의 콘텍스트에서 여러 다른 종류의 태스크를 처리하게 된다.

13장에서는 다른 콘텍스트를 가진 태스크를 동시에 동작시키고 싶다. 구현방법은 크게 두 가지가 있는데, 첫 번째는 각 콘텍스트를 개별 CPU 코어에서 동작시키는 방법이다. 현대 PC에 탑재된 CPU는 대부분이 멀티코어 CPU로, 독립적으로 동작하는 CPU 코어가 여러 개 탑재돼 있다. 각각의 CPU 코어는 자신만의 레지스터를 갖고 있기 때문에 한 개의 CPU 코어는 한 개의 콘텍스트를 가진다. 8코어 CPU를 사용하면 8개의 콘텍스트를 동시에 동작시키는 것이 가능하다. 다수의 콘텍스트가 진짜 동시에 동작하는 것을 **병렬 처리**라고 한다.

---

1 애플리케이션이 CPU 이외의 리소스를 다 써버리고, 그 리소스가 필요한 다른 애플리케이션이 온전히 동작하지 않는 상황이 존재할 수 있다. 여기서는 CPU 시간이란 리소스에 한정해 이야기를 하고 있다.

다른 콘텍스트를 가진 태스크를 동시에 실행시키는 또 다른 방법은 CPU 코어에서 실행하는 콘텍스트를 시분할해서 전환해가는 방법이다. 우리가 특정 순간만을 본다면 한 개의 콘텍스트밖에 동작하고 있지 않지만 평균적으로 본다면 각각의 콘텍스트가 빠짐없이 실행되기 때문에 PC를 사용하는 사람에게는 모든 콘텍스트(태스크)가 동시에 동작하고 있다고 보여진다. 이와 같은 처리방식을 **병행 처리**라고 한다.

실제로는 이 두 가지 처리방식 중 하나만을 선택한다기보다는 두 가지를 조합해서 구현하는 것이 일반적이다. 코어가 남지 않도록 최대한 병렬화를 수행하면 효율적인 처리를 할 수 있지만, 코어 수 이상으로 실행해야 하는 태스크가 있다면 코어 내에서 콘텍스트를 전환해야 한다. 이 책에서 이 부분을 다루기에는 멀티코어의 난이도가 너무 높기 때문에 하나의 CPU 코어만으로 구현할 수 있는 병행 처리만을 구현하도록 한다.

13.2 콘텍스트 전환에 도전(osbook_day13a)

태스크 전환이라고 써도 좋지만 더 정확한 제목으로 써봤다. 이 절에서는 두 개의 콘텍스트를 준비해 그들을 전환하는, 즉 **콘텍스트 스위치**context switch를 구현한다. 콘텍스트 스위치는 여러 애플리케이션을 동시에 동작시키기 위한 첫걸음이다.

콘텍스트 중 하나는 메인 함수를 또 하나는 `TaskB()`란 함수를 실행하는 콘텍스트로 한다. 두 개의 콘텍스트를 번갈아 전환하고 실행하면서 메인 함수의 처리와 `TaskB()`의 처리가 교대로 조금씩 진행되도록 한다.

좀 더 자세히 살펴보면 지금 CPU는 메인 함수를 실행하고 있다. `RIP` 레지스터는 현재 실행 중인 명령의 다음 명령을 가리키고 있으며, 그 명령은 메인 함수 내의 어딘가에 존재한다. `RSP` 레지스터는 스택의 선두를 가리키며, 그 위치는 `kernel_main_stack`의 어딘가에 있다. 범용 레지스터(RAX 등)을 사용해 차례차례로 메인 함수 내의 명령을 실행해 간다. 이 상황을 그림으로 표현하면 그림 13.2의 ①과 같다.

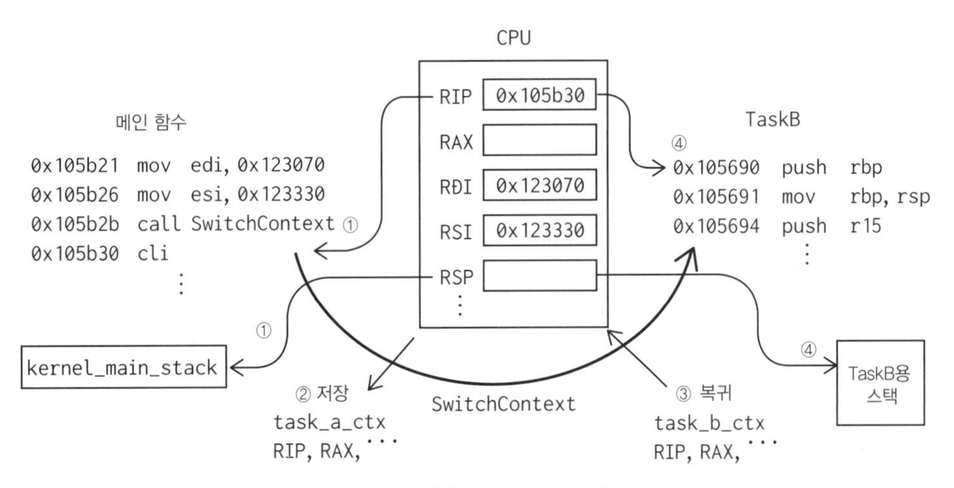

그림 13.2 TaskB()용 콘텍스트로 전환하는 모습

여기서 또 하나의 콘텍스트(TaskB()의 콘텍스트)로 전환하는 데 필요한 처리를 생각해 보자. 최소한으로 고려할 사항은 RIP를 TaskB()의 시작 어드레스로 고쳐 쓰는 것과 TaskB()의 두 개의 파라미터를 RDI, RSI로 설정하는 것이다. 이 작업만 한다면 TaskB()로 전환하는 것은 가능하다. 다만 그것만으로는 편도 승차권이다. 나중에 메인 함수의 콘텍스트로 돌아오기 위해서는 몇 개의 레지스터를 저장해둘 필요가 있다. 적어도 RIP를 저장해두지 않으면 어디로 돌아와야 좋을지를 알 수 없으며, RSP 값을 본래대로 되돌릴 필요도 있다. 그 외에도 몇 개 저장해야 하는 레지스터가 있지만 자세한 사항은 나중에 설명한다.

CPU는 어디까지나 레지스터 값을 참조해 기계어를 하나씩 실행하는 것을 중요하게 여긴다. RIP가 가리키는 메모리 영역에서 기계어를 읽어들이며, RIP가 다음 명령을 가리키도록 갱신하고 기계어를 실행하는 동작을 단지 반복할 뿐이다. 기계어 실행과 더불어 각 레지스터 값이 갱신되며, 메모리의 읽기 쓰기가 수행되기도 한다. 이 단순함을 이용해 감쪽같이 레지스터 값을 변경시켜 버리면 CPU는 속아 넘어가서 실행할 콘텍스트를 전환할 수 있다. 레지스터 값의 교환이야말로 콘텍스트 스위치의 본질인 셈이다.

리스트 13.1 TaskB()는 무언가를 표시하기 위한 윈도우를 만든다(main.cpp)

```
std::shared_ptr<Window> task_b_window;
unsigned int task_b_window_layer_id;
void InitializeTaskBWindow() {
```

```
  task_b_window = std::make_shared<Window>(
      160, 52, screen_config.pixel_format);
  DrawWindow(*task_b_window->Writer(), "TaskB Window");

  task_b_window_layer_id = layer_manager->NewLayer()
    .SetWindow(task_b_window)
    .SetDraggable(true)
    .Move({100, 100})
    .ID();

  layer_manager->UpDown(task_b_window_layer_id, std::numeric_limits<int>::max());
}
```

지금부터 실제로 2개의 태스크를 전환하는 처리를 만들어본다. 우선은 TaskB()가 제대로 동작하고 있는지를 알기 위한 정보를 표시하는 윈도우 task_b_window를 만든다(리스트 13.1). 이 윈도우는 지금까지의 윈도우 표시와 동일한 방법으로 표시하므로 특별히 어려운 부분은 없다. 윈도우를 만드는 처리는 콘텍스트 스위치와는 전혀 관계가 없다.

리스트 13.2 태스크의 콘텍스트를 저장하기 위한 구조체(main.cpp)

```
struct TaskContext {
  uint64_t cr3, rip, rflags, reserved1; // offset 0x00
  uint64_t cs, ss, fs, gs; // offset 0x20
  uint64_t rax, rbx, rcx, rdx, rdi, rsi, rsp, rbp; // offset 0x40
  uint64_t r8, r9, r10, r11, r12, r13, r14, r15; // offset 0x80
  std::array<uint8_t, 512> fxsave_area; // offset 0xc0
} __attribute__((packed));

alignas(16) TaskContext task_b_ctx, task_a_ctx;
```

콘텍스트를 저장하기 위한 구조체 TaskContext의 정의를 리스트 13.2에 정리했다. 이 구조체는 콘텍스트를 전환할 시, 값의 저장과 복원이 필요한 레지스터 전부를 포함하고 있다.

리스트 13.3 TaskB()에서는 루프를 돌 때마다 콘텍스트를 전환한다(main.cpp)

```
void TaskB(int task_id, int data) {
  printk("TaskB: task_id=%d, data=%d\n", task_id, data);
  char str[128];
  int count = 0;
```

```
  while (true) {
    ++count;
    sprintf(str, "%010d", count);
    FillRectangle(*task_b_window->Writer(), {24, 28}, {8 * 10, 16}, {0xc6, 0xc6,
    0xc6});
    WriteString(*task_b_window->Writer(), {24, 28}, str, {0, 0, 0});
    layer_manager->Draw(task_b_window_layer_id);

    SwitchContext(&task_a_ctx, &task_b_ctx);
  }
}
```

리스트 13.3은 TaskB()의 정의를 나타낸다. 이 함수는 일단 시작되면 무한 루프에 들어가서 루프횟수를 세고 윈도우에 표시한다. 이 무한 루프가 일반적인 무한 루프와 다른 점은 하나의 주기를 돌 때마다 SwitchContext()라는 수수께끼 함수를 호출한다는 것이다. 이 함수는 두 개의 콘텍스트를 전환하기 위한 함수로, 여기서는 TaskB()를 실행하는 콘텍스트 task_b_ctx로부터 메인 함수를 실행하는 콘텍스트 task_a_ctx로 전환한다.

SwitchContext()는 나중에 구현할 예정이며 레지스터를 조작해서 콘텍스트를 전환하는 함수가 될 것이다. 구체적으로는 레지스터(RIP나 RSP 등)의 원본 값을 두 번째 파라미터가 가리키는 메모리 영역 task_b_ctx에 저장하고, 첫 번째 파라미터가 가리키는 메모리 영역 task_a_ctx로부터 레지스터 값을 복원시킨다.

레지스터를 상황에 맞게 조작해 콘텍스트를 전환하는 처리는 C++ 표준에는 등장하지 않는 개념이다. C++ 컴파일러는 TaskB()를 실행 중에 갑자기 메인 함수로 실행이 이동한다는 것은 전혀 상정하고 있지 않다. SwitchContext()는 일반적인 함수이며 내부에서 어떤 처리를 실행하면 복귀한다고 생각한다. System V AMD64 ABI에서는 함수의 호출 전후로 몇 가지 레지스터 값을 저장하는 것이 정해져 있다. C++ 컴파일러는 SwitchContext()의 호출 전후로 해당 표준을 지키고 있을 것이라 믿고 있다.

그러나 실제는 SwitchContext()를 호출하면 함수가 종료되기 전에 일시적으로 메인 함수의 콘텍스트로 전환돼 메인 함수의 처리가 잠시 실행된다. 메인 함수의 처리에서는 본래 저장해야 했던 레지스터 값을 변경할지도 모른다. 그 때문에 SwitchContext()의 호출 전후에서 레지스터 값을 저장하고 복원할 필요가 있다. TaskContext 구조체가 많은 레지스터를 가진 이유 중 하나가 이 때문이다.

리스트 13.4 메인 루프에서도 콘텍스트를 전환한다(main.cpp)

```
    __asm__("cli");
    if (main_queue->size() == 0) {
      __asm__("sti");
      SwitchContext(&task_b_ctx, &task_a_ctx);
      continue;
    }
```

리스트 13.4는 메인 루프의 수정 위치를 나타낸다. 메인 함수용 콘텍스트에서 TaskB() 용 콘텍스트(이후에는 TaskB 콘텍스트라 한다)로 전환한다.

리스트 13.5 TaskB()용 콘텍스트를 작성한다(main.cpp)

```
  std::vector<uint64_t> task_b_stack(1024);
  uint64_t task_b_stack_end = reinterpret_cast<uint64_t>(&task_b_stack[1024]);

  memset(&task_b_ctx, 0, sizeof(task_b_ctx));
  task_b_ctx.rip = reinterpret_cast<uint64_t>(TaskB);
  task_b_ctx.rdi = 1;
  task_b_ctx.rsi = 42;

  task_b_ctx.cr3 = GetCR3();
  task_b_ctx.rflags = 0x202;
  task_b_ctx.cs = kKernelCS;
  task_b_ctx.ss = kKernelSS;
  task_b_ctx.rsp = (task_b_stack_end & ~0xflu) - 8;

  // MXCSR의 모든 예외를 마스크한다.
  *reinterpret_cast<uint32_t*>(&task_b_ctx.fxsave_area[24]) = 0x1f80;
```

TaskB 콘텍스트의 초기화 프로그램을 리스트 13.5에 정리했다. 첫 번째 줄에 이 콘텍스트용 스택이 되는 적당한 크기의 메모리 영역(여기서는 우선 8KiB로 정했다) task_b_stack 을 할당한다.

그런 다음 콘텍스트 초기 값을 설정한다. 콘텍스트 영역 전체를 우선 0으로 클리어한 후 필요한 값을 개별적으로 설정했다. 여기서 설정한 값은 이후에 작성하는 SwitchContext()에서 사용한다. task_b_ctx.rip에는 TaskB()의 선두 어드레스를 넣고 있다. SwitchContext()를 최초에 실행할 때 여기서 설정한 어드레스로 점프하게 된다. task_ b_ctx.rdi와 rsi에는 TaskB()의 파라미터가 되는 값을 넣어둔다. 자세한 사항은 SwitchContext()를 구현한 다음에 설명한다.

리스트 13.6 GetCR3()는 CR3 레지스터 값을 취득한다(asmfunc.asm)

```
global GetCR3 ; uint64_t GetCR3();
GetCR3:
    mov rax, cr3
    ret
```

task_b_ctx.cr3에는 현재 CR3에 설정된 값을 복사한다. 리스트 13.6은 GetCR3()의 구현을 보여준다. CR3에는 PML4 테이블의 어드레스가 설정돼 있으므로 그 값을 복사한다는 것은 TaskB()의 실행 중에도 같은 PML4 테이블을 참조한다는 뜻이다.

task_b_ctx.rflags는 TaskB()를 실행할 때의 RFLAGS 값을 지정한다. 설정한 0x202라는 값은 비트 1과 9만이 1이고 기타 비트는 0이다. 비트 9는 IF(인터럽트 플래그)로 여기에 1을 설정하면 인터럽트를 허용한다. IF는 cli와 sti로 조작하는 익숙한 비트다. 비트 1에는 0과 1 어느 값을 설정해도 차이는 없다. 왜냐하면 RFLAGS 레지스터의 비트 1은 하드웨어적으로 1로 고정돼 있기 때문이다. 0을 써도 읽으면 1이 된다.

task_b_ctx.cs와 ss에는 메인 함수를 실행할 때와 같은 세그먼트를 설정해 둔다.

task_b_ctx.rsp에는 스택 포인터의 초기 값을 설정한다. 이 계산이 조금 복잡한 이유는 x86-64 아키텍처 특유의 얼라인먼트 제약을 만족시키기 위해서다. 자세한 내용은 '칼럼 13.1 x86-64 아키텍처와 스택 얼라인먼트 제약'에서 설명한다. 그 제약을 만족시키기 위해 task_b_ctx.rsp의 하위 4비트가 8이 되도록 조정한다.

task_b_ctx.fxsave_area의 오프셋 24에서 27은 MXCSR 레지스터에 대응한다. 이 레지스터는 부동소수점 계산의 설정을 하거나 상태를 표현하기 위한 레지스터다. C++ 컴파일러는 부동소수점의 계산을 하지 않은 프로그램이라도 부동소수점 계산 명령을 출력하는 경우가 있다. 이 경우에 MXCSR의 비트 12:7이 전부 1이 돼 있지 않으면 올바른 처리를 할 수 없으므로 초기화로 0x1f80을 설정해 둔다. MXCSR에 대해서는 Intel SDM[2]

2 「Intel 64 and IA-32 Architectures Software Developer's Manual」, Intel Corporation(https://software.intel.com/en-us/articles/intel-sdm), 2019

Vol.1 '10.2.3 MXCSR Control and Status Register'를 참조하자.

리스트 13.7 SwitchContext()는 2개의 콘텍스트를 전환한다(asmfunc.asm)

```
global SwitchContext
SwitchContext: ; void SwitchContext(void* next_ctx, void* current_ctx);
    mov [rsi + 0x40], rax
    mov [rsi + 0x48], rbx
    mov [rsi + 0x50], rcx
    mov [rsi + 0x58], rdx
    mov [rsi + 0x60], rdi
    mov [rsi + 0x68], rsi

    lea rax, [rsp + 8]
    mov [rsi + 0x70], rax ; RSP
    mov [rsi + 0x78], rbp

    mov [rsi + 0x80], r8
    mov [rsi + 0x88], r9
    mov [rsi + 0x90], r10
    mov [rsi + 0x98], r11
    mov [rsi + 0xa0], r12
    mov [rsi + 0xa8], r13
    mov [rsi + 0xb0], r14
    mov [rsi + 0xb8], r15

    mov rax, cr3
    mov [rsi + 0x00], rax ; CR3
    mov rax, [rsp]
    mov [rsi + 0x08], rax ; RIP
    pushfq
    pop qword [rsi + 0x10] ; RFLAGS

    mov ax, cs
    mov [rsi + 0x20], rax
    mov bx, ss
    mov [rsi + 0x28], rbx
    mov cx, fs
    mov [rsi + 0x30], rcx
    mov dx, gs
    mov [rsi + 0x38], rdx

    fxsave [rsi + 0xc0]
```

```
; iret용 스택 프레임
push qword [rdi + 0x28] ; SS
push qword [rdi + 0x70] ; RSP
push qword [rdi + 0x10] ; RFLAGS
push qword [rdi + 0x20] ; CS
push qword [rdi + 0x08] ; RIP

; 콘텍스트 복원
fxrstor [rdi + 0xc0]

mov rax, [rdi + 0x00]
mov cr3, rax
mov rax, [rdi + 0x30]
mov fs, ax
mov rax, [rdi + 0x38]
mov gs, ax

mov rax, [rdi + 0x40]
mov rbx, [rdi + 0x48]
mov rcx, [rdi + 0x50]
mov rdx, [rdi + 0x58]
mov rsi, [rdi + 0x68]
mov rbp, [rdi + 0x78]
mov r8,  [rdi + 0x80]
mov r9,  [rdi + 0x88]
mov r10, [rdi + 0x90]
mov r11, [rdi + 0x98]
mov r12, [rdi + 0xa0]
mov r13, [rdi + 0xa8]
mov r14, [rdi + 0xb0]
mov r15, [rdi + 0xb8]

mov rdi, [rdi + 0x60]

o64 iret
```

드디어 콘텍스트 스위치의 심장부에 해당하는 SwitchContext()를 구현한다(리스트 13.7). 이 함수의 주목적은 콘텍스트의 저장과 복원이다. 현재 실행 중인 콘텍스트를 두 번째 파라미터(RSI)가 가리키는 메모리 영역에 저장하고, 첫 번째 파라미터(RDI)가 가리키는 메모리 영역으로부터 CPU의 레지스터를 복원시킨다. 상당히 길지만 하는 작업은 단순해서 각 레지스터를 콘텍스트 구조체에 대응하는 필드로 복사하거나 역으로 콘텍스트 구조체로부터 각 레지스터에 값을 복사할 뿐이다. 매우 우직한 구현이다. 이 중에서 fxsave/fxrstor란 명령을 사용하고 있다. 이들은 부동소수점의 레지스터(XMM0 등)을 추려 저장, 복원하기 위한 명령이다. TaskContext::fxsave_area에 읽고 쓰기를 한다.

SwitchContext()는 현 시점에서 저장과 복원이 불필요한 레지스터까지 대상으로 하고 있지만, 이는 나중에 수행하려고 생각 중인 콘텍스트 스위치에 대비하기 위함이다. 구체적으로 말하자면 CR3, 세그먼트 레지스터(CS 등), RBP, RBX, R12부터 R15 레지스터와 범용 레지스터는 저장과 복원이 불필요하다. 왜냐하면 CR3와 세그먼트 레지스터는 두 개의 콘텍스트에서 똑같은 값을 사용하기 때문이다. 또한 이 6개 이외의 범용 레지스터는 함수 호출의 전후에서 값을 유지시킬 필요가 없기 때문이다. 나중에 선점형 멀티태스크를 하게 되면 그때 이들 레지스터를 저장하고 복원하는 것에 의미가 있게 된다.

SwitchContext()가 처음으로 호출되는 상황은 리스트 13.4 부분에 도달할 때이다. 대충 이벤트 처리가 끝나면 리스트 13.4에 도달한다. 최초 SwitchContext()를 호출하기 직전의 두 개의 콘텍스트 구조체의 모습은 그림 13.3과 같다. task_b_ctx에는 TaskB()용 콘텍스트 초기 값이 들어 있고 task_a_ctx는 0 클리어돼 있다.

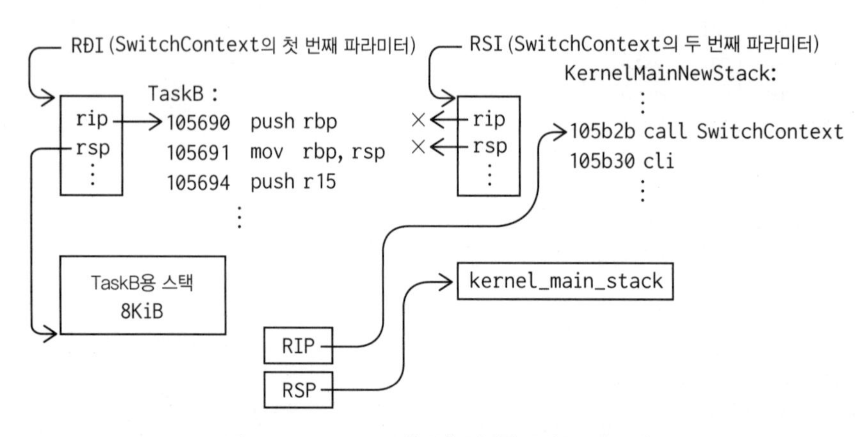

그림 13.3 SwitchContext() 호출 직전의 콘텍스트 구조체

SwitchContext()는 두 번째 파라미터 RSI가 가리키는 콘텍스트 구조체 task_a_ctx에 현재 레지스터 값을 저장한다. 범용 레지스터는 단순히 mov를 사용하면 저장 가능한데, 몇 개 레지스터 값의 저장은 조금 생각할 필요가 있다. 가장 알기 어려운 부분은 RIP와 RSP이다.

콘텍스트 구조체에 저장한 값은 다음에 해당 콘텍스트를 복원할 때 레지스터에 다시 기록된다. 그를 위해 SwitchContext()의 실행 직후가 되는 RIP와 RSP 값을 콘텍스트 구조체에 기록해두고 싶다. 그런 RIP와 RSP 값은 어떻게 취득하면 좋을지 고민한 결과 리스트 13.7 같은 프로그램이 됐다.

메인 함수는 call 명령에 의해 SwitchContext()를 호출한다. call 명령은 스택에 복귀 어드레스를 쌓아두고 대상 함수로 점프하는 명령이다. 따라서 SwitchContext()의 선두 부분에 점프한 직후, RSP가 가리키는 스택 영역에는 call 명령 다음의 명령 어드레스가 기록돼 있다(그림 13.4).

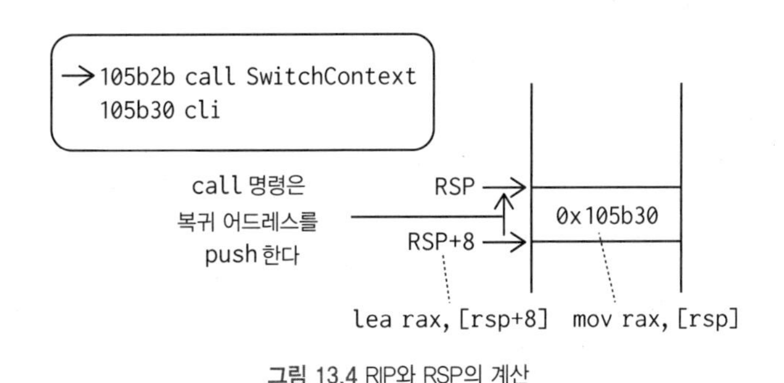

그림 13.4 RIP와 RSP의 계산

그러므로 mov rax,[rsp]를 실행하면 RAX 레지스터에 복귀 어드레스를 취득할 수 있다. 이 값이 바로 task_a_ctx.rip에 기록해야 할 값이다. 또한 그때의 RSP 값에 8을 더한 값이 task_a_ctx.rsp에 기록해야 할 값이 된다. 이 값은 lea rax, [rsp+8]로 계산할 수 있다(mov와 add를 조합해서도 계산할 수 있지만 lea를 사용하면 하나의 명령으로 가능하다).

그 외에 특별한 방법으로만 취득 가능한 것은 RFLAGS 레지스터다. 다른 레지스터처럼 mov 명령으로는 다루지 않고, pushfq라는 전용 명령을 사용한다. pushfq는 RFLAGS 값을 스택에 쌓는다(이를 위한 전용 명령이 있다니 흥미롭다). 이 명령을 사용해 스택에 쌓은 값을 pop으로 꺼낸다.

fxsave까지 끝나면 콘텍스트 저장은 완료된다. 다음은 첫 번째 파라미터 RDI가 가리키는 콘텍스트 구조체 task_b_ctx로부터 콘텍스트 복원을 수행한다. 대부분의 레지스터는 mov 명령을 사용해 복원할 수 있지만 일부 레지스터는 특별한 방법으로 복원시킨다.

각 레지스터의 복원에 앞서 iret용 스택 프레임을 구축한다. 스택 프레임 구축은 SwitchContext() 마지막에 iret 명령을 실행하기 위해 필요한 작업이다. 일반적으로는 함수를 호출한 측으로 돌아올 때는 ret 명령을 사용해 스택으로부터 복귀 어드레스만을 꺼내서 되돌아온다. 하지만 콘텍스트를 전환하는 데는 일반 ret으로는 충분하지 않다. 왜냐하면 콘텍스트를 전환하려면 CS나 RSP 등을 동시에 전환할 필요가 있기 때문이다. 이를 위해 iret 명령을 사용하면 매우 편하다.

iret용 스택 프레임 구축이 끝나면 iret으로 복원되는 것 이외의 레지스터를 복원해 간다. 아주 우직하게 복원하지만 한 가지 주의점이 있는데, 그건 RDI는 마지막에 복원해야 한다는 점이다. RDI를 변경해 버리면 콘텍스트 구조체의 어드레스를 알 수 없게 돼 버리기 때문이다.

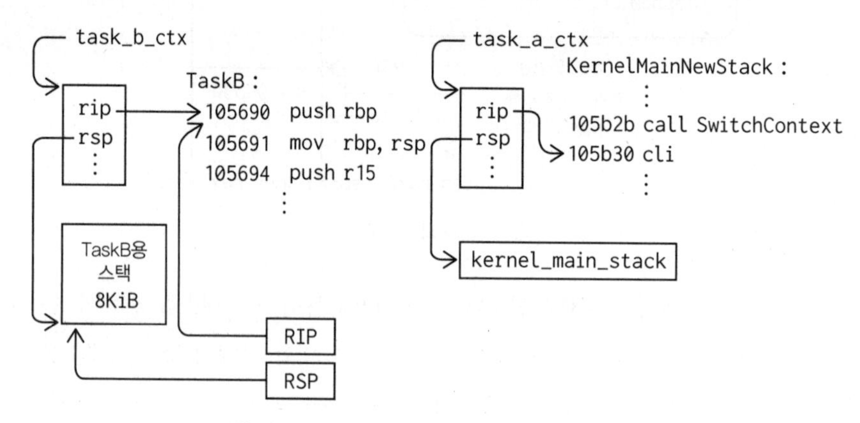

그림 13.5 SwitchContext() 실행 직후의 콘텍스트 구조체

iret 명령이 실행된 직후의 콘텍스트 구조체의 모습이 그림 13.5에 나와 있다. task_a_ctx에 SwitchContext()를 호출한 시점의 각 레지스터 값이 기록되며, task_b_ctx에 설정된 값을 각 레지스터로 읽어 들인다. CPU는 iret 명령을 실행한 후에는 iret 명령에 의해 RIP에 설정된 어드레스가 가리키는 메모리 영역으로부터 기계어를 읽어 들여 계속 진행한다.

이상으로 SwitchContext()의 구현을 완료했다. 이 함수를 메인 함수와 TaskB()에서 상호 실행함으로써 2개의 콘텍스트가 고속으로 전환하면서 병행 동작해 갈 것이다.

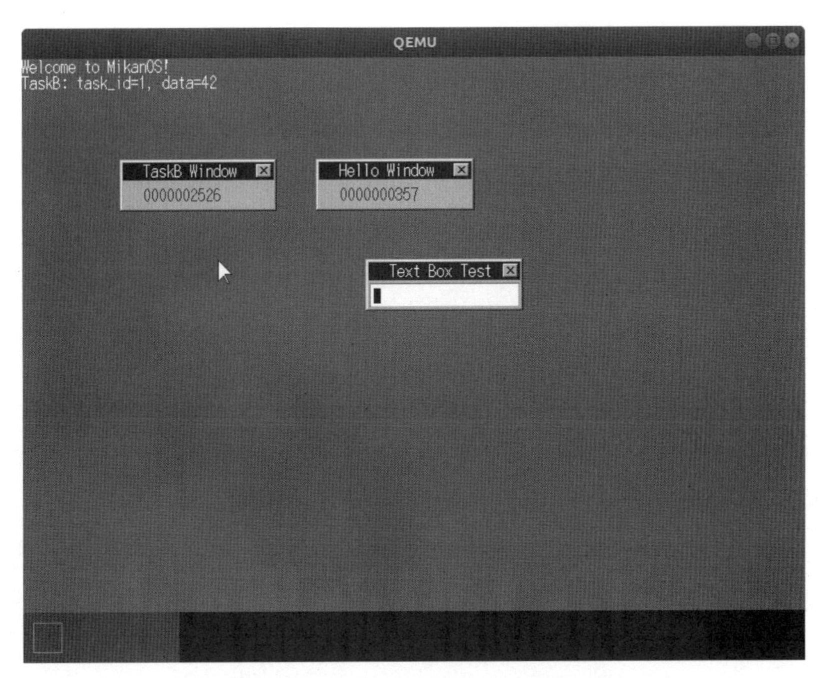

그림 13.6 2개의 콘텍스트가 병행으로 실행되는 모습

그림 13.6은 실행 결과를 보여준다. 2개의 콘텍스트가 병행으로 동작한다는 것을 알 수 있다. 2개의 콘텍스트를 전환하면서 조금씩 처리를 진행시켜가는 실험은 성공이다!

칼럼 13.1 x86-64 아키텍처와 스택 얼라인먼트 제약

System V AMD64 ABI에서는 어떤 함수에서 다른 함수를 호출할 때는 스택 포인터 값을 16바이트 경계에 맞춰 정렬하도록 정해져 있다. 이렇게 하는 이유는 x86-64의 일부 명령(movaps 등)에 주어지는 메모리 어드레스가 16바이트 정렬을 충족해야 되기 때문이다. 16바이트의 배수가 아닌 메모리 어드레스를 이런 명령에 주면 GP 예외(일반보호 예외)가 발생한다.

함수가 다른 함수를 호출하기 직전, 즉 call 명령을 실행하기 직전에 스택 포인터는 16의 배수가 돼야 한다. 16진수로 쓰는 경우 0xfff0처럼 마지막 1자리가 0이 돼야 한다는 의미다. call 명령은 8바이트의 복귀 어드레스를 스택에 쌓기 때문에 call 명령 직후, 즉 함수의 선두에서는 스택 포인터의 하위 4비트 값은 반드시 8이 된다. 16진수로 쓰는 경우 0xffe8 처럼 하위 1자리가 반드시 8이 되는 것이다. C++ 컴파일러는 이런 제약이 충족돼 있다고 가정하고 변수를 스택에 배치시킨다. 가정이 깨지면 GP 예외의 원인이 된다.

리스트 13.5에서는 다음과 같이 TaskB의 스택 포인터 하위 4비트 값을 8로 조정하고 있다.

```
task_b_ctx.rsp = (task_b_stack_end & ~0xflu) - 8;
```

먼저 task_b_stack_end & ~0xflu를 통해 어드레스 값의 하위 4비트를 잘라내 스택 포인터 값을 16의 배수로 조정한다. 그 값에서 8을 빼면 하위 4비트가 반드시 8이 될 것이다. 스택 포인터 값은 16의 배수가 돼야 하는데 일부러 8만큼 이동시킨 것은 왜일까?

그 이유는 TaskB()가 마치 call 명령으로 호출된 것처럼 보이게 할 필요가 있기 때문이다. TaskB 콘텍스트의 RIP 초기 값에는 TaskB()의 선두 어드레스가 쓰여 있다. 따라서 처음에 메인 태스크에서 TaskB로 전환되면 TaskB의 선두에서부터 처리가 시작된다. C++ 컴파일러는 함수가 call 명령으로 호출되는 TaskB()의 선두에서는 스택 포인터의 하위 4비트가 8이라는 것을 가정하고 기계어를 출력한다. 이것이 TaskB 콘텍스트의 RSP 초기 값을 일부러 8만큼 이동시킨 이유다.

13.3 콘텍스트 스위치의 자동화(osbook_day13b)

두 개의 태스크가 서로 SwitchContext()를 호출함으로써 태스크를 전환하는 데 성공했다. 지금 보인 방식을 **협력적 멀티태스크**Cooperative multitasking[3]라 한다. 한 개의 태스크가 CPU를 독점하지 않고 적당한 타이밍에서 SwitchContext()를 호출하는 것에 동의하기 때문에 '협력적'이란 표현을 쓴다. 처리에 버그가 있어서 SwitchContext()를 호출하는 일 없이 처리를 계속하는 태스크가 존재한다면 협력적 멀티태스크는 쉽게 파탄이 나 버린다.

3 비선점형 멀티 태스킹(Non-preemptive multitasking)으로 부르기도 한다.

OS에 내장된 함수를 태스크로 실행한다면 협력적 멀티태스크에서도 충분히 실용적이다. 다만 향후 애플리케이션에서 멀티태스크를 하는 경우에는 협력적 멀티태스크만으로는 충분치가 않다. 만약 하나라도 태스크에 문제가 되는 코드가 있거나 또는 버그가 있는 애플리케이션이 있어서 `SwitchContext()`를 호출하지 않고 쭉 처리를 계속한다면 콘텍스트 스위칭이 되지 않아 OS 전체가 프리즈freeze돼 버릴 수 있는 것이다.

이 절에서는 협력적 멀티태스크를 그만하고 **선점형 멀티태스크**preemptive multitasking를 구현해 보겠다. 선점형 멀티태스킹은 CPU 인터럽트 처리(일반적으로 타이머 인터럽트)를 사용해 강제로 태스크를 전환한다. 태스크 자신은 태스크 전환을 신경쓰지 않아도 되고, OS가 마음대로 태스크를 전환해 순차적으로 실행해 간다.

리스트 13.8 메인 루프에서는 SwitchContext()를 호출하지 않고 hlt한다(main.cpp)

```
    __asm__("cli");
    if (main_queue->size() == 0) {
      __asm__("sti\n\thlt");
      continue;
    }
```

협력적 멀티태스크를 그만두므로 우선은 `TaskB()`와 메인 루프에서 `SwitchContext()` 호출을 제거한다. `TaskB()`에서는 단순히 `SwitchContext()`를 호출하는 행을 제거했으므로 소스코드는 소개하지 않는다. 메인 루프에서는 리스트 13.8에서 보는 대로 `SwitchContext()`를 호출하지 않게 한 것 외에도 `hlt`하도록 코드를 수정했다. 협력적 멀티태스크의 경우에는 아무것도 하는 작업이 없다면 즉시 `TaskB()`로 전환하면 좋지만, 선점형 멀티태스크에서는 그렇게 하지 않는다. 태스크 전환용 타이머가 타임아웃할 때까지 `hlt`하면서 기다린다.

리스트 13.9 태스크 전환용 타이머 값의 정의(timer.hpp)

```
const int kTaskTimerPeriod = static_cast<int>(kTimerFreq * 0.02);
const int kTaskTimerValue = std::numeric_limits<int>::min();
```

태스크 전환용 타이머를 제작하기 위해 타이머의 주기와 타임아웃했을 때의 값을 정의했다(리스트 13.9). 타이머는 0.02초(20밀리초) 주기로 타임아웃하게 했는데, 1초간 50회의 콘텍스트 전환이 발생하게 된다. 그 정도의 전환이라면 충분할 것이다. 가급적 다른 타이머에서는 사용하고 싶지 않은 값으로 정의하고 싶어서 int 타입이 가질 수 있는 최소 값을 설정하기로 했다.

리스트 13.10 InitializeTask()는 멀티태스크 기능을 초기화한다(task.cpp)

```
void InitializeTask() {
  current_task = &task_a_ctx;

  __asm__("cli");
  timer_manager->AddTimer(
      Timer{timer_manager->CurrentTick() + kTaskTimerPeriod, kTaskTimerValue});
  __asm__("sti");
}
```

리스트 13.10은 멀티태스크 관련 기능을 초기화하기 위한 InitializeTask()의 정의를 보여준다. 이 함수를 호출한 콘텍스트를 현재 실행 중인 콘텍스트로 해 current_task에 설정한다. 또한 태스크 전환용 타이머의 등록을 수행한다.

리스트 13.11 InitializeTask()를 메인 함수에서 호출한다(main.cpp)

```
InitializeTask();
```

작성한 초기화 함수는 언제나처럼 메인 함수에서 호출한다(리스트 13.10). 초기화 함수를 호출하면 그 직후에 태스크 전환이 발생하기 때문에 TaskB 콘텍스트의 초기화나 기타 초기화 처리가 끝난 후에 호출하는 것이 좋다. 그래서 메인 루프에 진입하기 직전에 호출하기로 했다.

태스크 전환용 타이머는 기타 타이머와는 다른 처리를 해야 할 필요가 있다. 다른 타이머와 똑같이 태스크 전환용 타이머의 타임아웃을 메인 함수 측의 메시지 큐에 통지해 버리면 잘 동작하지 않을 것이다. 왜냐하면 메인 함수가 이벤트를 처리하기 위해서는 TaskB()의 실행을 중단하고 메인 함수 콘텍스트로 전환해야 하지만, TaskB()는 그 이벤트에 아랑곳하지 않고 동작을 계속하기 때문이다. 이래서는 전혀 태스크 전환용 타이머의 타임아웃 이벤트가 처리되지 않는다.

리스트 13.12 Tick()은 태스크 전환용 타이머를 특별히 취급한다(timer.cpp)

```
bool TimerManager::Tick() {
  ++tick_;

  bool task_timer_timeout = false;
  while (true) {
    const auto& t = timers_.top();
    if (t.Timeout() > tick_) {
      break;
    }

    if (t.Value() == kTaskTimerValue) {
      task_timer_timeout = true;
      timers_.pop();
      timers_.push(Timer{tick_ + kTaskTimerPeriod, kTaskTimerValue});
      continue;
    }

    Message m{Message::kTimerTimeout};
    m.arg.timer.timeout = t.Timeout();
    m.arg.timer.value = t.Value();
    msg_queue_.push_back(m);

    timers_.pop();
  }

  return task_timer_timeout;
}
```

리스트 13.12는 수정한 TimerManager::Tick()을 보여준다. 우선 크게 달라진 부분은 Tick()의 반환 값이다. 지금까지는 void였는데 bool로 변경했다. 태스크 전환용 타이머가 타임아웃한 경우는 참을 반환하도록 했다.

함수의 중간 부분에서는 태스크 전환용 타이머가 타임아웃한 경우에 특별한 처리를 수행한다. 메시지 큐에 통지를 보내는 것이 아니라 task_timer_timeout 변수를 참으로 설정한다. 그 후 태스크 전환용 타이머를 재등록한다. 이 재등록에 의해 태스크 전환용 타이머는 주기 타이머로써 동작한다. 모든 타이머 처리가 끝나면 task_timer_timeout을 반환한다.

리스트 13.13 타이머 인터럽트 처리를 하고 필요하다면 태스크를 전환한다(timer.cpp)

```
void LAPICTimerOnInterrupt() {
  const bool task_timer_timeout = timer_manager->Tick();
  NotifyEndOfInterrupt();

  if (task_timer_timeout) {
    SwitchTask();
  }
}
```

리스트 13.13은 수정한 타이머 인터럽트 핸들러의 구현을 보여준다. 이 함수는 타이머 인터럽트가 발생할 때마다 호출된다. 첫 번째 줄에서 `timer_manager->Tick()`을 호출하는 부분은 지금까지와 동일하지만 그 반환 값을 받도록 했다. 그 반환 값이 참이라면 그 다음의 `SwitchTask()`를 호출해서 태스크 전환을 수행한다. `NotifyEndOfInterrupt()`를 함수의 마지막이 아니고 `SwitchTask()`를 하기 전에 호출하는 것이 신경 쓰일지도 모르겠다.

일반적으로 `NotifyEndOfInterrupt()`는 인터럽트 핸들러에서 가급적 마지막에 호출하는 것이 좋지만 여기서는 마지막이 아니고 도중에서 호출하고 있다. 그 이유는 `SwitchTask()`를 호출하면 태스크가 전환돼 `NotifyEndOfInterrupt()`를 호출하지 않은 상태가 돼 버리기 때문이다. `NotifyEndOfInterrupt()`를 호출하지 않으면 타이머 인터럽트가 오지 않게 되므로 이후에는 태스크가 전환될 수가 없다.

리스트 13.14 SwitchTask()는 태스크를 전환한다(task.cpp)

```
alignas(16) TaskContext task_b_ctx, task_a_ctx;

namespace {
  TaskContext* current_task;
}

void SwitchTask() {
  TaskContext* old_current_task = current_task;
  if (current_task == &task_a_ctx) {
    current_task = &task_b_ctx;
  } else {
    current_task = &task_a_ctx;
  }
```

```
  SwitchContext(current_task, old_current_task);
}
```

리스트 13.14는 SwitchTask()의 구현을 나타낸다. 이 함수는 다음에 전환해야 하는 태스크를 결정하고 해당 태스크의 콘텍스트로 전환한다. 다음 태스크를 결정하기 위해 현재 실행 중인 태스크를 current_task 변수에 기억시켜 둔다. task_a와 task_b 중에서 current_task와 일치하는 쪽이 현재 실행 중인 태스크이므로 남은 쪽으로의 콘텍스트 전환을 수행한다.

리스트 13.15 TaskB()의 파라미터 값을 43으로 한다(main.cpp)

```
  memset(&task_b_ctx, 0, sizeof(task_b_ctx));
  task_b_ctx.rip = reinterpret_cast<uint64_t>(TaskB);
  task_b_ctx.rdi = 1;
  task_b_ctx.rsi = 43;
```

지금까지 수정을 했으면 주요한 변경점은 모두 완료한 것이다. 수정한 결과를 쉽게 알 수 있도록 TaskB()의 파라미터 data를 42에서 43으로 변경했다(리스트 13.15).

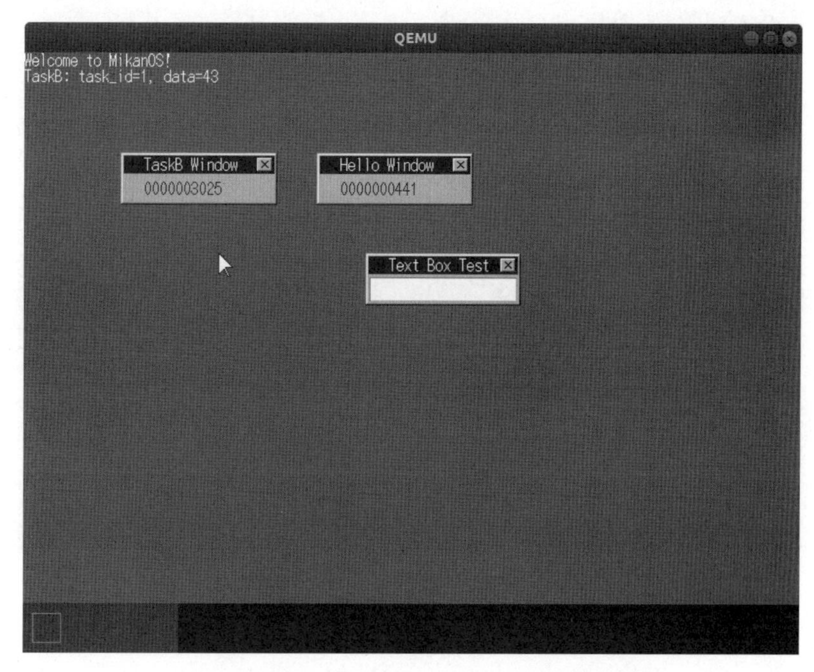

그림 13.7 선점형 멀티태스크로 두 태스크가 번갈아 실행되는 방식

타이머에 의한 선점형 멀티태스크를 구현했으니 동작시켜보자(그림 13.7). 제대로 전환하고 있으니 일단 성공한 것 같다.

13.4 멀티태스크의 검증(osbook_day13c)

필자는 정말로 선점형 멀티태스크가 제대로 동작하고 있는 건지 조금 불안해졌다. 화면의 외형은 협력적 멀티태스크의 경우와 다르지 않아서 정말로 타이머에 의한 태스크 전환인지 검증해 보고 싶다. 검증은 간단하게 할 수 있다. 태스크 전환용 타이머의 주기를 눈에 보일 정도로 크게 하면 된다.

```
const int kTaskTimerPeriod = static_cast<int>(kTimerFreq * 1.0);
```

그래서 timer.hpp의 `kTaskTimerPeriod` 상수를 1초로 수정했다. 빌드해서 실험해 보자.

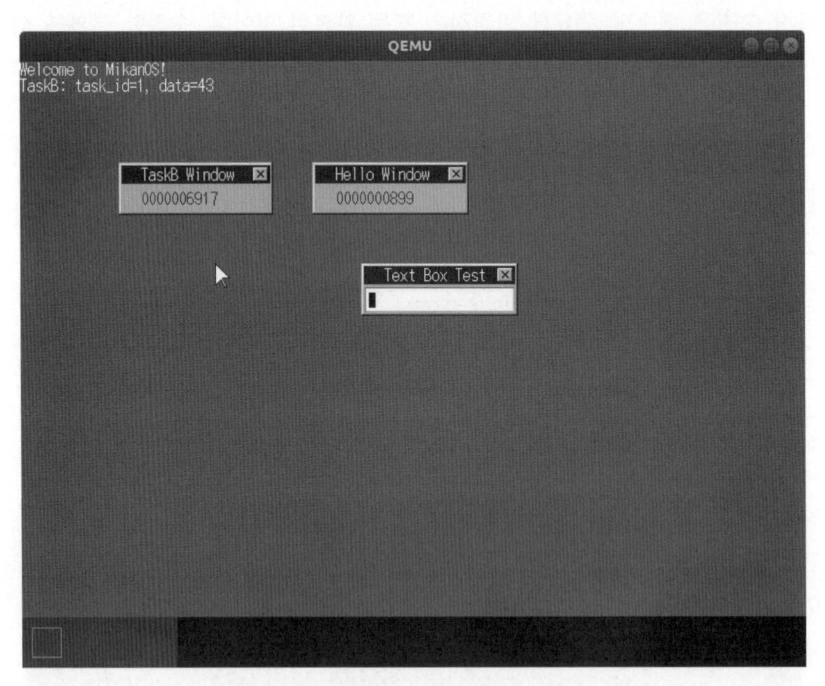

그림 13.8 1초마다 태스크가 전환되는 모습

실험 결과는 그림 13.8에서 보여준다. Hello World 윈도우의 수치가 899가 된 것은 우연이 아니고 1초(100카운트)마다 태스크를 전환하므로 99, 299, 499, 699, 899로 증가한다는 것은 Hello World 윈도우의 동작 중지를 반복하고 있다는 증거다. 마우스나 키보드를 조작해 결과가 화면에 반영되는 것도 1초마다 되고 있다. 제대로 선점형 멀티태스크가 됐으니 이걸로 검증은 성공했다. 검증에 성공했으니 이제 타이머의 주기를 원래대로 되돌리자.

13.5 태스크를 늘리자(osbook_day13d)

지금까지는 두 개의 콘텍스트로 콘텍스트 스위칭을 실험했다. 지금 상태에서 태스크를 늘리려고 한다면 태스크 수만큼 task_c_ctx 등을 만들어야 하므로 불편하며, 실행 도중에 태스크를 늘리거나 감소시키는 것도 곤란하고 어렵다. 그래서 지금부터는 태스크를 원하는 시점에 원하는 만큼 만들 수 있는 구조를 작성해 본다.

리스트 13.16 한 개의 태스크를 나타내는 Task 클래스(task.hpp)

```
using TaskFunc = void (uint64_t, int64_t);

class Task {
 public:
  static const size_t kDefaultStackBytes = 4096;
  Task(uint64_t id);
  Task& InitContext(TaskFunc* f, int64_t data);
  TaskContext& Context();

 private:
  uint64_t id_;
  std::vector<uint64_t> stack_;
  alignas(16) TaskContext context_;
};
```

한 개의 태스크를 나타내는데 필요한 정보는 스택 영역과 콘텍스트 구조체로 충분한 것 같다. 그래서 리스트 13.16 같이 한 개의 태스크를 나타내는 Task 클래스를 작성했다. 태스크는 고유 ID와 스택 영역, 콘텍스트 구조체를 갖는다.

InitContext()의 첫 번째 파라미터 타입 TaskFunc은 얼핏 보기에는 함수 포인터로 보이지 않는다. 함수 포인터라면 void (*f)(int, int) 같은 복잡한 형태가 될 것이기 때문이다.

실은 TaskFunc은 using 선언을 사용해 함수형에 붙인 별명이다. 리스트 13.16의 프로그램 첫 번째 줄에 있는 using TaskFunc = ...가 그것이다. void (uint64_t, int64_t)는 64비트 정수형 파라미터를 2개 받으며, 반환 값은 void인 함수형을 나타내는 구문이다. 이처럼 함수형에 별명을 붙여두면 TaskFunc* foo처럼 마치 변수 포인터와 같은 감각으로 함수 포인터를 만드는 것이 가능하다. 만약 별명을 사용하지 않고 함수 포인터를 사용한다면 void (*foo)(uint64_t, int64_t)가 된다. 별명을 사용한 포인터 정의 쪽이 더 알기가 쉽지 않은가?

어쨌든 지금까지는 TaskB()가 int 타입의 파라미터를 받도록 했는데, 이번부터는 TaskFunc 타입으로 맞추기 위해 파라미터 타입을 변경했다. 함수의 파라미터는 어차피 RDI나 RSI 등의 64비트 레지스터로 전달되기 때문에 int와 같은 64비트보다 작은(작을 가능성이 있는) 타입으로 해 둘 이유가 없다.

리스트 13.17 Task 클래스 생성자(task.cpp)

```
Task::Task(uint64_t id) : id_{id} {
}
```

리스트 13.17은 Task 클래스의 생성자를 나타낸다. 지정된 태스크 ID를 id_에 설정하는 심플한 생성자다. stack_이나 context_에 값을 설정하는 부분은 다음에 소개하는 InitContext()의 역할이다.

리스트 13.18 InitContext()는 콘텍스트 초기 값을 설정한다(task.cpp)

```
Task& Task::InitContext(TaskFunc* f, int64_t data) {
  const size_t stack_size = kDefaultStackBytes / sizeof(stack_[0]);
  stack_.resize(stack_size);
  uint64_t stack_end = reinterpret_cast<uint64_t>(&stack_[stack_size]);

  memset(&context_, 0, sizeof(context_));
  context_.cr3 = GetCR3();
  context_.rflags = 0x202;
  context_.cs = kKernelCS;
```

```
  context_.ss = kKernelSS;
  context_.rsp = (stack_end & ~0xflu) - 8;
  context_.rip = reinterpret_cast<uint64_t>(f);
  context_.rdi = id_;
  context_.rsi = data;

  // MXCSR의 모든 예외를 마스크한다.
  *reinterpret_cast<uint32_t*>(&context_.fxsave_area[24]) = 0x1f80;

  return *this;
}
```

태스크용 콘텍스트 구조체에 초기 값을 설정하는 함수 InitContext()를 구현했다(리스트 13.18). 이 함수에서 설정하는 값은 이 태스크가 최초로 SwitchContext()에 의해 시작될 때 읽힌다. 지금까지 메인 함수가 했던 처리를 거의 그대로 가져온 것이므로 어렵지는 않을 것이다.

태스크용 스택의 크기는 Task::kDefaultStackBytes에서 조정할 수 있게 했는데, 지금 시점에서는 4096바이트로 했다. 스택 얼라인먼트 제약을 만족시키기 위해 RSP의 초기 값(context_.rsp)은 일부러 16바이트 경계에서 8바이트만큼 이동시킨 위치로 조정했다.

리스트 13.19 Context()는 콘텍스트 구조체의 참조를 반환한다(task.cpp)

```
TaskContext& Task::Context() {
  return context_;
}
```

리스트 13.19는 Context()의 구현을 보여준다. 이 함수는 태스크의 콘텍스트 구조체의 참조를 반환한다. 값이 아니라 참조라는 것이 중요하다. 왜냐하면 콘텍스트 구조체의 어드레스를 SwitchContext()에 전달할 필요가 있기 때문이다. SwitchContext()는 콘텍스트를 전환할 때 그 어드레스가 가리키는 메모리 영역에 레지스터 값을 저장한다.

리스트 13.20 TaskManager 클래스는 다수의 태스크를 관리한다(task.hpp)

```
class TaskManager {
 public:
  TaskManager();
  Task& NewTask();
```

```
  void SwitchTask();

 private:
  std::vector<std::unique_ptr<Task>> tasks_{};
  uint64_t latest_id_{0};
  size_t current_task_index_{0};
};

extern TaskManager* task_manager;
```

한 개의 태스크를 나타내는 클래스를 구현했으므로 다음은 여러 개의 태스크를 관리하는 TaskManager 클래스를 구현할 차례다(리스트 13.20). Task와 TaskManager의 관계는 Layer와 LayerManager 관계와 비슷하다. TaskManager가 Task를 생성하는 역할과 생성한 Task의 인스턴스를 유지하는 역할을 가진다. 또한 TaskManager에 태스크 전환 기능(SwitchTask())을 갖게 했다.

리스트 13.21 생성자는 태스크를 한 개만 생성한다(task.cpp)

```
TaskManager::TaskManager() {
  NewTask();
}
```

리스트 13.21은 TaskManager의 생성자를 보여준다. 생성자에 명시하고 있지는 않지만 세 개의 멤버 변수 tasks_, latest_id_, current_task_index_는 헤더 파일에서 지정한 초기 값을 사용해 초기화된다. 이 초기화에 이어 생성자는 NewTask() 메소드를 호출해 태스크를 하나 생성한다. 이 태스크는 현재 실행 중인 콘텍스트, 즉 NewTask()를 지금 바로 실행하려는 콘텍스트에 대응하는 태스크다.

리스트 13.22 NewTask()는 tasks_의 마지막에 새로운 태스크를 추가한다(task.cpp)

```
Task& TaskManager::NewTask() {
  ++latest_id_;
  return *tasks_.emplace_back(new Task{latest_id_});
}
```

리스트 13.22는 NewTask() 메소드의 구현을 보여준다. 최신 태스크 ID를 나타내는 latest_id_를 증가시키고, 그 값을 사용해서 Task 클래스의 인스턴스를 생성해 tasks_

의 끝에 추가한다. 이 메소드의 주기능은 태스크를 생성해 tasks_에 등록하는 것이지만, 여기에 더해 생성한 클래스의 참조를 반환하게 했다. 참조를 반환하면 NewTask().InitContext(...) 같이 메소드 체인 형태로 쓸 수 있어서 편리하다.

리스트 13.23 SwitchTask()는 다음 태스크로 전환시킨다(task.cpp)

```
void TaskManager::SwitchTask() {
  size_t next_task_index = current_task_index_ + 1;
  if (next_task_index >= tasks_.size()) {
    next_task_index = 0;
  }

  Task& current_task = *tasks_[current_task_index_];
  Task& next_task = *tasks_[next_task_index];
  current_task_index_ = next_task_index;

  SwitchContext(&next_task.Context(), &current_task.Context());
}
```

태스크를 생성하는 것만으로는 충분하지 않고 태스크를 전환하는 기능이 필요하다. 리스트 13.23은 태스크를 전환하는 SwitchTask() 메소드의 구현을 보여준다. 이 메소드는 현재 실행 중인 태스크와 그 다음에 실행할 태스크를 취득하고 나서 다음 태스크가 갖는 콘텍스트로 실행을 전환한다.

현재 실행 중인 태스크는 tasks_[current_task_index_]로 구할 수 있으며, 태스크를 전환할 때마 current_task_index_를 증가시킨다. 이렇게 해두면 SwitchTask()를 호출할 때마다 차례대로 태스크를 전환해가는 것이 가능하다.

리스트 13.24 TaskManager의 인스턴스를 생성한다(task.cpp)

```
void InitializeTask() {
  task_manager = new TaskManager;

  __asm__("cli");
  timer_manager->AddTimer(
      Timer{timer_manager->CurrentTick() + kTaskTimerPeriod, kTaskTimerValue});
  __asm__("sti");
}
```

InitializeTask() 안에서 TaskManager의 인스턴스를 생성하고 글로벌 변수 task_manager에 설정하게 했다(리스트 13.24). InitializeTask()를 호출한 이후부터 task_manager를 사용할 수 있게 된다.

리스트 13.25 멀티태스크 기능을 초기화하고 세 개의 태스크를 생성한다(main.cpp)

```
  InitializeTask();
  task_manager->NewTask().InitContext(TaskB, 45);
  task_manager->NewTask().InitContext(TaskIdle, 0xdeadbeef);
  task_manager->NewTask().InitContext(TaskIdle, 0xcafebabe);
```

리스트 13.25는 메인 함수측의 수정을 보여준다. 지금까지 여기에 작성했던 TaskB와 관련된 코드를 제거하고 그 대신에 task_manager->NewTask()를 호출하도록 했다. 태스크의 관리를 std::vector로 하게 된 덕분에 태스크를 원하는 만큼 만들 수 있게 됐다. 시험 삼아 TaskIdle()이란 함수를 새롭게 만들고 그 함수를 가진 태스크를 두 개 생성했다.

같은 함수를 실행하는 태스크가 두 개 생성되며, 이들은 다른 콘텍스트를 가진다. 같은 함수를 실행하는데 왜 콘텍스트가 다른가 하면 두 개의 태스크가 각각 다른 스택과 콘텍스트 구조체를 갖기 때문이다. 실행하는 기계어는 동일하지만 실행할 때의 스택이나 레지스터 값은 분리돼 있기 때문에 각각 독립적으로 동작한다. 이런 경우는 종종 있는 일이다. 예를 들어 같은 텍스트 에디터를 두 개 실행시키고 각각 다른 파일을 여는 경우가 있다. 그 경우도 실행 파일은 공통이더라도 콘텍스트가 다르기 때문에 각각 독립적으로 파일을 편집할 수 있는 것이다.

리스트 13.26 TaskIdle()은 쭉 hlt만 할뿐(main.cpp)

```
void TaskIdle(uint64_t task_id, int64_t data) {
  printk("TaskIdle: task_id=%lu, data=%lx\n", task_id, data);
  while (true) __asm__("hlt");
}
```

TaskIdle()은 리스트 13.26과 같은 함수다. Idle이란 '한가한'이란 의미가 있으며 그 이름처럼 태스크 ID와 데이터를 출력한 다음에는 계속해서 쭉 hlt한다. 정말로 쓸모없는 함수이지만 실험용이므로 되도록 심플하게 만들었다.

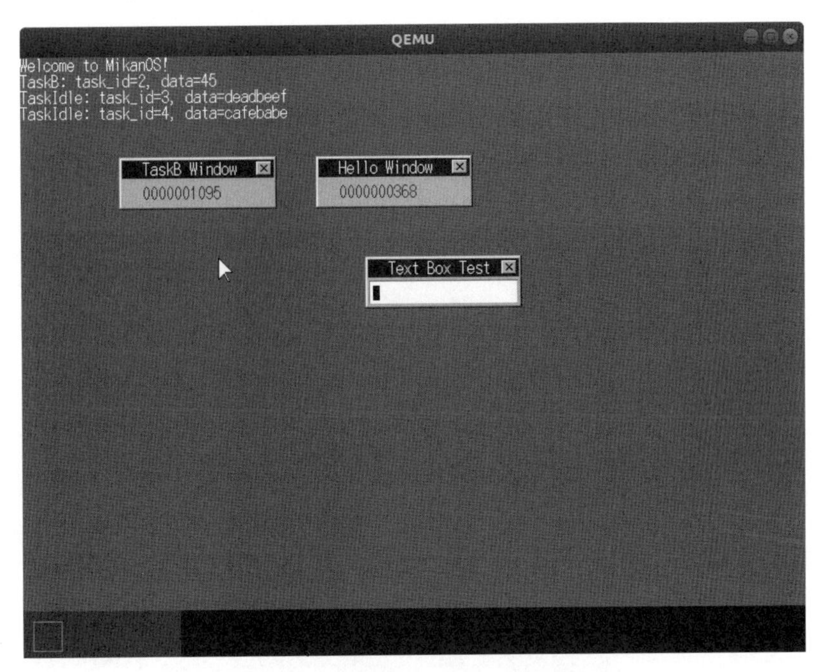

그림 13.9 네 개의 태스크가 병행해 동작하는 모습

수정이 끝났으니 빌드해서 실행해 본다(그림 13.9). 어떤가? 왼쪽 상단에는 'TaskIdle'이란 표시가 두 줄 출력돼 있으며 TaskB Window 표시도 제대로 갱신돼 있고, 마우스나 키보드도 사용할 수 있다. 이를 보니 네 개의 태스크가 제대로 동작하고 있는 것 같다.

마우스를 움직이다 보면 왠지 마음에 걸리는 점이 있지 않은가? 필자는 마음에 걸리는 게 있다. 잘 모르겠다면 태스크를 좀 더 늘려서(`TaskIdle`을 실행하는 태스크를 매우 많이 만들면 좋다) 실험해 보면 분명히 체감할 수 있다. 이 현상은 각 태스크가 0.02초씩 CPU 시간을 소비하기 때문에 태스크 증가와 더불어 메인 태스크까지 처리가 돌아오는데 시간이 걸리게 돼 마우스 이벤트의 처리가 늦어지는 것이 원인이다. 마우스의 이동 같은 중요한 처리를 해야 할 때 느긋하게 `TaskIdle()`의 실행 등을 하고 있을 수는 없지만 현재는 그렇게 돼 버렸다. 14장에서는 이 문제를 해결하려고 한다.

14장

멀티태스크(2)

커널 공간에서 여러 태스크가 전환할 수 있게 돼 OS의 주요 기능인 'CPU 시간 분배'를 할 수 있게 됐다. 하지만 각 태스크에 강제적으로 CPU 시간을 할당해 버리는 바람에 해야 할 작업이 없는 태스크는 CPU 시간을 낭비할 수밖에 없는 상황이었다. 14장에서는 태스크가 해야 할 작업이 없는 경우에 슬립(sleep)하는 기능이나 태스크의 우선순위를 부여하는 기능을 만든다. 14장의 마지막까지 가면 태스크가 늘어나도 CPU 시간을 낭비하지 않게 돼 마우스가 버벅대지 않게 될 것이다.

14.1 슬립해 보자(osbook_day14a)

13장에서는 태스크를 얼마든지 생성할 수 있게 하고 hlt만 하는 간단한 태스크를 증가시킨 결과, 마우스가 버벅대는 문제가 발생했다. 이 문제는 각 태스크에 평등하게 0.02초씩 CPU 시간을 할당해 버려 마우스 이벤트를 처리하는 메인 태스크(태스크 ID = 1)가 아주 가끔씩만 실행되기 때문에 발생한다. 이 문제를 해결하기 위한 두 가지 방법이 있다.

- 해야 할 작업이 없어지면 태스크를 슬립 상태로 만들어 CPU 시간을 할당하지 않게 한다.
- 마우스 이벤트를 처리하는 태스크의 우선순위를 올리고, 마우스가 움직였다면 우선적으로 마우스 이벤트 처리 태스크를 실행한다.

전자는 "CPU라는 자원을 헛되이 낭비하지 않는다."는 것, 후자는 "신속히 실행해야 하는 처리는 신속히 실행한다."는 의미다. 전자는 일단 제쳐두고 후자를 좀 더 상세히 설명하겠다. OS가 수행하는 처리는 시간이 걸리지만 천천히 진행해도 좋은 큰 처리와 시간은 걸리지 않지만 지금 당장 해야 하는 처리로 나눌 수 있다. 천천히 진행해도 괜찮은 처리는 CPU가 쉬고 있을 때 조금씩 처리를 하도록 한다. 지금 당장 해야 하는 처리가 발생했다면 천천히 진행해도 괜찮은 처리를 중단하고 지금 당장 해야 하는 처리에 착수한다. 이 흐름은 일반적으로 프로그램 실행 중에 인터럽트가 발생하는 상황과 비슷하다. 이런 상황을 태스크 관리 레벨에서 구현할 것이다.

덧붙여 '시간이 걸리지만 지금 당장 해야 할 처리'가 발생해 버리면 어쩔 도리가 없다. 오래 전에는 자바Java에서 가비지 컬렉션이 발동하면 프로그램이 수초에서 수십 초 동안 멈춰버리는 경우가 있었다. 가비지 컬렉션은 더 이상 메모리의 빈 영역이 없다고 판단될 때 발동하기 때문에 회수할 메모리가 대량 존재하며(=시간이 걸린다), 이 회수 작업은 지금 당장 수행해야 하는 처리이기 때문에 어쩔 수 없이 자바 프로그램을 멈추게 하는 최악의 선택이 돼 버리는 것이다.

금방 두 가지 방법을 소개했지만 일반적으로는 두 방법을 결합해 멀티태스크를 구현한다. 이 책에서는 우선 슬립 기능부터 구현해 본다.

슬립 상태란 태스크 상태 중 하나다. 태스크는 생성되면 실행대기열(실행 큐라고 한다)에 추가돼 **실행 가능상태**가 된다. 그 대기열에 있는 태스크는 순차적으로 실행된다. CPU가 대기열로부터 태스크를 끄집어내어 실행하면 그 태스크는 **실행상태**다. 0.02초 경과해서 콘텍스트가 전환돼 또 대기열로 돌아가면 실행 가능상태가 된다. 이와 같이 태스크는 실행 가능상태와 실행상태를 빈번하게 번갈아 가면서 처리를 조금씩 진행한다.

실행 가능상태 또는 실행상태에 있는 태스크를 대기열에서 제거하는 것을 슬립Sleep이라고 하며, 대기열에서 제거된 상태를 **슬립 상태**라고 한다. 슬립 상태에 있는 태스크는 어떤 조작으로 인해 대기열로 다시 돌아갈 때까지는 CPU에 의해 실행되는 경우가 없다. 이런 구조를 구현해 보겠다. 만들어야 하는 것은 대기열에 해당하는 실행 큐, 태스크를 슬립시키는(실행 큐에서 태스크를 제거하는) 기능, **태스크를 깨우는**(슬립 상태였던 태스크를 실행 큐로 다시 추가하는) 기능이다.

리스트 14.1 TaskManager에 실행 큐와 메소드를 추가했다(task.hpp)

```
class TaskManager {
 public:
  TaskManager();
  Task& NewTask();
  void SwitchTask(bool current_sleep = false);

  void Sleep(Task* task);
  Error Sleep(uint64_t id);
  void Wakeup(Task* task);
  Error Wakeup(uint64_t id);

 private:
  std::vector<std::unique_ptr<Task>> tasks_{};
  uint64_t latest_id_{0};
  std::deque<Task*> running_{};
};
```

리스트 14.1은 수정한 TaskManager의 정의를 보여준다. 우선 Sleep()과 Wakeup() 메소드를 추가했다. 각각 두 가지씩 있는 이유는 태스크 ID로도 태스크 변수의 포인터로도 지정할 수 있도록 하기 위해서다. 나중에 구현부를 본다면 하려던 작업을 알 수 있을 것이다. 멤버 변수에서 current_task_index_를 제거하고 대신에 running_을 추가했다. 지금까지는 tasks_[current_task_index_]가 현재 실행 중인 태스크였지만 지금부터는 running_[0]을 현재 실행 중인 태스크로 정하겠다.

리스트 14.2 SwitchTask()는 실행 큐상의 태스크를 순서대로 전환한다(task.cpp)

```
void TaskManager::SwitchTask(bool current_sleep) {
  Task* current_task = running_.front();
  running_.pop_front();
  if (!current_sleep) {
    running_.push_back(current_task);
  }
  Task* next_task = running_.front();

  SwitchContext(&next_task->Context(), &current_task->Context());
}
```

멤버 변수를 변경한 것에 맞춰 SwitchTask()를 수정했다(리스트 14.2). 우선 크게 바뀐 부분은 지금까지 tasks_상의 태스크를 차례대로 전환했던 것을 그만두고, running_상에 있는 태스크를 처리하도록 한 부분이다. tasks_는 모든 상태의 태스크가 저장돼 있는 배열이며 running_은 실행 큐, 즉 실행 가능상태의 태스크만을 저장한 큐(FIFO)이다. 실행 가능상태에 있는 태스크는 전부 running_에 저장(그렇게 되도록 지금부터 만들어간다)되므로 순서대로 끄집어내어 태스크를 전환시켜 가면 좋을 것이다.

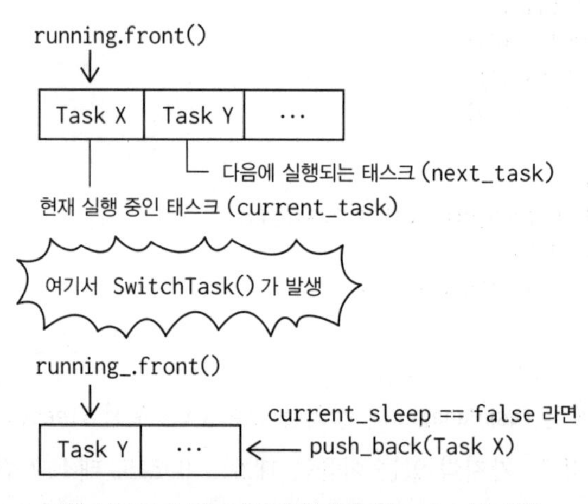

그림 14.1 SwitchTask()에 의한 실행 큐(running_)의 변화

SwitchTask()는 running_의 선두에 있는 태스크를 꺼내어 끝에 다시 추가한다. 그 모습은 그림 14.1과 같다. 실행 큐의 선두 태스크가 TaskX라고 하면 TaskX는 실행 큐의 선두에서 제거된 후 SwitchTask()의 파라미터 current_sleep이 거짓이면 실행 큐의 끝에

추가된다. current_sleep이 참인 경우 TaskX는 실행 큐의 끝에 추가되지 않는다. 즉 그 후 몇 번 SwitchTask()가 호출돼도 TaskX는 실행되지 않으므로 TaskX는 슬립하게 된 것이다.

덧붙여 current_sleep은 task.hpp 안에서 void SwitchTask(bool current_sleep = false); 같은 형태로 디폴트 값을 가진다. C++에서는 함수의 파라미터에 디폴트 값을 줄 수 있으므로 지금까지 task_manager->SwitchTask();로 파라미터 없이 호출하던 부분을 수정하지 않고 새로운 파라미터를 추가할 수 있었다. 코드 수정이 거의 없다니 멋진 일이다.

리스트 14.3 Sleep()는 지정된 태스크를 실행 큐에서 제거한다(task.cpp)

```
void TaskManager::Sleep(Task* task) {
  auto it = std::find(running_.begin(), running_.end(), task);

  if (it == running_.begin()) {
    SwitchTask(true);
    return;
  }

  if (it == running_.end()) {
    return;
  }

  running_.erase(it);
}
```

리스트 14.3은 지정한 태스크를 슬립시키는 Sleep()의 구현을 보여준다. 이 함수는 우선 실행 큐 running_에서 지정된 태스크를 찾는다. 태스크가 실행 큐의 선두에 있는 경우(it ==running_.begin()) 그 태스크는 현재 실행 중인 태스크다(태스크가 자기자신을 슬립시키는 경우에 그렇게 된다). 현재 실행 중인 태스크를 슬립시키려면 태스크 전환을 해야 한다. 그런 이유로 좀 전에 수정한 SwitchTask()를 사용해 태스크를 전환한다. SwitchTask()의 파라미터에 참을 전달하기 때문에 그 태스크는 실행 큐에서 제거돼 슬립 상태가 된다.

지정된 태스크를 찾지 못한 경우(it == unning_.end())에는 그 태스크는 이미 실행 큐에서 제거된(=슬립 상태) 상태를 의미하기 때문에 아무것도 하지 않고 종료한다. 그 이외의 경우 태스크는 실행 큐의 선두 이외에 존재하므로 running_.erase(it)을 해서 태스크를 실행 큐에서 제거한다. 이 경우 태스크 전환은 불필요하다.

리스트 14.4 Wakeup()은 지정된 태스크를 실행 큐에 추가한다(task.cpp)

```
void TaskManager::Wakeup(Task* task) {
  auto it = std::find(running_.begin(), running_.end(), task);
  if (it == running_.end()) {
    running_.push_back(task);
  }
}
```

리스트 14.4는 지정한 태스크를 깨우는(실행 가능상태로 만드는) Wakeup()을 보여준다. 이 함수는 지정한 태스크가 실행 큐에 없다면 실행 큐의 끝에 추가한다. 매우 간단하다. 끝에 추가해두면 때가 되면 실행되므로 태스크 전환 등을 명시적으로 할 필요는 없다.

리스트 14.5 실행 큐에 현재 콘텍스트를 나타내는 태스크를 추가(task.cpp)

```
TaskManager::TaskManager() {
  running_.push_back(&NewTask());
}
```

초기상태에서 실행 큐에는 어떤 태스크도 존재하지 않으므로 타이머 인터럽트에 의해 SwitchTask()가 호출되면 곤란해진다. 그래서 리스트 14.5 같이 TaskManager의 초기화와 동시에 실행 큐에 최초 태스크를 추가해 둔다. 여기서 NewTask()로 작성한 태스크는 TaskManager의 생성자를 호출했던 콘텍스트, 즉 메인 함수를 실행하고 있는 콘텍스트에 대응하는 태스크를 나타내는 것이었다. 생성자를 실행하고 끝나는 시점에서 실행 큐에는 태스크가 하나만 추가된 상태다.

리스트 14.6 태스크 ID로 지정할 수 있는 Sleep()(task.cpp)

```
Error TaskManager::Sleep(uint64_t id) {
  auto it = std::find_if(tasks_.begin(), tasks_.end(),
                         [id](const auto& t){ return t->ID() == id; });
  if (it == tasks_.end()) {
    return MAKE_ERROR(Error::kNoSuchTask);
  }
```

```
  Sleep(it->get());
  return MAKE_ERROR(Error::kSuccess);
}
```

리스트 14.7 태스크 ID로 지정할 수 있는 Wakeup()(task.cpp)

```
Error TaskManager::Wakeup(uint64_t id) {
  auto it = std::find_if(tasks_.begin(), tasks_.end(),
                         [id](const auto& t){ return t->ID() == id; });
  if (it == tasks_.end()) {
    return MAKE_ERROR(Error::kNoSuchTask);
  }

  Wakeup(it->get());
  return MAKE_ERROR(Error::kSuccess);
}
```

리스트 14.6과 리스트 14.7에 태스크 ID로 지정할 수 있는 버전의 `Sleep()`과 `Wakeup()` 구현을 정리했다. 둘 다 거의 같은 처리를 하는 코드로 돼 있다. 우선 `tasks_`를 태스크 ID로 검색해서 태스크 인스턴스를 얻고, 그 인스턴스를 사용해 `Sleep()` 또는 `Wakeup()`을 호출한다.

리스트 14.8 새롭게 Task 클래스에 추가한 메소드(task.cpp)

```
uint64_t Task::ID() const {
  return id_;
}

Task& Task::Sleep() {
  task_manager->Sleep(this);
  return *this;
}

Task& Task::Wakeup() {
  task_manager->Wakeup(this);
  return *this;
}
```

매번 task_manager->Sleep(task)라고 쓰기가 번거롭다. 좀 더 간결하게 task->Sleep()이라고 쓰고 싶다. 그래서 리스트 14.8 같이 몇 가지 메소드를 Task 클래스에 추가했다.

리스트 14.9 생성한 태스크를 실행 가능상태로 둔다(main.cpp)

```
  InitializeTask();
  const uint64_t taskb_id = task_manager->NewTask()
    .InitContext(TaskB, 45)
    .Wakeup()
    .ID();
  task_manager->NewTask().InitContext(TaskIdle, 0xdeadbeef).Wakeup();
  task_manager->NewTask().InitContext(TaskIdle, 0xcafebabe).Wakeup();
```

TaskManager::NewTask() 내부에서 태스크를 생성하는 것뿐만 아니라 실행 큐에 추가하게끔 개조할 수도 있었지만 일부러 그렇게 하지 않았다. 깊은 이유는 없다. 그래서 리스트 14.9처럼 NewTask()로 생성한 태스크에 Wakeup() 해주도록 했다. 그렇게 하지 않으면 단지 태스크가 생성된 것뿐이라 실행되지 않는다.

리스트 14.10 TaskB를 잠들게 하거나 깨우게 한다(main.cpp)

```
    case Message::kKeyPush:
      InputTextWindow(msg.arg.keyboard.ascii);
      if (msg.arg.keyboard.ascii == 's') {
        printk("sleep TaskB: %s\n", task_manager->Sleep(taskb_id).Name());
      } else if (msg.arg.keyboard.ascii == 'w') {
        printk("wakeup TaskB: %s\n", task_manager->Wakeup(taskb_id).Name());
      }
      break;
```

마지막으로 키 누르기 이벤트의 처리 부분에 코드를 추가해 S 키를 누르면 TaskB를 잠들게 하고, W 키를 누르면 깨우게 했다(리스트 14.10). 처리는 단순하다. 그럼 이제 실행해 보면 어떻게 될까? S와 W를 누르면 그림 14.2 같이 TaskB가 멈추거나 동작한다. 성공이다!

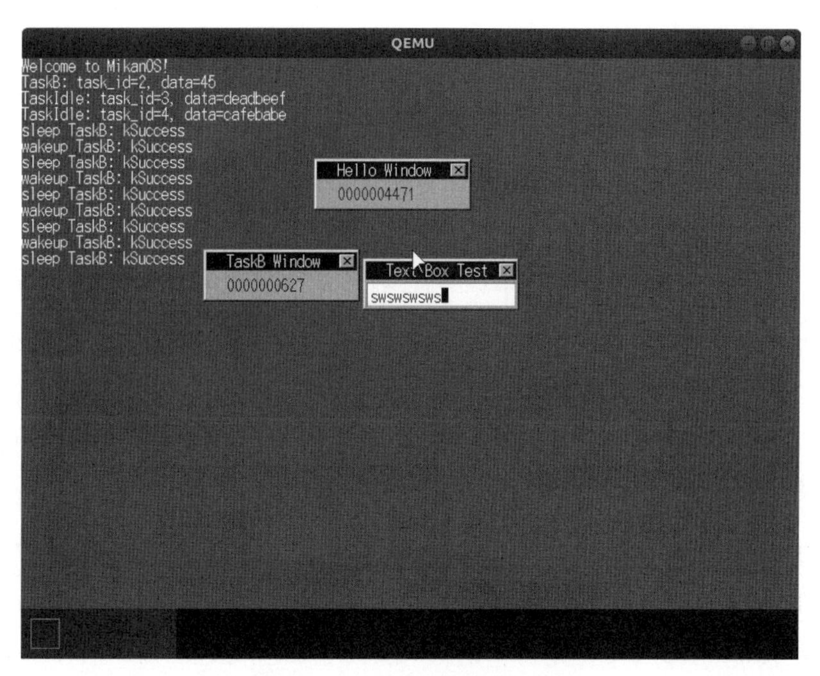

그림 14.2 S 키로 TaskB를 슬립시킨 모습

14.2 이벤트가 도착하면 깨어난다(osbook_day14b)

마우스 이동을 고속화하기 위해 앞 절에서 소개한 두 가지 방법 중 한 가지를 끝냈다. 이 다음에는 남아있는 한 가지 방법 "마우스의 이벤트를 처리하는 태스크의 우선순위를 높이고, 마우스가 움직였다면 우선적으로 그 태스크를 실행한다."를 구현해 본다. 단지 마우스만을 특별하게 취급하려는 것은 아니고 "우선순위가 높은 처리가 발생했다면 먼저 그쪽을 처리한다." 같은 좀 더 일반적인 구조를 만들려고 한다.

구현 방법에는 여러 가지가 있다. 예를 들어 우선순위 10(최고)의 태스크는 0.1초, 우선순위 1의 태스크는 0.01초의 실행시간을 받는 느낌으로 우선순위가 높은 태스크가 좀 더 많은 실행시간을 받을 수 있는 구조는 어떨까? 이 방법은 무거운 처리가 몇 개 있을 때 각각의 처리를 어느 정도의 비율로 나눌지를 조정하는 데는 적합하다. 그러나 지금 하고 싶은 것은 마우스나 윈도우를 움직이는 등의 비교적 가벼운 처리를 가능한 한 빨리 수행해 버벅대는 현상을 막는 것이다.

그럼 우선순위마다 태스크를 분류해서 높은 순위의 태스크가 있는 동안은 그 태스크보다 낮은 우선순위의 태스크는 실행되지 않는다면 어떨까? 마우스 이벤트를 처리하는 태스크(즉 메인 태스크)는 다른 태스크보다 우선순위는 높지만 보통은 슬립 상태이기 때문에 TaskB()나 TaskIdle()이 실행된다. 일단 마우스가 움직여 마우스 이벤트가 도착하면 메인 태스크가 깨어나서 실행 가능상태가 된다. 실행 가능상태에서 메인 태스크의 우선순위는 가장 높기 때문에 다른 태스크는 메인 태스크가 슬립할 때까지 실행이 중단된다.

이 방법은 좋을 것 같다는 느낌이 든다. 마우스 이벤트의 처리는 비교적 짧은 시간에 수행되므로 메인 태스크의 깨어난 상태가 계속돼 다른 태스크가 동작하지 않는 경우는 없을 것이다. 물론 메인 태스크가 무거운 처리를 하게 해서는 안 된다. 높은 순위의 태스크는 짧은 시간에 처리를 끝낼 책임이 있다.

태스크를 우선순위마다 분류해 평상시에는 우선순위가 높은 태스크를 슬립시켜두고, 이벤트가 발생하면 깨우는 것을 구현하기 위해서는 이벤트가 발생할 때 슬립하고 있는 태스크를 깨우는 기능이 필요하다. 구체적으로 표현하면 main_queue에 메시지를 추가할 때 메인 태스크가 슬립하고 있다면 깨우는 기능이다. 이 기능은 메인 태스크에 한정하지 않고 다른 태스크를 깨우는 데도 사용할 수 있다면 편리할 것이다. 그런 이유로 태스크의 표준기능으로 구현해 보려고 한다.

리스트 14.11 Task 클래스에 메시지 큐를 추가했다(task.hpp)

```
private:
  uint64_t id_;
  std::vector<uint64_t> stack_;
  alignas(16) TaskContext context_;
  std::deque<Message> msgs_;
```

먼저 Task 클래스에 메시지 큐 msgs_를 추가했다(리스트 14.11). Task 클래스에 추가했으므로 메인 태스크뿐만 아니라 모든 태스크가 main_queue와 동일한 기능을 갖추게 된다. 여기에 맞춰 main.cpp에서 main_queue의 정의를 제거했다.

리스트 14.12 메시지 큐에 메시지를 추가하고 잠들어 있다면 깨운다(task.cpp)

```
void Task::SendMessage(const Message& msg) {
  msgs_.push_back(msg);
```

```
  Wakeup();
}
```

태스크의 메시지 큐에 메시지를 추가하는 SendMessage() 메소드가 리스트 14.12에 나와 있다. 이 메소드는 메시지를 큐에 추가한 후 Wakeup()을 호출해 태스크가 잠자고 있던 경우에는 태스크를 깨운다. Wakeup()은 태스크가 깨어 있던 때에 호출해도 부작용은 없다. 이 메소드를 사용해 태스크가 서로간 메시지를 보내는 것이 가능해지면 메시지가 없을 때는 안심하고 슬립할 수 있다.

리스트 14.13 메시지 큐로부터 메시지를 한 개 꺼낸다(task.cpp)

```
std::optional<Message> Task::ReceiveMessage() {
  if (msgs_.empty()) {
    return std::nullopt;
  }

  auto m = msgs_.front();
  msgs_.pop_front();
  return m;
}
```

리스트 14.13에 메시지를 취득하는 ReceiveMessage() 메소드를 정리했다. 이 메소드의 반환 값 타입 std::optional<Message>는 유효하지 않은 값이 있는 Message 타입이다. 유효하지 않은 값이란 유효하지 않은 것을 명시적으로 표현하는 값이다. 예를 들어 int 타입을 반환하는 함수에서 -1을 유효하지 않은 값으로 지정하는 경우가 있는데, -1이 오류를 나타내는지 또는 유효한 값인지는 int라는 타입에서는 알 수 없으며 그 함수의 사양서를 읽어야 알 수 있다. std::optional을 사용하면 해당 타입에 유효하지 않은 값 std::nullopt를 붙여 타입을 확장할 수 있다. 그래서 ReceiveMessage()는 메시지 큐가 비어 있는 경우에는 유효하지 않은 값을, 그렇지 않으면 메시지 큐의 선두 값을 돌려준다. std::optional은 '9.3 중첩처리의 원리'에서도 등장했다.

리스트 14.14 메인 태스크의 메시지 큐가 비었다면 슬립한다(main.cpp)

```
    __asm__("cli");
    auto msg = main_task.ReceiveMessage();
    if (!msg) {
```

```
    main_task.Sleep();
    __asm__("sti");
    continue;
  }
```

리스트 14.14는 메인 루프 내에서 메시지를 수신하는 처리를 보여준다. 좀 전에 작성한 ReceiveMessage()를 사용해 메시지를 한 개 꺼낼 수 있다. 메시지 큐가 비어 있을 때 msg는 유효하지 않은 값이 되므로 그 값을 if (!msg)와 같이 검사한다. 유효하지 않은 값이라면 슬립한다. 덧붙여 자기자신을 슬립시키므로 main_task.Sleep() 호출 후 복귀하지 않고 다음 태스크로 전환된다.

리스트 14.15 main_task에 현재 태스크를 취득해 설정한다(main.cpp)

```
  InitializeTask();
  Task& main_task = task_manager->CurrentTask();
```

리스트 14.14의 프로그램에서 사용하는 main_task 변수는 리스트 14.15 같이 메인 루프에 진입하기 전에 설정하는 참조 변수다. task_manager->CurrentTask()는 현재 실행 중인(즉 이 메소드를 실행하는) 태스크를 반환하는 메소드다.

리스트 14.16 CurrentTask()는 현재 실행 중인 태스크를 반환한다(task.cpp)

```
Task& TaskManager::CurrentTask() {
  return *running_.front();
}
```

리스트 14.16에 CurrentTask()의 구현이 나와 있다. 실행 큐의 선두를 반환하는 지극히 단순한 메소드다. 실행 큐의 선두에는 현재 실행 중인 태스크, 즉 CurrentTask()를 호출한 태스크(Task로의 포인터)가 설정돼 있다.

리스트 14.17 SendMessage()를 사용해 메시지를 보낸다(timer.cpp)

```
    if (t.Value() == kTaskTimerValue) {
      task_timer_timeout = true;
      timers_.pop();
      timers_.push(Timer{tick_ + kTaskTimerPeriod, kTaskTimerValue});
      continue;
```

```
    }

    Message m{Message::kTimerTimeout};
    m.arg.timer.timeout = t.Timeout();
    m.arg.timer.value = t.Value();
    task_manager->SendMessage(1, m);

    timers_.pop();
```

main.cpp에서 main_queue를 제거했기 때문에 main_queue에 직접 메시지를 추가했던 프로그램을 수정할 필요가 있다. 예를 들어 TimerManager::Tick()에서 main_queue.push_back()을 호출했던 부분을 리스트 14.17과 같이 수정했다. task_manager->SendMessage(1, m)은 태스크 ID가 1인 태스크에 메시지 m을 송신하며, 자고 있다면 깨우기 위한 메소드다.

리스트 14.18 SendMessage()는 지정된 태스크로 메시지를 보낸다(task.cpp)

```
Error TaskManager::SendMessage(uint64_t id, const Message& msg) {
  auto it = std::find_if(tasks_.begin(), tasks_.end(),
                         [id](const auto& t){ return t->ID() == id; });
  if (it == tasks_.end()) {
    return MAKE_ERROR(Error::kNoSuchTask);
  }

  (*it)->SendMessage(msg);
  return MAKE_ERROR(Error::kSuccess);
}
```

TaskManager::SendMessage()의 구현을 리스트 14.18에 나타냈다. 지정된 태스크 ID를 가진 태스크를 tasks_에서 찾아서 그 태스크의 SendMessage()를 호출한다. 메인 태스크는 늘 태스크 ID가 1이므로 메인 태스크에 메시지를 보낼 때 매우 편하게 사용할 수 있다.

리스트 14.19 SendMessage()를 사용해 메시지를 보낸다-그 두 번째(interrupt.cpp)

```
  __attribute__((interrupt))
  void IntHandlerXHCI(InterruptFrame* frame) {
    task_manager->SendMessage(1, Message{Message::kInterruptXHCI});
```

```
    NotifyEndOfInterrupt();
  }
```

TaskManager::SendMessage()를 사용하도록 개조한 예를 또 하나 리스트 14.19에 정리했다. 지금까지 여기는 msg_queue->push_back(...)으로 쓰여 있었지만 task_manager->SendMessage()를 사용하도록 변경했다. 이외에도 main_queue 포인터를 받는 부분이 있었는데 마찬가지로 수정했다.

리스트 14.20 태스크 기능의 초기화 후에 xHCI를 초기화한다(main.cpp)

```
  usb::xhci::Initialize();
  InitializeKeyboard();
  InitializeMouse();

  char str[128];

  while (true) {
```

리스트 14.20에서 보는 바와 같이 xHCI의 초기화 처리를 InitializeTask()의 실행 다음으로 이동시켰다. 왜냐하면 usb::xhci::Initialize()를 실행하면 바로 인터럽트가 발생하기 때문이다. 인터럽트 핸들러 IntHandlerXHCI()는 글로벌 변수 task_manager를 사용하기 때문에 이에 앞서 태스크 기능을 초기화할 필요가 있는 것이다.

이제 필요한 수정은 끝마쳤다. 한번 실행해 보자. 스크린샷으로는 전혀 변화를 전달할 수 없기 때문에 싣지는 않았지만 동작하는 모습을 보면 메인 윈도우 카운터가 50씩 증가하게 됐다. 또한 늘어나는 타이밍이 텍스트박스 커서의 점멸과 동기화된 것처럼 보인다. 메인 태스크는 50 카운트 주기의 커서 타이머의 타임아웃에 의해 깨어나 표시처리 후 바로 슬립하기 때문에 방금 같은 변화가 발생하게 된 것이다.

테스트로 마우스를 움직이거나 키를 눌러보면, 그 타이밍에서 메인 윈도우의 카운터가 갱신되는 것을 알 수 있다. 마우스 이동이나 키 누르기 이벤트가 SendMessage()에 의해 메인 태스크로 통지될 때마다 메인 태스크가 깨어나 메인 루프를 1회 돌고 있다는 증거다.

14.3 성능측정

메인 태스크가 한가할 때에 슬립했기 때문에 슬립하지 않은 경우에 메인 태스크에 할당됐던 CPU 시간이 다른 태스크로 분배될 것이다. 그렇다는 것은 TaskB의 카운터가 좀 더 빠르게 돌 것으로 생각할 수 있다. 한번 측정해 보자.

측정 방법은 매우 원시적인 방법으로 해봤다. 메인 윈도우의 카운터가 1000(= 10초) 정도 됐을 때에 스크린샷을 찍어 눈으로 보는 방법이다.

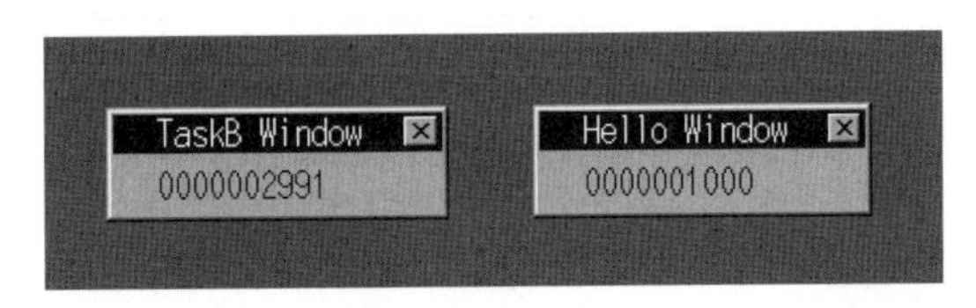

그림 14.3 메인 태스크를 항상 동작시킬 때(osbook_day14a의 내용)

우선 메인 태스크가 항상 동작하고 있는 버전이(즉 osbook_day14a) 그림 14.3이다. 메인 윈도우의 카운터가 1000을 가리킬 때 TaskB의 카운터는 2991이 되고 있다.

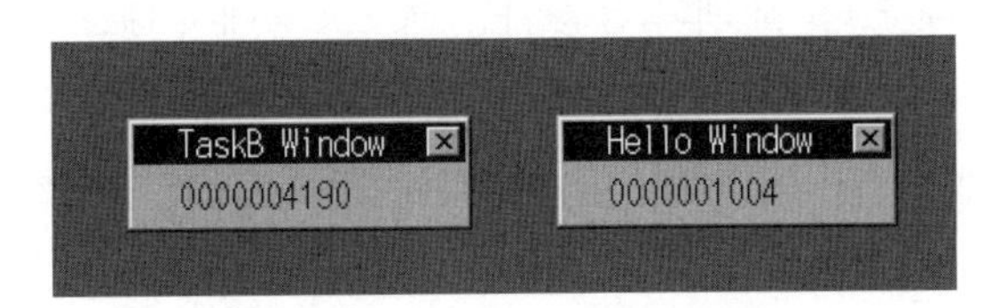

그림 14.4 메인 태스크를 슬립시킬 때(osbook_day14b의 내용)

한편 메인 태스크를 슬립시키는 버전(osbook_day14b)이 그림 14.4다. 메인 카운터가 1004를 가리킬 때 TaskB의 카운터는 4190이 됐다. 1000과 1004로 다소 차이가 있지만 이 정도 오차는 무시한다면 TaskB의 성능은 4190/2991 ≒ 1.40배만큼 향상됐다.

day14a에서는 항상 네 개의 태스크가 동작하고 있으며, 각 태스크에 균등하게 시간이 할당돼 있기 때문에 TaskB는 10초 중 2.5초만 CPU를 사용했다. day14b에서는 메인 태스크가 대부분의 시간을 슬립하고 있어서 가령 메인 태스크가 소비하는 CPU 시간을 0초로 하면 나머지 세 개의 태스크는 3.33초씩 CPU를 사용하게 된다. 3.33/2.5 ≒ 1.33배다. 좀 전에 계산한 1.40배와 조금 차이가 있지만 뭐 그런가 보다라고 생각하자. 메인 태스크가 슬립함으로써 TaskB가 처리할 수 있는 시간이 늘어난 것은 확실하다.

14.4 태스크에 우선순위를 부여한다(osbook_day14c)

이벤트가 도착하면 슬립 중인 태스크를 깨우는 것이 가능해졌다. 드디어 원래 하고 싶었던 작업인 우선순위마다 태스크를 분류해서 높은 순위의 태스크가 있는 동안은 그보다 낮은 순위의 태스크가 실행되지 않는 구조를 만들어 보겠다. 우선순위라고 하면 여러 해석이 있을 수 있기 때문에 여기서는 '레벨'이라고 부르기로 한다.

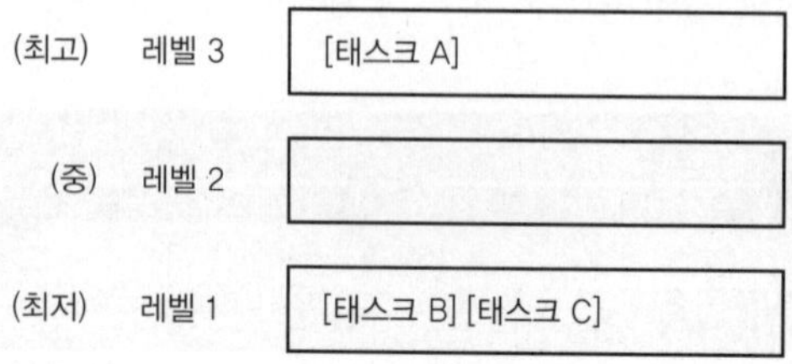

(최고)	레벨 3	[태스크 A]
(중)	레벨 2	
(최저)	레벨 1	[태스크 B] [태스크 C]

그림 14.5 태스크를 레벨로 나눈다.

레벨을 몇 단계로 나눌지는 자유이지만 우선 3단계의 경우를 예로 설명한다. 그림 14.5는 3단계로 레벨을 나눈 경우의 개념도이다. 각 레벨은 각각이 실행 큐로 돼 있고 실행 가능 태스크가 등록돼 있다. 세 개의 실행 가능 태스크 중에서 태스크 A가 가장 높은 레벨이다. 따라서 이 세 개의 태스크 중에서 실행되는 태스크는 태스크 A뿐이다. 태스크 B와 태스크 C는 레벨이 태스크 A보다 낮기 때문에 태스크 A가 슬립하든가, 레벨이 1로 내려갈 때까지는 실행되지 않는다.

일반적으로 레벨이 높은 태스크는 짧은 시간에 처리를 끝내고 슬립하기를 기대한다. 레벨이 높은 태스크가 계속해서 쭉 동작한다면 다른 태스크는 일절 실행할 수 없기 때문이다. 가령 태스크 A가 슬립하면 세 개의 태스크 중에서 태스크 B와 태스크 C가 가장 높은 레벨 1이 된다. 이에 따라 태스크 B와 C가 0.02초씩 번갈아 전환하면서 실행된다.

리스트 14.21 TaskManager 클래스에 레벨별 실행 큐를 도입(task.hpp)

```
class TaskManager {
 public:
  // level: 0 = lowest, kMaxLevel = highest
  static const int kMaxLevel = 3;

  TaskManager();
```

```
  Task& NewTask();
  void SwitchTask(bool current_sleep = false);

  void Sleep(Task* task);
  Error Sleep(uint64_t id);
  void Wakeup(Task* task, int level = -1);
  Error Wakeup(uint64_t id, int level = -1);
  Error SendMessage(uint64_t id, const Message& msg);
  Task& CurrentTask();

 private:
  std::vector<std::unique_ptr<Task>> tasks_{};
  uint64_t latest_id_{0};
  std::array<std::deque<Task*>, kMaxLevel + 1> running_{};
  int current_level_{kMaxLevel};
  bool level_changed_{false};

  void ChangeLevelRunning(Task* task, int level);
};
```

레벨 개념을 설명했으니 이제 바로 리스트 14.21 같이 TaskManager 클래스에 레벨을 구현해 보겠다. 우선 주목할 점은 running_ 변수다. 이 변수는 지금까지 하나의 큐였지만 지금은 레벨 수만큼 요소를 가진 배열이 됐다. 레벨은 0에서 kMaxLevel까지 만들었다. 현재의 kMaxLevel은 3이므로 4단계 레벨이 존재하게 된다. 충분치 않다고 느껴진다면 늘리자.

current_level_ 변수는 현재 실행 중인 태스크가 속한 레벨을 가리킨다. 초기 값을 kMax Level로 하는 이유는 메인 태스크를 최고 레벨로 만들기 위해서다. TaskManager의 생성자에서 이 값을 사용한다. 그림 14.5 같은 상황인 경우 태스크 A가 실행 중이므로 current_level_은 3이 된다.

level_changed_ 변수는 다음 태스크로 전환할 때 실행 레벨의 변경을 알리기 위해 사용할 예정이다. 이 변수를 참으로 두면 다음에 SwitchTask()를 실행할 때 current_level_ 값을 다시 확인하게 된다. 자세한 내용은 SwitchTask()를 수정할 때 설명하겠다.

리스트 14.22 Task 클래스는 레벨과 실행상태를 기억한다(task.hpp)

```
private:
  uint64_t id_;
  std::vector<uint64_t> stack_;
  alignas(16) TaskContext context_;
  std::deque<Message> msgs_;
  unsigned int level_{kDefaultLevel};
  bool running_{false};

  Task& SetLevel(int level) { level_ = level; return *this; }
  Task& SetRunning(bool running) { running_ = running; return *this; }

  friend TaskManager;
```

리스트 14.22 같이 Task 클래스에 그 클래스의 현재 레벨을 나타내는 변수 level_과 실행상태를 나타내는 변수 running_을 추가했다. running_은 태스크가 실행상태 또는 실행 가능상태에 있다면 참이 된다.

이들 두 변수는 주로 TaskManager가 태스크 관리를 쉽게 하기 위해 사용하는 변수이므로 수정하는 것은 TaskManager에게만 허용하고 싶다. 이를 위해 수정을 위한 메소드 SetLevel()과 SetRunning()을 비공개[private]로 설정하고 friend TaskManager;를 선언한다. 이렇게 하면 Task 클래스를 제외하고 TaskManager 클래스에서만 2개의 메소드를 이용할 수 있게 된다.

리스트 14.23 메인 태스크의 레벨은 current_level_ 값을 사용한다(task.cpp)

```
TaskManager::TaskManager() {
  Task& task = NewTask()
    .SetLevel(current_level_)
    .SetRunning(true);
  running_[current_level_].push_back(&task);
}
```

TaskManager 생성자를 리스트 14.23 같이 개조했다. 생성자를 호출하는 콘텍스트(메인 함수를 실행하는 콘텍스트)에 대응하는 태스크를 생성하고, 그 태스크의 초기 레벨을 current_level_ 값으로 설정(SetLevel())한다. 생성한 태스크를 해당 레벨의 실행 큐에 추가하면 초기설정은 완료된다. current_level_은 가장 높은 레벨로 초기화되므로 메인 태스크는 최고 우선순위를 갖게 돼 마우스 이벤트에 빠르게 대응할 수 있게 될 것이다.

이제 Sleep(), Wakeup(), SwitchTask()를 레벨의 구조에 대응하도록 변경해야 한다. 우선 가장 간단한 Sleep()을 수정해 보겠다. 리스트 14.24에 레벨별 실행 큐에 대응시킨 Sleep()을 실었다.

리스트 14.24 Sleep()을 레벨에 대응시킨다(task.cpp)

```
void TaskManager::Sleep(Task* task) {
  if (!task->Running()) {
    return;
  }

  task->SetRunning(false);

  if (task == running_[current_level_].front()) {
    SwitchTask(true);
    return;
  }

  Erase(running_[task->Level()], task);
}
```

수행하는 작업은 단순하다. 태스크가 실행 가능상태에 있는지를 태스크의 running 플래그로 판정한다. 이후 Wakeup()을 개조할 때 이 플래그(깃발)를 올리게(true로 설정) 한다. 태스크가 실행 가능상태라면 running 플래그를 내린다.

그 이후 if 문에서는 task가 현재 실행 중에 있는지, 즉 자기자신을 슬립시키려고 하는지를 판정한다. current_level_은 현재 실행 중인 태스크가 소속된 레벨을 나타내고 있다(그렇게 되도록 구현을 진행하고 있다). 따라서 해당 레벨의 실행 큐 선두가 task란 것은 task가 현재 실행 중인 태스크임을 의미한다. 자기자신을 슬립시키는 경우에는 태스크 전환이 필요하므로 SwitchTask(true);를 실행한다. 파라미터 true는 현재 실행 중인 태스크를 슬립시키고 싶다는 것을 SwitchTask()에 전달하는 역할을 담당한다.

task가 현재 실행 중인 태스크가 아닌 경우, 즉 다른 태스크를 슬립시키려 하는 경우는 단순히 그 태스크가 속한 레벨의 실행 큐에서 태스크를 제거하면 완료된다. std::deque에서 요소를 제거할 시에는 자작한 Erase()(리스트 14.25)를 사용한다. 이 함수는 지정된 값을 갖는 요소 전부를 std::deque에서 제거한다.

리스트 14.25 Erase()는 지정한 요소를 큐에서 제거한다(task.cpp)

```
namespace {
  template <class T, class U>
  void Erase(T& c, const U& value) {
    auto it = std::remove(c.begin(), c.end(), value);
    c.erase(it, c.end());
  }
} // namespace
```

Erase()의 구현은 단 두 줄이다. 첫 번째 줄의 std::remove()는 지정한 값과 같은 요소를 마지막에 모은다. 이름만 보면 요소를 제거할 것 같은 이미지이지만 실제 삭제는 수행하지 않는다. 어디까지나 제거할 요소를 마지막에 모으기만 할 뿐이다. std::remove()는 제거할 요소의 선두를 반환해 주므로 그 위치로부터 제거 대상을 c.erase()를 사용해 제거한다. 이렇게 하면 정말로 제거된다.

리스트 14.26 SwitchTask()를 레벨에 대응시킨다(task.cpp)

```
void TaskManager::SwitchTask(bool current_sleep) {
  auto& level_queue = running_[current_level_];
  Task* current_task = level_queue.front();
  level_queue.pop_front();
  if (!current_sleep) {
    level_queue.push_back(current_task);
  }
  if (level_queue.empty()) {
    level_changed_ = true;
  }

  if (level_changed_) {
    level_changed_ = false;
    for (int lv = kMaxLevel; lv >= 0; --lv) {
      if (!running_[lv].empty()) {
        current_level_ = lv;
        break;
      }
    }
  }
```

```
  Task* next_task = running_[current_level_].front();

  SwitchContext(&next_task->Context(), &current_task->Context());
}
```

다음으로 SwitchTask()를 수정한다. 리스트 14.26에 개조 후의 SwitchTask()가 나와 있다. 함수 전반부에서는 현재 실행 중인 레벨 current_level_의 실행 큐를 한 요소만큼 회전시킨다. 그 다음 작업은 레벨이 없었을 때 했던 작업과 동일하다. 파라미터 current_sleep가 참인 경우 현재 실행 중인 태스크(current_task)를 슬립시킨다. 슬립시킨다고 말했지만 어려운 건 없으며 실행 큐에 추가하지만 않으면 된다. 그래서 current_sleep이 거짓인 경우에만 실행 큐의 끝에 태스크를 추가한다.

다음 if 문에서는 현재 실행 중인 레벨의 실행 큐가 비게 된 경우의 처리를 쓰고 있다. 이 경우 실행하는 레벨을 갱신할 필요가 있다. level_changed_에 참을 설정해 그 다음의 if 문을 실행할 수 있게 한다.

함수 중반부에서는 level_changed_가 참인 경우에 실행 레벨을 수정하는 작업을 수행한다. 태스크가 존재하는 가장 높은 레벨을 찾는다. 구체적으로 설명하면 높은 레벨의 실행 큐로부터 차례대로 살펴보고, 태스크가 1개 이상 등록된 실행 큐를 찾았다면 그 레벨을 current_level_로 설정한다. 그림 14.5의 상황이라면 current_level_이 3인데 만약 태스크 A가 슬립한다면 current_level_은 1이 된다.

level_changed_가 참이 되는 타이밍은 몇 가지 경우가 있다. 그중의 한 가지는 직전의 if 문으로 실행 큐가 비어 있을 때다. 그밖에는 Wakeup()에서 level_changed_가 참이 되는 경우가 있다.

혹 눈치챈 사람이 있을지 모르겠지만 이 부분의 처리는 어느 레벨에서도 태스크가 존재하지 않는 경우를 고려하지 않는다. 모든 태스크가 슬립해 버리면 current_level_의 갱신은 수행되지 않으며, 그 후의 처리 결과는 정의된 동작을 따르지 않게 된다. 이 문제에 대해서는 나중에 대처하도록 하고 여기서는 반드시 한 개 이상의 태스크가 실행 가능상태로 돼 있다고 가정한다.

SwitchTask()는 마지막으로 current_level_이 가리키는 실행 큐의 선두에서 한 개의 태스크를 갖고 와서 그 태스크로 전환한다. 이 시점에서 current_level_은 태스크가 존재하는 레벨 중에서 가장 높은 레벨일 것이다. 그러므로 그 레벨의 실행 큐의 선두 태스크로 전환하면 된다.

리스트 14.27 Wakeup()에 동작 중인 태스크의 레벨을 변경하는 기능을 추가(task.cpp)

```
void TaskManager::Wakeup(Task* task, int level) {
  if (task->Running()) {
    ChangeLevelRunning(task, level);
    return;
  }

  if (level < 0) {
    level = task->Level();
  }

  task->SetLevel(level);
  task->SetRunning(true);

  running_[level].push_back(task);
  if (level > current_level_) {
    level_changed_ = true;
  }
  return;
}
```

리스트 14.27에 Wakeup()의 구현을 정리했다. 지금까지 이 함수는 지정된 태스크가 실행 큐에 존재하지 않으면(= 슬립 중이라면) 실행 큐의 끝에 추가한다는 단순한 처리를 수행하는 메소드였다. 이번에는 레벨별 실행 큐를 도입했기 때문에 기능이 크게 확장됐다.

Wakeup()은 크게 두 가지 역할을 담당한다. 첫 번째는 슬립 중인 태스크를 깨우는 기능, 또 한 가지는 동작 중인 태스크 레벨을 변경하는 기능이다. 후자는 wakeup과 관계가 없어 보이지만 Wakeup()을 '지정한 태스크의 현재 상태와는 상관없이 어쨌든 지정한 레벨에서 동작시키는' 함수로 사용하기 위해서 후자의 기능도 필요했다.

함수의 시작 부분에서 태스크가 실행 가능상태인지 여부를 확인한다. 실행 가능상태라면 동작 중인 레벨을 변경하기 위해 ChangeLevelRunning() 메소드에 처리를 위임한다. 이 메소드의 구현은 나중에 소개한다. 여기서는 우선 태스크가 슬립 중이었던 경우의 처리를 설명한다.

태스크가 슬립 중이라면 시작부분의 if 문은 실행되지 않고 뒷부분의 처리로 진행한다. 우선 파라미터 level이 음수인 경우의 처리다. level에 태스크의 실행 레벨을 지정하는데 태스크 레벨을 변경하지 않고 이전 슬립하기 직전에 동작하고 있던 레벨을 이어받고 싶을 때는 음수 값을 지정한다. 다음으로 태스크의 상태저장용 변수를 갱신한다. 그런 다음 태스크를 목적 레벨의 실행 큐에 추가한다.

마지막 if 문은 조금 이해하기 어려울지도 모르겠다. 이 if 문의 의도는 다음 태스크로 전환할 때에 current_level_을 갱신해야 할지를 판단하기 위한 것이다. 현재 실행 중인 태스크보다 레벨이 높은 태스크가 새롭게 실행 가능상태로 된 경우, 다음 태스크 전환에서는 레벨이 높은 쪽의 태스크를 실행해야 한다. 그래서 level_changed_를 참으로 설정해서 태스크 전환 시에 레벨을 재검토하게 했다.

리스트 14.28 ChangeLevelRunning()은 동작 중인 태스크의 레벨을 변경한다(task.cpp)

```
void TaskManager::ChangeLevelRunning(Task* task, int level) {
  if (level < 0 || level == task->Level()) {
    return;
  }

  if (task != running_[current_level_].front()) {
    // change level of other task
    Erase(running_[task->Level()], task);
    running_[level].push_back(task);
    task->SetLevel(level);
    if (level > current_level_) {
      level_changed_ = true;
    }
    return;
  }

  // change level myself
  running_[current_level_].pop_front();
  running_[level].push_front(task);
  task->SetLevel(level);
  if (level >= current_level_) {
    current_level_ = level;
  } else {
    current_level_ = level;
    level_changed_ = true;
```

```
  }
}
```

리스트 14.28은 동작 중인 태스크의 레벨을 변경하는 ChangeLevelRunning()의 구현을 보여준다. 이 함수는 태스크가 실행 가능상태인 경우에 Wakeup()으로부터 호출된다.

함수 시작부분의 if 문에서는 실행 레벨의 변경이 없는 경우 함수를 종료시킨다. 단순한 최적화다.

두 번째 if 문에서는 태스크가 현재 실행 중인 태스크인지를 확인한다. 어떤 태스크가 자신의 레벨을 변경하는 경우와 다른 태스크의 레벨을 변경하는 경우는 처리를 달리 해야 한다. 이 if 문은 다른 태스크의 레벨을 변경하는 경우를 담당한다.

다른 태스크의 실행 레벨을 바꾸는 것은 비교적 단순하다. 해당 태스크를 현재 소속된 레벨의 실행 큐로부터 제거하고, 목적 레벨의 실행 큐에 추가만 하면 된다. 목적 레벨이 현재의 동작 레벨보다 높다면 다음 번 태스크 전환 시에 레벨 재검토가 필요하다. level_changed_를 참으로 해 둔다.

다음으로 2번째 줄의 if 문이 거짓, 즉 어떤 태스크가 자기자신의 레벨을 변경하려는 경우의 처리를 살펴본다. 우선 실행 큐의 조정을 수행한다. 해당 태스크를 현재 실행 큐에서 제거하고(pop_front()), 목적 레벨의 실행 큐에 추가한다(push_front(task)). 그런 다음 current_level_을 목적 레벨로 갱신해 둔다.

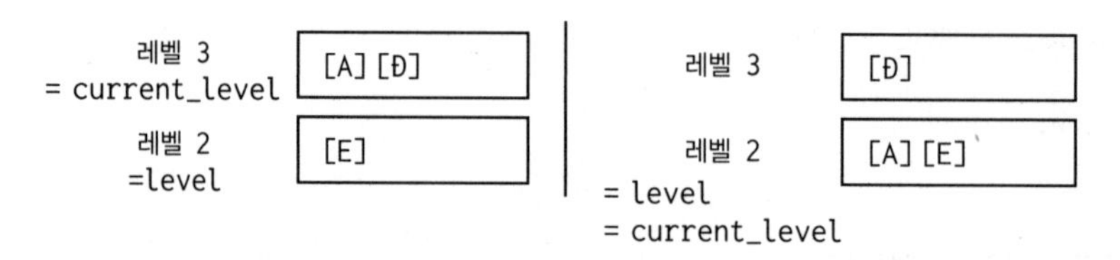

그림 14.6 태스크 A가 자기자신의 실행 레벨을 3에서 2로 변경하는 경우

태스크를 추가하는 위치가 끝이 아니라 선두이며, current_level_의 갱신도 하는 이유는 다음 번 태스크 전환을 정상적으로 수행하기 위해서다. 그림 14.6에 태스크 A가 자기자신의 실행 레벨을 3에서 2로 변경하는 모습을 표현했다. 태스크 전환을 담당하는 SwitchTask()는 'current_level_의 실행 큐 선두에 있는 태스크'를 현재 실행 중

인 태스크라고 인식한다. 그 때문에 Wakeup()의 처리를 완료한 시점에서 "태스크 A는 current_level_이 가리키는 실행 큐의 선두에 있다."는 상태가 돼야 한다. 실행 큐의 선두에 태스크를 추가하는 이유, 그 후 current_level_를 고쳐 쓰는 이유는 그 상황을 만들기 위해서였다.

그런데 현재 실행 중인 태스크 레벨이 current_level_보다 높게 된 경우에는 실행 큐의 조정만으로 충분하지만 낮은 레벨이 된 경우에는 다음 번 태스크 전환 시에 current_level_을 재검토해야 한다. 그림 14.6이 바로 그 상황을 나타낸다. 태스크 A의 레벨을 낮춤으로써 다음 번 태스크 전환에서 태스크 D를 실행해야 되는 상황이 됐다. 하지만 태스크 A의 레벨을 낮춘 영향으로 current_level_도 내려가 버렸기 때문에 level_changed_가 거짓 상태라면 태스크 D는 무시되고, 레벨 2의 태스크가 실행돼 버린다. 다음 태스크 전환에서 레벨을 재검토하게 해 제대로 태스크 D가 실행될 수 있게 한다.

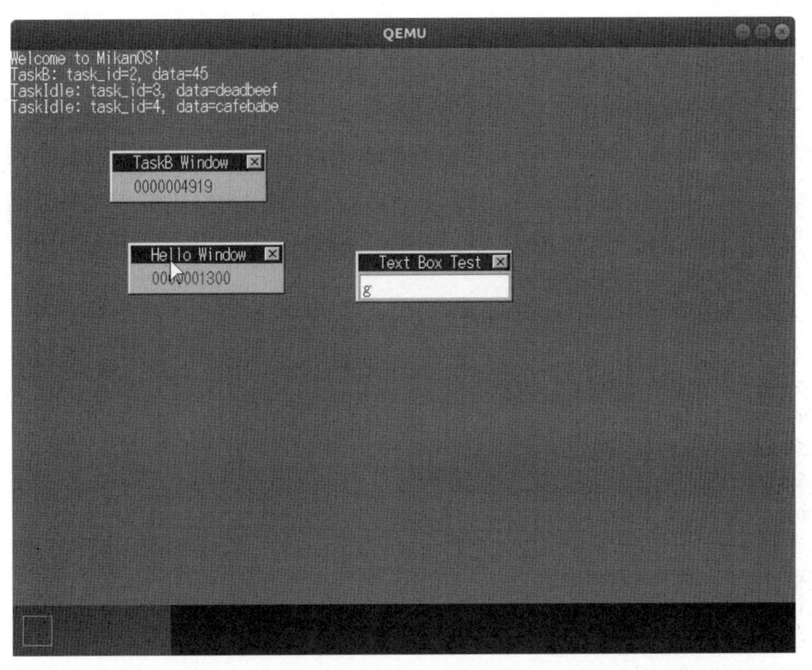

그림 14.7 메인 태스크의 우선순위가 높기 때문에 마우스가 부드럽게 움직인다.

수정이 끝났다면 동작시켜 보도록 하자(그림 14.7). 여전히 사진으로는 전해지기가 어렵지만 마우스를 움직였을 때의 동작이 매우 부드럽게 됐다. 그리고 메인 태스크의 윈도우에 표시되는 값이 지금까지는 1304처럼 4만큼 어긋나 있었는데, 이제는 1300처럼 마지막 숫자가 보기 좋게 됐다. 텍스트 박스의 커서 점멸용 타이머가 타임아웃했을 때 메인 태스크가 깨어나는데, 이는 다른 태스크보다 우선해 동작함으로써 타임아웃으로부터 이벤트 처리까지의 시간이 짧아지게 됐다는 증거다. 그러므로 레벨별 실행 큐의 도입은 성공이다.

14.5 유휴 태스크(osbook_day14d)

태스크를 슬립시킬 수 있게 됐으므로 메인 태스크뿐만 아니라 모든 태스크가 한가한 상황이 됐을 때 슬립하게 만들자고 생각했으나 한 가지 잠재적인 문제점이 남아 있었다. 그것은 `TaskManager::SwitchTask()`의 구현이 모든 태스크가 슬립해 실행 큐가 비게 된 경우를 고려하고 있지 않다는 점이다.

'실행 큐가 빈 경우'에 대처하는 특별한 코드를 추가해도 좋지만, 사실 더 멋진 해결책이 있다. 그건 절대로 슬립하지 않는 '쭉 `hlt`만 하는 태스크를' 한 개 추가하는 방법이다. 이런 태스크를 유휴 태스크idle task라고 한다.[1] 유휴 태스크를 가장 낮은 레벨로 한 개 넣어 실행 큐가 비는 경우를 없앰으로써 지금의 프로그램을 변경하지 않고 문제를 회피할 수 있다.

리스트 14.29 TaskManager의 생성자에서 유휴 태스크를 등록(task.cpp)

```
TaskManager::TaskManager() {
  Task& task = NewTask()
    .SetLevel(current_level_)
    .SetRunning(true);
  running_[current_level_].push_back(&task);

  Task& idle = NewTask()
    .InitContext(TaskIdle, 0)
    .SetLevel(0)
    .SetRunning(true);
  running_[0].push_back(&idle);
}
```

1 아이들(idle)은 '일이 없는, 한가한'이란 의미로 노래를 부르거나 춤을 추는 아이돌(idol)과는 관계없다.

이 해결책을 바로 구현해 보겠다. 리스트 14.29는 `TaskManager` 클래스의 생성자를 보여준다. 메인 태스크와 동시에 유휴 태스크도 생성해 최저 레벨의 실행 큐에 등록했다. 앞으로는 레벨 0를 유휴 태스크 전용으로 사용하고, 다른 태스크는 레벨 1에서부터 `kMaxLevel`까지의 레벨을 사용하겠다.

리스트 14.30 심플해진 메인 함수의 태스크 생성 처리(main.cpp)

```
  InitializeTask();
  Task& main_task = task_manager->CurrentTask();
  const uint64_t taskb_id = task_manager->NewTask()
    .InitContext(TaskB, 45)
    .Wakeup()
    .ID();
```

`TaskManager`의 생성자에서 유휴 태스크를 등록했으므로 메인 함수에서 다시 등록할 필요는 없다. 메인 함수의 태스크 생성부는 리스트 14.30 같이 매우 심플해졌다.

리스트 14.31 TaskIdle()은 hlt만 할 뿐(task.cpp)

```
  void TaskIdle(uint64_t task_id, int64_t data) {
    while (true) __asm__("hlt");
  }
} // namespace
```

`TaskIdle()`은 원래 main.cpp에 있었지만 이제 메인 함수에서 사용하지는 않으므로 task.cpp로 이동시켰다(리스트 14.31). 하는 김에 유휴 태스크 기동 시의 메시지도 나오지 않게 했다. 유휴 태스크는 그림자에 몸을 숨겨 바깥 무대에 나오지 않게 됐다.

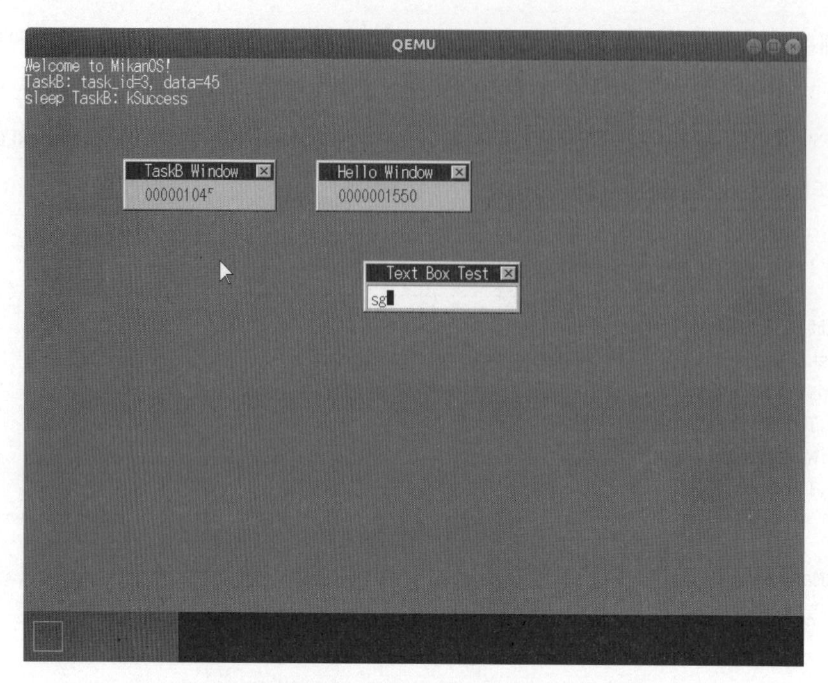

그림 14.8 유휴 태스크는 실행 큐가 비는 상황을 미연에 방지한다.

그림 14.8은 유휴 태스크까지 작업한 결과를 보여준다. S 키를 눌러 TaskB를 슬립시키면 메인 태스크와 TaskB 양쪽이 슬립하게 되지만, 유휴 태스크가 존재하는 덕분에 이상하게 동작하지 않고 정상적으로 실행을 계속한다. 또한 S 키를 누르지 않고 TaskB의 카운터가 증가하는 부분을 관찰해 보면 이전보다 4배 정도 빠르게 증가하고 있음을 알 수 있다. 유휴 태스크는 TaskB보다 낮은 레벨로 등록됐기 때문에 유휴 태스크가 TaskB의 실행을 방해하지 않는 것이다. 너무나 멋지다!

15장

터미널

아무래도 OS라면 검은 화면에 명령을 입력해 조작하고 싶을 것이다. 터미널(단말기)이란 명령을 입력하는 창구 같은 것으로 리눅스에서는 gnome-terminal 등의 터미널, 윈도우라면 MS-DOS 프롬프트나 윈도우 터미널 등을 가리킨다. 15장에서는 OS다움을 한층 더 높이기 위해 명령을 입력하기 위한 터미널 화면을 작성해 본다.

▌15.1 윈도우 그리기는 메인 스레드에서(osbook_day15a)

조속히 터미널을 만들려고 생각했는데 14장에서 작성한 OS를 갖고 놀다가 어떤 문제를 깨닫게 됐다. TaskB의 윈도우를 마우스로 이동시키면 그림 15.1 같이 잔상이 남는 문제다.

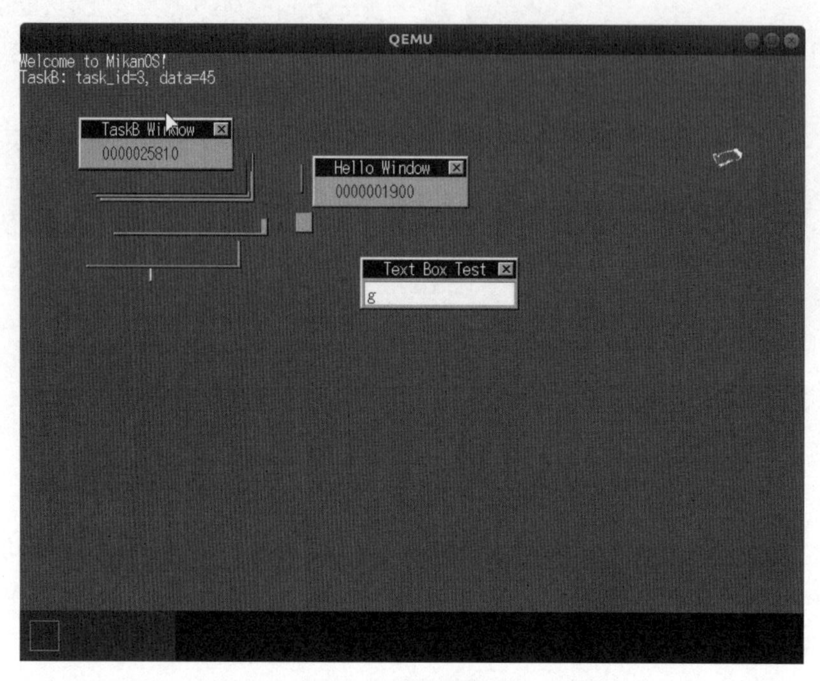

그림 15.1 TaskB의 윈도우를 이동하면 잔상이 남는다.

이 문제는 TaskB 안에서 `layer_manager->Draw()`를 호출하는 부분과 마우스로 TaskB의 윈도우를 이동시키기 위해 `layer_manager->MoveRelative()`를 호출하는 부분이 데이터 경합을 일으키기 때문이다. 이 두 개의 메소드는 모두 내부에서 스크린 백버퍼와 프레임 버퍼를 갱신한다.

TaskB의 윈도우를 다시 그리기 위한 `Draw()`는 TaskB 콘텍스트에서 수행되는 한편 마우스 이동에 따른 `MoveRelative()`는 메인 콘텍스트에서 실행된다. 그 때문에 TaskB가 카운터를 증가시키고 `Draw()`를 실행하는 도중에 마우스 이벤트가 발생하면 메인 태스크로 전환돼 `MoveRelative()`의 실행이 개시된다. 두 개의 메소드는 `layer_manager`의 멤버 변수 내용을 변경시키므로 이 상황은 데이터 경합이 된다. 이번에는 단순히 화면 표시가 깨지는 정도로 끝났지만 데이터 경합이 발생하면 무슨 일이 일어날지를 예측할 수 없다.

두 가지 해결책이 있는데, 첫 번째는 `Draw()`와 `MoveRelative()` 실행 중에 인터럽트를 금지하는 것이다. `cli`와 `sti`의 사이에 중요한 처리를 끼우는 방법은 지금까지 몇 번 등장했다. 이 방식과 동일한 처리를 하면 데이터 경합을 막을 수 있다. 또 한 가지 방법은 윈도우 렌더링이나 이동 처리를 전부 전용 태스크가 담당하는 방법이다. 윈도우를 조작하고 싶은 태스크는 그 전용 태스크의 메시지 큐에 요청을 보낸다. 전용 태스크는 요청이 오면 슬립에서 복귀해 요청에 따라 윈도우 조작을 수행한다.

전자의 방법은 매우 간단하다. 하지만 화면 렌더링은 대량의 픽셀 갱신이 발생하기 때문에 비교적 무거운 처리에 속한다. 무거운 처리를 하는 동안 쭉 인터럽트를 금지하는 것은 좋지 않다. 인터럽트 금지기간이 길어질수록 인터럽트를 놓칠 가능성이 높아지기 때문이다. 낮은 우선순위를 갖는 윈도우의 화면 렌더링 처리 때문에 우선순위가 높은 인터럽트 처리가 방해 받게 된다. 이 상황을 **우선순위 역전**이라고 하며, OS 태스크 스케줄링에 있어 유명한 문제 중 하나다.

후자의 방법은 다소 복잡하지만 윈도우를 조작하는 동안에도 쭉 인터럽트 허용이 가능하기 때문에 앞의 문제는 발생하지 않는다. 그래서 이번 절에서는 후자의 방법을 구현해 보려고 한다. 전용 태스크를 특별히 만들지는 않고 메인 태스크가 그 책임을 갖게 한다.

리스트 15.1 Message의 종류에 레이어 조작 타입을 추가한다(message.hpp)

```
struct Message {
  enum Type {
    kInterruptXHCI,
    kTimerTimeout,
    kKeyPush,
    kLayer,
    kLayerFinish,
  } type;

  uint64_t src_task
```

리스트 15.1에서 보는 바와 같이 TaskB에서 메인 태스크 윈도우로 윈도우 렌더링 등의 메시지를 보내기 위해 Message::Type에 kLayer를 추가했다. 윈도우 렌더링은 레이어의 기능이므로 그렇게 이름을 지었다. 렌더링이나 이동이 끝났다는 것을 송신 측에 통지하기 위한 타입 kLayerFinish와 송신 측 태스크 ID를 나타내는 src_task도 추가했다.

리스트 15.2 kLayer용 파라미터(message.hpp)

```
    struct {
      LayerOperation op;
      unsigned int layer_id;
      int x, y;
    } layer;
```

리스트 15.3 LayerOperation은 레이어 조작의 종류를 나타낸다(message.hpp)

```
enum class LayerOperation {
  Move, MoveRelative, Draw
};
```

kLayer에 대응하는 파라미터로 arg.layer를 추가했다(리스트 15.2). op는 레이어 조작의 종류를 나타내는 열거형이며 리스트 15.3과 같은 정의를 가진다. layer_id는 조작대상의 레이어를 나타내는 ID, x와 y는 이동과 관련한 레이어 조작의 경우에 사용하는 위치 정보다. 여기서 Vector2D<int>를 사용하지 않았던 이유는 message.hpp가 다른 비표준 헤더 파일에 의존하지 않도록 유지하고 싶기 때문이다.

리스트 15.4 레이어 조작 요청에 대처한다(main.cpp)

```
    case Message::kLayer:
      ProcessLayerMessage(*msg);
      __asm__("cli");
      task_manager->SendMessage(msg->src_task, Message{Message::kLayerFinish});
      __asm__("sti");
      break;
```

레이어 조작요청에 대응하는 처리를 메인 루프 내에서 구현했다(리스트 15.4). msg->type이 kLayer인 메시지를 수신하면 메시지의 파라미터를 활용해 처리한 다음 송신측 태스크로 처리가 완료했음을 통지한다. 처리 완료를 통지할 때 Message 구조체에 추가했던 src_task 변수가 도움이 된다.

리스트 15.5 ProcessLayerMessage()는 레이어 조작 요청을 실제로 처리한다(layer.cpp)

```
void ProcessLayerMessage(const Message& msg) {
  const auto& arg = msg.arg.layer;
  switch (arg.op) {
  case LayerOperation::Move:
    layer_manager->Move(arg.layer_id, {arg.x, arg.y});
    break;
  case LayerOperation::MoveRelative:
    layer_manager->MoveRelative(arg.layer_id, {arg.x, arg.y});
    break;
  case LayerOperation::Draw:
    layer_manager->Draw(arg.layer_id);
    break;
  }
}
```

리스트 15.5에 ProcessLayerMessage()의 구현을 정리했다. 메시지 파라미터에 따라 요청된 조작을 실행한다. 조작에 따라서는 x와 y는 사용하지 않는 경우가 있다.

리스트 15.6 TaskB로부터 메인 태스크로 레이어 조작 요청을 보낸다(main.cpp)

```
void TaskB(uint64_t task_id, int64_t data) {
  printk("TaskB: task_id=%lu, data=%lu\n", task_id, data);
  char str[128];
  int count = 0;

  __asm__("cli");
  Task& task = task_manager->CurrentTask();
  __asm__("sti");

  while (true) {
    ++count;
    sprintf(str, "%010d", count);
    FillRectangle(*task_b_window->Writer(), {24, 28}, {8 * 10, 16}, {0xc6, 0xc6,
    0xc6});
    WriteString(*task_b_window->Writer(), {24, 28}, str, {0, 0, 0});
    Message msg{Message::kLayer, task_id};
```

```
    msg.arg.layer.layer_id = task_b_window_layer_id;
    msg.arg.layer.op = LayerOperation::Draw;
    __asm__("cli");
    task_manager->SendMessage(1, msg);
    __asm__("sti");

    while (true) {
      __asm__("cli");
      auto msg = task.ReceiveMessage();
      if (!msg) {
        task.Sleep();
        __asm__("sti");
        continue;
      }

      if (msg->type == Message::kLayerFinish) {
        break;
      }
    }
  }
}
```

리스트 15.6은 지금까지 구축한 레이어 조작요청과 처리의 구조를 사용하도록 개조한 TaskB를 보여준다. 크게 변경된 점은 `layer_manager->Draw()`를 직접 호출하는 대신에 `kLayer` 타입의 메시지를 메인 태스크로 전송하도록 한 부분과 메인 태스크로부터 조작 완료 통지가 오는 것을 기다리기 위해 while 루프를 추가한 부분이다. while 루프의 내용은 얼핏 보면 복잡해 보이지만 실제로는 메인 루프의 구조와 동일하기 때문에 이해하기 어렵지 않다.

수정을 완료했다. 실행시켜 보면 이전과 같은 잔상은 나오지 않음을 알 수 있다(그림 15.2). 하지만 TaskB의 카운터 진행속도가 개조 전의 1/3 정도 돼 버렸다. TaskB와 메인 태스크로 빈번하게 태스크 전환이 발생하고, 그 전환 오버헤드가 크기 때문이다. 이번에는 프로그램 속도를 희생시켜 안전성을 높였기 때문에 그걸로 괜찮다고 본다.

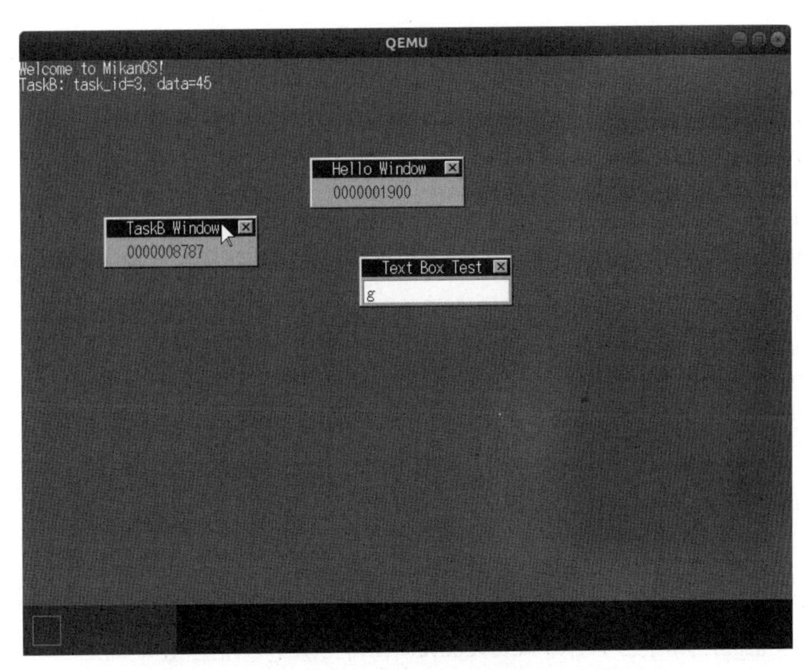

그림 15.2 TaskB의 윈도우를 이동시켜도 잔상은 남지 않는다.

15.2 액티브 윈도우(osbook_day15b)

한 가지 버그를 없앴기 때문에 기분이 좋다. 이 기세로 터미널을 제작해 본다. 우선은 터미널다운 윈도우를 만들어야 한다. 무엇보다 문자입력이 가능하도록 만들어야 할 것이다. 그렇게 생각하고 잠시 화면을 보니 뭔가 위화감이 느껴지는데 복수의 윈도우가 동시에 활성화돼 있는 것처럼 보였기 때문이다.

활성화된 상태란 그 윈도우가 선택된 상태가 돼 화면 제일 앞에 배치된 상태를 의미한다. 일반적인 OS에서는 활성화된 윈도우와 그렇지 않은 윈도우는 타이틀 색이 달라서 쉽게 구별할 수 있다. 또한 키보드 입력은 활성화된 윈도우로 전송된다.

하지만 MikanOS에는 아직 윈도우 활성화 또는 비활성화로 전환하는 구조가 없다. 모든 윈도우의 타이틀 바가 같은 색상이다. 키보드 입력은 모두 'Text Box Test' 윈도우로 송신된다. 이건 곤란하다. 터미널 윈도우를 모처럼 만들어도 키보드 입력이 터미널에 송신되지 않으면 명령 입력을 할 수 없다. 이런 이유로 윈도우를 선택하면 활성화시키는 구조를 도입한다.

리스트 15.7 ActiveLayer 클래스는 윈도우를 활성화시킨다(layer.hpp)

```
class ActiveLayer {
 public:
  ActiveLayer(LayerManager& manager);
  void SetMouseLayer(unsigned int mouse_layer);
  void Activate(unsigned int layer_id);
  unsigned int GetActive() const { return active_layer_; }

 private:
  LayerManager& manager_;
  unsigned int active_layer_{0};
  unsigned int mouse_layer_{0};
};

extern ActiveLayer* active_layer;
```

마우스로 선택한 윈도우를 활성화시키기 위한 준비로, 지정한 윈도우(를 포함한 레이어)를 화면 맨 앞으로 가져오기 위해 ActiveLayer 클래스를 만들기로 했다(리스트 15.7). 마우스 레이어는 항상 화면 최상위에 있어야 하기 때문에 마우스 레이어 ID를 등록하는 SetMouseLayer() 메소드가 있다. 가장 중요한 메소드는 Activate()이다. 이 메소드는 지정한 레이어를 화면 최상위(이렇게 말하지만 마우스 레이어보다는 아래)로 끌어올리고 타이틀바 색상을 바꾼다.

리스트 15.8 ActiveLayer 클래스의 생성자와 SetMouseLayer()(layer.cpp)

```
ActiveLayer::ActiveLayer(LayerManager& manager) : manager_{manager} {
}

void ActiveLayer::SetMouseLayer(unsigned int mouse_layer) {
  mouse_layer_ = mouse_layer;
}
```

리스트 15.8은 ActiveLayer 클래스 생성자와 SetMouseLayer() 메소드의 구현을 보여준다. 생성자에서는 이 ActiveLayer 클래스의 인스턴스가 사용하는 LayerManager를 설정한다. 파라미터로 받지 않고 글로벌 변수 layer_manager를 사용해도 괜찮지만 약간의 수고를 들여 글로벌 변수를 사용하지 않아도 된다면 그렇게 해도 손해는 없을 것이다.

SetMouseLayer()는 마우스 레이어 ID를 설정한다. InitializeMouse()에서 호출하게 했다(리스트 15.9).

리스트 15.9 마우스 레이어를 active_later로 등록한다(mouse.cpp)

```
active_layer->SetMouseLayer(mouse_layer_id);
```

Activate()의 구현 방침을 고민해 보자. 이 메소드가 호출되면 해야 할 일은 지정된 레이어를 화면 최상위로 가져오고, 그 레이어가 가진 윈도우 타이틀 바의 색상을 바꾸는 것이다. 그와 동시에 그때까지 화면 최상위에 있던 레이어를 가진 윈도우 타이틀 바의 색상을 원래대로 돌릴 필요가 있다. 윈도우 색상을 바꾸는 것은 레이어의 기능이 아니고 윈도우의 기능이므로 Window 클래스 측에 그를 위한 메소드를 갖게 만든다.

리스트 15.10 Active()는 지정한 레이어를 화면 최상위로 올린다(layer.cpp)

```
void ActiveLayer::Activate(unsigned int layer_id) {
  if (active_layer_ == layer_id) {
    return;
  }

  if (active_layer_ > 0) {
    Layer* layer = manager_.FindLayer(active_layer_);
    layer->GetWindow()->Deactivate();
    manager_.Draw(active_layer_);
  }

  active_layer_ = layer_id;
  if (active_layer_ > 0) {
    Layer* layer = manager_.FindLayer(active_layer_);
    layer->GetWindow()->Activate();
    manager_.UpDown(active_layer_, manager_.GetHeight(mouse_layer_) - 1);
    manager_.Draw(active_layer_);
  }
}
```

리스트 15.10은 Activate()의 구현을 보여준다. 수행하는 작업은 크게 두 가지로, 첫 번째는 지금까지 활성화됐던 레이어(active_layer_)가 가진 윈도우를 비활성화시키는 것이다. 다른 하나는 지정된 레이어를 화면 최상위로 가져오면서 해당 레이어가 가진 윈도우를 활성화시키는 것이다. 윈도우의 활성화, 비활성화 전환을 위해 Window 클래스에 Activate()와 Deactivate() 메소드를 새롭게 작성했다.

여기서 잠시 Window 클래스를 생각해 보자. 이 클래스는 가로 세로의 크기를 가진 단순히 표시영역을 나타내는 클래스다. 타이틀 바를 가진 윈도우뿐만 아니라 콘솔이나 마우스 커서도 Window 클래스다. 그러므로 Window 클래스 자신은 타이틀 바의 존재여부를 알지 못한다. 우리가 타이틀 바라고 인지하는 것은 윈도우의 렌더링 영역에 그려지는 단순한 그림일 뿐이다. 이런 상황에서 "Window::Activate()를 호출하면 타이틀 바의 색상을 변경한다."를 구현하는 것은 어렵다. 타이틀 바를 다시 렌더링하고자 할 때도 Window 클래스는 타이틀 바의 문자열을 모르기 때문에 다시 그릴수도 없다.

그래서 Window 클래스를 상속해 타이틀 바가 존재하는 윈도우를 나타내는 클래스를 만들기로 했다. 이름은 고민한 결과 ToplevelWindow로 정했다.

리스트 15.11 Window 클래스를 상속할 수 있게 한다(window.hpp)

```
/** @brief 지정된 픽셀 수의 평면 영역을 작성한다. */
Window(int width, int height, PixelFormat shadow_format);
virtual ~Window() = default;
Window(const Window& rhs) = delete;
Window& operator=(const Window& rhs) = delete;
```

Window 클래스를 상속할 수 있게 하기 위해 리스트 15.11 같이 소멸자를 virtual로 했다. 상속의 기본이 되는 클래스의 소멸자는 가상 소멸자로 지정해야 한다.[1]

리스트 15.12 Window 클래스에 활성화 관련 메소드를 추가한다(window.hpp)

```
virtual void Activate() {}
virtual void Deactivate() {}
```

리스트 15.12처럼 ActiveLayer::Activate()에서 호출하기 위한 두 가지 메소드를 추가했다. 내용은 비어 있어도 좋지만 자식 클래스에서 오버라이드할 수 있도록 virtual로 선언한다.

1 여기서는 이유까지 설명하지 않지만 소멸자를 가상 메소드로 선언해야 하는 것은 C++의 규칙이다. 신경 쓰이는 분은 C++ 관련 교과서를 참조하기 바란다.

리스트 15.13 ToplevelWindow는 타이틀 바를 가진 윈도우를 나타낸다(window.hpp)

```
class ToplevelWindow : public Window {
 public:
  static constexpr Vector2D<int> kTopLeftMargin{4, 24};
  static constexpr Vector2D<int> kBottomRightMargin{4, 4};

  class InnerAreaWriter : public PixelWriter {
   public:
    InnerAreaWriter(ToplevelWindow& window) : window_{window} {}
    virtual void Write(Vector2D<int> pos, const PixelColor& c) override {
      window_.Write(pos + kTopLeftMargin, c);
    }
    virtual int Width() const override {
      return window_.Width() - kTopLeftMargin.x - kBottomRightMargin.x; }
    virtual int Height() const override {
      return window_.Height() - kTopLeftMargin.y - kBottomRightMargin.y; }

  private:
   ToplevelWindow& window_;
  };

  ToplevelWindow(int width, int height, PixelFormat shadow_format,
                 const std::string& title);

  virtual void Activate() override;
  virtual void Deactivate() override;

  InnerAreaWriter* InnerWriter() { return &inner_writer_; }
  Vector2D<int> InnerSize() const;

 private:
  std::string title_;
  InnerAreaWriter inner_writer_{*this};
};
```

Window 클래스를 상속할 준비를 완료했으므로 타이틀 바를 가진 윈도우를 나타내는 클래스 ToplevelWindow를 정의하겠다(리스트 15.13). class ToplevelWindow : public Window로 Window 클래스를 public으로 상속하고 있다. public 상속이란 is-a 관계(ToplevelWindow is a Window)를 만족하는 상속이다. 구체적으로는 부모 클래스의 public 메소드 전부가 자식 클래스에서도 public이 되는 상속이다. 즉 ToplevelWindow도 Window와 동일하게

DrawTo()나 Write() 같은 public 메소드를 갖게 된다. public 상속이기 때문에 Toplevel Window를 Window 같이 다룰 수 있다.

title_이란 멤버 변수에 주목하자. 이 변수는 타이틀 바에 표시하는 문자열을 기억하기 위한 변수다. 이 변수를 갖는 것이 Window 클래스와 비교해볼 때 ToplevelWindow의 최대 특징이라고 말할 수 있다. 이 변수 덕분에 타이틀 바를 다시 그릴 수가 있다. 변수 타입으로 std::string을 사용하는 이유는 '칼럼 15.1 타이틀에 std::string을 사용하는 이유'에서 정리했다.

또 한 가지 ToplevelWindow 클래스의 중요한 기능으로, 윈도우의 프레임 전용 렌더링 툴 InnerAreaWriter가 있다. 윈도우 내용을 갱신하고자 할 때 타이틀 바나 윈도우 프레임은 건들지 않고 프레임 내부만을 갱신하고 싶은 경우가 많다. 그런 경우에 '윈도우의 좌우 4픽셀, 위에서 24픽셀은 여백이니까 이 부분은 피해서……' 같은 고민을 매번 생각하기는 귀찮다. 그래서 윈도우 프레임 내에서 그림 그리기를 하기 위한 도구를 제공하기로 했다. InnerWriter()는 이 윈도우용의 렌더링 툴을 반환한다. 이 반환 값을 사용해 그림을 그리면 좌표(0,0)이 윈도우 본체의 (4, 24)가 되게 조정된다.

리스트 15.14 ToplevelWindow의 메소드 정의(window.cpp)

```
ToplevelWindow::ToplevelWindow(int width, int height, PixelFormat shadow_format,
                               const std::string& title)
    : Window{width, height, shadow_format}, title_{title} {
  DrawWindow(*Writer(), title_.c_str());
}

void ToplevelWindow::Activate() {
  Window::Activate();
  DrawWindowTitle(*Writer(), title_.c_str(), true);
}

void ToplevelWindow::Deactivate() {
  Window::Deactivate();
  DrawWindowTitle(*Writer(), title_.c_str(), false);
}

Vector2D<int> ToplevelWindow::InnerSize() const {
  return Size() - kTopLeftMargin - kBottomRightMargin;
}
```

리스트 15.14는 ToplevelWindow의 각 메소드의 구현을 보여준다. 생성자에서는 부모클래스 Window의 생성자를 호출하는 것과 동시에 ToplevelWindow 클래스 고유의 멤버 변수인 title_의 초기화를 수행한다. 또한 그 타이틀을 사용해 타이틀 바와 윈도우 프레임을 DrawWindow()을 사용해서 렌더링한다.

Activate()는 윈도우 활성화를 담당한다. 수행하는 작업은 간단하다. DrawWindowTitle()을 active = true로 해 호출할 뿐이다. 이렇게 하면 타이틀 바가 활성화용의 색상(청색)으로 렌더링된다. DrawWindowTitle()는 나중에 구현한다.

덧붙여 부모 클래스의 메소드 Window::Activate()를 호출하고 있는데, 실제로는 아무런 효과도 없다. 정의가 비어 있기 때문이다(리스트 15.12). 다만 메소드를 오버라이드할 때에는 부모 클래스 측 동명의 메소드를 호출하는 것이 좋은 경우가 있다. 나중에 혹시 Window::Activate()의 기능이 확장돼 뭔가 의미 있는 작업을 하게 될지도 모르기 때문이다. 그런 경우 자식 클래스에서 호출하는 것을 잊는다면 모처럼 개조한 효과를 얻을 수 없게 된다. 지금은 의미가 없지만 만약을 위해 호출하고 있다고 기억하면 되겠다.

Deactivate()는 Activate()의 반대에 해당하는 처리를 수행한다. DrawWindowTitle()을 active = false로 호출하고, 타이틀 바를 비활성화용 색상(회색)으로 렌더링한다.

InnerSize()는 윈도우 프레임 내부의 크기를 계산한다. 윈도우 전체의 크기로부터 상하좌우 여백을 빼면 프레임 내부의 크기가 된다.

리스트 15.15 DrawWindowTitle()은 타이틀 바를 렌더링한다(window.cpp)

```
void DrawWindowTitle(PixelWriter& writer, const char* title, bool active) {
  const auto win_w = writer.Width();
  uint32_t bgcolor = 0x848484;
  if (active) {
    bgcolor = 0x000084;
  }
  FillRectangle(writer, {3, 3}, {win_w - 6, 18}, ToColor(bgcolor));
  WriteString(writer, {24, 4}, title, ToColor(0xffffff));

  for (int y = 0; y < kCloseButtonHeight; ++y) {
    for (int x = 0; x < kCloseButtonWidth; ++x) {
      PixelColor c = ToColor(0xffffff);
      if (close_button[y][x] == '@') {
        c = ToColor(0x000000);
```

```
      } else if (close_button[y][x] == '$') {
        c = ToColor(0x848484);
      } else if (close_button[y][x] == ':') {
        c = ToColor(0xc6c6c6);
      }
      writer.Write({win_w - 5 - kCloseButtonWidth + x, 5 + y}, c);
    }
  }
}
```

리스트 15.11에 DrawWindowTitle()의 구현을 나타냈다. 지금까지 DrawWindow()에 있던 타이틀 바의 렌더링 처리를 뽑아내 색을 변경하는 기능을 추가했을 뿐이다.

이제 이걸로 ToplevelWindow 클래스를 완성했다. ActiveLayer::Activate()를 호출하면 지정한 윈도우의 Activate()와 지금까지 활성화됐던 윈도우의 Deactivate()가 호출될 것이다. 하지만 아직 핵심이 되는 ActiveLayer::Activate()를 호출하는 처리를 작성하지 않았다. 마우스로 윈도우를 클릭했을 때 이 메소드를 호출하려고 한다.

리스트 15.16 마우스로 윈도우를 클릭하면 Activate()한다(mouse.cpp)

```
  const bool previous_left_pressed = (previous_buttons_ & 0x01);
  const bool left_pressed = (buttons & 0x01);
  if (!previous_left_pressed && left_pressed) {
    auto layer = layer_manager->FindLayerByPosition(position_, layer_id_);
    if (layer && layer->IsDraggable()) {
      drag_layer_id_ = layer->ID();
      active_layer->Activate(layer->ID());
    } else {
      active_layer->Activate(0);
    }
  } else if (previous_left_pressed && left_pressed) {
```

리스트 15.16에 Mouse::OnInterrupt()의 수정위치를 발췌했다. 수정한 부분은 마우스의 왼쪽 버튼을 클릭했을 때의 처리다. 지금까지는 왼쪽 버튼을 클릭하면 윈도우의 드래그 이동을 개시할 뿐이었지만 지금의 수정에서는 윈도우 활성화도 가능하게 했다. 구체적으로는 active_layer->Activate(layer->ID()); 줄을 추가했다. 클릭한 위치가 드래그 불가능한 레이어(배경, 콘솔 윈도우 등)라면 active_layer->Activate(0);해서 모든 윈도우를 비활성화한다.

이제 마우스로 윈도우의 액티브 상태를 전환하는 것이 가능하게 됐다. 다른 OS라면 Alt + Tab 키도 활성화 윈도우를 전환시킬 수 있다. 이 책에서는 키보드로 전환하는 기능은 구현하지 않지만 흥미 있으신 분은 도전해 보는 것도 괜찮다고 생각한다.

리스트 15.17 활성화 윈도우에 따라 키의 처리를 변경한다(main.cpp)

```
    case Message::kKeyPush:
      if (auto act = active_layer->GetActive(); act == text_window_layer_id) {
        InputTextWindow(msg->arg.keyboard.ascii);
      } else if (act == task_b_window_layer_id) {
        if (msg->arg.keyboard.ascii == 's') {
          printk("sleep TaskB: %s\n", task_manager->Sleep(taskb_id).Name());
        } else if (msg->arg.keyboard.ascii == 'w') {
          printk("wakeup TaskB: %s\n", task_manager->Wakeup(taskb_id).Name());
        }
      } else {
        printk("key push not handled: keycode %02x, ascii %02x\n",
            msg->arg.keyboard.keycode,
            msg->arg.keyboard.ascii);
      }
      break;
```

리스트 15.17에 메인 루프에서의 키입력 처리를 정리했다. 활성화 윈도우에 따라 처리를 변경하도록 수정했다. 텍스트 박스가 있는 윈도우(`text_window_layer_id`)가 활성화되면 텍스트 박스에 키를 입력하고 TaskB용 윈도우가 활성화됐다면 S 키와 W 키로 슬립, 웨이크업을 수행한다. 다른 윈도우가 활성화됐거나 또는 어떠한 윈도우도 활성화되지 않은 경우는 콘솔에 'key push not handled'라는 로그를 출력한다.

리스트 15.18 ToplevelWindow를 사용하도록 수정(main.cpp)

```
std::shared_ptr<ToplevelWindow> text_window;
unsigned int text_window_layer_id;
void InitializeTextWindow() {
  const int win_w = 160;
  const int win_h = 52;

  text_window = std::make_shared<ToplevelWindow>(
      win_w, win_h, screen_config.pixel_format, "Text Box Test");
  DrawTextbox(*text_window->InnerWriter(), {0, 0}, text_window->InnerSize());
```

마지막 마무리로 타이틀 바를 가진 윈도우를 Window에서 ToplevelWindow로 바꿀 필요가 있다. 수정해야 할 부분은 많이 있다. 예를 들어 텍스트 박스를 가진 윈도우와 관련된 수정을 리스트 15.18에 정리했다. std::shared_ptr<Window>를 사용했던 부분을 std::shared_ptr<ToplevelWindow>로 바꾸고, std::make_shared의 파라미터 마지막에 타이틀 'Text Box Test'를 추가했으며 DrawWindow()를 호출하는 줄을 제거한 것이 주요한 변경사항이다.

세세한 변경으로는 DrawTextbox() 안에서 사용했던 text_window->Writer()를 text_window->InnerWriter()로 바꾸고, 거기에 맞춰 좌표 {4, 24}를 {0, 0}으로 바꿨다. 또한 사이즈도 윈도우의 프레임 내부와 딱 맞추고 싶어서 text_window->InnerSize()를 사용했다.

리스트 15.19 되도록이면 InnerWriter()를 사용한다(main.cpp)

```
void DrawTextCursor(bool visible) {
  const auto color = visible ? ToColor(0) : ToColor(0xffffff);
  const auto pos = Vector2D<int>{4 + 8*text_window_index, 5};
  FillRectangle(*text_window->InnerWriter(), pos, {7, 15}, color);
}
```

그밖에 ToplevelWindow::Writer()를 사용하는 부분을 ToplevelWindow::InnerWriter()를 사용하도록 수정했다. 예를 들어 DrawTextCursor()는 리스트 15.19처럼 수정했다. InnerWriter()를 사용하면 좌표 지정을 할 시 타이틀 바나 윈도우 프레임의 두께를 신경 쓸 필요가 없어져서 코드가 깔끔해진다.

필요한 수정이 끝났으므로 이제 실행시켜 보자(그림 15.3). 클릭한 윈도우가 제대로 활성화되며 활성화된 윈도우에 키 입력을 할 수 있게 됐으니 성공이다. 덧붙여 콘솔에 출력한 로그는 Hello Window에 A 키와 B 키를 전송했을 때의 로그다(ASCII 코드 0x61과 0x62는 a와 b에 대응한다). 그 후 텍스트 박스를 가진 윈도우를 활성화시켜 키를 눌렀더니 제대로 텍스트 박스에 키를 입력할 수 있었다.

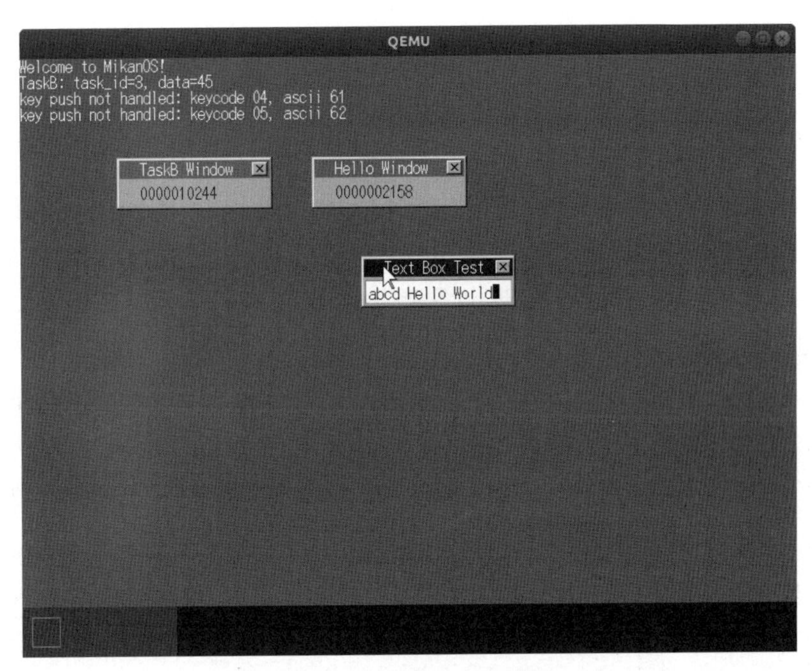

그림 15.3 액티브 윈도우에 키가 전송되는 모습

칼럼 15.1 타이틀에 std::string을 사용하는 이유

어째서 const char* title_로 하지 않았을까? 그 이유는 추후 동적으로 생성한 문자열을 타이틀로 설정할 수 있게 하기 위해서다. 타이틀은 지금으로선 문자열 리터럴 밖에 설정되지 않기 때문에 const char*에서도 문제가 없지만, 나중에 예를 들어 sprintf() 등으로 작성한 문자열을 설정하려면 그래서는 안 된다. std::string은 문자열 전체의 복사본을 저장하는 한편 const char*는 선두 어드레스만 저장한다는 것이 가장 큰 이유다.

sprintf()에서 동적으로 생성한 문자열을 타이틀로 하고자 한다면 확 떠오르는 방법은 로컬 변수로 만든 배열에 문자열을 써넣고 그 배열을 title_에 설정하는 것이다.

```
std::shared_ptr<ToplevelWindow> CreateTickWindow() {
  char win_title[32];
  sprintf(win_title, "tick = %lu", timer_manager->CurrentTick());
  return std::make_shared<ToplevelWindow>(
```

```
        160, 52, screen_config.pixel_format, win_title);
  }
```

CreateTickWindow()는 타이머의 현재 값을 타이틀에 포함한 윈도우를 생성해 반환한다. 이 프로그램의 문제점은 win_title이 로컬 변수로 돼 있다는 점이다. 로컬 변수는 함수를 빠져나갈 때 소멸된다. 한편 반환 값인 윈도우 자체는 함수를 빠져나가도 유효하다.

가령 타이틀을 유지하는 멤버 변수를 const char* title_로 한 경우를 생각해 보자. 이 경우 title_에는 win_title 배열로의 포인터를 저장한다. 하지만 win_title은 함수를 빠져나가면 소멸되므로 title_은 **소멸된 배열의 포인터**를 유지하게 된다. 그러므로 생성한 윈도우를 화면에 렌더링할 시에는 이 포인터를 경유해서 삭제된 배열이 참조된다. 이건 중대한 버그다.

이 버그를 해결하려면 win_title을 로컬 변수가 아닌 글로벌 변수, 또는 malloc()을 사용해 동적으로 생성한 변수로 만들 필요가 있다. title_ 타입을 std::string으로 설정하면 내부에서 malloc()에 해당하는 기능에 따라 메모리를 동적으로 할당하고, 거기에 문자열을 복사해 유지해 주기 때문에 손쉽게 원하는 기능을 구현할 수 있다.

15.3 터미널 윈도우(osbook_day15c)

수정을 통해 상당히 멋지게 만들어졌다. 이 정도의 기능을 갖췄다면 터미널을 제작할 수 있을 것 같다. 터미널은 메인 태스크와는 별개로 전용 태스크로 만들어가려고 한다. 그렇게 하면 터미널을 늘리고 싶을 때 태스크를 늘리는 것만으로 간단하게 증가시킬 수 있게 된다. 이 절에서는 터미널 전용 태스크와 터미널다운 외형의 윈도우를 제작하는 것을 목표로 삼는다.

리스트 15.20 Terminal 클래스는 레이어와 윈도우를 포함한다(terminal.hpp)

```
class Terminal {
 public:
  static const int kRows = 15, kColumns = 60;

  Terminal();
  unsigned int LayerID() const { return layer_id_; }
```

```
  void BlinkCursor();

 private:
  std::shared_ptr<ToplevelWindow> window_;
  unsigned int layer_id_;

  Vector2D<int> cursor_{0, 0};
  bool cursor_visible_{false};
  void DrawCursor(bool visible);
};

void TaskTerminal(uint64_t task_id, int64_t data);
```

리스트 15.20은 새롭게 작성한 `Terminal` 클래스를 보여준다. 이 클래스는 터미널용 윈도우와 레이어를 내부에 가지며 생성자에서 이들을 생성한다. 이 클래스는 커서의 점멸을 전환하는 `BlinkCursor()` 메소드를 제공한다. 커서 위치는 `cursor_` 변수로 나타낼 계획이다. 이 클래스에 문자열을 입력하는 기능은 아직 없지만 다음 절에서 그 부분을 확충해가려고 한다.

리스트 15.21 Terminal의 생성자에서는 윈도우를 생성한다(terminal.cpp)

```
Terminal::Terminal() {
  window_ = std::make_shared<ToplevelWindow>(
      kColumns * 8 + 8 + ToplevelWindow::kMarginX,
      kRows * 16 + 8 + ToplevelWindow::kMarginY,
      screen_config.pixel_format,
      "MikanTerm");
  DrawTerminal(*window_->InnerWriter(), {0, 0}, window_->InnerSize());

  layer_id_ = layer_manager->NewLayer()
    .SetWindow(window_)
    .SetDraggable(true)
    .ID();
}
```

리스트 15.21에 `Terminal` 클래스의 생성자를 나타냈다. 생성자에서는 'MikanTerm'이라는 타이틀 윈도우와 그 윈도우를 유지하는 레이어를 생성한다. 레이어 이동이나 높이 조정 등은 `Terminal` 클래스 외부에서 하려고 한다(그렇게 깊은 이유는 없지만 그런 편이 좀 더 이해하기 쉬울 것이라 생각했다).

TopleveLWindow::kMarginX는 이번에 추가한 상수로 윈도우의 좌우 여백(프레임 폭)의 합계를 나타낸다. 마찬가지로 ToplevelWindow::kMarginY는 윈도우의 상하 프레임과 타이틀 바의 높이 합계를 나타낸다. 이 상수에 8이나 28과 같은 수치 그 자체(리터럴)를 써버리면 이후 OS 디자인을 변경할 때 윈도우의 여백을 조정하는 경우가 있다면 이 상수의 변경을 잊어버릴 가능성이 높다. 그러나 kMarginX 같이 명명된 상수를 사용하면 그 상수의 정의를 하나 바꾸는 것만으로 상수를 사용하는 부분 전부를 자동적으로 수정할 수 있다.

DrawTerminal()은 이후 작성할 예정인 함수다. 터미널이라고 한다면 역시 검은 배경에 흰 문자 화면이다. 이 함수는 지정한 크기로 검은 배경의 텍스트 박스를 렌더링한다.

리스트 15.22 BlinkCursor()는 커서의 점멸을 수행한다(terminal.cpp)

```
void Terminal::BlinkCursor() {
  cursor_visible_ = !cursor_visible_;
  DrawCursor(cursor_visible_);
}

void Terminal::DrawCursor(bool visible) {
  const auto color = visible ? ToColor(0xffffff) : ToColor(0);
  const auto pos = Vector2D<int>{4 + 8*cursor_.x, 5 + 16*cursor_.y};
  FillRectangle(*window_->InnerWriter(), pos, {7, 15}, color);
}
```

리스트 15.22는 커서의 점멸처리를 담당하는 BlinkCursor()의 구현을 보여준다. 나중에 타이머를 사용해 0.5초마다 이 메소드를 호출할 예정이다. 커서의 표시, 비표시를 나타내는 cursor_visible_ 값을 반전시키고, 그 상태에 따라 커서를 DrawCursor()로 렌더링한다.

DrawCursor()에서는 커서가 표시상태일 때는 흰색으로, 비표시 상태일 때는 검은색으로 커서를 렌더링한다. 터미널의 배경색이 검은색이기 때문에 비표시=검은색이 된다. 일반적인 경우라면 마지막에 layer_manager->Draw(layer_id_) 등으로 화면을 갱신할 필요가 있다. 그렇게 하지 않으면 화면상으로 FillRectangle()의 결과가 반영되지 않기 때문이다. 하지만 DrawCursor()는 메인 태스크와는 별개의 태스크인 터미널용 태스크 내에서 실행할 예정이다. 그래서 데이터 경합을 피하기 위해 메인 태스크로 화면갱신 의

뢰를 송신할 필요가 있다. 그 처리는 나중에 태스크를 구현할 때 작성한다.

리스트 15.23 터미널 전용 태스크TaskTerminal() (terminal.cpp)

```
void TaskTerminal(uint64_t task_id, int64_t data) {
  __asm__("cli");
  Task& task = task_manager->CurrentTask();
  Terminal* terminal = new Terminal;
  layer_manager->Move(terminal->LayerID(), {100, 200});
  active_layer->Activate(terminal->LayerID());
  __asm__("sti");
  while (true) {
    __asm__("cli");
    auto msg = task.ReceiveMessage();
    if (!msg) {
      task.Sleep();
      __asm__("sti");
      continue;
    }

    switch (msg->type) {
    case Message::kTimerTimeout:
      terminal->BlinkCursor();

      {
        Message msg{Message::kLayer, task_id};
          msg.arg.layer.layer_id = terminal->LayerID();
          msg.arg.layer.op = LayerOperation::Draw;
          __asm__("cli");
          task_manager->SendMessage(1, msg);
          __asm__("sti");
      }
      break;
    default:
      break;
    }
  }
}
```

리스트 15.23에 `TaskTerminal()`의 구현을 정리했다. 함수의 시작부분에서는 좀 전에 작성한 `Terminal` 클래스를 인스턴스화한다. `Terminal` 클래스의 생성자가 생성한 레이어 ID를 사용해 터미널 윈도우를 적당한 위치로 이동시키고 활성화한다. `layer_manager->`

UpDown()이 아니고 active_layer->Activate()를 사용하는 이유는 그쪽이 마우스 커서를 고려해줘서 편리하기 때문이다. UpDown()에서는 마우스 커서를 고려하지 않기 때문에 너무 큰 높이 값을 지정하면 마우스 커서보다도 앞쪽에 와버려 윈도우 아래로 마우스 커서가 빠져나가는 이상한 상황이 발생한다.

함수 시작부분의 초기화 부분은 글로벌 변수를 많이 사용하므로 전체적으로 인터럽트를 금지하도록 한다. 초기화가 끝나면 인터럽트 금지를 해제한다.

루프 내에서는 타이머의 타임아웃 메시지를 받는 처리를 작성했다. 이 타이머는 0.5초 간격으로 타임아웃하는 커서 점멸용 타이머다. 메시지를 받으면 커서의 점멸용 메소드 BlinkCursor()를 호출한다. 실제로 타임아웃 메시지를 TaskTerminal()로 보내는 부분은 나중에 만들겠다.

리스트 15.24 터미널용 태스크를 생성해서 기동시킨다(main.cpp)

```
const uint64_t task_terminal_id = task_manager->NewTask()
  .InitContext(TaskTerminal, 0)
  .Wakeup()
  .ID();
```

리스트 15.24는 터미널용 태스크를 생성하는 처리를 보여준다. TaskB를 생성하는 위치 바로 다음에 추가하면 좋겠다.

리스트 15.25 커서용 타이머의 타임아웃을 터미널에도 통지한다(main.cpp)

```
    case Message::kTimerTimeout:
      if (msg->arg.timer.value == kTextboxCursorTimer) {
        __asm__("cli");
        timer_manager->AddTimer(
            Timer{msg->arg.timer.timeout + kTimer05Sec, kTextboxCursorTimer});
        __asm__("sti");
        textbox_cursor_visible = !textbox_cursor_visible;
        DrawTextCursor(textbox_cursor_visible);
        layer_manager->Draw(text_window_layer_id);

        __asm__("cli");
        task_manager->SendMessage(task_terminal_id, *msg);
        __asm__("sti");
```

```
    }
    break;
```

메인 태스크 내에서 커서용 타이머가 타임아웃하는 경우의 처리를 조금 수정했다(리스트 15.25). 텍스트 박스의 커서를 점멸시키는 기존 코드의 처리에서 좀 더 추가해 터미널용 태스크에도 같은 메시지를 보내주도록 만들었다.

리스트 15.26 DrawTerminal()은 검은 텍스트 박스를 렌더링한다(window.cpp)

```
void DrawTextbox(PixelWriter& writer, Vector2D<int> pos, Vector2D<int> size) {
  DrawTextbox(writer, pos, size,
              ToColor(0xffffff), ToColor(0xc6c6c6), ToColor(0x848484));
}

void DrawTerminal(PixelWriter& writer, Vector2D<int> pos, Vector2D<int> size) {
  DrawTextbox(writer, pos, size,
              ToColor(0x000000), ToColor(0xc6c6c6), ToColor(0x848484));
}
```

리스트 15.26에 `DrawTerminal()`의 구현을 나타냈다. 이 함수는 터미널 화면 내부의 텍스트 박스, 즉 검은 배경의 텍스트 박스를 렌더링한다.

`DrawTerminal()`에서 하고 싶은 것은 색상의 차이를 제외하면 리스트 12.20에서 정의한 `DrawTextbox()`와 같다. 그러므로 `DrawTextbox()`를 복사해 `DrawTerminal()`을 작성할 수도 있지만 코드가 중복되는 것이 싫다. 여기서는 공통 처리 부분을 새로운 함수로 잘라내어 코드가 중복되지 않도록 구현한다.

색상 정보를 받는 버전의 `DrawTextbox()`를 새롭게 만들고, 대부분의 처리를 이 함수로 이동시킨다. `DrawTerminal()`은 새롭게 작성한 `DrawTextbox()`를 배경색을 검은색으로 지정해서 호출하기만 하면 되는 간단한 구현이 됐다. 그리고 기존 `DrawTextbox()`는 배경색을 흰색으로 해 새로운 `DrawTextbox()`를 호출만 하는 간단한 내용이 됐다.

리스트 15.27 색상을 지정할 수 있는 버전의 DrawTextBox()(window.cpp)

```
namespace {
  void DrawTextbox(PixelWriter& writer, Vector2D<int> pos, Vector2D<int> size,
                   const PixelColor& background,
```

```
                    const PixelColor& border_light,
                    const PixelColor& border_dark) {
  auto fill_rect =
    [&writer](Vector2D<int> pos, Vector2D<int> size, const PixelColor& c) {
      FillRectangle(writer, pos, size, c);
    };

  // fill main box
  fill_rect(pos + Vector2D<int>{1, 1}, size - Vector2D<int>{2, 2}, background);
```

리스트 15.27은 색상 정보를 받는 버전의 DrawTextbox()를 보여준다. 파라미터로 배경과 프레임 색상을 지정할 수 있다는 점을 제외하면 수행하는 작업은 기존의 DrawTextbox()와 같다. C++에서는 이와 같이 같은 이름으로 파라미터의 개수나 타입이 다른 함수를 정의할 수 있다. 이를 함수 오버로드라고 불렀다('3.3 최초의 커널' 참조).

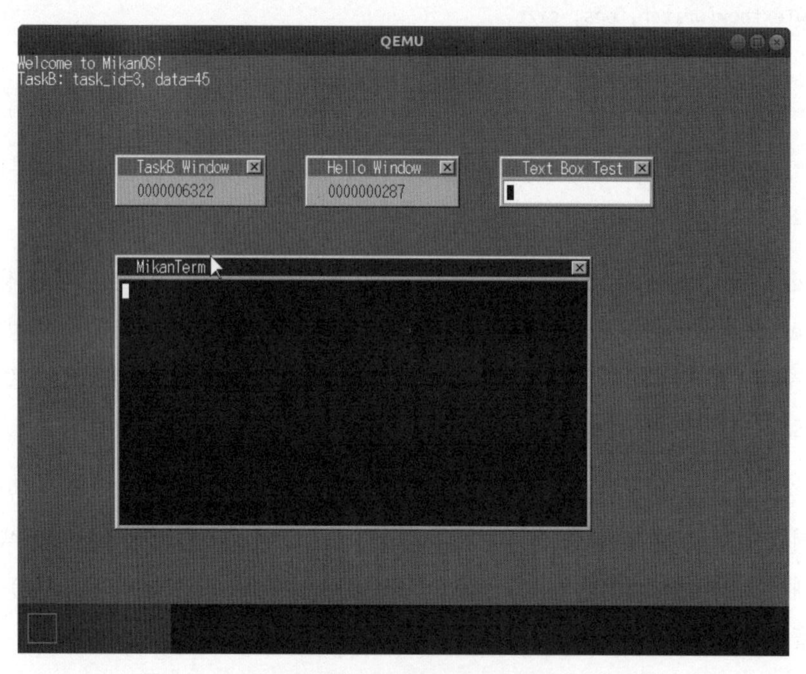

그림 15.4 터미널 윈도우에 커서가 표시됐다.

여기까지 작성했다면 이제 실행해 보자(그림 15.4). 터미널과 같은 윈도우가 표시되고 커서가 점멸하고 있다. 터미널 화면이 나오니 매우 OS다운 느낌이 증가했다고 생각하지 않는가? 필자는 마음이 매우 설렌다.

15.4 렌더링의 고속화(osbook_day15d)

별문제 없이 터미널을 표시할 수 있게 됐지만 한 가지 신경 쓰이는 점이 있다. 그건 커서를 점멸시키기 위해 터미널 화면 전체를 다시 그리고 있다는 점이다. 단 7×15 픽셀만 다시 그리면 되는데 커다란 화면을 다시 그리고 있어서 매우 비효율적이다. 이 절에서는 쓸데없는 다시 그리기를 하지 않도록 수정해 본다.

리스트 15.28 레이어 ID와 범위를 지정할 수 있는 Draw()를 추가(layer.cpp)

```
void LayerManager::Draw(unsigned int id) const {
  Draw(id, {{0, 0}, {-1, -1}});
}

void LayerManager::Draw(unsigned int id, Rectangle<int> area) const {
  bool draw = false;
  Rectangle<int> window_area;
  for (auto layer : layer_stack_) {
    if (layer->ID() == id) {
      window_area.size = layer->GetWindow()->Size();
      window_area.pos = layer->GetPosition();
      if (area.size.x >= 0 || area.size.y >= 0) {
        area.pos = area.pos + window_area.pos;
        window_area = window_area & area;
      }
      draw = true;
    }
    if (draw) {
      layer->DrawTo(back_buffer_, window_area);
    }
  }
  screen_->Copy(window_area.pos, back_buffer_, window_area);
}
```

레이어 ID뿐만 아니라 다시 그리기 범위를 지정할 수 있는 `Draw()` 메소드를 `LayerManager` 클래스에 추가했다(리스트 15.28). 새롭게 추가한 메소드에서는 윈도우 전체의 범위(`window_area`)와 지정된 렌더링 범위(`area`)의 공통부분을 계산하고, 그 부분에 한정한 다시 그리기를 수행한다. 렌더링 범위 `area`는 윈도우의 왼쪽 상단을 기준으로 한 좌표인 한편 `window_area`는 화면 왼쪽 상단을 기준으로 한 좌표다. 좌표계를 맞추기 위해 `area.`

pos에 window_area.pos를 더한 후 공통부분을 계산하자.

지금까지 존재했던 레이어 ID만을 지정하는 버전의 메소드는 새롭게 추가한 메소드를 특별한 파라미터로 호출하는 것으로 변경했다.

리스트 15.29 LayerOperation에 종류를 추가(message.hpp)

```
enum class LayerOperation {
  Move, MoveRelative, Draw, DrawArea
};
```

메인 태스크 이외의 태스크에서 메인 태스크로 범위가 지정된 다시 그리기를 요청할 수 있도록 메시지 구조체에 지정 가능한 LayerOperation의 종류를 늘린다(리스트 15.29). 지금까지 존재했던 범위지정 없는 렌더링 요청 Draw 외에 범위지정 있는 버전의 DrawArea가 추가됐음을 알 수 있을 것이다.

리스트 15.30 범위지정을 설정하는 필드를 추가(message.hpp)

```
    struct {
      LayerOperation op;
      unsigned int layer_id;
      int x, y;
      int w, h;
    } layer;
```

리스트 15.30 같이 메시지 구조체에 렌더링 범위를 지정하기 위한 필드 int w, h를 추가했다. 변수명은 각각 width폭과 height높이의 앞 글자다.

리스트 15.31 범위지정 다시 그리기 요청을 추가한다(layer.cpp)

```
  case LayerOperation::DrawArea:
    layer_manager->Draw(arg.layer_id, {{arg.x, arg.y}, {arg.w, arg.h}});
    break;
```

ProcessLayerMessage()의 switch 문에 DrawArea에 대응하는 케이스를 추가했다(리스트 15.31).

리스트 15.32 다시 그리기 요청을 범위지정 버전으로 전환한다(terminal.cpp)

```
    case Message::kTimerTimeout:
      {
        const auto area = terminal->BlinkCursor();
        Message msg = MakeLayerMessage(
            task_id, terminal->LayerID(), LayerOperation::DrawArea, area);
        __asm__("cli");
        task_manager->SendMessage(1, msg);
        __asm__("sti");
      }
      break;
```

리스트 15.32에서 보여주는 바와 같이 추가한 렌더링 범위지정 버전을 사용하도록 TaskTerminal()을 수정했다. terminal->BlinkCursor()는 지금까지 아무런 값을 반환하지 않았지만 지금부터는 다시 그려야 하는 범위를 반환한다. 그 정보를 사용해 메시지 구조체를 만들어 메인 태스크로 송신한다. MakeLayerMessage()는 메시지 구조체를 만들기 위한 함수로 잠시 후 구현한다.

리스트 15.33 BlinkCursor()는 렌더링 범위를 반환한다(terminal.cpp)

```
Rectangle<int> Terminal::BlinkCursor() {
  cursor_visible_ = !cursor_visible_;
  DrawCursor(cursor_visible_);

  return {ToplevelWindow::kTopLeftMargin +
            Vector2D<int>{4 + 8*cursor_.x, 5 + 16*cursor_.y},
          {7, 15}};
}
```

리스트 15.33 같이 다시 그려야 할 범위를 Terminal::BlinkCursor()가 반환하게 했다. 렌더링 범위의 좌표계는 윈도우의 왼쪽 상단을 기준으로 해야 한다. 이를 위해 윈도우 프레임 내의 좌표에 kTopLeftMargin을 더해서 윈도우 왼쪽 상단 기준의 좌표로 변환한다.

리스트 15.34 MakeLayerMessage()는 레이어 조작요청 메시지를 만든다(layer.hpp)

```
constexpr Message MakeLayerMessage(
    uint64_t task_id, unsigned int layer_id,
    LayerOperation op, const Rectangle<int>& area) {
  Message msg{Message::kLayer, task_id};
  msg.arg.layer.layer_id = layer_id;
  msg.arg.layer.op = op;
  msg.arg.layer.x = area.pos.x;
  msg.arg.layer.y = area.pos.y;
  msg.arg.layer.w = area.size.x;
  msg.arg.layer.h = area.size.y;
  return msg;
}
```

리스트 15.34는 MakeLayerMessage()의 구현을 보여준다. 주어진 요청의 종류 op와 좌표정보 등으로부터 메시지 구조체를 만든다. 이 함수를 사용하면 여러 행 작성했던 부분을 깔끔하게 정리할 수 있다.

이제 이 수정에 따른 개선 정도를 Local APIC 타이머로 측정해 본다. 성능측정은 오랜만이다. 다음과 같은 측정 코드를 넣고 범위지정 유무에 따라 각각 시간을 측정한다.

```
    case LayerOperation::Draw:
      if (arg.layer_id == 7) {
        auto start = LAPICTimerElapsed();
        layer_manager->Draw(arg.layer_id);
        auto elapsed = LAPICTimerElapsed() - start;
        Log(kWarn, "draw layer 7: elapsed = %u\n", elapsed);
        break;
      }
      layer_manager->Draw(arg.layer_id);
      break;
    case LayerOperation::DrawArea:
      if (arg.layer_id == 7) {
        auto start = LAPICTimerElapsed();
        layer_manager->Draw(arg.layer_id, {{arg.x, arg.y}, {arg.w, arg.h}});
        auto elapsed = LAPICTimerElapsed() - start;
        Log(kWarn, "draw layer 7: elapsed = %u\n", elapsed);
        break;
      }
```

```
layer_manager->Draw(arg.layer_id, {{arg.x, arg.y}, {arg.w, arg.h}});
break;
```

측정결과를 살펴보겠다. 그림 15.5는 범위를 지정하지 않은 버전(LayerOperation::Draw)으로 렌더링한 경우의 측정결과다. 평균 240만 카운트 정도의 시간이 걸린다.

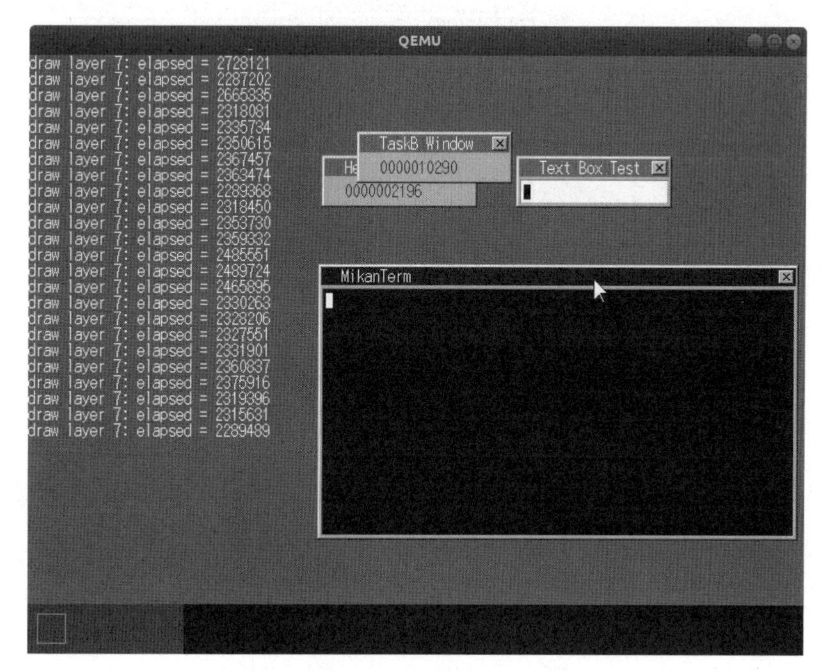

그림 15.5 렌더링 범위를 제한하지 않은 경우의 성능

그림 15.6은 범위를 지정한 버전(LayerOperation::DrawArea)에서 렌더링한 경우의 측정결과다. 평균 15만 카운트 정도까지 단축할 수 있었는데, 약 16배의 고속화다. 고속화를 할 가치가 충분히 있었다!

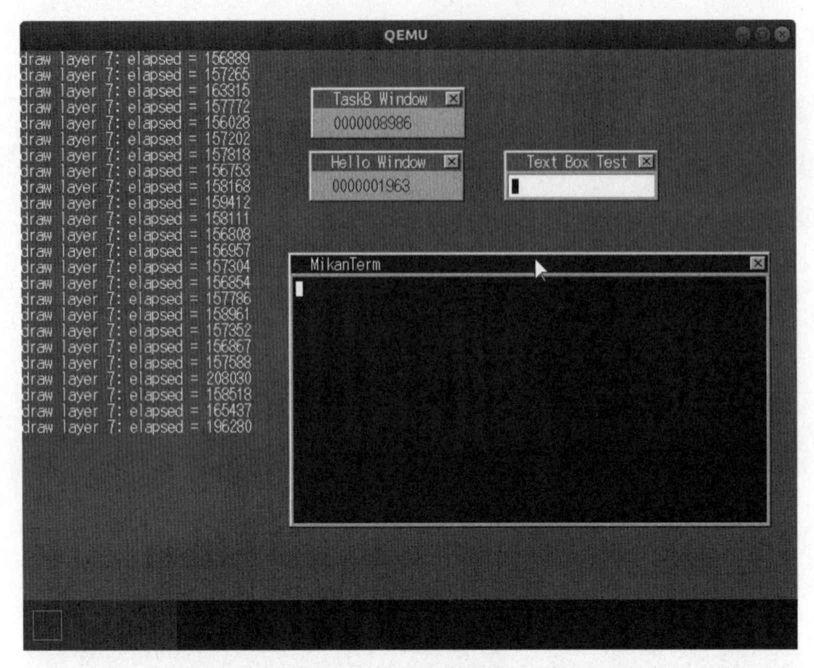

그림 15.6 렌더링 범위를 커서의 7×15로 한정했을 때의 성능

고속화를 해냈기 때문에 지금부터는 터미널에 문자입력 기능을 붙이자고 생각했지만, 오늘은 이제 매우 지쳤다. 문자입력은 16장에서 구현하도록 하겠다.

16장

커맨드

16장에서는 먼저 터미널에 문자를 입력할 수 있게 한다. 키를 눌러서 터미널에 문자를 입력할 수 있게 되면 매우 멋지게 된다. 그 다음에는 echo라는 단순히 파라미터를 표시만 해주는 간단한 커맨드나 화면을 깨끗한 상태로 돌리는 clear 커맨드, PCI 디바이스 목록을 표시하는 lspci 커맨드를 만든다. 이런 커맨드 이외에도 과거에 실행한 커맨드를 불러낼 수 있는 커맨드 히스토리 기능을 구현한다. 16장이 끝날 즈음에는 15장에서는 단순한 검은 화면이었던 터미널에서 세 개의 커맨드를 실행할 수 있게 된다. 그런 기능이 갖춰지면 이제는 OS가 됐다는 생각이 들 정도로 OS다워진다.

16.1 터미널에서 키 입력(osbook_day16a)

15장에서 남겨뒀던 터미널의 키 입력기능을 작성해 보자. 터미널 화면이 활성화돼 있을 때 키를 입력하면 터미널상으로 흰 문자를 입력할 수 있게 하는 것을 목표로 한다. 먼저 `Terminal` 클래스에 키 입력을 위한 메소드를 만들고, 다음으로 그 메소드를 사용해 키 정보를 보내도록 만들어 보겠다.

리스트 16.1 Terminal 클래스에 라인 버퍼를 추가(terminal.hpp)

```
private:
  std::shared_ptr<ToplevelWindow> window_;
  unsigned int layer_id_;

  Vector2D<int> cursor_{0, 0};
  bool cursor_visible_{false};
  void DrawCursor(bool visible);
  Vector2D<int> CalcCursorPos() const;

  int linebuf_index_{0};
  std::array<char, kLineMax> linebuf_{};
  void Scroll1();
```

리스트 16.1 같이 키 입력을 한 줄 담아두는 버퍼 `linebuf_`를 추가했다. 입력된 문자를 화면에 표시하는 것뿐이라면 불필요하지만 입력한 문자열을 사용해 어떤 처리를 하기 위해서는 필요하다. 입력한 문자열을 활용하는 처리는 빨리 구현하고 싶기 때문에 여기서 작업하는 김에 추가했다. `Scroll1()`은 입력이 터미널의 마지막 줄에 왔을 때 한 줄만큼 화면을 위로 이동시키는 메소드다. 메소드 이름의 1은 한 줄이라는 의미다.

리스트 16.2 kLineMax는 라인 버퍼의 최대 문자 수를 나타낸다(terminal.hpp)

```
  static const int kLineMax = 128;
```

`linebuf_`의 크기를 나타내는 `kLineMax`는 리스트 16.2 같이 `Terminal` 클래스 안에 정의된 상수다.

리스트 16.3 CalcCursorPos()은 커서의 픽셀 좌표를 계산한다(terminal.cpp)

```
Vector2D<int> Terminal::CalcCursorPos() const {
  return ToplevelWindow::kTopLeftMargin +
      Vector2D<int>{4 + 8 * cursor_.x, 4 + 16 * cursor_.y};
}
```

CalcCursorPos()는 커서의 문자단위의 위치를 나타내는 cursor_ 변수로부터 윈도우 좌측 상단을 기준으로 한 픽셀좌표를 계산하는 메소드다. 리스트 16.3처럼 간단한 함수다. 키 입력처리를 만들 때 이 계산을 여러 곳에서 해야 하기 때문에 메소드로 분리해뒀다. 소스코드는 싣지 않았지만 BlinkCursor()나 DrawCursor()도 이 메소드를 사용하도록 수정했다.

리스트 16.4 InputKey()는 키 입력을 받는다(terminal.cpp)

```
Rectangle<int> Terminal::InputKey(
    uint8_t modifier, uint8_t keycode, char ascii) {
  DrawCursor(false);

  Rectangle<int> draw_area{CalcCursorPos(), {8*2, 16}};

  if (ascii == '\n') {
    linebuf_[linebuf_index_] = 0;
    linebuf_index_ = 0;
    cursor_.x = 0;
    Log(kWarn, "line: %s\n", &linebuf_[0]);
    if (cursor_.y < kRows - 1) {
      ++cursor_.y;
    } else {
      Scroll1();
    }
    draw_area.pos = ToplevelWindow::kTopLeftMargin;
    draw_area.size = window_->InnerSize();
  } else if (ascii == '\b') {
    if (cursor_.x > 0) {
      --cursor_.x;
      FillRectangle(*window_->Writer(), CalcCursorPos(), {8, 16}, {0, 0, 0});
      draw_area.pos = CalcCursorPos();

      if (linebuf_index_ > 0) {
        --linebuf_index_;
```

```
      }
    }
  } else if (ascii != 0) {
    if (cursor_.x < kColumns - 1 && linebuf_index_ < kLineMax - 1) {
      linebuf_[linebuf_index_] = ascii;
      ++linebuf_index_;
      WriteAscii(*window_->Writer(), CalcCursorPos(), ascii, {255, 255, 255});
      ++cursor_.x;
    }
  }

  DrawCursor(true);

  return draw_area;
}
```

리스트 16.4에 InputKey()의 구현이 나와 있다. 이 메소드는 한 개의 키 입력을 받아서 문자입력이나 줄바꿈 처리를 수행한다. 반환 값은 BlinkCursor()와 마찬가지로 다시 그려야 하는 범위를 돌려준다.

현 시점에서는 줄바꿈(\n)과 백스페이스(\b)는 특별취급을 하고 있다. 줄바꿈 문자라면 linebuf_의 내용을 콘솔에 표시하고 다음 줄로 커서를 이동시킨다. 만약 커서가 이미 마지막 줄에 있는 경우에는 한 줄만 스크롤한다. 백스페이스라면 커서의 위치에 있는 문자를 한 개 지우고 커서를 왼쪽으로 이동시킨다. 그 외의 ASCII 코드라면 linebuf_의 끝에 추가해 화면에 해당 문자를 표시한다. 줄바꿈과 백스페이스 이외에도 특별하게 다뤄야 하는 문자가 있지만(예를 들어 탭 문자 등) 이 이상 복잡하지 않도록 하기 위해 지금은 무시한다.

리스트 16.5 Scroll1()은 한 줄만 스크롤시킨다(terminal.cpp)

```
void Terminal::Scroll1() {
  Rectangle<int> move_src{
    ToplevelWindow::kTopLeftMargin + Vector2D<int>{4, 4 + 16},
    {8*kColumns, 16*(kRows - 1)}
  };
  window_->Move(ToplevelWindow::kTopLeftMargin + Vector2D<int>{4, 4}, move_src);
  FillRectangle(*window_->InnerWriter(),
                {4, 4 + 16*cursor_.y}, {8*kColumns, 16}, {0, 0, 0});
}
```

리스트 16.5는 `Scroll1()`의 구현을 보여준다. 이 메소드는 화면의 두 번째 줄부터 마지막 줄까지를 한 줄 위로 이동시키고, 마지막 행을 검게 칠한다. 비슷한 처리를 '9.7 스크롤 처리의 고속화'에서도 구현했었다.

여기까지 진행했다면 `Terminal` 클래스 내의 수정은 완료됐다. 다음으로 작성한 `InputKey()` 메소드를 사용해 터미널에 문자를 입력하는 처리를 만든다. 터미널은 메인 태스크와는 독립적인 태스크로 만들고 있으므로 터미널에 키를 입력하기 위해 터미널 태스크의 메시지 큐를 사용하도록 한다. 현재 터미널 태스크의 메시지 큐에는 커서 점멸을 위한 타임아웃 메시지만이 전송되지만 거기에 키 입력 메시지도 추가하겠다.

리스트 16.6 TaskTerminal()의 루프에서 키 이벤트를 처리한다(terminal.cpp)

```
    case Message::kKeyPush:
      {
        const auto area = terminal->InputKey(msg->arg.keyboard.modifier,
                                             msg->arg.keyboard.keycode,
                                             msg->arg.keyboard.ascii);
        Message msg = MakeLayerMessage(
            task_id, terminal->LayerID(), LayerOperation::DrawArea, area);
        __asm__("cli");
        task_manager->SendMessage(1, msg);
        __asm__("sti");
      }
      break;
```

`TaskTerminal()`의 메시지 루프에 `kKeyPush`에 대응하는 케이스를 추가했다(리스트 16.6). 키 입력 메시지가 오면 좀 전에 만든 `InputKey()`를 호출해 터미널 화면을 다시 그린다. 다시 그리기는 당연히 메인 루프로 다시 그리기 요청을 전송해 수행한다.

이제 키 입력 메시지가 오면 처리가 가능한 상태가 됐다. 남은 문제는 어떻게 하면 키 입력 메시지를 터미널 태스크로 보낼 수 있느냐는 것이다. 원하는 상황은 활성화된 윈도우에 키 입력 메시지를 보내는 것이다. 활성화된 윈도우를 가진 태스크를 찾아 그 태스크의 메시지 큐로 `kKeyPush`를 전송하면 되겠다. 하지만 현 상태에서는 윈도우와 태스크를 연관 짓는 구조가 없으므로 만들어야 한다.

리스트 16.7 layer_task_map은 레이어 ID와 태스크를 연관 짓는다(layer.cpp)

```
ActiveLayer* active_layer;
std::map<unsigned int, uint64_t>* layer_task_map;
```

리스트 16.7처럼 레이어 ID와 태스크를 연관 짓는 맵 layer_task_map을 정의했다. 좀 전에는 윈도우와 태스크를 연관 짓는다고 썼는데, 활성화, 비활성화 관리에 레이어 ID를 사용하고 있으므로 여기서도 레이어 ID와 태스크를 연관 짓도록 하겠다. std::map을 사용해 레이어 ID로부터 태스크 ID를 검색할 수 있게 했다.

리스트 16.8 터미널 태스크를 검색표에 등록한다(terminal.cpp)

```
  layer_task_map->insert(std::make_pair(terminal->LayerID(), task_id));
  __asm__("sti");
```

layer_task_map에 터미널 화면과 터미널 태스크를 등록하는 프로그램을 리스트 16.8에서 보여준다. TaskTerminal()의 초기화 부분에서 발췌한 것이다.

리스트 16.9 검색표에서 태스크를 취득해 키 입력 메시지를 전송한다(main.cpp)

```
    case Message::kKeyPush:
      if (auto act = active_layer->GetActive(); act == text_window_layer_id) {
        InputTextWindow(msg->arg.keyboard.ascii);
      } else if (act == task_b_window_layer_id) {
        if (msg->arg.keyboard.ascii == 's') {
          printk("sleep TaskB: %s\n", task_manager->Sleep(taskb_id).Name());
        } else if (msg->arg.keyboard.ascii == 'w') {
          printk("wakeup TaskB: %s\n", task_manager->Wakeup(taskb_id).Name());
        }
      } else {
        __asm__("cli");
        auto task_it = layer_task_map->find(act);
        __asm__("sti");
        if (task_it != layer_task_map->end()) {
          __asm__("cli");
          task_manager->SendMessage(task_it->second, *msg);
          __asm__("sti");
        } else {
          printk("key push not handled: keycode %02x, ascii %02x\n",
              msg->arg.keyboard.keycode,
```

```
            msg->arg.keyboard.ascii);
      }
    }
    break;
```

리스트 16.9에 메인 루프 내의 키 입력 메시지의 처리부분을 정리했다. 바깥 if 문에서는 활성화돼 있는 윈도우에 따라 처리를 나누고 있다. 활성화된 윈도우가 `text_window_layer_id`도 `task_b_window_layer_id`도 아닌 경우 지금까지는 'key push not handled' 라는 로그를 출력했다. 그 부분을 수정해 검색표에서 활성화된 레이어 ID에 대응하는 태스크 ID를 찾고, 발견됐다면 그 태스크에 키 입력 메시지를 송신한다.

`layer_task_map->find(act)`는 활성화된 레이어 ID를 키로 해서 검색한다. 해당 키가 등록돼 있다면 `find()` 메소드는 키/값 쌍을 가리키는 이터레이터를 반환한다. 즉 `task_it->first`는 `act`이며, `task_it->second`는 태스크 ID를 나타낸다. `find()`가 키를 찾지 못한 경우에는 `layer_task_map->end()`를 반환한다.

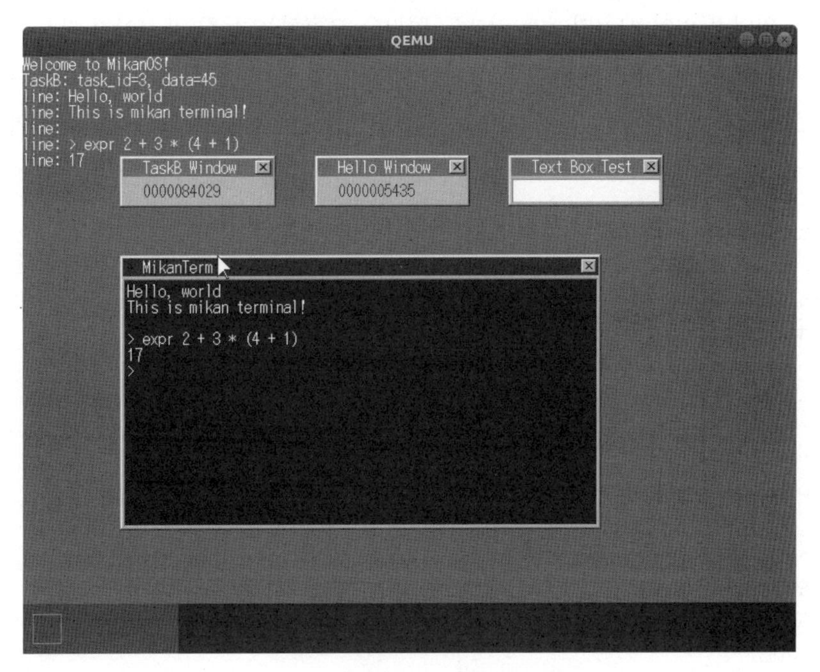

그림 16.1 터미널에 키 입력을 하는 모습

제작을 완료했으니 실행해 보자. 기동을 해서 키를 조금씩 조금씩 눌러보면 된다(그림 16.1). 이게 어떻게 된 일인가? 터미널에 문자를 입력할 수 있다! 기호도 입력할 수 있고 엔터 키를 누르니 그 줄에 입력한 문자열이 로그로 출력된다. 완벽하다!

16.2 echo 커맨드(osbook_day16b)

터미널을 완성했으니 이제 뭔가 커맨드를 제작해 보고 싶다. 처음에는 간단하게 echo 커맨드라도 만들어볼까? echo 커맨드란 파라미터를 그대로 화면에 출력하는 명령으로 다음과 같이 사용한다.

```
> echo this is a pen
this is a pen
```

첫 번째 줄의 왼쪽에 있는 >은 **프롬프트**prompt다. 프롬프트는 '사용자에게 행동을 재촉한다'는 의미가 있어 사용자에게 커맨드 입력을 요구하는 듯한 표시이기 때문에 그렇게 부르고 있다. 리눅스에서 자주 사용되는 프롬프트에는 $나 #이 있다. 어느 쪽이건 간에 시스템이 커맨드 입력을 받을 수 있는 상태에 있음을 나타내기 위해 프롬프트가 사용된다.

리스트 16.10 생성자에서 프롬프트를 표시한다(terminal.cpp)

```
Terminal::Terminal() {
  window_ = std::make_shared<ToplevelWindow>(
      kColumns * 8 + 8 + ToplevelWindow::kMarginX,
      kRows * 16 + 8 + ToplevelWindow::kMarginY,
      screen_config.pixel_format,
      "MikanTerm");
  DrawTerminal(*window_->InnerWriter(), {0, 0}, window_->InnerSize());

  layer_id_ = layer_manager->NewLayer()
    .SetWindow(window_)
    .SetDraggable(true)
    .ID();

  Print(">");
}
```

프롬프트를 표시하기 위해 리스트 16.10처럼 Terminal 클래스의 생성자 마지막에 Print(">");를 추가했다. Print()는 지금부터 구현할 함수로 지정된 문자열을 화면에 표시한다.

리스트 16.11 Print()는 지정된 문자열을 터미널로 표시한다(terminal.cpp)

```
void Terminal::Print(const char* s) {
  DrawCursor(false);

  auto newline = [this]() {
    cursor_.x = 0;
    if (cursor_.y < kRows - 1) {
      ++cursor_.y;
    } else {
      Scroll1();
    }
  };

  while (*s) {
    if (*s == '\n') {
      newline();
    } else {
      WriteAscii(*window_->Writer(), CalcCursorPos(), *s, {255, 255, 255});
      if (cursor_.x == kColumns - 1) {
        newline();
      } else {
        ++cursor_.x;
      }
    }

    ++s;
  }
  DrawCursor(true);
}
```

Print()의 구현은 리스트 16.11에 나와 있다. 이 함수는 파라미터로 지정한 문자열을 터미널에 표시하는 함수다. 프롬프트를 표시할 때나 이후 만들 echo 커맨드가 인자를 표시할 때도 사용할 예정이다. InputKey()와는 다르게 표시할 때 linebuf_나 linebuf_index_를 변경하지 않는 것이 특징이다.

함수 처음부분에서는 람다식을 정의했다. 이 람다식은 줄바꿈 문자를 만날 때 커서를 1줄 아래로 이동시키거나 커서가 이미 마지막 줄에 위치하고 있다면 한 줄 스크롤시킨다. while 루프 내의 두 군데서 사용하므로 람다식으로 공통화했다. 람다식을 사용하면 메소드나 함수로 빼기에는 적당하지 않은 코드조각도 부담 없이 부품화할 수 있어 편리하다.

if (cursor_.x == kColumns - 1)의 if 문에 주목하자. 이 조건이 성립한다는 것은 커서가 터미널의 오른쪽 끝에 있음을 의미한다. 이 경우에는 newline()을 실행한다. 이를 통해 한 줄에 들어가지 않는 긴 문자열을 Print()해도 화면 오른쪽 끝에서 반대편으로 되돌려 표시할 수 있는 기능을 구현하고 있다. echo 커맨드의 경우는 인자를 단순히 표시만 하며 한 줄만 입력할 수 있기 때문에 이 줄바꿈 기능이 실제로 도움이 되지 않는다.

리스트 16.12 엔터 키를 눌렀다면 ExecuteLine()를 호출한다(terminal.cpp)

```
if (ascii == '\n') {
  linebuf_[linebuf_index_] = 0;
  linebuf_index_ = 0;
  cursor_.x = 0;
  if (cursor_.y < kRows - 1) {
    ++cursor_.y;
  } else {
    Scroll1();
  }
  ExecuteLine();
  Print(">");
  draw_area.pos = ToplevelWindow::kTopLeftMargin;
  draw_area.size = window_->InnerSize();
} else if (ascii == '\b') {
```

리스트 16.12는 엔터 키를 눌렀을 때의 처리를 보여준다. 지금까지는 단순히 Log()를 사용해 콘솔에 linebuf_의 내용을 표시만 했다. 이제는 로그출력을 그만두고 ExecuteLine()을 호출하도록 수정한 것이 주요 변경점이다. ExecuteLine() 호출한 다음 다시 프롬프트를 표시한다.

리스트 16.13 ExecuteLine()은 커맨드를 실행한다(terminal.cpp)

```
void Terminal::ExecuteLine() {
  char* command = &linebuf_[0];
  char* first_arg = strchr(&linebuf_[0], ' ');
  if (first_arg) {
    *first_arg = 0;
    ++first_arg;
  }
  if (strcmp(command, "echo") == 0) {
    if (first_arg) {
      Print(first_arg);
    }
    Print("\n");
  } else if (command[0] != 0) {
    Print("no such command: ");
    Print(command);
    Print("\n");
  }
}
```

리스트 16.13에 ExecuteLine()의 구현을 나타냈다. 이 메소드는 linebuf_의 내용을 바탕으로 커맨드를 실행한다. linebuf_의 시작부터 최초의 공백문자, 또는 NUL 문자까지를 커맨드명으로 인식해 해당 커맨드를 실행한다.

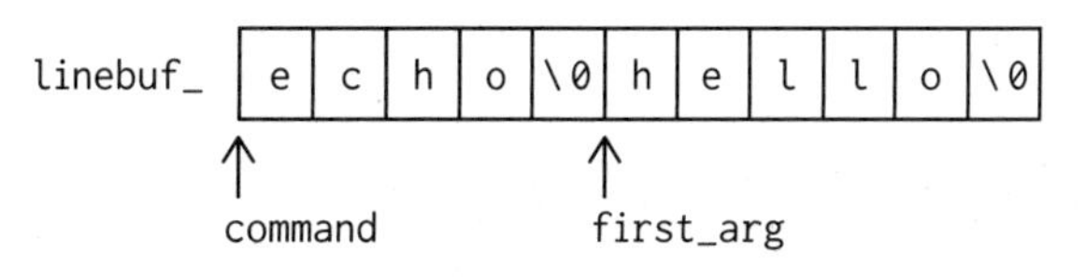

그림 16.2 linebuf_를 커맨드명과 인자로 분할하는 모습

커맨드명 뒤에는 인자가 오는 경우가 있다. 함수의 2번째 줄에서는 커맨드명 직후의 공백 위치를 strchr로 검색해간다. 공백이 있다면 first_arg에 그 위치를, 공백이 발견되지 않았다면 널 포인터를 반환한다. 그 직후의 if 문에서는 공백을 찾았다면 그 위치에 NUL 문자를 쓰고, first_arg의 값을 증가시킨다. 'echo hello'란 커맨드를 실행한 경우의 linebuf_ 상태를 그림 16.2에서 보여준다.

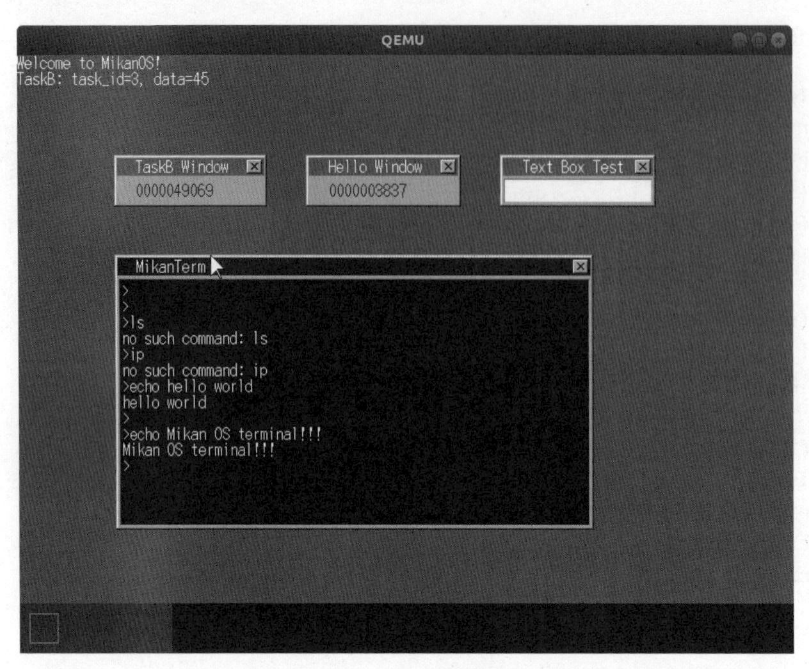

그림 16.3 echo 커맨드로 놀아본다.

여기까지 개조한 프로그램을 한번 실행해 보겠다(그림 16.3). 제대로 echo 커맨드를 사용할 수 있다. 그리고 존재하지 않는 커맨드도 제대로 'no such command'라고 표시된다. 아주 좋다. 잘 진행되고 있는 것 같다.

16.3 clear 커맨드(osbook_day16c)

echo 커맨드로 놀다 보니 터미널이 뒤죽박죽 된 것 같아서 터미널상의 문자를 지우는 clear 커맨드를 구현해 보고자 한다.

리스트 16.14 clear 커맨드를 추가한다(terminal.cpp)

```
if (strcmp(command, "echo") == 0) {
  if (first_arg) {
    Print(first_arg);
  }
  Print("\n");
} else if (strcmp(command, "clear") == 0) {
```

```
    FillRectangle(*window_->InnerWriter(),
                  {4, 4}, {8*kColumns, 16*kRows}, {0, 0, 0});
    cursor_.y = 0;
  } else if (command[0] != 0) {
```

만들어 보니 매우 간단하게 구현할 수 있다(리스트 16.14). 단 네 줄 추가로 완료했다. 지금까지 사전준비를 해온 성과가 나오고 있다!

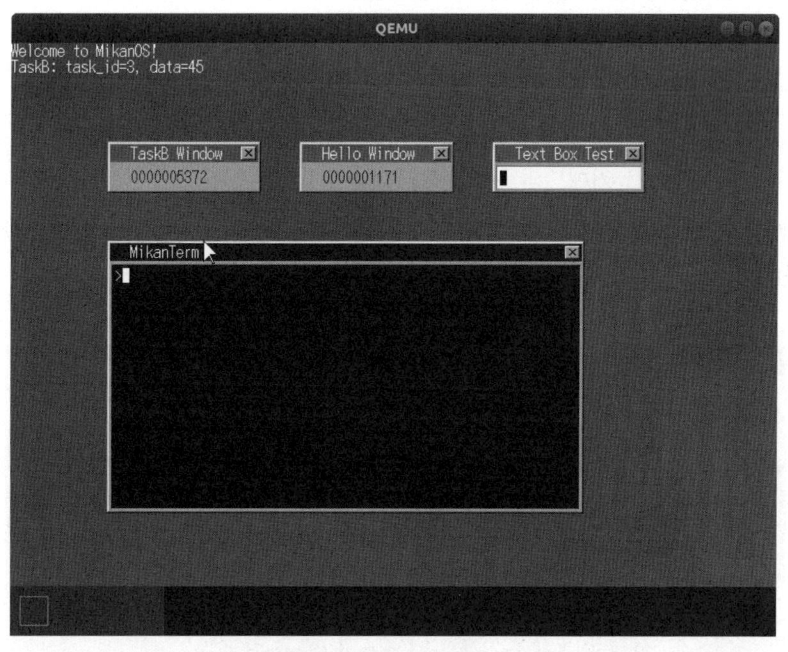

그림 16.4 clear 커맨드를 실행한 모습

`clear` 명령을 실행하면 그림 16.4처럼 터미널의 표시가 전부 지워지고, 커서가 왼쪽 상단으로 돌아간다. 기동직후의 사진이 아닌가? 아니다. 정말로 clear를 실행한 그림이다!

16.4 lspci 커맨드(osbook_day16d)

좀 더 실용적인 커맨드를 만들고 싶어졌다. 무엇을 해볼까? PC에 연결된 PCI 디바이스 리스트를 표시할 수 있게 해 보겠다. 리눅스에 있는 `lspci` 커맨드와 동일하게 각 PCI 디바이스의 버스 번호나 클래스 ID를 나열해 보겠다.

리스트 16.15 lspci 커맨드를 추가한다(terminal.cpp)

```
} else if (strcmp(command, "lspci") == 0) {
  char s[64];
  for (int i = 0; i < pci::num_device; ++i) {
    const auto& dev = pci::devices[i];
    auto vendor_id = pci::ReadVendorId(dev.bus, dev.device, dev.function);
    sprintf(s, "%02x:%02x.%d vend=%04x head=%02x class=%02x.%02x.%02x\n",
        dev.bus, dev.device, dev.function, vendor_id, dev.header_type,
        dev.class_code.base, dev.class_code.sub, dev.class_code.interface);
    Print(s);
  }
} else if (command[0] != 0) {
```

리스트 16.15는 `lspci` 커맨드의 구현을 보여준다. '6.3 PCI 디바이스 탐색'에서 나왔던 `pci::devices` 배열을 루프를 돌면서 한 개씩 표시하는데, 특별히 어려운 부분은 없다고 생각한다.

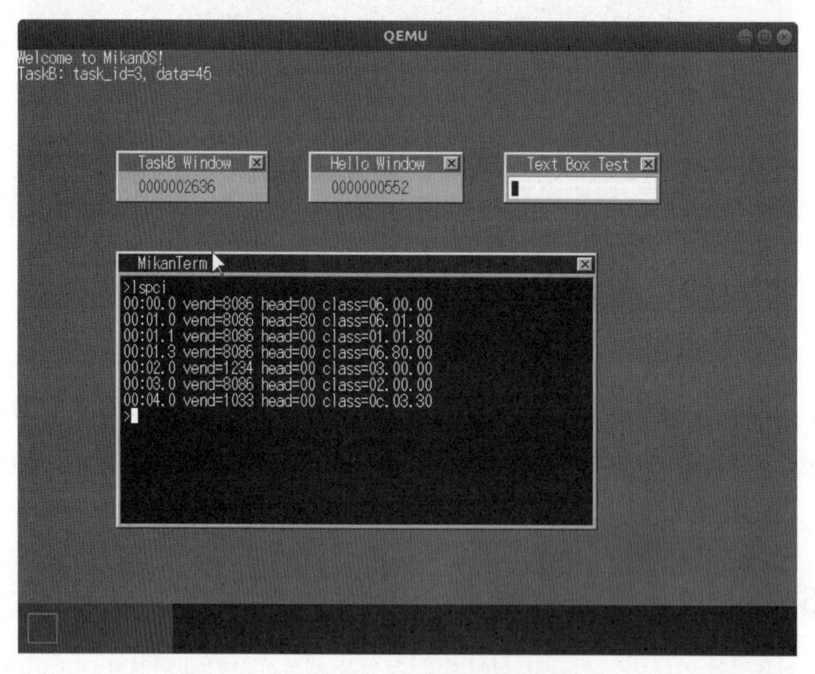

그림 16.5 lspci 커맨드를 실행한 모습

QEMU상에서 lspci를 실행해 보니 그림 16.5 같이 됐다. class=0c.03.30가 xHCI 콘트롤러의 클래스 ID다. 그 밖에도 여러 가지 부품이 탑재돼 있음을 알 수 있다. 그런데 자작 OS에서 lspci 커맨드를 실행할 수 있다니 매우 감동적이지 않은가?

16.5 커맨드 히스토리(osbook_day16e)

리눅스나 윈도우 등 다른 OS의 터미널에서는 위쪽 화살표 키를 누르면 이전에 입력한 커맨드를 불러내는 것이 가능하다. 이건 커맨드 히스토리(이력)라는 기능인데, 멋진 기능이므로 MikanOS에서도 탑재해 보고 싶다. 그렇게 어렵지는 않을 거라 생각하기 때문에 구현해 보겠다.

리스트 16.16 커맨드 히스토리를 유지하는 큐 – cmd_history_ 변수(terminal.hpp)

```
std::deque<std::array<char, kLineMax>> cmd_history_{};
int cmd_history_index_{-1};
Rectangle<int> HistoryUpDown(int direction);
```

우선은 커맨드 히스토리를 유지해두기 위한 장소가 되는 변수를 만든다. Terminal 클래스의 멤버 변수로 cmd_history_를 추가했다(리스트 16.16). 이 변수는 링 형태로 돼 있으며 각 요소는 1개의 커맨드 문자열(최대 kLineMax 문자)를 유지한다. 가장 새로운 커맨드가 선두(인덱스 0)로 오게 하려고 한다. 상하 화살표 키로 커맨드 히스토리를 하나씩 거슬러 올라갈 시 현재의 위치를 기억하는 변수가 cmd_history_index_이다. -1은 히스토리를 탐색하지 않은 상태를 나타낸다.

리스트 16.17 커맨드 히스토리는 최대 8개(terminal.cpp)

```
Print(">");
cmd_history_.resize(8);
```

Terminal 클래스의 생성자에서 cmd_history_의 요소 수를 결정한다(리스트 16.17). 여기서 결정한 수만큼의 히스토리 저장이 가능하다.

리스트 16.18 엔터 키를 누르면 커맨드 히스토리에 등록한다(terminal.cpp)

```
if (ascii == '\n') {
  linebuf_[linebuf_index_] = 0;
  if (linebuf_index_ > 0) {
    cmd_history_.pop_back();
    cmd_history_.push_front(linebuf_);
  }
  linebuf_index_ = 0;
  cmd_history_index_ = -1;
```

리스트 16.18에서 보는 바와 같이 엔터 키를 누르면 커맨드 히스토리에 등록되도록 했다. linebuf_에 한 문자 이상의 입력이 있을 때 cmd_history_의 선두에 이력을 등록한다. 생성자에서 설정한 히스토리의 최대수를 초과하지 않도록 cmd_history_의 끝에서 하나씩 제거하는 것도 잊지 않고 구현해뒀다.

커맨드 히스토리를 상하 키로 찾다가 희망하는 커맨드를 발견했다면 엔터 키를 눌러 실행하는 것이 일반적인 사용법이다. 엔터 키를 누르면 cmd_history_index_를 -1로 리셋해 커맨드 히스토리의 탐색모드를 해제한다.

리스트 16.19 상하 키로 커맨드 히스토리를 탐색한다(terminal.cpp)

```
} else if (keycode == 0x51) { // down arrow
  draw_area = HistoryUpDown(-1);
} else if (keycode == 0x52) { // up arrow
  draw_area = HistoryUpDown(1);
}
```

리스트 16.19 같이 상하 키를 눌렀을 때의 처리 if 문을 추가했다. 상하 키는 ASCII 코드로 할당되지 않은 코드이기 때문에 키코드로 판정한다. 상하 키의 키코드는 참고문헌 13의 'Table 12: Keyboard/Keypad Page'에서 가져왔다.

리스트 16.20 커맨드 히스토리를 위 아래로 검색한다(terminal.cpp)

```
Rectangle<int> Terminal::HistoryUpDown(int direction) {
  if (direction == -1 && cmd_history_index_ >= 0) {
    --cmd_history_index_;
  } else if (direction == 1 && cmd_history_index_ + 1 < cmd_history_.size()) {
    ++cmd_history_index_;
```

```
  }

  cursor_.x = 1;
  const auto first_pos = CalcCursorPos();

  Rectangle<int> draw_area{first_pos, {8*(kColumns - 1), 16}};
  FillRectangle(*window_->Writer(), draw_area.pos, draw_area.size, {0, 0, 0});

  const char* history = "";
  if (cmd_history_index_ >= 0) {
    history = &cmd_history_[cmd_history_index_][0];
  }

  strcpy(&linebuf_[0], history);
  linebuf_index_ = strlen(history);

  WriteString(*window_->Writer(), first_pos, history, {255, 255, 255});
  cursor_.x = linebuf_index_ + 1;
  return draw_area;
}
```

HistoryUpDown()의 정의를 리스트 16.20에 정리했다. 이 메소드가 커맨드 히스토리 기능의 핵심으로, 파라미터로 주어진 방향으로 커맨드 히스토리를 찾는다. 방향 값이 1이면 오래된 이력을, -1이면 최근의 이력이다. 메소드가 실행된 시점의 cmd_history_index_ 변수의 값을 기준으로 해서 지정된 방향으로 1만큼 증감시킨 위치에 있는 커맨드 이력을 linebuf_에 복사하고 터미널에 표시한다.

메소드의 시작 부분에서는 파라미터 값에 따라 cmd_history_index_를 변화시킨다. 위쪽 화살표(↑) 키를 누르면 direction은 1이 되므로 cmd_history_idnex_는 1씩 증가해 오래된 방향으로 이력을 탐색한다. 아래 키를 누르면 direction은 -1이 돼 cmd_history_index_가 1씩 감소해서 최근 이력의 방향으로 탐색을 진행한다.

direction이 1인 경우 조건식 우변을 주목하자. && 연산자의 우변은 다음에 나오는 두 줄 중에서 아무거나 쓰기방법을 채택해도 문제없을 거라 보이지만 실은 그렇지 않다. C++ 실력을 기르는 좋은 예제라고 생각하므로 조금 자세하게 이유를 설명한다.

```
cmd_history_index_ + 1 < cmd_history_.size() // 실제 사용한 코드
cmd_history_index_ < cmd_history_.size() - 1 // 잘못된 쓰기방법
```

아래의 작성법이 문제가 있는 이유는 cmd_history_index_가 -1인 경우, 부호 없는 정수형인 size_t로 변환돼 버리기 때문이다. 비교 연산자의 좌변에 있는 cmd_history_index_는 부호 있는 정수(int)다. 그에 비해 우변에 있는 cmd_history_.size()는 부호 없는 정수(size_t)다. MikanOS 개발환경에서 채용한 처리계에서는 size_t쪽이 int보다 큰 타입[1]이므로 int는 size_t로 변환되고 나서 좌우가 비교된다.

아래의 작성법에서는 cmd_history_index_가 -1일때 size_t로 변환된다. -1을 부호 없는 정수형으로 변환하면 그 타입이 표현하는 최대수가 된다. 이번 경우라면 size_t가 표현할 수 있는 최대수가 된다. 그 때문에 비교연산자 <의 좌변이 우변보다 큰 수가 돼 버려 원래는 참인 조건식이 거짓이 돼 버리는 것이다. 한편 위쪽 쓰기방식을 사용하면 cmd_history_index_ + 1의 결과가 부호 없는 정수로 변환되므로 설령 cmd_history_index_가 -1이라도 문제가 되지 않는다.

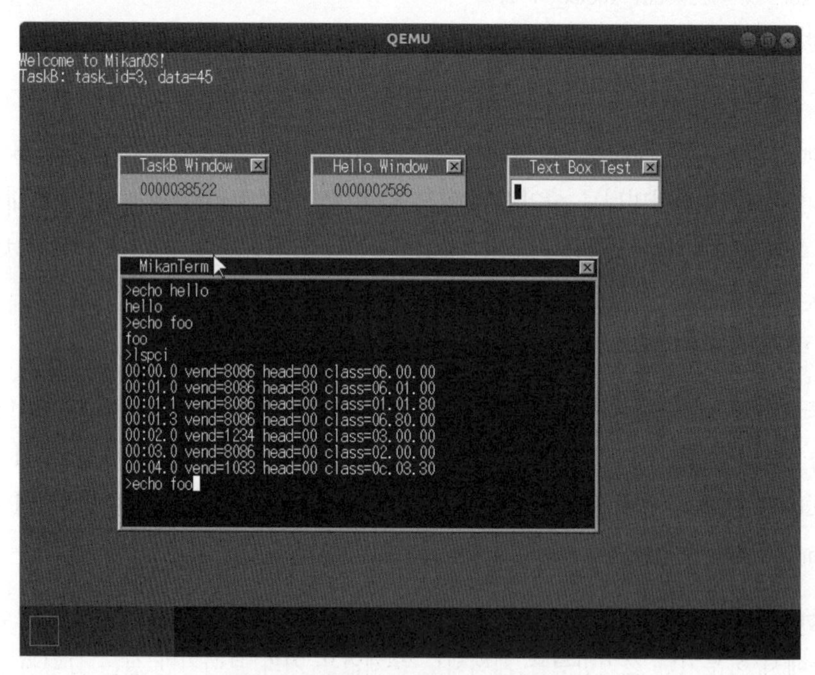

그림 16.6 커맨드 히스토리를 검색하는 모습

1 '큰 타입'이란 정확히 말하면 정수 변환의 순위(integer conversion rank)가 높은 타입을 뜻한다.

OS를 실행해 커맨드 히스토리 기능을 사용해봤다(그림 16.6). 몇 개의 커맨드를 입력하고 위쪽 화살표 키(↑)를 눌러본다. 새로운 커맨드에서 오래된 커맨드로 한 개씩 이력을 거슬러 올라갈 수 있다. 성공했다!

16.6 절전(osbook_day16f)

필자는 MikanOS를 구동할 때마다 CPU의 냉각팬 회전수가 올라가는 것이 신경 쓰였다. 왜일까라고 생각해 봤는데, TaskB가 전력으로 계속해서 카운트를 세고 있음을 떠올릴 수 있었다. 지금 이 시점에서는 도움이 되기는커녕 전기를 헛되이 사용하는 것이다. 특히 필자는 노트 PC를 배터리를 사용해 동작시킬 때도 OS 개발을 하는 경우 있어서 가급적 소비전력을 줄이고 싶었다. 그런 이유로 TaskB를 제거하기로 결정했다.

TaskB 관련 소스코드를 제거만 했기 때문에 변경 사항에 대한 설명은 하지 않지만 Git의 태그는 붙여뒀다. 수정사항을 확인하고 싶은 분은 osbook_day16e와 osbook_day16f의 차이를 확인하길 바란다.

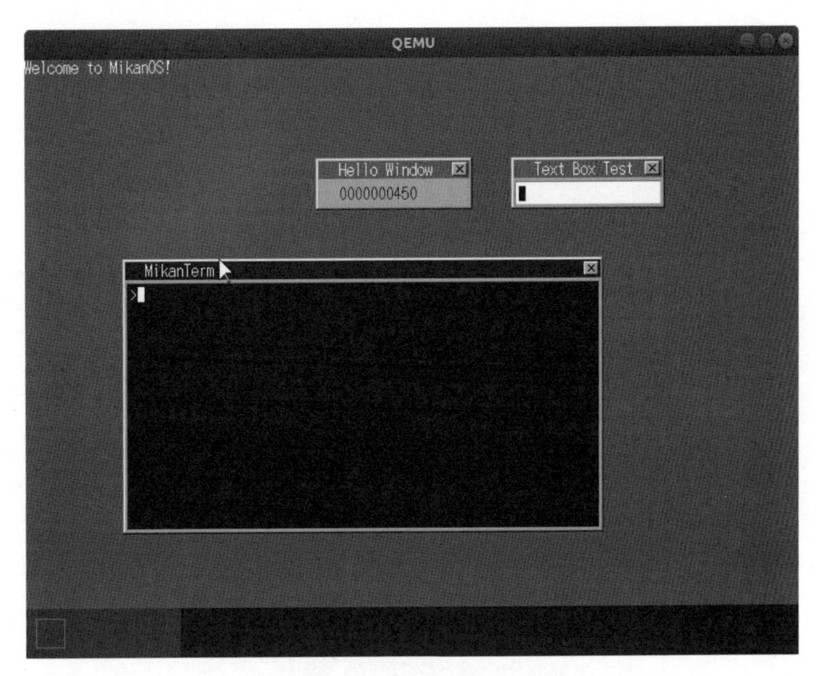

그림 16.7 TaskB 관련 소스코드를 제거

구동시켜보면 TaskB의 윈도우가 없어진 것을 알 수 있다(그림 16.7). 또한 리눅스상에서 `top` 커맨드 등을 사용해 CPU 사용률을 확인해 보면 QEMU의 CPU 사용률이 대폭 작아진 것을 확인할 수 있을 것이다. 필자의 환경에서는 osbook_day16e의 시점에서는 QEMU의 CPU 사용률이 항상 100%에 다다르고 있었지만 지금은 기껏해야 최대 몇 퍼센트 정도에 머무르고 있다. 이제는 배터리로 구동할 때도 안심하고 OS의 동작확인을 할 수 있게 됐다. 좋은 결과를 달성했다.

17장

파일 시스템

17장에서는 MikanOS가 파일을 다룰 수 있게 한다. 먼저 파일을 다룰 때 핵심이 되는 파일 시스템을 소개한다. 이 책에서는 UEFI BIOS와 친화성이 높은 FAT 파일 시스템을 다룬다. 파일 시스템을 간략히 설명하고, 그 다음에는 실제로 부팅 미디어(OS 본체인 kernel.elf가 들어 있는 미디어) 상의 파일을 읽어 들이는 기능을 구현해간다. 17장이 끝날 즈음에는 부팅 미디어에 들어 있는 파일을 볼 수 있게 된다.

17.1 파일과 파일 시스템

아무렇지 않게 파일이라고 말했는데 파일이란 무엇일까? 일반적으로 파일은 임의의 바이트 열에 이름을 붙인 것을 말한다. 예를 들어 MikanOS의 본체인 kernel.elf는 실행 가능 바이너리에 'kernel.elf'라는 이름을 붙인 것이다. 이름 이외에도 작성일시, 변경일시, 소유자, 권한 등등 다양한 메타데이터가 붙을 수 있다.

파일은 이제 다양한 데이터를 기억하는 용도로 폭넓게 사용되지만, 데이터 기록에는 파일이 필수는 아니다. 예를 들어 SSD나 USB 메모리 등은 데이터 영역이 고정 크기를 가진 블록으로 분할돼 있어서 블록단위로 데이터를 읽고 쓴다(이와 같은 기억장치 유형을 **블록 디바이스**라고 한다). 한 블록으로 부족한 데이터는 필요한 개수의 블록을 연결하면 된다. 이 방법은 각 데이터의 크기가 그다지 변화하지 않으면 잘 동작한다. 초기의 크기를 기준으로 조금 여유를 갖도록 블록 수를 할당해두면 좋다. 또한 데이터에 액세스할 때는 개시 블록 번호를 주면 되기 때문에 데이터 위치의 관리를 생각하지 않아도 된다. 이 방법의 단점은 데이터를 지정할 때 이름이 아닌 번호가 필요하다는 점과 데이터 사이즈가 너무 커지면 할당된 구획에 맞지 않게 된다는 것, 데이터 사이즈가 너무 작아지면 빈 영역이 헛되게 낭비된다는 점이다.

파일방식에서는 데이터에 이름을 붙여서 관리한다. 그를 위해 이름과 블록번호의 대응표를 사용한다. 이 대응표를 고심해 고안함에 따라 파일이 복수의 블록으로 띄엄띄엄 기록되는 상황도 표현할 수 있게 됐다. 그 표현력 덕분에 데이터가 커지면 동적으로 블록을 할당하고 작아지면 불필요한 블록을 회수하는 것이 가능하게 돼 헛되게 낭비되는 영역은 줄어들었다.

관리 데이터의 배치방법이나 블록 할당방식 등의 차이에 따른 다양한 파일 시스템이 존재한다. 리눅스에서는 ext4나 btrfs 등이 대표적이다. 윈도우에서는 이전에 FAT를 사용했지만 현재는 NTFS가 자주 사용된다. macOS는 APFS다. UEFI 규격에서는 FAT가 표준적으로 사용된다. 특히 UEFI 애플리케이션을 위한 EFI System Partition에는 FAT를 사용하는 것이 정해져 있다. USB 메모리 등의 이동식 스토리지에서는 FAT가 사용되는 경우가 많다. 이 책에서는 테스트의 용이성이나 규격이 공개돼 있어서 구현하기 쉽다는 등의 이유로 FAT를 다루는 방법을 설명한다.

FAT가 어떠한 것인지를 알기 위해 우선 FAT로 포맷된 볼륨 이미지를 준비하고, 그 내용을 들여다 보겠다. 볼륨 이미지란 물리적인 블록 디바이스가 아닌 블록 디바이스 내용을 기록한 데이터다. 실제 블록 디바이스로부터 읽어내 만들 수도 있고, 완전히 새롭게 만드는 것도 가능하다. 이번에는 새롭게 만들어 본다.

```
$ dd if=/dev/zero of=fat_disk bs=1M count=128
$ mkfs.fat -n 'MIKAN OS' -s 2 -f 2 -R 32 -F 32 fat_disk
```

`dd` 커맨드는 if(input file)로 지정한 파일에서 of(outfile)로 지정한 파일로 복사한다. if에 지정한 /dev/zero는 제로를 무한대로 읽어낼 수 있는 특수한 디바이스 파일이다. of에는 볼륨 이미지가 되는 파일 이름을 지정한다.

`dd` 커맨드는 `cp` 커맨드보다도 복사 동작을 세세하게 지정할 수 있으며, 특정 크기의 빈 파일을 만들려고 할 때에 자주 사용된다. 이번에는 128MiB의 제로로 모두 채워진 파일을 만드는데 사용했다. bs는 `dd` 커맨드가 한번에 복사하는 데이터 크기(블록 사이즈)를 지정한다. M은 1024×1024를 의미하는 접미사다. count는 복사할 블록 수를 지정한다. 결국 bs×count = 1MiB×128 = 128MiB만 if에서 of로 복사된다. bs=1, count=128M 등으로 지정해도 괜찮지만 bs에는 어느 정도 크기가 있는 값을 지정해야 고속으로 복사할 수 있다.

`mkfs.fat` 명령은 지정한 블록 디바이스를 FAT 형식으로 포맷하기 위한 커맨드이지만 실제 디바이스가 아닌 볼륨 이미지를 지정할 수도 있다. 그 기능을 사용해 좀 전에 작성한 128MiB의 제로로 채워진 파일을 FAT 형식으로 포맷한다. 옵션의 의미는 표 17.1과 같다.

표 17.1 mkfs.fat 커맨드 옵션

옵션	의미
-s 2	클러스터당 섹터를 2로 한다.
-f 2	FAT의 개수를 2로 한다.
-R 32	예약 섹터 수를 32로 한다.
-F 32	FAT 타입을 FAT32로 한다.

옵션의 의미를 이해하려면 FAT의 구조를 이해할 필요가 있다. FAT 구조는 차차 설명하기로 하고 우선은 볼륨 이미지의 내용을 탐색한다. 메타데이터나 파일이 어디에 배치되는지를 확인해 보자. 지금의 fat_disk는 FAT 형식으로 포맷됐으며 빈 상태일 것이다. 빈 볼륨 이미지는 어떤 내용으로 돼 있을까?

```
$ hexdump -C -s 16k fat_disk
00004000 f8 ff ff 0f ff ff ff 0f f8 ff ff 0f 00 00 00 00 |................|
00004010 00 00 00 00 00 00 00 00 00 00 00 00 00 00 00 00 |................|
*
00083000 f8 ff ff 0f ff ff ff 0f f8 ff ff 0f 00 00 00 00 |................|
00083010 00 00 00 00 00 00 00 00 00 00 00 00 00 00 00 00 |................|
*
00102000 4d 49 4b 41 4e 20 4f 53 20 20 20 08 00 00 12 4f |MIKAN OS    ....O|
00102010 44 4f 44 4f 00 00 12 4f 44 4f 00 00 00 00 00 00 |DODO...ODO......|
00102020 00 00 00 00 00 00 00 00 00 00 00 00 00 00 00 00 |................|
*
08000000
```

hexdump는 파일 내용을 16진수로 확인하기 위한 커맨드다. -C 옵션은 16진수 표시 옆에 ASCII 코드를 표시하는 옵션이다. 파일 안에 문자열이 포함된 경우, 한눈에 알아볼 수 있으므로 매우 편리하다. 실제로 mkfs.fat에서 볼륨 이름으로 지정한 'MIKAN OS'란 문자열이 보인다. 그 다음에 있는 'ODODO...ODO'는 문자열이 아닌 값이 우연히 O이나 D의 ASCII 코드와 일치했기 때문에 표시된다.

-s 16k는 파일 선두에서 16KiB만큼 건너 뛴 위치로부터 표시한다는 의미의 옵션이다. 지면 사정으로 여분의 데이터가 표시 안 되게 하기 위해 설정했다(독자 여러분은 이 옵션 없이 출력하는 것도 꼭 해 보길 바란다). mkfs.fat에서 예약 섹터 수를 32로 지정했기 때문에(-R 32) 선두에서 32×512 바이트 =16KiB의 위치에서부터 FAT의 각종 데이터가 기록된다.

볼륨 이미지에 파일을 하나 기록해 보고, 해당 파일이 FAT에 어떻게 반영되는지를 살펴본다. 볼륨 이미지 fat_disk에 파일 cafe.txt를 추가하는 방법은 다음과 같다.

```
$ mkdir mnt
$ sudo mount -o loop fat_disk mnt
$ ls -a mnt
```

```
. ..
$ echo deadbeef > cafe.txt
$ sudo cp cafe.txt mnt/cafe.txt
$ ls -a mnt
. .. cafe.txt
$ sudo umount mnt
```

볼륨 이미지를 루프백 모드로 마운트하면 볼륨 이미지를 일반적인 기억장치와 동일하게 조작할 수 있다. 첫 번째 줄에서는 마운트 포인트가 되는 디렉터리를 만든다. 이름은 무엇이든 좋지만 여기서는 mnt로 했다. 두 번째 줄에서 지금 만든 마운트 포인트에 볼륨 이미지 fat_disk를 마운트한다. 볼륨 이미지를 마운트할 때는 -o loop로 해서 루프백 모드를 지정한다. 마운트 조작은 root 사용자만 할 수 있기 때문에 sudo를 사용한다.

마운트를 완료하면 mnt 디렉터리를 통해 볼륨 이미지를 조작할 수 있게 된다. 여기서는 cafe.txt란 파일을 만들고 내용으로 deadbeef를 써넣는다. 마운트 조작을 root 사용자로 하고 있기 때문에 mnt 내의 변경을 위해서는 root 사용자가 돼야 한다. 그래서 파일을 일반 사용자로 만든 다음 mnt/cafe.txt로 복사하는 작업은 root로 하고 있다.

mnt 내의 조작이 끝나면 언마운트(unmount)한다. 언마운트하면 볼륨 이미지에 기록되지 않은(메모리상으로만 존재하는) 변경 전부가 볼륨 이미지에 기록된다. 언마운트하지 않고 볼륨 이미지를 조작하면 데이터가 망가질 수도 있기 때문에 언마운트는 해두는 편이 좋다.

```
$ hexdump -C -s 16k fat_disk
00004000 f8 ff ff 0f ff ff ff 0f f8 ff ff 0f ff ff ff 0f |................|
00004010 00 00 00 00 00 00 00 00 00 00 00 00 00 00 00 00 |................|
*
00083000 f8 ff ff 0f ff ff ff 0f f8 ff ff 0f ff ff ff 0f |................|
00083010 00 00 00 00 00 00 00 00 00 00 00 00 00 00 00 00 |................|
*
00102000 4d 49 4b 41 4e 20 4f 53 20 20 20 08 00 00 12 4f |MIKAN OS    ....O|
00102010 44 4f 44 4f 00 00 12 4f 44 4f 00 00 00 00 00 00 |DODO...ODO......|
00102020 41 63 00 61 00 66 00 65 00 2e 00 0f 00 dc 74 00 |Ac.a.f.e......t.|
00102030 78 00 74 00 00 00 ff ff ff ff 00 00 ff ff ff ff |x.t.............|
00102040 43 41 46 45 20 20 20 20 54 58 54 20 00 7a 90 09 |CAFE    TXT .z..|
00102050 44 4f 44 4f 00 00 90 09 44 4f 03 00 09 00 00 00 |DODO....DO......|
00102060 00 00 00 00 00 00 00 00 00 00 00 00 00 00 00 00 |................|
```

```
*
00102400 64 65 61 64 62 65 65 66 0a 00 00 00 00 00 00 00 |deadbeef........|
00102410 00 00 00 00 00 00 00 00 00 00 00 00 00 00 00 00 |................|
*
08000000
```

파일을 추가한 후 볼륨 이미지를 표시해봤다. 잘 보면 파일 이름(cafe.txt) 같은 문자열이 두 군데에 있는 것을 알 수 있다. 첫 번째 위치는 'c.a.f.e......t.x.t.'이다. 어째서인지 한 문자씩 떨어져 있다. 두 번째 위치는 'CAFE   TXT'이다. 대문자로 돼 있지만 확실히 파일명이다. 또한 오프셋 00102400에서는 deadbeef란 문자열이 보인다. 이 문자열은 cafe.txt의 내용이 틀림없다.

지금까지 내용으로 FAT로 포맷한 볼륨 이미지에 파일을 추가하면 파일명과 파일의 내용이 기록된다는 것을 알게 됐다. 또 한 개의 파일을 추가해 볼륨 이미지가 어떻게 변하는지 살펴보자.

```
$ sudo mount -o loop fat_disk mnt
$ echo CafeBabe > HelloWorld.data
$ sudo cp HelloWorld.data mnt/HeloWorld.data
$ sudo umount mnt
```

HeloWorld.data란 파일을 추가했다. 파일 이름에 일부러 대문자와 소문자를 섞었다. 또한 확장자를 제외한 파일 이름이 8문자를 초과하도록 해봤다. cafe.txt가 'CAFE   TXT'로 돼 있던 것처럼 파일 이름의 길이가 8문자로 제한되는 것처럼 보였기 때문이다.

```
$ hexdump -C -s 16k fat_disk
00004000 f8 ff ff 0f ff ff ff 0f f8 ff ff 0f ff ff ff 0f |................|
00004010 ff ff ff 0f 00 00 00 00 00 00 00 00 00 00 00 00 |................|
00004020 00 00 00 00 00 00 00 00 00 00 00 00 00 00 00 00 |................|
*
00083000 f8 ff ff 0f ff ff ff 0f f8 ff ff 0f ff ff ff 0f |................|
00083010 ff ff ff 0f 00 00 00 00 00 00 00 00 00 00 00 00 |................|
00083020 00 00 00 00 00 00 00 00 00 00 00 00 00 00 00 00 |................|
*
00102000 4d 49 4b 41 4e 20 4f 53 20 20 20 08 00 00 10 56 |MIKAN OS    ....V|
00102010 44 4f 44 4f 00 00 10 56 44 4f 00 00 00 00 00 00 |DODO...VDO......|
00102020 41 63 00 61 00 66 00 65 00 2e 00 0f 00 dc 74 00 |Ac.a.f.e......t.|
```

```
00102030 78 00 74 00 00 00 ff ff ff ff 00 00 ff ff ff ff |x.t.............|
00102040 43 41 46 45 20 20 20 20 54 58 54 20 00 90 20 0e |CAFE    TXT .. .|
00102050 44 4f 44 4f 00 00 20 0e 44 4f 03 00 09 00 00 00 |DODO.. .DO......|
00102060 42 61 00 00 00 ff ff ff ff ff 0f 00 e9 ff ff |Ba..............|
00102070 ff ff ff ff ff ff ff ff ff ff 00 00 ff ff ff ff |................|
00102080 01 48 00 65 00 6c 00 6f 00 57 00 0f 00 e9 6f 00 |.H.e.l.o.W....o.|
00102090 72 00 6c 00 64 00 2e 00 64 00 00 00 61 00 74 00 |r.l.d...d...a.t.|
001020a0 48 45 4c 4f 57 4f 7e 31 44 41 54 20 00 53 34 16 |HELOWO~1DAT .S4.|
001020b0 46 4f 46 4f 00 00 34 16 46 4f 04 00 09 00 00 00 |FOFO..4.FO......|
001020c0 00 00 00 00 00 00 00 00 00 00 00 00 00 00 00 00 |................|
*
00102400 64 65 61 64 62 65 65 66 0a 00 00 00 00 00 00 00 |deadbeef........|
00102410 00 00 00 00 00 00 00 00 00 00 00 00 00 00 00 00 |................|
*
00102800 43 61 66 65 42 61 62 65 0a 00 00 00 00 00 00 00 |CafeBabe........|
00102810 00 00 00 00 00 00 00 00 00 00 00 00 00 00 00 00 |................|
*
08000000
```

두 개의 파일을 추가한 볼륨 이미지를 보면 다음 사실을 알 수 있다.

- 8문자를 초과하는 파일명은 잘 보이지는 않지만 '.H.e.l.o.W....o.r.l.d...d...a.t.'와 같이 기록되는 것 같다.
- 다른 곳에는 'HELOWO~1DAT' 같이 대문자화돼 한층 간략한 이름이 들어간다.
- 파일 내용은 대문자 소문자가 제대로 유지된다.

이 다음에는 볼륨의 내용을 OS에서 제대로 읽어내도록 자세한 구조를 설명하겠다.

17.2 BIOS 파라미터 블록

지금 작성했던 볼륨 이미지는 한 개의 파티션을 나타낸다. 파티션이란 블록 디바이스를 여러 개로 분할한 영역 중 하나를 말한다. 다만 USB 메모리 등의 이동식 미디어에서는 일반적으로 저장공간 전체를 하나의 파티션으로 다루기 때문에 지금 우리가 만든 볼륨 이미지는 USB 메모리 전체를 파일로 만든 것과 동일하다.

파티션의 시작 1블록을 PBR^Partition Boot Record^이라 한다. 여기에는 그 파티션의 크기(블록 수)나 FAT의 데이터 구조가 몇 블록째부터 시작되는지 등의 정보가 기술돼 있다. PBR을 해석함으로써 올바르게 파티션을 인식해 FAT를 조작할 수 있다. 특히 PBR에도 BPB^BIOS Parameter Block^라는 영역에 중요한 정보가 적혀 있다. BPB의 구조를 표 17.2에서 볼 수 있다. 이 표는 FAT의 사양서[1]를 바탕으로 작성했다. FAT 사양서에는 블록을 섹터^sector^라고 부르기 때문에 필드명에 등장하는 Sec은 블록이라고 생각하자.

표 17.2 BPB의 구조

필드명	오프셋	바이트 수	fat_disk에서의 값	의미
BS_jmpBoot	0	3	eb 58 90	프로그램으로의 점프 명령
BS_OEMName	3	8	mkfs.fat	임의의 8바이트 문자열
BPB_BytsPerSec	11	2	0x0200	블록당 바이트 수
BPB_SecPerClus	13	1	0x02	클러스터당 블록 수
BPB_RsvdSecCnt	14	2	0x0020	볼륨 선두로부터 예약 블록의 수
BPB_NumFATs	16	1	0x0002	FAT의 수
BPB_RootEntCnt	17	2	0x0000	※ 루트 디렉터리 엔트리 수
BPB_TotSec16	19	2	0x0000	※ 볼륨 전체의 총 블록 수
BPB_Media	21	1	0xf8	미디어 종류(지금은 사용하지 않음)
BPB_FATSz16	22	2	0x0000	※ FAT당 블록의 수
BPB_SecPerTrk	24	2	0x0020	트랙당 블록의 수
BPB_NumHeads	26	2	0x0040	헤더 수
BPB_HiddSec	28	4	0x00000000	숨겨진 블록의 수
BPB_TotSec32	32	4	0x00040000	볼륨 전체의 총 블록 수
BPB_FATSz32	36	4	0x000003f8	FAT당 블록 수
BPB_ExtFlags	40	2	0x0000	FAT의 중복과 관련된 플래그
BPB_FSVer	42	2	0x0000	파일 시스템 버전(최신은 0.0)
BPB_RootClus	44	4	0x00000002	루트 디렉터리의 개시 클러스터
BPB_FSInfo	48	2	0x0001	FSINFO 구조체의 개시 블록번호

1 「Microsoft Extensible Firmware Initiative FAT32 File System Specification」, Microsoft Corporation(http://download.microsoft.com/download/0/8/4/084C452B-B772-4FE5-89BB-A0CBF082286A/fatgen103.doc), 2000

필드명	오프셋	바이트 수	fat_disk에서의 값	의미
BPB_BkBootSec	50	2	0x0006	부트섹터의 복사본이 놓인 블록 번호
BPB_Reserved	52	12	.	예약 영역
BS_DrvNum	64	1	0x80	BIOS의 INT 0x13에서 사용하는 드라이브 번호
BS_Reserved1	65	1	0x00	예약 영역
BS_BootSig	66	1	0x29	확장 시그니처
BS_VolID	67	4	0x4f0c572f	볼륨의 시리얼 넘버
BS_VolLab	71	11	MIKAN OS	볼륨 레이블
BS_FilSysType	82	8	FAT32	파일 시스템 타입

FAT 포맷에는 FAT32 외에 FAT12와 FAT16이 있다. 이 표의 오프셋 0에서부터 35까지는 FAT12/16/32에서 공통이다. 오프셋 36부터는 FAT32 특유의 필드다. 의미란에 '※'을 붙인 항목은 FAT32에서는 항상 0이다.

BPB의 내용 중에서 특히 중요한 항목을 몇 가지 상세하게 설명한다. 먼저 `BPB_BytsPerSec`이다. 이 항목은 한 블록의 바이트 수를 나타낸다. 좀 전에 만들었던 볼륨 이미지에서는 `0x0200 = 512`이며 한 블록이 512바이트임을 알 수 있다. FAT의 사양에서는 `BPB_BytsPerSec` 값으로 512, 1024, 2048, 4096 중 하나가 허용된다. 현재 사용되는 블록 디바이스의 대부분은 1블록이 512바이트 또는 4096바이트로 된 제품이 많다.

`BPB_SecPerClus`는 1클러스터당 블록의 수를 나타낸다. **클러스터**는 FAT 파일 시스템의 중요한 개념으로 몇 개의 블록으로 정리한 것이다. FAT는 클러스터를 기본단위로 해 관리한다. 블록단위가 아닌 진짜 이유를 필자는 모르겠지만 클러스터 단위로 관리하면 크기가 큰 볼륨도 효율적으로 관리할 수 있다는 장점이 있다.

`BPB_TotSec32`는 볼륨전체의 블록 수를 나타낸다. `fat_disk`는 128MiB이므로 블록 수는 128MiB/512B=256Ki개가 된다. 256Ki=0x40000이므로 BPB에 기록된 값과 일치한다. 같은 목적의 `BPB_TotSec16`는 2바이트라서 큰 볼륨에서는 부족하다. `BPB_TotSec32`를 사용할 때는 `BPB_TotSec16=0`으로 설정하도록 돼 있다.

BPB_RootClus는 루트 디렉터리의 개시 클러스터 번호다. 루트 디렉터리란 파일 시스템의 가장 상위에 있는 디렉터리(폴더로 지칭해도 좋다)로, 작성한 볼륨 이미지 내에 cafe.txt나 HeloWorld.data를 넣은 디렉터리다. 자세한 설명은 나중에 하겠지만 다음 계산을 하면 루트 디렉터리의 블록 번호를 얻을 수 있다.

BPB_RsvdSecCnt+BPB_NumFATs × BPB_FATSz32+(BPB_RootClus-2) × BPB_SecPerClus=2064

이 밖에도 중요한 항목이 있는데, 그 항목은 다음 절 이후에서 설명한다.

17.3 디렉터리 엔트리

디렉터리는 여러 개의 파일이나 디렉터리를 저장할 수 있다. 파일 시스템에 따라 디렉터리의 표현방법은 다양하지만 FAT 파일 시스템에서는 디렉터리는 특수한 파일로 표현된다. 파일의 내용은 임의의 바이트 열인 한편, 디렉터리의 내용은 **디렉터리 엔트리** directory entry라는 32바이트의 데이터 구조가 배열로 나열된 구조로 돼 있다. fat_disk의 0x102000부터 시작하는 데이터는 디렉터리 엔트리의 배열이다. 디렉터리 엔트리의 구조를 알면 이 부분을 이해할 수 있다.

표 17.3 FAT 파일 시스템의 디렉터리 엔트리 구조

필드명	오프셋	바이트 수	cafe.txt의 값	의미
DIR_Name	0	11	CAFE ␣␣␣␣ TXT	파일의 짧은 이름
DIR_Attr	11	1	0x20	파일 속성
DIR_NTRes	12	1	0x00	Window NT용의 예약 영역
DIR_CrtTimeTenth	13	1	0x90	파일 작성 시각의 밀리초 부분
DIR_CrtTime	14	2	0x0e20	파일 작성 시각
DIR_CrtDate	16	2	0x4f44	파일 작성일
DIR_LstAccDate	18	2	0x4f44	최종 액세스 날짜
DIR_FstClusHI	20	2	0x0000	개시 클라스터 번호의 상위 2바이트
DIR_WrtTime	22	2	0x0e20	마지막 쓰기 시각

필드명	오프셋	바이트 수	cafe.txt의 값	의미
DIR_WrtDate	24	2	0x4f44	마지막 쓰기 날짜
DIR_FstClusLO	26	2	0x0003	개시 클라스터 번호의 하위 2바이트
DIR_FileSize	28	4	0x00000009	파일의 바이트 수

표 17.3에 디렉터리 엔트리 구조를 정리했다. cafe.txt 파일에 관련한 디렉터리 엔트리(볼륨 이미지의 0x102040에서 시작하는 32바이트) 값을 예로 실었다.

DIR_Name은 파일의 짧은 이름이다. 짧은 이름이란 8+3형식의 이름을 뜻한다. 8문자의 문자열과 거기에 연속한 점과 3문자까지의 확장자를 다룰 수 있다. 옛날부터 사용된 파일 확장자의 대부분이 3문자인 것은 이 제약에서 오는 것이 아닐까(필자의 추측에 지나지 않지만). 짧은 이름은 물론 긴 이름도 존재한다. 예를 들면 0x102020이나 0x102080에서 시작하는 디렉터리 엔트리는 긴 이름을 유지하는 전용 엔트리다. 긴 이름을 다루는 것은 성가시기 때문에 이 책에서는 무시한다.

DIR_Attr는 파일의 속성을 나타내는 1바이트 값이다. 파일 속성은 표 17.4 같은 종류가 있다. 이 중에서 몇 가지를 소개하겠다.

표 17.4 FAT 파일 시스템의 파일 속성

속성 이름	값	의미
ATTR_READ_ONLY	0x01	읽기 전용 파일
ATTR_HIDDEN	0x02	숨겨진 파일
ATTR_SYSTEM	0x04	시스템 파일
ATTR_VOLUME_ID	0x08	볼륨명
ATTR_DIRECTORY	0x10	디렉터리
ATTR_ARCHIVE	0x20	백업 플래그
ATTR_LONG_NAME	0x0f	긴 이름 엔트리

ATTR_READ_ONLY는 알기 쉬울 것이다. 그 파일이 읽기 전용임을 나타내는 속성이다. 다만 이 속성이 있다고 해서 볼륨상의 파일에 쓰기가 물리적으로 불가능하지는 않는다. 그래서 OS가 이 속성이 존재하는 파일로의 쓰기를 하지 않도록 보호할 책임이 있다.

ATTR_VOLUME_ID는 특수한 속성이다. 이 속성을 가진 파일은 일반 파일이 아니며 파일 내용을 갖지 않는다. 게다가 루트 디렉터리에 하나만 존재할 수 있다. 이 파일의 이름은 실제로 볼륨명을 나타낸다.

ATTR_DIRECTORY는 해당 파일이 디렉터리임을 나타낸다. FAT 파일 시스템에서는 디렉터리란 디렉터리 엔트리의 배열을 내용으로 갖는 파일이다. 이 책에서는 루트 디렉터리만 지원하기로 하며, 서브 디렉터리는 무시한다.

ATTR_LONG_NAME은 그 엔트리가 파일 자체가 아니라 연관된 파일의 긴 이름을 유지하는 엔트리임을 나타낸다. 이 책에서는 긴 이름 엔트리를 무시한다.

17.4 볼륨을 읽어내자(osbook_day17a)

지금까지의 설명으로 볼륨 이미지에 포함된 파일 목록을 얻는 방법을 알게 됐다. BPB 값에서 루트 디렉터리의 위치를 취득해 그 내용을 디렉터리 엔트리의 구조에 따라 읽으면 된다. 읽은 내용을 표시할 수 있다면 ls 커맨드[2]의 단순화 버전을 만들 수 있을 것이다.

그러나 아직 충분치 않은 지식이 있다. 그건 볼륨 이미지를 메모리로 읽어 들이는 방법이다. 구체적으로는 USB 메모리 등의 블록 디바이스에서 데이터를 읽는 방법이다.

일반적인 OS라면 USB 메모리나 SSD 등의 블록 디바이스 각각에 대응하는 드라이버가 준비돼 있어 OS가 자력으로 블록 디바이스를 읽고 쓸 수 있다. USB 메모리라면 USB 드라이버와 SCSI 프로토콜 스택을 준비하고, NVMe와 연결된 SSD라면 NVMe용 드라이버를 준비하면 읽고 쓰는 것이 가능해진다. 물론 윈도우, macOS, 리눅스 등은 그런 드라이버를 탑재하고 있으며, 자유자재로 블록 디바이스를 읽고 쓴다. 다만 그런 드라이버를 개발하기는 상당히 힘들며[3] 이 책이 지나치게 두꺼워져 버린다. 그 때문에 좀 더 쉽고 편한 방법을 찾는다.

레거시 BIOS에는 플로피 디스크나 하드 디스크를 읽고 쓰는 기능이 있었다. 그러므로

---

2 ls 커맨드는 POSIX 계열의 OS에서 파일 목록을 볼 때 사용하는 커맨드로, MS-DOS에서는 dir 커맨드가 해당한다.

3 USB나 NVMe SSD 등을 위한 드라이버를 작성하는 것은 매우 어렵다. 필자가 USB 드라이버를 작성하는데도 1년 이상이 걸렸다. 하지만 드라이버 개발은 즐거운 부분이 많으므로 흥미가 있는 분은 꼭 도전해 보길 바란다.

UEFI BIOS에도 같은 기능이 있을 것으로 생각해 UEFI 사양서를 찾아봤더니 있었다. 바로 Block I/O Protocol이다. 이것을 사용해 OS 본체가 기동하기 전에 블록 디바이스의 데이터를 정리해서 메모리상으로 읽도록 하겠다. OS에서는 블록 디바이스를 직접 제어해서 데이터를 읽지 않고 부트로더가 메모리상으로 읽어낸 데이터를 읽게 한다.

리스트 17.1 부트로더에서 볼륨을 읽어 들인다(main.c)

```
VOID* volume_image;

EFI_FILE_PROTOCOL* volume_file;
status = root_dir->Open(
    root_dir, &volume_file, L"\\fat_disk",
    EFI_FILE_MODE_READ, 0);
if (status == EFI_SUCCESS) {
  status = ReadFile(volume_file, &volume_image);
  if (EFI_ERROR(status)) {
    Print(L"failed to read volume file: %r", status);
    Halt();
  }
} else {
  EFI_BLOCK_IO_PROTOCOL* block_io;
  status = OpenBlockIoProtocolForLoadedImage(image_handle, &block_io);
  if (EFI_ERROR(status)) {
    Print(L"failed to open Block I/O Protocol: %r\n", status);
    Halt();
  }

  EFI_BLOCK_IO_MEDIA* media = block_io->Media;
  UINTN volume_bytes = (UINTN)media->BlockSize * (media->LastBlock + 1);
  if (volume_bytes > 16 * 1024 * 1024) {
    volume_bytes = 16 * 1024 * 1024;
  }

  Print(L"Reading %lu bytes (Present %d, BlockSize %u, LastBlock %u)\n",
      volume_bytes, media->MediaPresent, media->BlockSize, media->LastBlock);

  status = ReadBlocks(block_io, media->MediaId, volume_bytes, &volume_image);
  if (EFI_ERROR(status)) {
    Print(L"failed to read blocks: %r\n", status);
    Halt();
  }
}
```

리스트 17.1에 볼륨 이미지를 읽는 처리를 나타냈다. 이 처리는 부트로더에 추가한 부분이다. 전반부에서는 부팅 미디어(USB 메모리 등의 부트로더를 넣은 기억장치)에 fat_disk라는 이름의 파일이 있는지를 확인하고, 있다면 그걸 볼륨 이미지라고 생각해 로드한다. 그런 파일이 없다면 부팅 미디어 전체를 읽는다. 이렇게 2단계 구성을 한 이유는 유연하게 대응하기 위해서다. 개발 시에는 내용을 알고 있는 파일을 `fat_disk`로 배치할 수 있고, 실제 USB 메모리로 테스트해보고 싶을 때도 대응할 수 있다.

파일을 로드하는 처리는 kernel.elf의 읽기와 같다. 코드를 복사하는 것을 싫어하므로 `ReadFile()`이라는 함수로 분리해 공통화했다. 이 함수에 읽고 싶은 파일을 전달하면 내부에서 파일 크기의 메모리 영역을 할당해 거기에 파일 내용을 읽어 들인다. 할당한 메모리 영역은 두 번째 파라미터에서 지정한 포인터 변수(여기서는 `volume_image`)에 기록돼 반환된다.

fat_disk라는 이름의 파일이 없는 경우에는 else 절이 실행된다. else 절에서는 Block I/O Protocol을 사용해 부팅 미디어 선두 블록에서 16MiB 크기를 읽어 들인다. 처리가 조금 어려울지도 모르기에 단계적으로 설명을 하겠다.

우선 `OpenBlockIoProtocolForLoadedImage()`를 사용해 부팅 미디어에 연결된 Block I/O Protocol을 취득해서 `block_io` 변수에 설정한다. Block I/O Protocol을 사용하면 블록 디바이스와 관련된 정보를 얻거나 블록 단위로 데이터 읽고 쓰기가 가능해진다. 이 함수의 구현은 잠시 후에 소개한다.

`block_io->Media`에는 그 블록 Block I/O Protocol이 연결된 블록 디바이스의 각종 정보가 기록돼 있다. 정보 중에서 1블록당 바이트 수 `BlockSize`와 최대 블록 번호 `LastBlock`을 사용해 블록 디바이스의 전체 사이즈를 바이트 단위로 얻어낸다.

전체 사이즈 `volume_bytes`의 상한 값을 16MiB로 한다. 그 이유는 블록 디바이스의 전체를 읽어 들이려고 해도 전체를 저장할 수 있는 메인 메모리가 탑재돼 있지 않을 가능성이 있는 것과 전체를 다 읽어 들인다면 시간이 상당히 소요돼 OS 구동이 늦어지기 때문이다. FAT 파일 시스템에서는 보통 블록 디바이스의 선두로부터 차례대로 데이터를 채워가기 때문에 선두 부분만을 읽어도 충분하다. 충분치 않다고 판단되면 이 상한 값을 점점 끌어올리면 된다.

마지막으로 ReadBlocks()을 사용해 블록 디바이스로부터 데이터를 읽는다. 이 함수는 내부에서 volume_bytes 만큼의 메모리 영역을 확보하고, 거기에 데이터를 읽어 들인다. 확보한 메모리 영역은 네 번째 파라미터(여기서는 volume_image)에 기록돼 반환된다. 이 함수의 구현도 잠시 후에 소개하겠다.

리스트 17.2 Block I/O Protocol을 연다(main.c)

```
EFI_STATUS OpenBlockIoProtocolForLoadedImage(
    EFI_HANDLE image_handle, EFI_BLOCK_IO_PROTOCOL** block_io) {
  EFI_STATUS status;
  EFI_LOADED_IMAGE_PROTOCOL* loaded_image;

  status = gBS->OpenProtocol(
      image_handle,
      &gEfiLoadedImageProtocolGuid,
      (VOID**)&loaded_image,
      image_handle,
      NULL,
      EFI_OPEN_PROTOCOL_BY_HANDLE_PROTOCOL);
  if (EFI_ERROR(status)) {
    return status;
  }

  status = gBS->OpenProtocol(
      loaded_image->DeviceHandle,
      &gEfiBlockIoProtocolGuid,
      (VOID**)block_io,
      image_handle, // agent handle
      NULL,
      EFI_OPEN_PROTOCOL_BY_HANDLE_PROTOCOL);

  return status;
}
```

리스트 17.2에 OpenBlockIoProtocolForLoadedImage()의 구현을 정리했다. 이 함수는 부트로더가 저장된 블록 디바이스(부팅 미디어)에 대응하는 Block I/O Protocol을 연다. 프로토콜을 열기 위한 순서는 2단계다. 우선 부트로더에 연결된 Loaded Image Protocol을 연다. 다음으로 Loaded Image Protocol에서 얻은 값을 사용해 Block I/O Protocol을 연다.

UefiMain()의 첫 번째 파라미터인 image_handle에는 부트로더인 BOOTX64.EFI를 나타내는 핸들이 전달된다(UEFI의 세계에서는 UEFI 애플리케이션을 이미지라고 한다). 부트로더의 핸들을 OpenProtocol()의 첫 번째 파라미터로 지정하면 부트로더와 연결된 Loaded Image Protocol을 얻을 수 있다. 열린 프로토콜은 loaded_image 변수에 기록돼 반환된다.

loaded_image->DeviceHandle에는 그 이미지(여기서는 부트로더)가 포함된 기억장치를 나타내는 핸들이 설정돼 있다. 그 핸들을 OpenProtocol()의 첫 번째 파라미터로 지정하면 그 기억장치와 연결된 Block I/O Protocol을 얻을 수 있다. 덧붙여 OpenProtocol()의 첫 번째 파라미터에 다른 기억장치를 지정한다면 UEFI가 대응하는 기억장치라면 무엇이라도 Block I/O Protocol을 열 수 있다. 다른 기억장치를 나타내는 핸들을 취득하는 방법은 여기서는 설명하지 않는다.

리스트 17.3 블록 디바이스로부터 데이터를 읽어 들인다(main.c)

```
EFI_STATUS ReadBlocks(
      EFI_BLOCK_IO_PROTOCOL* block_io, UINT32 media_id,
      UINTN read_bytes, VOID** buffer) {
  EFI_STATUS status;

  status = gBS->AllocatePool(EfiLoaderData, read_bytes, buffer);
  if (EFI_ERROR(status)) {
    return status;
  }

  status = block_io->ReadBlocks(
      block_io,
      media_id,
      0, // start LBA
     read_bytes,
     *buffer);

  return status;
}
```

리스트 17.3은 ReadBlocks()의 구현을 보여준다. 좀 전에 열었던 Block I/O Protocol을 사용해 데이터를 읽어 들인다. 읽어 들일 데이터 크기는 파라미터 read_bytes에 바이트 단위로 지정한다. 지정된 크기의 메모리 영역을 gBS->AllocatePool()로 할당하고,

거기에 블록 디바이스로부터 읽은 데이터를 기록한다.

리스트 17.4 볼륨 이미지를 OS에 전달한다(main.c)

```
typedef void EntryPointType(const struct FrameBufferConfig*,
                            const struct MemoryMap*,
                            const VOID*,
                            VOID*);
EntryPointType* entry_point = (EntryPointType*)entry_addr;
entry_point(&config, &memmap, acpi_table, volume_image);
```

리스트 17.4 같이 볼륨 이미지가 놓인 메모리 영역을 가리키는 포인터 변수 `volume_image`를 OS의 메인 함수에 전달하도록 수정했다. OS의 메인 함수의 네 번째 파라미터로 전달한다.

리스트 17.5 Block I/O Protocol을 위한 GUID를 추가한다(Loader.inf)

```
[Protocols]
  gEfiLoadedImageProtocolGuid
  gEfiLoadFileProtocolGuid
  gEfiSimpleFileSystemProtocolGuid
  gEfiBlockIoProtocolGuid
```

Block I/O Protocol은 새롭게 등장한 프로토콜이므로 Loader.inf에 GUID를 추가할 필요가 있다(리스트 17.5). 이 GUID를 추가해 EDK II에서 `build` 커맨드를 누르면 새로운 부트로더가 완성된다. 부트로더를 완성했으니 다음으로 OS 측을 수정하겠다.

리스트 17.6 OS의 메인 함수에 파라미터를 추가한다(main.cpp)

```
extern "C" void KernelMainNewStack(
    const FrameBufferConfig& frame_buffer_config_ref,
    const MemoryMap& memory_map_ref,
    const acpi::RSDP& acpi_table,
    void* volume_image) {
```

부트로더의 변경에 맞춰 OS의 메인 함수에 파라미터를 추가했다(리스트 17.6). 네 번째 파라미터로 `void* volume_image`를 추가했다. 이제 `volume_image`에는 `fat_disk`, 또는 블록 디바이스로부터 읽은 데이터가 전달된다.

리스트 17.7 볼륨 이미지를 표시한다(main.cpp)

```
  uint8_t* p = reinterpret_cast<uint8_t*>(volume_image);
  printk("Volume Image:\n");
  for (int i = 0; i < 16; ++i) {
    printk("%04x:", i * 16);
    for (int j = 0; j < 8; ++j) {
      printk(" %02x", *p);
      ++p;
    }
    printk(" ");
    for (int j = 0; j < 8; ++j) {
      printk(" %02x", *p);
      ++p;
    }
    printk("\n");
  }
```

OS에 볼륨 이미지가 전달되는 것만으로는 외형이 아무것도 변하지 않는다. 그래서 볼륨 이미지의 내용을 16진수로 표시할 수 있도록 해봤다(리스트 17.7). 볼륨 이미지의 선두 256바이트를 16진수로 표시한다.

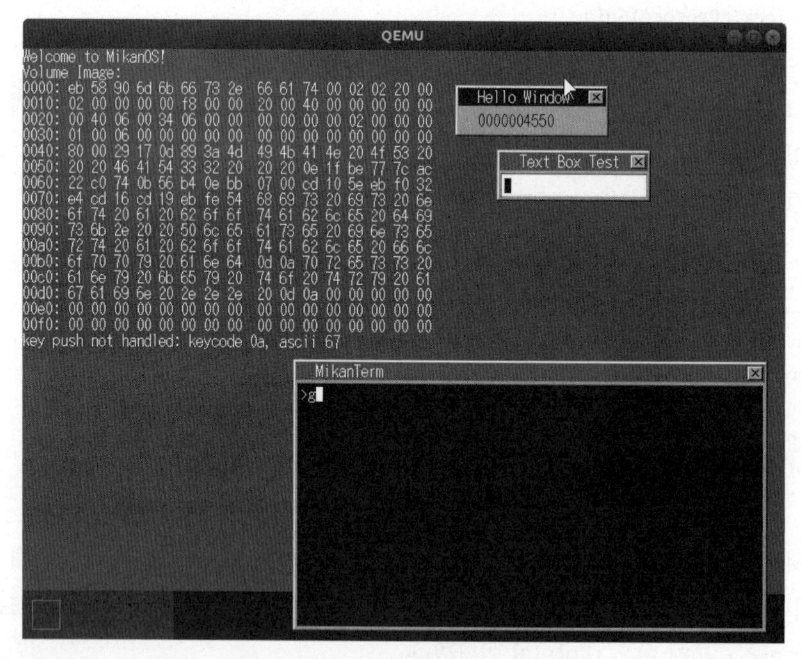

그림 17.1 볼륨 이미지를 16진수로 표시한 모습

수정한 OS를 빌드해 새로운 부트로더로 구동시키면 그림 17.1처럼 된다. 왠지 그럴듯해 보이는 값이 표시돼 있다는 느낌이 든다. 하지만 정말로 이 표시된 내용이 읽어 들였던 볼륨 이미지의 내용일까? 확인해 보자. QEMU에서 실행하는 경우는 `$HOME/edk2/disk.img`가 부팅 미디어로 돼 있기 때문에 그걸 16진수로 표시해 보겠다.

```
$ cd $HOME/edk2
$ hexdump -n 256 -C disk.img
00000000 eb 58 90 6d 6b 66 73 2e 66 61 74 00 02 02 20 00 |.X.mkfs.fat... .|
00000010 02 00 00 00 00 f8 00 00 20 00 40 00 00 00 00 00 |........ .@.....|
00000020 00 40 06 00 34 06 00 00 00 00 00 00 02 00 00 00 |.@..4...........|
00000030 01 00 06 00 00 00 00 00 00 00 00 00 00 00 00 00 |................|
00000040 80 00 29 17 0d 89 3a 4d 49 4b 41 4e 20 4f 53 20 |..)...:MIKAN OS |
00000050 20 20 46 41 54 33 32 20 20 20 0e 1f be 77 7c ac |  FAT32   ...w|.|
00000060 22 c0 74 0b 56 b4 0e bb 07 00 cd 10 5e eb f0 32 |".t.V.......^..2|
00000070 e4 cd 16 cd 19 eb fe 54 68 69 73 20 69 73 20 6e |.......This is n|
00000080 6f 74 20 61 20 62 6f 6f 74 61 62 6c 65 20 64 69 |ot a bootable di|
00000090 73 6b 2e 20 20 50 6c 65 61 73 65 20 69 6e 73 65 |sk.  Please inse|
000000a0 72 74 20 61 20 62 6f 6f 74 61 62 6c 65 20 66 6c |rt a bootable fl|
000000b0 6f 70 70 79 20 61 6e 64 0d 0a 70 72 65 73 73 20 |oppy and..press |
000000c0 61 6e 79 20 6b 65 79 20 74 6f 20 74 72 79 20 61 |any key to try a|
000000d0 67 61 69 6e 20 2e 2e 2e 20 0d 0a 00 00 00 00 00 |gain ... .......|
000000e0 00 00 00 00 00 00 00 00 00 00 00 00 00 00 00 00 |................|
*
00000100
```

완전히 일치한다. 부트로더가 부팅 미디어에서 데이터를 제대로 읽어내 그걸 OS에 건네고 있음을 알 수 있다. 멋지다.

칼럼 17.1 볼륨 읽기는 16MiB로 충분할까?

UEFI의 Block I/O Protocol을 사용한 읽기 속도가 느리기 때문에 볼륨의 선두 16MiB만을 읽고 있다. 정말로 16MiB로 충분한 것일까? 이를 확인하기 위해 리눅스에서는 fatcat라는 커맨드가 편리하다. 우분투라면 sudo apt install fatcat로 인스톨할 수 있다. fatcat를 사용해 필자가 사용하는 USB 메모리의 FAT 파일 시스템 정보를 살펴봤다.

```
$ sudo fatcat -i /dev/sdb1
```

여러분의 PC에서는 USB 메모리가 어떻게 인식될지는 시스템에 따라 다르다. 여기서는 USB 메모리가 /dev/sdb1로 인식된 걸로 전제하고 설명한다. /dev/sdb1은 이 USB 메모리의 첫 번째 파티션을 나타낸다.

fatcat –i의 출력 중에서 Data start address 값은 0xe5c00로 돼 있다. 이 값은 볼륨에서 데이터 영역이 시작되는 어드레스를 의미한다. 볼륨의 선두에는 예약 영역이나 BPB, FAT 등의 관리용 구조가 있고, 그 직후부터 데이터 영역이 시작된다.

0xe5c000는 약 14.4MiB. 필자가 사용하는 USB 메모리의 관리용 데이터 구조는 14.4MiB 정도임을 알 수 있었다. 이건 큰 문제다. 볼륨의 선두 16MiB밖에 읽지 않았는데 그 대부분이 관리용 데이터 구조로 가득 차 있어서, 정작 중요한 파일의 내용은 읽을 수 없기 때문이다.

14.4MiB에서 대부분을 FAT가 차지한다(한 개의 FAT 크기를 나타내는 Fat size는 약 7.1MiB로 FAT는 2개가 존재한다). 볼륨이 커질수록 클러스터가 작아질수록 FAT는 커지게 된다. 그 때문에 128MiB의 볼륨 이미지 fat_disk에서는 큰 문제가 아니었던 FAT의 크기가 15GiB 정도의 용량인 필자의 USB 메모리에서는 매우 커져버려 문제가 되는 것이다.

이것은 곤란하다. 간단한 해결책은 Block I/O Protocol로 좀 더 많이 읽어 들이는 것이다. 이번 경우라면 2배 정도로 늘리면 충분할 것이다. 하지만 USB 메모리 용량이나 클러스터 사이즈에 따라서는 좀 더 늘릴 필요가 있다. 읽을 데이터를 늘릴수록 OS 구동에 시간이 걸려서 좌절한다.

추천하는 해결방법은 원래부터 용량이 작은 USB 메모리를 사용하든지, 대용량 USB 메모리의 첫 번째 파티션을 작게 만드는 것이다. 파티션을 작게 만들면 저용량 USB 메모리와 동일하게 취급한다. 우분투나 윈도우에서는 임의의 크기의 파티션을 만드는 툴을 포함하고 있다. 우분투에서는 'GNOME 디스크 유틸리티', 윈도우에서는 '컴퓨터 관리'에 있는 '디스크 관리' 기능이 해당된다.

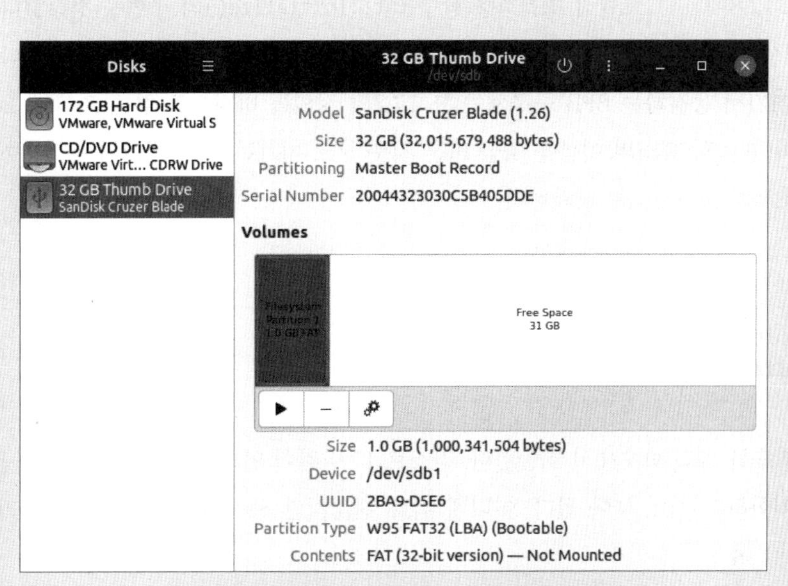

그림 17.2 GNOME 디스크 유틸리티에서 1GB의 파티션을 생성

시험 삼아 1GB 정도의 파티션을 만들어 봤다(그림 17.2). FAT가 매우 작게 돼 16MiB만 읽어 들여도 문제가 없게 됐으니 잘 됐다.

17.5 ls 커맨드(osbook_day17b)

OS가 볼륨 이미지를 받을 수 있게 됐으므로 ls 커맨드를 만들 수 있게 됐다. 이 커맨드는 볼륨에 포함된 파일 목록을 보여준다. 루트 디렉터리 엔트리를 해석하고 파일 이름을 표시하면 된다. 이제 구현해 보자.

리스트 17.8 FAT 모듈의 초기화 함수(fat.cpp)

```
BPB* boot_volume_image;

void Initialize(void* volume_image) {
  boot_volume_image = reinterpret_cast<fat::BPB*>(volume_image);
}
```

리스트 17.8에 FAT 모듈의 초기화용 함수 `fat::Initialize()`의 구현을 정리했다. 메인 함수에서 볼륨 이미지의 포인터를 받아 그 포인터를 글로벌 변수로 설정할 뿐이다. 간단하다. 여기서 등장하는 BPB 구조체는 표 17.2의 정의를 바탕으로 한 구조이며, fat.hpp에 정의했다. 각 요소의 이름을 조금 바꾼 것뿐 구조 자체는 표의 정의와 동일하기 때문에 구조체의 소스코드는 생략한다.

리스트 17.9 메인 함수에서 FAT 모듈을 초기화한다(main.cpp)

```
fat::Initialize(volume_image);
InitializePCI();
```

만든 함수를 메인 함수에서 호출한다. 리스트 17.9 같이 인터럽트를 초기화한 다음, PCI를 초기화하기 전에 놓아 뒀다. 어디에 둬도 괜찮지만 왠지 이 부근이 잘 어울리는 것 같다.

리스트 17.10 ExecuteLine()에 추가한 ls 커맨드(terminal.cpp)

```
  } else if (strcmp(command, "ls") == 0) {
    auto root_dir_entries = fat::GetSectorByCluster<fat::DirectoryEntry>(
        fat::boot_volume_image->root_cluster);
    auto entries_per_cluster =
       fat::boot_volume_image->bytes_per_sector / sizeof(fat::DirectoryEntry)
       * fat::boot_volume_image->sectors_per_cluster;
    char base[9], ext[4];
    char s[64];
    for (int i = 0; i < entries_per_cluster; ++i) {
      ReadName(root_dir_entries[i], base, ext);
      if (base[0] == 0x00) {
        break;
      } else if (static_cast<uint8_t>(base[0]) == 0xe5) {
        continue;
      } else if (root_dir_entries[i].attr == fat::Attribute::kLongName) {
        continue;
      }

      if (ext[0]) {
        sprintf(s, "%s.%s\n", base, ext);
      } else {
        sprintf(s, "%s\n", base);
```

```
    }
    Print(s);
  }
} else if (command[0] != 0) {
```

리스트 17.10 같이 ls 커맨드를 Terminal::ExecuteLine()에 추가했다. 이 프로그램은 처음에 루트 디렉터리의 시작 포인터를 취득하고, 후반 for 문에서 루트 디렉터리 내용을 선두부터 차례대로 표시한다.

루트 디렉터리는 BPB_RootClus가 나타내는 클러스터에 존재한다. BPB_RootClus의 값은 fat::boot_volume_image->root_cluster에서 얻을 수 있으며, 그 값을 fat::GetSectorByCluster() 함수에 전달하면 메인 메모리상에서의 클러스터 위치를 얻을 수 있다. 이 함수는 잠시 후 구현한다.

루트 디렉터리의 내용은 표 17.3에서 확인했듯이 디렉터리 엔트리의 배열로 돼 있다. 이 표를 바탕으로 정의한 구조체가 fat::DirectoryEntry이다. 루트 디렉터리의 선두를 가리키는 포인터를 이 구조체의 포인터로 변환한 값을 root_dir_entries 변수로 설정하고 있다.

entries_per_cluster 변수는 하나의 클러스터당 디렉터리 엔트리 수를 나타낸다. 이 수를 최대 값으로 해서 for 루프를 돈다. 예를 들어 하나의 클러스터=2블록, 1블록=512바이트라면 하나의 클러스터에는 32개의 디렉터리 엔트리가 들어 있다. 그렇다곤 해도 루트 디렉터리에 32개의 파일이나 디렉터리밖에 포함할 수 없는 것은 아니다. 32개보다 많은 파일이나 디렉터리를 포함하는 경우는 루트 디렉터리가 다수의 클러스터에 걸쳐 존재하게 된다. 18장에서 소개하는 FAT를 해석할 수 있게 되면 복수의 클러스터를 걸친 경우에도 대응할 수 있게 된다. 지금은 우선 하나의 클러스터에 포함할 수 있는 수만큼만 대응하는 것으로 한다.

for 문에서는 디렉터리 엔트리의 배열을 선두부터 조사해 차례대로 표시한다. 루프의 선두에서는 잠시 후 구현 예정인 fat::ReadName() 함수를 사용해 파일의 짧은 이름을 취득한다. 이 함수를 사용하면 8+3 형식의 파일 이름을 개별적으로 취득할 수 있다. 파일 이름의 확장자를 제거한 부분을 base, 확장자를 ext로 한다.

FAT 사양에 따르면 DIR_Name의 시작 1바이트, 즉 base[0]는 다음과 같이 특별한 의미를 가진다.

- **시작 바이트가 0xE5**: 이 디렉터리 엔트리는 비어 있다. 어떤 파일이나 디렉터리도 나타내지 않는다.
- **시작 바이트가 0x00**: 이 디렉터리 엔트리는 비어 있다. 또한 이 디렉터리 엔트리 다음에는 더 이상 유효한 디렉터리 엔트리가 없다.
- **시작 바이트가 0x05**: 파일명의 선두 1바이트가 원래는 0xE5인 것을 의미한다. Shift-JIS에서 일본어가 섞인 파일명을 지정하면 선두 1바이트가 0xE5가 되는 경우가 있다.

for 루프에서는 이 사양에 따라 경우를 나눠 처리한다. 0xE5의 경우는 해당 엔트리를 무시하도록 continue하고, 0x00의 경우에는 break로 루프를 종료시킨다. MikanOS에서는 일본어 파일명에 대응하지 않을 생각이라서 마지막 케이스는 고려하지 않기로 했다.

엔트리가 유효하다면 다음으로 DIR_Attr를 검색한다. FAT 사양에 따르면 이 값이 ATTR_LONG_NAME일 때는 엔트리 구조가 fat::DirectoryEntry와는 다른 긴 이름 전용의 구조로 돼 있을 것이다. 그러므로 DIR_Attr가 ATTR_LONG_NAME일 때는 처리를 하지 않도록 continue한다.

DIR_Attr가 ATTR_LONG_NAME이 아니면 짧은 이름을 표시한다. 확장자가 있는 경우에는 도트를 끼워서 기본명과 확장자를 표시한다. 확장자가 없는 경우는 기본명만을 표시한다.

리스트 17.11 GetSectorByCluster()는 클러스터 번호를 블록의 시작 포인터로 변환한다(fat.hpp)

```
template <class T>
T* GetSectorByCluster(unsigned long cluster) {
  return reinterpret_cast<T*>(GetClusterAddr(cluster));
}
```

뒤로 미뤘던 fat::GetSectorByCluster()의 구현을 리스트 17.11에서 보여준다. 이 함수는 원하는 타입으로의 포인터로 캐스트하는 역할만 하며, 실질적인 처리는 Get

ClusterAddr()에 위임하고 있다. 이 함수를 살펴보자.

리스트 17.12 GetClusterAddr()는 클러스트 번호를 블록 위치로 변환한다(fat.cpp)

```
uintptr_t GetClusterAddr(unsigned long cluster) {
  unsigned long sector_num =
    boot_volume_image->reserved_sector_count +
    boot_volume_image->num_fats * boot_volume_image->fat_size_32 +
    (cluster - 2) * boot_volume_image->sectors_per_cluster;
  uintptr_t offset = sector_num * boot_volume_image->bytes_per_sector;
  return reinterpret_cast<uintptr_t>(boot_volume_image) + offset;
}
```

리스트 17.12에 실질적인 처리를 수행하는 fat::GetClusterAddr()의 구현을 정리했다. 이 함수는 지정된 클러스터 번호에 대응하는 블록 어드레스를 반환한다. 클러스터는 BPB_SecPerClus 개의 블록이 모인 것이다. 이 함수가 반환하는 것은 클러스터의 선두 블록의 어드레스다.

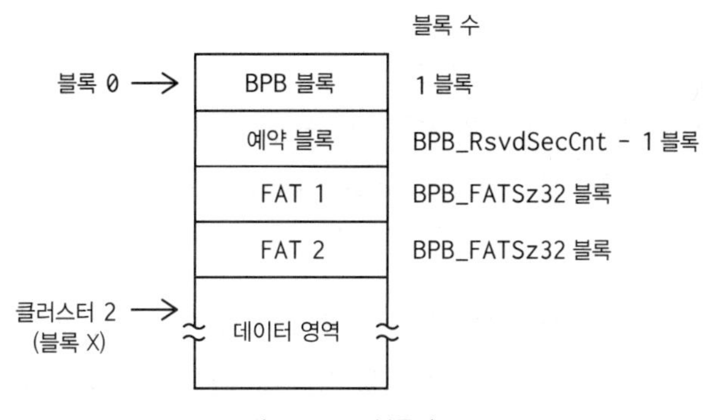

그림 17.3 FAT 볼륨의 구조

GetClusterAddr()는 먼저 지정된 클러스터 번호로부터 블록 번호를 계산한다. FAT 파일 시스템으로 포맷된 볼륨은 그림 17.3과 같은 구조가 된다. 블록 번호는 볼륨 이미지(boot_volume_image)의 선두를 0으로 한 일련 번호, 클러스터 번호는 데이터 영역의 선두를 2로 한 일련 번호다. 클러스터 번호 cluster에서 구한 블록 번호를 sector_num 변수에 설정한다. FAT 용어에 맞게 변수명으로 sector를 사용했다.

다음으로 볼륨 이미지 선두를 기준으로 구했던 블록 번호의 바이트 오프셋을 계산한다. 간단하게 1블록당 바이트 수를 블록 번호에 곱하면 구할 수 있다. 이렇게 구한 바이트 오프셋과 볼륨 이미지의 선두 어드레스를 더하면 최종적으로 구하고 싶었던 클러스터의 시작 블록 어드레스를 얻을 수 있다.

리스트 17.13 ReadName()은 디렉터리 엔트리에서 짧은 이름을 얻어낸다(fat.cpp)

```
void ReadName(const DirectoryEntry& entry, char* base, char* ext) {
  memcpy(base, &entry.name[0], 8);
  base[8] = 0;
  for (int i = 7; i >= 0 && base[i] == 0x20; --i) {
    base[i] = 0;
  }
  memcpy(ext, &entry.name[8], 3);
  ext[3] = 0;
  for (int i = 2; i >= 0 && ext[i] == 0x20; --i) {
    ext[i] = 0;
  }
}
```

fat::ReadName()은 리스트 17.13과 같이 구현했다. 8+3 형식의 이름의 경우 8문자를 base에, 3문자를 ext에 복사하고, 각 문자열의 끝에서부터 공백문자를 만나지 않을 때까지 제거해 간다. 널 문자로 끝나기 위해 base는 9바이트 이상, ext는 4바이트 이상의 배열이 돼야 한다.

여기까지 수정이 끝났다면 ls 커맨드를 실행할 수 있을 것이다. 동작시켜보자(그림 17.4). 네 개의 파일이 표시됐다. EFI는 부트로더를 저장한 디렉터리, KERNEL.ELF는 OS 본체, MEMMAP은 부트로더에서 취득한 메모리 맵을 저장한 파일이다.

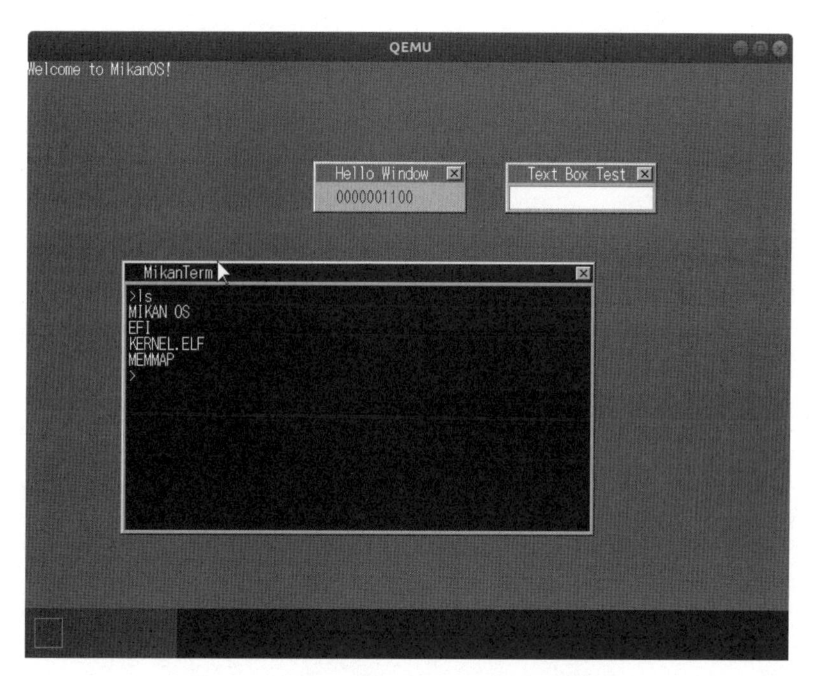

그림 17.4 QEMU로 구동한 OS에서 ls 커맨드를 실행시킨다.

그럼 도대체 MIKAN OS는 무엇일까? 실은 이 파일은 일반적인 파일이 아니고 볼륨명이다. 루트 디렉터리에 하나만 존재하는 것이 허용된 특별한 엔트리로 볼륨 이름을 나타낸다. `ls` 커맨드로 표시해서는 안 될지도 모른다. 곤란한 상황이 발생하면 표시되지 않도록 수정하기로 한다.

18장

애플리케이션

17장에서는 부팅 미디어에 들어 있던 파일 목록을 볼 수 있게 됐다. 18장에서는 실제로 파일을 열고 내용을 다룰 수 있게 한다. 우선은 큰 파일을 제대로 다룰 수 있도록 FAT 구조를 이해하고, 그 기능을 사용해 파일 내용을 터미널에 표시하는 cat 커맨드를 제작한다. 그리고 궁극적으로 실행 가능 파일을 열어 애플리케이션을 실행하는 구조를 제작해 본다. C++로 작성한 애플리케이션이 구동되면 감동하게 될 것이다.

18.1 파일 할당 테이블(osbook_day18a)

FAT는 파일 할당 테이블file allocation table의 머리글자를 따온 것으로, FAT 파일 시스템의 핵심이 되는 데이터 구조다. FAT는 파일이 어느 클러스터에 할당돼 있는지를(allocated) 기록하고 있다. FAT를 해석할 수 있게 되면 한 클러스터를 초과한 다수의 클러스터에 걸쳐 저장된 파일을 능숙하게 다룰 수 있게 된다.

표 18.1 FAT 클러스터 체인의 예

클러스터 번호	다음 클러스터 번호	파일
0	0x0FFFFFF8	
1	0x0FFFFFFF	
2	0x0FFFFFF8	/
3	0x0FFFFFFF	/EFI
4	0x0FFFFFFF	/EFI/BOOT
5	6	/EFI/BOOT/BOOTX64.EFI
6	7	/EFI/BOOT/BOOTX64.EFI
…	…	…
15	16	/EFI/BOOT/BOOTX64.EFI
16	0x0FFFFFFF	/EFI/BOOT/BOOTX64.EFI
17	18	/KERNEL.ELF
18	19	/KERNEL.ELF
…	…	…
2542	2543	/KERNEL.ELF
2543	0x0FFFFFFF	/KERNEL.ELF
2544	2545	/MEMMAP
2545	2546	/MEMMAP
2546	0x0FFFFFFF	/MEMMAP

FAT는 클러스터 체인(클러스터 사슬) 구조로 돼 있다. 사슬을 거슬러 가면서 클러스터 번호의 다음 클러스터가 몇 번인지를 확인할 수 있다. 구체적인 예를 살펴보겠다. QEMU

부팅에 사용한 볼륨 이미지 disk.img의 클러스트 체인을 표 18.1에 정리했다. 클러스터 2부터 시작하는 루트 디렉터리의 다음 클러스터를 보면 0x0FFFFFF8로 돼 있다. 이 값은 클러스터 체인의 끝을 나타내는 값으로 루트 디렉터리는 여기서 끝나는 것을 알 수 있다. 클러스터 3에서는 EFI란 디렉터리가 시작되는데 이것도 하나의 클러스터로 끝난다.

여러 클러스터를 걸친 최초의 파일은 BOOTX64.EFI다. 이 파일은 클러스터 5부터 시작된다. 클러스터 체인을 따라가 보면 5 → 6 → 7 → …… → 15 → 16이 된다. disk.img에서는 1클러스터가 1KiB이므로 약 12 × 1KiB 정도의 크기임을 알 수 있다. 실제로 BOOTX64.EFI의 크기를 확인해 보니 약 11.8KiB였다. 이런 식으로 FAT를 이용하면 다수의 클러스터로 구성된 파일을 제대로 다룰 수 있다.

리스트 18.1 NextCluster()는 클러스터 체인의 다음 클러스터 번호를 얻는다(fat.cpp)

```
unsigned long NextCluster(unsigned long cluster) {
  uintptr_t fat_offset =
    boot_volume_image->reserved_sector_count *
    boot_volume_image->bytes_per_sector;
  uint32_t* fat = reinterpret_cast<uint32_t*>(
      reinterpret_cast<uintptr_t>(boot_volume_image) + fat_offset);
  uint32_t next = fat[cluster];
  if (next >= 0x0ffffff8ul) {
    return kEndOfClusterchain;
  }
  return next;
}
```

리스트 18.1은 클러스터 체인을 순서대로 따라가기 위한 함수 fat::NextCluster()의 구현을 보여준다. 처음에는 FAT 데이터 구조의 위치를 계산한다. FAT 데이터 구조는 중요한 데이터라서 하나의 파일 시스템에서 일반적으로는 같은 것이 두 개 존재한다(그림 17.3). 이 함수에서는 그중 첫 번째 FAT를 사용한다. 원래는 두 번째 FAT와 차이가 없다는 것을 확인하는 게 좋지만 구현이 번잡하므로 그냥 넘어간다.

볼륨의 선두에서 FAT까지의 바이트 오프셋을 계산해 fat_offset 변수에 설정한다. 그 오프셋 값을 boot_volume_image의 어드레스에 더하면 메모리상에서 FAT가 존재하는 어드레스를 얻을 수 있다. FAT32 파일 시스템에서 FAT는 32비트 정수의 배열이므로 취득한 어드레스를 uint32_t* 타입의 포인터로 캐스트하고 있다.

FAT의 선두를 가리키는 포인터 fat에 인덱스로 클러스터 번호를 주면 클러스터 체인을 차례대로 따라갈 수 있다. fat[cluster] 코드 조각과 표 18.1의 관계를 설명하겠다. 표의 '클러스터 번호' 열이 인덱스 cluster, '다음 클러스터 번호' 열이 요소의 값 fat[cluster]라는 대응관계로 돼 있다. 즉 cluster → fat[cluster] → fat[fat[cluster]] → …… 같이 클러스터 체인을 따라갈 수 있다.

리스트 18.2 클러스터 체인의 끝을 나타내는 특별한 클러스터 번호(fat.hpp)

```
static const unsigned long kEndOfClusterchain = 0x0ffffffflu;
```

0x0FFFFFF8 이상의 값은 클러스터 체인의 끝을 나타낸다. 왜 하나의 값으로 하지 않았는지는 의문이지만 어쨌든 그 이상의 값이 끝을 나타낸다고 사양에 적혀 있으므로 어쩔 수 없다. 실제로 볼륨 이미지를 조사해 보면 확실히 0x0FFFFFF8이거나 0x0FFFFFFF 등 편차가 있는 것 같다. MikanOS에서는 클러스터 체인의 끝을 나타내는 상수로 kEndOfClusterchain을 정의했다(리스트 18.2).

리스트 18.3 FindFile()은 지정된 이름의 파일을 찾는다(fat.cpp)

```
DirectoryEntry* FindFile(const char* name, unsigned long directory_cluster) {
  if (directory_cluster == 0) {
    directory_cluster = boot_volume_image->root_cluster;
  }

  while (directory_cluster != kEndOfClusterchain) {
    auto dir = GetSectorByCluster<DirectoryEntry>(directory_cluster);
    for (int i = 0; i < bytes_per_cluster / sizeof(DirectoryEntry); ++i) {
      if (NameIsEqual(dir[i], name)) {
        return &dir[i];
      }
    }

    directory_cluster = NextCluster(directory_cluster);
  }

  return nullptr;
}
```

파일 검색 함수 fat::FindFile()을 구현했다(리스트 18.3). 좀 전에 구현한 NextCluster()를 사용함에 따라 파일이 많아서 디렉터리(디렉터리 엔트리의 배열)가 여러 개의 클러스터에 걸쳐 있어도 대응할 수 있게 됐다.

이 파일 검색은 지정된 디렉터리 안을 지정된 이름으로 검색해서 일치하는 파일을 반환한다. 디렉터리 지정은 디렉터리의 시작 클러스터 번호로 할 수 있다. 파라미터 directory_cluster에 클러스터 번호를 전달한다.

fat.hpp를 보면 알 수 있지만 파라미터 directory_cluster에는 기본 값으로 0이 설정돼 있다. 따라서 FindFile()을 첫 번째 파라미터만으로 호출하면 처음 if 문이 실행돼 루트 디렉터리의 클러스터 번호가 directory_cluster에 설정된다. 즉 이 함수는 첫 번째 파라미터만 지정하는 것으로 루트 디렉터리에 존재하는 파일을 찾아줄 수 있다.

리스트 18.4 bytes_per_cluster 값을 계산한다(fat.cpp)

```
BPB* boot_volume_image;
unsigned long bytes_per_cluster;

void Initialize(void* volume_image) {
  boot_volume_image = reinterpret_cast<fat::BPB*>(volume_image);
  bytes_per_cluster =
    static_cast<unsigned long>(boot_volume_image->bytes_per_sector) *
    boot_volume_image->sectors_per_cluster;
}
```

for 문에서 사용하는 bytes_per_cluster는 리스트 18.4 같이 초기화 함수 내부에서 설정한다. 자주 사용하는 상수이므로 매번 계산하지 않기 위해 미리 계산해 둔다.

리스트 18.5 NameIsEqual()은 파일명이 일치하는지를 확인한다(fat.cpp)

```
bool NameIsEqual(const DirectoryEntry& entry, const char* name) {
  unsigned char name83[11];
  memset(name83, 0x20, sizeof(name83));

  int i = 0;
  int i83 = 0;
  for (; name[i] != 0 && i83 < sizeof(name83); ++i, ++i83) {
    if (name[i] == '.') {
```

```
      i83 = 7;
      continue;
    }
    name83[i83] = toupper(name[i]);
  }

  return memcmp(entry.name, name83, sizeof(name83)) == 0;
}
```

파일명을 비교하는데 사용하는 fat::NameIsEqual()의 구현을 리스트 18.5에 정리했다. 이 함수는 entry.name과 name을 비교해 같다면 참을 반환한다. 문자열의 단순한 비교가 아니라 8+3 형식에 기반해 비교할 필요가 있기 때문에 복잡한 프로그램이 됐다.

내부의 처리를 자세하게 설명하겠다. 함수 시작 부분에서는 11바이트의 배열 name83을 준비하고 전체를 공백문자로 채운다. 다음 for 문에서는 그 배열에 파라미터 name의 내용을 복사해 8+3 형식으로 변환한다. 복사할 때는 한 문자씩 대문자로 변환한다. 두 개의 카운터 변수 i, i83은 각각 name, name83의 인덱스로 사용한다.

함수의 마지막에서는 지금 막 구축한 8+3 형식의 문자열 name83과 디렉터리 엔트리의 name을 비교하고 일치하면 참을 반환한다.

리스트 18.6 cat 커맨드의 구현(terminal.cpp)

```
  } else if (strcmp(command, "cat") == 0) {
    char s[64];

    auto file_entry = fat::FindFile(first_arg);
    if (!file_entry) {
      sprintf(s, "no such file: %s\n", first_arg);
      Print(s);
    } else {
      auto cluster = file_entry->FirstCluster();
      auto remain_bytes = file_entry->file_size;

      DrawCursor(false);
      while (cluster != 0 && cluster != fat::kEndOfClusterchain) {
        char* p = fat::GetSectorByCluster<char>(cluster);

        int i = 0;
        for (; i < fat::bytes_per_cluster && i < remain_bytes; ++i) {
```

```
        Print(*p);
        ++p;
      }
      remain_bytes -= i;
      cluster = fat::NextCluster(cluster);
    }
    DrawCursor(true);
  }
} else if (command[0] != 0) {
```

드디어 cat 커맨드를 구현할 차례다. cat 커맨드란 POSIX 계열의 OS에서 사용하는 커맨드로, 일반적으로는 파일의 내용을 화면(표준출력)에 출력하는 용도로 사용한다. 이번에 만들 커맨드도 파일명을 하나 받아 그 내용을 화면에 출력하도록 한다. 리스트 18.6 같이 다른 커맨드와 동일하게 `Terminal::ExecuteLine()` 안에 추가했다. 구현을 위에서부터 살펴보자.

먼저 `FindFile()`을 사용해 파라미터로 지정한 파일을 찾는다. 두 번째 파라미터 `directory_cluster`에 값을 지정하지 않았으므로 루트 디렉터리에서 파일을 검색하게 된다. 파일이 발견되지 않은 경우 변수 `file_entry`는 널 값이 되므로 에러 메시지를 출력하고 종료한다.

파일을 발견했다면 해당 파일의 내용 표시를 시작한다. `file_entry->FirstCluster()`는 리스트 18.7 같이 떨어져서 존재하는 두 개의 필드를 서로 연결한 값을 반환하는 메소드다. FAT32의 클러스터 번호는 32비트 폭이지만 16비트씩 나눠져 존재하므로 비트연산으로 연결시킨다.

리스트 18.7 디렉터리 엔트리를 나타내는 구조체(fat.hpp)

```
struct DirectoryEntry {
  unsigned char name[11];
  Attribute attr;
  uint8_t ntres;
  uint8_t create_time_tenth;
  uint16_t create_time;
  uint16_t create_date;
  uint16_t last_access_date;
  uint16_t first_cluster_high;
  uint16_t write_time;
```

```
  uint16_t write_date;
  uint16_t first_cluster_low;
  uint32_t file_size;

  uint32_t FirstCluster() const {
    return first_cluster_low |
      (static_cast<uint32_t>(first_cluster_high) << 16);
  }
} __attribute__((packed));
```

파일의 클러스터 번호를 취득했다면 fat::GetSectorByCluster()를 사용해 메모리상의 블록을 취득하고 내용을 표시한다. 내용표시에 사용하는 Print()는 이번에 새롭게 추가한 한 문자 표시용 메소드다. 나중에 구현을 소개하겠다. 이 함수를 사용해 1바이트씩 파일 내용을 표시하는데 파일이 1클러스터(QEMU에서 사용하는 볼륨 이미지에서는 1KiB)보다 큰 경우는 표시를 중단하고 클러스터 체인을 따라가야 한다.

클러스터 체인을 거슬러 따라가는 처리는 cluster = fat::NextCluster(cluster);이다. 이 처리에 따라 파일이 띄엄띄엄 클러스터에 흩어져 있어도 계속해서 파일을 올바르게 읽을 수 있다. 클러스터 체인의 끝에 도달하면 fat::NextCluster(cluster)는 kEndOfClusterchain을 돌려주므로 그렇게 되면 루프를 종료한다.

리스트 18.8 Print(char)는 화면에 한 문자를 출력한다(terminal.cpp)

```
void Terminal::Print(char c) {
  auto newline = [this]() {
    cursor_.x = 0;
    if (cursor_.y < kRows - 1) {
      ++cursor_.y;
    } else {
      Scroll1();
    }
  };

  if (c == '\n') {
    newline();
  } else {
    WriteAscii(*window_->Writer(), CalcCursorPos(), c, {255, 255, 255});
    if (cursor_.x == kColumns - 1) {
      newline();
```

```
    } else {
      ++cursor_.x;
    }
  }
}
```

리스트 18.8은 한 문자 표시용 Print(char)의 구현을 보여준다. 파라미터로 지정한 문자가 줄바꿈 문자라면 줄바꿈을 하고, 그렇지 않으면 화면에 한 문자를 출력한다. 화면의 오른쪽 끝에 도달하면 반대편으로 되돌아와 표시한다(자동 줄바꿈 처리). 이 처리는 본 기억이 있을 것으로 생각한다. 그렇다. 지금까지도 문자열 표시를 하는 Print()라는 같은 이름의 함수가 있다.

리스트 18.9 Print(const char*)은 화면에 문자열을 출력한다(terminal.cpp)

```
void Terminal::Print(const char* s) {
  DrawCursor(false);

  while (*s) {
    Print(*s);
    ++s;
  }

  DrawCursor(true);
}
```

기존의 Print(const char*)는 이번에 추가한 한 문자 표시용 함수를 사용해 리스트 18.9 같이 간단해졌다. 한 문자 표시용 함수 내에서 매번 커서를 다시 그리지 않고, 그 외부에서 커서를 그려 효율성을 높였다.

구현을 일단 완료했으므로 cat 커맨드를 실행시켜본다. 테스트로 부트로더에서 작성한 메모리 맵 파일 MEMMAP을 표시했다(그림 18.1). 메모리 맵 같은 문자열이 터미널에 표시돼 있는 걸 보니 잘 되는 것 같다. 덧붙여 줄의 끝에 꺽쇠 비슷한 기호가 표시돼 있는데, 이건 UEFI에서 파일을 쓸 때 자동적으로 추가된 CR(0x0d)이 출력된 것으로 버그가 아니다.

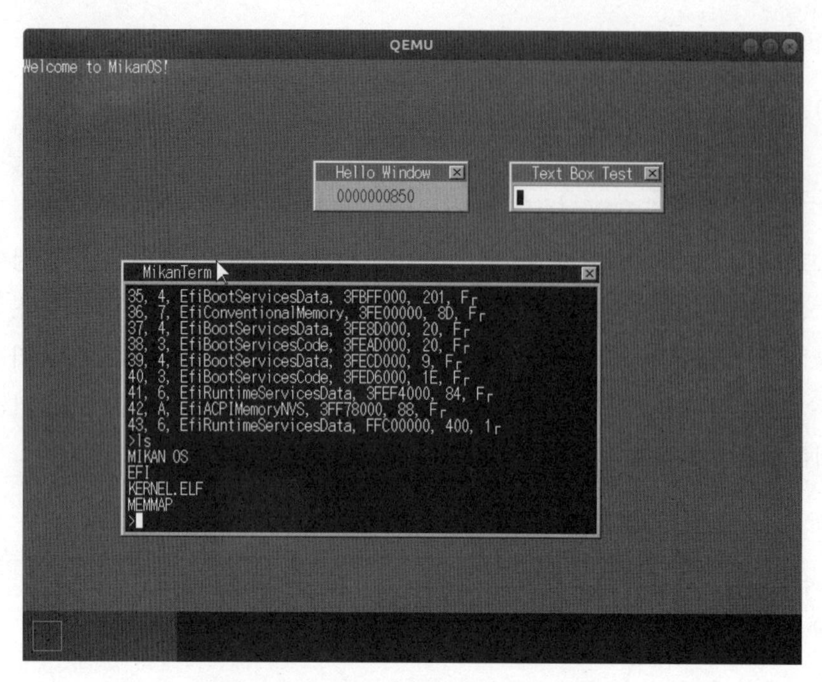

그림 18.1 cat 커맨드로 MEMMAP 파일을 표시했다.

18.2 최초의 애플리케이션(osbook_day18b)

볼륨에서 파일을 읽어 들이고 표시할 수 있었다. 이 기술을 응용하면 실행 가능 파일을 읽어서 구동하는 것도 가능할 것 같다는 생각이 든다. OS 본체와는 별도의 파일로 제작한 애플리케이션을 읽어서 실행하는 기능을 추가한다니 이제 진짜로 OS다워진다는 기분이 들어서 설레지 않는가?

리스트 18.10 최초의 애플리케이션은 hlt만 실행(onlyhlt.asm)

```
bits 64
section .text

loop:
    hlt
    jmp loop
```

기념해야 할 최초의 애플리케이션 구현을 리스트 18.10에 나타냈다. 이 프로그램은 보는 바와 같이 그냥 hlt만 계속하는 진짜 단순한 코드다. 화면에 메시지를 표시하는 것조차 하지 않는다. 정확하게 말하자면 애플리케이션에서 문자열을 표시하기 위한 기능이 아직 OS에 없어서 이와 같은 단순한 애플리케이션밖에 만들 수 없다고 말하는 것이 올바른 표현이겠다.

리스트 18.11 애플리케이션을 빌드해 플랫 바이너리(flat binary)로 만든다(Makefile)

```
TARGET = onlyhlt

.PHONY: all
all: $(TARGET)

onlyhlt: onlyhlt.asm Makefile
        nasm -f bin -o $@ $<
```

리스트 18.11에 애플리케이션을 빌드하기 위한 Makefile을 나타냈다. 이 중에서 가장 중요한 부분은 nasm을 실행하는 줄이다. 옵션 -f bin은 플랫 바이너리를 생성하는 옵션이다. 플랫 바이너리란 파일의 선두로부터 순수한 기계어만을 채워 배치한 파일을 말한다. 이에 반해 OS 본체의 파일 형식인 ELF 등은 구조화돼 있어서 파일 선두에는 헤더가 있으며, 실행코드나 데이터는 각각 분리 가능하도록 배치돼 있다. 플랫 바이너리는 전체가 기계어로 구성된다. 백문이 불여일견이니 실제로 빌드해 생성된 파일의 내용을 살펴보자.

```
$ source $HOME/osbook/devenv/buildenv.sh
$ cd $HOME/workspace/mikanos/apps/onlyhlt
$ git checkout osbook_day18b
$ make
nasm -f bin -o onlyhlt onlyhlt.asm
$ hexdump -C onlyhlt
00000000 f4 eb fd                                          |...|
00000003
```

빌드하면 onlyhlt라는 파일이 생성된다. 이 파일을 16진수로 표시해 보니 3바이트의 내용을 가진 파일인 듯하다. 이 3바이트는 기계어이므로 디스어셈블링해 보겠다.

```
$ objdump -D -m i386:x86-64 -b binary onlyhlt
<중략>
0000000000000000 <.data>:
   0:      f4                      hlt
   1:      eb fd                   jmp 0x0
```

앞의 3바이트는 hlt와 jmp 0에 대응하는 것 같다. onlyhlt.asm에 작성한 프로그램이 그대로 기계어로 변환돼 파일의 선두부터 적힌 것을 확인했다. jmp 0x0이 있는데 실제로 작성한 것은 jmp loop였으며 0번지라고 쓰지 않았다. 이건 도대체 어떻게 된 걸까?

실은 기계어 eb fd는 **상대적 쇼트 점프**relative short jump라고 하며, 그 시점의 RIP 레지스터의 값을 기준으로 해 상대 위치로 점프한다. 상대적 쇼트 점프 자체를 나타내는 것이 0xEB이고, 점프 목적지를 나타내는 것이 0xFD이다. 0xFD를 부호 있는 정수로 해석하면 -3이므로 RIP보다 3바이트 앞으로 점프하게 된다. x86-64 아키텍처에서는 어떤 명령을 실행 중일 때 RIP 값은 다음 명령을 가리키고 있기 때문에 이 상대적 쇼트 점프는 jmp 0x0의 다음 명령에서 3바이트 앞, 즉 hlt까지 점프하게 된다. 이를 통해 이 상대적 쇼트 점프는 단 2바이트로 무한 루프를 실현하고 있다.

그런데 생성된 onlyhlt란 바이너리 파일을 실행하려면 어떻게 해야 좋을까? 이 부분은 OS 본체를 어떻게 부팅시켰는지를 떠올린다면 간단하다. OS 본체는 부트로더가 메모리상으로 읽어 들이고 그 OS의 엔트리 포인트를 함수로 생각하고 호출함으로써 실현했다. 동일한 방식으로 구현하면 될 것이다. 터미널에 onlyhlt라고 입력하면 그 처리를 실행되게 한다.

리스트 18.12 입력한 이름이 내장된 커맨드가 아니라면 파일을 찾는다(terminal.cpp)

```
  } else if (command[0] != 0) {
    auto file_entry = fat::FindFile(command);
    if (!file_entry) {
      Print("no such command: ");
      Print(command);
      Print("\n");
    } else {
      ExecuteFile(*file_entry);
    }
  }
```

리스트 18.12는 터미널 측의 수정사항을 보여준다. 터미널에 입력한 커맨드명이 내장 커맨드(ls나 cat 등)와 일치하지 않는 경우의 처리다. 그 이름의 파일을 검색하고 찾았다면 ExecuteFile()을 호출한다.

리스트 18.13 ExecuteFile()은 파일을 읽어서 실행한다(terminal.cpp)

```
void Terminal::ExecuteFile(const fat::DirectoryEntry& file_entry) {
  auto cluster = file_entry.FirstCluster();
  auto remain_bytes = file_entry.file_size;

  std::vector<uint8_t> file_buf(remain_bytes);
  auto p = &file_buf[0];

  while (cluster != 0 && cluster != fat::kEndOfClusterchain) {
    const auto copy_bytes = fat::bytes_per_cluster < remain_bytes ?
      fat::bytes_per_cluster : remain_bytes;
    memcpy(p, fat::GetSectorByCluster<uint8_t>(cluster), copy_bytes);

    remain_bytes -= copy_bytes;
    p += copy_bytes;
    cluster = fat::NextCluster(cluster);
  }

  using Func = void ();
  auto f = reinterpret_cast<Func*>(&file_buf[0]);
  f();
}
```

ExecuteFile()의 구현을 리스트 18.13에 정리했다. 주어진 파일을 메모리상으로 읽어 들이고, 그 선두에는 함수가 있다고 간주해서 호출한다. 파일을 읽는 처리는 cat 커맨드와 거의 동일하므로 설명하지 않는다. 읽은 바이트 열을 화면에 표시하지 않고 배열 file_buf로 로드한다는 정도의 차이밖에 없다.

배열에 파일 내용을 로드했다면 파일의 선두에 실행 가능한 기계어가 배치돼 있다는 것을 믿고 함수를 호출한다. onlyhlt 파일의 경우는 선두에 있는 hlt의 무한 루프가 실행될 것이다. 일단 호출하면 쭉 돌아오지 않을 것이기 때문에 터미널이 프리즈된다. 터미널이 프리즈되면 성공, 프리즈되지 않는다면 실패다.

리스트 18.14 메시지 취득 후에 sti해 둔다(terminal.cpp)

```
    __asm__("cli");
    auto msg = task.ReceiveMessage();
    if (!msg) {
      task.Sleep();
      __asm__("sti");
      continue;
    }
    __asm__("sti");
```

주제에서는 벗어나지만 필자는 수정 후 OS에서 실행했더니 터미널뿐만 아니라 OS 전체가 프리즈되는 것을 확인했다. 메인 태스크의 커서 점멸이 멈추고 마우스가 움직이지 않았다. 어째서일까 살펴봤더니 TaskTerminal() 내부에서 큐로부터 메시지를 취득한 후에 sti를 실행하지 않은 것을 발견했다. 리스트 18.14의 마지막 줄 sti가 없었다. 이 sti를 빼먹으면 터미널은 인터럽트를 금지한 채로 onlyhlt의 실행을 시작한다. 인터럽트 금지 상태에서 hlt를 실행하면 태스크 전환 타이머의 타임아웃 인터럽트도 발생하지 않기 때문에 OS 전체가 프리즈되는 것이다. 그런 이유로 sti를 추가해야 개조를 완료할 수 있다.

이제 빨리 실행시켜 보고 싶지만 한 가지 문제가 있다. onlyhlt 파일을 볼륨 이미지에 추가해야 하는데 지금까지의 방법(run_qemu.sh을 사용한 방법)에서는 부트로더(/EFI/BOOT/BOOTX64.EFI)와 OS 본체(/kernel.el)밖에 추가되지 않기 때문이다. 그래서 새로운 스크립트를 작성했다(리스트 18.15). 이 파일은 $HOME/osbook/devenv/run_mikanos.sh에 있다.

리스트 18.15 MikanOS 기동용 스크립트(run_mikanos.sh)

```
#!/bin/sh -ex

DEVENV_DIR=$(dirname "$0")
DISK_IMG=./disk.img

DISK_IMG=$DISK_IMG $DEVENV_DIR/make_mikanos_image.sh
$DEVENV_DIR/run_image.sh $DISK_IMG
```

스크립트에서는 우선 onlyhlt 파일을 포함한 부팅용 볼륨 이미지를 만든다. 그런 다음 작성한 이미지를 부팅한다. 볼륨 이미지를 만드는 make_mikanos_image.sh가 중요하므로 리스트 18.16에서 소개한다.

리스트 18.16 MikanOS 부팅용 스크립트(make_mikanos_image.sh)

```
#!/bin/sh -ex

DEVENV_DIR=$(dirname "$0")
MOUNT_POINT=./mnt

if [ "$DISK_IMG" = "" ]
then
  DISK_IMG=./mikanos.img
fi

if [ "$MIKANOS_DIR" = "" ]
then
  if [ $# -lt 1 ]
  then
      echo "Usage: $0 <day>"
      exit 1
  fi
  MIKANOS_DIR="$HOME/osbook/$1"
fi

LOADER_EFI="$HOME/edk2/Build/MikanLoaderX64/DEBUG_CLANG38/X64/Loader.efi"
KERNEL_ELF="$MIKANOS_DIR/kernel/kernel.elf"

$DEVENV_DIR/make_image.sh $DISK_IMG $MOUNT_POINT $LOADER_EFI $KERNEL_ELF
$DEVENV_DIR/mount_image.sh $DISK_IMG $MOUNT_POINT

if [ "$APPS_DIR" != "" ]
then
  sudo mkdir $MOUNT_POINT/$APPS_DIR
fi

for APP in $(ls "$MIKANOS_DIR/apps")
do
  if [ -f $MIKANOS_DIR/apps/$APP/$APP ]
  then
    sudo cp "$MIKANOS_DIR/apps/$APP/$APP" $MOUNT_POINT/$APPS_DIR
  fi
done
```

```
if [ "$RESOURCE_DIR" != "" ]
then
  sudo cp $MIKANOS_DIR/$RESOURCE_DIR/* $MOUNT_POINT/
fi

sleep 0.5
sudo umount $MOUNT_POINT
```

make_mikanos_image.sh의 처리를 위에서부터 순서대로 설명한다.

스크립트에서는 우선 각종 변수를 정의한다. 변수 DEVENV_DIR은 이 스크립트가 놓인 디렉터리 경로다. MOUNT_POINT는 볼륨 이미지를 마운트할 디렉터리 이름, DISK_IMG는 볼륨 이미지의 이름을 나타낸다. 변수 MIKANOS_DIR의 처리는 조금 복잡하다. 이 if 문에서 하고 싶은 것은 변수가 정의돼 있다면 그 값을, 정의되지 않았다면(값이 비었다면) 스크립트 첫 번째 파라미터를 변수의 값으로 사용한다.

변수의 정의가 끝나면 make_image.sh를 사용해 BOOTX64.EFI와 kernel.elf을 포함한 볼륨 이미지 disk.img를 만든다. make_image.sh는 마지막에 이미지를 언마운트하지만 추가로 변경하기 위해 mount_image.sh를 사용해 이미지 마운트를 다시 한다.

마운트를 하고 나서는 애플리케이션을 이미지에 복사한다. $MIKANOS_DIR/apps에서 애플리케이션을 검색하고, 찾은 것을 모두 $MOUNT_POINT/$APPS_DIR로 복사한다. 변수 APPS_DIR을 지정하지 않으면 빈 문자가 돼 애플리케이션은 $MOUNT_POINT/로 복사된다. 현 단계에서는 $MIKANOS_DIR/apps/onlyhlt/onlyhlt를 mnt/onlyhlt로 복사한다. 마지막으로 이미지를 언마운트하고 완성한 이미지를 run_image.sh로 부팅한다.

리스트 18.17 OS와 애플리케이션 전체를 빌드하는 스크립트(build.sh)

```
#!/bin/sh -eu

make ${MAKE_OPTS:-} -C kernel kernel.elf

for MK in $(ls apps/*/Makefile)
do
  APP_DIR=$(dirname $MK)
  APP=$(basename $APP_DIR)
  make ${MAKE_OPTS:-} -C $APP_DIR $APP
done
```

```
if [ "${1:-}" = "run" ]
then
  MIKANOS_DIR=$PWD $HOME/osbook/devenv/run_mikanos.sh
fi
```

또 하나 OS 본체와 애플리케이션 전체를 빌드하기 위한 스크립트도 추가했다. $HOME/workspace/mikanos/build.sh(Git 태그: osbook_day18b)이다(리스트 18.17). 이 스크립트는 파라미터 없이 실행하면 전체를 빌드한다. 파라미터 run을 추가해 실행하면 빌드한 후 QEMU를 부팅시킨다. 이 스크립트를 사용해 실행할 때는 다음과 같이 하면 된다.

```
$ cd $HOME/workspace/mikanos
$ git checkout osbook_day18b
$ ./build.sh run
```

이렇게 하면 전체가 빌드가 되고, 좀 전에 작성한 run_mikanos.sh에 의해 QEMU가 실행된다.

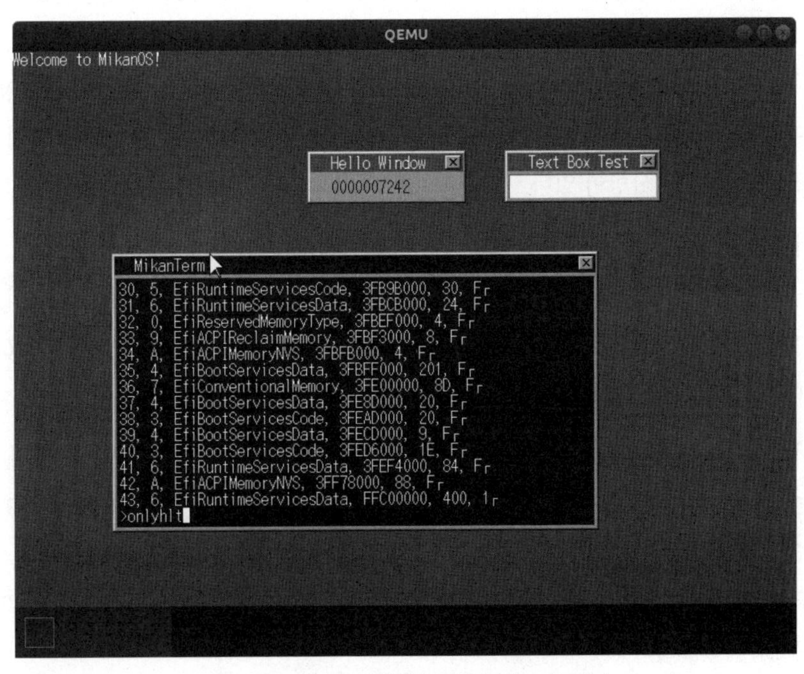

그림 18.2 onlyhlt를 실행했더니 터미널이 프리즈했다.

cat memmap 커맨드에 이어 onlyhlt 커맨드를 실행시킨 결과가 그림 18.2이다. 스크린샷이라서 알아보기 힘들지만 onlyhlt로 입력하고 엔터 키를 눌렀더니 커서가 점멸을 멈췄다. 마우스 커서를 움직이거나 'Text Box Test'에 키 입력은 할 수 있지만 터미널은 일절 반응하지 않게 됐다. 아무래도 onlyhlt가 기대했던 대로 동작하고 있는 것 같다.

18.3 C++로 계산기를 만들자(osbook_day18c)

여기까지 오면 여러분은 "애플리케이션을 작성해서 기동할 수 있었으니 바로 재미있는 애플리케이션을 만들어 보겠어!"라고 당찬 마음을 먹을지도 모르겠다. 하지만 어셈블리 언어만으로 애플리케이션을 작성한다는 것은 매우 어려우므로 C++로 작성할 수 있어야 한다. 이 절에서는 C++로 애플리케이션을 작성하고 그 애플리케이션을 구동시키는 것에 도전한다.

onlyhlt는 어셈블리 언어를 사용해 플랫 바이너리로 제작했는데, 본격적인 프로그램을 만들려면 플랫 바이너리로는 표현력이 부족하다. 본격적인 프로그램에서는 글로벌 변수 등의 정적 변수, 문자열 등의 고정 데이터, 기계어 등이 조합돼 기능을 실현하지만, 플랫 바이너리에서는 기계어 표현밖에 할 수 없다. 정적 변수를 유지하기 위한 메모리 영역이 몇 바이트분 필요하다거나 파일의 어디에 고정 데이터를 배치하고 있는가 등 기계어 이외에도 표현해야 할 사항이 있다.

지금까지 제작해온 OS 본체의 파일 형식이 ELF 형식이었다는 것을 떠올려보자. 사실 ELF는 프로그램에 필요한 각종 정보를 표현할 수 있는 힘을 갖고 있으며, OS 본체도 다룰 수 있는 파일 형식이다. 그 강력한 ELF로 애플리케이션을 만들고 기동시킬 수 있도록 Terminal::ExecuteFile()을 개량할 방침이다.

그래서 우선은 조금 본격적인 애플리케이션을 작성해 보고자 한다. 무엇이 좋을까 생각해봤는데 여기서는 역 폴란드 표기법 계산기를 만들어보도록 하겠다. **역 폴란드 표기법**[1]이란 수식 작성의 한 종류로 연산자를 뒤에 배치한다. 이 때문에 후치기법後置記法으로 불리기도 한다. 우리가 평소 자주 사용하는 중치기법中置記法과 비교한 내용을 표 18.2에서 볼 수 있다.

1 RPN: Reverse Polish Notation

표 18.2 연산자의 배치위치에 따른 차이

중치기법	역 폴란드 표기법(후치기법)	역 폴란드 표기법의 다른 표현
2+3	2 3 +	
(3+4) × 2	3 4 + 2 ×	2 3 4 + ×

역 폴란드 표기법의 큰 특징은 괄호를 사용하지 않고도 계산의 순서를 헷갈리지 않고 표현할 수 있다는 것이다. 이 특징에 의해 계산 프로그램을 간단하게 작성할 수 있다. 역 폴란드 표기법으로 작성한 수식은 수치용 스택을 사용해 다음과 같은 순서로 계산할 수 있다.

1. 수치를 저장하기 위한 빈 스택을 준비한다.
2. 수식의 왼쪽에서 숫자 또는 연산자를 한 개씩 읽는다.
3. 읽은 값이 숫자라면 스택에 푸시한다.
4. 읽은 값이 2항 연산자라면 스택에서 숫자를 두 개 팝하고 계산결과를 스택에 푸시한다.
5. 수식의 끝에 도달할 때까지 2~4를 반복한다.
6. 스택에 남아 있는 숫자가 계산결과를 나타낸다.

그림 18.3 역 폴란드 표기법 '3 4 + 2 x'를 계산할 때의 스택 모습

이 알고리즘을 바탕으로 '3 4 + 2 ×'를 계산할 때의 스택 변화 모습을 그림 18.3에서 볼 수 있다. 순서대로 스택의 변화 모습을 비교해 보면 어렵지 않을 것이다. 마지막에 스택에 남은 14가 계산결과가 되는데 원하는 결과와 일치한다.

리스트 18.18 역 폴란드 표기법 계산의 구현(rpn.cpp)

```
int strcmp(const char* a, const char* b) {
  int i = 0;
  for (; a[i] != 0 && b[i] != 0; ++i) {
    if (a[i] != b[i]) {
      return a[i] - b[i];
    }
```

```
  }
  return a[i] - b[i];
}

long atol(const char* s) {
  long v = 0;
  for (int i = 0; s[i] != 0; ++i) {
    v = v * 10 + (s[i] - '0');
  }
  return v;
}

int stack_ptr;
long stack[100];

long Pop() {
  long value = stack[stack_ptr];
  --stack_ptr;
  return value;
}

void Push(long value) {
  ++stack_ptr;
  stack[stack_ptr] = value;
}

extern "C" int main(int argc, char** argv) {
  stack_ptr = -1;

  for (int i = 1; i < argc; ++i) {
    if (strcmp(argv[i], "+") == 0) {
      long b = Pop();
      long a = Pop();
      Push(a + b);
    } else if (strcmp(argv[i], "-") == 0) {
      long b = Pop();
      long a = Pop();
      Push(a - b);
    } else {
      long a = atol(argv[i]);
      Push(a);
    }
  }
  if (stack_ptr < 0) {
```

```
    return 0;
  }
  return static_cast<int>(Pop());
}
```

역 폴란드 표기법 계산 순서에 따라 계산하는 프로그램을 작성했다(리스트 18.18). 이 프로그램은 커맨드라인 인자로 받는 수식을 계산하고 결과를 프로그램의 종료 코드로 출력한다. 실은 이 프로그램은 MikanOS의 애플리케이션에서만 아니라 리눅스에서도 실행할 수 있다. 리눅스에서 실행하기 위해 우선 Clang을 준비하고 빌드한다.

```
$ clang++ rpn.cpp
```

실행하면 실행 파일 a.out이 생성될 것이다. 커맨드라인 파라미터로 계산식을 전달해 계산시켜보자.

```
$ ./a.out 2 3 +
$ echo $?
5
```

커맨드의 종료 코드는 `$?`라는 특수한 변수에 설정되므로 커맨드가 종료한 직후에 `echo $?`를 입력하면 출력할 수 있다. 아무래도 올바른 정답을 얻은 것 같다.

리눅스상에서의 실행방법을 알았으므로 다음은 프로그램에 대해 간단한 설명을 추가한다. 리스트 18.18을 보면 `#include`가 하나도 없는 것에 위화감이 느껴지지 않는가? 인쇄의 실수는 아니다. 인클루드를 하지 않은 이유는 MikanOS에서는 아직 애플리케이션용 표준 라이브러리를 준비하고 있지 않기 때문이다. Newlib나 libc++ 등과 같은 표준 라이브러리를 사용하려면 몇 가지 OS 의존 함수가 필요하다. OS용 함수는 `newlib_support.c`나 `libcxx_support.cpp` 등에 정의하고 있지만, 애플리케이션용에 대한 것은 아직 준비되지 않았다.

그래서 표준 라이브러리에 포함된 함수 `strcmp()`나 `atol()`을 직접 정의하기로 했다. `strcmp()`는 두 개의 문자열을 비교해 일치하면 0을 반환한다. `atol()`은 10진수 표현의 문자열을 숫자로 변환한다.

다음으로 역 폴란드 표기법의 계산의 핵심인 스택을 정의한다. stack은 스택 본체가 되는 배열이며, stack_ptr은 배열의 인덱스로 스택의 탑의 위치를 나타낸다. Pop()과 Push()는 이름대로 팝 조작과 푸시 조작을 한다.

main()이 수식 계산의 주요 부분을 담당한다. for 문에서는 커맨드라인 파라미터 argv로부터 하나씩 숫자나 연산자를 읽어 처리를 진행한다. 모든 파라미터를 소비한 후에 스택에 남아있는 숫자를 종료 코드로 반환한다. for 문을 보면 알 수 있지만 연산자는 +와 -만 대응하고 있다. 연산자를 늘리고 싶은 분은 수정해 보길 바란다.

리스트 18.19 MikanOS용 실행 파일을 위한 빌드 스크립트(Makefile)

```
TARGET = rpn

CPPFLAGS += -I.
CFLAGS   += -O2 -Wall -g --target=x86_64-elf -ffreestanding
CXXFLAGS += -O2 -Wall -g --target=x86_64-elf -ffreestanding \
            -fno-exceptions -fno-rtti -std=c++17
LDFLAGS += --entry main -z norelro --image-base 0 --static

.PHONY: all
all: $(TARGET)

rpn: rpn.o Makefile
	ld.lld $(LDFLAGS) -o rpn rpn.o

%.o: %.cpp Makefile
	clang++ $(CPPFLAGS) $(CXXFLAGS) -c $< -o $@
```

rpn.cpp를 MikanOS용으로 빌드하기 위한 Makefile을 리스트 18.19에 정리했다. 보통 OS상에서 동작하는 애플리케이션은 호스트 환경에서 동작하도록 빌드한다. 한편 OS 그 자체는 OS가 없는 환경인 프리스탠딩 환경을 대상으로 빌드한다. 역 폴란드 표기법 계산 애플리케이션은 MikanOS라는 OS상에서 동작하는 애플리케이션이므로 호스트 환경에서 개발한다고 생각이 들겠지만, 지금은 아직 호스트 환경을 위한 지원 기능[2]을 MikanOS가 제공하지 않으므로 애플리케이션도 프리스탠딩 환경으로 빌드해야 할 필요가 있다. 따라서 -ffreestanding 옵션을 사용해서 컴파일한다.

2 호스트 환경을 제공하려면 멀티스레드와 표준 입출력, 파일 시스템 조작 등을 지원해야 한다.

링커 ld.lld는 출력 형식을 지정하지 않으면 ELF 형식으로 출력한다. 그래서 이 Makefile이 생성하는 실행 파일 rpn은 ELF 형식이 된다. `--image-base 0`을 지정하고 있기 때문에 실행 파일은 메모리 어드레스 0에서 배치된다는 전제로 링크된다. 이후 ELF 파일을 읽어 들이는 처리를 만들지만, 그때는 읽어 들일 목적지 메모리 어드레스를 고정시킬 수 없어서 목적지 어드레스 계산이 필요하다. `--image-base`를 0으로 해두면 어드레스 조정 계산을 조금 더 편하게 할 수 있다.

rpn의 구현은 끝났다. 다음은 ELF 형식의 애플리케이션을 구동시킬 수 있도록 터미널의 애플리케이션 구동부분을 확장하겠다. rpn은 커맨드라인 파라미터 argv에 수식을 전달해야 하므로 그를 위한 구조도 구현한다.

리스트 18.20 ExecuteFile()에 커맨드라인 파라미터를 전달한다(terminal.cpp)

```
  auto file_entry = fat::FindFile(command);
  if (!file_entry) {
    Print("no such command: ");
    Print(command);
    Print("\n");
  } else {
    ExecuteFile(*file_entry, command, first_arg);
  }
```

리스트 18.20 같이 `ExecuteFile()`에 파라미터 2개를 추가했다. 커맨드명과 커맨드라인 파라미터다. 예를 들어 rpn 2 3 +이라고 터미널에 입력했다면 `command`는 'rpn'이, `first_arg`는 '2 3 +'이 될 것이다.

리스트 18.21 ELF 형식인지 아닌지 여부에 따라 애플리케이션 구동 처리를 나눈다(terminal.cpp)

```
auto elf_header = reinterpret_cast<Elf64_Ehdr*>(&file_buf[0]);
if (memcmp(elf_header->e_ident, "\x7f" "ELF", 4) != 0) {
  using Func = void ();
  auto f = reinterpret_cast<Func*>(&file_buf[0]);
  f();
  return;
}

auto argv = MakeArgVector(command, first_arg);
```

```
  auto entry_addr = elf_header->e_entry;
  entry_addr += reinterpret_cast<uintptr_t>(&file_buf[0]);
  using Func = int (int, char**);
  auto f = reinterpret_cast<Func*>(entry_addr);
  auto ret = f(argv.size(), &argv[0]);

  char s[64];
  sprintf(s, "app exited. ret = %d\n", ret);
  Print(s);
```

리스트 18.21에 ExecuteFile() 내부의 수정 위치를 나타냈다. 원래는 플랫 바이너리를 위한 구동 처리뿐이었지만 이번부터는 ELF 형식인지의 여부에 따라 분기하도록 했다. ELF 형식은 선두 4바이트가 「0x7f」「E」「L」「F」로 정해져 있으므로 memcmp()를 사용해 4바이트 비교를 한다. ELF 형식이 아니라고 판정되는 경우는 원래대로 플랫 바이너리의 구동처리를 수행한다.

"\x7f" "ELF"란 쓰기 구문이 이상하다고 생각할지 모르겠다. 이 작성법은 두 개의 문자 리터럴을 연속해서 쓰면 자동적으로 결합하는 C/C++의 사양을 이용한 쓰기 구문이다. 즉 "\x7f" "ELF"은 결합돼 5바이트(4바이트 + 널 문자)의 문자열 리터럴이 된다. 일부러 분할한 이유는 "\x7fELF"로 써버리면 \x7fE까지가 16진수라고 해석(결국, 0x7fe가 1바이트 범위를 넘기 때문에 컴파일 에러가 발생)되기 때문이다.

ELF 형식으로 판정됐다면 새롭게 추가한 구동처리 부분으로 이동한다. 우선 MakeArgVector()로 커맨드라인 파라미터를 공백문자로 분할해 배열화한다. 그 후 ELF 헤더를 바탕으로 엔트리 포인트의 어드레스를 취득하고, &file_buf[0]를 더한 다음 호출한다. ELF 헤더에 기록된 엔트리 어드레스는 ELF 파일을 어드레스 0에 놓았다고 전제를 하고 기록된 수치이기 때문에 실제 파일이 배치된 어드레스를 더할 필요가 있다.

f(argv.size(), &argv[0])가 엔트리 포인트, 즉 애플리케이션의 main을 실행하는 부분이다. 엔트리 포인트에 두 개의 파라미터를 전달해 실행한다. 엔트리 포인트의 실행을 완료하면 여기로 돌아와 엔트리 포인트의 반환 값을 ret 변수에 기록한다. 애플리케이션이 종료했다는 걸 알리는 것과 동시에 반환 값인 ret 변수를 화면에 출력하도록 했다. 역 폴란드 표기법 애플리케이션은 main()의 반환 값으로 계산결과를 출력하므로 이 같이 반환 값을 표시하지 않으면 계산결과를 알 수 없다.

리스트 18.22 MakeArgVector()는 커맨드라인 파라미터를 공백문자로 분할한다(terminal.cpp)

```
namespace {

std::vector<char*> MakeArgVector(char* command, char* first_arg) {
  std::vector<char*> argv;
  argv.push_back(command);

  char* p = first_arg;
  while (true) {
    while (isspace(p[0])) {
      ++p;
    }
    if (p[0] == 0) {
      break;
    }
    argv.push_back(p);

    while (p[0] != 0 && !isspace(p[0])) {
     ++p;
    }
    if (p[0] == 0) {
      break;
    }
    p[0] = 0;
    ++p;
  }

  return argv;
}

} // namespace
```

MakeArgVector()의 구현을 리스트 18.22에 나타냈다. 우선 커맨드 이름을 argv[0]에 저장한다. while 루프에서 커맨드라인 파라미터를 공백으로 구분하고 argv[1]부터 순서대로 저장한다. isspace()는 C 표준 라이브러리의 함수로, 지정한 문자가 공백문자(스페이스나 탭 등)라면 참을 반환한다.

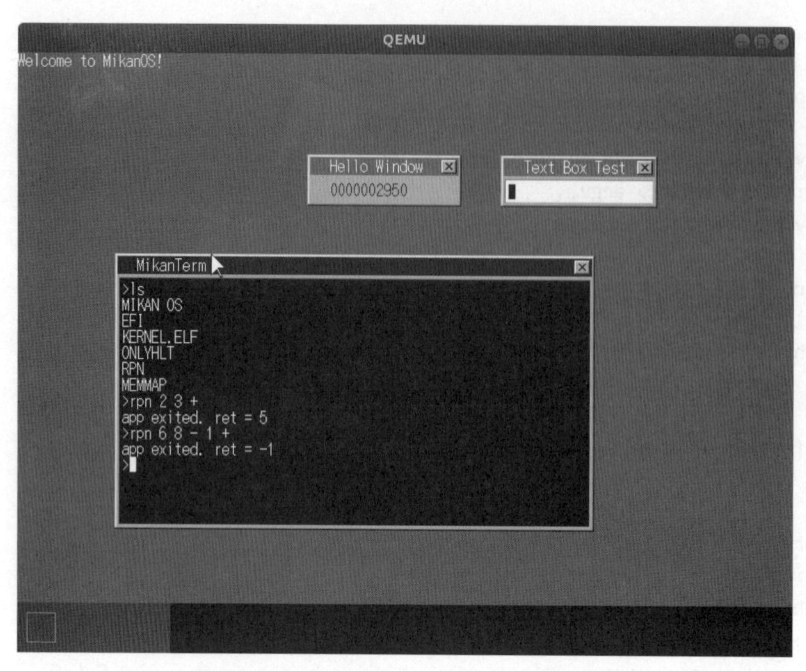

그림 18.4 rpn 커맨드를 사용해 계산을 수행하는 모습

역 폴란드 표기법 애플리케이션을 사용하는 모습을 그림 18.4에서 볼 수 있다. 몇 가지 계산을 해봤는데 올바른 답을 반환하는 것 같다. 게다가 리눅스상에서도 동일하게 실행할 수 있어서 필자는 소소하게 감동을 받았다. 상당히 본격적인 OS가 된 것 같다.

18.4 표준 라이브러리(osbook_day18d)

역 폴란드 표기법 애플리케이션을 만들 때 `strcmp()`와 `atol()`을 자작한 것이 왠지 지는 것 같은 기분이 든다. 표준 라이브러리에 있는 함수는 직접 만들고 싶지 않다. 어떻게든 표준 라이브러리를 애플리케이션에서도 사용하고 싶다.

다행히도 OS와 애플리케이션은 같은 CPU상에서 동작하므로 표준 라이브러리를 애플리케이션용으로 다시 빌드할 필요가 없다. 애플리케이션용으로 newlib_support.c나 libcxx_support.cpp만 준비하면 충분하다. 사실 `strcmp()`와 `atol()`뿐이라면 그런 파일의 준비조차 불필요하므로 단순히 표준 라이브러리를 링크하기만 하면 완료다.

리스트 18.23 표준 라이브러리를 링크한다(rpn/Makefile)

```
rpn: rpn.o Makefile
	ld.lld $(LDFLAGS) -o rpn rpn.o -lc -lc++ -lc++abi
```

그런 이유로 apps/rpn/Makefile을 변경해 표준 라이브러리를 링크하도록 했다(18.23). -lc가 C 표준 라이브러리 lc++과 -lc++abi가 C++ 표준 라이브러리다.

리스트 18.24 표준 라이브러리를 인클루드해서 사용한다(rpn/rpn.cpp)

```
#include <cstring>
#include <cstdlib>

int stack_ptr;
long stack[100];
```

rpn.cpp 파일도 표준 라이브러리를 사용하도록 다시 작성한다(리스트 18.24). 특별히 어려운 부분은 없을 것이다.

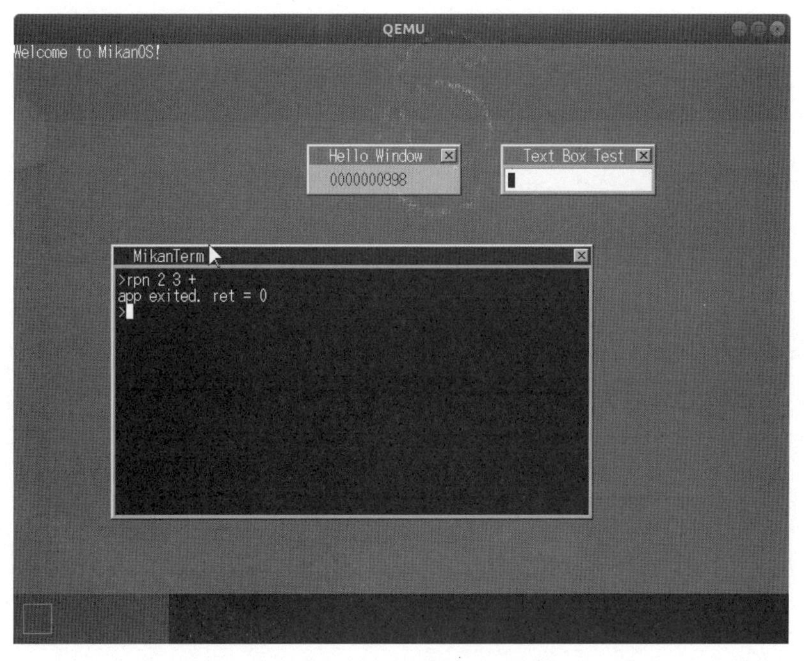

그림 18.5 표준 라이브러리를 사용하도록 개조한 rpn 커맨드

수정을 완료했으니 빌드해서 실행시켜보겠다. QEMU에서 동작시킨 모습을 그림 18.5에서 보여주는데 뭔가 이상하다. 계산을 하면 '5'가 돼야 하는데 '0'으로 표시되고 있다. 이 수수께끼는 19장에서 알아보도록 한다.

19장

페이징

개별 파일로 만든 애플리케이션을 실행할 수 있게 돼 더욱더 진짜 OS에 근접한 것 같다. 하지만 18장의 마지막에 만든 애플리케이션은 왠지 잘 동작하지 않았다. 19장에서는 애플리케이션과 메모리 어드레스의 관계를 풀어가면서 페이징이라는 CPU 기능을 사용해 애플리케이션이 정상적으로 동작할 수 있게 한다. 19장을 마칠 즈음에는 페이징의 구조와 페이징을 실제로 설정하는 방법을 알게 될 것이다.

19.1 실행 파일과 메모리 어드레스

표준 라이브러리를 사용한 rpn 커맨드가 오동작하는 원인을 살펴보겠다. 가장 수상한 부분은 엔트리 포인트를 호출하기 전에 어드레스를 조정하는 부분이다. 리스트 18.21을 다시 살펴보자.

링커는 실행 가능 파일을 만들기 위해 그 파일이 어느 주소에 배치되는지를 알아야 한다.[1] 링커는 디폴트로 0x200000든가 0x400000 등의 번지에(링커의 종류에 따라 다름) 배치하는 것을 전제로 링크를 수행한다. rpn 커맨드를 링크할 때 지정한 --imagebase 0은 배치 어드레스를 0번지로 변경한다. 원래는 0이 아니고, rpn이 실제로 로드되는 메모리 어드레스를 지정하고 싶지만 그 어드레스는 OS 실행 시에만 결정할 수 있기 때문에 링커에서 지정할 수 없다. 그래서 고육지책으로 링커에는 0번지로 배치된다고 지시하고, 실행 시에 실제 어드레스를 더하고 있는 것이다.

생성된 rpn 파일을 디스어셈블링해 --image-base의 지정이 어떤 영향을 주는지를 확인한다. 다음과 같은 커맨드로 디스어셈블링을 수행한다.

```
$ objdump -d -M intel -C -S apps/rpn/rpn
```

디스어셈블링 결과에서 main() 부분을 발췌해 리스트 19.1에 실었다.

리스트 19.1 rpn 파일의 디스어셈블링 결과(발췌)

```
......
0000000000001040 <main>:

extern "C" int main(int argc, char** argv) {
......
if (strcmp(argv[i], "+") == 0) {
    1070:       49 8b 3c dc         mov   rdi,QWORD PTR [r12+rbx*8]
    1074:       be 62 01 00 00      mov   esi,0x162
    1079:       e8 e2 00 00 00      call  1160 <strcmp>
    107e:       85 c0               test  eax,eax
```

1 링커는 '위치 독립적 실행 가능 코드(PIE, Position Independent Executable)'라는 어디에 배치해도 동작하는 파일을 만들 수 있다. 하지만 여기에서는 페이징을 설명하고 싶었기 때문에 PIE가 아닌 파일을 동작시키는 내용으로 진행한다(PIE 파일을 실행하려면 리로케이션(relocation, 재배치)가 필요하게 돼 난이도가 높아진다는 이유도 있다).

```
    1080:       74 3e               je     10c0 <main+0x80>
      long b = Pop();
      long a = Pop();
      Push(a + b);
    } else if (strcmp(argv[i], "-") == 0) {
    1082:       49 8b 3c dc         mov    rdi,QWORD PTR [r12+rbx*8]
    1086:       be 60 01 00 00      mov    esi,0x160
    108b:       e8 d0 00 00 00      call   1160 <strcmp>
    1090:       85 c0               test   eax,eax
    1092:       74 4c               je     10e0 <main+0xa0>
      long b = Pop();
......
```

게재한 디스어셈블링 결과의 전반부는 strcmp(argv[i], "+")에 대응하는 부분이다. 함수의 호출 규칙은 첫 번째 파라미터를 RDI 레지스터에, 두 번째 파라미터를 RSI 레지스터에 설정하는 것이다. 이 지식을 떠올려 디스어셈블링 결과와 C++ 코드를 비교하면 첫 번째 파라미터 argv[i]가 QWORD PTR [r12+rbx*8]에, 두 번째 파라미터 "+"가 0x162로 대응하고 있음을 알 수 있다.

첫 번째 파라미터는 조금 복잡하지만 지금 주목해야 하는 것은 두 번째 파라미터다. 두 번째 파라미터를 레지스터에 설정하는 명령은 mov esi, 0x162로 대응하는 기계어를 보면 be 62 01 00 00으로 돼 있다. Intel SDM[2]에 따르면 be는 32비트 리터럴을 32비트 레지스터 ESI로 mov하는 명령이다. 그래서 뒤에 이어지는 4바이트 62 01 00 00은 32비트 리터럴을 나타낸다. x86-64는 리틀 엔디언이기 때문에 이 4바이트는 0x00000162로 읽는다.

0x162라는 숫자가 기계어 레벨에서 포함돼 있음을 알 수 있다. 이 숫자는 C++의 코드상에서는 strcmp()의 두 번째 파라미터 "+"에 대응한다. "+"는 문자열 리터럴이다. 식expression에 나온 문자열 리터럴은 문자열로의 포인터로 변환되기 때문에 0x162는 문자열이 놓여 있는(놓일 예정인) 메모리 어드레스가 된다. 링커는 --image-base 0의 지정으로 실행 파일을 메모리의 선두에 배치한다는 전제로 링크한다. 그 때문에 0x162는 파일의 선두에서부터 0x162의 위치에 대응하는 것이다.

2 「Intel 64 and IA-32 Architectures Software Developer's Manual」, Intel Corporation(https://software.intel.com/en-us/articles/intel-sdm), 2019

디스어셈블링 결과의 후반부는 strcmp(argv[i], "-")에 대응한다. 여기서 두 번째 파라미터를 설정하는 기계어는 be 60 01 00 00이며 좀 전과 거의 동일하지만 RSI 레지스터에 설정하는 32비트 값이 0x00000160이라서 2만큼 차이가 난다. 0x160은 파일의 선두에서 0x160 위치에 대응할 것이다. 파일 선두에서 0x160 및 0x162의 위치에 있는 데이터를 hexdump 커맨드를 사용해 확인한다.

```
$ hexdump -C -s 0x160 -n 4 apps/rpn/rpn
00000160   2d 00 2b 00                                        |-.+.|
00000164
```

-s 0x160은 파일 선두에서 0x160 바이트 이후를 읽고, -n 4는 거기서 4바이트만을 읽는다는 의미가 있다. 커맨드의 실행결과를 보면 0x160부터 -, 널 문자, +, 널 문자로 나열돼 있음을 알 수 있다. 이것이 바로 널 문자로 끝나는 두 개의 문자열 '-'과 '+'이다.

지금까지 이야기한 것을 정리하면 실행 파일 rpn에는 메모리 어드레스를 표현하는 숫자(0x162 등)가 그대로 담겨 있고, 그 어드레스는 image-base에 지정한 어드레스를 기준으로 계산된 것을 알 수 있었다.

한편 MikanOS상에서는 rpn이 로드되는 주소는 0이 아니다. 그 때문에 엔트리 포인트의 어드레스를 조정할 필요가 있었던 것이다. 하지만 엔트리 포인트의 어드레스를 조정하는 것만으로는 기계어에 포함된 0x162 등의 숫자까지는 조정할 수 없다. 그 때문에 프로그램은 mov esi, 0x160을 그대로 실행해 버려 strcmp()의 두 번째 파라미터에 그 값이 전달돼 버린다. 당연히 0x162에는 "+" 문자열이 배치돼 있을 리가 없다(기적적으로 같은 값이 메모리에 기록돼 있을 가능성이 있지만 그건 단순한 우연이다). 그 결과 프로그램이 오동작한다. 이상이 표준 라이브러리를 사용한 역 폴란드 표기법 애플리케이션이 MikanOS에서 올바르게 동작하지 않았던 이유다.

19.2 어드레스 변환

이런 문제에 대처하는 방법은 몇 가지 있다. 한 가지는 실행 파일을 배치하는 어드레스를 미리 결정하는 것이다. 일반적으로 수많은 애플리케이션이 있기 때문에 서로 피해를 입히지 않도록 배치 어드레스를 결정한다. 물론 OS 본체와도 영향을 받지 않도록 결정할 필요가 있다. 이 방법은 메인 메모리 용량이 고정돼 있고 동작하는 애플리케이션도 결정돼 있는 임베디드 시스템에서는 간편하고 유용한 방법이다. 하지만 일반 PC에서는 메인 메모리의 어느 부분이 빈 영역인지는 기종에 따라 다르므로 다양한 기종에서 동작하는 OS를 만들고자 생각한다면 기종마다 어드레스를 구해서 링크해야 한다. 귀찮은 작업이다.

두 번째 방법은 실행 파일을 재배치(리로케이션)하는 방법이다. 실행 파일의 선두 어드레스를 임시 값으로 링크해 두고, 실행 파일을 메모리에 배치한 후에 값을 수정하는 것을 재배치라 한다. 이 방법에서는 의도적으로 배치 어드레스를 변경하는 것이 가능하므로 실행 파일을 매번 임의의 주소에 배치할 수 있어서 보안 공격을 어렵게 하는 ASLR address space layout randomization이라는 기술에 응용되기도 한다. 재배치 처리는 상당히 어렵기 때문에 이 책에서 이 방법은 채용하지 않는다.

세 번째는 애플리케이션에서 보이는 메모리 주소를 물리 어드레스로 변환하는 방법이다. 애플리케이션 각각에 대한 전용 어드레스 변환표를 준비해두고, 애플리케이션 A와 애플리케이션 B가 같은 어드레스, 예를 들어 0x200000을 참조해도 각각 다른 물리 어드레스로 변환하는 방법이다(그림 19.1) 덧붙여 여기서 애플리케이션 A와 애플리케이션 B를 0x200000에 배치하는 것은 OS 본체가 배치된 0x100000과 겹치지 않도록 하기 위해서다. 자세한 이야기는 지나치게 복잡하기 때문에 생략하지만, OS에서 애플리케이션으로 실행을 전환하는 처리를 간단히 하기 위해서는 서로 겹치지 않도록 해둘 필요가 있다.

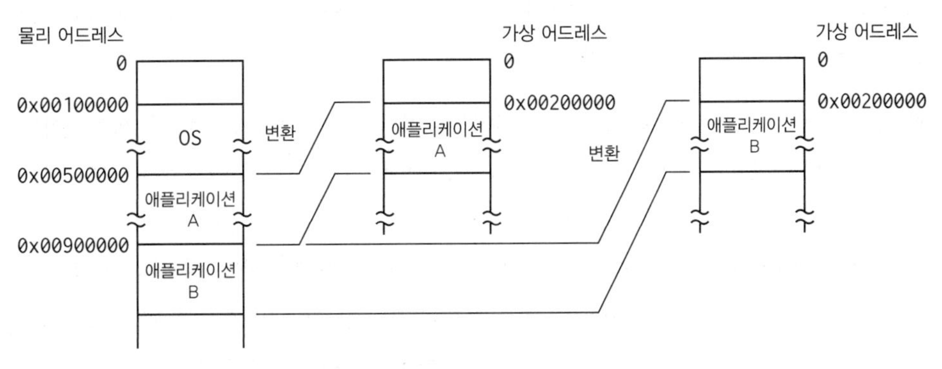

그림 19.1 애플리케이션의 어드레스 변환

애플리케이션 A가 동작을 시작할 때, 즉 CPU가 애플리케이션 A의 콘텍스트를 실행하려고 할 때 OS는 사전에 애플리케이션 A용 어드레스 변환표를 CPU에 설정한다. CPU는 이 변환표를 사용해 애플리케이션 A가 `mov` 명령 등으로 메모리를 읽고 쓰기를 할 때 어드레스를 변환한다. 애플리케이션 A가 실행하려고 한 `mov` 명령에 지정된 어드레스를 **가상 어드레스**라고 한다(필자는 '사실상의 주소'로 번역하는 편이 좋다는 생각을 '칼럼 19.1 사실상의 어드레스'에 소개한다).

이런 식으로 어드레스를 변환하는 것을 '어드레스를 **매핑**mapping한다'라고도 한다. 맵에는 지도라는 의미도 있지만 그 의미와는 조금 다르다. 어떤 숫자를 다른 숫자로 변환하는 것 또는 그 대응표 자체를 맵이라고 부른다. C++ 표준 라이브러리에 있는 `std::map<A,B>`이란 클래스도 이 의미의 맵이다. 타입 A의 숫자를 타입 B로 변환한다는 느낌이다. C의 배열도 맵의 일종이다. 인덱스 숫자를 요소의 값으로 변환하기 때문에 틀림없는 맵이다.

가상 어드레스를 물리 어드레스로 매핑하는 기능이 있다면 애플리케이션 A와 애플리케이션 B, 또는 OS의 기계어나 변수를 유지하기 위한 메모리 영역을 덮어쓰지 않도록 물리 메모리상에 배치하면서도, 각각의 애플리케이션이 실행하는 기계어는 같은 메모리 어드레스를 포함하는 것이 가능하게 된다. 이 기능은 매우 편리해서 대부분의 CPU에는 비슷한 기능이 탑재돼 있다.

이 매핑 기능에도 x86 계열의 CPU는 어드레스 매핑을 위한 기능을 두 가지 갖고 있는데, 바로 세그멘테이션과 페이징이다. 슬픈 일이지만 x86-64 아키텍처의 64비트 모드에서는 세그멘테이션이 거의 사용되지 않으므로, 여기에서는 페이징만을 설명한다. 세그멘테이션이 필요 없게 된 진짜 이유는 모르겠지만, 분명 그 기능이 거의 사용되지 않았기 때문이 아닐까하고 추측한다.

페이징paging은 메모리 어드레스 공간을 고정 길이의 영역=페이지로 나눠 페이지마다 어드레스를 매핑하는 방법이다. x86-64 아키텍처 64비트 모드에서 페이지의 크기는 4KiB, 2MiB, 1GiB에서 선택할 수 있다(기종에 따라서는 1GiB 페이지는 사용하지 않는다). **계층 페이징 구조**라는 페이징 구조에서 사용하는 어드레스 맵을 예로 들어 보겠다. 0x00200000에서 시작하는 4KiB의 페이지를 물리 어드레스의 0x00500000로 매핑해 둔다. 그렇게 하면 애플리케이션 A가 0x00200000에서 시작하는 4KiB의 영역 어딘가를 읽고 쓰려고 하면 어드레스가 변환돼[3] 물리 메모리의 0x00500000에서 시작하는 4KiB 영역의 오프셋이 같은 위치에서 읽고 쓰기가 수행된다.

애플리케이션 A를 잠시 실행한 후, 타이머 인터럽트가 발생해 애플리케이션 B의 콘텍스트로 전환한다고 하자. OS는 애플리케이션 B용의 계층 페이징 구조(어드레스 맵)를 CPU에 재설정한다. 이 계층 페이징 구조에는 가상 어드레스의 0x00200000부터 시작하는 4KiB 페이지를 물리 어드레스의 0x00900000에서 시작하는 페이지로 매핑해 둔다. 그러면 애플리케이션 B가 0x00200000로 시작하는 4KiB의 영역 어딘가를 읽고 쓰려고 하면 물리 메모리의 0x0090000에서 시작하는 4KiB 영역의 오프셋이 같은 위치에서 읽고 쓰기를 수행한다.

이와 같이 애플리케이션 A와 애플리케이션 B가 같은 가상 어드레스로 읽고 쓰기를 해도 페이징에 의해 다른 물리 어드레스의 읽고 쓰기로 변환된다.

여기서는 애플리케이션을 0x200000에 배치하는 것으로 이야기를 진행했는데, 정말로 그래도 좋은 것일까? 아니 그렇지는 않다. 애플리케이션은 OS와 절대로 중복하지 않는 가상 어드레스로 배치하고 싶지만 OS가 0x200000을 사용하지 않는다는 보장은 없다. 어디에 배치하는 것이 좋을까? 이후에는 MikanOS에서 사용하는 4계층 페이징을 전제로 애플리케이션을 배치하는 가상 어드레스를 검토하겠다.

칼럼 19.1 사실상의 어드레스

'가상'은 영어 virtual을 번역한 단어로 일반적으로 사용되지만 가상 어드레스의 '가상'에 대해서는 '사실상의'로 번역하는 편이 좋다고 생각한다. 즉 애플리케이션이 mov 명령 등으로 지정하는 메모리 어드레스는 그 애플리케이션에 있어서는 '사실상의 어드레스'이기 때문이다.

virtual의 뉘앙스는 "명목상으로는 그렇지 않지만, 사실상(또는 실질적으로는) 그렇다."는 느낌이다. virtual address는 'CPU 외부 세계에서 사용되는 '진짜' 어드레스는 아니지만

3 실제로 어드레스 변환을 수행하는 하드웨어를 MMU(memory management unit)이라 한다. MMU는 CPU에 내장돼 있으며, 어드레스 변환 외에 메모리 접근 권한 검사 등도 담당한다.

애플리케이션에 있어서는 실질적으로 virtual address가 진짜 어드레스'인 것이다. '가상'이라고 하면 상상 속의 무엇, 실체가 없는 것이라는 인상을 받는다. 가상 어드레스는 물리 어드레스가 아닌 것은 확실하지만 애플리케이션에 있어서는 가상 어드레스야 말로 어드레스이고, CPU가 실제로 해석하는 실체로서의 숫자인 것은 틀림없다.

'사실상의 어드레스'라고 쓰면 길이가 길고 보통 번역에서는 '가상 어드레스'가 사용되므로 이 책에서는 '가상 어드레스'를 사용하지만, 독자 여러분은 부디 '가상 어드레스'를 앞에서 설명한 의미로 받아들여주길 바란다.

19.3 애플리케이션의 로드와 실행(osbook_day19a)

페이징을 통해 실현하고 싶었던 것이 제대로 전해졌는가? 페이징에서는 4KiB나 2MiB 등의 고정길이로 나눈 페이지 단위로 어드레스 변환을 수행한다. '8.6 페이징 설정'에서 소개했는데 계층 페이징 구조는 이름처럼 계층적인 구조로 돼 있다. CPU는 계층 페이징 구조를 사용해 가상 어드레스를 물리 어드레스로 변환해서 메인 메모리를 읽고 쓴다. 계층의 깊이는 페이징 모드에 따라 몇 가지 종류가 있다. MikanOS에서 사용하는 x86-64의 64비트 모드에서는 4계층 페이징을 사용하므로, 지금부터는 이 4계층 페이징을 설명한다.

19.4 가상 어드레스와 계층 페이징

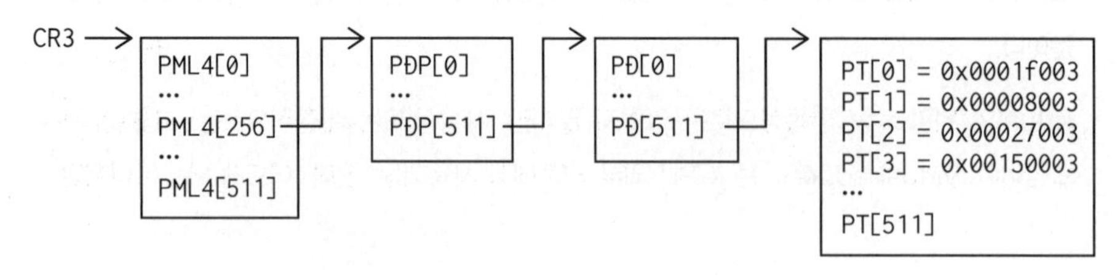

그림 19.2 애플리케이션용 계층 페이징 구조의 예

가상 어드레스(애플리케이션에 있어서는 사실상의 어드레스)가 어떤 물리 어드레스로 변환되는지를 설명하겠다. 전제로 CPU의 `CR3` 레지스터에 그림 19.2에서 보는 계층 페이징 구조를 설정했다고 가정하겠다. CPU가 가상 어드레스 0xffff800000003120에 액세스하려고 할 때 어떠한 어드레스 변환이 수행되는 것일까?

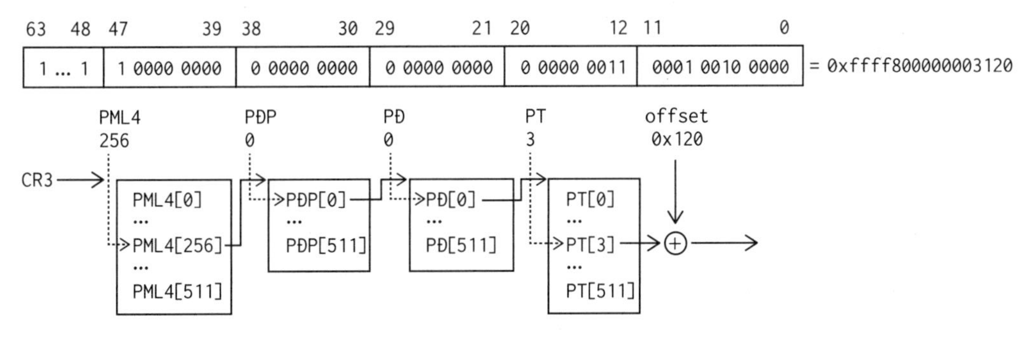

그림 19.3 가상 어드레스 구조

4계층 페이징에서 CPU는 가상 어드레스를 그림 19.3 같이 6개의 부분으로 분해해 다룬다. 비트 47:12는 9비트씩 나누고 각각을 각 단계에서의 배열 인덱스로 사용한다. 이 배열 요소(예를 들어 PML4[0])를 '페이징 구조 엔트리'로 부르겠다. 하나의 엔트리는 그림 19.4 같은 구조로 돼 있다.

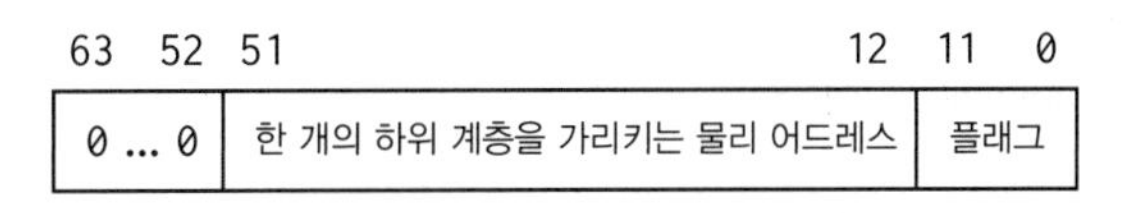

그림 19.4 페이징 구조 엔트리의 구조

40비트 폭[4]의 물리 어드레스에는 물리 어드레스를 오른쪽으로 12비트 이동한 값을 넣는다. 즉 `PML4[0] & 0x000ffffffffff000ull`란 계산으로 얻은 값이 그대로 유효한 물리 어드레스가 되게 한다. 이 물리 어드레스는 한 개의 하위 계층 페이징 구조의 선두를 가리킨다.

4 40비트 중에서 어떤 비트가 유효한지는 CPU의 기종에 따라 달라진다. 기본적으로는 새로운 기종일수록 유효한 비트 폭이 증가한다.

가상 어드레스 0xffff800000003120가 최종적으로 어떤 물리 어드레스로 변환될지는 계층 페이징 구조의 최종 단계(PT)의 엔트리에 설정된 물리 어드레스 값으로 결정한다. 그림 19.2를 보면 PT[3]=0x150003이므로 이 페이지 엔트리가 가리키는 물리 프레임의 선두는 0x150000이다. 여기에 가상 어드레스의 오프셋 0x120을 더하면 물리 어드레스를 구할 수 있다. 결국 0xffff800000003120는 0x150120로 변환된다.

리스트 19.2 페이징 구조 엔트리의 타입(paging.hpp)

```
union PageMapEntry {
  uint64_t data;

  struct {
    uint64_t present : 1;
    uint64_t writable : 1;
    uint64_t user : 1;
    uint64_t write_through : 1;
    uint64_t cache_disable : 1;
    uint64_t accessed : 1;
    uint64_t dirty : 1;
    uint64_t huge_page : 1;
    uint64_t global : 1;
    uint64_t : 3;

    uint64_t addr : 40;
    uint64_t : 12;
  } __attribute__((packed)) bits;

  PageMapEntry* Pointer() const {
    return reinterpret_cast<PageMapEntry*>(bits.addr << 12);
  }

  void SetPointer(PageMapEntry* p) {
    bits.addr = reinterpret_cast<uint64_t>(p) >> 12;
  }
};
```

페이징 구조 엔트리의 구조를 소스코드로 표현한 것이 리스트 19.2이다. 40비트의 addr 비트 필드를 실제 어드레스로 변환하기 위해 12비트를 왼쪽으로 시프트하고 있음을 알 수 있다. present 등의 플래그는 필요에 따라 설명을 추가하겠다.

그림 19.3의 설명으로 돌아가보자. CR3 레지스터에서 출발해 네 개의 인덱스를 사용해서 계층 페이징 구조를 따라 가며 최종적으로 페이지 테이블의 요소 PT[3]를 얻는다. 페이지 테이블의 요소는 물리 어드레스 공간의 4KiB 프레임을 가리키므로 거기에 비트 11:0의 값을 더해 액세스해야 하는 물리 어드레스를 얻는다.

비트 11:0은 4KiB 페이지내의 오프셋 위치다. 비트 47:12를 사용해 결정한 4KiB 프레임의 선두 어드레스에 오프셋 값을 더하면 실제로 읽고 쓸 메모리 어드레스가 구해진다.

그럼 어드레스 변환이 실제로 CPU에 의해 어떻게 처리되는지를 예로 살펴보자. 다음 두 줄의 어셈블리 언어 프로그램이 있다고 하자.

```
mov rbx, 0xc0200042
mov [rbx], rax
```

CPU가 됐다는 기분으로 두 번째 줄에서 발생하는 어드레스 변환의 모습을 상상해 보자. RBX가 가리키는 가상 어드레스는 어떤 물리 어드레스로 변환되는 것일까?

1. mov rbx, 0xc0200042는 간단하다. RBX에 0xc0200042를 기록한다.
2. 다음은 mov [rbx], rax이다. 메모리로의 쓰기인가? RBX 값은 가상 어드레스이니 우선 물리 어드레스로 변환하자.
3. CR3의 값은 A다. PML4 테이블의 위치는 A라는 걸 알 수 있다.
4. RBX의 47:39는 0이다. 그럼 A[0]를 읽자. PDP 테이블의 위치는 B라는 것을 알 수 있다.
5. RBX의 38:30은 3이다. 그러니 B[3]을 읽자. 페이지 디렉터리의 위치는 C가 된다.
6. RBX의 29:21은 1이다. C[1]을 읽자. 페이지 테이블의 위치는 D가 된다.
7. RBX의 20:12는 0이다. 그러니 D[0]을 읽자. 어드레스 E를 얻었다.
8. RBX의 11:0은 0×42다. 그러니 최종적인 물리 어드레스는 E + 0×42다.

가상 어드레스의 비트 63:48은 4계층 페이징에서는 사용되지 않는다. 사용되지 않는다고 해서 아무런 값을 설정할 수 있다는 것은 아니다. 63:48의 전체 비트를 비트 47과 동일하게 설정해두지 않으면 메모리를 읽고 쓸 때 오류(CPU 예외)가 발생한다. 즉 비트 63:48은 전체가 0이 되든지 또는 1이 되든지 둘 중 하나가 된다. 이 제약을 만족시키는 어드레스를 **캐노니컬 어드레스**Canonical address라고 한다.

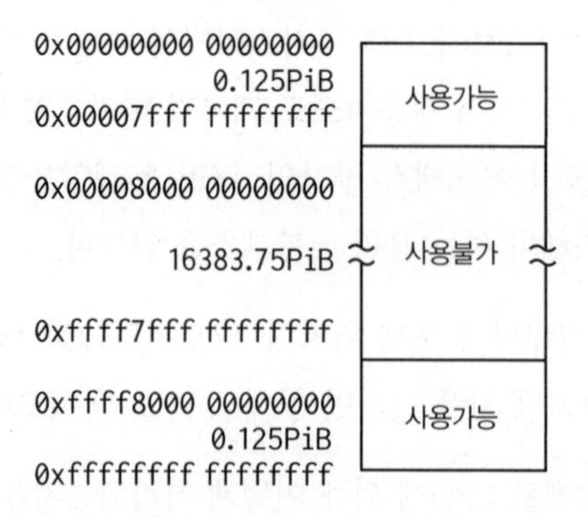

그림 19.5 프로그래머가 사용할 수 있는 가상 어드레스 공간은 많지 않다.

비트 63:47이 모두 0, 또는 모두 1인 어드레스만이 유효한 어드레스란 것은 64비트 어드레스 공간 전체에서 보면 실제로 사용할 수 있는 부분은 양쪽 끝의 아주 작은 부분임을 의미한다(그림 19.5). 사용할 수 있는 영역이 분리돼 있기 때문에 한쪽은 OS를, 다른 쪽에는 애플리케이션을 배치하는 것은 자연스러운 발상이다.

19.5 애플리케이션을 후반부로 이동시키자

MikanOS에서는 OS를 하위 어드레스쪽에, 애플리케이션을 상위 어드레스쪽에 배치하도록 한다.[5] 즉 애플리케이션은 0xffff800000000000에서 0xffffffffffffffff의 어딘가에 배치한다. 알기 쉽게 0xffff800000000000에 배치하도록 한다. 그를 위해 `rpn` 커맨드를 링크할 때 링커 옵션에서 `--image-base 0xffff800000000000`로 지정한다(리스트 19.3).

리스트 19.3 애플리케이션 공통의 Makefile

```
CXXFLAGS += -O2 -Wall -g --target=x86_64-elf -ffreestanding -mcmodel=large \
            -fno-exceptions -fno-rtti -std=c++17
LDFLAGS += --entry main -z norelro --image-base 0xffff800000000000 --static
```

5 대중적인 OS에서는 OS를 후반부, 애플리케이션을 전반부에서 동작시키는 경우가 많다. 개인적 추측으로는 추후에 사용할 수 가상 어드레스 공간이 늘어나도 애플리케이션을 다시 빌드하지 않아도 거대한 메모리 공간을 자연스럽게 사용할 수 있으며, 또는 전반부에 애플리케이션을 배치하면 효율성이 좋은 기계어가 생성되기 때문이라고 생각한다. MikanOS는 OS의 제작 용이성을 우선해 OS를 전반부에 배치하기로 했다.

`--image-base`에서 32비트를 초과하는 어드레스를 지정하는 경우 컴파일 시에 `-mcmodel =large`를 지정해 두지 않으면 링크할 때 에러가 발생한다. 이 옵션은 컴파일러에게 함수나 글로벌 변수 등의 배치 어드레스를 64비트로 출력하도록 지정한다. 이 옵션이 없으면 컴파일러는 어드레스폭을 32비트로 가정해서 기계어를 출력하므로, 0xffff800000000000 같은 32비트로는 해결할 수 없는 어드레스는 링크할 수 없다.

이상의 설정으로 컴파일&링크한 rpn 파일의 프로그램 헤더를 확인해 보자. `readelf -l rpn` 커맨드의 결과를 보면 LOAD 세그먼트는 표 19.1과 같다.

표 19.1 rpn 파일의 LOAD 세그먼트 일람

오프셋	가상 Addr	파일 사이즈	메모리 사이즈	플래그
0x0000	0xffff800000000000	0x04ec	0x04ec	R
0x1000	0xffff800000001000	0x0460	0x0460	R E
0x2000	0xffff800000002000	0x0768	0x0aa0	RW

가상 Addr가 깔끔하게 어드레스 공간의 후반부로 배치된 것 같다. 참고로 엔트리 포인트는 0xffff800000001060가 됐으며 LOAD 세그먼트의 위치에 제대로 대응하고 있다. OS는 애플리케이션을 실행하기 위해 이 LOAD 세그먼트를 지시한대로 배치해야 한다.

`rpn` 커맨드를 제대로 동작시키기 위해서는 크게 다음 두 가지 작업이 필요하다.

- ELF 파일의 프로그램 헤더를 바탕으로 계층 페이징 구조를 설정한다.
- LOAD 세그먼트를 메모리에 읽어 들인다.

프로그램 헤더나 LOAD 세그먼트는 이미 '4.5 로더를 개량하자'에서 설명했다. rpn 파일에 포함된 프로그램 헤더나 LOAD 세그먼트도 4.5절에서 설명한 헤더나 LOAD 세그먼트와 같은 것이다. 프로그램 헤더 설정에 따라 LOAD 세그먼트를 최종목적지로 복사한다. 이러한 작업을 로드라고 불렀다.

OS의 로드 처리와 애플리케이션의 로드 처리에서 크게 다른 부분은 애플리케이션에서는 LOAD 세그먼트의 가상 Addr가 물리 메모리 용량을 크게 초과한 값(구체적으로는 0xffff800000000000)로 돼 있다는 점이다. '8.3 데이터 구조의 이동'에서 소개한 `SetupIdentityPageTable()`로 설정된 아이덴티티 매핑에서는 선두 64GiB의 가상 어드레스 공간, 즉 가상 어드레스 0에서부터 0xffffffff까지가 물리 어드레스 0부터 0xffffffff까지 대응하고 있는 상태다. 따라서 계층 페이징 구조를 변경시키지 않고 LOAD 세그먼트를 복사한다면 아직 매핑되지 않은 페이지에 대한 쓰기를 하려는 것이기에 페이지 폴트라는 예외가 발생하게 된다.

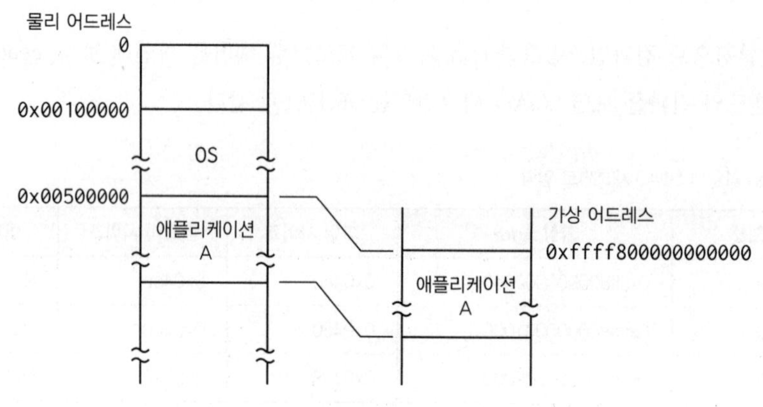

그림 19.6 애플리케이션의 어드레스 매핑 예

19.6 애플리케이션 로드

그래서 LOAD 세그먼트의 최종 목적지로 복사하기에 앞서 필요한 페이지를 설정해야 한다. 구체적으로는 가상 어드레스 0xffff800000000000에서 시작하는 가상 어드레스 범위를 적당한 물리 어드레스 범위에 대응하도록 계층 페이징 구조를 설정한다(그림 19.6). 이때 가상 어드레스 공간에서는 페이지가 연속해야 하지만 물리 어드레스 공간에서는 프레임 단위에서 연속하지 않아도 상관없다.

리스트 19.4 LoadELF()는 ELF 파일의 LOAD 세그먼트를 적당하게 배치한다.

```
Error LoadELF(Elf64_Ehdr* ehdr) {
  if (ehdr->e_type != ET_EXEC) {
    return MAKE_ERROR(Error::kInvalidFormat);
  }

  const auto addr_first = GetFirstLoadAddress(ehdr);
  if (addr_first < 0xffff'8000'0000'0000) {
    return MAKE_ERROR(Error::kInvalidFormat);
```

```
  }

  if (auto err = CopyLoadSegments(ehdr)) {
    return err;
  }

  return MAKE_ERROR(Error::kSuccess);
}
```

리스트 19.4는 애플리케이션 로드를 수행하는 LoadELF()의 구현을 보여준다. 이 함수는 계층 페이징 구조의 설정과 LOAD 세그먼트 복사 모두를 수행해 애플리케이션이 동작할 수 있는 상태로 만든다. 이 함수는 우선 주어진 ELF 파일이 실행 가능 파일인지를 확인한다(처음 if 문). 다음으로 첫 번째 LOAD 세그먼트의 가상 어드레스가 캐노니컬 어드레스의 후반부 영역으로 돼 있는지를 확인한다(두 번째 if 문). C++에서는 숫자 리터럴의 도중에 싱글 따옴표를 삽입하는 것이 가능하므로 64비트 어드레스를 4자리씩 구분했다. 알아보기 편하지 않은가?

두 개의 검사를 통과하면 드디어 로드 처리를 실행한다. 로드 처리의 본체는 CopyLoadSegments() 함수로 분리했으므로 이 함수의 구현을 살펴보겠다.

리스트 19.5 CopyLoadSegments()는 LOAD 세그먼트를 최종 목적지로 복사한다(terminal.cpp)

```
Error CopyLoadSegments(Elf64_Ehdr* ehdr) {
  auto phdr = GetProgramHeader(ehdr);
  for (int i = 0; i < ehdr->e_phnum; ++i) {
    if (phdr[i].p_type != PT_LOAD) continue;

    LinearAddress4Level dest_addr;
    dest_addr.value = phdr[i].p_vaddr;
    const auto num_4kpages = (phdr[i].p_memsz + 4095) / 4096;

    if (auto err = SetupPageMaps(dest_addr, num_4kpages)) {
      return err;
    }

    const auto src = reinterpret_cast<uint8_t*>(ehdr) + phdr[i].p_offset;
    const auto dst = reinterpret_cast<uint8_t*>(phdr[i].p_vaddr);
    memcpy(dst, src, phdr[i].p_filesz);
    memset(dst + phdr[i].p_filesz, 0, phdr[i].p_memsz - phdr[i].p_filesz);
```

```
  }
  return MAKE_ERROR(Error::kSuccess);
}
```

리스트 19.5는 CopyLoadSegments()의 구현을 보여준다. OS 본체를 로드하기 위한 같은 이름의 함수를 '4.5 로더를 개량하자'에서 구현했으며, 양쪽 모두 LOAD 세그먼트를 최종 목적지로 복사한다는 목적도 같다. 이번 구현에서는 LOAD 세그먼트의 복사에 앞서 계층 페이징 구조의 설정을 하는 것이 주요한 차이점이다.

19.7 계층 페이징 구조의 설정

계층 페이징 구조의 설정은 SetupPageMaps() 함수로 분리했다. 이 함수의 파라미터에는 LOAD 세그먼트를 배치하는 선두 어드레스(dest_addr)와 4KiB 페이지 단위의 세그먼트 크기(num_4kpages)를 전달한다. 지정한 선두 어드레스에서 지정한 페이지수만큼 계층 페이징 구조를 설정한다.

리스트 19.6 SetupPageMaps()은 계층 페이징 구조 전체를 설정한다(terminal.cpp)

```
Error SetupPageMaps(LinearAddress4Level addr, size_t num_4kpages) {
  auto pml4_table = reinterpret_cast<PageMapEntry*>(GetCR3());
  return SetupPageMap(pml4_table, 4, addr, num_4kpages).error;
}
```

SetupPageMaps()의 구현을 리스트 19.6에 정리했다. 처리는 매우 짧다. CR3 레지스터에는 계층 페이징 구조의 가장 상위 구조인 PML4의 물리 어드레스가 저장돼 있다. PML4 물리 어드레스를 취득했다면 구체적인 처리를 SetupPageMap()에 위임한다.

리스트 19.7 SetupPageMap()은 지정된 계층을 설정한다(terminal.cpp)

```
WithError<size_t> SetupPageMap(
      PageMapEntry* page_map, int page_map_level, LinearAddress4Level addr, size_t
num_4kpages) {
  while (num_4kpages > 0) {
    const auto entry_index = addr.Part(page_map_level);
```

```
    auto [ child_map, err ] = SetNewPageMapIfNotPresent(page_map[entry_index]);
    if (err) {
      return { num_4kpages, err };
    }
    page_map[entry_index].bits.writable = 1;

    if (page_map_level == 1) {
      --num_4kpages;
    } else {
      auto [ num_remain_pages, err ] =
        SetupPageMap(child_map, page_map_level - 1, addr, num_4kpages);
      if (err) {
        return { num_4kpages, err };
      }
      num_4kpages = num_remain_pages;
    }

    if (entry_index == 511) {
      break;
    }

    addr.SetPart(page_map_level, entry_index + 1);
    for (int level = page_map_level - 1; level >= 1; --level) {
      addr.SetPart(level, 0);
    }
  }

  return { num_4kpages, MAKE_ERROR(Error::kSuccess) };
}
```

계층 페이징 구조를 설정하는데 중심적인 역할을 하는 SetupPageMap()을 리스트 19.7 같이 구현했다. 전체적인 구성은 **재귀 호출**을 통해 구현하고 있다.

계층 페이징 구조는 각 계층 구조가 거의 비슷한 특징이 있다. 각 계층의 데이터 구조는 64비트 엔트리(물리 어드레스와 플래그)가 512개 나열된 배열이다. 즉 배열의 크기는 64 ×512 = 4KiB이다. PML4, PDP, PD에서 엔트리는 모두 한 개의 하위 페이징 구조를 가리키므로 처리를 공통화할 수 있다. 최하층 구조인 PT는 엔트리가 가리키는 항목이 페이징 구조가 아닌 단순한 물리 메모리 영역이라는 점이 다르지만, 512개의 64비트 값이 나열된 구조는 동일하다.

`SetupPageMap()`은 계층을 가리키는 값(`page_map_level : 4=PML4, 1=PT`), 그 계층의 페이징 구조(`page_map`), 설정 대상의 가상 어드레스 영역 선두 `addr`, 가상 어드레스 영역의 크기 `num_4kpages`라는 네 개의 파라미터를 받는다. 이 함수는 지정된 계층에서 `addr`과 `num_4kpages`로 지정된 가상 어드레스 영역을 커버하는데 충분한 범위에 페이지를 할당한다.

`rpn` 커맨드의 LOAD 세그먼트에서 선두 LOAD 세그먼트를 로드하는 경우를 예로 설명하겠다. `SetupPageMaps()`가 `SetupPageMap()`을 호출할 때 그리고 재귀 호출될 때의 파라미터 값은 표 19.2와 같다.

표 19.2 SetupPageMap()의 파라미터 예

	page_map	page_map_level	addr	num_4kpages
1회째	CR3의 값	4(=PML4)	0xffff800000000000	1
2회째	0x1000	3(=PDP)	0xffff800000000000	1
3회째	0x2000	2(=PD)	0xffff800000000000	1
4회째	0x3000	1(=PT)	0xffff800000000000	1

첫 번째 호출에 대한 자세한 처리를 따라가보자. `SetupPageMap()`은 호출되면 즉시 while 루프로 진입한다. 루프의 선두에서는 `addr.Part(page_map_level)`을 호출해, 가상 어드레스로부터 지정한 계층 값을 꺼낸다. 첫 번째 호출에서는 `page_map_level`이 4이므로 PML4의 9비트 값을 꺼낸다. 즉 `entry_index`는 256이 된다(그림 19.7). 지면 사정으로 `addr` 타입인 `LinearAddress4Level`의 정의는 소개하지 않는다. 간단한 정의이므로 소스코드를 참조하자.

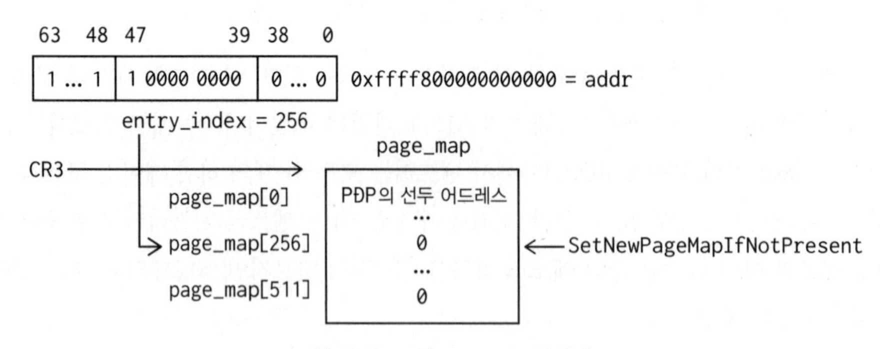

그림 19.7 addr과 entry_index의 관계

entry_index의 취득이 끝났다면 SetNewPageMapIfNotPresent(page_map[entry_index]) 처리를 수행한다. 이 함수는 새로운 페이징 구조를 생성해 엔트리에 설정하는 함수다. 내용을 살펴보겠다.

리스트 19.8 SetNewPageMapIfNotPresent()는 필요에 따라 새로운 페이징 구조를 생성해 설정한다(terminal.cpp)

```
WithError<PageMapEntry*> SetNewPageMapIfNotPresent(PageMapEntry& entry) {
  if (entry.bits.present) {
    return { entry.Pointer(), MAKE_ERROR(Error::kSuccess) };
  }

  auto [ child_map, err ] = NewPageMap();
  if (err) {
    return { nullptr, err };
  }

  entry.SetPointer(child_map);
  entry.bits.present = 1;

  return { child_map, MAKE_ERROR(Error::kSuccess) };
}
```

SetNewPageMapIfNotPresent()의 구현이 리스트 19.8에 나와 있다. 이 함수는 파라미터로 페이징 구조의 엔트리를 받는다. 엔트리의 present 플래그가 1이라면 이 엔트리는 이미 유효한 값이 설정됐다고 인식해 아무것도 하지 않고 종료한다. 플래그가 0이라면 새로운 페이징 구조를 생성(NewPageMap())하고 엔트리의 addr 필드에 설정(SetPointer())한다. SetupPageMap()의 첫 번째 호출에서는 page_map[256]의 present 플래그가 0일 것이므로 이 생성처리가 실행될 것이다.

present 플래그는 엔트리가 유효한지 유효하지 않은지를 나타낸다. 플래그가 0이라면 엔트리는 유효하지 않으며, 유효한 물리 어드레스가 설정돼 있지 않음을 의미한다. 유효하지 않은 엔트리를 가리키는 가상 어드레스 범위에서 읽고 쓰기를 하려고 하면, CPU는 페이지 폴트를 발생시킨다. 예를 들어 PML4[256]의 present 플래그가 0일 때 0xffff800000000000에서 ffff807fffffffff의 범위에 대한 mov 명령을 실행하면 페이징 폴트가 발생한다.

이제 SetupPageMap()의 while 루프 설명으로 돌아가보자. 지금 본 바와 같이 SetNewPage MapIfNotPresent(page_map[entry_index])의 처리가 끝나는 단계에서 page_map[entry _index]의 addr 필드에는 한 개의 하위 페이징 구조를 가리키는 어드레스가 설정된 상태가 됐다. 이 함수의 반환 값을 받는 부분이 auto [...]라는 익숙치 않은 형태로 돼 있다. 이것은 구조화된 바인딩의 참조 캡처Reference capture of structured bindings라는 C++ 기능으로 반환 값이 구조체인 경우에 각 필드를 개별 변수로 받을 수 있다. 자세한 내용은 '칼럼 19.2'에서 소개한다.

다음으로 page_map[entry_index].bits.writable = 1; 처리를 해서 writable 플래그를 1로 설정한다. 이 플래그는 이름 그대로 엔트리가 나타내는 가상 어드레스 범위에 쓰기를 허가하기 위한 플래그다.

그 다음에는 page_map_level 값에 따라 경우를 나눈다. 처음에는 page_map_level이 4이므로 else 절이 실행된다. else 절에서는 좀 전에 생성한 한 개의 하위 페이징 구조 child _map 설정을 수행한다. 호출하는 함수는 SetupPageMap()이다. 이런 식으로 자기자신을 호출하는 방식을 재귀호출이라 한다.

재귀호출의 파라미터를 자세하게 살펴보자. SetupPageMap(child_map, page_map_level - 1, addr, num_4kpages)로 돼 있다. 첫 번째 파라미터 child_map은 while 루프의 시작 부분에서 생성한 한 개의 하위 페이징 구조다. 두 번째 파라미터 page_map_level - 1은 한 개의 하위 계층 레벨을 나타낸다. 두 개의 파라미터는 모두 하나의 하위 계층을 나타내는 값으로 돼 있다는 공통점이 있다.

재귀호출하는 프로그램을 작성할 때는 재귀함수의 파라미터와 반환 값의 의미를 결정해 두는 것이 포인트다. 파라미터는 정해졌기 때문에 반환 값을 생각하겠다. SetupPage Map()는 미처리 페이지의 수를 반환하는 것으로 한다. 파라미터 num_4kpages로 처리해야 할 페이지 수가 전달되지만, 한번에 모든 페이지를 매핑할 수는 없다. page_map_ level이 1일 때는 1페이지씩밖에 매핑할 수 없고, page_map_level이 2일 때는 최대 512페이지밖에 매핑할 수 없다. 파라미터 num_4kpages에서 매핑한 페이지 수를 뺀 수를 반환 값으로 하면 좋을 것이다.

```
addr.SetPart(page_map_level, entry_index + 1);
for (int level = page_map_level - 1; level >= 1; --level) {
```

```
    addr.SetPart(level, 0);
  }
```

while 루프의 마지막 처리를 다시 실었다. 첫 번째 줄은 가상 어드레스 중에서 page_map_level에 해당하는 필드에 entry_index + 1을 설정하고 있다. 결과적으로 다음 루프 시작 시에 취득하는 entry_index가 1씩 증가하는 상태가 돼, 페이징 구조의 엔트리를 차례차례 설정하게 된다. 계속되는 for 문에서는 하위 필드에 모두 0을 설정하고 있다. 이 작업은 결국 엔트리 값을 증가시켜가면서 페이징 구조를 완성하는 처리다.

이제 SetupPageMap()의 대부분을 설명했다. 재귀호출을 할 때 결정했듯이 SetupPageMap()은 마지막에 미처리 페이지의 수를 반환해야 한다. num_4kpages는 처리되지 않은 페이지 수를 갖고 있기 때문에 이 값을 반환해서 처리를 완료한다.

이제 이야기를 CopyLoadSegments()로 돌려보자. 이 함수의 임무는 LOAD 세그먼트를 적당한 위치에 배치하는 것이었다. 프로그램 헤더를 하나씩 보고 종류가 LOAD 세그먼트라면 p_vaddr로 지정된 가상 어드레스에 대한 적절한 계층 페이지 구조를 설정하고, 이 가상 어드레스에 LOAD 세그먼트의 내용을 복사한다. 좀 전에 계층 페이징 구조를 설정하는 함수 SetupPageMaps()를 설명했다. 남은 것은 LOAD 세그먼트의 내용 복사 작업이지만 리스트 4.17과 거의 동일한 처리이므로 설명은 생략한다.

19.8 계층 페이징 구조의 정돈

지금까지 애플리케이션을 구동하기 위해 필요한 계층 페이징 구조 설정과 LOAD 세그먼트의 복사를 설명했다. 애플리케이션은 언젠가는 종료하기 때문에 종료 시의 정돈도 수행할 필요가 있다. 생성한 페이징 구조나 LOAD 세그먼트를 복사하기 위한 물리 메모리 영역을 해제하는 것이 주요 뒷정리다.

리스트 19.9 CleanPageMaps()는 애플리케이션용의 페이징 구조를 파기한다(terminal.cpp)

```
Error CleanPageMaps(LinearAddress4Level addr) {
  auto pml4_table = reinterpret_cast<PageMapEntry*>(GetCR3());
  auto pdp_table = pml4_table[addr.parts.pml4].Pointer();
  pml4_table[addr.parts.pml4].data = 0;
```

```
  if (auto err = CleanPageMap(pdp_table, 3)) {
    return err;
  }

  const auto pdp_addr = reinterpret_cast<uintptr_t>(pdp_table);
  const FrameID pdp_frame{pdp_addr / kBytesPerFrame};
  return memory_manager->Free(pdp_frame, 1);
}
```

리스트 19.9는 뒷정리용 함수 CleanPageMaps()의 구현을 보여준다. 이 함수는 SetupPageMaps()가 확보한 4KiB 페이지를 전부 해제시키는 것이 임무다. 구현을 간단히 하기 위해 PML4 테이블에는 한 개의 엔트리 포인트가 있다고 가정하고 있다. PML 테이블에 여러 개의 엔트리가 필요할 정도의 커다란 메모리가 필요한 애플리케이션은 만들지 않으므로 문제없다.

리스트 19.10 CleanPageMap()은 지정된 페이징 구조 내의 엔트리를 모두 제거한다(terminal.cpp)

```
Error CleanPageMap(PageMapEntry* page_map, int page_map_level) {
  for (int i = 0; i < 512; ++i) {
    auto entry = page_map[i];
    if (!entry.bits.present) {
      continue;
    }

    if (page_map_level > 1) {
      if (auto err = CleanPageMap(entry.Pointer(), page_map_level - 1)) {
        return err;
      }
    }

    const auto entry_addr = reinterpret_cast<uintptr_t>(entry.Pointer());
    const FrameID map_frame{entry_addr / kBytesPerFrame};
    if (auto err = memory_manager->Free(map_frame, 1)) {
      return err;
    }
    page_map[i].data = 0;
  }

  return MAKE_ERROR(Error::kSuccess);
}
```

리스트 19.10에 페이징 구조의 엔트리를 모두 제거하기 위한 CleanPageMap() 함수를 나타냈다. present 비트가 설정돼 있다면 바로 제거한다. 물론 재귀적으로 제거해야 하므로 CleanPageMap()을 재귀적으로 호출한다.

이제 지금까지의 설명으로 계층 페이징 구조의 설정을 하기 위한 주요한 함수에 대한 설명을 끝마쳤다. 긴 여행이었다. 마지막으로 설명해야 하는 프로그램이 아주 조금 남았다.

리스트 19.11 LoadFile()은 파일 내용을 버퍼로 읽어 들인다(fat.cpp)

```
size_t LoadFile(void* buf, size_t len, const DirectoryEntry& entry) {
  auto is_valid_cluster = [](uint32_t c) {
    return c != 0 && c != fat::kEndOfClusterchain;
  };
  auto cluster = entry.FirstCluster();

  const auto buf_uint8 = reinterpret_cast<uint8_t*>(buf);
  const auto buf_end = buf_uint8 + len;
  auto p = buf_uint8;

  while (is_valid_cluster(cluster)) {
    if (bytes_per_cluster >= buf_end - p) {
      memcpy(p, GetSectorByCluster<uint8_t>(cluster), buf_end - p);
      return len;
    }
    memcpy(p, GetSectorByCluster<uint8_t>(cluster), bytes_per_cluster);
    p += bytes_per_cluster;
    cluster = NextCluster(cluster);
  }
  return p - buf_uint8;
}
```

클러스터 체인을 따라 가서 파일을 읽는 처리는 여러 위치에서 필요하다. 그때마다 클러스터 체인을 읽는 while 루프를 작성하는 것은 낭비이므로 함수화했다(리스트 19.11). LoadFile()은 디렉터리 엔트리에 의해 지정된 파일을 지정된 버퍼 buf로 읽어 들인다. 버퍼 크기(바이트 배열)를 len에 지정한다. 이전에 나온 코드와 거의 동일하므로 내부 동작에 대한 설명은 생략한다.

리스트 19.12 애플리케이션을 읽어 들여 실행할 때까지의 흐름(terminal.cpp)

```
auto argv = MakeArgVector(command, first_arg);
if (auto err = LoadELF(elf_header)) {
  return err;
}

auto entry_addr = elf_header->e_entry;
using Func = int (int, char**);
auto f = reinterpret_cast<Func*>(entry_addr);
auto ret = f(argv.size(), &argv[0]);

char s[64];
sprintf(s, "app exited. ret = %d\n", ret);
Print(s);

const auto addr_first = GetFirstLoadAddress(elf_header);
if (auto err = CleanPageMaps(LinearAddress4Level{addr_first})) {
  return err;
}
```

애플리케이션을 읽어 들여 실행하는 처리를 리스트 19.12와 같이 구현했다. 좀 전에 제작한 `LoadELF()`를 사용해 애플리케이션의 LOAD 세그먼트를 적절한 가상 어드레스로 읽어 들인 다음, ELF 헤더로부터 엔트리 포인트의 어드레스를 가져와서 점프한다. 이전에는 엔트리 포인트의 어드레스 `entry_addr`를 실제 메모리 어드레스로 변환하기 위해 값을 조정했지만, 지금은 페이징이 제대로 설정돼 있기 때문에 조정은 불필요하다. 애플리케이션 실행이 끝나면 종료 코드를 표시하고, 계층 페이징 구조를 제거해 처리를 완료한다.

이번에는 제대로 올바른 계산결과가 표시됐다(그림 19.8). 애플리케이션이 제대로 가상 어드레스의 후반부 영역에서 동작하고 있다는 증거다. 페이징 작전, 대성공이다!

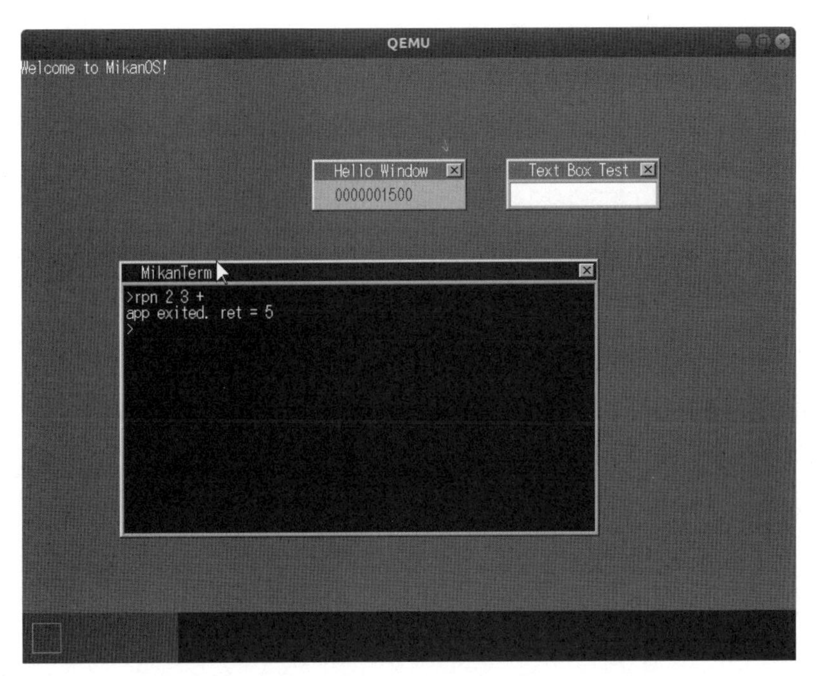

그림 19.8 표준 라이브러리를 사용하도록 개조한 rpn 커맨드(재도전)

칼럼 19.2 구조화된 바인딩

함수의 반환 값이 구조체(클래스)인 경우 그 멤버를 개별 변수로 받는 것이 가능한 기능이다. 본문에서는 다음과 같이 사용하고 있다.

```
auto [ child_map, err ] = SetNewPageMapIfNotPresent(page_map[entry_
index]);
```

SetNewPageMapIfNotPresent()의 반환 값은 WithError<PageMapEntry*>라는 2개의 멤버를 가진 구조체다. 이렇게 작성하면 선두의 멤버가 child_map으로, 두 번째의 멤버가 err로 바인딩된다. 이것이 구조화된 바인딩이다. 구조화된 바인딩을 능숙히 사용해 읽기 쉬운 프로그램을 목표로 하자!

구조화된 바인딩에선 변수 타입을 반드시 auto로 해야 한다. 개별 변수에 대해 개별적으로 타입을 지정할 수 없다. 또한 사용하지 않는 멤버도 모두 받아야 하므로 다른 프로그래밍 언어처럼 _를 사용해 읽은 다음 버리는 기능은 없다. 다음과 같이 작성하면 읽은 후 버려지는 것으로 생각할지도 모르겠다.

```
auto [ child_map, _ ] = SetNewPageMapIfNotPresent(page_map[entry_
index]);
```

하지만 이것은 단순히 _라는 이름의 변수에 값을 받고 있는 것이다. 그렇다. C++에서는 _도 식별자로 유효한 이름이다(_로 시작하는 식별자는 예약어인 경우가 많으니 실전에서는 피하자).

20장

시스템 콜

애플리케이션의 입출력 방법은 지금 시점에서는 커맨드라인 파라미터와 종료 코드밖에 없다. 다른 OS라면 애플리케이션에서 문자열을 출력하거나 그림 그리기가 가능하다. 20장에서는 MikanOS에 시스템 콜을 탑재해 애플리케이션이 OS에 여러 가지 명령을 할 수 있게 해 본다. 20장이 끝날 무렵에는 애플리케이션에서 터미널에 문자열을 표시할 수 있게 된다.

20.1 애플리케이션이 OS의 기능을 사용하는 방법(osbook_day20a)

rpn 커맨드가 결과를 출력하는 방법이 main 함수의 반환 값밖에 없다는 것은 뭔가 허전하다. 일반 프로그래밍 환경이라면 printf() 같은 함수로 문자열을 출력할 수 있으며, 좀 더 풍부한 처리 환경을 갖고 있다면 간단하게 그림 그리기도 가능하다. MikanOS의 애플리케이션에서도 그런 작업을 하고 싶다.

잘 생각하면 OS 본체에서는 문자열도 그림도 화면에 그리고 있는 것이다. 애플리케이션에서 그러한 기능을 호출할 수 있다면 상당히 간단하게 구현할 수 있지 않을까? 사용하고 싶은 OS 기능이 함수로 돼 있다면 해당 함수가 놓여 있는 주소만 알면 호출할 수 있을 것이다. OS에 포함되는 함수도 애플리케이션 내의 함수와 동일하게 메모리상에 놓여 있는 함수이기 때문이다.

함수가 배치된 가상 어드레스를 조사하는 것은 간단하다. nm이라는 리눅스 커맨드를 사용하면 파일 중의 심볼 이름과 어드레스 목록을 얻을 수 있다. 거기에서 원하는 심볼을 찾으면 된다. 시험 삼아 printk의 어드레스를 찾아보겠다.

```
$ nm -C kernel/kernel.elf | grep printk
000000000010b000 T printk(char const*, ...)
```

printk의 가상 어드레스가 0×10b000인 것을 알 수 있다. 간단하다. nm에 주어진 -C 옵션은 심볼을 디맹글demangle해서 표시하기 위한 옵션이다. C++ 함수 심볼은 파라미터 타입이 이름의 일부분이 되도록 맹글mangle돼 있으므로 디맹글해야 읽기가 쉬워진다.

리스트 20.1 필요한 심볼의 어드레스를 정의한다(rpn/rpn.cpp)

```
#include <cstring>
#include <cstdlib>
#include "../../kernel/graphics.hpp"

auto& printk = *reinterpret_cast<int (*)(const char*, ...)>(0x000000000010b000);
auto& fill_rect = *reinterpret_cast<decltype(FillRectangle)*>
(0x000000000010c1c0);
auto& scrn_writer = *reinterpret_cast<decltype(screen_writer)*>
(0x000000000024d078);
```

그렇게 디맹글해서 취득한 어드레스를 사용해 리스트 20.1처럼 몇 개의 함수 및 글로벌 변수에 대한 참조를 정의했다. `reinterpret_cast< 타입*>(어드레스)`를 사용하면 임의의 정수를 포인터 타입으로 변환하는 것이 가능하다.

'타입' 부분에 지정하고 있는 `decltype(...)`은 낯설지도 모르겠다. `decltype(식)`은 '식'의 타입을 얻을 수 있다. 즉 `decltype(FillRectangle)`은 `FillRectangle()` 함수의 타입, `decltype(screen_writer)`은 screen_writer 변수의 타입이 된다. decltype을 사용하지 않고 타입을 직접 써도 괜찮지만 `FillRectangle()` 타입의 경우에는 길기 때문에 직접 쓰고 싶지는 않았다.

리스트 20.2 OS의 기능을 직접 사용해서 문자열이나 그림을 그린다(rpn/rpn.cpp)

```
extern "C" int main(int argc, char** argv) {
  stack_ptr = -1;

  for (int i = 1; i < argc; ++i) {
    if (strcmp(argv[i], "+") == 0) {
      long b = Pop();
      long a = Pop();
      Push(a + b);
      printk("[%d] <- %ld\n", stack_ptr, a + b);
    } else if (strcmp(argv[i], "-") == 0) {
      long b = Pop();
      long a = Pop();
      Push(a - b);
      printk("[%d] <- %ld\n", stack_ptr, a - b);
    } else {
      long a = atol(argv[i]);
      Push(a);
      printk("[%d] <- %ld\n", stack_ptr, a);
    }
  }

  fill_rect(*scrn_writer, Vector2D<int>{100, 10}, Vector2D<int>{200, 200},
ToColor(0x00ff00));

  if (stack_ptr < 0) {
    return 0;
  }
  return static_cast<int>(Pop());
}
```

정의한 심볼을 사용해 문자열이나 그림을 그리는 코드를 작성해서 추가한 프로그램이 리스트 20.2이다. 계산에 따른 스택의 변화를 콘솔에 표시하고, 마지막에 적당한 녹색 사각형을 그려보기로 했다. 이제 이 코드를 빌드해 실행해 보겠다(그림 20.1).

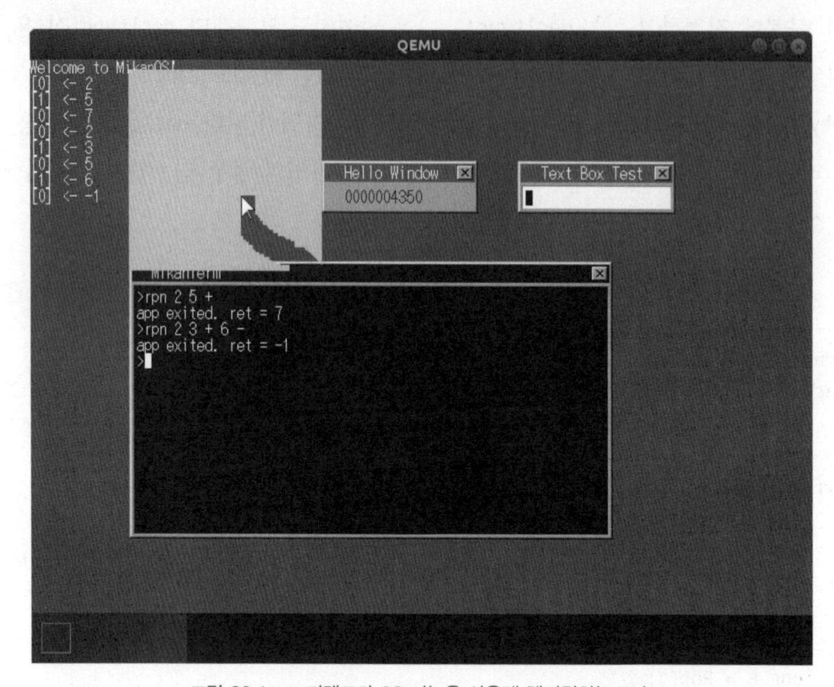

그림 20.1 rpn 커맨드가 OS 기능을 사용해 렌더링하는 모습

계산은 지금까지 제대로 실행되고 있는 것 같다. 이 외에 콘솔로 스택의 변화가 표시되고 녹색 사각형이 등장했다. 성공이다. 이런 식으로 하면 지금까지 제작해온 OS 함수를 자유롭게 호출해 다양한 애플리케이션을 작성할 수 있게 될 것이다.

20.2 OS를 지키자(1)(osbook_day20b)

그런데 조금 생각해 보면 애플리케이션에서 OS 함수를 자유롭게 호출할 수 있는 것은 보안적으로는 전혀 바람직하지 않다. 함수를 호출하는 것뿐만 아니라 임의의 메모리 영역을 읽고 쓰는 것도 할 수 있게 된다. 악의를 가진 사람이 만든 공격용 애플리케이션을 실행시켜버리면 시스템 전체를 파괴시키거나 중요한 데이터를 도둑맞을 수 있다. 자신이 만든 애플리케이션만을 사용한다면 괜찮을지도 모르겠지만 애플리케이션 버그가 OS에 악영향을 줄 가능성이 있다. OS가 불안정해져서 시스템이 강제 종료해 버리면 원인 찾기도 어려워지고, 디버깅하는 것이 매우 곤란해진다.

그런 이유로 애플리케이션이 OS 함수나 변수를 사용할 수 없게 하겠다. 구체적으로는 x86-64가 갖춘 보호 구조를 사용해 애플리케이션을 사용자 모드에서 실행하도록 만든다. 구조의 중심적인 역할을 하는 것이 코드 세그먼트에 설정하는 DPL이다. DPL은 '7.3 인터럽트 벡터'에서 나온 단어로, 거기서는 인터럽트 핸들러의 실행권한을 설정하기 위해 DPL을 사용한다고 설명했다. 사실 DPL은 인터럽트 핸들러 이외에도 x86-64의 다양한 위치에서 등장하며, 실행권한을 결정하는 중요한 개념이다.

x86-64 아키텍처에는 0부터 3까지 4개의 권한 레벨이 존재한다. 0이 가장 권한이 높으며, 일반적으로 OS 본체(커널)가 동작하는 레벨로 사용한다. 3이 가장 낮은 권한이며 애플리케이션을 동작시키는데 사용하는 경우가 많다. 그림 20.2 같이 동심원(링) 모양으로 돼 있다고 생각할 수 있으며, 권한 레벨 x를 링 x라고 부르기도 한다.

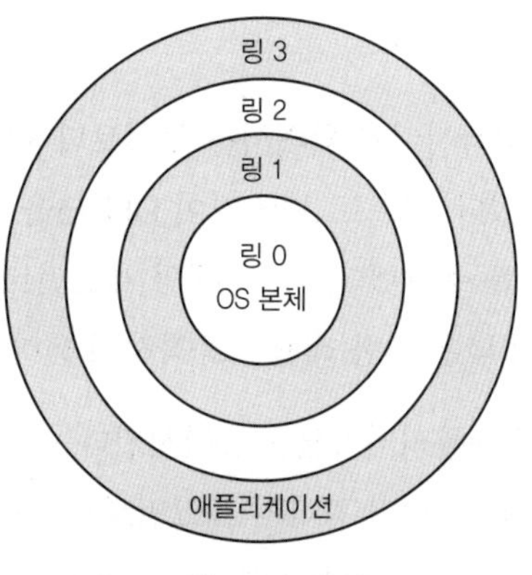

그림 20.2 보호 링

링 0에서는 모든 명령을 실행할 수 있지만, 링 3에서는 예를 들어 `hlt` 명령은 실행할 수 없다. `hlt`를 실행할 수 있게 허락해 버리면 애플리케이션이 멋대로 CPU를 멈출 수 있게 된다. CPU를 쉬게 하거나 다른 해야 할 처리를 할당하는 일은 OS가 관리하는 일이기 때문에 애플리케이션이 멋대로 멈춰서는 안 된다. 네 개의 권한 레벨 중에서 두 개만 사용하는 경우는 링 0과 3을 사용하라고 Intel SDM에서 적혀 있으므로, MikanOS에서도 링 0은 OS 본체, 링 3은 애플리케이션이 사용하도록 한다.

리스트 20.3 애플리케이션용 세그먼트 디스크립터를 작성한다(segment.cpp)

```
void SetDataSegment(SegmentDescriptor& desc,
                    DescriptorType type,
                    unsigned int descriptor_privilege_level,
                    uint32_t base,
                    uint32_t limit) {
  SetCodeSegment(desc, type, descriptor_privilege_level, base, limit);
  desc.bits.long_mode = 0;
  desc.bits.default_operation_size = 1; // 32-bit stack segment
}

void SetupSegments() {
  gdt[0].data = 0;
  SetCodeSegment(gdt[1], DescriptorType::kExecuteRead, 0, 0, 0xfffff);
  SetDataSegment(gdt[2], DescriptorType::kReadWrite, 0, 0, 0xfffff);
  SetCodeSegment(gdt[3], DescriptorType::kExecuteRead, 3, 0, 0xfffff);
  SetDataSegment(gdt[4], DescriptorType::kReadWrite, 3, 0, 0xfffff);
  LoadGDT(sizeof(gdt) - 1, reinterpret_cast<uintptr_t>(&gdt[0]));
}
```

애플리케이션을 링 3으로 동작시키기 위해서는 무엇보다 애플리케이션용 세그먼트 디스크립터를 작성할 필요가 있다. 리스트 20.3 같이 DPL=3을 가진 코드 세그먼트(gdt[3])와 데이터 세그먼트(gdt[4])를 추가했다. 이 두 개의 세그먼트를 사용해 애플리케이션을 구동시키면 애플리케이션이 낮은 권한 레벨로 동작하게 된다.

두 개의 세그먼트를 사용해 애플리케이션을 동작시킨다는 것은 어떤 의미일까? 이것은 정확히 CS 레지스터와 SS 레지스터가 각각의 세그먼트를 가리키는 것을 뜻한다. 세그먼트 레지스터는 그림 20.3 같은 구조로 돼 있다. 이 중 Index 필드에 GDT의 인덱스를 설정함으로써 세그먼트 레지스터가 세그먼트를 가리키는 상태가 된다.

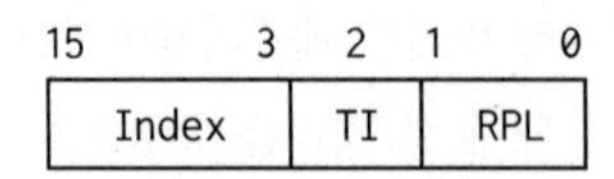

그림 20.3 세그먼트 레지스터의 구조

CS Index에 3을 설정하면 CS가 애플리케이션용 코드 세그먼트 gdt[3]을 가리키는 상태가 된다. 마찬가지로 SS Index에 4를 설정하면 SS가 애플리케이션용 데이터 세그먼트 gdt[4]를 가리키게 된다. 이 처리는 '8장 메모리 관리'에서 작성한 SetCSSS() 같은 처리로 가능할 것이다.

리스트 20.4 CallApp()은 지정된 애플리케이션을 지정된 환경에서 호출한다(asmfunc.asm)

```
global CallApp
CallApp:    ; void CallApp(int argc, char** argv, uint16_t cs, uint16_t ss,
uint64_t rip, uint64_t rsp);
    push rbp
    mov rbp, rsp
    push rcx ; SS
    push r9 ; RSP
    push rdx ; CS
    push r8 ; RIP
    o64 retf
    ; 애플리케이션이 종료해도 이후 코드는 실행되지 않음
```

지금까지의 설명으로 알게 됐으니 CS와 SS를 애플리케이션용 세그먼트를 가리키도록 해서 애플리케이션을 실행하는 함수 CallApp()을 구현해봤다(리스트 20.4). SetCSSS()와 처리는 비슷하지만 명확히 다른 부분은 SS의 설정 방법이다. mov 명령으로 설정하는 것이 아니고 스택에 값을 넣고 있다. 이게 어찌된 일일까?

실은 DPL이 지금보다 큰(권한이 지금보다 낮은) 코드 세그먼트로 far return하는 경우, CS와 RIP만이 아니라 SS와 RSP도 스택에서 뽑아내도록 돼 있기 때문이다. 그 기능을 사용해 CS와 SS를 동시에 설정하자는 것이다. RIP와 RSP로 애플리케이션의 엔트리 포인트 어드레스와 애플리케이션용 스택 영역의 어드레스를 설정해두면 OS에서 애플리케이션으로 실행이 이동할 것이다.

그림 20.3 같이 세그먼트 레지스터에는 RPL Request Privilege Level 필드가 있다. 이 필드는 대부분의 경우 Index가 가리키는 세그먼트의 DPL과 같은 값으로 할 필요가 있다. 그러므로 애플리케이션용 코드 및 데이터 세그먼트(DPL=3)를 Index에 설정할 때는 RPL=3으로 한다.

CS의 RPL 필드는 특별히 CPL이라고 부른다. Current란 이름에서 알 수 있듯이 CPL은 CPU의 현재 동작권한 레벨을 의미한다. CPU는 CS 레지스터가 갱신되면 그 직후부터 설정된 CPL로 동작한다. 즉 far return 명령에 의한 CS 값 교체는 CPU의 동작 모드를 바꾸는 마커 같은 기능을 한다. 즉 CS를 다시 써서 "지금부터 OS 모드로 처리를 하겠다.", "여기서부터는 애플리케이션 모드이므로 특권 명령은 실행할 수 없다!" 같이 특권 모드를 기민하게 전환할 수 있다.

덧붙여 CPL이 0보다 큰 숫자일 때 소프트웨어 인터럽트를 발생시킨다면 어떻게 될까? 인터럽트 발생 시 CPL은 인터럽트 디스크립터에 적힌 DPL과 비교되며, CPL≦DPL인 경우에만 인터럽트를 정상적으로 실행할 수 있다. MikanOS에서는 DPL=0을 설정하고 있기 때문에 CPL≦DPL은 성립하지 않는다. 그렇게 되면 일반보호 예외가 발생한다. 이는 낮은 권한(수치적으로는 큰 CPL)으로 동작하는 애플리케이션이 높은 권한(수치적으로는 작은 DPL)의 인터럽트 핸들러를 실행할 수 없도록 하기 위해서다.

본 이야기로 되돌아오자. 애플리케이션용 코드 세그먼트와 데이터 세그먼트를 준비하고, 이들 세그먼트로 전환해 애플리케이션을 기동시키는 함수(CallApp)를 구현했다. 애플리케이션을 DPL=3로 동작시키기 위해 다음으로 해야 하는 작업은 계층 페이징 구조의 설정 변경이다. 리스트 19.2에 있는 페이징 구조 엔트리를 보면 user라는 플래그가 있다. 이 플래그가 중요하다.

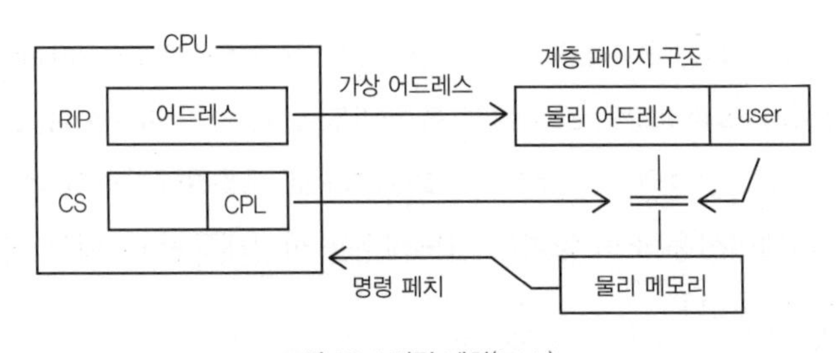

그림 20.4 명령 페치(fetch)

CPU는 RIP에서 가리키는 가상 어드레스의 명령을 읽어 들여 동작한다. 이 동작을 명령 페치[fetch]라고 부르며 그림 20.4 같은 이미지다. 명령을 읽으려고 할 때 RIP에 대응하는 페이지의 user 플래그를 확인한다. user 플래그가 0인 경우에는 CPU가 CPL<3으로 동작 중인 경우에만 메모리 액세스가 허가된다. user 플래그가 1인 경우에는 CPL 값에 상

관없이 메모리 액세스가 허용된다. 지금 시점에서는 애플리케이션을 배치한 0xffff800000000000 이후의 가상 어드레스에 대응하는 엔트리에서는 user 플래그가 0으로 돼 있으므로 CS를 애플리케이션용 코드 세그먼트로 전환해 CPL=3이 됐다면 명령 페치가 금지돼 페이징 폴트가 발생해 버린다.

리스트 20.5 애플리케이션을 배치한 페이지의 user 비트를 1로 설정한다(terminal.cpp)

```
    auto [ child_map, err ] = SetNewPageMapIfNotPresent(page_map[entry_index]);
    if (err) {
      return { num_4kpages, err };
    }
    page_map[entry_index].bits.writable = 1;
    page_map[entry_index].bits.user = 1;
```

리스트 20.5 같이 애플리케이션 ELF 파일을 배치한 페이지의 user 비트를 1로 설정했다. 이렇게 해두면 CPL=3이 된 후에도 명령 페치가 가능하다. OS 본체가 배치된 페이지(64비트 어드레스 공간의 전반부 부분)의 user 비트는 변경하지 않기 때문에 애플리케이션이 OS 영역에 닿으려고 하면 페이지 폴트가 발생한다. 실은 이것이야말로 구현하고 싶었던 OS의 보호다. OS 영역의 user 비트를 0, 애플리케이션 영역의 user 비트를 1로 해두고 CPL=3으로 전환하면 애플리케이션이 OS 함수나 변수를 읽고 쓸 수 없도록 보호하는 것이 가능해진다.

리스트 20.6 전용 스택을 지정해서 애플리케이션을 기동한다(terminal.cpp)

```
  LinearAddress4Level stack_frame_addr{0xffff'ffff'ffff'e000};
  if (auto err = SetupPageMaps(stack_frame_addr, 1)) {
    return err;
  }

  auto entry_addr = elf_header->e_entry;
  CallApp(argc.value, argv, 3 << 3 | 3, 4 << 3 | 3, entry_addr,
      stack_frame_addr.value + 4096 - 8);

  /*
  char s[64];
  sprintf(s, "app exited. ret = %d\n", ret);
  Print(s);
  */
```

리스트 20.6은 애플리케이션의 기동 처리를 보여준다. 지금까지는 auto ret = f(argv.size(), &argv[0]);으로 애플리케이션의 엔트리 포인트를 일반 함수와 동일한 방법으로 호출하고 있었다. 지금부터는 애플리케이션을 DPL=3 세그먼트로 동작시키기 위해 CallApp()을 사용해 기동시킨다.

CallApp()은 커맨드라인 파라미터 개수와 문자열(argc와 argv), 애플리케이션용 코드 세그먼트 및 스택 세그먼트의 셀렉터 값, 그리고 RIP와 RSP의 초기 값 등 파라미터를 여섯 개 받는다. 세 번째 파라미터의 3 << 3 | 3은 같은 숫자가 연속하고 있어서 이해하기 어려울지도 모르겠다. 이 값은 우선 3 << 3을 계산해 0b11000이 되며, 그 결과에 3을 OR 해서 0b11011이 된다. 세그먼트의 Index 필드에 맞추기 위해서 비트 시프트(<<)를 사용했으며, RPL에 값을 설정하기 위해 비트 OR(|)를 사용했다.

CallApp()의 구현(리스트 20.4)을 잘 보면 RDI와 RSI를 사용하고 있지 않은 것으로 보인다. 이 두 개의 레지스터에는 첫 번째, 두 번째 파라미터(argc와 argv)를 전달했다. 이들을 무시해도 좋은 걸까? 그렇다. 무시해도 괜찮다. 이 두 개의 레지스터 값을 변경하지 않고 retf 명령을 실행함으로써 애플리케이션의 엔트리 포인트인 함수의 첫 번째, 두 번째 파라미터 값을 그대로 이어받는 것을 의도하고 있다.

그렇지만 지금까지의 작업으로 애플리케이션이 잘 동작하는지를 살펴보면 아직 고려가 충분하지 않은 부분이 있다. 그건 argv를 놓아둘 위치다. 지금까지는 auto argv = MakeArgVector(command, first_arg); 처리로 argv를 생성하고 있었다. argv 타입은 std::vector<char*>이다. std::vector는 내부에서 new 연산자를 호출해 메모리를 확보한다. new 연산자는 최종적으로 sbrk()에 의해 할당된 영역, 즉 OS용 어드레스 공간에 존재하는 메모리 영역을 사용한다.[1] 따라서 애플리케이션이 argv를 읽으려는 순간에 페이징 폴트가 발생해 버리는 것이다. argv를 애플리케이션용 영역(user 비트를 1로한 페이지)으로 준비해야 한다.

1 C++의 컨테이너(std::vector 등)가 갖춘 allocator 구조를 사용하면 독자적인 메모리 확보를 수행하는 것도 가능하다. 조금 복잡하므로 이후의 설명에서는 다른 방법을 사용하겠다.

리스트 20.7 애플리케이션용 페이지 내에 argv를 구축한다(terminal.cpp)

```
LinearAddress4Level args_frame_addr{0xffff'ffff'ffff'f000};
if (auto err = SetupPageMaps(args_frame_addr, 1)) {
  return err;
}
auto argv = reinterpret_cast<char**>(args_frame_addr.value);
int argv_len = 32; // argv = 8x32 = 256 bytes
auto argbuf = reinterpret_cast<char*>(args_frame_addr.value + sizeof(char**) *
argv_len);
int argbuf_len = 4096 - sizeof(char**) * argv_len;
auto argc = MakeArgVector(command, first_arg, argv, argv_len, argbuf, argbuf_
len);
if (argc.error) {
  return argc.error;
}
```

애플리케이션용으로 1페이지를 확보하고 이 안에 argv를 구축하도록 수정했다(리스트 20.7). rpn 2 42 +로 애플리케이션을 구동시키는 경우 수정한 MakeArgVector() 에 의해 그림 20.5 같은 메모리 구조가 생성된다. 1페이지의 선두 부분에 argv 배열을 넣고, 그 뒤에 문자열 데이터를 놓게 했다. argv는 포인터 배열이라서 각 요소는 그 문자열 데이터의 위치를 가리키도록 했다.

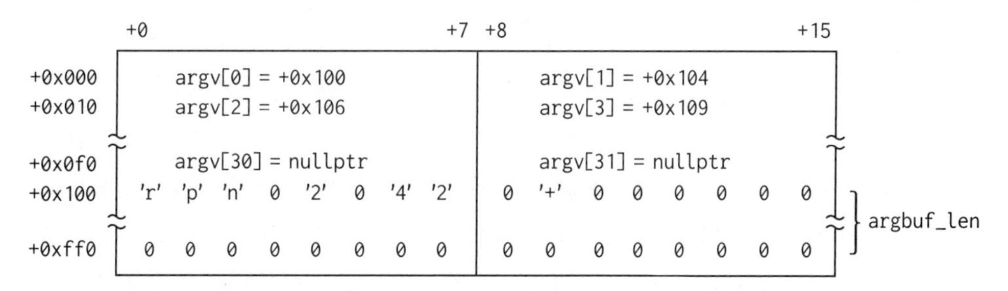

그림 20.5 페이지 내의 argv의 구조

argv_len은 argv의 요소 수다. 실제 파라미터의 수를 동적으로 구하는 것이 귀찮아서 고정 값 32로 정했다. 커맨드라인 파라미터를 32개까지 받을 수 있다면 당장은 충분할 것이다. argbuf라는 포인터 변수는 문자열 데이터의 시작 위치(그림의 +0x10 위치)를 가리킨다. argbuf_len은 문자열 데이터의 최대 바이트 수를 나타내는 변수로, 1페이지의 크기에서 argv 배열의 크기(0x100)를 뺀 값이다.

리스트 20.8 수정한 MakeArgVector()는 메모리상에 argv를 구축한다(terminal.cpp)

```
WithError<int> MakeArgVector(char* command, char* first_arg,
    char** argv, int argv_len, char* argbuf, int argbuf_len) {
  int argc = 0;
  int argbuf_index = 0;

  auto push_to_argv = [&](const char* s) {
    if (argc >= argv_len || argbuf_index >= argbuf_len) {
      return MAKE_ERROR(Error::kFull);
    }

    argv[argc] = &argbuf[argbuf_index];
    ++argc;
    strcpy(&argbuf[argbuf_index], s);
    argbuf_index += strlen(s) + 1;
    return MAKE_ERROR(Error::kSuccess);
  };

  if (auto err = push_to_argv(command)) {
    return { argc, err };
  }
  if (!first_arg) {
    return { argc, MAKE_ERROR(Error::kSuccess) };
  }
```

MakeArgVector()를 수정해 주어진 메모리 영역에 앞 그림과 같은 데이터 구조를 작성하도록 했다. 수정한 함수의 시작부분을 리스트 20.8에 정리했다. 수정한 내용 중 중요한 부분은 함수 내에 정의한 push_to_argv 람다식이다. 이 람다식이 수행하는 작업은 람다식에 파라미터로 주어진 문자열을 argbuf가 가리키는 문자열 데이터 영역으로 복사하는 것과 복사 목적지 문자열의 포인터를 argv의 끝에 추가하는 것이다. 이 람다식을 사용해 커맨드라인 파라미터를 선두에서부터 공백으로 구분해 가면서 argv를 구축해간다.

argv를 구축하는 페이지는 SetupPageMaps()로부터 확보하며 user 비트가 1이 된다. 따라서 애플리케이션에서 argv를 참조해도 페이지 폴트는 발생하지 않는다. 이걸로 애플리케이션을 동작시킬 준비가 완료됐다.

아쉽게도 아직 준비가 마무리되지 않았다. 마지막으로 딱 한 가지 마무리를 하겠다. 그건 리스트 20.4의 마지막 줄에 있는 코멘트 '애플리케이션이 종료해도 이후 코드는 실행되지 않음'과 관련이 있다.

CallApp()은 retf 명령에서 애플리케이션으로 점프한다. call 명령으로 애플리케이션을 호출하는 것이 아니므로 애플리케이션으로부터 ret 명령으로 되돌아오는 것이 불가능하다. 그렇게 하고 싶다면 애플리케이션 측에서 조금 무리를 해 스택에 OS용의 CS와 복귀 주소를 쌓아 retf를 호출한다면 어떨까? 실은 권한이 높아지는(DPL이 작게 되는) 방향으로의 far return은 할 수 없게 돼 있으므로 억지로 시도하면 일반보호 예외(GP)가 발생할 것이다. 고육지책이지만 애플리케이션의 마지막에서는 무한 루프를 돌게 해 둔다(리스트 20.9).

리스트 20.9 far return이 가능하지 않으므로 무한루프 처리를 해 둔다(rpn/rpn.cpp)

```
if (stack_ptr < 0) {
  return 0;
}
while (1);
//return static_cast<int>(Pop());
```

그러고 보니 printk()나 fill_rect()는 더 이상 애플리케이션이 호출할 수 없기 때문에 그 행은 삭제했다. 이제 정말로 준비됐으므로 애플리케이션을 실행해 보겠다. 늘 했던 대로 ./build.sh run을 해 본다. OS가 구동하면 rpn 커맨드를 입력한다(그림 20.6).

rpn 커맨드가 정말로 링 3에서 동작하는지, OS가 프리즈됐는지를 알아보기가 매우 힘들지만 잘 보면 'Text Box Test' 윈도우의 커서가 계속 점멸하고 있으므로 OS 본체는 살아있다. 그리고 조금 기다려봐도 OS가 강제적으로 재부팅해 버리는 상황은 없는 것 같다. 세그먼트나 페이지의 설정을 만족하지 못하면 CPU 예외가 발생해 OS 본체가 재부팅할 것이기 때문에 그런 상황은 발생하지 않는다는 걸 알 수 있다. 의도대로 동작하고 있기 때문에 성공이라고 말하고 싶다.

하지만 개인적으로 슬프다. 애플리케이션을 링 3에서 동작시키는 대가로 인해 애플리케이션으로부터 OS 측에 결과를 반환할 수 없게 돼 버렸기 때문이다. 이래서는 무엇을 위한 애플리케이션일까? 그냥 CPU를 낭비하는 것이 아닌가? 20장의 남은 부분에서는 애플리케이션이 결과를 출력할 수 있도록 처리가 끝난 다음에 종료할 수 있는 구조를 만들려고 한다.

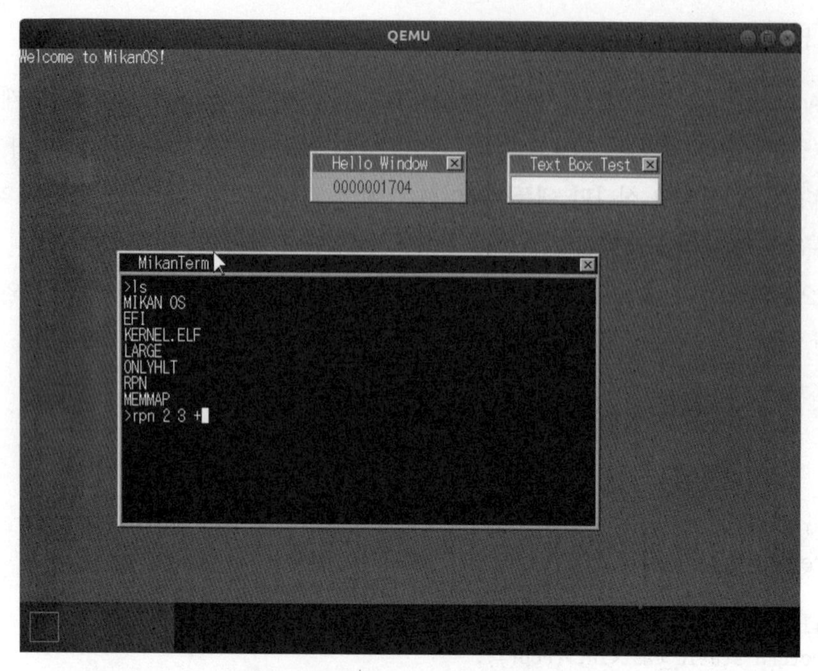

그림 20.6 링 3에서 rpn 커맨드를 실행했다.

20.3 TSS를 설정하자(osbook_day20c)

rpn 커맨드가 정상적으로 링 3에서 동작하는 듯이 보이지만 실은 눈에 보이지 않은 중대한 버그가 남아 있다. 이것은 CPU 구조를 모르면 깨닫기 어려운 버그로, rpn 실행 시에 인터럽트가 발생하면 가상 어드레스의 끝 부근에 있는 메모리가 조용히 파괴되는 버그다.

CPU의 사양에 따르면 CPL3으로 프로그램을 실행 중에 인터럽트가 발생해 CPL=0으로 전환될 때, TSS.RSP0의 값이 RSP 레지스터에 설정된다. TSS는 메인 메모리에 있는 task-state segment라는 구조체다(표 20.1). TSS.RSP0은 TSS가 가진 64비트 폭의 필드다. 인터럽트 발생에 의해 TSS.RSP0 값이 RSP 레지스터에 설정된다는 동작은 비활성화할 수 없다. rpn 커맨드를 실행 중에 타이머 인터럽트가 발생하면 이 사양이 의도치 않게 발동되고 있는 것이 현 상황이다.

표 20.1 TSS의 구조

오프셋	사이즈	내용
0	4	예약 (0)
4	8	RSP0
12	8	RSP1
20	8	RSP2
28	8	예약 (0)
36	8	IST1
44 – 84		IST2 – IST7
92	10	예약 (0)
102	2	I/O 맵 베이스 어드레스

TSS는 TR 레지스터가 가리키는 104바이트 메모리 영역(세그먼트)에 있다. 다만 지금까지는 TR을 일절 설정하지 않았기 때문에 TR 레지스터는 0이 되고, TSS가 어드레스 0에 놓여 있는 것으로 돼 있었다. 따라서 rpn 커맨드를 실행 중(즉 CPL=3으로 CPU를 동작 중)에 타이머 인터럽트가 발생하면 메모리 어드레스 4부터 8바이트 영역에 기록돼 있는 값이 RSP 레지스터에 설정돼 인터럽트 핸들러 IntHandlerLAPICTimer()가 실행된다. 어드레스 4에 기록돼 있는 값은 경우에 따라 다르겠지만 QEMU에서 실행했을 때는 0이었다. 따라서 인터럽트 핸들러의 실행 직전의 RSP 값은 0이 된다.

CPU는 인터럽트 발생 시에 스택에 40바이트(InterruptFrame 타입)의 스택 프레임을 쌓는다. RSP=0일 때 스택 프레임이 쌓이면 스택 포인터가 마이너스 방향으로 오버플로해 0xffffffffffffffd8 ~ 0xffffffffffffffff 범위에 스택 프레임이 쓰이게 된다. 그래서 인터럽트 핸들러의 처리가 진행됨에 따라 계속해서 스택에 데이터가 쓰여 메모리 파괴가 진행된다.

보통은 이상한 가상주소에 쓰기를 하면 페이지 폴트가 발생해 OS가 강제적으로 재부팅하므로 금방 오류를 눈치챌 수 있다. 하지만 rpn 커맨드는 언뜻 보면 문제없이 실행할 수 있다. 왜일까? 그 이유는 0xffffffffffffffd8 ~ 0xffffffffffffffff의 범위는 우연하게도 애플리케이션의 커맨드라인 파라미터(argv)를 저장하는 4KiB 영역의 끝과 겹쳐서 물리 프레임이 할당된 상태로 돼 있기 때문이다. 물리 프레임이(쓰기 가능 설정으로) 할당된 페이지에 데이터를 쓰면 페이지 폴트는 발생하지 않는다. 또한 "rpn 2 3 +" 정도의 짧은 커맨드라인은 4KiB 영역의 후반부를 사용하지 않는다. 따라서 인터럽트에 의해 값이 바뀌어도 rpn의 동작에는 영향을 주지 않는 것이다. 이런 사정 때문에 언뜻 잘 동작하는 듯이 보이지만 뒤편에서는 조용히 메모리 파괴가 진행되고 있다.

메모리 파괴를 막으려면 TSS를 적절히 설정할 필요가 있다. 적당한 크기의 스택 영역을 확보하고 그 끝의 어드레스를 TSS.RSP0에 기재해 둔다. 그렇게 하면 CPL=3에서 프로그램 실행 중에 인터럽트가 발생하면 RSP 레지스터가 적절히 설정된다. 빨리 처리해 보자.

리스트 20.10 TSS용의 영역을 정의(segment.cpp)

```
namespace {
  std::array<SegmentDescriptor, 7> gdt;
  std::array<uint32_t, 26> tss;

  static_assert((kTSS >> 3) + 1 < gdt.size());
}
```

리스트 20.10에서 보는 바와 같이 TSS용 108바이트의 영역으로 tss를 정의했다. 그리고 GDT의 크기도 2 증가시켜서 7로 했다. 증가시킨 이유는 TSS용 세그먼트를 GDT에 설정하기 위해서다. TSS용 세그먼트는 GDT의 두 개 요소분을 소비한다. 그 아래에 있는 static_assert는 GDT의 크기가 충분한지 어떤지를 컴파일러 시에 검사하는 예약어다. 프로그램의 동작에는 영향을 미치지 않으므로 무시해도 괜찮다.

리스트 20.11 TSS는 GDT[5]에 놓도록 한다(segment.hpp)

```
const uint16_t kKernelCS = 1 << 3;
const uint16_t kKernelSS = 2 << 3;
const uint16_t kKernelDS = 0;
const uint16_t kTSS = 5 << 3;
```

GDT의 1에서 4까지는 OS나 애플리케이션용의 코드/데이터 세그먼트가 설정돼 있다. 그래서 사용하지 않은 GDT[5]를 TSS용으로 사용한다(리스트 20.11). 세그먼트 셀렉터는 그림 20.3에 보는 바와 같이 GDT의 인덱스를 3비트 이동한 값으로 했다.

리스트 20.12 TSS를 초기화해서 GDT에 설정한다(segment.cpp)

```
void InitializeTSS() {
  const int kRSP0Frames = 8;
  auto [ stack0, err ] = memory_manager->Allocate(kRSP0Frames);
  if (err) {
    Log(kError, "failed to allocate rsp0: %s\n", err.Name());
    exit(1);
  }
  uint64_t rsp0 =
    reinterpret_cast<uint64_t>(stack0.Frame()) + kRSP0Frames * 4096;
  tss[1] = rsp0 & 0xffffffff;
  tss[2] = rsp0 >> 32;

  uint64_t tss_addr = reinterpret_cast<uint64_t>(&tss[0]);
  SetSystemSegment(gdt[kTSS >> 3], DescriptorType::kTSSAvailable, 0,
                   tss_addr & 0xffffffff, sizeof(tss)-1);
  gdt[(kTSS >> 3) + 1].data = tss_addr >> 32;

  LoadTR(kTSS);
}
```

리스트 20.12는 TSS를 초기화하고 GDT로 설정하는 함수 `InitializeTSS()`의 구현을 보여준다. 이 함수는 우선 TSS.RSP0에 설정하는 스택 영역을 확보한다. 크기는 8프레임=32KiB로 해 둔다. 이 정도만 확보되면 인터럽트 핸들러를 실행하는 데는 충분한 크기다.

다음으로 확보한 스택 영역을 TSS.RSP0에 기록한다. TSS.RSP0는 8바이트의 크기이지만 TSS의 선두에서 4바이트째부터 시작된다. 일반적으로 8바이트 크기의 데이터는 8바이트 경계에 맞추는 경우가 많은데 TSS는 역사적인 사정에 의해 각 필드가 4바이트 어긋나 배치돼서 조금 귀찮다. 이 때문에 상위 4바이트와 하위 4바이트를 나눠서 기록한다. 어차피 상위 4바이트는 0이므로 작성할 필요가 없다고 말해서는 곤란하다.

TSS 자체의 설정을 완료했다면 TSS 선두 어드레스를 GDT[5] 및 GDT[6]에 설정한다. GDT 엔트리 하나만으로는 32비트까지의 어드레스만을 설정할 수 있다. 64비트 모드에서는 두 개의 엔트리를 사용해 TSS의 어드레스를 지정하게 돼 있다. `SetSystemSegment()`는 GDT[5]만을 설정하는 함수다. GDT[6]은 그 다음에 추가로 설정하고 있다.

리스트 20.13 SetSystemSegment()는 시스템 세그먼트를 설정한다(segment.cpp)

```
void SetSystemSegment(SegmentDescriptor& desc,
                      DescriptorType type,
                      unsigned int descriptor_privilege_level,
                      uint32_t base,
                      uint32_t limit) {
  SetCodeSegment(desc, type, descriptor_privilege_level, base, limit);
  desc.bits.system_segment = 0;
  desc.bits.long_mode = 0;
}
```

리스트 20.13은 SetSystemSegment()의 구현을 보여준다. 이 함수는 시스템 세그먼트 즉 system segment 비트가 0인 세그먼트를 설정한다. 세그먼트 디스크립터의 구조 자체는 코드 세그먼트(및 데이터 세그먼트)라면 공통이므로 대부분의 처리를 SetCodeSegment()에 위임하고 있다.

SetSystemSegment()를 사용해 GDT에 TSS를 등록하는 것이 끝났다면, TR 레지스터에 TSS의 세그먼트 셀렉터 값을 설정한다. CPU는 인터럽트가 발생해서 TSS의 값을 읽을 필요가 발생하면 TR 레지스터가 가리키는 GDT 엔트리를 참조해 TSS를 취득한다. TR 레지스터에 값을 쓰려고 할 때는 ltr(Load TR)이란 명령을 사용해야 한다. 이 명령은 C++로는 작성할 수 없기 때문에 어셈블리 언어에서 구현한 LoadTR()(리스트 20.14)을 사용한다.

리스트 20.14 LoadTR()은 16비트 값을 TR 레지스터에 설정한다(asmfunc.asm)

```
global LoadTR
LoadTR: ; void LoadTR(uint16_t sel);
    ltr di
    ret
```

이것으로 InitializeTSS()의 설명은 끝났다. 정리해 보면 이 함수는 CPU가 올바른 TSS를 참조할 수 있도록 한다. 108바이트의 TSS 영역의 TSS.RSP0에 스택 영역의 마지막 어드레스를 기록한다. TSS의 선두 어드레스를 GDT[5], GDT[6]에 설정한다. 마지막으로 GDT[5]를 가리키는 세그먼트 셀렉터 값을 TR 레지스터에 로드한다.

리스트 20.15 InitializeTSS()를 메인 함수에서 호출한다(main.cpp)

```
  InitializeMemoryManager(memory_map);
  InitializeTSS();
  InitializeInterrupt();
```

제작한 `InitializeTSS()`를 호출할 필요가 있다. `InitializeTSS()`에서는 메모리 매니저를 사용하기 때문에 메모리 매니저를 초기화한 후 호출하도록 한다(리스트 20.15). TSS 설정은 메모리 매니저의 초기화 다음, 그리고 CPL=3에서 CPL=0이 되는 인터럽트가 발생하기 전(rpn 커맨드를 호출하기 전)에 있다면 어디라도 좋다.

TSS 설정을 완료했으므로 rpn 커맨드 실행 중의 인터럽트가 올바른 스택에서 처리돼 메모리 파괴를 하지 않게 됐을 것이다. 다만 지금의 수정에 의해 새로운 문제가 발생했다. 그것은 콘텍스트 스위치에 저장하는 RSP의 계산과 관련이 있다.

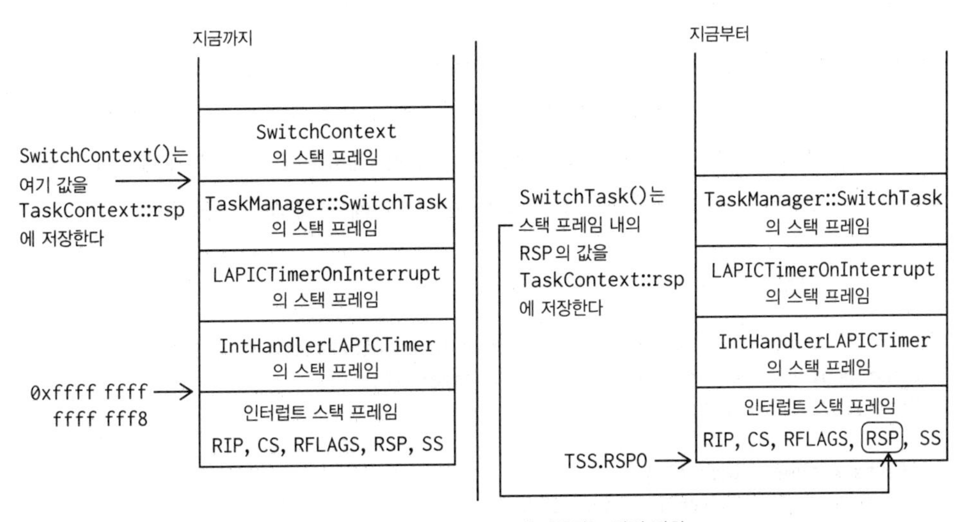

그림 20.7 TaskContext::rsp에 저장하는 값의 변화

그림 20.7의 왼쪽은 지금까지의 콘텍스트 스위치 구조를 보여준다. 타이머 인터럽트가 발생하면 CPU는 RIP와 RSP 등의 값을 포함한 40바이트의 데이터(인터럽트 프레임)를 스택에 쌓고 `IntHandlerLAPICTimer()`을 실행한다. 이 인터럽트 핸들러는 `LAPICTimerOnInterrupt()`를 호출하며 거기서는 `task_manager->SwitchTask()`가 호출된다. 최종적으로 `SwitchContext()`가 호출돼 그 안에서 콘텍스트가 저장된다. `TaskContext::rsp`에 저

장하는 값은 SwitchContext()가 호출되기 직전의 RSP 레지스터의 값이 된다.

이 구조는 스택이 모든 콘텍스트에서 개별적으로 존재한다면 문제가 없다. 저장된 콘텍스트가 다음에 복원될 때까지 스택의 내용이 다시 쓰여지는 경우는 없기 때문이다. 다음에 콘텍스트가 복원되면 인터럽트 핸들러의 도중(SwitchContext()를 호출한 call 명령의 다음 명령)에서 처리가 재개된다. 스택 프레임을 거슬러 올라가 레지스터 값의 복원과 일부 ret 명령이 실행되고, 마지막으로 iret 명령에 도착해 인터럽트를 종료한다.

그러나 좀 전에 했던 변경으로 인해 사용자 모드(CPL=3)에서 동작하는 콘텍스트는 동일한 스택(TSS.RSP0가 가리키는 스택)을 사용해 인터럽트 처리를 수행하게 됐다. 동시에 동작하는 애플리케이션의 수는 지금은 기껏해야 하나뿐이지만 나중에는 수많은 애플리케이션을 동시에 구동할 수 있도록 해나갈 생각이다. 사용자 모드에서 동작하는 콘텍스트가 다수 존재하는 경우, 인터럽트 처리에 의해 TSS.RSP0이 가리키는 스택의 내용이 다시 쓰여 버리기 때문에 지금까지의 방식은 사용할 수 없다.

그래서 그림 20.7의 오른쪽 같이 인터럽트 프레임에 포함된 값을 콘텍스트 구조체에 저장하도록 수정한다. 이 수정에 의해 다음에 콘텍스트가 복원되면 인터럽트 핸들러의 처리 도중이 아니라 인터럽트 핸들러가 종료한 직후의 위치부터 처리가 재개된다. TSS.RSP0이 가리키는 스택은 일절 참조되지 않으므로 스택에 기록해도 괜찮다.

리스트 20.16 인터럽트 프레임을 상위 함수로 보낸다(timer.cpp)

```
extern "C" void LAPICTimerOnInterrupt(const TaskContext& ctx_stack) {
  const bool task_timer_timeout = timer_manager->Tick();
  NotifyEndOfInterrupt();

  if (task_timer_timeout) {
    task_manager->SwitchTask(ctx_stack);
  }
}
```

인터럽트 프레임이 필요한 것은 TaskManager::SwitchTask()이지만 인터럽트 프레임을 취득할 수 있는 것은 인터럽트 핸들러 내부 뿐이다. 따라서 인터럽트 핸들러에서 인터럽트 프레임 내의 값을 취득해 SwitchTask()에까지 전파시켜야 한다. 리스트 20.16 같이 LAPICTimerOnInterrupt()가 파라미터로 인터럽트 프레임 정보(를 사용해서 구축한 콘텍스트 구조체)를 받아 SwitchTask()에 전달하도록 했다. 인터럽트 프레임 자체가 아니라 인터럽트 프레임의 정보를 사용해 구축한 콘텍스트 구조체를 넘기는 것은 SwitchTask()에 전달하는 정보가 인터럽트만으로는 충분하지 않기 때문이다. 나중에 자세하게 설명한다.

LAPICTimerOnInterrupt()는 인터럽트 핸들러 IntHandlerLAPICTimer()에서 호출한다. 지금까지 이 인터럽트 핸들러는 C++ 컴파일러의 __attribute__((interrupt))의 확장 기능을 이용해 작성했는데, 리스트 20.17 같이 어셈블리 언어로 다시 구현했다. C++에서는 쓸 수 없는 특수한 처리를 작성하고 싶었기 때문이다.

리스트 20.17 인터럽트 핸들러 내에서 콘텍스트 구조체를 구축한다(asmfunc.asm)

```
extern LAPICTimerOnInterrupt
; void LAPICTimerOnInterrupt(const TaskContext& ctx_stack);

global IntHandlerLAPICTimer
IntHandlerLAPICTimer: ; void IntHandlerLAPICTimer();
    push rbp
    mov rbp, rsp

    ; 스택상에 TaskContext 타입의 구조를 구축한다
    sub rsp, 512
    fxsave [rsp]
    push r15
    push r14
    push r13
    push r12
    push r11
    push r10
    push r9
    push r8
    push qword [rbp]        ; RBP
    push qword [rbp + 0x20] ; RSP
    push rsi
    push rdi
    push rdx
    push rcx
    push rbx
    push rax

    mov ax, fs
```

```
    mov bx, gs
    mov rcx, cr3

    push rbx                 ; GS
    push rax                 ; FS
    push qword [rbp + 0x28] ; SS
    push qword [rbp + 0x10] ; CS
    push rbp                 ; reserved1
    push qword [rbp + 0x18] ; RFLAGS
    push qword [rbp + 0x08] ; RIP
    push rcx                 ; CR3

    mov rdi, rsp
    call LAPICTimerOnInterrupt

    add rsp, 8*8 ; CR3부터 GS까지를 무시
    pop rbx
    pop rcx
    pop rdx
    pop rdi
    pop rsi
    add rsp, 16 ; RSP, RBP를 무시
    pop r8
    pop r9
    pop r10
    pop r11
    pop r12
    pop r13
    pop r14
    pop r15
    fxrstor [rsp]

    mov rsp, rbp
    pop rbp
    iretq
```

구현을 다시 새롭게 한 IntHandlerLAPICTimer()의 주요 역할은 스택상에 콘텍스트 구조체를 구축하고 그것을 LAPICTimerOnInterrupt()에 전달하는 것이다. 콘텍스트 구조체의 마지막에서부터 스택상에 쌓아 올려서 콘텍스트 구조체를 구축한다.

콘텍스트 구조체에 저장하는 값은 다음에 이 콘텍스트로 복귀할 때 인터럽트 처리가 막 종료한 상태가 되는 값으로 해두고 싶다. RIP나 RSP 등 다섯 개의 레지스터 값은 인터럽트 프레임으로부터 취득할 수 있다. 다만 그 밖의 레지스터 값은 인터럽트 프레임에는 기록돼 있지 않으므로 레지스터 값이 변화하기 전에 저장해야 한다. 레지스터 값이 변화하기 전에 저장하는 엄격한 처리를 위해 인터럽트 핸들러를 어셈블리 언어로 구현할 필요가 있었다.

CR3 값을 스택에 쌓아 끝난 시점(push rcx를 실행한 시점)에서 완전한 콘텍스트 구조체가 스택상에 구축됐다. 그때의 RSP 레지스터가 콘텍스트 구조체의 선두를 가리키는 상태가 되므로 RSP의 값을 첫 번째 파라미터로 지정하기 위해 RDI 레지스터로 복사한 다음 LAPICTimerOnInterrupt()를 호출한다. 이렇게 해서 LAPICTimerOnInterrupt()는 스택상의 콘텍스트 구조체를 파라미터로 받을 수 있다.

리스트 20.18 스택상의 콘텍스트 구조체를 받는다(task.cpp)

```
void TaskManager::SwitchTask(const TaskContext& current_ctx) {
  TaskContext& task_ctx = task_manager->CurrentTask().Context();
  memcpy(&task_ctx, &current_ctx, sizeof(TaskContext));
  Task* current_task = RotateCurrentRunQueue(false);
  if (&CurrentTask() != current_task) {
    RestoreContext(&CurrentTask().Context());
  }
}
```

리스트 20.18은 TaskManager::SwitchTask()측의 수정을 보여준다. 첫 번째 파라미터로 콘텍스트 구조체를 받을 수 있게 했다. 받은 콘텍스트 구추제를 현재 동작 중인 태스크의 콘텍스트 구조체로 복사하고 다음 태스크의 콘텍스트로 전환한다. RotateCurrentRunQueue()는 실행 큐의 선두요소를 실행 큐의 끝으로 이동시키는 함수다. 원래 SwitchTask()에 있던 처리를 함수화시켰을 뿐이므로 설명은 생략한다.

실행 큐를 조작한 다음 지금까지는 SwitchContext()를 사용해 콘텍스트를 전환했다. 하지만 이 함수는 내부에서 콘텍스트를 저장해 버리므로 더 이상은 사용할 수 없다. 그래서 새롭게 RestoreContext()라는 함수를 만들었다. 콘텍스트 저장은 하지 않고 주어진 콘텍스트를 복원만 하는 함수다.

리스트 20.19 RestoreContext()는 콘텍스트를 복원한다(asmfunc.asm)

```
global SwitchContext
SwitchContext: ; void SwitchContext(void* next_ctx, void* current_ctx);
    mov [rsi + 0x40], rax

    <중략>

    fxsave [rsi + 0xc0]
    ; fall through to RestoreContext

global RestoreContext
RestoreContext: ; void RestoreContext(void* task_context);
    ; iret용 스택 프레임
    push qword [rdi + 0x28] ; SS

    <중략>

    o64 iret
```

리스트 20.19는 RestoreContext()의 구현을 보여준다. 차분히 보면 알 수 있겠지만 실은 이 함수는 SwitchContext()의 처리 후반 부분에 이름을 붙인 것뿐이다. RestoreContext()를 호출해도 SwitchContext()를 호출해도 최종적으로는 RestoreContext()의 처리가 실행된다. 이 함수는 주어진 콘텍스트 구조체 값을 각 레지스터로 복원시키고 마지막에 iret 명령을 사용해 다음 콘텍스트로 처리를 옮긴다.

리스트 20.20 Sleep()은 계속해서 SwitchContext()를 사용한다(task.cpp)

```
void TaskManager::Sleep(Task* task) {
  if (!task->Running()) {
    return;
  }

  task->SetRunning(false);

  if (task == running_[current_level_].front()) {
    Task* current_task = RotateCurrentRunQueue(true);
    SwitchContext(&CurrentTask().Context(), &current_task->Context());
    return;
  }
```

```
  Erase(running_[task->Level()], task);
}
```

Sleep()은 지금까지처럼 SwitchContext()를 사용해 콘텍스트를 전환한다(리스트 20.20). 왜냐하면 Sleep()은 인터럽트가 아닌 일반적인 처리로 사용되는 함수이기 때문이다. 일반적인 처리에서는 스택이 다수의 콘텍스트에서 공용으로 사용되는 것이 아니어서 처리를 변경할 필요가 없었다.

GDB에 연결한 QEMU에서 MikanOS를 실행시켜 타이머 인터럽트 핸들러 IntHandlerLAPICTimer()의 선두에서 처리를 멈추게 해서 상황을 살펴봤다.

```
$ gdb
......
Breakpoint 1, 0x000000000010e8ae in IntHandlerLAPICTimer ()
(gdb) p $rsp
$1 = (void *) 0x8fd8
(gdb)
```

수정 전에는 RSP 값이 0xffffffffffffffd8로 돼 있었는데 수정 후에는 0x8fd8이 됐다. Log()를 사용해 TSS.RSP0의 값을 출력해 보면 0x9000으로 돼 있으므로 의도대로 된 것을 확인할 수 있다.

20.4 버그 발견을 도와주자(osbook_day20d)

세그멘테이션이나 페이징 같은 CPU의 기능을 사용한 프로그래밍을 하다보면 빈번하게 CPU 예외를 발생시키게 돼 OS 전체가 강제로 재부팅되는 경우가 자주 있다. 이런 상황에서는 개발이 매우 어렵다. 이번 절에서는 CPU 예외를 잡아서 예외 발생 시의 상황을 프로그래머가 알 수 있도록 표시하는 기능을 붙이도록 한다. 여러분을 위해서라기보다는 필자가 MikanOS를 개발해 가는 도중에서 필요하게 된 것이 주된 이유다. 독자 여러분은 필자가 열심히 디버깅한 후의 예외가 발생하지 않는 프로그램밖에 보지 않겠지만 필자는 이 책에 게재한 소스코드에 도달할 때까지 수많은 예외(곤란한 상황)를 벗어날 필요가 있었던 것이다.

리스트 20.21 CPU 예외에 대응하는 인터럽트 핸들러(interrupt.cpp)

```
#define FaultHandlerWithError(fault_name) \
  __attribute__((interrupt)) \
  void IntHandler ## fault_name (InterruptFrame* frame, uint64_t error_code) { \
    PrintFrame(frame, "#" #fault_name); \
    WriteString(*screen_writer, {500, 16*4}, "ERR", {0, 0, 0}); \
    PrintHex(error_code, 16, {500 + 8*4, 16*4}); \
    while (true) __asm__("hlt"); \
  }

#define FaultHandlerNoError(fault_name) \
  __attribute__((interrupt)) \
  void IntHandler ## fault_name (InterruptFrame* frame) { \
    PrintFrame(frame, "#" #fault_name); \
    while (true) __asm__("hlt"); \
  }

  FaultHandlerNoError(DE)
  FaultHandlerNoError(DB)
  FaultHandlerNoError(BP)
  FaultHandlerNoError(OF)
  FaultHandlerNoError(BR)
  FaultHandlerNoError(UD)
  FaultHandlerNoError(NM)
  FaultHandlerWithError(DF)
  FaultHandlerWithError(TS)
  FaultHandlerWithError(NP)
  FaultHandlerWithError(SS)
  FaultHandlerWithError(GP)
  FaultHandlerWithError(PF)
  FaultHandlerNoError(MF)
  FaultHandlerWithError(AC)
  FaultHandlerNoError(MC)
  FaultHandlerNoError(XM)
  FaultHandlerNoError(VE)
```

리스트 20.21에서 보는 바와 같이 CPU 예외에 대응하는 인터럽트를 핸들러를 많이 정의했다. 자주 경험하는 예외에서 빈도가 적은 예외까지 있는데, 우선은 발생할 가능성이 있는 예외는 전부 정의했다. 각각의 예외의 의미는 Intel SDM(참조문헌 3)의 Vol3 '6.15 Exception and Interrupt Reference'를 참조하길 바란다.

예외 핸들러의 구현부는 공통된 부분이 많기 때문에 매크로화했다. FaultHandler WithError() 매크로는 에러 코드가 있는 예외 핸들러를 정의한다. 에러 코드는 예외 발생 시의 원인을 나타내는 정수 값으로 몇 가지의 예외에서는 에러 코드가 포함돼 있다. Fault HandlerNoError()는 에러 코드가 없는 예외용으로 에러 코드를 표시하기 위한 줄 Print Hex(error_code,...가 없다.

리스트 20.22 PrintFrame()은 스택 프레임의 정보를 표시한다(interrupt.cpp)

```
void PrintHex(uint64_t value, int width, Vector2D<int> pos) {
  for (int i = 0; i < width; ++i) {
    int x = (value >> 4 * (width - i - 1)) & 0xfu;
    if (x >= 10) {
      x += 'a' - 10;
    } else {
      x += '0';
    }
    WriteAscii(*screen_writer, pos + Vector2D<int>{8 * i, 0}, x, {0, 0, 0});
  }
}

void PrintFrame(InterruptFrame* frame, const char* exp_name) {
  WriteString(*screen_writer, {500, 16*0}, exp_name, {0, 0, 0});
  WriteString(*screen_writer, {500, 16*1}, "CS:RIP", {0, 0, 0});
  PrintHex(frame->cs, 4, {500 + 8*7, 16*1});
  PrintHex(frame->rip, 16, {500 + 8*12, 16*1});
  WriteString(*screen_writer, {500, 16*2}, "RFLAGS", {0, 0, 0});
  PrintHex(frame->rflags, 16, {500 + 8*7, 16*2});
  WriteString(*screen_writer, {500, 16*3}, "SS:RSP", {0, 0, 0});
  PrintHex(frame->ss, 4, {500 + 8*7, 16*3});
  PrintHex(frame->rsp, 16, {500 + 8*12, 16*3});
}
```

PrintHex()는 주어진 정수 값을 지정한 자릿수의 16진수로 화면에 표시한다(리스트 20.22). 예외 발생 시는 일반적인 경우와는 다른 엄격한 상황인 경우가 있으므로 처리가 복잡한 sprintf() 등의 표준 라이브러리 함수는 사용하지 않고, 단순한 구현을 사용하는 것을 염두에 둔다. 또한 콘솔의 스크롤 처리가 발생하는 경우도 피하고 싶다고 생각해서 printk()로 표시하지 않고 화면의 프레임 버퍼에 폰트를 직접 그리기로 했다.

PrintFrame()은 화면에 예외 발생 시의 스택 프레임을 표시하는 함수다. PrintHex()를 활용해서 스택 프레임에 포함된 각종 레지스터 값을 표시한다. 스택 프레임에 포함돼 있지 않은 레지스터 값(RAX나 CS 등)도 표시하면 더욱더 좋을지도 모르겠다. 필요하게 되면 덧붙여보자.

리스트 20.23 예외 핸들러를 IDT에 등록한다(interrupt.cpp)

```
void InitializeInterrupt() {
  auto set_idt_entry = [](int irq, auto handler) {
    SetIDTEntry(idt[irq],
                MakeIDTAttr(DescriptorType::kInterruptGate, 0),
                reinterpret_cast<uint64_t>(handler),
                kKernelCS);
  };
  set_idt_entry(InterruptVector::kXHCI, IntHandlerXHCI);
  set_idt_entry(InterruptVector::kLAPICTimer, IntHandlerLAPICTimer);
  set_idt_entry(0, IntHandlerDE);
  set_idt_entry(1, IntHandlerDB);
  set_idt_entry(3, IntHandlerBP);
  set_idt_entry(4, IntHandlerOF);
  set_idt_entry(5, IntHandlerBR);
  set_idt_entry(6, IntHandlerUD);
  set_idt_entry(7, IntHandlerNM);
  set_idt_entry(8, IntHandlerDF);
  set_idt_entry(10, IntHandlerTS);
  set_idt_entry(11, IntHandlerNP);
  set_idt_entry(12, IntHandlerSS);
  set_idt_entry(13, IntHandlerGP);
  set_idt_entry(14, IntHandlerPF);
  set_idt_entry(16, IntHandlerMF);
  set_idt_entry(17, IntHandlerAC);
  set_idt_entry(18, IntHandlerMC);
  set_idt_entry(19, IntHandlerXM);
  set_idt_entry(20, IntHandlerVE);
  LoadIDT(sizeof(idt) - 1, reinterpret_cast<uintptr_t>(&idt[0]));
}
```

리스트 20.23에 예외 핸들러를 IDT에 등록하는 프로그램을 나타냈다. 어려운 건 전혀 없으며 CPU 사양에 의해 결정된 인터럽트 번호로 좀 전에 정의한 핸들러를 등록할 뿐이다. 이 중에서 **일반보호 예외**(GP=13)와 **페이지 폴트**(PF=14)의 이름과 번호는 기억해두면 좋다. 여러 위치에서 보게 될 것이다.

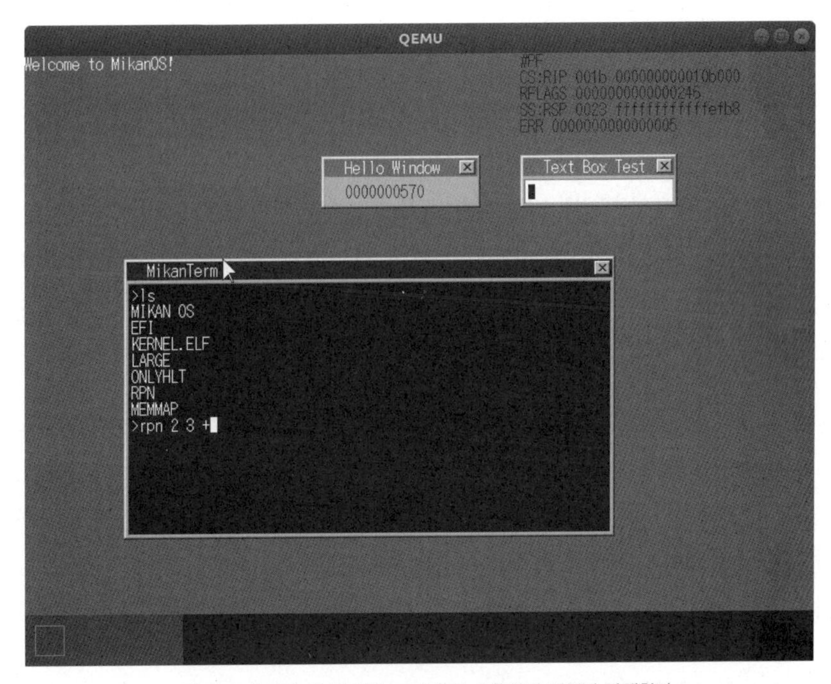

그림 20.8 애플리케이션에서 printk()를 호출하면 예외가 발생한다.

그림 20.8은 리스트 20.1 같이 printk()를 호출하도록 개조한 rpn 커맨드를 실행한 모습이다. printk가 호출된 순간에 페이지 폴트가 발생했음을 알 수 있다. 예외 핸들러를 추가한 덕분에 어떤 예외가 어디서 발생했는지를 알 수 있게 돼 단번에 디버깅하기가 쉬워졌다고 생각한다.

테스트가 끝났다면 rpn 커맨드에서 printk() 호출을 제거하도록 하자.

20.5 시스템 콜(osbook_day20e)

지금 상태로는 애플리케이션이 OS의 기능을 호출할 수 없다. 애플리케이션이 할 수 있는 것은 메모리상의 계산뿐이다. 권한이 낮은 애플리케이션이 OS 기능을 사용하지 못하면 화면에 문자나 숫자를 출력하는 것이 불가능하다. 표시를 할 수 없다면 아무런 계산을 하지 않는 것을 넘어서서 단지 CPU를 헛되이 사용하기만 할 뿐이다. 슬픈 일이다.

애플리케이션에서 안전하게 OS의 기능을 호출하는 구조를 **시스템 콜**이라고 한다. 시스템(OS)을 콜(호출)한다는 의미다. 이름만은 들은 적이 있는 분도 많지 않을까? 이 절을 통해 시스템 콜을 자신의 손으로 직접 만들어보자.

시스템 콜의 구현방법은 몇 가지 있는데, x86-64 아키텍처의 64비트 모드에서는 `syscall` 명령을 사용한 방식이 일반적이다. 다른 방법으로는 『OS 구조와 원리』에서 사용한 인터럽트를 활용한 방법[2], 리눅스에 `io_uring`이란 이름으로 도입된 메모리상의 큐를 사용한 방법 등이 있다. 권한 레벨의 개념이 없는 CPU에서 사용되는 OS 함수를 직접 호출하는 방법도 시스템 콜의 일종이라고 말할 수 있겠다. 이 책에는 가장 전통적인 `syscall`을 사용한 방법을 설명하고 구현하도록 하겠다.

`syscall` 명령은 낮은 권한으로 동작하는 프로그램이 높은 권한에서만 동작하는 프로그램을 호출하는 구조다. 애플리케이션과 OS의 중개를 하는 함수를 하나 사전에 등록해 두면 안전하게 애플리케이션에서 OS 기능을 호출할 수 있다. 링 3에서 동작하는 애플리케이션이 자유롭게 OS 함수나 변수를 사용해 버리면 위험하지만, 호출하는 함수를 한정함으로써 안전하게 OS 기능을 호출할 수 있는 것이다.

리스트 20.24 시스템 콜을 호출하는 작은 코드(rpn/syscall.asm)

```
bits 64
section .text

global SyscallLogString
SyscallLogString:
    mov eax, 0x80000000
    mov r10, rcx
    syscall
    ret
```

`syscall` 명령의 사용법을 리스트 20.24에서 보여준다. `syscall` 명령은 C++에서는 작성할 수 없어서 어셈블리 언어의 함수로 준비했다. `SyscallLogString()` 프로그램은 매우 단순해서 `EAX` 레지스터에 고정 값을 설정하고 `RCX`를 `R10`에 복사한 후 `syscall`을 실행한다. 이것뿐이다.

---

2 『OS 구조와 원리』에서는 API라고 부르고 있는데, API는 시스템 콜을 호출하는 것 이외의 뜻도 포함한 넓은 개념이다.

SyscallLogString()은 OS의 Log()를 사용해 콘솔에 문자열을 표시하는 시스템 콜을 호출한다. 이후에 자세하게 설명하지만 EAX에 설정하는 번호로 시스템 콜의 기능을 선택한다. 번호와 기능의 매핑은 OS 제작자 자유다. 0x80000000을 콘솔 표시 기능 번호로 정하자. 시스템 콜을 늘릴 때는 이 번호를 증가시킨다. 0x80000000로 정한 이유는 리눅스의 시스템 콜 번호(0에서 시작)와 겹치지 않고 싶었기 때문이다. 추후 리눅스용 애플리케이션을 동작시키고자 할 때 편하게 작업할 수 있을지도 모르겠다.

시스템 콜의 접수처가 되는 OS 측의 함수로 어떻게 해서든 시스템 콜의 종류를 나타내는 번호와 시스템 콜의 처리에 필요한 파라미터를 전달할 필요가 있다. 전달 방법은 몇 가지 있다. 가장 편한 방법은 일반 함수 호출과 마찬가지로 레지스터에 파라미터를 전달하는 방법이다. 레지스터의 사용 방법은 시스템 콜을 호출하는 측과 호출되는 측이 맞추면 되며, 특정 ABI를 반드시 사용할 필요는 없다. 하지만 일부러 다른 룰을 사용하는 것은 의미가 별로 없기 때문에 MikanOS에서는 기본적으로는 System V AMD64 ABI에 맞추도록 했다.

System V AMD64 ABI의 사양을 따르면 파라미터를 시스템 콜에 전달하는 것이 매우 편하다. 왜냐하면 SyscallLogString()이 C++에서 호출될 때 파라미터는 이미 RDI, RSI, RDX, RCX, R8, R9 순으로 저장돼 있기 때문에 기본적으로는 아무 작업을 하지 않아도 괜찮기 때문이다. 그대로 syscall 명령을 실행하면 레지스터 값이 OS 측에 그대로 전달된다.

syscall은 대부분 범용 레지스터의 값을 유지하지만 두 개만은 예외다. syscall 명령은 RCX에 RIP 값을, R11에 RFLAGS 값을 저장하는 것이다. 저장해 주는 건 괜찮지만 레지스터 값이 망가질 가능성이 있으므로 주의가 필요하다. 일반적인 call 명령은 스택상에 목적지 어드레스를 저장하지만 syscall 명령은 레지스터에 저장하는 사양으로 돼 있다.

이 예외 때문에 시스템 콜의 네 번째 파라미터 레지스터로 RCX는 사용할 수 없다. 리눅스에서는 시스템 콜의 네 번째 파라미터를 R10으로 전달해 이 문제에 대처하고 있다. MikanOS도 이렇게 대응하기로 했다. mov r10, rcx는 이 문제를 해결하기 위한 코드다. 냉정하게 생각해 보면 SyscallLogString()의 파라미터는 두 개뿐이므로 조정은 불필요했다. 하지만 분명 네 개 이상의 파라미터를 가진 시스템 콜이 이후에 늘어날 것이다.

그때 RCX를 덮어 쓴다는 걸 잊지 않기 위해 지금은 쓸데없을지도 모르지만 남겨 두겠다.

이제 syscall을 실행하면 사전에 등록한 OS 측의 함수가 호출된다. 시스템 콜의 처리가 수행돼 완료되면 syscall의 다음 줄로 되돌아온다. 거기에는 ret 명령이 있으므로 SyscallLogString()을 호출한 곳으로 돌아간다. EAX에 설정하고 있는 값의 의미를 이해하기 위해 syscall에서 호출된 함수의 정의와 그 함수를 등록하는 처리를 살펴보겠다.

20.6 시스템 콜의 등록처리

우선 syscall이 호출하는 함수를 등록하는 처리가 리스트 20.25에 나와 있다. 모든 줄이 WriteMSR()이라는 함수를 실행하고 있다. 이 함수는 첫 번째 파라미터로 지정된 모델 고유 레지스터[3]에 두 번째 파라미터 값을 쓴다. 구현은 나중에 소개한다.

리스트 20.25 syscall로 호출되는 함수를 등록한다(syscall.cpp)

```
void InitializeSyscall() {
  WriteMSR(kIA32_EFER, 0x0501u);
  WriteMSR(kIA32_LSTAR, reinterpret_cast<uint64_t>(SyscallEntry));
  WriteMSR(kIA32_STAR, static_cast<uint64_t>(8) << 32 |
                       static_cast<uint64_t>(16 | 3) << 48);
  WriteMSR(kIA32_FMASK, 0);
}
```

첫 번째 줄은 syscall을 사용할 수 있도록 하는 설정이다. IA32_EFER 레지스터 비트 0은 SCE(Syscall Enable)라고 하며 여기를 1로 설정하면 syscall을 사용할 수 있게 된다. 비트 8(LME)과 비트 10(LMA)은 64비트 모드를 사용할 때는 1로 해둘 필요가 있기 때문에 비트를 합쳐 0x501을 레지스터에 기록한다.

두 번째 줄은 IA32_LSTAR 레지스터에 SyscallEntry()란 함수의 선두 어드레스를 기록한다. 그렇다. IA32_LSTAR 레지스터가 바로 syscall이 실행됐을 때 호출되는 함수를 등록하기 위한 위치다. 애플리케이션이 SyscallLogString()(내부의 syscall)을 실행하면

3 MSR: Model Specific Register

여기에 등록한 함수(SyscallEntry())가 실행된다.

syscall은 CS와 SS를 OS용으로 설정하고 등록된 함수를 실행한다. 그렇게 하지 않으면 CPL=3인 채로 OS의 함수를 실행하게 돼 버려 페이지 폴트가 발생하기 때문이다. 세 번째 줄의 설정은 두 세그먼트 레지스터 값에 영향을 미친다. 여기에 설정하는 값을 지정하는 방법을 표 20.2에 정리했다.

표 20.2 syscall과 sysret이 세그먼트 레지스터에 쓰는 값

레지스터	syscall	sysret
CS	IA32_STAR[47:32]	IA32_STAR[63:48]+16
SS	IA32_STAR[47:32]+8	IA32_STAR[63:48]+8

표에 있는 sysret은 syscall에 대응하는 명령이다. 일반적인 call/ret 같은 관계의 명령이다. sysret은 CS와 SS를 애플리케이션용으로 설정해 syscall의 호출자(애플리케이션) 측으로 돌아간다.

표의 항목은 각각의 명령을 실행했을 때 두 개의 세그먼트 레지스터로 로드되는 값을 나타낸다. 예를 들어 syscall을 실행하면 IA32_STAR[47:32]에 설정된 16비트 값이 CS에 쓰여진다. 또한 그 값에 8을 더한 값이 SS에 기록된다. 모두 OS용 세그먼트 셀렉터이므로 하위 2비트(RPL)는 0으로 둔다.

sysret을 실행하면 IA32_STAR[63:48]의 값에 16을 더한 값이 CS에, 8을 더한 값이 SS에 기록된다. 이 두 가지 값은 애플리케이션용의 세그먼트 셀렉터라서 하위 비트는 3으로 설정한다(16 | 3과 같이 3을 비트 OR하고 있는 것은 그 때문이다).

CS와 SS의 값을 개별로 지정하지 않고 하나의 값으로부터 계산하는 것이 조금 이해를 어렵게 할지도 모르겠다. 그래도 syscall 쪽은 비교적 간단하다고 생각한다. MikanOS의 GDT에서는 OS용 코드 세그먼트가 gdt[1], 스택 세그먼트가 gdt[2]이기 때문에 CS에는 8(1 << 3)을, SS에는 16(2 << 3)을 설정하고 있다. IA32_STAR[47:32]에 8을 설정해 두면 될 것이다.

한편 sysret은 좀 더 복잡하다. 코드 세그먼트는 IA32_STAR[63:48]의 설정 값 + 16, 스택 세그먼트는 설정 값 + 8의 값으로 돼 있으므로 코드 세그먼트를 스택 세그먼트 다음

에 둘 필요가 있다. 하지만 지금의 설정에서는 gdt[3]이 애플리케이션용 코드 세그먼트, gdt[4]가 애플리케이션용 스택 세그먼트로 돼 있으므로 순서가 반대다.

리스트 20.26 세그먼터 디스크립터의 순서를 조정한다(segment.cpp)

```
void SetupSegments() {
  gdt[0].data = 0;
  SetCodeSegment(gdt[1], DescriptorType::kExecuteRead, 0, 0, 0xfffff);
  SetDataSegment(gdt[2], DescriptorType::kReadWrite, 0, 0, 0xfffff);
  SetDataSegment(gdt[3], DescriptorType::kReadWrite, 3, 0, 0xfffff);
  SetCodeSegment(gdt[4], DescriptorType::kExecuteRead, 3, 0, 0xfffff);
  LoadGDT(sizeof(gdt) - 1, reinterpret_cast<uintptr_t>(&gdt[0]));
}
```

이런 이유로 리스트 20.26에서 보는 바와 같이 GDT의 설정을 변경했다. 구체적으로는 gdt[3]와 gdt[4]를 바꿨을 뿐이다. 이 상태에서 IA32_STAR[63:48]에 19(16|3)을 설정해두면 sysret에 의해 CS로 35(4 << 3|3)이 SS로 27(3 << 3|3)이 설정돼 원하는 애플리케이션용 세그먼트로 전환된다. 이 수정에 맞춰서 CallApp()의 파라미터 순서도 바꿔 놓았다.

리스트 20.27 WriteMSR()은 지정된 모델 고유 레지스터에 값을 설정한다(asmfunc.asm)

```
global WriteMSR
WriteMSR: ; void WriteMSR(uint32_t msr, uint64_t value);
    mov rdx, rsi
    shr rdx, 32
    mov eax, esi
    mov ecx, edi
    wrmsr
    ret
```

리스트 20.27은 WriteMSR()의 구현을 보여준다. 첫 번째 파라미터로 지정될 모델 고유 레지스터(MSR)에 두 번째 파라미터로 지정된 값을 기록한다. 범용 레지스터는 RAX 같은 이름으로 지정할 수 있지만, 모델 고유 레지스터는 ECX에 레지스터 번호를 설정해 지정한다. wrmsr 명령은 ECX에서 지정된 레지스터로 EDX:EAX 64비트 값을 기록한다. RSI에 전달된 두 번째 파라미터의 상위 32비트를 EDX에 복사하기 위해 오른쪽 시프트 명령 shr을 사용해 32비트 시프트를 수행하고 있다.

20.7 시스템 콜의 본체

시스템 콜의 등록 처리를 알 수 있었다. 다음으로 syscall에 의해 호출되는 함수 SyscallEntry()의 구현을 살펴본다(리스트 20.28). 애플리케이션에서 OS 기능을 호출하는 유일한 창구가 되는 함수다. WriteMSR()에 이어 계속해 어셈블리 언어로 구현이 되는 점 양해 바란다. 어셈블리 언어로만 작성할 수 있기 때문에 어쩔 수 없다.

리스트 20.28 syscall로 호출하는 OS 측의 함수(asmfunc.asm)

```
extern syscall_table
global SyscallEntry
SyscallEntry: ; void SyscallEntry(void);
    push rbp
    push rcx ; original RIP
    push r11 ; original RFLAGS

    mov rcx, r10
    and eax, 0x7fffffff
    mov rbp, rsp
    and rsp, 0xfffffffffffffff0

    call [syscall_table + 8 * eax]
    ; rbx, r12-r15는 callee-saved라서 호출 측에서 유지하지 않는다.
    ; rax는 반환 값용이라서 호출 측에서 유지하지 않는다.

    mov rsp, rbp

    pop r11
    pop rcx
    pop rbp
    o64 sysret
```

이 함수의 가장 중요한 줄은 정중앙에 있는 call 명령이다. 이 call은 syscall_table이라는 이름의 함수 포인터 테이블에서 시스템 콜 번호에 따라 함수 포인터를 취득해 와 해당 함수를 호출한다.

call 명령 전후는 필요한 조정을 하고 있다. 처음부터 살펴보겠다. 우선 RBP를 저장하는 이유는 이 레지스터 값이 함수 호출 전후로 변화해서는 안 되기 때문이다. 나중에 RBP

를 RSP의 일시적인 저장을 위해 사용하려고 생각했기 때문에 원래 값을 스택에 저장해 둔다.

System V AMD64 ABI에 따르면 함수 호출 전후로 RBP 값이 저장돼야 할 필요는 있지만, RCX와 R11은 그 대상이 아니다. 그럼 왜 RBP에 이어 이 두 개의 레지스터도 저장하고 있는 것일까?

RCX와 R11을 저장하는 이유는 이들 값을 sysret 명령이 사용하기 때문이다. syscall 명령은 이들 두 개의 레지스터에 중요한 값을 저장한다. 그 값은 syscall 실행 시의 RIP와 RFLAGS 값이다. sysret은 반대로 RCX와 R11 값을 RIP와 RFLAGS로 다시 고쳐 써서 syscall 호출자로 돌아갈 수 있다. call에 의한 함수 호출에서 RCX와 R11이 변경될 것에 대비해 call 전후로 저장과 복원을 하는 것은 그 때문이다.

세 개의 레지스터를 저장한 다음 mov rcx, r10을 실행하고 있다. 이건 리스트 20.24에서 RCX를 R10으로 복사한 조작을 원래대로 되돌린다. syscall의 명령에 따라 RCX를 파라미터 전달에 사용할 수 없기 때문에 이런 변환이 필요한 것이다.

and eax, 0x7fffffff는 시스템 콜 번호의 최상위 비트를 마스크한다. 시스템 콜 번호를 syscall_table의 인덱스로 사용하고 싶지만 0x80000000이란 커다란 숫자의 시스템 콜 번호를 그대로 인덱스로 사용하면 선두의 0x80000000 개의 사용하지 않는 요소를 가진 거대한 배열이 필요하게 된다. 상위 비트를 0으로 해서 인덱스로 적당한 0부터 시작하는 번호로 변환한다.

계속되는 두 줄(RSP 저장과 값의 복원)은 다음의 call 명령을 위한 준비다. System V AMD64 ABI에서는 함수를 호출할 때의 스택 포인터가 16의 배수로 돼야 한다고 결정돼 있다. 이를 위한 조정을 하고 있다.

그 다음에는 최초에 소개했던 call이 있고, 그 다음은 저장한 값을 복원하는 처리가 계속되며, 마지막으로 sysret을 실행해 syscall의 호출자로 돌아간다.

리스트 20.29 함수 포인터 테이블 syscall_table의 정의(syscall.cpp)

```
namespace syscall {

#define SYSCALL(name) \
  int64_t name( \
```

```
    uint64_t arg1, uint64_t arg2, uint64_t arg3, \
    uint64_t arg4, uint64_t arg5, uint64_t arg6)

SYSCALL(LogString) {
  if (arg1 != kError && arg1 != kWarn && arg1 != kInfo && arg1 != kDebug) {
    return -1;
  }
  const char* s = reinterpret_cast<const char*>(arg2);
  if (strlen(s) > 1024) {
    return -1;
  }
  Log(static_cast<LogLevel>(arg1), "%s", s);
  return 0;
}

#undef SYSCALL

} // namespace syscall

using SyscallFuncType = int64_t (uint64_t, uint64_t, uint64_t,
                                 uint64_t, uint64_t, uint64_t);
extern "C" std::array<SyscallFuncType*, 1> syscall_table{
  /* 0x00 */ syscall::LogString,
};
```

리스트 20.29에 syscall_table의 정의를 정리했다. 인덱스 0의 위치에 LogString()의 어드레스를 등록하고 있다. 이 인덱스에 0x80000000을 더한 값이 시스템 콜 번호가 된다.

syscall::LogString()의 처리는 단순하다. 우선 파라미터의 검사를 수행하고 잘못된 값이 아니면 콘솔로 주어진 문자열을 출력한다. 시스템 콜에서는 파라미터의 검사가 중요한데, 신뢰할 수 없는 애플리케이션을 동작시키려고 할 때는 특히 더 중요하다. 공격하려는 목적으로 제작된 애플리케이션에서는 어떤 잘못된 값이 파라미터로 지정될지는 알 수 없다. OS의 보안을 향상시키기 위해 파라미터 검사는 필수적이다.

리스트 20.30 애플리케이션에서 시스템 콜을 호출한다(rpn/rpn.cpp)

```
extern "C" int64_t SyscallLogString(LogLevel, const char*);

extern "C" int main(int argc, char** argv) {
```

```
  stack_ptr = -1;

  for (int i = 1; i < argc; ++i) {
    if (strcmp(argv[i], "+") == 0) {
      long b = Pop();
      long a = Pop();
      Push(a + b);
      SyscallLogString(kWarn, "+");
    } else if (strcmp(argv[i], "-") == 0) {
      long b = Pop();
      long a = Pop();
      Push(a - b);
      SyscallLogString(kWarn, "-");
    } else {
      long a = atol(argv[i]);
      Push(a);
      SyscallLogString(kWarn, "#");
    }
  }
  if (stack_ptr < 0) {
    return 0;
  }
  SyscallLogString(kWarn, "\nhello, this is rpn\n");
  while (1);
  //return static_cast<int>(Pop());
}
```

그럼 시스템 콜의 준비는 완료했으므로 rpn 커맨드를 수정해 시스템 콜을 사용해 보겠다(리스트 20.30). 어셈블리로 구현한 SyscallLogString()을 C++의 프로그램에서 호출하는 것뿐이므로 어려운 부분은 없다. 어떠한 문자열을 표시할 수 있다면 동작확인으로 충분하다. 테스트로 숫자가 입력되면 #을, 연산자가 입력되면 해당 연산자를 표시하기로 했다. 예를 들어 rpn 2 5 +로 입력하면 ##+로 표시되길 원한다. 원하는 대로 잘 수행될까?

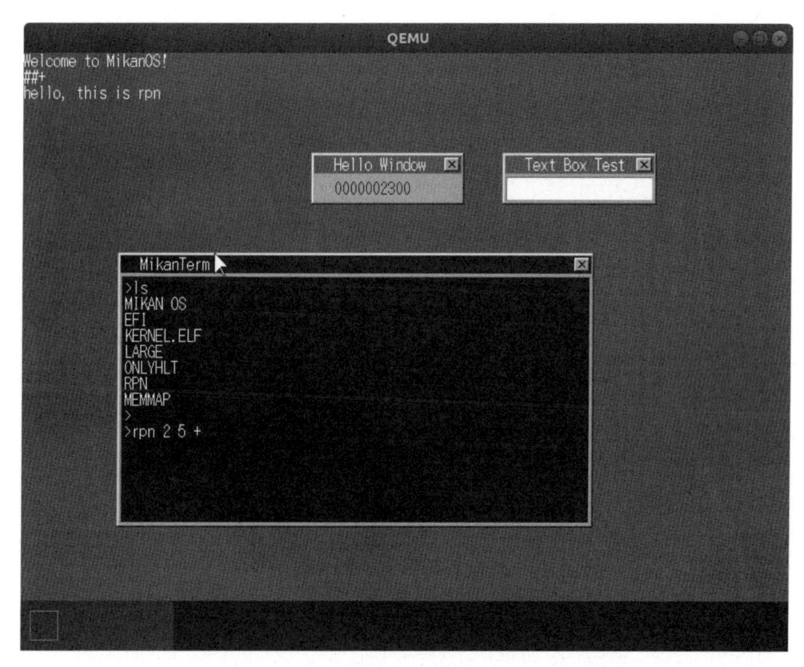

그림 20.9 시스템 콜로 콘솔에 문자열을 표시하는 모습

그림 20.9는 rpn 커맨드를 실행한 모습이다. 터미널 화면(검은 화면)은 여전히 변화하지 않지만 왼쪽 상단의 콘솔에 ##+로 표시가 됐다. 시스템 콜을 제대로 호출할 수 있다는 증거다. 대성공이다!

21장

애플리케이션에 윈도우를

현재의 애플리케이션은 콘솔에 문자열을 표시할 수 있다. 이제는 더 그래픽적으로 재미있는 애플리케이션을 만들고 싶은 마음이 들었다. 그래서 애플리케이션에 그림을 그릴 수 있게 하고 싶은데 무엇보다 전용 윈도우를 만들 수 있도록 구현해야 한다. 21장에서는 애플리케이션이 윈도우를 여는 구조를 설명한다.

21.1 IST를 설정하자(osbook_day21a)

콘솔에 문자열을 표시하는 시스템 콜만을 작성했었다. 잘 동작하고는 있지만 실은 중대한 버그가 남아 있다. 일반적인 상황에서 이 버그는 잠복 중이지만 운이 나쁘면 발동해서 OS 크래시로 연결되는 매우 발견하기 어려운 버그다. 필자는 이 찾기 어려운 버그를 어떻게 해서 찾을 수 있었을까? 실은 MikanOS를 30일째까지 작성해가는 동안에 어떤 애플리케이션이 잘 동작하지 않는 현상을 보고 발견할 수 있었다. 20장의 '20.3 TSS를 설정하자'도 이때 발견한 버그에 대처하기 위해 나중에 보충한 내용이기도 했다.

이 버그는 애플리케이션이 시스템 콜 실행 중에 타이머 인터럽트가 발생해 콘텍스트 스위치가 일어나면 발동한다. 시스템 콜은 `syscall` 명령에 의해 호출된다. `syscall` 명령은 CS와 SS를 OS용으로 설정하는데 RSP는 바꾸지 않는다. 그 때문에 시스템 콜 함수(지금은 `syscall::LogString()`밖에 없다)는 RSP가 애플리케이션의 스택을 가리키는 상황에서 처리된다. 여기서 타이머 인터럽트가 발생하면 어떻게 될까?

시스템 콜 실행 중에 타이머 인터럽트가 발생했다고 가정하자. 이때 CS가 OS용으로 설정되며, CPU는 CPL=0에서 동작하게 된다. 그러므로 인터럽트 발생시점에서는 CPL이 변화하지 않아서 TSS.RSP0에 설정한 스택은 사용되지 않는다. 즉 타이머 인터럽트 처리가 애플리케이션의 스택상에서 실행되는 것이다(그림 21.1). 이 상황이 버그를 발생시킨다.

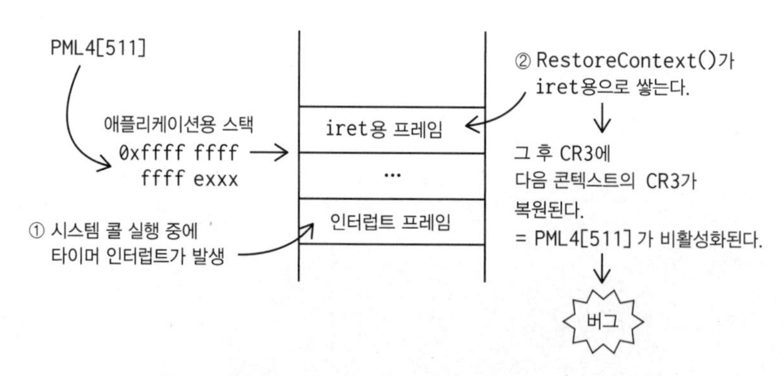

그림 21.1 애플리케이션 스택에서 콘텍스트 스위치가 발생하는 모습

애플리케이션 스택은 가상 어드레스의 후반부 부분에 설정하고 있다. `RestoreContext()`는 애플리케이션 콘텍스트에서 다음 콘텍스트로 전환하는 처리의 일환으로 CR3 레지스

터를 갱신한다. CR3는 계층 페이징 구조(PML4)를 가리키고 있기 때문에 그 시점에서 페이지 매핑이 다음 태스크용으로 갱신될 것이다. OS용 영역(PML4[0]부터 PML4[255]까지)의 매핑은 모든 콘텍스트에서 공통이지만 애플리케이션용 영역은(PML4[256] 이후) 각 콘텍스트에 고유한다. 즉 CR3 갱신 후는 스택 영역이 존재하는 페이지가 무효화(present 플래그가 0)된다. 그 상태에서 iret 명령을 실행하면 스택에 대한 액세스가 발생해 페이지 폴트가 발생해서 OS가 크래시된다.

보통은 시스템 콜의 처리가 금방 끝나기 때문에 이런 상황은 잘 발생하지 않는다. 시스템 콜을 호출해 처리가 끝날 때까지 타이머 인터럽트가 발생하지 않으면 이 버그는 발생하지 않는다. 이 버그는 무거운 처리를 수행하는 시스템 콜을 작성해 사용하면 할수록 발동확률이 높아진다.

이 버그를 수정하려면 OS 영역에 확보한 스택상에서 타이머 인터럽트가 처리되게 하면 될 것이다. 내가 생각해 낸 방법은 두 가지가 있다. 첫 번째는 시스템 콜의 개시 시점에 스택을 전환하는 방법, 다른 한 가지는 CPU 기능을 사용해 타이머 인터럽트 시에 자동적으로 스택을 전환하는 방법이다.

시스템 콜을 시작할 때 스택을 전환하려면 SyscallEntry() 선두에서 RSP를 갱신하고 시스템 콜 테이블(yscall_table)에 등록된 함수를 호출하면 구현할 수 있을 것이다. 다만 이 방법에서는 조금 문제가 남아 있다. 그건 SyscallEntry()로 처리가 이동돼 RSP를 갱신하는 동안에 타이머 인터럽트가 발생한 경우를 고려하지 않는다는 점이다. 매우 짧은 시간이므로 그 사이에 타이머 인터럽트가 발생할 확률은 매우 낮겠지만 만약 그 찰나의 시간에 타이머 인터럽트가 발생하면 동작이 이상해질 수 있다.

CPU 기능을 사용해 타이머 인터럽트 시에 자동적으로 스택을 전환하는 방법이라면 확실히 타이머 인터럽트 발생 시에 스택을 전환할 수 있다. 이를 위해 준비해야 하는 IST^interrupt stack table^라는 구조가 있다. IST는 인터럽트 핸들러를 실행할 때 사전에 설정해 둔 스택을 반드시 사용하게 하는 구조다. x86-64의 64비트 모드에서만 사용할 수 있다.

IST는 TSS에 포함돼 있다. TSS는 20장에서 TSS.RSP0을 설정했었다. IST도 RSP0와 매우 유사한 설정을 수행해 활성화할 수 있다. 시스템 콜을 시작할 시 스택을 교체하기보다 훨씬 편하다. 편하고 확실한 방법이므로 이쪽을 채용하도록 한다.

리스트 21.1 TSS.IST1을 설정한다(segment.cpp)

```
void InitializeTSS() {
  SetTSS(1, AllocateStackArea(8));
  SetTSS(7 + 2 * kISTForTimer, AllocateStackArea(8));

  uint64_t tss_addr = reinterpret_cast<uint64_t>(&tss[0]);
  SetSystemSegment(gdt[kTSS >> 3], DescriptorType::kTSSAvailable, 0,
                   tss_addr & 0xffffffff, sizeof(tss)-1);
  gdt[(kTSS >> 3) + 1].data = tss_addr >> 32;

  LoadTR(kTSS);
}
```

리스트 21.1에서 보는 바와 같이 `InitializeTSS()`를 수정해서 TSS에 있는 IST의 설정도 하도록 했다. '표 20.1 TSS의 구조'에 본 것처럼 IST1에서 IST7까지 있으며, 어떤 인터럽트 핸들러에서 어떤 IST를 사용할지를 선택하는 구조로 돼 있다. 아무거나 선택해도 괜찮다. 여기서는 상수 `kISTForTimer`로 희망하는 IST 번호를 가리키도록 했다.

리스트 21.2 TSS 설정용 헬퍼 함수(segment.cpp)

```
  void SetTSS(int index, uint64_t value) {
    tss[index] = value & 0xffffffff;
    tss[index + 1] = value >> 32;
  }

  uint64_t AllocateStackArea(int num_4kframes) {
    auto [ stk, err ] = memory_manager->Allocate(num_4kframes);
    if (err) {
      Log(kError, "failed to allocate stack area: %s\n", err.Name());
      exit(1);
    }
    return reinterpret_cast<uint64_t>(stk.Frame()) + num_4kframes * 4096;
  }
```

TSS 설정에 사용하는 `SetTSS()`와 `AllocateStackArea()`의 구현을 리스트 21.2에 실었다. 지금까지 `InitializeTSS()`에 직접 사용하던 프로그램을 함수로 나눴을 뿐이다.

리스트 21.3 타이머 인터럽트에서 IST1을 사용한다(interrupt.hpp)

```
cconst int kISTForTimer = 1; // index of the interrupt stack table
```

리스트 21.3에서 보는 바와 같이 kISTForTimer는 1로 하고 있다. 타이머 인터럽트에서는 IST1를 사용한다는 의미다.

리스트 21.4 타이머 인터럽트에서 IST를 사용하도록 설정한다(interrupt.cpp)

```
  SetIDTEntry(idt[InterruptVector::kLAPICTimer],
              MakeIDTAttr(DescriptorType::kInterruptGate, 0 /* DPL */,
                          true /* present */, kISTForTimer /* IST */),
              reinterpret_cast<uint64_t>(IntHandlerLAPICTimer),
              kKernelCS);
```

인터럽트 발생 시에 IST 구조를 사용하려면 인터럽트 핸들러를 IDT에 등록할 때 IST 번호를 설정해야 한다. 리스트 21.4는 설정하는 코드를 보여준다. MakeIDTAttr()의 4번째 항목에 IST 번호를 설정할 수 있게 했기 때문에 거기에 조금 전에 정의한 상수를 지정한다. 이를 통해 IDT 엔트리의 IST 필드에 1이 설정돼 타이머 인터럽트가 발생할 시 TSS.IST1에 설정한 스택이 사용된다.

여기서 해결하고 싶었던 버그 수정은 이제 완료됐다. 이걸로 시스템 콜 실행 중에 타이머 인터럽트가 발생해도 버그가 발생되지 않게 됐을 것이다. 애초에 버그를 재현하는 것이 어려운 일이기 때문에 정말로 고쳐졌는지는 검증할 수 없지만 말이다. 수정한 MikanOS는 지금까지 버그 없이 동작하는 것 같으므로 완료한 것으로 해두자.

21.2 문자열 표시 시스템 콜(osbook_day21b)

그림을 그리는 구조를 만들기 전에 최소한으로 만들어두고 싶은 시스템 콜 두 가지가 있다. 그건 터미널에 대한 문자열 표시와 애플리케이션의 종료다. 먼저 터미널로 문자열을 표시하는 시스템 콜을 작성해 본다.

지금 시점에서 유일한 시스템 콜은 터미널과는 관련 없는 글로벌 표시 영역인 콘솔에 문자열을 출력하는 기능이다. 이 시스템 콜은 이것만으로도 편리하지만 터미널에서 실행한 애플리케이션이 그 터미널로 메시지를 표시하는 기능도 반드시 갖춰야 할 것이다. C/C++의 프로그램에서 printf()를 사용하면 터미널로 문자열이 출력된다. 같은 것을 MikanOS에서도 할 수 있게 해 보겠다.

구현에 들어가기 전에 printf()와 시스템 콜의 관계를 설명하겠다. 양쪽을 정리해두지 않으면 지금부터의 작업이 무엇을 하는지를 이해하기 어려워지기 때문이다. 그림 21.2은 양쪽의 대략적인 관계를 보여준다.

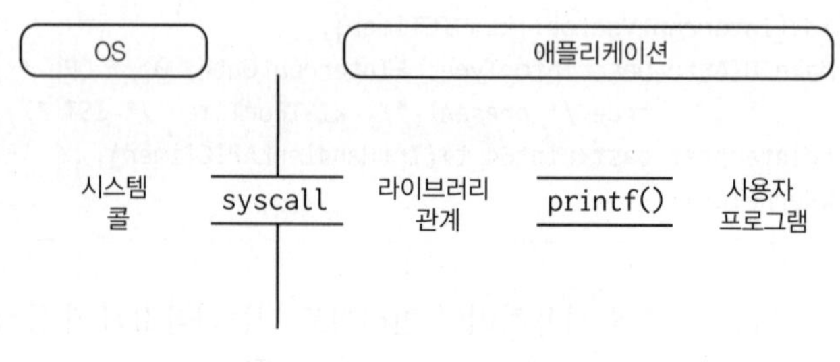

그림 21.2 시스템 콜과 라이브러리 관계

시스템 콜은 OS 본체가 갖춘 기능이다. 애플리케이션에서는 syscall 명령을 통해 호출할 수 있다. 시스템 콜의 처리는 OS 본체의 실행 파일에 포함된다. 한편 printf()는 C 언어로의 표준 라이브러리 함수다. 표준 라이브러리 함수는 모두 애플리케이션으로 링크돼 하나의 실행 파일을 구성한다. 결국 같은 실행 파일에 애플리케이션의 main()과 printf() 양쪽이 포함된다는 것이다.

C의 처리 환경은 C 프로그램이 printf()를 호출할 수 있도록 보장해야 한다. 역으로 말하자면 C 프로그램은 printf()를 호출할 수 있지만 그 구현방법은 특별히 정해져 있지 않다. printf()는 문자열에 숫자 등을 포함한 서식 지정 기능을 갖고 있지만 그 기능을 시스템 콜 내에서 구현할지, C 표준 라이브러리 측이 갖도록 할지는 자유다. 전자의 구현방법이라면 printf()는 시스템 콜의 얇은 래퍼가 되고 실질적인 처리는 모두 시스템 콜이 담당한다.

리눅스에서는 시스템 콜로 단순한 문자열 표시만을 제공하며, 서식 지정 기능은 라이브러리 측이 갖도록 제작돼 있다. 이 방법은 리눅스 이외에서도 폭넓게 사용되고 있어서 이 책에서 사용하고 있는 Newlib도 동일하게 구성돼 있다. MikanOS에서도 같은 구조를 사용하고자 한다(그림 21.3).

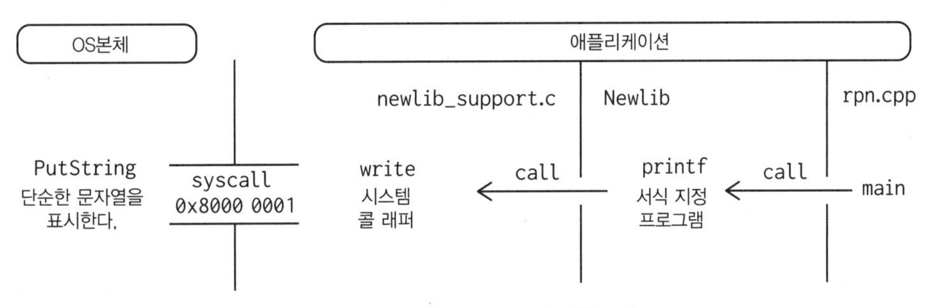

그림 21.3 Newlib와 시스템 콜의 역할 분담

`printf()` 자체의 구현은 Newlib에 들어 있다. 따라서 우리가 제작할 필요가 있는 부분은 문자열을 표시하기 위한 시스템 콜과 `printf`와 시스템 콜을 연결해 주는 `write()`다. 또한 Newlib의 `printf()`를 사용하려고 하면 몇 가지 OS 의존 함수를 정의할 필요가 있다. 그렇다고는 해도 `write()`를 제외하고는 단순히 에러를 반환하는 함수를 준비해두면 된다. '5장 문자표시와 콘솔 클래스'에서 newlib_support.c를 작성했는데 이 파일을 이제 애플리케이션용으로도 만들 것이다.

21.3 시스템 콜 작성

시스템 콜과 라이브러리 함수의 역할분담을 정리했었다. 이제 빨리 시스템 콜을 만들어 보겠다. 이를 위해 우선 터미널로 문자열 표시를 하기 위해 무엇을 해야 하는지를 생각해 보자.

시스템 콜이 `syscall` 명령으로 호출될 때를 생각해 보자. 이때는 시스템 콜의 입구는 하나밖에 없으므로 그 자체로는 시스템 콜을 호출한 애플리케이션을 특정할 수 없다. 애플리케이션을 특정할 수 없으면 표시 대상 터미널도 특정할 수 없다. 지금은 터미널이 하나밖에 없기 때문에 강제로 그 터미널로 표시하는 것도 가능하다. 다만 나중에 터미널을 다수 생성할 것이므로 여러 터미널에 대응하는 구조를 고려하는 것이 좋다.

시스템 콜에서 터미널로 문자열을 표시하려면 표시대상의 터미널을 특정할 필요가 있음을 알았다. 그를 위해서는 애플리케이션과 터미널의 대응표를 준비해두고 시스템 콜 내에서 어떻게든 해서 호출한 애플리케이션을 특정하고, 그 대응표를 검색하면 잘 될 것이다.

그럼 어떻게 애플리케이션을 식별하면 좋을까? 잘 생각해 보면 태스크 ID로 애플리케이션을 식별할 수 있음을 알 수 있다. 왜냐하면 애플리케이션은 개별 태스크로 구동한 터미널상에서 동작하기 때문이다. 다른 시점에서 본다면 터미널상에서 동작하는 애플리케이션은 기껏해야 하나다. 따라서 시스템 콜을 호출한 태스크 ID를 알면 터미널을 특정할 수 있는 것이다.

리스트 21.5 태스크 ID와 터미널 대응표(terminal.cpp)

```
std::map<uint64_t, Terminal*>* terminals;

void TaskTerminal(uint64_t task_id, int64_t data) {
  __asm__("cli");
  Task& task = task_manager->CurrentTask();
  Terminal* terminal = new Terminal{task_id};
  layer_manager->Move(terminal->LayerID(), {100, 200});
  active_layer->Activate(terminal->LayerID());
  layer_task_map->insert(std::make_pair(terminal->LayerID(), task_id));
  (*terminals)[task_id] = terminal;
  __asm__("sti");
```

태스크 ID로부터 터미널을 검색하기 위한 대응표 `terminals`을 리스트 21.5 같이 정의했다. 터미널 태스크가 구동할 때 자기자신을 대응표에 등록한다(`(*terminals)[task_id]= terminal;`). `terminals`는 여러 작업에서 읽고 쓰는 변수이므로 경합하지 않도록 `cli`/`sti`로 둘러싸도록 한다.

리스트 21.6 terminals의 초기화는 터미널을 생성하기 전에(main.cpp)

```
  terminals = new std::map<uint64_t, Terminal*>;
  const uint64_t task_terminal_id = task_manager->NewTask()
    .InitContext(TaskTerminal, 0)
    .Wakeup()
    .ID();
```

리스트 21.6은 `terminals`의 초기화 처리를 보여준다. 이 초기화 처리는 첫 번째 터미널 태스크가 구동하기 전에 놓아야 한다는데 주의하자.

리스트 21.7 터미널로 문자열 표시를 하는 시스템 콜(syscall.cpp)

```
SYSCALL(PutString) {
  const auto fd = arg1;
  const char* s = reinterpret_cast<const char*>(arg2);
  const auto len = arg3;
  if (len > 1024) {
    return { 0, E2BIG };
  }

  if (fd == 1) {
    const auto task_id = task_manager->CurrentTask().ID();
    (*terminals)[task_id]->Print(s, len);
    return { len, 0 };
  }
  return { 0, EBADF };
}
```

리스트 21.7에 이 절의 본 주제에 해당하는 시스템 콜 `syscall::PutString()`의 구현을 나타냈다. 이 시스템 콜이 받는 세 개의 파라미터를 표 21.1에 정리했다.

표 21.1 PutString() 시스템 콜 파라미터

파라미터명	값의 예	설명
fd	1	파일 디스크립터 번호
s	foo bar	표시하고 싶은 문자열 포인터
len	7	NUL 문자를 포함하지 않은 바이트 수

fd는 문자열을 표시할 대상을 지정하는 번호다. 1이 터미널을 나타내는 번호로 하겠다. 미래에 애플리케이션에서 파일을 다루게 되면 fd에 지정한 값을 변경해 터미널이 아니라 파일로 문자열을 기록하도록 확장하고 싶다. s와 len으로 문자열 포인터와 바이트 수를 지정한다. NUL 문자로 끝나지 않는 문자열에도 대응할 수 있도록 바이트 수를 지정하는 설계를 했다.

문자열이 너무 긴 경우에는 에러 E2BIG을 반환하기로 했다. E2BIG은 <cerrno> 헤더에 정의된 리눅스 등의 POSIX 계열 시스템에서 사용하는 표준적인 에러 번호다. 결과 값과 에러 값 양쪽을 반환할 수 있도록 시스템 콜의 반환 값 타입을 바꿔봤다(리스트 21.8).

리스트 21.8 시스템 콜의 반환 값 타입을 변경했다(syscall.cpp)

```
namespace syscall {
  struct Result {
    uint64_t value;
    int error;
  };

#define SYSCALL(name) \
  Result name( \
      uint64_t arg1, uint64_t arg2, uint64_t arg3, \
      uint64_t arg4, uint64_t arg5, uint64_t arg6)
```

반환 값의 결과를 나타내는 syscall::Result는 시스템 콜의 결과(예를 들어 PutString()이 기록한 바이트 수)를 나타내는 value와 에러번호를 저장한 error를 가진 구조체다. 에러번호가 0 이외의 경우에는 에러가 있다는 걸로 하겠다. 이 구조체는 전체가 128비트 안에 들어가므로 System V AMD64 ABI의 사양에 따라 시스템 콜의 반환 값은 RAX:RDX에 기록할 수 있다. 만약 128비트보다 크다면 스택상에 기록해야 하므로 귀찮은 일이 될 뻔했다. 시스템 콜의 반환 값이 레지스터에 알맞게 맞아서 특별한 궁리 없이 애플리케이션에 값을 반환할 수 있다. 멋지다!

리스트 21.9 시스템 콜의 함수 테이블의 타입도 변경했다(syscall.cpp)

```
using SyscallFuncType = syscall::Result (uint64_t, uint64_t, uint64_t,
                                         uint64_t, uint64_t, uint64_t);
extern "C" std::array<SyscallFuncType*, 2> syscall_table{
  /* 0x00 */ syscall::LogString,
  /* 0x01 */ syscall::PutString,
};
```

반환 값의 타입을 바꿨기 때문에 syscall_table의 타입도 변경했다(리스트 21.9). 그리고 기존의 시스템 콜인 syscall::LogString()의 구현도 거기에 맞춰서 수정했다. 에러 값을 반환하도록 한 것뿐이기 때문에 소스코드는 생략한다.

본 흐름의 이야기로 돌아와 fd가 1인 경우의 처리를 설명하겠다. 이 몇 줄의 처리가 PutString() 시스템 콜의 핵심이다.

먼저 현재 실행 중인 태스크의 ID를 취득한다. 이 시스템 콜은 애플리케이션에서 호출되므로 현재 실행 중인 태스크란 애플리케이션이 동작하는 터미널 태스크를 의미한다.

터미널의 태스크 ID를 취득했다면 terminals를 그 ID로 검색해 터미널 오브젝트로의 포인터를 얻는다. 얻은 포인터를 사용해 Print() 메소드를 호출해 문자열을 터미널로 표시한다.

이것뿐이라고 반문한다면 이것뿐이다. 의외로 단순하다. 바이트 수를 지정할 수 있는 Terminal::Print()가 없기 때문에 구현해 보겠다.

리스트 21.10 Print()가 바이트 수를 받도록 한다(terminal.cpp)

```
void Terminal::Print(const char* s, std::optional<size_t> len) {
  const auto cursor_before = CalcCursorPos();
  DrawCursor(false);

  if (len) {
    for (size_t i = 0; i < *len; ++i) {
      Print(*s);
      ++s;
    }
  } else {
    while (*s) {
      Print(*s);
      ++s;
    }
  }

  DrawCursor(true);
  const auto cursor_after = CalcCursorPos();
  Vector2D<int> draw_pos{ToplevelWindow::kTopLeftMargin.x, cursor_before.y};
  Vector2D<int> draw_size{window_->InnerSize().x,
                         cursor_after.y - cursor_before.y + 16};

  Rectangle<int> draw_area{draw_pos, draw_size};

  Message msg = MakeLayerMessage(
      task_id_, LayerID(), LayerOperation::DrawArea, draw_area);
  __asm__("cli");
  task_manager->SendMessage(1, msg);
  __asm__("sti");
}
```

리스트 21.10에 수정한 Terminal::Print()를 나타냈다. 주요 수정 부분은 3가지로 파라미터 len를 추가했고, len를 사용해 문자열을 렌더링하도록 했으며, 마지막으로 화면의 다시 그리기를 수행하도록 했다.

len 타입으로 std::optional을 사용해 '바이트 수를 지정하지 않은' 경우를 표현할 수 있게 했다. 이렇게 한 이유는 지금까지 바이트 수를 지정하지 않고 Print()를 호출하는 수많은 위치를 수정하고 싶지 않았기 때문이다. len을 std::optional 타입으로 한 후 리스트 21.11 같이 디폴트 파라미터를 지정하면 기존 호출 위치를 수정할 필요가 없게 된다.

리스트 21.11 len에 디폴트 인수를 지정한다(terminal.hpp)

```
void Print(const char* s, std::optional<size_t> len = std::nullopt);
```

Print() 후반부에서 화면 다시 그리기를 수행한다. 지금까지는 이 처리가 없이 애플리케이션이 종료하는 타이밍에서 화면을 다시 그리고 있었다. 하지만 지금은 rpn 커맨드는 기동하면 쭉 종료하지 않기 때문에 그래서는 곤란하다. 애플리케이션이 종료하지 않아도 문자열을 터미널에 표시하기 위해 문자열 표시 시스템 콜 내부에서 다시 그리도록 했다. 이 기능은 오랜 기간 동작하는 프로그램을 작성하는 경우에도 도움이 된다.

다시 그리기의 범위 계산이 복잡한 이유는 다시 그리기를 가급적 좁은 범위로 한정하기 위해서다. 렌더링 범위를 작게 하는 기본적인 아이디어는 문자열 표시 전후의 커서 위치를 이용하는 것이다. 커서 위치의 차이를 얻으면 다시 그려야 하는 범위를 구할 수 있다. 다만 문자열에 줄바꿈 문자가 포함돼 있는 경우를 고려해야 하므로 조금 복잡하게 됐다.

렌더링 범위를 최소로 좁히는 것은 매우 어렵기 때문에 앞의 프로그램에서는 타협해 가로 방향은 윈도우의 폭 전체, 세로 방향은 커서의 위치 세로 방향 차이 +1줄로 형성되는 사각형을 다시 그리기 범위로 삼고 있다.

그림 21.4에 'fizz\nbuzz'라는 두 줄 문자열을 표시하는 경우의 다시 그리기 범위 계산이 나와 있다. 줄의 어디에서부터 표시되는지에 상관없이 2줄 전체를 다시 그리기 범위로 하고 있는 것을 알 수 있다.

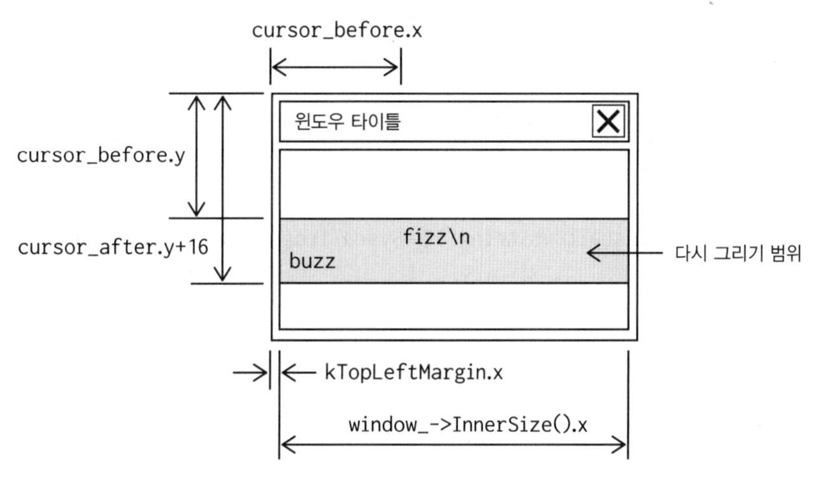

그림 21.4 Print() 내에서의 다시 그리기 범위 계산

21.4 write()의 작성

문자열 표시 흐름을 통해 이제 시스템 콜의 준비가 정돈됐다. 다음은 애플리케이션 측에서 printf()를 호출하는데 필요한 write()를 구현한다. 함수의 프로토타입은 리눅스 터미널에서 man 2 write로 확인하거나 $HOME/osbook/devenv/x86_64-elf/include/sys/unistd.h에 써 있는 부분을 읽어보자.

리스트 21.12 write()는 시스템 콜을 사용해 문자열을 출력한다(rpn/newlib_support.c)

```
struct SyscallResult {
  uint64_t value;
  int error;
};
struct SyscallResult SyscallPutString(uint64_t, uint64_t, uint64_t);

ssize_t write(int fd, const void* buf, size_t count) {
  struct SyscallResult res = SyscallPutString(fd, (uint64_t)buf, count);
  if (res.error == 0) {
    return res.value;
  }
  errno = res.error;
  return -1;
}
```

write()의 구현을 리스트 21.12에 정리했다. 시스템 콜을 힘내서 만든 덕분에 애플리케이션 측의 함수 구현 자체는 매우 단순하다. 받은 3개의 파라미터를 시스템 콜에 전부 전달하고, 반환 값의 에러를 검사할 뿐이다. write()는 처리가 실패하면 errno에 에러 값을 설정하고 -1을 반환하게 돼 있기 때문에 그런 느낌으로 구현해 봤다.

write()가 호출하는 SyscallPutString()은 SyscallLogString() 코드를 복사해 시스템 콜 번호를 0x80000001로 바꿨을 뿐이다. 소스코드 소개는 안 해도 괜찮을 것 같다.

리스트 21.13 rpn 커맨드에서 printf()를 사용한다(rpn/rpn.cpp)

```
  long result = 0;
  if (stack_ptr >= 0) {
    result = Pop();
  }

  printf("%ld\n", result);
  while (1);
```

리스트 21.13 같이 rpn 커맨드가 printf()를 호출하도록 했다. 물론 printf()에서는 다양한 서식 지정이 가능하다. 시험 삼아 long 타입을 표시하게 했다.

리스트 21.14 newlib_support.o를 링크한다(rpn/Makefile)

```
TARGET = rpn
OBJS = rpn.o syscall.o newlib_support.o
include ../Makefile.elfapp
```

apps/rpn/Makefile을 편집해 write()가 정의돼 있는 newlib_support.o를 rpn의 링크 대상에 추가한다(리스트 21.14).

리스트 21.15 C 언어 컴파일 규칙을 추가(Makefile.elfapp)

```
%.o: %.c Makefile
	clang $(CPPFLAGS) $(CFLAGS) -c $< -o $@
```

지금 이대로는 컴파일과 링크를 정상적으로 할 수 없기 때문에 apps/Makefile.elfapp도 편집한다(리스트 21.15). 이제 여기까지 했다면 빌드해 실행해 보겠다(그림 21.5). 제대로 동작하는 듯 보이니 만족스럽다.

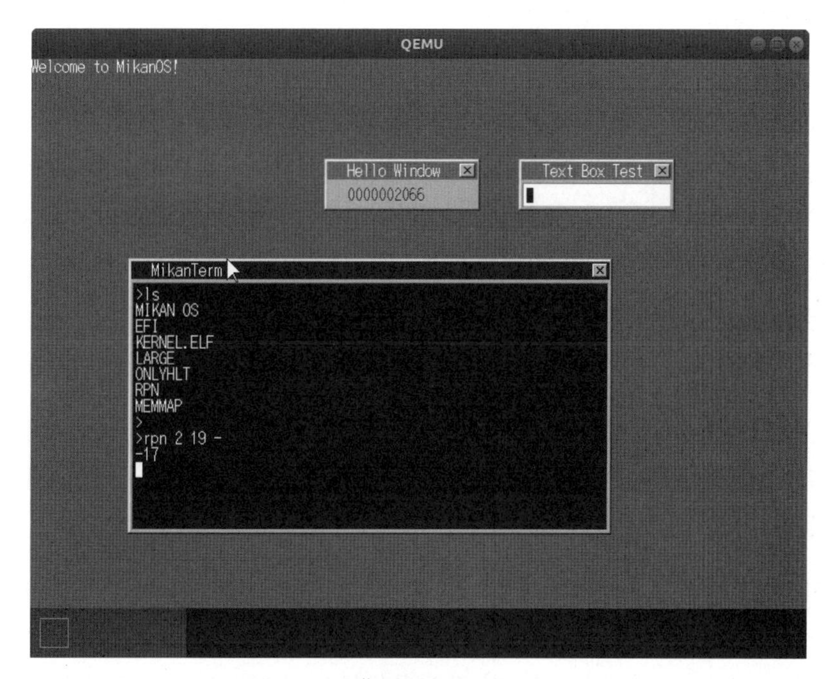

그림 21.5 printf()로 정수를 표시하고 있는 모습

21.5 종료 시스템 콜(osbook_day21c)

지금 상태에서는 애플리케이션을 종료할 수가 없다. main()의 처리가 종료해 버리면 OS 전체가 죽어 버리게 되는 비참한 상황이 발생하기 때문이다. 곰곰이 생각해 보면 '애플리케이션이 종료한다'는 처리는 생각보다 어려운 작업이다. 특정 CPU상에서 동작하는 애플리케이션이 종료한다는 것은 그 직후부터 CPU상에서 OS 본체의 프로그램이 동작을 재개한다는 것이기 때문이다. CPU의 시점에서는 링 3에서 링 0으로 동작모드를 변경해야 한다.

링 3에서 링 0으로 전이하는 구조란 시스템 콜 그 자체다. 시스템 콜을 사용한 애플리케이션의 종료 처리란 관점을 바꿔서 생각하면 '영원히 처리가 끝나지 않는 시스템 콜을 호출하는 것'이라고 말할 수 있다. 애플리케이션이 '종료용 시스템 콜'을 호출하면 링 3에서 링 0으로 처리가 이동되며, 시스템 콜의 처리 결과가 돌아오는 경우는 없다. 그러한 시스템 콜을 만들면 애플리케이션의 종료를 구현할 수 있을 것이다. 이 절에서는 애플리케이션 종료용 시스템 콜을 작성해 본다.

애플리케이션의 종료방법은 또 한 가지 더 있다. 애플리케이션이 CPU 예외를 발생시키면 OS 전체가 아닌 해당 애플리케이션만을 종료시키는 방법이다. 애플리케이션의 main()이 종료 시스템 콜이 아닌 return으로 종료하면 잘못된 어드레스로 점프한다. 그때 CPU 예외가 발생하므로 예외를 포착하면 애플리케이션을 정지시킨다. 이 방법은 종료 시스템 콜을 호출하지 않는 의도치 않은 애플리케이션이나 의도적으로 잘못된 처리를 하려는 애플리케이션에 대처하기 위해서는 필요한 기능이지만 정상적인 애플리케이션에서는 불필요한 기능이다. 이 책에서는 구현하지 않고 독자들의 과제로 남기겠다.

종료 시스템 콜이 다른 시스템 콜과 크게 다른 점은 시스템 콜의 처리가 끝나도 sysret 명령을 실행하지 않는다는 점이다. 그 대신에 OS의 처리(Terminal::ExecuteFile())로 실행을 되돌리고 싶다. 실행을 되돌린다는 것은 무엇을 의미하는 것일까?

여기서 애플리케이션이 실행될 때의 처리를 조금 떠올려보자. 애플리케이션(ELF 파일)을 적절한 가상 어드레스에 배치하고, 엔트리 포인트로 retf 명령으로 점프를 했었다. 점프 처리는 CallApp()(리스트 20.4)이 담당한다. 종료 시스템 콜이 없는 현 상황에서는 CallApp()을 호출하면 마지막에 처리가 돌아오는 것이 아니다. 좀 전에 썼던 '처리를 되돌린다'란 CallApp()에서 되돌아 오게 한다는 것을 의미한다. 이 작업이 이번 절의 최종 목표다.

이제 종료 시스템 콜을 작성해 본다. 세 번째의 시스템 콜이므로 번호는 0x80000002가 된다. 이 번호를 감지했다면 특별한 처리로 분기하도록 SyscallEntry()을 수정한다(리스트 21.16).

리스트 21.16 종료 시스템 콜 전용의 처리로 분기한다(asmfunc.asm)

```
    push rax ; 시스템 콜 번호를 저장
    mov rcx, r10
    and eax, 0x7fffffff
    mov rbp, rsp
    and rsp, 0xfffffffffffffff0

    call [syscall_table + 8 * eax]
```

```
    ; rbx, r12-r15는 callee-saved라서 호출 측에서 저장 안 함
    ; rax는 반환 값용이므로 호출 측에서 저장 안 함

    mov rsp, rbp

    pop rsi ; 시스템 콜 번호를 복원
    cmp esi, 0x80000002
    je .exit
```

시스템 콜 번호는 EAX 레지스터에 전달된 상태다. 하지만 EAX 레지스터는 call 명령으로 호출되는 함수 내부에서 변경되므로 일단 스택에 저장해 둔다. call로 호출한 시스템 콜의 처리가 끝나면 스택에 저장한 번호를 꺼낸다. 이때 시스템 콜의 반환 값이 저장되는 RAX와 RDX를 변경하지 않도록 주의한다. 번호가 0x80000002인지를 체크하고, 같다면 종료 시스템 콜 전용의 처리 .exit로 분기한다.

리스트 21.17 애플리케이션을 종료시키고 OS로 되돌아온다(asmfunc.asm)

```
.exit:
    mov rsp, rax
    mov eax, edx

    pop r15
    pop r14
    pop r13
    pop r12
    pop rbp
    pop rbx

    ret ; CallApp의 다음 줄로 점프한다.
```

리스트 21.17에 .exit의 처리를 소개했다. 처음 두 개의 mov 명령은 스택을 애플리케이션용에서 OS용으로 전환하고, CallApp()의 반환 값을 설정하고 있다. 이것만 봐서는 수수께끼 같다는 생각이 들기에 나중에 자세하게 설명하겠다. 결론을 말하면 .exit에서 처리를 시작하는 시점에서 RAX에는 CallApp()에서 저장한 OS용 스택 영역의 포인터가 들어 있다. 따라서 첫 번째 줄의 mov 명령에 의해 스택 포인터가 OS용 스택을 가리키게 된다.

여섯 개의 pop 명령은 각 레지스터를 CallApp() 호출 시의 상태로 복원시킨다. RSP는 OS용 스택을 가리키므로 각 pop 명령은 애플리케이션용이 아닌 OS용의 스택에서 값을 읽는다는 것에 주의한다. 이에 맞춰 CallApp()의 처음에 레지스터 값을 저장하는 처리를 추가했다(리스트 21.18). pop과 push가 정확하게 역순으로 나열돼 있음을 알 수 있다.

리스트 51.18 CallApp()의 선두에서 레지스터 값을 저장한다(asmfunc.asm)

```
global CallApp
CallApp:   ; int CallApp(int argc, char** argv, uint16_t ss,
           ;             uint64_t rip, uint64_t rsp, uint64_t* os_stack_ptr);
    push rbx
    push rbp
    push r12
    push r13
    push r14
    push r15
    mov [r9], rsp ; OS용 스택 포인터를 저장

    push rdx   ; SS
    push r8    ; RSP
    add rdx, 8
    push rdx   ; CS
    push rcx   ; RIP
    o64 retf
    ; 애플리케이션이 종료해도 여기에는 도달하지 않는다.
```

CallApp()과 SyscallEntry() 처리를 애플리케이션의 시작과 종료에 맞춰서 시간순으로 정리하면 다음과 같다.

- CallApp: OS용 스택에 레지스터를 저장
- CallApp: 애플리케이션용 스택으로 전환
- CallApp: 애플리케이션을 실행
- SyscallEntry.exit: OS용 스택으로 전환
- SyscallEntry.exit: OS용 스택에서 레지스터를 복원
- SyscallEntry.exit: CallApp() 호출 다음 줄로 복귀한다.

CallApp()을 호출한 시점의 레지스터 값을 스택에서 복원하면 OS는 CallApp()의 다음 줄로 돌아올 수 있다. 그림으로 설명하면 그림 21.6과 같은 구조라고 할 수 있다.

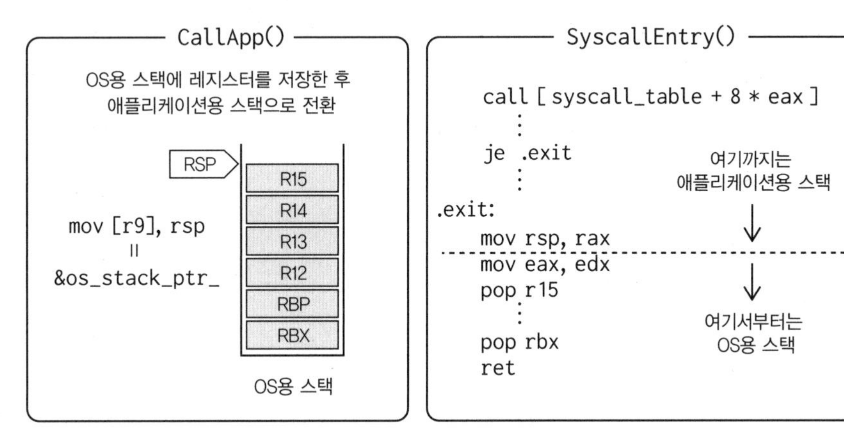

그림 21.6 OS 스택의 저장과 복원

CallApp()의 mov [r9], rsp에 주목한다. 코멘트에서도 언급했지만 그 줄에서 OS용 스택을 가리키는 포인터(OS용 스택 포인터)를 메모리에 저장하고 있다. R9 레지스터에는 CallApp()의 여섯 번째 파라미터, os_stack_ptr이 할당돼 있으므로 C++ 스타일로 작성하면 다음과 같은 처리와 동일하다.

```
*os_stack_ptr = RSP;
```

CallApp()의 여섯 번째 파라미터에 스택 포인터를 저장하기 위한 변수를 지정하도록 호출 측을 수정했다(리스트 21.19).

리스트 21.19 CallApp()에 스택 포인터를 저장하는 변수를 지정한다(terminal.cpp)

```
__asm__("cli");
auto& task = task_manager->CurrentTask();
__asm__("sti");

auto entry_addr = elf_header->e_entry;
int ret = CallApp(argc.value, argv, 3 << 3 | 3, entry_addr,
                  stack_frame_addr.value + 4096 - 8,
                  &task.OSStackPointer());
char s[64];
sprintf(s, "app exited. ret = %d\n", ret);
Print(s);
```

OS용 스택 포인터를 저장하기 위한 변수는 Task 클래스가 갖도록 했다. Task 클래스는 원래 해당 태스크용의 스택 포인터를 저장하기 위한 변수 Task::stack_ptr_를 갖고 있다. 이 변수와 나란히 Task::os_stack_ptr_를 갖게 했다. 추가한 변수는 CallApp() 실행 시의 RSP 값을 저장하는 전용 변수다.

리스트 21.20 OSStackPointer()는 변수의 참조를 반환한다(task.cpp)

```
uint64_t& Task::OSStackPointer() {
  return os_stack_ptr_;
}
```

Task::OSStackPointer()의 구현을 리스트 21.20에 정리했다. os_stack_ptr_의 참조를 반환하는 단순한 메소드다.

Task::stack_ptr_은 태스크를 전환할 때마다 SwitchContext()에 의해 해당 시점의 RSP 값이 저장된다. 그 때문에 CallApp()으로 애플리케이션이 기동한 후의 최초 SwitchContext() 실행 시에 애플리케이션용 스택의 스택 포인터가 저장돼 버린다. 그래서 OS용 스택을 복원하는 값으로는 사용할 수 없다.

덧붙여 CallApp()은 원래 애플리케이션용 코드 세그먼트와 스택 세그먼트를 별도로 지정할 수 있었다. 하지만 syscall을 사용하는 이상 두 개를 별도로 지정하는 것은 의미가 없기 때문에 스택 세그먼트의 셀렉터 값만을 지정할 수 있게 했다. 이를 통해 한 개의 파라미터를 줄일 수 있게 돼 6번째의 파라미터로 &task.OSStackPointer()를 전달할 수 있었다. System V AMD64 ABI에서는 파라미터가 6개를 초과하면 조금 곤란해지므로 도움이 됐으니 다행이다.

21.6 스택 포인터의 복원

스택 포인터를 저장하는 구조를 알게 됐다. 다음은 복원하는 구조를 살펴보겠다. OS용 스택 포인터의 복원은 SyscallEntry.exit의 최초 처리, mov rsp, rax이다. 그런데 왜 RAX에 OS용 스택 포인터가 들어있는지가 수수께끼다. SyscallEntry()의 어디를 봐도 Task::os_stack_ptr_에서 값을 읽어서 RAX에 쓰는 듯한 처리는 보이지 않는다. 그 수수께끼를 풀 열쇠는 0x80000002로 호출되는 C++ 측의 함수 syscall::Exit()에 있다.

리스트 21.21 Exit()는 OS용 스택 포인터와 종료 코드를 반환한다.

```
SYSCALL(Exit) {
  __asm__("cli");
  auto& task = task_manager->CurrentTask();
  __asm__("sti");
  return { task.OSStackPointer(), static_cast<int>(arg1) };
}
```

syscall::Exit()의 구현은 리스트 21.21에 나와 있다. 처리는 매우 단순해서 현재 태스크가 가진 OS용 스택 포인터의 값(CallApp() 실행 시에 저장된 값)과 시스템 콜의 첫 번째 파라미터를 반환할 뿐이다.

이 두 개의 반환 값을 어셈블리 언어의 시점에서 보면 RAX에 task.OSStackPointer()가 RDX에 static_cast<int>(arg1)이 대응한다. 기본적으로 함수의 반환 값은 RAX로 표현하지만 한 개의 레지스터로 부족한 경우에는 RDX가 추가적으로 사용되는 것이 System V AMD64 ABI에서 정해져 있다.

리스트 21.22 애플리케이션을 종료시키고 OS로 돌아온다(asmfunc.asm)

```
.exit:
    mov rsp, rax
    mov eax, edx

    pop r15
    pop r14
    pop r13
    pop r12
    pop rbp
    pop rbx

ret ; CallApp의 다음 줄로 점프한다.
```

리스트 21.22에 SyscallEntry.exit의 처리를 다시 게재했다. 직전에 있던 call 명령과 je .exit 사이에서는 RAX와 RDX를 변경하고 있지 않기 때문에 .exit로 왔을 때는 RAX:RDX에 syscall::Exit()의 반환 값이 설정된 상태가 돼 있다. 그런 이유로 두 개의 mov

명령을 통해 스택 포인터가 OS용으로 복원되고, EAX에는 syscall::Exit()의 첫 번째 파라미터가 설정될 수 있다.

리스트 21.23 애플리케이션에서 종료 시스템 콜을 호출한다(rpn/rpn.cpp)

```
  long result = 0;
  if (stack_ptr >= 0) {
    result = Pop();
  }

  printf("%ld\n", result);
  SyscallExit(static_cast<int>(result));
```

리스트 21.23은 애플리케이션에서 종료 시스템 콜을 호출하는 위치를 보여준다. 종료 시스템 콜의 파라미터는 애플리케이션의 종료 코드exit code다. 대부분의 OS에서는 코드가 0이라면 정상종료, 0 이외라면 오류로 인한 종료로 종료 코드를 사용한다. MikanOS에서는 지금 시점에서 애플리케이션의 종료 코드에 의미는 없으며, 다만 'app exited. ret = %d'로 표기할 뿐이다. 종료 코드가 변화하는 것을 확인하기 위해 역 폴란드 표기법의 계산결과를 종료 코드로 지정해 봤다.

리눅스에서 C/C++ 프로그래밍을 할 때는 main()에서 return 0;로 해서 애플리케이션을 정상적으로 종료할 수 있다. exit(0);을 쓸 필요는 없다. 하지만 MikanOS의 애플리케이션에서는 반드시 SyscallExit(0);의 실행이 필요하다. 그렇지 않으면 OS 전체가 죽어 버린다.

이 차이는 main()이 호출되는 구조의 차이 때문에 비롯된다. MikanOS에서는 main()이 최초에 호출되기 때문에 필요한 초기화나 후처리는 그 안에서 완결해야 한다. 리눅스 등에서는 처음에 스타트업 루틴[1]이라는 것이 먼저 호출돼 그 안에서 main()이 호출된다. 스타트업 루틴에서는 main()에서 돌아왔을 때 exit()를 호출하는 처리가 구현돼 있는 것이다.

MikanOS에서는 main()이 return 문으로 종료해서는 안 된다. 따라서 main()의 반환 값 타입을 int로 하면 의미가 있기는커녕 return 문으로 값을 반환하지 않는 경우에 경고

1 일반적으로는 crt0.o라는 파일에 스타트업 루틴이 포함돼 있다.

가 출력돼 거슬린다(컴파일러는 SyscallExit()를 호출하면 거기서 애플리케이션을 종료한다는 걸 모른다). 따라서 반환 값 타입을 void로 변경해 뒀다.

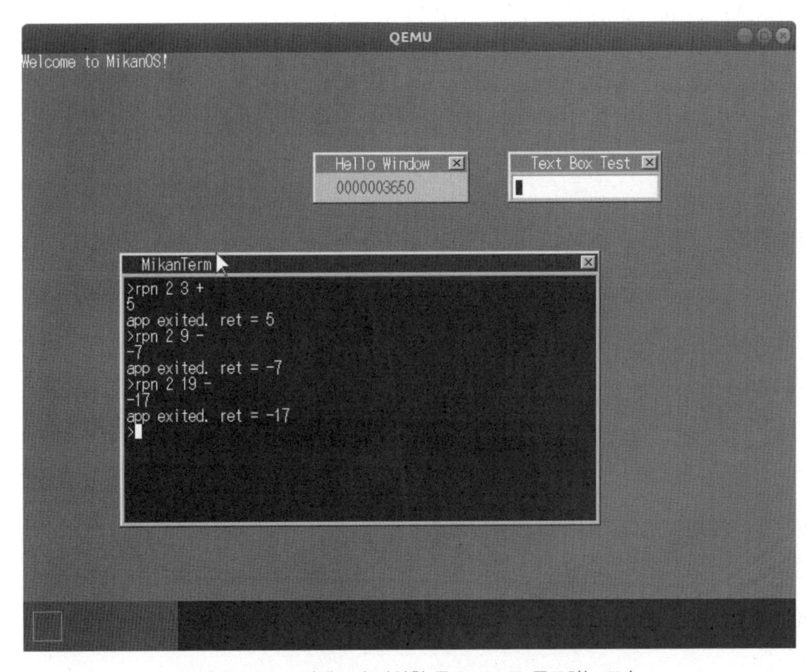

그림 21.7 rpn 커맨드가 다양한 종료 코드로 종료하는 모습

이것으로 종료 시스템 콜은 완성된 걸로 보인다. rpn 커맨드의 동작확인을 해봤다(그림 21.7). 애플리케이션이 제대로 종료해서 터미널로 처리가 돌아오게 됐다. OS를 재부팅시키지 않고도 여러 번 커맨드를 실행할 수 있다. 종료 코드도 제대로 계산결과가 반영된 것 같다. 대성공!

21.7 코드 정리(osbook_day21d)

모처럼 종료 시스템 콜을 제작했지만 rpn 커맨드만 수정했을 뿐이다. large 커맨드[2]도 제대로 종료 시스템 콜을 호출할 수 있게 해 보자. 이를 위해서는 apps/rpn/syscall.asm에 포함된 시스템 콜과 C++를 연결하기 위한 함수가 large 쪽에도 필요하다. 그러므로

2 large 커맨드는 페이징의 검증을 위해 제작한 매우 큰 글로벌 변수를 사용하는 애플리케이션이다.

그 파일을 apps/syscall.asm로 이동시킨다.

이동에 따라 apps/rpn/Makefile의 `OBJS`에서 `syscall.o`를 빼고 애플리케이션 간 공유하는 apps/Makefile.elfapp를 리스트 21.24 같이 변경했다.

리스트 21.24 애플리케이션 공통으로 syscall.o를 링크한다(Makefile.elfapp)

```
OBJS += ../syscall.o ../newlib_support.o
```

Makefile.elfapp은 ELF 애플리케이션 빌드에서 공통으로 사용한다. 그래서 이 파일의 `OBJS`를 변경해 두면 이후에 애플리케이션이 늘어나도 자동적으로 `syscall.o`가 링크된다. Newlib를 애플리케이션에서 사용하기 위해 필요한 `newlib_support.o`도 작업하는 김에 apps/rpn/에서 apps/로 이동시켰다.

리스트 21.25 시스템 콜 함수의 선언 모음(syscall.h)

```
#include <cstdint>
#include "../kernel/logger.hpp"

extern "C" {

struct SyscallResult {
  uint64_t value;
  int error;
};

SyscallResult SyscallLogString(LogLevel level, const char* message);
SyscallResult SyscallPutString(int fd, const char* s, size_t len);
void SyscallExit(int exit_code);

} // extern "C"
```

또한 이어지는 작업으로 시스템 콜과 C++을 연결하는 함수의 프로토타입 선언을 모은 헤더 파일 syscall.h를 작성했다(리스트 21.25). 이와 같이 공통화해 만들어두면 애플리케이션이나 시스템 콜이 향후 늘어나도 각 애플리케이션의 소스코드에서 개별적으로 프로토타입 선언을 작성하지 않아도 된다.

리스트 21.26 large 커맨드의 소스코드(large/large.cpp)

```
#include <cstdlib>
#include "../syscall.h"

char table[3 * 1024 * 1024];

extern "C" void main(int argc, char** argv) {
  SyscallExit(atoi(argv[1]));
}
```

syscall.h를 사용해 large 커맨드에서 종료 시스템 콜을 호출하도록 수정했다(리스트 21.26). main()은 더 이상 값을 반환하지 않으므로 rpn과 같이 동일한 반환 값 타입인 void로 했다.

21.8 윈도우를 연다(osbook_day21e)

서론이 길어졌지만 겨우 21장에서 하고 싶었던 작업에 착수할 수 있게 된 것 같다. 하고 싶었던 작업은 윈도우를 열고 그림을 그리는 것이다. 이 절에서는 우선 윈도우를 여는 시스템 콜을 작성한다. 윈도우를 여는 것 자체는 지금까지도 하고 있었다. 그걸 시스템 콜로 만들어서 구현하면 될 것이다.

리스트 21.27 윈도우를 여는 시스템 콜(syscall.h)

```
SyscallResult SyscallLogString(LogLevel level, const char* message);
SyscallResult SyscallPutString(int fd, const char* s, size_t len);
void SyscallExit(int exit_code);
SyscallResult SyscallOpenWindow(int w, int h, int x, int y, const char* title);
```

리스트 21.27은 윈도우를 여는 시스템 콜 syscall::OpenWindow()의 프로토타입 선언을 보여준다. 파라미터 w와 h는 윈도우의 너비와 높이다. x와 y는 윈도우의 초기 위치다. 모두 픽셀 단위에서 지정한다. title은 윈도우의 타이틀 문자열이다.

리스트 21.28 윈도우를 여는 시스템 콜 (syscall.cpp)

```
SYSCALL(OpenWindow) {
  const int w = arg1, h = arg2, x = arg3, y = arg4;
  const auto title = reinterpret_cast<const char*>(arg5);
  const auto win = std::make_shared<ToplevelWindow>(
      w, h, screen_config.pixel_format, title);

  __asm__("cli");
  const auto layer_id = layer_manager->NewLayer()
    .SetWindow(win)
    .SetDraggable(true)
    .Move({x, y})
    .ID();
  active_layer->Activate(layer_id);
  __asm__("sti");

  return { layer_id, 0 };
}
```

리스트 21.28에 구현을 정리했다. 파라미터에 따라 (ToplevelWindow)를 생성하고, 레이어 매니저에 등록한다. 새롭게 연 윈도우는 활성화되도록 했다. 윈도우를 만든 후에 윈도우를 조작 가능하도록 시스템 콜의 반환 값으로 레이어 ID를 반환한다. 이후 추가될 윈도우 관련 시스템 콜에는 이 레이어 ID를 지정하도록 할 생각이다.

리스트 21.29 winhello 커맨드의 소스코드(winhello/winhello.cpp)

```
#include "../syscall.h"

extern "C" void main(int argc, char** argv) {
  SyscallOpenWindow(200, 100, 10, 10, "winhello");
  SyscallExit(0);
}
```

리스트 21.29에는 새롭게 추가한 커맨드 winhello의 소스코드를 보여준다. 윈도우를 열기만 하는 단순한 애플리케이션이다. 이 커맨드를 실행하면 그림 21.8 같이 된다. 윈도우가 제대로 표시되는 걸 보니 완성이다.

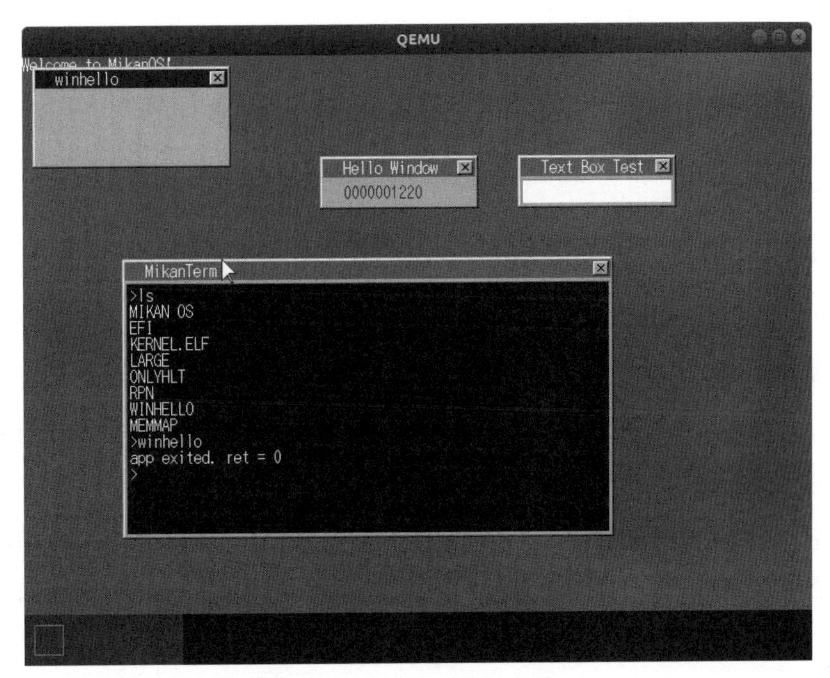

그림 21.8 winhello 커맨드가 윈도우를 연 모습

21.9 윈도우에 문자를 쓴다(osbook_day21f)

윈도우를 열 수 있게 됐지만 윈도우에 문자조차 쓸 수 없다는 건 재미없다. 그림을 그리는 것이 최종 목표인데 우선은 문자를 출력시킬 수 있게 해 보겠다.

리스트 21.30 WinWriteString()은 윈도우에 문자를 그린다(syscall.cpp)

```
SYSCALL(WinWriteString) {
  const unsigned int layer_id = arg1;
  const int x = arg2, y = arg3;
  const uint32_t color = arg4;
  const auto s = reinterpret_cast<const char*>(arg5);

  __asm__("cli");
  auto layer = layer_manager->FindLayer(layer_id);
  __asm__("sti");
  if (layer == nullptr) {
    return { 0, EBADF };
```

```
  }

  WriteString(*layer->GetWindow()->Writer(), {x, y}, s, ToColor(color));
  __asm__("cli");
  layer_manager->Draw(layer_id);
  __asm__("sti");

  return { 0, 0 };
}
```

윈도우에 문자를 그리기 위한 `syscall::WinWriteString()` 시스템 콜을 제작했다(리스트 21.30). `layer_id`는 렌더링 대상의 윈도우를 포함한 레이어 ID, `x`, `y`는 윈도우의 왼쪽 상단을 기준으로 한 렌더링 위치다. `color`는 문자색이며 `s`는 문자열 포인터이다.

지정된 레이어 ID를 사용해 레이어를 취득하고, 그 레이어가 가진 윈도우에 문자열을 렌더링한다. 렌더링 결과를 화면에 반영하기 위해 `layer_manager->Draw()`를 사용해 레이어를 다시 그려둔다.

시스템 콜 본체를 만드는 것 외에 `syscall_table`에 등록하고 apps/syscall.asm에도 함수를 추가했다. 다른 시스템 콜도 동일한 작업으로 만들기 때문에 지면에는 소개하지 않는다.

리스트 21.31 winhello 커맨드로 문자를 렌더링한다(winhello/winhello.cpp)

```
#include "../syscall.h"

extern "C" void main(int argc, char** argv) {
  auto [layer_id, err_openwin]
    = SyscallOpenWindow(200, 100, 10, 10, "winhello");
  if (err_openwin) {
    SyscallExit(err_openwin);
  }

  SyscallWinWriteString(layer_id, 7, 24, 0xc00000, "hello world!");
  SyscallWinWriteString(layer_id, 24, 40, 0x00c000, "hello world!");
  SyscallWinWriteString(layer_id, 40, 56, 0x0000c0, "hello world!");
  SyscallExit(0);
}
```

작성한 시스템 콜을 호출하도록 `winhello` 커맨드를 수정했다(리스트 21.31). 우선 `SyscallOpenWindow()`의 반환 값을 저장하도록 수정했다. 왜냐하면 반환 값(레이어 ID)가 `SyscallWinWriteString()`의 실행에 필요하기 때문이다. 에러 없이 윈도우를 열었다면 위치나 색을 변경한 3개의 문자열을 렌더링한다.

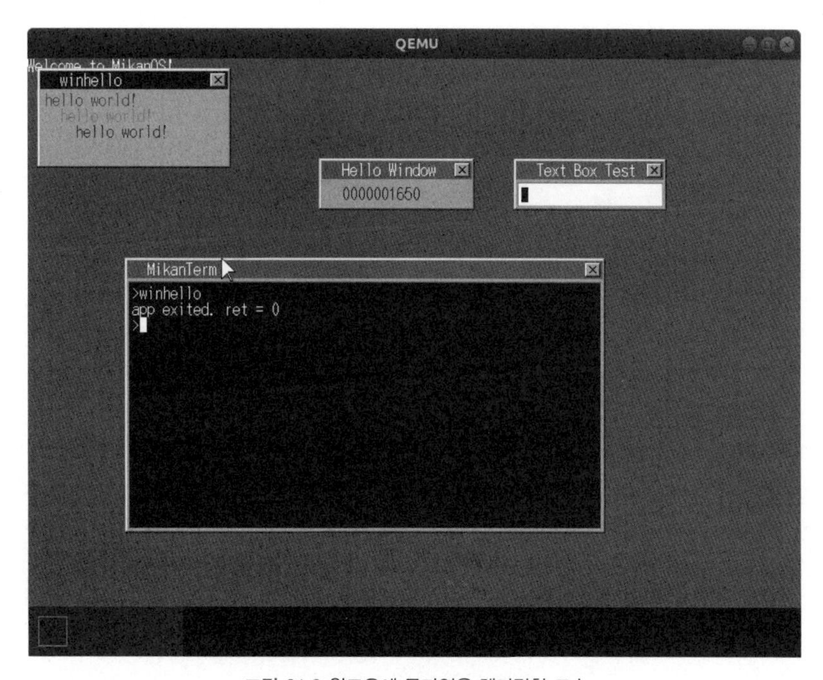

그림 21.9 윈도우에 문자열을 렌더링한 모습

수정한 커맨드를 실행한 결과를 그림 21.9에서 볼 수 있다. 제대로 3개의 문자열이 다른 색으로 표시됐다. 이렇게 작은 변경으로 문자열을 표시할 수 있게 돼 만족스럽다.

22장

그래픽과 이벤트(1)

윈도우를 열어서 하고 싶었던 것은 그래픽적인 처리다. 윈도우에 자유롭게 그림을 그릴 수 있게 되면 표현력이 높아지고, 보는 재미가 즐거운 것도 만들 수 있게 된다. 계속 OS를 제작하고 싶다는 동기 부여에도 효과적이다. 실은 윈도우에 그림을 그리는 것은 매우 단순한 처리이므로 빨리 작업을 시작해 보겠다.

22장의 후반부에서는 애플리케이션이 키보드 입력을 받을 수 있는 구조를 만들려고 한다. 이 구조에 의해 애플리케이션은 키 입력이 있을 때까지 대기하고 적절히 종료 처리를 할 수 있게 된다. 키보드 입력 구조를 사용하면 마우스나 타이머 이벤트도 받을 수 있게 돼 다양한 응용이 가능하다.

22.1 exit()를 사용한다(osbook_day22a)

22장의 본론으로 들어가기 전에 약간 신경 쓰이는 부분을 고치고 싶다. 그것은 애플리케이션의 종료 방법이다. 지금은 `SyscallExit()`를 호출해 애플리케이션을 종료시키고 있지만 C 표준 라이브러리에 있는 `exit()`를 사용하게 하고 싶다. 왜냐하면 `exit()`는 C 언어 규격을 따르는 올바른 종료 처리를 수행하기 때문이다.

C 언어의 규격에는 프로그램 종료 시에 함수를 호출하는 구조가 있다. `atexit()`를 사용해 함수를 등록해두면 `exit()`의 실행 시(`main()` 안에서 호출하는 경우와 스타트업 루틴이 호출하는 경우도 포함)에 그 등록된 함수가 호출된다. 어딘가에서 프로그램을 종료해도 반드시 실행하고 싶은 후처리용 함수를 등록해두면 실행에서 빠지는 일이 없게 된다. `atexit()`를 명시적으로 사용하는 애플리케이션은 지금 시점에서는 없지만 표준 라이브러리 함수 내부에서 호출하지 않는다고 볼 수는 없다. 제대로 `exit()`를 사용할 수 있도록 만들어 두겠다.

리스트 22.1 exit()를 사용해 애플리케이션을 종료한다(winhello/winhello.cpp)

```
SyscallWinWriteString(layer_id, 40, 56, 0x0000c0, "hello world!");
exit(0);
```

리스트 22.1 같이 `SyscallExit()` 대신에 `exit()`를 사용할 수 있도록 수정했다. 특별히 어려운 점은 없기 때문에 소스코드는 소개하지 않지만 `winhello` 이외의 애플리케이션에서도 동일하게 수정했다.

리스트 22.2 _exit()를 준비한다(apps/newlib_support.c)

```
void _exit(int status) {
  SyscallExit(status);
}
```

다만 이렇게 수정한 것만으로는 링크 시에 _exit가 없다고 혼나게 된다. Newlib에서는 exit()를 사용하기 위해서 _exit()를 만들 필요가 있기 때문이다. 리스트 22.2 같이 정의했다. 내용이 너무 단순해서 조금 맥이 빠졌을까?

그리고 급히 별로 본질적인 부분은 아니지만 중요한 사항을 변경했다. 그건 apps/newlib_support.c에서 apps/syscall.h를 포함하는 변경이다. 지금까지는 인클루드하지 않고 필요하게 된 시스템 콜의 프로토타입 선언을 그때그때 쓰고 있었다. 하지만 앞으로는 더욱더 많은 시스템 콜을 newlib_support.c에서 호출할 것이라 예상하므로 지금 단계에서 syscall.h를 인클루드하는 방식으로 해두는 편이 좋다고 생각했다.

하지만 단순히 인클루드하는 것이 아니라는 사실을 알게 될 것이다. 여기서 일부러 이 부분을 강조하는 이유는 C와 C++에서 공통으로 인클루드할 수 있는 헤더 파일의 작성법을 소개하려고 생각했기 때문이다. 리스트 22.3에서 syscall.h 전체를 볼 수 있다.

리스트 22.3 C와 C++에서 공통으로 사용할 수 있는 헤더 파일(apps/syscall.h)

```
#ifdef __cplusplus
#include <cstddef>
#include <cstdint>

extern "C" {
#else
#include <stddef.h>
#include <stdint.h>
#endif

#include "../kernel/logger.hpp"

struct SyscallResult {
  uint64_t value;
  int error;
};

struct SyscallResult SyscallLogString(enum LogLevel level, const char* message);
struct SyscallResult SyscallPutString(int fd, const char* s, size_t len);
void SyscallExit(int exit_code);
struct SyscallResult SyscallOpenWindow(int w, int h, int x, int y,
                                       const char* title);
struct SyscallResult SyscallWinWriteString(unsigned int layer_id, int x, int y,
                                           uint32_t color, const char* s);
```

```
#ifdef __cplusplus
} // extern "C"
#endif
```

C와 C++에서 공통으로 사용하는 헤더 파일을 만들 때 문제가 되는 점은 C++이 특징인 함수명 맹글링이다. C++에서는 파라미터 타입이나 개수가 다른 같은 이름의 함수를 정의할 수 있게 순수한 함수명에 파라미터와 타입명(과 대응하는 주문 비슷한 문자열)을 붙인 듯한 심볼로 변환된다. 이 기능은 C에는 없으므로 소스코드상으로는 동일한 프로토타입 선언이라도 C와 C++에서 의미가 달라져 버린다. 이를 막는 것이 extern "C"의 효과인 것이다. 이 키워드를 함수 프로토타입 앞에 배치하거나 extern "C" {}로 둘러싸서 함수명이 맹글링되는 것을 막는다.

extern "C"라는 작성법은 C++에서만 할 수 있기 때문에 syscall.h가 C++에 인클루드된 경우에만 extern "C"를 유효화시키는 장치를 넣어줘야 한다. 이 장치는 조건 컴파일이라는 구조에서 가능한다. 그때 사용하는 것이 __cplusplus라는 매크로다. 이 매크로는 C++로 컴파일할 때는 정의되고 C의 컴파일에서는 정의되지 않으므로, 매크로가 정의돼 있으면 extern "C"를 유효화하면 되는 것이다. 매크로가 정의돼 있는지 확인하는 것은 #ifdef로 할 수 있다.

그리고 C에서는 열거형의 타입명 앞에 enum을, 구조체의 타입명 앞에 struct를 붙여야 한다. C++에서는 붙여도 붙이지 않아도 괜찮기 때문에 C에 맞춰 enum과 struct를 덧붙였다.

리스트 22.4 enum을 덧붙인다(logger.hpp)

```
int Log(enum LogLevel level, const char* format, ...);
```

apps/syscall.h에서 LogLevel 정의를 사용하고 싶었기 때문에 kernel/logger.hpp를 조금 수정해서 C 언어에서도 인클루드할 수 있게 했다(리스트 22.4). Log() 등의 함수를 C에서 사용할 필요는 없기 때문에 extern "C"를 붙이는 작업은 불필요하다.

그래서 이 정도 선에서 수정을 마치겠다. 고생했다. 외형 변화는 없었기 때문에 동작 사진은 보여주지 않겠다.

22.2 점을 그린다(osbook_day22b)

22장에서는 윈도우에 그림을 그리는 기능을 추가해간다. 우선 가장 단순한 점의 렌더링부터 시작해 보자. 지정한 좌표에 지정한 색의 점을 찍는다. 점의 가로 세로 크기도 지정할 수 있게 해 볼까? 점이라기보다는 사각형을 그리는 시스템 콜이 되겠다.

리스트 22.5 사각형을 칠하는 시스템 콜(syscall.h)

```
struct SyscallResult SyscallWinFillRectangle(
    unsigned int layer_id, int x, int y, int w, int h, uint32_t color);
```

리스트 22.5는 시스템 콜의 프로토타입 선언을 보여준다. 어려운 부분은 전혀 없다. 사각형의 왼쪽 상단의 좌표를 x, y로 지정하고, 가로와 세로의 크기를 w과 h로 지정한다. color는 윈도우에 칠할 색상이다.

시스템 콜 본체는 syscall::WinWriteString()과 거의 같은 내용이 될 것이다. 함수 전체를 복사해 조금 수정하면 간단하게 만들 수 있겠다. 레이어 ID에서 윈도우를 가져오는 처리까지 공통이며, 윈도우에 문자열을 쓰는 처리(WriteString())를 사각형을 그리는 처리(FillRectangle())로 고쳐 쓰기만 하면 된다.

이런 식으로 비슷한 종류의 처리를 늘릴 때 복사해 붙여 넣기는 편하지만 결점이 많으므로 되도록이면 피하고 싶다. 공통의 처리는 가급적 공통화해 나가면서 차이점만 개별적으로 만드는 구조로 개발하고 싶다. 공통 부분의 처리 버그를 고치거나 기능을 변경하면 이 공통 부분을 공유하는 여러 함수에서는 별도로 수정할 필요가 없어지기 때문이다. 멋진 리팩토링이다.[1]

만약 유사한 복사 붙여 넣기를 또 할 예정이 없다면 무리하게 공통화하지 않아도 좋다고 생각하지만 윈도우에 뭔가를 렌더링하는 시스템 콜은 앞으로도 증가할 예정이기 때문에 이 기회에 공통화를 해 보겠다.

1 모든 복사 붙여 넣기가 나쁜 것은 아니다. 처리가 유사하다고 해서 반드시 공통화할 필요도 없는 것이 프로그래밍의 어려운 점이다.

리스트 22.6 심플하게 된 윈도우 렌더링 시스템 콜(syscall.cpp)

```
SYSCALL(WinWriteString) {
  return DoWinFunc(
      [](Window& win,
         int x, int y, uint32_t color, const char* s) {
       WriteString(*win.Writer(), {x, y}, s, ToColor(color));
       return Result{ 0, 0 };
      }, arg1, arg2, arg3, arg4, reinterpret_cast<const char*>(arg5));
}

SYSCALL(WinFillRectangle) {
  return DoWinFunc(
      [](Window& win,
        int x, int y, int w, int h, uint32_t color) {
       FillRectangle(*win.Writer(), {x, y}, {w, h}, ToColor(color));
       return Result{ 0, 0 };
      }, arg1, arg2, arg3, arg4, arg5, arg6);
}
```

리스트 22.6에 두 개의 윈도우 렌더링 시스템 콜의 정의를 나타냈다. 하나는 공통 처리를 DoWinFunc()로 빼냄으로써 심플하게 된 syscall::WinWriteString()이다. 또 하나는 새롭게 추가한 사각형 렌더링용 syscall::WinFillRectangle()이다. 조금 코드를 알아보기가 어려울지도 모르기에 자세하게 설명한다.

두 함수 모두 하나의 return 문만 가진다. 이 return 문에서는 DoWinFunc()란 함수를 호출한다. 이 함수는 레이어 ID 로 윈도우를 취득하는 공통 처리를 수행하는 함수로 새롭게 제작한 것이다. 구현은 잠시 후에 소개한다.

시스템 콜 간의 차이(문자열을 쓰는가 또는 사각형을 렌더링하는가)는 DoWinFunc()의 첫 번째 파라미터로 전달되도록 표현했다. DoWinFunc()의 첫 번째 파라미터에 무엇을 지정하는지를 보면 모든 시스템 콜에서 람다식을 전달하고 있다. 람다식은 '6.3 PCI 디바이스 탐색'에서도 나온 익명 함수를 정의하는 C++ 기능이었다. 그 람다식은 첫 번째 파라미터로 전달된 윈도우에 대응해 나머지 파라미터를 사용해서 문자나 사각형을 렌더링한다.

리스트 22.7 윈도우 렌더링 처리의 공통부분을 담당하는 DoWinFunc()(syscall.cpp)

```
namespace {
  template <class Func, class... Args>
  Result DoWinFunc(Func f, unsigned int layer_id, Args... args) {
    __asm__("cli");
    auto layer = layer_manager->FindLayer(layer_id);
    __asm__("sti");
    if (layer == nullptr) {
      return { 0, EBADF };
    }

    const auto res = f(*layer->GetWindow(), args...);
    if (res.error) {
      return res;
    }
    __asm__("cli");
    layer_manager->Draw(layer_id);
    __asm__("sti");

    return res;
  }
}
```

리스트 22.7은 공통 처리를 담당하는 DoWinFunc()의 정의를 보여주는데 함수 템플릿으로 작성해 봤다. 이 함수는 두 번째 파라미터 layer_id로 지정된 레이어 아이디를 검색하고 그 레이어가 가진 윈도우를 취득한다. 첫 번째 파라미터로 지정된 함수 f에 취득한 윈도우와 세 번째 이후의 파라미터를 전달해 호출한다. 마지막으로 윈도우 다시 그려 처리를 완료한다.

이 함수 정의의 큰 특징은 가변인수 템플릿Variadic template이라는 파라미터 수를 가변 함수에 정의하기 위해서 C++의 기능을 사용한다는 점이다. DoWinFunc()의 세 번째 파라미터인 Args... args는 0개 이상의 임의의 수의 파라미터에 대응한다. DoWinFunc()에 지정한 파라미터는 첫 번째가 f, 두 번째가 layer_id로, 나머지가 args로 할당되는 구조다. 예를 들어 DoWinFunc(arg1, arg2, arg3, arg4);로 호출했다고 가정하면 f=arg1, layer_id=arg2, args={arg3,arg4}가 된다.

그리고 중앙에 있는 f의 두 번째 파라미터에 전달하는 args...는 args를 전개하는 구문이다. args={arg3, arg4}의 경우 f(*layer->GetWindow(), args...)는 f(*layer->GetWindow(), arg3, arg4)란 의미가 된다.

리스트 22.8 밤하늘을 그리는 stars 커맨드(stars/stars/cpp)

```
#include <cstdlib>
#include <random>
#include "../syscall.h"

static constexpr int kWidth = 100, kHeight = 100;

extern "C" void main(int argc, char** argv) {
  auto [layer_id, err_openwin]
    = SyscallOpenWindow(kWidth + 8, kHeight + 28, 10, 10, "stars");
  if (err_openwin) {
    exit(err_openwin);
  }

  SyscallWinFillRectangle(layer_id, 4, 24, kWidth, kHeight, 0x000000);

  int num_stars = 100;
  if (argc >= 2) {
    num_stars = atoi(argv[1]);
  }

  std::default_random_engine rand_engine;
  std::uniform_int_distribution x_dist(0, kWidth - 2), y_dist(0, kHeight - 2);
  for (int i = 0; i < num_stars; ++i) {
    int x = x_dist(rand_engine);
    int y = y_dist(rand_engine);
    SyscallWinFillRectangle(layer_id, 4 + x, 24 + y, 2, 2, 0xfff100);
  }

  exit(0);
}
```

사각형을 그리는 시스템 콜을 사용해 애플리케이션을 제작해 보자. 『OS 구조와 원리』(참고문헌 1)에서 소개된 stars 커맨드가 그리는 밤하늘은 매우 멋진데 여기서 비슷하게 만들어 본다(리스트 22.8). 이 커맨드는 어두운 밤하늘에 빛나는 수많은 별을 그린다.

원조 커맨드는 50개 고정으로 별을 그리고 있지만, 이 책의 starts 커맨드는 커맨드라인 파라미터로 별의 수를 조정할 수 있다.

구현을 소개하겠다. 우선 윈도우를 열고 좀 전에 제작한 시스템 콜을 사용해 검은색으로 칠한다. 검은색으로 칠한 것이 밤하늘이 된다. 단순한 점을 그리는 렌더링 시스템 콜이 아닌 사각형을 렌더링할 수 있도록 제작한 것이 크게 도움이 됐다. 밤하늘을 준비했으면 다음으로 커맨드라인 파라미터를 읽어 별의 수 num_stars를 설정한다. 커맨드라인 파라미터를 생략하면 기본 값으로 100개의 별을 그린다. 마지막으로 지정한 수만큼 루프를 돌면서 별을 그려 나간다.

루프 앞에서 설정하는 3개의 변수 rand_engine, x_dist, y_dist는 별을 띄엄띄엄 흩어지게 하는데 사용하는 **난수**random number를 얻기 위한 준비다. 난수란 규칙성이 없는(또는 그렇게 보이는) 숫자를 의미한다. 주사위는 우리 주변에 있는 난수생성기의 좋은 사례다. 주사위를 흔들어 나오는 숫자는 제각각인데 그것을 난수라고 한다.

계산기 내부에서 주사위 흔들기는 할 수 없지만 계산에 따른 유사한 난수 생성은 가능하다. rand_engine이 바로 난수를 생성하는 의사 난수생성기다. 난수생성기에서 얻을 수 있는 값의 범위를 결정하는 것이 x_dist와 y_dist이다. x_dist는 별의 가로 방향의 위치를 결정하는 값이며, 0이상 kWidth-2 이하의 범위를 나타낸다. y_dist는 세로 방향에 대한 값이다. 난수생성기 rand_engine과 값의 범위를 결정하는 x_dist를 조합해 사용하면 희망한 값의 범위에 있는 난수를 얻을 수 있다.

루프에서는 우선 가로와 세로의 위치를 난수로 결정한다. 다음으로 사각형 렌더링 시스템 콜을 사용해 해당 위치에 별을 그린다. 별의 크기는 2×2로 했다.

이 커맨드를 실행한 모습을 그림 22.1에서 볼 수 있다. 너무나 아름다운 밤하늘이 아닌가? 의사 난수생성기의 의지로 그려진 세계에서 유일한 밤하늘이다. 너무 과장되게 표현해서 죄송하다. 우선 사각형을 렌더링하는 시스템 콜이 잘 동작하고 있음을 알 수 있기 때문에 이번 절은 이것으로 마무리한다.

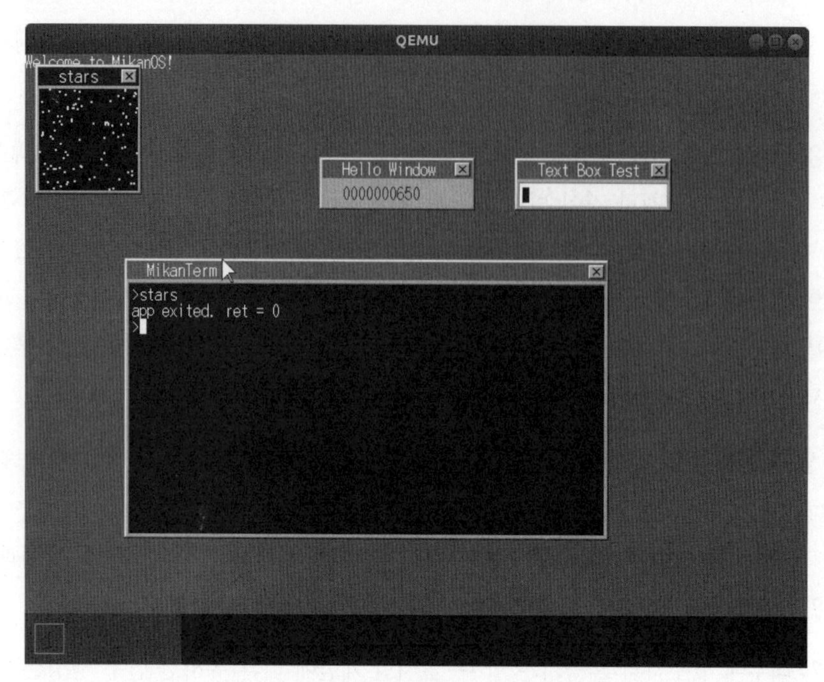

그림 22.1 stars 커맨드로 밤하늘을 그렸다.

22.3 타이머 값의 취득(osbook_day22c)

별을 그리는 프로그램의 동작을 생각해 보면 별을 1개 그릴 때마다 화면을 다시 그리고 있기 때문에 매우 비효율적이라는 생각이 들었다. 별을 전부 그려 두고 마지막 1회만 다시 그리는 편이 압도적으로 빠를 것이다. 윈도우에 렌더링을 수행하는 시스템 콜을 수정해 다시 그리지 않는 옵션을 지정할 수 있게 해 보려고 한다.

'최적화를 수행하기 위해 우선 측정'이라는 원칙에 입각해 시스템 콜을 수정하기 전에 시간을 측정할 수 있도록 하겠다. 타이머 값(timer_manager->CurrentTick())을 취득하기 위한 시스템 콜이 있다면 애플리케이션 측에서 처리시간을 측정할 수 있다. 그러므로 빨리 만들어 보겠다.

리스트 22.9 타이머 값과 주파수를 취득하는 시스템 콜(syscall.cpp)

```
SYSCALL(GetCurrentTick) {
  return { timer_manager->CurrentTick(), kTimerFreq };
}
```

리스트 22.9에 작성한 시스템 콜이 나와 있다. 구현이 매우 간단하다. 다른 시스템 콜은 핵심이 되는 값과 에러 값을 한 쌍으로 반환하지만, 이 시스템 콜은 항상 성공하므로 에러 값 대신에 주파수를 반환하도록 했다. 주파수만을 취득하는 시스템 콜을 별도로 만들지 않아도 되므로 깔끔하다고 생각한다.

리스트 22.10 별을 그리는 시간을 측정한다(stars/stars.cpp)

```
  auto [tick_start, timer_freq] = SyscallGetCurrentTick();

  std::default_random_engine rand_engine;
  std::uniform_int_distribution x_dist(0, kWidth - 2), y_dist(0, kHeight - 2);
  for (int i = 0; i < num_stars; ++i) {
    int x = x_dist(rand_engine);
    int y = y_dist(rand_engine);
    SyscallWinFillRectangle(layer_id, 4 + x, 24 + y, 2, 2, 0xfff100);
  }

  auto tick_end = SyscallGetCurrentTick();
  printf("%d stars in %lu ms.\n",
        num_stars,
        (tick_end.value - tick_start) * 1000 / timer_freq);
```

작성한 시스템 콜을 사용해 별을 그리는 루프에 걸리는 시간을 측정해 보겠다. 리스트 22.10 같이 루프의 전후에 타이머 값을 취득하고 그 차이를 밀리초로 변환해 표시하게 했다.

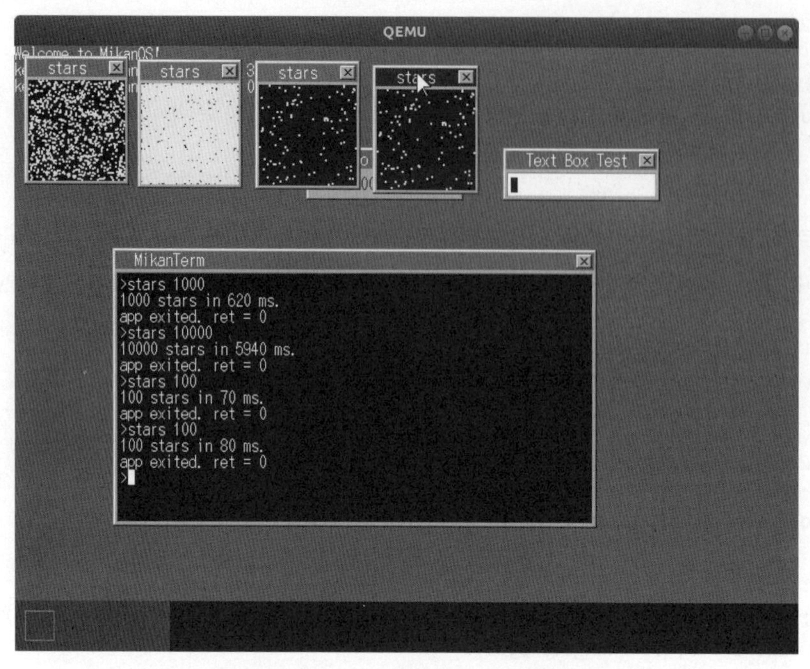

그림 22.2 별의 수를 바꿔서 시간을 측정한다.

필자의 QEMU 환경에서 별의 수를 바꿔 여러 번 실행한 결과를 그림 22.2에서 볼 수 있다. 100개의 별을 렌더링하는데 걸리는 시간은 약 0.08초, 1,000개를 그리는데 약 0.62초, 10,000개를 그리는데 약 5.94초가 걸렸다. 대체로 별의 수와 시간이 비례하는 것 같다. 예상대로다. 다시 그리기를 하는데 걸리는 시간이 어느 정도인지를 다음 절에서 최적화한 후에 다시 측정해 보면 알 수 있겠다. 참고로 밀리초의 아래 한 자리가 모두 0으로 통일된 이유는 `timer_manager->CurrentTick()`이 10밀리초의 단위로만 시간을 측정할 수 있기 때문이다.

22.4 윈도우 렌더링의 최적화(osbook_day22d)

시간 측정이 가능하므로 이제 최적화를 해 본다. 윈도우에 문자나 그림을 그리는 모든 시스템 콜에 일관되게 다시 그리기를 하지 않는 옵션을 추가하고, 다시 그리기만 수행하는 시스템 콜을 만든다. `bool no_redraw` 같은 파라미터를 각 시스템 콜에 추가하면 간단히 구현할 수 있겠다고 생각했는데 `syscall::WinFillRectangle()`은 여섯 개의 파라미터를 전부 사용해 버렸기 때문에 추가할 여유분이 없다. 파라미터를 추가하지 않고 어떻게 할 수는 없을까?

`layer_id`는 운 좋게도 32비트 정수다.[2] 파라미터로 전달하는데 사용하는 레지스터는 64비트 폭이므로 상위 32비트는 비어 있는 것이다. 이 부분을 플래그로 사용하면 파라미터를 추가하지 않아도 대응이 가능하다. 게다가 오히려 잘된 게 파라미터를 추가하지 않아 수정 부분을 최소화해서 끝낼 수 있겠다는 생각이 든다.

리스트 22.11 레이어 ID의 상위 32비트를 플래그로 사용한다(syscall.cpp)

```
template <class Func, class... Args>
Result DoWinFunc(Func f, uint64_t layer_id_flags, Args... args) {
  const uint32_t layer_flags = layer_id_flags >> 32;
  const unsigned int layer_id = layer_id_flags & 0xffffffff;

  __asm__("cli");
  auto layer = layer_manager->FindLayer(layer_id);
  __asm__("sti");
  if (layer == nullptr) {
    return { 0, EBADF };
  }

  const auto res = f(*layer->GetWindow(), args...);
  if (res.error) {
    return res;
  }

  if ((layer_flags & 1) == 0) {
    __asm__("cli");
    layer_manager->Draw(layer_id);
    __asm__("sti");
  }

  return res;
}
```

2 정확히 말하자면 unsigned int가 32비트 폭이라고 확정할 수는 없다. 다만 가령 64비트 폭이었다고 해도 32비트에 맞는 수치의 레이어를 생성할 수 있다면 충분하므로, 상위 32비트를 플래그로 사용해도 문제없다.

리스트 22.11은 수정판 DoWinFunc()을 보여준다. 레이어 ID를 받는 파라미터를 uint64_t layer_id_flags로 수정해 플래그가 추가됐다는 점을 명확히 했다. 그 상위 32비트를 플래그 값으로 얻어와 변수 layer_flags에 저장한다.

그리고 이번 수정의 주목적은 다시 그리기를 억제하는 것이다. layer_flags의 비트 0이 1이라면 다시 그리기를 하지 않는다는 if 문을 추가했다. 이 사양이라면 호환성을 유지할 수 있다. 반대로 비트 0이 1이라면 다시 그리기를 한다는 사양으로 해 버리면 윈도우에 렌더링하는 애플리케이션을 전부 수정하지 않으면 제대로 표시되지 않게 돼 버릴 것이다.

리스트 22.12 다시 그리기 시스템 콜(syscall.cpp)

```
SYSCALL(WinRedraw) {
  return DoWinFunc(
      [](Window&) {
        return Result{ 0, 0 };
      }, arg1);
}
```

다시 그리기만을 수행하는 심플한 시스템 콜 syscall::WinRedraw()을 추가했다(리스트 22.12). 실은 이런 시스템 콜을 새롭게 제작하지 않아도 WinFillRectangle()에 사각형의 크기로 0×0을 지정하면 대체 가능하다. 하지만 알아보기 쉽게 다시 그리기 전용 시스템 콜을 신설하기로 했다.

리스트 22.13 다시 그리기를 하지 않는 옵션의 상수화와 다시 그리기 시스템 콜(syscall.h)

```
#define LAYER_NO_REDRAW (0x00000001ull << 32)
struct SyscallResult SyscallWinWriteString(
    uint64_t layer_id_flags, int x, int y, uint32_t color, const char* s);
struct SyscallResult SyscallWinFillRectangle(
    uint64_t layer_id_flags, int x, int y, int w, int h, uint32_t color);
struct SyscallResult SyscallGetCurrentTick();
struct SyscallResult SyscallWinRedraw(uint64_t layer_id_flags);
```

리스트 22.13 같이 다시 그리기를 하지 않는 옵션을 상수 매크로 LAYER_NO_REDRAW로 준비했다. 0x00000001ull << 32와 같이 언뜻 봐서는 의미를 알아보기 힘든 리터럴(매직 넘

버)에는 이렇게 이름을 붙여두는 것이 좋다. 그리고 새롭게 추가한 다시 그리기 시스템 콜의 프로토타입 선언도 추가해 뒀다.

리스트 22.14 다시 그리기를 하지 않는 옵션을 붙여서 별을 그린다(stars/stars.cpp)

```
auto [tick_start, timer_freq] = SyscallGetCurrentTick();

std::default_random_engine rand_engine;
std::uniform_int_distribution x_dist(0, kWidth - 2), y_dist(0, kHeight - 2);
for (int i = 0; i < num_stars; ++i) {
  int x = x_dist(rand_engine);
  int y = y_dist(rand_engine);
  SyscallWinFillRectangle(layer_id | LAYER_NO_REDRAW,
                          4 + x, 24 + y, 2, 2, 0xfff100);
}
SyscallWinRedraw(layer_id);

auto tick_end = SyscallGetCurrentTick();
printf("%d stars in %lu ms.\n",
       num_stars,
       (tick_end.value - tick_start) * 1000 / timer_freq);
```

다시 그리기를 하지않는 옵션을 사용해 별을 렌더링하도록 수정했다(리스트 22.14). 별을 모두 렌더링하는 것이 끝났다면 마지막에 다시 그리기 시스템 콜을 호출해 1회만 다시 그리기를 수행한다. 이 수정으로 어느 정도 고속화가 될지 기대가 된다.

여러 가지 별의 수로 실행한 모습을 그림 22.3에서 볼 수 있다. 무려 1만 개의 별을 렌더링해도 100밀리초 미만이니 대단한 효과다. 평균 60밀리초라 하면 매번 다시 그리기를 하는 버전과 비교했을 때 99배 빠른 속도다. 이번 수정은 변경한 부분은 그렇게 많지 않은데 윈도우 렌더링에 관련한 모든 시스템 콜에 기능을 추가할 수 있었다. 그 이유는 `DoWinFunc()` 함수를 통해 처리를 공통화해 둔 덕분이다.

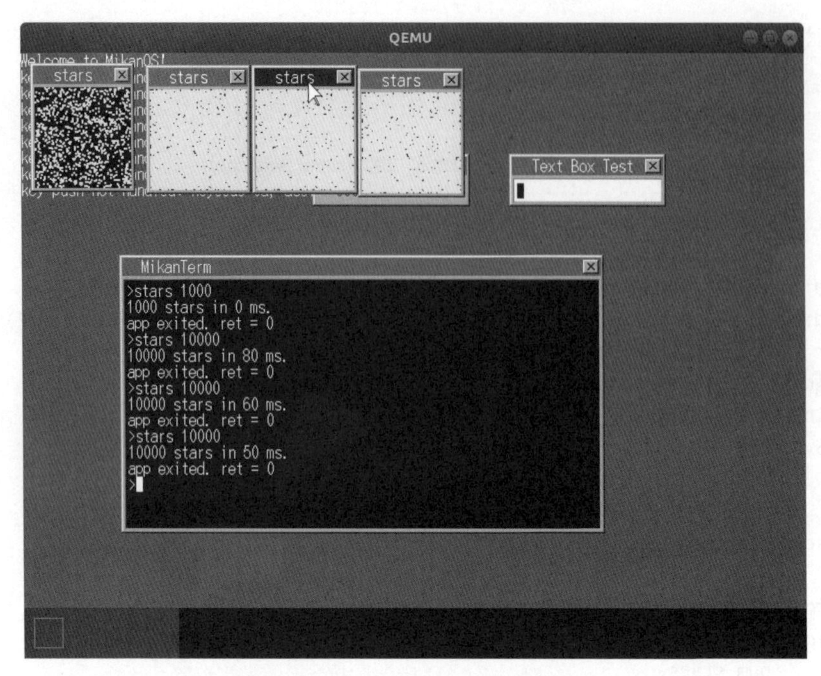

그림 22.3 다시 그리기를 오프하고 별을 그린다.

22.5 선을 긋는다(osbook_day22e)

사각형을 렌더링할 수 있게 됐다. 사각형을 렌더링할 수 있으면 원리적으로 어떤 복잡한 그림도 그릴 수 있다. 세세한 부분도 1픽셀씩 점을 찍어 가면 되기 때문이다. 하지만 그래서는 사선을 그리거나 원을 그리거나 하는 작업이 매우 귀찮아진다. 이번 절에서는 기본 도형인 직선을 간단히 그릴 수 있는 시스템 콜을 작성해 본다.

직선의 시작점 (x_0, y_0)과 종료점 (x_1, y_1)의 좌표가 주어졌을 때 직선을 나타내는 식은 다음과 같다(조금 어려운 수식일지도 모르겠다. 잘 모르겠다면 그냥 넘어가도 괜찮다).

$$y = \frac{y_1 - y_0}{x_1 - x_0}(x - x_0) + y_0$$

$\frac{y_1 - y_0}{x_1 - x_0}$의 부분은 직선의 경사를 나타내며, m이란 문자로 표기하는 경우가 많다. 이 값을 C++의 프로그램으로 나타내면 다음과 같다.

```
double m = (y1 - y0) / (x1 - x0);
for (int x = x0; x <= x1; ++x) {
  int y = m*(x - x0) + y0;
  // (x, y)의 위치에 점을 찍는다.
}
```

실제로는 이 코드만으로는 불완전하다. 가장 문제가 되는 부분은 직선의 기울기 m이 1보다 큰(45도보다 수직에 가깝다고 말할 수 있는) 경우에 점선이 돼 버린다는 점이다. 루프를 1바퀴 돌고 x가 1증가할 때마다 Y좌표는 m만큼 증가한다. m이 1보다 크면 이전에 찍었던 점과 다음 점이 떨어지게 된다. 그런 이유로 직선의 기울기가 1이하인 경우와 1보다 큰 경우로 조건 분기를 해서 직선을 그린다.

리스트 22.15 지정된 두 점 간에 직선을 그린다(syscall.cpp)

```
SYSCALL(WinDrawLine) {
  return DoWinFunc(
      [](Window& win,
         int x0, int y0, int x1, int y1, uint32_t color) {
        auto sign = [](int x) {
          return (x > 0) ? 1 : (x < 0) ? -1 : 0;
        };
        const int dx = x1 - x0 + sign(x1 - x0);
        const int dy = y1 - y0 + sign(y1 - y0);

        if (dx == 0 && dy == 0) {
          win.Writer()->Write({x0, y0}, ToColor(color));
          return Result{ 0, 0 };
        }

        const auto floord = static_cast<double(*)(double)>(floor);
        const auto ceild = static_cast<double(*)(double)>(ceil);

        if (abs(dx) >= abs(dy)) {
          if (dx < 0) {
            std::swap(x0, x1);
            std::swap(y0, y1);
          }
          const auto roundish = y1 >= y0 ? floord : ceild;
          const double m = static_cast<double>(dy) / dx;
          for (int x = x0; x <= x1; ++x) {
```

```
          const int y = roundish(m * (x - x0) + y0);
          win.Writer()->Write({x, y}, ToColor(color));
        }
      } else {
        if (dy < 0) {
          std::swap(x0, x1);
          std::swap(y0, y1);
        }
        const auto roundish = x1 >= x0 ? floord : ceild;
        const double m = static_cast<double>(dx) / dy;
        for (int y = y0; y <= y1; ++y) {
          const int x = roundish(m * (y - y0) + x0);
          win.Writer()->Write({x, y}, ToColor(color));
        }
      }
      return Result{ 0, 0 };
    }, arg1, arg2, arg3, arg4, arg5, arg6);
}
```

직선을 긋는 방법의 기본적인 아이디어를 이해했으므로 실제 시스템 콜의 구현에 착수하겠다. 리스트 22.15에 직선을 긋는 시스템 콜 syscall::WinDrawLine()을 정리했다.

시스템 콜의 선두에 두 개의 상수 dx와 dy를 계산하고 있다. 이 값은 각각 직선의 가로 방향의 변위와 세로 방향의 변위다. 달리 말하면 직선의 시작점(x_0, y_0)을 원점으로 해서 종료점(x_1, y_1)의 좌표를 구하고 있다.

람다 함수 sign()은 주어진 값의 부호를 1, 0, -1로 반환하는 함수다. dx, dy의 값을 보정하는데 사용한다. WinDrawLine() 시스템 콜은 두 개의 좌표를 전달받아 양쪽 점을 끝으로 한 직선을 그린다. sign()을 사용해 dx, dy를 보정하지 않으면 점(x_1, y_1)을 포함하지 않는 듯한 직선이 돼 버린다. 매우 까다롭다고 생각할 수 있지만 가급적이면 정확하게 직선을 긋고 싶었기 때문에 번잡하지만 이런 프로그램이 돼 버렸다.

dx, dy를 계산했다면 실제로 렌더링에 진입한다. 처음에는 직선이 아닌 점의 렌더링인 경우(두 개의 끝점이 같은 좌표인 경우)를 특별히 처리한다. 이 경우를 배제하지 않으면 이후 직선의 기울기를 계산할 때에 분모가 0이 돼 버려 곤란하게 된다.

점을 렌더링하는 경우를 제외했다면 다음은 모두 직선의 처리가 된다. 먼저 나중에 사용할 함수 floord와 ceild를 정의해 둔다. 이 함수는 파라미터 타입에 따라 정의가 다른

floor()와 ceil() 중에서 double 타입 버전을 골라낸 것이다. C++에서의 함수 오버로드는 편리한 경우가 대부분이지만, 파라미터를 전달하지 않는 상태에서 함수를 선택하려고 하면 조금 귀찮다.

이제 직선을 그리는데 처음에 설명한 것처럼 수평에 가까운 경우와 수직에 가까운 경우로 나눈다. 수평에 가깝다는(기울기가 1이하인) 것은 abs(dx) >= abs(dy)가 참인 경우와 같은 값이다. abs() 함수는 절대 값absolute value을 계산하는 C 표준 라이브러리 함수다.

수평에 가까운 경우와 수직에 가까운 경우의 처리는 매우 비슷하다. 전자는 X축에 따라 변수를 움직여 점을 찍어간다. 후자에서는 Y축에 따라 처리를 하는데 X와 Y의 차이만 있을 뿐 처리 형태는 똑같다. 그런 이유로 전자의 프로그램만을 설명하겠다.

먼저 dx가 음수인 경우, 즉 (x_0, y_0)보다 왼쪽에 점 (x_1, y_1)이 있는 경우에는 두 끝점을 바꾼다. 이렇게 하면 이후 for 문 실행 시에 반드시 $x_0, < x_1$가 성립하는 상태가 된다. 이 처리가 없다면 $x_0 > x_1$일 때에 for 문이 실행되지 않는다.

끝점을 교체했다면 직선의 기울기 m을 구한다. dx와 dy는 모두 정수 타입이다. 나눗셈을 하기 전에 부동소수점 타입으로 변환해 나눗셈에 의해 소수점 이하가 잘려나가는 것을 방지한다.

루프에서는 구한 기울기를 사용해 X 좌표에 대응하는 Y 좌표를 계산한다. Y 좌표를 정수로 변환할 때는 Y 좌표가 커지는 방향의 직선인지, 작아지는 방향의 직선인지를 파악해 버림floor과 올림ceil으로 전환한다. 미묘한 차이지만 이 처리를 빼먹으면 1픽셀 어긋남이 발생하는 경우가 있다. X 방향으로의 길이만큼 점을 찍는 처리를 반복하면 선을 긋는 처리는 완료된다.

리스트 22.16 컬러풀한 선을 그리는 lines 커맨드(lines/lines.cpp)

```
#include <cmath>
#include <cstdlib>
#include <random>
#include "../syscall.h"

static constexpr int kRadius = 90;

constexpr uint32_t Color(int deg) {
  if (deg <= 30) {
```

```
    return (255 * deg / 30 << 8) | 0xff0000;
  } else if (deg <= 60) {
    return (255 * (60 - deg) / 30) << 16 | 0x00ff00;
  } else if (deg <= 90) {
    return (255 * (deg - 60) / 30) | 0x00ff00;
  } else if (deg <= 120) {
    return (255 * (120 - deg) / 30) << 8 | 0x0000ff;
  } else if (deg <= 150) {
    return (255 * (deg - 120) / 30) << 16 | 0x0000ff;
  } else {
    return (255 * (180 - deg) / 30) | 0xff0000;
  }
};

extern "C" void main(int argc, char** argv) {
  auto [layer_id, err_openwin]
    = SyscallOpenWindow(kRadius * 2 + 10 + 8, kRadius + 28, 10, 10, "lines");
  if (err_openwin) {
    exit(err_openwin);
  }

  const int x0 = 4, y0 = 24, x1 = 4 + kRadius + 10, y1 = 24 + kRadius;
  for (int deg = 0; deg <= 90; deg += 5) {
    const int x = kRadius * cos(M_PI * deg / 180.0);
    const int y = kRadius * sin(M_PI * deg / 180.0);
    SyscallWinDrawLine(layer_id, x0, y0, x0 + x, y0 + y, Color(deg));
    SyscallWinDrawLine(layer_id, x1, y1, x1 + x, y1 - y, Color(deg + 90));
  }
  exit(0);
}
```

작성한 직선 렌더링 시스템 콜을 사용해 수많은 직선을 그리는 커맨드 lines를 작성했다(리스트 22.16). main()에서는 윈도우를 열고 그 윈도우에 선을 그린다. 선을 긋는 방법은 상당히 궁리를 했다. 한 점에서부터 방사상 형태로 선이 확장되도록 5도씩 회전시켜가면서 선을 그린다. 루프에서 사용하는 deg가 회전도를 유지하는 변수로, 이 값이 5도씩 증가해서 90도까지 변화한다. C 표준 라이브러리 삼각함수 cos()과 sin()을 사용해 각각의 회전도와 반경으로부터 X 좌표와 Y 좌표를 계산한다.

색상이 검은색뿐이라면 따분할 것 같아서 각도에 따라 그라데이션이 적용되도록 구현해 봤다. 각도에 따른 색상을 계산하는 함수 Color()를 정의했다. 이 함수는 0도에서

180도까지의 값을 받아 각도에 대응하는 색상(RGB 값)을 반환한다.

리스트 22.17 수학 라이브러리를 링크한다(Makefile.elfapp)

```
$(TARGET): $(OBJS) Makefile
	ld.lld $(LDFLAGS) -o $@ $(OBJS) -lc -lc++ -lc++abi -lm
```

이 프로그램을 링크하려면 cos()과 sin()이 필요한다. 이를 위해 리스트 22.17 같이 수학 라이브러리(libm)를 링크하게 했다.

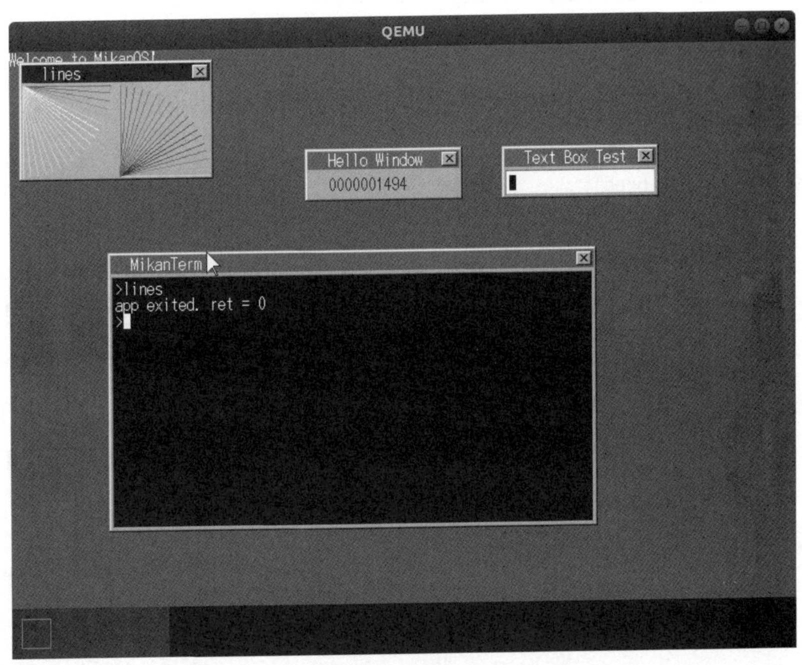

그림 22.4 lines 커맨드가 방사상 패턴의 선을 그려내는 모습

빌드해서 실행한 모습을 그림 22.4에서 볼 수 있다. 어느 각도에서도 점선이 되지 않고 깔끔한 직선이 됐다. 조건 분기가 제대로 위력을 발휘하고 있다는 증거다. 그리고 다양한 색상의 선이 펼쳐지고 있어서 예쁘다.

22.6 윈도우 닫기(osbook_day22f)

잠시 작업을 멈추고 되돌아보면 지금까지 컬러풀한 문자열, 다양한 크기의 사각형, 직선 등 다양한 렌더링 계열의 커맨드를 갖춘 것 같다. 이런 커맨드를 기동해서 놀다 보니 중대한 부분을 깨닫게 됐다. 애플리케이션이 종료를 해도 윈도우가 닫히지 않고 남아 있는 것이다. 그래서 이번 절에서는 윈도우를 닫는 시스템 콜을 작성해 본다.

리스트 22.18 RemoveLayer()는 지정된 레이어를 제거한다(layer.cpp)

```
void LayerManager::RemoveLayer(unsigned int id) {
  Hide(id);

  auto pred = [id](const std::unique_ptr<Layer>& elem) {
    return elem->ID() == id;
  };
  EraseIf(layers_, pred);
}
```

지금까지는 한 번 작성했던 레이어나 윈도우를 닫는 구조를 만들지 않았다. 그래서 우선은 지정한 레이어를 제거하기 위한 함수 `RemoveLayer()`를 새롭게 작성했다(리스트 22.18). 이 함수는 레이어 ID로 지정된 레이어를 `layer_stack_` 및 `layer_`에서 제거한다. `layer_stack_`에서의 제거는 `Hide()` 메소드에 맡긴다. 오래간만에 레이어 매니저를 다룬다. 레이어 매니저의 처리를 기억하고 있는가?

`EraseIf()`는 주어진 조건(pred)이 참인 요소를 제거하는 함수다. 구현은 `Erase()`(리스트 14.25)와 거의 동일하기 때문에 소개하지 않는다.

리스트 22.19 레이어를 제거하는 시스템 콜(syscall.cpp)

```
SYSCALL(CloseWindow) {
  const unsigned int layer_id = arg1 & 0xffffffff;
  const auto layer = layer_manager->FindLayer(layer_id);

  if (layer == nullptr) {
    return { EBADF, 0 };
  }

  const auto layer_pos = layer->GetPosition();
```

```
  const auto win_size = layer->GetWindow()->Size();

  __asm__("cli");
  active_layer->Activate(0);
  layer_manager->RemoveLayer(layer_id);
  layer_manager->Draw({layer_pos, win_size});
  __asm__("sti");

  return { 0, 0 };
}
```

추가한 RemoveLayer()를 사용해 윈도우(와 그 레이어)를 닫는 시스템 콜 syscall::CloseWindow()를 리스트 22.19에 정리했다. 특별히 어려운 부분은 없다고 생각한다. 지정된 레이어 ID의 플래그 부분은 사용하지 않으므로 무시해도 괜찮다.

한 가지 고민한 부분은 다시 그리기의 처리다. 구체적으로는 layer_manager->Draw({layer_pos, win_size}) 부분이다. RemoveLayer()을 사용해 레이어를 제거한 다음은 레이어를 지정해서 다시 그리기를 할 수 없으므로, 레이어 제거 전에 레이어 위치와 윈도우 크기를 취득해 두고 그 값을 사용해 다시 그리기를 한다.

리스트 22.20 애플리케이션 종료 전에 윈도우를 닫는다(winhello/winhello.cpp)

```
SyscallWinWriteString(layer_id, 7, 24, 0xc00000, "hello world!");
SyscallWinWriteString(layer_id, 24, 40, 0x00c000, "hello world!");
SyscallWinWriteString(layer_id, 40, 56, 0x0000c0, "hello world!");

SyscallCloseWindow(layer_id);
exit(0);
```

winhello 커맨드를 수정해 커맨드 종료 전에 윈도를 닫게 했다(리스트 22.20). exit(0); 전에 작성한 시스템 콜의 호출을 추가했을 뿐이다.

수정판 winhello를 실행해봤다. 터미널에 app exited. ret = 0이라고 출력될 뿐 아무런 변화도 보이지 않는다. 이것은 당연한 거지만 애플리케이션이 부팅해서 윈도우를 연 다음 순식간에 윈도우를 닫아 버리기 때문이다. 이래서는 아직 윈도우를 닫지 않는 편이 나을지도 모르겠다.

이 문제를 해결하려면 `winhello` 커맨드가 어떤 이벤트를 기다리게 한다면 될 것이다. 예를 들어 타이머 타임아웃을 기다리거나 키 입력이 있을 때까지 기다리거나 마우스로 닫기 버튼을 클릭할 때까지 기다리는 것이 좋은 예다. 이런 이벤트는 묶어서 '이벤트를 대기한다'는 시스템 콜을 작성한다면 대응할 수 있을 것이다. 다음 절에서 작성해 보겠다.

22.7 키 입력을 기다린다(osbook_day22g)

윈도우가 순식간에 닫히지 않도록 하기 위해 특정한 이벤트 발생을 기다리는 시스템 콜을 만들어 본다. 처음부터 모든 이벤트에 대응하기는 어렵기 때문에 우선 Ctrl-Q를 눌렀을 때 애플리케이션을 종료하는 것을 목표로 한다.

큰 틀의 구조는 이런 느낌으로 하고 싶다. 우선 애플리케이션으로부터 "어떤 이벤트가 있다면 알려주세요."라고 시스템 콜을 사용해 OS 본체에 의뢰를 한다. 의뢰를 받은 OS 측에서는 해당 애플리케이션용 이벤트를 골라내서 반환한다. 애플리케이션은 반환된 이벤트를 조사해 그 이벤트가 Ctrl-Q에 해당하는 것이라면 윈도우를 닫고 애플리케이션을 종료시킨다.

시스템 콜을 실행할 때 그 애플리케이션용 이벤트가 하나 이상 존재한다면 즉시 시스템 콜을 종료시키고 이벤트를 애플리케이션 측에 되돌려 보낸다. 한편 아직 이벤트가 아무것도 없을 때의 동작 방식은 크게 두 가지를 생각할 수 있다. 첫 번째는 이벤트가 아무것도 없음을 즉시 알리는 것이다. 또 한 가지는 이벤트가 올 때까지 대기하는 방법이다.

전자의 동작 방식에서는 애플리케이션 측은 이벤트를 취득할 때까지 시스템 콜을 반복해 호출하게 된다. 폴링이라는 방법이다. 만약 전력으로 시스템 콜을 계속해 호출한다면 CPU 사용률은 100%에 가깝게 돼, 원래라면 다른 태스크가 사용했어야 할 CPU 능력을 헛되이 낭비하게 된다. 그 때문에 폴링을 할 때는 루프를 돌 때마다 슬립할 수 있는 궁리가 필요하게 된다. 다만 슬립하기 위한 시스템 콜이 필요하기 때문에 만들기가 어려워진다.

후자의 동작 방식에서는 애플리케이션 측에서는 시스템 콜이 반드시 한 개 이상의 이벤트를 반환해 준다는 것을 기대할 수 있다. 이벤트가 올 때까지는 애플리케이션이 OS에 의해 자동적으로 슬립 상태가 된다. 그 때문에 애플리케이션은 아무것도 하지 않아도 되므로 CPU가 낭비되는 경우는 없다. 이 절에서는 후자의 동작 방식을 목표로 시스템 콜을 제작해 보려고 한다.

리스트 22.21 이벤트 취득 시스템 콜의 프로토타입(syscall.h)

```
struct SyscallResult SyscallReadEvent(struct AppEvent* events, size_t len);
```

리스트 22.21에 이번에 구현할 시스템 콜의 프로토타입이 나와 있다. 애플리케이션 측이 이벤트를 읽기 위한 데이터 영역 events를 전달하고 시스템 콜이 그 데이터 영역에 이벤트를 기록하는 사양으로 상정해봤다. 한 번에 여러 이벤트를 읽을 수 있도록 데이터 영역은 배열로 만들고, 배열의 요소 수를 len으로 지정한다. 시스템 콜은 실제로 읽어 들인 이벤트 수를 반환 값으로 돌려주도록 만든다.

리스트 22.22 AppEvent는 한 개의 이벤트를 나타낸다(app_event.hpp)

```
#pragma once

#ifdef __cplusplus
extern "C" {
#endif

struct AppEvent {
  enum Type {
    kQuit,
  } type;
};

#ifdef __cplusplus
} // extern "C"
#endif
```

이벤트를 나타내는 구조체 AppEvent의 정의는 리스트 22.22 같이 만들었다. 현 시점에서는 이벤트 유형을 나타내는 type 필드만을 가진 단순한 구조체다. kQuit는 애플리케이션을 멈추는[quit] 것을 나타내는 이벤트 유형이다. 이 이벤트가 애플리케이션에 전송되면 애플리케이션은 종료 처리를 수행한다.

리스트 22.23 종료 이벤트가 도착하면 애플리케이션을 종료시킨다(winhello/winhello.cpp)

```
AppEvent events[1];
while (true) {
  auto [ n, err ] = SyscallReadEvent(events, 1);
  if (err) {
    printf("ReadEvent failed: %s\n", strerror(err));
    break;
  }
  if (events[0].type == AppEvent::kQuit) {
    break;
  } else {
    printf("unknown event: type = %d\n", events[0].type);
  }
}
SyscallCloseWindow(layer_id);
exit(0);
```

winhello 커맨드를 리스트 22.23 같이 수정해서 종료 이벤트가 올 때까지 애플리케이션을 종료시키지 않고 대기하도록 했다. SyscallReadEvent() 호출이 실패하지 않았다면 종료 이벤트를 받았는지를 확인한다. 현 단계에서는 이벤트 유형이 종료 이벤트밖에 없어서 else 절 printf("unknown event:"……) 줄이 실행되는 경우는 없지만, 향후 이벤트 유형이 늘어날 때를 대비해서 작성해 뒀다.

SyscallReadEvent()는 한 개 이상의 이벤트가 올 때까지 대기(블록)한다. 대기한다고 했지만 그렇게 되도록 지금부터 만들 생각이다. 그래서 앞의 프로그램은 언뜻 보면 SyscallReadEvent()를 전력으로 막 호출하는 것으로 보일지 모르겠지만 실제로는 이벤트가 올 때까지 대기하기 때문에 CPU 사용률이 100%가 되는 경우는 없다.

그럼 지금부터 시스템 콜의 내용을 구현하는데 어떻게 구현하면 좋을까? 구현하고 싶은 것은 Ctrl-Q가 입력되면 시스템 콜의 파라미터 events에 이벤트를 기록하고 시스템 콜로부터 복귀하는 것이다. 이를 위해서는 애플리케이션의 윈도우에 대응해 입력된 키를 받을 필요가 있다. 사실 이 구조는 이미 '16.1 터미널에서 키 입력'에서 작성한 구조다. 기억하고 있는가?

그때 작성한 것은 레이어 ID와 태스크를 연관시키기 위해 layer_task_map을 사용한 구조였다. 키를 눌렀을 때 활성화된 윈도우의 레이어 ID로 태스크를 검색하고, 그 태스크로 키 입력 메시지를 전송한다. 이 구조를 사용하면 이벤트 취득 시스템 콜을 간단히 만들 수 있을 것이다. 애플리케이션은 터미널 태스크상에서 실행되므로 애플리케이션에 대한 키 입력을 받으려면 터미널 태스크의 메시지 큐를 살펴보면 된다.

리스트 22.24 애플리케이션으로의 키 입력을 터미널 태스크에서 받는다(syscall.cpp)

```
SYSCALL(ReadEvent) {
  if (arg1 < 0x8000'0000'0000'0000) {
    return { 0, EFAULT };
  }
  const auto app_events = reinterpret_cast<AppEvent*>(arg1);
  const size_t len = arg2;

  __asm__("cli");
  auto& task = task_manager->CurrentTask();
  __asm__("sti");
  size_t i = 0;

  while (i < len) {
    __asm__("cli");
    auto msg = task.ReceiveMessage();
    if (!msg && i == 0) {
      task.Sleep();
      continue;
    }
    __asm__("sti");

    if (!msg) {
      break;
    }

    switch (msg->type) {
    case Message::kKeyPush:
      if (msg->arg.keyboard.keycode == 20 /* Q key */ &&
          msg->arg.keyboard.modifier & (kLControlBitMask | kRControlBitMask)) {
        app_events[i].type = AppEvent::kQuit;
        ++i;
      }
      break;
    default:
      Log(kInfo, "uncaught event type: %u\n", msg->type);
    }
  }
```

```
  return { i, 0 };
}
```

syscall::ReadEvent()의 구현을 리스트 22.24에서 보여준다. 이 시스템 콜의 주요 처리는 터미널 태스크의 메시지 큐에서 메시지를 한 개씩 꺼내고, AppEvent 타입으로 변환해 시스템 콜의 파라미터 events에 기록해가는 것이다. 위에서부터 순서대로 처리를 설명하겠다.

먼저 첫 번째 파라미터 events 값을 체크한다. 배열 포인터의 값이 유효하지 않다면 에러다. 애플리케이션이 사용해도 좋은 메모리 영역은 가상 어드레스 공간의 후반부뿐이므로 만약 전반부를 가리키는 포인터가 지정됐다면 에러로 처리한다. 일부러 작은 값을 지정해 OS 본체의 메모리 영역을 파괴하려는 불량한 앱이 있을지도 모른다.

첫 번째 파라미터 값이 정상이라면 다음으로 실행 중인 태스크를 얻어온다. 실행 중인 태스크란 애플리케이션을 실행하는 터미널 태스크다.

다음은 while 루프다. 루프 선두에서 task.ReceiveMessage()로 태스크의 메시지 큐에서 메시지를 한 개 취득한다. 메시지가 없다면 msg는 비어 있게(std::nullopt 값) 된다. 메시지가 비었다면 태스크를 슬립시킨다. 여기서 태스크를 슬립시킴에 따라 이벤트가 아무것도 없을 때 ReadEvent() 시스템 콜이 대기하는 동작 상태가 된다. 만약 여기서 슬립시키지 않고 시스템 콜을 종료시키도록 하면 ReadEvent()는 폴링 방식이 된다.

메시지 큐에 한 개 이상의 메시지가 있다면 msg는 비어 있지 않게 된다. 이후에는 msg를 AppEvent 타입으로 변환하고 events 배열의 선두에서부터 메시지를 기록해간다.

USB HID의 사양서(HID Usage Table)[3]에 따르면 Q 키의 키코드는 20이다. 그리고 Ctrl 키는 모디파이어 키이므로 Ctrl-Q의 판정은 "키코드가 20, 동시에 모디파이어 키의 Ctrl 비트가 설정돼 있다."는 조건이 되겠다. Ctrl 키는 왼쪽, 오른쪽에 있으므로 둘 다 대응할 수 있게 해 둔다. Ctrl-Q가 입력됐다면 events에 kQuit 이벤트를 기록한다.

이벤트를 한 개 이상 events에 기록했다면 카운터 i가 0보다 큰 값이 된다. 그 상태에서 처리해야 할 메시지가 더 이상 없다면 while 루프를 빠져나온 다음 시스템 콜의 처리를

3 「Universal Serial Bus HID Usage Tables Version 1.12」, USB Implementers' Forum(https://www.usb.org/sites/default/files/hut1_21_0.pdf), 2004

끝낸다. 시스템 콜이 에러 없이 종료하면 events에는 반드시 한 개 이상의 이벤트가 기록된 상태가 된다.

리스트 22.25 layer_task_map에 애플리케이션 윈도우를 등록한다(syscall.cpp)

```
__asm__("cli");
const auto layer_id = layer_manager->NewLayer()
  .SetWindow(win)
  .SetDraggable(true)
  .Move({x, y})
  .ID();
active_layer->Activate(layer_id);

const auto task_id = task_manager->CurrentTask().ID();
layer_task_map->insert(std::make_pair(layer_id, task_id));
__asm__("sti");
```

이걸로 시스템 콜이 완성됐다고 생각했겠지만 잊고 있는 처리가 있다. 그것은 애플리케이션 윈도우를 layer_task_map에 등록하는 것이다. 등록해 두지 않으면 애플리케이션 윈도우에 입력한 키가 터미널 태스크에 전송되지 않아서 ReadEvent() 시스템 콜에서 어떠한 이벤트도 취득할 수 없다. 애플리케이션이 윈도우를 여는 순간(syscall::OpenWindow())에 해당 윈도우를 포함하는 레이어를 layer_task_map에 등록하도록 수정했다(리스트 22.25).

리스트 22.26 애플리케이션이 윈도우를 닫으면 등록을 해제한다(syscall.cpp)

```
__asm__("cli");
active_layer->Activate(0);
layer_manager->RemoveLayer(layer_id);
layer_manager->Draw({layer_pos, win_size});
layer_task_map->erase(layer_id);
__asm__("sti");
```

또한 애플리케이션이 윈도우를 닫으면 layer_task_map의 등록을 해제하게 만든다. 리스트 22.26 같이 syscall::CloseWindow()에 layer_task_map->erase(layer_id); 한 줄을 추가했다.

그런데 여기서 중대한 문제에 봉착했다. syscall::ReadEvent()에서 task.Sleep()를 실행하는 부분이다. task.Sleep()는 함수 내부에서 SwitchContext()를 호출한다. 시스템 콜 실행 시에는 RSP는 애플리케이션용 스택을 가리키고 있기 때문에 '21.1 IST를 설정하자'에서 설명한 내용과 같은 문제가 발생하는 것이다. SwitchContext()(에서 이어서 실행되는 RestoreContext())는 스택에 iret 명령을 위한 프레임을 쌓고, 그 다음에 CR3 레지스터 값을 복원시킨다. iret 명령은 애플리케이션용 스택에 쌓은 프레임을 읽을 수 없어서 페이지 폴트가 발생해 버리는 것이다.[4]

타이머 인터럽트 내부에서 RestoreContext()를 실행할 때의 페이지 폴트는 IST의 구조를 사용해 회피할 수 있었다. 하지만 시스템 콜은 인터럽트의 구조를 경유하지 않고 호출되기 때문에 다른 회피책이 필요하다. 여기서는 시스템 콜 실행 시에 스택을 바꾸는 방법을 사용하겠다.

리스트 22.27 시스템 콜 실행 시에 스택을 교체한다(asmfunc.asm)

```
extern GetCurrentTaskOSStackPointer
extern syscall_table
global SyscallEntry
SyscallEntry: ; void SyscallEntry(void);
    push rbp
    push rcx ; original RIP
    push r11 ; original RFLAGS

    push rax ; 시스템 콜 번호를 저장

    mov rcx, r10
    and eax, 0x7fffffff
    mov rbp, rsp

    ; 시스템 콜을 OS용 스택에서 실행하기 위한 준비
    and rsp, 0xfffffffffffffff0
    push rax
    push rdx
    cli
    call GetCurrentTaskOSStackPointer
    sti
```

4 지면 사정으로 이 버그를 여기서 소개, 수정하지만 실은 이 버그가 표면화된 시점은 '24.3 여러 애플리케이션 동시 실행' 부분이다. 애플리케이션마다 PML4를 전환함에 따라 iretq가 페이지 폴트를 발생시켰다.

```
    mov rdx, [rsp + 0] ; RDX
    mov [rax - 16], rdx
    mov rdx, [rsp + 8] ; RAX
    mov [rax - 8], rdx

    lea rsp, [rax - 16]
    pop rdx
    pop rax
    and rsp, 0xfffffffffffffff0

    call [syscall_table + 8 * eax]
    ; rbx, r12-r15는 callee-saved라서 호출 측에서 저장하지 않는다.
    ; rax는 반환 값용이라서 호출 측에서 저장하지 않는다.

    mov rsp, rbp
```

그런 이유로 syscall_table에 등록된 함수를 실행하기 전에 스택을 OS용으로 교체하도록 수정했다(리스트 22.27). 작업한 수정 사항은 '시스템 콜을 OS용 스택에서 실행하기 위한 준비'라는 코멘트에 계속되는 14개 줄을 추가했을 뿐이다. 이 14개 줄은 조금 처리가 어려워 보이기 때문에 위에서부터 살펴본다.

우선 RSP 값을 16바이트 경계에 정렬하는 이유는 C++에서 구현한 함수 GetCurrentTaskOSStackPointer()를 안전하게 호출하기 위해서다. 8바이트의 push 명령을 두 번 실행하기 때문에 정렬은 계속 유지된다(홀수 번 실행하면 정렬이 망가진다). 이 함수의 실행 중에 인터럽트가 있으면 곤란하므로 호출 전후로 인터럽트 금지, 허용을 추가한다.

리스트 22.28 현재 작업의 OS용 스택 포인터를 취득한다(task.cpp)

```
__attribute__((no_caller_saved_registers))
extern "C" uint64_t GetCurrentTaskOSStackPointer() {
  return task_manager->CurrentTask().OSStackPointer();
}
```

GetCurrentTaskOSStackPointer()는 현재 실행 중인 태스크의 OS용 스택 포인터 값을 취득하는 함수다(리스트 22.28). CallApp()에서 저장한 스택 포인터 값이 반환된다. 이 함수를 어셈블리 언어에서 사용하기 위해 extern "C"를 붙여서 이름이 맹글링되지 않게 한다.

이 함수는 syscall 명령의 바로 직후 각 레지스터 값이 망가지는 것을 원치 않는 상황에서 호출된다. 함수는 일반적으로 레지스터 값을 변경해 버리므로, 안전하게 함수를 호출하려면 수많은 레지스터의 저장과 복원을 해야 한다. 실제로 함수 내에서 변경되는 레지스터는 적을지도 모르지만 어떤 레지스터가 변경될지는 C++ 컴파일러의 일시적 상황에 달려 있으므로 함부로 가정하는 것은 좋지 않다.

그래서 레지스터를 변경하지 않고 안전하게 함수를 호출하기 위해 __attribute__((no_caller_saved_registers))를 사용한다. 이 키워드를 붙여 함수를 정의하면 레지스터의 저장과 복원을 호출되는 함수의 책임으로 위임해준다. Caller란 호출 측이란 의미이며, 'no caller saved registers'는 "호출 측에서는 어떤 레지스터도 저장하지 않아요."란 의미다. 그래서 호출된 쪽에서 레지스터의 저장과 복원을 해달라는 의미가 된다. 물론 반환 값용 레지스터(RDX와 RAX)만은 호출 측에서 저장하고 복원을 해야 한다. call 명령 앞에 있는 두 개의 push 명령이 있는 이유는 이 때문이다.

GetCurrentTaskOSStackPointer()의 반환 값이 RAX 레지스터에 저장된다는 것을 염두에 두고, SyscallEntry()의 처리를 계속해서 살펴보자. RAX에 기록된 OS용 스택을 가리키는 어드레스를 RSP에 설정하는 것이 최종 목표다.

syscall_table에 등록된 함수를 호출하기 전에 RDX 값을 복원시킬 필요가 있다. RDX에는 시스템 콜의 세 번째 파라미터가 설정돼 있어야 하기 때문이다. 이를 위해 그림 22.5 같이 애플리케이션용 스택에 저장했던 두 개의 레지스터 값을 OS용 스택으로 복사(mov)하도록 했다.

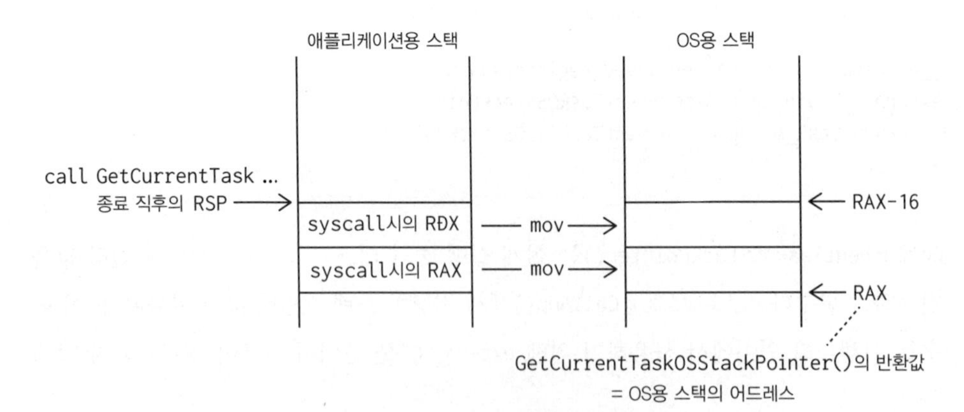

그림 22.5 OS용 스택으로 값을 복사하는 모습

OS용 스택에 값을 복사한 후 RSP를 OS용 스택으로 전환하고, pop 명령을 두 번 실행하면 두 개의 레지스터를 복원시킬 수 있다. 스택의 전환이 끝나면 다시 OS용 스택의 스택 포인터를 16바이트 경계에 맞추고 시스템 콜 함수를 호출한다.

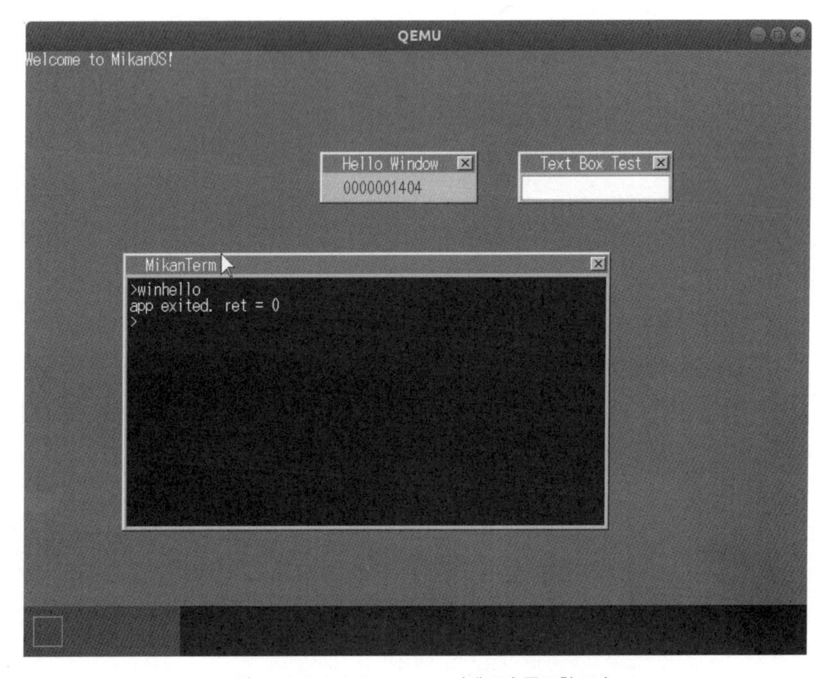

그림 22.6 Ctrl-Q로 winhello 커맨드가 종료한 모습

조금 길었지만 키 입력을 기다리는 구조를 완성했다. 그럼 빌드해 실행해 보겠다. 그림 22.6에 `winhello` 커맨드를 실행하고 Ctrl-Q를 입력한 직후의 모습을 실었다. 사진으로는 알기 어렵지만 Ctrl-Q를 누른 직후에 윈도우가 닫히고 애플리케이션이 코드 0으로 종료했다. 기대했던 대로다. 애플리케이션에서 키 입력을 받을 수 있게 돼 상당히 텐션이 올라왔지만 너무 길어져 버렸기 때문에 22장은 이쯤에서 끝내도록 한다.

23장

그래픽과 이벤트(2)

23장에서는 이벤트 처리의 구조에 마우스를 대응시킨다. 마우스 입력이 가능하면 마우스의 궤적을 얻을 수 있다. 간단한 그림 그리기 애플리케이션을 만들려고 한다. 이 책에서는 다루지 않지만 그림 그리기 애플리케이션의 연장으로, 설계도 등을 그리기 위한 CAD란 소프트웨어도 만들 수 있게 될 것이다. 꿈이 너무 거창해졌다. 마우스 입력이 가능해지면 다음은 애플리케이션이 시간경과를 기다리는 구조를 작성한다. 이것도 키 입력 구조에 편승하면 간단하게 구현할 수 있지 않을까 생각한다. 지정한 시간만 기다릴 수 있게 되면 처리를 천천히 진행할 수 있게 돼, 애니메이션 구현이 가능해진다.

23.1 마우스 입력(osbook_day23a)

애플리케이션이 마우스의 움직임을 받을 수 있게 한다. 구체적으로는 마우스가 움직일 때마다 가로 세로의 이동량이 기록된 이벤트가 발생하고, ReadEvent() 시스템 콜에서 취득할 수 있다면 괜찮다. 마우스 움직임에 따라 메시지 큐에 계속해서 이동 통지가 올 것이다.

리스트 23.1 마우스 이동 이벤트(app_event.hpp)

```
struct AppEvent {
  enum Type {
    kQuit,
    kMouseMove,
  } type;

  union {
    struct {
      int x, y;
      int dx, dy;
      uint8_t buttons;
    } mouse_move;
  } arg;
};
```

리스트 23.1에서 볼 수 있듯이 AppEvent 구조체에 마우스 이동을 통지하는 이벤트 유형을 추가했다. 이벤트 파라미터는 윈도우 왼쪽 상단을 기준으로 한 마우스 x, y, 직전 마우스 좌표에서의 이동량 dx, dy, 그때의 마우스 버튼을 누른 상태 buttons다. ReadEvent() 시스템 콜을 실행하면 이 이벤트를 읽을 수 있도록 하는 것이 이후의 목표다.

이벤트 발생에서부터 ReadEvent()를 사용해 애플리케이션이 읽기까지의 흐름이 조금 복잡하므로 여기서 명확히 확인해 본다. 마우스를 움직여 USB HID 클래스 드라이버가 반응한 다음, 애플리케이션까지 이벤트가 전달되는 경로를 그림 23.1에서 보여준다.

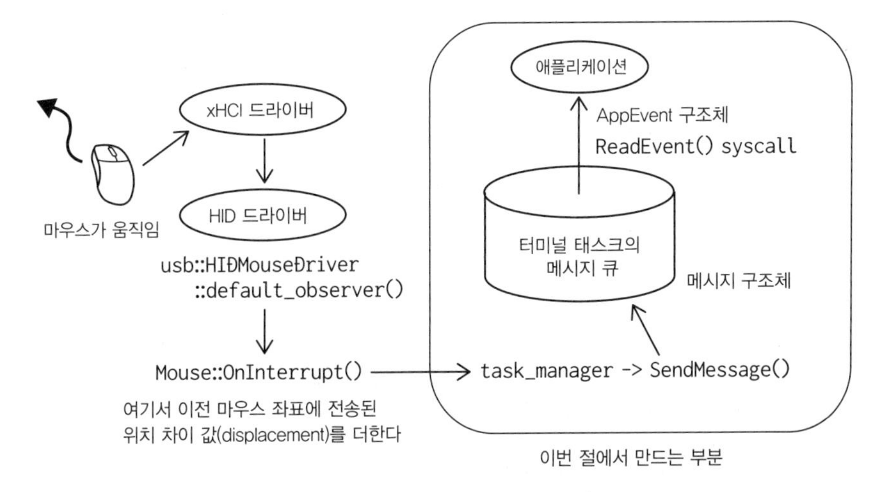

그림 23.1 마우스 이동 이벤트의 전파

마우스가 움직이면 제작한 USB 드라이버가 동작한다. 이 USB 드라이버는 최종적으로 `usb::HIDMouseDriver::default_observer`에 등록된 함수를 호출한다. 거기에는 `Mouse::OnInterrupt()`가 등록돼 있으며, 그 함수는 현재 윈도우 드래그를 담당한다. 이 절에서는 `Mouse::OnInterrupt()`에 기능을 추가해 마우스가 이동한 정보를 태스크로 송신하고자 한다.

애플리케이션이 `ReadEvent()` 시스템 콜로 이벤트를 읽을 때 `AppEvent` 구조체를 사용하지만, 태스크에 메시지를 송신할 때는 `Message` 구조체를 사용할 필요가 있다. 그 때문에 `AppEvent`에 수행했던 변경과 동일한 변경을 `Message` 구조체에도 할 필요가 있다. 정말로 같은 수정을 한 것뿐이므로 변경 사항의 소개는 생략한다.

그런데 마우스가 이동한 이벤트는 어느 태스크로 보내야 할까? 태스크가 복수 구동하고 있다면 모든 태스크에 보내는 것이 좋을까? 아니면 활성화된 윈도우(를 가진 태스크)에만 보내도록 할까? 여러 가지 전략을 생각할 수 있다. 여기서는 활성화된 윈도우에만 보내는 것으로 하겠다. 모든 태스크로 전송하면 처리가 무거워지기 때문이다.

리스트 23.2 SendMouseMessage()는 활성화된 윈도우에 마우스 이벤트를 전송한다(mouse.cpp)

```
void SendMouseMessage(Vector2D<int> newpos, Vector2D<int> posdiff,
                      uint8_t buttons) {
  const auto act = active_layer->GetActive();
```

```
    if (!act) {
      return;
    }
    const auto layer = layer_manager->FindLayer(act);

    const auto task_it = layer_task_map->find(act);
    if (task_it == layer_task_map->end()) {
      return;
    }

    if (posdiff.x != 0 || posdiff.y != 0) {
      const auto relpos = newpos - layer->GetPosition();
      Message msg{Message::kMouseMove};
      msg.arg.mouse_move.x = relpos.x;
      msg.arg.mouse_move.y = relpos.y;
      msg.arg.mouse_move.dx = posdiff.x;
      msg.arg.mouse_move.dy = posdiff.y;
      msg.arg.mouse_move.buttons = buttons;
      task_manager->SendMessage(task_it->second, msg);
    }
  }
```

리스트 23.2에 새롭게 작성한 SendMouseMessage()의 정의가 나와 있다. 이 함수는 마우스 위치, 직전 마우스 위치로부터의 이동량, 버튼을 누른 상태를 받아 그 정보를 활성화된 윈도우를 가진 태스크로 송신한다. 마우스의 좌표는 윈도우의 왼쪽 상단을 기준으로 한 값으로 변환해서 송신하게 했다. 그렇게 하는 편이 받는 쪽에서 처리하기가 더 쉬울 것이다.

리스트 23.3 Mouse::OnInterrupt()에서 SendMouseMessage()를 호출(mouse.cpp)

```
if (drag_layer_id_ == 0) {
  SendMouseMessage(newpos, posdiff, buttons);
}
```

마우스가 이동하거나 버튼을 눌렀을 때 호출되는 Mouse::OnInterrupt()에 좀 전에 제작한 SendMouseMessage()를 호출하는 처리를 추가했다(리스트 23.3). 한 가지 고민한 사항은 윈도우를 드래그하고 있을 때는 마우스 이벤트를 발생시키지 않는 것이다. 윈도우의 드래그 중에는 posdiff가 0이 되는 경우는 없지만, 윈도우 왼쪽 상단 기준 마우스 좌표는 변화하지 않기 때문에 애플리케이션에 이벤트를 보내도 의미가 없다.

리스트 23.4 ReadEvent()를 마우스 이동 이벤트에 대응시킨다(syscall.cpp)

```
case Message::kMouseMove:
  app_events[i].type = AppEvent::kMouseMove;
  app_events[i].arg.mouse_move.x = msg->arg.mouse_move.x;
  app_events[i].arg.mouse_move.y = msg->arg.mouse_move.y;
  app_events[i].arg.mouse_move.dx = msg->arg.mouse_move.dx;
  app_events[i].arg.mouse_move.dy = msg->arg.mouse_move.dy;
  app_events[i].arg.mouse_move.buttons = msg->arg.mouse_move.buttons;
  ++i;
  break;
```

태스크의 메시지 큐에 마우스 이동 이벤트를 송신할 수 있게 됐다. 다음은 `syscall::ReadEvent()`에 마우스 이동 이벤트용 처리를 추가한다(리스트 23.4). `app_events[i].arg.mouse_move`(AppEvent 내에 있는 구조체)와 `msg->arg.mouse_move`(Messages 내에 있는 구조체)는 같은 멤버를 같은 순서로 가진 구조체인데, 어디까지나 양쪽은 다른 타입이므로 통째로 대입할 수 없다. 그 때문에 요소별로 대입하고 있다.

두 개의 구조체가 동일한 정의인데 타입을 공통화하지 않은 것에 대해 조금 주제를 벗어나지만 설명하겠다. 타입을 공통화하지 않은 것은 의도적으로 그랬다. 물론 하고자 한다면 하나의 헤더 파일에 구조체의 정의를 놓고 AppEvent와 Message에서 그 타입을 사용할 수 있다. 그렇게 하면 `app_events[i].arg.mouse_move = msg->arg.mouse_move;`와 같이 구조체를 통째로 대입할 수 있다. 하지만 양쪽은 본질적으로 다른 타입인 것이다. Message는 OS 본체 내부에서 이벤트를 송수신하기 위한 것이며, AppEvent는 애플리케이션이 이벤트를 받기 위한 구조체다. 이와 같이 원래는 다른 것이지만 '우연하게도 유사한' 것을 공통화해 버리면 이후에 곤란해질 수 있다. 그 때문에 여기서는 일부러 양쪽을 다른 구조체 타입으로 정의했다.

본 주제로 다시 돌아와 이상의 수정으로 `ReadEvent()` 시스템 콜에서 마우스의 움직임을 읽을 수 있게 됐다. 조속히 마우스의 움직임을 사용하는 애플리케이션을 작성하고 싶다. 간단히 제작할 수 있고, 마우스의 움직임을 취득하고 있다는 걸 인식하기 쉬운 애플리케이션으로 눈알 애플리케이션을 제작해 보겠다.

리스트 23.5 마우스의 움직임을 뒤쫓아가는 눈알을 그리는 애플리케이션(eye/eye.cpp)

```
#include <cmath>
#include <cstdio>
#include <cstdlib>
#include <algorithm>
#include "../syscall.h"

static const int kCanvasSize = 100, kEyeSize = 10;

void DrawEye(uint64_t layer_id_flags,
             int mouse_x, int mouse_y, uint32_t color) {
  const double center_x = mouse_x - kCanvasSize/2 - 4;
  const double center_y = mouse_y - kCanvasSize/2 - 24;

  const double direction = atan2(center_y, center_x);
  double distance = sqrt(pow(center_x, 2) + pow(center_y, 2));
  distance = std::min<double>(distance, kCanvasSize/2 - kEyeSize/2);

  const double eye_center_x = cos(direction) * distance;
  const double eye_center_y = sin(direction) * distance;
  const int eye_x = static_cast<int>(eye_center_x) + kCanvasSize/2 + 4;
  const int eye_y = static_cast<int>(eye_center_y) + kCanvasSize/2 + 24;

  SyscallWinFillRectangle(layer_id_flags, eye_x - kEyeSize/2, eye_y - kEyeSize/2,
kEyeSize, kEyeSize, color);
}

extern "C" void main(int argc, char** argv) {
  auto [layer_id, err_openwin]
    = SyscallOpenWindow(kCanvasSize + 8, kCanvasSize + 28, 10, 10, "eye");
  if (err_openwin) {
    exit(err_openwin);
  }

  SyscallWinFillRectangle(layer_id, 4, 24, kCanvasSize, kCanvasSize, 0xffffff);

  AppEvent events[1];
  while (true) {
    auto [ n, err ] = SyscallReadEvent(events, 1);
    if (err) {
      printf("ReadEvent failed: %s\n", strerror(err));
      break;
    }
```

```
    if (events[0].type == AppEvent::kQuit) {
      break;
    } else if (events[0].type == AppEvent::kMouseMove) {
      auto& arg = events[0].arg.mouse_move;
      SyscallWinFillRectangle(layer_id | LAYER_NO_REDRAW,
            4, 24, kCanvasSize, kCanvasSize, 0xffffff);
      DrawEye(layer_id, arg.x, arg.y, 0x000000);
    } else {
      printf("unknown event: type = %d\n", events[0].type);
    }
  }
  SyscallCloseWindow(layer_id);
  exit(0);
}
```

눈알 애플리케이션이란 마우스 커서를 바라보도록 눈알이 둥글둥글 움직이는 애플리케이션을 말한다. 리눅스 등에서 사용하는 X Window System용의 유명한 애플리케이션으로는 xeyes란 것이 있다. 이 xeyes와 유사한 eye라는 커맨드를 만들어봤다. 구현은 리스트 23.5와 같다.

eye 커맨드는 정사각형 렌더링 영역을 가진 윈도우를 사용한다. kCanvasSize는 그 렌더링 영역의 한 변의 크기를 나타낸다. kEyeSize는 눈알의 크기다. 사실은 동그란 눈알을 그리고 싶었지만 원형 그리기는 귀찮아서 사각형의 눈알을 그린다. 그래서 이 상수도 눈알의 한 변의 크기를 나타낸다.

함수 DrawEye()는 지정한 윈도우에 눈알을 그린다. 눈알은 마우스 커서를 응시하는(뒤쫓는) 위치에 렌더링한다. 마우스 커서가 렌더링 영역 외에 있을 때는 렌더링 영역에서 벗어나지 않는 위치에, 렌더링 영역 안에 있을 때는 마우스 커서의 바로 아래에 위치한다.

DrawEye()의 마지막인 SyscallWinFillRectangle()을 호출하기까지의 계산은 모두 눈알의 위치를 계산하기 위한 코드다. 계산의 흐름을 바로 다음에 설명하겠지만 이해하지 않아도 이 책 전체를 이해하는 데는 영향을 주지 않는다. 전부 건너뛰어도 괜찮다.

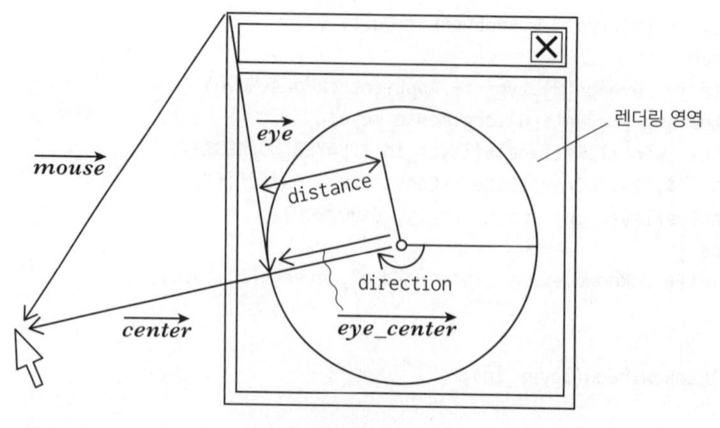

그림 23.2 눈알의 위치 계산

그럼 눈알의 위치 계산을 설명하겠다. 설명을 위한 그림이 그림 23.2다. 이 그림의 $\overrightarrow{\text{mouse}}$는 함수 파라미터로 전달된 마우스 커서의 좌표 mouse_x, mouse_y를 벡터 표기로 나타낸 것이다. 이 좌표는 윈도우 왼쪽 상단을 기준으로 한 것이기 때문에 벡터의 시작점도 윈도우 왼쪽 상단이 된다. $\overrightarrow{\text{center}}$는 좌표 center_x, center_y의 벡터 표기다. 마우스 커서의 좌표 $\overrightarrow{\text{mouse}}$를 렌더링 영역의 중심에서 보는 좌표로 변환한 것이다.

다음으로 렌더링 영역의 중심에서 바라본 마우스 커서의 방향(각도) direction과 거리 distance를 계산한다. atan2()는 X방향과 Y방향의 변위로부터 각도를 구하는 C 표준 함수다. 거리 distance는 피타고라스 정리를 사용해서 구한다.

거리가 렌더링 영역의 반경 (kCanvasSize/2 - kEyeSize/2)보다 커지지 않도록 std::min을 사용해 제한한다. 이 처리 덕분에 눈알이 렌더링 영역의 중심에서 반경 kCanvasSize/2의 원을 벗어나지 않게 된다.

$\overrightarrow{\text{eye_center}}$는 렌더링 영역 중심에서 본 눈알의 위치이며 $\overrightarrow{\text{eye}}$는 eye_center를 윈도우 왼쪽 상단을 기준으로 한 좌표로 변환한 벡터다. 최종적으로 $\overrightarrow{\text{eye}}$의 좌표를 사용해 눈알을 렌더링하면 완료다.

main() 쪽에서 눈에 띄는 내용은 SyscallReadEvent()를 사용해 수신한 이벤트가 AppEvent::kMouseMove일 때의 처리를 작성한 부분이다. 마우스가 움직이면 이 이벤트가 발생하므로 그때 DrawEye()를 호출해 눈알을 그리면 OK다. 눈알을 그리기 전에 렌더링 영역을 흰색으로 칠해 눈알이 여러 개 그려져서 두꺼운 원이 되지 않도록 처리한다.

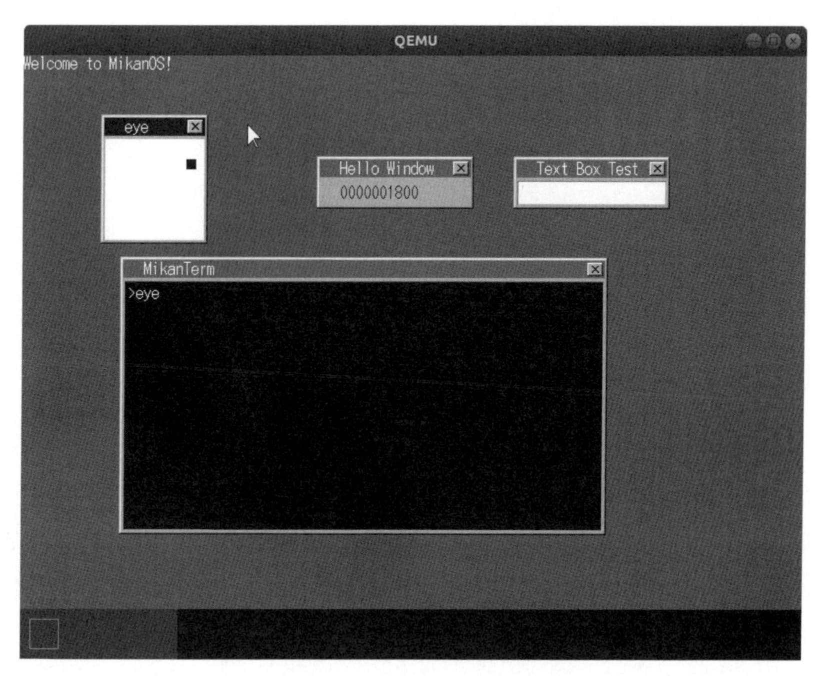

그림 23.3 마우스 커서를 눈알이 응시한다.

애플리케이션을 실행한 모습을 그림 23.3에서 볼 수 있다. 어떠한가? 제대로 마우스 커서를 응시하도록 눈알(이라고는 했지만 단순한 사각형)이 움직이고 있다!

23.2 그림 그리기 소프트웨어(osbook_day23b)

마우스의 움직임을 얻을 수 있게 됐으므로 이 기세를 몰아 버튼의 클릭도 얻고 싶어졌다. 버튼 상태를 얻을 수 있게 되면 마우스를 클릭한 채로 움직여서 선 긋기가 가능하고 그림 그리기 소프트웨어 같은 프로그램을 제작할 수 있을 것이다.

리스트 23.6 버튼 클릭에 대응하는 이벤트 유형을 추가(app_event.hpp)

```
enum Type {
  kQuit,
  kMouseMove,
  kMouseButton,
} type;
```

조속히 마우스의 버튼 클릭에 대응하는 이벤트를 추가해 보겠다. 먼저 AppEvent 구조체와 Message 구조체에 이벤트 유형을 추가한다. AppEvent의 이벤트 유형 정의는 리스트 23.6과 같다.

리스트 23.7 버튼 클릭 이벤트의 파라미터(app_event.hpp)

```
struct {
  int x, y;
  int press; // 1: press, 0: release
  int button;
} mouse_button;
```

이벤트 유형 kMouseButton에 대응하는 파라미터도 추가한다. 리스트 23.7에 파라미터용 구조체 정의를 나타냈다. 물론 이 구조체도 AppEvent와 Message 양쪽에 추가한다. press는 원래 참, 거짓 값을 나타내기 위한 bool을 사용하고 싶었지만, C 언어에서는 bool을 사용할 수 없으므로 정수형으로 대체했다.

이제 윈도우의 어딘가를 클릭할 때 클릭 이벤트를 발생시키고 싶다. 하지만 지금의 구현에서는 윈도우의 어떤 부분을 클릭해도 드래그 모드가 돼 버린다는 것이 생각났다. 그림 그리기 소프트웨어를 제작하기 위해서는 "클릭한 채로 마우스를 움직여 선을 긋는다."는 처리가 필요하기 때문에 클릭했을 때 드래그 모드가 돼서는 곤란하다. 드래그 모드의 시작은 타이틀 바를 클릭했을 때로 제한한다.

리스트 23.8 타이틀 바를 클릭했을 때만 드래그 모드로 진입한다(mouse.cpp)

```
const bool previous_left_pressed = (previous_buttons_ & 0x01);
const bool left_pressed = (buttons & 0x01);
if (!previous_left_pressed && left_pressed) {
  auto layer = layer_manager->FindLayerByPosition(position_, layer_id_);
  if (layer && layer->IsDraggable()) {
    const auto y_layer = position_.y - layer->GetPosition().y;
    if (y_layer < ToplevelWindow::kTopLeftMargin.y) {
      drag_layer_id_ = layer->ID();
    }
    active_layer->Activate(layer->ID());
  } else {
    active_layer->Activate(0);
```

```
  }
} else if (previous_left_pressed && left_pressed) {
```

리스트 23.8 같이 타이틀 바가 있는 부분(Y 좌표가 0에서 ToplevelWindow::kTopLeftMargin.y 사이인 부분)을 클릭했을 때만 drag_layer_id_ 변수를 설정하도록 했다. drag_layer_id_가 0이 아닐 때만 드래그 처리가 수행되므로, 이 수정에 따라 타이틀 바에서 왼쪽 버튼을 누른 경우에만 드래그 모드가 시작될 것이다.

리스트 23.9 SendMouseMessage()에 이전 버튼의 상태도 전달한다(mouse.cpp)

```
if (drag_layer_id_ == 0) {
  SendMouseMessage(newpos, posdiff, buttons, previous_buttons_);
}
```

리스트 23.9에서 볼 수 있듯이 SendMouseMessage()의 네 번째 파라미터에 이전 버튼 누르기 상태 previous_buttons_를 전달하도록 했다. 이전의 버튼 누르기 상태와 현재의 버튼 누르기 상태를 비교하면 버튼을 누르거나 뗐을 때의 순간을 감지할 수 있다.

리스트 23.10 버튼의 누르기 상태가 변화했을 때 이벤트를 보낸다(mouse.cpp)

```
  if (previous_buttons != buttons) {
    const auto diff = previous_buttons ^ buttons;
    for (int i = 0; i < 8; ++i) {
      if ((diff >> i) & 1) {
        Message msg{Message::kMouseButton};
        msg.arg.mouse_button.x = relpos.x;
        msg.arg.mouse_button.y = relpos.y;
        msg.arg.mouse_button.press = (buttons >> i) & 1;
        msg.arg.mouse_button.button = i;
        task_manager->SendMessage(task_it->second, msg);
      }
    }
  }
```

SendMouseMessage()를 수정해 버튼 상태가 변화했을 때 이벤트를 송신하는 처리를 추가했다(리스트 23.10). diff 변수에는 이전 버튼의 상태와 현재 버튼 상태와의 차이를 나타내는 값이 들어간다. ^은 XOR 연산자다. previous_buttons와 buttons는 마우스의 각 버튼 상태 비트 맵이므로, 비트 단위의 XOR를 계산하면 변화가 있는 비트가 1, 변화가 없는 비트가 0이 돼 변화가 있는 버튼을 찾을 수 있다.

i번째의 버튼 누르기 상태가 변화했다면 diff 변수의 i번째 비트가 1이 된다. 비트가 1이면 (diff >> i) & 1이 참이 돼 if 문이 실행된다. 이런 식으로 변화한 버튼에 대해서만 메시지가 생성돼 태스크에 전송된다. 메시지는 버튼이 변화했을 때의 마우스 좌표(윈도우 왼쪽 상단 기준), 버튼을 눌렀는지 뗐는지를 구별하는 값, 버튼 번호(0부터 시작)를 포함한다.

리스트 23.11 ReadEvent()로 버튼 이벤트에 대응한다(syscall.cpp)

```
    case Message::kMouseButton:
      app_events[i].type = AppEvent::kMouseButton;
      app_events[i].arg.mouse_button.x = msg->arg.mouse_button.x;
      app_events[i].arg.mouse_button.y = msg->arg.mouse_button.y;
      app_events[i].arg.mouse_button.press = msg->arg.mouse_button.press;
      app_events[i].arg.mouse_button.button = msg->arg.mouse_button.button;
      ++i;
      break;
```

다음으로 수정할 부분은 syscall::ReadEvent()다. 리스트 23.11 같이 버튼 이벤트 kMouseButton에 대응하는 처리를 추가했다. 언제나처럼 Message 구조체를 AppEvent 구조체로 변환하고 있다.

리스트 23.12 버튼을 누른 채 드래그하면 선을 그리는 애플리케이션(paint/paint.cpp)

```
#include <cstdio>
#include <cstdlib>
#include <cstring>
#include "../syscall.h"

static const int kWidth = 200, kHeight = 130;

bool IsInside(int x, int y) {
  return 4 <= x && x < 4 + kWidth && 24 <= y && y < 24 + kHeight;
}

extern "C" void main(int argc, char** argv) {
  auto [layer_id, err_openwin]
    = SyscallOpenWindow(kWidth + 8, kHeight + 28, 10, 10, "paint");
  if (err_openwin) {
```

```
    exit(err_openwin);
  }

  AppEvent events[1];
  bool press = false;
  while (true) {
    auto [ n, err ] = SyscallReadEvent(events, 1);
    if (err) {
      printf("ReadEvent failed: %s\n", strerror(err));
      break;
    }
    if (events[0].type == AppEvent::kQuit) {
      break;
    } else if (events[0].type == AppEvent::kMouseMove) {
      auto& arg = events[0].arg.mouse_move;
      const auto prev_x = arg.x - arg.dx, prev_y = arg.y - arg.dy;
      if (press && IsInside(prev_x, prev_y) && IsInside(arg.x, arg.y)) {
        SyscallWinDrawLine(layer_id, prev_x, prev_y, arg.x, arg.y, 0x000000);
      }
    } else if (events[0].type == AppEvent::kMouseButton) {
      auto& arg = events[0].arg.mouse_button;
      if (arg.button == 0) {
        press = arg.press;
        SyscallWinFillRectangle(layer_id, arg.x, arg.y, 1, 1, 0x000000);
      }
    } else {
      printf("unknown event: type = %d\n", events[0].type);
    }
  }

  SyscallCloseWindow(layer_id);
  exit(0);
}
```

추가한 시스템 콜을 사용해 작성한 그림 그리기 소프트웨어의 구현을 리스트 23.12에 정리했다. 이 paint 커맨드는 윈도우를 열고 마우스 조작을 기다린다. 왼쪽 버튼(버튼 0)을 누른 채로 마우스를 움직이면 선을 그릴 수 있다.

중요한 변수는 press다. 이 변수는 마우스의 왼쪽 버튼을 눌렀을 때 참이 되며, 누르지 않은 경우에 거짓이 된다. 이 변수가 참인 경우에 한해 선을 그리면 그림을 그릴 수 있는 것이다. kMouseButton 이벤트가 발생하면 이 변수가 갱신된다.

마우스 이동 이벤트(kMouseMove)가 발생하면 실제로 선을 그린다. press가 참이고 동시에 마우스 커서가 윈도우의 렌더링 영역 내부에 있을 때(IsInside()가 참) SyscallWinDrawLine()을 사용해 선을 그린다. 마우스 이동 이벤트에는 마우스 이동량 dx, dy가 포함돼 있기 때문에 그 값을 사용하면 간단하게 선을 그릴 수 있다.

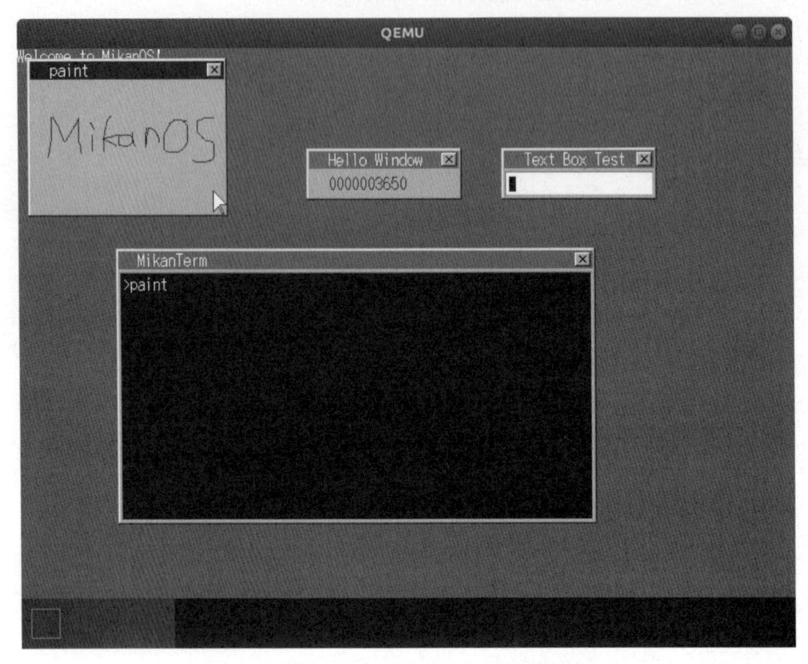

그림 23.4 그림 그리기 소프트웨어로 그림을 그려 본다.

paint 커맨드로 그림을 그리는 모습을 그림 23.4에서 보여준다. 스크린샷에서는 잘 알 수 없지만 매우 부드럽고 위화감 없이 선을 그렸다. 트랙패드로 그렸기 때문에 흔들림이 약간 있지만 특별히 처리가 방해되는 일 없이 조작자체는 매우 편안하다.

23.3 타이머 커맨드(osbook_day23c)

핵심 주제 중 하나인 시간대기 기능을 만들어 보자. OS 본체에 있는 타이머 기능을 활용하면 그렇게 어렵지 않을 거라고 생각한다.

타이머 기능을 검토해 보면 타임아웃했을 때를 통지하는 메시지의 송신 목적지 태스크가 1로 고정돼 있음을 알 수 있다. TimerManager::Tick()에서 task_manager->Send Message(1, m);로 송신하고 있다. 이 구조 그대로 애플리케이션이 타임을 설정하면 타임아웃이 메인 태스크로 통지된다. 메인 태스크는 그 타임아웃이 애플리케이션에서 설정한 타이머였음을 인식하면 터미널 태스크로 통지 메시지를 전송해야 한다.

터미널 태스크에 메시지를 전송할 때도 타이머 클래스에서 '전송 대상의 태스크 ID'를 포함해 둬야 한다. 지금은 터미널이 하나이므로 괜찮지만 추후 터미널이 늘어나면 어디로 재전송해야 좋을지를 판단하는 데 필요하기 때문이다. 그런 이유로 리스트 23.13 같이 태스크 ID를 나타내는 필드 task_id_와 이 태스크 ID를 취득하기 위한 TaskID()를 추가했다.

리스트 23.13 타이머 클래스에 태스크 ID를 추가한다(timer.hpp)

```
class Timer {
 public:
  Timer(unsigned long timeout, int value, uint64_t task_id);
  unsigned long Timeout() const { return timeout_; }
  int Value() const { return value_; }
  uint64_t TaskID() const { return task_id_; }

 private:
  unsigned long timeout_;
  int value_;
  uint64_t task_id_;
};
```

타이머 클래스의 생성자에 파라미터를 추가했으므로 타이머를 생성하는 부분을 전부 수정해야 한다. 예를 들어 리스트 23.14 같이 task_id에 숫자를 지정한다. 1을 지정하면 지금까지와 같은 동작을 하게 된다. 그 외의 다른 부분도 동일하게 수정한다.

리스트 23.14 task_id로 메인 태스크의 번호인 1을 지정한다(main.cpp)

```
  const int kTextboxCursorTimer = 1;
  const int kTimer05Sec = static_cast<int>(kTimerFreq * 0.5);
  timer_manager->AddTimer(Timer{kTimer05Sec, kTextboxCursorTimer, 1});
  bool textbox_cursor_visible = false;
```

최종적으로 하고 싶은 작업은 애플리케이션이 설정한 타이머의 타임아웃 통지 메시지를 해당 애플리케이션이 속한 태스크(터미널 태스크)로 송신하는 것이다. 이 기능을 구현하기 위해 좀 전에 추가한 태스크 ID의 사용 방법을 두 가지로 생각해 볼 수 있다.

하나는 타임아웃 통지 메시지를 메인 태스크(태스크 1)로 보낼 때 태스크 ID를 메시지에 포함하는 방법이다. 메인 태스크는 메시지에 기록된 태스크 ID를 보고 적절한 태스크에 메시지를 전송할 수 있다. 또 하나는 타임아웃 통지 메시지를 원래 해당하는 태스크로 전송하는 방법이다. 이 방법은 메시지가 메인 태스크를 경유하지 않기 때문에 효율적이다. 이후의 수정에서는 후자의 방법을 채용한다.

리스트 23.15 타이머에 기록된 태스크로 타임아웃 통지를 보낸다(timer.cpp)

```
    Message m{Message::kTimerTimeout};
    m.arg.timer.timeout = t.Timeout();
    m.arg.timer.value = t.Value();
    task_manager->SendMessage(t.TaskID(), m);
```

TimerManager::Tick()의 수정을 리스트 23.15에서 보여준다. 수정한 부분은 4번째 줄의 태스크 ID를 지정하는 부분이다. 상수 1 대신에 t.TaskID()를 사용하도록 했다.

리스트 23.16 타이머 생성 시스템 콜(syscall.cpp)

```
SYSCALL(CreateTimer) {
  const unsigned int mode = arg1;
  const int timer_value = arg2;
  if (timer_value <= 0) {
    return { 0, EINVAL };
  }

  __asm__("cli");
  const uint64_t task_id = task_manager->CurrentTask().ID();
  __asm__("sti");

  unsigned long timeout = arg3 * kTimerFreq / 1000;
  if (mode & 1) { // relative
    timeout += timer_manager->CurrentTick();
  }

  __asm__("cli");
```

```
  timer_manager->AddTimer(Timer{timeout, -timer_value, task_id});
  __asm__("sti");
  return { timeout * 1000 / kTimerFreq, 0 };
}
```

애플리케이션이 타이머를 생성하는 시스템 콜 syscall::CreateTimer()를 작성했다. 구현은 리스트 23.16에서 확인할 수 있다. 첫 번째 파라미터는 타이머의 동작 모드, 두 번째 파라미터는 타임아웃 시에 통지되는 임의의 값이다. 세 번째 파라미터는 타임아웃 시각을 지정하기 위한 밀리초 단위의 값이다. 정상종료 시의 반환 값은 타이머에 설정된 타임아웃 시간이다. OS가 부팅했을 때의 시간이 0이었다고 가정하고, 그 이후부터 밀리초 단위로 나타낸 값이다.

동작 모드 mode의 각 비트에 의미를 부여하도록 했다. 비트 0이 1이라면 상대[relative] 모드다. 상대 모드에서는 현재 시간을 기준으로 arg3에 지정한 시간 오프셋을 더해서 타임아웃을 설정한다. 비트 0이 0이라면 절대[absolute] 모드로 동작하며, 절대 모드에서 arg3는 밀리초 단위에서 타이머가 타임아웃하는 시간을 나타낸다.

마지막으로 타이머를 추가할 때 -timer_value로 부호를 반전시키는 이유는 OS 본체와 애플리케이션이 생성한 타이머를 구별하기 위해서다. 터미널 태스크에는 커서 점멸을 위해 메인 태스크로부터 0.5초 간격으로 타임아웃 통지가 전송된다. 이 메시지는 애플리케이션의 실행 여부에 상관없이 전송되므로 애플리케이션이 생성한 타이머의 타임아웃 값이 끼어들면 곤란하다. 그래서 애플리케이션이 설정한 타이머인지, 커서 점멸용 타이머인지를 구별하기 위해 OS 본체가 생성한 타이머 값은 0 이상, 애플리케이션이 생성한 타이머 값은 음수로 설정해서 구별한다.

리스트 23.17 태스크 전환용 타이머의 값을 양수로 수정한다(timer.hpp)

```
const int kTaskTimerPeriod = static_cast<int>(kTimerFreq * 0.02);
const int kTaskTimerValue = std::numeric_limits<int>::max();
```

그러고 보니 태스크 전환용 타이머에는 어떤 값을 사용하고 있었는지가 궁금해서 확인해 보니 std::numeric_limits<int>::min()을 사용하고 있었다. 이건 음수 값이므로 좋지 않다. 다른 곳에서 사용되지 않을 법한 값이라면 어떤 값도 괜찮으므로, 리스트 23.17

같이 양수의 최대 값으로 변경했다(엄밀히 따져 보면 실은 애플리케이션은 std::numeric_limits <int>::min()을 타이머 값으로 지정할 수 없으므로 지금 이대로도 괜찮겠지만).

지금까지의 수정으로 애플리케이션이 CreateTimer() 시스템 콜을 사용해 타이머를 생성하고, 타임아웃 시에 그 애플리케이션이 동작하는 터미널 태스크로 통지 메시지가 도착하는 것까지는 구현했다. 다음으로 애플리케이션 자신이 타임아웃을 감지할 수 있는 구조를 만든다. 이건 ReadEvent() 시스템 콜에 기능을 추가하는 것이 편하다.

리스트 23.18 AppEvent 구조체에 타임아웃 통지 이벤트 파라미터를 추가한다(app_event.hpp)

```
struct {
  unsigned long timeout;
  int value;
} timer
```

리스트 23.18에 AppEvent 구조체에 추가한 파라미터를 게재했다. 타임아웃 시간과 타이머 값을 기록한다. 이밖에 이벤트 유형으로 kTimerTimeout도 추가했다.

리스트 23.19 ReadEvent()를 타임아웃 이벤트에 대응시킨다(syscall.cpp)

```
case Message::kTimerTimeout:
  if (msg->arg.timer.value < 0) {
    app_events[i].type = AppEvent::kTimerTimeout;
    app_events[i].arg.timer.timeout = msg->arg.timer.timeout;
    app_events[i].arg.timer.value = -msg->arg.timer.value;
    ++i;
  }
  break;
```

리스트 23.19에 syscall::ReadEvent()의 수정 부분을 정리했다. 다른 이벤트와 마찬가지로 Message 구조체와 AppEvent 구조체 변환을 하고 있다. 그밖에 다른 점은 타이머 값이 0 이상인 경우는 이벤트를 무시하고 있는 부분이다. 타이머 값이 0 이상, 즉 애플리케이션이 생성한 것이 아닌 타이머의 타임아웃 이벤트는 애플리케이션이 취득해서는 안 된다.

리스트 23.20 타이머의 동작 모드를 나타내는 상수를 준비한다(syscall.h)

```
#define TIMER_ONESHOT_REL 1
#define TIMER_ONESHOT_ABS 0
struct SyscallResult SyscallCreateTimer(
    unsigned int type, int timer_value, unsigned long timeout_ms);
```

리스트 23.20 같이 syscall.h에 `SyscallCreateTimer()`의 프로토타입 선언과 필요한 상수 정의를 추가했다. 두 개의 상수는 타이머의 동작 모드를 결정하는 상수다. 지금은 단발 모드밖에 없고, 이 단발 모드에서 시간 설정을 상대 또는 절대로 할지를 선택할 수 있다.

리스트 23.21 지정된 밀리초를 기다리는 타이머 애플리케이션(timer/timer.cpp)

```
#include <cstdio>
#include <cstdlib>
#include <cstring>
#include "../syscall.h"

extern "C" void main(int argc, char** argv) {
  if (argc <= 1) {
    printf("Usage: timer <msec>\n");
    exit(1);
  }

  const unsigned long duration_ms = atoi(argv[1]);
  const auto timeout = SyscallCreateTimer(TIMER_ONESHOT_REL, 1, duration_ms);
  printf("timer created. timeout = %lu\n", timeout.value);

  AppEvent events[1];
  while (true) {
    SyscallReadEvent(events, 1);
    if (events[0].type == AppEvent::kTimerTimeout) {
      printf("%lu msecs elapsed!\n", duration_ms);
      break;
    } else {
      printf("unknown event: type = %d\n", events[0].type);
    }
  }
  exit(0);
}
```

추가한 시스템 콜을 사용해 지정된 시간만큼을 대기하는 `timer` 커맨드를 작성했다(리스트 23.21). 커맨드라인 파라미터로 대기 시간을 지정하면 해당 시간만큼 기다린 후에 '`xx msecs elapsed!`'라는 메시지를 출력한다. 오랜만에 윈도우를 열지 않는 타입의 커맨드를 만든 것 같다.

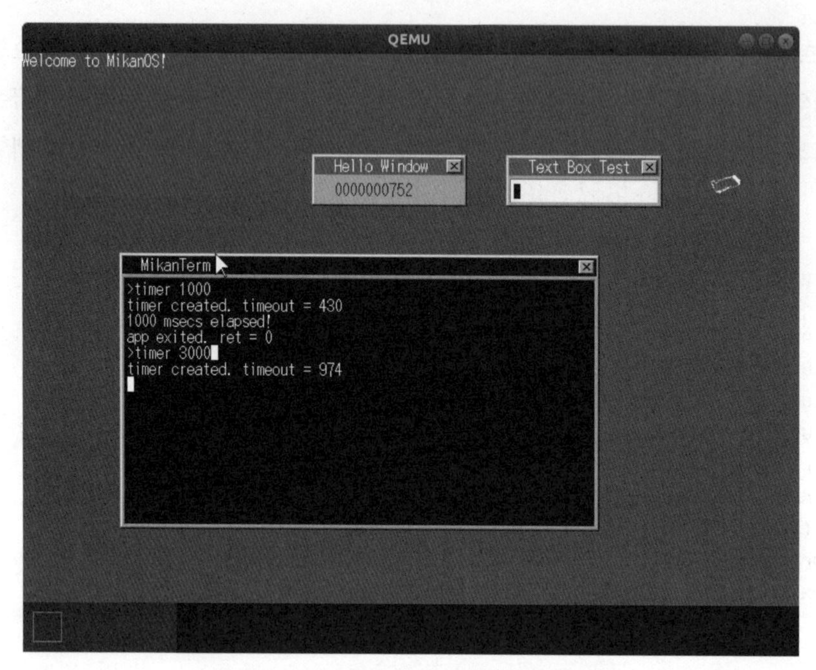

그림 23.5 timer 커맨드를 사용해 3초를 기다리는 상황

작성한 커맨드의 동작 모습을 그림 23.5에 나타냈다. 1000을 입력하면 1초를, 3000을 입력하면 3초를 대기한다. 성공이다!

23.4 애니메이션(osbook_day23d)

우리 모두 한 번쯤은 애니메이션을 본 적이 있을 것이다. 애니메이션은 어떻게 캐릭터 등이 움직이는 것처럼 보이게 하는 걸까? 애니메이션은 여러 장의 사진을 연속 전환해 움직임을 표현한다. 컴퓨터에서도 그림을 짧은 시간에 변환해가면 움직임을 표현할 수 있다.

애니메이션에서 중요한 부분은 그림과 그림의 전환이다. 전환이 너무 빠르거나 너무 느리면 올바른 동영상이 될 수 없다. 그래서 필요로 하는 기능이 좀 전에 제작한 타이머다. 타이머를 사용하면 그림의 전환 간격을 자유롭게 제어할 수 있으므로 딱 맞는 속도로 재생되는 애니메이션을 구현할 수 있다.

이 절에서는 움직임이 있는 표현을 출력하는 애플리케이션을 만들고 싶다. 그렇지만 대량의 그림을 준비하기는 매우 어려우므로 계산에 의해 생성할 수 있는 그림을 사용해 애니메이션을 구현해 보려고 한다. 입방체를 회전시켜 보는 것은 어떨까? 3차원 입방체(주사위)를 X축, Y축, Z축을 기준으로 조금씩 회전시켜 그 회전된 입방체를 화면에 표시하는 것이다.

그래서 cube라는 애플리케이션을 만들었다. 소스코드는 apps/cube/cube.cpp이다. 프로그램을 이해하려면 삼각함수, 벡터, 회전행렬 등의 지식이 필요한데 이 책에서는 다루지 않는다. 왜냐하면 그러한 수학 지식은 여기서 다루는 레벨의 OS 작성에는 불필요하기 때문이다. 하지만 수정해서 놀아볼 수 있도록 주요한 상수나 변수에 대해서는 나중에 간단히 설명하겠다. 이 애플리케이션은 참고문헌 1의 저자 카와이 씨가 제작한 프로그램(http://k.osask.jp/wiki/?p20191125)을 수정해서 만들었다.

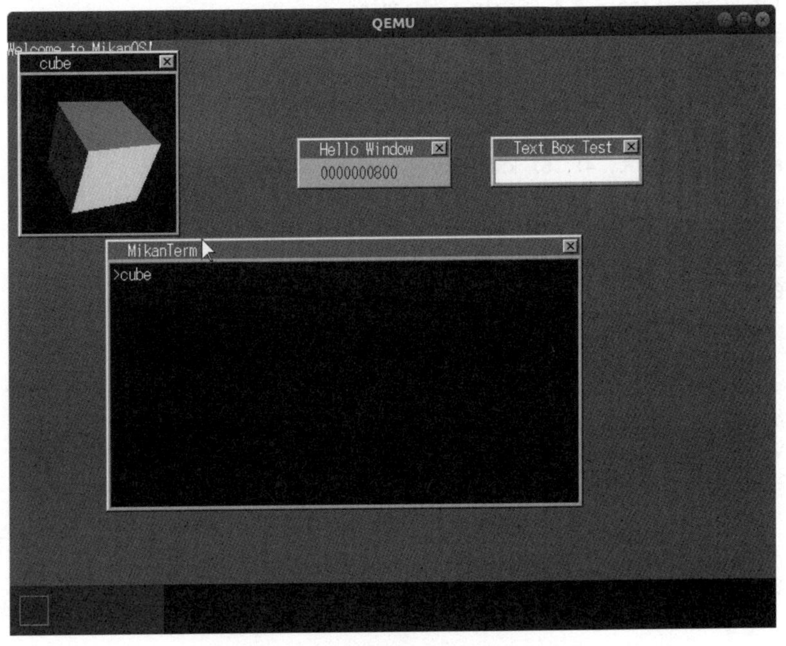

그림 23.6 컬러풀한 입방체가 회전한다.

cube 애플리케이션을 실행하면 그림 23.6 같이 된다. 육면 각각의 색상을 바꾸고 있기 때문에 회전하는 모습을 잘 알 수 있다. 정사각형 렌더링 영역에 입방체가 조금씩 회전하면서 그려진다.

리스트 23.22 cube 애플리케이션의 상수와 변수(cube/cube.cpp)

```
using namespace std;

template <class T>
struct Vector3D {
  T x, y, z;
};

template <class T>
struct Vector2D {
  T x, y;
};

void DrawObj(uint64_t layer_id);
void DrawSurface(uint64_t layer_id, int sur);
bool Sleep(unsigned long ms);

const int kScale = 50, kMargin = 10;
const int kCanvasSize = 3 * kScale + kMargin;
const array<Vector3D<int>, 8> kCube{{
  { 1, 1, 1}, { 1, 1, -1}, { 1, -1, 1}, { 1, -1, -1},
  {-1, 1, 1}, {-1, 1, -1}, {-1, -1, 1}, {-1, -1, -1}
}};
const array<array<int, 4>, 6> kSurface{{
  {0,4,6,2}, {1,3,7,5}, {0,2,3,1}, {0,1,5,4}, {4,5,7,6}, {6,7,3,2}
}};
const array<uint32_t, kSurface.size()> kColor{
  0xff0000, 0x00ff00, 0xffff00, 0x0000ff, 0xff00ff, 0x00ffff
};

array<Vector3D<double>, kCube.size()> vert;
array<double, kSurface.size()> centerz4;
array<Vector2D<int>, kCube.size()> scr;
```

리스트 23.22는 상수와 글로벌 변수를 정의하고 있는 위치를 보여준다. 이 중에서도 특히 중요한 부분만을 설명한다. 설명을 이해하지 않아도 이 책을 읽는 데는 문제 없으므로 어렵게 느껴진다면 다음 절로 넘어가도 괜찮다.

먼저 상수부터 설명한다. kScale은 입방체의 크기에 영향을 미친다. 이 값을 N배 하면 윈도우와 입방체가 N배 커진다. kMargin은 입방체와 렌더 프레임 사이의 여백 크기다. kCanvasSize는 픽셀 단위로 렌더링 영역의 가로/세로의 크기를 나타낸다.

kCube는 입방체의 정점좌표의 정의다. 실제 입방체의 크기는 kScale로 결정되므로, 여기서는 원점을 중심으로 한 단위 원 같은 느낌으로 정의했다. kSurface는 입방체의 면을 정의한다. 예를 들어 선두의 요소 {0,4,6,2}는 정점 0, 4, 6, 2를 순서대로 돌아가면서 만든 면이라는 의미가 된다. kColor는 각 면의 색상을 나타낸다.

다음으로 변수를 설명한다. vert는 회전 처리한 입방체의 정점좌표다. 정점좌표이므로 요소의 수는 kCube와 같이 8개다. centerz4는 입방체의 각 면 정중앙(중심)의 Z 좌표를 저장하는 변수다. 입방체의 각 면을, 가장 안쪽에 있는(=Z 좌표가 최대) 면부터 렌더링하는데 사용한다. scr은 화면screen 좌표를 저장하는 변수다. 3차원 공간에서 회전한 입방체의 각 좌표를 화면에 투영projection했을 때의 좌표다. 평면 좌표이며 단위는 픽셀(정수)이라서, 요소의 타입은 Vector2D<int>로 했다.

마지막으로 함수를 개략적으로 설명한다. main()은 입방체를 회전시키고 회전 후의 정점좌표를 vert에 기록한다. 동시에 각 면의 Z 좌표를 구해 centerz4에 기록한다. 회전처리가 끝나면 DrawObj()를 호출한다.

DrawObj()는 회전 후의 입방체를 layer_id로 지정된 윈도우에 렌더링한다. 이 함수는 우선 3차원 공간의 좌표 vert를 화면에 투영해 scr을 생성한다. 다음으로 입방체의 여섯 면 중에서 가장 안쪽에 있는 면부터 순서대로 DrawSurface()를 호출한다.

DrawSurface()는 지정된 면을 윈도우에 렌더링한다. 렌더링 방식의 기본적인 아이디어는 다음과 같다. 입방체의 각 면은 화면에 투영되면 왜곡된 사각형이 된다. 그 사각형을 1픽셀 폭의 가로선이 되도록 가늘게 자른다. 가늘게 자른 가로선을 1개씩 SyscallWinFillRectangle()로 렌더링한다.

23.5 블록 격파 게임(osbook_day23e)

OS의 작성이라기보다는 OS 기능을 사용한 애플리케이션의 작성을 계속하는데, 24장부터는 조금 어려운 내용이 될 것이라고 생각하므로 지금은 애플리케이션 작성을 마음껏 즐기도록 하자.

그러고 보니 아직 임의의 키를 받을 수 있는 이벤트가 없었다. 임의의 키와 타이머를 사용할 수 있게 되면 게임 작성이 가능해진다. 이 절에서는 임의의 키를 받을 수 있도록 ReadEvent() 시스템 콜을 수정하고, 게임의 예로 블록 격파 게임을 작성해 보려고 한다.

리스트 23.23 AppEvent 구조체에 키 이벤트 추가(app_event.hpp)

```
struct {
  uint8_t modifier;
  uint8_t keycode;
  char ascii;
  int press; // 1: press, 0: release
} keypush;
```

리스트 23.23 같이 AppEvent 구조체에 키 누르기 이벤트용 파라미터 keypush를 추가했다. 게임을 만들 때는 키를 눌렀을 때press와 더불어 키를 뗐을 때release의 이벤트를 얻을 수 있으면 좋기 때문에 구별이 가능하도록 press란 멤버를 추가했다. 지면에는 싣지 않았지만 AppEvent::type에 kKeyPush라는 상수를 추가했다.

키를 누르면 최초로 반응하는 모듈이 xHCI(USB 호스트 컨트롤러) 드라이버이다. xHCI 드라이버는 HID 키보드에 대응하는 드라이버 HIDKeyboardDriver의 OnDataReceived() 메소드를 호출한다. 이 메소드가 최종적으로 HIDKeyboardDriver::default_observer에 등록된 함수를 호출하는 것이 전체적인 흐름이다.

이 함수는 지금까지 키를 눌렀을 때만 호출되는 구조였다. 이것을 키를 누른 경우 외에 키를 뗐을 때도 호출되도록 수정해야 한다.

리스트 23.24 키 누르기 이벤트 옵저버의 타입 수정(usb/classdriver/keyboard.hpp)

```
using ObserverType = void (uint8_t modifier, uint8_t keycode, bool press);
```

먼저 리스트 23.24에서 보는 바와 같이 HIDKeyboardDriver::ObserverType의 정의를 변경했다. 키를 눌렀는지 또는 뗐는지를 구별할 수 있도록 press란 파라미터를 추가했을 뿐이다.

리스트 23.25 옵저버에 추가 파라미터를 전달한다(usb/classdriver/keyboard.cpp)

```
Error HIDKeyboardDriver::OnDataReceived() {
  std::bitset<256> prev, current;
  for (int i = 2; i < 8; ++i) {
    prev.set(PreviousBuffer()[i], true);
    current.set(Buffer()[i], true);
  }
  const auto changed = prev ^ current;
  const auto pressed = changed & current;
  for (int key = 1; key < 256; ++key) {
    if (changed.test(key)) {
      NotifyKeyPush(Buffer()[0], key, pressed.test(key));
    }
  }
  return MAKE_ERROR(Error::kSuccess);
}
```

이에 맞춰 옵저버에 추가 파라미터를 전달할 수 있도록 OnDataReceived() 측도 수정했다(리스트 23.25). 키를 뗐을 때를 감지하는 기능을 추가하기 위해 처리 알고리즘을 크게 변경했다. 조금 자세하게 처리과정을 살펴보자.

표 23.1 R을 계속 누르면서 Q를 떼고 S를 누른 경우의 비트 집합 예

	비트 0:19	비트 20:22(QRS)	비트 23:255
prev	0..0	110	0..0
current	0..0	011	0..0
changed	0..0	101	0..0
pressed	0..0	001	0..0

std::bitset이라는 비트 집합을 다루는 표준 클래스를 사용해 키의 변화를 계산한다. 두 개의 비트 집합 prev와 current는 양쪽 다 키코드(0 ~ 255의 값)가 비트의 위치에 대

응한다. 키코드 N 키를 누르면 비트 N의 값이 1이 된다. 예를 들어 R 키를 쭉 누르면서 Q 키를 떼고 S 키를 누른 경우 비트 집합의 예는 표 23.1과 같다.

prev는 직전의 키 누르기 상태를, current는 현재의 키 누르기 상태를 나타낸다. 그러므로 양쪽을 비교해 변화가 있었던 비트를 추출하면 변화한 키만을 감지할 수 있다. 그 비트 집합이 changed이다. 이 비트 집합은 변화가 있었던 키에 대응하는 비트만이 1이 된다. 비트가 0 → 1 또는 1 → 0으로 변화했다는 것은 배타논리합(^)을 사용하면 한 번에 구할 수 있다. 변화한 키 중에서 누른 키(0 → 1)를 나타내는 비트 집합이 pressed 이다.

비트 집합의 지정한 비트 값을 얻으려면 `test`(비트 위치)란 메소드를 사용하면 된다. for 루프를 사용해 changed 비트 집합에서 1로 돼 있는 비트, 즉 변화가 있는 키 번호를 찾는다. 변화한 키가 있다면 키를 눌렀는지 또는 뗐는지는 관계없이 `NotifyKeyPush()`를 호출한다. 키를 눌렀는지 또는 뗐는지에 대한 정보는 좀 전에 수정한 `ObserverType`에 적합하도록 3번째 파라미터로 전달한다.

리스트 23.26 옵저버 구현체가 press를 받을 수 있게 한다(keyboard.cpp)

```
void InitializeKeyboard() {
  usb::HIDKeyboardDriver::default_observer =
    [](uint8_t modifier, uint8_t keycode, bool press) {
      const bool shift = (modifier & (kLShiftBitMask | kRShiftBitMask)) != 0;
      char ascii = keycode_map[keycode];
      if (shift) {
        ascii = keycode_map_shifted[keycode];
      }
      Message msg{Message::kKeyPush};
      msg.arg.keyboard.modifier = modifier;
      msg.arg.keyboard.keycode = keycode;
      msg.arg.keyboard.ascii = ascii;
      msg.arg.keyboard.press = press;
      task_manager->SendMessage(1, msg);
    };
}
```

`InitializeKeyboard()`에서 등록하는 옵저버도 수정한다. 리스트 23.26 같이 옵저버에 세 번째 파라미터를 추가해 키의 누르기 상태를 받을 수 있게 했다. 지면에서는 소개하

지 않겠지만 Message::arg::keyboard에 press 필드를 추가했다. 이 추가한 press 필드에 파라미터로 받은 press를 복사하는 것이 이번 옵저버의 주요한 수정 포인트다.

리스트 23.27 ReadEvent() 시스템 콜로 키 이벤트를 다룬다(syscall.cpp)

```
  case Message::kKeyPush:
    if (msg->arg.keyboard.keycode == 20 /* Q key */ &&
        msg->arg.keyboard.modifier & (kLControlBitMask | kRControlBitMask)) {
      app_events[i].type = AppEvent::kQuit;
      ++i;
    } else {
      app_events[i].type = AppEvent::kKeyPush;
      app_events[i].arg.keypush.modifier = msg->arg.keyboard.modifier;
      app_events[i].arg.keypush.keycode = msg->arg.keyboard.keycode;
      app_events[i].arg.keypush.ascii = msg->arg.keyboard.ascii;
      app_events[i].arg.keypush.press = msg->arg.keyboard.press;
      ++i;
    }
    break;
```

다음으로 syscall::ReadEvent()도 수정해서 키 이벤트를 제대로 다룰 수 있게 한다. Ctrl-Q 이외의 키가 입력될 때 kKeyPush 타입의 이벤트를 송신한다(리스트 23.27).

리스트 23.28 터미널에 키가 이중으로 입력되지 않도록 수정(terminal.cpp)

```
    if (msg->arg.keyboard.press) {
      const auto area = terminal->InputKey(msg->arg.keyboard.modifier,
                                           msg->arg.keyboard.keycode,
                                           msg->arg.keyboard.ascii);
```

이 상태에서 실행해 보면 터미널에 문자가 이중으로 입력된다는 것을 알 수 있다. ab라고 키를 입력하면 aabb로 입력돼 버리는 것이다. 이건 터미널이 키 누르기 이벤트를 처리할 때에 press를 확인하지 않았기 때문이다. 리스트 23.28 같이 키를 눌렀을 때만(press가 참) 키 입력 처리를 하도록 if 문으로 보호하게 했다.

그러고 보니 'Text Box Test' 윈도우도 이중 입력이 돼 버린다. 마찬가지로 수정한다(리스트 23.29).

리스트 23.29 텍스트박스도 이중으로 입력되지 않도록 수정(main.cpp)

```
    if (auto act = active_layer->GetActive(); act == text_window_layer_id) {
      if (msg->arg.keyboard.press) {
        InputTextWindow(msg->arg.keyboard.ascii);
      }
    } else {
```

여기까지 작성한 키 이벤트를 사용해 블록 격파 게임을 만들어본다. 예제의 소스코드에 대한 전체적인 설명은 하지 않으므로 흥미가 있으신 분은 apps/blocks/blocks.cpp를 읽어보길 바란다.

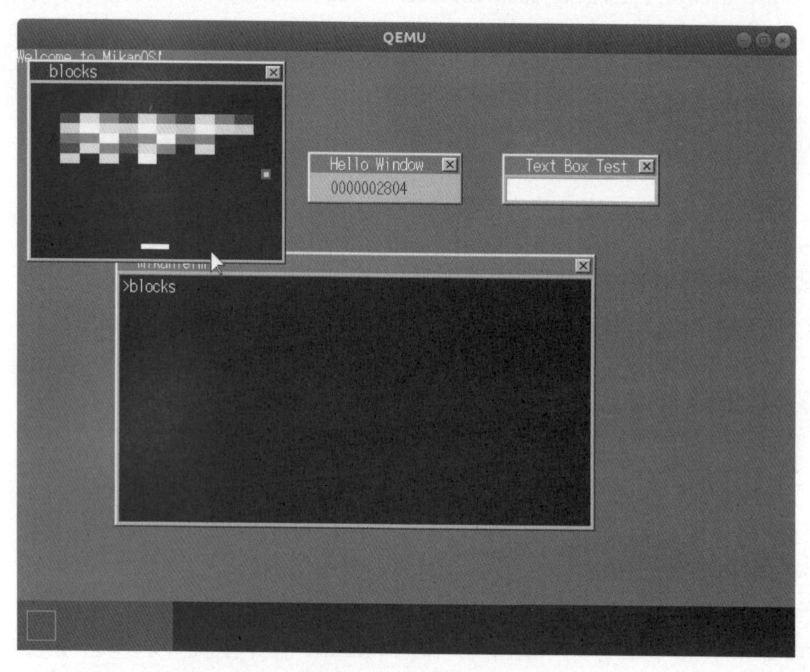

그림 23.7 블록 격파 게임을 플레이하는 모습

작성한 `blocks` 커맨드를 구동하면 그림 23.7 같은 화면이 나온다. 왼쪽 오른쪽 방향 키로 바를 움직이고 스페이스 키로 볼을 발사시킨다. 라이프나 득점 기능, 모든 블록을 제거했을 때의 클리어 판정 등은 구현하지 않지만, 일단은 블록을 제거해 나가면서 플레이하는 것은 가능하다. MikanOS 최초의 게임을 제작했다. 해냈다!

24장

여러 개의 터미널

현 상황에서는 애플리케이션을 하나 구동하면 터미널이 대기 상태가 돼 버려 여러 애플리케이션을 동시에 실행할 수 없다. 모처럼 다수의 윈도우를 열고 멀티태스크의 기능도 구현했으니 여러 개 애플리케이션을 동시에 실행하고 싶다. 24장에서는 애플리케이션 동시 실행을 구현하고자 한다.

24.1 터미널을 늘린다(osbook_day24a)

여러 애플리케이션을 동시에 실행시키는 것이 24장의 목표다. 그럼 어떻게 하면 될까? 애플리케이션을 실행하는 구조를 다시 떠올려보면 `Terminal::ExecuteFile()`에서 ELF 파일을 메인 메모리로 읽어 들여서 실행시켰다. 터미널을 여러 개 실행할 수 있다면 터미널 수만큼 애플리케이션을 실행할 수 있을 것 같다는 생각이 든다. 우선은 다수의 터미널을 열 수 있게 해 보자.

리스트 24.1 F2 키를 누르면 터미널을 생성한다(main.cpp)

```
case Message::kKeyPush:
  if (auto act = active_layer->GetActive(); act == text_window_layer_id) {
    if (msg->arg.keyboard.press) {
      InputTextWindow(msg->arg.keyboard.ascii);
    }
  } else if (msg->arg.keyboard.press &&
             msg->arg.keyboard.keycode == 59 /* F2 */) {
    task_manager->NewTask()
      .InitContext(TaskTerminal, 0)
      .Wakeup();
  } else {
```

리스트 24.1 같이 F2 키를 눌렀을 때 터미널 태스크를 생성할 수 있게 했다. 매우 간단한 아이디어인데 잘 동작할까?

F2 키를 누르면 그림 24.1 같이 두 번째 터미널이 열린다. 두 개의 터미널 활성화, 비활성화를 전환할 수 있고 키 입력을 각각으로 배분할 수 있다. 일단은 성공이라고 생각할 수 있겠지만 잘 관찰해 보면 두 번째 터미널에서는 커서가 점멸하지 않는 것을 알 수 있다. 또한 한쪽 터미널에서 cube를 구동시킨 채 또 한쪽의 터미널에서 lines를 구동시키면 lines의 윈도우는 열리지만 #UD 예외가 발생했다. 다음 절에서는 이러한 문제에 대처해 나간다.

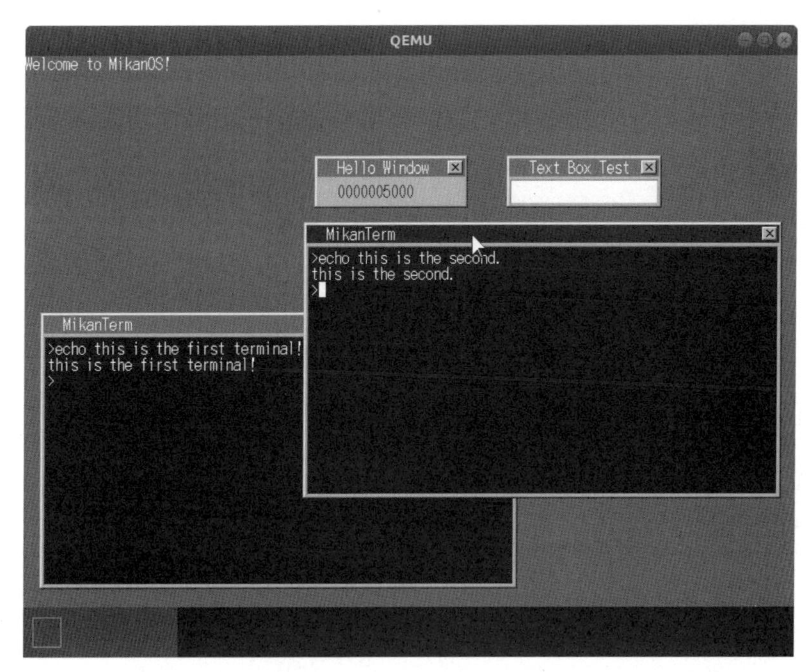

그림 24.1 다수의 터미널을 열어본 모습

24.2 커서 깜박임을 스스로(osbook_day24b)

먼저 두 번째 터미널에서 커서가 점멸하지 않는 문제를 해결해 보자. 지금의 커서 점멸 구조는 메인 태스크가 관리하는 타이머가 타임아웃할 때 그 타임아웃 메시지를 터미널 태스크로 복사해 송신하는 것으로 구현했다. 이 구조대로라면 터미널이 늘어날 때 어느 터미널로 메시지를 보내야 할지를 메인 태스크가 판단할 필요가 있어 코드가 복잡해질 것이다. 지금의 구조에서는 터미널이 비활성화일 때에도 커서가 점멸하는 미묘한 문제도 있다.

그래서 터미널 자신이 커서 점멸을 제어할 수 있게 했다. 즉 터미널 태스크가 구동될 때 타이머를 작성하게 만들고, 독자적으로 0.5초를 측정한다. 이렇게 해두면 자동적으로 모든 태스크에서 커서가 점멸한다.

또한 터미널의 윈도우가 비활성화됐다면 커서를 점멸시키지 않는다는 기능도 터미널 자신이 실현할 수 있게 한다. 이를 위해서는 터미널 태스크가 윈도우의 활성화/비활성화의 전환을 알아야 한다. ActiveLayer 클래스를 수정해 활성화 상태가 전환됐다면 메시지를 태스크로 송신하도록 한다.

리스트 24.2 터미널 태스크 자신이 타이머를 제어한다(terminal.cpp)

```
auto add_blink_timer = [task_id](unsigned long t){
  timer_manager->AddTimer(Timer{t + static_cast<int>(kTimerFreq * 0.5),
                                1, task_id});
};
add_blink_timer(timer_manager->CurrentTick());

bool window_isactive = false;

while (true) {
  __asm__("cli");
  auto msg = task.ReceiveMessage();
  if (!msg) {
    task.Sleep();
    __asm__("sti");
    continue;
  }
  __asm__("sti");

  switch (msg->type) {
  case Message::kTimerTimeout:
    add_blink_timer(msg->arg.timer.timeout);
    if (window_isactive) {
      const auto area = terminal->BlinkCursor();
      Message msg = MakeLayerMessage(
          task_id, terminal->LayerID(), LayerOperation::DrawArea, area);
      __asm__("cli");
      task_manager->SendMessage(1, msg);
      __asm__("sti");
    }
    break;

  <중략>

  case Message::kWindowActive:
    window_isactive = msg->arg.window_active.activate;
    break;
  default:
    break;
```

```
    }
  }
```

리스트 24.2를 보면 이번 변경 내용의 전체 모습을 알 수 있다. 포인트는 두 가지다. timer_manager->AddTimer()를 터미널 태스크 자신이 호출하도록 했다는 점, kWindowActive라는 메시지로 윈도우의 활성화 상태를 터미널 태스크에 통지하도록 했다는 점이다. 커서 점멸용 타이머를 0.5초 간격으로 항상 작동하게 하면서 윈도우가 활성화돼 있을 때(window_isactive가 참일 때)만 실제로 커서를 점멸시키도록 했다.

기대하는 동작은 이런 느낌이다. 먼저 터미널에서는 커서가 깜박이고 있다. 다른 윈도우를 클릭하든지 해서 터미널 윈도우가 비활성화되면 그 시점의 점멸상태 그대로 커서의 점멸이 멈춘다. 다시 터미널이 활성화되면 커서의 점멸이 재개된다. 잘 동작하는지는 나중에 확인해 보자.

리스트 24.3 활성화된 윈도우가 전환된 것을 태스크에 통지한다(layer.cpp)

```
void ActiveLayer::Activate(unsigned int layer_id) {
  if (active_layer_ == layer_id) {
    return;
  }

  if (active_layer_ > 0) {
    Layer* layer = manager_.FindLayer(active_layer_);
    layer->GetWindow()->Deactivate();
    manager_.Draw(active_layer_);
    SendWindowActiveMessage(active_layer_, 0);
  }

  active_layer_ = layer_id;
  if (active_layer_ > 0) {
    Layer* layer = manager_.FindLayer(active_layer_);
    layer->GetWindow()->Activate();
    manager_.UpDown(active_layer_, manager_.GetHeight(mouse_layer_) - 1);
    manager_.Draw(active_layer_);
    SendWindowActiveMessage(active_layer_, 1);
  }
}
```

리스트 24.3은 수정한 `ActiveLayer::Activate()`를 보여준다. 수정이라고는 해도 두 줄만 추가했을 뿐이다. `SendWindowActiveMessage()`라는 함수를 사용해 윈도우의 활성화 상태를 해당 윈도우(레이어)가 속한 태스크에 통지한다.

리스트 24.4 지정된 레이어가 속한 태스크에 kWindowActive 메시지를 보낸다(layer.cpp)

```
Error SendWindowActiveMessage(unsigned int layer_id, int activate) {
  auto task_it = layer_task_map->find(layer_id);
  if (task_it == layer_task_map->end()) {
    return MAKE_ERROR(Error::kNoSuchTask);
  }

  Message msg{Message::kWindowActive};
  msg.arg.window_active.activate = activate;
  return task_manager->SendMessage(task_it->second, msg);
}
```

`SendWindowActiveMessage()`의 구현은 리스트 24.4에 나와 있다. 지정된 레이어가 속한 태스크를 찾고, 해당하는 태스크가 있다면 `kWindowActive` 타입의 메시지를 송신한다. 매우 간단한 함수다.

리스트 24.5 kWindowActive 타입의 메시지 파라미터(message.hpp)

```
  struct {
    int activate; // 1: activate, 0: deactivate
  } window_active;
```

`kWindowActive` 타입의 메시지 파라미터를 나타내는 구조체는 리스트 24.5와 같다. `activate`는 윈도우의 활성화 여부를 나타내는 필드다.

지면에서는 소개하지 않지만 main.cpp의 메인 루프에서 커서 점멸용 타이머가 더 이상 불필요하기 때문에 다른 태스크에 보내는 처리를 제거했다.

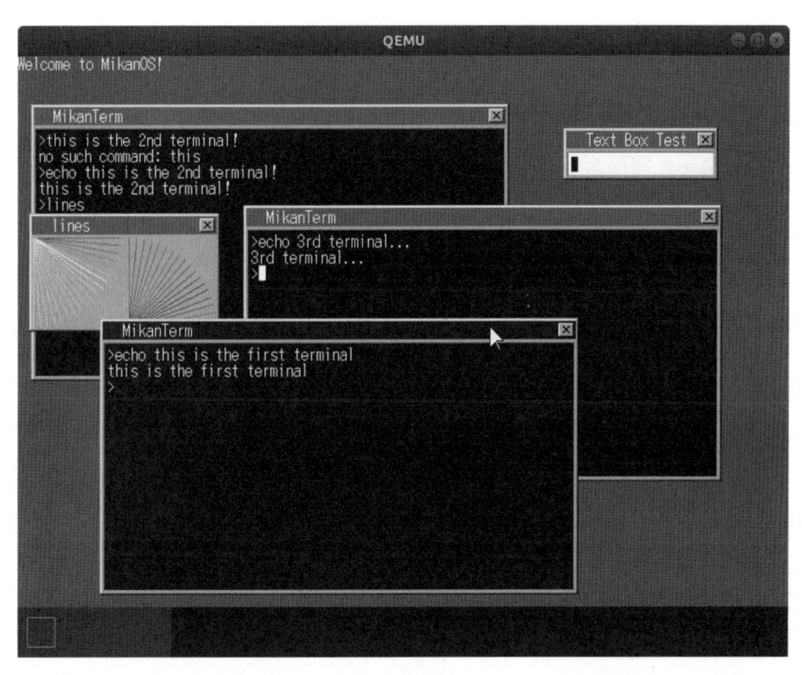

그림 24.2 여러 터미널에서 개별적으로 커서가 점멸하는 모습

그림 24.2는 여러 터미널을 실행한 결과를 보여준다. 다수의 터미널을 시작하면 각각 별도로 커서의 점멸이 시작된다. 태스크 A의 윈도우에 있는 커서와 'this is the first terminal'이라고 쓰인 터미널의 커서를 잘 보면 양쪽은 동기화되지 않는다(태스크 A 쪽은 커서가 표시돼 있지만 터미널 커서는 사라진 상태다). 스크린샷만으로는 알기 어렵지만 윈도우가 비활성화되면 커서의 점멸이 멈추는 것도 확인할 수 있다.

24.3 여러 애플리케이션 동시 실행(osbook_day24c)

F2 키로 여러 터미널을 만들 수 있게 돼 매우 즐겁게 여러 가지를 테스트하다가 그림 24.3 같이 CPU 예외가 발생해 OS 전체가 멈춰버리고 말았다. 예외가 발생했을 때는 이런 상황이었던 같다. 먼저 활성화된 터미널('1st terminal'로 표시한 터미널)에서 lines 애플리케이션을 실행했다. 이 애플리케이션은 윈도우를 닫지 않고 즉시 종료한다. 그 후 두 번째 터미널에서 cube 애플리케이션을 시작한 채로 놔두고 세 번째 터미널에서 rpn 커맨드를 실행했다. 그 직후에 예외가 발생했다.

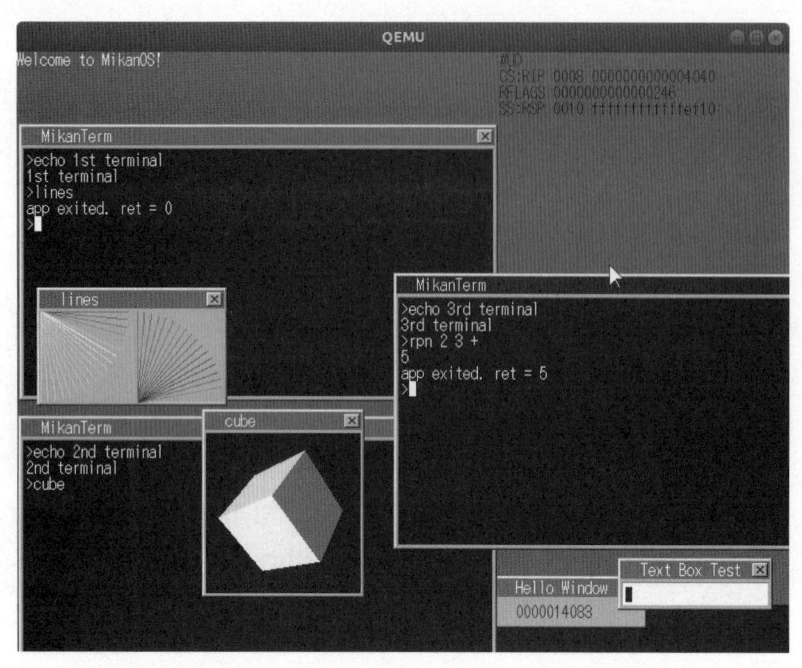

그림 24.3 여러 애플리케이션을 실행했더니 폭주해서 예외가 발생한 모습

여러 애플리케이션을 동시에 동작시키면 예외가 나와버리는 원인은 무엇이라고 생각하는가? 가상 메모리 영역에서 경합이 발생했다는 이유를 상상해볼 수 있다. 각각의 애플리케이션은 0xffff800000000000의 가상 메모리 영역에 자신의 실행 가능 파일을 배치하고, 0xffffffffffffe000에서 4KiB를 스택 영역으로 사용한다. 이러한 영역이 여러 애플리케이션 사이에서 경합하고 있는 것이다.

이 문제는 이미 '19.2 어드레스 변환'에서 논의를 했었다. 거기서는 경합하지 않기 위한 방법으로 링크 어드레스를 다르게 하는 방법, 애플리케이션을 읽어 들일 때 재배치를 하는 방법, 어드레스를 변환하는 방법 세 가지를 소개했다. 링크 어드레스를 다르게 하는 방법에서는 여러 개발자가 애플리케이션을 자유롭게 작성하기 위한 조정이 어려워진다. 만일 애플리케이션 간에 조정이 가능하다고 해도 같은 애플리케이션을 여러 개 실행하기는 여전히 불가능하다. 재배치는 난이도가 높아서 구현이 어렵기 때문에 여기서는 사용하지 않는다.

이 책에서는 계층 페이징 구조를 전환하는 방법을 사용한다. 애플리케이션은 전용 계층 페이징 구조를 갖도록 해서 애플리케이션을 전환할 때 CPU가 참조하는 계층 페이징 구조도 전환한다.[1] 그렇게 하면 같은 가상 어드레스를 다른 물리 어드레스로 매핑하는 것이 가능해진다(그림 24.4).

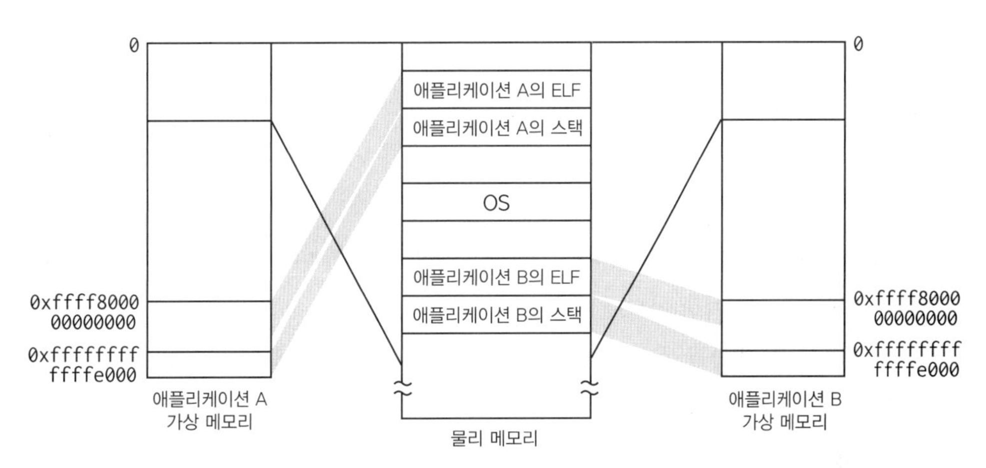

그림 24.4 애플리케이션마다 독자적인 가상 어드레스 공간을 가진 모습

계층 페이징 구조의 최상위 데이터 구조는 PML4이다. CPU의 `CR3` 레지스터에는 PML4가 배치된 물리 어드레스를 유지하고 있으며, CPU는 메모리를 액세스할 때마다 이 PML4를 참조해 가상 어드레스를 물리 어드레스로 전환했었다. 지금 언급하는 이야기를 잊어버린 분은 '19.3 애플리케이션의 로드와 실행'을 다시 읽어보자.

정리하면 애플리케이션마다 PML4를 정점으로 하는 계층 페이징 구조를 갖게 하고, 애플리케이션 전환 시에 `CR3` 레지스터를 고쳐 쓰는 것이 해야 할 일이다. 이 직후 새로운 계층 페이징 구조가 프로그램에 반영된다.

실은 이미 `TaskContext::cr3`에 PML4의 어드레스를 태스크마다(=애플리케이션마다) 갖고 있으며, 태스크를 전환할 때마다 `CR3` 레지스터를 고쳐 쓰는 구조는 구현돼 있다. 따라서 해야 할 작업은 태스크마다 PML4를 생성해 `TaskContext::cr3`에 설정하는 것이다.

리스트 24.6 실행 가능 파일을 로드하기 전에 PML4를 설정한다(terminal.cpp)

```
__asm__("cli");
auto& task = task_manager->CurrentTask();
```

1 이 방법은 애플리케이션 간에 어드레스 공간을 분리할 수 있기 때문에 애플리케이션이 다른 애플리케이션의 데이터를 읽을 수 없게 돼 보안이 향상된다는 장점이 있다. 다른 두 가지 방법에는 없는 장점이다.

```
__asm__("sti");

if (auto pml4 = SetupPML4(task); pml4.error) {
  return pml4.error;
}

if (auto err = LoadELF(elf_header)) {
  return err;
}
```

Terminal::ExecuteFile() 안의 애플리케이션 파일 로드 처리를 갱신했다(리스트 24.6). 애플리케이션 고유의 가상 어드레스에 실행 가능 파일을 로드하는 것이 목표다. 주요한 변경 사항은 LoadELF()를 호출하기 전에 SetupPML4()를 사용해 애플리케이션 고유의 PML4를 구축하도록 한 부분이다.

리스트 24.7 SetupPML4()는 새로운 PML4를 구축하고 활성화시킨다(terminal.cpp)

```
WithError<PageMapEntry*> SetupPML4(Task& current_task) {
  auto pml4 = NewPageMap();
  if (pml4.error) {
    return pml4;
  }

  const auto current_pml4 = reinterpret_cast<PageMapEntry*>(GetCR3());
  memcpy(pml4.value, current_pml4, 256 * sizeof(uint64_t));

  const auto cr3 = reinterpret_cast<uint64_t>(pml4.value);
  SetCR3(cr3);
  current_task.Context().cr3 = cr3;
  return pml4;
}
```

SetupPML4()의 구현을 리스트 24.7에 정리했다. 하는 작업은 크게 세 가지로 PML4로 사용하는 데이터 구조를 생성하고, OS용의 페이지 맵 설정을 복사하며, 구축한 PML4를 CR3와 현재 태스크에 설정한다. 주목했으면 하는 부분은 memcpy() 줄이다. 이 줄은 현재 CR3에 설정된 PML4에서 새롭게 생성한 PML4로 값을 복사하고 있다. 잘 보면 복사하는 요소 수가 256개로 돼 있다. PML4는 64비트의 요소가 512개 나열된 배열이므로 전반부 부분만 복사하고 있는 것이다.

PML4의 전반부만을 복사하는 이유는 OS용의 메모리 매핑만 복사하고 싶었기 때문이다. PML4의 전반부는 가상 어드레스의 전반부에, PML4의 후반부는 가상 어드레스의 후반부에 대응한다. 따라서 PML4의 전반부에는 OS용 설정이, 후반부에는 애플리케이션용 설정이 있다. OS용 메모리 매핑은 모든 애플리케이션에서 공통이므로 이런 식으로 전반부를 그대로 복사하면 된다.

전반부만 OS용 매핑이 설정된 PML4를 CR3 및 현재 태스크에 설정해 SetupPML4()의 처리를 완료한다. CR3를 변경한 직후부터 CPU는 새로운 PML4를 사용하기 시작한다. 이 처리 덕분에 특별한 변경 없이 새로운 PML4를 사용해 실행 가능 파일을 로드하는 처리가 실시된다.

구축한 PML4를 CR3에 설정하는 것뿐만 아니라 current_task.Context().cr3 = cr3; 같이 현재 태스크의 콘텍스트 구조체에도 설정하고 있다. 이렇게 하는 이유는 태스크 전환이 발생했을 때를 위해서다. 태스크 전환은 언제 일어날지 알 수 없다. 태스크 전환이 발생이 발생해 다시 이 태스크로 돌아온다면 제대로 태스크용 PML4가 CR3에 설정돼야 한다.

리스트 24.8 애플리케이션 종료 후에 PML4도 제거한다(terminal.cpp)

```
  const auto addr_first = GetFirstLoadAddress(elf_header);
  if (auto err = CleanPageMaps(LinearAddress4Level{addr_first})) {
    return err;
  }
  return FreePML4(task);
}
```

다음은 애플리케이션을 종료했을 때의 정리다. 리스트 24.8 같이 애플리케이션이 종료하면 CleanPageMaps()로 PML4보다 하위 계층의 페이징 구조를 제거한다. 이 부분은 지금까지 해왔던 것과 같다. 이번에 변경된 사항은 그 다음에 있는 FreePML4()를 호출하도록 한 부분이다. 지금까지는 PML4는 원래 OS용으로 작성한 것을 돌려쓰고 있었기 때문에 제거해서는 안 됐지만, 지금은 애플리케이션용으로 생성한 PML4를 사용하기 때문에 제거할 필요가 있다.

리스트 24.9 FreePML4()는 애플리케이션용 PML4를 등록해제하고 제거한다(terminal.cpp)

```
Error FreePML4(Task& current_task) {
  const auto cr3 = current_task.Context().cr3;
  current_task.Context().cr3 = 0;
  ResetCR3();

  const FrameID frame{cr3 / kBytesPerFrame};
  return memory_manager->Free(frame, 1);
}
```

FreePML4()의 구현을 리스트 24.9에서 보여준다. 이 함수는 우선 태스크 구조체에서 PML4의 등록을 해제하고 CR3를 리셋해 OS용의 PML4를 가리키도록 한다(ResetCR3()의 구현은 다음에 소개한다). 이러한 처리를 수행하면 이 태스크용 PML4를 CPU에서 참조하지 않게 된다.

태스크 구조체에서 등록을 해제하는 처리와 CR3의 리셋 순서는 중요하다. 만약 반대로 한다면 어떻게 될지를 생각해 보겠다. 가령 CR3를 리셋한 직후에 태스크 스위치가 발생한 다음 다시 이 태스크로 처리가 돌아온 경우를 상상해 보자. 태스크 스위치에 의해 이 태스크로 돌아오려고 할 때 이 태스크 구조체에는 아직 유효한 PML4가 설정돼 있다. 따라서 그 PML4가 다시 CR3에 설정되고 만다. 순서를 주의하지 않으면 CR3를 리셋하는 효과는 없는 것과 마찬가지다.

리스트 24.10 ResetCR3()는 CR3 레지스터에 OS용 PML4를 설정한다(paging.cpp)

```
void ResetCR3() {
  SetCR3(reinterpret_cast<uint64_t>(&pml4_table[0]));
}
```

ResetCR3()의 구현은 리스트 24.10 같이 매우 간단하다. CR3에 OS용 PML4를 설정할 뿐이다. pml4_table은 kernel/paging.cpp에서 정의한 정적 변수로 OS 기동 시 CR3에 설정되는 값이다.

여기까지 수정했는데 정작 핵심에 해당하는 실행 가능 파일의 읽기 처리를 담당하는 LoadELF()는 변경하지 않았는데 괜찮을까? 결론은 괜찮다. 왜냐하면 LoadELF()를 실행하기 전에 CR3를 갱신하고, 새롭게 작성한 PML4를 가리키도록 했기 때문이다. LoadELF()

는 그 시점의 CR3에 설정된 계층 페이징 구조에 새로운 엔트리를 추가한다. 그러므로 자동적으로 새롭게 작성한 PML4(와 그 PML4가 가리키는 하위 페이징 구조)에 설정을 기록하는 것이다. SetupPML4()와 LoadELF()를 호출하는 순서를 반대로 하면 제대로 동작하지 않는다.

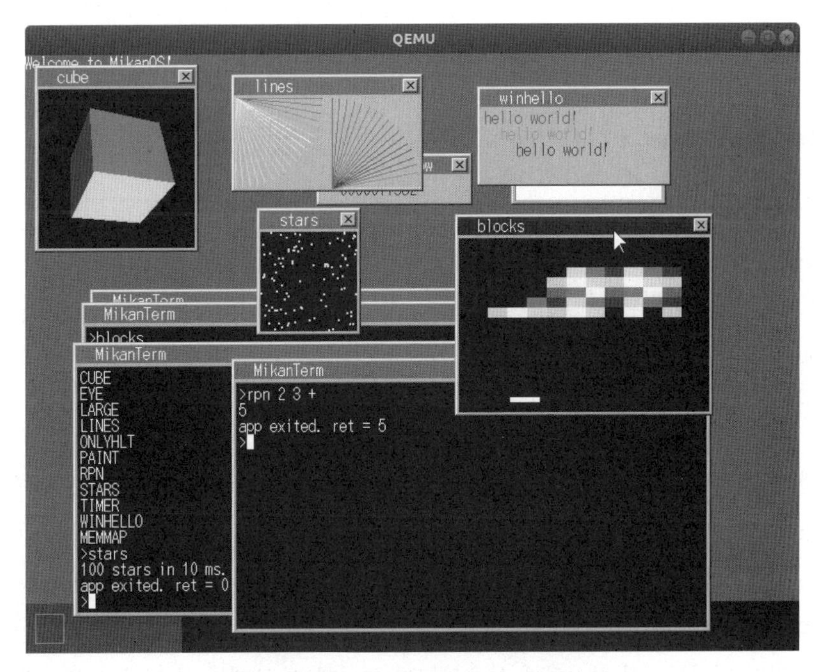

그림 24.5 여러 애플리케이션을 동시에 실행한 모습

수정은 끝났다. 여러 애플리케이션이 동시에 구동할 수 있게 됐다. 실행해 보니 그림 24.5 같이 됐다. 여러 애플리케이션이 동시에 동작하고 있다니 대단하지 않은가? 드디어 멀티태스킹 OS라고 부를 수 있게 된 것이 아닐까 싶다.

24.4 윈도우의 겹침 버그 수정(osbook_day24d)

여러 터미널이나 애플리케이션을 구동할 수 있게 됐으나 새로운 윈도우를 열면 활성화된 상태로 겹침순서에서 최상위가 아니고 다른 윈도우 아래로 숨어버린다. 이 동작 그대로는 수많은 애플리케이션을 구동하는 상황에서는 조금 귀찮은 면이 있고, 새롭게 연 윈도우가 제일 상위에 배치되는 것이 자연스럽다고 생각하기 때문에 여기서 수정하도록 한다.

먼저 어디에 버그가 있는지를 조사해 보겠다. ActiveLayer::Activate()에 조사용 코드를 넣고 이 메소드가 호출될 때마다 LayerManager::layer_stack_의 변화를 관찰해 본다. 이 멤버 변수는 LayerManager에서 private로 선언돼 있기 때문에 그대로는 클래스 외부에서 관찰할 수 없다. 그래서 다음과 같이 ActiveLayer 클래스를 friend로 선언하고, ActiveLayer 클래스에서 LayerManager의 private 메소드를 볼 수 있게 했다.

```
class LayerManager {
  ......
 private:
  ......
  std::vector<Layer*> layer_stack_{};
  unsigned int latest_id_{0};

  friend class ActiveLayer;
};
```

추가한 부분은 friend class 줄이다. friend 선언이란 friend 키워드를 사용해 함수나 클래스를 지정하는 것이다. 클래스의 private 멤버는 그 클래스의 외부에서는 일반적으로 볼 수 없지만, friend 선언된 함수나 클래스(여기서는 ActiveLayer 클래스)에서는 볼 수가 있다. friend 선언은 클래스의 캡슐화 기능을 해치지 않기 위해 남용해서는 안 되지만 일시적인 디버깅에서 편리하게 사용하고자 한다면 큰 문제는 안 된다고 생각한다.

리스트 24.11 신규로 작성한 레이어는 맨 뒤에 표시한 뒤 맨 앞으로 이동한다(layer.cpp)

```
    manager_.UpDown(active_layer_, 0);
    manager_.UpDown(active_layer_, manager_.GetHeight(mouse_layer_) - 1);
```

stack_layer_ 변수의 관찰 결과 신규로 작성한 레이어를 ActiveLayer::Activate() 메소드에 의해 맨 앞으로 갖고 오는 처리에 문제가 있음을 알 수 있었다. 신규로 작성한 레이어는 초기 상태가 비표시(높이 -1)이다. 비표시 상태에서 단번에 맨 앞으로 가져올 때 표시 중인 레이어의 수가 하나 증가하기 때문에 높이 계산이 이상해지는 것 같다. 리스트 24.11 같이 일단 바닥(높이 0)에 배치시키고, 다시 맨 앞으로 가져오도록 수정했다.

리스트 24.12 마우스 레이어를 만들고 나서 터미널을 만든다(main.cpp)

```
usb::xhci::Initialize();
InitializeKeyboard();
InitializeMouse();

task_manager->NewTask()
  .InitContext(TaskTerminal, 0)
  .Wakeup()
```

디버깅을 하다가 신경 쓰이는 부분을 찾았기에 고쳤다. 리스트 24.12에서 보는 바와 같이 터미널 태스크의 생성 처리를 `InitializeMouse()`의 다음으로 이동시켰다. 터미널 태스크의 시작 부분에서 실행하는 `ActiveLayer::Activate()`는 그전에 `ActiveLayer::SetMouseLayer()`로 마우스 레이어가 설정돼 있는 것을 전제로 하고 있다. 마우스 레이어 설정은 `InitializeMouse()` 안에서 수행하므로 터미널 태스크의 기동보다 전에 호출해 둘 필요가 있다. 보통은 운 좋게 문제가 없지만 타이밍에 따라서는 오류가 되는 잠재적인 버그다.

지금까지 수정한 부분을 빌드하고 실행해 봤다. 여러 애플리케이션을 실행시켜보거나, F2 키로 터미널 수를 늘렸을 때의 윈도우 겹침 버그가 제대로 수정된 것 같다. 스크린샷은 게재하지 않지만 신경이 쓰인다면 직접 동작시켜 확인해 보자.

24.5 터미널 없이 애플리케이션 실행(osbook_day24e)

애플리케이션을 동시에 실행할 수 있게 돼 신이 나서 수많은 애플리케이션을 실행해서 놀다 보면 뭔가 신경 쓰이는 부분이 있다. 터미널 화면이 쓸데없이 많이 나와서 방해가 되는 것 같다. 게다가 대부분의 터미널은 단지 애플리케이션을 실행시키기만 하고 해당 애플리케이션의 종료를 기다리기만 하는 역할밖에 없다. 매우 쓸모 없다는 느낌이 든다.

그래서 이 절에서는 터미널을 열지 않고 애플리케이션을 실행할 수 있는 구조를 만들려고 한다. 이를 위해서 애플리케이션을 어떻게 해서 실행시켰는지를 간단하게 복습하겠다.

1. 사용자가 터미널로 애플리케이션 이름을 입력한다.
2. 터미널은 입력된 애플리케이션이 내장된 커맨드명과 일치하는지를 조사하고, 일치하면 ExecuteFile() 메소드를 호출한다.
3. ExecuteFile()이 애플리케이션에 대응하는 실행 가능 파일을 메모리에 읽어 들이고, 엔트리 포인트를 호출한다.

이 단계처럼 애플리케이션의 실행 처리 대부분은 터미널이 담당한다. 터미널을 열지 않고 애플리케이션을 실행할 수 있는 방법을 생각해 보면 터미널을 사용하지 않는 것이 아닌 터미널을 뒤에서 동작시키기는 하지만 화면에는 표시하지 않게 처리하는 것이 편할 거라는 생각이 든다. 그런 방침에 따라 구현해 보겠다.

리스트 24.13 noterm 내장 커맨드를 증설

```
  } else if (strcmp(command, "noterm") == 0) {
    task_manager->NewTask()
      .InitContext(TaskTerminal, reinterpret_cast<int64_t>(first_arg))
      .Wakeup();
  } else if (command[0] != 0) {
```

터미널 내장 커맨드로 noterm를 추가했다(리스트 24.13). 이 커맨드는 noterm 〈커맨드라인〉과 같이 사용한다. 지정한 커맨드라인을 화면을 표시하지 않는 모드로 구동한 터미널상에서 실행한다. F2 키를 눌렀을 때와 거의 동일하게 터미널 태스크를 구동하지만, 한 가지 다른 점은 TaskTerminal()의 파라미터 data에 커맨드라인 문자열 포인터 first_arg를 전달하는 부분이다. 시작 직후에 표시되는 터미널이나 F2 키를 눌렀을 때 실행하는 터미널에서는 두 번째 파라미터 data에 0을 지정하고 있다.

리스트 24.14 커맨드라인이 전달되면 화면을 열지 않고 실행한다(terminal.cpp)

```
void TaskTerminal(uint64_t task_id, int64_t data) {
  const char* command_line = reinterpret_cast<char*>(data);
  const bool show_window = command_line == nullptr;

  __asm__("cli");
  Task& task = task_manager->CurrentTask();
  Terminal* terminal = new Terminal{task_id, show_window};
  if (show_window) {
```

```
    layer_manager->Move(terminal->LayerID(), {100, 200});
    layer_task_map->insert(std::make_pair(terminal->LayerID(), task_id));
    active_layer->Activate(terminal->LayerID());
  }
  (*terminals)[task_id] = terminal;
  __asm__("sti");

  if (command_line) {
    for (int i = 0; command_line[i] != '\0'; ++i) {
      terminal->InputKey(0, 0, command_line[i]);
    }
    terminal->InputKey(0, 0, '\n');
  }
```

그렇게 해서 전달한 커맨드라인 파라미터를 받는 측은 리스트 24.14와 같다. 파라미터 data는 0이거나 또는 커맨드라인 문자열을 가리키는 포인터를 정수로 변환한 값으로 돼 있다. 포인터 타입으로 다시 변환해 변수 command_line에 저장해 둔다.

그 다음 줄은 터미널 화면을 표시할지 말지를 나타내는 변수 show_window를 설정하고 있다. 커맨드라인 문자열이 지정되지 않았을 때 즉 command_line이 널 포인터일 때는 화면을 표시하므로 show_window를 참으로 설정한다. 이 변수가 거짓, 즉 화면을 표시하지 않는 모드일 때는 레이어 관련 조작을 하지 않도록 layer_manager->Move() 등의 처리를 if 문으로 감쌌다.

이 프로그램의 가장 큰 특징은 뒷부분에 있는 for 문이다. 이 for 문은 command_line으로 지정된 커맨드라인 문자열을 터미널로 입력하는 역할을 한다. 사람이 키를 눌러서 문자열을 입력하는 것이 아닌 command_line 문자열을 자동으로 입력해 주는 역할을 하는 것이다. 키를 눌렀을 때 사용하는 메소드 terminal->InputKey()를 사용하면 마치 키 입력이 있었던 것처럼 터미널로 입력할 수 있다.

리스트 24.15 화면 렌더링에 관련된 처리를 if 문으로 감쌌다(terminal.cpp)

```
    switch (msg->type) {
    case Message::kTimerTimeout:
      add_blink_timer(msg->arg.timer.timeout);
      if (show_window && window_isactive) {
        const auto area = terminal->BlinkCursor();
        Message msg = MakeLayerMessage(
```

```
          task_id, terminal->LayerID(), LayerOperation::DrawArea, area);
      __asm__("cli");
      task_manager->SendMessage(1, msg);
      __asm__("sti");
    }
    break;
  case Message::kKeyPush:
    if (msg->arg.keyboard.press) {
      const auto area = terminal->InputKey(msg->arg.keyboard.modifier,
                                           msg->arg.keyboard.keycode,
                                           msg->arg.keyboard.ascii);
      if (show_window) {
        Message msg = MakeLayerMessage(
            task_id, terminal->LayerID(), LayerOperation::DrawArea, area);
        __asm__("cli");
        task_manager->SendMessage(1, msg);
        __asm__("sti");
      }
    }
    break;
  case Message::kWindowActive:
    window_isactive = msg->arg.window_active.activate;
    break;
  default:
    break;
  }
```

TaskTerminal() 후반부는 리스트 24.15와 같이 수정했다. 크게는 변한 부분은 없다. show_window가 참일 때만 화면 렌더링에 관련한 처리를 하도록 바꿨을 뿐이다. kKey Push를 받을 때의 처리에서 terminal->InputKey()의 호출도 포함한 전체를 if (show_window)로 감싸면 좋다고 생각할지 모르겠지만 현 시점에서는 그대로 둔다. 전체를 감싸지 않은 이유는 확장성을 높이고 싶었기 때문이다. terminal->InputKey()의 호출을 남겨두면 터미널에 키 입력 메시지를 보내 터미널을 외부 프로그램 조작용으로 사용할 수 있다.

리스트 24.16 Terminal 클래스의 생성자에 화면표시의 유무를 지정(terminal.cpp)

```
Terminal::Terminal(uint64_t task_id, bool show_window)
    : task_id_{task_id}, show_window_{show_window} {
  if (show_window) {
```

```
    window_ = std::make_shared<ToplevelWindow>(
        kColumns * 8 + 8 + ToplevelWindow::kMarginX,
        kRows * 16 + 8 + ToplevelWindow::kMarginY,
        screen_config.pixel_format,
        "MikanTerm");
    DrawTerminal(*window_->InnerWriter(), {0, 0}, window_->InnerSize());

    layer_id_ = layer_manager->NewLayer()
      .SetWindow(window_)
      .SetDraggable(true)
      .ID();

    Print(">");
  }
  cmd_history_.resize(8);
}
```

좀 전의 프로그램에서 소개하지 않았지만, Terminal 클래스의 생성자에 파라미터를 추가했다(리스트 24.16). 화면표시의 유무를 나타내는 파라미터 show_window다. 이 파라미터가 참인 경우에만 윈도우 생성과 레이어 추가를 수행한다. show_window의 값은 생성자 외에 다른 메소드에서도 사용한다. 멤버 변수 show_window_를 새롭게 만들어 이 변수에 복사해 둔다.

리스트 24.17 show_window_가 참일 때만 커서를 그린다(terminal.cpp)

```
void Terminal::DrawCursor(bool visible) {
  if (show_window_) {
    const auto color = visible ? ToColor(0xffffff) : ToColor(0);
    FillRectangle(*window_->Writer(), CalcCursorPos(), {7, 15}, color);
  }
}
```

show_window_는 예를 들어 리스트 24.17처럼 사용한다. show_window_가 참일 때만 커서를 렌더링한다. show_window_가 거짓일 때는 윈도우가 없는 즉 window_가 널 포인터가 되므로 만약 FillRectangle(*window_->Writer(), ……를 실행해 버리면 버그가 발생한다. 그러므로 show_window_ 값으로 조건 분기가 필요한 것이다.

리스트 24.18 show_window_가 참인 경우에만 렌더링한다(terminal.cpp)

```
  } else if (ascii != 0) {
    if (cursor_.x < kColumns - 1 && linebuf_index_ < kLineMax - 1) {
      linebuf_[linebuf_index_] = ascii;
      ++linebuf_index_;
      if (show_window_) {
        WriteAscii(*window_->Writer(), CalcCursorPos(), ascii, {255, 255, 255});
      }
      ++cursor_.x;
    }
  } else if (keycode == 0x51) { // down arrow
```

이 외에도 몇 가지 화면 렌더링을 수행하는 위치가 존재한다. 모든 부분을 보여주기에는 너무 길어지기 때문에 한 가지만을 예로 살펴보겠다. 리스트 24.18을 보자. window_를 사용하는 줄을 if 문으로 감싸고 있다. 이처럼 window_를 사용하는 줄을 모두 if 문으로 감싼다. 화면 렌더링에 관련되지 않은 부분까지 if 문으로 감싸버리면 필요한 처리를 실행할 수 없게 될 가능성이 있으므로 주의하도록 한다.

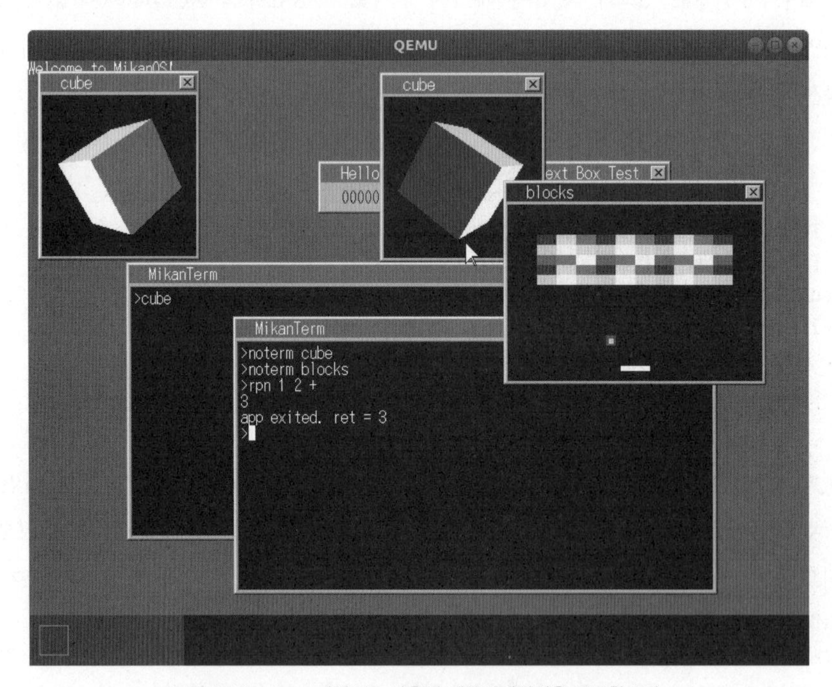

그림 24.6 noterm 커맨드를 사용해 애플리케이션을 구동한 모습

작성한 noterm 커맨드를 실행한 모습을 그림 24.6에서 볼 수 있다. 최초의 터미널에서는 noterm을 사용하지 않고 cube를 구동해봤다. 이때의 동작은 예상했던 대로 원래와 다르지 않은 것으로 보인다. 다음으로 F2로 새로운 태스크를 실행하고 noterm cube를 실행했다. 그렇게 하니 cube 애플리케이션이 기동하면서 터미널에는 다음 프롬프트(>)가 나타난다. 터미널을 여러 개 열지 않고도 다수의 애플리케이션을 실행시킬 수 있다. 대성공이다!

24.6 OS를 멈추게 하는 애플리케이션(osbook_day24f)

24장에서 여러 터미널을 열 수 있게 돼 쾌적하게 다수의 애플리케이션을 동작시킬 수 있게 됐다. 기능으로써는 더할 나위가 없지만 그래도 전부터 신경 쓰인 중대한 문제가 한 가지 남아 있다. 그건 애플리케이션이 OS 전체를 프리즈시키는 문제다.

지금의 MikanOS에서는 애플리케이션이 CPU 예외를 발생시키는 경우 그 예외가 일부러 그런 것이 아니다 하더라도 예외 핸들러가 호출돼 OS 전체가 프리즈돼 버린다. CPU 예외는 예를 들어 잘못된 메모리 어드레스를 읽고 쓰든지(널 포인터 액세스 등이 대표적), hlt 명령을 억지로 실행 시킨다든지 등등의 원인으로 발생한다. 그런 버그를 전부 없애기는 어려울 뿐만 아니라 나쁜 의도를 가진 사람이 일부러 그런 애플리케이션을 제작하는 것도 생각할 수 있다. 어찌됐든 문제가 있는 애플리케이션에 의해 OS 전체가 프리즈될 수 있다는 점은 그렇게 유쾌하지 않다.

24장의 나머지 부분에서는 애플리케이션이 발생시킨 예외에 의해 OS 전체가 프리즈되지 않는 구조를 만들려고 생각한다. 그전에 지금 단계에서 애플리케이션이 OS를 프리즈시킬 수 있다는 것을 증명하기 위해 일부러 예외를 일으키는 애플리케이션을 작성해봤다.

리스트 24.19 fault 커맨드의 구현(fault/fault.cpp)

```
#include <cstdio>
#include <cstdlib>
#include <cstring>
#include "../syscall.h"
```

```
extern "C" void main(int argc, char** argv) {
  const char* cmd = "hlt";
  if (argc >= 2) {
    cmd = argv[1];
  }

  if (strcmp(cmd, "hlt") == 0) {
    __asm__("hlt");
  } else if (strcmp(cmd, "wr_kernel") == 0) {
    int* p = reinterpret_cast<int*>(0x100);
    *p = 42;
  } else if (strcmp(cmd, "wr_app") == 0) {
    int* p = reinterpret_cast<int*>(0xffff8000ffff0000);
    *p = 123;
  } else if (strcmp(cmd, "zero") == 0) {
    volatile int z = 0;
    printf("100/%d = %d\n", z, 100/z);
  }

  exit(0);
}
```

리스트 24.19에 일부러 예외를 일으키는 fault 커맨드의 구현을 정리했다. 커맨드라인의 파라미터로 몇 가지 유형의 예외를 선택할 수 있도록 구현했다. hlt는 이름 그대로 hlt 명령을 실행하게 한다. hlt는 특권명령이라서 애플리케이션에서는 실행할 수 없으므로 일반보호 예외가 발생할 것이다. wr_kernel은 OS용 메모리 영역(가상 어드레스 공간의 전반부에 OS용 영역이 존재했다)에 쓰기를 하려고 시도한다. wr_app은 애플리케이션용 어드레스 공간은 맞지만 페이지 엔트리가 존재하지 않는 영역으로 쓰기를 시도한다. 모두 페이지 폴트가 발생할 것이다. zero는 0으로 나누기 예외를 발생시킨다.

fault 커맨드를 사용해 0으로 나누기 예외를 발생시켜보니 그림 24.7과 같이 됐다. 0으로 나누기 예외는 정수의 나눗셈을 실행하기 위해 div와 idiv 명령의 분모에 0을 지정했을 때 발생한다. 이렇게 간단하게 발생시킬 수 있는 버그에 의해 OS가 프리즈돼 버린다면 안 되겠다.

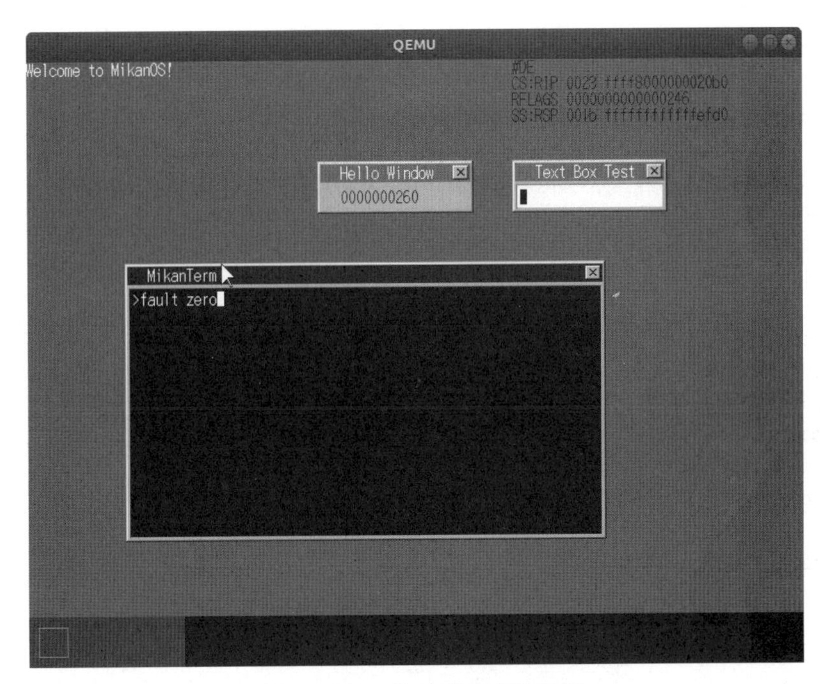

그림 24.7 0으로 나누기 예외를 발생시켰다.

24.7 OS를 지키자(2)(osbook_day24g)

이 절에서는 애플리케이션이 CPU 예외를 발생시켰을 때 OS 전체를 프리즈시키지 않고 애플리케이션을 단순히 종료시키는 기능을 추가했다. 구체적인 구조는 이런 느낌일 거라 생각된다. 우선 CPU 예외로 호출되는 인터럽트 핸들러에서 예외의 원인이 애플리케이션에 있었음을 감지한다. 애플리케이션이 원인이라는 것을 알았다면 애플리케이션을 강제 종료시키고 OS 본체로 처리를 돌린다.

예외의 원인이 애플리케이션 때문인지 또는 OS 본체 때문인지는 인터럽트 발생 시의 `CS` 레지스터 값으로 판단할 수 있을 것이다. CS의 하위 3비트는 CPL 필드다. 이 필드는 CPU의 동작 권한 레벨을 나타내며 OS 본체가 실행 중이라면 0, 애플리케이션이 실행 중이라면 3이 된다. 즉 CPL=3이라면 애플리케이션을 종료시키면 되겠다.

다음으로 애플리케이션의 강제 종료 방법을 생각해 보겠다. 강제 종료는 애플리케이션 종료 시스템 콜이 참고가 될 것이다. 특히 `syscall::Exit()`가 종료한 다음의 `Syscall`

Entry.exit 처리는 예외발생 시의 애플리케이션 강제 종료에도 응용할 수 있다.

리스트 24.20 ExitApp()은 애플리케이션을 강제 종료한다(asmfunc.asm)

```
global ExitApp ; void ExitApp(uint64_t rsp, int32_t ret_val);
ExitApp:
    mov rsp, rdi
    mov eax, esi

    pop r15
    pop r14
    pop r13
    pop r12
    pop rbp
    pop rbx

    ret ; CallApp의 다음 줄로 돌아간다.
```

SyscallEntry.exit의 처리를 대부분 복사해 작성한 ExitApp()의 구현이 리스트 24.20에 나와 있다. 이 함수는 첫 번째 파라미터로 OS용 스택 포인터를, 두 번째 파라미터로 CallApp()의 다음 주소가 되는 값을 받는다. 처리의 자세한 설명은 '21.5 종료 시스템 콜'에 있다. 코멘트에 있듯이 마지막 ret이 실행되면 Terminal::ExecuteFile()의 CallApp() 다음 줄로 돌아간다.

리스트 24.21 KillApp()은 현재 실행 중인 애플리케이션을 강제 종료한다(interrupt.cpp)

```
void KillApp(InterruptFrame* frame) {
  const auto cpl = frame->cs & 0x3;
  if (cpl != 3) {
    return;
  }

  auto& task = task_manager->CurrentTask();
  __asm__("sti");
  ExitApp(task.OSStackPointer(), 128 + SIGSEGV);
}

#define FaultHandlerWithError(fault_name) \
  __attribute__((interrupt)) \
  void IntHandler ## fault_name (InterruptFrame* frame, uint64_t error_code) { \
```

```
    KillApp(frame); \
    PrintFrame(frame, "#" #fault_name); \
    WriteString(*screen_writer, {500, 16*4}, "ERR", {0, 0, 0}); \
    PrintHex(error_code, 16, {500 + 8*4, 16*4}); \
    while (true) __asm__("hlt"); \
  }

#define FaultHandlerNoError(fault_name) \
  __attribute__((interrupt)) \
  void IntHandler ## fault_name (InterruptFrame* frame) { \
    KillApp(frame); \
    PrintFrame(frame, "#" #fault_name); \
    while (true) __asm__("hlt"); \
  }
```

리스트 24.21은 ExitApp()을 사용해 애플리케이션을 강제 종료시키는 KillApp()과 이 KillApp()을 호출하는 예외 핸들러의 구현을 보여준다. 이번에 추가한 KillApp()은 스택 프레임에 기록된 CS 값, 즉 예외의 원인이 된 프로그램을 실행했을 때의 CS 값을 본 다음 그 예외가 애플리케이션에서 기인했는지를 조사한다. CPL=3 이외의 값은 애플리케이션에서 기인한 예외가 아니기 때문에 프로그램의 강제 종료는 수행하지 않는다. CPL=3이라면 ExitApp()을 사용해 애플리케이션을 강제 종료시킨다.

ExitApp()을 호출하기 전에 sti 명령을 실행하고 있다. 이유는 애플리케이션을 강제 종료하는 경우에는 명시적으로 IF=1로 설정할 필요가 있기 때문이다. 보통은 인터럽트나 예외에 의해 호출되는 인터럽트 핸들러에서 원래 프로그램으로 돌아갈 때 iret 명령을 사용한다.[2] iret 명령은 스택에 저장된 RFLAGS 값을 레지스터에 다시 써서 IF=1로 만든다.[3] 하지만 애플리케이션을 강제 종료하는 경우에는 ExitApp()을 호출하고 난 후 인터럽트 핸들러로 돌아올 수 없다. 그 때문에 iret가 실행되지 않아서 IF 값이 원래대로 돌아오지 않는 것이다. 그 때문에 sti 명령을 사용해 명시적으로 IF=1로 변경해서 다음의 인터럽트나 예외를 받을 수 있는 상태가 되도록 해 둔다.

2 그런 명령은 작성한 기억이 없다고 생각할 것이다. 틀린 말은 아니지만 __attribute__((interrupt))를 붙인 함수에서는 컴파일러가 자동적으로 iret 명령을 사용하도록 해주기 때문에 자신이 작성하지 않아도 되는 것이다.

3 물론 스택에 저장돼 있는 RFLAGS의 IF 비트 값이 0이었다면 iret 명령이 RFLAGS를 복원한다 한들 IF=1이 되지는 않는다.

애플리케이션을 실행한 후 예외가 발생해 강제 종료할 때까지의 흐름을 간단히 정리해 보겠다.

1. CallApp()으로 애플리케이션을 시작한다. 이때 RSP에 애플리케이션용 스택이 설정되며, CS는 애플리케이션용(CPL=3)이 된다.
2. 애플리케이션이 예외를 일으킨다.
3. CPU는 IDT를 보고 적절한 인터럽트 핸들러를 호출한다. CPU는 CS에 OS용 값(kKernelCS)을, IF 비트에는 0을 설정한다.
4. 인터럽트 핸들러는 KillApp()을 호출한다. 스택 프레임에 저장돼 있던 CS의 CPL 필드는 3이므로 애플리케이션 실행 중에 예외가 발생한 것으로 판단한다.
5. sti에 의해 IF=1이 돼 다음의 인터럽트를 허용 가능하게 만든다.
6. KillApp()은 ExitApp()을 호출한다. ExitApp()은 RSP 및 각 레지스터를 OS용으로 복원한 다음, CallApp()의 다음 줄로 점프한다.

리스트 24.22 플랫 바이너리형식의 애플리케이션을 실행시키지 않는다(terminal.cpp)

```
auto elf_header = reinterpret_cast<Elf64_Ehdr*>(&file_buf[0]);
if (memcmp(elf_header->e_ident, "\x7f" "ELF", 4) != 0) {
  return MAKE_ERROR(Error::kInvalidFile);
}
```

이제 이걸로 필요한 수정은 끝났지만 마지막으로 플랫 바이너리 형식의 애플리케이션 실행기능을 제거하도록 하겠다. ELF 형식에 대응하기 전에 플랫 바이너리 형식의 애플리케이션에 대응했던 것을 기억하는가? 플랫 바이너리 형식의 애플리케이션은 CPL=0, 즉 OS 모드인 채로 실행하도록 작성됐기 때문에 이번에 추가한 보호기능이 작동하지 않는다. 또한 플랫 바이너리 형식에 대응할 필요도 없어졌다고 생각되므로 과감히 기능을 제거하도록 하자. 리스트 24.22 같이 ELF 형식 이외의 파일을 실행하려고 하면 에러가 되도록 처리했다.

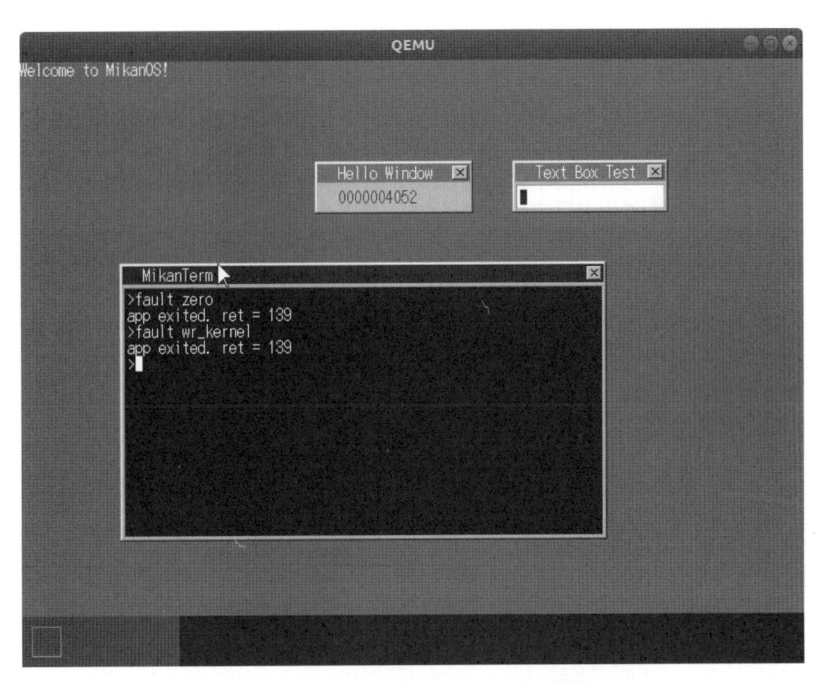

그림 24.8 예외에 의해 애플리케이션이 강제 종료되는 모습

그림 24.8은 이전 절과 동일하게 `fault` 커맨드를 실행한 모습을 보여준다. 같은 커맨드를 실행했지만 이번 수정에 의해 OS가 프리즈되는 일 없이 애플리케이션이 강제 종료되는 것을 알 수 있다. 애플리케이션의 종료 코드는 139로 돼 있다. 이 값은 `ExitApp()`의 파라미터로 `128 + SIGSEGV`를 설정했기 때문이다. 지금 시점에서는 어떤 예외로 종료한다 하더라도 같은 에러 코드를 출력한다.

25장

애플리케이션에서 파일 읽기

애플리케이션의 동시 실행도 쾌적하게 할 수 있게 돼 매우 OS답게 됐다. 외형만 본다면 훌륭한 OS라고 느껴질 수준이 아닐까? 하지만 기능면에서 본다면 애플리케이션에서 가능한 작업이 아직 많지 않아서 미숙하다. 일반적인 OS라면 애플리케이션이 메모리를 확보하거나 파일을 읽고 쓰는 기능이 가장 기본적인 기능으로 탑재돼 있다. 25장에서는 MikanOS에 애플리케이션이 파일을 읽고 쓰는 기능을 사용할 수 있도록 추가한다. 파일 쓰기는 26장에서 다룬다.

25.1 디렉터리 대응(osbook_day25a)

파일 읽기를 테스트하기 위해 새로운 애플리케이션을 만들자고 생각했을 때 문득 깨달은 것이 있다. 애플리케이션 수가 너무 증가해서 ls 커맨드로는 전체를 표시할 수 없게 된 것이다. 이건 조금 곤란하다. 이 이상으로 애플리케이션이 증가한다면 어떤 파일이 있는지를 떠올리기 위해 ls를 실행한다 해도 일부만 알 수 있기 때문이다. 이 문제를 해결하기 위해 이 절에서는 디렉터리에 대응해 보고자 한다.

디렉터리directory란 다수의 파일을 보관해 둔 장소다. OS에 따라서는 '폴더'라고 부르는 경우도 있다. 디렉터리 안에 디렉터리 넣기가 가능한 경우가 많으며 FAT 파일 시스템도 예외는 아니다. 디렉터리 안에 디렉터리를 넣을 수 있다는 사실은 디렉터리를 계층 구조 형태로 만들 수 있다는 것을 의미한다. 이 계층구조를 디렉터리 트리라고 부르기도 한다.

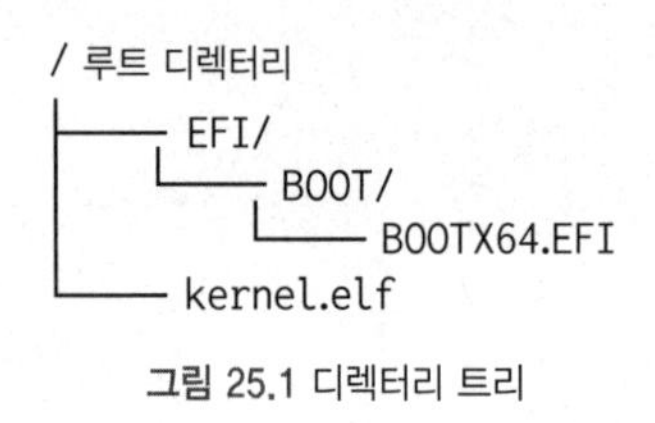

그림 25.1 디렉터리 트리

OS 부팅용 USB 메모리를 예로 들면 디렉터리 트리는 그림 25.1 같이 된다. 그림 안에 루트 디렉터리라는 것이 있다. 이건 디렉터리 트리의 가장 상위에 위치하는 디렉터리다. 루트 디렉터리만은 다른 디렉터리에 저장되지 않으며 단독으로 존재한다. 그 밖의 디렉터리는 모두 하나의 디렉터리에 저장된다.

디렉터리 트리에서 특정 디렉터리나 파일을 지정하는 편리한 방법으로 **패스**path가 있다. 예를 들어 부트로더의 파일 BOOTX64.EFI를 지정하는 패스는 /EFI/BOOT/BOOTX64.EFI가 된다. 패스는 일반적으로 '길'이라는 의미로, 파일 시스템 분야에서의 패스는 어떤 디렉터리로부터 어떤 디렉터리나 파일까지의 길을 의미한다. 패스는 디렉터리명을 /로 구별해서 나열한다. 구분자는 OS에 따라 다르지만 리눅스에서는 /를 사용하므로 MikanOS도 리눅스 구분자를 따른다.

선두를 /로 작성한 경로를 특별히 **절대경로**라고 한다. 선두의 /는 루트 경로를 나타낸다. 루트 디렉터리에는 이름이 없으므로 선두에 /를 썼다면 그게 루트 디렉터리인 것이다.

절대경로에 비해 루트 디렉터리 이외를 기점으로 작성한 경로를 **상대경로**라고 부른다. 예를 들어 BOOT/BOOTX64.EFI는 상대경로다. 절대경로는 하나의 경로로만 해석되지만, 상대경로는 어디를 기점으로 하는지에 따라 가리키는 파일이 다르다는 특징이 있다 (좋고 나쁘다는 것이 아닌 그런 특징이 있다는 것이다).

'17.3 디렉터리 엔트리'에서 설명했듯이 FAT 파일 시스템에서는 디렉터리를 특수한 파일로 표현했다. 루트 디렉터리도 다른 디렉터리도 디렉터리 엔트리의 배열을 내용으로 갖는 파일이다. 파일인지 디렉터리인지는 그 파일의 속성 `DIR_Attr`(표 17.3 FAT 파일 시스템의 디렉터리 엔트리의 구조)에서 결정된다. `DIR_Attr`의 값이 `ATTR_DIRECTORY`라면 그 파일은 디렉터리를 나타낸다. 디렉터리란 것을 알았다면 파일 내용을 디렉터리 엔트리의 배열이라고 생각해서 읽어 들여 그 디렉터리에 포함된 파일의 목록을 얻을 수 있다.

리스트 25.1 ls 커맨드를 디렉터리에 대응시킨다(terminal.cpp)

```
} else if (strcmp(command, "ls") == 0) {
  if (first_arg[0] == '\0') {
    ListAllEntries(this, fat::boot_volume_image->root_cluster);
  } else {
    auto [ dir, post_slash ] = fat::FindFile(first_arg);
    if (dir == nullptr) {
      Print("No such file or directory: ");
      Print(first_arg);
      Print("\n");
    } else if (dir->attr == fat::Attribute::kDirectory) {
      ListAllEntries(this, dir->FirstCluster());
    } else {
      char name[13];
      fat::FormatName(*dir, name);
      if (post_slash) {
        Print(name);
        Print(" is not a directory\n");
      } else {
        Print(name);
        Print("\n");
      }
    }
  }
} else if (strcmp(command, "cat") == 0)
```

빨리 ls 커맨드를 수정해서 디렉터리에 대응시켜보자. 리스트 25.1은 수정 후의 ls 커맨드의 구현을 보여준다. ls 커맨드는 커맨드라인 파라미터로 경로 문자열을 받도록 했다. 리눅스의 ls 커맨드도 경로 문자열을 받는 것이 가능한데, 예를 들어 foo/bar란 경로를 지정하면 foo 디렉터리에 있는 bar란 파일을 표시하라는 의미가 된다. 만약 bar가 디렉터리였다면 bar 자신이 아닌 bar 안에 있는 파일의 목록을 나열한다.

처리를 크게 변경했다. 지금까지는 루트 디렉터리 내의 파일 목록을 출력하는 처리를 직접 작성했다. 수정 후는 fat::FindFile()을 사용하도록 한 것이 커다란 변경 사항이다. 이후에 소개하지만 지금까지는 루트 디렉터리 안에 들어 있는 파일 검색만 가능했던 FindFile()을 수정해서 지정된 경로를 해석해 디렉터리 트리를 파고들어 파일을 검색하는 기능을 추가했다.

수정 후의 FindFile()은 두 개의 값의 쌍을 반환한다. 한 개는 검색해서 발견한 파일 또는 디렉터리를 나타내는 디렉터리 엔트리DirectoryEntry다. 또 하나는 / 기호가 그 직후에 있는지를 나타내는 이진 값이다. 반환 값의 구체적인 예가 표 25.1에 나와 있다.

표 25.1 fat::FindFile()의 파라미터와 반환 값의 예

파라미터	반환 값 1	반환 값 2
"memmap"	memmap을 나타내는 엔트리(파일)	false
"memmap/hoge"	memmap을 나타내는 엔트리(파일)	true
"efi/boot"	boot를 나타내는 엔트리(디렉터리)	false
"efi/boot/"	boot를 나타내는 엔트리(디렉터리)	true
"hoge/"	nullptr	true

FindFile() 함수의 반환 값을 이용해서 처리 루틴을 나누고 있다. 지정된 경로에 해당하는 엔트리가 없는 경우는 dir이 nullptr이 된다. 그 경우는 'No such file or directory'로 표시하고 처리를 종료한다. 지정된 경로에 해당하는 엔트리가 디렉터리라면 그 디렉터리의 내용을 나열한다(ListAllEntries()가 내용 나열을 담당하는 함수다).

FindFile()의 반환 값이 nullptr도 아니고 디렉터리도 아닌 경우, 두 번째 반환 값(post_slash)으로 한 번 더 경우를 나누고 있다. 조금 설명이 자세해지는 데 비해서는 별로 중요

한 처리도 아니므로 상세한 설명은 생략한다. 간단히 말하자면 ls memmap이라고 지정하면 MEMMAP으로, ls memmap/hoge로 지정하면 MEMMAP is not a directory로 표시하도록 처리한다.

리스트 25.2 FindFile()을 디렉터리 계층에 대응시킨다(fat.cpp)

```
std::pair<DirectoryEntry*, bool>
FindFile(const char* path, unsigned long directory_cluster) {
  if (path[0] == '/') {
    directory_cluster = boot_volume_image->root_cluster;
    ++path;
  } else if (directory_cluster == 0) {
    directory_cluster = boot_volume_image->root_cluster;
  }

  char path_elem[13];
  const auto [ next_path, post_slash ] = NextPathElement(path, path_elem);
  const bool path_last = next_path == nullptr || next_path[0] == '\0';

  while (directory_cluster != kEndOfClusterchain) {
    auto dir = GetSectorByCluster<DirectoryEntry>(directory_cluster);
    for (int i = 0; i < bytes_per_cluster / sizeof(DirectoryEntry); ++i) {
      if (dir[i].name[0] == 0x00) {
        goto not_found;
      } else if (!NameIsEqual(dir[i], path_elem)) {
        continue;
      }

      if (dir[i].attr == Attribute::kDirectory && !path_last) {
        return FindFile(next_path, dir[i].FirstCluster());
      } else {
        // dir[i]가 디렉터리가 아니거나 경로의 끝에 도달했으므로 탐색을 그만둔다.
        return { &dir[i], post_slash };
      }
    }
    directory_cluster = NextCluster(directory_cluster);
  }

not_found:
  return { nullptr, post_slash };
}
```

fat::FindFile()의 구현을 리스트 25.2에 나타냈다. 이 함수는 원래 리스트 18.3에서 작성했다. 당시에는 한 개의 디렉터리 내부를 검색할 수밖에 없었지만, 지금의 수정에 의해 디렉터리를 파고들어 파일을 찾는 것이 가능해졌다. while 루프의 중앙을 보면 알 수 있지만 이 함수는 자기자신을 호출하는 재귀함수다. ls efi/boot를 실행했을 때 FindFile()의 대략적인 동작은 표 25.2처럼 된다.

표 25.2 FindFile()의 동작 예

호출	파라미터 path	path_elem	path_last	동작
1회째	"efi/boot"	"efi"	false	루트 디렉터리의 efi를 연다
2회째	"boot"	"boot"	true	boot에 대응하는 엔트리와 false를 반환한다

선두에서부터 대략적인 처리를 살펴보겠다. 우선 path와 directory_cluster 값을 조정한다. path의 선두가 /라면 절대 경로이므로 directory_cluster에는 루트 디렉터리를 나타내는 값을 넣는다. directory_cluster가 생략된 경우도 루트 디렉터리를 나타내는 값을 넣도록 한다.

다음으로 NextPathElement(path, path_elem)라는 처리를 수행한다. 이 함수는 path로 지정한 경로 문자열을 /로 나누고, 그 선두 요소를 꺼내서 변수 path_elem에 복사한다. FindFile("efi/boot")의 첫 번째 호출에서 path와 path_elem, next_path의 관계를 그림 25.2에서 보여준다.

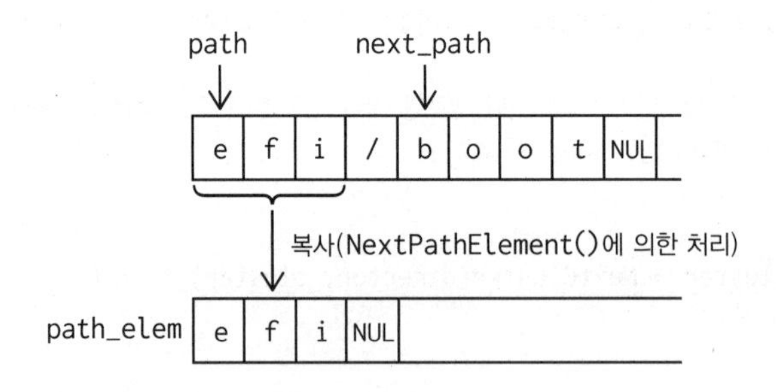

그림 25.2 path와 path_elem, next_path의 관계

변수 path_last는 path_elem으로 복사된 문자열이 경로의 끝인지를 나타낸다. 참이라면 경로는 그걸로 끝, 거짓이라면 아직 경로가 계속된다는 것을 의미한다.

FindFile()의 중앙에 있는 루프는 path_elem과 일치하는 이름의 파일 또는 디렉터리를 찾는 처리다. directory_cluster에 지정된 디렉터리 내의 엔트리를 한 개씩 조사해가면서 목적 이름과 일치하는 엔트리를 찾는다. 이름이 일치하는 엔트리가 마지막까지 발견되지 않았다면 검색실패가 돼 not_found: 처리에 의해 널 포인터를 반환한다.

원하는 이름을 가진 엔트리가 발견되면 그 종류에 대응하는 처리를 한다. 그 엔트리가 디렉터리고 경로의 끝이 아니라면 디렉터리 트리를 한 단계 파고든다. 디렉터리가 아니거나 경로의 끝에 도달했을 때는 발견한 엔트리를 그대로 반환한다.

구현을 소개하지 않은 함수가 몇 가지 있다. 우선 fat::FormatName()이다. 이 함수는 파라미터로 전달한 파일명(기본이름과 확장자)을 가공해서 배열로 복사하는 함수다. 구현은 간단하므로 설명은 생략한다. 다음으로 ListAllEntries()인데 이 함수는 원래 ls 커맨드의 구현과 거의 같다. 단순히 지정된 디렉터리의 내용을 나열만 하기 때문에 이 함수도 소개는 생략한다. 마지막은 NextPathElement()다. 이 함수는 조금 중요한 함수이므로 리스트 25.3에 구현을 보여준다.

리스트 25.3 NextPathElement()는 경로를 /로 나누고 최초의 요소를 취득한다(terminal.cpp)

```
std::pair<const char*, bool>
NextPathElement(const char* path, char* path_elem) {
  const char* next_slash = strchr(path, '/');
  if (next_slash == nullptr) {
    strcpy(path_elem, path);
    return { nullptr, false };
  }

  const auto elem_len = next_slash - path;
  strncpy(path_elem, path, elem_len);
  path_elem[elem_len] = '\0';
  return { &next_slash[1], true };
}
```

NextPathElement()는 다목적 함수다. 목적은 크게 세 가지가 있다. 첫 번째는 path를 /로 구분해 최초의 요소를 path_elem에 복사하는 것이다. 두 번째는 최초의 요소 끝에 /가 존재하는지 여부를 반환하는 것이며, 세 번째는 경로의 다음 요소를 가리키는 포인터를 반환하는 것이다.

NextPathElement()의 처리를 이해하는 핵심부분은 strchr(path, '/')다. 이 라인은 path의 선두에서 '/'를 검색하고 발견한 위치를 반환한다. path가 'ab/cd'였다고 하면 반환 값은 path[2]를 가리키는 포인터가 된다. path가 'abc/d'라면 반환 값은 path[3]을 가리키는 포인터다. 만약 path 안에 '/'가 한 개도 없다면 널 포인터를 반환한다.

리스트 25.4 FindFile()을 사용하는 부분을 수정한다(terminal.cpp)

```
} else if (command[0] != 0) {
  auto [ file_entry, post_slash ] = fat::FindFile(command);
  if (!file_entry) {
    Print("no such command: ");
    Print(command);
    Print("\n");
  } else if (file_entry->attr != fat::Attribute::kDirectory && post_slash) {
    char name[13];
    fat::FormatName(*file_entry, name);
    Print(name);
    Print(" is not a directory\n");
  } else if (auto err = ExecuteFile(*file_entry, command, first_arg)) {
    Print("failed to exec file: ");
    Print(err.Name());
    Print("\n");
  }
```

FindFile()의 반환 값 타입을 변경했으므로 이 함수를 사용하는 부분의 수정도 필요하다. 리스트 25.4에 수정한 예를 정리했다. 이 프로그램은 터미널에서 외부 커맨드를 실행하는 부분을 뽑아낸 부분이다. ls 커맨드 때와 비슷한 느낌으로 세 가지 경우로 나눠서 처리한다.

1. 파일도 디렉터리도 발견되지 않은 경우
2. 발견한 엔트리가 디렉터리는 아니지만 이에 상관없이 끝에 /가 있는 경우
3. 그 밖의 경우(파일을 발견했을 때)

cat 커맨드에서도 FindFile()을 사용하기 때문에 마찬가지로 수정해뒀다. 수정사항이 거의 비슷하기 때문에 설명은 생략한다.

이제 이걸로 대략적인 설명은 끝났다. 수정한 ls 커맨드로 한 번 확인해 보자. 원래 ls 커맨드를 디렉터리에 대응시키고 싶었던 이유는 애플리케이션이 너무 많이 늘어나서 ls

의 결과가 화면에서 넘쳐나기 때문이었다. 그래서 지금부터는 애플리케이션을 apps란 디렉터리 안에 넣기로 했다. 이를 위해 다음과 같이 MikanOS의 빌드 스크립트를 호출할 때 환경 변수 APPS_DIR을 설정한다. APPS_DIR에 문자열을 설정해 build.sh를 호출하면 디스크 이미지에 그 이름으로 디렉터리가 만들어진다.

```
$ APPS_DIR=apps ./build.sh run
```

ls 커맨드를 파라미터를 변경해 실행시킨 모습을 그림 25.3에서 볼 수 있다.

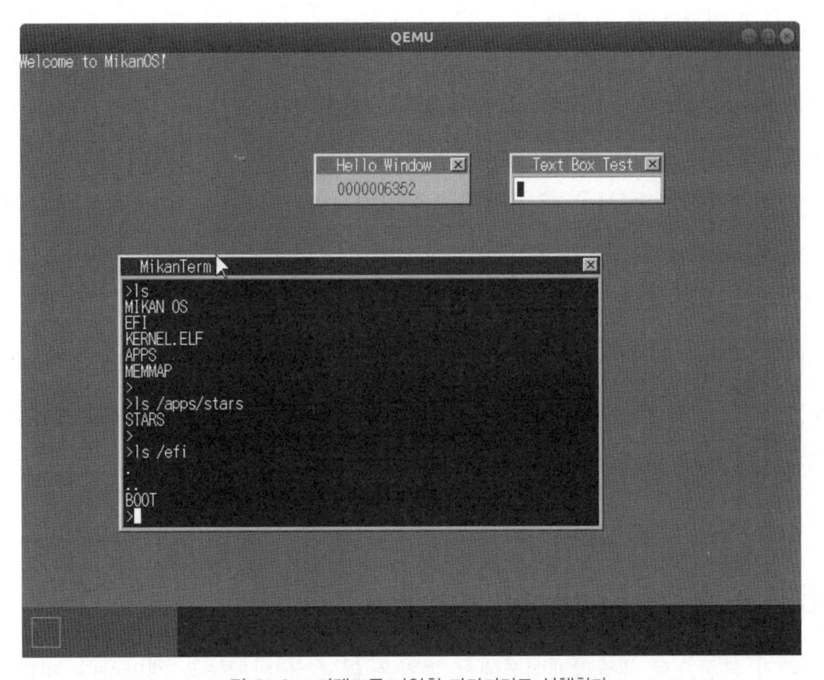

그림 25.3 ls 커맨드를 다양한 파라미터로 실행한다.

첫 번째는 파라미터가 없지만 이전에 했던 대로 루트 디렉터리의 파일을 나열한 항목이 출력됐다. 지금까지와 다르게 많이 출력됐던 파일 수가 줄어 든 것을 알 수 있다. 잘 보면 APPS라는 이름이 보인다. 이 디렉터리가 APPS_DIR 변수의 효과로 만들어진 애플리케이션용 디렉터리였다. 두 번째는 apps 디렉터리 내의 파일 stars를 지정했다. apps 내에는 수많은 파일이 들어있겠지만 이름이 일치하는 애플리케이션만이 표시돼 있다. 세 번째는 efi 디렉터리를 지정했다. efi 디렉터리 내의 파일이 전부 볼 수 있다. 테스트해 보니 여러 패턴에 대해 제대로 동작하는 것 같다. 대성공!

참고로 '.'은 그 디렉터리 자신을, '..'은 한 단계 위의 디렉터리(상위 디렉터리)를 나타내는 특수 파일이다. 이 두 개의 특수 파일을 잘 다루면 더욱더 OS다운 동작을 실현할 수 있게 된다. 예를 들어 리눅스에서 다음과 같은 커맨드는 에러 없이 실행할 수 있다.

```
$ ls ../
```

이 명령은 현재 디렉터리에서 한 단계 상위 디렉터리에 포함된 파일을 표시하기 위한 커맨드다. 특수 파일 ..을 사용해 '한 단계 상위'를 표현하고 있다. 덧붙여 현재 디렉터리란 사용자가 지금 머물고 있는 디렉터리를 의미한다. 터미널에서 작업할 때 사용자는 어딘가의 디렉터리에 '머물고 있다'고 상정하는 것이다. 터미널상에서 상대경로를 지정하면 그 상대경로는 현재 디렉터리로부터의 상대경로로 해석된다. 기동 직후는 홈 디렉터리($HOME)가 현재 디렉터리가 되는 설정이 일반적이다. 그리고 현재 디렉터리를 전환하는 커맨드인 cd change directory가 있다. MikanOS에서는 현재 디렉터리의 개념이 없지만 흥미가 있다면 부디 구현해 보기 바란다.

덧붙여 FindFile()을 사용하는 처리 전부가 디렉터리에 대응하기 때문에 cat 커맨드로 디렉터리 내의 파일을 표시하는 것도 가능하며 뿐만 아니라 apps 내의 애플리케이션을 실행하는 것도 가능하다. 매우 좋다!

25.2 파일 읽기(osbook_day25b)

지금부터가 본론으로 애플리케이션에서 파일을 읽고 쓰는 기능을 개발한다. 파일 읽기 쪽이 쉬워 보이므로 먼저 파일 읽기부터 해 보겠다.

그런데 파일을 읽기 위해 최소한으로 필요한 사항은 무엇일까? 터미널이 갖춘 cat 커맨드의 구현을 보면서 생각해 보면 다음 세 가지를 들 수 있다.

- 파일을 나타내는 경로로부터 파일 디렉터리 엔트리를 특정한다.
- 디렉터리 엔트리를 읽고 파일 내용이 놓여 있는 클러스터 번호를 취득한다
- 클러스트 번호로부터 블록번호를 얻는다

블록번호를 얻을 수 있으면 파일 내용을 실제로 읽어낼 수 있다. 본격적인 OS라면 블록 번호를 계산한 후에 실제로 데이터가 기록되는 기억장치(HDD나 SSD 등)에 데이터를 읽는 처리도 필요하다. MikanOS에서는 부트로더에서 미리 기억장치의 데이터를 메모리상에 읽어 들였기 때문에 일일이 하드웨어에 액세스하지 않아도 된다.

애플리케이션이 파일을 읽는 기능을 설계하고자 할 때 확 떠오르는 생각은 앞에서 언급한 구조를 그대로 애플리케이션이 사용할 수 있게 하는 것이다. 시스템 콜로 경로를 지정해 디렉터리 엔트리를 얻는 시스템 콜과 클러스터 번호를 지정해 데이터를 읽어내는 시스템 콜이 있다면 충분하다. 이 방법에서는 애플리케이션이 디렉터리 엔트리나 클러스터라는 개념을 다룰 필요가 있다.

하지만 일반적인 OS에서는 애플리케이션에 디렉터리 엔트리를 직접 보여주거나 하지는 않는다. 왜냐하면 파일 시스템을 추상화하는 것이 OS의 역할이라고 일반적으로 인식되기 때문이다. 현재 보급돼 있는 파일 시스템은 FAT 이외에도 많이 있다. FAT 파일 시스템의 고유한 데이터 구조인 디렉터리 엔트리를 직접 애플리케이션에 공개해 버리면 FAT상의 파일밖에 다룰 수 없는 애플리케이션이 돼 버린다.

C 언어의 표준함수로 `fopen()`와 `fread()`가 있다. 이 함수는 `FILE*` 타입 값을 사용해 파일을 다룬다. 또한 리눅스 등의 POSIX 계열의 OS에서는 애플리케이션은 파일 디스크립터(fd)라는 정수 값을 사용해 파일을 다루는 것도 가능하다. 어쨌든 대상 파일이 어떤 파일 시스템으로 돼 있는지를 애플리케이션이 신경 쓸 필요가 없다. MikanOS에서 채용하는 표준 C 라이브러리 Newlib는 POSIX를 기준으로 제작됐기 때문에 정수 값으로 파일을 다룬다. 이런 이유로 애플리케이션에서는 정수 값으로 파일을 조작할 수 있는 시스템 콜을 작성하도록 하겠다.

OS에 반드시 갖추고 싶은 기능으로 오프셋(read 위치)의 관리 기능이 있다. 애플리케이션은 파일을 읽을 때 한 번에 전체를 읽지 않고 조금씩 읽기를 진행해 가는 경우가 일반적이다. 큰 파일 전체를 한 번에 읽으려면 대량의 메모리가 필요해지는 경우도 있기 때문이다. 그래서 OS 측에서 오프셋을 관리해주면 애플리케이션은 선두에서부터 일정 바이트 수만큼 데이터를 읽어가는 처리를 간단히 할 수 있게 된다. OS 측이 오프셋을 관리하는 구조에는 일반적으로 오프셋을 변경하기 위한 seek이라는 조작도 세트로 제공된다.

물론 파일 선두에서 오프셋과 읽기 바이트 수를 매번 반드시 지정하는 시스템 콜도 생각할 수 있다. 애플리케이션 자신이 오프셋을 관리하는 것이다. 하지만 이 방법은 파일 읽기의 효율성을 떨어뜨릴지도 모른다. 예를 들어 FAT 클러스터 체인은 선두에서부터 찾아갈 수밖에 없기 때문에 매번 오프셋이 지정되는 형식으로는 매번 클러스터 체인을 선두에서부터 따라갈 수밖에 없다. 파일이 클수록 파일의 마지막 부분을 읽으려고 하면 할수록 효율성이 떨어진다. OS 측이 오프셋을 관리하는 방식이라면 seek 조작을 지시하지 않은 한에서는 클러스터 체인을 선두부터 따라가지 않아도 해결 가능하다.

서론이 길어졌는데 이제 애플리케이션이 파일을 읽을 수 있는 구조를 만든다. 목표는 `fopen`과 `fread`로 파일을 읽을 수 있게 제작하는 것이다. 파일 읽기를 검증하기 위해 애플리케이션을 새롭게 만들었는데, 바로 리스트 25.5에 소개하는 `readfile` 커맨드다.

리스트 25.5 파일의 시작 세 줄을 표시하는 커맨드(readfile/readfile.cpp)

```
#include <cstdio>
#include <cstdlib>

extern "C" void main(int argc, char** argv) {
  const char* path = "/memmap";
  if (argc >= 2) {
    path = argv[1];
  }

  FILE* fp = fopen(path, "r");
  if (fp == nullptr) {
    printf("failed to open: %s\n", path);
    exit(1);
  }

  char line[256];
  for (int i = 0; i < 3; ++i) {
    if (fgets(line, sizeof(line), fp) == nullptr) {
      printf("failed to get a line\n");
      exit(1);
    }
    printf("%s", line);
  }
  printf("----\n");
  exit(0);
}
```

fopen()은 지정된 파일을 열고 이후 파일을 조작하기 위해 필요한 FILE* 타입의 값을 반환하는 C 표준 라이브러리 함수다. 첫 번째 파라미터로는 파일 경로를 제공한다. 두 번째 파라미터는 파일을 열 때의 모드다. 읽기라면 r, 쓰기라면 w, 파일 끝에 추가한다면 a를 지정한다. 이 외에도 읽고 쓰기 가능한 모드 등이 있다. 자세한 사항은 C 언어 교과서를 참조하자.

이 프로그램에서는 fread() 대신에 fgets()를 사용한다. 텍스트 파일을 한 줄 단위로 읽는데 편리하기 때문이다. fgets()는 줄바꿈 문자 ('\n')에 도달할 때까지, 또는 버퍼가 가득찰 때까지 읽어 들인다. 줄바꿈 문자를 포함해 버퍼에 저장해주므로, 그 다음의 printf()에서는 줄바꿈 문자를 추가해서 출력할 필요가 없다. fgets()도 fopen()과 마찬가지로 여러 C 언어 교과서에서 설명하고 있다.

fopen()과 fgets()의 구현 대부분은 Newlib에 포함돼 있어서 OS에 의존하는 몇 가지 함수를 프로그래머가 제공해주기만 하면 사용할 수 있다. 필자가 검토한 결과 세 가지의 함수 open(), read(), sbrk()를 제대로 구현할 필요가 있는 것 같다.[1] 이런 함수는 관례에 따라 apps/newlib_support.c에 구현하는 것이 좋다. 각각의 구현을 차례대로 소개한다.

리스트 25.6 open()은 OpenFile() 시스템 콜을 호출할 뿐(newlib_support.c)

```
int open(const char* path, int flags) {
  struct SyscallResult res = SyscallOpenFile(path, flags);
  if (res.error == 0) {
    return res.value;
  }
  errno = res.error;
  return -1;
}
```

open()의 구현을 리스트 25.6에서 보여준다. 어려운 부분은 없다. 새롭게 작성한 OpenFile() 시스템 콜을 호출하는 간단한 함수다. open()의 구조를 man 2 open으로 조사해보면 실패 시에는 errno로 에러 값을 설정한 후 -1을 반환하는 것으로 돼 있기 때문에

1 fopen()과 fread()가 올바르게 동작하는데 필요한 OS 의존 함수를 특정하기 위해, 필자는 fopen()과 fread()를 사용하는 검증용 애플리케이션을 만들고, 그 애플리케이션이 정상 동작할 때까지 OS 의존 함수를 하나씩 구현해나갔다.

그 정의 그대로 구현했다.

리스트 25.7 read()도 ReadFile() 시스템 콜을 호출할 뿐(newlib_support.c)

```
ssize_t read(int fd, void* buf, size_t count) {
  struct SyscallResult res = SyscallReadFile(fd, buf, count);
  if (res.error == 0) {
    return res.value;
  }
  errno = res.error;
  return -1;
}
```

계속해서 read()를 구현한다(리스트 25.7). read()는 printf()를 애플리케이션에서 사용할 수 있도록 수정할 때 에러를 반환만 하는 함수로 정의했었다. 지금의 수정을 통해 제대로 시스템 콜을 호출하도록 했다.

여기까지 설명한 두 개의 함수 open()과 read()는 이름에서 사용방법을 상상하기가 쉽다. 당연히 fopen()이 open()을, fread()가 read()를 사용한다. 그럼 sbrk()는 어디에 필요한 것일까? 이건 '9.1 중첩처리'에서 설명했듯이 malloc()이 내부에서 이용하는 함수다. malloc()은 표준 메모리 할당 함수로 다른 표준함수에서 사용된다. Newlib의 구현을 보면 fopen()나 fread(), fgets()도 malloc()을 내부에서 사용하는 것 같다. 그런 이유로 이런 함수가 올바르게 동작하기 위해서 sbrk()가 필요하다.

리스트 25.8 임시로 구현한 sbrk()(newlib_support.c)

```
caddr_t sbrk(int incr) {
  static uint8_t heap[4096];
  static int i = 0;
  int prev = i;
  i += incr;
  return (caddr_t)&heap[prev];
}
```

리스트 25.8에 sbrk()의 구현이 나와 있다. 구현하긴 했지만 아직 애플리케이션이 메모리 할당을 위한 시스템 콜을 준비하지 않았기 때문에 시스템 콜을 사용하지 않는 간단한 버전을 구현했다. "일단 fopen()과 fgets()가 동작한다면 괜찮아."라는 발상으로 에러 체크도 하지 않는 적당한 구현이다. 메모리를 확보하는 시스템 콜을 만든다면 다시 제대로 된 구현으로 대체하기로 하자.

newlib_support.c의 변경을 설명했으므로 다음은 신규로 추가한 시스템 콜 OpenFile()과 ReadFile()을 설명한다. 그를 위해 우선은 OS 측에서의 파일 관리를 설계하도록 하자.

앞에서 언급한 대로 애플리케이션이 정수 값(파일 디스크립터 번호)으로 파일을 조작하는 설계를 한다. 이 정수 값은 애플리케이션에 고유한 것으로 동시에 기동한 두 개의 애플리케이션에서 번호를 공유하지 않도록 하고 싶다. 파일을 다루는 두 개의 애플리케이션 상에서 우연히 같은 번호의 파일 디스크립터가 있다고 해도 그 파일 디스크립터 간에 관련성을 갖지 않도록 하겠다는 뜻이다.

번호가 애플리케이션 간에 공유되는 구조라면 먼저 구동한 애플리케이션이 연 파일의 번호를 나중에 구동한 애플리케이션이 사용해서(자신은 파일을 열지 않고) 멋대로 그 파일을 조작해 버릴 수 있을지도 모르겠다. 그러한 안전성에 대한 이야기를 생각하지 않는다 해도 열려 있는 파일의 목록을 애플리케이션마다 관리하는 편이 구조를 편하게 만들 수 있겠다는 생각도 든다.

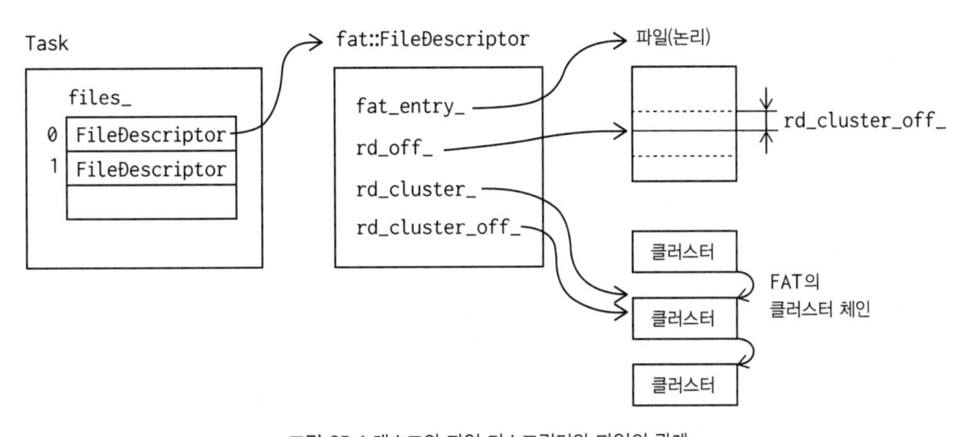

그림 25.4 태스크와 파일 디스크립터와 파일의 관계

계층 페이징 구조를 애플리케이션마다 갖도록 수정한 것과 마찬가지로, 파일 디스크립터의 배열을 Task 클래스에 갖도록 했다(그림 25.4). 또한 파일 디스크립터는 개별 클래스로 만들고, 그 안에 파일과 관련 있는 FAT 디렉터리 엔트리에의 참조나 파일 선두로

부터 오프셋 등의 정보를 갖게 했다. 애플리케이션으로 통지할 파일 디스크립터 번호는 Task::files_의 인덱스로 하면 문제없다.

리스트 25.9 Task 클래스에 파일 디스크립터 배열을 갖게 한다(task.hpp)

```
 private:
  uint64_t id_;

<중략>

 std::vector<std::unique_ptr<fat::FileDescriptor>> files_{};
```

설계에 따라 Task 클래스에 파일 디스크립터의 배열 files_를 추가했다(리스트 25.9). 타입이 조금 길지만 잘 읽어보면 파일 디스크립터 포인터의 배열임을 알 수 있다. std::unique_ptr은 '9.3 중첩처리의 원리'에서도 등장한 스마트 포인터다.

그리고 클래스 외부에서 배열을 사용하기 위해 Files() 메소드를 추가했다. Task 클래스의 변경은 이 두 줄을 추가한 것뿐이다.

리스트 25.10 FileDescriptor 클래스는 파일이나 오프셋의 정보를 가진다(fat.hpp)

```
class FileDescriptor {
 public:
  explicit FileDescriptor(DirectoryEntry& fat_entry);
  size_t Read(void* buf, size_t len);

 private:
  DirectoryEntry& fat_entry_;
  size_t rd_off_ = 0;
  unsigned long rd_cluster_ = 0;
  size_t rd_cluster_off_ = 0;
};
```

FileDescriptor 클래스를 리스트 25.10 같이 구현했다. 네 개의 멤버 변수의 역할을 표 25.3에 정리했다.

표 25.3 FileDescriptor 클래스의 멤버 변수

변수명	역할
fat_entry_	파일 디스크립터가 가리키는 파일로의 참조
rd_off_	파일 선두에서부터 읽기 오프셋(바이트 단위)
rd_cluster_	rd_off_가 가리키는 위치에 대응하는 클러스터 번호
rd_cluster_off_	클러스터 선두에서부터의 오프셋(바이트 단위)

rd_off_는 파일 선두에서 시작하는 논리적인 오프셋이다. FAT 파일 시스템에서 파일 데이터는 연속적으로 배열돼 있는 것이 아닌 클러스터 단위로 나눠져 배치된다. 실제로 파일의 내용을 읽을 때는 파일 시작에서부터의 오프셋이 아닌 클러스터 번호와 클러스터 내의 오프셋 쌍이 필요하다. 이 값을 나타내는 것이 rd_cluster_와 rd_cluster_off_다.

리스트 25.11 FileDescriptor 클래스의 생성자와 메소드(fat.cpp)

```
FileDescriptor::FileDescriptor(DirectoryEntry& fat_entry)
    : fat_entry_{fat_entry} {
}

size_t FileDescriptor::Read(void* buf, size_t len) {
  if (rd_cluster_ == 0) {
    rd_cluster_ = fat_entry_.FirstCluster();
  }
  uint8_t* buf8 = reinterpret_cast<uint8_t*>(buf);
  len = std::min(len, fat_entry_.file_size - rd_off_);

  size_t total = 0;
  while (total < len) {
    uint8_t* sec = GetSectorByCluster<uint8_t>(rd_cluster_);
    size_t n = std::min(len - total, bytes_per_cluster - rd_cluster_off_);
    memcpy(&buf8[total], &sec[rd_cluster_off_], n);
    total += n;

    rd_cluster_off_ += n;
    if (rd_cluster_off_ == bytes_per_cluster) {
      rd_cluster_ = NextCluster(rd_cluster_);
      rd_cluster_off_ = 0;
    }
```

```
  }

  rd_off_ += total;
  return total;
}
```

FileDescriptor 클래스의 두 가지 메소드의 구현을 리스트 25.11에 정리했다. 생성자는 간단하다. 파일을 나타내는 디렉터리 엔트리로의 참조를 받아 멤버 변수에 설정할 뿐이다. fat_entry_는 참조 변수이므로 생성자 이외에서는 값을 설정하는 것이 불가능하다.

Read()는 fat_entry_가 가리키는 파일 데이터를 파라미터 buf가 가리키는 메모리 영역으로 읽어 들이는 메소드다. 파일 데이터 중 rd_off_가 가리키는 위치에서 len 바이트만큼의 데이터를 buf로 복사한다. 이 메소드를 실행하면 rd_off_는 메소드 호출 전의 상태보다 len 바이트만큼 전진한다. 이 메소드는 읽어 들인 데이터 바이트 수를 반환한다.

while 문에서 조금씩 읽어 들이는 이유는 클러스터 단위로 나눠서 읽을 필요가 있기 때문이다. 읽으려는 파일의 범위가 클러스터 경계를 걸쳐 존재하는 경우, memcpy()를 클러스터 경계 전과 후로 나눠 실행할 필요가 있다. 그러기 위해서는 루프를 돌면서 읽을 필요가 있는 것이다.

리스트 25.12 신규로 추가한 시스템 콜의 프로토타입 선언(syscall.h)

```
struct SyscallResult SyscallOpenFile(const char* path, int flags);
struct SyscallResult SyscallReadFile(int fd, void* buf, size_t count);
```

FileDescriptor 클래스의 소개는 이 정도로 하고, 이제 시스템 콜 본체를 구현한다. 먼저 시스템 콜의 프로토타입 선언을 리스트 25.12에 소개했다. 모두 open()과 read()와 같은 파라미터를 받는다.

리스트 25.13 시스템 콜(syscall.cpp)

```
SYSCALL(OpenFile) {
  const char* path = reinterpret_cast<const char*>(arg1);
  const int flags = arg2;
  __asm__("cli");
```

```
  auto& task = task_manager->CurrentTask();
  __asm__("sti");

  if ((flags & O_ACCMODE) == O_WRONLY) {
    return { 0, EINVAL };
  }

  auto [ dir, post_slash ] = fat::FindFile(path);
  if (dir == nullptr) {
    return { 0, ENOENT };
  } else if (dir->attr != fat::Attribute::kDirectory && post_slash) {
    return { 0, ENOENT };
  }

  size_t fd = AllocateFD(task);
  task.Files()[fd] = std::make_unique<fat::FileDescriptor>(*dir);
  return { fd, 0 };
}
```

syscall::OpenFile() 시스템 콜을 리스트 25.13에 정리했다. 파라미터 path는 열고 싶은 파일 경로가 지정돼 있다. 파라미터 flags에는 파일을 열 때의 모드 등이 지정된다. fopen()에 지정한 모드와 의미는 유사하지만 fopen()의 모드가 문자열인 반면 open()의 flags는 정수다.

man 2 open 등으로 사양을 확인하면 flags의 사양을 알 수 있다. 그에 따르면 세 개의 값 O_RDONLY, O_WRONLY, O_RDWR 중에서 하나를 반드시 지정해야 하는 것 같다. 이 세 가지 값을 **액세스 모드**라고 한다. 또한 액세스 모드 이외의 다른 다양한 속성 추가도 가능한 것 같다. 읽기 모드에서는 관련이 없지만 쓰기 모드로 열 때 O_CREAT를 지정하면 '파일이 존재하지 않으면 신규로 작성한다'는 의미가 된다. O_CREAT가 추가된 쓰기 모드로 파일을 열 때는 open("memmap", O_WRONLY|O_CREAT) 같이 비트 OR을 해서 속성을 추가한다.

flags & O_ACCMODE 구문은 flags의 속성 비트를 무시하고 액세스 모드만을 얻어내기 위한 구문이다. 앞의 프로그램에서는 얻어낸 액세스 모드가 O_WRONLY의 경우에 에러로 처리한다. 아직 파일 쓰기 기능은 없기 때문이다.

액세스 모드 검사가 끝나면 path에 설정된 파일을 찾는다. 여기에는 fat::FindFile()을 사용한다. 이전 절에서 이 함수를 디렉터리에 대응시켜 뒀기 때문에 OpenFile() 시스템 콜도 자동적으로 디렉터리에 대응할 수 있다. 나쁘지 않다. path로 지정된 파일이 없거나 디렉터리가 아니더라 하더라도 끝에 /가 있는 경우는 에러 ENOENT를 반환한다. No Entry의 줄임말로 지정된 파일이나 디렉터리를 찾을 수 없다는 것을 의미하는 에러 코드다.

path가 가리키는 파일이 발견되면 다음은 파일 디스크립터를 신규로 할당한다. 함수 AllocateFD()는 Task::files_에서 사용되지 않은 파일 디스크립터 중에서 가장 선두에 있는 번호를 반환한다. 만약 Task::files_의 모든 요소가 사용 중이라면 끝에 새로운 파일 디스크럽터를 늘리고 그 번호를 반환한다. 어쨌든 AllocateFD()의 반환 값은 Task::files_에서 비어 있는 요소를 가리키는 인덱스다. 그 인덱스가 나타내는 요소에 파일 디스크립터를 생성해 대입하면 OK다.

리스트 25.14 AllocateFD()는 Task::files_의 빈 요소를 찾는다(syscall.cpp)

```
  size_t AllocateFD(Task& task) {
    const size_t num_files = task.Files().size();
    for (size_t i = 0; i < num_files; ++i) {
      if (!task.Files()[i]) {
        return i;
      }
    }
    task.Files().emplace_back();
    return num_files;
  }
```

AllocateFD()의 구현은 리스트 25.14 같이 돼 있다. 주어진 Task 클래스의 files_를 선두에서부터 조사해 널 포인터인 요소를 찾으면 해당 인덱스를 반환한다. 모든 요소가 사용 중이라면 끝에 빈 요소를 추가하고 그 인덱스를 반환한다.

리스트 25.15 ReadFile() 시스템 콜(syscall.cpp)

```
SYSCALL(ReadFile) {
  const int fd = arg1;
  void* buf = reinterpret_cast<void*>(arg2);
  size_t count = arg3;
  __asm__("cli");
  auto& task = task_manager->CurrentTask();
```

```
  __asm__("sti");

  if (fd < 0 || task.Files().size() <= fd || !task.Files()[fd]) {
    return { 0, EBADF };
  }
  return { task.Files()[fd]->Read(buf, count), 0 };
}
```

syscall::ReadFile()의 구현이 리스트 25.15에 나와 있다. 이 시스템 콜의 포인트는 첫 번째 파라미터로 지정된 파일 디스크립터가 files_의 인덱스라는 점이다. 그걸 인지했다면 시스템 콜의 구현은 간단하다. 만약 아직 열지 않은 파일 디스크립터를 지정한 경우 파일 디스크립터가 유효하지 않다는 것을 나타내는 EBADF 에러를 반환한다.

여기까지 수정했다면 애플리케이션에서 파일을 읽을 수 있게 됐다. 빌드해서 readfile 커맨드를 실행한 모습을 그림 25.5에 실었다. 의도대로 파일의 시작에서부터 세 줄이 표시된다.

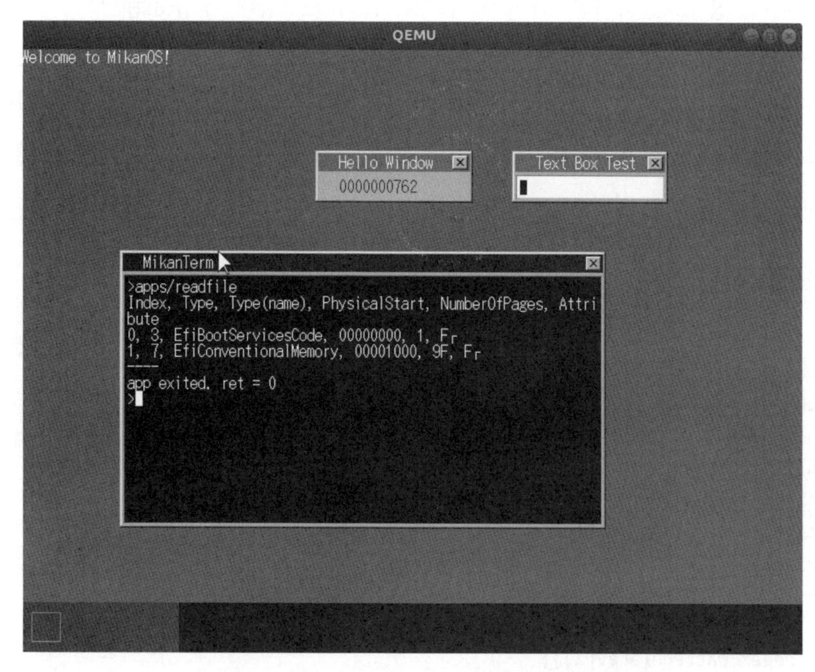

그림 25.5 readfile 커맨드로 memmap을 표시했다.

MikanOS에서는 구현하지 않았지만 리눅스나 윈도우 같은 범용 OS에서는 파일을 권한으로 보호하는 구조가 있다. 리눅스에서는 파일 속성으로 소유자 및 소유 그룹을 설정할 수 있다. 그리고 소유자, 소유 그룹, 기타 사용자에 대한 개별적인 읽기, 쓰기, 실행권한을 설정할 수 있다. 리눅스를 사용했을 때 `rwxr-xr-x` 같은 표시를 본 적이 없는가? 이 표시는 권한을 나타내며 세 자리씩 끊어서 읽는다. 처음 세 자리가 파일의 소유자, 정가운데 세 자리가 소유 그룹, 마지막 세 자리가 기타 사용자에 대한 권한이다. `r`은 읽기 가능, `w`은 쓰기 가능, `x`는 실행 가능의 의미다. 리눅스에서는 다수의 사용자가 하나의 OS를 사용하는 것을 전제로 작성됐기 때문에 타인의 파일을 읽을 수 없도록 하기 위해 이런 구조로 파일을 보호하고 있다.

25.3 정규표현 검색(osbook_day25c)

파일 읽기를 할 수 있게 됐으므로 그것을 이용해 정규표현식을 수행하는 커맨드 grep을 작성해 본다. 정규표현식이란 '퍼지 검색'으로 불리기도 한다. 정규표현[regular expression]이라는 문자열 패턴을 표현하기 위한 언어가 있다. 정규표현을 사용하면 문자열이 완전하게 일치하지 않는 검색을 할 수 있다. grep은 파일을 정규표현식으로 검색하기 위한 커맨드로 매우 유명해 사용한 적이 있는 분도 많을 것이다. 정규표현 그 자체에 대한 설명은 전문서에 맡기겠다.

리스트 25.16 C++의 정규표현 라이브러리를 사용해 작성한 grep 커맨드(grep/grep.cpp)

```
#include <cstdio>
#include <cstdlib>
#include <regex>

extern "C" void main(int argc, char** argv) {
  if (argc < 3) {
    printf("Usage: %s <pattern> <file>\n", argv[0]);
    exit(1);
  }

  std::regex pattern{argv[1]};

  FILE* fp = fopen(argv[2], "r");
  if (fp == nullptr) {
```

```
    printf("failed to open: %s\n", argv[2]);
    exit(1);
  }

  char line[256];
  while (fgets(line, sizeof(line), fp)) {
    std::cmatch m;
    if (std::regex_search(line, m, pattern)) {
      printf("%s", line);
    }
  }
  exit(0);
}
```

리스트 25.16에 grep 커맨드의 구현을 소개했다. 매우 심플하게 작성했다. 정규표현 해석은 원래 복잡한 작업이지만 C++에서 표준으로 준비해 둔 <regex> 라이브러리를 이용하면 상당히 편하다. std::regex가 정규표현에 의한 패턴을 표현하기 위한 클래스다. 생성자에 정규표현으로 표현된 패턴 문자열을 전달한다. std::regex_search()가 주어진 문자열에서 패턴과 일치하는 부분 문자열을 검색하며, 일치하는 부분이 있다면 참을 반환한다.

리스트 25.17 posix_memalign()은 얼라인먼트된 메모리 영역을 할당한다(newlib_support.c)

```
int posix_memalign(void** memptr, size_t alignment, size_t size) {
  void* p = malloc(size + alignment - 1);
  if (!p) {
    return ENOMEM;
  }
  uintptr_t addr = (uintptr_t)p;
  *memptr = (void*)((addr + alignment - 1) & ~(uintptr_t)(alignment - 1));
  return 0;
}
```

<regex> 라이브러리를 사용하려고 하면 posix_memalign()이라는 함수가 정의돼 있지 않다는 에러가 발생한다. 이 함수는 malloc() 같이 메모리를 할당하는 함수이지만 얼라인먼트된 메모리 영역을 할당하는 점이 malloc()과 다르다. 이 함수는 정확히 Newlib를 위한 함수가 아니고 libc++(C++의 표준 라이브러리)가 의존하는 함수인데 귀찮아서 newlib_support.c에 정의해 버렸다(리스트 25.17).

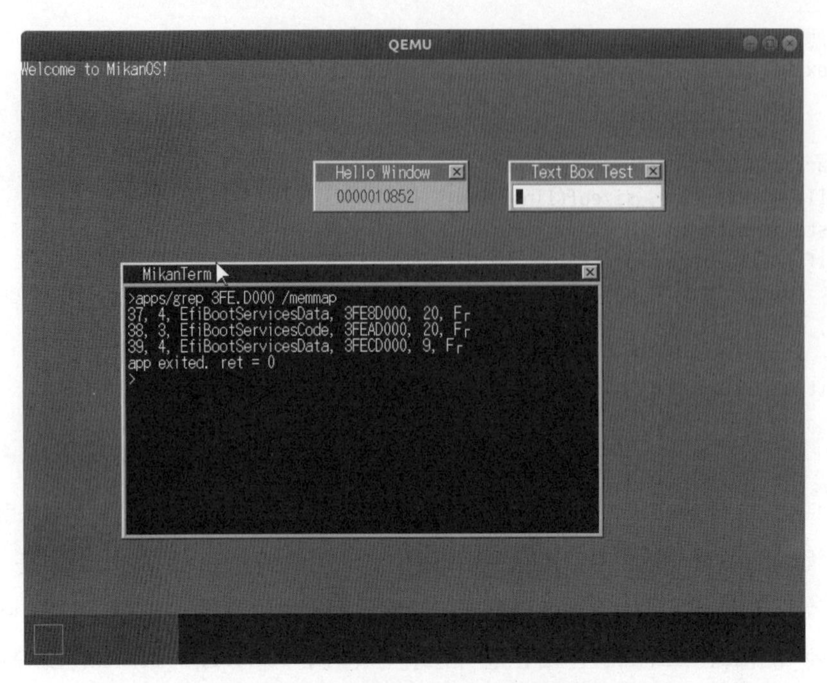

그림 25.6 grep 커맨드로 패턴 검색을 시험해 본다.

grep 커맨드를 사용해 memmap 파일에서 3FE.D000을 포함하는 줄을 검색한 모습을 그림 25.6에서 보여준다. 정규표현식에서 '.'는 임의의 한 문자를 나타내는 기호다. 스크린샷을 보면 그럭저럭 올바르게 검색한 것을 알 수 있다. 끝으로 적당한 것 같기에 이쯤에서 끝내고 26장에서는 파일 입력의 응용 기술, 표준 입력의 구조부터 시작한다.

26장

애플리케이션에서 파일 쓰기

애플리케이션에서 파일을 읽을 수 있게 되면 응용 범위가 매우 넓어진다. 실제 grep 같은 실용적인 애플리케이션을 구현할 수 있는 것을 확인할 수 있었다. 계산기의 본질은 입력을 받아 계산을 하고 결과를 출력하는 것이다. 터미널에 문자를 찍는 것도 출력이긴 하지만, 역시 파일에 기록하는 기능을 지원하고 싶다. 26장에서는 애플리케이션이 파일로 쓰기를 할 수 있는 구조를 제작한다.

26.1 표준입력(osbook_day26a)

파일 쓰기를 구현하기 전에 표준입력의 구조를 만들어 본다. 파일 쓰기와 아주 밀접한 관련이 있는 기능이라고 말할 수는 없지만 표준입력에 대응하면 파일 조작 관련 구조가 유연하게 돼, 이후 개발이 편해질 수 있다. 게다가 필자는 키보드나 파일을 통일해 다룰 수 있는 표준입력이라는 구조에 로망을 갖고 있다!

여러분은 표준입력이라는 단어를 들어본 적이 있는가? 표준입력은 프로그램에 문자열을 입력하기 위한 표준적인 인터페이스를 의미한다. C 언어의 scanf가 데이터를 읽는 출입구가 **표준입력**standard input이다. 입력이 있다면 출력도 있어서 printf()의 출력지를 **표준출력**standard output, perror()의 출력지를 **표준에러 출력**standard error이라 한다. 표준입출력은 편리하므로 C 언어에 한정되지 않고 다양한 프로그래밍 언어에서 간단히 사용할 수 있게 된 경우가 많다.

C 언어에서 표준입출력은 파일로 다룰 수가 있다. 일반적인 파일은 fopen()으로 열어 사용해야 하지만 표준입출력만은 프로그램 부팅 시에 자동적으로 열려 FILE* 타입의 글로벌 변수 stdin, stdout, stderr로 사용 가능하다. 일반 파일과 마찬가지로 fgets(buf, sizeof(buf), stdin)과 같이 사용할 수 있다.

C 언어의 표준사양과 동일하게 POSIX에서도 표준입출력을 파일로 다룬다. POSIX에서는 파일을 파일 디스크립터라는 정수 값으로 관리한다. 일반 파일은 open()으로 열 때마다 자동적으로 번호가 매겨지는데, 표준입력에는 stdin=0, stdout=1, stderr=2라는 고정번호가 처음부터 부여돼 있다. Newlib는 POSIX 규약을 준수하기 때문에 Newlib의 printf()는 최종적으로 표준출력(fd=1)에 write(1, ...)을 호출한다. 리스트 21.7에 if (fd == 1)로 쓴 이유는 fd=1일 때 write()가 실행되면 syscall::PutString()의 변수 fd 값이 1이 되기 때문이다.

리눅스의 터미널상에서 프로그램을 단순히 구동시키면 표준입력은 키보드에, 표준출력은 터미널 화면으로 연결된다. 그 때문에 표준입력으로부터는 키보드 입력을 받을 수 있고, 표준출력으로 문자를 찍으면 터미널 화면에 문자열이 표시되는 것이다. 키보드나 터미널 화면을 파일로 보이게 하는 구조가 표준입출력이라고 생각하면 된다.

이 절에서는 MikanOS에 표준입력의 구조를 구현한다. 목표는 readfile 커맨드의 소스코드를 수정하지 않고 키보드로부터 입력을 세 줄 받아 터미널에 찍는 것이다. 이 기능을 구현하기 위해서는 readfile 커맨드 안의 fgets()가 표준입력에서 문자열을 읽을 수 있어야 한다. 그런데 이 구조의 구현방법에 대한 감이 잡히는가?

26.2 파일 디스크립터의 추상화

표준입력을 파일로 보는 구조를 만들고 싶은데, 조금 생각해보면 FAT의 파일 시스템상의 파일과 키보드 입력을 파일로 보이게 하는 것은 근본적으로 다르다는 것을 알 수 있다. FAT 파일은 데이터가 메모리(원래라면 HDD나 SSD 등의 스토리지)상에 나열된 바이트열이다. 키보드 입력은 사용자가 키를 누를 때마다 한 문자씩 데이터가 발생하는 장치다. 하드웨어 시점에서는 전혀 다른 장치다.

다만 문자열(또는 바이트열)을 읽는다는 성질은 공통이다. FAT 파일도 키보드 입력도(읽는 속도의 차이는 있지만) 한 문자씩 읽기가 가능하다. 이렇듯 '문자열을 읽는다'는 성질을 갖고 있다면 무엇이든지 파일로 간주할 수 있다. '문자열을 읽을 수 있는 어떤 것'이 기초가 되고, 거기에서 파생돼 FAT 파일이나 키보드를 구현한다면 그 양쪽을 동일하게 다룰 수 있을 것 같다. C++에서 이를 그대로 표현하는 방법이 있다. 그렇다. 바로 상속이다.

리스트 26.1 FileDescriptor는 문자열을 읽을 수 있는 뭔가를 나타낸다(file.hpp)

```
#pragma once

class FileDescriptor {
 public:
  virtual ~FileDescriptor() = default;
  virtual size_t Read(void* buf, size_t len) = 0;
};
```

리스트 26.1에 기본 클래스가 되는 FileDescriptor[1]를 정리했다. 이 클래스를 상속해서 FAT 파일 시스템상의 파일을 다루는 클래스와 키보드 입력을 다루는 클래스를 만들 방

1 fat.hpp에 정의된 FileDescriptor와 이름은 같지만 다른 클래스다. 왜냐하면 양쪽 클래스는 다른 이름공간에 들어 있기 때문이다. 이름공간을 명시한 구문은 각각 fat::FileDescriptor, ::FileDescriptor가 된다.

침이다. C++의 규약으로 상속의 베이스로 사용하는 클래스 소멸자에는 반드시 virtual을 붙여야 한다. Read() 메소드는 자식 클래스에서 구현해야 하므로 여기서는 순수 가상 함수(=구현이 없는 가상함수)로 선언하는 것이 적합하다.

리스트 26.2 fat::FileDescriptor는 FAT상의 파일을 다룬다(fat.hpp)

```
class FileDescriptor : public ::FileDescriptor {
 public:
  explicit FileDescriptor(DirectoryEntry& fat_entry);
  size_t Read(void* buf, size_t len) override;

 private:
  DirectoryEntry& fat_entry_;
  size_t rd_off_ = 0;
  unsigned long rd_cluster_ = 0;
  size_t rd_cluster_off_ = 0;
};
```

25장에서 구현한 fat::FileDescriptor 클래스를 지금 작성한 FileDescriptor 클래스를 상속하도록 고쳐 썼다(리스트 26.2). 첫 번째 줄에 상속 구문(: public 부모 클래스)이 추가된 것을 알 수 있다. 클래스의 내용은 거의 바뀌지 않았지만 단 한 개, Read()의 선언에 override를 추가했다. 부모 클래스의 Read()를 대신한다는 것을 명시함으로써 실수를 미연에 방지한다. 이 상속에 따라 fat::FileDescriptor의 인스턴스는 부모 클래스 ::FileDescriptor의 포인터 변수를 사용해 조작할 수 있게 됐다.

리스트 26.3 TerminalFileDescriptor는 키보드를 파일로 보이게 한다(terminal.hpp)

```
class TerminalFileDescriptor : public FileDescriptor {
 public:
  explicit TerminalFileDescriptor(Task& task, Terminal& term);
  size_t Read(void* buf, size_t len) override;

 private:
  Task& task_;
  Terminal& term_;
};
```

fat::FileDescriptor와 마찬가지로 상속을 사용해 키보드 입력을 파일로 보이게 하는 TerminalFileDescriptor 클래스를 구현했다(리스트 26.3). Read() 메소드의 구현은 나중에 소개한다.

리스트 26.4 Task::files_의 요소를 부모 클래스 포인터 타입으로 변경한다(task.hpp)

```
std::vector<std::unique_ptr<::FileDescriptor>> files_{};
```

이제 상속을 사용해 두 종류의 '파일'을 표현했다. 그들을 공통으로 다룰 수 있도록 하기 위해 리스트 26.4 같이 Task::files_의 요소 타입을 부모 클래스의 포인터 타입으로 변경했다. 이에 따라 Task::files_를 사용하는 위치(ReadFile() 시스템 콜)에서는 실제로 그 '파일'이 FAT 파일인지 또는 키보드 입력을 파일화한 것인지를 구별하지 않고 사용할 수 있다. 두 가지의 다른 장치를 '파일'로 추상화한 것이다.

26.3 키보드 입력을 받다

그런데 일반 파일이라면 ReadFile() 이전에 OpenFile()을 사용해 열었을 것이다. 반면 표준입력은 애플리케이션 시작 시 fd=0으로 열려 있어야 한다. 즉 애플리케이션 시작 전에 Task::files_의 선두에 표준입력을 나타내는 값이 들어가 있는 상태로 만든다.

리스트 26.5 fd=0에 표준입력을 설정한다(terminal.cpp)

```
  task.Files().push_back(
      std::make_unique<TerminalFileDescriptor>(task, *this));

  auto entry_addr = elf_header->e_entry;
  int ret = CallApp(argc.value, argv, 3 << 3 | 3, entry_addr,
                    stack_frame_addr.value + 4096 - 8,
                    &task.OSStackPointer());
  task.Files().clear();
```

애플리케이션 시작 전에 표준입력을 fd=0으로 설정하는 프로그램이 리스트 26.5에 나와 있다. 이 프로그램은 Terminal::ExecuteFile()에서 발췌했다. CallApp()을 실행하기 직전에 Task::files_의 선두에 표준입력을 나타내는 값(TerminalFileDescriptor의 인스턴스)을 설정하고 있다.

한 터미널에서 여러 번 애플리케이션을 시작하고 종료하는 점을 감안할 때 애플리케이션 종료 시 Task::files_를 비워둘 필요가 있음을 깨달았다. CallApp() 후에 실행하는 task.Files().clear();가 그 역할을 담당한다. 이 코드를 추가하지 않으면 애플리케이션이 시작할 때마다 파일이 쌓여 파일 디스크립터 번호가 뒤쪽 방향으로 어긋나 버리게 된다.

리스트 26.6 TerminalFileDescriptor::Read()는 키보드 입력을 읽는다(terminal.cpp)

```
size_t TerminalFileDescriptor::Read(void* buf, size_t len) {
  char* bufc = reinterpret_cast<char*>(buf);

  while (true) {
    __asm__("cli");
    auto msg = task_.ReceiveMessage();
    if (!msg) {
      task_.Sleep();
      continue;
    }
    __asm__("sti");

    if (msg->type == Message::kKeyPush && msg->arg.keyboard.press) {
      bufc[0] = msg->arg.keyboard.ascii;
      term_.Print(bufc, 1);
      return 1;
    }
  }
}
```

키보드 입력을 받는 TerminalFileDescriptor::Read()의 구현을 리스트 26.6에서 볼 수 있다. 어려운 부분은 별로 없다. 태스크의 메시지 큐에서 한 문자를 읽고 나서 반환하면 될 것이다. 일반 파일 읽기의 경우는 len에 지정된 바이트 수까지 읽기를 계속하려고 하겠지만, 키보드 입력은 한 문자씩밖에 오지 않으므로 한 문자를 입력한 시점에서 Read()를 종료시키도록 한다.

term_.Print(bufc, 1);는 키 입력 결과를 즉시 터미널에 출력하기 위한 처리다. 이 처리를 **에코 백**echo back이라고 한다. 이 효과는 시험 삼아 이 줄을 주석 처리해서 실행해 보면 잘 알 수 있다. 에코 백이 있으면 입력작업이 매우 편해진다.

readfile 커맨드는 파라미터로 경로를 받고 해당 경로가 가리키는 파일에서 세 줄을 읽는 커맨드다. 즉 입력 파일은 경로로 지정할 필요가 있다. 지금 시점에서는 표준입력에 대응하는 경로가 없으므로 유감이지만 readfile이 표준입력을 읽을 수 없다. 모처럼 지금까지 노력해 왔는데 이건 슬픈 일이다.

리스트 26.7 표준입력에 파일명을 부여한다(syscall.cpp)

```
SYSCALL(OpenFile) {
  const char* path = reinterpret_cast<const char*>(arg1);
  const int flags = arg2;
  __asm__("cli");
  auto& task = task_manager->CurrentTask();
  __asm__("sti");

  if (strcmp(path, "@stdin") == 0) {
    return { 0, 0 };
}
```

실은 슬퍼할 필요는 없다! 리스트 26.7 같이 특수한 경로로 표준입력을 지정할 수 있게 하면 되기 때문이다. 이제 fopen("@stdin","r")으로 지정하면 표준입력을 취득할 수 있으므로 readfile 커맨드에서 표준입력을 다룰 수 있을 것이다. 표준입력에 어떤 경로를 매핑시킬지는 OS에 따라 다르며 MikanOS에서는 @stdin으로 했는데 리눅스는 /dev/stdin이다.

여기까지 수정한 내용을 실행한 모습을 그림 26.1에서 보여준다. 스크린샷이라서 알아보기가 어렵기 때문에 동작을 설명한다. 우선 키보드로 'abc......'를 입력하면 키 입력이 있을 때마다 입력한 문자가 터미널에 표시된다. 에코 백 기능 덕분이다. 그 후 엔터 키를 누른 순간 다음 줄에 'abcdef'가 한 번에 표시됐다. 이것은 fgets()에 의해 한 줄을 읽은 결과가 printf()로 터미널에 출력됐기 때문이다. 두 번째 줄도 마찬가지로 엔터를 입력한 순간에 같은 내용의 줄이 표시됐다. 세 번째는 엔터 입력 전의 타이밍에서 멈추고 있다.

readfile 커맨드 측은 단 한 줄도 바꾸지 않았는데도 키보드 입력을 다룰 수 있게 됐다. 스스로 이렇게 말하는 건 창피하지만 이 구조가 매우 근사하다고 생각한다.

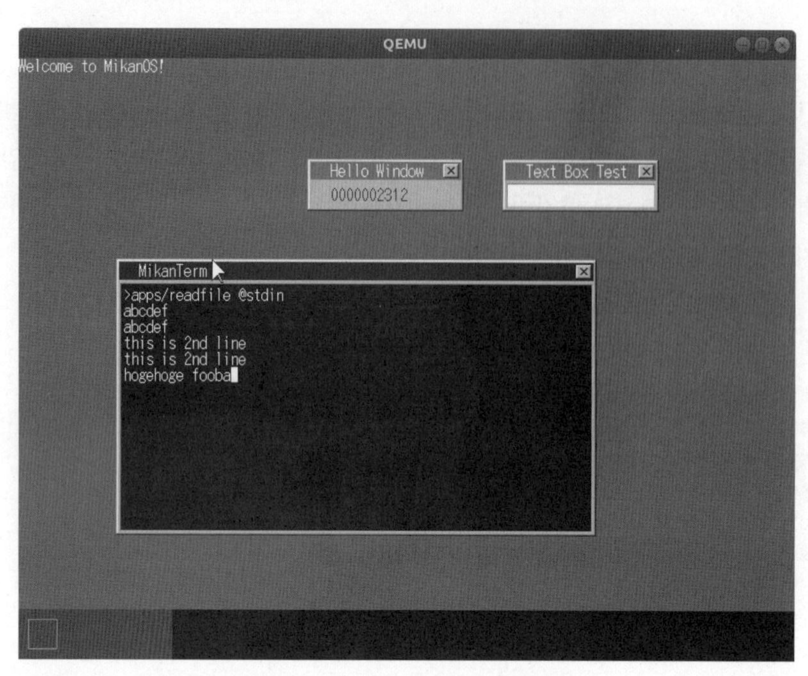

그림 26.1 readfile 커맨드에 표준입력을 지정한 모습

26.4 EOF와 EOT(osbook_day26b)

표준입력 구조는 파일을 여는 모든 커맨드에서 동일하게 사용할 수 있다. 당연히 grep 커맨드에서도 사용할 수 있으므로 실제 apps/grep foo @stdin으로 실행해 키보드로 다양한 입력을 통해 테스트해 봤다. 테스트 결과 제대로 foo를 포함한 줄만을 복제했다. 물론 검색 패턴에 히트하지 않은 줄도 에코 백에 의해 한 줄 표시됐지만 검색 패턴과 일치하는 줄은 한 줄 더 추가돼 표시됐다. 괜찮은 느낌이다.

하지만 문제가 있다. grep 커맨드의 입력 파일에 표준입력을 지정해버리면 영원히 커맨드 동작이 종료하지 않는 것이다. grep은 파일의 끝에 도달할 때까지 동작을 계속한다. 일반적인 파일이라면 끝이 있지만 표준입력에서는 끝이 없기 때문에 grep은 종료되지 않는다.

파일의 끝을 EOF[2]라고 한다. 한편 표준입력이나 네트워크 통신 같은 데이터 전송에서

2 End of File

의 끝은 EOT[3]라고 부른다. 양쪽은 유사한 개념이지만 EOT는 특별히 구조를 만들지 않으면 구현할 수 없다. 이 절에서는 표준입력에서 EOT를 구현하겠다.

리눅스에서는 터미널에서 Ctrl-D를 입력하면 EOT를 나타내는 것으로 돼 있다. 리눅스 터미널에서는 Ctrl 키를 누르면서 A부터 Z 및 몇 개의 기호를 입력해 ASCII 1에서 31에 해당하는 제어문자를 입력하는 기능이 있다. A~Z가 차례대로 1~26에 대응한다. D는 선두에서 4번째다. 실은 EOT는 ASCII 코드 4로 할당돼 있다. 그 때문에 Ctrl 키를 누르면서 D 키를 누르면 EOT를 입력할 수 있는 것이다. 이 구조를 MikanOS에서도 탑재해서 grep을 종료할 수 있도록 해 보겠다.

리스트 26.8 Ctrl-D로 EOF를 입력한다(terminal.cpp)

```
size_t TerminalFileDescriptor::Read(void* buf, size_t len) {
  char* bufc = reinterpret_cast<char*>(buf);

  while (true) {
    __asm__("cli");
    auto msg = task_.ReceiveMessage();
    if (!msg) {
      task_.Sleep();
      continue;
    }
    __asm__("sti");

    if (msg->type != Message::kKeyPush || !msg->arg.keyboard.press) {
      continue;
    }
    if (msg->arg.keyboard.modifier & (kLControlBitMask | kRControlBitMask)) {
      char s[3] = "^ ";
      s[1] = toupper(msg->arg.keyboard.ascii);
      term_.Print(s);
      if (msg->arg.keyboard.keycode == 7 /* D */) {
        return 0; // EOT
      }
      continue;
    }

    bufc[0] = msg->arg.keyboard.ascii;
    term_.Print(bufc, 1);
```

3 End of Transmission

```
    return 1;
  }
}
```

TerminalFileDescriptor::Read()를 리스트 26.8 같이 수정했다. Ctrl을 누르지 않은 경우의 동작은 지금까지와 다르지 않다. Ctrl을 눌렀다면 제어문자의 처리 모드로 들어간다. 제어문자 모드에서는 입력된 문자에 캐럿(^)을 붙여서 표시해 제어문자가 입력됐음을 알 수 있게 했다. Ctrl-D 이외의 제어문자는 지금은 무시하기로 하고, Ctrl-D를 감지했다면 0을 반환한다. 0의 반환은 파일의 끝에 왔다는 것과 동일한 동작이다. 그래서 애플리케이션 측은 EOF와 EOT를 구별할 필요 없이 일반 파일의 끝에 도달했을 때와 동일하게 처리하면 된다. 문제는 없어 보인다.

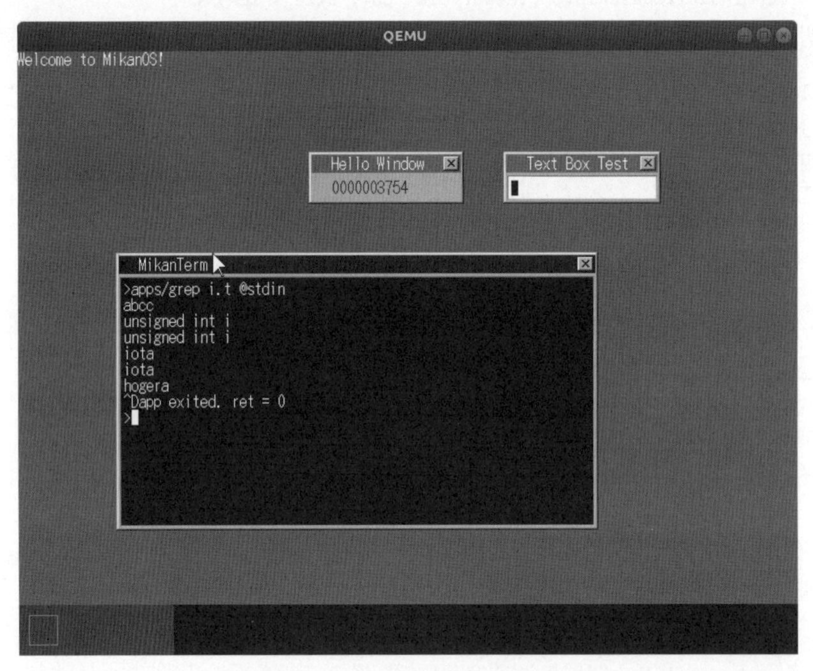

그림 26.2 Ctrl-D로 grep 커맨드를 종료시킨 모습

구현한 내용을 즉시 실행해 봤다(그림 26.2). 적당한 시점에서 Ctrl-D를 입력하면 그 즉시 grep 커맨드가 종료됐다. 간단한 수정으로 EOT에 대응할 수 있어서 대만족이다.

26.5 파일 쓰기(1)(osbook_day26c)

26장의 본론에 해당하는 파일 쓰기를 구현해본다. 파일 쓰기는 매우 힘들 것 같은 생각이 든다. 무엇보다 지금까지 애플리케이션 내에서는 물론 OS 본체에서도 파일 쓰기 기능은 일절 개발하지 않았기 때문이다. 설계부터 시작한다. 파일 쓰기라고 해도 스토리지 장치에 기록하는 것이 아닌 메인 메모리상에 내용을 저장할 뿐이다. MikanOS에는 스토리지 장치를 제어하는 드라이버 프로그램이 탑재돼 있지 않기 때문이다.

파일을 쓴다는 것은 요약하면 FAT 파일 시스템상의 데이터를 고쳐 쓴다는 걸 의미한다. 고쳐 써야 하는 데이터는 크게 두 가지로 첫 번째는 데이터 본체다. FAT 클러스터 체인상의 파일 데이터를 기록해 간다. 파일이 큰 경우는 하나의 클러스터에 들어가지 못하므로 클러스터를 연결하는 작업도 필요하다. 또 한 가지는 디렉터리 엔트리다. 디렉터리 엔트리에는 파일 사이즈나 쓰기 시간이 기록돼 있으므로 파일 갱신에 맞춰서 그들 값을 갱신한다. 파일을 신규 작성하는 경우는 디렉터리 엔트리를 신규 추가할 필요도 있다.

- 파일을 신규로 작성하는 기능. 지정한 디렉터리 내에서 신규 디렉터리 엔트리를 작성하고, 파일 사이즈 0으로 초기화한다.
- 기존 파일에 데이터를 써넣는 기능

만들어야 하는 기능을 생각해 보면 사용자가 직접 원하는 기능은 이 두 가지라고 생각한다. 신규 파일에 데이터를 쓰는 경우도 사이즈 0의 파일을 신규로 만든 다음에는 '기존 파일'로 간주할 수 있기 때문이다. 동시에 양쪽 기능을 만드는 것은 힘들기 때문에 이 절에서는 빈 파일을 새롭게 만드는 기능만을 먼저 구현한다.

리스트 26.9 O_CREAT가 지정됐다면 파일을 신규로 만든다(syscall.cpp)

```
if (strcmp(path, "@stdin") == 0) {
  return { 0, 0 };
}

auto [ file, post_slash ] = fat::FindFile(path);
if (file == nullptr) {
  if ((flags & O_CREAT) == 0) {
   return { 0, ENOENT };
  }
  auto [ new_file, err ] = CreateFile(path);
```

```
    if (err) {
      return { 0, err };
    }
    file = new_file;
  } else if (file->attr != fat::Attribute::kDirectory && post_slash) {
    return { 0, ENOENT };
  }

  size_t fd = AllocateFD(task);
  task.Files()[fd] = std::make_unique<fat::FileDescriptor>(*file);
  return { fd, 0 };
```

리스트 26.9는 OpenFile() 시스템 콜의 수정부분과 그 주변을 보여준다. 주요한 변경 사항은 지정된 경로가 발견되지 않았을 때(if (file == nullptr))의 처리다. 지금까지는 단순히 ENOENT 에러를 반환할 뿐이었으나 O_CREAT 플래그가 지정돼 있다면 빈 파일을 신규로 만들도록 처리를 변경했다. CreateFile()이라는 함수가 빈 파일을 만드는 함수다. 나중에 구현한다.

O_CREAT 플래그는 POSIX의 open() 플래그로 정해져 있는 표준 플래그다. 이 플래그는 열고자 하는 파일이 없는 경우에 파일을 신규 작성하는 효과를 가진다. 필자가 갖춘 리눅스 환경에서 시험했을 때 모드(O_RDONLY, O_WRONLY, O_RDWR)에 관계없이 파일이 없는 경우에는 빈 파일이 생성됐다. 그런 이유로 MikanOS에서도 그런 식으로 구현했다.

리스트 26.10 반환 값을 변환한다(syscall.cpp)

```
std::pair<fat::DirectoryEntry*, int> CreateFile(const char* path) {
  auto [ file, err ] = fat::CreateFile(path);
  switch (err.Cause()) {
  case Error::kIsDirectory: return { file, EISDIR };
  case Error::kNoSuchEntry: return { file, ENOENT };
  case Error::kNoEnoughMemory: return { file, ENOSPC };
  default: return { file, 0 };
  }
}
```

O_CREAT 처리에 사용하는 CreateFile()의 구현을 리스트 26.10에서 보여준다. 실제 처리의 대부분은 fat::CreateFile()에 정의하고 있어서 여기서는 반환 값을 Error 타입으로부터 시스템 콜용 에러 값으로 변환하고 있을 뿐이다.

리스트 26.11 CreateFile()은 지정된 이름의 빈 파일을 생성한다(fat.cpp)

```
WithError<DirectoryEntry*> CreateFile(const char* path) {
  auto parent_dir_cluster = fat::boot_volume_image->root_cluster;
  const char* filename = path;

  if (const char* slash_pos = strrchr(path, '/')) {
    filename = &slash_pos[1];
    if (slash_pos[1] == '\0') {
      return { nullptr, MAKE_ERROR(Error::kIsDirectory) };
    }

    char parent_dir_name[slash_pos - path + 1];
    strncpy(parent_dir_name, path, slash_pos - path);
    parent_dir_name[slash_pos - path] = '\0';

    if (parent_dir_name[0] != '\0') {
      auto [ parent_dir, post_slash2 ] = fat::FindFile(parent_dir_name);
      if (parent_dir == nullptr) {
        return { nullptr, MAKE_ERROR(Error::kNoSuchEntry) };
      }
      parent_dir_cluster = parent_dir->FirstCluster();
    }
  }

  auto dir = fat::AllocateEntry(parent_dir_cluster);
  if (dir == nullptr) {
    return { nullptr, MAKE_ERROR(Error::kNoEnoughMemory) };
  }
  fat::SetFileName(*dir, filename);
  dir->file_size = 0;
  return { dir, MAKE_ERROR(Error::kSuccess) };
}
```

fat::CreateFile()의 구현이 리스트 26.11에 나와 있다. 이 함수는 파라미터로 지정된 경로에 빈 파일을 생성한다. 경로에 디렉터리명이 포함돼 있다면 그 디렉터리에, 디렉터리가 포함돼 있지 않다면 루트 디렉터리에 파일을 생성한다.

parent_dir_cluster는 중요한 변수다. 이 변수는 빈 파일을 생성하는 디렉터리를 나타낸다. 초기 값을 루트 디렉터리로 하고 있으므로, 경로에 디렉터리명이 포함돼 있지 않은 경우에는 루트 디렉터리에 빈 파일이 생성된다.

다음으로 경로에 디렉터리명이 포함돼 있는지를 조사해 포함돼 있다면 해당 디렉터리를 연다. strrchr()는 지정한 문자열의 **끝**에서부터 문자를 검색하는 C 표준 라이브러리 함수다. 경로를 디렉터리명과 파일명으로 나누기 위해 사용하고 있다. 경로에 다수의 구분문자(/)가 포함돼 있어도 제대로 마지막의 구분문자를 검색하기 위해 strchr()이 아니라 strrchr()(r이 하나 많음)을 사용한다. 경로에 /가 포함돼 있다면 fat::FindFile()로 해당 디렉터리를 열고 클러스터 번호를 parent_dir_cluster에 설정한다.

마지막으로 fat::AllocateEntry()를 사용해 지정한 디렉터리 안에 빈 파일을 생성한다. 파일명은 fat::SetFileName()으로 설정한다. 이 두 가지 함수 및 관련 함수를 계속해서 설명한다.

리스트 26.12 AllocateEntry()는 빈 엔트리를 찾아서 반환한다(fat.cpp)

```
DirectoryEntry* AllocateEntry(unsigned long dir_cluster) {
  while (true) {
    auto dir = GetSectorByCluster<DirectoryEntry>(dir_cluster);
    for (int i = 0; i < bytes_per_cluster / sizeof(DirectoryEntry); ++i) {
      if (dir[i].name[0] == 0 || dir[i].name[0] == 0xe5) {
        return &dir[i];
      }
    }
    auto next = NextCluster(dir_cluster);
    if (next == kEndOfClusterchain) {
      break;
    }
    dir_cluster = next;
  }

  dir_cluster = ExtendCluster(dir_cluster, 1);
  auto dir = GetSectorByCluster<DirectoryEntry>(dir_cluster);
  memset(dir, 0, bytes_per_cluster);
  return &dir[0];
}
```

fat::AllocateEntry()를 리스트 26.12처럼 구현했다. 이 함수는 지정한 디렉터리를 검색해 미사용 디렉터리 엔트리를 찾아서 반환한다. 디렉터리 엔트리의 name 선두 1바이트가 0 또는 0xE5라면 그 엔트리는 미사용임을 나타내므로 그러한 엔트리를 찾았다면 해당 엔트리를 반환한다.

빈 엔트리가 하나도 없는 경우가 드물게 발생한다. 그런 때는 파일 생성을 포기하는 것이 아닌 디렉터리의 데이터 영역을 한 개 클러스터만큼 확장하고 빈 엔트리를 할당한다. 그를 위한 처리가 ExtendCluster()의 호출로 시작하는 네 줄이다. ExtendCluster()는 클러스터 체인을 늘리기 위한(extend) 함수로, 지정한 수의 빈 클러스터를 클러스터 체인의 끝에 붙이고 맨 끝의 클러스터 번호를 반환한다. 여기서는 늘리려는 클러스터 수를 1로 하고 있으므로 반환 값 dir_cluster는 지금 막 추가한 클러스터의 번호가 된다. 금방 추가한 클러스터는 당연히 전체가 비어 있으므로 문답없이 선두 엔트리를 반환하면 되겠다.

리스트 26.13 ExtendCluster()는 클러스터 체인을 연장한다(fat.cpp)

```
unsigned long ExtendCluster(unsigned long eoc_cluster, size_t n) {
  uint32_t* fat = GetFAT();
  while (!IsEndOfClusterchain(fat[eoc_cluster])) {
    eoc_cluster = fat[eoc_cluster];
  }

  size_t num_allocated = 0;
  auto current = eoc_cluster;

  for (unsigned long candidate = 2; num_allocated < n; ++candidate) {
    if (fat[candidate] != 0) { // candidate cluster is not free
      continue;
    }
    fat[current] = candidate;
    current = candidate;
    ++num_allocated;
  }
  fat[current] = kEndOfClusterchain;
  return current;
}
```

fat::ExtendCluster()는 리스트 26.13 같이 돼 있다. 이 함수는 파라미터 n으로 지정한 수의 빈 클러스터를 모아서 eoc_cluster로 지정한 클러스터 체인의 맨 끝에 추가하는 역할을 한다.

시작부분의 while 문에서는 파라미터 eoc_cluster로 주어진 클러스터가 소속한 클러스터 체인을 끝까지 찾아간다. 후반부에 있는 for 문에서는 볼륨 내의 전체 클러스터를 선두(클러스터2)부터 조사해 필요한 수의 빈 클러스터를 찾는다. 루프 변수 candidate는 영어로 '후보'란 의미가 있다. 여기서는 빈 클러스터 후보라는 뜻에서 이 이름을 사용했다. 발견한 빈 클러스터의 수는 num_allocated에서 관리한다. 이 값이 n이 될 때까지 빈 클러스터를 계속해서 찾는다.

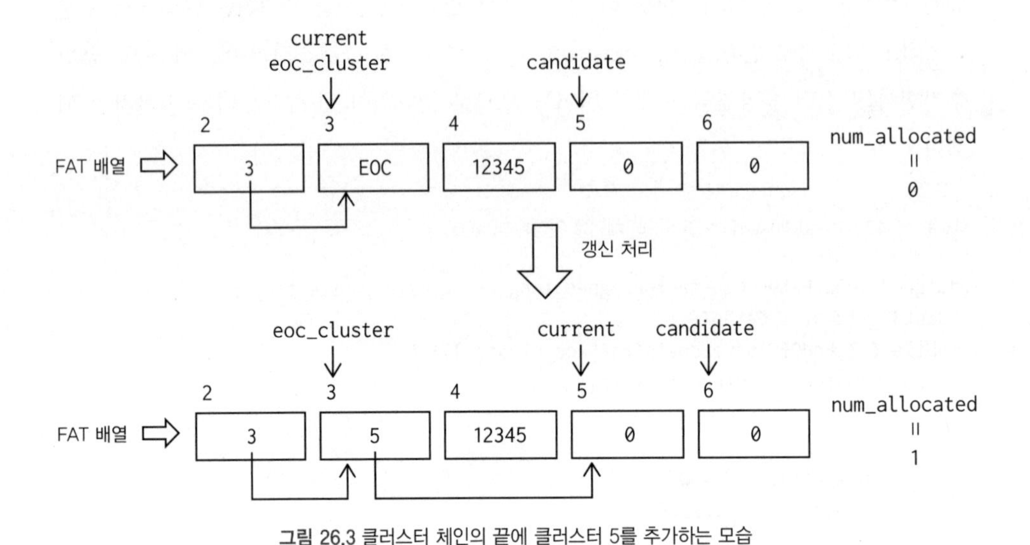

그림 26.3 클러스터 체인의 끝에 클러스터 5를 추가하는 모습

for 문에서는 발견한 빈 클러스터를 클러스터 체인의 끝에 추가한다. 그림 26.3은 클러스터2 → 클러스터3인 체인의 끝에 클러스터를 추가하는 예를 보여준다. 클러스터4는 다른 체인의 일부분으로 사용 중이므로 후보로 클러스터5가 선택된다. 갱신처리에 따라 클러스터3에 클러스터5가 연결되며 num_allocated가 증가한다.

볼륨이 거의 가득 차게 되면 볼륨 내의 전체 클러스터를 찾는다 해도 충분한 빈 클러스터가 없는 경우가 있을 수 있다. 하지만 앞의 구현에서는 그 체크를 게을리하고 있다. 그 이유는 충분한 빈 클러스터가 없는 패턴은 좀처럼 발생하지 않고, 에러 체크를 하는 코드가 매우 커지게 되기 때문이다. 애초에 MikanOS의 부트로더에서는 볼륨의 선두 16MiB밖에 읽어 들이지 않는다. 그러므로 원래 볼륨에 존재했을 클러스터 수보다도 훨씬 작은 영역만이 메모리상에 존재한다. 그 때문에 클러스터수의 검사는 무의미한 것이다(볼륨의 시작에서 16MiB를 초과한다면 처리를 그만둔다는 에러 체크는 충분히 가치가 있다. 흥미가 있다면 수정해보기 바란다).

ExtendCluster()에서 사용하는 GetFAT()는 볼륨의 FAT 구조(32비트값의 배열)의 시작 포인터를 얻는 함수이며, IsEndOfClusterchain()은 주어진 클러스터 번호가 체인의 끝을 나타내는 값인지를 확인하기 위한 함수다. 자세한 구현 내용 소개는 생략한다.

지금까지의 설명으로 CreateFile()에서 호출하는 fat::AllocateEntry()의 설명이 끝났다. 그 다음에 등장하는 fat::SetFileName()에 대해서도 간단히 설명하겠다.

리스트 26.14 SetFileName()은 디렉터리 엔트리에 짧은 이름을 기록한다(fat.cpp)

```
void SetFileName(DirectoryEntry& entry, const char* name) {
  const char* dot_pos = strrchr(name, '.');
  memset(entry.name, ' ', 8+3);
  if (dot_pos) {
    for (int i = 0; i < 8 && i < dot_pos - name; ++i) {
      entry.name[i] = toupper(name[i]);
    }
    for (int i = 0; i < 3 && dot_pos[i + 1]; ++i) {
      entry.name[8 + i] = toupper(dot_pos[i + 1]);
    }
  } else {
    for (int i = 0; i < 8 && name[i]; ++i) {
      entry.name[i] = toupper(name[i]);
    }
  }
}
```

리스트 26.14에 fat::SetFileName()의 구현을 정리했다. 이 함수가 수행하는 작업은 매우 간단하다. 파라미터 name에 지정된 짧은 파일명(8+3형식)을 대문자로 변환하고 디렉터리 엔트리의 entry.name 필드에 복사할 뿐이다. 예를 들어 "hoge.foo"라는 파일명이 주어졌다면 entry.name에는 "HOGE   FOO"라는 11문자가 기록된다. FAT 사양에서 파일명은 전부 대문자로 기록해야 한다(MikanOS에서만 읽고 써도 괜찮은 볼륨이라면 그런 사양을 지킬 필요는 없지만).

디렉터리 엔트리에는 파일명 외에도 파일 작성 시간, 파일 변경 시간 등의 항목이 있지만, 지금은 특별히 변경하지는 않겠다. 다만 파일 사이즈만은 확실히 0으로 해둔다. 커맨드로 파일을 읽어 들일 때 오작동을 막기 위해서다.

이제 OpenFile() 시스템 콜에 O_CREAT를 지정하면 파일이 생성되는 구조가 준비됐다. 파일을 쓰기 모드로 여는 커맨드를 작성해서 검증해 보겠다.

리스트 26.15 파일을 복사하는 cp 커맨드(cp/cp.cpp)

```
#include <cstdio>
#include <cstdlib>

extern "C" void main(int argc, char** argv) {
  if (argc < 3) {
    printf("Usage: %s <src> <dest>\n", argv[0]);
    exit(1);
  }

  FILE* fp_src = fopen(argv[1], "r");
  if (fp_src == nullptr) {
    printf("failed to open for read: %s\n", argv[1]);
    exit(1);
  }

  FILE* fp_dest = fopen(argv[2], "w");
  if (fp_dest == nullptr) {
    printf("failed to open for write: %s\n", argv[2]);
    exit(1);
  }

  char buf[256];
  size_t bytes;
  while ((bytes = fread(buf, 1, sizeof(buf), fp_src)) > 0) {
    const size_t written = fwrite(buf, 1, bytes, fp_dest);
    if (bytes != written) {
      printf("failed to write to %s\n", argv[2]);
      exit(1);
    }
  }
  exit(0);
}
```

파일을 복사하는 표준 커맨드인 cp를 구현해봤다(리스트 26.15). 오리지널 커맨드보다 상당히 기능이 적다. 이 커맨드는 cp <src> <dest>와 같이 호출하면 src에서 지정한 파일을 dest로 지정한 파일명에 복사한다.

프로그램 자체는 매우 간단하다. src와 dest로 지정된 파일을 각각 읽기 모드, 쓰기 모드로 열고 파일 내용을 256바이트씩 복사해간다. fopen() 모드로 w를 지정하면 open() 플래그에 O_WRONLY|O_CREAT가 지정된다.

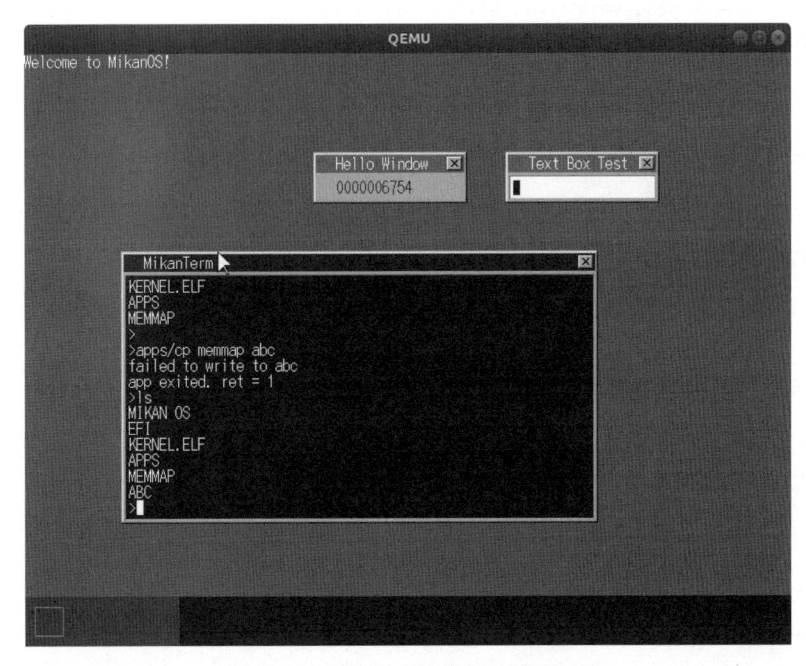

그림 26.4 cp 커맨드가 신규 파일을 생성하는 모습

그림 26.4에서 cp 커맨드의 실행 모습을 볼 수 있다. memmap 파일을 abc란 이름으로 복사하고 있다. 아직 fwrite()가 의존하는 write()의 구현을 하지 않았으므로 데이터 복사에 실패해서 cp 커맨드는 전체적으로는 실패한 결과를 얻는다. 하지만 fopen() 자체는 성공이라서 ABC라는 파일이 새롭게 생성돼 있다. 의도대로 된 것 같아 느낌이 좋다. 물론 ABC를 cat 커맨드로 표시해보면 내용은 비어 있다.

26.6 파일 쓰기(2)(osbook_day26d)

빈 파일을 만들 수 있게 됐다. 이 절에서는 기존 파일에 데이터를 기록하는 기능을 만든다. 이 기능을 완성하면 fwrite()가 제대로 동작하게 돼 cp 커맨드가 정상적으로 파일을 복사할 수 있게 된다.

리스트 26.16 파일 디스크립터에 쓰기 인터페이스를 추가한다(file.hpp)

```
class FileDescriptor {
 public:
  virtual ~FileDescriptor() = default;
  virtual size_t Read(void* buf, size_t len) = 0;
  virtual size_t Write(const void* buf, size_t len) = 0;
};
```

파일 쓰기를 지원하기 위해 먼저 FileDescriptor 클래스에 Write() 메소드를 추가한다(리스트 26.16). 부모 클래스에 순수 가상함수를 추가하면 자식 클래스에서 오버라이드 하지 않으면 컴파일러 에러가 발생한다. 이 에러를 해결하려면 두 개의 자식 클래스(fat::FileDescriptor와 TerminalFileDescriptor)에 Write() 메소드를 구현해야 한다.

리스트 26.17 TerminalFileDescriptor::Write()는 터미널로 출력한다(terminal.cpp)

```
size_t TerminalFileDescriptor::Write(const void* buf, size_t len) {
  term_.Print(reinterpret_cast<const char*>(buf), len);
  return len;
}
```

TerminalFileDescriptor::Write()가 간단하므로 먼저 구현했다(리스트 26.17). Read()와 비교하면 매우 간단하게 만들 수 있다. 받은 문자열을 터미널로 출력하면 그걸로 완료다.

리스트 26.18 선두 3개의 파일을 표준입출력으로 한다(terminal.cpp)

```
  for (int i = 0; i < 3; ++i) {
    task.Files().push_back(
        std::make_unique<TerminalFileDescriptor>(task, *this));
}
```

TerminalFileDescriptor는 읽기 및 쓰기에도 대응하게 됐으므로 표준입력(fd=0)뿐만 아니라 표준출력(fd=1)과 표준에러 출력(fd=2)도 사용할 수 있게 됐다. 그래서 리스트 26.18 같이 Task::files_의 선두 세 개를 모두 TerminalFileDescriptor로 지정했다. 지금까지는 fd=0만을 설정했는데 이제부터는 fd = 0, 1, 2가 터미널에 연결된다.

리스트 26.19 PutString() 시스템 콜에서 fd를 사용한다(syscall.cpp)

```
SYSCALL(PutString) {
  const auto fd = arg1;
  const char* s = reinterpret_cast<const char*>(arg2);
  const auto len = arg3;
  if (len > 1024) {
    return { 0, E2BIG };
  }

  __asm__("cli");
  auto& task = task_manager->CurrentTask();
  __asm__("sti");

  if (fd < 0 || task.Files().size() <= fd || !task.Files()[fd]) {
    return { 0, EBADF };
  }
  return { task.Files()[fd]->Write(s, len), 0 };
}
```

fd가 제대로 설정된 값을 받도록 리스트 26.19 같이 syscall::PutString()을 수정했다. 지금까지는 fd가 1이였다면 터미널로 문자열을 출력하는 프로그램이었다. 하지만 지금의 수정으로 이제는 Task::files_에 등록된 파일 디스크립터를 사용할 수 있게 됐다. 이 변경에 따라 태스크 ID로 터미널을 검색하기 위한 매핑 테이블인 terminals 글로벌 변수가 불필요하게 됐다. 이 변수를 사용하는 부분을 모두 제거했다.

리스트 26.20 fat::FileDescriptor에 Write()를 추가한다(fat.hpp)

```
class FileDescriptor : public ::FileDescriptor {
 public:
  explicit FileDescriptor(DirectoryEntry& fat_entry);
  size_t Read(void* buf, size_t len) override;
  size_t Write(const void* buf, size_t len) override;

 private:
  DirectoryEntry& fat_entry_;
  size_t rd_off_ = 0;
  unsigned long rd_cluster_ = 0;
  size_t rd_cluster_off_ = 0;
  size_t wr_off_ = 0;
  unsigned long wr_cluster_ = 0;
```

```
  size_t wr_cluster_off_ = 0;
};
```

TerminalFileDescriptor의 수정은 정말로 편했다. 어려운 수정은 fat::FileDescriptor 쪽이다. 먼저 Write() 메소드의 선언과 필요한 멤버 변수를 추가했다(리스트 26.20). 읽기에 사용하는 세 개의 멤버 변수(rd_로 시작)와 비슷하게 쓰기에 사용하는 멤버 변수를 세 개 만든다. wr_off_는 파일 선두에서 오프셋, wr_cluster_는 쓰기 대상의 클러스터 번호, wr_cluster_off_는 클러스터 내의 오프셋이다.

리스트 26.21 FAT 파일 시스템상의 파일에 대응하는 쓰기(fat.cpp)

```
size_t FileDescriptor::Write(const void* buf, size_t len) {
  auto num_cluster = [](size_t bytes) {
    return (bytes + bytes_per_cluster - 1) / bytes_per_cluster;
  };

  if (wr_cluster_ == 0) {
    if (fat_entry_.FirstCluster() != 0) {
      wr_cluster_ = fat_entry_.FirstCluster();
    } else {
      wr_cluster_ = AllocateClusterChain(num_cluster(len));
      fat_entry_.first_cluster_low = wr_cluster_ & 0xffff;
      fat_entry_.first_cluster_high = (wr_cluster_ >> 16) & 0xffff;
    }
  }

  const uint8_t* buf8 = reinterpret_cast<const uint8_t*>(buf);

  size_t total = 0;
  while (total < len) {
    if (wr_cluster_off_ == bytes_per_cluster) {
      const auto next_cluster = NextCluster(wr_cluster_);
      if (next_cluster == kEndOfClusterchain) {
        wr_cluster_ = ExtendCluster(wr_cluster_, num_cluster(len - total));
      } else {
        wr_cluster_ = next_cluster;
      }
      wr_cluster_off_ = 0;
    }

    uint8_t* sec = GetSectorByCluster<uint8_t>(wr_cluster_);
```

```
    size_t n = std::min(len, bytes_per_cluster - wr_cluster_off_);
    memcpy(&sec[wr_cluster_off_], &buf8[total], n);
    total += n;

    wr_cluster_off_ += n;
  }

  wr_off_ += total;
  fat_entry_.file_size = wr_off_;
  return total;
}
```

핵심이 되는 fat::FileDescriptor::Write()의 구현을 리스트 26.21에 정리했다. 위에서부터 순서대로 설명한다.

num_cluster는 지정한 바이트 수를 쓰는데 필요한 클러스터 수를 계산하는 함수다. 써야 할 바이트 총 수에 bytes_per_cluster - 1을 더하고 나서 bytes_per_cluster로 나누면 소수점 이하를 올리는 효과를 가져온다. 1바이트를 쓰는데도 한 개의 클러스터가 필요하므로 버리는 것이 아닌 올리는 계산이 필요한 것이다.

다음의 if 문은 처음으로 파일에 쓸 때 실행된다. fat_entry_.FirstCluster() 값은 신규로 작성된 빈 파일이라면 0이 된다. 이 경우에는 이후에 구현하는 AllocateClusterChain()을 사용해 필요한 만큼의 빈 클러스터를 할당한다.

한편 기존 파일이라면 fat_entry_.FirstCluster()는 선두 클러스터 번호가 된다. 이 경우 그 클러스터 번호를 wr_cluster_에 설정한다. 그렇게 하면 이후의 쓰기에 의해 파일 내용이 선두부터 기록이 된다. 왠지 파일 내용을 덮어써서 망가지게 될 것 같아 걱정되지만 fopen()의 사양인 "w" 모드로 연 파일 내용은 모두 제거하도록 돼 있으므로 이렇게 해도 괜찮다.

fopen()을 "a" 모드[4]로 호출하는 경우는 파일의 끝에서부터 내용이 기록되는 사양이다. 하지만 현재 syscall::OpenFile()의 구현에서는 "a"에 대응할 수 없다. 이 모드에 대응하는 것은 독자의 과제로 남기겠다.

다음으로 while 문의 처리를 설명한다. 읽기와 마찬가지로 지정된 바이트 수만큼 쓰기

4 'a'는 append 모드의 머리글자이며, append란 영어로 '덧붙이다'는 의미다.

가 끝날 때까지 루프를 도는 구조로 돼 있다. 전체 흐름은 파일의 읽기와 비슷하다.

루프의 시작 처리가 특징적이다. 루프 시작부분에서는 클러스터 체인의 끝에 도달하면 빈 클러스터를 늘리는 처리를 하고 있다. 쓰기 오프셋(wr_cluster_off_)이 클러스터 끝에 오면 체인의 다음 클러스터를 wr_cluster_에 설정하려 한다. 하지만 체인이 아직 계속되는 경우는 그걸로 좋지만, 체인의 끝이었다면 다음 클러스터란 것이 존재하지 않는다. 그래서 ExtendCluster()로 필요한 만큼의 클러스터를 체인의 끝에 추가한다. 남은 처리는 파일의 읽기와 같은 느낌이라 특별히 어려운 부분은 없을 것이다.

리스트 26.22 AllocateClusterChain()은 지정된 수의 빈 클러스터를 할당한다(fat.cpp)

```
unsigned long AllocateClusterChain(size_t n) {
  uint32_t* fat = GetFAT();
  unsigned long first_cluster;
  for (first_cluster = 2; ; ++first_cluster) {
    if (fat[first_cluster] == 0) {
      fat[first_cluster] = kEndOfClusterchain;
      break;
    }
  }

  if (n > 1) {
    ExtendCluster(first_cluster, n - 1);
  }
  return first_cluster;
}
```

리스트 26.22는 빈 파일에 처음으로 쓰기를 할 때 fat::FileDescriptor::Write()가 사용하는 함수 fat::AllocateClusterChain()의 구현을 보여준다. 이 함수는 지정된 수의 빈 클러스터로 구성된 체인을 만들고 선두 클러스터 번호를 반환한다.

이제 수정이 대략 끝났으므로 cp 커맨드를 실행해 보자. 그림 26.5를 보면 세 개의 터미널이 열려 있다. 왼쪽 터미널에서는 cp 커맨드를 실행했다. cp가 종료 코드 0으로 정상 종료한 것과 ABC란 이름의 파일이 늘어났음을 알 수 있다.

오른쪽 상단의 터미널에서는 memmap의 내용을, 오른쪽 하단의 터미널에서는 abc의 내용을 나타내고 있다. 같은 내용으로 돼 있음을 알 수 있다. 즉 cp 커맨드가 제대로 파일 복사를 한 것이다. 필자는 지금 매우 감동하고 있다. MikanOS가 매우 본격적인 OS가 된 것 같아 기쁘다.

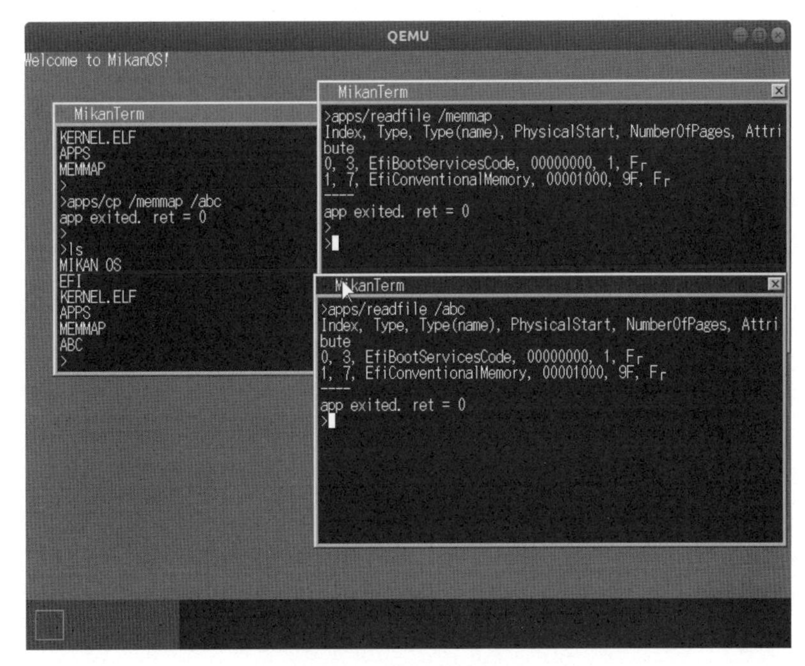

그림 26.5 cp 커맨드로 파일을 복사한 모습

그러고 보니 이번에는 apps/newlib_support.c의 write()는 수정하지 않았다. 그럼에도 불구하고 파일 쓰기가 잘된 것은 write()가 원래 PutString() 시스템 콜을 사용하고 있었기 때문이다. 이번 수정으로 PutString()이 fd=1 이외의 파일에 대해서도 올바르게 동작하게 돼 write()는 수정하지 않아도 됐다.

27장

애플리케이션의 메모리 관리

27장의 주제는 애플리케이션의 메모리 할당이다. MikanOS는 64비트 모드에서 동작하므로 애플리케이션에 광대한 가상 어드레스 공간이 제공된다. 하지만 지금 그 가상공간을 잘 활용하고 있다고는 말할 수 없다. 이 가상공간을 잘 활용하기 위해 메모리 할당 방법으로 디맨드 페이징을 구현하겠다. 디맨드 페이징은 아무리 큰 메모리 영역을 할당한다 해도 실제로 그 메모리 영역을 사용할 때까지는 물리 메모리에 압박을 주지 않는 불가사의한 구조다. 27장에서는 처음으로 페이지 폴트를 유효하게 사용하는 프로그래밍이 등장한다.

27.1 디맨드 페이징(osbook_day27a)

디맨드 페이징demand paging의 단어 의미를 먼저 설명하겠다. 디맨드는 요구, 수요 같은 의미의 영어 단어다. 페이징은 친숙한 어드레스 매핑 구조다. 페이징 구조를 떠올려보면 계층 페이징 구조에 설정을 수행해 페이지(고정 길이의 가상 어드레스 범위)를 프레임(고정 길이의 물리 어드레스 범위)에 매핑하는 구조였다. 디맨드 페이징이란 처음에는 어떤 페이지에도 프레임을 할당하지 않다가 페이지에 처음 액세스할 때 해당 페이지에 프레임을 할당하는 방식이다. 페이지에 대한 수요가 발생한 시점에서 그 수요에 해당하는 페이지만을 처리한다는 것이 디맨드 페이징 이름의 의미라고 할 수 있다.

디맨드 페이징은 페이지 폴트page fault라는 일반적인 경우에는 발생하지 않는 CPU 예외를 활용해 구현하는 재미있는 방법이다. 페이지 폴트를 테스트하기 위한 준비로 페이지 테이블의 엔트리에 있는 present 비트를 0으로 설정해둔다. 그렇다고 해도 초기상태에서는 페이지 테이블은 0으로 클리어되기 때문에 present 비트를 0으로 설정하는 작업은 특별히 하지 않고도 달성된다. 준비가 완료되면 해당 페이지에 액세스가 있을 때까지 대기한다. 해당 페이지가 액세스됐을 때의 처리 흐름은 다음과 같다.

1. 페이지에 액세스가 있으면 present 비트가 0이기 때문에 페이지 폴트가 발생한다.
2. 페이지 폴트 예외 핸들러는 원인이 된 페이지에 프레임을 할당한다.
3. 예외 핸들러를 종료하고 페이지 폴트의 원인이 된 명령에서부터 다시 실행한다.
4. 실행을 재개하면 아무런 일도 없었다는 듯이 처리가 계속된다.

지금까지는 예외가 발생하면 애플리케이션을 강제 종료해버렸다. 하지만 페이징에서는 페이징 폴트가 발생해도 물리 메모리를 할당한 후에 애플리케이션 실행을 계속한다. 재미있는 구조가 아닌가?

디맨드 페이징은 다양한 곳에서 활용할 수 있다. 예를 들어 애플리케이션 실행 시에 ELF 파일을 메모리에 읽어 들이지만, 디맨드 페이징을 사용하면 실제 파일 읽기를 거의 하지 않고도 애플리케이션을 시작할 수 있다.

ELF 파일의 헤더만 읽을 수 있다면 엔트리 포인트의 어드레스를 얻을 수 있다. ELF 파일의 LOAD 세그먼트를 메모리에 배치하는 처리를 하지 않고 그대로 엔트리 포인트를 `call`한다. 당연히 호출된 페이지는 present=0이므로 페이지 폴트가 발생할 것이다. 페이지 폴트 핸들러에서 대상 페이지에 프레임을 할당한다. 그리고 그 프레임에 ELF 파일의 대응 부분을 읽어 들인다. 그 상태에서 예외 핸들러를 빠져나오면 `call` 명령이 재실행된다. 이번에는 present=1로 돼 있어서 ELF 파일(의 일부분)도 읽어 들인 상태이기 때문에 엔트리 포인트가 정상적으로 실행된다.

이 설명은 디맨드 페이징을 파일의 지연로드에 사용한 예시다. 실행 파일에서 실제로 실행되는 기계어의 범위가 한정된 경우 실행 파일 전체를 메모리상에 읽어 들일 필요는 없는 것이다. 아주 짧은 시간 범위에서 한정해서 본다면 규모가 큰 프로그램에서도 실행하는 부분은 특정 for 문에 한정될 수 있다. 이런 상황을 **참조의 지역성**(국소성)이라고 한다. 그 for 문을 구성하는 기계어만 메모리상에 있으면 CPU는 그 for 문을 계속해 실행할 수가 있는 것이다. 이것은 프로그램이 사용하는 변수에 대해서도 성립한다. 그 순간에 필요한 변수가 메모리상에 있다면 프로그램은 실행 가능하다.

디맨드 페이징을 간단하게 메모리 할당 구조로 사용하는 것은 간단하다. 페이징 폴트가 발생할 때 프레임을 할당해주는 것으로 해결된다. 디맨드 페이징에 의한 파일 지연로드를 구현하기는 조금 어렵다. 페이지와 파일을 매핑하는 구조가 필요하기 때문이다. 그리고 애초에 MikanOS에서는 파일이 처음부터 메모리상에 상주하므로, 파일의 지연로드를 하는 메리트가 거의 없다. HDD나 SDD에서 데이터를 읽어내는 속도가 매우 느릴 때 파일의 지연로드가 도움이 되는 것이다. 그런 이유로 이 절에서는 애플리케이션이 순수하게 메모리를 할당하는 구조에만 디맨드 페이징을 사용하도록 구현한다.

리스트 27.1 페이지 폴트가 발생하면 HandlePageFault()를 호출한다(interrupt.cpp)

```
__attribute__((interrupt))
void IntHandlerPF(InterruptFrame* frame, uint64_t error_code) {
  uint64_t cr2 = GetCR2();
  if (auto err = HandlePageFault(error_code, cr2); !err) {
    return;
  }
  KillApp(frame);
  PrintFrame(frame, "#PF");
  WriteString(*screen_writer, {500, 16*4}, "ERR", {0, 0, 0});
  PrintHex(error_code, 16, {500 + 8*4, 16*4});
  while (true) __asm__("hlt");
}
```

디맨드 페이징의 핵심은 페이지 폴트 발생 시의 처리다. 리스트 27.1에서 보는 대로 페이지 폴트가 발생했을 때 새롭게 작성한 함수 HandlePageFault()를 호출하게 했다. 이 함수가 에러 없이 종료하면 디맨드 페이징의 처리가 성공적으로 수행됐다고 판단해 애플리케이션을 강제 종료시키지 않고 예외 핸들러를 빠져나온다. 그 경우 애플리케이션은 아무 일도 없었다는 듯이 처리를 계속한다.

페이지 폴트는 프로그램이 present=0의 페이지에 액세스하거나 그 페이지를 읽고 쓰는데 충분한 권한이 없는 경우에 발생한다. 페이지 폴트의 예외 핸들러에 전달되는 에러 코드(파라미터 error_code)에는 예외의 이유가 기록돼 있다. 또한 예외 발생 시의 CR2 레지스터 값은 원인이 된 메모리 액세스가 기록돼 있다. 이 두 가지의 정보를 조합하면 어떤 페이지를 읽거나 쓰려고 했는지, 어떤 이유로 페이지 폴트가 발생했는지를 특정할 수 있다.

리스트 27.2 HandlePageFault()는 예외의 원인이 된 페이지에 프레임을 할당한다(paging.cpp)

```
Error HandlePageFault(uint64_t error_code, uint64_t causal_addr) {
  auto& task = task_manager->CurrentTask();
  if (error_code & 1) { // P=1 또한 페이지 레벨 권한위반으로 예외가 발생했다.
    return MAKE_ERROR(Error::kAlreadyAllocated);
  }
  if (causal_addr < task.DPagingBegin() || task.DPagingEnd() <= causal_addr) {
    return MAKE_ERROR(Error::kIndexOutOfRange);
  }
  return SetupPageMaps(LinearAddress4Level{causal_addr}, 1);
}
```

리스트 27.2에서 HandlePageFault()의 구현을 보여준다. 에러 체크를 하고 있을 뿐인 if 문을 무시하면 이 함수의 핵심내용은 단 한 줄, SetupPageMaps()의 호출뿐이다. 이 한 줄은 페이지 폴트의 원인이 된 페이지에 물리 프레임을 할당한다. 디맨드 페이징이라고 하면 어려울 것 같이 들리지만 어쨌지 이 정도 처리뿐이다.

SetupPageMaps()는 원래 terminal.cpp에서 익명 이름공간에서 정의했던 함수다. 이 함수를 디맨드 페이징의 처리에서도 공통으로 사용하고 싶었지만 익명 이름공간에 있는 한 다른 파일에서 사용할 수 없다. 그래서 글로벌 이름 공간으로 이동시키고 terminal.cpp와 paging.cpp 양쪽에서 사용할 수 있게 했다. 그리고 페이징 관련 처리의 함수이므로 수정하는 김에 paging.cpp로 정의를 이동시켰다.

HandlePageFault()에서 수행하는 두 가지 에러 체크는 중요하므로 설명하겠다. 첫 번째 if 문에서는 에러코드의 비트 0이 1이라면 에러로 처리한다. 페이지 폴트의 에러코드는 표 27.1에 보는 비트 구성으로 돼 있다. 비트 0이 1이라는 것은 페이지 자체는 존재하지만 어떠한 권한 위반에 따라 페이지 폴트가 발생했음을 의미한다. 디맨드 페이징은 존재하지 않는 페이지에 액세스할 때 물리 프레임을 할당하는 구조이므로 P=0일 필요가 있다. P=1인 페이지 폴트는 디맨드 페이징에 의한 페이지 폴트가 아닌 진짜 있어서는 안 되는 페이지 폴트다.

표 27.1 페이지 폴트의 에러코드의 비트 정의(발췌)

비트 위치	비트명	의미
0	P	0= 존재하지 않는 페이지로 인해 예외가 발생했다.
		1= 페이지 권한 위반에 의해 예외가 발생했다.
1	W/R	0= 읽기에 의해 예외가 발생했다.
		1= 쓰기에 의해 예외가 발생했다.
2	U/S	0= 예외의 원인은 슈퍼바이저 모드의 액세스
		1= 예외의 원인은 사용자 모드의 액세스
3	RSVD	0= 예약비트의 위반이 예외의 원인이 아니다.
		1= 예약비트가 1로 돼 있었기 때문에 예외가 발생했다.

두 번째의 if 문에서는 페이지 폴트의 원인이 된 어드레스가 task.DPagingBegin()에서 task.DPagingEnd() 사이에 있는지를 확인하고 있다. 이 두 개의 메소드는 디맨드 페이징에 있어 유효한 가상 어드레스의 범위를 나타낸다. 이 어드레스 범위는 애플리케이션이 사전에 신고해 둔 어드레스다. 이 범위 체크가 없는 경우 애플리케이션 버그(예를 들어 버퍼 오버런)에 의해 할당하지 않은 어드레스를 읽거나 쓰게 돼버려 무제한으로 물리 프레임의 할당이 발생해 물리 메모리가 고갈될지도 모른다. 그래서 디맨드 페이징이 가능한 어드레스 범위를 사전 신고한 범위로 한정해 버그에 의한 메모리 고갈을 방지한다.

리스트 27.3 디맨드 페이징의 어드레스 범위를 유지하는 멤버 변수(task.hpp)

```
uint64_t dpaging_begin_{0}, dpaging_end_{0};
```

리스트 27.4 디맨드 페이징의 어드레스 범위를 취득, 설정하는 메소드(task.cpp)

```
uint64_t Task::DPagingBegin() const {
  return dpaging_begin_;
}

void Task::SetDPagingBegin(uint64_t v) {
  dpaging_begin_ = v;
}

uint64_t Task::DPagingEnd() const {
  return dpaging_end_;
}

void Task::SetDPagingEnd(uint64_t v) {
  dpaging_end_ = v;
}
```

디맨드 페이징이 가능한 어드레스 범위를 유지하는 멤버 변수의 정의를 리스트 27.3에, 이 멤버 변수를 읽고 쓰는 메소드의 정의를 리스트 27.4에 정리했다. 이들은 모두 애플리케이션과 관련 있는 정보이므로 관례에 따라 Task 구조체에 넣었다. 이 어드레스 범위를 애플리케이션에서 설정할 수 있게 할 필요가 있으므로 이를 위해 다음 시스템 콜을 제작한다.

리스트 27.5 DemandPages()는 디맨드 페이징 가능한 어드레스 범위를 확대한다(syscall.cpp)

```
SYSCALL(DemandPages) {
  const size_t num_pages = arg1;
  // const int flags = arg2;
  __asm__("cli");
  auto& task = task_manager->CurrentTask();
  __asm__("sti");

  const uint64_t dp_end = task.DPagingEnd();
  task.SetDPagingEnd(dp_end + 4096 * num_pages);
  return { dp_end, 0 };
}
```

디맨드 페이징이 가능한 가상 어드레스 범위를 애플리케이션이 신고하기 위한 시스템 콜 syscall::DemandPages()를 새롭게 작성했다(리스트 27.5). 이 시스템 콜은 파라미터로 페이지 수를 얻어서 그 크기만큼 Task::dpaging_end_를 이동시킨다. 확대한 어드레스 범위는 이후 페이지 폴트 발생 시에 물리 프레임 할당을 가능하게 해준다.

애플리케이션에 있어서 이 시스템 콜로 어드레스 범위를 확대하는 것은 실제로 메모리를 확보하는 것과 사실상 동일하다. 왜냐하면 애플리케이션 측에서 보면 확대한 범위의 어드레스에 처음부터 물리 메모리가 할당돼 있었는지, 액세스한 순간에 페이지 폴트가 발생해 물리 프레임이 할당됐는지를 구별할 수 없기 때문이다.[1] 그렇다는 것은 이 구조를 malloc()의 구현을 위해 사용할 수 있다는 의미가 된다. 나중에 sbrk()를 디맨드 페이징을 사용해서 다시 구현해 보겠다.

애플리케이션이 DemandPages() 시스템 콜을 사용하기 전에 Task::dpaging_begin_과 Task::dpaging_end_를 적절한 값으로 초기화해야 한다. 하지만 도대체 어떤 값으로 초기화하면 좋을까?

0xffff800000000000 이후의 어드레스 공간에서 사용하지 않은 범위라면 자유다. 하지만 띄엄띄엄한 공간은 안 되고 연속된 공간일 필요가 있다. 0xffff800000000000 이후의 어드레스 공간에서 가장 넓고 연속되는 어드레스 공간을 찾는 작업은 우직하게 처리한다면 힘이 든다(아무튼 128TB 크기의 어드레스 공간이 존재하기 때문이다). 그래서 애플리케이션의 ELF 파일이 배치된 직후를 시작점으로 해 거기서부터 뒤로 늘려가도록 하겠다(그림 27.1). 이러한 설정 처리를 CallApp()에서 애플리케이션을 실행하기 전에 추가한다.

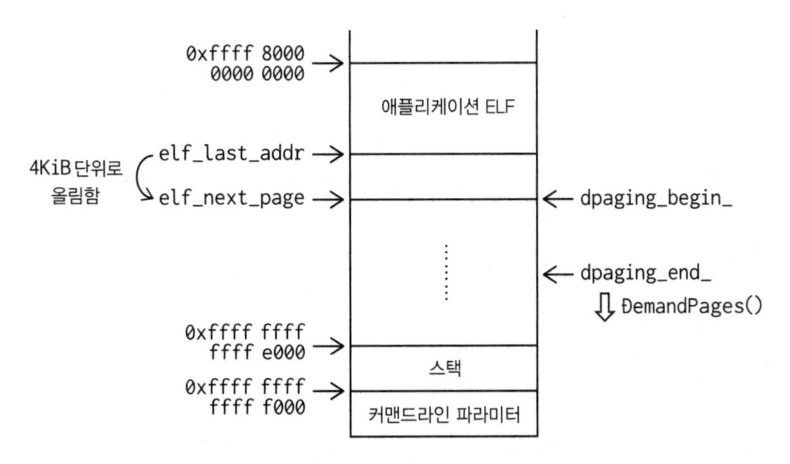

그림 27.1 DemandPages()에 의해 어드레스 범위를 확대하는 모습

1 메모리를 읽고 쓰는데 걸린 시간을 측정하거나 해서 추측하는 것은 가능할지도 모르겠다.

리스트 27.6 ELF 파일의 최종 어드레스를 취득한다(terminal.cpp)

```
  const auto [ elf_last_addr, elf_err ] = LoadELF(elf_header);
  if (elf_err) {
    return elf_err;
  }
```

리스트 27.6 같이 메모리에 로드한 ELF 파일의 최종 어드레스 `elf_last_addr`를 취득하는 처리를 추가했다. `elf_last_addr`는 ELF 파일 내의 모든 LOAD 세그먼트 중에서 가장 뒤쪽에 배치된 LOAD 세그먼트의 마지막 어드레스를 나타낸다. ELF 파일을 로드하는 함수 `LoadELF()`는 원래 에러 값만을 반환하는 사양이었지만, 최종 어드레스를 추가해 반환하게 했다. LOAD 세그먼트의 `p_vaddr + p_memsz`의 최대 값을 계산하는 단순한 수정이다.

리스트 27.7 디맨드 페이징의 어드레스 범위의 초기 값을 설정한다(terminal.cpp)

```
  const uint64_t elf_next_page =
    (elf_last_addr + 4095) & 0xffff'ffff'ffff'f000;
  task.SetDPagingBegin(elf_next_page);
  task.SetDPagingEnd(elf_next_page);

  auto entry_addr = elf_header->e_entry;
  int ret = CallApp(argc.value, argv, 3 << 3 | 3, entry_addr,
```

취득한 ELF 파일의 최종 어드레스를 이용해 디맨드 페이징의 어드레스 범위를 초기화하는 처리를 리스트 27.7에서 보여준다. `elf_last_addr`는 4KiB 단위로 정렬돼 있지는 않다. 4KiB 단위의 어드레스로 올림한 값을 `elf_next_page`에 설정하고 있다. 디맨드 페이징이 반드시 페이지 단위로 처리되도록 하기 위함이다.

리스트 27.8 디맨드 페이징을 사용해서 메모리를 할당하는 sbrk()(newlib_support.c)

```
caddr_t sbrk(int incr) {
  static uint64_t dpage_end = 0;
  static uint64_t program_break = 0;

  if (dpage_end == 0 || dpage_end < program_break + incr) {
    int num_pages = (incr + 4095) / 4096;
    struct SyscallResult res = SyscallDemandPages(num_pages, 0);
```

```
    if (res.error) {
      errno = ENOMEM;
      return (caddr_t)-1;
    }
    program_break = res.value;
    dpage_end = res.value + 4096 * num_pages;
  }

  const uint64_t prev_break = program_break;
  program_break += incr;
  return (caddr_t)prev_break;
}
```

이제 마지막으로 Newlib의 malloc()이 필요로 하는 메모리 할당용 함수 sbrk()를 디맨드 페이징을 사용해 구현해 봤다(리스트 27.8). sbrk()는 프로그램 브레이크를 설정하는 함수로 원래 구현은 '25.2 파일 읽기'에서 만든 것이다.

프로그램 브레이크는 점점 뒤로 증가해가는 메모리 영역의 끝을 나타내는 값이었다. 이 구조는 이번에 작성한 디맨드 페이징의 구조와 흡사하다. 한 가지 다른 점은 sbrk() 파라미터는 바이트 단위로 지정될 가능성이 있는 반면, 디맨드 페이징에 의한 어드레스 범위의 확대는 페이지 단위로밖에 일어나지 않는다는 것이다. 만약 sbrk()가 파라미터 128, 256에서 두 번 호출됐다고 가정해 보자. 처음 호출 때는 SyscallDemandPages()를 한 번 실행한다. 하지만 sbrk()의 두 번째 호출 때는 이미 1페이지=4KiB의 디맨드 페이징 영역이 할당돼 있기 때문에 SyscallDemandPages()을 실행할 필요가 없다. 조금 복잡해 보이는 sbrk()의 구현은 그러한 동작을 실현하기 위해서다.

수정을 완료했으니 이제 실행시켜보자. 그렇지만 그다지 적절한 애플리케이션이 없다. malloc()을 조금 사용하는 애플리케이션이 있기는 하지만 대량의 메모리가 필요한 애플리케이션으로 테스트해 보고 싶다. 그래서 디맨드 페이징 실험용 커맨드 dpage를 만든다.

dpage 커맨드는 dpage 〈path〉 〈num〉 같이 파일 경로와 숫자를 받는다. 그리고 파일 안에서 num으로 지정한 값을 가진 바이트 수를 집계한다. num으로 10(=0x0a)을 지정하면 줄바꿈 문자의 수, 즉 줄의 수를 집계할 수 있다. 커맨드의 자세한 구현 설명은 생략한다.

처리의 흐름은 디맨드 페이징 실험을 위해 파일의 내용을 일단 전부 디맨드 페이징으로 할당한 메모리상에 읽어낸 후, 선두에서부터 각 바이트 값을 조사한다. 원래라면 파일을 한 번에 읽어낼 필요 없이 조금씩 읽어 들인 바이트를 검색하고, 그 처리를 반복하면 작은 양의 메모리로도 처리를 완료할 수 있었다. 이번에는 디맨드 페이징을 테스트하고 싶었기 때문에 파일 전체를 먼저 메모리상에 읽어내는 처리를 하고 있는 것이다.

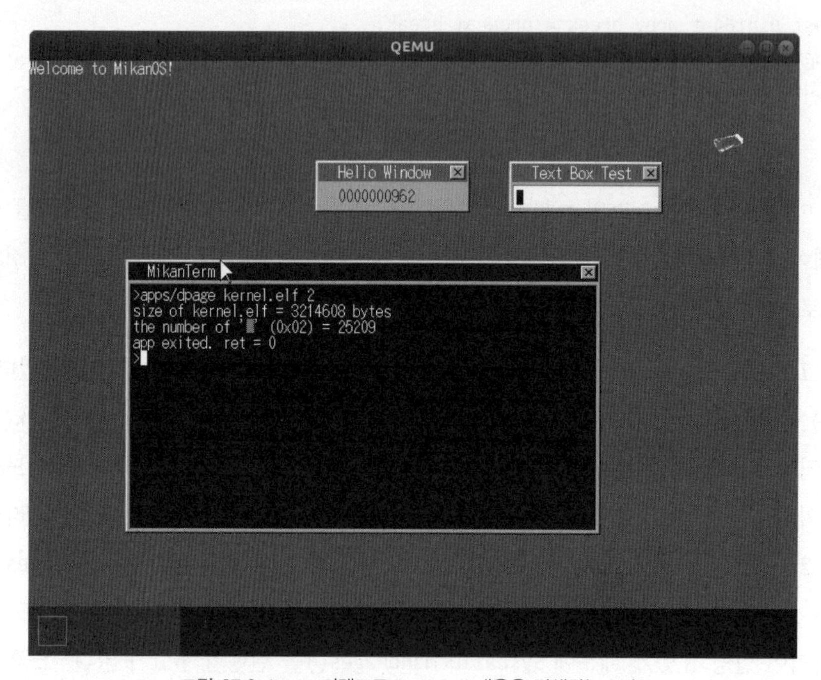

그림 27.2 dpage 커맨드로 kernel.elf 내용을 검색하는 모습

dpage 커맨드를 사용해 메모리를 대량으로 소비하는 모습은 그림 27.2와 같다. kernel.elf는 3MB 정도의 크기이며, 계산해 보면 778 페이지의 가상 어드레스 공간을 사용한다. 몇 회를 실행해도 에러가 발생하거나 OS의 동작이 이상해지거나 하지 않는다. 느낌이 좋다!

27.2 메모리 맵 파일(osbook_day27b)

페이징을 사용한 흥미로운 구조 중 하나로 메모리 맵 파일이 있다. 메모리에 매핑된mapped 파일이란 의미다. 파일을 메모리 어드레스에 매핑해 마치 일반 메모리인 것처럼 파일을 읽고 쓰는 구조다. 유사한 구조로 MMIO메모리 맵 IO가 있다. MMIO는 하드웨어 레지스터를 메모리에 매핑해 일반 메모리인 것처럼 레지스터를 읽고 쓴다. 다양한 하드웨어 입출력 장치를 메모리처럼 보이게 해 특수한 기계어를 사용하는 것 없이 mov 명령만으로도 읽고 쓰기가 가능한 것이 매력이다.

파일 읽기와 쓰기는 보통은 fread()나 fwrite()를 사용해 파일의 선두부터 순차적으로 수행한다. 파일 데이터를 단순한 바이트의 배열로 간주하고, 그 배열을 선두에서부터 차례대로 읽거나 쓰거나 하므로 스트림[2] 방식이라고 부르기도 한다.

메모리 맵 파일 방식은 파일 내용을 가상 어드레스 공간으로 매핑해 읽고 쓴다. 마치 일반 메모리 같이 액세스할 수 있으므로 뿔뿔이 떨어져 있는 위치를 읽고 쓰는 **랜덤 액세스**가 매우 쉽다. fread()나 fwrite() 등의 스트림 방식의 API를 사용해 랜덤 액세스를 하려면 한 위치를 읽고 쓰기 했다면 다음 목적지로 탐색(이동)한 후 또 조금 읽고 쓰는 탐색이라는 과정을 반복해야 한다. 이건 매우 귀찮을 뿐 아니라 실행 효율도 나쁠 것 같다.

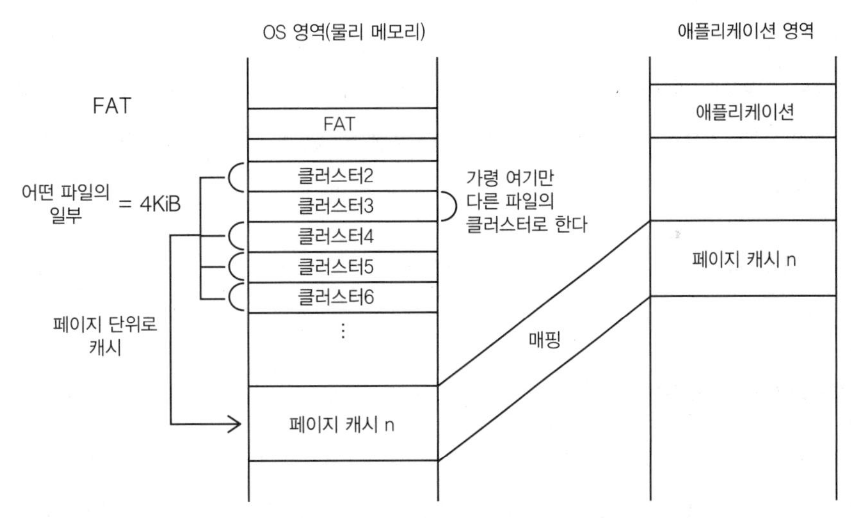

그림 27.3 페이지 캐시를 애플리케이션의 가상 어드레스 공간에 매핑한다.

메모리 맵 파일은 그림 27.3 같은 느낌으로 실현해보고자 한다. 포인트는 **페이지 캐시**라는 이름의 물리 메모리 영역을 통해 애플리케이션의 가상 어드레스 공간과 실제 파일 내

2 Stream(시냇물), 바이트 열이 마치 가늘게 졸졸 흐르는 시냇물처럼 보이기 때문에 이렇게 부른다.

용을 연결시키고 있는 지점이다. 페이지 캐시에 파일 내용(의 일부)를 복사하고 애플리케이션의 가상 어드레스 공간에 그 페이지를 매핑하면 애플리케이션이 파일 내용을 읽고 쓸 수 있다. 메모리 맵 파일이라고 하면 HDD나 SSD 등의 기억장치에 있는 파일이 그대로 가상 어드레스 공간에 매핑된 듯한 인상을 받을지도 모르겠다. 하지만 일단 이와 같이 실제 메모리 영역을 중개하지 않으면 메모리 맵 파일은 실현할 수 없다(적어도 일반 PC에서는). 이 구조는 리눅스의 메모리 맵 파일의 구조와 대체적으로 유사하다.

MikanOS에서는 파일이 원래 메모리상에 놓여 있기 때문에 페이지 캐시에 파일 데이터를 복사해야 한다는 이 방식은 낭비가 심하다. 하지만 메모리 맵 파일의 실현에는 이 방식이 필수다. 왜냐하면 FAT 파일 시스템의 클러스터가 메모리 페이지 이상의 크기를 가진다고는 볼 수 없기 때문이다. 1클러스터= 2섹터로 FAT 파일 시스템을 만든 경우 1클러스터=1KiB가 된다.

여러 클러스터로 구성된 파일의 경우 띄엄띄엄 떨어진 클러스터에 데이터가 배치될 수 있다. 이런 상황을 **단편화**fragmentation를 일으킨 상태라든지, 단편화됐다 등으로 표현한다. 애플리케이션의 가상 어드레스 공간에 파일을 매핑할 때는 파일 데이터의 시작부터 연속하도록 매핑해야 한다. 하지만 클러스터가 4KiB보다 작은 경우 단편화가 발생하면 4KiB 페이지는 크기가 너무 커서 올바르게 매핑할 수 없다. 그래서 페이지 캐시를 중개하는 방법을 채택한다.

리스트 27.9 애플리케이션 고유의 파일 매핑을 표현하는 구조체(task.hpp)

```
struct FileMapping {
  int fd;
  uint64_t vaddr_begin, vaddr_end;
};
```

먼저 파일 매핑을 표현하는 `FileMapping` 구조체를 만들었다(리스트 27.9). 어떤 파일(fd)을 가상 어드레스의 어느 범위(vaddr_begin부터 vaddr_end까지)에 매핑할 것인가 하는 연결을 나타낸다. 파일 디스크립터 번호와 가상 어드레스 공간은 애플리케이션의 고유한 것이므로(애플리케이션이 다르면 '3번'이라도 다른 파일을 가리킨다) 애플리케이션마다 `FileMapping` 클래스의 인스턴스를 갖게 된다.

리스트 27.10 Task에 파일 매핑 정보를 갖게 한다(task.hpp)

```
  uint64_t dpaging_begin_{0}, dpaging_end_{0};
  uint64_t file_map_end_{0};
  std::vector<FileMapping> file_maps_{};
```

애플리케이션마다 정보를 갖게 하는 것은 이제 익숙할 텐데, Task 클래스에 정보를 갖게 하면 좋다. 리스트 27.10 같이 파일 매핑 배열 file_maps_를 추가했다. 그 직전에 있는 file_map_end_도 이번에 추가한 변수다. 이 변수는 파일을 매핑하는 가상 어드레스 범위에 영향을 주는 변수로, 자세한 내용을 바로 설명하겠다.

리스트 27.11 추가한 멤버 변수를 읽고 쓰는 메소드(task.cpp)

```
uint64_t Task::FileMapEnd() const {
  return file_map_end_;
}

void Task::SetFileMapEnd(uint64_t v) {
  file_map_end_ = v;
}

std::vector<FileMapping>& Task::FileMaps() {
  return file_maps_;
}
```

리스트 27.11에서 보는 바와 같이 추가한 두 개의 멤버 변수를 읽고 쓰는 메소드를 증설했다. 설명할 것은 아무것도 없다고 생각한다.

리스트 27.12 file_map_end_에 초기 값을 설정한다(terminal.cpp)

```
  task.SetDPagingEnd(elf_next_page);

  task.SetFileMapEnd(0xffff'ffff'ffff'e000);

  auto entry_addr = elf_header->e_entry;
  int ret = CallApp(argc.value, argv, 3 << 3 | 3, entry_addr,
                    stack_frame_addr.value + 4096 - 8,
                    &task.OSStackPointer());

  task.Files().clear();
  task.FileMaps().clear();
```

이제 Task::file_map_end_의 역할을 설명하겠다. 이 변수는 메모리 맵 파일에 사용하는 어드레스 범위를 결정하는 변수다. 리스트 27.12 같이 애플리케이션을 실행하기 전에 초기 값을 설정하게 했다. 초기 값은 0xffffffffffffe000로 가상 어드레스 공간의 거의 끝 부분에 가까운 값으로 돼 있다. 그 이유는 그림 27.4 같이 가상 어드레스의 끝에서부터 0 방향으로 향해서 메모리 맵 파일용의 어드레스 범위를 확대시키려고 생각했기 때문이다.

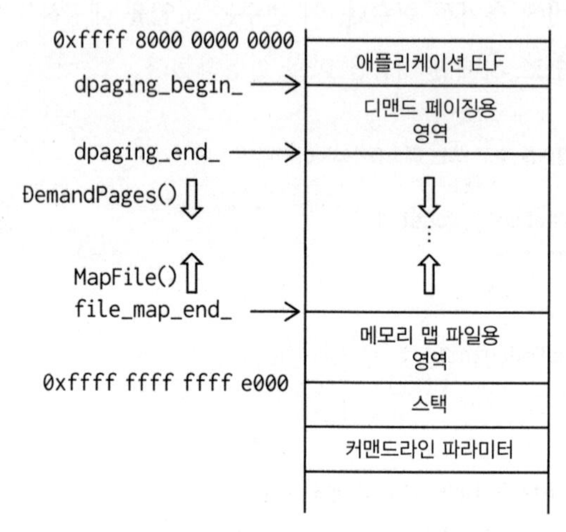

그림 27.4 메모리 맵 파일은 가상 어드레스 끝에 배치한다.

왜 그렇게 했냐면 애플리케이션용 가상 어드레스 공간(0xffff800000000000에서 뒤로)의 앞쪽에는 애플리케이션의 ELF 파일이 있으며, 그 직후부터의 어드레스 범위는 디맨드 페이징으로 사용되기 때문이다. 디맨드 페이징의 어드레스 범위는 점점 뒤로 늘어나기 때문에 그 뒤에 장애물이 있어서는 곤란하다. 따라서 메모리 맵 파일은 끝 쪽부터 앞쪽 방향으로 향해 어드레스 범위를 확대시키는 걸로 했다. 이렇게 하면 확대할 가상 어드레스 공간을 최대한 사용할 수 있다. 애플리케이션이 종료한 후에 잊지 않고 Task::file_maps_를 비우도록 한다. 필자는 당초에 이 처리를 쓰는 것을 잊어버려서 애플리케이션 동작이 첫 번째와 두 번째에서 다른 버그로 인해 고생했다.

리스트 27.13 MapFile() 시스템 콜은 파일 매핑을 등록한다(syscall.cpp)

```
SYSCALL(MapFile) {
  const int fd = arg1;
```

```
  size_t* file_size = reinterpret_cast<size_t*>(arg2);
  // const int flags = arg3;
  __asm__("cli");
  auto& task = task_manager->CurrentTask();
  __asm__("sti");
  if (fd < 0 || task.Files().size() <= fd || !task.Files()[fd]) {
    return { 0, EBADF };
  }

  *file_size = task.Files()[fd]->Size();
  const uint64_t vaddr_end = task.FileMapEnd();
  const uint64_t vaddr_begin = (vaddr_end - *file_size) & 0xffff'ffff'ffff'f000;
  task.SetFileMapEnd(vaddr_begin);
  task.FileMaps().push_back(FileMapping{fd, vaddr_begin, vaddr_end});
  return { vaddr_begin, 0 };
}
```

리스트 27.13에 새롭게 작성한 시스템 콜 syscall::MapFile()의 구현을 정리했다. 이 시스템 콜은 첫 번째 파라미터로 파일 디스크립터 번호를 받아 그 파일을 가상 메모리에 매핑한다. 반환 값은 파일의 내용을 매핑한 메모리 영역의 시작 어드레스가 된다. 애플리케이션은 그 어드레스부터 시작하는 파일의 크기만큼의 메모리 영역을 읽으면 파일 데이터를 읽어낼 수 있다. 그러고 보니 파일 크기를 얻기 위한 시스템 콜은 없었다. MapFile()의 두 번째 파라미터로 size_t 타입의 변수 포인터를 지정하면 파일 사이즈(바이트 수)를 취득할 수 있게 했다.

시스템 콜의 처리를 좀 더 자세하게 살펴보겠다. 먼저 언제나 마찬가지로 파일 디스크립터 번호가 잘못된 값인지 아닌지를 확인한다. 확인이 끝나면 다음으로 시스템 콜의 두 번째 파라미터로 지정한 포인터에 파일 사이즈를 기록한다. 이렇게 하면 애플리케이션은 파일 크기를 알 수 있다.

다음 줄부터가 이 시스템 콜의 본격적인 처리다. 먼저 현재의 Task::file_map_end_ 값을 변수 vaddr_end에 저장한다. 그런 다음 그 값에서 파일 사이즈를 빼고 4KiB 경계에 맞춘 값을 vaddr_begin에 저장한다. 4KiB 경계에 맞추는 이유는 당연히 4KiB 페이지 경계와 맞추기 위해서다. 그리고 MapFile()을 다시 실행했을 때를 대비해 Task::file_map_end_를 vaddr_begin 값으로 갱신한다. 마지막으로 지금 작성한 파일 매핑 정보를 file_maps_에 추가하면 시스템 콜의 처리는 완료된다.

눈치챘을지도 모르겠지만 이 시스템 콜은 계층 페이지 구조를 변경하는 등의 작업은 일절 하지 않는다. 단순히 어떠한 가상 어드레스 범위를 이 파일에 매핑하고 싶다는 희망 사항을 등록하고 있을 뿐이다. 파일이 정말로 가상 어드레스 공간에 매핑되도록 하는 처리는 페이지 폴트가 발생했을 때 수행하도록 한다. 이와 같이 정말로 필요할 때까지 처리를 최대한 늦추는 지연 처리를 구현하면 불필요한 처리를 생략할 수 있는 가능성이 높아진다. 그 처리가 비교적 무거운 처리라면 지연처리 효과를 더 쉽게 확인할 수 있다. 이런 이유로 지연 처리에 로망을 느낀다.

리스트 27.14 페이지 폴트 발생 시에 파일을 매핑한다(paging.cpp)

```
Error HandlePageFault(uint64_t error_code, uint64_t causal_addr) {
  auto& task = task_manager->CurrentTask();
  if (error_code & 1) { // P=1 그리고 페이지 레벨의 권한 위반으로 예외가 발생했다
    return MAKE_ERROR(Error::kAlreadyAllocated);
  }
  if (task.DPagingBegin() <= causal_addr && causal_addr < task.DPagingEnd()) {
    return SetupPageMaps(LinearAddress4Level{causal_addr}, 1);
  }
  if (auto m = FindFileMapping(task.FileMaps(), causal_addr)) {
    return PreparePageCache(*task.Files()[m->fd], *m, causal_addr);
  }
  return MAKE_ERROR(Error::kIndexOutOfRange);
}
```

리스트 27.14에 페이지 폴트 발생 시에 호출되는 `HandlePageFault()`를 정리했다. 이전에는 디맨드 페이징의 처리만을 하고 있었는데, 이번에 메모리 맵 파일의 처리를 추가했다.

페이지 폴트의 원인이 된 가상 어드레스 causal_addr가 디맨드 페이징의 어드레스 범위에 포함되지 않을 때, 메모리 맵 파일의 처리가 시작된다. 우선 `FindFileMapping()`을 사용해 그 어드레스에 해당하는 파일 매핑을 찾는다. `MapFile()` 시스템 콜로 사전에 등록된 파일 매핑 어드레스 범위에 해당하는 파일 매핑이 있다면 그 파일 매핑을 반환한다.

`FindFileMapping()`이 유효한 포인터를 반환하면 if 문의 내용이 실행된다. if 문의 내용에서는 `PreparePageCache()`를 사용해 `causal_addr`를 포함한 4KiB 페이지를 작성한다.

이 페이지에는 파일 데이터의 대응 부분(최대 4KiB)이 복사돼 애플리케이션이 파일 데이터를 읽을 수 있게 된다.

리스트 27.15 지정된 어드레스를 포함하는 파일 매핑을 찾는다(paging.cpp)

```
const FileMapping* FindFileMapping(const std::vector<FileMapping>& fmaps,
                                   uint64_t causal_vaddr) {
  for (const FileMapping& m : fmaps) {
    if (m.vaddr_begin <= causal_vaddr && causal_vaddr < m.vaddr_end) {
      return &m;
    }
  }
  return nullptr;
}
```

FindFileMapping()의 구현을 리스트 27.15에서 보여준다. FileMapping 구조체 배열에서 주어진 가상 어드레스를 포함하는 어드레스 범위를 가진 파일 매핑을 찾았다면 그 파일 매핑을 반환한다. 어떠한 파일 매핑도 해당되지 않는다면 널 포인터를 반환한다.

리스트 27.16 지정된 페이지를 만들고 파일을 복사한다(paging.cpp)

```
Error PreparePageCache(FileDescriptor& fd, const FileMapping& m,
                       uint64_t causal_vaddr) {
  LinearAddress4Level page_vaddr{causal_vaddr};
  page_vaddr.parts.offset = 0;
  if (auto err = SetupPageMaps(page_vaddr, 1)) {
   return err;
  }

  const long file_offset = page_vaddr.value - m.vaddr_begin;
  void* page_cache = reinterpret_cast<void*>(page_vaddr.value);
  fd.Load(page_cache, 4096, file_offset);
  return MAKE_ERROR(Error::kSuccess);
}
```

PreparePageCache()의 구현을 리스트 27.16에 정리했다. 이 함수는 페이지 폴트의 원인이 됐던 가상 어드레스 causal_vaddr를 포함하는 4KiB 페이지를 만들고, 그 페이지로 파일 데이터를 복사한다.

먼저 가상 어드레스의 오프셋 부분을 0으로 해서 4KiB 경계에 정렬된 어드레스 page_vaddr를 준비한다. SetupPageMaps()을 사용해 그 어드레스에서 시작하는 4KiB 페이지를 한 개 작성한다. SetupPageMaps()는 내부에서 물리 프레임을 생성해 페이지에 할당하는 작업까지 해주는 함수였다. 페이지 할당이 끝나면 그 페이지(가 가리키는 물리 프레임)로 파일 데이터를 복사한다.

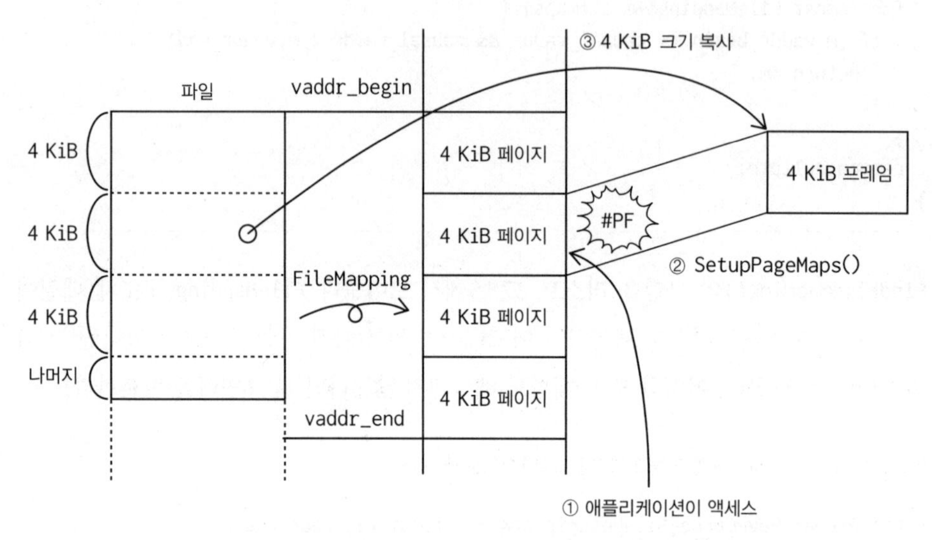

그림 27.5 페이지 폴트를 계기로 페이지 캐시를 작성하는 모습

그림 27.5에 페이지 폴트가 발생한 후 페이지 캐시를 작성할 때까지의 과정을 설명했다. 먼저 파일을 읽고 쓰려고 한 애플리케이션이 vaddr_begin과 vaddr_end의 범위 내의 가상 어드레스 영역에 액세스하면 페이지 폴트가 발생한다(①). PreparePageCache()가 내부에서 SetupPageMaps()를 호출하면 페이지에 프레임을 할당한다(②). 거기에 fd.Load()를 사용해 파일 데이터를 복사한다(③).

리스트 27.17 FileDescriptor에 메소드를 두 개 추가(file.hpp)

```
class FileDescriptor {
 public:
  virtual ~FileDescriptor() = default;
  virtual size_t Read(void* buf, size_t len) = 0;
  virtual size_t Write(const void* buf, size_t len) = 0;
  virtual size_t Size() const = 0;
```

```
  /** @brief Load reads file content without changing internal offset
   */
  virtual size_t Load(void* buf, size_t len, size_t offset) = 0;
};
```

마지막으로 FileDescriptor 클래스에 추가한 두 개의 메소드 Size()와 Load()를 소개한다(리스트 27.17). Size()는 그 파일의 바이트 수를 반환한다. Load()는 내부에서 관리하는 읽고 쓰기 오프셋 값을 변화시키지 않고 지정한 버퍼에 파일 데이터를 읽어 들인다.

리스트 27.18 Load()는 지정한 위치의 파일 내용을 읽는다(fat.cpp)

```
size_t FileDescriptor::Load(void* buf, size_t len, size_t offset) {
  FileDescriptor fd{fat_entry_};
  fd.rd_off_ = offset;

  unsigned long cluster = fat_entry_.FirstCluster();
  while (offset >= bytes_per_cluster) {
    offset -= bytes_per_cluster;
    cluster = NextCluster(cluster);
  }

  fd.rd_cluster_ = cluster;
  fd.rd_cluster_off_ = offset;
  return fd.Read(buf, len);
}
```

Load()는 리스트 27.18 같이 구현했다. 파일 데이터를 버퍼에 읽어 들이는 처리를 여러 곳에서 작성하고 싶지 않았기 때문에 Read()를 활용하는 형태로 작성했다. 그러고 보니 fat.cpp에는 LoadFile()이라는 비슷한 함수가 있었다. 지금 구현한 Load()를 사용하도록 수정했다.

리스트 27.19 파일을 메모리에 매핑해서 읽어본다(mmap/mmap.cpp)

```
#include <cstdlib>
#include <cstdio>
#include <fcntl.h>
#include "../syscall.h"

extern "C" void main(int argc, char** argv) {
```

```
  SyscallResult res = SyscallOpenFile("/memmap", O_RDONLY);
  if (res.error) {
    exit(res.error);
  }
  const int fd = res.value;
  size_t file_size;
  res = SyscallMapFile(fd, &file_size, 0);
  if (res.error) {
    exit(res.error);
  }

  char* p = reinterpret_cast<char*>(res.value);
  for (size_t i = 0; i < file_size; ++i) {
    printf("%c", p[i]);
  }
  printf("\nread from mapped file (%lu bytes)\n", file_size);

  exit(0);
}
```

메모리 맵 파일의 OS 측 구현은 모두 끝났으므로 검증용 애플리케이션을 작성했다(리스트 27.19). 새롭게 작성한 시스템 콜인 SyscallMapFile()은 일반적으로는 SyscallOpenFile()과 조합해 사용한다. 매핑하고 싶은 파일의 파일 디스크립터 번호가 필요하기 때문이다.

SyscallMapFile()이 성공하면 반환 값으로 파일이 매핑된 영역의 시작 어드레스를 얻는다. 그 값을 char* 타입의 포인터로 변환해 내용을 읽으면 파일 데이터를 읽어 들일 수 있다.

앞의 애플리케이션에서는 파일의 선두부터 1문자씩 printf()로 출력하고 있다. 사실 이러한 순차 액세스는 스트림 방식의 API(fread())를 사용하는 편이 훨씬 코드를 심플하게 작성할 수 있다. 메모리 맵 파일이 진가를 발휘하는 부분은 랜덤 액세스를 하는 경우이지만, 랜덤 액세스를 하는 간단한 검증 애플리케이션에 대한 아이디어가 떠오르지 않았다. 죄송하다.

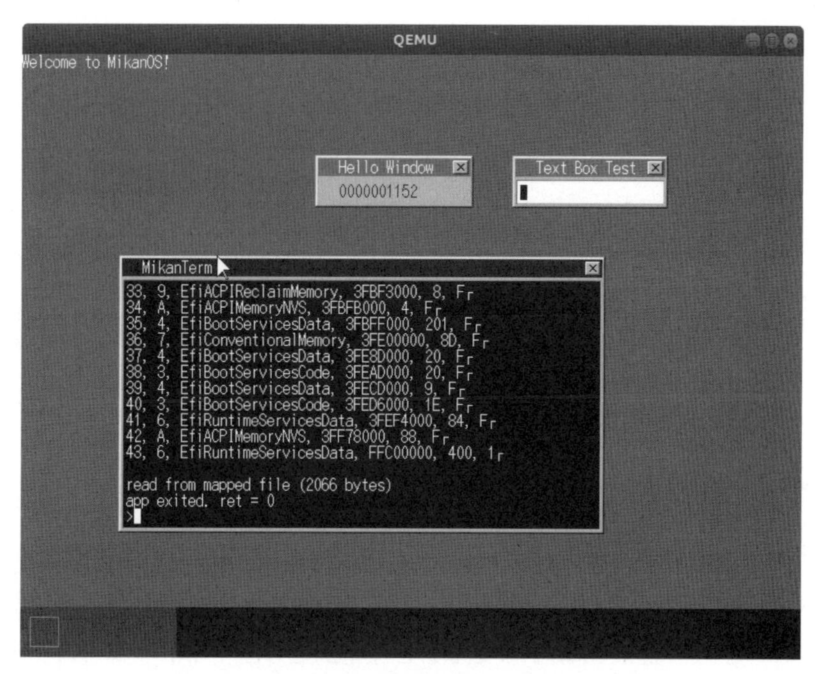

그림 27.6 mmap 커맨드가 메모리에 매핑된 파일을 표시하는 모습

그림 27.6에 mmap 커맨드를 실행한 모습을 정리했다. 파일 내용이 제대로 표시되고 있음을 알 수 있다. 전혀 재미없어 보이는 예제지만 일단은 성공이다.

27.3 메모리 사용량을 측정하자(osbook_day27c)

MikanOS에 디맨드 페이징이나 메모리 맵 파일 등 메모리 관련 기능이 늘어났으니 메모리 사용량을 확인하는 커맨드가 있으면 재미있겠다는 생각이 떠올랐다. 리눅스에는 free라는 커맨드가 있어서 시스템의 여유 메모리 용량과 사용 중인 메모리의 양을 확인할 수 있다. MikanOS에서도 같은 커맨드를 작성해 보겠다.

리스트 27.20 메모리 상태를 표시하는 구조체(memory_manager.hpp)

```
struct MemoryStat {
  size_t allocated_frames;
  size_t total_frames;
};
```

리스트 27.20에 사용 중인 프레임 수와 총 프레임 수를 나타내는 `MemoryStat` 구조체를 작성했다.

이 구조체를 반환 값으로 하는 메소드를 메모리 매니저에 추가하겠다.

리스트 27.21 Stat()은 그 순간의 메모리 상태를 반환한다(memory_manager.cpp)

```
MemoryStat BitmapMemoryManager::Stat() const {
  size_t sum = 0;
  for (int i = range_begin_.ID() / kBitsPerMapLine;
      i < range_end_.ID() / kBitsPerMapLine; ++i) {
    sum += std::bitset<kBitsPerMapLine>(alloc_map_[i]).count();
  }
  return { sum, range_end_.ID() - range_begin_.ID() };
}
```

그 순간의 메모리 상태를 계산해 반환하는 함수 `BitmapMemoryManager::Stat()`을 리스트 27.21처럼 구현했다. 메모리 매니저가 관리하는 범위를 선두부터 조사해가면서 사용 중인 프레임 수를 계산한다. 이 메모리 매니저는 1비트를 1프레임으로 관리하고 있으며, 비트가 1이라면 사용 중, 0이라면 미사용이라는 구조를 사용했다. `std::bitset`의 `count()` 메소드를 사용하면 지정한 정수 값에서 1로 돼 있는 비트 수를 계산할 수 있다.

리스트 27.22 memstat 커맨드(terminal.cpp)

```
  } else if (strcmp(command, "memstat") == 0) {
    const auto p_stat = memory_manager->Stat();

    char s[64];
    sprintf(s, "Phys used : %lu frames (%llu MiB)\n",
        p_stat.allocated_frames,
        p_stat.allocated_frames * kBytesPerFrame / 1024 / 1024);
    Print(s);
    sprintf(s, "Phys total: %lu frames (%llu MiB)\n",
        p_stat.total_frames,
        p_stat.total_frames * kBytesPerFrame / 1024 / 1024);
    Print(s);
  } else if (command[0] != 0) {
```

리스트 27.22에 `memstat` 커맨드의 구현을 정리했다. 메모리 매니저에 메모리 상태를 문의하고 그 결과를 표시하는 매우 단순한 처리다.

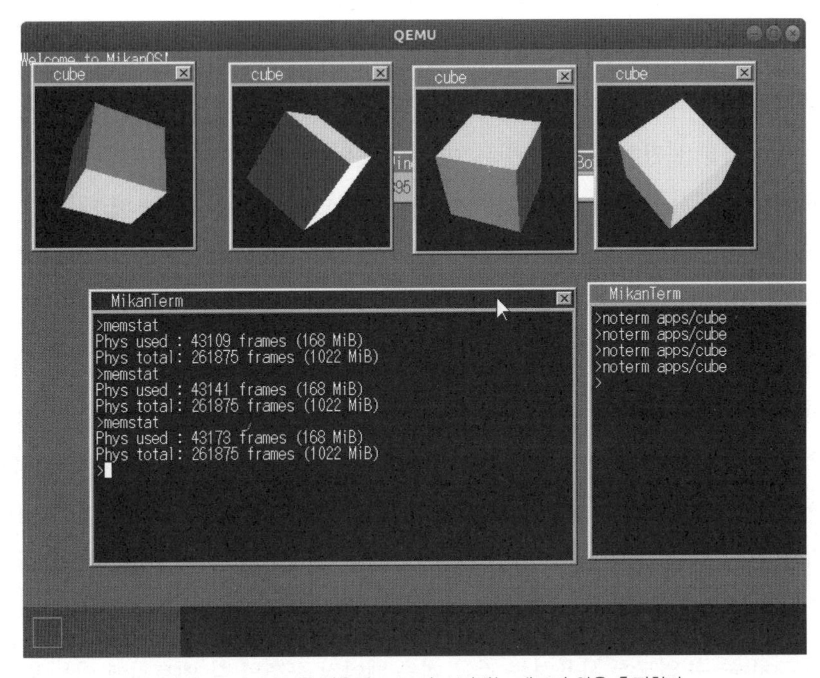

그림 27.7 memstat을 사용해 cube가 소비하는 메모리 양을 측정한다.

그림 27.7은 `memstat`을 3회 실행한 모습을 보여준다. 처음은 시스템 부팅 직후, 두 번째는 추가로 터미널을 열고 apps/cube를 두 개 실행시켰을 때, 마지막은 거기에 apps/cube를 두 개 더 실행시킨 후의 메모리 양이다. 두 개 실행시킬 때마다 32프레임이 소비되고 있음을 알 수 있다. 상당히 간단하게 편리한 커맨드를 만들 수 있다. 만족스럽다!

27.4 카피 온 라이트(osbook_day27d)

cube 애플리케이션을 하나씩 실행할 때마다 메모리가 소비되는 상황은 당연하다고 생각할지도 모르겠지만, 그래도 잘 생각해보면 조금 낭비가 있다. 그 낭비는 애플리케이션을 실행하면 문답 없이 ELF 파일 전체를 물리 메모리상에 읽어 들이고 있는 것이다. 즉 동일한 애플리케이션을 여러 개 실행하면 메모리상에 동일한 데이터의 복사본이 많이 생성돼 버린다. ELF 파일 중의 기계어나 읽기 전용의 데이터 영역에 대해서는 같은 애플리케이션을 여러 개 실행해도 전부 동일할 것이다. 기계어나 읽기 전용 데이터 영역을 여러 태스크에서 공유할 수 있다면 메모리 절약으로 이어질 수 있다.

페이징 기능을 사용하면 다수의 태스크로 동일한 물리 메모리의 공유를 간단하게 구현할 수 있다. 두 개의 태스크 각각의 계층 페이징 구조에 동일한 물리 어드레스를 지정하는 페이지를 설정하면 된다. 실은 이러한 공유는 OS 본체용 어드레스 영역(0에서 0x7fffffffffff까지)에서는 이미 하고 있다. 애플리케이션을 신규로 시작할 때 애플리케이션용 PML4의 전반 부분에 OS용의 PML4 전반 부분을 복사하기 때문에 물리 메모리상의 OS 영역은 모든 애플리케이션에서 공유된다.

최초에 애플리케이션을 실행하면 ELF 파일을 물리 메모리로 읽어 들이며 같은 애플리케이션을 두 번째 이후로 실행할 시에는 그 물리 메모리를 참조하도록 페이지 설정만 해주는 방법을 생각해 볼 수 있다. 그렇지만 이 방법은 잘 되지 않는다. 왜냐하면 ELF 파일 안에는 글로벌 변수도 포함돼 있으며 이러한 값은 고쳐 쓸 수 있기 때문이다. 여러 개 애플리케이션이 같은 물리 메모리를 참조하고 있다면 하나의 애플리케이션에서 글로벌 변수를 고쳐 쓰면 다른 애플리케이션에도 영향을 주게 된다.

그래서 고쳐 쓸 수 없도록 사용하는 것이 계층 페이징 구조의 각 엔트리에 있는 R/W 비트다. 이 비트를 0으로 해두면 그 페이지로의 쓰기를 금지할 수 있다. 애플리케이션이 그 페이지에 쓰기를 하려고 하면 페이지 폴트가 발생한다. 페이지 폴트 핸들러에서 해당 페이지의 내용을 복사한 물리 프레임을 새롭게 확보하고, 페이지가 그 물리 프레임을 가리키도록 계층 페이징 구조를 갱신한다(그림 27.8). 페이지 폴트가 발생한 페이지 설정을 갱신하고 새로운 물리 프레임을 가리키게 한 다음 R/W 비트를 1로 설정한다. 그 후 애플리케이션으로 돌아오면 애플리케이션은 아무 일도 없었다는 듯이 글로벌 변수의 쓰기를 수행할 수 있고, 프로그램 실행을 계속해서 이어갈 수 있다.

이 테크닉을 **카피 온 라이트**CoW, Copy on Write라고 한다. 읽기 전용(R/W=0)으로 매핑해 놓고, 처음으로 물리 메모리에 쓰기를 시도할 때 복사한다는 의미다. 카피 온 라이트는 복사하는 처리에 시간이 걸리므로 전체 내용에서 쓰기 시도하는 부분이 적은 경우에 효과를 발휘한다. 거의 대부분이 빠짐없이 갱신되는 경우는 결국 모든 페이지를 복사해야 하므로 반대로 효율이 나빠질 수 있다. 이번에는 애플리케이션 실행을 카피 온 라이트로 구현하고자 한다. 애플리케이션 실행의 경우 물리 프레임의 복사는 4KiB의 메모리 복사이기 때문에 시간이 걸리지만 ELF 파일 전체와 비교해 보면 갱신되는 영역이 일부분이라서 카피 온 라이트가 효과를 발휘할 수 있을 거라고 생각한다.

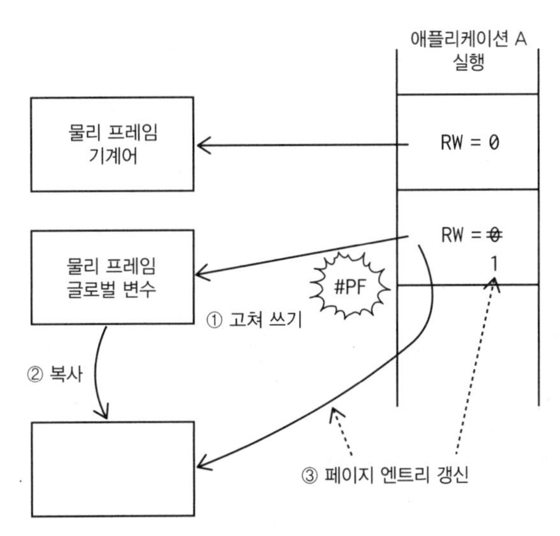

그림 27.8 글로벌 변수 영역이 카피 온 라이트되는 모습

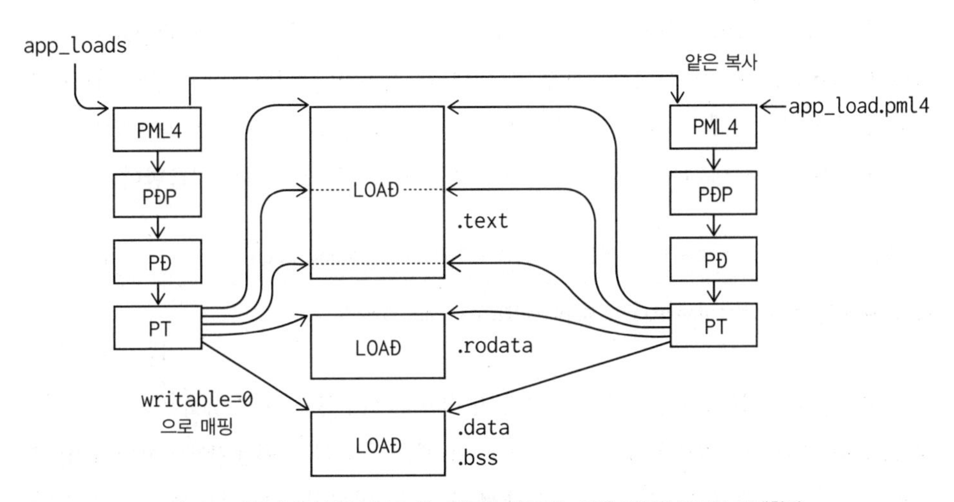

그림 27.9 애플리케이션의 LOAD 세그먼트를 가리키는 계층 페이징 구조를 복제한다.

애플리케이션의 카피 온 라이트를 실현하기 위해 그림 27.9 같은 데이터 구조를 만드는 것을 목표로 한다. 구체적으로 만드는 방법은 지금부터 생각하기로 하고, 최종적으로는 이 형태로 만들고 싶다. 두 개의 계층 페이징 구조가 있으며, 각각이 같은 물리 프레임을 가리키는 상태다. 각 4KiB 페이지가 읽기 전용(writable=0)으로 물리 프레임을 매핑하는 것이 포인트다. 읽기 전용의 페이지에 쓰기를 시도하면 페이지 폴트가 발생한다. 예외 핸들러에서 물리 프레임을 복사하고, 계층 페이징 구조가 그 복사 프레임을 가리키게 해 카피 온 라이트를 실현한다.

계층 페이징 구조 두 개 중 하나는 다음에 같은 애플리케이션을 실행할 때 모형으로 재이용한다. 같은 애플리케이션을 시작할 때 애플리케이션의 로드 처리(ELF의 프로그램 헤더를 보고 LOAD 세그먼트를 적절히 배치하는 처리)를 생략하고, 모형(로드 처리 끝난 계층 페이징 구조)을 복사하는 것으로 완료가 가능하다.

리스트 27.23 AppLoadInfo는 애플리케이션을 로드한 후의 상태를 표현한다(terminal.cpp)

```
struct AppLoadInfo {
  uint64_t vaddr_end, entry;
  PageMapEntry* pml4;
};
```

이제 구현을 시작하자. 먼저 애플리케이션의 실행 파일을 메모리에 로드한 상태를 저장하기 위한 AppLoadInfo 구조체를 작성했다(리스트 27.23). 이 구조체의 vaddr_end에는 애플리케이션의 LOAD 세그먼트의 최종 어드레스를 기록한다. 디맨드 페이징의 어드레스 범위의 시작 지점으로 사용하기 위해서다. entry에는 애플리케이션 엔트리 포인트의 어드레스를 기록한다. pml4에는 계층 페이징 구조를 가리키는 포인터를 기록한다.

리스트 27.24 app_loads는 로드가 끝난 애플리케이션의 목록을 유지한다(terminal.cpp)

```
std::map<fat::DirectoryEntry*, AppLoadInfo>* app_loads;
```

두 번째 이후의 애플리케이션 시작을 위해 첫 번째로 실행했을 때의 정보를 기록해 두는 장소로 app_loads를 작성했다(리스트 27.24). 이 맵을 사용하면 애플리케이션의 실행 파일을 표현하는 디렉터리 엔트리를 키로 해서 애플리케이션의 로드 정보를 얻을 수 있다. 사용자가 실행하려는 애플리케이션이 이 맵에 이미 등록돼 있다면 OS는 로드 처리를 생략하고(대신에 계층 페이징 구조의 복사를 수행해서) 애플리케이션을 시작시킨다. app_ loads의 초기화는 메인 함수에서 터미널 태스크를 초기화하기 전에 하고 있다.

리스트 27.25 애플리케이션 구동 처리를 LoadApp()에 위임한다(terminal.cpp)

```
Error Terminal::ExecuteFile(fat::DirectoryEntry& file_entry, char* command, char*
first_arg)
{
  __asm__("cli");
  auto& task = task_manager->CurrentTask();
  __asm__("sti");

  auto [ app_load, err ] = LoadApp(file_entry, task);
  if (err) {
    return err;
  }

  LinearAddress4Level args_frame_addr{0xffff'ffff'ffff'f000};
```

리스트 27.25에서 보는 바와 같이 Terminal::ExecuteFile()에서 애플리케이션의 기동 처리를 LoadApp()이란 함수로 분리했다. LoadApp()의 구현은 잠시 후에 소개한다. 간단하게 설명하자면 app_loads에 애플리케이션이 등록돼 있다면 그 정보를 사용하고, 등록돼 있지 않다면 LOAD 세그먼트의 로드 처리부터 착실히 수행하는 함수다.

리스트 27.26 LoadApp()은 애플리케이션을 app_loads에서 찾고, 없다면 로드한다(terminal.cpp)

```
WithError<AppLoadInfo> LoadApp(fat::DirectoryEntry& file_entry, Task& task) {
  PageMapEntry* temp_pml4;
  if (auto [ pml4, err ] = SetupPML4(task); err) {
    return { {}, err };
  } else {
    temp_pml4 = pml4;
  }

  if (auto it = app_loads->find(&file_entry); it != app_loads->end()) {
    AppLoadInfo app_load = it->second;
    auto err = CopyPageMaps(temp_pml4, app_load.pml4, 4, 256);
    app_load.pml4 = temp_pml4;
    return { app_load, err };
  }

  std::vector<uint8_t> file_buf(file_entry.file_size);
  fat::LoadFile(&file_buf[0], file_buf.size(), file_entry);
```

```
  auto elf_header = reinterpret_cast<Elf64_Ehdr*>(&file_buf[0]);
  if (memcmp(elf_header->e_ident, "\x7f" "ELF", 4) != 0) {
    return { {}, MAKE_ERROR(Error::kInvalidFile) };
  }

  auto [ last_addr, err_load ] = LoadELF(elf_header);
  if (err_load) {
    return { {}, err_load };
  }

  AppLoadInfo app_load{last_addr, elf_header->e_entry, temp_pml4};
  app_loads->insert(std::make_pair(&file_entry, app_load));

  if (auto [ pml4, err ] = SetupPML4(task); err) {
    return { app_load, err };
  } else {
    app_load.pml4 = pml4;
  }
  auto err = CopyPageMaps(app_load.pml4, temp_pml4, 4, 256);
  return { app_load, err };
}
```

LoadApp()의 구현을 리스트 27.26에 소개했다. 이 함수의 동작을 이해할 수 있다면 이번 절의 내용을 전부 이해한 것과 다름없다고 할 수 있을 정도로 중요한 함수다. 처음부터 처리를 살펴보자.

SetupPML4()를 먼저 실행한다. 이 함수의 동작을 기억하는가? 이 함수는 새로운 PML4 테이블이 되는 4KiB의 물리 프레임을 생성하고, 그 전반부에(인덱스 0부터 255까지)에 OS용의 설정을 복사한다. 그리고 CR3 레지스터에 새롭게 생성한 PML4의 테이블을 설정한다. 이 함수는 새롭게 생성한 PML4 테이블을 돌려주기 때문에 그 PML4를 temp_pml4라는 변수에 기록해 둔다. 이 함수를 실행한 직후는 가상 어드레스의 애플리케이션 영역 0xffff800000000000 이후에는 아무것도 없는 초기화된 설정 상태가 된다.

다음으로 app_loads에 애플리케이션이 등록돼 있는지를 조사한다. 애플리케이션이 등록돼 있다면 it !=app_loads->end()가 참이 돼 if 문의 내용이 실행된다. if 문 본체의 목적은 검색으로 찾은 애플리케이션 정보가 가진 계층 페이징 구조의 설정을 temp_pml4의 후반부(인덱스 256부터 511까지 애플리케이션 영역)에 복사하고, 그 정보를 함수 호출 측으로 반환하는 것이다. if 문 본체의 처리를 순서대로 살펴본다.

먼저 if가 가리키는 애플리케이션 등록정보를 app_load로 꺼낸다. 이 시점에서는 app_load.pml4는 모형이 되는 계층 페이징 구조를 가리키는 상태다(그렇다기보다는 그렇게 되도록 이후 처리를 만들 것이다).

CopyPageMaps()로 모형의 후반부(애플리케이션 영역)를 temp_pml4에 복사한다. 이 복사에 따라 두 번째 이후의 애플리케이션 실행도 그림 27.9처럼 아주 동일한 상태를 만들어낸다. CopyPageMaps()는 계층 페이징 구조의 얕은 복사를 수행하는 함수다. 얕은 복사shallow copy란 PT가 가리키는 물리 프레임의 복사를 하지 않고 계층 페이징 구조만을 복사하는 것을 의미한다. PML4, PDP, PD, PT에 대해서는 새로운 테이블을 작성해 값을 복사하지만 PT가 가리키는 물리 프레임의 복사는 수행하지 않는다.

계층 페이징 구조의 복사를 완료하면 temp_pml4는 전반부도 후반부도 설정돼 완전한 상태가 된다. app_load.pml4에 temp_pml4을 대입하면 app_load.pml4는 모형이 아닌 새롭게 셋업된 계층 페이징 구조를 가리키는 상태가 된다. app_load를 반환해 if 문의 처리를 종료한다.

다음은 app_loads에 애플리케이션이 등록돼 있지 않았을 때의 처리다. 이 부분은 대부분이 카피 온 라이트 구현 전의 애플리케이션 로드 처리 그대로이므로 설명은 불필요하다. 파일을 버퍼로 읽어 들이고 ELF 파일임을 확인한 다음 LoadELF()로 로드할 때까지는 지금까지와 동일하다. 그 다음의 처리부터는 이번에 새롭게 덧붙인 내용이다.

여기서 중요한 부분은 LoadELF()의 실행 전에는 temp_pml4가 가리키는 계층 페이징 구조의 후반부(애플리케이션 영역)가 비어 있는데 LoadELF()를 실행함에 따라 설정이 기록된다는 점이다. 설정이 기록된 상태의 계층 페이징 구조를 app_loads에 등록해 두고, 두 번째 이후의 애플리케이션 실행 시에 모형으로 이용한다는 점이 카피 온 라이트의 기본적인 아이디어다. app_loads->insert()로 이 시점의 계층 페이징 구조가 app_loads에 등록된다.

이 시점에서 CR3에는 모형이 되는 계층 페이징 구조가 등록돼 있다. 모형이 변경돼 버린다면 곤란하므로 SetupPML4()를 실행해 새로운 계층 페이징 구조를 생성해서 CR3를 갱신한다. 그리고 새롭게 생성한 계층 페이징 구조를 app_load.pml4에 설정해둔다. 이 시점에서 app_load.pml4가 가리키는 계층 페이징 구조의 후반부(애플리케이션 영역)는 비어 있기 때문에 모형이 되는 계층 페이징 구조의 후반 부분을 복사한다.

이제 LoadELF()의 처리인데 지금까지와 같아서는 안 된다. 계층 페이징 구조의 writable 비트를 0으로 설정해야 하기 때문이다. 원래는 writable=1로 해서 애플리케이션의 쓰기를 허락하고 있었지만 카피 온 라이트를 구현하기 위해서는 쓰기를 금지하도록 해둘 필요가 있다.

리스트 27.27 LOAD 세그먼트의 복사 대상 페이지를 읽기 전용으로 한다(terminal.cpp)

```
WithError<uint64_t> CopyLoadSegments(Elf64_Ehdr* ehdr) {
  auto phdr = GetProgramHeader(ehdr);
  uint64_t last_addr = 0;
  for (int i = 0; i < ehdr->e_phnum; ++i) {
    if (phdr[i].p_type != PT_LOAD) continue;

    LinearAddress4Level dest_addr;
    dest_addr.value = phdr[i].p_vaddr;
    last_addr = std::max(last_addr, phdr[i].p_vaddr + phdr[i].p_memsz);
    const auto num_4kpages = (phdr[i].p_memsz + 4095) / 4096;

    // setup pagemaps as readonly (writable = false)
    if (auto err = SetupPageMaps(dest_addr, num_4kpages, false)) {
      return { last_addr, err };
    }

    const auto src = reinterpret_cast<uint8_t*>(ehdr) + phdr[i].p_offset;
    const auto dst = reinterpret_cast<uint8_t*>(phdr[i].p_vaddr);
    memcpy(dst, src, phdr[i].p_filesz);
    memset(dst + phdr[i].p_filesz, 0, phdr[i].p_memsz - phdr[i].p_filesz);
  }
  return { last_addr, MAKE_ERROR(Error::kSuccess) };
}
```

리스트 27.27은 CopyLoadSegments()의 전체 내용을 보여준다. 수정한 곳은 단 한 줄, SetupPageMaps()의 세 번째 파라미터로 false를 전달하도록 수정한 부분이다. 지금까지는 파라미터 두 개를 받는 함수였는데 이번 수정으로 writable 비트의 값을 받게 됐다. SetupPageMaps()의 수정은 나중에 소개한다.

SetupPageMaps()에서 LOAD 세그먼트를 복사하는 대상의 4KiB 페이지를 읽기 전용으로 설정해 버리면 그 후 memcpy()로 LOAD 세그먼트를 복사하는 시점에서 에러가 발생할 것 같은 기분이 든다. 만약 에러가 되지 않는다면 그건 '읽기 전용'이 아닌 것이다. 실은 CPU의 사양에서 슈퍼바이저 모드(CPL<3)로 동작하는 프로그램은 writable 비트의 설정에 관계없이 페이지에 쓸 수 있다. 다만 CR0의 WP 비트가 0이어야 한다.

리스트 27.28 슈퍼바이저로 읽기 전용 페이지 쓰기를 허가한다(paging.cpp)

```
  ResetCR3();
  SetCR0(GetCR0() & 0xfffeffff); // Clear WP
```

그런 이유로 WP 비트를 0으로 하는 처리를 SetupIdentityPageTable()에 추가했다(리스트 27.28).

리스트 27.29 R/W 비트에 쓰기 값을 지정하도록 수정했다(paging.cpp)

```
WithError<size_t> SetupPageMap(
    PageMapEntry* page_map, int page_map_level, LinearAddress4Level addr,
    size_t num_4kpages, bool writable) {
  while (num_4kpages > 0) {
    const auto entry_index = addr.Part(page_map_level);

    auto [ child_map, err ] = SetNewPageMapIfNotPresent(page_map[entry_index]);
    if (err) {
      return { num_4kpages, err };
    }
    page_map[entry_index].bits.user = 1;

    if (page_map_level == 1) {
      page_map[entry_index].bits.writable = writable;
      --num_4kpages;
    } else {
      page_map[entry_index].bits.writable = true;
      auto [ num_remain_pages, err ] =
        SetupPageMap(child_map, page_map_level - 1, addr, num_4kpages, writable);
```

리스트 27.29에 SetupPageMaps()의 처리 대부분을 담당하는 SetupPageMap()의 수정 부분을 정리했다. 넘겨받은 writable 비트의 설정 값을 page_map[entry_index].bits.

writable에 설정하는 부분이 주요한 변경사항이다.

하지만 writable 비트를 파라미터로 해서 바꾸는 부분은 계층 페이징 구조의 최하층인 PT에만 적용한다. page_map_level이 1이 아닌 즉 PML4, PDP, PD에서는 지금까지와 변함없이 writable=1로 설정한다. 페이징 메커니즘의 사양에 따르면 특정 계층에서 writable=0로 돼 있으면 이후 계층은 읽기 전용이 돼 버리므로 MikanOS에서는 최하층에서만 writable 비트의 0/1을 전환하게 했다. 이를 통해 카피 온 라이트 발생 시에 writable을 전환하는 처리는 상당히 간단해진다.

리스트 27.30 페이지 폴트가 발생하면 카피 온 라이트 처리를 실행(paging.cpp)

```
Error HandlePageFault(uint64_t error_code, uint64_t causal_addr) {
  auto& task = task_manager->CurrentTask();
  const bool present = (error_code >> 0) & 1;
  const bool rw = (error_code >> 1) & 1;
  const bool user = (error_code
  if (present && rw && user) {
    return CopyOnePage(causal_addr);
  } else if (present) {
    return MAKE_ERROR(Error::kAlreadyAllocated);
  }

  if (task.DPagingBegin() <= causal_addr && causal_addr < task.DPagingEnd()) {
```

페이지 폴트가 발생했을 때 호출되는 HandlePageFault()의 수정 부분을 리스트 27.30에서 보여준다. 큰 변경사항은 에러 코드의 각 비트에 이름을 붙인 것과 카피 온 라이트를 실현하기 위해 CopyOnePage()를 호출하도록 한 부분이다.

지금까지는 에러 코드의 present 비트가 1일 때는 반드시 오류로 처리했다. 왜냐하면 이미 존재하는 페이지 액세스에 페이지 폴트가 발생하는 것을 상정하지 않았기 때문이다. 하지만 지금은 읽기 전용 페이지가 존재한다. 페이지 자체는 존재하지만 읽기 전용이므로 쓰기 명령이 실패하는 경우가 발생할 수 있다. 이 흐름이 바로 카피 온 라이트의 본질적인 동작이다. if (present && rw && user)는 페이지가 존재하고(present=1), 페이지 폴트의 원인은 사용자 모드의(user=1) 쓰기 명령에 있다(rw=1)는 조건을 판정하고 있다.

리스트 27.31 CopyOnePage()는 4KiB 페이지를 복사하고 쓰기 가능하게 매핑한다(paging.cpp)

```
Error CopyOnePage(uint64_t causal_addr) {
  auto [ p, err ] = NewPageMap();
  if (err) {
    return err;
  }

  const auto aligned_addr = causal_addr & 0xffff'ffff'ffff'f000;
  memcpy(p, reinterpret_cast<const void*>(aligned_addr), 4096);
  return SetPageContent(reinterpret_cast<PageMapEntry*>(GetCR3()), 4,
                        LinearAddress4Level{causal_addr}, p);
}
```

리스트 27.31에 카피 온 라이트의 가장 핵심이 되는 함수 CopyOnePage()를 구현했다. 이 함수는 그림 27.8 같은 카피 온 라이트의 동작을 구현한다. 페이지 폴트의 원인이 된 어드레스(causal_addr)를 포함한 4KiB 페이지가 매핑하는 물리 프레임의 내용을 복사하고, 쓰기 가능으로 새롭게 매핑한다. SetPageContent()가 페이지 테이블을 갱신해 지정된 물리 프레임을 다시 매핑하는 처리를 담당한다.

리스트 27.32 SetPageContent()는 물리 프레임을 쓰기 가능하도록 매핑한다(paging.cpp)

```
Error SetPageContent(PageMapEntry* table, int part,
                     LinearAddress4Level addr, PageMapEntry* content) {
  if (part == 1) {
    const auto i = addr.Part(part);
    table[i].SetPointer(content);
    table[i].bits.writable = 1;
    InvalidateTLB(addr.value);
    return MAKE_ERROR(Error::kSuccess);
  }

  const auto i = addr.Part(part);
  return SetPageContent(table[i].Pointer(), part - 1, addr, content);
}
```

SetPageContent()의 구현을 리스트 27.32에서 보여준다. 이 함수는 주어진 가상 어드레스 addr을 포함한 4KiB 페이지가 content로 지정된 물리 프레임을 가리키도록 설정을 갱신한다. addr에 따라 계층 페이징 구조를 내려가고, 최하층의 페이지 테이블에 도착했다면 해당 4KiB 페이지의 설정을 갱신한다. 그때 writable을 1로 변경한다. 이 변경을 잊으면 페이지 폴트의 예외 핸들러를 빠져 나와 애플리케이션으로 돌아온 순간, 또 쓰기 명령에 의한 페이지 폴트가 발생해 버린다.

리스트 27.33 지정된 어드레스를 포함한 TLB의 라인을 무효화한다(asmfunc.asm)

```
global InvalidateTLB ; void InvalidateTLB(uint64_t addr);
InvalidateTLB:
    invlpg [rdi]
    ret
```

마지막에 호출하는 `InvalidateTLB()`(리스트 27.33)는 중요하다. 이 함수는 TLB에서 설정 변경한 페이지에 관계된 부분만을 무효화invalidate시킨다. `invlpg`가 그를 위한 명령으로, 이 명령은 C++에서는 쓸 수 없기 때문에 어셈블리 언어 함수로 구현했다.

TLBTranslation Lookaside Buffer는 가상 어드레스를 물리 어드레스로 변환하는 처리를 고속화하기 위해 CPU에 내장된 장치다. 페이징에 의한 어드레스 변환은 우직하게 수행하면 매우 무거운 처리다. 예를 들어 `mov` 명령을 1회 실행할 때마다 계층 페이징 구조를 따라가기 위해 4회의 메모리 액세스가 발생한다. 즉 메모리 액세스 횟수가 5배나 되는 것이다. 상당한 성능 저하를 가져온다는 사실을 알 수 있을 거라 생각한다.

이 성능 저하를 막기 위해 어드레스 변환 결과를 TLB에 기록해 두고 재사용한다. TLB는 메모리가 아닌 CPU에 내장된 기능이라서 고속으로 동작한다. 프로그램이 메모리 액세스를 하려고 할 때, 그 가상 어드레스가 TLB에 등록돼 있다면 계층 페이징 구조를 조사하지 않고 물리 어드레스를 얻을 수 있다. TLB에 기록된 어드레스 변환의 수는 매우 적은데 일반적으로 프로그램이 액세스하는 메모리 범위는(시간단위로 쪼개서 본다면) 좁은 범위에 한정되므로 충분한 고속화를 기대할 수 있다.

계층 페이징 구조는 메모리상의 데이터이므로 일부를 갱신해도 CPU는 눈치채지 못한다. 만약 계층 페이징 구조의 일부를 갱신한 후에 `invlpg` 명령을 실행하지 않으면 CPU는 오래된 TLB를 계속해서 사용하고 원래 읽고 써야 하는 물리 어드레스와는 다른 물리 어드레스를 읽고 쓸 것이다.[3] `invlpg`는 파라미터로 지정된 가상 어드레스를 포함

3 필자는 당초 이 처리를 넣는 것을 잊고 있었다. QEMU에서는 잘 동작하는데, 특정 실기에서는 동작하지 않는 문제로 고생하다가 최종적으로 invlpg로 해결했다.

한 TLB 라인을 무효화한다. 그렇게 하면 다음에 해당 가상 어드레스에 메모리 액세스가 발생하는 경우, 계층 페이징 구조를 따라가는 처리가 실행돼 TLB 정보가 최신으로 갱신된다.

리스트 27.34 애플리케이션이 사용하던 페이지를 해제한다(paging.cpp)

```
Error CleanPageMap(
    PageMapEntry* page_map, int page_map_level, LinearAddress4Level addr) {
  for (int i = addr.Part(page_map_level); i < 512; ++i) {
    auto entry = page_map[i];

    ......

    if (entry.bits.writable) {
      const auto entry_addr = reinterpret_cast<uintptr_t>(entry.Pointer());
      const FrameID map_frame{entry_addr / kBytesPerFrame};
      if (auto err = memory_manager->Free(map_frame, 1)) {
        return err;
      }
    }
    page_map[i].data = 0;
```

마지막으로 애플리케이션 종료 후에 메모리를 해제하는 `CleanPageMap()`을 수정했다(리스트 27.34). 카피 온 라이트의 처리를 구현하기 위해 애플리케이션 기계어(.text)나 읽기 전용 데이터(.rodata)가 포함된 LOAD 세그먼트는 애플리케이션 종료시점에서 복사되지 않은 채로 남아 있을 것이다. `CleanPageMap()`은 지금까지 문답 없이 4KiB 페이지가 참조하는 물리 프레임을 제거하는 구현으로 돼 있었지만, 지금부터는 복사되지 않은 페이지에 대해서는 물리 프레임을 해제해서는 안 된다. 그래서 복사된 페이지는 반드시 writable=1로 된다는 사실을 이용해 writable=1일 때만 물리 프레임을 해제한다는 처리로 변경했다.

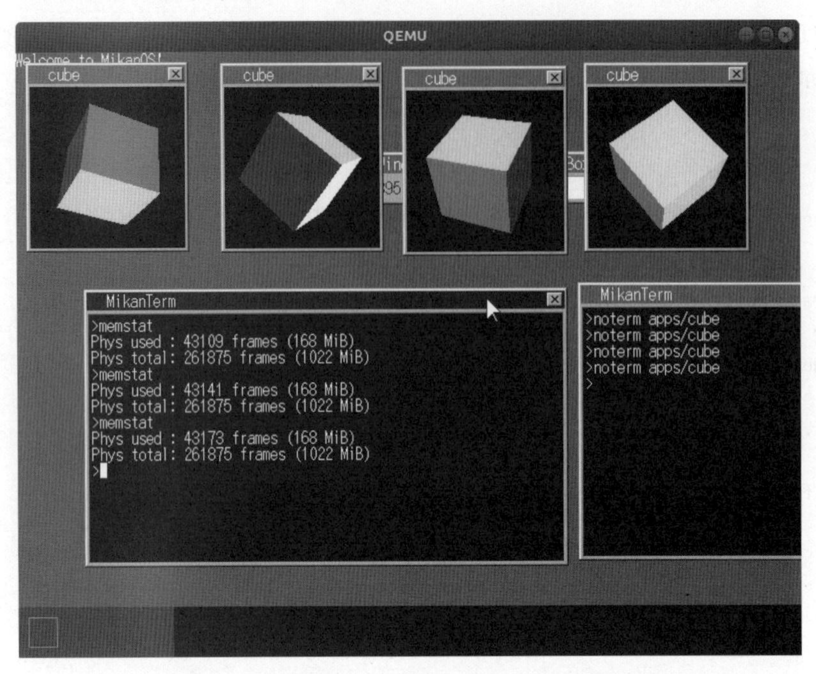

그림 27.10 cube 애플리케이션 하나당 메모리 소비가 줄어들었다.

설명은 이 정도로 마무리하고 실제로 동작시켜 보겠다(그림 27.10). 이전 절에서 측정했을 때는 한 개 cube마다 16프레임을 소비하고 있었는데, 지금은 11프레임의 소비로 끝나고 있다. cube는 약 70KB 정도의 애플리케이션이지만 더 큰 실행 파일이라면 복사하지 않아도 되는 페이지가 늘어나서 더욱더 높은 효과를 발휘할 수 있게 된다.

카피 온 라이트는 이 책에서 소개하는 것을 조금 고민하게 했을 정도로 고도한 기능이지만 비교적 컴팩트하게 구현할 수 있어서 감동하고 있다. 다음 장도 힘을 내자!

28장

일본어 표시와 리다이렉트

영문자는 프로그램에서 다루기가 매우 간단하기 때문에 지금까지는 쭉 영문자만을 표시해왔다. 하지만 윈도우나 macOS, 리눅스 등에서는 일본어로 문장을 읽거나 쓰는 것이 가능하고 메뉴가 일본어로 나오기도 한다. 이제 슬슬 일본어 표시에 도전해도 괜찮은 시기가 아닐까 싶은 생각에 28장의 전반부에서는 MikanOS에 일본어 표시 기능을 추가해 보겠다. 28장의 후반부에서는 커맨드 출력을 파일에 저장하기 위한 리다이렉트 기능을 개발한다. 지금까지 커맨드가 출력한 문자열은 터미널의 화면에 표시될 뿐이었지만 리다이렉트 기능을 사용하면 파일로 기록할 수 있게 된다. 커맨드 간에 파일을 경유한 데이터 연계가 가능해지면 커맨드의 응용범위가 넓어진다.

28.1 일본어와 문자코드(osbook_day28a)

우리는 지금까지 ASCII 문자코드를 사용해왔다. ASCII는 계산기 세계에서 널리 보급된 문자코드로 영숫자와 기호종류를 다룬다. ASCII는 7비트, 즉 0부터 127의 범위를 사용하는 문자코드로 char 타입의 변수 1개로 한 문자를 표현할 수 있다. 128종류의 값이 있으면 몇 가지 제어코드(NUL 문자나 EOT, 줄바꿈, 공백 등)와 영숫자, 몇 가지의 기호를 표현할 수 있다.

한편 세계에는 영숫자 이외에도 수많은 문자가 존재한다. 영어 이외의 단어를 사용하는 나라에서는 이러한 문자를 컴퓨터에서 다루기 위해 개별 언어전용 문자코드를 많이 개발해왔다. 일본어용으로는 JIS, Shift-JIS, EUC-JP 같은 문자코드[1]가 대표적이다. 같은 일본어용 문자코드라도 문자와 수치의 대응관계가 다르면 수치를 바이트열로 바꾸는 룰(인코딩 방식)도 다르다. 문자코드는 '열쇠' 같은 것으로 열쇠가 없으면 바이트열을 올바른 문자로 변환할 수 없으며, 그래서 읽을 수도 없다.

인터넷이 발달하기 전에는 그렇게 문제가 되지 않았다. 인터넷이 없던 시대는 컴퓨터는 1인 또는 한 그룹만이 사용했으며, 통신을 해도 국경을 넘는 경우는 없었다. 따라서 데이터를 교환하는 상대는 모두 같은 언어를 말하는 사람이었다. 그래서 모두 하나의 문자코드를 사용하자고 약속했다면 아무런 고생도 할 필요가 없었다.

하지만 현대에는 다양한 언어의 데이터를 일상적으로 주고받는다. 영어로 된 웹 사이트를 보는 사람도 많을 것이며, 그중에는 러시아어나 중국어 등으로 정보를 수집하는 사람도 있을 것이다.

하나의 웹 서비스에 다수의 언어가 섞인 경우도 많다. SNS에는 전 세계의 사람들이 가입하고 있으며, 매일 다양한 언어로 정보가 기록된다.

이렇게 다양한 언어 문장이 뒤섞인 세계에서 각 언어를 전용 문자코드를 사용해 쓰려면 매우 복잡한 처리가 필요하다. 한 가지 방법으로 언어를 전환하는 마크를 배치하는 방법이 있다. "이제부터는 일본어 모드이니 Shift-JIS로 해석해 주세요!", "여기는 러시아어이니 KOI8-R로 읽어주세요.", "여기는 ASCII이다." 이런 식으로 문자코드를 바꾸는 마크가 올 때마다 해석하는 문자코드를 전환한다. 생각만으로도 머리가 아프다. 실은 JIS

1 한국어용으로는 KS X 1001, ISO-2022-KR, EUC-KR 등이 있다. - 옮긴이

코드는 이 방법으로 영어 모드와 일본어 모드를 전환해서 영숫자, 히라가나나 가타카나, 한자가 섞인 문장을 표현하는 방식을 채용하고 있다. 그러니까 절대로 이 방법은 안 된다는 건 아니지만 귀찮은 방법인 것은 변함없는 사실이다.

유니코드Unicode라는 문자코드가 있는데, 전 세계 문자를 한 개의 코드체계에 망라해서 완성한 야심 찬 문자코드다. 영어도 일본어도 러시아도 중국어도 전부 통틀어 다룬다. 문서를 유니코드로 작성하면 특수한 마크를 끼울 필요 없이 아주 자연스럽게 언어가 뒤섞인 문서를 작성할 수 있다. SNS에 여러 언어 정보로 기록돼 있어도 뒤편에서는 유니코드로 통일해서 다룰 수가 있는 것이다. 한 개의 문자코드로 모든 언어를 표현할 수 있다는 것은 인터넷 시대에 있어서는 매우 중요한 특징이다. 유니코드는 현재 널리 보급돼 있기 때문에 MikanOS에서도 유니코드를 사용해 일본어 대응을 하고자 한다.

문자코드라고 말할 때에는 문자와 수치의 매핑과, 수치와 비트열의 변환방법이라는 두 가지 의미가 있다. 단순히 유니코드라고 쓰면 전자(문자와 수치의 매핑)를 의미하는 경우가 많다고 생각한다. 예를 들어 유니코드에서 '♪'는 0x266a에 대응한다. 문자와 매핑된 수치를 **코드포인트**라고 부르며, 유니코드 세계에서는 U+를 붙여서 'U+266A'처럼 쓴다.

유니코드로 표현된 문자열을 메모리로 쓰거나 네트워크로 송신하려고 할 때는 코드포인트를 비트열로 변환해야 한다. 코드포인트를 비트열로 변환하는 방법을 **인코딩 방식**이라 하며, 유니코드에서는 몇 가지 인코딩 방식이 정의돼 있다. 대표적인 인코딩 방식으로 UTF-8, UTF-16, UTF-32가 있다.

가장 단순한 인코딩 방식은 UTF-32이다. 이 인코딩은 코드포인트의 수치를 그대로 32비트로 나타내는 것이다. 한 문자를 32비트로 표현하기 때문에 코드포인트에서 비트열로의 변환과 비트열에서 코드포인트로의 변환이 매우 간단하다. 예를 들어 'A' 문자는 코드포인트 U+0041이므로 UTF-32로 인코딩하면 32비트폭의 비트열 0x00000041이 된다. 변환이 알기 쉬운 한편 명백한 결점이 있다. 그 결점은 만약 ASCII 코드 범위 내의 문자만으로 쓰여진 문장에서도 ASCII 코드로 인코딩한 경우와 비교하면 네 배의 크기가 돼 버린다는 점이다. 그리고 당연하지만 ASCII 코드만 지원하는 프로그램에서는 UTF-32로 인코딩된 데이터를 다룰 수 없다.

UTF-16은 코드포인트 수치의 하위 16비트를 그대로 표현한 것이다. UTF-32보다 더 낫지만 그래도 ASCII 코드로 인코딩한 경우와 비교해 사이즈가 두 배 크기가 된다. 또한 써로게이트 페어surrogate pair라는 특수한 사양도 있어서 의외로 다루기 힘든 인코딩 방식이다.

UTF-8은 코드포인트를 1에서 4바이트의 가변길이를 나타내는 인코딩 방식이다. UTF-8의 특징은 뭐니 뭐니 해도 ASCII 코드의 범위(U+0000에서 U+007F)를 ASCII 코드와 똑같이 인코딩하는 것이다. 예를 들면 'A' 문자는 ASCII로는 7비트의 65(0b1000001), UTF-8에서는 8비트의 65(0b01000001)로 나타낸다. 현대 저장장치의 대부분이 8비트=1바이트가 최소단위이며, ASCII 코드의 문서도 거의 대부분의 경우에 8비트로 한 문자를 저장하므로 ASCII와 UTF-8은 완전히 같은 바이트열이라 할 수 있다. 이 특징에 따라 영문이라면 ASCII 코드와 같은 사이즈가 되고, ASCII 코드만 지원하는 프로그램에서도 다룰 수가 있다.

또한 UTF-8은 UTF-32이나 UTF-16에서 발생하는 엔디언의 차이에 의한 문제가 일어나지 않는다. UTF-32이나 UTF-16에서는 인코딩 결과의 비트열을 바이트열로 고치는 순서(엔디언) 차이에 영향을 받는다. 예를 들어 0x00000041을 파일에 쓸 때 00 00 00 41로 쓸지 41 00 00 00으로 쓸지는 사양으로 결정돼 있지 않으며, 파일에 쓸 때와 다른 엔디언 방식으로 읽어버리면 잘못된 결과를 얻게 된다. 그 부분에서 UTF-8은 엔디언의 문제가 없다. UTF-8에서 2바이트 이상이 되는 문자(ASCII의 범위 외의 문자)의 경우에서도 사양으로 바이트의 기록순서가 결정돼 있기 때문에 혼란이 발생하지 않는 것이다.

현재는 필자가 보는 한 텍스트 파일의 인코딩 형식으로 UTF-8이 세계의 사실상의 표준이 되고 있다. OS를 포함 소프트웨어의 내부적인 표현은 UTF-8이 아닐지도 모르겠지만, 파일이나 네트워크에서 주고받을 때의 인코딩 형식으로는 UTF-8이 우세를 점하고 있다. 많은 텍스트 에디터가 UTF-8로 문서를 읽고 쓸 수 있다. 그래서 MikanOS에서도 UTF-8을 기본으로 일본어 기능의 구현을 해나가려고 한다.

이 절에서는 `Terminal::Print()`와 `cat` 커맨드를 UTF-8에 대응시키는 것을 목표로 한다. 이게 가능해지면 일본어 등의 ASCII 코드 범위 이외의 문자를 포함하는 UTF-8 문자열의 각 문자를 올바르게 확인해 유니코드의 코드포인트를 계산할 수 있게 된다. 다만 코드포인트를 계산할 수 있어도 실제로 문자열을 화면에 표시할 수 있는 것은 아니다. 코드포인트에 대응하는 폰트가 있어야 비로소 그 문자를 화면에 표시할 수 있다. 그런 이유로 다음 절에서는 일본어 폰트에 대응할 예정이다.

리스트 28.1 WriteUnicode()는 주어진 코드포인트에 대응하는 문자를 렌더링한다(font.cpp)

```
void WriteUnicode(PixelWriter& writer, Vector2D<int> pos,
                  char32_t c, const PixelColor& color) {
  if (c <= 0x7f) {
    WriteAscii(writer, pos, c, color);
    return;
  }

  WriteAscii(writer, pos, '?', color);
  WriteAscii(writer, pos + Vector2D<int>{8, 0}, '?', color);
}
```

리스트 28.1은 이번에 주역이 되는 `WriteUnicode()`를 보여준다. 이 함수는 지정된 코드포인트의 문자를 지정된 위치에 렌더링한다. 또는 UTF-32로 인코딩된 값을 받는 함수라고도 말할 수 있다(유니코드 코드포인트와 UTF-32로 나타낸 값은 같은 것이었다). 지금은 ASCII 코드 이외에 대응하는 폰트가 없으며, 코드포인트가 0x7f 이하의 ASCII 코드 범위 내에 있는 문자만을 표시할 수 있다. 0x80 이상의 코드포인트가 주어지면 방법이 없기 때문에 ??로 표시하도록 했다.

리스트 28.2 WriteString()을 유니코드에 대응시킨다(font.cpp)

```
void WriteString(PixelWriter& writer, Vector2D<int> pos, const char* s, const
PixelColor&color) {
  int x = 0;
  while (*s) {
    const auto [ u32, bytes ] = ConvertUTF8To32(s);
    WriteUnicode(writer, pos + Vector2D<int>{8 * x, 0}, u32, color);
    s += bytes;
    x += IsHankaku(u32) ? 1 : 2;
  }
}
```

`WriteString()`을 수정해 새롭게 작성한 `WriteUnicode()`를 사용하도록 했다(리스트 28.2). 이 함수는 주어진 문자열 `s`를 UTF-8로 인코딩된 문자열이라고 생각해 선두부터 읽고, 유니코드 문자로 간주하고 한 문자씩 표시한다. 이 프로그램을 이해하려면 UTF-8의 구조를 알 필요가 있다.

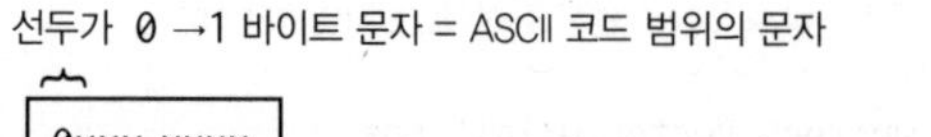
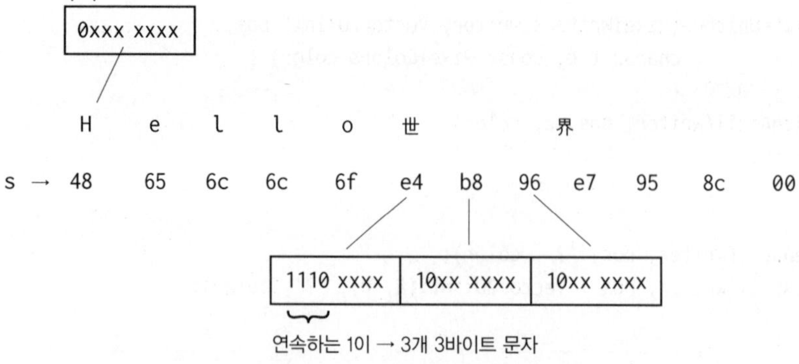

그림 28.1 UTF-8로 인코딩된 문자열의 예

'Hello 世界'라는 문자열을 UTF-8로 인코딩한 것을 그림 28.1에서 보여준다. 'Hello 世界'는 UTF-8로 인코딩하면 전체가 11바이트 데이터가 된다. 선두 5문자는 ASCII 코드에 있는 문자라서 한 문자를 1바이트로 나타낼 수 있다. H=0x48, e=0x65, l=0x6c, o=0x6f이다.

'世'와 '界'는 1바이트로는 표현할 수 없는 문자로, 복수의 바이트를 조합해 한 문자를 나타낸다. UTF-8에서는 선두 1바이트를 보면 문자의 바이트 수를 알 수 있다. 선두 1바이트의 최상위 비트에서부터 봤을 때 연속하는 1의 개수가 문자의 바이트 수를 나타내는 것이다. '世'의 선두 바이트는 0xe4=0b11100100이며 최상위 비트에서 연속하는 1의 개수는 3개이므로 '世'는 3바이트 문자가 된다. 마찬가지로 '界'도 3바이트 문자다. 두 번째 바이트 이후는 선두 2비트가 반드시 0b10가 된다는 것이 결정돼 있다.

리스트 28.3 CountUTF8Size()는 UTF-8 문자의 바이트 수를 구한다(font.cpp)

```
int CountUTF8Size(uint8_t c) {
  if (c < 0x80) {
    return 1;
  } else if (0xc0 <= c && c < 0xe0) {
    return 2;
  } else if (0xe0 <= c && c < 0xf0) {
    return 3;
  } else if (0xf0 <= c && c < 0xf8) {
    return 4;
  }
```

```
  return 0;
}
```

리스트 28.3은 UTF-8 문자의 선두 바이트로부터 문자 바이트 수를 얻는 함수 CountUTF8Size()를 보여준다. ASCII 코드의 범위 내에(0 ~ 0x7f) 있다면 1바이트 문자, 연속하는 1이 2개(0xc0 ~ 0xdf)라면 2바이트 문자라는 처리 형태로 바이트 수를 계산한다.

리스트 28.4 ConvertUTF8To32()은 UTF-8 문자열에서 한 문자를 얻어낸다 (font.cpp)

```
std::pair<char32_t, int> ConvertUTF8To32(const char* u8) {
  switch (CountUTF8Size(u8[0])) {
  case 1:
    return {
      static_cast<char32_t>(u8[0]),
      1
    };
  case 2:
    return {
      (static_cast<char32_t>(u8[0]) & 0b0001'1111) << 6 |
      (static_cast<char32_t>(u8[1]) & 0b0011'1111) << 0,
      2
    };
  case 3:
    return {
      (static_cast<char32_t>(u8[0]) & 0b0000'1111) << 12 |
      (static_cast<char32_t>(u8[1]) & 0b0011'1111) << 6 |
      (static_cast<char32_t>(u8[2]) & 0b0011'1111) << 0,
      3
    };
  case 4:
    return {
      (static_cast<char32_t>(u8[0]) & 0b0000'0111) << 18 |
      (static_cast<char32_t>(u8[1]) & 0b0011'1111) << 12 |
      (static_cast<char32_t>(u8[2]) & 0b0011'1111) << 6 |
      (static_cast<char32_t>(u8[3]) & 0b0011'1111) << 0,
      4
    };
  default:
    return { 0, 0 };
  }
}
```

리스트 28.4는 UTF-8 문자열의 선두로부터 한 문자를 꺼내고 그 문자의 코드포인트를 반환하는 함수 ConvertUTF8To32()를 보여준다. 선두 바이트에서 문자의 바이트 수를 구하고 그 수만큼 바이트열을 읽어나간다. UTF-8 문자에서 코드포인트로 변환하려면 그림 28.1에서 'x'로 표시한 비트만을 빼내서 결합시키면 된다.

리스트 28.5 cat를 UTF-8에 대응시킨다(terminal.cpp)

```
    } else {
      fat::FileDescriptor fd{*file_entry};
      char u8buf[4];

      DrawCursor(false);
      while (true) {
        if (fd.Read(&u8buf[0], 1) != 1) {
          break;
        }
        const int u8_remain = CountUTF8Size(u8buf[0]) - 1;
        if (u8_remain > 0 && fd.Read(&u8buf[1], u8_remain) != u8_remain) {
          break;
        }

        const auto [ u32, u8_next ] = ConvertUTF8To32(u8buf);
        Print(u32 ? u32 : U' □ ');
      }
      DrawCursor(true);
    }
```

cat 커맨드의 프로그램에서 실제로 파일로부터 데이터를 읽어 들여서 표시하는 처리를 UTF-8에 대응시켰다(리스트 28.5). while 문에 주목해 보자. 이 while 문에서는 한 문자에 해당하는 바이트열을 u8buf에 읽어 들이고(최대 4바이트), 그 바이트열을 ConvertUTF8To32()를 사용해 유니코드 코드포인트로 변환, 마지막으로 Print()로 표시하고 있다. 만약 코드포인트로 변환이 잘 되지 않으면 u32는 0이 된다. 그때는 '□'을 0을 대신해 표시한다.

리스트 28.6 Print()를 유니코드에 대응시킨다(terminal.cpp)

```
void Terminal::Print(char32_t c) {
  if (!show_window_) {
    return;
```

```
  }

  auto newline = [this]() {
    cursor_.x = 0;
    if (cursor_.y < kRows - 1) {
      ++cursor_.y;
    } else {
      Scroll1();
    }
  };

  if (c == U'\n') {
    newline();
  } else if (IsHankaku(c)) {
    if (cursor_.x == kColumns) {
      newline();
    }
    WriteUnicode(*window_->Writer(), CalcCursorPos(), c, {255, 255, 255});
    ++cursor_.x;
  } else {
    if (cursor_.x >= kColumns - 1) {
      newline();
    }
    WriteUnicode(*window_->Writer(), CalcCursorPos(), c, {255, 255, 255});
    cursor_.x += 2;
  }
}
```

cat 내부에서 사용하는 Terminal::Print()의 구현이 리스트 28.6에 나와 있다. 지금까지는 char 타입의 파라미터였지만, 이번 수정으로 UTF-32 문자를 나타내는 타입 char32_t를 받도록 변경됐다. char32_t는 C++11에서 도입된 타입이므로 오래된 C++의 교과서에는 실려있지 않을지도 모르겠다. UTF-16의 한 문자를 나타내는 char16_t 타입도 있다.

U'\n'은 UTF-32로 인코딩된 줄바꿈 문자를 나타낸다. 일반적으로 U를 붙이지 않은 경우는 ASCII 코드[2] 문자 리터럴이며 U, u를 붙이면 각각 UTF-32, UTF-16 문자 리터럴이 된다.

2 규격에서는 처리계로 정의된 코드를 사용하게 돼 있지만, 필자는 ASCII 이외를 사용하는 처리계를 실제로 만난 적은 없다.

`IsHankaku()`는 새롭게 만든 함수로 지정한 문자가 반각문자[3]인지, 전각문자인지를 판정한다. 리스트 28.7에서 구현을 볼 수 있다.

리스트 28.7 IsHankaku()는 파라미터가 반각문자라면 참을 반환한다(font.cpp)

```
bool IsHankaku(char32_t c) {
  return c <= 0x7f;
}
```

영숫자처럼 가로 폭이 세로의 절반인 문자를 반각, 일본어 등의 가로와 세로가 같은 크기의 문자를 전각이라 한다. 자세히 보면 각각의 문자 폭은 다르지만('I'보다 'M' 쪽이 넓고, '日'보다 '旧' 쪽이 넓다) 처리를 단순히 하기 위해 반각은 8×16, 전각은 16×16 픽셀의 크기로 처리한다. 이와 같이 문자의 폭이 동일하다고 간주하는 것을 '고정폭'(폭이 일정)이라 한다. 이에 비해 문자의 폭을 잘 고려해서 처리하는 것은 '프로페셔널'(문자의 폭이 다름)이다. MikanOS에서는 프로페셔널은 다루지 않는다.

이야기를 `Print()`로 돌려 `IsHankaku()`로 전달된 문자가 반각인지 전각인지를 알았다면, 각각에 대해 줄바꿈 위치와 커서의 이동 폭을 변경한다. 반각이라면 터미널 화면의 오른쪽 끝까지 표시할 수 있지만, 전각이라면 반각 한 문자 크기만큼의 앞에서 줄바꿈해야 한다. 커서의 이동 폭은 반각이라면 1, 전각이라면 2로 한다. 덧붙여 문자가 반각이거나 전각이라는 사실과 그 문자가 ASCII 코드의 범위 내에 존재하는지의 여부는 원래 아무런 관계가 없다. 그렇기에 문자가 반각이든 전각이든 `WriteUnicode()`를 사용해 렌더링한다.

이상으로 유니코드 대응을 위한 개조는 완료됐다. 그렇다고는 해도 아직 일본어 폰트가 없기 때문에 일본어를 표시하려고 해도 '??'로 나타날 것이다. 이를 확인하기 위해 일본어 파일을 준비해 실행해 본다. resource/jpn.txt 파일을 작성했다(리스트 28.8).

3 동아시아권에는 전각과 반각이라는 개념이 존재하며 전각은 정사각형 형태, 반각은 전각의 가로폭을 반으로 줄인 직사각형 형태다. 일본의 경우 히라가나는 전각이며 가타카나에는 반각도 포함된다. – 옮긴이

리스트 28.8 일본어 표시의 테스트로 사용하는 문서 파일(jpn.txt)

```
ようこそ, MikanOS へ!
MikanOS は計算機科学の教材となることを目指して作られています。

リポジトリ→ https://github.com/uchan-nos/mikanos
```

이 파일을 MikanOS의 시작 볼륨에 넣어야 한다. 임의의 파일을 손쉽게 시작 볼륨에 포함시킬 수 있게 MikanOS 시작 스크립트 $HOME/osbook/devenv/run_mikanos.sh에 있는 RESOURCE_DIR를 사용한다. RESOURCE_DIR를 지정하면 RESOURCE_DIR 디렉터리에 있는 파일을 시작 볼륨의 루트 디렉터리로 복사한다.

```
$ APPS_DIR=apps RESOURCE_DIR=resource ./build.sh run
```

이와 같은 커맨드라인으로 QEMU를 실행시켜 보겠다. 그림 28.2는 cat jpn.txt를 실행한 모습이다. 일본어 부분만 '??'로 처리되며 ASCII 코드는 제대로 표시되고 있다. 이 모습은 기대했던 대로다. 다음 절에서 일본어 폰트를 포함시키면 이 '??'도 제대로 표시될 것이다. 기대된다.

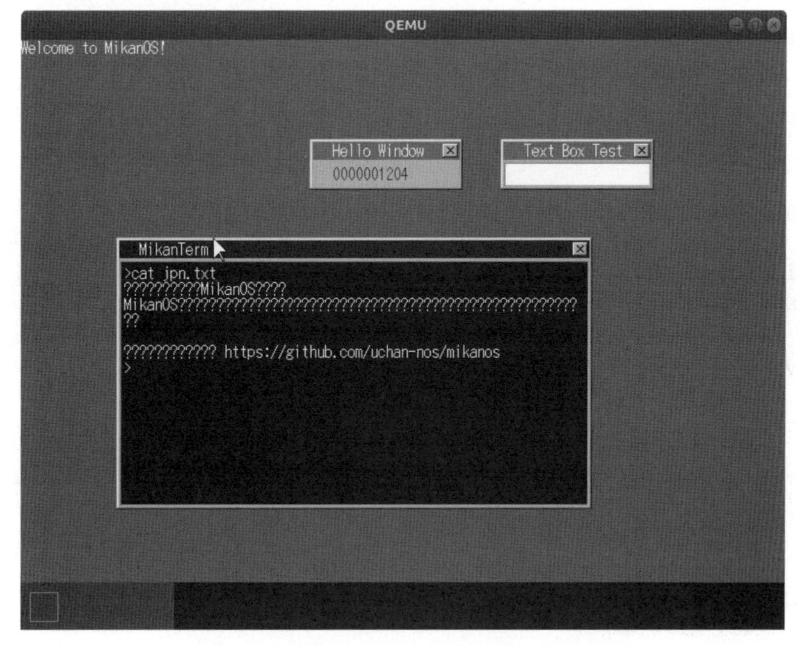

그림 28.2 일본어를 포함하는 UTF-8 문서를 표시한 모습

28.2 일본어 폰트(osbook_day28b)

ASCII 코드 렌더링에는 OS 본체에 내장된 폰트 데이터가 사용된다. 새벽 폰트를 바탕으로 한 이 폰트 데이터는 8×16 픽셀의 단순한 비트열로 표현되며, 프로그램에서는 `uint8_t`의 배열로 참조한다.

일본어를 포함한 비트맵 폰트를 찾는 것은 어렵다. 전혀 없는 것은 아니지만 파일 형식이 특수하거나 유니코드에 대응하지 않는 등의 문제가 있다. 선택지가 적기 때문에 자신이 선호하는 폰트를 사용하고 싶어도 어렵다.

그래서 이 절에서는 FreeType이라는 라이브러리를 MikanOS에 통합해 TrueType이라는 파일 형식의 폰트를 사용할 수 있게 한다. 폰트를 말한다면 TrueType이라 할 정도로 널리 보급된 파일 형식이므로, 이 TrueType을 다룰 수 있게 되면 여러분이 선호하는 폰트를 포함해 사용할 수 있게 된다. 이 절에서는 IPA 폰트[4] 시리즈에서 가져온 'IPA 고딕'을 resource/nihongo.ttf로 추가했다. 이 폰트 파일은 라이선스를 준수하는 한 재배포가 가능한 파일이므로 MikanOS에 포함해 배포하고 있다. 라이선스 전문은 IPA_Font_License_Agreement_v1.0.txt에 실려 있다.

IPA 고딕 파일은 약 6MB 정도로 매우 크다. 그 때문에 지금까지 부트로더에서 읽어 들였던 볼륨 크기(16MiB)로는 부족할 것 같다. 그래서 리스트 28.9 같이 두 배인 32MiB로 늘렸다. 이걸로 당분간은 OS 본체가 커지거나 애플리케이션이 늘어나거나 해도 감당할 수 있다. 잊지 말고 $HOME/edk2 디렉터리에서 build를 해둔다.

리스트 28.9 부트로더로 읽어 들이는 사이즈를 늘린다(MikanLoaderPkg/Main.c)

```
EFI_BLOCK_IO_MEDIA* media = block_io->Media;
UINTN volume_bytes = (UINTN)media->BlockSize * (media->LastBlock + 1);
if (volume_bytes > 32 * 1024 * 1024) {
  volume_bytes = 32 * 1024 * 1024;
}
```

FreeType 라이브러리의 사용방법은 대략적으로 다음과 같은 흐름이다.

4 https://moji.or.jp/ipafont/ipa00303/

1. 라이브러리를 초기화한다(FT_Init_FreeType()).
2. 폰트 파일을 읽는다.
3. 페이스 오브젝트를 생성한다(FT_New_Memory_Face()).
4. 목적 문자를 읽는다(FT_Load_Glyph()).

이 절의 주 목표는 WriteUnicode()를 일본어에 대응시키는 것이다. 앞 절에서 만든 이 함수는 ASCII 코드 범위 외의 문자가 오면 '??'로 표시해 슬쩍 넘어갔다. 이 부분을 개조해 FreeType 라이브러리를 이용해 올바른 문자를 렌더링할 수 있게 하겠다. 먼저 FreeType 라이브러리를 초기화하는 처리부터 만들어보자.

리스트 28.10 FreeType 라이브러리를 초기화한다(font.cpp)

```
void InitializeFont() {
  if (int err = FT_Init_FreeType(&ft_library)) {
    exit(1);
  }

  auto [ entry, pos_slash ] = fat::FindFile("/nihongo.ttf");
  if (entry == nullptr || pos_slash) {
    exit(1);
  }

  const size_t size = entry->file_size;
  nihongo_buf = new std::vector<uint8_t>(size);
  if (LoadFile(nihongo_buf->data(), size, *entry) != size) {
    delete nihongo_buf;
    exit(1);
  }
}
```

리스트 28.10에 MikanOS의 폰트 관련 초기화를 담당하는 InitializeFont()의 구현을 정리했다. 선두부터 처리를 살펴보면 먼저 FreeType 라이브러리를 초기화하고, 다음으로 nihongo.ttf 파일을 연다. 마지막으로 파일을 nihongo_buf에 읽어 들인다. 여기서 등장한 두 개의 변수는 리스트 28.11 같이 정의한 변수다. font.cpp에서만 사용하므로 익명 네임 스페이스 안에 정의했다.

리스트 28.11 일본어의 렌더링에 필요한 두 개의 변수

```
FT_Library ft_library;
std::vector<uint8_t>* nihongo_buf;
```

소스코드는 싣지 않지만 정의한 InitializeFont()는 당연히 메인 함수에서 호출하게 했다. 일본어 표시는 가급적 빠른 단계에서 초기화하는 편이 좋지 않을까 생각해 fat::Initialize(volume_image); 직후에 InitializeFont()를 호출했다.

리스트 28.12 NewFTFace()는 페이스 오브젝트를 준비한다(font.cpp)

```
WithError<FT_Face> NewFTFace() {
  FT_Face face;
  if (int err = FT_New_Memory_Face(
        ft_library, nihongo_buf->data(), nihongo_buf->size(), 0, &face)) {
    return { face, MAKE_ERROR(Error::kFreeTypeError) };
  }
  if (int err = FT_Set_Pixel_Sizes(face, 16, 16)) {
    return { face, MAKE_ERROR(Error::kFreeTypeError) };
  }
  return { face, MAKE_ERROR(Error::kSuccess) };
}
```

폰트의 세계에서 페이스란 자형(모양)의 디자인을 의미한다. 폰트 파일에는 여러 디자인이 포함돼 있는 경우가 있으며 각각을 페이스라고 부르다. 리스트 28.12에 나타낸 NewFTFace()는 폰트 파일에서 선두 페이스(하나밖에 페이스가 포함돼 있지 않다면 그것을)를 읽는다. FreeType 라이브러리 함수 FT_New_Memory_Face()를 사용하면 메모리상에 읽어 들였던 폰트 파일로부터 페이스를 가져오는 것이 가능하다.

일반적으로 TrueType 폰트에 포함된 자형은 확대, 축소를 자유롭게 할 수 있는 타입(벡터 폰트)이라서 실제로 렌더링하기 전에 원하는 사이즈를 결정할 필요가 있다. 이 사이즈를 결정하기 위한 작업이 FT_Set_Pixel_Sizes()의 호출이다. 여기서는 16×16 픽셀로 렌더링하도록 설정했다.

리스트 28.13 지정한 문자의 자형을 읽는 함수(font.cpp)

```
Error RenderUnicode(char32_t c, FT_Face face) {
  const auto glyph_index = FT_Get_Char_Index(face, c);
```

```
  if (glyph_index == 0) {
    return MAKE_ERROR(Error::kFreeTypeError);
  }

  if (int err = FT_Load_Glyph(face, glyph_index,
                              FT_LOAD_RENDER | FT_LOAD_TARGET_MONO)) {
    return MAKE_ERROR(Error::kFreeTypeError);
  }
  return MAKE_ERROR(Error::kSuccess);
}
```

순서 4번째 '목적 문자 읽어 들이기'를 위한 함수 RenderUnicode()를 리스트 28.13에 정리했다. 읽어 들이고 싶은 문자의 유니코드 코드포인트와 NewFTFace()로 생성한 페이스 오브젝트를 전달하면 그 문자의 자형을 읽어 들인다.

폰트 분야에서는 자형을 글리프glyph라고 지칭한다. FT_Get_Char_Index()는 유니코드 코드포인트로 페이스 오브젝트 내의 글리프glyph 번호를 얻는 함수다. 폰트 파일 내에서 글리프가 유니코드 코드포인트 순으로 나열돼 있다고는 볼 수 없기 때문에 이 함수로 번호를 변환할 필요가 있는 것이다.

얻어낸 글리프 번호를 FT_Load_Glyph()에 전달하면 그 글리프를 취득할 수 있다. 글리프는 face->glyph->bitmap에서 취득할 수 있다.

리스트 28.14 지정된 문자에 대응하는 글리프를 렌더링한다(font.cpp)

```
Error WriteUnicode(PixelWriter& writer, Vector2D<int> pos,
                   char32_t c, const PixelColor& color) {
  if (c <= 0x7f) {
    WriteAscii(writer, pos, c, color);
    return MAKE_ERROR(Error::kSuccess);
  }

  auto [ face, err ] = NewFTFace();
  if (err) {
    WriteAscii(writer, pos, '?', color);
    WriteAscii(writer, pos + Vector2D<int>{8, 0}, '?', color);
    return err;
  }
  if (auto err = RenderUnicode(c, face)) {
    FT_Done_Face(face);
```

```
    WriteAscii(writer, pos, '?', color);
    WriteAscii(writer, pos + Vector2D<int>{8, 0}, '?', color);
    return err;
  }
  FT_Bitmap& bitmap = face->glyph->bitmap;

  const int baseline = (face->height + face->descender) *
    face->size->metrics.y_ppem / face->units_per_EM;
  const auto glyph_topleft = pos + Vector2D<int>{
    face->glyph->bitmap_left, baseline - face->glyph->bitmap_top};

  for (int dy = 0; dy < bitmap.rows; ++dy) {
    unsigned char* q = &bitmap.buffer[bitmap.pitch * dy];
    if (bitmap.pitch < 0) {
      q -= bitmap.pitch * bitmap.rows;
    }
    for (int dx = 0; dx < bitmap.width; ++dx) {
      const bool b = q[dx >> 3] & (0x80 >> (dx & 0x7));
      if (b) {
        writer.Write(glyph_topleft + Vector2D<int>{dx, dy}, color);
      }
    }
  }

  FT_Done_Face(face);
  return MAKE_ERROR(Error::kSuccess);
}
```

WriteUnicode()를 수정해 앞서 제작한 두 개의 함수를 사용해 글리프를 렌더링하게 했다(리스트 28.14). RenderUnicode()를 호출해서 face->glyph->bitmap로 읽어 들인 글리프를 사용해 파라미터로 전달받은 writer에 그림을 그린다. 이 렌더링 프로그램을 자세히 설명하려면 상당히 길어질 것 같다. 이 부분은 OS 작성의 본질적인 부분은 아니라고 생각하기 때문에 설명은 생략하도록 하겠다.

한 부분만 설명하자면 bitmap.buffer에는 실제 글리프 이미지가 로드된다. FT_LOAD_TARGET_MONO 플래그를 지정해 글리프를 읽어 들이기 때문에 1비트가 1픽셀에 대응하는 흑백 이미지로 글리프가 로드되는 것이다. 즉 1바이트에 8픽셀의 데이터가 들어 있다. 비트 연산을 사용해서 q[dx >> 3] & (0x80 >> (dx & 0x7)) 같이 1픽셀씩 꺼내고 그 비트가 1이면 렌더링, 0이면 아무것도 하지 않는다는 처리를 하면 OK다.

마지막으로 FT_Done_Face()를 사용해 NewFTFace()로 생성한 페이스 오브젝트를 파기해서 처리를 완료한다.

리스트 28.15 태스크의 스택을 32KiB로 늘린다(task.hpp)

```
class Task {
 public:
  static const int kDefaultLevel = 1;
  static const size_t kDefaultStackBytes = 8 * 4096;
```

"이걸로 일본어 대응은 끝났다."라고 생각했는데, 필자의 환경에서 일본어를 표시하려고 하면 OS가 강제로 재부팅하는 현상이 발생했다. 조사해 보니 FreeType이 스택을 지나치게 사용해 스택 영역을 초과해 버렸음을 알 수 있었다. 리스트 28.15 같이 태스크 스택을 4KiB에서 32KiB로 늘려보니 정상적으로 동작할 수 있게 됐다.

리스트 28.16 애플리케이션용 스택도 32KiB로 늘린다(terminal.cpp)

```
  const int stack_size = 8 * 4096;
  LinearAddress4Level stack_frame_addr{0xffff'ffff'ffff'f000 - stack_size};
  if (auto err = SetupPageMaps(stack_frame_addr, stack_size / 4096)) {
    return err;
  }

<중략>

  task.SetFileMapEnd(stack_frame_addr.value);

  int ret = CallApp(argc.value, argv, 3 << 3 | 3, app_load.entry,
                    stack_frame_addr.value + stack_size - 8,
                    &task.OSStackPointer());
```

앞 절에서 이미 WriteString()도 유니코드에 대응시켰기 때문에 아무것도 하지 않아도 애플리케이션에서도 일본어를 표시할 수 있게 됐을 것이다. 다만 애플리케이션용 스택의 크기가 작다면 오동작해 버리므로 좀 전에 수정한 것과 동일하게 애플리케이션용 스택도 늘려준다(리스트 28.16).

리스트 28.17 FreeType 라이브러리를 링크한다(Makefile)

```
kernel.elf: $(OBJS) Makefile
        ld.lld $(LDFLAGS) -o kernel.elf $(OBJS) -lc -lc++ -lc++abi -lm\
        -lfreetype/
```

이제 마지막 수정 포인트다. FreeType 라이브러리[5]를 사용하려면 커널에 FreeType 라이브러리도 링크할 필요가 있다. 리스트 28.17 같이 링커 옵션으로 `-lfreetype`을 추가한다.

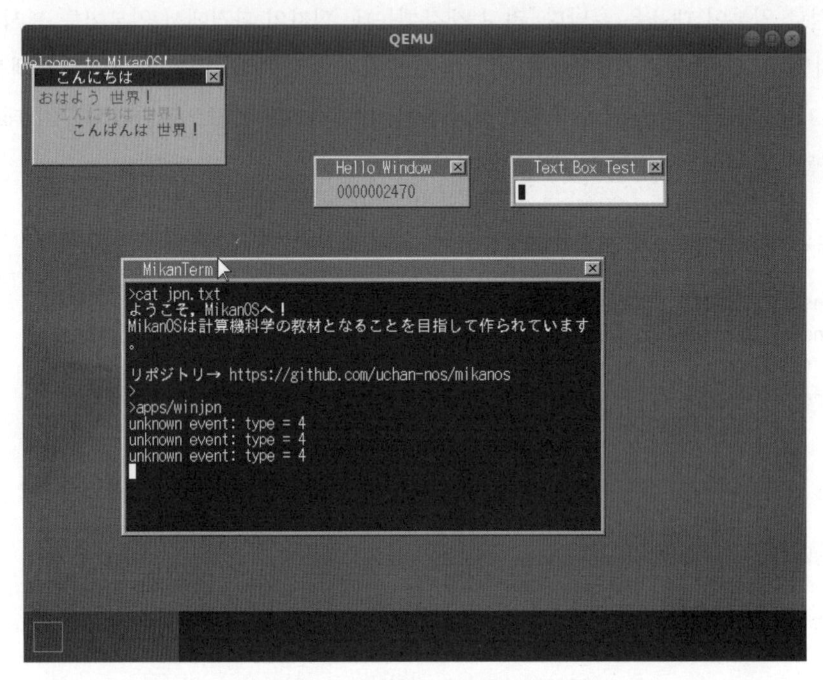

그림 28.3 cat으로 일본어 문서를 표시한 모습

그림 28.3에서 실행한 모습을 볼 수 있다. cat jpn.txt으로 실행하면 '??'가 아닌 제대로 된 일본어가 표시되는 것을 알 수 있다. 또한 winhello를 복사해 일본어로 인사こんにちは를 표시하는 애플리케이션 winjpn도 제작해서 동작시켜봤다. 아주 괜찮은 것 같다. 일본어가 출력될 수 있어서 필자는 감동을 좀 받았다!

5 프리타입 라이브러리를 활용해 TTF 폰트를 로드하기 때문에 한국어도 쉽게 출력이 가능하다. 간단한 한국어 출력 방법 및 스크린샷은 https://wikidocs.net/164069에서 확인할 수 있다. – 옮긴이

28.3 리다이렉트(osbook_day28c)

애플리케이션은 printf() 등을 사용해 표준출력에 문자열을 출력한다. 또한 scanf() 등을 사용해 표준입력으로부터 데이터를 읽는다. 표준입출력은 기본 값으로 터미널에 연결돼 있기 때문에 표준출력으로 출력된 문자열은 최종적으로 터미널로 표시되며, 터미널에서 입력된 문자열은 최종적으로 표준입력으로 전달된다. '터미널'이 아니라 '표준입출력' 등으로 에둘러 부르는 이유는 표준입출력을 터미널 이외의 것으로 돌리는 것이 가능하기 때문이다. 표준입출력을 터미널 이외에 연결하는 기능을 리다이렉트redirect라고 한다.

리눅스 등에서는 리다이렉트를 사용해 표준입출력을 파일로 연결할 수 있다. 예를 들어 터미널상에서 echo "hoge" > piyo로 하면 piyo 파일에 hoge라는 문자열이 기록된다. 이 구조를 MikanOS에서도 따라 해보려고 한다. 이 절에서는 표준출력의 문자열을 파일로 기록하는 즉 출력방향의 리다이렉트 기능을 작성해 보겠다.

리스트 28.18 터미널에 표준입출력을 나타내는 파일을 갖게 한다(terminal.hpp)

```
bool show_window_;
std::array<std::shared_ptr<FileDescriptor>, 3> files_;
```

먼저 Terminal 클래스에 표준입출력을 나타내는 세 개 파일 디스크립터를 유지하는 배열 files_를 추가했다(리스트 28.18). files_의 인덱스와 파일 디스크립터 번호가 대응하고 있어서 0이 표준입력, 1이 표준출력, 2가 표준에러출력이다.

리스트 28.19 초기설정에서 표준입출력을 터미널에 연결한다(terminal.cpp)

```
Terminal::Terminal(Task& task, bool show_window)
    : task_{task}, show_window_{show_window} {
  for (int i = 0; i < files_.size(); ++i) {
    files_[i] = std::make_shared<TerminalFileDescriptor>(*this);
  }
  if (show_window) {
```

리스트 28.19처럼 터미널 클래스의 초기화 시에 files_를 설정하도록 했다. 세 개 요소 전부에 TerminalFileDescriptor를 설정해 표준입출력이 터미널로 연결된 상태로 둔다.

리스트 28.20 애플리케이션 기동 시에 표준입출력의 파일을 설정한다(terminal.cpp)

```
  for (int i = 0; i < files_.size(); ++i) {
    task.Files().push_back(files_[i]);
  }
```

리스트 28.20은 Terminal::ExecuteFile()의 일부분으로 애플리케이션용 파일 디스크립터의 초기 값을 설정하는 부분이다. 지금까지는 여기에 고정적으로 TerminalFileDescriptor를 설정하고 있었지만 Terminal::files_를 복사하도록 변경했다. 이 시점에서 Terminal::files_[1]이 터미널을 나타내는 TerminalFileDescriptor이며, 이를 다른 파일 디스크립터로 전환한다면 애플리케이션은 자동적으로 그 파일에 출력을 하게 될 것이다. 이 전환이 리다이렉트의 핵심이 되는 부분이다.

이후에는 커맨드라인에서 > piyo가 입력된 것을 감지해 files_[1]을 piyo를 나타내는 파일 디스크립터로 교체하는 처리를 작성하면 된다.

리스트 28.21 Task::files_의 요소를 std::shared_ptr로 변경한다(task.hpp)

```
std::vector<std::shared_ptr<::FileDescriptor>> files_{};
```

까다롭긴 하지만 리스트 28.21 같이 Task::files_의 요소 타입을 std::shared_ptr로 변경했다. std::unique_ptr 그대로라면 task.Files().push_back(files_[i])의 컴파일에 에러가 발생하기 때문이다. 그 원인은 Terminal::files_의 요소 타입인 std::shared_ptr을 std::unique_ptr로 대입하려 할 때 에러가 발생한다. std::unique_ptr은 가리키는 대상 오브젝트를 점유하는 포인터인 한편, std::shared_ptr은 가리키는 대상 오브젝트를 공유하기 위한 포인터다. std::unique_ptr을 std::shared_ptr로 대입하는 것은 가능하지만 그 반대는 성립하지 않는다.

리스트 28.22 리다이렉트 기호를 발견했다면 표준출력을 전환한다(terminal.cpp)

```
void Terminal::ExecuteLine() {
  char* command = &linebuf_[0];
  char* first_arg = strchr(&linebuf_[0], ' ');
  char* redir_char = strchr(&linebuf_[0], '>');
  if (first_arg) {
    *first_arg = 0;
```

```
    ++first_arg;
  }

  auto original_stdout = files_[1];

  if (redir_char) {
    *redir_char = 0;
    char* redir_dest = &redir_char[1];
    while (isspace(*redir_dest)) {
      ++redir_dest;
    }

    auto [ file, post_slash ] = fat::FindFile(redir_dest);
    if (file == nullptr) {
      auto [ new_file, err ] = fat::CreateFile(redir_dest);
      if (err) {
        PrintToFD(*files_[2],
                  "failed to create a redirect file: %s\n", err.Name());
        return;
      }
      file = new_file;
    } else if (file->attr == fat::Attribute::kDirectory || post_slash) {
      PrintToFD(*files_[2], "cannot redirect to a directory\n");
      return;
    }
    files_[1] = std::make_shared<fat::FileDescriptor>(*file);
  }

  if (strcmp(command, "echo") == 0) {
```

리스트 28.22에 리다이렉트 기호 >를 찾았다면 표준출력을 전환하는 처리를 나타냈다. 커맨드라인 문자열에 >가 있는 경우 redir_char가 널이 아닌 값이 돼 if 문이 실행되는 구조다. if 문의 처리를 살펴보겠다.

redir_dest는 리다이렉트 대상 파일 경로(> piyo라면 piyo)를 가리키는 포인터다. while 문은 > 기호 다음에 있는 공백문자를 건너뛰는 처리다. while 문이 종료되면 redir_dest는 파일 경로의 선두를 가리키는 상태가 된다.

fat::FindFile() 호출에서 files_[1]로의 대입까지 일련의 처리에서는 redir_dest가 가리키는 파일이 있다면 해당 파일을 리다이렉트 대상으로 사용하며, 없다면 fat::Create

File()을 사용해 빈 파일을 생성한다. 파일이 있는 경우 기존 파일 내용을 지우고 덮어 쓴다.

신규 파일을 생성하는 처리가 실패한다면 'failed to create a redirect file'이라는 에러 메시지를 표시한다. 에러 메시지는 지금까지라면 Print()를 사용해서 직접 터미널로 출력했지만 지금부터는 표준에러출력(files_[2])으로 출력하게 했다. 이렇게 해두면 나중에 표준에러출력을 리다이렉트하는 기능을 추가하면 에러 메시지를 파일로 기록할 수 있게 된다. 이때 사용하는 PrintToFD()는 새롭게 작성한 함수로 문자열을 서식에 맞게 가공하면서 파일 디스크립터에 쓴다. 구현은 나중에 소개한다.

그래서 여기까지의 수정으로 애플리케이션이 printf() 등을 사용해 표준출력에 출력하는 문자열을, 터미널이 아닌 파일로 내보낼 수 있게 됐을 것이다. 그러므로 이제는 빠르게 다음과 같은 커맨드라인으로 실행시켜보고 싶다.

```
>echo deadbeef > piyo
```

이 커맨드라인은 deadbeef라는 문자열을 piyo라는 파일에 쓴다는 의미다. 하지만 이 커맨드라인은 잘 되지 않는다. 왜냐하면 echo는 deadbeef라는 문자열을 표준출력으로 출력하지 않고 Print()를 사용해 터미널로 직접 출력하기 때문이다. echo는 애플리케이션이 아닌 터미널에 내장된 커맨드이며, 문자열을 출력할 때 files_로 설정한 파일 디스크립터를 사용하도록 작성돼 있지 않다.

리스트 28.23 echo 커맨드가 표준출력으로 표시하도록 한다(terminal.cpp)

```
if (strcmp(command, "echo") == 0) {
  if (first_arg) {
    PrintToFD(*files_[1], "%s", first_arg);
  }
  PrintToFD(*files_[1], "\n");
} else if (strcmp(command, "clear") == 0) {
```

이 문제를 해결하는 것은 간단하다. echo가 Print()를 직접 사용하는 것이 아닌 표준출력으로 메시지를 출력하도록 하면 된다. 그래서 리스트 28.23 같이 Print()를 PrintFD()로 교체했다. 같은 수정을 터미널에 내장된 다른 커맨드에도 적용했다.

리스트 28.24 에러 메시지는 표준에러 출력으로(terminal.cpp)

```
  } else if (strcmp(command, "cat") == 0) {
    auto [ file_entry, post_slash ] = fat::FindFile(first_arg);
    if (!file_entry) {
      PrintToFD(*files_[2], "no such file: %s\n", first_arg);
    } else if (file_entry->attr != fat::Attribute::kDirectory && post_slash) {
      char name[13];
      fat::FormatName(*file_entry, name);
      PrintToFD(*files_[2], "%s is not a directory\n", name);
    } else {
      fat::FileDescriptor fd{*file_entry};
      char u8buf[5];
      DrawCursor(false);
      while (true) {
        if (fd.Read(&u8buf[0], 1) != 1) {
          break;
        }
        const int u8_remain = CountUTF8Size(u8buf[0]) - 1;
        if (u8_remain > 0 && fd.Read(&u8buf[1], u8_remain) != u8_remain) {
          break;
        }
        u8buf[u8_remain + 1] = 0;

        PrintToFD(*files_[1], "%s", u8buf);
      }
      DrawCursor(true);
    }
  } else if (strcmp(command, "noterm") == 0) {
```

예로 cat의 수정을 리스트 28.24에서 보여준다. 표준출력(files_[1])과 표준에러출력(files_[2])을 구분해서 사용하는 점이 포인트다. cat은 파일 내용을 표시하는 것이 주요한 기능이다. 따라서 파일의 내용은 표준출력으로 출력한다. 한편 파일이 열리지 않는 경우 등에 에러 메시지를 출력하는 것은 cat의 주기능이 아닌 에러 처리다. 그런 경우는 표준에러출력에 메시지를 출력하도록 한다. 출력 대상을 분리해 둠으로써 리다이렉트 대상의 파일에 에러 메시지가 섞이는 것을 막을 수 있다.

echo와 cat 이외의 내장 커맨드에 대해서도 같은 수정을 했다. 간단한 수정이므로 소개는 생략한다.

리스트 28.25 ExecuteLine()의 마지막에 표준출력 대상을 원래대로 되돌린다(terminal.cpp)

```
  files_[1] = original_stdout;
}
```

리다이렉트 처리에서 Terminal::files_[1]을 변경한 채로 방치하면 다음으로 커맨드를 실행할 때 리다이렉트 설정을 이어받게 돼 버린다. 리스트 28.25 같이 ExecuteLine()의 마지막에 files_[1]을 원래대로 돌리도록 해놨다..

리스트 28.26 PrintToFD()는 지정된 파일 디스크립터에 문자열을 쓴다(file.cpp)

```
size_t PrintToFD(FileDescriptor& fd, const char* format, ...) {
  va_list ap;
  int result;
  char s[128];

  va_start(ap, format);
  result = vsprintf(s, format, ap);
  va_end(ap);

  fd.Write(s, result);
  return result;
}
```

마지막으로 PrintToFD()의 소개한다(리스트 28.26). printk()의 구현과 거의 같으므로 어려운 부분은 없다고 생각한다. 문자열을 가공해 fd.Write()를 사용해서 출력한다. 이 함수는 FileDescriptor의 어떤 자식 클래스에 대해서도 범용적으로 사용할 수 있기 때문에 terminal.cpp가 아닌 file.cpp에 정의를 넣었으며, file.hpp에 프로토타입 선언을 넣어뒀다.

그림 28.4는 실행한 결과를 보여준다. 위쪽 터미널에서는 echo나 rpn 커맨드의 출력을 파일로 리다이렉트해 봤다. 기대대로 리다이렉트되는 것을 알 수 있다. 아래쪽 터미널에서는 grep을 2회 적용해 memmap 파일에서 Conv와 3E가 포함돼 있는 줄을 추려내도록 해봤다. 리다이렉트를 사용하면 이렇게 커맨드 간에 데이터 연계가 가능하다.

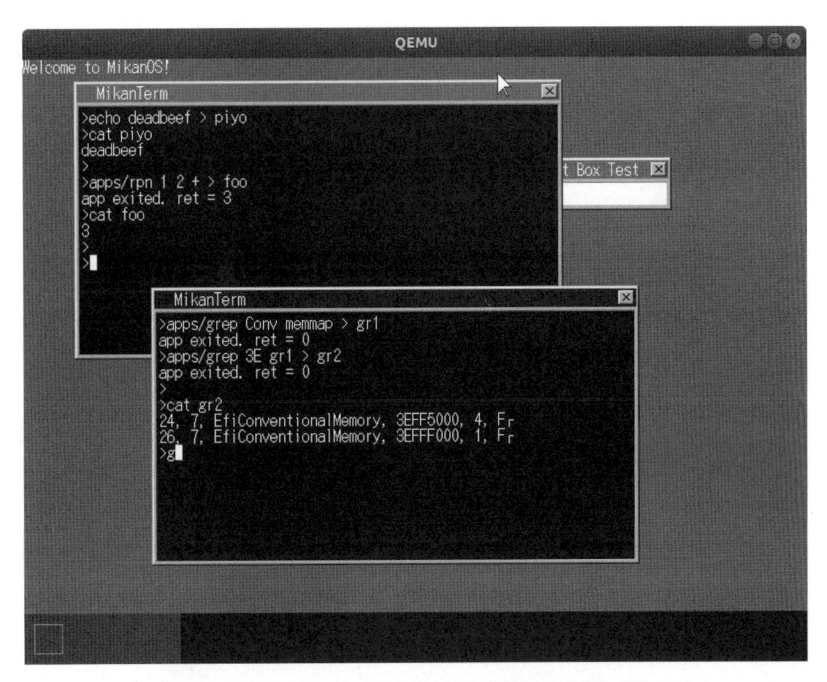

그림 28.4 내장된 커맨드나 애플리케이션의 출력을 리다이렉트하는 모습

이 책에서는 표준출력의 리다이렉트만을 만들었다. 리눅스 등에서는 표준입력이나 표준에러출력의 리다이렉트도 가능하지만 MikanOS에서는 탑재하지 않기로 했다. 왜냐하면 리눅스 등이 구현한 내용에 대응하려고 하면 커맨드라인 파라미터의 해석처리가 상당히 복잡해져 버리기 때문이다. 구체적으로는 `"echo a <in >out"`에서도 `"echo a >out <in"`에서도, 표준출력의 리다이렉트 대상을 `out`, 표준입력의 리다이렉트 대상을 `in`으로 인식해야 한다. 귀찮다. 문자열 해석을 공들여서 해낸다면 리다이렉트의 처리자체는 `Terminal::files_`를 전환만 하면 되므로 간단하다. 문자열 해석은 프로그래밍 능력을 단련하는데 도움이 되므로 관심 있는 독자는 도전해 보면 좋겠다.

29장

애플리케이션 간 통신

리다이렉트 기능 덕택에 애플리케이션 간에 데이터 연계가 가능해졌지만, 세상의 OS에는 그 밖에도 애플리케이션끼리 연결하는 기능이 많이 있다. 29장에서는 그중에서도 대표적인 파이프 기능을 만들어보려고 한다. 파이프를 사용할 수 있게 되면 파일을 통하지 않고 한 줄로 여러 커맨드를 연계시킬 수 있게 돼 매우 편리해진다. 구현하지는 않지만 마지막으로 페이징을 이용해 애플리케이션 간에 같은 메모리 영역을 참조하는 공유 메모리라는 기능도 소개한다. 공유 메모리를 사용하면 파이프보다 고도의 데이터 구조를 애플리케이션 간에 사용할 수 있어 프로그래밍의 자유도가 높아지게 된다.

29.1 종료 코드(osbook_day29a)

파이프와 공유 메모리를 만들기 전에 애플리케이션의 종료 코드를 화면에 표시하지 않도록 만들자고 생각했다. 종료 코드는 exit()의 파라미터, 즉 애플리케이션에서 OS 측으로 전달하는 반환 값이다. 지금까지는 애플리케이션 종료 시에 app exited. ret = 3 같은 종료 코드가 화면에 출력됐지만 매회 표시되는 것은 조금 방해가 된다. 다른 OS라면 종료 코드는 화면에 표시되지 않는다. 그 대신 나중에 취득해서 사용할 수 있도록 돼 있다. MikanOS도 echo $?로 직전 애플리케이션의 종료 코드를 표시하는 것을 목표로 한다.

```
>apps/rpn 1 2 +
3
>echo $?
3
>
```

이런 식으로 애플리케이션을 실행하고 그 직후에 echo $?를 입력하면 종료 코드를 표시할 수 있게 구현하고 싶다. $?는 터미널에서 사용되는 변수의 일종이다. 리눅스 등에서는 터미널상에서 $ 다음에 이어지는 이름이 변수명으로 다뤄지며, 그중에서도 $?는 직전 애플리케이션의 종료 코드를 나타내는 변수명으로 돼 있다. 그걸 모방해보려고 한다.

리스트 29.1 직전 애플리케이션의 종료 코드를 나타내는 멤버 변수를 추가(terminal.hpp)

```
bool show_window_;
std::array<std::shared_ptr<FileDescriptor>, 3> files_;
int last_exit_code_{0};
```

직전 애플리케이션의 종료 코드를 유지해 두는 변수 Terminal::last_exit_code_를 추가했다(리스트 29.1).

리스트 29.2 echo $?는 last_exit_code_의 값을 표시한다(terminal.cpp)

```
if (strcmp(command, "echo") == 0) {
  if (first_arg && first_arg[0] == '$') {
    if (strcmp(&first_arg[1], "?") == 0) {
      PrintToFD(*files_[1], "%d", last_exit_code_);
```

```
    }
  } else if (first_arg) {
    PrintToFD(*files_[1], "%s", first_arg);
  }
  PrintToFD(*files_[1], "\n");
} else if (strcmp(command, "clear") == 0) {
```

리스트 29.2 같이 echo 커맨드를 수정해서 파라미터 $? 일 때는 last_exit_code_ 값을 표시하게 했다. 이 시점에서는 아직 last_exit_code_를 갱신하는 처리가 없기 때문에 항상 0이 표시된다. 이후에는 이 변수를 갱신하는 처리를 추가해간다.

리스트 29.3 애플리케이션 종료 코드를 유지하는 변수 exit_code를 정의(terminal.cpp)

```
  auto original_stdout = files_[1];
  int exit_code = 0;

  <중략>

  last_exit_code_ = exit_code;
  files_[1] = original_stdout;
}
```

리스트 29.3처럼 Terminal::ExecuteLine()의 선두 쪽에서 exit_code 변수를 정의하고, 마지막에 last_exit_code_를 갱신하도록 했다. 각 커맨드의 처리 중에 exit_code에 적절한 값을 설정한다.

리스트 29.4 처리에 에러가 발생하면 exit_code를 1로 한다(terminal.cpp)

```
  } else if (strcmp(command, "cat") == 0) {
    auto [ file_entry, post_slash ] = fat::FindFile(first_arg);
    if (!file_entry) {
      PrintToFD(*files_[2], "no such file: %s\n", first_arg);
      exit_code = 1;
    } else if (file_entry->attr != fat::Attribute::kDirectory && post_slash) {
      char name[13];
      fat::FormatName(*file_entry, name);
      PrintToFD(*files_[2], "%s is not a directory\n", name);
      exit_code = 1;
    } else {
```

리스트 29.4는 cat 커맨드의 수정 사례를 보여준다. 서두에서 '애플리케이션의 종료 코드'에 대응하는 것이 목표라고 말했지만 하는 김에 커맨드의 종료 코드도 다루도록 했다. 내장 커맨드와 애플리케이션을 구별하는 것은 별로 의미가 없다.

수많은 OS에서 종료 코드는 0이 정상 종료, 0이 아닌 값이 에러 종료를 나타내는 것으로 돼 있다. 그래서 MikanOS에서도 애플리케이션이나 커맨드가 에러 종료했을 때에는 0이 아닌 값으로 설정하게 했다. 위의 수정 사례에서는 파일이 발견되지 않았거나 파일을 기대했는데 디렉터리가 지정됐다면 종료 코드를 1로 설정한다. 이와 같은 느낌으로 다른 커맨드에서도 에러 발생 시에 exit_code에 1을 대입하게 했다.

리스트 29.5 ExecuteFile()이 종료 코드를 반환하도록 한다(terminal.cpp)

```
WithError<int> Terminal::ExecuteFile(fat::DirectoryEntry& file_entry,
                                     char* command, char* first_arg) {
  __asm__("cli");
  auto& task = task_manager->CurrentTask();
  __asm__("sti");

  auto [ app_load, err ] = LoadApp(file_entry, task);
  if (err) {
    return { 0, err };
  }

  <중략>

  int ret = CallApp(argc.value, argv, 3 << 3 | 3, app_load.entry,
                    stack_frame_addr.value + stack_size - 8,
                    &task.OSStackPointer());

  task.Files().clear();
  task.FileMaps().clear();

  if (auto err = CleanPageMaps(LinearAddress4Level{0xffff'8000'0000'0000})) {
    return { ret, err };
  }
  return { ret, FreePML4(task) };
}
```

Terminal::ExecuteFile()은 내부에서 애플리케이션을 실행시키고 그 종료 코드를 화면에 출력할 뿐, 반환 값을 돌려주는 기능은 없었다. 그래서 리스트 29.5 같이 int 타입으로 종료 코드를 반환하게 했다. 그리고 ExecuteFile()에서 종료 코드를 출력하는 기능은 제거했다.

리스트 29.6 ExecuteFile()의 호출 측에서 종료 코드를 받는다(terminal.cpp)

```
auto [ ec, err ] = ExecuteFile(*file_entry, command, first_arg);
if (err) {
  PrintToFD(*files_[2], "failed to exec file: %s\n", err.Name());
  exit_code = -ec;
} else {
  exit_code = ec;
}
```

리스트 29.6 같이 ExecuteFile()의 호출 측도 수정했다. 반환 값의 종료 코드(ec)를 exit_code에 대입한다. err가 참(Error::kSuccess 이외의 에러)일 때는 애플리케이션 자체가 실패한 것이 아니고, 메모리 할당이라든지 계층 페이징 구조의 설정 등 애플리케이션 시작에 관련된 OS 본체의 처리가 실패했음을 의미한다. 그런 경우는 종료 코드를 마이너스로 한 값을 종료 코드로 사용하기로 했다. 반드시 그렇게 해야 한다는 필연성은 전혀 없다.

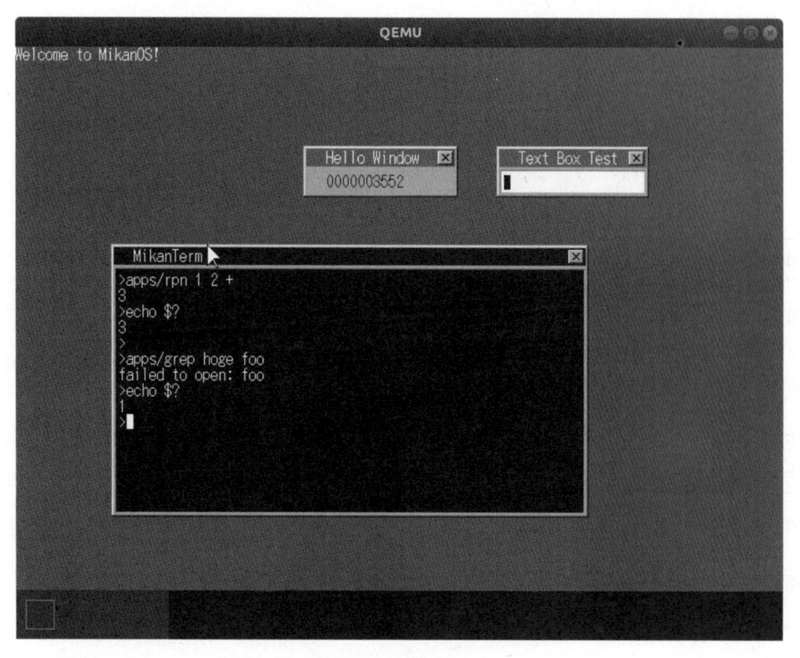

그림 29.1 다양한 종료 코드

그림 29.1에 실행결과를 나타냈다. 기대한 대로 애플리케이션 종료 코드가 표시되지 않게 됐다. 완성이다.

29.2 파이프(osbook_day29b)

애플리케이션끼리 정보를 주고받는 구조를 추가하려 한다. MikanOS에서는 현재, 파일의 읽고 쓰기로 애플리케이션 간에 데이터 주고 받기가 가능하다. 하지만 애플리케이션 간에 통신하는 파이프나 공유 메모리 같은 편리한 기능은 아직 없다. 그러한 애플리케이션 간 통신기능이 갖춰지면 다른 애플리케이션의 출력을 가공하는 애플리케이션을 만들기가 쉬워진다. 참고로 애플리케이션 간 통신은 프로세스 간 통신이라고도 한다.

리눅스 등에서 `grep "hoge" foo | wc -l` 같은 커맨드라인을 실행하면 foo라는 파일에서 hoge가 포함된 줄의 수를 셀 수가 있다. 커맨드라인 안에 있는 |가 파이프를 나타내는 기호로, `grep`의 표준출력을 `wc`의 표준입력으로 연결한다는 의미다. `wc -l`은 표준입력으로 주어진 문자열의 줄 수를 세는 커맨드다. MikanOS에서도 이런 처리가 가능하도록 파이프 기능을 더해 보겠다.

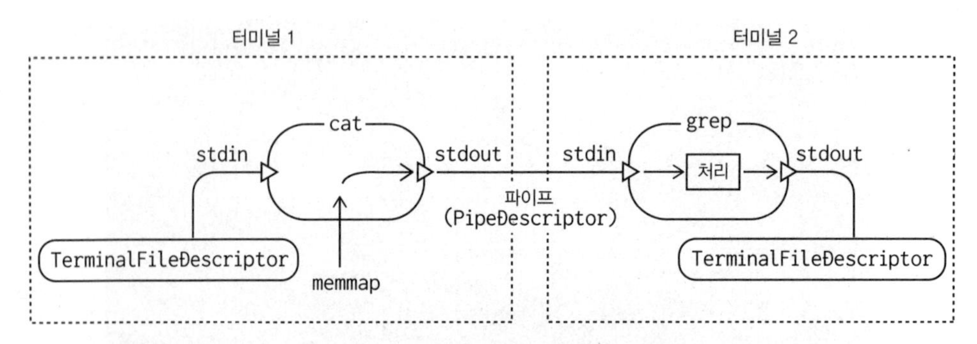

그림 29.2 cat과 grep이 파이프로 연결되는 모습

파이프는 그림 29.2에서 보듯이 한쪽의 표준출력을 또 다른 한쪽의 표준입력으로 연결하는 구조다. 그림은 `cat memmap | grep hoge`로 실행할 때 `cat`의 표준출력과 `grep`의 표준입력이 연결된 상태를 표현한다. 파이프의 구조는 표준입출력을 사용하면 대응할 수 있기 때문에 애플리케이션과 내장된 커맨드를 구별할 필요가 없다. 이 절에서는 특별한 거부할 이유가 없는 한 내장된 커맨드와 애플리케이션을 포함해서 '커맨드'라고 부르겠다.

파이프의 구현방법은 크게 두 가지를 생각할 수 있다. 첫 번째는 왼쪽 커맨드의 출력을 기록하면서 종료를 기다리고, 그 후 기록해둔 데이터를 오른쪽의 커맨드에 집어넣는 방법이다. 또 한 가지 방법은 좌우 커맨드를 동시에 실행하고 반복적으로 왼쪽 커맨드의 출력을 읽어 오른쪽에 전달한다는 방법이다. 왼쪽 커맨드가 단시간에 종료되고, 또한 출력이 그렇게 크지 않으면 전자가 간단하고 동작효율도 좋다고 생각한다.

하지만 일반적으로는 후자의 방법이 바람직하다. 왼쪽 커맨드가 긴 시간 동작하는 경우, 후자의 방법이라면 왼쪽 커맨드의 종료를 기다리지 않고 오른쪽 커맨드를 시작할 수 있다. 왼쪽 커맨드가 데이터를 출력할 때마다 오른쪽 커맨드로 데이터가 전달돼 오른쪽의 처리가 동시 병행해서 동작한다. 예를 들어 왼쪽 커맨드가 네트워크로부터 산발적으로 수신되는 데이터를 처리하는 커맨드이거나, 사람의 입력을 기다리다가 처리하는 커맨드인 경우에 효과를 발휘한다.

또한 왼쪽 커맨드 출력이 긴 경우에도 오른쪽 커맨드를 동시병행으로 동작시키는 것이 유리하다. 왼쪽 커맨드 출력을 조금씩 오른쪽 커맨드에 흘려보내면 일시적인 저장 영역이 작아도 되기 때문이다. 가령 왼쪽 커맨드가 100GiB의 문서 데이터를 출력하는 커맨드이며, 오른쪽 커맨드가 행수를 세는 커맨드라고 가정해 보자. 100GiB의 문서 데이터를 일시적으로 메모리에 기록하는 것은 어렵지만(적어도 100GiB의 메모리가 필요하기 때문이다), 4KiB씩 데이터를 전송하게 하면 4KiB의 메모리 영역으로 충분하다.

이 절에서는 좌우의 커맨드를 동시에 시작시키는 방법으로 파이프를 구현해 보려고 한다. 조금 복잡해질 수도 있지만 쉽게 이해 가능하도록 노력해 보겠다!

리스트 29.7 파이프 기호 |가 있다면 파이프를 생성하고 표준입출력을 갈아 끼운다(terminal.cpp)

```
void Terminal::ExecuteLine() {
  char* command = &linebuf_[0];
  char* first_arg = strchr(&linebuf_[0], ' ');
  char* redir_char = strchr(&linebuf_[0], '>');
  char* pipe_char = strchr(&linebuf_[0], '|');

  <중략>

  std::shared_ptr<PipeDescriptor> pipe_fd;
  uint64_t subtask_id = 0;
```

```
  if (pipe_char) {
    *pipe_char = 0;
    char* subcommand = &pipe_char[1];
    while (isspace(*subcommand)) {
      ++subcommand;
    }

    auto& subtask = task_manager->NewTask();
    pipe_fd = std::make_shared<PipeDescriptor>(subtask);
    auto term_desc = new TerminalDescriptor{
      subcommand, true, false,
      { pipe_fd, files_[1], files_[2] }
    };
    files_[1] = pipe_fd;

    subtask_id = subtask
      .InitContext(TaskTerminal, reinterpret_cast<int64_t>(term_desc))
      .Wakeup()
      .ID();
  }

  <중략(여기에서 내장된 커맨드나 애플리케이션을 실행한다)>

  if (pipe_fd) {
    pipe_fd->FinishWrite();
    __asm__("cli");
    auto [ ec, err ] = task_manager->WaitFinish(subtask_id);
    __asm__("sti");
    if (err) {
      Log(kWarn, "failed to wait finish: %s\n", err.Name());
    }
    exit_code = ec;
  }

  last_exit_code_ = exit_code;
  files_[1] = original_stdout;
}
```

리스트 29.7에 이번 수정의 전체 모습을 가장 잘 표현하는 부분을 정리했다. 리스트 29.7은 터미널의 커맨드라인을 처리하는 `ExecuteLine()`의 일부분이다. 먼저 파이프 기호 |를 찾았을 때(`if (pipe_char)`)의 처리를 위에서부터 차례로 설명하겠다.

29.3 커맨드라인의 해석과 태스크의 시작

처음에는 포인터 변수 subcommand가 왼쪽 커맨드명의 선두를 가리키도록 조정한다. 다음으로 새로운 태스크를 생성하고 subtask로 이름을 붙인다. subtask를 사용해 PipeDescriptor 타입의 오브젝트를 생성한다. 이 클래스는 이번에 새롭게 만든 것으로 파이프 처리의 중심 역할을 한다.

TerminalDescriptor 타입도 또한 이번에 만든 구조체다. 새로운 터미널을 생성할 때의 초기설정을 유지하는 구조체다. 앞의 프로그램에서는 표 29.1의 설정으로 새로운 터미널을 시작한다.

표 29.1 오른쪽 커맨드를 실행하기 위한 터미널 설정

설정항목	설정값	설명
command_line	subcommand	새로운 태스크에서 subcommand를 자동으로 실행한다.
exit_after_command	true	자동실행 후에 터미널을 종료한다.
show_window	false	새로운 윈도우를 생성하지 않는다.
files[0]	pipe_fd	새로운 터미널의 표준입력을 파이프에 연결한다.
files[1]	files_[1]	새로운 터미널의 표준출력을 현재 터미널과 동일하게 한다.
files[2]	files_[2]	새로운 터미널의 표준에러출력을 현재 터미널과 동일하게 한다.

term_desc를 생성한 후에 files_[1] = pipe_fd;를 실행한다. 이에 따라 현재 터미널의 표준출력이 파이프로 연결된다. 이 줄을 term_desc를 생성하기 전에 배치해 버리면 term_desc->files[1]이 파이프에 연결돼 버리므로 동작이 이상해지게 된다.

마지막으로, 준비한 터미널 설정 term_desc를 사용해 TaskTerminal()을 시작한다. 이걸로 표준입력이 파이프로 연결된 태스크가 한 개 새롭게 동작하기 시작한다.

파이프를 설정한 터미널을 기동시킨 후에는 파이프의 왼쪽 커맨드를 평소대로 실행한다. 내장된 커맨드나 애플리케이션에 관련된 처리는 전혀 수정하지 않는다. 왼쪽 커맨드가 실행을 완료한 다음에는 뒷정리를 하는 처리(if (pipe_fd))를 추가했다.

뒷정리 작업에서는 pipe_fd->FinishWrite()를 실행해 이제는 데이터를 송신하지 않는다는 것을 파이프의 수신 측에 전달한다. 이 작업을 하지 않으면 파이프의 수신 측은 아직 데이터가 올지 모른다고 생각해서 계속 대기상태로 남아 있게 된다. 다음으로 task_manager->WaitFinish(subtask_id)를 실행해 오른쪽 커맨드가 종료하기를 기다린다. 데이터 송신이 중단되고 잠시 동안 오른쪽 커맨드 처리가 계속되다가 머지않아 종료될 것이다.

파이프를 사용한 처리같이 2개 이상의 커맨드가 동시병렬적으로 동작하는 경우, 전체의 종료 코드를 어떻게 할지에 대해서는 선택지가 있다. MikanOS에서는 오른쪽 커맨드의 종료 코드를 커맨드라인 전체의 종료 코드로 선택하기로 했다.

29.4 파이프 처리의 본체 PipeDescriptor

이제 여기서부터는 파이프의 중심적인 기능을 담당하는 PipeDescriptor의 구현을 진행해 보겠다. 리스트 29.8에 클래스 정의가 나와 있다. 파이프는 읽고 쓰기가 가능하기 때문에 FileDescriptor를 상속해 파일의 한 종류로 만든다.

리스트 29.8 PipeDescriptor는 파이프 그 자체를 표현한다(terminal.hpp)

```
class PipeDescriptor : public FileDescriptor {
 public:
  explicit PipeDescriptor(Task& task);
  size_t Read(void* buf, size_t len) override;
  size_t Write(const void* buf, size_t len) override;
  size_t Size() const override { return 0; }
  size_t Load(void* buf, size_t len, size_t offset) override { return 0; }

  void FinishWrite();

 private:
  Task& task_;
  char data_[16];
  size_t len_{0};
  bool closed_{false};
};
```

Read(), Write(), Size(), Load()는 FileDescriptor에 있는 메소드이므로 그 역할에 대한 설명은 불필요하다고 생각한다. 물론 내용은 나중에 자세히 소개하겠다. 한편 FinishWrite()는 PipeDescriptor 클래스의 독자적인 메소드다. 파이프는 일반 파일과는 달라서 끝이라는 것이 없다. 그 때문에 송신 측에서 "이 이상은 데이터를 보내지 않는다."라는 의미표시를 할 수 있어야 한다. FinishWrite()는 그를 위한 메소드다. 터미널에서 Ctrl-D를 입력하는 경우와 비슷하다.

각 멤버 변수의 역할을 간단히 설명한다. task_는 데이터 송신 대상의 커맨드가 동작하는 태스크를 나타낸다. 송신 측이 아닌 송신 대상이다. data_와 len_은 데이터 송신 대상의 커맨드가 Read()를 사용해 데이터를 읽어 들일 때 활용한다. closed_는 파이프에 이 이상 데이터가 송신되지 않는 것을 나타내는 플래그다. FinishWrite()를 실행하면 참이 된다.

리스트 29.9 Write()는 kPipe 메시지를 송신한다(terminal.cpp)

```
size_t PipeDescriptor::Write(const void* buf, size_t len) {
  auto bufc = reinterpret_cast<const char*>(buf);
  Message msg{Message::kPipe};
  size_t sent_bytes = 0;
  while (sent_bytes < len) {
    msg.arg.pipe.len = std::min(len - sent_bytes, sizeof(msg.arg.pipe.data));
    memcpy(msg.arg.pipe.data, &bufc[sent_bytes], msg.arg.pipe.len);
    sent_bytes += msg.arg.pipe.len;
    __asm__("cli");
    task_.SendMessage(msg);
    __asm__("sti");
  }
  return len;
}
```

리스트 29.9는 파이프에 데이터를 쓰기 위한 메소드 Write()의 구현을 보여준다. 이 메소드는 전달받은 데이터를 PipeDescriptor::task_의 메시지 큐에 송신한다(그림 29.3).

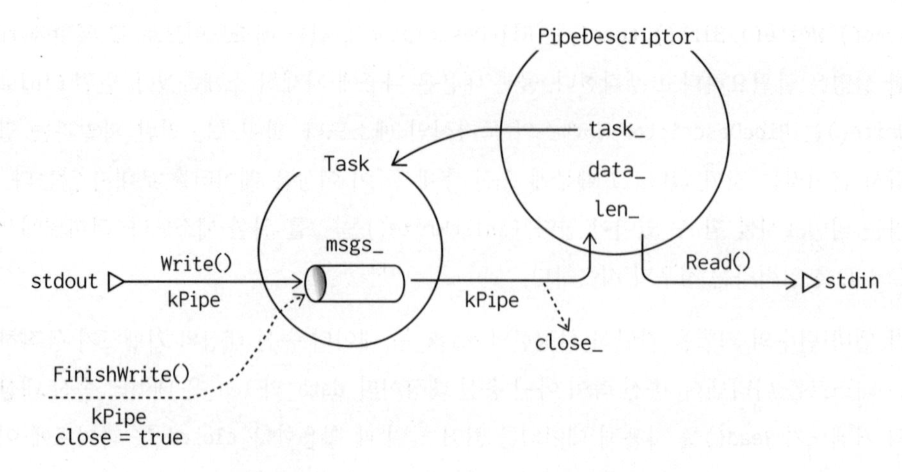

그림 29.3 PipeDescriptor가 실현하는 파이프의 구조 개요

Write()는 전달받은 데이터를 메시지 구조체로 포장해 송신 대상 태스크의 메시지 큐(msgs_)로 송신한다. Message::kPipe의 파라미터 타입은 리스트 29.10처럼 정의했으며 16바이트씩 데이터를 송신할 수 있게 했다.

리스트 29.10 kPipe 메시지의 파라미터 타입(message.hpp)

```
    struct {
      char data[16];
      uint8_t len;
    } pipe;
```

data를 16바이트보다 너무 크게 하면 메시지 구조체가 커져버려 kPipe 이외의 메시지에서 메모리가 헛되이 낭비된다. 역으로 data가 너무 작으면 여러 번 메시지를 보내야 하므로 오버헤드가 커진다. data를 포인터로 해두고 필요한 크기의 메모리 영역을 할당하는 방법도 있지만 조금 복잡해질 거라고 생각해 이번에는 데이터 영역을 메시지 구조체에 포함하는 방법을 채용했다.

리스트 29.11 Read()는 메시지 큐에서 데이터를 수신한다(terminal.cpp)

```
size_t PipeDescriptor::Read(void* buf, size_t len) {
  if (len_ > 0) {
    const size_t copy_bytes = std::min(len_, len);
    memcpy(buf, data_, copy_bytes);
```

```
    len_ -= copy_bytes;
    memmove(data_, &data_[copy_bytes], len_);
    return copy_bytes;
  }
  if (closed_) {
    return 0;
  }

  while (true) {
    __asm__("cli");
    auto msg = task_.ReceiveMessage();
    if (!msg) {
      task_.Sleep();
      continue;
    }
    __asm__("sti");

    if (msg->type != Message::kPipe) {
      continue;
    }

    if (msg->arg.pipe.len == 0) {
      closed_ = true;
      return 0;
    }

    const size_t copy_bytes = std::min<size_t>(msg->arg.pipe.len, len);
    memcpy(buf, msg->arg.pipe.data, copy_bytes);
    len_ = msg->arg.pipe.len - copy_bytes;
    memcpy(data_, &msg->arg.pipe.data[copy_bytes], len_);
    return copy_bytes;
  }
}
```

리스트 29.11에 Read()의 구현을 정리했다. 이 메소드는 태스크의 메시지 큐에서 메시지를 한 개씩 수신하면서 kPipe 메시지라면 파이프의 처리를 수행한다.

원리가 간단한 것에 비해 처리가 복잡한 것은 Read()의 파라미터로 주어진 버퍼 buf의 크기가 16바이트 미만일 경우를 고려하기 때문이다. buf가 반드시 16바이트 이상이라면 수신한 메시지 큐에 포함된 데이터 전체를 buf에 복사하면 완료다. 하지만 buf가 16바이트보다 작다면 Read() 후 남은 나머지를 다음 번 Read()에서 반환하도록 해야 한다. 그 때문에 PipeDescriptor::data_를 활용한다. data_에 남은 부분을 복사하고 다음 Read()에서 data_에 데이터가 남아 있다면 메시지 큐가 아닌 data_에서 데이터를 읽어 들이도록 한다.

리스트 29.12 FinishWrite()는 이제는 송신 데이터가 없다는 것을 전달한다(terminal.cpp)

```
void PipeDescriptor::FinishWrite() {
  Message msg{Message::kPipe};
  msg.arg.pipe.len = 0;
  __asm__("cli");
  task_.SendMessage(msg);
  __asm__("sti");
}
```

리스트 29.12에 송신 데이터가 더 이상 없음을 전달하기 위한 메소드 FinishWrite()를 나타냈다. 처리는 단순해서 len이 0인 메시지를 전송한다. Read() 메소드는 len이 0인 메시지를 받으면 바이프가 닫혔다고 인식해 PipeDescriptor::closed_를 참으로 설정한다.

29.5 터미널의 시작과 종료

지금까지 파이프를 사용한 데이터 송수신 구조를 만들었다. kPipe 메시지를 태스크의 메시지 큐를 경유해 주고받는 것이 파이프의 핵심이 되는 구조다. 지금부터는 파이프의 오른쪽 태스크의 시작과 종료에 관련된 처리를 구현해 나가겠다.

리스트 29.13 TerminalDescriptor를 받도록 개조한 TaskTerminal()(terminal.cpp)

```
void TaskTerminal(uint64_t task_id, int64_t data) {
  const auto term_desc = reinterpret_cast<TerminalDescriptor*>(data);
  bool show_window = true;
  if (term_desc) {
    show_window = term_desc->show_window;
  }

  __asm__("cli");
  Task& task = task_manager->CurrentTask();
  Terminal* terminal = new Terminal{task, term_desc};
```

```
  if (show_window) {
    layer_manager->Move(terminal->LayerID(), {100, 200});
    layer_task_map->insert(std::make_pair(terminal->LayerID(), task_id));
    active_layer->Activate(terminal->LayerID());
  }
  __asm__("sti");

  if (term_desc && !term_desc->command_line.empty()) {
    for (int i = 0; i < term_desc->command_line.length(); ++i) {
      terminal->InputKey(0, 0, term_desc->command_line[i]);
    }
    terminal->InputKey(0, 0, '\n');
  }

  if (term_desc && term_desc->exit_after_command) {
    delete term_desc;
    __asm__("cli");
    task_manager->Finish(terminal->LastExitCode());
    __asm__("sti");
  }
```

리스트 29.13에 TaskTerminal()의 수정부분이 나와 있다. 지금까지 이 함수는 두 번째 파라미터로 커맨드라인 문자열 포인터를 받도록 설계했었다. 이번 수정에서는 TerminalDescriptor 포인터를 받게 변경했다. 주요한 변경사항은 두 가지로 받은 포인터 term_desc를 Terminal 클래스의 생성자로 전달하도록 한 부분과 term_desc->exit_after_command가 참일 때 태스크를 종료하는 처리를 추가한 부분이다.

리스트 29.14 TerminalDescriptor를 사용해서 멤버 변수를 초기화한다(terminal.cpp)

```
Terminal::Terminal(Task& task, const TerminalDescriptor* term_desc)
    : task_{task} {
  if (term_desc) {
    show_window_ = term_desc->show_window;
    for (int i = 0; i < files_.size(); ++i) {
      files_[i] = term_desc->files[i];
    }
  } else {
    show_window_ = true;
    for (int i = 0; i < files_.size(); ++i) {
      files_[i] = std::make_shared<TerminalFileDescriptor>(*this);
    }
```

```
}

if (show_window_) {
```

우선 Terminal 클래스의 생성자를 수정했다(리스트 29.14). 전달받은 term_desc의 정보를 사용해 show_window_와 files_를 초기화한다. 특별히 어려운 부분은 없다고 생각한다. 처음으로 시작하는 터미널이나 F2 키로 구동하는 터미널의 경우 term_desc는 널 포인터가 되므로 그 때는 디폴트 값을 대입하도록 했다.

다음으로 term_desc->exit_after_command가 참인 경우의 처리를 살펴보겠다. 이 플래그가 참인 경우 term_desc->command_line에 설정된 커맨드라인을 실행한 후에 터미널을 종료시킨다. 터미널을 종료시키는데 사용하는 task_manager->Finish()의 구현은 나중에 소개한다.

TaskTerminal()의 파라미터를 변경했기 때문에 다른 터미널 태스크를 시작하는 부분도 수정해야 한다. 확인해 보니 다행스럽게도 영향을 받는 부분은 noterm뿐이었다. 이 커맨드를 기억하는가? '24.5 터미널 없이 애플리케이션 실행'에서 작성한 것으로 윈도우를 열지 않고 커맨드를 터미널상에서 기동하는 구조다. 바로 수정해 보자(리스트 29.15).

리스트 29.15 noterm에서 TaskTerminal()에 전달하는 값을 변경한다(terminal.cpp)

```
} else if (strcmp(command, "noterm") == 0) {
  auto term_desc = new TerminalDescriptor{
    first_arg, true, false, files_
  };
  task_manager->NewTask()
    .InitContext(TaskTerminal, reinterpret_cast<int64_t>(term_desc))
    .Wakeup();
```

29.6 태스크 종료

실은 지금까지는 실행한 터미널을 종료시킬 수는 없었다. 시작하면 시작한 채로 존재했다. noterm은 윈도우를 열지 않고 커맨드를 다른 터미널상에서 시작하지만 커맨드 종료 후에도 쭉 터미널이 뒤에서 계속 살아있다. 파이프를 실현하려면 오른쪽 커맨드가 종료하기를 기다려야 한다. 이제는 그 시점에서 터미널을 종료할 수 있게 구현하고자 한다. 지금부터 만드는 구조는 터미널뿐만 아니라 Task로 표현되는 모든 태스크에서 작동하는 범용적인 종료 구조다.

리스트 29.16 Finish()는 태스크를 종료하고 finish_tasks에 종료 코드를 등록한다(task.cpp)

```
void TaskManager::Finish(int exit_code) {
  Task* current_task = RotateCurrentRunQueue(true);

  const auto task_id = current_task->ID();
  auto it = std::find_if(
      tasks_.begin(), tasks_.end(),
      [current_task](const auto& t){ return t.get() == current_task; });
  tasks_.erase(it);

  finish_tasks_[task_id] = exit_code;
  if (auto it = finish_waiter_.find(task_id); it != finish_waiter_.end()) {
    auto waiter = it->second;
    finish_waiter_.erase(it);
    Wakeup(waiter);
  }

  RestoreContext(&CurrentTask().Context());
}
```

리스트 29.16에 Finish()의 구현을 정리했다. 이 함수의 역할은 현재 실행 중인 태스크를 종료하는 것이다. 주요한 처리는 현재 실행 중인 태스크를 실행 큐(running_)와 태스크 배열(tasks_)에서 제거하고 종료했다는 것을 finish_tasks_에 기록하며, 종료대기를 하는 태스크가 finish_waiter_에 등록돼 있다면 해당 태스크를 깨우는 것이다. 위에서부터 차례대로 살펴본다.

선두에서는 RotateCurrentRunQueue()를 사용해 실행 큐의 선두요소를 제거한다. 즉 현재 실행 중인 태스크(Finish()를 호출한 태스크)는 실행 가능상태가 아니게 된다. 이 함수의 구현은 나중에 소개하겠다.

다음으로 tasks_에서 현재 실행 중인 태스크를 제거한다. std::find_if()로 조건에 부합하는 요소(태스크 오브젝트 포인터)의 위치를 찾고 tasks_.erase()로 제거한다. 이렇게 함으로써 현재 실행 중인 태스크가 메모리상에서 완전히 제거된다.

tasks_의 요소는 태스크 오브젝트 포인터다. TaskManager::NewTask() 메소드 안에서 tasks_.emplace_back(new Task{latest_id_})로 생성된 태스크다(리스트 13.22). 일반적으로 포인터만 제거해서는 가리키는 대상의 오브젝트가 파기되지는 않고 메모리상에 여전히 남아있게 된다. 그 때문에 'delete 대상 오브젝트;'로 명시적으로 제거할 필요가 있다. 한편 tasks_의 요소는 스마트 포인터의 한 종류인 std::unique_ptr<Task>를 사용하고 있으므로 요소를 제거하면 자동적으로 가리키는 대상의 오브젝트도 제거된다. 배열의 요소로 스마트 포인터를 사용하면 자신이 직접 delete하지 않아도 되기 때문에 편리하다.

성가시기는 하지만 tasks_에서 태스크를 제거하기 전에 current_task->ID()를 취득하는 부분은 중요한 작업이다. tasks_에서 제거한 후라면 이미 current_task가 가리키는 태스크 오브젝트는 삭제됐기 때문에 올바른 태스크 ID를 취득할 수 없기 때문이다.

이야기를 본 흐름으로 되돌리면, tasks_에서 태스크를 제거한 후 finish_tasks_에 종료 코드를 등록한다(여기서 등록한 값은 나중에 소개하는 WaitFinish()가 참조한다). 다음으로 finish_waiter_를 참조해 이 태스크의 종료를 대기하던 태스크가 있는지 여부를 조사한다. 그런 태스크가 있다면 Wakeup()을 사용해 해당 태스크를 깨운다. 마지막으로 RestoreContext()를 호출해 다음 태스크로 실행을 이동시켜서 처리를 종료한다. RestoreContext()의 다음 줄로 돌아오는 경우는 없다.

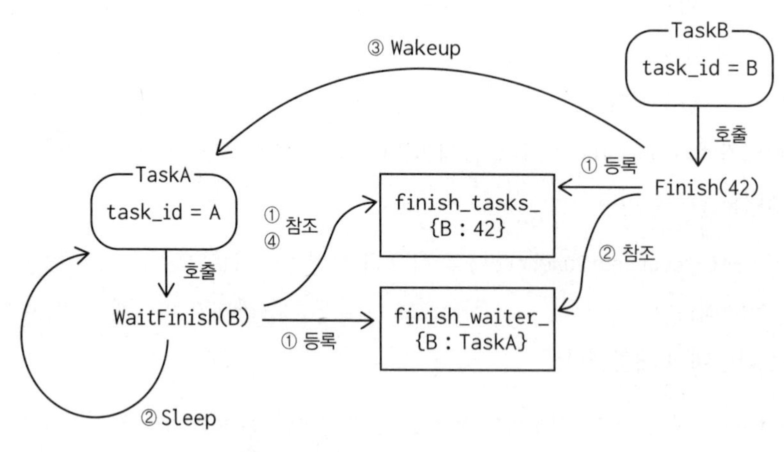

그림 29.4 finish_tasks_와 finish_waiter_의 관계

그림 29.4를 보면서 finish_tasks_와 finish_waiter_가 사용되는 방법을 설명한다. 파이프의 왼쪽 태스크를 TaskA, 오른쪽 태스크를 TaskB로 하고, TaskB는 종료 코드 42로 처리를 끝낸다고 하겠다. TaskA와 TaskB는 병행해서 동작하기 때문에 각 태스크에서는 ①②의 처리 순서가 결정돼 있지만 TaskA의 ①②와 TaskB의 ①②는 어디 쪽이 먼저 실행될지 알 수 없다.

TaskB의 시점에서 동작을 살펴보자. TaskB는 전달된 커맨드라인의 처리가 끝나면 Finish()를 호출해서 태스크를 종료시킨다. 앞서 본 바와 같이 Finish()는 먼저 finish_tasks_에 자신의 태스크 ID(B)와 종료 코드(42)의 대응관계를 기록한다(①). 다음으로 finish_waiter_를 조사하고 TaskB의 종료를 기다리는 태스크가 있는지를 확인한다(②). 그런 태스크가 있다면 깨운다(③).

이번에는 TaskA의 시점에서 보자. TaskA는 TaskB의 종료를 기다리기 위해 WaitFinish()를 호출한다. WaitFinish()는 처음에 finish_tasks_를 사용해 이미 TaskB가 종료했는지를 조사한다. TaskB가 아직 종료하지 않았다면 finish_waiter_에 'TaskA가 TaskB를 기다린다'는 것을 등록하고(①) 일단 슬립한다(②). TaskB가 깨운(③) TaskA는 다시 finish_tasks_를 보고 TaskB의 종료 코드를 얻는다(④).

리스트 29.17 WaitFinish()는 지정한 태스크의 종료 코드를 얻는다(task.cpp)

```
WithError<int> TaskManager::WaitFinish(uint64_t task_id) {
  int exit_code;
  Task* current_task = &CurrentTask();
  while (true) {
    if (auto it = finish_tasks_.find(task_id); it != finish_tasks_.end()) {
      exit_code = it->second;
      finish_tasks_.erase(it);
      break;
    }
    finish_waiter_[task_id] = current_task;
    Sleep(current_task);
  }
  return { exit_code, MAKE_ERROR(Error::kSuccess) };
}
```

리스트 29.17에서 WaitFinish()의 구현을 보여준다. 이 메소드는 지정한 태스크가 종료하기를 기다리고 태스크의 종료 코드를 얻는다. 이 메소드의 처리 중에 태스크 전환이 일어나면 끔찍한 결과를 낳으므로 이 메소드를 실행하는 중에는 인터럽트를 금지시켜 둘 필요가 있다.

안 좋은 결과를 낳는 예로 TaskA의 finish_tasks_.find(task_id)와 finish_waiter_[task_id] = current_task;의 두 가지 처리 간에 태스크가 전환될 때를 생각해 보겠다. 전자의 처리 다음에 태스크 전환이 일어나고, TaskB가 실제로 종료한다고 가정하자. TaskB의 종료 시점에서는 finish_waiter_[task_id]에 아무것도 등록돼 있지 않다. 그 후 TaskA의 실행이 재개되면 TaskA는 그대로 finish_waiter_[task_id]에 자기자신을 등록하고 슬립 상태에 들어간다. 하지만 그 후 누구도 TaskA를 깨우지 않기 때문에 TaskA는 영원히 슬립 상태가 된다.

SwitchTask()로 태스크를 전환할 때와는 다르게 Finish()로 태스크를 종료할 때는 '현재 태스크'의 콘텍스트 저장은 불필요하다는 의미보다는 현재 태스크는 RestoreContext()가 실행되는 시점(Finish()의 마지막)에서 이미 삭제돼 저장할 수 없다는 표현이 더 정확하다고 볼 수 있다.

매우 길어졌지만 파이프에 대응하기 위한 주요한 수정 설명을 끝냈다. 이제 파이프가 가능하게 됐을 것이다. 실행시켜보자.

그림 29.5에 실행한 결과가 나와 있다. 위쪽 터미널은 cat의 출력을 grep으로 줄 검색한다. 두 번째 커맨드는 cat의 결과를 두 번 grep하고 있지만 제대로 동작하고 있다. 이런 다단계 파이프도 동작할 수 있게 된 것은 파이프의 처리를 제대로 구현한 덕분이다! 아래 측 터미널에서는 ls 결과를 grep이나 readfile로 전달해 봤다. 이것도 제대로 동작하는 것 같다. 괜찮다.

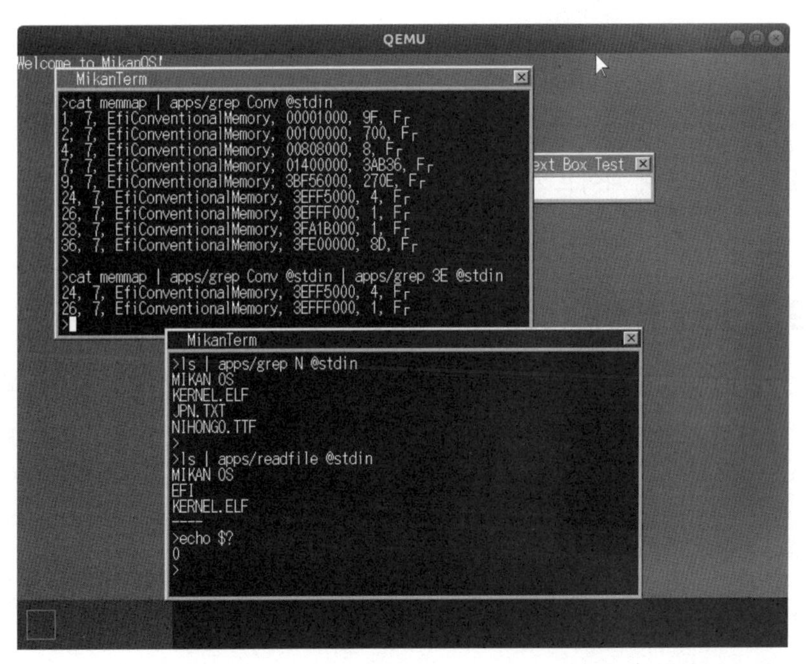

그림 29.5 파이프를 사용해 다양한 커맨드를 시험한다.

이것으로 파이프의 기능은 완성이지만, 필자가 사용하는 USB 키보드에서 파이프 기호 |를 입력할 수 없는 문제에 대처했으므로 소개하겠다. 필자의 키보드는 일본어 배열인데 MikanOS에서는 US 배열로 인식된다. 일본어 배열 키보드의 엔터 키의 바로 위에 있는 '|¥'[1]라는 키는 US 배열에 존재하지 않는다. keycode_map과 keycode_map_shifted는 지금까지 US 배열에 있는 키에 대응하는 요소만 값을 설정했다. 그 때문에 아무리 필자가 쓰는 키보드의 '|¥' 키를 눌러도 무반응이었던 것이다.

리스트 29.18 보유한 USB 키보드의 파이프 기호에 대응한다(keyboard.cpp)

```
const char keycode_map_shifted[256] = {
  0,    0,    0,    0,    'A',    'B',    'C',    'D', // 0

<중략>

  0,    '|',  0,    0,     0,     0,     0,     0,   // 136
};
```

1 일반적으로 엔터키 바로 위에 존재하며 한국어 배열 키보드의 경우 ＼|₩ 키에 해당한다. – 옮긴이

'|¥' 키를 눌러서 키 코드를 확인해보면 137이었다. USB HID의 규격(참고문헌 13)에서 137은 Keyboard International3이라는 키로 됐으며, US 배열 이외의 키로 사용할 수 있는 키였다. 리스트 29.18 같이 키 코드 137에 파이프 기호를 할당하는 수정을 해서 실제 사용하는 키보드에 파이프 기호를 입력할 수 있도록 수정했다.

29.7 sort 커맨드(osbook_day29c)

파이프 기능이 가능하므로 이를 이용해 새로운 커맨드를 한 개 만들어보고 싶다. sort는 문서를 줄 단위로 소팅(정렬)하는 커맨드다. 예를 들어 다음과 같은 문서가 있을 때는

```
apple
banana
app
```

다음과 같이 정렬된다.

```
app
apple
banana
```

단지 이것뿐이라 도움이 될지는 알 수 없을지도 모르지만, 범용적인 커맨드라 응용은 무한대다. 예를 들어 어떤 기사에 나타나는 단어의 출현빈도를 알고 싶다면 '한 단어 : 출현 빈도' 형식으로 추출한 파일을 준비하고(여기까지는 다른 커맨드로), 그걸 정렬하면 어떤 단어가 몇 회 출현했는지를 간단히 셀 수 있다. 뭐 어쨌든 만들어 본다.

리스트 29.19 sort 커맨드는 줄 단위로 정렬한다(sort/sort.cpp)

```
#include <cstdio>
#include <cstdlib>
#include <string>
#include <vector>

extern "C" void main(int argc, char** argv) {
  FILE* fp = stdin;
  if (argc >= 2) {
```

```
    fp = fopen(argv[1], "r");
    if (fp == nullptr) {
      fprintf(stderr, "failed to open '%s'\n", argv[1]);
      exit(1);
    }
  }

  std::vector<std::string> lines;
  char line[1024];
  while (fgets(line, sizeof(line), fp)) {
    lines.push_back(line);
  }

  auto comp = [](const std::string& a, const std::string& b) {
    for (int i = 0; i < std::min(a.length(), b.length()); ++i) {
      if (a[i] < b[i]) {
        return true;
      } else if (a[i] > b[i]) {
        return false;
      }
    }
    return a.length() < b.length();
  };

  std::sort(lines.begin(), lines.end(), comp);
  for (auto& line : lines) {
    printf("%s", line.c_str());
  }
  exit(0);
}
```

리스트 29.19는 sort 커맨드의 구현을 보여준다. sort는 커맨드라인 파라미터로 파일명을 얻지만, 파일명을 생략하면 표준입력으로부터 데이터를 읽어 들이도록 구현했다. 파이프를 사용할 때 일일이 @stdin이라고 쓰지 않아도 잘 돼서 편리하다. 파일명을 생략할 수 있는 것은 편리하므로 자주 사용하는 grep도 수정해뒀다.

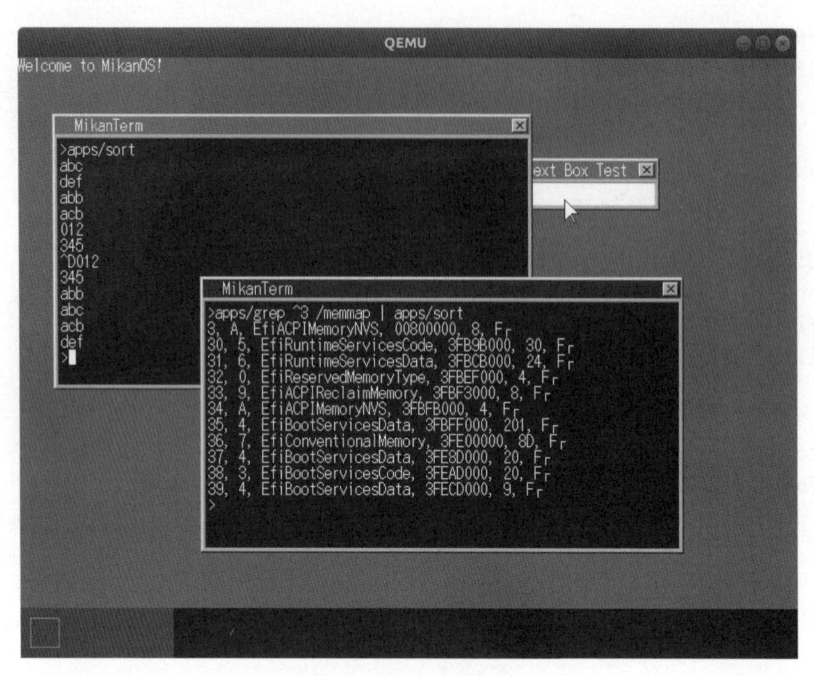

그림 29.6 sort를 테스트한다

그림 29.6은 `sort` 커맨드를 사용해 다양한 문서를 정렬해본 모습이다. 왼쪽 터미널에서는 키보드에서 입력한 여섯 줄을 정렬하고 있다. 여섯 줄을 입력하고 Ctrl-D를 누르면 그 후부터 정렬결과가 출력됐다. 정렬결과는 기대했던 대로다. 오른쪽 터미널에서는 `grep`과 `sort`를 조합해서, 선두문자가 '3'인 줄만을 대상으로 정렬하고 있다. 이쪽도 올바르게 출력되는 것 같다.

리눅스 등에 들어있는 `sort` 커맨드는 기능이 훨씬 많다. 예를 들어 문자가 아니라 숫자로 정렬한다든지 정렬한 결과 중복된 줄을 제거하는 기능도 가능하다. 그런 기능을 제대로 만들려면 지면이 부족해지므로 이 책에서는 만들지 않도록 하겠다. 흥미가 있다면 독자 여러분이 만들어보길 바란다.

29.8 터미널의 버그 수정(osbook_day29d)

파이프 기능을 사용해 여러 가지를 테스트하면서 깨닫게 된 것이지만 커맨드 실행 중에는 터미널의 마지막 줄만 갱신되는 것 같았다. 터미널을 스크롤할 정도의 크기가 큰 문서를 표시하면 터미널 전체가 스크롤되길 원하지만 마지막 줄 이외는 정지한 채 그대로 있는 것 같다. 기분 좋은 일은 아니므로 이 버그만은 고쳐서 29장을 마무리하고 싶다.

리스트 29.20 문자열을 표시할 때마다 다시 렌더링한다(terminal.cpp)

```
size_t TerminalFileDescriptor::Write(const void* buf, size_t len) {
  term_.Print(reinterpret_cast<const char*>(buf), len);
  term_.Redraw();
  return len;
}
```

소스코드를 살펴보면서 원인을 생각하다가 찾았다. `TerminalFileDescriptor::Write()`가 문자열을 표시한 후에 화면을 다시 렌더링하지 않았던 것이다. 원래라면 메인 태스크에 다시 렌더링하는 메시지를 던져야 한다. 그래서 리스트 29.20 같이 수정해 문자열 출력 후 다시 렌더링하도록 했다.

리스트 29.21 에코 백할 때도 다시 그리기를 한다(terminal.cpp)

```
size_t TerminalFileDescriptor::Read(void* buf, size_t len) {
  char* bufc = reinterpret_cast<char*>(buf);

  while (true) {

  <중략>

    bufc[0] = msg->arg.keyboard.ascii;
    term_.Print(bufc, 1);
    term_.Redraw();
    return 1;
  }
}
```

이것만으로는 충분하지 않다. 왜냐하면 에코 백을 처리할 때에도 터미널로 출력 처리가 수행되기 때문이다. 그때도 화면의 다시 그리기를 수행하도록 한다(리스트 29.21).

리스트 29.22 Redraw()는 터미널 전체를 다시 렌더링한다(terminal.cpp)

```
void Terminal::Redraw() {
  Rectangle<int> draw_area{ToplevelWindow::kTopLeftMargin,
```

```
window_->InnerSize()};

  Message msg = MakeLayerMessage(
      task_.ID(), LayerID(), LayerOperation::DrawArea, draw_area);
  __asm__("cli");
  task_manager->SendMessage(1, msg);
  __asm__("sti");
}
```

Terminal::Redraw()의 구현은 리스트 29.22와 같다. 터미널 영역 전체를 다시 렌더링하도록 메인 태스크에 요청한다.

이 상태에서는 cat 커맨드의 동작이 매우 늦다는 것을 깨달았다. 하지만 cat memmap | apps/grep . 같이 파이프를 통하면 속도가 매우 빨랐다. 아마도 cat이 직접 표시할 때는 한 문자씩 표시하고, 파이프를 통하면 Newlib의 기능으로 한 줄씩 표시하는[2] 것의 차이라고 생각한다.

리스트 29.23 cat이 한 줄씩 표시하도록 수정한다(terminal.cpp)

```
      fat::FileDescriptor fd{*file_entry};
      char u8buf[1024];
      DrawCursor(false);
      while (true) {
        if (ReadDelim(fd, '\n', u8buf, sizeof(u8buf)) == 0) {
          break;
        }
        PrintToFD(*files_[1], "%s", u8buf);
      }
      DrawCursor(true);
```

그래서 리스트 29.23과 같이 cat 커맨드를 수정해 한 줄씩 표시하도록 했다. ReadDelim()를 사용해 '\n'까지 읽고, 그 읽은 내용을 PrintToFD()로 출력한다. ReadDelim()는 지정한 파일 디스크립터에서 지정한 문자(여기서는 '\n')와 만날 때까지 1바이트씩 읽어 들이는 함수로 file.cpp에 정의했다. 구현은 간단하므로 설명은 생략한다.

2 Newlib의 출력 라이브러리(FILE*을 중심으로 한 기능)는 표시 문자열을 일시적으로 모아두고 write()를 호출하는, 즉 시스템 콜을 줄여서 고속화하는 기능을 갖고 있다.

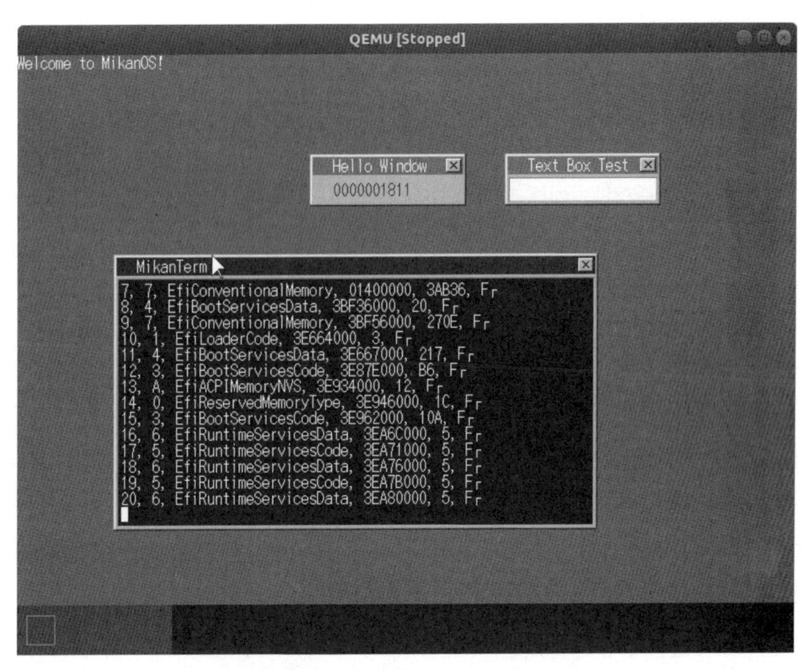

그림 29.7 한 줄씩 터미널이 다시 렌더링되는 모습

그림 29.7에 cat 커맨드로 memmap을 표시하는 도중의 상태를 실었다. 이 스크린샷을 일반적으로 찍기는 어렵기 때문에 GDB를 사용해 브레이크 포인트를 걸어서 찍었다. PrintToFD()에서 브레이크 해나가면서 화면을 보면 한 줄 또는 두 줄에 1회 화면이 갱신되는 것을 알 수 있다. 한 줄씩 딱 갱신되지 않는 이유는 화면 갱신을 메인 태스크에 맡기고 있기 때문일 것이다. GDB로 멈추지 않고 일반적으로 실행하면 부드럽게 동작하므로 이것으로 완성한 걸로 한다.

29.9 공유 메모리

공유 메모리란 페이징 구조를 사용한 애플리케이션 간에 통신하는 방법이다. 같은 물리 프레임을 다수의 애플리케이션 가상 어드레스에 매핑시킨다. 모든 애플리케이션은 OS용 어드레스 공간을 공유하고 있지만 원칙적으로는 애플리케이션용 어드레스 공간(0xffff800000000000 이후)에 대해서는 서로 독립적이다. 예를 들어 애플리케이션 A의 어드레스 0xffff800000000000과 애플리케이션 B의 어드레스 0xffff800000000000은 다른 물리 프레임으로 매핑돼 공유되지 않는다. 공유 메모리는 예외적으로 공유할 수 있는 페이지를 만들어내는 기술이다.

'27.4 카피 온 라이트' 같이 열린 공간을 만드는 것은 가능하다. 카피 온 라이트에서는 같은 실행 파일을 사용하는 애플리케이션을 다수 시작할 때 같은 물리 프레임을 참조하도록 했다. 다만 카피 온 라이트에서는 해당 페이지에 쓰려고 할 때 다른 물리 프레임으로 내용을 복사해 버리므로 다수의 애플리케이션에서 같은 데이터를 **읽고 쓰는** 작업은 할 수 없었다.

공유 메모리는 카피 온 라이트와 비슷하지만 물리 프레임을 가상 페이지에 매핑할 때 쓰기를 허락한다는 점이 다르다. 쓰기를 허락해 매핑하면 여러 애플리케이션이 같은 변수를 공유할 수 있다. 파이프의 경우는 일방통행의 통신이었지만 공유 메모리에서는 통신의 방향은 결정돼 있지 않다. 프로그래머 발상에 따라 자유롭게 사용할 수 있는 매우 범용적인 구조다. 배열이나 구조체를 공유 메모리상에 배치하는 것이 가능하므로, 파이프가 단순한 바이트 열의 송신이었던 것에 비해 공유 메모리는 고도화된 구조를 표현하기가 쉽다.

공유 메모리를 사용할 때는 **데이터 경합**data race에 주의할 필요가 있다. 데이터 경합은 애플리케이션에 한정된 이야기가 아닌 OS 본체에 있어서도 일어날 수 있는 상황이다. 예를 들어 지금까지도 `task_manager`를 다룰 때는 인터럽트를 금지해 태스크가 전환되지 않도록 주의하고 있다. 이와 같은 상황이 공유 메모리에서도 당연히 발생하는 것이다. 한쪽 애플리케이션이 데이터를 변경하는 도중에 태스크가 전환돼 다른 쪽 애플리케이션이 같은 변수를 참조하면 일관성이 깨진 데이터를 읽어버리게 된다.

30장

애플리케이션 더 살펴보기

드디어 마지막 장이다. MikanOS는 이제 완전히 OS다워졌다. 30장에서는 몇 가지 애플리케이션을 제작하고 마무리하려고 한다. 표준출력을 페이지 단위로 표시하는 more 커맨드, 큰 화면에서 텍스트 파일을 열어보는 텍스트 뷰어, 이미지 파일을 표시하는 이미지 뷰어를 만들어 보고자 한다. 추가로 세 가지를 개량하고 싶다. 첫 번째는 일일이 apps/를 붙이지 않아도 애플리케이션을 시작할 수 있는 구조다. 두 번째는 cat을 표준입력에 대응시키는 것이다. 이 기능이 있으면 쓰고 싶은 텍스트를 파일로 쉽게 만들 수 있게 돼 여러 가지로 편리해진다. 세 번째는 윈도우의 오른쪽 상단에 표시된 '닫기' 버튼의 활성화다. 지금까지는 단지 그림이었지만 이 닫기 버튼을 사용 가능하도록 해 보겠다.

30.1 애플리케이션에 경로를 만든다

일일이 apps/grep 등으로 apps/를 붙이는 것은 귀찮다고 생각됐다. 리눅스에서는 애플리케이션 이름을 그대로 쓰면 애플리케이션을 실행할 수 있다. 마찬가지로 MikanOS에서도 간단히 grep을 쓰는 것만으로 애플리케이션을 실행 가능하게 하면 편리할 것이다.

리눅스에서는 파일명만으로 애플리케이션을 실행하는 것을 환경 변수라는 구조로 실현하고 있다. 리눅스 터미널(정확히는 셸)에는 변수가 준비돼 있으며, 그중에서도 PATH라는 특별한 변수를 사용해 디렉터리명 없이 애플리케이션을 지정할 수 있는 구조를 실현하고 있다. PATH에 디렉터리 경로(항상 있는 것은 /usr/bin 등)를 설정해 두면, 해당 디렉터리에 들어 있는 애플리케이션은 애플리케이션 이름만으로 실행할 수 있다.

환경 변수의 구조를 제대로 만들기는 매우 힘들다고 생각하므로 이 절에서는 apps/ 없이 애플리케이션을 시작하는 것으로 한정해서 구현해 보겠다.

리스트 30.1 FindCommand()는 애플리케이션을 apps에서 찾는다(terminal.cpp)

```
fat::DirectoryEntry* FindCommand(const char* command,
                                 unsigned long dir_cluster = 0) {
  auto file_entry = fat::FindFile(command, dir_cluster);
  if (file_entry.first != nullptr &&
      (file_entry.first->attr == fat::Attribute::kDirectory ||
       file_entry.second)) {
    return nullptr;
  } else if (file_entry.first) {
    return file_entry.first;
  }

  if (dir_cluster != 0 || strchr(command, '/') != nullptr) {
    return nullptr;
  }

  auto apps_entry = fat::FindFile("apps");
  if (apps_entry.first == nullptr ||
      apps_entry.first->attr != fat::Attribute::kDirectory) {
    return nullptr;
  }
  return FindCommand(command, apps_entry.first->FirstCluster());
}
```

그럼 빨리 FindCommand()라는 함수를 작성해 보겠다(리스트 30.1). 이 함수는 파라미터로 받은 애플리케이션을 받은 그대로 검색하고, 발견되지 않았다면 apps 안에서 찾는다.

리스트 30.2 FindCommand()를 사용해서 애플리케이션을 검색한다(terminal.cpp)

```
} else if (command[0] != 0) {
  auto file_entry = FindCommand(command);
  if (!file_entry) {
    PrintToFD(*files_[2], "no such command: %s\n", command);
    exit_code = 1;
  } else {
    auto [ ec, err ] = ExecuteFile(*file_entry, command, first_arg);
```

Terminal::ExecuteLine()에서 애플리케이션을 시작하는 부분이 리스트 30.2에 나와 있다. 방금 전에 작성한 FindCommand()를 사용해 애플리케이션을 검색하도록 했다. 특별히 어려운 부분은 없다고 생각한다.

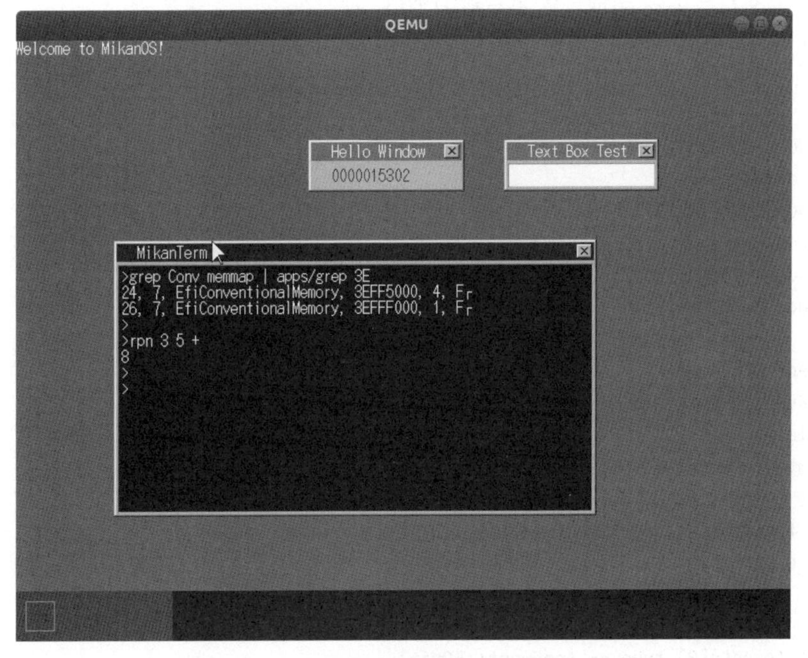

그림 30.1 apps/ 없이 각종 애플리케이션을 시작하는 모습

그림 30.1은 실행하는 모습을 보여준다. apps/를 붙여도, 붙이지 않아도 애플리케이션을 시작할 수 있음을 알 수 있다.

30.2 more 커맨드

애플리케이션 목록을 볼까 해서 ls apps를 입력해 봤다. 하지만 애플리케이션이 너무 많아서 먼저 출력된 쪽은 스크롤돼 버려서 애플리케이션 전체를 볼 수가 없었다. 애플리케이션이 많은 것은 기쁘지만 전부를 확인할 수 없는 것은 좀 불편하다.

리눅스에서는 more나 less라는 커맨드가 있어서 파일 내용을 페이지 단위로 읽을 수 있다. 파이프를 사용하면 다음과 같이 표준출력을 페이지 단위로 읽을 수 있다.

```
$ ls /usr/bin | more
```

MikanOS에서도 more 커맨드를 작성해 보겠다.

리스트 30.3 파일을 페이지 단위로 출력하는 more 커맨드(more/more.cpp)

```
#include <cstdio>
#include <cstdlib>
#include <cstring>
#include <string>
#include <vector>
#include "../syscall.h"

AppEvent WaitKey() {
  AppEvent events[1];
  while (true) {
    auto [ n, err ] = SyscallReadEvent(events, 1);
    if (err) {
      fprintf(stderr, "ReadEvent failed: %s\n", strerror(err));
      exit(1);
    }

    if (events[0].type == AppEvent::kQuit) {
      exit(0);
    }
    if (events[0].type == AppEvent::kKeyPush &&
```

```
        events[0].arg.keypush.press) {
      return events[0];
    }
  }
}

extern "C" void main(int argc, char** argv) {
  int page_size = 10;
  int arg_file = 1;
  if (argc >= 2 && argv[1][0] == '-' && isdigit(argv[1][1])) {
    page_size = atoi(&argv[1][1]);
    ++arg_file;
  }

  FILE* fp = stdin;
  if (argc > arg_file) {
    fp = fopen(argv[arg_file], "r");
    if (fp == nullptr) {
      fprintf(stderr, "failed to open '%s'\n", argv[arg_file]);
      exit(1);
    }
  }

  std::vector<std::string> lines{};
  char line[256];
  while (fgets(line, sizeof(line), fp)) {
    lines.emplace_back(line);
  }

  for (int i = 0; i < lines.size(); ++i) {
    if (i > 0 && (i % page_size) == 0) {
      fputs("---more---\n", stderr);
      WaitKey();
    }
    fputs(lines[i].c_str(), stdout);
  }
  exit(0);
}
```

리스트 30.3에서 more 커맨드를 구현했다. 이 커맨드의 파라미터는 more [-n] [<file>]로 돼 있다. -n는 페이지 단위의 줄 수를 지정하는 옵션으로 n은 숫자 값이다. 즉 세 줄을 페이지 단위로 보내려면 -3으로 지정한다. <file>에는 페이지를 보내고 싶은 파일 경로를 지정한다. 생략하면 표준입력에서 읽어 들인다.

메인 함수의 전반부에서는 커맨드라인 파라미터를 해석하고, 페이지 단위의 줄 수 page_size와 파일 fp를 결정한다. 다음으로 파일 fp로부터 모든 줄 수를 읽고 lines에 저장한다. 마지막으로 일정 줄 수만큼 표시하고 키 입력을 기다리는 처리를 반복한다.

WaitKey()는 ReadEvent() 시스템 콜을 사용해(이 함수는 오랜만에 사용한다) 키 입력을 기다리는 함수다. 어떤 키를 누른 순간에 WaitKey()로부터 처리가 돌아와서 다음 1페이지의 표시 처리를 재개한다.

지금까지 작업으로 동작될 것이라 생각해서 실행해 본 결과 아무리 키를 눌러도 반응이 없다. 무엇이 부족한지 생각해 보니 이유를 깨닫게 됐다. 파이프를 사용하면 뒤에서 터미널 태스크가 시작하지만, 키 누르기 이벤트는 어디까지나 파이프의 왼쪽에 대응하는 태스크에 전송되기 때문이다. 이 원인은 키 누르기 이벤트를 보낼 대상 태스크를 등록하는 표 layer_task_map에 파이프의 왼쪽 태스크가 등록돼 버렸기 때문이다. 일반적으로는 그렇게 해도 괜찮지만 파이프를 사용할 때는 각종 이벤트가 파이프의 오른쪽 태스크로 송신되는 것이 좋다.

리스트 30.4 파이프를 사용할 때는 이벤트 송신처를 변경한다(terminal.cpp)

```
if (pipe_char) {
  *pipe_char = 0;

  <중략>

  subtask_id = subtask
    .InitContext(TaskTerminal, reinterpret_cast<int64_t>(term_desc))
    .Wakeup()
    .ID();
  (*layer_task_map)[layer_id_] = subtask_id;
}

<중략>

if (pipe_fd) {
  pipe_fd->FinishWrite();
  __asm__("cli");
  auto [ ec, err ] = task_manager->WaitFinish(subtask_id);
```

```
    (*layer_task_map)[layer_id_] = task_.ID();
    __asm__("sti");
```

리스트 30.4 같이 파이프를 사용하고 있을 때 이벤트의 송신처를 전환하는 처리를 넣어 봤다. `layer_task_map`의 등록을 일시적으로 갱신해 파이프 처리 중에 전송된 모든 이벤트를 파이프의 오른쪽 태스크(`subtask_id`)로 송신하도록 했다.

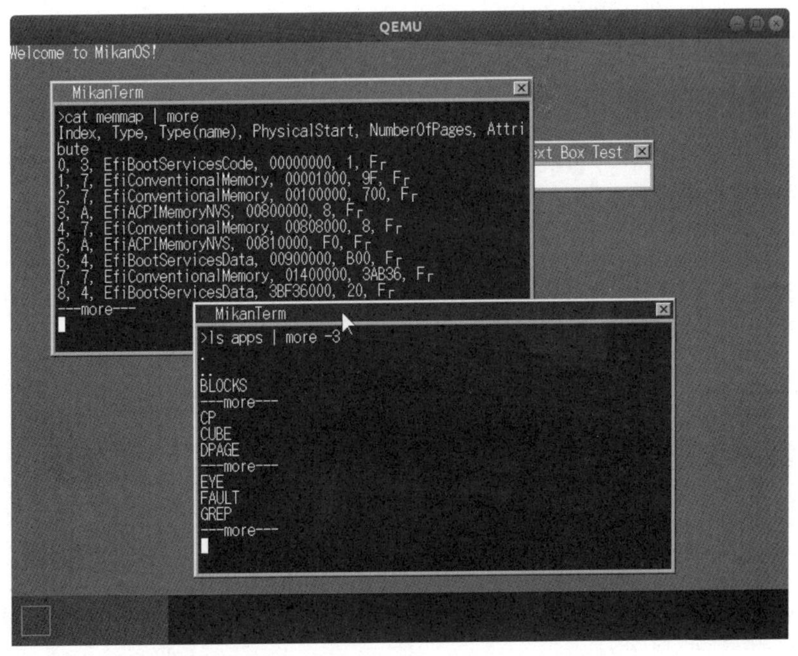

그림 30.2 more 커맨드로 다양한 출력을 페이지 단위로 본다.

`more`를 실행한 모습을 그림 30.2에서 볼 수 있다. `cat`이나 `ls`의 출력이 페이지 단위로 표시되고 있음을 알 수 있다.

30.3 cat을 입력에 대응시킨다

`cat` 커맨드는 현재 표준입력을 다루지 않는다. 터미널의 내장된 커맨드이므로 `@stdin`라는 표기법도 사용할 수 없고, 파일명을 생략했을 시 표준입력에서 읽어 들이는 기능도 없다.

cat이 표준입력을 다룰 수 있게 되면 줄바꿈 문자를 포함한 텍스트 파일을 작성할 수 있게 된다. cat > foo 같이 cat의 출력을 파일로 리다이렉트하는 것이다. 텍스트 파일을 만들 수 있게 되면 다른 커맨드의 동작확인에 사용하는 파일을 즉석에서 만들 수 있게 된다. 일일이 시작 볼륨에 파일을 넣어서 MikanOS를 재시작할 필요가 없다.

리스트 30.5 cat에서 파일명을 생략한 표준입력을 사용한다(terminal.cpp)

```
} else if (strcmp(command, "cat") == 0) {
  std::shared_ptr<FileDescriptor> fd;
  if (!first_arg || first_arg[0] == '\0') {
    fd = files_[0];
  } else {
    auto [ file_entry, post_slash ] = fat::FindFile(first_arg);
    if (!file_entry) {
      PrintToFD(*files_[2], "no such file: %s\n", first_arg);
      exit_code = 1;
    } else if (file_entry->attr != fat::Attribute::kDirectory && post_slash) {
      char name[13];
      fat::FormatName(*file_entry, name);
      PrintToFD(*files_[2], "%s is not a directory\n", name);
      exit_code = 1;
    } else {
      fd = std::make_shared<fat::FileDescriptor>(*file_entry);
    }
  }
  if (fd) {
    char u8buf[1024];
    DrawCursor(false);
    while (true) {
      if (ReadDelim(*fd, '\n', u8buf, sizeof(u8buf)) == 0) {
        break;
      }
      PrintToFD(*files_[1], "%s", u8buf);
    }
    DrawCursor(true);
  }
} else if (strcmp(command, "noterm") == 0) {
```

리스트 30.5처럼 cat을 수정했다. 커맨드라인 파라미터 first_arg가 비었을 때 표준입력을 나타내는 파일 디스크립터 files_[0]를 사용한다는 것이 주요한 수정 포인트다. 다른 부분은 거의 수정하지 않았다.

리스트 30.6 커맨드와 파라미터 간에 공백이 두 문자 이상인 경우에 대응한다(terminal.cpp)

```
if (first_arg) {
  *first_arg = 0;
  do {
    ++first_arg;
  } while (isspace(*first_arg));
}
```

여러 커맨드를 실행하다가 깨달은 것이지만, 커맨드명과 파라미터 간에 2개 이상의 공백문자가 존재하면 파라미터를 잘 인식하지 못했다. 이 문제는 파라미터를 가리키는 first_arg의 선두가 공백문자인 경우를 수정하는 처리가 없었기 때문이다. 리스트 30.6 같이 루프(do-while 문)에서 공백을 제거하게 해서 이 문제를 해결했다.

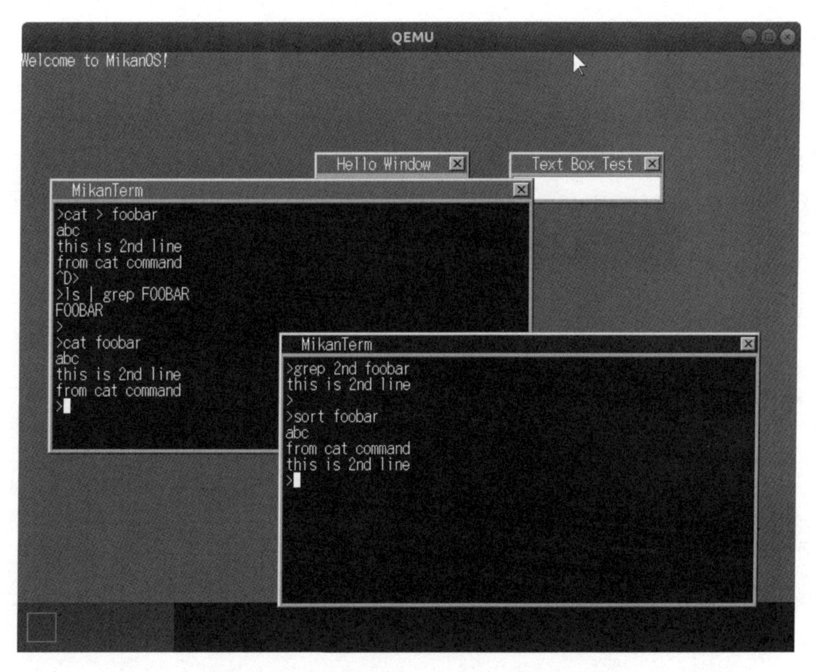

그림 30.3 cat을 사용해 텍스트 파일 footbar를 생성한다

그림 30.3을 살펴보자. 왼쪽 터미널에서는 cat과 리다이렉트를 조합해 footbar라는 세 줄의 텍스트 파일을 만들었다. 오른쪽 터미널에서는 작성한 파일을 사용해 grep과 sort의 동작확인을 수행했다. cat이 표준입력을 다룰 수 있게 돼 쉽게 텍스트 파일을 작성할

수 있게 됐다. 텍스트 에디터를 사용한 고급 텍스트 파일 작성은 할 수 없고, 입력도중에 실수하면 수정할 수 없는 등 상당히 불편함은 있지만 간단하게 테스트하는 용도로는 편리할 것이다.

30.4 닫기 버튼

이 절에서는 지금까지는 단순한 그림에 지나지 않았던 닫기 버튼이 제대로 동작하도록 해 보겠다. 먼저 절대적으로 필요한 것은 닫기 버튼이 클릭된 상황을 판정하는 것이다. 윈도우상에서 마우스의 왼쪽 버튼을 눌렀을 때 좌표가 닫기 버튼상에 있는지를 판정한다. 이 판정 처리 이외에 실제로 윈도우를 닫는 방법은 크게 두 가지를 생각할 수 있다. 한 가지는 외부에서 강제적으로 윈도우를 닫는 방법, 또 한 가지는 그 윈도우를 관리하는 태스크에 '윈도우를 닫길 원한다'는 메시지를 전송해서 스스로 닫게 하는 방법이다.

전자(외부에서 윈도우를 닫는 방법)은 위험성이 있다. 윈도우가 닫혔다는 것을 태스크가 모른 채로 처리를 계속해 버리면, 존재하지 않는 윈도우에 그림 그리기를 시도하는 등의 가능성이 발생하기 때문이다. 후자의 방법이라면 태스크가 자주적으로 윈도우를 닫으므로 안전하다. 그러므로 후자의 방법을 구현해 보겠다.

먼저 클릭된 좌표가 닫기 버튼상에 있는지를 판정하는 기능을 제작한다.

리스트 30.7 GetWindowRegion()은 좌표로부터 영역의 종류를 판정한다(windows.hpp)

```
  virtual WindowRegion GetWindowRegion(Vector2D<int> pos);
```

`Window` 클래스에 윈도우 내의 좌표로부터 윈도우 영역의 종류를 판정하는 메소드 `GetWindowRegion()`를 구현했다(리스트 30.7). 이 메소드는 가상 메소드로, 자식 클래스에서 재정의override하는 것을 상정하고 있다.

리스트 30.8 윈도우 영역의 종류를 나타내는 WindowRegion 열거형(windows.hpp)

```
enum class WindowRegion {
  kTitleBar,
  kCloseButton,
  kBorder,
```

```
  kOther,
};
```

이 메소드의 반환 값 타입인 WindowRegion 열거형 정의를 리스트 30.8에 정리했다. 열거형의 이름을 보면 대략적으로 알 수 있을 것으로 생각한다. 위에서부터 각각 타이틀 바(윈도우의 타이틀이 표시되는 부분), 닫기 버튼, 윈도우 테두리, 기타 영역을 나타낸다. GetWindowRegion()에 윈도우 좌표를 기준으로 한 좌표를 전달하면 그 좌표가 어떤 영역에 해당하는지를 판정하고 WindowRegion의 값 중 하나를 반환하는 구조다.

리스트 30.9 Window::GetWindowRegion()의 구현(window.cpp)

```
WindowRegion Window::GetWindowRegion(Vector2D<int> pos) {
  return WindowRegion::kOther;
}
```

Window 클래스에서는 영역의 구별은 없으므로, GetWindowRegion() 메소드는 좌표에 관계없이 항상 kOther를 반환하는 것으로 해둔다(리스트 30.9).

리스트 30.10 ToplevelWindow::GetWindowRegion()의 구현(window.cpp)

```
WindowRegion ToplevelWindow::GetWindowRegion(Vector2D<int> pos) {
  if  (pos.x < 2 || Width() - 2 <= pos.x ||
       pos.y < 2 || Height() - 2 <= pos.y) {
    return WindowRegion::kBorder;
  } else if (pos.y < kTopLeftMargin.y) {
    if  (Width() - 5 - kCloseButtonWidth <= pos.x && pos.x < Width() - 5 &&
         5 <= pos.y && pos.y < 5 + kCloseButtonHeight) {
      return WindowRegion::kCloseButton;
    }
    return WindowRegion::kTitleBar;
  }
  return WindowRegion::kOther;
}
```

리스트 30.10에서 ToplevelWindow::GetWindowRegion()의 구현을 보여준다. 윈도우 주위 2픽셀은 외곽선(kBoarder)으로 판정한다. Y좌표가 kTopLeftMargin.y보다 작은 범위를 타이틀 바(kTitleBar), 그중의 오른쪽 끝에 있는 작은 사각형을 닫기 버튼(kCloseButton)으로 판정한다.

리스트 30.11 윈도우의 영역 종류에 대응해 처리를 변경한다(mouse.cpp)

```
    const auto pos_layer = position_ - layer->GetPosition();
    switch (layer->GetWindow()->GetWindowRegion(pos_layer)) {
    case WindowRegion::kTitleBar:
      drag_layer_id_ = layer->ID();
      break;
    case WindowRegion::kCloseButton:
      close_layer_id = layer->ID();
      break;
    default:
      break;
    }
```

리스트 30.11은 왼쪽 버튼을 클릭했을 때의 판정 처리를 보여준다. 방금 추가한 메소드 GetWindowRegion()의 반환 값에 따라 처리를 전환한다. 타이틀 바를 클릭한 경우는 윈도우의 드래그를 처리, 닫기 버튼을 클릭한 경우는 닫기 처리를 한다. drag_layer_id_와 close_layer_id 중 하나에 값을 대입하고 그 후 처리를 전환하게 했다.

리스트 30.12 마우스 클릭의 처리 전체 코드(mouse.cpp)

```
  unsigned int close_layer_id = 0;

  const bool previous_left_pressed = (previous_buttons_ & 0x01);
  const bool left_pressed = (buttons & 0x01);
  if (!previous_left_pressed && left_pressed) {
    auto layer = layer_manager->FindLayerByPosition(position_, layer_id_);
    if (layer && layer->IsDraggable()) {
      const auto pos_layer = position_ - layer->GetPosition();
      switch (layer->GetWindow()->GetWindowRegion(pos_layer)) {
      case WindowRegion::kTitleBar:
        drag_layer_id_ = layer->ID();
        break;
      case WindowRegion::kCloseButton:
        close_layer_id = layer->ID();
        break;
      default:
        break;
      }
      active_layer->Activate(layer->ID());
    } else {
      active_layer->Activate(0);
```

```
    }
  } else if (previous_left_pressed && left_pressed) {
    if (drag_layer_id_ > 0) {
      layer_manager->MoveRelative(drag_layer_id_, posdiff);
    }
  } else if (previous_left_pressed && !left_pressed) {
    drag_layer_id_ = 0;
  }

  if (drag_layer_id_ == 0) {
    if (close_layer_id == 0) {
      SendMouseMessage(newpos, posdiff, buttons, previous_buttons_);
    } else {
      SendCloseMessage();
    }
  }
```

좀 전에 본 GetWindowRegion()을 사용한 조건 분기를 포함한 마우스 클릭에 대한 전체 코드를 리스트 30.12에 정리했다. 방금 전의 조건 분기 처리는 왼쪽 버튼을 누른 순간인 (if (!previous_left_pressed && left_pressed))의 처리에 포함돼 있다.

마지막의 if 문에서는 닫기 버튼을 눌렀는지 그 이외의 부분을 클릭했는지에 따라 처리를 나눈다. 닫기 버튼을 클릭한 경우 새롭게 작성한 SendCloseMessage()를 보내며 그 이외의 경우라면 지금까지 했던 처리를 수행한다. SendCloseMessage()는 현재 활성화돼 있는 윈도우(와 연결돼 있는 태스크)에 닫기 버튼이 클릭됐음을 통지한다.

리스트 30.13 SendCloseMessage()는 닫기 버튼의 클릭을 통지한다(mouse.cpp)

```
void SendCloseMessage() {
  const auto [ layer, task_id ] = FindActiveLayerTask();
  if (!layer || !task_id) {
    return;
  }

  Message msg{Message::kWindowClose};
  msg.arg.window_close.layer_id = layer->ID();
  task_manager->SendMessage(task_id, msg);
}
```

리스트 30.13은 SendCloseMessage()의 구현을 보여준다. 이 함수는 현재 활성화된 윈도우와 연관된 태스크(task_id)에 대해 kWindowClose 메시지를 송신한다. 여기서 사용하는 FindActiveLayerTask()는 현재 활성화된 윈도우를 포함한 레이어와 그 레이어와 연관된 태스크를 취득하는 함수다. 리스트 23.2의 전반부를 전체적으로 뽑아낸 것이기에 코드 소개는 생략한다.

리스트 30.14 메세지 구조체에 kWindowClose를 추가(message.hpp)

```
struct {
  unsigned int layer_id;
} window_close;
```

메시지 유형으로 Message::kWindowClose를 추가했다. 그리고 그 유형에 대응하는 파라미터를 추가했다(리스트 30.14). 파라미터는 어떤 윈도우가 닫혔는지를 알 수 있도록 레이어 ID를 갖도록 했다.

이 파라미터를 만들면서 문득 든 생각이 있다. 다른 파라미터(mouse_button이나 window_active)에도 레이어 ID를 갖게 해야한다는 것이다. 현재 하나의 애플리케이션은 최대 한 개의 윈도우밖에 갖지 못한다. 그러므로 레이어 ID를 전달하지 않아도 문제없었다. 하지만 만약 다수의 윈도우를 가진 애플리케이션을 제작한다면 어떤 윈도우가 클릭됐는지, 어떤 윈도우가 활성화돼 있는지를 식별하지 못한다면 곤란하다. 필요한 상황이 생긴다면 독자 여러분의 손으로 확장해 보기 바란다.

이제 여기까지의 수정으로 닫기 버튼을 클릭하면 대응하는 태스크로 kWindowClose 메시지를 통지할 수 있게 됐다. 다음은 받는 측의 태스크를 수정해서 해당 메시지에 반응하는 처리를 추가하겠다.

리스트 30.15 kWindowClose를 받았다면 윈도우를 닫는다(terminal.cpp)

```
case Message::kWindowClose:
  CloseLayer(msg->arg.window_close.layer_id);
  __asm__("cli");
  task_manager->Finish(terminal->LastExitCode());
  break;
```

리스트 30.15는 터미널 태스크가 받은 메시지를 처리하는 부분에 추가한 줄을 보여준다. kWindowClose를 받으면 터미널 윈도우를 닫고 그 후 터미널 태스크를 종료한다.

리스트 30.16 CloseLayer()는 지정된 레이어를 닫는다(layer.cpp)

```
Error CloseLayer(unsigned int layer_id) {
  Layer* layer = layer_manager->FindLayer(layer_id);
  if (layer == nullptr) {
    return MAKE_ERROR(Error::kNoSuchEntry);
  }

  const auto pos = layer->GetPosition();
  const auto size = layer->GetWindow()->Size();

  __asm__("cli");
  active_layer->Activate(0);
  layer_manager->RemoveLayer(layer_id);
  layer_manager->Draw({pos, size});
  layer_task_map->erase(layer_id);
  __asm__("sti");

  return MAKE_ERROR(Error::kSuccess);
}
```

CloseLayer()는 이번에 새롭게 작성한 함수로, 지정한 레이어를 닫는다. 구현은 리스트 30.16과 같다. 같은 처리를 syscall::CloseWindow()에서 하고 있었기 때문에 공통화하기 위해서 함수로 분리했다.

리스트 30.17 ReadEvent()도 kWindowClose에 대응시킨다(syscall.cpp)

```
    case Message::kWindowClose:
      app_events[i].type = AppEvent::kQuit;
      ++i;
      break;
```

마지막으로 syscall::ReadEvent()를 수정해서 kWindowClose를 받았을 때 애플리케이션으로 kQuit 이벤트를 통지할 수 있게 했다(리스트 30.17). 이제는 kQuit 이벤트를 인식할 수 있는 애플리케이션이라면 닫기 버튼에 반응할 수 있게 됐다.

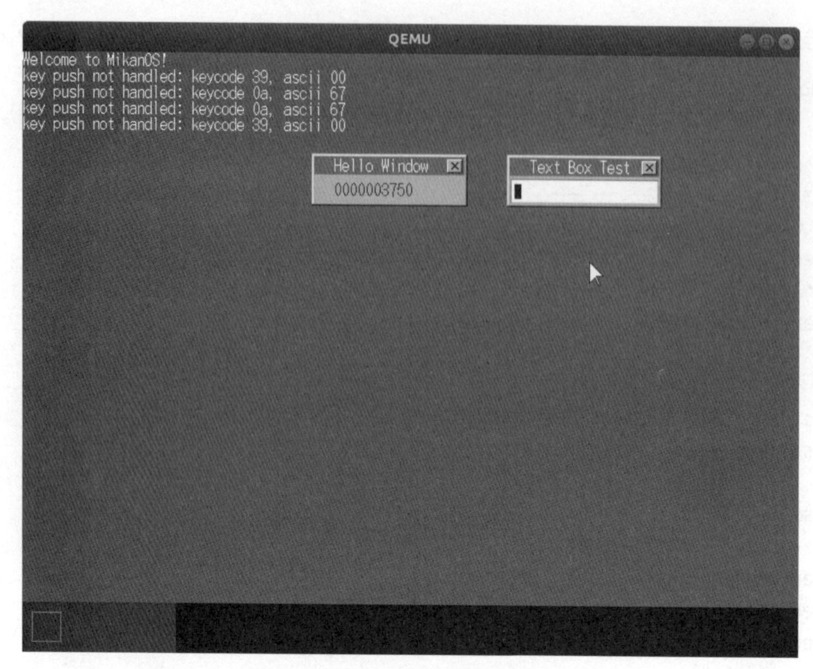

그림 30.4 터미널 윈도우를 닫아봤다.

초기 터미널을 닫아봤다(그림 30.4). 데스크톱에 터미널이 하나도 없으니 왠지 쓸쓸한 것 같다. 윈도우를 닫는 모습은 스크린샷으로 담기 어렵지만, 애플리케이션 윈도우도 제대로 닫히는 것을 확인할 수 있다.

30.5 텍스트 뷰어

지금까지 구현한 OS의 기능을 사용해 유용한 애플리케이션을 제작해 보자고 생각했다. 큰 화면으로 문서를 읽기 위한 애플리케이션은 어떨까? 30장의 앞부분에서 `more` 커맨드를 제작했지만 페이지 단위로밖에 보여줄 수 없으며, 또한 화면 크기를 변경하는 것도 불가능하다. 문서를 좀 더 쾌적하게 읽을 수 있는 애플리케이션을 만들어 보려고 한다. 문서, 특히 일반 텍스트(문자 꾸밈 등이 없는 순수한 텍스트 파일)를 읽기 위한 소프트웨어를 '텍스트 뷰어text viewer'라고 부르므로 애플리케이션명을 tview로 작명했다.

tview에는 다음과 같은 기능을 갖도록 한다.

- **앞뒤로 스크롤하는 기능**: 상하 화살표 키로 한 줄씩, PageUp/PageDown 키로 화면의 절반씩, 앞뒤로 스크롤할 수 있다.
- **화면 크기를 변경하는 기능**: 커맨드라인으로 -w 폭, -h 높이를 지정하면 화면 크기를 변경할 수 있다. 기본 값은 80자리×20줄이다.
- **탭의 폭을 변경하는 기능**: 커맨드라인에서 -t 탭의 폭을 지정하면 탭의 폭을 변경할 수 있다. 기본 값은 8자리다.

리스트 30.18 tview의 메인 함수 (tview/tview.cpp)

```
extern "C" void main(int argc, char** argv) {
  auto print_help = [argv](){
    fprintf(stderr,
            "Usage: %s [-w WIDTH] [-h HEIGHT] [-t TAB] <file>\n",
             argv[0]);
  };

  int opt;
  int width = 80, height = 20, tab = 8;
  while ((opt = getopt(argc, argv, "w:h:t:")) != -1) {
    switch (opt) {
    case 'w': width = atoi(optarg); break;
    case 'h': height = atoi(optarg); break;
    case 't': tab = atoi(optarg); break;
    default:
      print_help();
      exit(1);
    }
  }
  if (optind >= argc) {
    print_help();
    exit(1);
  }

  const char* filepath = argv[optind];
  const auto [ fd, content, filesize ] = MapFile(filepath);

  const char* last_slash = strrchr(filepath, '/');
  const char* filename = last_slash ? &last_slash[1] : filepath;
  const auto layer_id = OpenTextWindow(width, height, filename);

  const auto lines = FindLines(content, filesize);
```

```
  int start_line = 0;
  while (true) {
    DrawLines(lines, start_line, layer_id, width, height, tab);
    if (UpdateStartLine(&start_line, height, lines.size())) {
      break;
    }
  }

  SyscallCloseWindow(layer_id);
  exit(0);
}
```

리스트 30.18은 tview의 메인 함수를 보여준다 메인 함수는 가급적 길지 않게 함수로 분리해 떼내었기 때문에 언뜻 보면 간단하게 보인다. 하지만 tview.cpp의 전체는 250줄 정도라서 비교적 큰 프로그램이다. 메인 함수의 전반부에서는 getopt()를 사용해 커맨드라인 파라미터를 분석하고, 후반부에서는 파일을 메모리 매핑해 윈도우를 연 다음 각 줄을 렌더링한다. 후반부의 while 루프에서는 렌더링하고 키 입력 이벤트를 대기하는 구조를 반복한다.

getopt()은 처음 등장하는 함수로, 이 함수는 unistd.h에 정의돼 있는 POSIX 표준 함수다. C 언어의 표준 함수는 아니지만 Newlib에 포함돼 있기 때문에 다행히도 쉽게 사용할 수 있었다. 이 함수는 커맨드라인 파라미터의 옵션을 해석하기 위한 함수다.

옵션이라는 것은 지정하지 않아도 좋고, 지정한다면 어떠한 동작을 변경할 수 있는 파라미터다. tview의 화면 크기나 탭의 폭은 디폴트 값으로 만족한다면 생략하고, 변경하고 싶을 때 변경한다면 충분하다. 그러므로 지정이 필수인 파라미터가 아닌 옵션으로 만들고 싶다. 예를 들어 tview hoge 같이 옵션 없이 시작하면 기본 화면 사이즈와 탭 폭으로 텍스트를 표시했으면 한다. 또한 tview -w 30 -h 10 hoge로 하면 화면 사이즈 30×10, 탭 폭은 디폴트 값으로 표시하게 하고 싶다.

조금 생각해보면 이 작업은 매우 성가신 처리다. 커맨드라인 파라미터의 수나 나열 방법이 옵션의 지정에 따라 달라지므로 그런 사항을 고려해 argv를 다룰 필요가 있다. 하지만 getopt()을 사용하면 그런 옵션을 간단히 처리할 수 있다.

getopt()의 파라미터 중에서 가장 신경 쓰이는 파라미터는 세 번째 파라미터로 전달되는 "w:h:t:"의 의미다. w는 커맨드라인 옵션 -w를 정의하며, 그 다음에 있는 :은 그 옵션이 값을 받는 것을 의미한다. 즉 "w:"은 -w 80 같이 값을 받는 옵션 -w를 만들어낸다. 남은 "h:t:"도 마찬가지로 값을 받는 두 개의 옵션 -h, -t을 정의한다.

getopt()은 옵션 문자를 반환한다. 옵션 문자는 w, h, t 중의 하나이므로 switch 문에서 경우를 나눠 각각의 문자에 대응하는 처리를 수행한다. optarg는 getopt()이 관리하는 글로벌 변수로 getopt()이 마지막으로 반환한 옵션의 파라미터가 문자열로 저장된다.

getopt()이 -1을 반환했다면 이 이상 옵션이 없음을 의미한다. optind는 옵션의 해석이 끝난 시점의 argv 인덱스를 나타내는 값이다. 이 값이 argc 이상인 경우 옵션 이외의 파라미터가 없는, 즉 tview에 파일 이름이 지정되지 않았음을 의미한다. 그때는 프로그램 에러로 간주하고 종료한다.

나머지 부분은 지면 사정으로 설명을 생략한다.

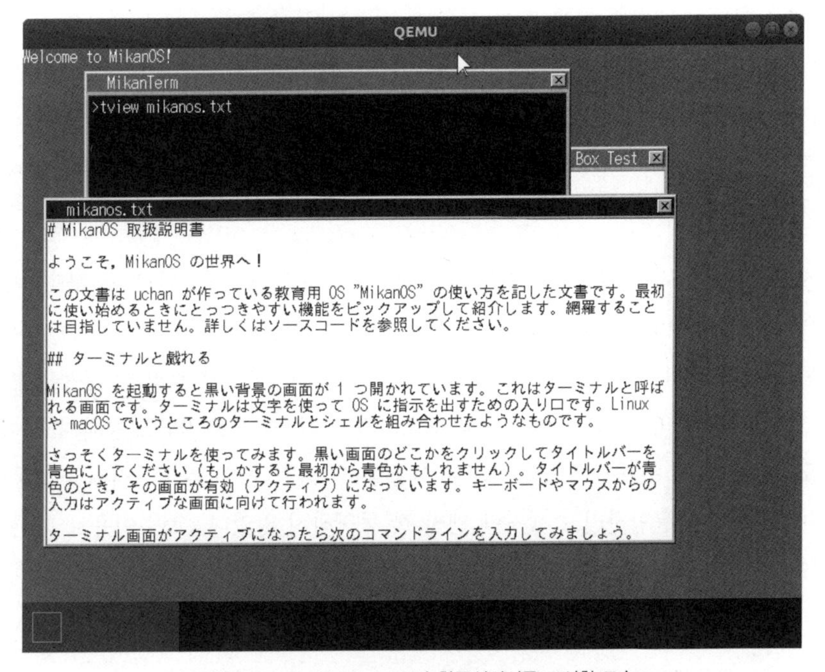

그림 30.5 tview로 MikanOS의 취급설명서를 표시한 모습

tview용으로 resource/mikanos.txt라는 파일을 추가했다. 이 파일은 일본어 문서로 MikanOS의 사용 방법을 간단하게 작성한 것이다. tview로 파일을 연 모습을 그림 30.5

에서 보여준다. 제대로 일본어나 탭 문자가 표시되고 있다. 또한 상하 화살표 키나 Page Up/PageDown 키로 스크롤할 수 있다. 완성이다.

30.6 이미지 뷰어

드디어 이 책의 마지막 절에 도착했다. 마지막을 장식할 애플리케이션은 이미지 파일을 표시하는 소프트웨어 '이미지 뷰어graphic viewer'로 정했다. 비트맵 이미지나 JPEG 사진 등을 표시하기 위한 애플리케이션이다.

이미지 파일을 화면에 표시하려면 이미지 파일을 해석하고 나서 마지막에 `PixelWriter::Write()`로 화면에 표시하면 된다. 즉 이미지 파일을 픽셀의 배열로 변환해야 한다. 비트맵 형식이라면 비교적 간단하다고 생각한다. 왜냐하면 비트맵 형식은 단순해서 픽셀의 색상 정보가 배열로 구성돼 있기 때문이다. 하지만 다른 이미지 형식은 복잡하다. JPEG 형식은 이산 코사인 변환DCT, Discrete Cosine Transform이라는 수학적 처리가 적용돼 있기 때문에 삼각함수를 사용해 데이터를 복원해야 하고, GIF나 PNG도 압축된 이미지 데이터를 해제해야 한다. 스스로 이런 부분을 제작하기는 매우 어려우므로 기존 라이브러리를 사용하는 것이 좋다.

이미지 뷰어는 『OS 구조와 원리』에서도 등장하는 애플리케이션이다. 『OS 구조와 원리』의 이미지 뷰어는 비트맵과 JPEG를 표시할 수 있다. 이 두 포맷의 출력은 OSASK에서 사용된 이미지 라이브러리를 활용해 실현하고 있다. 『OS 구조와 원리』는 부동소수점 계산을 할 수 없지만 OSASK의 이미지 라이브러리는 정수만으로 JPEG 형식의 데이터를 다루도록 특수하게 설계됐으므로 그대로 사용할 수 있었다. 이 라이브러리를 MikanOS의 이미지 뷰어에 통합하려고 했지만 왠지 잘 동작하지 않았다. 그런 이유로 다른 이미지 라이브러리를 찾아보겠다.

어째서 『OS 구조와 원리』에서는 부동소수점의 계산을 할 수 없느냐고 묻는다면 CPU 자체의 기능으로 존재하지 않기 때문이다. x86 아키텍처에서는 부동소수점 계산은 옵션이며 특별하게 설정하지 않으면 사용할 수 없다. 한편 x86-64 아키텍처에서는 표준적으로 부동소수점을 다룰 수 있다. x86-64는 SSE2 명령 세트를 반드시 포함하도록 돼 있기 때문이다. 그 때문에 부동소수점 계산이 가능하다는 것을 전제로 제작된 일반적인

JPEG 라이브러리를 사용할 수 있다.

JPEG 형식을 다룰 수 있는 라이브러리로 stb image 라이브러리[1]를 사용해보려고 한다. 이 라이브러리는 비트맵이나 JPEG, PNG 등 다양한 이미지 형식에 대응하므로, 이 라이브러리를 사용하면 다양한 이미지 형식에 대응할 수 있는 이미지 뷰어를 만들 수 있을 것이다. 또한 stb_image.h 헤더 파일만을 가져오면 사용할 수 있다는 간편함도 이 라이브러리를 채용한 이유다.

리스트 30.19 이미지 뷰어(gview/gview.cpp)

```
#include <cstdio>
#include <cstdlib>
#include <cstring>
#include <fcntl.h>
#include <tuple>
#include "../syscall.h"

#define STBI_NO_THREAD_LOCALS
#define STB_IMAGE_IMPLEMENTATION
#define STBI_NO_STDIO
#include "stb_image.h"

std::tuple<int, uint8_t*, size_t> MapFile(const char* filepath) {
  SyscallResult res = SyscallOpenFile(filepath, O_RDONLY);
  if (res.error) {
    fprintf(stderr, "%s: %s\n", strerror(res.error), filepath);
    exit(1);
  }

  const int fd = res.value;
  size_t filesize;
  res = SyscallMapFile(fd, &filesize, 0);
  if (res.error) {
    fprintf(stderr, "%s\n", strerror(res.error));
    exit(1);
  }

  return {fd, reinterpret_cast<uint8_t*>(res.value), filesize};
}
```

1 https://github.com/nothings/stb의 stb_image.h, MIT 라이선스

```
void WaitEvent() {
  AppEvent events[1];
  while (true) {
    auto [ n, err ] = SyscallReadEvent(events, 1);
    if (err) {
      fprintf(stderr, "ReadEvent failed: %s\n", strerror(err));
      return;
    }
    if (events[0].type == AppEvent::kQuit) {
      return;
    }
  }
}

uint32_t GetColorRGB(unsigned char* image_data) {
  return static_cast<uint32_t>(image_data[0]) << 16 |
         static_cast<uint32_t>(image_data[1]) << 8 |
         static_cast<uint32_t>(image_data[2]);
}

uint32_t GetColorGray(unsigned char* image_data) {
  const uint32_t gray = image_data[0];
  return gray << 16 | gray << 8 | gray;
}

extern "C" void main(int argc, char** argv) {
  if (argc < 2) {
    fprintf(stderr, "Usage: %s <file>\n", argv[0]);
    exit(1);
  }

  int width, height, bytes_per_pixel;
  const char* filepath = argv[1];
  const auto [ fd, content, filesize ] = MapFile(filepath);

  unsigned char* image_data = stbi_load_from_memory(
      content, filesize, &width, &height, &bytes_per_pixel, 0);
  if (image_data == nullptr) {
    fprintf(stderr, "failed to load image: %s\n", stbi_failure_reason());
    exit(1);
  }

  fprintf(stderr, "%dx%d, %d bytes/pixel\n", width, height, bytes_per_pixel);
  auto get_color = GetColorRGB;
```

```
  if (bytes_per_pixel <= 2) {
    get_color = GetColorGray;
  }

  const char* last_slash = strrchr(filepath, '/');
  const char* filename = last_slash ? &last_slash[1] : filepath;
  SyscallResult window =
    SyscallOpenWindow(8 + width, 28 + height, 10, 10, filename);
  if (window.error) {
    fprintf(stderr, "%s\n", strerror(window.error));
    exit(1);
  }
  const uint64_t layer_id = window.value;

  for (int y = 0; y < height; ++y) {
    for (int x = 0; x < width; ++x) {
      uint32_t c = get_color(&image_data[bytes_per_pixel * (y * width + x)]);
      SyscallWinFillRectangle(layer_id | LAYER_NO_REDRAW,
                              4 + x, 24 + y, 1, 1, c);
    }
  }

  SyscallWinRedraw(layer_id);
  WaitEvent();

  SyscallCloseWindow(layer_id);
  exit(0);
}
```

리스트 30.19에 이미지 뷰어의 소스코드를 정리했다. 매우 길지만 주요한 부분만 간단히 설명하겠다.

stb_image.h의 사용법으로 인클루드하기 전에 몇 개의 매크로를 정의해둘 필요가 있다. `STBI_NO_THREAD_LOCALS`는 멀티스레드 환경에 대응하기 위한 기능(스레드 로컬 스토리지)을 비활성화한다. MikanOS에서는 멀티스레드 애플리케이션을 제작하기 위한 기능이 아직 없으므로 비활성화하지 않으면 컴파일할 수 없다. `STB_IMAGE_IMPLEMENTATION`은 각종 함수의 구현체를 생성한다. 이 매크로를 정의해 두지 않으면 링크 시에 `undefined symbol` 에러가 출력된다. `STBI_NO_STDIO`는 `fopen()` 등의 표준적인 입출력 기능을 사용하지 않는 것을 의미한다. 일단 MikanOS에서는 `fopen()`과 `fread()`를 지원하고 있지만 탐색이 불가능한 점 등 어중간한 상태에 있으므로 stb image 라이브러리에서 이런 표준 함수를 사용하지 않게 해둔다.

stbi_load_from_memory()를 사용하면 메모리상에 배치한 이미지 파일로부터 이미지를 취득할 수 있다. 파라미터 content는 이미지 파일의 내용을 가리키는 포인터다. 이미지 파일을 메모리상에 읽어 들이는 데는 fread()를 사용할지, 메모리 맵 파일을 사용할지에 대한 선택지가 있다. stbi_load_from_memory()를 사용하려면 이미지 파일 전체를 메모리상에 읽어 들일 필요가 있기 때문에 메모리 맵 파일이 편리할 것이다.

stbi_load_from_memory()는 읽어 들인 이미지 데이터를 반환한다. 이 이미지 데이터(image_data)는 색상 정보가 픽셀의 수만큼 나열된 배열이다. 1픽셀당 바이트 수는 bytes_per_pixel에 설정된다. stb image 라이브러리 사양에서 bytes_per_pixel이 1 또는 2라면 그레이 스케일, 3 또는 4라면 풀 컬러다. 이 값을 참조해 바이트 열에서 픽셀의 색상을 계산하는 함수를 선택한 다음 get_color에 설정한다.

이 다음에는 윈도우를 열고 image_data의 내용을 1픽셀씩 렌더링하면 이미지를 표시할 수 있다. 간단하다. 마지막으로 WaitEvent()를 사용해 Ctrl-Q를 누르거나 닫기 버튼을 클릭할 때까지 기다린 후 윈도우를 닫고, 애플리케이션을 종료시킨다.

이미지 뷰어를 완성했으므로 몇 개의 이미지를 준비해서 실행시켜 보겠다. resource 디렉터리에 이미지를 세 개 추가했다. 후지산 사진 fujisan.jp, 도쿄역의 마루노우치 역사 tokyost.jpg, 야경 일러스트 night.bmp이다. 먼저 JPEG 이미지를 보려고 gview fujisan.jpg를 실행시켜봤다. 실행해보니 'failed to load image: unknown marker'라는 에러 메시지를 출력했으며 이미지를 표시할 수 없었다.

리스트 30.20 애플리케이션 스택을 늘린다(terminal.cpp)

```
const int stack_size = 16 * 4096;
LinearAddress4Level stack_frame_addr{0xffff'ffff'ffff'f000 - stack_size};
```

힘을 내서 해결책을 조사해본 결과 분명히 스택을 늘리면 잘 동작하는 것 같다. 리스트 30.20 같이 애플리케이션용 스택을 32KiB에서 64KiB로 늘렸다. 조금씩 애플리케이션용 스택이 커지고 있다. 작은 스택으로도 충분한 애플리케이션도 많지만, 스택을 가장 많이 소비하는 애플리케이션에 맞출 수밖에 없는 것이 현실이다. 가상 어드레스의 사용

방법을 조금 고민해보면 처음에는 스택을 조금만 확보해 두고, 부족하게 됐다면 늘리는 방법을 사용할 수 있다고 생각한다. 구체적으로는 스택 영역의 이웃으로 배치한 메모리 맵 파일을 위한 가상 어드레스 공간을 좀 더 떨어진 위치로 이동시켜두면 좋겠다. 가상 어드레스 공간은 매우 넓기 때문에 일부러 빽빽하게 채워 넣을 필요는 없다.

그림 30.6 이미지 뷰어로 세 개의 이미지를 표시했다.

실행한 결과를 그림 30.6에서 볼 수 있다. 괜찮은 느낌으로 이미지가 출력되고 있다. 완성이다!

31장

앞으로의 길

여기까지 읽어주셔서 감사하다. 긴 여정이었지만, 즐거운 여행이 됐다면 저자로서는 이 이상 없을 정도로 기쁠 것이다. 이 책에서 얻은 지식, 손을 움직여서 얻은 경험은 향후 분명 어딘가에서 도움이 될 것이다.

OS 자작에는 끝이 없다. 이 책에서 설명한 것은 OS 자작의 극히 일부분이다. 앞으로도 OS 제작을 계속하고 싶은 분을 위해 방향성을 몇 가지 제시하겠다. 물론 필자가 제시하는 방향성 이외의 방향으로 나아가도 상관없다. 어디까지나 막연하게 OS 제작을 계속하고 싶다고 생각하지만 구체적으로 무엇을 하면 좋을지를 모를 경우 참고가 되길 바라면서 쓴다.

먼저 솔직한 방향성으로 MikanOS를 수정하는 것을 들 수 있겠다. 예를 들어 지금은 터미널이 OS 본체에 들어 있지만 리눅스 등과 마찬가지로 애플리케이션으로 다시 만드는 것을 생각할 수 있다. 애플리케이션으로 터미널을 제작하려고 하면 앱이 다른 앱을 실행하는 기능이 필요하게 된다. 리눅스 등에 있는 fork나 exec 같은 시스템 콜로 제공되는 기능이다.

가상 메모리나 공유 메모리를 구현하는 것도 흥미 있을 거라 생각한다. 가상 메모리란 탑재된 물리 메모리 양을 초과하는 메모리를 애플리케이션에 제공하는 기능이다. 애플리케이션이 점점 메모리를 요구해서 물리 메모리가 고갈돼 버려도 가상 메모리 기능에 의해 애플리케이션의 메모리 요구에 대응할 수 있다. 구체적으로는 물리 메모리가 고갈됐다고 판단할 때 물리 메모리의 일부(사용빈도가 낮은 부분이 적당)를 스토리지(HDD나 SSD)에 기록해 물리 메모리에 여유 공간을 만들어낸다. 여유 공간을 페이징으로 애플리케이션의 가상 어드레스 공간에 매핑하면 애플리케이션은 아무 일도 없었던 것처럼 처리를 속행할 수 있다.

메모리 관리의 알고리즘을 개량하는 이야깃거리도 있다. MikanOS의 메모리 관리는 비트 맵 방식의 소박한 구현이므로 용량이 큰 메모리 요청일수록 할당과 해제에 시간이 걸리며, 빈 공간이 마치 벌레가 파먹은 듯한 상태가 되는 단편화 현상이 발생하는 등의 결점이 있다. 리눅스가 채용하는 버디 시스템이나 슬랩 할당자slab allocator 등의 고도화된 메모리 관리 알고리즘을 탑재하면 해결할 수 있을지도 모른다.

다음 방향으로 디바이스 드라이버의 확충이 있는데, 다양한 하드웨어에 대응하는 것이다. MikanOS 자체에 스토리지를 읽고 쓰는 기능은 없다. SATA나 NVMe 드라이버(읽고 있는 무렵에는 새로운 규격이 나왔을지도 모르겠다)를 작성하면 HDD나 SSD로 액세스할 수 있다.

MikanOS에 탑재된 USB 드라이버를 확장해 마우스나 키보드 이외의 USB 디바이스에 대응할 수 있는 것도 즐거울 거라 생각한다. USB 허브나 USB 메모리, 프린터, 웹 카메라, 네트워크 어댑터 등 USB로 연결할 수 있는 기기는 수없이 많다.

다른 방향으로 MikanOS의 확장과는 관계없는 분야로 손을 뻗어보는 것도 즐거울지 모르겠다. 리눅스 코드를 읽고 개조하거나 C 컴파일러를 자작, CPU를 자작하는 것 등등 저수준 계층에서의 즐거움은 상당히 많다. 필자는 2020년 후반부터 OS와 언어 처리 시스템을 전부 자작하는 OpeLa 프로젝트를 시작했다. 잘 진행될지는 모르겠지만 목표는 자작 OS로 자작 언어 처리 시스템을 이동시킨 다음 그 언어 처리 시스템을 사용해 OS 자체와 언어 처리 시스템을 빌드하는 것이다. 즉 OS와 언어 처리 시스템의 셀프 호스트[1]를 목표로 한다.

매년 여름에 '보안캠프 전국대회'라는 이벤트가 개최되고 있다.[2] 이 이벤트는 4박 5일 합숙 형식으로 정보 보안 분야의 최전선에서 활약하는 강사가 강의한다. 내용은 보안이나 프로그래밍에 관련한 것으로 최근 수년은 해커톤Hackathon 형식으로 자작 OS나 C 컴파일러, 자작 언어를 개발하는 세미나가 열렸다. 앞으로도 비슷한 강의가 있을지는 알 수 없지만 독자 여러분이 보안캠프 전국대회의 참가 가능 나이(22세 이하)라면 참가를 검토해보면 어떨까 싶다. 참가비, 숙박비, 교통비가 전액 지급되는 매우 유익한 이벤트이기 때문이다.

이 책의 서문에서 'OS의 제작방법'에 대해 이런 내용을 썼었다.

> "OS를 만드는 데는 요령이 있다. 그것은 처음부터 완벽히 만들려고 하지 않는 것이다. 처음부터 완벽을 목표로 하면 손이 멈춰버려서 전혀 앞으로 나아갈 수 없게 된다."

이 책의 내용은 꽤 어려웠다고 생각한다. 가능한 한 알기 쉽게 설명하려고 노력했지만 필자의 힘으로는 한계가 있다. 좀 더 잘 이해하기 위해서는 두 번, 세 번 읽어보기를 권

1 예를 들어 MINIX3라는 OS는 자신이 실행 중인 상태에서 OS의 기능을 수정하고 반영하는 것이 가능하다. – 옮긴이

2 2020년은 예외로 신형 코로나 바이러스의 영향으로 인해 2개월에 걸쳐 온라인으로 개최했다.

한다. 두 번째는 처음보다 현격하게 읽기 쉬울 것이다. 여유가 있다면 Intel SDM[3] 등도 함께 읽어보면 깊이 있는 지식을 얻을 수 있을 것으로 생각한다.

잘 이해가 되지 않거나 곤란한 상황에 처했을 때는 이 책의 지원 사이트나 osdev-jp가 좋은 상담창구가 될 것이다. 이 책의 내용에서는 알 수 없는 부분의 질문이나 발전적인 내용("이런 확장기능을 만들고 싶은데 어떻게 하면 될까요?" 등)도 괜찮다. 부담 없이 투고해주길 바란다. osdev-jp의 참가 방법은 '0.4 OS 자작의 즐거움'을 참조하면 된다.

3 「Intel 64 and IA-32 Architectures Software Developer' s Manual」, Intel Corporation(https://software.intel.com/en-us/articles/intel-sdm), 2019

부록

부록 A
개발환경의 인스톨

이 책에서 제작하는 MikanOS를 빌드하고 구동하는 개발환경을 갖추는 방법은 https://github.com/uchan-nos/mikanos-build[1]에 정리돼 있다. 리눅스 배포판의 하나인 우분투로 개발하는 것이 표준이지만 윈도우의 WSL(A.1을 참조)상에서 준비한 우분투를 사용해도 개발이 가능하다.

정리한 순서를 따르면 C++컴파일러로 Clang이, x86 어셈블러로 Nasm이 인스톨된다. 기타 다른 툴도 몇 개 인스톨된다. 그리고 부트로더 개발용으로 EDK II가 다운로드된다. 개발환경이 올바르게 인스톨됐다면 다음과 같은 파일 배치가 돼야 한다. 그렇게 구성돼 있지 않으면 인스톨이 실패한 것이다.

```
$HOME/
  edk2/
    MikanLoaderPkg                부트로더로의 심볼릭 링크
  osbook/
    day01/
      bin/hello.efi               바이너리 편집기판 Hello World 애플리케이션
      asm/hello.asm               어셈블러판 Hello World 애플리케이션
                                  (본문에서는 등장하지 않음)
      c/hello.c                   C 언어판  Hello World 애플리케이션
    devenv/
      run_qemu.sh                 작성한 UEFI 애플리케이션을 QEMU로 기동하는 스크립트
      buildenv.sh MikanOS         빌드용 환경 변수를 포함하는 파일
      x86_64-elf/ MikanOS         빌드용 라이브러리
```

A.01 WSL 인스톨

윈도우 PC를 사용하고 있고 우분투 환경이 없는 경우 WSL[2]이라는 기능을 사용해 우분

1 일본어로 돼 있으므로 이해하기 어려울 수 있다. 빌드 환경을 구축하는 데 어려움을 겪는다면 https://wikidocs.net/164069를 참고한다. – 옮긴이

2 Windows Subsystem for Linux. 윈도우상에서 리눅스 환경을 구축할 수 있다.

투를 이용할 수 있다. 집필시점 기준으로 WSL1과 WSL2가 있으며 MikanOS의 개발은 양쪽 모두에서 가능하다. WSL2 쪽이 새로운 기술인 점과 마이크로소프트가 WSL2를 권장하고 있으므로 특별한 이유가 없다면 WSL2를 사용하도록 한다.

https://aka.ms/wslinstall에 공식 설치방법이 있으므로 설명에 따라 인스톨한다. 다음은 WSL2의 인스톨 순서를 대략적으로 정리한 것이다.

1. PowerShell을 관리자로 열어서 실행한다.
2. PowerShell에서 dism.exe /online /enable-feature /featurename:Microsoft-Windows-Subsystem-Linux /all /norestart를 실행한다.
3. 윈도우 버전이 1903 이상, 또한 빌드 번호 18362 이상인 것을 확인한다.
4. PowerShell에서 dism.exe /online /enable-feature /featurename:VirtualMachinePlatform /all /norestart를 실행한다.
5. PC를 재부팅한다.
6. x64 머신용 WSL2 Linux 커널 갱신 프로그램 패키지를 인스톨한다.
7. PowerShell에서 `wsl --set-default-version 2`를 실행한다.
8. 마이크로소프트 스토어에서 우분투를 인스톨한다.
9. 시작 메뉴에서 우분투를 시작한다.
10. '`Installing, this may take a few minutes...`'라고 표시되므로 잠시 기다린다.
11. '`Enter new UNIX username`'이라고 물으면 선호하는 사용자 이름을 입력한다.
12. '`Enter new UNIX password`'라고 물으면 패스워드를 2회 입력한다.

순서 10에서 '에러 0×80070003' 또는 '에러 0×80370102'로 인스톨에 실패하는 경우가 있다. 이 에러가 발생한 경우 BIOS 설정에서 CPU의 가상화 기능이 활성화돼 있는지를 확인한다. 'Intel Virtualization Technology' 같은 항목을 찾고 활성화[Enable]로 설정한다. 이 설정의 이름과 위치는 기종에 따라 다르지만 CPU 관련 설정 페이지에 있을지 모른다.

이 책 내용의 동작확인에는 우분투 18.04를 사용하고 있으므로 우분투 버전은 18.04를 선택하는 것이 가장 안심이 되지만, 우분투 20.04에서도 괜찮을 것이다. 우분투는 2년마다 장기 지원 버전판이 배포되고 있으며 18.04는 2018년 4월판, 20.04는 2020년 4월판, 22.04는 2022년 4월판, 이런 식으로 배포된다. 우분투 22.04 이후는 이 책의 집필시점에서는 배포되지 않았으므로 동작확인을 할 수 없다. 동작확인이 검증되면 mikanos-build 리파지터리를 계속해서 갱신해 나갈 예정이다.

A.02 WSL에서 QEMU 사용 준비

WSL에서 QEMU를 사용하려면 윈도우 측에 X 서버를 인스톨해야 한다. 어쩌면 미래에는 이 단계가 불필요하게 될지도 모르겠다.

X 서버란 리눅스 등에서 GUI를 다루는 핵심적인 부품이다. 리눅스로 GUI(윈도우와 키보드 등을 중심으로 한 표시, 조작의 구조)를 다루는 데는 전통적으로 X Window System이라는 구조가 사용된다. 이 구조를 사용하면 GUI 애플리케이션이 동작하는 머신과 그 화면을 표시하는 머신을 별도로 분리하는 것이 가능하다. 즉 WSL의 우분투상에서 동작하는 애플리케이션의 화면을 윈도우 측의 X 서버로 전송하고, 그 X 서버에서 렌더링하는 것이 가능하다. WSL 그 자체에는 화면을 렌더링하는 기능이 없으므로 X Window System에 의한 화면전송과 렌더링 기능은 QEMU의 동작에 있어 필수다.

윈도우에서 지원하는 X 서버의 구현체는 VcXsrv, MobaXterm, Cygwin/X, Xming 등이 있다. 필자가 조사한 결과 현재 인기 있는(해설기사를 잘 보면) 구현체는 VcXsrv인 것 같다. 필자도 이 VcXsrv를 사용하고 있다.

VcXsrv를 설치하기 위해 공식사이트 https://sourceforge.net/projects/vcxsrv/에 접속해 Download 버튼을 눌러 최신판을 다운로드한다. 집필시점에서는 1.20.8.1이 최신판이었다. 다운로드를 완료하면 `vcxsrv-64.1.20.8.1.installer.exe` 같은 이름의 인스톨러가 저장돼 있다. 이 파일을 실행하면 된다.

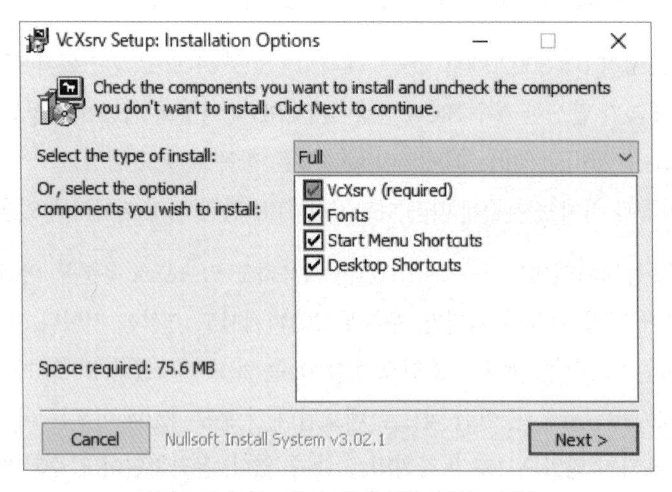

그림 A.01 VcXsrv의 인스톨 옵션을 선택하는 화면

인스톨러를 실행하면 그림 A.01 같은 화면이 표시된다. 인스톨하는 부품을 선택할 수 있는데 Full을 선택한 그대로라도 상관없다. Next를 클릭해서 다음으로 진행한다. 다음 화면에서는 인스톨 위치를 지정하는데 이것도 특별한 이유가 없다면 그대로 Install을 클릭한다. 클릭하면 인스톨이 진행되고 잠시 기다리면 설치가 완료된다.

VcXsrv
Uninstall VcXsrv
XLaunch

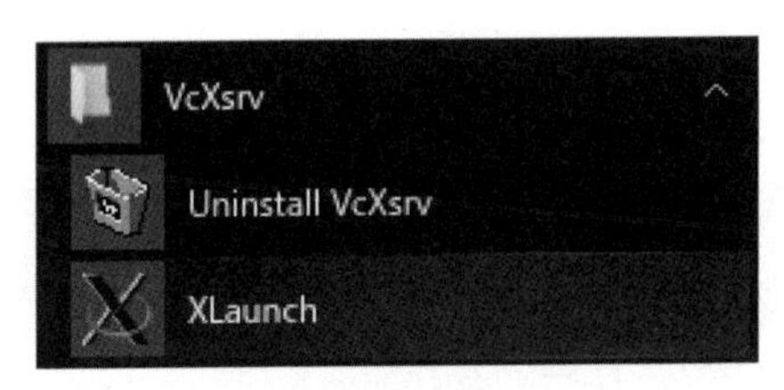

그림 A.02 시작 메뉴의 VcXsrv

인스톨을 완료하면 윈도우 시작 메뉴에 그림 A.02 같은 항목이 늘어나 있을 것이다. XLaunch를 클릭해 VcXsrv의 설정을 수행하는 보조 애플리케이션을 실행한다.

시작 후 최초 화면에서는 GUI 애플리케이션 화면을 어떻게 표시할지를 선택한다. 우선 Multiple windows를 선택해두면 좋다. '다음'을 클릭하면 클라이언트(GUI 애플리케이션)을 시작할지 여부를 묻는다. 우리는 이후에 QEMU를 실행할 것이므로 지금은 어떠한 애플리케이션도 실행시킬 필요가 없다. Start no client를 선택한다.

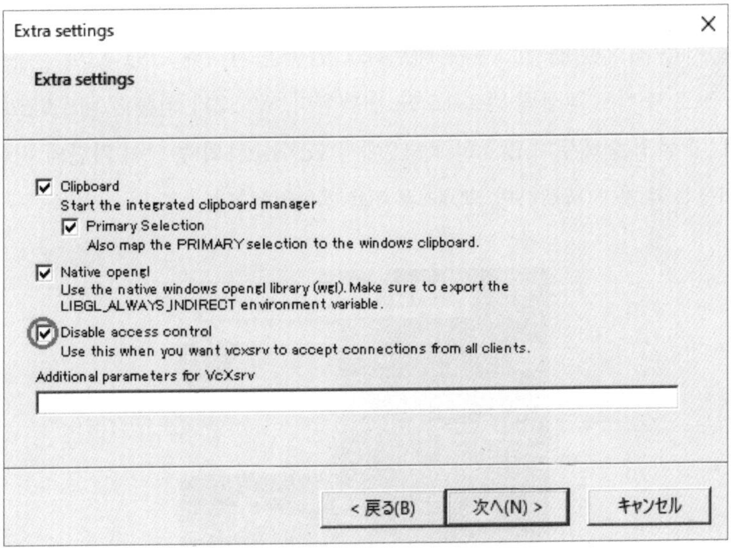

Extra settings
Extra settings
Clipboard
Start the integrated clipboard manager
Primary Selection
Also map the PRIMARY selection to the windows clipboard.
Native opengl
Use the native windows opengl library (wgl). Make sure to export the
LIBGL_ALWAYS_INDIRECT environment variable.
Disable access control
Use this when you want vcxsrv to accept connections from all clients.
Additional parameters for VcXsrv
< 戻る(B)
次へ(N) >
キャンセル

그림 A.03 VcXsrv의 액세스 컨트롤을 비활성화한다.

'**다음**'을 클릭하면 'Extra Settings'라는 화면이 나오는데 이 부분이 중요하다. 'Disable access control'을 체크한다(그림 A.03). 이 설정을 해두지 않으면 VcXsrv는 WSL상에서 동작하는 GUI 애플리케이션의 연결을 거부해 버린다. 이 설정을 했으면 '**다음**'을 클릭한다. 마침내 마지막 화면에서 "VcXsrv를 실행합니다."라는 영어 메시지가 나오면 '**완료**'를 클릭한다.

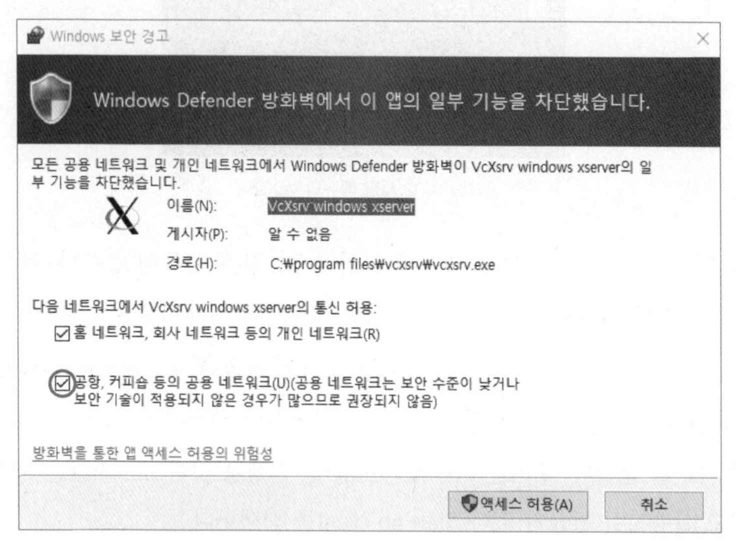

그림 A.04 퍼블릭 네트워크에서의 연결을 허락한다.

VcXsrv를 처음 시작할 때 윈도우가 네트워크 연결을 감지해 그림 A.04 같은 다이얼로그를 띄우므로 추가로 '**퍼블릭 네트워크**'도 선택한다. WSL2가 퍼블릭 네트워크로 인식되기 때문에 이 설정을 해두지 않으면 WSL2에서 VcXsrv로의 통신이 차단돼 버린다. 퍼블릭 네트워크를 추가 선택했다면 '**액세스를 허용**'을 클릭한다.

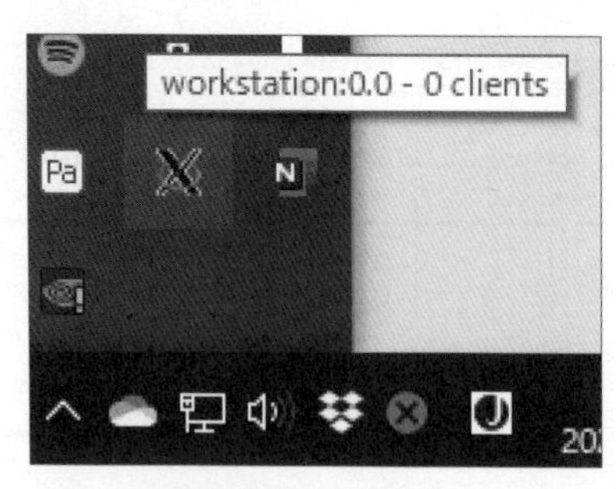

그림 A.05 태스크 바에 표시된 VcXsrv 아이콘

VcXsrv를 실행하면 태스크 바에 VcXsrv의 아이콘이 표시된다(그림 A.05). 아이콘에 마우스를 갖다 대면 'PC명:0.0 - 0 clients' 같은 표시가 나온다. 이 표시 중에서 ':0.0'이 중요하다. ':0.0'이 아닌 숫자로 돼 있는 경우는 뭔가 잘못된 것이다. 설정이 잘못됐거나 VcXsrv가 이미 실행 중에 있는 상황일지도 모르므로 다시 확인하자.

'Windows 보안관련 중요한 경고' 다이얼로그는 처음에만 나오는 다이얼로그다. 처음에 퍼블릭 네트워크로 추가하는 걸 잊은 경우는 방화벽 설정을 자신이 변경해야 한다. 방법은 몇 가지 있는데, 예를 들어 'Windows 방화벽에서 앱 허용'이라는 설정화면에서 'VcXsrv windows xserver' 항목을 찾아서 '퍼블릭'으로 체크하는 방법이 있다(그림 A.06).

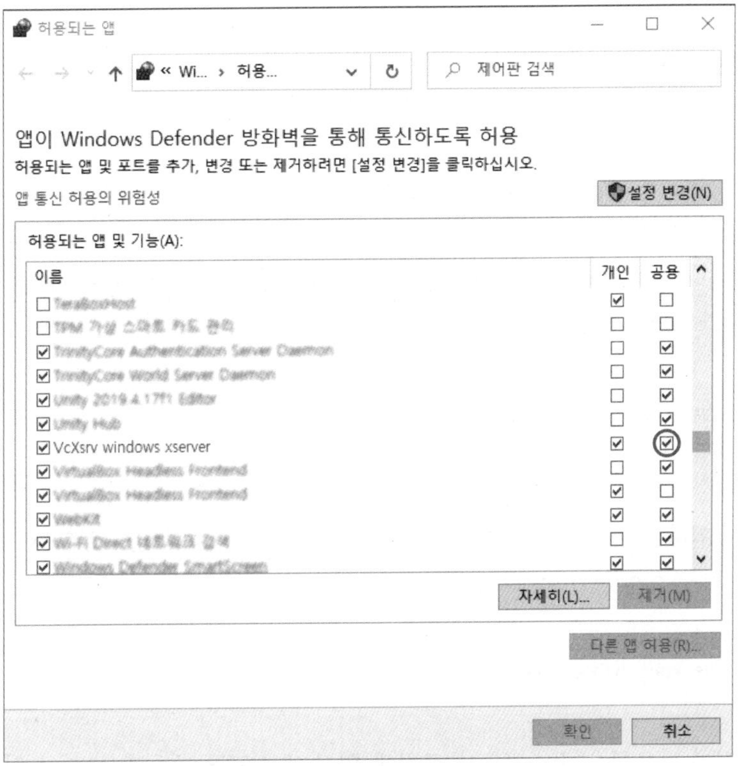

그림 A.06 VcXsrv에 퍼블릭 연결을 허용한다.

이 설정 화면은 윈도우 시작 메뉴의 검색박스에서 'Windows 방화벽에서 앱 허용'이라고 입력하면 찾을 수 있다.

부록 B
MikanOS의 입수

MikanOS를 빌드하려면 개발환경 이외에 MikanOS 그 자체의 소스코드도 필요한데, https://github.com/uchan-nos/mikanos에서 구할 수 있다. 개발환경과는 달리 MikanOS의 소스코드는 어디에 배치해도 괜찮다. 예를 들어 $HOME/workspace/mikanos에 배치하는 커맨드 예를 살펴보자.

```
$ mkdir $HOME/workspace
$ cd $HOME/workspace
$ git clone https://github.com/uchan-nos/mikanos.git
```

MikanOS 소스코드에는 이 책에서 소개한 각 시점에 대한 버전의 태그가 붙어 있다. 태그는 `osbook_dayXX` 라는 이름으로 돼 있다. 시험 삼아 태그 리스트를 한 번 확인해보자. Git 명령을 사용하려면 대상 디렉터리로 이동해야 하므로 우선 `cd $HOME/workspace/mikanos`를 입력한 다음 git tag -l을 실행한다.

```
$ cd $HOME/workspace/mikanos
$ git tag -l
```

이 중에서 원하는 시점의 소스코드를 얻을 수 있다. 예를 들어 '26.1 표준입력(osbook_day26a)'의 내용을 얻기 위해서 다음 명령을 실행한다.

```
$ git checkout osbook_day26a
```

만약 이전에 다운받은 소스코드가 로컬에 있고 소스코드 내용에 변경이 있다면 `git checkout` 명령은 'error: Your local changes to the following files would be over written by checkout'이라는 메시지를 내고 실패한다. 체크아웃 조작에 의해 파일에 추가한 변경이 덮여 씌워져 없어져 버린다.

만약 변경된 부분을 모두 파기해도 괜찮다면 다음 명령을 입력해 일단은 체크아웃을 할 수 있다. 변경사항을 영구히 잃어버리게 되므로 주의하자.

```
$ git reset --hard
```

변경한 부분을 보존하고 싶은 경우에는 커밋 작업을 해야 한다. Git의 자세한 사용방법은 다른 서적을 참조하길 바란다.

B.01 MikanOS의 버전 간 차이 확인

Git의 기능을 사용하면 두 버전 간의 완전한 차이를 확인할 수 있다. 본문에 게재한 소스코드 조각만으로는 완전한 차이를 확인하기는 어렵기 때문에 소스코드를 사경하는 경우처럼 완전한 차이를 알 필요가 있을 때는 이 방법을 사용한다. 예를 들어 다음 코드는 day26a과 day26b의 차이를 확인하는 명령과 그 실행결과를 보여준다.

```
$ cd $HOME/workspace/mikanos
$ git diff osbook_day26a osbook_day26b
diff --git a/kernel/terminal.cpp b/kernel/terminal.cpp
index 9ea0702c..ba04343b 100644
--- a/kernel/terminal.cpp
+++ b/kernel/terminal.cpp
@@ -11,6 +11,7 @@
 #include "memory_manager.hpp"
 #include "paging.hpp"
 #include "timer.hpp"
+#include "keyboard.hpp"

namespace {

@@ -728,11 +729,22 @@ size_t TerminalFileDescriptor::Read(void* buf, size_t
len) {
     }
     __asm__("sti");

-    if (msg->type == Message::kKeyPush && msg->arg.keyboard.press) {
-      bufc[0] = msg->arg.keyboard.ascii;
-      term_.Print(bufc, 1);
-      return 1;
```

```
+     if (msg->type != Message::kKeyPush || !msg->arg.keyboard.press) {
+       continue;
      }
+     if (msg->arg.keyboard.modifier & (kLControlBitMask | kRControlBitMask)) {
+       char s[3] = "^ ";
+       s[1] = toupper(msg->arg.keyboard.ascii);
+       term_.Print(s);
+       if (msg->arg.keyboard.keycode == 7 /* D */) {
+         return 0; // EOT
+       }
+       continue;
+     }
+
+     bufc[0] = msg->arg.keyboard.ascii;
+     term_.Print(bufc, 1);
+     return 1;
    }
  }
```

선두에 있는 +는 추가된 줄을, -는 삭제된 줄을 나타낸다. 각각 계산해보면 4행을 삭제하고 16행을 추가하면 day26a에서 day26b로 변경된다는 사실을 알 수 있다. 비슷하게 절차를 밟으면 day26a와 day26b 같은 인접한 두 버전 간의 차이뿐만 아니라 임의의 두 지점간 차이를 확인하는 것도 가능하다.

B.02 소스코드 검색

MikanOS 소스코드 내부를 검색하는 데 있어서는 `git grep` 명령이 매우 편리하다. 예를 들어 KernelMain이란 문자열을 검색하려면 다음과 같이 하면 된다.

```
$ git grep KernelMain
kernel/Makefile:LDFLAGS += --entry KernelMain -z norelro --image-base 0x100000
--static
kernel/asmfunc.asm:extern KernelMainNewStack
......
```

이 같은 느낌으로 지정한 문자열을 포함한 행과 그 파일명이 모두 표시된다. 일반 `grep`의 문법과 동일하게 정규 표현도 사용 가능하다.

부록 C
EDK II의 파일 설명

소스코드 이외에 최소한 필요한 파일은 패키지 선언 파일(.dec), 패키지 설명 파일(.dsc), 모듈 정보 파일(.inf) 3개다. 샘플 파일에서 일부를 인용해서 설명한다.

리스트 C.1 MikanLoaderPkg.dec

```
[Defines]
  DEC_SPECIFICATION              = 0x00010005
  PACKAGE_NAME                   = MikanLoaderPkg
  PACKAGE_GUID                   = 452eae8e-71e9-11e8-a243-df3f1ffdebe1
  PACKAGE_VERSION                = 0.1
```

먼저 패키지 선언 파일을 살펴보자(리스트 C.1). 이 파일은 패키지의 이름을 결정하는 것이 주목적이며 설정 항목이 매우 적다. PACKAGE_NAME만 제대로 됐다면 그 밖의 항목은 앞의 값을 그대로 사용해도 우선은 괜찮다. 이 패키지를 널리 공개하거나 EDK II로 포함시키고 싶다면 이 설정 값은 주의를 기울일 필요가 있다(이 책의 범위를 벗어나므로 각 설정 항목의 의미에 대해서는 설명하지 않는다).

다음으로 패키지 설명 파일을 살펴본다. 패키지 설명 파일의 사양은 'EDK II Platform Description (DSC) File Specification'[1]에 상세하게 쓰여 있다. 이 파일은 선언 파일에 비해 압도적으로 내용이 풍부하고 살펴봐야 되는 부분이 많다. 순서대로 살펴보겠다. 우선 기본 정보를 설정하는 Defines 섹션부터 시작한다.

리스트 C.2 MikanLoaderPkg.dsc의 Defines 섹션

```
[Defines]
  PLATFORM_NAME                  = MikanLoaderPkg
  PLATFORM_GUID                  = d3f11f4e-71e9-11e8-a7e1-33fd4f7d5a3e
  PLATFORM_VERSION               = 0.1
```

1 「EDK II Platform Description (DSC) File Specification」, Intel Corporation(https://edk2-docs.gitbook.io/edk-ii-dsc-specification/), 2017

```
DSC_SPECIFICATION              = 0x00010005
OUTPUT_DIRECTORY               = Build/MikanLoader$(ARCH)
SUPPORTED_ARCHITECTURES        = X64
BUILD_TARGETS                  = DEBUG|RELEASE|NOOPT
```

리스트 C.2에 Defines 섹션을 정리했다. 이 중에서 중요한 항목은 SUPPORTED_ARCHITECTURES와 OUTPUT_DIRECTORY이다. 기타 설정 항목은 별로 중요하지 않기 때문에 설명하지 않는다.

SUPPORTED_ARCHITECTURES에는 이 UEFI 애플리케이션이 대상으로 하는 아키텍처를 지정한다. 이 책에서는 Intel 64용 OS를 제작하기 때문에 여기서는 X64로 지정한다. 다른 값으로 IA32나 ARM 등을 지정하는 것도 가능하다.

OUTPUT_DIRECTORY에는 빌드한 파일(.efi 파일)이 출력되는 디렉터리를 지정한다. $(ARCH) 부분은 변수이며 실제로 빌드된 아키텍처 이름(Intel 64용으로 빌드한 경우는 X64)이 들어간다. 이후 실제로 빌드해볼 테니 그때 확인해보자.

리스트 C.3 MikanLoaderPkg.dsc의 LibraryClasses 섹션 일부

```
[LibraryClasses]
  UefiApplicationEntryPoint|MdePkg/Library/UefiApplicationEntryPoint/
UefiApplicationEntryPoint.inf
  UefiLib|MdePkg/Library/UefiLib/UefiLib.inf
```

이제 LibraryClasses 섹션(리스트 C.3)을 살펴보자. 이 섹션에서는 UEFI 애플리케이션을 작성하는데 필요한 라이브러리의 이름과 실제 파일의 대응을 설정한다. 다음과 같이 한 줄에 하나의 대응을 정의한다.

라이브러리 이름 | 라이브러리 모듈 정보 파일의 경로

인용한 두 줄을 보면 UefiApplicationEntryPoint와 UefiLib란 두 개의 라이브러리를 정의하고 있는 것을 알 수 있다. 이들 라이브러리명은 이후 설명하는 모듈정보 파일의 LibraryClasses 섹션의 설정에서 사용한다.

리스트 C.4 MikanLoaderPkg.dsc의 Components 섹션 일부

```
[Components]
  MikanLoaderPkg/Loader.inf
```

다음으로 Components 섹션(리스트 C.4)을 보겠다. 이 섹션에서는 패키지를 구성하는 컴포넌트[2]를 지정한다. 패키지를 빌드할 때 여기서 지정한 컴포넌트가 빌드 대상이 된다. 예를 들어 EDK II AppPkg에는 Hello나 Main, Lua 같은 여러 구성 요소가 포함돼 있지만 Components 섹션에서 지정하지 않은 컴포넌트는 빌드되지 않는다.

리스트 C.5 Loader.inf

```
[Defines]
  INF_VERSION          = 0x00010006
  BASE_NAME            = Loader
  FILE_GUID            = c9d0d202-71e9-11e8-9e52-cfbfd0063fbf
  MODULE_TYPE          = UEFI_APPLICATION
  VERSION_STRING       = 0.1
  ENTRY_POINT          = UefiMain

# VALID_ARCHITECTURES  = X64

[Sources]
  Main.c

[Packages]
 MdePkg/MdePkg.dec

[LibraryClasses]
  UefiLib
  UefiApplicationEntryPoint

[Guids]

[Protocols]
```

2 '컴포넌트'는 일련의 프로그램 부품을 의미한다. 패키지는 하나 이상의 구성요소로 구성된다.

패키지 설명 파일은 대략적으로 설명했으니 다음으로 모듈 정보 파일을 살펴보본다(리스트 C.5). 모듈 정보 파일의 스펙은 'EDK II Module Information (INF) File Specification'[3]에서 확인할 수 있다. 하나의 패키지는 여러 모듈을 포함할 수 있다. 패키지 설명 파일은 패키지당 하나씩, 모듈 정보 파일은 모듈마다 하나씩 작성한다.

먼저 Defines 섹션에서 중요한 항목은 BASE_NAME과 ENTRY_POINT이다. BASE_NAME에는 컴포넌트 이름을 써두면 되기 때문에 간단하다.

ENTRY_POINT에는 이 UEFI 애플리케이션 엔트리 포인트 이름을 쓴다. 엔트리 포인트에 대한 자세한 내용은 '2.2 EDK II로 HelloWorld'를 참조하자.

Sources 섹션에는 이 UEFI 애플리케이션을 구성하는 소스코드를 한 줄에 하나의 파일로 열거한다.

Packages 섹션은 필자는 자세히는 모르겠지만 이 모듈을 빌드하는데 필요한 패키지를 나열하면 될 것 같다는 생각이 든다. 어쨌든 이전 설정 값으로도 잘 동작하기 때문에 더 자세히 파고들지는 않겠다.

LibraryClasses 섹션에서는 이 UEFI 애플리케이션이 의존하는 라이브러리를 지정한다. 여기서 지정하는 라이브러리명은 패키지 설명 파일의 LibraryClasses 섹션에서 정의한 이름이다.

3 「EDK II Module Information (INF) File Specification」, Intel Corporation(https://edk2-docs.gitbook.io/edk-ii-inf-specification/), 2017

부록 D
C++ 템플릿

템플릿은 타입을 추상화하는 기능이다. C++ 프로그램에서는 보통 int나 PixelColor 등의 타입을 구체적으로 지정해야 할 필요가 있지만, 템플릿을 사용하면 '어떠한 타입'이라도 공통 구현에 쓸 수 있다. 예를 들어 표준 라이브러리 std::vector는 템플릿으로 구현됐으며, 다양한 타입을 요소로 하는 동적 배열을 제공하고 있다. 요소의 추가, 삭제나 검색, 정렬 등 동적 배열의 각각의 기능은 요소의 타입이 int이거나 double 또는 사용자 정의 구조체일지라도, 그러한 타입에 의존하지 않고 구현할 수 있다. 이 같은 기능은 템플릿으로 구현하는 것이 딱 맞다.

리스트 D.1 2차원 벡터 Vector2D(graphics.hpp)

```
template <typename T>
struct Vector2D {
  T x, y;

  template <typename U>
  Vector2D<T>& operator +=(const Vector2D<U>& rhs) {
    x += rhs.x;
    y += rhs.y;
    return *this;
  }
};
```

리스트 D.1은 6장에서 처음 등장한 Vector2D의 정의를 보여준다. 첫 번째 줄의 template <typename T>가 템플릿 표시다. 이 줄에서 이어지는 구조체 정의에서는 T를 타입으로 사용할 수 있다. 이 T를 템플릿 인수라고 한다.

Vector2D처럼 구조체 정의가 템플릿이 된 것을 특히 구조체 템플릿이라고 부른다. 이 외에도 함수 템플릿과 변수 템플릿이 있지만 여기서는 설명하지 않는다.

컴파일러는 구조체 템플릿의 사용을 인지하면 구조체 정의를 실체화한다. 템플릿 인스턴스화template instantiation는 구조체 정의 내부의 템플릿 파라미터 T를 구체적인 타입으로 변환하는 것을 뜻한다. FillRectangle()의 파라미터로 Vector2D<int>를 쓰고 있기 때문에 컴파일러는 T를 int로 바꾼 구조체 정의를 생성한다. 만약 Vector2D<double>이란 타입을 쓰고 있는 코드가 있다면 컴파일러는 T를 double로 실체화한 버전의 구조체 정의도 생성한다.

템플릿을 사용하면 구체적인 타입에 얽매이지 않고 범용적인 구조체를 정의할 수 있다. Vector2D<int>를 사용하면 정수로 좌표를 나타낼 수 있고, Vector2D<double>로 표현하면 X, Y 좌표를 소수로도 표현할 수 있다. "2차원 벡터는 x, y라는 두 개의 멤버 변수를 가지며 a+=b 같은 형태로 가산할 수 있다."는 특성은 T의 구체적인 타입을 모른다 하더라도 변하지 않는 특성이기 때문이다. 템플릿을 사용하면 이러한 특성을 아주 잘 표현할 수 있다.

부록 E
iPXE

iPXE는 네트워크를 경유해 OS를 구동하기 위한 소프트웨어다. 개발용 PC로부터 테스트용 PC에 네트워크 경유로 OS(부트로더와 커널)을 복사해 테스트용 PC상에서 구동시킬 수 있다. USB 메모리에 OS를 복사한 다음 빼고 꽂는 번거로움을 줄이기 위해 필자는 개발에 활용하고 있다. iPXE의 공식 페이지는 https://ipxe.org/이다.

iPXE를 사용해 OS를 구동하려면 크게 두 가지의 준비작업이 필요한데 순서대로 설명한다.

- iPXE가 설치된 USB 메모리를 준비하고 테스트 PC에 꽂는다.
- 개발용 PC에서 HTTP 서버를 실행한다.

E.01 iPXE의 빌드와 인스톨

iPXE를 빌드하기 위해 필요한 툴을 준비한다. APT 명령으로 모두 갖출 수 있기 때문에 간단하다.

```
$ sudo apt install build-essential binutils-dev zlib1g-dev libiberty-dev
liblzma-dev
```

iPXE의 소스코드를 다운받는다.

```
$ git clone https://github.com/ipxe/ipxe.git
```

iPXE의 시작 스크립트 `load.cfg`를 준비한다. 이 스크립트 없이 iPXE를 사용하는 것도 가능하지만 매번 iPXE 명령을 손으로 입력해야 하는데 번거롭다. 시작 스크립트는 ipxe/src/load.cfg란 이름으로 저장한다.

```
#!ipxe

#dhcp
set net0/ip 192.168.0.199
set net0/netmask 255.255.255.0
ifopen net0

prompt Press any key to load the kernel

kernel http://<개발용 PC의 IP 어드레스>:8000/EFI/BOOT/BOOTX64.EFI
initrd http://<개발용 PC의 IP 어드레스>:8000/fat_disk
initrd http://<개발용 PC의 IP 어드레스>:8000/kernel.elf /kernel.elf mode=755

boot
```

이 시작 스크립트의 전반부에는 네트워크를 설정한다. `192.168.0.199`는 테스트용 PC에 할당하는 IP 어드레스로, DHCP를 회피해서 구동속도를 고속화하기 위해 정적으로 IP 어드레스를 설정한다.

실제 IP 어드레스는 자신의 네트워크 환경에 대응해서 변경한다. LAN에 연결된 다른 장치의 IP 어드레스와는 다른 주소를 사용하자. 잘 모르겠다면 DHCP 모드로 전환해도 상관없다. `#dhcp`의 코멘트를 제거하고 이어지는 세 줄(`set`의 두 줄과 `ifopen`의 한 줄)을 코멘트 처리하면 DHCP 모드가 된다.

〈개발용 PC의 IP 어드레스〉에는 개발 머신에 할당된 IP 주소를 쓴다. IP 주소를 확인하기 위해 개발용 컴퓨터에서 `ip a` 명령을 실행한다. 표시된 결과에 있는 `inet a.b.c.d`란 행이 후보가 되는 IP 어드레스다. 여러 IP 어드레스가 표시되지만 그중에서 `inet 192.168.x.y`로 된 행이 있다면 그 어드레스가 올바른 주소일 가능성이 높다.

스크립트 후반부에서는 HTTP를 사용해 세 개의 파일을 다운로드한다. 커널과 initrd 파일을 다운로드하기 위한 iPXE 명령이다. kernel 명령은 다운로드하는 파일을 구동대상으로 지정한다. kernel이란 이름은 어디까지나 최초에 구동하는 파일을 지정하는 명령이기 때문에 kernel.elf가 아니라 BOOTX64.EFI를 지정한다.

시작 스크립트를 준비했다면 이제 iPXE를 빌드한다.

```
$ cd ipxe/src
$ make bin-x86_64-efi/ipxe.efi EMBED=./load.cfg
```

이 명령을 순서대로 실행하면 bin-x86_64-efi/ipxe.efi라는 파일이 생성된다. EMBED=./load.cfg라는 지정에 의해 시작 스크립트를 내부에 포함시킨다. 이제 이 파일을 USB 메모리에 인스톨한다. 인스톨이라고는 하지만 /EFI/BOOT/BOOTX64.EFI로 복사하는 것 뿐이다.

복사는 어떻게 하든지 괜찮은데, 예를 하나 소개하겠다.

```
$ sudo mount /dev/sdb1 /mnt/usbmem
$ sudo cp bin-x86_64-efi/ipxe.efi /mnt/usbmem/EFI/BOOT/BOOTX64.EFI
$ sudo umount /mnt/usbmem
```

이 USB 메모리를 테스트용 PC에 꽂는다.

E.02 HTTP 서버의 구동

시작 스크립트는 http://<개발용 PC의 IP 어드레스>:8000/...에서 파일 다운로드를 시도한다. 그러므로 개발 컴퓨터의 8000 포트에 HTTP 서버를 설치해야 한다. 어떤 것을 사용해도 상관없지만 우분투를 사용하고 있다면 가장 쉬운 방법은 파이썬Python을 활용하는 것이라고 생각하므로 소개하겠다.

먼저 3개의 파일이 어딘가의 디렉터리(여기서는 ipxe_root)를 기준으로 ipxe_root/EFI/BOOT/BOOTX64.EFI, ipxe_root/fat_disk, ipxe_root/kernel.elf로 보이도록 배치한다. 심볼릭 링크를 사용하면 쉽게 해결할 수 있다.

```
$ cd $HOME/workspace/mikanos
$ mkdir -p ipxe_root/EFI/BOOT
$ cd ipxe_root
$ ln -s $HOME/edk2/Build/MikanLoaderX64/DEBUG_CLANG38/X64/Loader.efi ./EFI/
BOOT/BOOTX64.EFI
$ ln -s ../disk.img ./fat_disk
$ ln -s ../kernel/kernel.elf ./kernel.elf
```

파일 배치가 끝났다면 파이썬으로 HTTP 서버를 시작한다.

```
$ python3 -m http.server 8000
```

HTTP 서버가 시작된 것을 확인하려면 curl 명령이 편리하다. -I 옵션을 사용하면 파일을 다운로드하지는 않지만 파일이 존재하는지 확인할 수 있다.

```
$ curl -I http://localhost:8000/kernel.elf
HTTP/1.0 200 OK
Server: SimpleHTTP/0.6 Python/3.6.9
Date: Wed, 02 Dec 2020 07:37:19 GMT
Content-type: application/octet-stream
Content-Length: 4451856
Last-Modified: Tue, 01 Dec 2020 03:08:37 GMT
```

이와 같이 curl -I의 결과가 200 OK로 나온다면 HTTP 서버는 정상적으로 실행되고 있는 것이다.

E.03 네트워크 구동 실전

iPXE를 복사한 USB 메모리와 개발용 PC상의 HTTP 서버의 준비가 됐다면 이제 네트워크 구동을 할 수 있다. 테스트 PC에 USB 메모리를 꽂고 전원을 켠다. BIOS 설정 화면에 들어간 다음 iPXE가 들어있는 USB 메모리에서 부팅할 수 있게 조정한다. 대부분의 기종에서는 Delete 키나 F2 키를 연타하면 BIOS 설정 화면이 나올 것이다.

iPXE에 아무런 설정을 하지 않은 채로 빌드하면 불필요한 기능이 내장돼 iPXE 기동 시의 초기화 시간이 늘어질 수 있는 빌미를 제공한다. 필자의 경험으로는 'iPXE initialising devices...'라는 메시지가 나온 상태에서 수십 초의 시간이 걸리는 기종도 있었다.

그런 경우가 있다면 ipxe/src/config/general.h에서 빌드 옵션을 조정하면 개선할 수 있는 여지가 있다. 필자가 시험한 기종에서는 다음에 나오는 무선 LAN 관련 옵션의 #define을 #undef로 바꿨더니 매우 고속화됐다.

```
#undef CRYPTO_80211_WEP
#undef CRYPTO_80211_WPA
#undef CRYPTO_80211_WPA2
```

해당 기종에는 무선 LAN 인터페이스가 없기 때문에 iPXE가 무선 LAN 관련 기능을 초기화하려다 타임아웃할 가능성이 있다.

부록 F

ASCII 코드표

표 F.1 ASCII 코드(제어문자)

문자	10진수	16진수	이스케이프 시퀀스
NUL (null character)	0	0x00	\0
SOH (start of header)	1	0x01	
STX (start of text)	2	0x02	
ETX (end of text)	3	0x03	
EOT (end of transmission)	4	0x04	
ENQ (enquiry)	5	0x05	
ACK (acknowledge)	6	0x06	
BEL (bell)	7	0x07	\a
BS (backspace)	8	0x08	\b
HT (horizontal tab)	9	0x09	\t
LF (line feed)	10	0x0a	\n
VT (vertical tab)	11	0x0b	\v
FF (form feed)	12	0x0c	\f
CR (carriage return)	13	0x0d	\r
SO (shift out)	14	0x0e	
SI (shift in)	15	0x0f	
DLE (data link escape)	16	0x10	
DC1 (device control 1)	17	0x11	
DC2 (device control 2)	18	0x12	
DC3 (device control 3)	19	0x13	
DC4 (device control 4)	20	0x14	
NAK (negative acknowledge)	21	0x15	
SYN (synchronous idle)	22	0x16	

문자	10진수	16진수	이스케이프 시퀀스
ETB (end of transmission block)	23	0x17	
CAN (cancel)	24	0x18	
EM (end of medium)	25	0x19	
SUB (substitute)	26	0x1a	
ESC (escape)	27	0x1b	
FS (file separator)	28	0x1c	
GS (group separator)	29	0x1d	
RS (record separator)	30	0x1e	
US (unit separator)	31	0x1f	
DEL (delete)	127	0x7f	

표 F.1은 ASCII 코드 중 제어문자 부분이다. 제어문자란 일반적으로 화면에 표시되지 않고 문서의 표시 제어 등에 사용한다. 비인쇄 코드non-printable character로 부르기도 한다. 예를 들어 줄바꿈을 나타내는 문자(LF나 CR), 탭 문자(HT나 VT)는 제어문자다. 또한 일반적인 문서에서는 사용되지 않지만 데이터의 단락을 표시하는 문자(SOH나 FS 등)도 규정돼 있다.

ASCII 코드는 가장 대표적인 문자 코드라고 말할 수 있다. 문자를 다루는 소프트웨어 대다수가 ASCII 코드에 대응하고 있다. 우리가 보통 프로그램을 작성할 때는 의식하지 않지만 ASCII 코드를 사용하고 있는 것이다. 최근 자주 사용하게 된 UTF-8 문자 코드는 0x00 ~ 0x7f 범위에서 ASCII 코드와 호환성이 있다. 그 범위 안의 문자만 사용해서 작성해 UTF-8로 인코딩된 문서는 ASCII 코드로 인코딩된 문서와 동일하다.

표 F.2 ASCII 코드(도형문자 0x20 ~ 0x3f)

문자	10진수	16진수	문자	10진수	16진수
공백 (' ')	32	0x20	0	48	0x30
!	33	0x21	1	49	0x31
"	34	0x22	2	50	0x32
#	35	0x23	3	51	0x33

문자	10진수	16진수
$	36	0x24
%	37	0x25
&	38	0x26
' ('\'')	39	0x27
(	40	0x28
)	41	0x29
*	42	0x2a
+	43	0x2b
,	44	0x2c
–	45	0x2d
.	46	0x2e
/	47	0x2f

문자	10진수	16진수
4	52	0x34
5	53	0x35
6	54	0x36
7	55	0x37
8	56	0x38
9	57	0x39
:	58	0x3a
;	59	0x3b
<	60	0x3c
=	61	0x3d
>	62	0x3e
?	63	0x3f

표 F.2와 표 F.3은 도형문자다. 제어문자는 화면에 표시되는 것을 의도하지 않는 반면 도형문자 (0x20 ~ 0x7e)는 화면에 표시하기 위한 문자다. 그 때문에 도형문자를 인쇄 가능 코드printable character로 부르기도 한다.

탭(HT)이나 줄바꿈(LF)이 비인쇄 코드인데 공백이 인쇄 가능 코드인 것은 어떻게 된 것이냐고 생각할지도 모르겠다. 필자의 상상이지만 탭은 화면에 표시할 때는 공백문자로 변환돼버려 탭 그 자체는 표시되지 않는 게 이유가 아닐까 생각한다. 줄바꿈도 다음 행으로 이동하는 효과가 있을 뿐 줄바꿈 문자 형태가 있는 것이 아니다. 다만 지금 설명한 분류는 경우에 따라 다르다. 예를 들어 파이썬이라는 프로그래밍 언어에서 제공되는 정의 string.printable에는 공백문자 이외에 더해 HT, LF, VT, FF, CR가 포함된다.

표 F.3 ASCII 코드(도형문자 0x40 ~ 0x7e)

문자	10진수	16진수
@	64	0x40
A	65	0x41
B	66	0x42

문자	10진수	16진수
`	95	0x60
a	97	0x61
b	98	0x62

문자	10진수	16진수
C	67	0x43
D	68	0x44
E	69	0x45
F	70	0x46
G	71	0x47
H	72	0x48
I	73	0x49
J	74	0x4a
K	75	0x4b
L	76	0x4c
M	77	0x4d
N	78	0x4e
O	79	0x4f
P	80	0x50
Q	81	0x51
R	82	0x52
S	83	0x53
T	84	0x54
U	85	0x55
V	86	0x56
W	87	0x57
X	88	0x58
Y	89	0x59
Z	90	0x5a
[	91	0x5b
\('\\')	92	0x5c
]	93	0x5d
^	94	0x5e
_	95	0x5f

<table>
<tr><th>문자</th><th>10진수</th><th>16진수</th></tr>
<tr><td>c</td><td>99</td><td>0x63</td></tr>
<tr><td>d</td><td>100</td><td>0x64</td></tr>
<tr><td>e</td><td>101</td><td>0x65</td></tr>
<tr><td>f</td><td>102</td><td>0x66</td></tr>
<tr><td>g</td><td>103</td><td>0x67</td></tr>
<tr><td>h</td><td>104</td><td>0x68</td></tr>
<tr><td>i</td><td>105</td><td>0x69</td></tr>
<tr><td>j</td><td>106</td><td>0x6a</td></tr>
<tr><td>k</td><td>107</td><td>0x6b</td></tr>
<tr><td>l</td><td>108</td><td>0x6c</td></tr>
<tr><td>m</td><td>109</td><td>0x6d</td></tr>
<tr><td>n</td><td>110</td><td>0x6e</td></tr>
<tr><td>o</td><td>111</td><td>0x6f</td></tr>
<tr><td>p</td><td>112</td><td>0x70</td></tr>
<tr><td>q</td><td>113</td><td>0x71</td></tr>
<tr><td>r</td><td>114</td><td>0x72</td></tr>
<tr><td>s</td><td>115</td><td>0x73</td></tr>
<tr><td>t</td><td>116</td><td>0x74</td></tr>
<tr><td>u</td><td>117</td><td>0x75</td></tr>
<tr><td>v</td><td>118</td><td>0x76</td></tr>
<tr><td>w</td><td>119</td><td>0x77</td></tr>
<tr><td>x</td><td>120</td><td>0x78</td></tr>
<tr><td>y</td><td>121</td><td>0x79</td></tr>
<tr><td>z</td><td>122</td><td>0x7a</td></tr>
<tr><td>{</td><td>123</td><td>0x7b</td></tr>
<tr><td>|</td><td>124</td><td>0x7c</td></tr>
<tr><td>}</td><td>125</td><td>0x7d</td></tr>
<tr><td>~</td><td>126</td><td>0x7e</td></tr>
</table>

표 F.3의 좌우를 비교해보자. 왼쪽의 알파벳은 대문자로, 오른쪽에는 같은 알파벳의 소문자가 실려 있다. 실제 ASCII 코드에서는 대문자에 0x20을 더하면 소문자가 된다. 이 사실을 사용하면 예를 들어 대문자와 소문자가 섞여 있는 문자열을 모두 대문자로 변환하는 프로그램은 다음과 같이 작성할 수 있다.

```
#include <iostream>

void ToUpper(char* s) {
  while (*s) {
    if ('a' <= *s && *s <= 'z') {
      *s -= 0x20;
    }
    ++s;
  }
}

int main() {
  char greet[] = "Hello, world!";
  std::cout << greet << std::endl;
  ToUpper(greet);
  std::cout << greet << std::endl;
}
```

실제 프로그램에서는 표준 라이브러리 〈cctype〉에 정의된 `std::toupper`나 `std::tolower`를 사용하기를 권장한다. 왜냐하면 언급한 함수를 사용하면 프로그램의 실행환경이 ASCII 이외의 문자코드를 사용하고 있다고 해도 대응할 수 있기 때문이다. 예를 들어 러시아에서 사용하는 프로그램에서는 키릴 문자가 입력될지도 모른다. 그런 경우에는 ASCII 코드를 전제로 하는 대문자 소문자 변환 방법은 사용할 수 없다. ASCII 코드만 사용하자고 약속했다면 앞의 프로그램도 문제없이 동작할지도 모르겠다.

참고문헌

참고문헌 1

카와이 히데미川合秀実, 『OS 구조와 원리: OS 개발 30일 프로젝트30日でできる! OS 自作入門』, 이영희 옮김, 한빛미디어, 2007(https://book.mynavi.jp/ec/products/detail/id=22078), ISBN 978-4-8399-1984-9

참고문헌 2

「Unified Extensible Firmware Interface Specification Version 2.8」, Unified EFI Forum, Inc.(https://www.uefi.org/specifications), 2019

참고문헌 3

「Intel 64 and IA-32 Architectures Software Developer's Manual」, Intel Corporation (https://software.intel.com/en-us/articles/intel-sdm), 2019

참고문헌 4

「QEMU/Monitor」, Wikibooks(https://en.wikibooks.org/wiki/QEMU/Monitor), 2018

참고문헌 5

「System V Application Binary Interface - DRAFT」, The Santa Cruz Operation, Inc. (https://refspecs.linuxfoundation.org/elf/gabi4+/contents.html), 2001

참고문헌 6

「System V Application Binary Interface AMD64 Architecture Processor Supplement」, Jan Hubicka 외(https://software.intel.com/sites/default/files/article/402129/mpx-linux64-abi.pdf), 2013

참고문헌 7

Robert Mecklenburg, 『GNU Make 제3판Managing Projects with GNU Make, 3rd Edition』, 오라일리 재팬(https://www.oreilly.co.jp/library/4873112699/), 2005년, PDF는 무료공개 중이다(ISBN 4-87311-269-9).

참고문헌 8

사카이 히로아키坂井弘亮, 「링커·로더 실전 개발 테크닉リンカ・ローダ実践開発テクニック」, CQ출판(https://shop.cqpub.co.jp/hanbai/books/38/38071.html), ISBN 978-4-7898-3807-8, 2010

참고문헌 9

「Intel 7 Series / C216 Chipset Family Platform Controller Hub Datasheet」, Intel Corporation(https://www.intel.com/content/dam/www/public/us/en/documents/datasheets/7-series-chipset-pch-datasheet.pdf), 2012

참고문헌 10

「The PCI ID Repository」, Albert Pool(https://pci-ids.ucw.cz/), 2019

참고문헌 11

Anthony Williams, 『C++ Concurrency in Action, Second Edition』, Manning Publications (https://www.manning.com/books/c-plus-plus-concurrency-in-action-second-edition), ISBN 978-1-61729-469-3, 2019

참고문헌 12

「Advanced Configuration and Power Interface Specification Version 6.3」, UEFI Forum, Inc.(https://www.uefi.org/specifications), 2019

참고문헌 13

「Universal Serial Bus HID Usage Tables Version 1.12」, USB Implementers' Forum (https://www.usb.org/sites/default/files/hut1_21_0.pdf), 2004

참고문헌 14

「Universal Serial Bus Device Class Definition for Human Interface Devices Version 1.11」, USB Implementers' Forum(https://www.usb.org/sites/default/files/hid1_11.pdf), 2001

참고문헌 15

「Microsoft Extensible Firmware Initiative FAT32 File System Specification」, Microsoft Corporation(http://download.microsoft.com/download/0/8/4/084C452B-B772-4FE5-89BB-A0CBF082286A/fatgen103.doc), 2000

참고문헌 16

「EDK II Platform Description (DSC) File Specification」, Intel Corporation(https://edk2-docs.gitbook.io/edk-ii-dsc-specification/), 2017

참고문헌 17

「EDK II Module Information (INF) File Specification」, Intel Corporation(https://edk2-docs.gitbook.io/edk-ii-inf-specification/), 2017

찾아보기

ㄱ

가변인수 184
가변인수 템플릿 675
가상 메모리 926
가상 소멸자 476
가상 어드레스 578
가상함수 151
가짜 대상 134
간접 연산자 93
계조 137
계층 페이징 구조 266
공유 메모리 897
구조체 템플릿 943
구조화된 바인딩 597
구조화된 바인딩의 참조 캡처 592
글리프 859
기계어 56
기계어 명령 60

ㄴ

난수 677
널 디스크립터 257
네임 맹글링 105, 126

ㄷ

단편화 820
데이터 경합 242, 898
데이터 세그먼트 258
디렉터리 760
디렉터리 엔트리 526, 799
디맨드 페이징 810, 812
디맹글 600
디스크립터 캐시 262

ㄹ

람다식 196
랜덤 액세스 819, 828
레거시 BIOS 55
레드존 115
레지스터 99
리눅스 터미널 900
리다이렉트 863
리로케이션 574, 577
리틀 엔디언 61
리팩토링 673
리포트 디스크립터 397

ㅁ

마이크로 커널 29
맹글 600
멀티태스크 410
메모리 덤프 100
메모리 매니저 267
메모리 맵 79
메모리 맵 IO 819
메모리 맵 파일 818
메모리 어드레스 공간 198
메소드 체인 299
메인 메모리 78
메타데이터 60
모놀리식 29
모델 고유 레지스터 630
문자코드 60
물리 어드레스 264

ㅂ

바이너리 에디터 52
바이트 58
반각문자 854
백버퍼 347
버디 시스템 926
버스 191
버스 드라이버 192
번역 단위 169
범용 레지스터 101
범위기반 for 문 295
베타 바이너리 173
벡터 폰트 858
벨 문자 181
변수 템플릿 943
병행 처리 412
보호 모드 104
부트로더 73
블록 디바이스 518
비인쇄 코드 951
비트 58
비트 마스크 217
빅 엔디언 61

ㅅ

사경 62
사용자 정의 리터럴 269
상대경로 761
상대적 쇼트 점프 556
상속 145, 785
생성자 144
섀도우 버퍼 311
서픽스 269
선점형 멀티태스크 425
선형 어드레스 264
세그먼트 디스크립터 257
세컨더리 버스 204
소멸자 144
순수 가상함수 144, 786
술어 293
슈퍼바이저 모드 839
스레드 로컬 스토리지 921
스마트 포인터 302
스타트업 루틴 660
스택 얼라인먼트 제약 423
스택 포인터 126
스트림 방식의 API 828
슬랩 할당자 926
슬립 441
슬립 상태 441
시리얼 191
시스템 콜 42, 628
시큐어 부트 50
실행 가능한 파일 56
써로게이트 페어 848

ㅇ

아이덴티티 매핑 264
액세스 모드 777
얕은 복사 837
에코 백 788
엔디언 848
엔트리 포인트 74
역 폴란드 표기법 562
오버라이드 146
오브젝트 파일 65, 169
오프셋 92
우선순위 역전 469
위치 독립적 실행 가능 코드 574
유니코드 847
유휴 태스크 464
이미지 뷰어 918
이벤트 루프 243
이산 코사인 변환 918
이터레이터 87
익명 이름 공간 254
익명 함수 196
인쇄 가능 코드 952
인스턴스 144

인코딩 방식 847
인클루드 77
인클루드 가드 77
인클루드 체인 78
인터럽트 38
인터럽트 디스크립터 224
인터럽트 방식 220
인터럽트 번호 223
인터럽트 벡터 223
인터럽트 핸들러 221
인터프리터 68
인텔 뮤지엄 80
일반보호 예외 626

ㅈ

재귀 호출 589
재배치 574, 577
전각문자 854
절대경로 760
정규표현 780
제로 플래그 103
조건 컴파일 248, 672
지연로드 811

ㅊ

참조 168
참조의 지역성 811
참조 카운터 302
첨자 연산자 386
체크섬 379
추상 데이터형 143
추상화 31

ㅋ

카피 온 라이트 832, 898
캐노니컬 어드레스 583
컴파일러 65
코드 세그먼트 226, 258
코드포인트 847
콘텍스트 411
콘텍스트 스위치 412
클러스터 525
클러스터 체인 546, 806
키코드 392

ㅌ

타깃 드라이버 191
타입 정렬 125
타입 캐스트 109
텍스트 뷰어 914
템플릿 188
템플릿 인수 943
템플릿 인스턴스화 943
투기적 실행 141
특수 레지스터 101, 104
틈새 226

ㅍ

파이프 44, 876
파일 디스크립터 769
퍼스트 피트 274
펌웨어 62
페이스 858
페이지 디렉터리 265
페이지 디렉터리 포인터 테이블 265
페이지 맵 레벨4 테이블 265
페이지 캐시 819
페이지 테이블 265
페이지 폴트 626, 810, 812
페이지 프레임 268
페이징 263, 578
페이징 구조 엔트리 581
페치 606
포인터 90
포인터 캐스트 123
폰트 165
폴링 212

표준에러 출력 784
표준입력 784
표준출력 784
프라이머리 버스 204
프레임 버퍼 117
프로그램 브레이크 279
프로세스 간 통신 876
프롬프트 98
프리스탠딩 환경 106
플래그 레지스터 103
플랫 바이너리 555, 756

ㅎ

함수 템플릿 943
협력적 멀티태스크 424
호스트 드라이버 191
호스트 브리지 201
호스트 컨트롤러 드라이버 192
호스트 환경 106
호출규약 142
화살표 연산자 93
환경 변수 900
휘발성 변수 367
힙 147

A

ABI 142
ack buffer 347
ACPI 374
ACPI PM 타이머 374
ADL 211
Advanced Configuration and Power Interface 374
alignment 125
API 192
Application Binary Interface 142
Argument Dependent Lookup 211
ASCII 60

B

BAR0 207
big-endian 61
Binary Editor Bz 52
BIOS 62
BIOS Parameter Block 524
bit 58
bitmask 217
Block I/O Protocol 529
Bootstrap Processor 231
BPB 524, 525
BSP 231
btrfs 518
byte 58

C

Calling Convention 142
Canonical address 583
cat 90
cat 커맨드 551
cd 768
change directory 768
clang 67
cli 242
CLI 41
COFF 69
compiler 65
constructor 144
Context 411
context switch 412
Cooperative multitasking 424
CoW, Copy on Write 832
CPL 606
CPL 필드 753
cp 커맨드 519
CSV 파일 87
curl 948
Current Privilege Level 606

D

data race 898
DCT, Discrete Cosine Transform 918
dd 커맨드 519
demand paging 810
demangle 600
descriptor cash 262
destructor 144
directory 760
directory entry 526
displacement new 147
Divide Configuration 305
DPL 603

E

E2BIG 647
EBADF 779
echo back 788
EDK II 72
EFI System Partition 518
ELF 69
End of File 790
End of Transmission 790
ENOENT 778, 794
EOF 790
EOT 790
exec 926
exFAT 53
ext4 518
Extended System Descriptor Table 374
extern "C" 104, 672

F

FADT 374
FAT 518
FAT 파일 시스템 820
fault 커맨드 757
fetch 606
fgets 771
FIFO 234
FILO 234
firmware 62
first fit 274
Fixed ACPI Description Table 374
fork 926
fragmentation 820
Frame Buffer 117
freestanding environment 106
FreeType 라이브러리 856
friend 선언 744

G

GDT 253
GDTR 259
getopt 916
git checkout 936
git diff 62
git grep 938
Global Descriptor Table 253
glyph 859
GOP 117
Grahphics Output Protocol 117
graphic viewer 918

H

heap 147
hexdump 520
HID 193
hierarchical paging structure 266
hlt 명령 105
hosted environment 106

I

IA-32e 모드 258
identity mapping 264
idle task 464
IDT 224

Instruction Pointer 103
interpreter 68
interrupt 38
Interrupt Descriptor Table 224
Interrupt Handler 221
interrupt stack table 641
interrupt vector 223
invlpg 842
IO 어드레스 공간 198
iPXE 945
IST 641

L

Last In First Out 234
less 902
lhs 343
LIFO 234
limit 259
linear address 264
little-endian 61
lld-link 67
Load Effective Address 128
Local APIC ID 231
Local APIC 타이머 304
LVT Timer 305

M

make 132
MakeFile 132
mangle 600
memory dump 100
memory management unit 579
memory manager 267
memory map 79
Message Address 232
Message Data 232
metadata 60
microkernel 29
MikanOS 24
mkfs.fat 53, 519
MMIO 207, 819
MMU 579
modifier 키 396
monolithic 29
more 902
more 커맨드 914
mount 54
MSI 229
Multi Task 410
mutable 347
MXCSR 레지스터 417

N

name mangling 105
newlib_support.c 773
non-printable character 951
NTFS 53, 518
null descriptor 257
NVDIMM 63

O

O_CREAT 794
offset 92
OpeLa 프로젝트 927
operator 148
override 146
OVMF 73

P

Padding 226
page fault 810
paging 578
Panther Point 209
Partition Boot Record 523
PBR 523
PCI 193
PCI-to-PCI 브리지 204

PCI 설정 공간 194
PDP table 265
Peripheral Component Interconnect 193
PE 형식 66
phony target 134
physical address 264
PIE 574
PipeDescriptor 880
PML4 table 265
PML4 테이블 266
Pointer 90
Polling 212
Position Independent Executable 574
preemptive multitasking 425
primary bus 204
printable character 952
printf 863
printk 184
program break 279
Programming Interface 204
prompt 98
public 상속 477

Q

QEMU 54

R

race condition 242
random number 677
readelf 112
redirect 863
Reference capture of structured bindings 592
register 99
regular expression 780
reinterpret_cast 119
relative short jump 556
relocation 574
Report Descriptor 397
retf 611
RFLAGS 103, 755
RGB 137
rhs 343
RIP 103
Root System Description Pointer 374
RSDP 374
RSP 126

S

sbrk 817
secondary bus 204
secure boot 50
serial 191
shallow copy 837
Shift-JIS 60
slab allocator 926
Sleep 441
sort 커맨드 892, 893
sprintf() 88
standard error 784
standard input 784
standard output 784
static_cast 217
stb image 라이브러리 919
stderr 784
stdin 784
stdout 784
std::priority_queue 369
std::regex_search 781
std::shared_ptr 302
std::string 478
Strict aliasing rule 124
strrchr 796
suffix 269
surrogate pair 848
syntactic sugar 94
system call 42
System V AMD64 ABI 139, 423

T

template instantiation 943
TerminalDescriptor 879
TerminalFileDescriptor 863
text viewer 914
TLB 842
TLB 라인 843
Translation Lookaside Buffer 842
TrueType 856
TSS 613

U

UCS-2 60
UEFI 63
UEFI 모드 55
UEFI 애플리케이션 64
Unicode 60, 847
USB 191
USB3PRM 210
USB3_PSSEN 210
USB host controller 191
USB 호스트 컨트롤러 191
using 선언 146, 432
UTF-8 848

V

Variadic template 675
VcXsrv 932
virtual function 151
volatile 223, 363
vtable 151

W

WSL2 931

X

x86-64 아키텍처 92
xHCI 192
XSDT 374, 384
XUSB2PRM 210
X Window System 932
X 서버 932

Z

ZF 103

기호

$? 872
__cplusplus 672

숫자

4레벨 페이징 265
10진수 58

[원서 STAFF]
표지 디자인 : 海江田 暁(Dada House)
제작 : Dada House

0부터 시작하는 OS 자작 입문

내가 만드는 OS 세계의 모든 것

발 행 | 2022년 6월 30일

지은이 | 우치다 코타
옮긴이 | 박 주 항

펴낸이 | 권 성 준
편집장 | 황 영 주
편 집 | 조 유 나
김 진 아
양 아 영
디자인 | 윤 서 빈

에이콘출판주식회사
서울특별시 양천구 국회대로 287 (목동)
전화 02-2653-7600, 팩스 02-2653-0433
www.acornpub.co.kr / editor@acornpub.co.kr

ISBN 979-11-6175-659-2
http://www.acornpub.co.kr/book/operating-system

책값은 뒤표지에 있습니다.